目 录

狼图腾

姜戎 著

长江文艺出版社

書名：《狼图腾》　　　作者：姜戎
出版时间：2004年　　　出版社：长江文艺出版社

畅销书

经典案例研究

第一辑

张文红 主编

清华大学出版社
北京

图书在版编目（CIP）数据

畅销书经典案例研究 / 张文红主编 . —北京：清华大学出版社，2022.7
ISBN 978-7-302-59878-7

Ⅰ．①畅… Ⅱ．①张… Ⅲ．①畅销书—出版工作—案例 Ⅳ．① G23

中国版本图书馆 CIP 数据核字（2021）第 275331 号

责任编辑：纪海虹
装帧设计：刘　派
责任校对：王凤芝
责任印制：杨　艳

出版发行：清华大学出版社
　　　网　　址：http://www.tup.com.cn，http://www.wqbook.com
　　　地　　址：北京清华大学学研大厦 A 座　　邮　编：100084
　　　社 总 机：010-83470000　　　　　　　邮　购：010-62786544
　　　投稿与读者服务：010-62776969，c-service@tup.tsinghua.edu.cn
　　　质量反馈：010-62772015，zhiliang@tup.tsinghua.edu.cn
印 装 者：三河市东方印刷有限公司
经　　销：全国新华书店
开　　本：133mm×188mm　　**印　张：**39　　**字　数：**924 千字
版　　次：2022 年 7 月第 1 版　　**印　次：**2022 年 7 月第 1 次印刷
定　　价：298.00 元（全 10 册）

产品编号：060953-01

作者简介

张文红，博士，教授，北京印刷学院编辑出版系主任。教育部新闻传播学类专业教学指导委员会委员（2013—2017），北京市新闻出版专业群专家委员会副主任委员（2013—）。主持国家社科重大招标项目《当代中国图书出版史》子课题《当代中国大众图书出版史》等项目多项。出版《出版概论》《畅销书理论与实践》《"十七年"时期长篇小说出版研究》等著作 12 部，发表论文 60 余篇。

一、作者简介

《狼图腾》作者姜戎，原名吕嘉民，1946 年 4 月出生，北京人，曾任中国劳动关系学院教师，主讲政治经济学，侧重政治学研究，"中国作家富豪榜"上榜作家。1967 年自愿赴内蒙古额仑草原插队，1978 年返城。1979 年考入中国社会科学院研究生院。《狼图腾》的创作背景是在内蒙古锡林郭勒盟东乌珠穆沁草原，这部书 1997 年初稿于北京，2003 年岁末定稿于北京，2004 年 4 月由长江文艺出版社出版，后凭此作荣登 2006 年"第一届中国作家富豪榜"，从而引发了社会的广泛关注。

《狼图腾》从出版至今可以说是名副其实的"超级畅销书"，其全球英文版权被英国的企鹅出版社一次买断，开启了中国当代文艺作品大规模进入英文主流市场的先河，在我国版权对外输出史上也具有"里程碑"意义，姜戎一举成为图书版权输出领域炙手可热的作家之一。2013 年 12 月 5 日，"第八届中国作家富豪榜"主榜发布，姜戎再次登榜。

二、畅销盛况

这是一部迄今为止世界上唯一一部以狼为叙述主体的"旷世奇书"，出版 10 年来，《狼图腾》已成为全球读者的"精神盛宴"，并成为中国对外输出版权和版权费用最多的图书，在全球 110 个国家和地区出版，共出版了 41 种语言，曾连续 6 年蝉联文学图书畅销榜的前 10 名。

运作《狼图腾》一书出版发行的是号称中国出版界"金三角"的金丽红、安波舜、黎波。安波舜为图书策划人，金丽红和黎波为责任编辑。该书于 2004 年 4 月由长江文艺出版社出版发行。

2004 年 4 月出版，首印 5 万册，半个月内售空，并跻身于各大书店销售排行榜第一名。自首印起至 2004 年 12 月，销售达 55 万册，屡次创造文学类图书的销售奇迹：

《新周刊》"2004 年中国年度新锐榜年度图书奖"；

《中国青年报》"年度十大印象图书"之一；

人民文学出版社及《当代》杂志社"长篇小说年度优秀奖""读者评选优秀奖"；

卓越网"中国 2004 年度图书"入围，并雄居榜首；

北京市新华书店"2004 年度颇具人气图书"入围，并居首位；

新浪网"2004 年度图书（文学艺术类）"入围，并居首位；

自问世以来，该书连续 16 个月高居国内畅销书排行榜前三名、国内原创小说第一名；

至 2005 年 8 月，《狼图腾》创下 110 万册的销售纪录。

2005 年 8 月 30 日，英国老牌出版社、全球第二大出版企业企鹅集团以 10 万美元预付款、10% 版税买下《狼图腾》一书的全球英文版权。2008 年 3 月由企鹅出版社买断的《狼图腾》英文版在全球 110 个国家和地区发行。

2010 年 10 月 27 日，中央电视台《新闻联播》报道长篇小说《狼图腾》第 37 种语言译本翻译完成，在海外总发行量突破了 200 万册。

《狼图腾》成功创造了中国出版史上的诸多奇迹，截至 2014 年 4 月，《狼图腾》中文版再版 150 多次，正版发行 500 万册，在最具世界影响力的中国图书中排名第 5，保守估计超过 1 亿人曾阅读过此书。

2019 年 9 月 23 日，《狼图腾》入选"新中国 70 年 70 部长篇小说典藏"。

至今《狼图腾》还在全国各大书店销售并居于畅销榜之列。在出版 10 周年之际，《狼图腾》影响力依旧，2015 年根据同名小说改编的电影《狼图腾》上映。此外《狼图腾》还被许多省份列为中小学教师推荐书目，学校、家长纷纷将此书作为培养青少年独立、勇敢和团队精神的课外读物；全球各种主流媒体纷纷进行了报道和评论，并且在搜索引擎中有几百万条说明和介绍，创造了改革开放 30 多年来的奇迹。

三、畅销攻略

在市场经济条件下，打造一本畅销书，无疑是图书出版人追逐的目标，任何一本畅销书的成功往往都是各方面相互作用的结果。《狼图腾》的畅销是其文本本身的特色和《狼图腾》本身的现实意义及社会效益、宣传营销共同作用的结果，本文也将从这几个方面加以论述。

（一）文本特色

1. 文化内涵

作者通过全新的叙事主体——狼，为我们揭示一种全新的文化，即游牧文明。中国的大部分地区长期处在农耕生产阶段，而这种相对稳定的生产和生活方式使得我们对游牧民族有一种天生的优越感，但这也使得我们对游牧文明存在很多误解。《狼图腾》正是通过对草原狼的描述，向我们展示了游牧文明的精髓。同时，作者对游牧文明与农耕文明的理性反思和对国民性格的重新审视触动了社会的共振点。

在中国数千年的农耕文明背景中，狼一直是以负面形象出现的，然而在这部小说中，作者却以"我们是狼的传人"的核心思想颠覆了中国人的传统观念。在小说中，草原狼的坚毅、勇敢与智慧令无数读者折服。

2. 文体："小说"与"立说"的双重品格

《狼图腾》在当代文学的整体格局中，是一个灿烂而奇异的存在：如果将它作为小说阅读，它充满了历史和传说；如果将它作为一部人类文化学著作来读，它又充满了虚构和想象。"这是著名评论家孟繁华对《狼图腾》的评价。他的客观评价一语道破《狼图腾》鲜明的文体特征，即"小说"与"立说"的双重品格。

《狼图腾》是小说，这一点毋庸置疑，但它又不是根据文体划分的真正意义上的小说。《狼图腾》的文体具有反流行小说的实验性，作者用现实主义手法进行了探索与创新。一方面，作者在小说每一章前，都列出一段引文作为小说此章的精神线索。引文严格取自古今中外多部史书典籍，这些引经据典的内容是小说的精神线索，是作者"立说"的理论依据。如果把所有的引文连接起来，即可自成一体，成为精心镶嵌的书中书、文中文。它们既是作品历史性与人类性的经纬刻度，又因此成就了全书的时间与空间的立体感。引文的精心设立，打破了故事的现场感，拓宽了阅读的维度，使得额仑草原在几年中发生的故事具有了千年的历史背景与世界文明的广阔容量。另一方面，作者在场或脱离故事之外的思考与议论贯穿于整本小说。这些议论犹如强壮的关节韧带，穿插于故事与故事的缝隙间，既牵引着情节发展，又是叙事的内推力。

《狼图腾》的文体创新实验最重要的部分是小说尾声之后——长达4万余字的《纵深探掘——关于狼图腾的讲座与对话》。这是一次文学书写的极大冒险：作者用"狼图腾"作为精神线索，对几千年的中华文明史进行了有条不紊的梳理整合之后，以历史唯物主义的方法,指出了中华民族信奉的"龙图腾"极有可能源于游牧民族的"狼图腾";正是由于历史中游牧民族强悍进取的"狼"精神不断为中华大地输血,中华文明才得以延续和发展;中华文明之所以"从未中断",正是由于它背后存在着一个"从未中断"的狼图腾文化。如此结语虽是一家之说,却也惊世骇俗、振聋发聩。

3. 叙述语言:细节的盛宴

《狼图腾》的叙述语言有其鲜明的个性色彩。犹如绘画中扎实的素描功底,轮廓和线条沉稳准确,具有凝重、高清晰度的写实风格,文字间充满了极为传神、独创的动感比喻,对事物的描写具有极强的表现力。细微处可细至纤毫毕现、笔笔精致;粗犷处可寥寥几笔略去,给人气势磅礴、一泻千里之感。例如:"西边橙黄色的落日还未被遮没,裹挟着密密雪片的北风,顷刻就扫荡了额仑草原。横飞的雪片,在斜射的阳光照耀下,犹如亿万饥蝗……人骑在马上,雪片密得不见马首马尾。雪粒像砂枪打出的砂粒,嗖嗖地高速飞行,拉出亿万根白色飞痕。"这些由高密度的色彩、形状、比喻、动感镜头组成的叙事语言,构成了紧凑的故事节奏与小说情节。而"高密度"板块中的每一"颗粒"与"元素",都是在作者对生活的观察思考与扎实的知识积累下,高温冶炼而成,以真诚浓烈的草原情愫作为黏合剂,将每一板块中的元素黏合。

4. 叙述话语:直抒胸臆

这里的叙述话语主要指叙事文本中人物语言的表达方式。它既包括叙事文本中人物自身的话语和思想、由叙述者转述的人物的话语和思想,也包括文本中直接体现作者姿态的语言(或作者用以叙述事件、写人状物、抒情议论的语言)。

《狼图腾》一书中的叙述话语,不论是何种形式,通常都以直接表达的方式传达作者的最终表意,即直抒胸臆。书中,作者将人物性格设置成精通草原生态学并能够熟练运用人文理性话语的知识者，然后，把那些人物和人物间的相互关系与草原传奇及生态学与人文历史联系起来，从而直接表露作者心迹。

（二）现实意义及社会效益

作者以自己的亲身经历为基础，通过近乎自传体的叙事视角展开写作，引领读者进入狼真实生活的世界。作者以独特的经历和深入的思考使书中的故事情节，特别是对狼的种种细节描写，呈现出缤纷多彩、准确有力的迷人魅力。

1. "强者精神"引发人们的思考

中华民族正处在一个伟大的复兴时期，随着经济的迅速增长，中华民族和中国人民都显示出了前所未有的活力。《狼图腾》一书中所倡导的"强者精神"正是处于巨变中的中国及其人民的自我期许和自我追寻。同时，狼性文化更为广泛地寄托着社会中人们关于物质自由和精神自由的价值追求。这也是为什么《狼图腾》一书会受到众多商界人士关注的原因。

2. 生态观念体现人们对环境恶化的焦虑

由于人们对草原资源的无限索取和不断开垦造成草原生物链的破坏，以及人们对狼的偏见，使得人类后代不得不付出沉重的环境代价。该书中的生态思想也反映了人们对环境问题的忧虑。水土流失、土地沙化、沙尘肆虐、洪涝成灾……时下的中国人面临着从未有过的生态危机。保护环境、人与自然和谐相处等理念早已成为了人们的共识，而《狼图腾》一书中表现出的生态意识和人们的思想感情产生了共鸣，从而引发了人们对生态危机的深度思考。

（三）周密细致的全程宣传营销策略

现代书业竞争十分激烈，图书品种大量增加，很多图书一上市便被湮没在茫茫书海之中，因此"酒香也怕巷子深"。一本书在销售业绩上的成功与否，与其宣传促销活动都有非常直接的关系。因此，具有丰富图书运作经验的长江文艺出版社为《狼图腾》一书制定了一系列目标明确的立体化的营销策略。

1. 前期准备阶段

在该书正式出版前三个月的准备工作中，长江文艺出版社首先通过报纸连载的方式，征求读者意见，获得强烈反响后决定出版，同时也把目标读者明确定位在学生、女性和企业上。其次，把《狼图腾》一书拿给各界知名人士如海尔总裁张瑞敏、SOHO中国有限公司董事长潘石屹等看，请他们对此书提意见，而后把他们的意见加以总结，确定营销卖点。再次，出版前，在图书的封底上刊登名人的评价。最后，在首发当天，邀请白岩松、赵忠祥、腾格尔等与狼的话题有间接联系的人到会并发表评论，通过媒体报道，使《狼图腾》一书在读者之间口口相传，以吸引购买者。

2. 实际销售阶段

一是电台连播。北京人民广播电台自2004年5月25日起，到9月上旬，在每天中午12点和晚上10点的黄金时段《小说连播》节目中播出《狼图腾》，收听者达几十万人。各地广播电台也陆续播出了相关节目，使得图书信息得以更为广泛地传播，从而扩大了图书的销售量。

二是媒体推介。在《新周刊》、新浪等媒体共同评选的"2004年最有影响的图书"中，《狼图腾》名列第一位；在新华书店等大型图书卖场上，从首发日算起，《狼图腾》一书已经连续25个月居于图书排行榜前 5 名的位置，排行榜的"马太效应"对这部图书的畅销起到了推波助澜的作用。

三是网络互动。各种专业网站纷纷推出《狼图腾》内容的节选或连载栏目，网友们也相互推荐，网络中到处有网友对《狼图腾》一书的讨论和留言。

四是卖场管理。出版社及时根据市场情况对销售进行动态的管理，通过与新华书店等一些大卖场的联合协作，使得团购企事业单位越来越多，团购数量越来越大，团购批次越来越频繁，从而保证了图书的销量。

3. 延伸产品的开发

在长篇小说《狼图腾》成功出版发行之后，长江文艺出版社又与作者合作出版了儿童版《狼图腾之小狼，小狼》，进行《狼图腾》延伸产品开发。《狼图腾之小狼，小狼》一书由几十个世人难以猜度的神秘的"狼故事"组成，作者笔下精灵一般的草原小狼随时随地都能从书中呼啸而出。通过这部《狼图腾之小狼，小狼》，作者把狼所具有的自由独立、强悍卓越、超常的智慧和才能、不屈不挠高贵的灵魂、坚不可摧的团队意识、亲情和友情，以及狼和草原万物的关系，都通过《狼图腾之小狼，小狼》一书传递给广大小读者。

4. 积极准备进行版权输出

当《狼图腾》销售过 50 万册时，出版社就开始考虑版权输出的问题了。首先，出版社制作了一份关于《狼图腾》精美的全英文策划文案，介绍了这部图书的出版背景、主要内容、作者情况、国内销售状况、各界人士的评价，以及对此书在国际出版市场上销售的预测等；其次，出版社把这份手册分送给各大国际出版公司，并邀请它们参加出版社举办的图书座谈会和推介会，引起了各大国际出版公司的兴趣与关注；同时，出版社在国外主流报纸上刊登书评，如美国的《纽约时报》、英国的《泰晤士报》、德国的《南德意志报》以及意大利的《意大利邮报》。之所以选择这些媒体，一方面，这些报纸发行量大，被主流读者和出版商关注的概率高；另一方面，由于这些报纸的强势作用，被其他媒体转载的概率大。

由于出版社充分的前期准备、立体化的营销策略、延伸产品的开发以及积极的版权输出运作，使得世界各大知名的出版公司纷纷前来洽谈版权转让事宜。《狼图腾》一书的畅销是出版社整体策划、立体营销策略的成功，同时也体现了团队合作是图书畅销的根本。也正是由于长江文艺出版社与各方的通力合作，才使得《狼图腾》一书取得了如此巨大的成功。

四、精彩阅读

两人朝狼窝走去，陈阵搬开石头，揭开木板，窝中的小母狗还缩在羊皮上睡懒觉，一点也不惦记起床吃早奶。可是小狼崽却早已蹲在洞底抬头望天，焦急地等待开饭。强烈的天光一照进洞，狼崽就精神抖擞地用两条后腿站起来，用小小的嫩前爪扒着洞壁往上爬。刚爬了几寸，就一个后滚翻，摔到洞底。它一骨碌站起身又继续爬，使出了吃奶的劲，嫩爪死死地抠住洞壁，像只大壁虎一样地往上爬。壁土松了，狼崽像个松毛球似的跌滚到洞底，小狼冲着洞上的大黑影生气地发出呼呼的声音，好像责怪黑影为什么不把它弄上去。

张继原也是第一次看到活狼崽，觉得很好奇，就想伸手把狼崽抓上来仔细看看。陈阵说：先别着急，你看它能不能爬上来，要是能爬上来，我还得把洞再挖得深一点。

狼崽连摔两次，不敢在原处爬了，它开始在洞底转圈，一边转，一边闻，好像在想办法。转了几圈，它突然发现了母狗崽，立即爬上狗崽的脊背，然后蹬鼻子上脸，踩着狗崽头再扒着洞壁往上爬。小狼扒下的碎土撒了狗崽一身，狗崽被踩醒了，哼哼地叫着，站起来抖身上的土，小狼崽又被摔了下来。它气得转过身来就朝狗崽皱鼻、龇牙、呼呼地咆哮。张继原笑道：这小兔崽子，从小狼性就不小啊，看样儿还挺聪明。

......

小狼还在奋力爬壁，陈阵伸手捏住狼崽后脖颈，把它拎出洞。张继原双手捧住它，放到眼前看了个仔细。又腾出一只手，轻轻地抚摸小狼崽。稀疏的狼毫怎么也撸不顺，撸平了，手一松，狼毫又挺了起来。

张继原说：真不好意思，我这个马倌还得从羊倌那儿得到摸活狼的机会。我跟兰木扎布去掏过两次狼洞，一只也没掏着。在中国真正摸过蒙古草原活狼的汉人，可能连十万分之一也没有。汉人恨狼，结果把狼的本事也恨丢了，学到狼的真本事的大多是游牧民族……

陈阵接过话说：在世界历史上，能攻打到欧洲的东方人，都是游牧民族，而对西方震撼最强的，是三个崇拜狼图腾的草原游牧民族——匈奴、突厥和蒙古。而攻打到东方来的西方人，也是游牧民族的后代。古罗马城的建城者就是两个狼孩兄弟，是被母狼养大的。母狼和狼孩至今还镌刻在罗马城徽上呢。后来的条顿、日耳曼和盎格鲁·撒克逊民族就更强悍了，强大的民族血管里流淌着狼性血液。而性格懦弱的华夏民族太需要输补这种勇猛、野性、进取的血液。没有狼，世界历史就写不成现在这个样子。不懂狼，就不懂游牧民族的精神和性格，更不懂这游牧民族和农耕民族的差别与各自的优劣。

......

两人跟在小狼崽的身后四五步远的地方，继续观察狼崽的行为。小狼崽在残雪和枯草地上快速逃爬，爬了几十米后，就开始闻周围的东西，闻马粪蛋，闻牛粪，闻牛羊的白骨，闻草地上所有的突出物。可能它闻到的都是狗留下的尿记号，于是它一闻就走，继续再闻。两人跟着它走了一百多米，发现它并不是无方向、漫无目的地乱走。它的目的很明确，就是朝着离蒙古包和营盘、离羊圈、人气、狗气、烟气、牲畜气越远的地方逃。

陈阵感到这条尚未开眼的小狼崽，已经具有顽强的天性与本能，它有着比其他动物更可怕可敬的性格。在动物中，陈阵一直很敬佩麻雀，麻雀以养不家著称于世。陈阵小时候抓过许多麻雀，也先后养过大大小小十几只麻雀。可麻雀被抓住后，就闭上眼睛以绝食绝水相拼，绝不就范。不自由，毋宁死，直至气绝。陈阵从来没有养活过一只麻雀。而狼却不是，它珍视自由也珍爱生命，狼被俘之后照吃照睡，不仅不绝食，反而没命地吃、敞开肚皮地吃，吃饱睡足以后，便伺机逃跑，以争取新的生命和自由。陈阵似乎看到了被囚在渣滓洞里的那些斗士们才有的性格和品质。可他们只是民族的沙中之金，而这种性格，对狼来说却是普遍的、与生俱来、世代相传、无一例外。而将具有此种性格的狼，作为自己民族的图腾、兽祖、战神和宗师来膜拜，可以想见，它对这个民族产生了何等难以估量的影响。都说榜样的力量是无穷的，而图腾的精神力量远高于榜样，它处在神的位置上。

陈阵感激这条小狼崽，它稚嫩的身体竟然能带他穿过千年的迷雾，径直来到了谜团的中心。

——节选自《狼图腾》第 137~139 页

Gabriel García Márquez

百年孤独

加西亚·马尔克斯 著

范晔 译

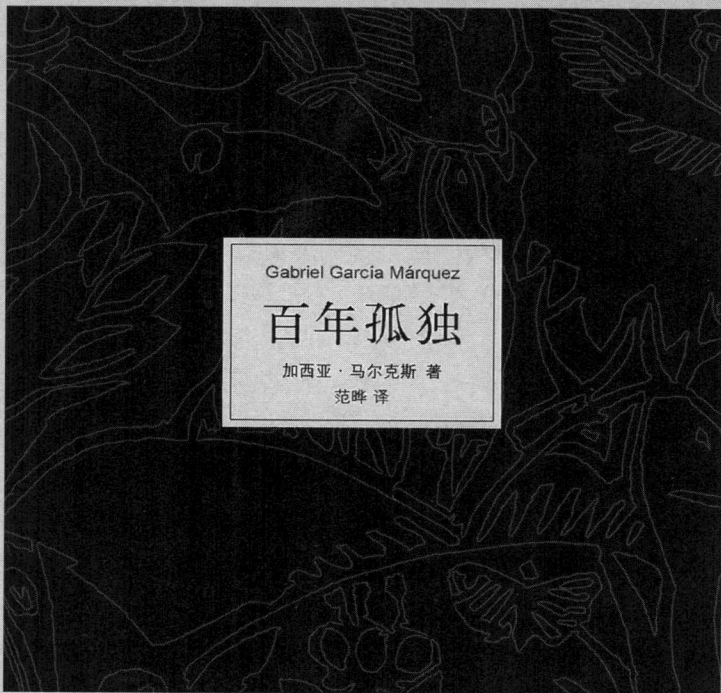

中文版全球首次正式授权！

《创世记》之后，首部值得全人类阅读的文学巨著。——纽约时报

加西亚·马尔克斯作品创建了一个自己的世界，一个浓缩的宇宙，其中喧嚣纷乱却又生动可信的现实，映射了一个大陆及其人民的富足与贫困。——诺贝尔文学奖颁奖辞

书名：《百年孤独》　　作者：[哥伦比亚] 加西亚·马尔克斯　　译者：范晔
出版日期：2011 年　　出版社：南海出版公司

一、作者简介

加西亚·马尔克斯（Gabriel García Márquez），1927年出生于哥伦比亚马格达莱纳海滨小镇阿拉卡塔卡。童年时的马尔克斯与外祖母一起生活，1936年随父母迁居苏克雷；1947年考入哥伦比亚国立大学；1948年因内战辍学，进入报界；20世纪50年代马尔克斯开始出版文学作品；20世纪60年代初移居墨西哥；1967年马尔克斯出版了《百年孤独》；1982年获诺贝尔文学奖。

二、畅销盛况

1967年5月30日，阿根廷的南美洲出版社出版了马尔克斯的《百年孤独》。不久后，该书的畅销事实和作品本身的文学价值都证明《百年孤独》足以成为加西亚·马尔克斯最有力的代表作，并且成为拉丁美洲魔幻现实主义文学的代表作，被誉为"再现拉丁美洲历史社会图景的鸿篇巨制"。《百年孤独》凭借其独特的叙述风格和魔幻现实主义的艺术特征，成为20世纪最重要的经典文学巨著之一。

世界各地的著名出版社争相出版《百年孤独》。到1970年《百年孤独》一书就已售出16份国际版权。这部小说已被翻译成40多种语言，自1967年《百年孤独》在阿根廷出版以来，销量已达3 000万册，仅40周年纪念版就售出30万册。

最早的中文版《百年孤独》，是1984年8月1日由上海译文出版社出版的，译者是黄锦炎、沈国正、陈泉。这部小说纳入该社"二十世纪外国文学丛书"系列，首印48 500册，定价1.60元。其他的中文版本有高长荣译本、黄锦炎译本、吴健恒译本等，分别由北京十月文艺出版社、上海译文出版社、中国青年出版社等出版，此外还有各种非主流版本层出不穷。但如此众多的中文版本却都是盗版，并没有获得马尔克斯本人的授权。众多的中文盗版版本从侧面印证了《百年孤独》在中国的受欢迎程度。从1984年《百年孤独》第一个中文版本问世以来近30年的时间里，中国读者只能在未获得授权的盗版书里感受《百年孤独》那令人震撼的传奇故事和魔幻的叙述色彩。2011年初，新经典文化有限公司（以下简称"新经典"）经过不懈努力，终于让这部在中国市场长销近30年的拉美文学巨著获得了正式授权。

很快，由"新经典"发行，南海出版公司出版，范晔翻译的第一个中文正版《百年孤独》于2011年6月面世，首印数量达到了50万册。截至2020年，《百年孤独》销量超600万册，事实证明《百年孤独》是一本畅销书，更是一本长销书。

2014年4月17日，马尔克斯在墨西哥家中去世，享年87岁。马尔克斯去世后，他的著作《百年孤独》再次成为人们关注他的焦点之一，《百年孤独》的销量在短期内剧增，从2014年5月底，《百年孤独》牢牢占据亚马逊中国网上商城图书销售排行榜的榜首位置。

三、畅销攻略

（一）图书内容

《百年孤独》一书能够在全球范围内畅销，最重要的原因在于它的内容。《百年孤独》是马尔克斯最负盛名的代表作，它几乎代表了20世纪拉丁美洲文学的最高水平。马尔克斯在作品中运用的魔幻现实主义手法，成为一个重要的文学流派，具有非常高的文学研究价值。《百年孤独》凭借着其独特的艺术风格，对后世的影响是不可估量的。1982年，马尔克斯凭借此书荣获诺贝尔文学奖，标志着马尔克斯及其以《百年孤独》为代表的作品获得了全球最高文学奖项的认可。诺贝尔文学奖颁奖辞是这样描述的："加西亚·马尔克斯以小说作品创建了一个自己的世界，一个浓缩的宇宙，其中喧嚣纷乱却又生动可信的现实，映射了一片大陆及其人民的富足与贫困。"

这部作品讲述了布恩迪亚家族的传奇故事，描绘了加勒比海沿岸小镇马孔多的发展历程，从而反映出拉丁美洲一个世纪风云变幻的历史。在这部作品中，作者融入了当地的神话传说、民间故事和宗教色彩，在事实描述的同时，加入了虚幻的细节，使整部作品充满了在事实叙述之外的"魔力"，作者的想象力和叙事功底一览无余。这样的叙述模式是马尔克斯对魔幻现实主义在文学创作上的成功运用，它超越了 20 世纪 50 年代墨西哥作家胡安·鲁尔福运用魔幻现实主义手法所写的中篇小说《佩德罗·帕拉莫》，将魔幻现实主义的表现手法推向了一个崭新的高峰。

《百年孤独》作为魔幻现实主义最经典的代表作对以后其他作家的文学创作产生了很大的影响。就中国现当代作家来说，莫言的《丰乳肥臀》、陈忠实的《白鹿原》、阿来的《尘埃落定》等作品都受到了魔幻现实主义的影响，与《百年孤独》在艺术风格上存在着一定的共性。这些中国当代作品中的人物和情节因"魔幻"的成分而变得更加富有活力和传奇色彩，对魔幻现实主义手法的借鉴使得他们的作品取得了成功，也使作品的内容增添了非常独特的魅力。中国当代作家莫言评价道："我自己也供认不讳，我从马尔克斯文学里面得到很多的滋养，他是我没见面的老师、大师。"

和众多世界文学名著一样，《百年孤独》一书的热销印证了"内容为王"的硬道理。在这个快餐消费文化盛行的时代，渠道竞争进入白热化的状态，但是四通八达的渠道只能证明销售能力的日益增强，容易被遗忘的内容和品质才是图书出版最应坚持的内核所在。

（二）作者的影响力

马尔克斯具有全球性的影响力。《百年孤独》出版两年后便获得了意大利基安恰诺奖和法国最佳外国作品奖，马尔克斯本人也先后获得加列戈斯文学奖（拉丁美洲文学最高奖）和诺贝尔文学奖。这些荣誉奠定了马尔克斯 20 世纪文学大师的地位。

马尔克斯一生的创作立足于拉美大地，他在作品中描绘了拉美大地人民生活的真实面貌，揭示了拉美地区存在的社会问题，并揭露了社会上的各种邪恶势力带来的黑暗，表达了拉美人民对民主和自由的向往。在丰富的作品内容中，马尔克斯深厚的民族情感和人文关怀见于笔端，而这正是每位伟大作家所共有的高尚情怀。

以《百年孤独》为代表，马尔克斯在作品中针对"孤独"这一主题进行了充分探索。对于马尔克斯的孤独，很多学者进行了专门的研究。马尔克斯试图通过他的作品，描述孤独是作为一种异乎寻常的现实存在于人类的生活中，人类的无知、自私和贫穷似乎都是源于"孤独"，因此人类文明的敌人就是孤独。"孤独"在马尔克斯笔下成为一个无法回避的难题，而马尔克斯自己也没有能力解释孤独究竟为何物、是否能消灭孤独以及如何消灭孤独，但他探索孤独的意义在于，他提醒人们应当充分关注"孤独"，关注自身的命运和他人的命运。从这个意义上说，马尔克斯是伟大的，他的伟大已经上升到人类应当面对的终极问题上。

诺贝尔文学奖作为世界上最高的文学奖项，是对一位作家最高的肯定和褒奖。然而这个奖项在历史上某段时期内，也因为评奖的制度和标准等问题引发争议，甚至受到人们的质疑。马尔克斯是没有争议的诺贝尔文学奖获得者之一，马尔克斯可以获最高文学奖既是对他文学水平的肯定，同时也是诺贝尔文学奖自身获得的肯定，如乌拉圭著名作家贝内德蒂所说："难说诺贝尔奖能给马尔克斯增添多少光彩，但他的获奖必将使该奖的声誉有所恢复。"

加西亚·马尔克斯这位20世纪的伟大作家走过了87年的风雨岁月，在21世纪风云变幻的新时代中，他留下的作品和思想，仍然是全球各地读者最宝贵的精神财富。

（三）出版方的努力

1984年，中国第一次出现了中文版的《百年孤独》。在此后近30年的时间里，虽然有不少翻译名家翻译了《百年孤独》，出现了众多译本和不同出版社的版本，却都是盗版的身份。近30年时间里，中国的版权事业和产业逐渐发展壮大，《百年孤独》一书的中文正版授权却成为中国出版界迟迟未能攻破的一道壁垒。

盗版虽已让出版社尝到甜头，却背负着负面压力，在全世界版权意识迅速提高的出版业界，盗版终究不是长久之计。国内的知名出版社，包括人民文学出版社在内，都在追求《百年孤独》正版授权的道路上碰到巨额版税等重重阻碍，作者马尔克斯在一次中国之行中看到众多的盗版《百年孤独》后更是放出了狠话："死后150年都不授权中国出版我的作品。"

几乎所有出版社都能认识到，争取到中文正版授权，将会给出版社带来多大的利润和成功。所有出版方也都明白，谁获得正版版权，谁就能获得得天独厚的优势，在全新的中文正版《百年孤独》的腰封上印上："中文版全球首次正式授权"的宣传语作为这本畅销书新的卖点，一定会掀起新的销售浪潮。将中文版《百年孤独》做成一本畅销书是最简单也是最困难的——简单在于出版方根本不需要绞尽脑汁做内容上的选题策划和营销上的战略计划，《百年孤独》早已举世闻名；困难在于如何攻破中文版正式授权的壁垒。

因此，《百年孤独》中文正版的畅销之路是特殊的，只要攻破版权这道巨大的屏障，前方的畅销之路就能顺风顺水。2011年，"新经典"取得了成功，不仅是因为它们雄厚的资金基础，更重要的是诚意。对以作者马尔克斯为代表的版权方来说，高额的版权费当然代表着作品的高度与价值，他们更在乎的是出版商对自己的尊重和诚意，特别是了解到盗版《百年孤独》在中国盛行，侵害作者的权益后，马尔克斯对中国出版界最大的印象就是对自己不够尊重。

"新经典"懂得如何与作者打交道。像马尔克斯这样的著名作家，也有文人典型的心理。马尔克斯说过的那句"死后150年都不授权中国出版我的作品"当然也是一句"气话"。事实证明，当他感受到来自中国出版方的歉意和诚意，他的心软了下来，这是马尔克斯可爱的人格魅力。而打动马尔克斯的正是"新经典"坚持不懈的努力和对马尔克斯本人足够的诚意。"新经典"外国文学总编黎遥如是说："从没有哪一本外文书籍出版过程如此艰难，我们努力了近十年。"

"新经典"确实付出了巨大的努力。从2002年开始，"新经典"总编辑陈明俊就开始以邮件的方式和马尔克斯的代理人卡门·巴尔塞伊丝女士沟通，结果却和国内多数出版机构一样，没有得到任何回复。然而"新经典"不同于其他出版社，它们坚持不懈地想尽办法和卡门·巴尔塞伊丝取得联系，一次次地提出申请。6年后卡门·巴尔塞伊丝终于委派了工作人员对中国的图书市场进行了调查，迈出了授权之路重要的一步。与此同时，中国的版权事业也取得了长足的进步，为中国获取海外出版资源打通了道路。经过不懈的努力，2011年"新经典"终于取得了成功。

正是"新经典"的努力和对作者马尔克斯本人的诚意，使它们在众多出版社中脱颖而出，成为唯一一个得到正式授权的中国出版机构。从中文正版《百年孤独》出版后半年的时间里就销售上百万册的成绩来看，"新经典"做出的一切努力都是值得的。

（四）译者选择

在图书内容的翻译上，"新经典"选择抛弃旧版译本，对《百年孤独》一书进行全新的翻译。之所以这样考虑，是因为"新经典"想要一个崭新的开始，与该书过去盗版的历史一刀两断。从翻译和语言学的角度来看，20年来，汉语本身也在不断发展演变，全新的中文正版《百年孤独》需要一个跟得上时代的全新译本。在对译者的选择上，"新经典"大胆选择了年轻的西班牙语语言文学博士范晔先生。"新经典"之所以敢于把如此经典的名著交给一个翻译界的年轻人，是其充分分析范晔的翻译能力和其对马尔克斯语言风格的把握后对年轻人才华的肯定和信赖。范晔不负重任，他的翻译忠实于西语原文，其中对诸多词汇和句式的把握，做到了既忠于原文又充分彰显了汉语的魅力，从而使中国读者感受到了一部伟大的作品应当具备的语言风格和叙述魅力。总体来说，"新经典"在对图书内容的翻译上是相当成功的。

（五）成功的图书设计

从图书的装帧设计上，出版社选择了32开本的精装本设计。精装本的设计毋庸置疑，彰显了《百年孤独》的文学价值和收藏价值。护封的设计以黑色作为背景色，配以抽象的红色线条画，带着一点

"魔幻"色彩，充满了想象力，某种意义上契合了作品内容的风格。封面采用了特殊工艺，提升了书的品位。全书还配备了腰封，腰封上最显眼的是"中文版全球首次正式授权"的宣传语，下方还有《纽约时报》对《百年孤独》的评价语和马尔克斯获得诺贝尔文学奖时的颁奖辞。而内文的版式设计则相当简练，正文部分只有页码，没有书眉。行距和字体、字号的设计合理，有很强的易读性，版式设计简练大方，符合文学作品的设计风格。出版后，中文版《百年孤独》的成功设计推动了该书走向畅销之路。

四、精彩阅读

并非所有的消息都是好的。奥雷里亚诺·布恩迪亚上校逃走一年后，何塞·阿尔卡蒂奥和丽贝卡搬进了阿尔卡蒂奥建起的房子。没人知道他阻止行刑的事。新家坐落在广场最好的一角，掩映在一棵巴旦杏树的浓荫里，树上足有三个知更鸟的鸟巢。一扇大门迎送访客，四扇明窗承接阳光，他们就在这房子里安下热情好客的新家。丽贝卡旧日的女伴，包括摩斯科特家四个尚未出嫁的女儿，重新聚在一起刺绣，就像数年前在秋海棠长廊里一样。何塞·阿尔卡蒂奥继续享受掠夺来的土地收益，他的所有权已得到保守党政府的承认。每天下午都可以看见他骑马归来，扛着双铳猎枪，带着猎狗，一串兔子挂在马鞍上。九月的一天下午，眼看暴风雨迫近，他比平时提前回了家。他到饭厅和丽贝卡打过招呼，把狗拴在院中，又将兔子挂在厨房准备晚些时候腌起来，随后去卧室换衣服。丽贝卡事后声称丈夫进卧室时自己正在浴室，丝毫没有察觉。这一说法难以令人信服，但又没有更可信的其他说法，另外谁也想不出丽贝卡会有什么动机谋杀令她幸福的男人。这也许是马孔多唯一从未解开的谜团。何塞·阿尔卡蒂奥刚关上卧室的门，一声枪响震彻全屋。一道血线从门下涌出，穿过客厅，流到街上，沿着起伏不平的便道径直向前，经台阶下行，爬上路栏，绕过土耳其人大街，右拐又左拐，九十度转向直奔布恩迪亚家，从紧闭的大门下面潜入，紧贴墙边穿过客厅以免弄脏地毯，经过另一个房间，划出一道大弧线绕开餐桌，沿秋海棠长廊继续前行，无声无息地从正给奥雷里亚诺·何塞上算术课的阿玛兰妲的椅子下经过而没被察觉，钻进谷仓，最后出现在厨房，乌尔苏拉在那里正准备打上三十六个鸡蛋做面包。

——节选自《百年孤独》第 117~118 页

他没下命令，的确没有。但十五天后特奥菲洛·巴尔加斯将军遇伏，在乱刀下被剁成肉酱，大权落到奥雷里亚诺·布恩迪亚上校手中。就在他的权威被所有起义军将领承认的当天夜里，他猝然惊醒，叫喊着要毯子。一种内在的寒冷直入骨髓，即使烈日当空也让他不堪其苦，好几个月都难以安眠，到最后成了习惯。权力带来的陶醉消失于阵阵烦恼之中。他试图找到抵御寒意的方法，就下令枪毙了提议暗杀特奥菲洛·巴尔加斯将军的年轻上尉。他的命令总是在发布之前，甚至早在他动念之前，就已被执行，而且总会执行得超出他事先所敢想望的范围。他大权独揽却在孤独中陷入迷途，开始失去方向。被占领市镇中人们的欢呼令他厌烦，因为他们也曾向他的敌人发出同样的欢呼。每到一处，他总能见到那些少年用和他一模一样的眼睛望着他，用和他一模一样的声音同他说话，向他致意时的警惕神色和他回应时的神色一般无二，并且都自称是他的儿子。他感觉自己被分裂，被重复，从未这般孤独。他确信手下的军官对自己撒谎。他对马尔伯勒公爵也产生了敌视。"最好的朋友，"那时他常这样说，"是刚死去的朋友。"他厌倦了战事无常，身陷这场永无休止的战争的恶性循环中总在原地打转，只不过一次比一次越发老迈，越发衰朽，越发不知道为何而战、如何而战、要战到何时。总有人待在粉笔圈外，手头拮据的人，儿子得了百日咳的人，因为受不了嘴里粪便一样的战争味道而想一睡不醒、但仍鼓足最后的气力报告的人："一切正常，我的上校。"正常恰恰是这场无尽的战争最可怕的地方：什么都不曾发生。他深陷孤独，不再感知到预兆，他为了逃避必将陪伴他终生的寒意回到了马孔多，在最久远的回忆中寻求最后的慰藉。他如此懒怠，当听说党组织派来一个代表团商议如何打破战争的僵局时，也只是在吊床上翻了个身，甚至没有完全醒转。

——节选自《百年孤独》第 147~148 页

[美] 傅高义 (EZRA F. VOGEL) 著

邓小平时代

冯克利 译 香港中文大学出版社编辑部
生活·读书·新知三联书店编辑部 译校

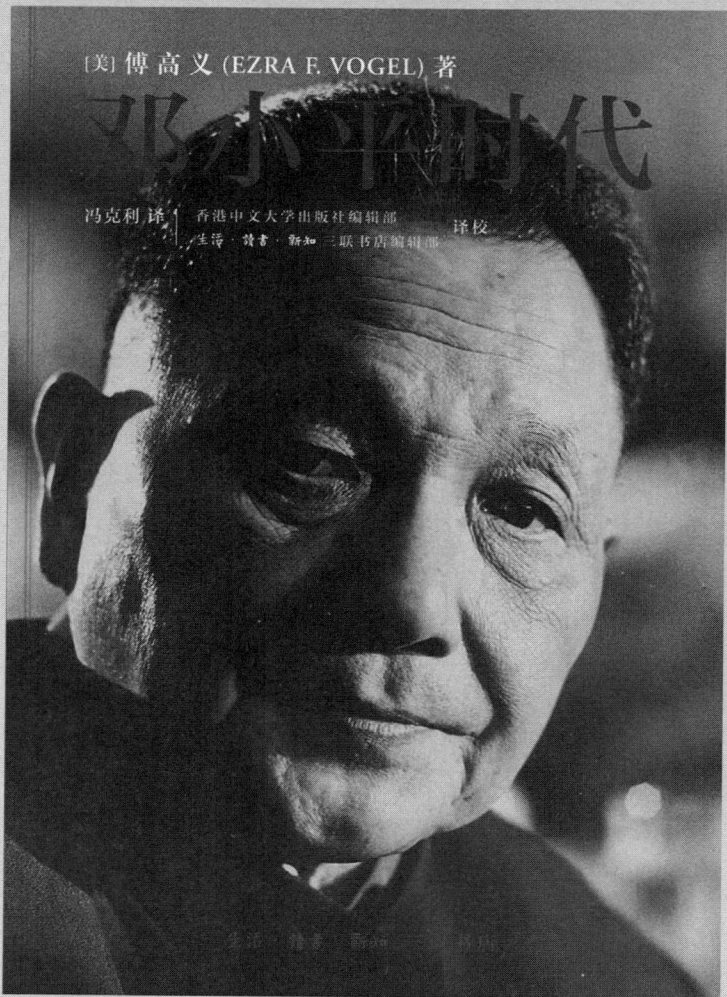

书名：《邓小平时代》(简体版) 　作者：[美] 傅高义 　译者：冯克利
出版时间：2013 年 　出版社：生活·读书·新知三联书店

一、作者简介

傅高义（Ezra Feivel Vogel），1930 年 7 月出生，哈佛大学"费正清东亚中心"前主任，社会学家，精通中文和日文。傅高义 1950 年毕业于俄亥俄州卫斯理大学；1958 年获哈佛大学社会学博士学位。在 1963—1964 年，傅高义学习中文和历史，成为美国唯一精通中、日两国事务的学者。撰有《邓小平时代》（简体版）、《日本第一》《日本的中产阶级》《重整旗鼓——重建美国实例分析》等著作。自 20 世纪 70 年代开始，傅高义就对中国广东社会经济情况进行考察和研究并撰有《共产主义下的广州：一个省会的规划和政治（1949—1968）》。2013 年 3 月 23 日上午，第五届世界中国学论坛在上海展览中心举行，傅高义被授予"世界中国学贡献奖"。

二、畅销盛况

《邓小平时代》（简体版）自 2013 年 1 月由三联书店出版以来，截至 2014 年年初，已热销逾 70 万册，并获得中华图书特殊贡献奖、加拿大多伦多大学的莱昂内尔·盖尔伯奖等 12 余项中外图书大奖。这本书自 2013 年 1 月 18 日在中国首发以后仅 3 天就已登上北京、上海、广州、深圳等各大城市书城和网络书店当周的畅销书排行榜前10 名，迅猛的销售势头促使各大书店纷纷添货，首印的 50 万册图书一周告罄，之后又紧急加印 30 万册。[①]

---

① 《邓小平时代》首印 50 万销售一空 二次加印 30 万 [J]. 出版参考，2013（1）：26.

三、畅销攻略

《邓小平时代》(简体版)高达 88 元的定价,并未成为它在中国大陆热销的障碍,一个销量过百万、单品图书累计销售码洋上亿的市场神话已成为现实。该书在国内一经推出,市场反响便异常火爆,这种现象是图书市场近年来极其少见的。其中尤为重要的是,正是由于三联书店对《邓小平时代》一书的整体把握,特别是对作者的深入了解、内容的仔细论证,对图书整体的编校审核以及对版权引进、营销推广环节的细致策划,都成为这本"学术气息"浓郁的图书能够成功畅销的必然因素。

(一)主人公的个人影响与历史地位

每一个中国人对本书的主人公邓小平都再熟悉不过。可以说,邓小平深刻影响了中国历史和世界历史的走向,也改变了当代每一个中国人的命运。邓小平作为中国共产党和中华人民共和国重要的领导人之一,在其几十年的革命生涯中,每一阶段的所作所为都可以说是可圈可点。从邓小平赴法勤工俭学加入中国社会主义青年团旅欧总支部开始,便把自己的一生奉献给了历经波折与艰险的中国红色革命事业。中华人民共和国既经历了战火硝烟的洗礼,又经历了国家建设的曲折,正是那三起三落的"小个子",用非凡的眼光与魄力开启了中国改革开放的大门,坚定不移地捍卫着中国共产党引领中国崛起的重要地位,才有中国的繁荣与富强。

如今邓小平去世已有 20 余年,但很大程度上,现在中国的人们仍然生活在"邓小平时代"。他"以经济建设为中心"的基本国策没有多大变化,他的直接影响仍在继续。以治国路线和人事上的延续而论，如果想认识这个我们生活的时代，不能不去了解邓小平。邓小平在中国现代历史上的重要作用，无人可以否认。在邓小平上任以后，他给这个国家带来的最显著的变化就是 30 多年经济的高速增长，这个变化是无论如何不能低估的。因此作为一名中国人，尤其是经历过邓小平时代的那一代人，对邓小平特殊的个人影响与历史地位，以及对其所怀有的感情也是不同寻常的。所以，了解邓小平个人鲜为人知的历史，触摸那些关于邓小平那熟悉却依旧陌生的故事，促使着一大批"60 后""70 后"的潜在读者对于该书的出版有所向往。

（二）作者的业界声望

《邓小平时代》这本书的最大的特色，是它将着眼点定位于中国，定位于这个古往今来让西方始终着迷的东方神秘国度的"时代舵手"之上。因此，作者是否了解中国，是否对中国问题有着深入的研究与独到的见解，这直接影响着本书的价值。但不容置疑的是，本书的作者完美地诠释了一本图书质量与作者实力的绝佳关系。本书的作者傅高义，作为哈佛大学"费正清东亚研究中心"前主任，因对中国事务的了解和精通，在美国政界和学界而被誉为"中国先生"。

20 世纪 50 年代后期，美国的一些大学开始重视培养研究中国问题的人才，都想扩大对中国的研究，因此纷纷选拔和招收年轻学者。1961 年，31 岁的傅高义被费正清选中，来到哈佛大学东亚研究中心学习中文，中国历史、社会和政治。1969 年，傅高义便完成了他第一部关于中国的作品《共产主义下的广州》。这本书描述了在中国共产党领导下，一个省份所经历的一系列深刻的政治运动。作者在书中抛弃了多数西方学者对中国的偏见，描绘了中国本来的面貌，在美国学术界产生了广泛的影响。"本书将成为社会学家们从外部世界研究共产主义中国的杰出范例。"哈佛大学东亚研究中心主任费正清如此高度评价。

傅高义其后在任职哈佛东亚研究中心期间，将这里变成了一个各国首脑和美国民间互动的平台。1958年以来，傅高义每年都要访问亚洲，而他联系的都是最高层次的人物，比如新加坡总理李光耀等。在推动中美关系上，傅高义多年来更是投入了极大热情。20世纪60年代，美国创建过一个组织——"美中关系全国委员会"，在"冷战"期间，它对推动中美双方的交流发挥了积极的作用，著名的"乒乓外交"就是由它推动的，而傅高义就是这个委员会的成员。1993年，傅高义担任美国国家情报委员会东亚情报官一职。可以说，傅高义本人既是一位中国问题的资深研究学者，同时又是受到政府重视并信任的亚洲问题专家。所以傅高义以他非凡的资历，成为撰写《邓小平时代》的不二人选。①

（三）观点、素材来源与内容编排

首先，是《邓小平时代》这本书公允的表述风格。从严格意义上来说，该书并非一部纯正的人物传记，而是一部带有强烈社会学风格、致力于开掘理解现实中国的人物评传。全书将邓小平70岁前的生平浓缩于一个章节，而将几乎全部笔墨用于展现1973年后邓小平的政治抉择、行动及思想演变上，这也是这种评传风格的重要体现。作者的这一尝试，使得最后呈现的成为对当下中国社会的一种变相解读，而这也成为了该书在大陆读书界，尤其是在普通读者中大受

---

① 张勉，田亮.本刊专访《邓小平时代》作者傅高义 邓小平给中国留下了什么[J].环球人物，2013（3）：14~18.

欢迎的原因之一。毕竟,对于内地一般读者而言,其资料组织和理论梳理专业与否并不重要,重要的是能否在主流口径之外看到足够新鲜给力的阅读素材。在这方面,作者始终坚持观点公允的表述风格。该书一共700多页,其引用说明就长达100多页,凡是有可能出现争议的历史细节,都给出了资料出处,可以说该书对资料和传言的分析是严谨的,合乎实际的。作者称,写这本书时"我尽力摒除自己可能有的偏见,尽量客观地看待邓小平领导时期的种种状况……假如邓小平今天还在世,他也会承认,不管我的书中存在什么问题,但还是努力按照他的'实事求是'的教导做的"。本书自始至终秉持着"不抹黑,不溢美,以信史留世"的原则,这是史书撰述最重要的原则,也是本书表述风格的贯彻。

其次,该书的优点是材料丰富。为写这本书,傅高义自2002年开始研读了数量极为浩繁的史料,不仅有官方和半官方材料,还有众多研究著作。除中文文献外,傅高义也广泛涉猎中国港台地区和英文、日文出版物,并充分利用了美国的档案材料。《邓小平时代》一书中丰富的材料还表现在访谈材料的大量使用上。2006年后,傅高义五次来中国,有时居住长达几个月,广泛与曾经了解邓小平的人展开交谈,谈话对象涉及过去的高官、邓小平的家人以及党史专家。作者还特地采访了许多与邓小平有过交往的外国政要和外交官,如新加坡的李光耀、吴作栋,澳大利亚前总理罗伯特·霍克,日本前首相中曾根康弘、前驻华大使阿南惟茂,美国前总统吉米·卡特、前副总统蒙代尔、前国务卿基辛格、前国家安全事务顾问斯考克罗夫特等,以及大批美国研究中国问题的专家。在作者自己列出的部分采访名单中,国外的政要就有15位,在中国的采访对象达140位,在该书标注的1 500多处引文注释中,绝大部分引用的是访谈等口述资料。① 这些人会向他介绍一些关于邓小平生平的细节，以及他们通过近距离观察对邓小平的了解，而这些细节往往可弥补文字材料的不足。因此，《邓小平时代》一书在内容编排上大多通过人物的言行、活动来反映时代大潮的激越震荡。傅高义还亲往邓小平生活和工作过的地方，在广泛、丰富、扎实的史料基础上又进行了细致的考辨，排除了可信度较差的部分，尽可能地保证资料的权威、准确。

最后在内容编排上，该书完整地记述了中国改革开放漫长、艰辛的历程，尤其对一些关键节点的叙述更为细致。傅高义在书中记述了关于邓小平在工作中的许多生动细节。比如，书中写到，1979年邓小平访美，他在休斯敦观看牛仔马术表演时，"一个姑娘骑着马飞奔而至，把自己的宽边呢帽递给了邓小平，口哨和欢呼声在人群中响成一片。他们高兴地看到，邓小平像表演一样把她的新帽子戴在头上"。在全美国，邓小平一脸笑容、戴着牛仔帽的照片，成了他访美的象征。他戴帽子的动作，虽然只是轻轻一举，却拉近了中美两国的距离，增进了美国人民对中国的亲近感。②

（四）出版社运作

引进《邓小平时代》简体版版权，并通过编辑、营销在大陆顺利出版，从而引起一阵《邓小平时代》学术畅销书浪潮的出版社，正是大陆素来以出版"学术著作"而著称的三联书店。"学术著作"能够成为畅销书的在市场上绝不多见，而《邓小平时代》一书能够脱颖而出，使得一向在传统图书出版市场上占据很小市场份额的学

---

① 王爱云．西方研究方法和研究视角的典型运用——浅评傅高义《邓小平时代》[J]．北京党史，2013（4）：44~47

② 陈仲丹．一本知人论世认识中国的好书——读《邓小平时代》[J]．唯实，2013（10）：89~90.

术图书发出耀眼的光彩，这与三联书店对于该书的运作有着密切的关系。

1. 对《邓小平时代》版权引进的重视

出版物版权的引进，往往具有一定的风险性，内容的敏感往往会直接影响到出版社对于原文版权引进的迟疑与顾虑。而《邓小平时代》的内容又正是以我国重要的党和国家领导人为对象，内容涉及众多我党以及我国历史上诸多富有争议的事件、文件、讲话等资料文献，因此可以说这本书的版权引进，绝非可以轻易决定的。

当三联书店决定争取这本书的中文版权时，已经有 30 多家出版社参与竞争。拿到这个选题意味着要克服重重困难，对此三联书店下了很大的决心。国内专家审稿能否通过，作者傅高义本人能不能接受删改，三联书店其实给自己出了一个很大的难题。三联书店重点考虑的问题是这本书适不适合在内地出版。《邓小平时代》是一个外国人写的中国领导人传记，其角度、观点、标准、评价是否适合引进，都是三联书店要考虑的问题。如果该书在国外发行销售的反响特别好，同时也可以得到国内主流学术界的认可，才可引进。国外写当代中国社会、当代中国领导人的著作很多，但绝大部分国内都没有引进。以三联书店对傅高义的了解，认为引进他的这部著作应该没有问题。最重要的是看作者对中国当代问题把握的标准和尺度，看其基本观点以及西方社会的评价。该书引进之前三联书店还咨询过中国的党史专家，专家们认为这本书适合引进，三联书店才下了决心。并且《邓小平时代》一书在美国销售近 3 万册，在哈佛历年出版的学术著作中是最畅销的一本，这也从另一个侧面反映出该书的质量。

引进《邓小平时代》是一个高风险的举动。事实上，连傅高义自己也不清楚这本书是否适合在中国大陆出版。这本书就是写给西方读者看的，傅高义并没打算在中国大陆出版。之所以能够使得《邓小平时代》简体版版权顺利引进，关键便在于三联书店牢牢抓住了作者傅高义的心理，取得作者的信任。三联书店在与作者的交流过程中，始终彰显自己"学术出版"的专业特性，众所周知，傅高义本人是一个"中国通"，他非常了解中国的现实情况，知道他的书在中国出版前要经过编辑的删改和处理。但傅高义是一个很坚持自己学术观点和立场的学者，一直在考虑能不能接受三联书店审稿以后给他提出的删改意见。之前傅高义一直坚持若要删改就宁可不出的立场，但是三联书店将"原则上尊重作者学术立场，保存作者的学术成果"的出版原则，在与傅高义合作之初就诚恳而明确地表达了出来。之后，作者详细分析当前中国学术图书市场现状，设身处地地从《邓小平时代》书稿内容出发，分析其在大陆出版所将遇到的一系列问题，并且以一系列问题为切入点，三联书店针对《邓小平时代》在大陆出版的整体环节，提出了几个适应不同出版条件下的出版策略，从而为《邓小平时代》顺利出版铺平了道路。正是通过三联书店这一系列为争取作者信任而采取的有效行动，才得以成功地将《邓小平时代》的简体版版权争取下来。①

2. 细究《邓小平时代》编辑与出版环节

三联书店在《邓小平时代》简体版的编辑过程中，同样下大力，细究编辑与出版环节。三联书店秉持着高度严谨的编辑修订的态度，把"尊重作者学术立场，保存作者的学术成果"作为整个编辑环节最为重要的一项根本原则。在《邓小平时代》简体版编辑的过程中，三联书店和香港中文大学共同成立了编辑小组，两组人员协同合作，从头至尾逐字逐句修订、校对。三联书店总体上把避免炒作、删减带有倾向性的评价及只作客观叙述等几项编辑标准落到工作实处，

---

① 郭倩. 解码《邓小平时代》：学术如何畅销 [N]. 中华读书报，2013–05–08.

为真正保证做到"改必有据",积极与中央文献研究室进行沟通商榷。同时,三联书店的编辑一直在跟作者傅高义沟通《邓小平时代》的删改问题,每一处细小的改动,都经过了双方的反复探讨。本书的编辑叶童每天都与傅高义通信,及时联系、沟通,将编辑小组的意见与建议传达给作者傅高义。在书稿修改的过程中,三联书店的编辑部门甚至曾将修改意见共计400多条和修改稿寄给傅高义先生。通过编辑部门与作者的细致沟通,相互举证,使得编辑终稿得到双方的认同。事后,傅高义曾一再感谢三联书店,说三联书店最大限度地保留了他的观点,没有硬改他一句话。

在出版环节上,三联书店的总编室、编辑部、出版部、美编室、市场营销部几乎全部参与了本书的出版工作。为了保证成书用纸印装的质量,防止盗版,三联书店选择以特制纸张为突破口,专赴山东龙口纸厂自行研制了80g纯质纸。三联书店原本计划只有精装书才采用80g纯质纸,平装本采用75g纯质纸,但为了不让读者诟病三联书店出版图书的纸张,三联书店对于平装本在保持定价不变的情况下仍然选择高价龙口纯质纸。《邓小平时代》精装版按成本预算应该定138元,但三联书店为了能够吸引读者,强行压低了10元。[①]可以说三联书店在编辑环节中,通过与权威专家的商讨、与作者的沟通,对图书内容和读者进行了细致的研究;在出版环节中,通过充分权衡成本控制、读者心理定位和印刷质量的利弊,对书名、定价等图书信息的细究,为《邓小平时代》一书在国内的出版打下了坚实的基础。

3. 着力《邓小平时代》的推广营销

其实,纵观《邓小平时代》一书火爆的市场销售现象,我们不

---

① 孙珏商报记者.《邓小平时代》破百万册销量没问题[N]. 中国图书商报,2013–01–22.

难发现该书自出版伊始，围绕该书的营销就已经通过各种有效渠道打响，这也为《邓小平时代》（简体版）一书的发行宣传发挥了最重要的作用。

三联书店在此书的营销推广阶段，借助了主流媒体宣传这一有效方式。三联书店在《邓小平时代》（简体版）出版前，便利用国内极具影响力的社刊《三联生活周刊》，特地为该书在 2013 年 1 月的第一期中配合邓小平"南行讲话 20 周年"这一主题进行了专号宣传，《三联生活周刊》几乎用了整整一期的篇幅来介绍这本书。在 2013 年 1 月 18 日，三联书店在北京、成都、深圳三个地方同时举办《邓小平时代》（简体版）一书的首发式。首发式前后，国内四大主流媒体集中对《邓小平时代》（简体版）进行了大力宣传，新华社连续发布了 10 篇新闻通稿，使包括《人民日报》在内的很多报刊进行了转载。中央电视台《面对面》节目和《新闻 1+1》节目先后做了两次关于傅高义的访谈。在此期间，三联书店投入了 34 万专项宣传资金，在《人民日报》《光明日报》两家报纸上为《邓小平时代》（简体版）打出了两个整版的宣传广告。此后，三联书店与作者傅高义合作在 3 月 31 日—4 月 27 日，在我国 10 个城市进行了 26 场包括巡回演讲、学术研讨和新书发布等活动。同时，为了提高全国各大书店对于《邓小平时代》（简体版）宣传的积极性，三联书店面向全国书店设立了围绕《邓小平时代》（简体版）的"码垛创意书店"评选和"优秀营销组织书店"评选两项有奖活动，并提供了可观的奖金，评选的优胜者最后可以由作者傅高义亲自发放奖金。

三联书店在推出《邓小平时代》（简体版）一书前期就认识到相同的书要运用不同的宣传方式，真正的畅销书要借助主流媒体，而且宣传推广要舍得投资。畅销书有畅销书的运作方法，拿到了畅销书，就得像对畅销书那样对待它。

《邓小平时代》（简体版）一书在营销推广出版过程中，三联书店在四个方面颇为用心，这也直接促使了该书在市场推广中的非凡表现，可以说这四个方面是其他出版社在图书营销推广阶段应该学习与重视的。

首先，抓准图书首发时机很重要，可以为图书的推出找到一个恰当的宣传话题，三联书店有意识地在"南方讲话"20周年背景下推出本书，借助邓小平"南行"深远的纪念意义，充分利用人们的情感共鸣，借机推此书；其次，三联书店动用一切可利用的资源，使得几大主流媒体介入该书的宣传推广活动，增加了此次宣传推广的力度和效果，加深了该书在读者心中的权威性和公信力；再次，对于图书的营销要舍得投入。《邓小平时代》（简体版）一书在营销阶段共投入70余万元，这种对图书的营销投入是该社前所未有的，虽然这对单本书来说是一个巨大的数字，但是与预测的回报相比，这一笔投入是必需的；最后，图书推广活动一定需要作者的配合。这就需要在出版前期与作者交流沟通打下坚实的情感基础，这条感情线在图书出版过程中是一脉传承的，如果想要在营销推广阶段得到作者的认同与配合，出版社就必须在各个环节向作者示以诚意。《邓小平时代》的作者傅高义也正是由于三联书店自版权引进以来始终如一的诚意，才使得傅高义能够帮助三联书店在该书后期营销推广阶段以83岁的高龄为其书如此卖力地奔走宣传而不辞辛劳。

四、精彩阅读

邓小平1904年生于四川省广安县牌坊村。他虽然出生于一个小地主之家，这个村子却为邓家的一个亲戚邓时敏而自豪。这个邓氏族亲邓时敏曾担任朝廷要员，位至大理寺正卿，专为皇帝和朝廷大员写折子。1774年邓时敏告老还乡，村里为他立了一座牌坊，并就此更村名为牌坊村。邓时敏及其兄弟确实成就不凡。当时这个3亿多人口的国家中每年只有一两千人能通过科考中举，邓时敏和他的两个兄弟却都通过了乡试。事实上邓时敏又连过两关，通过了会试和殿试，当上了京城的大官。

1926年至1927年邓小平在莫斯科时，在自己的个人简历中说，他的父亲同样望子成龙，盼着他能当上大官。这种梦想大概又因他母亲的因素而愈发强烈，因为她也有亲戚考取功名当上县令。在帝制中国，很多家庭，尤其是有亲戚当过官的家庭，若是有个聪明伶俐的孩子，都愿意含辛茹苦地加以培养，希望他能考取功名，光耀门楣。邓小平便是这样一个聪明伶俐的孩子，虽然他的父亲邓文明很少跟儿子相处，却在他读书求学上花了不少工夫。

邓小平的父亲忙于村子以外的活动，很少照料家事。他的原配妻子无后而死，15岁那年他又娶了比他大两岁的邓小平的生母。邓母头胎生了个女儿，然后生下邓小平，接着是邓小平的两个弟弟，最后生的女儿在10岁那年夭折了。邓文明后来娶的第三个妻子，生下一子后不久就死了，他又娶了第四个妻子夏伯根。邓小平的父亲最富有时，拥有近40亩地和几个帮他干农活及养蚕的长工。

邓文明在世时家道日衰。他是村里的秘密社团哥老会的首领，但大多数时间他都在离牌坊村三四里路以外的协兴镇和20里路以外的县城，或在重庆度过。他在1914年当上了广安警卫总办（又称团练局长）。他在协兴镇开过一家小饭馆，与一些长辈一起赞助过一所学校，他的儿子邓小平便是在这所学校里念书。但是，由于赌博输了钱，他不得不卖掉一些田地，几陷破产，再加上跟一位上司关系不好，他逃到了外地。不过，他仍然帮着邓小平念书。

据邓榕说，邓小平的母亲十分疼爱这个儿子。邓小平后来也回忆说，他非常敬重自己的母亲，父亲不在家时她总是悉心照料着家务；但是她在1926年便已去世，只活了42岁。毛泽东反抗自己的父亲，邓小平却没有，他只是疏远父亲而已。邓榕回忆说，在后来的岁月里，爸爸从来不提他自己的父亲（他死于1936年）。

当邓小平渐渐长大时，大人们并不清楚让孩子接受哪种教育最有利于前程。科举制在邓小平出生后的第二年便被废除，邓小平6岁时发生的辛亥革命又让朝廷的官僚制度寿终正寝。但是取代旧学的新式教育才刚刚起步，于是就像当时中国农村很多有天资的孩子一样，邓小平5岁那年的开蒙教育，是在牌坊村一个有学问的亲戚家中学习儒家经典。第二年他又转入协兴镇一家较大的私塾，继续学习那些经典，由此养成了背诵经书的能力。当时广安县有人口20万，但只有一所公立小学为有天分的孩子教授现代科目。邓小平想必在这里学得不错：他在11岁那年通过竞争激烈的考试，进入了离牌坊村20里以外的广安县高级小学，由父亲出钱成了那里的寄宿生。14岁时他又考入广安县初级中学（相当于美国的高中）。当邓小平15岁离开该校去重庆时，他在儒家经典以及数学、科学、历史、地理这些现代科目和写作方面，都已打下很好的基础。

一些进步教师提高了邓小平的爱国觉悟，1919年他年仅14岁就参加了作为"五四"青年运动一部分的示威活动。这场运动的起因是西方各国领导人在凡尔赛联手操纵第一次世界大战后的世界格局，要把德国过去在山东占领的胶州半岛转交日本而不是归还中国。这激怒了北京大学和燕京大学的学生，他们于1919年5月4日走上北京街头，不但抗议西方列强不尊重中国，而且抗议中国政府颟顸无能，没有维护中国的利益。

——节选自《邓小平时代》第一章

路遥 著

平凡的世界

第一部

茅盾文学奖皇冠上的明珠

激励亿万读者的不朽经典
深受老师和学生喜爱的新课标必读书

路遥塑造了七个家庭里数以几十的人物形象的众生相。贯穿了
在广大劳动人们巨大以人类的情结。——高智深

是是一个优秀的作家，相差一个志趣的评论家，总也一个炎诚
读人，相当至年交，看住了那段那么人的文学奖多本一起把过代人
的灵魂深处。——陈翔柳

书名：《平凡的世界》　　作者：路遥
出版时间：2017 年　　　　出版社：北京十月文艺出版社

一、作者简介

路遥，原名王卫国，陕西清涧人，中国当代作家。路遥的小说多为农村题材，描写农村和城市之间发生的人和事。1986年后，推出长篇小说《平凡的世界》第一部和第二部。1992年积劳成疾，在写完《平凡的世界》第三部后不久英年早逝。其代表作《平凡的世界》以其恢宏的气势和史诗般的品格，全景式地表现了改革时代中国城乡的社会生活和人们思想情感的巨大变迁，该作获得第三届茅盾文学奖。

由于路遥出生于陕北一个世代农民家庭，他的写作素材基本来自于农村生活，他始终认定自己是一个"农民血统的儿子"，是"既带着'农村味'又带着'城市味'的人"，他坚信"人生最大的幸福也许在于创作的过程，而不在于那个结果"。所以他认为"只有在无比沉重的劳动中，人才活得更为充实"。路遥始终以深深的故乡情结和生命的厚重去感受生活，以陕北大地作为一个沉浮在他心里的永恒的诗意象征，每当他的创作进入低谷时，他都是一个人独自去陕北故乡的"毛乌素沙漠"，在那里审视自己，观照社会。

二、畅销盛况

《平凡的世界》自1986年出版以来，广泛受到人民大众的喜爱和追捧，甚至在学界形成了"《平凡的世界》励志效应"。自1998年开卷"全国图书零售市场观测系统"建立以来，该书监控销量逐年攀升，仅2012年1月至11月，《平凡的世界》监控销量已达到1998年销量的37.9倍，3卷共90余万册。北京开卷信息技术有限公司数据显示，自1998年以来，共有95种《平凡的世界》进入开卷观测系统。

截至 2018 年，该书自出版以来累计印数超过 1700 万套，近 10 多年来，每年重印 100 万套左右。2015 年登上当当图书畅销榜第 5 名，2016 年当当图书畅销榜第 6 名，2017 年和 2018 年也都登上当当图书畅销榜榜单。笔者手中的 2017 年 5 月版截至 2019 年 2 月短短不到两年时间里重印 29 次，同时京东商城评论 30 多万条，当当网评论 90 多万条，在亚马逊 2018 年当代小说排行榜排名第 4 位，2020 年京东社会小说热卖榜第 1 名，2020 年当当社会小说畅销榜第 3 名，足以见得这套书的畅销盛况。

三、畅销攻略

（一）文风、主题与奖项

1. 现实主义的朴素写作风格

相信大多数人对《平凡的世界》一书并不陌生，这套书之所以如此畅销，与作者恪守传统现实主义的文风密不可分。路遥在写作该书之前做了大量的准备，深入小说故事发生所在地与当地人同吃同住，感受当地的一草一木；亲自下矿井体会人物孙少平的真实生活，描写出了孙少平平静的外表下一颗鲜活跃动的心……《平凡的世界》一书中的文字也许并不是最优美的，但它一定是富含哲理的，路遥在写作过程中用心观察现实，对自然和人们当代生活做出了准确现实的描绘，让读者在阅读过程中感同身受，唏嘘不已。这部著作摈弃了理想化的想象，用真挚朴实的情感和充满张力的质朴文字娓娓道来，通过细致地观察身边事物的外表，据实摹写，以体现出平凡的世界下不平凡的生活。

当今社会纷繁复杂，物欲横流，人们正需要这样的现实主义作品来洗涤思想，净化灵魂，这也是传统现实主义所带给人们的精神力量。读者已经看惯了"鸡汤"式的软文，这些只顾追求理想并未立足当下的文风，不疼不痒地萦绕在读者眼前，而《平凡的世界》之所以从出版以来30多年持续畅销，与作者朴素的现实主义文风是离不开的。

2. 作品主题符合中华民族主流价值观

主题是对内容的凝练，正所谓"内容为王"，对于一本书好坏的评测，图书内容是至关重要的一方面。把生活的苦难、残酷和卑微描写出来，并不是路遥的特色，许多中国作家都能这样做。但是把平凡世界里年轻人的贫穷和窘迫写得如此无辜和纯洁，才是路遥的高明之处。这部著作通过对孙少安、孙少平等一代年轻人对于苦难的不屈服，对于命运的不认输，深刻地体现出中华民族面对困难无所畏惧，迎难而上、勇往直前的传统美德。

"人们宁愿去关心一个蹩脚电影演员的吃喝拉撒和鸡毛蒜皮，而不愿去了解一个普通人波涛汹涌的内心世界"，路遥在作品中这样写道。平凡并不意味着平庸，它是每个生活在平凡世界中的人的必经之路，平凡的人们也许不像电影演员一样受人追捧、万众瞩目，但平凡的人们一定有着波涛汹涌的内心世界，对知识有极大的渴求，对未来有极高的憧憬。

中华民族的发展征程是在苦难中一步步向前推进的，面对困难我们不会选择退缩与放弃，正如小说中的人物一样，我们在各自平凡的生活中做着不平凡的事，时刻对生活充满信心，坚决抵制逆来顺受的心理，这种主题的传达正符合中华民族的主流价值观，弘扬了中华民族优秀传统，也一致受到主流意识形态的推崇，致使《平凡的世界》如此畅销。

3. 第三届茅盾文学奖"皇冠上的明珠"

在写这篇畅销书分析之前笔者曾认真思考过，如果想要去阅读一本优秀的文学类书籍，除了看排行榜我们还能以什么为评判准绳，笔者想到了该书获得的奖励。《平凡的世界》在1991年获得第三届茅盾文学奖，茅盾文学奖作为中国长篇小说的最高文学奖项之一，无疑在中国文学界拥有较高的声誉。第三届茅盾文学奖获奖作品只有五部，在浩如烟海的书籍中，《平凡的世界》能摘得桂冠，肯定有它的独到之处。正如我们看电影时会看豆瓣的评分一样，在阅读书籍时读者会将作品获得的奖项作为衡量作品好坏的因素之一，从而判断其是否值得购买。

4. 平凡的感悟：自我觉醒

这一点也许称不上图书能够畅销的重要原因，但却是笔者最想写进去的，它既没有经过营销团队刻意的营销策划，也不是作者为追求销量而有意迎合读者的阅读兴趣和思维方向。这是笔者个人通过三次通读这部著作得出的感悟：人们最终从群体的压迫到了自我觉醒的进化。

平凡在世间上演，世界在平凡中演绎。《平凡的世界》一书的书名就是对书中内容最好的总结。在自我觉醒的过程中我们可以看到，平凡贯穿着整部著作，比如，故事背景的平凡，人物形象和结局的平凡，写作手法的平凡，价值观的平凡……路遥曾说："我对中国农民的命运充满了焦灼的关切之情，我更多地关注他们在新生活过程中的艰辛与痛苦，而不仅仅是到达彼岸后的大欢乐。"路遥对人性的深度剖析值得我们思考，他对《平凡的世界》一书的全部构思都贯穿在政治斗争的大背景当中，但是他却有意让主人公远离政治漩涡，让他们从更平凡、更广阔的天地里获得生命的真谛，体味到平凡才是最好的答案。

平凡的世界里，每一个人都生活在不同的群体中，但我们不能被群体湮没，要敢于面对群体，勇于释放出自己的光芒，通过克服自身弱点走向自我觉醒。在这个光怪陆离的社会里，很多年轻人过分追求物质甚至由于利欲熏心不曾停下来看看自己走过的每一段平凡之路，导致这些人常常迷失自我。在社会大背景中，个人的奋斗也许显得微不足道，但通过个人的努力奋斗、正直善良以及常怀恻隐之心等优秀的品德最终能让你过上平凡的生活，而这也正是作者想要传达的思想——在平凡的世界中活出不平凡的自己。正因此，这部著作才能在平凡的世界里持续畅销，经久不衰。

（二）营销策略

1. 线上内容营销

当当网、京东商城及亚马逊网是读者常用于购买图书的三大渠道，读者选择网上购书并不仅仅是因为便利，还有线上图书商城的各种购书活动，比如打折，满减等，截至 2020 年 6 月 10 日，仅《平凡的世界》这套书在当当网上评论超过百万条，在京东商城上评论超过 50 多万条，都登上各自商城畅销书排行榜的榜单，读者如果从榜单选择购书，往往会带动这部作品的畅销。

此外，《平凡的世界》这套书的主题符合大众文化，在人们急于追求功名利禄的当今时代，在急速发展的互联网背景下，人们更需沉下心来学习书中人物坚忍、宽容、孝顺以及对知识的渴求和对未来的期待等优秀品质，从而引发自己对生活的感悟、对生命的思考。线上平台利用本书内容所要表达的主题对该书进行内容的营销。《平凡的世界》一书中的内容适合所有年龄段的人群阅读，线上平台抓住这一特点进行深度挖掘，努力开发本书的内容价值，使得这本书呈现出空前的畅销盛况。

2. 作者和出版社"人气"沿袭

作者和出版社的"人气"是经过时间的洗礼存留下来的，是衡量作品价值的标杆之一。北京十月文艺出版社是以出版文学艺术类图书为主的专业出版社，主要出版现当代文学艺术等作品，在已出版的600余种图书中，长篇小说《黄河东流去》《穆斯林的葬礼》等也荣获茅盾文学奖，对于注重出版社的读者来说，选择比较有名且具有相关专业的出版社出版的作品，更能凸显作品的价值所在。《平凡的世界》被称为路遥的"生命之作"，路遥在通过大量的背景调查和自身生活经历写成了这部百万字的巨作，读者在阅读本书之前，也许接触过路遥其他的文学作品，进而产生阅读这部作品的兴趣，这正是作者原本拥有的声誉和"人气"。北京十月文艺出版社出版的《平凡的世界》这套书继承了出版社和作者先前积累的关注点，使得这套书成为一部经典长销书。

3. 多重IP开发，反哺图书销量

（1）电视剧上映。《平凡的世界》共翻拍过两部电视剧，第一部在1990年由潘欣欣导演拍摄，第二部在2015年由毛卫宁导演拍摄，由于本篇主要分析2013年新版本的销量，从电视剧的IP开发角度进行主要说明。新版电视剧选择佟丽娅、袁弘、李小萌等知名度较高的演员分别饰演小说中重要人物，从而进行影视明星"圈粉"的营销策略，将这部伟大的著作搬上荧幕，2015年这部电视剧开播后，同样促进了图书销量的增长。

（2）话剧改编。2017年10月18日，陕西人民艺术剧院推出《平凡的世界》话剧剧目。该话剧由中国戏剧家协会副主席、著名剧作家孟冰执笔。孟冰在尊重原著的基础上，最大限度地保留了小说中的主要人物和情节线索，用文学名著舞台化的方法保留住经典，同时以舞台话剧的形式对小说的精神重新进行梳理，通过不一样的呈现方式，引发人们对现实生活的深刻思考，让这部作品在30多年后的今天依然焕发活力。

（3）音频和电子书的推出。如今在碎片化阅读的时代里，我们拥有不同的阅读方式，电子书的出现方便了我们的阅读，听书APP也对我们补充精神食粮提供了重要的平台支撑，这也是《平凡的世界》多种形式的IP开发之一，带动了这部著作的销量。

4. 名人和主流推荐，读者相互分享

（1）名人推荐。《平凡的世界》一书由多位名人推荐，如当当网宣传语为"新晋男神朱一龙推荐阅读"，清华大学校长邱勇推荐清华学子阅读时说道"希望你们在来到清华园之前，利用假期认真阅读这本书"，甚至马云也说"对我影响最大的人是路遥。是路遥的作品改变了我，让我意识到不放弃总有机会，否则我现在还在蹬三轮车呢"。还有学界名人陈忠实推荐道"路遥获得了这个世界里数以亿计的普通人的尊敬和崇拜，他沟通了这个世界的人们和地球人类的情感"，贾平凹甚至将路遥比作"夸父"，认为路遥的文学就像火一样燃出灿烂的火焰……如此多的名人推荐，不得不说这部作品之所以畅销至今，是有其自身的社会影响和价值的。

（2）主流媒体的推荐。《平凡的世界》被教育部列为新课标八年级必读课外书，还曾被中央电视台推荐为青年必读书目。经过教育机构的认可，可以为中学生长期提供，从而形成了广大而持久的市场。

（3）读者相互分享。笔者通过知乎、豆瓣上的书评分析得出，很多人读这部书是通过老师推荐、朋友推荐、父母推荐，同时，他们也愿意推荐给自己的朋友、同学，想必这也是图书销量增长的原因之一。

通过名人和主流媒体的推荐，能快速提高书籍的影响力并通过粉丝效应带动图书的销量，且教育部指定课外读物为该图书保持了长久的市场。读者之间相互推荐，扩大了图书的社会影响，进而提高图书的畅销数量。

四、精彩阅读

在离开这里的一天，他就设想了再一次返回这里的那一天。只不过，他做梦也想不到，他是带着如此伤痛的心情而重返这个城市的——应该是两个人同时返回；现在，却是他孤身一人回来了……

孙少平一直在桥上待到东关的人散尽以后，大街上冷冷清清，一片寂静，像干涸了的河流。干涸了，爱情的河流……不，爱的海洋永不枯竭！听，大海在远方是怎样地澎湃喧吼！她就在大海之中。海会死吗？海不死，她就不死！海的女儿永远的鱼美人光洁如玉的肌肤带着亮闪闪的水珠在遥远的地方忧伤地凝望海洋、陆地、日月星辰和他的痛苦……哦，我的亲人！

夜已经深了……

不知是哪一根神经引着他回到了住宿的地方。

城市在熟睡，他醒着，眼前不断闪现的永远是那张霞光般灿烂的笑脸。

城市在睡梦中醒了，他进入了睡梦，睡梦中闪现的仍然是那张灿烂的笑脸……笑脸……倏忽间成为一面灿烂的镜面。镜面中映出了他的笑脸，映出了她的笑脸，两张笑脸紧贴在一起，亲吻……

他醒了。阳光从玻璃窗户射进来，映照着他腮边两串晶莹的泪珠。他重新把脸深深地埋进被子，无声地啜泣了许久。梦醒了，在他面前的仍然是残酷无情的事实。

中午十二点刚过，他就走出旅社，从东关大桥拐到小南河那里，开始向古塔山走去——走向那个神圣的地方。

对孙少平来说，此行是在进行一次人生最为庄严的仪式。

他沿着弯曲的山路向上攀登。从山下到山上的这段路并不长。过去，他和晓霞常常用不了半个钟头，就立在古塔下面肩并肩眺望脚下的黄原城了。但现在这条路又是如此漫长，似乎那个目的地一直深埋在白云生处而不可企及。

实际中的距离当然没有改变。他很快就到了半山腰的一座亭子间。以前没有这亭子，是这两年才修起的吧？他慢慢发现，山的另外几处还有一些亭子。他这才想起山下立着"古塔山公园"的牌子。这里已经是公园了；而那时还是一片荒野，揽工汉夏天可以赤膊裸体睡在这山上——他就睡过好些夜晚。

他看了看手表，离一点四十五分还有一个小时；而他知道，再用不了二十分钟，就能走到那棵伤心树下。

他要按她说的，准时走到那地方。是的，准时。他于是在亭子间的一块圆石上坐下来。

黄原城一览无余。他的目光依次从东到西，又从北往南眺望着这座城市。这里那里，到处都有他留下的踪迹。

……

这是那片杏树林。树上没有花朵，也没有果实；只有稠密的绿色叶片网成了一个静谧的世界。绿荫深处，少男少女们依偎在一起，发出鸟儿般的喁喁之声。

他开始在路边和荒地里采集野花。

他捧着一束花朵，穿过了杏树林的小路。

心脏开始狂跳起来——上了那个小土梁，就能看见那个小山湾了！

在这一瞬间，他甚至忘记了痛苦，无比的激动使他浑身战栗不已。他似乎觉得，亲爱的晓霞正在那地方等着他。是啊！不是尤里·纳吉宾式的结局，而应该是欧·亨利式的结局！

他满头大汗，浑身大汗，眼里噙着泪水，手里举着那束野花，心衰力竭地爬上了那个小土梁。

他在小土梁上呆住了。泪水静静地在脸颊上滑落下来。

小山湾绿草如茵。草丛间点缀着碎金似的小黄花。雪白的蝴蝶在花间草丛安详地翩翩飞舞。那棵杜梨树依然绿荫如伞；没有成熟的青果在树叶间闪着翡翠般的光泽。山后，松涛发出一阵阵深沉的吼喊……他听见远方海在呼啸。在那巨大的呼啸声中，他听见了一串银铃似的笑声。笑声在远去，在消失……朦胧的泪眼中，只有金色的阳光照耀着这个永恒的、静悄悄的小山湾。

他来到杜梨树下，把那束野花放在他们当年坐过的地方，此刻，表上的指针正指向两年前的那个时刻：一点四十五分。

指针没有在那一时刻停留。时间继续走向前去，永远也不再返回到它经过的地方了……孙少平在杜梨树下停立了片刻，便悄然地走下了古塔山。

——节选自《平凡的世界》第三十三章

爱你 就像
爱生命

王小波 著

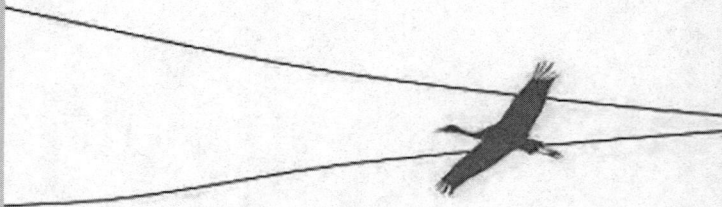

告诉你，一想到你，我这张丑脸上就泛起微笑。——王小波

我现在已经变成了一种习惯，就是每一二天就爱找你说几句不关时论人家的话，当然还有更多的话没有说出口尾，但是只要我想它明时了你的舒展，我来用到自己就高兴了，话也念么不着就重要了。我想我整个的灵魂都给你，连同它的怪癖，爱小脾气，忽明忽暗，一千八百种坏毛病，它真坏呀，只有一点好，爱你。

书名：《爱你就像爱生命》   作者：王小波
出版时间：2017 年   出版社：北京十月文艺出版社

一、作者简介

王小波，1952 年出生于北京，一位特立独行的作家，先后当过知青、民办教师、工人。1984 年，他曾在美国匹兹堡大学东亚研究中心求学，并获得硕士学位，在那两年里，他游历了美国各地和西欧诸国。而后与妻子李银河一同回国，先后在北京大学、中国人民大学任教。自 1997 年 4 月 11 日去世后，他的作品被人们广泛阅读、关注、讨论，并引发了"王小波热"的文化现象。

他的小说带领读者体验了现代汉语小说带给读者的前所未有的阅读快感，他让人们看到了一个完全不同的世界；他的杂文，幽默中充满智性，为读者打开一条通向智慧、理性的道路，被一代代年轻人奉为精神偶像。

作为中国大陆作家，王小波被誉为中国的乔伊斯兼卡夫卡，他的《黄金时代》和《未来世界》两次获得世界华语文学界的重要奖项"台湾《联合报》文学奖中篇小说大奖"。他的唯一一部电影剧本《东宫·西宫》获阿根廷国际电影节最佳编剧奖，并成为 1997 年戛纳国际电影节入围作品，这部作品使他成为在国际电影节为中国拿到最佳编剧奖的第一人。除此之外，王小波的作品每一本都堪称经典，被人们一遍遍传阅，比如，小说《黄金时代》《白银时代》《青铜时代》《我的精神家园》《沉默的大多数》《黑铁时代》等，这些作品被誉为"中国当代文坛最美的收获"。

二、畅销盛况

王小波被人称为"自由骑士""行吟诗人"，他专情又浪漫，写给妻子李银河的书信一直以"网络手抄本"的形式广为流传。《爱你就像爱生命》的前半部分是王小波写给李银河的情书，后半部分是李银河写的回信，仿佛是一段强烈的呼唤有了爱的回应。

1997年的4月11日，王小波因突发心脏病在家中去世。2004年5月，王小波与李银河的情书集《爱你就像爱生命》由朝华出版社首次出版发行，让人们看到了自称是"特立独行的猪"的丰富的情感世界。

此书一经出版，"王小波式的恋爱"在网络上迅速走红，某种意义上此书与王小波作为"撩妹高手"的新形象相关，让王小波荣升为网友的恋爱专家与浪漫导师。自出版至今，《爱你就像爱生命》仍被广大读者追捧阅读，是每年畅销排行榜上的常客，也是王小波作品中卖得最好的。从当当网、亚马逊、京东等电商巨头上显示，有至少10个版本仍在动销。每年情人节，各大书商都会为其打上"情人节必读"的名号进行促销。

笔者所选择研究的是由北京十月文艺出版社出版、新经典出品的2017年9月的第1版，短短两个月时间重印了2次。截至2020年6月10日此版本在当当文学畅销榜排名17位，商品评论6万多条。

三、畅销攻略

此版本能在众多版本中脱颖而出，笔者认为有以下几个重要原因。

（一）"王小波热"的名人效应

"娱乐是人的本能"，关注名人是人的本性。名人的生活工作是大众关注的焦点，相关主题的图书或者由名人著作的图书具有畅销的潜质。名人因为在某一方面的特殊禀赋或者非凡成就而得到了大众的普遍认同。从大众心理的向度来分析，人天生都有出名的欲望，即使现实中无法成就功名，潜意识中的名人情结仍然挥之不去，这种下意识的渴望反映在现实生活中就表现为对名人的崇拜、追逐和效仿。在出版领域，便反映为利用名人的影响力来调动市场人气，因此名人效应是永不过时的卖点。

王小波的作品从未因时间的流逝而淡出人们的视线，"王小波热"每隔一段时间就会被媒体重新炒热，此版本正是为了纪念王小波逝世20周年来出版的。

1. 王小波的逝世让其作品受到极大关注

1997年，王小波的死使得人们发现了一位特立独行的自由思想家。他的小说、杂文集、剧本甚至生前照片、情书都成为书商们挖掘的图书资源。他的去世被媒体评为1997年十大名死之一，著作也被评为1997年十大有影响的著作之一。但王小波生前并没有多少名气，而且遭受了长时间的冷遇。作为一名作家，他写的书并不畅销，甚至有的书稿因为他对性的一些直白描写触犯了当时社会的尺度而不能出版，因此，王小波不能靠写作养活自己。

王小波死后，突然声名鹊起，作品得到了国内外广泛的关注和报道，世人无不惊叹于他的才华，他成为"70后""80后"心中追求精神自由的一面旗帜，以《时代三部曲》《我的精神家园》的出版为标志，社会上迅速掀起了"王小波热"。正因为如此，《爱你就像爱生命》这本书出版后才会受到如此热烈的反响，王小波的形象早已超越了文学层面，成为一种文化现象。人们模仿他思考，模仿他书写，模仿他说情话。

2. 王小波与李银河的爱情故事是急躁时代的美好理想

21世纪是个急躁、功利的时代，人们开始对爱情产生了淡漠、游戏的消极态度，而《爱你就像爱生命》的出现，让人们体会到纯情复归后的美好爱情。

回想起70年代初到80年代的书信，在那个男女谈恋爱都要互称"同志"，以及爱情被表达成"共同组建家庭建设社会主义新中国"的年代，王小波对李银河的爱意却是"我是爱你的，看见就爱上了，我爱你爱到不自私的地步"，以及"我把我整个的灵魂都给你"，等等，王小波用他最真挚的语言毫不掩饰地说出了他对李银河的爱意。

一个名不见经传的作家在逝世后突然间成为媒体和各界人士评论关注的焦点，成为一种风潮。在他的作品被世人捧读的背后，是李银河一边不遗余力地整理遗稿，一边努力地宣传、推广他的作品。王小波能在去世后轰动文坛，成为"中国的卡夫卡"，李银河的付出功不可没。李银河作为王小波生前的妻子与精神伴侣，始终主导着王小波这部作品的出版（再版）与宣传动向。每次当她出现在大众视野里，人们总是会把她和王小波这段被写在五线谱上的那些率真而充满灵光的情话联系在一起。

李银河在"王小波之夜"朗读分享会上说："从《爱你就像爱生命》是王小波卖得最好的一本书可以看出，在'王小波现象'当中，我们的爱情故事也的确是一个无法忽视的内容。"

3. 大众对名人的情书有强烈的好奇心

人类在各种交往活动中，都离不开一个"情"字，有了文字，便有了情书。到了现代，许多著名的作家在恋爱的过程中都留下了一些具有时代特色和浪漫气息的"情书"。情书，作为情人之间情感交流的产物，具有一定的隐私性，特别是名人的情感故事更能引起大众的一种"窥私"心理，从而产生强烈的好奇心驱使大家阅读。

例如，鲁迅和许广平的《两地书》是为人们津津乐道的情书集之一，这部情书集完整地记录了鲁迅和许广平两个人由相识、相知到相爱的全过程，展示了他们爱情之旅的多姿多彩，折射出了那个特定时代的社会心理与文化语境的丰富意蕴，加上作者笔下呈现出的卓尔不群的爱情手法和"妙笔生花"的细腻传神，使这部情书集具有了较高的史料价值、文学价值和审美价值。

而《爱你就像爱生命》也是一本"两地书"，书中收录了王小波生前从未发表过的与李银河的书信，书中包括他们婚后与其他朋友的书信往来，这样的内容瞬间拉近了读者与王小波的距离，让人感觉十分亲切。《爱你就像爱生命》一书里不乏真挚动人的情感表白，同样还有夫妇二人对于书籍、诗歌乃至人生、社会的看法。这也是引起大众好奇的重要部分，人们通过情书这样私密的书信形式去更进一步地了解王小波与李银河二人的感情世界。

（二）王小波式情话

王小波是当代文坛上一个特立独行的奇趣存在。他是一位散文的奇才、随笔的怪杰，他的文字闪耀着思想的光芒。当这样的王小波写起自己的爱情故事时，更是无人能及的浪漫。

《爱你就像爱生命》最大的特点在于这并不是王小波的"正经"作品，没有严肃没有沉重，这是一本他与妻子述诉甜蜜的书信集，是王小波不为人知的另一面，大众都想知道这么有个性的王小波的情感故事是什么样的。而这样的反差正是这本书畅销的很大一部分原因。

"一辈子很长，要和有趣的人在一起"，这句话就出自于王小波。而他自己，也是对"一个有趣的灵魂"的真正阐释。王小波有着天马行空的浪漫、玩世不恭的戏谑和字里行间的黑色幽默，这正是人们深爱着他的原因。

而这份浪漫也在《爱你就像爱生命》中得到了充分的体现，"你好哇，李银河……"王小波每每致信李银河总是这样开头，字里行间透出类似孩子般的对爱的渴望与无助。

王小波是这样形容爱情的："我和你就像两个小孩子，围着一个神秘的果酱罐，一点一点地尝它，看看里面有多少甜。"他这样表达自己的爱："我会不爱你吗？不爱你？不会。爱你就像爱生命。"他会把自己深爱的女人比喻成自己的良心："我发觉我是一个坏小子，你爸爸说得一点也不错。可是我现在不坏了，我有了良心。我的良心就是你。"

通过这些书信，王小波的人物形象变得生动可爱起来，他不再是大文豪，他只是一个会对着心爱的人乐呵呵傻笑的大男孩。

对于这本书为何畅销，王小波生前的编辑、知名编剧李静也给出了自己的观点："这本书可以肯定是一本长盛不衰的书，因为这个书没有阅读门槛，它不挑人，任何识两千字的人都能看懂，它不像小波有的小说那么难以领会，也不像杂文需要懂得那么多社会和历史背景，这个完全是两个人之间，两个灵魂的吸引，很容易读懂。而且这本书会唤醒人们心灵深处的那种热恋的情感，完全纯粹情感的那种激情，它在现代这个很物质的时代，就是一股清泉，这个清泉不会枯竭，你只要打开书，你看到它那么自由奔放地、非常随便地、又像孩子一样地诉说就可以。"

（三）"新经典"出品是保障，李银河亲自还原最真实版本

在这个浅阅读、碎片化的时代，定义图书价值的标签逐渐从传递文学价值过渡到单纯以排行榜、销售码洋、口碑热度来衡量。于是出版社的价值取向一度单纯以追求图书热度销量等经济指标为主

体，图书文学价值的探讨变得式微。在大环境注重经济效益考核的背景下，"新经典"始终坚持回归图书本身文学价值的理念，这在大环境下便显得弥足珍贵。

2016年，"新经典"取得王小波作品的独家全版权，此次版本的《爱你就像爱生命》，新经典以做经典文学的专业态度，花大力气进行了重新编辑修订，资深专家审稿，李银河亲自全书校订，修正了20年来各个版本内容中存在的以讹传讹的问题。

关于《爱你就像爱生命》一书，李银河提供了全部的原始手写信件，编辑进行了逐字逐句的对照，以保证对王小波文字最大程度的还原和尊重。编辑在对照过程中修正了大量的错误，比如169页（"新经典"版）原稿是"国内旧友还是老样子"，各版本都是"国内的友还是老样子"，这样语意不通的问题存在了20年，如此的错误还有数十处。

李银河说，这个版本是最用心的版本、最肯定的版本。

（四）亲手书信复刻，传说中的五线谱书信初见读者

在这次的新版本中，李银河提供了珍藏多年的她和王小波写在五线谱上的原始信件，并随书附赠了两封原始书信的复刻，三页五线谱情书装进了信封里，两页是王小波写的，一页是李银河所书，字迹清晰，足以乱真。李银河更是在信封上手书寄语："小波，二十年了，你在天堂过得可好？"让人无限感慨。

王小波和李银河清晰的笔迹，让读者更直接地感受到两个人对自由爱情的追求和奔涌的热情。当年两个人又都是内心情感丰富的人，总觉得有很多话要对对方说，可是又没有电话、网络，怎么交流和沟通呢？只能通过写信的方式了。五线谱情书的来由是因为有一次王小波把书信写在了五线谱上。在那封信中他的第一句话是这

样写的："做梦也想不到我会把信写在五线谱上吧。五线谱是偶然来的，你也是偶然来的。不过我给你的信值得写在五线谱里呢。但愿我和你，是一支唱不完的歌。"

李银河说："现在再读他写给我的那些情书，我就觉得更像一件艺术品。他的表达除了对我个人的情感以外，还有一种审美意义。"

（五）李银河出席新书发布会为书造势

此版本的《爱你就像爱生命》一书于 2017 年 9 月 12 日在北京三里屯 Page One 书店内举办了新书发布会，李银河与王小波生前的编辑、知名编剧李静，各自畅谈了自己心目中的王小波。

出版方和作者通过微博、微信组织粉丝以及读者参与线下的发布会、读书会、签售活动、同城交流等活动作为线下营销的主要方式。这种方式有助于作者和出版方建立起与核心读者的紧密关系，增强读者黏性。出版方可以在活动过程中将企业的产品信息、发展理念等传达给读者，作者可以通过这种途径，将自己的创作主旨、心路历程、生活感悟等分享给读者和媒体，以拉近与读者的距离，制造媒体新闻，保持作者本人和图书的话题热度。《爱你就像爱生命》是由李银河在王小波逝世后收集整理的书信集，她是这本书最"亲密"的人，她相当于作者的身份。几乎每一个版本的新书发布会上，李银河都会到场为此书造势。

在此版本的代序"爱情十问"中，"新经典"征集了读者想对李银河提出 10 个有关于爱情的问题作为此书的亮点。在发布会现场，李银河也分享了她对爱情以及婚姻的看法，鉴于她是一位言论引人注目、活跃在学界和大众之间的社会学家、性学者，李银河的到场总是能吸引一大批读者。

四、精彩阅读

最初的呼唤

以下书信写于一九七八年李银河去南方开会期间，当时李银河在《光明日报》报社当编辑，王小波在西城区某街道工厂当工人。

1

你好哇，李银河。你走了以后我每天都感到很闷，就像堂吉诃德一样，每天想念托波索的达辛尼亚。请你千万不要以为我拿达辛尼亚来打什么比方。我要是开你的玩笑天理不容。我只是说我自己现在好像那一位害了相思病的愁容骑士。你记得塞万提斯是怎么描写那位老先生在黑山里吃苦吧？那你就知道我现在有多么可笑了。

我现在已经养成了一种习惯，就是每三二天就要找你说几句不想对别人说的话。当然还有更多的话没有说出口来，但是只要我把它带到了你面前，我走开时自己就满意了，这些念头就不再折磨我了。这是很难理解的，是吧？把自己都把握不定的想法说给别人是折磨人，可是不说我又非常闷。

我想，我现在应该前进了。将来某一个时候我要来试试创造一点美好的东西。我要把所有的道路全试遍，直到你说"算了吧，王先生，你不成"为止。我自觉很有希望，因为认识了你，我太应该有一点长进了。

我发觉我是一个坏小子，你爸爸说得一点也不错。可是我现在不坏了，我有了良心。我的良心就是你。真的。

你劝我的话我记住了。我将来一定把我的本心拿给你看。为什么是将来呢？啊，将来的我比现在好，这一点我已经有了把握。你不要逼我把我的坏处告诉你。请你原谅这一点男子汉的虚荣心吧。我会在暗地里把坏处去掉。我要自我完善起来。为了你我要成为完人。

现在杭州天气恐怕不是太宜人。我祝你在"天堂"里愉快。请原谅我的字实在不能写得再好了。

2

你好哇,李银河。今天我诌了一首歪诗。我把它献给你。这样的歪诗实在拿不出手送人,我都有点不好意思了。

今天我感到非常烦闷

我想念你

我想起夜幕降临的时候

和你踏着星光走去

想起了灯光照着树叶的时候

踏着婆娑的灯影走去

想起了欲语又塞的时候

和你在一起

你是我的战友

因此我想念你

当我跨过沉沦的一切

向着永恒开战的时候

你是我的军旗

过去和你在一块的时候我很麻木。我有点两重人格,冷漠都是表面上的,嬉皮也是表面上的。承认了这个非常不好意思。内里呢,很幼稚和傻气。啊哈,我想起来你从来也不把你写的诗拿给我看。你也有双重人格呢。萧伯纳的剧本《匹克梅梁》里有一段精彩的对话把这个问题说得很清楚。

息金斯：杜特立尔，你是坏蛋还是傻瓜？

杜特立尔：两样都有点，老爷。但凡人都是两样有一点。

　　当然你是两样一点也没有。我承认我两样都有一点：除去坏蛋，就成了有一点善良的傻瓜；除去傻瓜，就成了愤世嫉俗、嘴皮子伤人的坏蛋。对你我当傻瓜好了。祝你这一天过得顺利。

——节选自《爱你就像爱生命》第 9~11 页

草房子

曹文轩 著

曹文轩纯美小说系列

明天一大早，一只大木船，在油麻地达未醒来时，就将载着桑桑和他的家，远远地离开这里——他将永远地告别与他朝夕相伴的这片金色的草房子……

凤凰出版传媒集团
江苏少年儿童出版社

书名：《草房子》 作者：曹文轩
出版时间：2016年 出版社：凤凰出版传媒集团 江苏少年儿童出版社

一、作者简介

曹文轩，江苏盐城人。中国作家协会全国委员会委员，北京市作家协会副主席，北京大学教授、博士生导师。

主要文学作品集有《忧郁的田园》《红葫芦》《追随永恒》《甜橙树》等。长篇小说有《山羊不吃天堂草》《草房子》《红瓦》《根鸟》《细米》《青铜葵花》《天瓢》以及"大王书"系列、"我的儿子皮卡"系列和"丁丁当当"系列等。作品被译为英、法、德、日、韩等文字。

曹文轩获国内外权威学术奖、文学奖四十余种，其中包括国际安徒生奖、国家图书奖、"五个一工程"优秀作品奖、中国图书奖、全国优秀儿童文学奖、宋庆龄儿童文学奖小说类金奖、冰心文学奖大奖、影响世界华人大奖、吴承恩长篇小说奖等奖项。

二、畅销盛况

《草房子》是作家曹文轩创作的一部长篇小说。作者曹文轩根据自己的亲身感受和经历，在1995年开始创作本作品，1998年《草房子》在江苏少年儿童出版社（下文简称"苏少社"）出版，此后畅销不衰。

截至2018年，《草房子》的版权已输出到韩国、日本、德国、意大利、越南等8个国家，2020年《曹文轩画本·草房子》（斯瓦希里语版）顺利出版，而版本将陆续发行至南非、坦桑尼亚、肯尼亚、乌干达等国，《草房子》无疑成为我国儿童文学版权输出的代表之作。《草房子》出版后曾荣获"冰心儿童文学奖"、中国作家协会第四届全国优秀儿童文学奖、第四届国家图书奖，并入选"百年百部中国儿童文学经典书系"。

在"苏少社"2018年度发行量排行榜上，曹文轩纯美小说系列位居榜首，发行量为 650 万册。在 2018 年开卷少儿类畅销书 TOP10 榜单上，《草房子》位居第三，2020 年开卷少儿类畅销书排行榜第二十一。

三、畅销攻略

《草房子》各版本（按出版年份排序）

作品名	出版社	年份	定价（元）
《草房子》	天天出版社有限责任公司	2011/10	22.00
《曹文轩画本——草房子套装》	长江少年儿童出版社	2014/4	180.00
《曹文轩小说阅读与鉴赏·草房子》	北京少年儿童出版社	2014/6	24.80
《曹文轩儿童文学获奖作品》	安徽少年儿童出版社	2014/10	108.00
《草房子》（当当网定制版）	天天出版社有限责任公司	2015/3	25.00
《草房子》（赏读本）	北京教育出版社	2015/4	22.80
《曹文轩经典品读书系》（套装共 4 册）	人民邮电出版社	2015/5	91.20
《草房子》（世界著名插画家插图版）	中国少年儿童出版社	2016/1	39.80
《草房子》	江苏少年儿童出版社	2016/4	22.00
《2016 版百年百部中国儿童文学经典书系·草房子》	长江少年儿童出版社	2016/4	25.00
《2016 年国际安徒生奖得主曹文轩作品精选集》（共 16 册）	中国少年儿童出版社	2016/4	331.00
《曹文轩经典长篇小说礼盒》（套装共 7 册）	江苏少年儿童出版社	2016/7	150.00
《草房子》（国际安徒生奖精装纪念版）	天天出版社有限责任公司	2016/8	48.00
《曹文轩纯美系列作品集》（套装共 8 册）	江苏少年儿童出版社	2017/4	172.00
《国际安徒生奖大奖书系：草房子》	安徽少年儿童出版社	2018/6	28.00

作品名	出版社	年份	定价（元）
《草房子》（20年纪念版 精装本）	江苏少年儿童出版社	2018/6	49.00
《曹文轩文集精装典藏版》(礼盒装)	天天出版社有限责任公司	2018/7	398.00
《草房子》（10年荣誉典藏纪念版）	江苏少年儿童出版社	2018/8	35.00
《曹文轩经典作品朗读本》	长江文艺出版社	2018/8	208.00
《草房子》（朗读版）	中国少年儿童出版社	2018/9	29.50
《草房子》（国礼版）	天天出版社有限责任公司	2018/12	198.00
《草房子》（精装典藏版）	天天出版社有限责任公司	2019/3	49.00
《木头马引读者·曹文轩唯美童话精选——草房子》	江苏凤凰文艺出版社	2019/4	26.00
《凤凰引读者·曹文轩唯美童话精选——草房子》（名家导读版）（随赠名家导读手册）	江苏凤凰文艺出版社	2019/8	25.00
《曹文轩画本·草房子》（精装典藏版）	长江少年儿童出版社有限公司	2019/11	188.00
《曹文轩纯美长篇小说·草房子》（精装典藏版）	江苏少年儿童出版社	2020/7	38.00
《新中国70年70部长篇小说典藏·草房子》	江苏少年儿童出版社	2020/8	27.00
《曹文轩儿童文学系列·草房子》（完整彩图版）（上、中、下）（全3册）	长江少年儿童出版社有限公司	2020/12	60.00
《百年百部儿童文学经典书系·草房子》	内蒙古教育出版社	2021/4	30.00

笔者选择江苏少年儿童出版社2016年4月的版本作为畅销案例进行研究。

（一）慧眼识珠，当机立断

"这哪是草房子，这是金房子啊。"《草房子》的策划组稿人刘健屏曾这样激动地对读者说。说起《草房子》在童书市场的赫赫战绩，笔者不能不先从它的诞生说起。那是 1997 年的一次"偶然"，当时曹文轩和刘健屏因为出差而住在一个房间，曹文轩向刘健屏谈了谈自己刚完成的小说《草房子》，刘健屏立刻就被那朴素而意蕴深长的故事所吸引，遗憾的是曹文轩告诉刘健屏这本书已经被别的出版社预定了，刘健屏当然不甘心，凭着和曹文轩多年的交情，刘健屏对曹文轩"软硬兼施"，终于将《草房子》"抢"了回来。刘健屏曾说："凭我当编辑多年的敏感和直觉，我认为这是一部极佳的儿童文学作品。然后开会那几天，我心里就一直在默默盘算，一定要把稿子从那家出版社'拿'过来。"这次出差，意外地将曹文轩和苏少社联结了起来，此后的十几年，曹文轩和"苏少社"多次合作，结下了深厚的友谊。

在笔者看来，那次"偶然"的背后其实是有着充分准备条件的一次"必然"，刘健屏拥有编辑所必须具备的一种素质——"发现力"，优秀的编辑必定有着俯瞰全局的优点，创作出一本好书难，发现一本好书更难。世有伯乐，然后有千里马，作为伯乐的编辑，要想从四面八方寄来的稿件中挖掘出一块金子，除了汗水，还需要一种更上一层的视野。在听完曹文轩的叙述后，刘健屏能在第一时间意识到这部作品的"特别"之处，这种如狼一般敏锐的嗅觉让他明白"金色的《草房子》将在书架上站立 50 年，100 年，甚至可以流芳百世"。机会可遇不可求，刘健屏当机立断，下定决心要将这部作品收入囊中。事实证明，刘健屏的眼光非常准，回到南京后，刘健屏立即将这部作品交给祁智编辑和郁敬湘编辑，并由姚红进行装帧设计。在 1998 年的春天，苏少社将《草房子》推入市场，由此，创造出儿童文学畅销的奇迹。

（二）内容为王，主题庄重

1. "生死离别"总是情，哀而不伤的苦难哲学

"文学写了上百年，上千年，其实做的就是一篇文章，生死离别。"曹文轩在中央电视台推出的文化情感类节目《朗读者》中这样对观众说道。《草房子》里蕴含着浓浓的情，这种情刻骨铭心，让笔者久久地沉浸在这朴素故事中无法自拔，亲情、友情、爱情，曹文轩以极具悲悯感的笔调向读者勾勒出一幅幅在油麻地小学中展开的生死离别图卷，人与人间的隔膜、人类自身的孤独、理想与未知的命运，种种悲欢离合尽情显露在画卷的各个角落，无论是谁，都能在这幅画卷中寻到自己的影子。"我去一个小学校作讲座，一个孩子追问我：你的作品都是写你的过去，为什么不能写一写我们的现在呢？我反问那个孩子，难道你和我，作为人有什么不同吗？人没有在本性上有什么改变呀！现在的人是人，从前的人也是人。说到底，文学是写人性的，而既然是人性，那就是不会改变的，人性改变了，就不是人了。我坚信这一点：文学的最后深度是人性。"曹文轩所说的人性，在笔者看来就是一种人类共有的"情"，也就是人的悲欢离合、生死离别。

除了浓情，曹文轩笔下还透出一种哀而不伤的苦难哲学。《草房子》中的人物无不遭受苦难，"我喜欢在温暖的忧伤中荡漾，绝不到悲痛欲绝的境地里去把玩，我甚至想把苦难和痛苦看成是美丽的东西，正是它们的存在，才锻炼和强化了人的生命；正是它们的存在，才使人领略到了生活的情趣和一种彻头彻尾的幸福感"，书中的人物，在苦难中拼搏，在苦难中坚强、在苦难中成长，正如曹文轩所提倡的观念：给孩子写书的人不必装作小孩。成长是每个人必经的主题，成长的苦难孩子有，成年人依然有，或许，在遭受苦难后获得的成

熟才是一个人真正的"成长"，那种勇气和坚强绝不是所谓的成功和安逸的日子能给予得了的。

2. 自传性质，真情流露

在《朗读者》节目现场，主持人董卿曾问曹文轩："《草房子》中的小男孩桑桑和校长桑乔是以您和您的父亲为原型吗？"曹文轩回答道："您完全可以把里头的桑桑看成是一个叫曹文轩的男孩。"在某种程度上，《草房子》是一部曹文轩的自传，书中的事情大都是曹文轩的真实经历，那些活灵活现的人物也大都真实存在，这也就不难解释那些百转千回的故事为何能如此真实、切情。曹文轩幼时家中极其贫穷，作为小学校长的爸爸成为了曹文轩进入文学殿堂的一把钥匙，那段水乡的童年成为《草房子》的原型，在曹文轩看来，记忆力同想象力一样不可忽视。油麻地小学是曹文轩的记忆，秃鹤是曹文轩的记忆，纸月是曹文轩的记忆，白雀是，秦大奶奶是，杜小康也是，那幅画卷就是曹文轩的童年记忆，曹文轩认为："对于作家而言，记忆力比想象力更加重要。对历史的记忆、对现实的记忆，被记忆的东西，往往是超越想象力的。"

《草房子》活在曹文轩的记忆里，活在你我的想象里，那幽静、美丽的水乡，那茂密厚实的芦苇，那金黄色飒飒作响的麦浪……环境往往潜移默化地影响着人的性格，而命运又始于性格，曹文轩本人的处世方式和美学态度里就流淌着水的气息，他说："我之所以不肯将肮脏之意象、肮脏之辞藻、肮脏之境界带进我的作品，可能与水在冥冥之中对我的影响有关，我的作品有一种（洁癖），再其次，是水的弹性，我想，这个世界上再也没有比水更具弹性的事物了，遇圆则圆，遇方则方，它是最容易被塑造的，水是一种很有修养的事物。"

3. 庄重的仪式感

"我一直将庄重的风气看成是文学应当具有的主流风气。一个国家、一个民族的文学，应当对此有所把持，倘若不是，而是一味地玩闹，一味地逗乐，甚至公然拿庄重开涮，我以为这样的文学格局是值得怀疑的。"面对如今儿童文学市场"上天入地、星际穿越、装神弄鬼"的写作风格，《草房子》无疑给大家做了一个榜样，朴素的语言、真实的人物，处处显真情，这种真挚的文字正是儿童文学市场所缺少的。曹文轩常常说："给孩子写书的人，别忘记一个责任：你的文字不仅仅是对孩子阅读水平的顺应，同时还是对孩子阅读能力乃至对孩子叙述、认识这个世界的能力的提升。"文学可以体现更深刻的东西，人与人之间的交往、人与命运的搏斗、人与自然的共处，文学的庄重感实则源于一种"真"的态度，"认真""真诚""真实"……唯有这样的文字才能"安抚你因在这个社会拼搏而伤痕累累的心；帮助你焦躁不安的灵魂得到安宁；让你成为一个有情调的人，一个不同于俗人的雅人，提高生命的质量"。

　　阅读《草房子》是一次很美的阅读体验。哪里美？什么美？在笔者看来，美就美在它的仪式感，曹文轩赋予各种物以特定意义，事和物、人和物一一匹配，融为一体，看似写物实则写人、写事，绵绵悠长、余音绕梁、如诉如泣的笛声实则是白雀与蒋一轮的爱情，苦涩、坚韧的苦艾实则是秦大奶奶的化身，经历繁华与破败的红门实则是杜小康的家庭……"纯洁的月光照着大河，照着油麻地小学的师生们，也照着世界上一个最英俊的少年……"（第一章 秃鹤 结尾），"墓前，是一大片艾，都是从原先的艾地移来的，由于孩子们天天来浇水，竟然没有一棵死去。它们笔直地挺着，在从田野上吹来的风中摇响着叶子，终日散发着它们特有的香气"（第四章 艾地 结尾），"悠长的笛声，像光滑的绸子一样，还在春天的田野上飘拂……"（第七章 白雀 结尾），曹文轩特地以环境描写作为故事的结尾，读来甚美，意蕴深长，充满仪式感。

4.诗化的语言，朴素的阅读

审美，是曹文轩写作时十分重视的维度，语言的美、文字的美、文学含义的美、思想的美、感情的美，审美力对个人的成长起到至关重要的作用，因此曹文轩对于语言文字的使用十分讲究，他追求的是一种"诗性"。读《草房子》仿佛是在读诗，有节奏，有韵律，这种语言文字的美让读者产生一种最纯粹的文字愉悦感，除了浅层的文字愉悦，文字背后的思想、情感更能给读者一种美的感受，正如曹文轩对世界级的文豪托尔斯泰的形容："在他的作品里头，不只有一个纬度，他有深刻的思想，又具有很好的审美功能，还有非常深厚的悲悯情怀。这些纬度非常完美均衡地结合在一起。"儿童文学若是有这种审美态度，作品就不仅仅是为孩子量身打造，同样也可供成年人阅读。

《草房子》一书从想法萌生到最后推向市场，用了七八年的时间，在这期间，曹文轩绝大部分都在打腹稿，漫长的积累后，呈现在我们眼前的是朴实到极致的文字。在经历如此长时间的考虑后，曹文轩依然选择了用最简单、朴素的语言来讲述故事，这绝非是没有原因的，华丽的辞藻恰恰掩盖住了"情"本身的香味，而最能触动人心灵的，往往是不加修饰的最朴实的文字。曹文轩用悲悯的古典温情、哀而不伤的笔调、朴实无华的文字，淡淡地叙说着坚忍不拔和自强不息的生命历程。

（三）打造品牌和名人作家

打开苏少社的官网，首页便是"曹文轩儿童文学奖"征稿启事，"曹文轩从苏少走向世界"是苏少社直击国际安徒生奖颁奖礼而打出的口号，显而易见，曹文轩是苏少社头牌作家。可以说，曹文轩成就了苏少社，同样，苏少社也成就了曹文轩。

苏少社是如何成功地将曹文轩的作品做成儿童文学品牌的？笔者认为有以下三点：

1. 全力支持作家，精心打造作品

诚信是苏少社和曹文轩多年来合作的重要前提。出版社对于曹文轩的创作是全力支持的，两者之间相互尊重、彼此信任，共同致力于高质量作品的打造，这种理念的一致性让出版社和作家合作得更有默契、更有活力、更长久。

2. 准确定位、占领市场

在构思作品前，作家和出版社需要对市场有着清晰明确的认识，详细分析作品的受众定位、产品定位、特色定位、服务定位，江苏少年儿童出版社给曹文轩作品的定位是成年人也可以阅读的儿童文学作品。作者通过写人的基本欲望、基本情感、基本行为方式、基本的生存处境，以生死离别、游驻聚散、悲悯情怀、厄运中的相扶、困境中的相助、孤独中的理解、冷漠中的温馨与情爱来感动读者。

3. 打造系列图书，形成特定作家"作品群"

苏少社在1998年出版《草房子》，在2005年5月进行第一次重大改版，以《草房子》为代表的曹文轩的6部小说，冠名"纯美小说"系列。此后"苏少社"又进行了两次改版，2014年曹文轩"纯美小说"系列扩大为全套12册。系列图书的推出让曹文轩的作品在图书展位有了"气势"、有了"排面"，这无疑会大大吸引读者的目光，注意力的吸引就是知名度的提升，而知名度则是打造"名人作家"必不可缺的重要因素。

（四）多元化开发，立体化营销

《草房子》作为曹文轩的代表作，是出版社重点维护的 IP 作品，针对这一 IP 进行深度开发，形成"一个内容，多种创意；一个创意，多次开发；一次开发，多种产品；一种产品，多个形态；一次投入，多次产出；一次产出，多次增值；一次销售，多条渠道"的立体化营销模式。

从线上角度来说：

（1）推出同名电影。由徐耿执导、曹文轩为编剧的电影《草房子》，于 2000 年 8 月 17 日于中国香港上映。

（2）推出有声书。曹文轩入驻喜马拉雅 FM，在喜马拉雅 FM 官网，《草房子》的有声版本正式上线，用户需要支付一定费用收听包括《草房子》在内的曹文轩作品的完整版音频。

（3）推出电子书。《草房子》电子版在微信阅读 APP 正式上线，在移动终端上，用户即可进行阅读（购买月卡或分享获取无限卡）。

（4）节目推广。曹文轩作为嘉宾，曾参加多个节目的制作，比如《朗读者》、"2017 书香中国晚会"、《面对面》等。

（5）运营微博、微信公众号。建立官方微博账号"@作家曹文轩"和"@曹文轩儿童文学艺术中心"以及微信公众号"曹文轩儿童文学奖""青铜葵花儿童文学艺术中心"，线上咨询的及时发布，提高了作家与读者的互动度，增加了用户黏性。

从线下角度来说：

（1）推出儿童剧。曹文轩的作品《草房子》《青铜葵花》等都被搬上了儿童剧舞台，同学们扮演剧里的各种角色，让平面的文字"活"了起来。一方面，培养了少年儿童的兴趣；另一方面，让曹文轩的作品在学生和家长中更有威信。

（2）走进校园。出版社和各所学校进行合作，举办阅读节、阅读分享会、主题阅读活动等，让曹文轩的作品进入教师的讲台上，进入孩子们的书桌里。

（3）走出国门。曹文轩在 2016 年 4 月 4 日，获得"国际安徒生奖"，曹文轩在剑桥大学进行演讲、举办读者见面会，在意大利博洛尼亚国际儿童书展上设立曹文轩展位，让国外读者更近距离地接触中国作家、中国儿童文学。曹文轩儿童文学艺术中心的建立也为曹文轩品牌的国际化助力，实现了中国作家与世界出版的深度交流，向世界推荐曹文轩。

四、精彩阅读

差不多每个地方上的文艺宣传队，都是由这个地方上的学校提供剧本并负责排练的。桑乔既是油麻地学校文艺宣传队的导演，也是油麻地地方文艺宣传队的导演。

桑乔的导演不入流，但却很有情趣。他不会去自己做动作，然后让人学着做。因为他的动作总不能做到位，他嘴里对人说："瞧着我，右手这么高高地举起来。"但实际上他的右手却并未高高地举起来，倒像被鹰击断了的鸡翅膀那么耷拉着。人家依样画葫芦，照他的样做了，他就生气。可人家说："你就是这个样子。"于是，桑乔就知道了，他不能给人做样子。这样一来，他倒走了大家的路子：不动手动脚，而是坐在椅子上或倚在墙上，通过说，让演员自己去体会，去找感觉。

桑乔导演的戏，在这一带很有名气。

桑乔既是一个名校长，又是一个名导演。

农村文艺宣传队，几乎是常年活动的。农忙了，上头说要鼓劲，要有戏演到田头场头；农闲了，上头说，闲着没事，得有个戏看看，也好不容易有个工夫好好看看戏；过年过节了，上头说，要让大伙高高兴兴的，得有几场戏。任何一种情况，都是文艺宣传队活动的理由。

油麻地地方文艺宣传队，在大多数情况之下，是与油麻地小学的文艺宣传队混合在一起的，排练的场所，一般都在油麻地小学的一幢草房子里。

　　排练是公开的，因此，实际上这地方上的人在戏还没有正式演出之前，就早已把戏看过好几遍了。他们屋前屋后占了窗子，或者干脆挤到屋里，看得有滋有味。这时，他们看的不是戏，而是看如何排戏。对他们来说看如何排戏，比看戏本身更有意思。一个演员台词背错了，只好退下去重来，这有意思。而连续上台三回，又同样退下去三回，这便更有意思。

　　一场不落看排练的是秦大奶奶。

　　油麻地小学校园内，唯一一个与油麻地小学没有关系的住户，就是孤老婆子秦大奶奶。只要一有排练，她马上就能知道。知道了，马上就搬了张小凳拄着拐棍来看。她能从头至尾地看，看到深夜，不住地打盹了，也还坐在那儿老眼昏花地看。为看得明白一些，她还要坐到正面来。这时，她的小凳子就会放到了离桑乔的藤椅不远的一块显著的地方。有人问她：你听明白了吗？”她朝人笑笑，然后说：“听明白啦，他把一碗红烧肉全吃啦。”要不就说：“听明白啦，王三是个苦人，却找了一个体面媳妇。”众人就乐，她也乐。

　　今年的夏收夏种已经结束，油麻地地方文艺宣传队要很快拿出一台戏来，已在草房子里排练了好几日了，现在正在排练一出叫《红菱船》的小戏。女主角是十八岁的姑娘白雀。

　　白雀是油麻地的美人。油麻地一带的人说一个长得好看的女孩儿，常习惯用老戏里的话说是“美人”。

　　白雀在田野上走，总会把很多目光吸引过去。她就那么不显山不露水地走，但在人眼里，却有说不明白的耐看。她往那儿一站，像棵临风飘动着嫩叶的还未长成的梧桐树，亭亭玉立，依然还是很耐看。

白雀还有一副好嗓子。不洪亮，不宽阔，但银子样清脆。

桑乔坐在椅子上，把双手垂挂在扶手上，给白雀描绘着：一条河，河水很亮，一条小木船，装了一船红菱，那红菱一颗一颗的都很鲜艳，惹得人都想看一眼；一个姑娘，就像你这样子的，撑着这只小船往前走，往前走，船头就听见击水声，就看见船头两旁不住地开着水花；这个姑娘无心看红菱——红菱是自家的，常看，不稀罕，她喜欢看的是水上的、两岸的、天空的好风景；前面是一群鸭，船走近了才知道，那不是一群鸭，而是一群鹅；芦苇开花了，几只黄雀站在芦花顶上叫喳喳，一个摸鱼的孩子用手一拨芦苇，露出了脸，黄雀飞上了天；水码头上站着一个红衣绿裤的小媳妇，眯着对眼睛看你的船，说菱角也真红，姑娘也真白，姑娘你就把头低下去看你的红菱；看红菱不要紧，小木船撞了正开过来的大帆船，小船差点翻了，姑娘你差点跌到了河里，你想骂人家船主，可是没有道理，只好在心里骂自己；姑娘一时没心思再撑船，任由小船在水上漂；漂出去一二里，河水忽然变宽了，浩浩荡荡的，姑娘你心慌了，姑娘你脸红了——你想要到的那个小镇，就立在前边不远的水边上；一色的青砖，一色的青瓦，好一个小镇子，姑娘你见到小镇时，已是中午时分，小镇上，家家烟囱冒了烟，烟飘到了水面上，像飘了薄薄的纱；你不想再让小船走了，你怕听到大柳树下的笛子声——大柳树下，总有个俊俏后生在吹笛子……

——节选自《草房子》第三章

风靡当今西方世界的
商业圣经
营销大师无往而不胜的智慧之源

The Greatest Salesman
In The World

世界上最伟大的推销员

[美] 奥格·曼狄诺 Og Mandino / 著

安 辽 / 译

完整版
唯一授权

世界知识 出版社

书名:《世界上最伟大的推销员》　　作者:[美] 奥格·曼狄诺　　　　　　　　译者:安辽
出版时间:2003 年　　　　　　　　　出版社:世界知识出版社

一、作者简介

奥格·曼狄诺（Augustine Og Mandino，1924—1996），美国杰出的企业家、作家和演说家，是当今世界上最能激发起读者阅读热情和自学精神的作家。他不仅是世界上最具激励效应的畅销书作家，还是世界上最受追捧的演讲家之一。他的工作从卖报人、公司推销员做到业务经理。在他35岁生日那一天，奥格·曼狄诺创办了自己的企业——《成功无止境》杂志社，逐渐成了美国家喻户晓的商界英雄。

1968年，44岁的奥格·曼狄诺根据自己的亲身经历和体验，用更加容易普及成功学的方法，将拿破仑·希尔的创见和美国人的浪漫倾向相结合，完成了《世界上最伟大的推销员》这部奇书，从而加深了美国人对心理创富学的认同。这是一部凝结了作者一生心血的伟大作品。

奥格·曼狄诺是当今世界撰写自我帮助方面书籍的最流行最有灵感的作家。共著有10余部励志作品，包括《世界上最伟大的奇迹》《世界上最伟大的推销员》《世界上最伟大的成功》等。奥格·曼狄诺于1996年去世。

二、畅销盛况

《世界上最伟大的推销员》一书中如诗歌般美妙的文字，闪烁着人类思想精华色泽的内涵，它注定要影响无数人的生活。不仅仅是推销员，还包括社会各个阶层人士都被这部作品充满魅力的风格深深吸引，人们争相阅读。这本书获得过相当多的赞誉，有人认为它是"最鼓舞士气、振奋人心、激励斗志的一本书"；有人认为它是"一本最值得一读、最有建设性、最有实用价值的书，它可以作为指导推销工作的最佳范本"；有人认为它是"一本应该随身携带的好书，置于床侧，放在客厅里，可以浅尝，也可以深味。它是一本值得一读再读的书，历久弥新，好像一位良师益友，在道德上、精神上、行为准则上指导你，给你安慰，给你鼓舞，是你立于不败之地的力量源泉"；还有人认为此书"堪称集大成者。遵循其中原则行事的人，不可能遭遇失败；无视这些原则的人，也不可能成就大事业"。

《世界上最伟大的推销员》一经问世，英文版销量当年就突破100万册，它还被译成超过数十种语言在世界上各个国家出版，总销量超过 3 000 万册。在中国，先后有两家出版社出版了此书，1996 年由海天出版社出版，世界知识出版社在 2002 年重新出版。21 世纪以来，该书 30 多次跻身全国非文学类畅销书排行榜，以其充盈的智慧、灵性与爱受到广大读者的热爱，销量长久不衰。

三、畅销攻略

畅销书是指在一定时空范围内，依靠市场竞争机制在同类书产品中具有较高的销量，文化质量上优劣俱存但引发了读者的广泛关注，在一定程度上引领了阅读风尚，产生了强烈社会影响的图书。畅销书的衡量维度包括销量（经济）维度、时间维度、空间维度、质量（内容）维度和社会效益维度。《世界上最伟大的推销员》一书在全球总销量超过 3 000 万册；从时间维度上看，该书自 1968 年问世以来经久不衰；从空间维度上来说，该书被译成数十种语言在各个国家出版；内容充满智慧与爱，受到世界各国读者的欢迎，社会影响深远，无疑是畅销书史上的一个奇迹。而这本书的畅销，一方面，源自于书中深刻的思想内涵；另一方面，它打破了经管励志类图书的传统写法，叙事体例新颖独特。《世界上最伟大的推销员》的畅销绝不是偶然事件，而是诸多因素的综合。

（一）作者的个人经历和影响力

奥格·曼狄诺，1924 年出生在美国东部的一个平民家庭，在 28
岁以前的人生道路比较平坦而顺利，走出校门之后，他迅速地找到
了工作，并成了家。但是，年轻的奥格·曼狄诺没有很好地把握生活，
他逐渐偏离了正确的轨道，最终失去工作和财产，妻子也离开了他。
失意中的奥格·曼狄诺在苦闷中徘徊。一天，在教堂做弥撒的时候，
他遇到了一位改变他生活的牧师。在教诲和鼓励了曼狄诺一番之后，
牧师送给了他一部《圣经》和一张列着 11 本书书名的清单。从此，
奥格·曼狄诺开始仔细阅读了这些书籍，并决定："我现在就付诸行
动！"并且要"用全身心的爱来迎接今天"。就这样，他从卖报人、
公司推销员，做到业务经理。在他 35 岁生日那一天，奥格·曼狄诺
创办了自己的企业——《成功无止境》杂志社，他逐渐成为美国家
喻户晓的商界英雄。根据自己的亲身经历和体验，44 岁的曼狄诺完
成了《世界上最伟大的推销员》一书。1968 年，也就是出版的当年，
这本书的英文版销量就突破 100 万册，并且迅即被译成 18 种文字。

《世界上最伟大的推销员》一书的主人公海菲其实就是曼狄诺本
人的影子，而柏萨罗在临死之前送给海菲那 10 张充满神秘色彩的羊
皮卷，实际上就是奥格·曼狄诺遇到的牧师给他所列的书单内容的
精华。本书就是对奥格·曼狄诺的"羊皮卷"中成功理念的全面阐
释和通俗演绎。

（二）文本优秀，内容为王

很多读者看到《世界上最伟大的推销员》书名，一定会以为这是
一本讲推销技巧的书，其实不然。本书记载了一个感人肺腑的传奇故

事：一名叫海菲的牧童从他的主人那里幸运地得到了10个神秘的羊皮卷，他遵循其中的原则，执着创业，最终成为一名伟大的推销员，建立起了一座伟大的商业王国。通过海菲这个年轻人从一无所有走向成功的经历告诉大家，在市场环境下该如何对待他人，如何约束自己，如何克服困难提高自己，最后得到成功。书中深刻的思想内涵，使得本书读者不得不被作者灵光四射的思想见解和主人公勇敢顽强的奋斗精神所折服，其中10条有关成功原则的羊皮卷以及手牵骆驼推销布袍的小男孩夜间拜访伯利恒马厩并救助婴儿的故事更是感动了万千读者。

本书打破了以往励志类书籍的传统写法，叙事体例新颖独特，作者以寓言形式讲述了一个富有深刻内涵的故事，给人一种全新的阅读体验。本书共分三个部分，分别是《羊皮卷的故事》《羊皮卷的实践》和《羊皮卷的启示》。其中，《羊皮卷的故事》讲述了牧童海菲的传奇和十道羊皮卷的内容；《羊皮卷的实践》指导读者在任何一个星期填写成功记录表并阅读第一张羊皮卷，一旦开始就不能中断，必须有决心、有毅力坚持到底，如此，本书的计划才会有效；在《羊皮卷的启示》里，奥格·曼狄诺从羊皮卷的故事和实践计划中总结出10个关于成功的誓言。

另外，奥格·曼狄诺笔下如诗歌般优美灵动的文字，比喻、排比、拟人、拟物、通感等修辞技巧运用娴熟，文字如春雨一般滋润人们的心灵，引人入胜，所有读者都会被这充满魅力的语言吸引。如"我爬出满是失败创伤的老茧""我爱太阳，它温暖我的身体；我爱雨水，它洗净我的灵魂；我爱光明，它为我指引道路；我也爱黑夜，它让我看到星辰。我迎接快乐，它使我心胸开阔；我忍受悲伤，它升华我的灵魂；我接受报酬，因为我为此付出汗水；我不怕困难，因为它们给我挑战""我要用笑声点缀今天，我要用歌声照亮黑夜""快乐是提味的美酒佳酿"等。因此，此书中文版能够在国内被广大读者接受，与译者深厚的语言素养和扎实的文学功底也是分不开的。

（三）恰到好处的版权引进时机

该书于 1996 年由海天出版社出版，世界知识出版社在 2002 年重新出版。20 世纪 90 年代中后期，我国正处于建设市场经济的过程中，在商品经济浪潮的冲击下，不少青年，不论是处于困境中的还是事业得到成功的，都感到前途迷茫。海天出版社适时引进了该书，在时机的把握上可谓恰到好处。

市场经济是一个追求财富的经济，并不是一个只顾利益、道德沦丧的经济。相反，它要求我们互相尊重，真诚合作，只有这样才能实现社会整体的和谐与富裕。本书第一页写着："谨以此书献给所有寻找人生价值的人们"，读者通过阅读《世界上最伟大的推销员》，会体会到生活更充实，目标更明确，人生更有意义。这本书告诉我们如何正确对待自己的幸福和他人的幸福、如何真诚地服务社会并得到回报、如何在物质享受和精神享受之间寻求平衡，以及如何能够心平气和地看待世界，进而走向真正的成功，这正是我们目前在建设社会主义市场经济时所需要的。

（四）众多企业购买、名人推荐

《世界上最伟大的推销员》的第一版起初并不被看好。随后，美国联合保险公司董事长 W. 克莱门特·斯通在阅读了奥格·曼狄诺敬献的本书后，被书中海菲的故事深深打动，于是订购了 1 万册分发给公司的每一个雇员和股东，斯通评论说："我喜欢书里的故事……喜欢它的写作风格……总之我喜欢这本书。每一位推销员，还有他的家人都应该阅读这本书。"与此同时，安利（国际）公司的合作创始人瑞奇特·戴沃斯开始向他的全球经销商们推荐此书，认为他们应该学习并应用10条"羊皮卷"中有关成功的原则。

这两位有影响力的领导者为该书的畅销播下了很好的种子，使该书销量逐年上升。美国营销机构负责人很快意识到本书潜在的推动力，有一家大型企业在本书刚出版时就订购了3万册。《财富》杂志五百强企业的最高管理者们数以千计地购买并向其下属推荐此书，购买本书的著名企业包括可口可乐公司、美国联合保险公司、大众汽车公司、西南公司、特拉华保险公司、蒸汽动力公司、肯德基人寿保险、牛排啤酒联营店等。

众多著名企业家、商界及政界名流也给了本书极高的评价，纷纷向公众推荐此书。卡耐基人际关系学院院长莱斯特·J.布拉德肖评论说："每一位销售经理都应该读一读《世界上最伟大的推销员》，这是一本应该随身携带的好书，置于床侧，放在客厅里，可以浅尝，也可以深味。它是一本值得一读再读的书，历久弥新，好像一位良师益友，在道德上、精神上、行为准则上指导你，给你安慰，给你鼓舞，是你立于不败之地的力量源泉。"此外，约翰·凯西和迈克尔·杰克逊等巨星也推荐过本书。

由于众多企业购买、名人推荐和口口相传，在该书问世后不久，出版商们惊喜地发现，购买者并不局限于推销员，读者市场比想象中更为广阔，一些艺术团体、管理人员、政治家、大学教授、军人、监狱管理员、医生、学生、职业运动员等，都纷纷来函询问有关本书的相关资料。

四、精彩阅读

海菲深鞠一躬，正打算退下，老人又开口了："孩子，在你开始这种新生活之前，你要牢牢记下一句话，多想想它，你遇到困难就会迎刃而解。"

海菲在一旁等着，"您说吧，老爷。"

"只要决心成功，失败就永远不会把你击垮。"

柏萨罗上前两步，"明白我的意思吗？"

"明白，老爷。"

"那么，重复一遍。"

"只要决心成功，失败就永远不会把我击垮。"

——节选自《羊皮卷的故事》第三章

就这样，经过一番内心的痛苦挣扎，这个未来的大企业家，走到驴子面前，小心地解开包裹，取出袍子，爱惜地抚摸着它。袍子的红色在烛光下像燃烧的火。他看到袍子上绣着的两个公司的标志：方框里一个圆圈，还有一个小星星。三天来，这袍子在他累得酸痛的手臂上不知挂过多少次了，他甚至认得出袍子上的每一根纤维。这确是一袭上等长袍，小心保养的话可以穿上一辈子。

海菲闭上眼睛，叹了口气。然后，他快步走向眼前的小家庭，在孩子身边的稻草上跪下来，轻轻地把盖在他身上的破斗篷拿开，分别交给男人和女人。这对夫妇对海菲自作主张的举动不知所措，看着他张开珍爱的红袍子，充满柔情地包在熟睡的婴儿身上。

海菲牵着他的小驴，走出了洞穴。孩子母亲在他脸上留下的亲吻还没有干。在他头顶正上方的夜空中，高挂着一颗明亮的星星，他从未见过这么亮的星星。他目不转睛地望着它，直到眼眶盈满了泪水，才骑着小驴，踏上耶路撒冷的归途。

——节选自《羊皮卷的故事》第四章

今天，我开始新的生活。

今天，我爬出满是失败创伤的老茧。

失败就是一个人没能达到他的人生目标，不论这些目标是什么。

今天，我的老茧化为尘埃。我在人群中感受阔步，不会有人认出我来，因为我不再是过去的自己，我已拥有新的生命。

——节选自《羊皮卷的故事》第八章，羊皮卷之一

自然界不知何谓失败，总以胜利者的姿态出现，我也要如此，因为成功一旦降临，就会再度光顾。

我会成功，我会成为伟大的推销员，因为我举世无双。

我是自然界最伟大的奇迹。

——节选自《羊皮卷的故事》第十一章，羊皮卷之四

自高自大时，我要追寻失败的记忆。

纵情享受时，我要记得挨饿的日子。

洋洋得意时，我要想想竞争的对手。

沾沾自喜时，不要忘了那忍辱的时刻。

自以为是时，看看自己能否让风驻步。

腰缠万贯时，想想那些食不果腹的人。

骄傲自满时，要想到自己怯懦的时候。

不可一世时，让我抬头，仰望群星。

今天我要学会控制情绪。

——节选自《羊皮卷的故事》第十三章，羊皮卷之六

我现在就付诸行动。

我要一遍一遍地重复这句话。

清晨醒来时，失败者流连于床榻，我却要默诵这句话，然后开始行动。

——选自《羊皮卷的故事》第十六章，羊皮卷之九

海菲笑得像个孩子，更令人不解的是，老人皱纹密布的脸上淌下眼泪。他用手拂干眼泪，说道："这婴儿出生的时候，天上是不是有一颗最明亮的星星？"

保罗张着口，说不出话来，其实也用不着说什么。海菲伸出双臂拥抱保罗，这一回两人都流泪了。

老人终于站起身来，招呼伊拉玛道："老伙计，去塔楼上把箱子抬下来。我们总算找到等候已久的人了。"

——节选自《羊皮卷的故事》第十八章

我们不但忘了怎样笑，而且忘了笑的重要性。古人深知其理，甚至在吃饭时还要让小丑表演逗笑，以助消化。

萨米·戴维斯谈及成功时说的话，令人终生难忘。他说："我不知何谓成功，但我知道失败是什么。失败就是想要讨每个人的欢心。"

如果你打算博得所有人的喜爱，而你已经忘了如何嘲笑别人和自己，那么现在是改变一下自己的时候了，别把别人和自己看得过重。你虽然是造物主最伟大的奇迹，但也千万别把自己弄得面无笑容。

——节选自《羊皮卷的实践》第二十七章

[美]丹·布朗 著

朱振武 吴晟 周元晓 译

达·芬奇密码

DAN BROWN
THE
DA VINCI
CODE

世纪出版集团 上海人民出版社

DAN BROWN THE DA VINCI CODE

书名:《达·芬奇密码》   作者:[美]丹·布朗   译者:朱振武、吴晟、周元晓
出版时间:2004 年   出版社:上海人民出版社

一、作者简介

丹·布朗，美国畅销书作家，1964年6月22日生于美国新罕布什尔州的艾斯特镇。毕业于阿默斯特学院，曾是一名英语教师。1996年开始写作，先后推出了《数字城堡》《骗局》和《天使与魔鬼》3部小说，均取得了不错的销售成绩，其中以《天使与魔鬼》最为成功，该小说奠定了他在小说界的地位。《达·芬奇密码》是他的第4部作品，出版后成为他最为畅销的小说之一。布朗的作品已被翻译成多种文字，在世界范围内广为流传。

2003年，《达·芬奇密码》一经出版随即登上《纽约时报》畅销书排行榜第一名，到2006年，全球销畅量累积已达6 050万本，丹·布朗前几部小说也跟着大卖。他的4部小说2004年同时进入《纽约时报》畅销书排行榜。

2005年，他被《时代》杂志列入年度百大最有影响力的人，《福布斯》杂志将丹·布朗评选为2005年百大名流第12名。

2013年5月，丹·布朗出版小说《地狱》，该作继续以罗伯特·兰登作为主角。《地狱》首印400万册，出版后的前8周蝉联《纽约时报书评周刊》精装书最畅销排行榜榜首，同时，其平装本及电子书也在发行后的前8周内稳居排行榜榜首。

2017年10月，新作《本源》英文版由美国双日出版社出版。2018年5月由人民文学出版社出版中文版本。

二、畅销盛况

丹·布朗的知识性悬疑小说《达·芬奇密码》自问世之日起就受到读者们的强烈欢迎，荣登《出版商周刊》《纽约时报》以及亚马逊网上书城的畅销书排行榜榜首 40 周之久，连续两年夺得美国全年图书销量冠军。《纽约时报》书评称《达·芬奇密码》是一本令人愉快的"知识悬疑小说"，并幽默地写道："自《哈利·波特》出版之后，还没有一位作者设下这样的圈套哄骗读者，诱使他们屏住呼吸来追逐情节，并罪大恶极地公然以此为乐。"

　　如今，《达·芬奇密码》已被译成近 50 种语言在全球范围内出版发行。由该书改编而成的电影也于 2006 年 5 月 19 日在全球公映，全球票房收入达 2.24 亿美元。2004 年，丹·布朗创作的《达·芬奇密码》在中国出版，上市后，市场反应很好，3 个月的时间就创下 30 万册的销售佳绩，在 2004 年度的开卷虚构类畅销书排行榜上稳居第四，并在接下来的 4 年里稳居榜单，仅 2004 年一年，该中文版就被重印了 18 次。2004 年至 2013 年，丹·布朗的小说总共 47 次登上开卷虚构类畅销书排行榜，其中《达·芬奇密码》占 27 次。《达·芬奇密码》的火热，带动了丹·布朗的其他作品在中国的畅销，堪称其姊妹篇的《天使与魔鬼》在 2005 年 2 月登场后两个月的时间里竟也创下了 20 万册的销售佳绩。中国掀起了一股丹·布朗的热潮。如今，《达·芬奇密码》已然不仅仅是一本畅销书，它的畅销以及由此引发的一系列强烈反应已成为一种值得文学批评界关注的文化现象，"达·芬奇密码"和"丹·布朗"已经成为文化符号，代表着当今通俗小说的风向以及众多读者的审美趣味。

三、畅销攻略

（一）《达·芬奇密码》的艺术魅力

　　《达·芬奇密码》一书给我们讲述的是一个古老的侦探故事，卢浮宫博物馆馆长雅克·索尼埃被人杀害在博物馆里，临死之前他用自己的身体留下了一连串令人费解的密码。哈佛大学教授罗伯特·兰登在馆长的孙女——密码破译天才索菲·奈芙的帮助下对这些奇特的符号及密码进行整理与破解。凭着智慧和勇气，他们一步步揭开了馆长临死前传递给他们的秘密——传说中的"圣杯"其实喻指抹大拉的玛丽亚，也就是耶稣的妻子，君士坦丁大帝出于统一罗马帝国的需要在尼西亚会议上通过投票方式确定了耶稣的神性并把《圣经》定位为男性文本，从而掩盖了圣杯的真相。然而这个所谓的历史真相及重大秘密，在小说结尾却被消解，读者看到的只是一个出人意料但又令人信服的隐喻性解释。

1. 多层面满足读者的阅读需求

丹·布朗出生于美国一个中产阶级家庭，他的父亲是一位曾获美国总统奖的数学教授，母亲是职业宗教音乐家，妻子布莱斯则是艺术史学家兼画家。可以说，父亲培养了他逻辑缜密的数学头脑，母亲给了他宗教艺术的长期熏陶，妻子则是他生活的忠实伴侣及事业的得力助手。丹·布朗的家庭背景与他的成功不无关系，而他本身的教育背景和工作经历也是成就他创作的重要因素。丹·布朗勤勉好学，博学多通，早年曾在西班牙的塞维利亚大学专门学习过艺术史，因此积累了深厚的文化底蕴。丹·布朗在美国这个既崇尚欧洲文明又关注本土现实的多元文化杂交的大熔炉里长大，对西方的经典文化了然于胸，对世俗社会又洞察入微，使他走上了一条雅俗相融的创作道路，因此丹·布朗的作品可以从多个层面满足读者的阅读需求。

小说的畅销必然离不开作品本身的艺术魅力。《达·芬奇密码》一书采用全新的创作理念，将传统经典文化置于后现代语境中加以阐释和解构。小说涉及密码学、数学、宗教、文化、艺术等诸多方面的知识，同时又集谋杀、恐怖、侦探、解密、悬疑、追捕、言情等各种通俗小说因素于一身，再加上丹·布朗独特的创作手法，打破了严肃小说与通俗小说的界限，从多种角度满足了不同人群的阅读期待，从而成就了这部雅俗共赏的知识性悬疑小说，充分体现了其在文化研究领域中不可替代的社会意义和学术价值。

2. 扣人心弦的写作模式

《达·芬奇密码》一书在以时间顺序来作为基本的叙事框架的同时采用蒙太奇手法行文布局，用几条线索同时推进来加强小说的悬疑性，把共时的情节蕴于历时的叙述之中，十分巧妙地把读者控制在惊悚与快感之中，从而将一个个扣人心弦又错综复杂的故事情节呈现在读者面前。小说从始至终紧扣兰登破解谜题的主线而展开，开头就引人入胜，并通过多个分悬念的设置与解答将小说的文化蕴涵提高到一个更新的层次。《达·芬奇密码》虽然保持了传统的故事情节的完整性——开端、发展、高潮、结局，但与传统的合式结尾不同的是，作者采用消解的手法给读者一个不确定的结尾，使小说"言有尽而意无穷"，给读者留白，使读者进一步地领悟《达·芬奇密码》一书所要表达的深奥主旨。

（二）符合中国文化语境的翻译

丹·布朗的大多数作品都是由上海大学的朱振武教授翻译。《达·芬奇密码》虽是一部通俗小说，却涵盖丰富的知识和大量的文化因子，这不仅需要译者拥有扎实的语言功底，同时对译者的知识体系、文化认知能力也是巨大的考验。朱振武教授，作为英美文学博士、世界文学博士后、中国比较文学学会翻译研究会会员，他对两种语言体系之间转换的把握，以及处理两个文化系统间交流与碰撞的能力都使得他成为翻译《达·芬奇密码》的最佳人选。朱振武教授不仅为丹·布朗的小说作序，还撰写过多篇论文向我们详细而深刻地介绍了丹·布朗及其著作。朱振武教授做客新浪聊天室时曾介绍他在翻译实践中的心得体会，即"一戒言词晦涩，洁屈聱牙；二戒死译硬译，语句欧化；三戒望文生义，不求甚解；四戒颠倒句意，不看重心；五戒前后不一，一名多译；六戒无凭无据，不查辞书；七戒格式混乱，不合规矩；八戒草率成文，不加润色；九戒抄袭拷贝，惹祸上身；十戒应付差事，不负责任"。

在接受九久读书人访谈中，朱振武教授曾说过："我的翻译准则是译品在目标语读者中被成功接受与翻译过程中译家的美学理念和各种思维的相交运用密不可分。文学作品的美学特质和翻译的重新语境化要求译者在翻译过程中能综合运用美学理念和翻译思维，把握和谐的审美距离以期在尽量考虑目标语读者接受习惯的同时，最大限度地提高目标语文本与源语文本的相似性。"从译者对其翻译思想和准则的表述中我们可以看出，译者在翻译实践中将译作的通达顺畅摆在了第一位，将目标语读者的接受摆在了优先考虑的位置。

（三）出版商的宣传营销

1. 广告宣传，先声夺人

《达·芬奇密码》一书的火爆和丹·布朗在此之前的三部作品——《数字城堡》《天使与魔鬼》和《骗局》的冷清所形成的鲜明对比就是典型的例子。道布尔戴书局在发行《达·芬奇密码》前夕特意出资让丹·布朗在六个城市作了一番宣传，与各渠道的书商进行交流。书局的发行技巧和推销手段使小说还未上市就先声夺人，吸引了无数的眼球。上市后自然是表现非凡。而且在《达·芬奇密码》持续高热的影响下，丹·布朗之前的作品重新取得了良好的市场反应，登上了畅销书榜。可以说，《达·芬奇密码》原作在美国的畅销在很大程度上得益于书局通过各种广告宣传手段对市场的影响，以及对读者的引导。而且这种影响不仅仅存在于美国，中国许多读者在中译本面世之前对原作就已有所耳闻，并在翘首期待中文版的发行，这为小说在中国的畅销奠定了一定的基础。而这只是第一步，之后就是针对读者的营销。出版社充分利用媒体宣传，以纵横开阖的态势，加强对市场的导向。出版前，出版社在专业媒体上发表对于版权落定以及电影版权售出的报道是必不可少的。另外，编辑还特意与媒体沟通，力求让《达·芬奇密码》以及丹·布朗在各大媒体的年度风云类的报道中得到较为重点的介绍，使之能够提前进入普通读者的视线，这让《达·芬奇密码》在出版前，就已经有一拨读者翘首以待。小说上市后，出版社在京沪等主要纸质媒体上较为广泛地发布新书的消息以及书评，并充分考虑到小说本身的性质，将报纸连载作为一个重要的宣传诉求点。

2. 多媒体营销，多元互动

我们身处一个信息传播渠道多元化的时代。小说通过网络以及其他媒体多渠道的宣传，上海世纪出版集团旗下的北京世纪文景文化传播公司秉承"敏锐、专业、领先、服务"的企业精神为小说精心策划了中文网站。为单本图书创立特色网站无疑是一大创新，为广大读者提供了相互交流的信息平台，同时，通过网站发布该书相关新闻，从而使访问者在第一时间了解最新资讯。集团更是煞费苦心地开发了与小说情节相匹配的特色游戏，并把游戏融入网页设计中，使访问者通过游戏真切地感受小说人物在探密解谜过程中的惊心动魄。利用游戏载体挖掘潜在读者，使之成为凝聚人心的"法宝"，大大增加了访问量。

3. 线下活动，增强读者体验感与参与度

小说已经取得了相当好的市场表现，可出版商的媒体宣传却始终没有停止过对中文版图书增加彩图插页、盗版换正版的活动，尤其是在《达·芬奇密码》电影热映之际，上海世纪出版集团下属的世纪文景公司抓住机会，多管齐下——限量电影纪念版面世、插图珍藏本开奖、活体雕塑"明星脸"选秀开幕，热推小说。而之后的活体雕塑全国巡演，更是将《达·芬奇密码》一书介绍到了全国的每个角落。可见，该小说能如此畅销与出版商的宣传是分不开的。

四、精彩阅读

罗伯特·兰登慢慢醒来。

黑暗中电话铃响了起来——一种微弱的、不熟悉的响声。他伸手去摸床头灯，把灯打开。他眯着眼打量了一下环境，发现这是一间文艺复兴风格的豪华卧室，路易十六风格的家具，装饰有手工湿壁画的墙面，还有张宽大的四柱红木床。

我到底是在什么地方？

挂在床柱上的提花浴衣上写着：巴黎丽兹酒店。

睡雾在慢慢散去。

兰登拿起听筒，"您好！"

"兰登先生吗？"一个男人的声音问道，"但愿我没有吵醒您！"

他睡眼惺忪地看了看床边的钟。午夜12时32分。他刚睡了一个小时，但感觉如昏死过去似的。

"我是酒店接待员，先生。打扰您了，很抱歉，但是有位客人要见您。他坚持说事情非常紧急。"

兰登还是丈二和尚摸不着头脑。客人？这时他的目光汇聚到床头柜上一页皱皱巴巴的宣传单上：

巴黎美国大学

竭诚欢迎

哈佛大学宗教符号学教授

罗伯特·兰登今晚莅临赐教

兰登哼了一声。今晚的报告——一幅有关隐藏于沙特尔大教堂基石上的异教符号幻灯片很可能激怒了哪位保守听众了。极有可能是有宗教学者上门找碴儿来了。

"对不起，我累了，而且……"兰登说。

"可是，先生，"接待员赶紧打断了他，压低了声音，急迫地耳语道，"您的客人是位重要人物。"

毫无疑问，他的那些关于宗教绘画和教派符号学的书使他不太情愿地成了艺术圈子里的名人。去年他与一个在梵蒂冈广为流传的事件有牵连，此后他露面的频率提高了上百倍。打那以后，自命不凡的历史学家和艺术迷们便源源不断地涌向他家门口。

兰登尽量保持礼貌："麻烦您记下那人的姓名和电话号码，告诉他我在周二离开巴黎前会给他打电话。谢谢。"接待员还没来得及回话，他便挂上了电话。

兰登坐了起来，对着旁边的《客人关系手册》蹙着眉头。手册封面上自吹自擂地写道：如婴儿般沉睡于灯火辉煌的城市，酣睡于巴黎丽兹酒店。他转过头疲倦地凝视着对面的大镜子。回望着他的是个陌生人，头发乱蓬蓬的，疲惫不堪。

你需要休假，罗伯特。

去年他可元气大伤，憔悴了许多。但他不愿意在镜子里得到证明。他本来锐利的蓝色眼睛今晚看起来模糊呆滞。一片深色的胡茬儿掩盖了他强壮的双颌与有道凹纹的下巴。在太阳穴周围，花白的毛发与日俱增，正侵蚀他那浓密的又粗又黑的头发。虽然他的女同事们一直说花白的头发使他显得更儒雅，可兰登不那么想。

但愿《波士顿杂志》现在能看到我的样子。

颇使兰登感到尴尬的是，上个月《波士顿杂志》把他列为该市十大最有魅力的人物，莫名其妙的荣誉使他不断成为哈佛同事首当其冲的调笑对象。今晚在离家三千英里的地方，他作报告时，那种赞扬再度出现，令他惴惴不安。

女主持人向巴黎美国大学的道芬阁里满满一屋子人宣布道："女士们，先生们，我们今晚的客人不需要介绍。他写了好多本书，如：《秘密教派符号学》《光照派的艺术》和《表意文字语言的遗失》等。我说他写了《宗教圣像学》一书，也是言副其实，你们许多人上课都用他的书。"

人群中学生们拼命地点头。

"我本打算介绍他令人难忘的履历，然而……"她以调侃的眼神瞥了一眼坐在台上的兰登，"听众刚递给我一个……什么呢？……可以说是更有趣的介绍。"

她举起了一本《波士顿杂志》。

兰登缩了缩身子。她到底从哪搞到那玩意？

女主持人开始从那篇空洞的文章中朗读已选取的片段。兰登感到自己在椅子上越陷越深。三十秒钟后，人们龇着牙笑了起来，而那女人还没有停下来的意思。"兰登先生拒绝公开谈及去年他在梵蒂冈选举教皇的秘密会议上所起的非凡作用，这使人们对他越发产生了兴趣。"女主持人进一步挑逗听众说，"大家想不想多听一些？"

大家一齐鼓掌。

但愿有人能让她停下来，见她又继续念那篇文章，兰登默默祈祷道。

"虽然兰登教授可能不像名单中比较年轻的获奖者那样风流倜傥,可这位四十几岁的学者却拥有他这个年龄不多见的学术魅力。他只要露面就能吸引很多人,而他那极低的男中音更是使他魅力大增,他的女学生把他的声音形容为'耳朵的巧克力'。"

　　大厅内爆发出一阵大笑。

　　兰登有些尴尬,只能强装笑脸。他知道她马上又会说出"穿着哈里斯花格呢的哈里森·福特"这样不着边际的话,因为他穿着哈里斯花格呢裤子和柏帛丽高领绒衣。他原以为今晚终于可以安全地这么穿而不致惹出那样荒谬的说法来。他决定采取措施。

　　　　　　　　　　　　　　　——节选自《达·芬奇密码》第一章

后　记

2011 年，北京印刷学院的出版专业硕士学位点获批并开始招生。由于它是全国首次获批的出版专业硕士点，当时并没有培养经验可以借鉴，但重在培养和提升学生的专业实践能力这个目标是确定的，于是一些偏重出版实务的课程被列入培养方案，"畅销书策划与出版"就是其中的一门。

由于我一直给本科生主讲"畅销书与大众文化"课程，于是被学院指定负责出版专业硕士的"畅销书策划与出版"课程。不知不觉中，"畅销书策划与出版"课程已经开设了十多个年头，每年上这门课的出版专业硕士生也由第一届的 16 人变成了现在的 60 人。

为了上好这门课，我想了一些办法，其中有两项一直坚持下来：一是定期邀请富有实战经验、出版过现象级畅销书的业界专家进入课堂讲解并与学生交流；二是带领同学们选择他们感兴趣的畅销书开展案例研究。这两种做法极大激发了学生探究畅销书的兴趣和出版畅销书的激情。兴趣和激情是最好的老师，在它们的引领下，每届学生遴选畅销书研究案例时都非常用心，除了考虑个人的畅销书类型偏好，他们还尽力兼顾出版史和阅读史两个视角；撰写畅销书案例研究文章时，他们不仅详细查阅了与研究案例相关的文献资料，有些同学还辗转联系到作者和编辑进行了针对性访谈；选择畅销书

精彩章节摘录时，他们反复阅读文本，努力把研究案例中最精彩的部分摘抄出来进行分享。

岁月无情流逝，一届届同学的畅销书案例研究成果却积累下来，于是就有了这套十卷本《畅销书经典案例研究》。

出版之前，我又一次翻阅了同学们完成的案例文章，课堂上师生围绕畅销书展开讨论的一幕幕场景如在昨日。我们不仅讨论具体的畅销书个案，我们更讨论了畅销书的类型发展、畅销书与常销书、畅销书与社会变迁、畅销书史的撰写，我们也会讨论于殿利先生"要远离畅销书"这句警告背后的深意……经过这些讨论，很多同学具备了"研究畅销书但不耽溺畅销书"研究立场，案例研究的视角也更为开阔深远。现在看来，他们的分析文字有些还尚显武断，有些也陷入了"爱屋及乌"的言说陷阱，但洋溢在字里行间的探索热情如熠熠星光，无疑会照亮后续研究者的前行之路。感谢精心撰写本丛书案例的同学们！

感谢我的研究生李玉雯、许晨露、王敏、郭宏浩、丁超、朱晓瑜、齐倩颖、王静丽、陈怡颖。他们每人负责编选本丛书的一辑，非常认真和高效地开展了案例文章筛选、重新编排和审校等工作。由于一些案例文章撰写时间比较久，有些数据需要更新，他们及时查阅了最新资料并对案例文章做了有效补充。感谢我的学生们！

感谢清华大学出版社的纪海鸿主任。从多年前的确定选题到今天的高质量出版，纪海鸿老师始终以超强的耐心容忍着我的"拖延症"。一旦项目启动，她又以务实高效的工作作风和严谨专业的出版精神推动各项工作不断前行。在疫情当前和居家办公的情况下，这套书还能如期出版，完全得力于她不懈的工作。谢谢纪老师！

另外，尽管本套丛书的案例研究文章采用较为统一的结构规范，但由于案例文章由多人撰写，在行文风格上无法协调统一，非常抱歉！同时，由于编者水平有限，书中错漏之处估计会有不少，诚恳期待各位读者的批评指正！

张文红

2022 年 6 月 5 日

于北京寓所

畅销书经典案例研究

第二辑

张文红 主编

清华大学出版社
北京

图书在版编目（CIP）数据

畅销书经典案例研究 / 张文红主编 . —北京：清华大学出版社，2022.7
ISBN 978-7-302-59878-7

Ⅰ.①畅… Ⅱ.①张… Ⅲ.①畅销书—出版工作—案例 Ⅳ.① G23

中国版本图书馆 CIP 数据核字（2021）第 275331 号

责任编辑：纪海虹
装帧设计：刘　派
责任校对：王凤芝
责任印制：杨　艳

出版发行：清华大学出版社
　　　　网　　　址：http://www.tup.com.cn, http://www.wqbook.com
　　　　地　　　址：北京清华大学学研大厦 A 座　　邮　编：100084
　　　　社 总 机：010-83470000　　　　　　　邮　购：010-62786544
　　　　投稿与读者服务：010-62776969, c-service@tup.tsinghua.edu.cn
　　　　质量反馈：010-62772015, zhiliang@tup.tsinghua.edu.cn
印 装 者：三河市东方印刷有限公司
经　　销：全国新华书店
开　　本：133mm×188mm　　印　张：39　　字　数：924 千字
版　　次：2022 年 7 月第 1 版　　印　次：2022 年 7 月第 1 次印刷
定　　价：298.00 元（全 10 册）

产品编号：060953-01

作者简介

张文红，博士，教授，北京印刷学院编辑出版系主任。教育部新闻传播学类专业教学指导委员会委员（2013—2017），北京市新闻出版专业群专家委员会副主任委员（2013—）。主持国家社科重大招标项目《当代中国图书出版史》子课题《当代中国大众图书出版史》等项目多项。出版《出版概论》《畅销书理论与实践》《"十七年"时期长篇小说出版研究》等著作 12 部，发表论文 60 余篇。

目　录

笑猫日记

马小跳的表妹杜真子有一只猫，他会笑。还记得吗？

杨红樱 著

又见小可怜
You Jian
Xiaokelian

明天出版社

杨红樱 著 笑猫日记 青蛙合唱团 明天出版社

杨红樱 著 笑猫日记 转动时光的伞 明天出版社

杨红樱 著 笑猫日记 樱花巷的秘密 明天出版社

杨红樱 著 笑猫日记 又见小可怜 明天出版社

书名："笑猫日记"　　　　作者：杨红樱
出版时间：2015 年　　　　出版社：明天出版社

一、作者简介

杨红樱，中国当代具有广泛影响力的儿童文学作家，曾做过小学老师、童书编辑，被中宣部评为"全国宣传文化系统'四个一批'人才"，被中央精神文明建设指导委员会评为"第一届全国未成年人思想道德建设先进工作者"，获中宣部、国务院新闻办公室授予的"讲好中国故事文化交流使者"称号，享受国务院政府特殊津贴。

19 岁开始发表儿童文学作品，现已出版童话、儿童小说、散文80 余种。已成为畅销品牌图书的系列有："杨红樱童话系列""杨红樱成长小说系列""淘气包马小跳系列""笑猫日记系列"。其作品总销量超过 1 亿册，被译成英、法、德、韩、泰、越等多种语言在全球出版发行。

杨红樱在作品中坚持"教育应该把人性关怀放在首位"的理念，在中小学生中产生了广泛的影响，多次被少年儿童评为"心中最喜爱的作家"，并获 2014 年国际安徒生奖提名。

"笑猫日记"系列，获世界知识产权组织版权金奖、第二届中华优秀出版物图书奖，连续三次荣获全国年度最佳少儿文学读物奖。《笑猫日记·那个黑色的下午》获第二届"中国出版政府图书奖"。

二、畅销盛况

由明天出版社出版的杨红樱长篇童话故事"笑猫日记"系列，自 2006 年首次出版至 2018 年上半年，总共 24 本（尚未完结），全套累计销量达 6 000 万册。

早在 2011 年 6 月，明天出版社就曾为"笑猫日记"系列发行超1 000 万册举办过一场出版 5 周年的庆典活动；2013 年 6 月和 2015

年6月，出版社又分别为庆祝该系列发行超2 000万册、3 000万册举办了出版7周年及出版9周年的庆祝活动。据此推算，2011年至2015年，该系列就以年均发行500万册的数量稳步前进；而从2015年下半年至2018年上半年，"笑猫日记"系列累计销量达到6 000万册，近3年来，该系列的销量在市场上又有了大幅度的增长。

这套"现象级"的畅销书，在儿童文学评论家李虹看来："在小读者中形成了强烈的轰动效应，创造了我国童话创作史上的奇迹。"①

三、畅销攻略

2006年5月底"笑猫日记"系列首推3本，2007年再推3本，2008年至2014年每年先后推出2本，2015年至2018年每年推出1本，至今该系列总共24本。

根据该系列每年出版的数量不难发现，新书打头阵的前几年依靠了一定的"数量"策略，即初期保持紧密的出版节奏，不让读者等待太久。到了2015年，已经形成较为成熟的规模时，开始放缓出版节奏，每年只推出1本新书。

据记载，2006年5月，"笑猫日记"系列开局的3本《保姆狗的阴谋》《塔顶上的猫》《想变成人的猴子》一上市，立刻登上当月开卷少儿类新书排行榜的前3位。②此后，"笑猫日记"系列从最初的年均销量200万册到突破500万册，一路增长，至今畅销12年。

正是由于"笑猫日记"系列在市场上的优秀表现，令明天出版社信心大增，自2015年起，每年1本的新书首印量是120万册，这一

---

① 李虹．"笑猫日记"：陪伴成长 温暖童年———部超级畅销书的现象与本质[J]. 中国图书商报，2013（6）：8.
② 李虹．"笑猫日记"：陪伴成长 温暖童年———部超级畅销书的现象与本质[J]. 中国图书商报，2013（6）：8.

现象在中国童书市场中非常罕见。对新书采取高印量的做法最大的优点就是充分保证了全国范围内的铺货量,让各地读者都能买到书。另外,出版社还给实体门店提供充足的备货量,在书店显眼的位置用堆得厚厚的图书码起独特造型,让每一个进店的读者都被瞬间吸引住。

上述有提及,该系列首批 3 本刚推出不久,就登上了开卷少儿类新书排行榜,这自然与作者本身的影响力分不开,因为在 2004 年和 2005 年开卷公布的"开卷全国少儿作家销量"排行榜中,杨红樱两次均为榜单第 1 名。该系列此后出版的新书也一直都受广大小读者的追捧,并且自 2015 年起,这种追捧的热度不仅没有减少,反而有上升趋势,显然"笑猫日记"系列除了作者本身的影响力以外,还有其作品本身的魅力在起作用。

对此,本文将试着从作者和作品两个层面进行分析"笑猫日记"系列畅销的原因。

(一)作者的魅力

作为一名畅销书作家,杨红樱自 1982 年开始发表科学童话《穿救生衣的种子》起,坚持写了 15 年的童话,成为一名优秀的童话作家。虽然杨红樱曾在 1999 年转笔投入小说的创作,并且她的第一部小说《女生日记》在出版当年也立即成为畅销书,让杨红樱的知名度和影响力大增,但杨红樱没有因此中断童话的创作,她在成名之后又回到了为孩子们写童话的道路上。用杨红樱自己的话来说:童话才是我的高峰,我只有登上这座高峰,才算是修成正果。由此可见,杨红樱是带着一种浓烈的热爱来为孩子们创作童话的。

1. 杨红樱的市场影响力

2000 年,杨红樱的首部小说作品《女生日记》出版当月就登入开卷月度少儿类畅销书排行榜第 6 位,紧随当时风靡全国的"哈利·波特"系列丛书,到了 2004 年,杨红樱的市场知名度和影响力均有了一个"小爆发":2004 年开卷年度少儿类畅销书排行榜中,由杨红樱创作的"淘气包马小跳系列""校园小说系列""长篇童话系列"和"杨红樱校园小说非常系列"共计 22 个品种均登入 TOP100 之列。不仅如此,杨红樱还在这年以全国少儿作家销量排行榜第 1 名的成绩取代了当红英国作家 J.K. 罗琳,自此之后,杨红樱的名字一直居开卷年度全国少儿作家销量排行榜、开卷年度全国最具市场影响力少儿作家排行榜的冠军位置 10 多年! 截止到 2017 年,在开卷统计发布的作品销量排行榜中,杨红樱依然以 1.01% 的销量占有率位列第 1 名,作家销量冠军为杨红樱,其 834 种在销图书销量达到图书市场的 1% 以上。全国 500 余家出版社,如果按平均来算,每家出版社所占销量仅为 2‰。按照正态分布来计算,能够销量超过 1% 的出版社不足 $^1/_3$。也就是说,杨红樱以一己之力,横扫全国 $^2/_3$ 的出版社。[①]

　　2. 官方和业界对杨红樱的认可

　　杨红樱在市场上的影响力是人们有目共睹的,在杨红樱的个人微博和一些公开的小读者来信当中,经常能看到小读者们表达自己非常期待杨红樱写新故事的愿望。对于杨红樱,除了有小读者们的喜爱,官方和业界也十分认可她。自 1992 年杨红樱创作的童话作品《寻找快活林》第一次获海峡两岸童话小说征文优等奖第 1 名开始,此后的每年,她的作品都有获奖,比如,1995 年《寻找快活林》获冰心儿童文学奖、2004 年《漂亮老师和坏小子》获全国优秀儿童文学奖、2007 年《巨人的城堡》获"五个一工程"文化奖等。

---

① 出版人杂志 . 杨红樱一人销量"完爆"全国过半出版社? 2017 作家销量码洋排行榜 [EB/OL].http://baijiahao.baidu.com/s?id=1595452542230450266&wfr=spider&for=pc.2018-03-20.

杨红樱本人被授予的荣誉也有很多：为发展我国文艺事业作出突出贡献、全国宣传文化系统"四个一批"人才、中国版权协会"中国版权产业风云人物"等。

上述的获奖以及荣誉都为杨红樱本人的影响力做了进一步的巩固，在打开了市场的基础之上，又有了业界与官方对她的肯定，无疑是对杨红樱及她的作品起到了极好的正向宣传作用。

（二）作品的魅力

如果说，杨红樱是靠着自带"粉丝流量"的光环以及过往官方和业界的认可在童书市场中行走，那么，或许她能够走过3年或者5年，然而，在杨红樱30余年的创作生涯当中，其中近20年她都没有偏离过"畅销"轨道，很显然，她的作品发挥了很大的作用。

通过研读2015年至2018年出版的"笑猫日记"系列，我们可以发现作品中的很多闪光点，比如，在作品里融入经典的品牌元素、倾听读者内心、满足读者的阅读期待，这样一来，就便于我们更直观、清晰地了解创作一部畅销作品作者都做过哪些努力。

1."笑猫日记"中融入经典的品牌元素

"笑猫日记"系列的故事里融入了多个古往今来深受小朋友喜欢的形象或技法。比如，该系列中只要有笑猫出现的场景里，都会出现一只活了很久很久的球球老鼠、仙女蜜儿的神奇道具——转动时光的伞，以及万年龟赐予的隐身术等。在故事里融入经典的品牌元素无疑是个加分项，因为这些早已获得大量观众或读者喜爱的元素必定带有一定的经典性：具备能够使一代代儿童喜爱的吸引力。使用这些经典元素并投入一些创意，产生的良好阅读效果也就是意料之中的了。

首先是笑猫和球球老老鼠的形象，仔细回想一下，就不得不让人联想起 20 世纪三四十年代美国的长篇动画片《猫和老鼠》。这部经典的动画片自 20 世纪 90 年代在央视首播开始，至今几乎是家喻户晓，而猫和老鼠这一对形象也是深得人心。"笑猫日记"中也出现了这样一对猫和老鼠的形象，不过，与动画片《猫和老鼠》中天生冤家、一见面就斗智斗勇的汤姆猫和杰瑞老鼠有所不同的是，笑猫和球球老老鼠是一对忘年交好友。球球老老鼠活了很久，久到成为整个翠湖公园里所有老鼠的祖宗，由于他活得久，经验足，并且非常狡猾，所以他能想出很多解决困难的办法，给笑猫帮了不少忙。每当笑猫遇到了难题，他都会找球球老老鼠当参谋，每当球球老老鼠陷入困境，笑猫又及时挺身而出，久而久之，笑猫和球球老老鼠之间建立起了极其深厚的友谊。

虽然欢喜冤家的猫和老鼠形象早已深入人心，但是杨红樱在"笑猫日记"中沿用这对形象时，经过了一番创新和改动，让猫和老鼠不再是以彼此对立的关系出现在读者眼前，反而是以生死之交的关系重新出现，这不仅起到使读者重温经典形象的作用，还能促使人们思考猫和老鼠之间的新关系。

其次是仙女蜜儿转动时光的伞，这把伞最神奇的地方在于它可以像放电影一样展现某个人或物的过往与未来。时光伞的功能很容易就将人带入日本经典动画《哆啦A梦》当中，在动画《哆啦A梦》里，大雄的好朋友哆啦A梦有一个可以跨越时空、任意穿梭于过去和未来的时光机。但转动时光的伞与时光机是不一样的，转动时光的伞只能以一帧帧的画面放映过去和未来，观看者只能像个局外人一样静静地看着过去或未来发生的事情，不能参与进去；而时光机是具有互动性的，乘坐时光机的人可以穿梭任意时空，乘坐者想要回到过去或是去到未来的某一时段，利用时光机都能办到，甚至还能通过努力改变历史。哆啦A梦的时光机一直以来都被人们熟知，不少人甚至希望现实生活中真的存在这样一种机器，这不仅是人们的一种寄托和安慰，同时也说明时光机是受大众接受和喜欢的。作品《转动时光的伞》巧妙地利用了这一能引起大众共鸣的元素，通过笑猫转动这把时光伞来讲述故事里的马小跳、杜真子、虎皮猫、球球老老鼠等的曾经和未来，为故事增添了一些神秘色彩，既激起了小读者们的阅读兴趣，又给整个系列故事的后续埋下了重要线索。

最后是隐身术，对于这项闻名古今中外的有趣技法，几乎每个儿童都曾抱有过这样的想法：假如我会隐身，我就可以无所不能。举几个简单的例子，《西游记》里的孙悟空曾使用隐身法成功地偷走天庭美食；《哆啦A梦》中的大雄也穿着隐身披风去捉弄那些欺负过他的同学，而"哈利·波特"中的哈利·波特就更大胆了，他常常穿上隐身斗篷溜出学校，在很多大众喜爱阅读的作品中，故事里的人常常使用隐身术把自己藏起来去干一些惊险、调皮的事情，这些都会激起儿童极大的阅读兴趣，甚至有些大人也会拍手称道，读者们在跟随剧情发展的同时也能感受这种"万一露馅就惨了"的刺激。《樱花巷的秘密》里笑猫和球球老老鼠为了揭发一起"骗局"，在万年龟的帮助下也使用了隐身术，他们通过隐身潜入骗子的家中，找寻骗子骗人的证据，并趁机给了骗子一些教训，好让他们改过自新。《樱花巷的秘密》里的隐身术与其他作品有所不同，笑猫和球球老老鼠使用隐身术并不是为了"好玩儿"，他们是为了正义去"战斗"。

2. 倾听读者内心、满足小读者们阅读的期待

有人说杨红樱是真正为儿童在写作的作家，因为她秉承的这种创作态度，注定了她写的故事会招儿童喜爱。杨红樱曾在一次采访中透露："笑猫日记"是小朋友帮我找到的灵感。之所以会这样说，主要是因为"笑猫"这个形象最早在"淘气包马小跳系列"当中蜻

蜻点水般地出现过一次。

在 2005 年创作"笑猫日记"之前，杨红樱的"淘气包马小跳系列"在市场中已经是非常受小读者们喜爱的作品了，而在"淘气包马小跳系列"中有一本《疯丫头杜真子》(以下简称"疯丫头")，这本"疯丫头"里出现了一只会用不同的笑来表达思想的小猫。有很多小朋友在看"疯丫头"时被这只神奇的猫吸引住了，然后他们纷纷写信给杨红樱，希望杨红樱能将这只小猫继续写下去，写成一个很长的系列。

后来，杨红樱在给小朋友们写完回信之后，就开始认真回忆、思考笑猫这个角色。由于笑猫的原型正是杨红樱儿时的一个小玩伴，杨红樱对其有着较为深刻的印象：我记得那只猫喜欢用一只爪子托着下巴，我觉得它在思考；它的一只耳朵是我童年的一种挥之不去的深刻记忆。[①]

孩子们真切的愿望和杨红樱对童年深深的怀念加在一起，于是"笑猫日记"诞生了，并且它还是在"淘气包马小跳系列"正当红火的时候诞生的。据明天出版社的文学编辑室主任徐迪南回忆：2005年正是杨红樱老师的"淘气包马小跳系列"和"杨红樱校园小说系列"销售正旺，在市场上一路高歌猛进之际。[②] 所以，后来"笑猫日记"首批 3 本一上市立刻就讨到了小读者们的欢心，这个故事是应小读者们的希望而写的，这个系列也是为小读者们的期待而出版的。

因此，在"笑猫日记"中出现的主要人物角色实际上是带有连续性的，比如马小跳、杜真子还有笑猫等。在讲故事的过程中，作家杨红樱又在几个主要人物角色的身边添加进去了一些新的角色，使得整个故事不仅保证了原本的基调，还时不时透露出一些新奇，让小读者们在阅读时不仅不会感到陌生，反而得到一种满足。

---

① 百道网.同是超级畅销书作家，为什么杨红樱不需要像 J.K. 罗琳那样去转型？[EB/OL]. http://www.bookdao.com/article/214573/2016-05-11.

② 徐迪南.图书品质是营销的前提——关于"笑猫日记"丛书策划出版的记录与思考[C].中国编辑学会，2010：214~219.

（三）贴近现实、抓住当下热点

"笑猫日记"从 2006 年出版至今，基本每年都有新作推出，每一部新作都受市场欢迎。与其说它的内容有多么经典，倒不如说它是抓住了当下与每一个人都息息相关的热门话题，所以吸引读者去翻阅。以下将用两个例子来说明。

1. 以"环保问题"为主题

近些年来，与"环保"相关的话题越来越受关注。我们经常能在一些公共场所看到有关生态保护的广告牌，比如，地铁和电梯里常常贴出"没有买卖，就没有杀害"的海报，号召人们保护野生动物以及对环保有益的动物等。环保问题一直以来就是人们很关注的话题，而近些年随着环境越来越恶劣，这个话题就变得更加引人注意了。

作品《青蛙合唱团》完美地契合了这一主题，并且以一种正确引导的方式向小读者们讲述一群为人类消灭害虫的青蛙渴望回到家园的故事，在"笑猫团队"的帮助下，青蛙们好不容易克服了一个又一个困难，最后终于回到了家园，可是他们的家园似乎有些不对劲，此时，杨红樱以一种开放式的结局来告诉小读者们不管寻找失去的家园有多少艰难险阻，青蛙们都会一直坚持下去。

2. 以"课外培训班问题"为主题

时下，有许多家长花费"巨资"给孩子报各种各样的课外培优班，还举着"一切都是为你好"的旗帜，丝毫不考虑孩子的感受，把孩子们送去学习，这俨然成为一种社会风气。在《樱花巷的秘密》这本书里。也出现了一个号称能把笨孩子变成聪明孩子的培优班——小天才培训基地，书中安琪儿的妈妈不希望安琪儿输在起跑线上，先是听信骗子的话强迫安琪儿喝"智慧汤"和扎"聪明针"，后又上了假博士和假老师的当，给安琪儿报了小天才班，接二连三地受骗，并且执迷不悟。这种事在现实生活中并不少见，家长们一方面是"望子成龙""望女成凤"的心愿比较急切；另一方面也说明骗子很会琢磨家长的心理，以一系列"变笨为灵"的招数使家长一步步上钩。小读者通过阅读这本《樱花巷的秘密》能够体会"可怜天下父母心"的辛苦，家长通过这本书也能反思："一切为了孩子好"的出发点固然没有错，但还是应该先倾听孩子的内心，不要让"利欲熏心"的骗子有机可乘。

《樱花巷的秘密》巧妙地借用这一社会热门现象揭露了现实，充当起了家长与孩子互通的桥梁，再一次赢得了读者的欢心。

（四）细节描述是讲好一个故事的"点睛之笔"

如果说"笑猫日记"的畅销只是因为作者杨红樱的名气、故事里融入经典品牌的元素、满足读者心愿以及迎合当下的热门话题，那么，这显然是不够充分的。作为一个会讲故事的人，杨红樱在给孩子们讲故事时，善于捕捉细节，而且还能把这些细节描述得丰富多彩、绘声绘色，这也是她受孩子们欢迎的一个重要原因。

1. 精心策划大型"狂欢"活动

在"笑猫日记"系列中，几乎每一个故事里都会出现作者杨红樱精心策划的一场大型"狂欢"活动，这也是儿童在阅读过程中非常喜欢看到的场景，比如，《青蛙合唱团》中几千只青蛙排成整齐的队伍，组成合唱团，在青蛙团长的指挥下，以洪亮的歌声向破坏环境的人们发出"愤怒之音"；《樱花巷的秘密》中球球老老鼠的子子孙孙们在一声号令下，突然浩浩荡荡地冲进骗子家里，来了一场"狂欢大会"；《转动时光的伞》中笑猫通过时光伞看到了 30 年后的球球老老鼠组织他的子子孙孙们同外星球植物展开一场"保卫大战"等。

2. 在关键时刻设置悬念

杨红樱在讲故事时还特别喜欢植入一些悬念，引起小读者的好奇心：在《青蛙合唱团》中，"笑猫团队"为了营救一只外号叫"蛙坚强"的青蛙，商量出了一个万全之策，差一点儿就成功了，正当马小跳他们几个救出"蛙坚强"准备逃跑时，被坏人逮个正着，而笑猫为了阻止坏人继续追赶，他挡在了坏人面前，坏人又急又气，想把笑猫赶走，最后笑猫被坏人踢到昏迷，奄奄一息，营造了一种紧张、惊险的氛围，小读者们的心也都提到了嗓子眼儿：笑猫不会真的死了吧？

《转动时光的伞》中，笑猫用时光伞观看每一个人的过去和未来，每当看到正精彩的时候，故事就突然跳回到现实状态，中断了"时光影像"，这样一来，读者就总是放不下心：接下来能从时光伞里看到什么呢？在《又见小可怜》中，球球老老鼠和笑猫都在坟头附近看到了小可怜，但又不确定，让人不得不好奇：小可怜究竟是不是还活着呢？

3. 时不时制造点儿幽默，为故事增添色彩

"笑猫日记"系列里的幽默出现在很多地方，比如那些坏人的名字：娘娘腔、破锣嗓子、贾博士、贾老师等，都是儿童觉得好笑、有"坏人"感觉的名字；再比如一些事件小插曲：《樱花巷的秘密》故事的开篇，笑猫和球球老老鼠在熙熙攘攘的人群里穿梭，身体小又圆的球球老老鼠被人们当作皮球一样踢来踢去，不禁让人觉得球球老老鼠实在太惨了，故事的中间，球球老老鼠带领子子孙孙们来到骗子家里"捣乱"，"捣乱"结束时还让子子孙孙们齐刷刷地给骗子磕了三个响头，以谢骗子当年卖假老鼠药的不杀之恩，吓得骗子立马昏倒在地等。

四、精彩阅读

在一个没有月亮也没有星星的夜晚，几千只青蛙排着长长的队伍，浩浩荡荡地来到了翠湖公园。原来，这是一个来自乡下的青蛙合唱团。青蛙团长忧伤地告诉我，越来越严重的环境污染让他们在乡下再也活不下去了。流落他乡的青蛙们，每天都辛勤地为城里的人们消灭苍蝇和蚊子。可是，人类可怕的贪欲让青蛙们厄运连连。在我和球球老老鼠的带领下，青蛙们来到了苹果广场，来到美食街，用激昂的歌声表达他们的愤怒。灰蒙蒙的天穹下，青蛙们究竟在哪里才能够寻回他们失去的家园？

——节选自《青蛙合唱团》前勒口

"作为一个旁观者，我可以公正地说，人是非常对不起青蛙的。"我说，"人做了很多对不起青蛙的事情。人在乡下建工厂，污染了环境，让青蛙失去了家园，青蛙不得不逃到城里；在城里，为了城里人的健康，青蛙一心一意帮人消灭苍蝇和蚊子，可是有些人总在打青蛙的歪主意。唉，我真是不能理解！"

"笑猫老弟，只要活到我这把岁数，才知道什么叫'人心险恶'、什么叫'贪得无厌'。"球球老老鼠又开始给我上课了，"所以，人需要不断修炼，才能成为善良的人、高尚的人……"

——节选自《青蛙合唱团》第 51~52 页

如果说生命是一次旅行，那么总有一些意料之外的事会让我们的旅途精彩纷呈。比如，我偶然发现了一把古老的油纸伞的秘密，从此，时光就能在我的眼前神奇地流转。只要向左转动这把油纸伞，我就能目睹那些尘封的过往，我能听见虎皮猫在钟楼里为大家敲响的祈福的钟声，也能看见多年前作恶多端的老老鼠那丑恶的嘴脸。只要向右转动这把油纸伞，我就能提前品味未来的快乐、悲伤和离别，就能知道马小跳、杜真子、安琪儿、唐飞这些孩子未来会拥有怎样的人生。这把古老的油纸伞还将让我经历哪些神奇的时光之旅呢？

——节选自《转动时光的伞》前勒口

　　我把我看到的情景告诉球球老老鼠："三十年后，有一种来自外星球的植物入侵了地球，在地球上疯长，它们那些巨大的藤蔓疯狂地四处蔓延，眼看着就要蔓延到我们这座城市里来了。这个时候，在老鼠们中享有超高威望的你，号召你的所有子孙组成了浩浩荡荡的老鼠大军，齐心协力地咬断那种植物的根和茎，帮助人类消除了一场大灾难。"

——节选自《转动时光的伞》第 28 页

　　在这个落叶飘飞的深秋，樱花巷里那些枝丫干枯的樱花树竟然在一夜之间花开满树。往日宁静的小巷因此变得人头攒动，热闹非凡。看着樱花树下熙熙攘攘的赏花的人群，看着扮成樱花小精灵的贵妇犬菲娜，看着被迫到"起跑线加油站"喝"智慧汤"、扎"聪明针"的孩子们和疯狂抢购天价"状元作文本"的家长们，我好像跌进了一个奇怪的梦里……是蜜儿那副神奇的眼镜和万年龟的隐身术，让我和球球老老鼠推开了一扇探寻真相的大门。我们在樱花巷里究竟会发现哪些惊人的秘密呢？

——节选自《樱花巷的秘密》前勒口

翠湖公园里有两个欣赏落叶的好地方：一个是银杏林，一个是梧桐道。银杏林是我和虎皮猫最爱去的地方，我们在片片金黄色的落叶上散步，静静聆听脚下传来的沙沙声；梧桐道是我和球球老老鼠最爱去的地方，这里满眼是萧索的深秋景象，多愁善感的球球老老鼠最喜欢看着飘飞的落叶，感叹四季轮回，生命兴衰。

——节选自《樱花巷的秘密》第 1 页

在一个细雨霏霏的清明节，一只与小可怜神似的猫在我眼前一闪即逝。"猫有九条命"的传说，让球球老老鼠和我们全家都坚信，小可怜没有死。循着悠扬的钟声，我和虎皮猫来到仙桃村，走遍村里的每个角落，只为能跟亲爱的小可怜再次相遇。不料，这场寻觅之旅竟如此艰难。我们日夜思念的小可怜，似乎总在不经意间，一次又一次地和我们擦肩而过……

——节选自《又见小可怜》前勒口

翠湖公园对我来说，有几个最爱。我最爱的翠湖公园的季节，是落叶飘落的秋天，地上铺了厚厚一层金黄的、像小扇子一样的银杏树叶，踩在上面发出沙沙的声响；我最爱的翠湖公园的花，是严冬盛开的腊梅花，花开的时候，暗香浮动；我最爱的翠湖公园的黄昏，是春天的黄昏，柔软的柳枝在晚风中轻轻摆动，天边总有几抹或浓或淡的晚霞；我最爱的翠湖公园的早晨，是翠湖公园夏天的早晨，沐浴着带着花香的晨风，神清气爽，会忘记所有的烦恼。

——节选自《又见小可怜》第 61~62 页

尹建莉◎著

Haomama Shengguo Haolaoshi

好妈妈

胜过

好老师

——一个教育专家16年的教子手记

妈妈是朋友
妈妈是老师
妈妈是孩子的引路人
妈妈教育方法的差别
常常影响孩子的一生

作家出版社

书名：《好妈妈胜过好老师》   作者：尹建莉
出版时间：2009 年   出版社：作家出版社

一、作者简介

尹建莉，教育专家，教育学硕士，从教多年，现从事家庭教育研究及咨询工作。熟悉学校教育，对家庭教育有精深的研究，并且自己培养了一个优秀的女儿。尹建莉老师不仅自己悉心对待女儿的成长，同时，更加注重这一代孩子的教育。尹建莉老师将自身的学术见解和实践相结合，通过自己孩子的成长故事，用通俗易懂、生动活泼的语言流畅地表达了教育观点，借此也影响了许多家长、学界研究专家，在幼儿教育出版史上留下了光辉的一笔。

二、畅销盛况

作家出版社《好妈妈胜过老师》一书自 2009 年 1 月份出版以来，已经连续加印 21 次，销售达 80 万册，连续 6 个月蝉联当当网销售排行榜榜首。当前，仍然以良好的市场表现高居教育类图书销售排行榜前列。在整个图书市场低迷的情况下，《好妈妈胜过好老师》创造了家庭教育类图书的一个奇迹，成为 2009 年的一本超级畅销书。本书发行十分顺利，在一年左右的时间里，《好妈妈胜过好老师》已经发行了 100 多万册，成为 2009 年不太景气的出版行业中的一匹黑马，取得了非常好的市场业绩，截至 2012 年年底，《好妈妈胜过好老师》已经突破了 400 万册。

本书在畅销的同时，也有着非常好的口碑，先后获得了"央视子午书简和中国图书商报——2009 年度最值得一读的 30 本好书""新浪网十大好书""当当网十大热评图书""《出版人》杂志和新浪网的'年度教育类图书奖'"等 7 个奖项。

三、畅销攻略

（一）作品写作

1.《好妈妈胜过好老师》的教育理念、教育方式、教育内涵，具有科学性、指导性意义

面对教育问题时，作者引经据典、严谨的治学态度，令《好妈妈胜过好老师》展现了其深刻的思考，除了在教育理念上是正确的、智慧的，更重要的一点是，书中时时刻刻传达的是家长的"爱心"，只有家长有"爱心"，才能培养出具有"爱心"意识的孩子。这种影响是潜移默化的，换言之，教育孩子不仅仅是教育孩子，而是首先要教育家长自己。这本书的成功之处，在于它不是简单地告诉家长应该如何教育孩子，更有裨益的是，本书教会了家长在生活中应该如何起到表率作用，这不仅是一本家教书，更是对家长、对孩子、对家庭、对教育事业都有着重要的思想教育意义的学术书籍。

2. 作者的四重身份让《好妈妈胜过好老师》多角度、多层次地展现其丰富内涵

作者尹建莉老师同时拥有四重身份：妈妈、老师、教育专家、作家。妈妈的身份决定了尹建莉老师能够丰富完整地记录孩子的成长历程，以妈妈的笔触把孩子的成长作为一个范例进行推广和介绍，用自己的亲身经历和教育实例来渗透自己的教育观念，使得读者在阅读过程中拉近了距离，可能自己的孩子也出现过这样或那样相似的事情，家长就可以采取相同的方式对孩子进行教育。尹建莉老师是在实例中传达了自己的教育理念。尹建莉老师又是一名从事多年教育事业的教师和专业教育专家，这两种身份决定了尹建莉老师对孩子有足够的了解，并且能够用非常科学的视角审视孩子的成长历程，她站

在一个相对较高的理论层面去指导实践，这样的指导是更具现实意义和科学意义的。除此之外，尹建莉老师还是一位文笔巧妙的作家，她的写作风格优美、活泼，并且构思巧妙、前后呼应，遣词造句上更是明快易懂，让人止不住一口气读完，还有意犹未尽之感。正因为尹建莉老师同时拥有这么多重的身份，才使得《好妈妈胜过好老师》具有教育性、亲和性、易读性等特点。

在过去的早教书当中，鲜有由专业教育工作者进行写作的，而尹建莉老师硕士、博士都是教育学专业，并且从事教育工作多年，并非是泛泛的经验之谈，专业性很强，且文章的流畅程度高，并不艰涩难懂，可以真正做到把学术观点写得让大多数人理解和接受。

3. 原著挑战了许多现有的教育理念

《好妈妈胜过好老师》的诸多教育理念都是在挑战现有的教育理念，例如，帮孩子写作业，让孩子不考 100 分，等等，作为一名学术专家，让这样的理念贯穿在文章的始终是需要很大的勇气的。很多人认为这本书的学术成分有待考量，但是尹建莉老师认为，越是经得起时间、经得起大众考验的东西才是真正能够流传下去的。在文章的主旨思想中找不到任何硬伤，文字又媲美小说、散文，这几个因素构成了作品本身独特的魅力。

4. 每个孩子的天性都是愿意接受新生事物的，问题是什么才是妥当的方法

其实每个人的天性都是喜欢学习新东西的，只要家长做好了这个事情，孩子是不讨厌的，但是大多数家长都将方法和方式用错了，所以导致孩子厌学。好的素质教育都是适合应试教育的，那些但凡在应试教育中取得优秀成绩的孩子，素质也都是非常高的，因为应试教育也是教育非常小的一部分，如果大的教育做好了，那么应试教育也是非常容易取得好成绩的。但是现在人们主要的眼光都集中

在应试教育方面，杀鸡取卵式的教育方法，使得孩子不能够全面发展。

制度从来都不极端，是人的行为极端，即使出台再好的政策，人的行为也会将政策推向极端。现在的人们把所有的注意力都集中在高考上面，这是思维粗糙和浅薄的一种表现，只看到了表面的东西。

（二）受众选择

任何一本畅销书都是针对特定的消费群体而做的，随着社会对教育的重视，幼教类图书已然在市场上占据了半壁江山，在这样的潮流当中，跟不跟风？答案是肯定的。在受众稳定的情况下，如何使得受众合流就成了主要的问题。这又不得不提到《好妈妈胜过好老师》作品本身的魅力，它以方法新颖、效果明显、可读性强等方面的优势取胜，决定了这本书的畅销变为长销。

1. 家教书市场泛滥，但没有一本是真正能引领潮流的家教书

出版这本书的时候，家教教育出版正处于低潮，但是从本质上来讲，家庭教育没有所谓的高潮和低潮，之所以处于低潮，是因为没有一本适合读者的书。事实上，在经济不断发展的今天，教育越来越成为家庭重视的部分，因此这部分市场非但没有流失，相反很有挖掘前景的市场份额。谁引领了这个市场，谁就能占得先机，谁占领了空白地，谁就能屹立于潮头。

2. 名为《好妈妈胜过好老师》，实为"好教育"

这本书虽然是作者以妈妈的身份进行写作，以育儿笔记的形式呈现，但同时作者又是以一位教育者的观察角度来完成作品的。名为"好妈妈"，实为"好教育"，不存在妈妈一套教育、爸爸一套教育的情况，真正有品质的教育是相互贯通的，因而这本书的读者群在定位上也是

十分明确的，定位在幼儿家庭教育者、幼儿教育者、幼儿学术研究者，这本书的受众群之广，也成为这本书能够成功的必要因素。

3.《好妈妈胜过好老师》的阅读感觉令人倾心，易于读者接受

在写作风格上，《好妈妈胜过好老师》理念正确、方法实用，教育效果立竿见影，可读性非常强，这就拓宽了阅读范围，虽然市场上有琳琅满目的幼教图书，但是绝大多数既无鲜明的教育观点及理念，又无高超的写作功底，继而令此类图书市场陷入僵局，让读者对幼教市场失望。

（三）营销理念

全国图书品种大概是 13 万到 18 万种，平均每天上架的新书有 360 种到 400 种。一本书在出版以后如果不进行宣传，就会被淹没在书海中。但是《好妈妈胜过好老师》却在靠宣传取胜的畅销书队伍中取得了不凡的成绩，就畅销书的特点而言，它的生命周期比较短，读者面广泛，所以使得畅销书在刚刚打入市场的时候必须使传播最大化。然而《好妈妈胜过好老师》却打破了畅销书原本的模式，它的销售路径并不是大起大落，而是稳中有升。

畅销书要"在优秀的前提下畅销，在畅销的基础上优秀"，畅销书要兼顾社会效益与经济效益，一本好书应该有好的思想内容，有好的艺术品位，以及好的市场占有率，只有在内容上真正过硬的图书，经得起时间考验的图书，才能成为书业的"常青树"，从而由畅销走向长销。

从整体上来看，畅销书的生命周期一般只有 3~6 个月，但是《好妈妈胜过好老师》能够在出版 5 年之后还能够保持幼教畅销书榜单上的排名，这绝对是一个奇迹。

1. 编辑的慧眼识珠使得《好妈妈胜过好老师》能够成为畅销冠军

著名的编辑威廉斯认为，编辑是"挖掘好书的搜猎者、化平凡为神奇的魔术师"。《好妈妈胜过好老师》曾经被退稿多次，其中一个原因是那几年家教书处于低潮期，市场上的家教书被做烂，很多家长都不愿意再相信家教书的存在意义。但是就在这低迷的时刻，责任编辑郑建华老师还是将《好妈妈胜过好老师》作为一本重点图书来进行制作，使得《好妈妈胜过好老师》能够在全体读者中亮相，没有错过这样一本具有指导教育意义的家教类图书。

2. "口口相传"成为《好妈妈胜过好老师》畅销的主要原因

《好妈妈胜过好老师》在最初出版的时候，并没有大规模的新书发布会，没有任何媒体宣传，就凭借口耳相传，出版社虽然没有把它当作一本重点书来推荐，但是这本书的畅销成就了一个奇迹，如果没有作品本身强大的魅力是不可能的。书名传达的理念是恰到好处的。任何的包装宣传我认为都可以炒作一时，不可能长久这么多年。所以这本书真的是靠口碑畅销。这本书刚刚挂在当当网上的时候是几万名，靠排行榜是找不到的，必须要输入名字才能够找到这本书。但是这本书在出版4个月后就已经开始有一定的知名度，半年左右就已经在畅销书排行榜的前几名了，这样的书在国内几乎是没有的。

3. 连载加试读，让《好妈妈胜过好老师》覆盖面积更大

《好妈妈胜过好老师》最先是在当当网上流行起来的，这本书在宣传上并没有进行炒作和不实宣传，只是用连载的方式使得读者能够进行精彩书摘欣赏，就单单这样的形式能够让《好妈妈胜过好老师》畅销是不可思议的。主要流行方式就是口耳相传，在家教类图书中树立了良好的口碑，又引领了家教书热起的风靡。

随着计算机和网络的普及，网络已经成为重要的媒体，传统的地方性书市已经没有办法吸引年轻一代的读者，并且网络媒体具有

传播及时迅速、成本低、容量大等优势，所以《好妈妈胜过好老师》将宣传手段锁定在网络媒体上。

《好妈妈胜过好老师》最早的连载是出现在当当网上，另外在平面媒体《南国早报》上也进行了连载，《好妈妈胜过好老师》在连载两个月以后，销量增加了 8 000 册左右，达到了很好的效果，这一南一北的宣传途径也为这本书的畅销起到了非常大的作用。

4. "好妈妈"作为一个品牌，辐射性发展

《好妈妈胜过好老师》得到了社会的广泛认可，尹建莉老师的第二本书也在积极的创作当中，教育的内容是非常丰硕的，一本书是写不尽的，一个孩子在成长过程中有多少个面，那么教育著作就可以写到多少内容，尹老师接下来的著作并不是对《好妈妈胜过好老师》的硬性延续，而是一种完善和提高，让"好妈妈"成为一种品牌，成为引领幼儿图书市场的一个标志性品牌。

（四）畅销原因小结

《好妈妈胜过好老师》不是一本靠炒作赢得眼球的家教类图书，而是完完全全靠图书自身的魅力吸引着广大的家长和教育界的同人。作者尹建莉老师和责任编辑郑建华老师都是治学很严谨的人，尹建莉老师的第二本书迟迟不肯动笔的原因除了她自身认为比较懒散外，更重要的是尹老师为自己开出了 60 多本书的书单，她认为只有不断地对自己所掌握的知识体系加以完善，才能够写出对读者有意义的书。很多人看《好妈妈胜过好老师》时都是一口气读完的，并且在阅读时有种醍醐灌顶的感觉，《好妈妈胜过好老师》的精神内质是值得深入挖掘的，其内在教育理念也是值得弘扬的。

《好妈妈胜过好老师》之所以能够取得这样不俗的成绩，之所以

能够将其定义为学术专著而不是简单的畅销书原因有三。

一是图书内容是具有教育意义的幼教类图书，但不能因为是幼教类的图书就将其学术观点弱化。中国的发展在教育，而教育的发展又很大程度上依赖于幼儿教育。一个人在幼儿时期养成的习惯、受到的教育模式，其影响会终其一生。

二是作者尹建莉老师的治学态度严谨，在每一章，每一小节都会引经据典，索引、注释都按照学术专著的写作方式进行。这除了体现尹老师的写作风格，更重要的是这本书的内容有很强的理论支撑，成为畅销书的学术专著并不常见，而通过口耳相传成为畅销书的学术专著更是微乎其微。它打破了学术专著晦涩难懂的传统意义，真正具备了社会和经济的双重效应。

三是《好妈妈胜过好老师》并没有采取任何花哨的宣传方式和炒作理念。没有作者名人效应的后台，没有出版社全面铺货、宣传的支撑，也没有兴师动众的炒作，这本书就像一条涓涓细流，慢慢渗透到读者群中，但是它又像是一股清泉，让人有醍醐灌顶的觉醒。这就是这本书强大的魅力，这就是这本书无可比拟的优势所在。这是一本谁都看得懂的学术专著，同时更是一本得以流传的经典畅销书。

四、精彩阅读

我的朋友说，她去过几次这位女同事的家，发现同事对孩子那真是用心。虽然人在和你说话，但感觉她的心总是在孩子身上放着，不时地告诉孩子一句什么，比如"到写作业时间了""手上的水没擦干净，再去擦一下""别穿那双鞋，这双和你的衣服搭配好看"。

朋友感叹说，当妈的都做到这个程度了，可不知为什么她的孩子越来越差。刚上小学时，是班里前三名的学生，到小学六年级毕业时，成了倒数第三名。现在这个孩子已上初中，各方面仍然毫无起色，即使是从小就学习着的英语，成绩也总是很低，总之根本没有一点高智商的痕迹。而且性格特别内向，既不听话，又显得很窝囊。他妈妈实在想不明白，自己呕心沥血地教育他，怎么就成了现在这个样子，她觉得这是命运在捉弄她。

朋友问我：你说这问题出在哪儿，这孩子到底怎么了？

我想想说：问题还是出在妈妈身上。改善的方法很简单，但我怀疑，正因为简单，这位妈妈恐怕难以做到，或者说她根本就不愿意去做。在朋友疑惑的目光中我告诉她，这位好强的妈妈，她的问题就是对孩子管得太细太严。治疗的方法当然是反面，就是"不管"。

"不管？"朋友睁大眼睛。

我说，可能我们经常会发现这样一种情况：对孩子管得特别细特别严的家长，大都是在工作、生活等方面很用心的人，成功动机在他们的生命中始终比较强，他们的自我管理往往做得很好，在工作或事业上属于那种放哪儿都会干好，都会取得一定成就的人。同样，在孩子的教育上，他们成功心更切，也很自信，把对自己的管理，都拿来套用到孩子身上。可是，他们基本上都失望了。朋友点头说，对对对，是这样，可这是为什么呢？

我说，这里面有一个问题，儿童不是一块石头，成人刻刀所到之处留下的，并不完全是雕刻者单方面的想法。假如一定要把父母比喻为一个雕刻师，那教育这种雕刻所留下的痕迹则是雕刻与被雕刻双方互动形成的。作为雕刻者的父母如果看不到这种互动性，漠视儿童的感觉，以为在受教育方面，儿童就是块没有弹性的石头，刻什么样长什么样，那么一块璞玉在他手中也会变成一块顽石，或一堆碎料——看不到这种互动性，就谈不上尊重儿童。不尊重儿童最典型的一个表现就是对孩子管制太多，也就是指导或干涉太多，孩子的许多正常生长秩序被打乱了。

朋友若有所思地点点头。

我接着说，从你的陈述中我可以感觉到，这位家长确实很用心，但实际上她的行为里教育要素很少，更多的是"指令"和"监视"。指令和监视是教育吗？不是！教育如果这么简单，每个家长都可称心如愿，世界上就不会再有恨铁不成钢的悲叹了。指令和监视的主要成分就是管制。现在家家基本上只有一个孩子，家长们有的是时间和精力去管理孩子。而且人们越来越认识到儿童教育的差异主要体现在家庭教育中，所以每个做父母的在开始时都铆足了劲，要把自己的孩子教育好。但儿童教育是件最重艺术，不重辛苦的事。只有那些注重教育艺术的人才会把孩子教育好。瞎用功，乱用力，只会把事越做越坏——这可以解释你这位同事的孩子为什么会每况愈下。

我接着分析这位妈妈，她在孩子面前其实一直扮演着一个权威的角色，因为只有权威才有资格对别人进行不间断的指令和监视。而就人的天性来说，没有人喜欢自己眼前整天矗立一个权威。所有对权威的服从都伴随着压抑和不快，都会形成内心的冲突——孩子当然不会对这个问题有这么清楚的认识，他只是经常感到不舒服，觉得做什么事都不自由，常不能令大人满意，这让他感觉很烦。于是他慢慢变得不听话，没有自控力，不自信，笨拙而苦闷。所以，家长一定要对"过犹不及"这回事有所警觉，不要在孩子面前充当权威（尽管是以温和的爱的形式出现）。一个被管制太多的孩子，他会逐渐从权威家长手下的"听差"，变成自身坏习惯的"奴隶"；他的坏习惯正是束缚他的、让他痛苦的桎梏。不是他心里不想摆脱，是他没有能力摆脱。我们成人不也经常有这种感觉吗？

——节选自《好妈妈胜过好老师》第五章

书名:《哈利·波特与魔法石》　　作者:[英]J.K. 罗琳　　译者:苏农
出版时间:2000 年　　　　　　　出版社:人民文学出版社

一、作者简介

J.K. 罗琳，1965 年 7 月 31 日生于英国格温特郡，是"哈利·波特"系列小说的作者。在"哈利·波特"问世前，她是一位生活困窘的单身妈妈。在一次去伦敦的火车上，一位巫师打扮的男孩激发了她创作此系列的灵感。生活拮据的她一度在咖啡厅的餐巾纸上进行创作。1997 年，《哈利·波特与魔法石》由布鲁姆斯伯里出版社出版，此后罗琳得到的不仅仅是源源不断的财富，更是儿童文学创作领域的好名声和随之而来的幸福家庭。正如许多成功人士一样，罗琳也有着十分坎坷的遭遇，曾一度消极想要自杀。但为了女儿，她坚持创作，并以奇幻之笔，换来了她应得的一切。罗琳如今处于世界女性财富榜的前列，她积极参与社会活动，并参与了"哈利·波特"系列电影的拍摄。她的精神、才气和个人魅力使她随着"哈利·波特"的走红而享誉全球。

7 部系列小说后，她面对着更严峻的挑战。全世界都关注着她的下一部作品。2012 年，她向世界交出了答卷——一部成人小说《偶发空缺》，仍是人民文学出版社出版中文版，但这一步的影响力和销售情况却远不如前。这也引起了社会各方对罗琳的质疑。

不可否认的是，"哈利·波特"取得了巨大的成功，这与罗琳本身作品的高质是分不开的，但它的大红大紫更是一种原因繁复、精心策划的营销行为。

二、畅销盛况

截至 2010 年，"哈利·波特"系列丛书已经累计在全球销售了 4.5 亿本，仅次于《圣经》（25 亿本）和《毛主席语录》（8 亿本），被译成 35 种文字在全球发行。由"哈利·波特"热潮引发的全行业拓展，包括电影、主题公园、周边产品、游戏等不同行业，产业总规模超过 2 000 亿美元。系列丛书最后一本《哈利·波特与死亡圣器》作为大结局，在美国开售后 24 小时内就售出了 830 万本，已然成为全球出版业中的销售奇迹。

"哈利·波特"系列丛书作者 J.K. 罗琳也因此书的畅销，从生活困窘的单身妈妈一跃成为全球财富榜中前 30 名，并被评选为全球最有影响的女性之一。"哈利·波特"系列影视剧票房走高也使得三位主要演员成为影坛不可忽视的一抹风景，他们都以此为起点成就了一番事业。"哈利·波特"主题公园的开门营业把"哈利·波特"王国推向了巅峰。可以说"哈利·波特"已不是一套畅销全球 16 年的系列丛书，而更是一种宏大的文化现象。

在我国，从 2000 年人民文学出版社引进《哈利·波特与魔法石》到 2007 年《哈利·波特死亡圣器》出版，"哈利·波特"中文版系列图书累计发行千余万册，销售 2 亿码洋，创造了近 2 500 万元的利润。同时，人民文学出版社也极力促成"哈利·波特"系列电影与相关产品在中国的销售，使其成为全产业共发力、链条完整的传播行为。

"哈利·波特"系列丛书，从文本本身到出版活动，都为我国儿童文学的创作和出版树立了很好的榜样。它的空前畅销也给出版界留下了深深的回响，出版人纷纷总结经验，努力创新，争取创造下一个超级畅销现象。其后"暮光之城"系列的成功也在一定程度上验证了"哈利·波特"模式的可借鉴性。

三、畅销攻略

畅销书无疑是市场经济下图书出版人争相追逐的目标。如同"哈利·波特"这样的超级畅销书更是出版人对事业的终极向往。从"哈利·波特"1997年在英国出版,到2000年引入中国,至今21年的时间,全世界的小朋友们都跟着哈利一起长大。任何一本畅销书的成功原因都很复杂,往往是各种因素相互作用的结果。但综合来说,畅销书的成功,一方面源于作品本身的高品质(一部作品的品质优劣是其能否取得成功的一个重要条件);另一方面,则是来源于外部环境的影响,这些影响因素包括当下的市场概况、社会文化指向、图书营销策略等不同方面。

(一)内部原因

1. 文本质量上乘

"哈利·波特"系列丛书是一部魔幻类的儿童文学作品,作者J.K.罗琳向我们展示了一个只能存在于想象中的魔法世界,这个庞大的魔法世界有自己的规则法律,善恶在其中争斗,友情、亲情、爱情在其中交错,7部作品数百万字都来源于作者源源不绝的想象力。

J.K.罗琳在写作"哈利·波特"系列之前是一个生活贫困的单身妈妈,在一次前往伦敦的火车上看到的小巫师激发了她创作这系列丛书的灵感。从文本上来看,"哈利·波特"有不得不畅销的理由。作品中每一个人物,不管是否是主角,都性格鲜明、各具特色。他们拥有自己独特的服饰、标志性的动作、固定的口头禅。每个人物的设定十分完整,它的家庭组成、家族经历、魔法世界的历史等,使得其成为一个完整的体系。人物不论从表情还是对话或是心理活动,都表现出了深刻的自我特色,甚至是家族印记。这也是为什么之后"哈利·波特"系列电影上映前观众对于每一个图书角色的演员安排都充满了好奇。其次,"哈利·波特"把友情、勇敢、冒险都融入跌宕起伏的故事中，不进行刻板的说教，让孩子们在故事中自己领悟真善美的力量，这种儿童本位的写作方式也是它得到广大儿童喜爱的原因之一。当下的儿童很小便在学校接受系统教育，对于刻板说教有着天生的排斥，而我国儿童文学市场中却还是以大人说教方式为主要的传播信息途径。"哈利·波特"轻松幽默又带着一点小叛逆的心理解放，使得孩子们更愿意在其中自己主动吸取正能量。另外，每部作品都悬念丛生，部部作品相互映衬，好像每一部的结尾都是一个问号，等待着最后的终极解答。这样的情节安排更是吊足了小朋友们的胃口，期盼着哈利一天天长大，甚至盼望着知道哈利从魔法学校毕业后的生活信息。

"哈利·波特"是一部非常优秀的儿童文学作品。一部作品质量的优劣是它能否得到市场认可的先决条件。要想成为畅销作品，作品质量不可不重视。我们不否认有一些品质一般的作品也曾畅销，但这只能是昙花一现。能够像"哈利·波特"一样畅销全球且持续20年的超级畅销书则必是一部以品质高的好作品作为出版基石，而"哈利·波特"做到了。

2. 儿童题材创新

"哈利·波特"这部魔幻儿童文学丛书刚在美国出版时并没预料到有如此大的影响力。虽然西方文学世界中魔幻并不是一个陌生的题材，但是在当时的儿童出版物市场中还是不常见的，而"哈利·波特"的出现则在一定程度上填补了当时儿童文学作品题材上的空缺。而且"哈利·波特"与以往的魔幻题材有所不同，如《魔戒》等十分著名的魔幻畅销作品所描写的背景都是距离现代社会十分遥远的古时，所以作者的想象力可以任意驰骋，一切事物皆来源于虚构想象，只要较切合历史神话传说即可。但"哈利·波特"的魔幻想象并不是凭空的，反而是与当下现实紧密结合。故事发生在20世纪的伦敦，这里有地铁有电器，人们着装时髦行色匆匆，与当下社会一模一样。故事里的小主人公也要每天上课考试，住在学校宿舍，参加学校活动，有寒暑假，需要思考自己未来的职业规划。作者以"麻瓜"身份界定没有法术的平凡人，更是给读者一个虚拟的角色，我们每个人都是一个窥伺哈利魔法世界的麻瓜，向往着他的神奇，想象着他也许某一天会突然出现在我们的身边。这种与现实紧密结合、发生在社会当下时期的魔幻作品使得读者更有带入感，容易让人感觉身临其境。在现实生活之上进行大胆的想象，这样就更吸引了同样经历这样的生活，但却有完全不同体验的孩子们的好奇心。

3. 装帧设计用心

"哈利·波特"中文版的出版机构人民文学出版社当时任社长的聂震宁先生曾在《一部超级畅销书的"生命工程"》一文中详细阐述了"哈利·波特"前4部出版的整个真实过程。在出版诸多的工作环节中，尤其重视装帧设计方面的革新。当时他们采用了市面上比较罕见的小16开异形开本，使得图书一摆在出售货架上就能快速地吸引顾客眼球。由于开本的独特，在排版时设定字体、行距时也进行了科学的反复斟酌，力求降低读者的阅读压力，而且看起来更加美观。"哈利·波特"使用了专门生产的淡绿色书写纸，一方面，使盗版商望而却步；另一方面，让出版物散发出了与众不同的强大气场。在封面设计上，美国版本采用了极有神秘感的整体图画，符合魔幻主题。中文版本则延续了这一风格，在与美国出版方达成统一后，得到了美方封面的使用协议。但美版原稿颜色调子灰暗，与中国读者审美趣味不太相符，于是设计者进行了精心的修改。聂震宁表示，事后证明这个封面的修改是成功的，在样式和颜色上几乎没有引起不良反响。而图书插画工作也是费尽周折，几十万字文学作品的纯文字阅读十分劳累，作为儿童文学书没有插图是万万不可的。但是为了保持作品高品位的一致性，插图的现代美感又很难达到。经过多方协助，最终做出了最后呈现在我们面前的这个版本。"哈利·波特"每章前的小插画也成为孩子们追捧的一个标志性符号，这也变成了"哈利·波特"与盗版之间很明显的一个区分特色，盗版是很难做到画风统一且质量上乘的。

综上所述，"哈利·波特"系列丛书的巨大成功首先要归功于出版物本身的高质量。这种高质量地完成得益于整个出版流程中每一个环节的谨慎认真，是出版人应当学习的典范。

（二）外部原因

1. 饥饿营销战略

多篇研究"哈利·波特"的传播、管理领域文献中都提到，它是一个饥饿营销的典型案例。所谓的饥饿营销就是制造悬念，以悬念引发兴趣，从而达到争取关注度、广泛传播效果的营销方法。"哈利·波特"系列丛书特别注重利用饥饿营销法来为出版宣传造势。

有报道称，"哈利·波特"的多部作品都是全球同步发行。为了防止内容泄露，出版社对新书采取了十分严格的保密措施。"哈利·波特"系列图书都是在黑暗中进行印刷的，以防工人读到小说。印刷工作间都有严密的铁丝网和其他安全防卫装置。工人们被严禁携带手机相机等产品，以防拍照。在新书送往销售的途中更是用卫星定位和报警系统进行严密的保护，使得他人无法私自拆封新书。"哈利·波特"系列的最后一部《哈利·波特与死亡圣器》更是进行午夜12点全球发行的特殊发布。这些措施的实施和相关消息的发布吊足了读者的胃口，使得新书发布前已经积攒了巨大的关注度。这种严密的不宣传反而是一种有力的宣传，让全球的目光都聚焦在这系列丛书的发布中。

另外 J.K.罗琳会发布一些有关新作品的写作信息，引起读者的大量讨论。有时甚至把读者的讨论结果采纳到作品写作中来，使得新作品的面目产生了无数的可能性，令人充满遐想。在"哈利·波特"最后一部正式上市的时候，作者透露主角哈利·波特可能在终结篇中死去，并且决定封笔。这引起了读者极大的关注，在一系列读者的拯救行动后，作者松动了封笔的口气，暗示结局什么都可能发生。基于"哈利·波特"的高人气，这样的炒作使得读者的自然反应成为了免费的宣传广告。以情节预告的形式创造舆论环境，利用高涨的舆论达到营销目的，使读者的关注得到最大化地利用。

《哈利·波特与魔法石》首版限量发行了 200 本软皮精装本，此系列火爆畅销后，这仅 200 部的限量首版也成了收藏家的手中之宝，身价倍增。把"限量"概念运用到图书销售中并不是谁都敢于冒险的。图书作为大众消费产品一向注重销量，但这样的"限量"饥饿销售更是把品牌价值升华到了极致。

"哈利·波特"系列的中国版本基本也采用了饥饿营销法，在最初获得版权的时候充分调动学界、出版实业界、广大媒体和读者的高度关注，使得前 3 部作品在还没正式出版时已经是众所期待了。

饥饿营销是"哈利·波特"系列丛书主要运用的营销手段，也就是制作足够多足够精彩的噱头，以此赚取关注度，实现眼球经济。畅销书之所以畅销也就是读者广泛、关注度高，所以争夺"注意力"这种稀缺资源的营销方法是促成畅销书的妙法。

2. 新媒介参与推广

"哈利·波特"系列丛书产生于现代通信事业如日中天的信息社会，大环境下，此系列丛书也不免俗地要搭一趟新媒介的车。美国官方组建的哈利·波特图书网站，哈利·波特电影网站，作者的博客等都成了"哈利·波特"宣传推广的新媒介战场。另外，除了官方的刻意组织外，读者自发组建的新媒介宣传渠道也起到了非常大的作用。最为著名的是"哈利·波特"第 7 部上市前由于作者透露主角哈利·波特可能在终结篇中死去的消息，读者自发组建了"拯救哈利·波特"的网站（www.saveharrypotter.co.uk）。这个网站聚集了强大的读者力量，他们的热情使得作者改口，一时造成了轰动效应。

传统图书出版在新环境下必须拓展渠道，在逐渐互联网化的当下，网络平台自然成为一个不可缺少的甚至举足轻重的重要阵地。"哈利·波特"从初版开始培养起来的读者群正是一群生于互联网时代的青少年，这个日常生活必不可少的工具是他们与世界沟通交流的主要平台，因此网络宣传是"哈利·波特"推广活动的重要部分。

但遗憾的是，虽然在英国和美国互联网推广做得比较有成效，但在国内出版营销中，并没有用尽互联网之所能，中文"哈利·波特"网站还是一位读者经营创办的。虽然人民文学出版社后来与其有过多次合作接触和良好配合，但却证实了我国出版的创新意识并不令人满意。

3. 读者把握主导

"哈利·波特"的出版不再是出版人与作者主动强加、读者被动接受成品的旧模式，而是充分鼓励读者的主动主导作用。这是一次非常好的尝试，由于"哈利·波特"是一部丛书，丛书的连续性给作品的后续发展提供了无限种可能性。"哈利·波特"的畅销程度使它已成为读者心中的圣物，而在从前的出版活动中，读者一直只是最后享受成品的角色，从没参与到出版过程中过。但这一次，"哈利·波特"的策划团队利用互联网，使作者与大量读者能够比较及时地进行交流，汇总读者的阅读体验，总结成意见。而作者在每一部作品出版前都会根据读者市场的综合反应对作品创作进行修改，以迎合读者的需要。这不仅是投其所好，更让读者产生对作品更深的依赖感亲切感，好像自己亲身参加了图书出版的整个过程，感觉这是一个受自己之力影响的综合产物，在这种强烈带入感中提升对作品的忠诚度。

在"哈利·波特"系列的整个出版过程中，作者表现出多次被读者意愿而影响，或者修改创作计划的情况。J.K. 罗琳利用采访、访谈等宣传方式，在每次放出新作品预告情节后，表达对读者普遍意见的尊重，是很高超的营销行为。她多次称，读者的热情盛情难却，不会封笔、不会把主角写死在结局、会尽力续写下去等。这些消息的发布，创造了一种事态的跌宕起伏，小说外的宣传工作也是扑朔迷离，好像文学作品一般耐人寻味，吸引眼球。这样的成功推广是整个营销团队合力的结果。充分利用作者与读者之间的沟通，建立一种良好的关系。当然"哈利·波特"的丛书形式更适合这样的合力创作方式，单本发行的出版物则无法采用这种独特的推广方式。

4. 双重受众定位

"哈利·波特"的定位是儿童文学读物，面对的目标受众自然是全世界广大的少年儿童群体。但是，儿童虽是目标受众，却并不是消费主体，真正的消费者是家长。要想孩子们读到"哈利·波特"，先要获取家长们的认可和支持。所以"哈利·波特"的读者定位其实是双重的，一是少年儿童，二是家长。这一方面是儿童图书的消费性质所决定的；另一方面，也是"哈利·波特"所独有的策略设计作用的结果。

在美国市场中，"哈利·波特"直接被定位为成人读物，而非只专注儿童市场。美国学者出版社在营销上也不直接走儿童渠道，而是直接指向成年文学领域。有趣的是当《泰晤士报》把《哈利·波特与魔法石》放到儿童畅销书榜上时，遭到很多成年人的反对，因此不得不放到成年文学畅销榜。而在中国，人民文学出版社也针对实际消费图书的父母们实行了对症下药的推广方式。聂震宁先生在《一部畅销书的"生命工程"》中向我们介绍，"哈利·波特"在国内的促销首先邀请了众多教育专家、特级教师、儿童文学评论家等对作品进行肯定式的评价和导读，打消读者疑虑，并以教育者的身份暗示其教育意义，买通家长们的心。其次，组织了比较深度的书评。这些书评的推广对象绝不是理解能力有限的少年儿童们，而是可能接触到这些深度书评的家长们。这些书评强调的是作品的艺术情节和主人公的美好品德，这正中家长下怀。然后就是举办活动，引导家长带领孩子们主动参与，为出版活动造势。

另外，就作品本身而言，它摒弃以往儿童文学中把孩子一味地单纯化，使得作品多显幼稚甚至可笑套路，反而不能达到教育目的的，不故意低估孩子们的能量和价值，去幼稚化，这本身就决定了它是一本人人皆可读懂、读好的作品，不限大人儿童，所以它成为成人畅销书也就不足为奇了。全套书在 7 年的创作长河中，原有的读者并没有因为年龄的增长而放弃阅读，反而成为多年的忠诚读者，坚定不可动摇。无论如何，"哈利·波特"对于读者群定位的双重性，一方面，网罗了喜欢支持"哈利·波特"的所有读者，不因为受众定位的狭窄而影响图书的推广；另一方面，实现了儿童文学中新角度新视野的成功尝试，使得一部儿童文学能在整个文学领域中发光亮彩。这是十分难能可贵的地方。

5. 有声有色的首发式

"哈利·波特"系列自 1997 年开始畅销全球，每一本的首发式都设计得十分引人注目。中文版 2000 年由人民文学出版社一齐引入前 3 部。处于营销战略的考虑和对国外首发式的借鉴，人民文学出版社也在首发式上做足了工作。

首先是发布时间的选择。中文版前 3 部由于晚于英文版面试，因此并未参与此系列的全球统一首发。但 2000 年 9 月，我们仍实现了前 3 部作品的全国同时首发。基于广泛的前期宣传，这一全国新华书店的统一壮举引起了不小的轰动。而后面几部的发布则特意与"六一"儿童节和"十一"黄金周的节日假期相结合，吸引大量人流。由于时差，中文版做到与全球首发时间一致是有困难的，但后几部作品的发布也仍紧跟全球首发的脚步，尽量使中国小读者与世界同步。

其次是发布会仪式的创新。除现场预备的赠送小礼品外，出版社更是创意十足地邀请了中国儿童艺术剧院的演员扮演小波特与现场小朋友们互动。这在当时是极其少有的仪式亮点。当然这一切精心的准备是建立在充分的前期宣传之上的。只有前期宣传到位，各大城市的小朋友都如接收到邀请般去赴"哈利·波特"之约，这些精彩的仪式环节才能得以发挥作用。

6. 全产业链发力

"哈利·波特"系列的畅销引发了一次全行业产业链的集结。作者 J.K. 罗琳 1998 年以 50 万美元的价格把"哈利·波特"的电影改编权、专利使用权和商品化权统统交给了华纳兄弟电影公司。以华纳其后获得的丰厚利润看，罗琳这次生意做得不免有些亏本了。但正是华纳集团看准时机，把"哈利·波特"系列推向了跨行业合作，多媒体融合，才成就了哈利·波特系列文化舆论攻势。

《哈利·波特与魔法石》上映数月，北美票房累计超过 2.68 亿多美元，成为 2001 年之前全球最卖座的电影。"哈利·波特"第 1 部与第 2 部影片共创造了 18 亿美元的票房收入。前后共 8 部影视作品的问世，其利润不可小看。美国 EA 电子艺界公司买断了"哈利·波特"的官方设计权，开发系列游戏，与其影视作品场景相同，与作品情节相关，随着书籍进行同步开发，取得了一定的成绩。"哈利·波特"电影的成功，使得霍格沃茨魔法学校的取景地迎来了一波巨大的关注，旅游业因此也如火如荼地开展起来。由于"哈利·波特"中所创造的世界体系很完整，所以周边出版物的发行也取得了非常好的成绩。《神奇的魁地奇球》《玩转哈利·波特》《哈迷手册》《哈利·波特的魔法世界》等，都取得了双赢的良好市场效果。书中的服饰、魔杖、魔法物品、宠物都成为了制造业的宠儿，使"哈利·波特"周边产品的生产得到了快速发展。

在众多行业借由"哈利·波特"的超级畅销相互促进相互影响时，哈利·波特主题公园的筹建开始了。这是哈利·波特王国的领土宣誓，是哈利·波特王族一般宏大影响力的彰显。在当下，能够与迪士尼乐园相媲美的主题公园并不多，而"哈利·波特"系列仅凭借7部文学作品便打开了一片新天地。

传统出版业与其他行业进行跨行业资源的整合合作似乎是当下常见的一种商业模式，也是创建完整产业链需求的结果。过去光凭借传统纸质出版单打独斗是无法撑起大场面的，这样全行业发力，一环扣一环，互相促进的模式是未来出版界必须借鉴的。现在有些实力雄厚的出版集团经过资源的整合搭建起整个产业链完善的平台，让一个出版物在刚一出版时便能一点触一线，由一个出版物牵起一整条产业链，或者由其他形式的媒介产品牵头，带动出版领域的发展，这都是新时期环境下出版发展的新动向和新趋势。

综上所述，"哈利·波特"得以空前畅销是受到诸多环境因素互相影响的，其中不乏社会发展变动带来的偶然性。作为一部好作品案例，它精准的营销方法和策略、现代的产业理念都是值得我们认真学习和借鉴的。这种方法和模式的总结是科学的、可模仿的，也为以后的出版发展提供了很高的借鉴与参考。

四、精彩阅读

伏地魔处在战斗的中心，他向每一个接近他的人发射咒语。哈利不会被咒语击中，他穿着隐身衣，离伏地魔更近了一步。这个时候，涌入礼堂的人越来越多，好像每个能走路的人都被挤了进来。

哈利看到亚克斯利被乔治和李乔丹击中倒地，看到多洛霍夫尖叫着被弗立维教授打倒，看到沃尔顿·麦克尼尔被海格穿过大厅扔到对面，撞到石墙上后不省人事地滑到了地面。他看到罗恩和纳威放倒了芬里尔·格雷伯克，阿不福思击晕了卢克伍德，亚瑟和珀西在围攻底克尼斯，卢修斯和纳西莎·马尔福无心恋战，他们穿过人群大声呼唤着他们的儿子。

伏地魔正在同时对付麦格、斯拉格霍恩和金斯莱，他们在他周围迂回躲闪，脸上充满了冷冷的憎恶，却始终结果不了他——

贝拉特里克斯在伏地魔五十码外战斗着，同她的主人一样，她也同时迎战三人：赫敏、金妮和卢娜。她们三人都在竭力抵抗，但贝拉特里克斯和她们法力相当。当一道死咒几乎击中金妮时，哈利禁不住吓了一跳，死神离她就差那么一英寸……

他决定改变策略，从伏地魔那里转向贝拉特里克斯，但是还没走几步就被撞到了一边。

"别碰我女儿，你这个贱人！"

韦斯莱夫人脱掉了穿在身上的斗篷，腾开双臂，贝拉特里克斯停下了战斗，盯着她的新挑战者大笑起来。

"闪一边去！"韦斯莱夫人冲三个女孩喊着，她挥动魔杖开始了战斗。哈利紧张又高兴地看到莫丽·韦斯莱用魔杖灵活地发动着攻击，而贝拉特里克斯的笑容则僵了下来化作一阵咆哮。光束不断从两人的魔杖中喷射出来，周围的地板变得滚烫开裂，两个女人都在以死相搏。

当有几个学生跑过来打算帮她时，韦斯莱夫人大喊着："不！回去！回去！她是我的！"

现在上百人围成了人墙，关注着这两场战役：伏地魔和他的三个挑战者，以及贝拉特里克斯和莫丽。哈利站在隐身衣里，想去进攻但又不想伤及无辜，充满矛盾地站在两场决斗中间。

"如果你被我杀了，你那群孩子可怎么办呢？"贝拉特里克斯一边跳跃着躲避莫丽的咒语，一边用她主人那般嘲讽的声音说道，"如果妈妈和弗雷德一样惨死了呢？"

"你——别想——再碰——我们的——孩子！"韦斯莱夫人尖叫道。

贝拉特里克斯笑着，就像她把自己的堂兄弟小天狼星推到帷幕后面时一样愉快地狂笑着，哈利突然知道接下来会发生什么了。

莫丽的咒语穿过贝拉特里克斯张开的双臂，击中了她的胸膛，直指她的心脏。

贝拉特里克斯的笑容凝固了，眼睛凸了出来，瞬间，她意识到发生了什么，而后倒在了地上，伏地魔嚎叫了起来。

哈利觉得眼前的画面就好像慢镜头一样，他看到麦格、金斯莱和斯拉格霍恩被一股强大的魔力撞了回来，他们被抛向空中时翻腾挣扎着，伏地魔看到自己最得力的助手被杀死后，他的狂怒像炸弹爆发了，他挥动着魔杖直指莫丽·韦斯莱。

"盔甲护身！"哈利怒吼着，金甲护身咒在礼堂中间扩散开来，伏地魔四下寻找声音的来源，哈利一把揭掉了隐身衣。

惊呼声、欢庆声和尖叫声从四面八方涌来："哈利！""他还活着！"但片刻之后，就停住了。人群突然陷入了恐慌和死一般的寂静，伏地魔和哈利看着对方，开始缓慢地移动着脚步，他们始终保持着距离，似乎走在圆形轨道上。

"我不想要其他任何人的帮助，"哈利大声地说，在寂静中，他的声音亮如洪钟，"这是注定的，注定了是我来和他决斗。"

伏地魔嘘了一声。

"波特不是这个意思，"他说道，睁大了红色的眼睛，"那不是你的作风，是不是？你今天又要利用谁来作你的挡箭牌呢？波特？"

"没有任何人，"哈利简单地说，"魂器已经都被消灭了，这里只有你和我。一个人必须死在另一个的手上，我们两个人中将有一个活着……"

——节选自《哈利·波特与死亡圣器》第 543~545 页

读客' 知识小说文库 001

畅销
巨著

西藏向我们隐瞒了什么

长篇小说

THE TIBET CODE

藏地密码

一部关于西藏的百科全书式小说

何马 著

重庆出版集团 重庆出版社

书名：《藏地密码》　　　作者：何马
出版时间：2008年　　　出版社：重庆出版社

一、作者简介

《藏地密码》作者何马，生于中国四川省藏区。内向，不喜说话，好读书，涉猎极为广泛，尤其对军事、汽车、枪械、天文、地理、历史等有着长期关注和深入研究，同时痴迷一切极限运动，曾一人独自穿越可可西里腹地、西双版纳原始森林。2005年，何马开始写作《藏地密码》，在此之前，他已经先后阅读了相关书籍600余册。2008年，《藏地密码》在网络发表后，立即引起两岸四地上百家出版商争夺版权，何马成为当下最炙手可热的藏地作家。截至目前，仅《藏地密码》中文简体版和繁体版版权，作者已收入百万人民币。影视及游戏版权，也有多家公司在争抢。

二、畅销盛况

2008年1月15日，《藏地密码》惊现新浪。

5天后，《藏地密码》新浪点击量冲破100万次，留言近千条，同时该书被网友转载到几百个中文论坛上，百度搜索量突增17万次。大量读者将此书誉为"一部关于西藏的传奇"。

6天后，共和联动、博集天卷、磨铁文化、重庆出版集团等内地50多家出版机构卷入该书的简体版权争夺战中。

7天后，台湾20多家出版机构开始白热化争夺该书的繁体版权。

8天后，凤凰卫视电视台、《北京青年报》《南方都市报》《杭州日报》《郑州日报》《广州日报》《成都晚报》《武汉晚报》《大河报》《新京报》等全国几十家媒体相继报道了《藏地密码》在网络上的迅速蹿红。

1个月后，北京读客图书有限公司携手重庆出版集团以75万元人民币重金击退其他出版商，成功签下《藏地密码》中文简体版权。

仅隔一天，台湾普天出版社以 5 万美金抢走《藏地密码》繁体版权。

与此同时，企鹅集团等全球知名出版机构，纷纷争夺《藏地密码》海外版权，《藏地密码》一时风头无量。

3 月 20 日，经中央统战部所属《中国西藏》杂志英文版执行主编、藏族文化学博士周爱明和中国社科院人类与自然研究所所长助理扎诺、西藏自治区旅游局局长巴珠等专业人士的审核，《藏地密码》进入出版流程，并获得以上诸人的高度评价。周爱明博士称其为"一部罕见的藏地传奇"，巴珠局长则认为该书是"一部关于西藏不可多得的奇书"。

3 月 21 日，著名藏族作家阿来撰文给予《藏地密码》高度肯定，称其"为类型文学开了个好头"！

随后，书业观察论坛营销总监杨芳洲、著名户外品牌三夫连锁专卖店 CEO 张恒、中华户外网 CEO 张海峰等各界名家也纷纷从不同角度给予《藏地密码》高度评价。

4 月 25 日，《藏地密码》上市不到一周，首印 20 万一抢而空。

4 月 26 日，《藏地密码》被指定为第二届中国国际户外铁人三项赛特别赞助商。

5 月 5 日，《藏地密码》卓越网新书排行榜第 1，小说排行榜第 2，文学图书排行榜第 6，成为 2008 年最受关注的超级畅销小说。

2009 年 8 月 16 日，"读客"凭借《藏地密码》营销案例，荣获中国营销界最高奖——中国杰出营销奖金奖。这也是中国第一家出版机构在全国顶级营销评选中获奖。

三、畅销攻略

《藏地密码》以 120 万字的宏大架构，讲述了以西藏和藏文化为背景的一个全球大探险故事，其中涉及西藏千年秘史、藏传佛教历史遗案，以及世界上众多著名文化遗迹。文中男主人公卓木强巴极力追查藏獒紫麒麟下落，在命运的安排下，结识了一帮生死之交，并在他们的帮助下，去寻找西藏失落的神秘宝藏——帕巴拉神庙。由于《藏地密码》神秘的气息，吸引众多读者为之买单，一跃成为图书界的黑马。同时，在其背后操刀的"读客"，也凭借该书的营销案例荣获"中国杰出营销奖"金奖，"中国杰出营销奖"单项奖以及"最佳文化营销奖"，评委会在颁奖词里如此评价《藏地密码》的营销："在一个缺乏阅读的年代，它们赋予文化产品一个消费的理由。在一个文化消费尴尬的年代，它们尝试一种流行元素对文化消费的推动与普及。在营销理念相对匮乏的图书出版行业，它们以一本书所能提供的有限面积展示了营销智慧可以发挥的无限空间。"

在这匹图书界一跃而出的黑马背后，其营销策划团队北京读客与上海华与华营销咨询公司首次将快速消费品的营销方法带入中国传统图书行业，通过"消费者品牌"和"购买者促销"结合后的系统推进，将其打造成为 2008 年图书业的奇迹。《藏地密码》是一本怎样的书？如何在中国图书市场低迷的情况下突破困境？它如何诞生，为何畅销？又为何持续畅销？读客的畅销书运营操作详情如何？我们将以下五个方面逐一分析。

（一）编辑市场意识

一本超级畅销书的诞生有着深厚的文化市场背景和潜力，一线的编辑团队需要凭借多年的选题直觉和踏实的市场调研来确立畅销书主题，畅销书的主题选择是文化市场中凝练出来的，是对读者受众潜在阅读需求的深层次挖掘。

《藏地密码》原名是《最后的神庙》，是刘按编辑生涯中的第一本书。2007年12月，他在一个无名论坛发现这部书稿时，帖子的点击量只有999次，好奇心促使刘按点击进去。但5分钟之后，编辑刘按就决定，无论如何一定要马上联系到作者把这个稿子签下来，因为这部书写的是西藏。在中国当时的社会氛围中，相信大多数人对西藏的神秘都保持着兴趣，刘按虽然不知道这个数目有多少，但是凭着编辑的直觉，潜在读者至少1个亿。

在《藏地密码》之前出过的关于西藏的书，大部分都是旅游类，而小说类，只有《藏獒》，没有真正有关西藏的超级畅销小说，这个类别基本上是空缺！营销定位理论的第一原则就是占据消费者头脑中的品类概念，让消费者在进行某种消费时第一个想到的就是自己的产品。刘按希望读者想到有关西藏小说的时候，第一个想到的就是《藏地密码》。而事实是，《藏地密码》这个名字，半年才想出来。这个名字主要是词语拼贴。也就是把一本书中最有价值的东西挑出来，然后拼贴在一起。西藏和密码就是这本书的两个特点，拼在一起应该是《西藏密码》。但据科学家研究，人的大脑是靠耳朵工作的，为了听起来有气势，最后决定叫它《藏地密码》。

"我们要用最快的速度向读者介绍这是什么样的书，必须简短。如果读者的眼睛扫到这本书时就已经知道这是什么样的书，他才会被吸引，否则90%的消费者在一秒钟之内就会放弃这本书。所以我们把它叫作《藏地密码》。"北京读客图书有限公司董事长华楠这样说，"我们的核心就是，用卖快速消费品的方式，更直接说是用卖牙膏的方式卖书。"在参与创立读客之前，华楠做了10年的快消品营销咨询，田七牙膏、三精制药、晨光文具、黄金搭档等快消品的营销均出自其手。2006 年，华楠和知名出版人吴又共同创立读客图书，他们将快速消费品的营销方法深入到了传统图书业中。

（二）读者购买行为研究

深入而细致的读者购买行为调查是畅销书后续工作展开的重要基础。传统的购买行为发生在书店和卖场中，读者在此过程中的书架跳转，图书翻阅，图书类型选取，反复试读等行为都有待畅销书实践者进一步挖掘并确立行之有效的售卖策略。而随着读者网购行为和数字化阅读行为的出现，自然为图书出版者提出了新的挑战。这里以读客对《藏地密码》读者购买行为的研究为例，阐释其中要点。

图书的购买如何发生？一个小书店有数千种图书，一个大书城有 20 万种以上，如何成为最畅销的那一本？读客以卖场蹲点的方式研究购买过程，研究消费者如何走入卖场，经过书架时的视线，拿起一本书的阅读过程，如何决定购买，并对他们进行购买后追访。这个蹲点分析的过程，为其进行图书包装建立了理论框架。读客董事长华楠说，《藏地密码 1》刚推出来的时候，他还在北京图书大厦蹲守了 12 个小时，就是为了统计有多少读者拿起《藏地密码》后产生购买行为。图书销售的目标对象是读者，为了书的销售去研究读者购买行为毋庸置疑。同时，读者在具体的购买中产生的我们意识不到的购买选择规律，这是需要在畅销书策划初期就去进行的。读客的蹲点研究为之后的图书销售和宣传包装策划打下了坚实的基础。读客观察到，人们在购买快速消费品的时候，视线的流程是有规律的，这个流程是信息输入的过程，也是购买者做出决定的过程。于是，读客在购买者的阅读顺序设计上，不断重复产品的价值，并通过内文引用，不断地佐证这一价值，以提高购买信心。

从中不难发现，对于读者的图书购买行为，主要的研究点在于：卖场布置、视线转移、一般图书和目标图书的翻阅频次、最终购买之前的试看时间等，研究以上几点之后，不能忘记根本的目的是夺取读者注意力，并依靠图书内容最终促成购买行为。

（三）图书品类概念和读者群确立

要想在众多的同类市场竞争中脱颖而出，需要明确地确立读者头脑中的品类概念，也就是说，畅销书实践者需要创造新的图书品类概念，或者从已有品类中延伸和突出品类概念，占据读者的意识，反复强化读者对于该品类的第一反应。再之，当进入一本书的整体设计时，要将一本书做成一个"品牌符号"，在图书品牌符号的设计过程中，以读者注意力为中心，主动为读者寻找购买理由。而经过强化的图书品牌符号能够大大增加读者购买行为发生的概率，以及简化读者购买选择的过程。

《藏地密码》之前的名字不太能激发消费者的购买冲动，作为一个产品名，它不能提供产品价值，也不能直接指向消费者。白领对它兴趣不大，大学生对它兴趣也不大。因为书名必须直接体现阅读价值，要在第一时间以最快的速度向读者介绍这是一本什么样的书。书名必须尽量简短，这样才能被迅速完成扫读，被迅速理解，被迅速记忆并被迅速传播。一本图书摆在货架上的时候，它与大多数读者接触的机会只有 1~2 秒，距离为 2~3 米，如果不能引起人的兴趣，90% 的读者会在这短暂的一刻之后将视线茫然地移开。1 秒钟 4 个字是普通人的阅读节奏，《藏地密码》这个名字在 1 秒钟内传达了两个价值：（1）这是一部关于西藏的书；（2）书名的形式符合小说名的习惯，让人明白这是一部小说。并且，读客将《藏地密码》的阅读价值定位为"一部关于西藏的百科全书式小说"。从书名到包装全部围绕"西藏"展开。"藏地密码"和"一部关于西藏的百科全书式小说"确立了产品定位。

按照国际知名的 AC 尼尔森调查公司的定义，品类即"确定什么产品组成小组和类别，与消费者的感知有关，应基于对消费者需求驱动和购买行为的理解"，读客的理念很好地诠释了品类的内涵。2007 年，根据读客的市场调查，当时竟然还没有一部是关于西藏的超级畅销小说。唯一和西藏有点关系的畅销小说《藏獒》，内容是关于动物的。曾经畅销的《藏地牛皮书》是一本自助旅游书。另一本比较畅销的《西藏生死书》则是一部解读西藏文化的书，和一般大众会有距离。《藏地密码》责任编辑刘按说，"基于我们的判断，2008 年是中国大事年，此时西藏和台湾是永恒的焦点。而图书市场上却没有真正关于西藏文化的小说，这是一个空白点。所以，我们很想出一本来占领西藏小说这个类别。"

在确定了读者类别之后，刘按为《藏地密码》定义了两个读者群。一个是对西藏感兴趣的读者，一个是对悬疑小说感兴趣的读者。继续思考对西藏感兴趣的人都集中在哪里，最后得出结论，一般喜欢玩户外的人，都对西藏感兴趣。随之，策划了一条针对精确读者群的传播渠道：首先，让专门的连载人员在 130 个户外论坛以及与西藏有关的论坛上连载该书，马上引起了强烈的反响。

与此同时，读客与中国最著名的户外品牌"三夫户外"联系，达成战略合作关系。读客在书中夹它们的书签，在北京、上海最繁华地段开的 13 家终端专卖店里贴《藏地密码》的海报，持续一年时间，大约有 560 万《藏地密码》最精确的读者群在三夫户外专卖店里看到《藏地密码》的精美海报。后来发展到，读客发一批书到三夫户外在全国的各个终端店进行售卖，这条独特的推广渠道最终也成为了读客的一条分销渠道。

除此之外，门户网站以及地面媒体依然重要。刘按认为，中国依然是一个二八原则的社会，如果想把你要传播的东西最大范围地传播出去，那只有靠最强势的媒体。读客以新浪为主，联合腾讯、搜狐、天涯以及全国 100 多家主流线下媒体，持续不断地向读者灌输《藏地密码》的一句话价值：一部关于西藏的百科全书式小说。

（四）图书品牌符号强化

对于图书的出版，读客将广告的一系列运作很好地移植到了图书出版领域。读客有三个重要的策略：一是占领类别。比如，出版《藏地密码》就是占领西藏小说的类别。二是成为第一价值提供商。很多类别其实已经被占领了，比如《狼图腾》占领了"狼"这个类别。如果无法成为第一提供商，"读客"就不会跟风出"狼"的小说。三是品牌寄生。《藏地密码》就寄生在"西藏"这个品牌之下。读客认为品牌寄生的产品，刚开始它会畅销，之后会长销。而没有实现品牌寄生的产品，无法形成长销。

在品牌营销的相关理论中，读客抓住了品牌符号。品牌符号是区别产品或服务的基本手段，品牌符号所构成的品牌识别元素能够形成一个有机结构，对消费者施加影响。它是形成品牌概念的基础，将品牌符号化，是最简单、直接的传播方式。品牌符号化的最大贡献就是能帮助消费者简化他们对品牌的判断，缩短购买过程。读客从藏族服饰中得到灵感，发掘出一个既能争夺眼球，又能表达产品价值的核心符号：藏族彩条。"藏族彩条"的符号携带着单纯强大的意义，能够冲击人们的眼球，并且在引起人们注意的同时，这本书也强化了自己的价值。这是快速消费品在货架上竞争的一个生死点：

被看见！被理解！

黑色的底色衬出桃红色的书名更加抢眼。

隐隐约约的地图，强调出小说的故事感。

红色喇嘛的剪影，营造出一种神秘的氛围。

读客强调这些细节的设计，是因为它们清楚，当读者注意到这些细节的时候，正在考虑是不是要把这本书从货架上拿起来，其所有的设计都在鼓励读者不妨拿起来翻翻。

读客董事长华楠认为："选择目标消费群的意义是什么？是舍弃其他消费者……""不要在传统的小说读者中寻找购买者，而是要不断为人们提供购买图书的理由，才能吸引更多非传统读者回到书店""要想在书城几十万种图书中成为最畅销的那一本，你必须要在3米之外、1秒之内，吸引住消费者的眼球，让他看到你并立刻理解你是一本什么样的书。"

读客完全以品牌营销的方式来销售图书，针对特定的消费群出书，并为每一本书打造完整、高效的品牌符号系统，《藏地密码》就是因为在书脊上设计了五色条纹，即使竖起来摆在书架上也非常抢眼，以至于《藏地密码》在书店里有这样的顺口溜："要想赚得快，《藏地密码》摊开卖。要想发大财，《藏地密码》摆一排！"

（五）营销媒介选择

在图书的营销媒介选择上，应当不拘泥于传统的图书营销方法和媒介选择，需要畅销书实践者"解放思想""不拘一格"。了解新的网络媒介和媒介技术，借鉴"快速消费品"的营销手段，以最快的速度将媒介的变化与营销手段的变化相结合，打破沉闷的图书营销现状，引领图书营销的新风潮。

在图书营销中媒介选择之所以重要，是因为它直接决定了读者接触产品信息的触点范围。它既包括图书销售渠道的铺货，也包括为读者服务。一个好的营销过程是在网络媒体、纸质媒体和电视媒体宣传的基础上形成一个有效的社会事件，最终让读者不断追捧，这样，一本畅销书甚至可能变成长销书。

在媒体宣传和推广上，《藏地密码》主要借助网络不同于以往任何媒体的传播方式和力量。读客对现有的网络媒体渠道进行了细分和全面覆盖：第一是超级媒体，比如新浪、腾讯这种门户网站；第二是泛读书频道，也就是一些拥有读书频道的网站；第三是精确推广渠道，比如，《藏地密码》的精确推广渠道就是各大户外门户网站；第四是"自媒体"。比如，QQ空间、博客以及各种即时通信工具。此外，还包括各种"生活圈子"，比如，开心网、豆瓣等。吴又曾对媒体表示："我们对书的营销，定位在'播传'而不是'传播'上，我们找到它的核心价值，然后让读者去传播。《藏地密码》的核心价值，就在于'一部关于西藏的百科全书式小说'。"

在《藏地密码》的出版过程中，读客持续通过网络、纸质和电视媒体与读者进行接触沟通。在2011年5月中旬，《藏地密码》的30秒广告在湖南、江苏等卫视播出，为了刚刚面市的该系列图书"大结局"《藏地密码10：神圣大结局》营销造势，读客的男女编辑集体坐马桶出镜，拍摄创意视频。华楠将视频上传到微博后，引来大量业内人士和网友的转载与热议，有人赞其有创意，有人则斥其"脏"地密码，这营造了一个传播焦点事件，实现了大范围的讨论和传播。其广告成本不到5 000元钱，主题是"10扇敲不开的厕所门，9个躲在里面看《藏地密码》""人人都会上洗手间吧，人人都会碰到洗手间满员的情况吧，也几乎人人都会在马桶上看书吧，所以就想到了这个创意，每一扇敲不开的厕所门里面，都有看《藏地密码》入了迷的人,这是一个很有喜剧感的场景,门内的人如痴如醉,门外的人悲痛欲绝。"

综上分析,可以看出《藏地密码》以快速消费品包装营销手段,成功完成了对于文化出版物的推广销售,把握了市场需求的真实变化,推动了出版行业的营销思考,提供了更多同行从模仿到竞争再到提升的新的竞争可能,这对于中国图书出版行业不仅仅是一种变化,更是一种超越的进步。

四、精彩阅读

布帘掀开,竟然是亚拉喇嘛。一只黑鸢立在他肩头,钢爪牢牢抓住,双目如闪电利光,警惕地打量着这个陌生的环境。亚拉喇嘛看着手中的纸筒,淡淡道:"是时候了,该让我们看看这个小组的训练成绩了。"

吕竞男关切地问道:"有新的线索了?"

亚拉喇嘛露出少有的笑容,一拍肩头,那只黑鸢振翅而起,瞬间就化作碧空中的一个小黑点,仿佛从没有出现过。亚拉喇嘛用命令似的口吻道:"地图。"

桌上很快摆上一本四开纸页的世界大地图集,亚拉喇嘛飞快地翻阅到美洲地图,嘴里自顾自地说着:"我们曾经搜集到的吉德尼玛衮诗里提到,最伟大的使者带来光照下的城堡,所有的圣洁都完好地保存在帕巴拉神庙。而后那座光照下的城堡本该交归西圣使皮央不让,但是伊西沃伯并不愿意交出那光照下的城堡,便偷偷用泥土和石头复原了城堡,因为不敢毁掉圣物,则命令手下悄悄将神圣的光带到天边,永远没人找得到的地方。但是,最新破译的古格金书里,则不完全是这样回事,最伟大的使者带来了光照下的城堡没错,可是当使者来到扎不让时，已经改变了主意，他并没有要将光照下的城堡交给西圣使皮央不让，而是直接命令伊西沃伯派人护送，他要将光照下的城堡带到天边——是那个使者要将光照下的城堡带到天边——这一点和史诗有很大出入，伊西沃伯送给使者足够的路资，派遣最优秀的勇士和战獒跟随使者，他们翻越一座座山，跨过无边的海，来到了一个陌生又神秘的国度。那里的树高耸入天，连成一片，密林深处，危机四伏，到处都是没见过的吃人的动物和植物，那里的建筑高大恢宏，胜过他见过的任何一座宫殿；那里的神庙像一座塔陵，四方高大的三角形拼接在一起，像山一样耸入云天，台阶一直通向云中，那里的文字以头形及各种动植物图像组合而成……"

吕竞男喃喃道："金字塔？可那里应该是沙漠啊，为什么是森林？"

亚拉淡淡笑道："还不明白吗？热带雨林啊。回来复命的人说，他们将光照下的城堡保存在另一类文明的神庙之中，那里的王答应他们，让神圣的城堡永远地禁锢在黑暗之中。"

吕竞男马上明白过来，但反应却是不敢相信，开口道："玛雅金字塔吗？不可能……那时怎么可能横渡太平洋，到达美洲呢？而且还能回来。"

亚拉道："在这个世界，当今人们能做到的事情，谁又能肯定古人就做不到呢？别忘了《山海经》和'殷人渡海'的传闻，那不是比古格王朝的使者还要早几千年吗？"

"光照下的城堡？到底是什么呢？"吕竞男沉思着。

亚拉道："我也不知道。但它能被一个人隐匿带走，应该不是一件很大的东西。那么，中期测试，我们就横穿这片雨林吧……"亚拉的手在地图上画了一个圈。

吕竞男看了看亚拉喇嘛画的那个圈，惊讶地道："据我所知，玛雅文明仅限于尤卡坦半岛，这里是否离得太远了？"

亚拉道："没错，虽然我不是十分了解，但他们的线索十分清晰。你看，这里是这样写的——现在人们所发现的玛雅文明遗迹，主要分布在墨西哥南部、危地马拉、巴西、伯利兹以及洪都拉斯和萨尔瓦多西部地区，最远便止于安第斯山脉。而在平均高度六千米的安第斯山脉以东，就该是古印加文明的地域范围了。古人无法翻越号称天险的高峰屏障，这是人们的普遍观点。但就在几年前，巴西考古学家在亚马孙密林深处发现了与古印加文明截然不同的另一类文明，有制作精美的陶器，有氏族部落生活特征，有道路、桥、农耕区、放牧区、神殿和祭台，是一个高度发达的文明社会遗址。三年后，又在密林深处发现类似于玛雅文明的天文观测台。不可思议的是它们有巨大的石料，建造工艺非常考究，这与人们以前理解的该地区在1492年探险者登陆前曾是一片荒无人烟的森林和亚马孙雨林地带不可能拥有大规模的石料建筑完全违背。他们的研究结果是，古玛雅人完全有能力翻越安第斯山脉来到亚马孙丛林，开辟他们的新生活，而他们的前进路线，应该是从安第斯山脉下来后，沿亚马孙河道前进。根据这一思路与亚马孙流域的各国考古工作者达成共识，每个国家至少有两支以上的考古队在危险无人的密林中探寻，就在前几天又有了惊人的发现。"吕竞男无言辩驳，她对南北美洲的历史文化和古迹鲜有涉猎，只得沉声道："从普图马约到圣玛丽亚，对你们而言，这个地方是不是太过危险了一点？而且，亚马孙流域那么广阔，如何能确定要找的东西仍旧在这片土地上呢？"

——节选自《藏地密码2》第八章第一节

杜拉拉

李可◎著

中国白领必读的职场修炼小说　A STORY OF LALA'S PROMOTION

升职记

陕西师范大学出版社

她的故事

[白领丽人世界500强职场心得
揭示外企生存智慧]　比比尔·盖茨的更值得参考

书名：《杜拉拉升职记》　　　作者：李可
出版时间：2007年　　　　　出版社：陕西师范大学出版社

一、作者简介

李可，女，著有长篇小说"杜拉拉"系列、杂文《致北大学子的一封信》等。10 余年外企生涯，职业经理人，李可为人低调，极少接受采访，《杜拉拉升职记》的责编蔡女士在接受采访时说："李可不是故作神秘的作家，她只是一个不愿意被生活打扰的人。"该系列发表后引起广泛关注，《杜拉拉升职记》被改编成电影、电视剧和话剧，分别由徐静蕾、王珞丹和姚晨饰演杜拉拉。《杜拉拉 2：华年似水》和《杜拉拉 3：我在这战斗的一年里》亦被买下电影和电视剧版权。

二、畅销盛况

2007 年 9 月，一本标榜"她的故事比比尔·盖茨更值得参考"的职场小说走进了人们的视线。2007 年 12 月，它的销量突破 10 万册大关。在当当网持续 88 周雄居小说类排行榜第 1 名，在卓越网持续 87 周位列文学书类、经济书类、励志书类销量第 1 名，并且成为豆瓣网友票选大学毕业前必读的 10 本书。创造这个神话的就是由陕西师范大学出版社出版的《杜拉拉升职记》图书。它不仅在营销上取得了前所未有的巨大成功，而且还以图书为基础打造出一个文化创意产业链，然而该图书所引发的神话却并未结束。

2007 年，当它的销量突破 10 万册时，上海艾广以高于市场两倍的价格买走了其电视剧版权；2008 年 11 月，上海话剧艺术中心取得了《杜拉拉升职记》的话剧改编权，并于 2009 年 4 月将其搬上话剧舞台。作为全国首部"杜拉拉"衍生文化产品，话剧《杜拉拉》在全国巡演几十场，票房突破 3 000 万元；2008 年 12 月，《杜拉拉升职记》

销量突破 60 万册时，成功卖掉了电影版权；2009 年 1 月，《杜拉拉 2：华年似水》（下称《杜拉拉》）出版；2010 年 4 月，电影《杜拉拉升职记》上映，这部投资 1 500 万元的电影，票房超过了 1.2 亿元；2010 年 5 月《杜拉拉 3：我在这战斗的一年里》（下称《杜拉拉》）出版；2010 年 6 月，30 集同名电视剧陆续在全国播出；2011 年《杜拉拉大结局：与理想有关》出版。

自 2007 年"杜拉拉"出版到 2011 年"杜拉拉"系列大结局出版，4 年间，《杜拉拉升职记》成功带动了电影、电视剧、话剧、音乐剧、网络剧、服装、鞋业、游戏、无线增值等多个领域的良性发展，创造了 3 亿多元的市场价值。有人预测，这一数字在未来 3 年还有可能达到 10 亿元。

从 2 000 字的博客，到图书、影视剧和话剧，衍生出一条立体而多面的巨大文化创意产业链，创造了巨大的商业价值。这在我国的文化产业领域中，史无前例。而"杜拉拉"系列更大的意义在于，从以文化创意为基础，经过文化变形与融合，为我国文化创意产业的发展和运作提供了一种新的范例。

三、畅销攻略

（一）选题成功

1. 内容独特，契合职场需要

《杜拉拉升职记》作为职场励志图书，受到了女性白领的欢迎，在各大图书排行榜独领风骚。通过她们对这本书的热情，我们看到了一种新的趋势，那就是女性白领也渴望像男人那样成功，渴望获得同样的尊重和认可。这本书的主人公杜拉拉就是标准的职场女性，全文以杜拉拉的奋斗历程和情感为线索展开，讲述杜拉拉是如何从一个名不见经传的小职员成为一个职业经理人的故事。而这样的小说情节，与现代社会所倡导的女性要追求独立的价值观刚好吻合。

现代社会倡导女性解放和独立，这本书在唤起女性价值方面，也具有一定的推动作用。现代社会性别平等意识越来越得到大多数人的认可，女性不再是一个附属于男性的群体，而是一个可以拥有自己的事业、拥有独立精神的个体，这本书的出现正为那些在职场与家庭间寻找自己一席之地、渴望得到肯定的女性们提供了恰到好处的指引。

对于图书策划人而言，很难一次就做成一本畅销的励志书，这不但需要图书策划人对于潜在读者的准确把握，而且还需要策划人对于读者心理有极其深入的了解。博集天卷图书发行有限公司副总经理王勇在接受采访时也表示："她的故事比比尔·盖茨更精彩。"我觉得这句话实际上体现了这部作品最大的价值。作为一本职场励志书应该有准确的定位，不但要给予每一个职场人指导，而且还要赢得每一个企业管理者的认可，因此，对于内容的打造是职场励志书的关键。它应该直击每一个职场人物最深层次的灵魂诉求，例如，同事竞争、升迁之道等。职场书籍的销售讲究口碑效应，所以好的内容是职场励志书成功的关键。

2. 目标受众范围广，具有一定的实用性

《杜拉拉升职记》主要讲述的是发生在外企的故事，但许多职场技巧在国企、私企也可用。它的受众目标也不仅仅限于职场白领，对于刚毕业的大学生和工人阶层也同样适用。因此，相较于其他类的图书，它的目标受众甚广。比如，刘傅海的《圈里圈外》，作为职场小说，它是一部以官场争斗为题材的长篇小说，刻画了一个新的历史时期的官场众生相。其主要通过正反人物的矛盾冲突，各种人物的兴衰际遇，展现了正面人物的正气与英气，读来引人深思。但是这本书主要诉诸官场的风云变幻，与广大职场人士还存在一定的距离。

而 2006 年清华大学出版社出版的《圈子圈套》，则把重点放在了销售这个职业上。小说以两个大型项目的销售商战为主线，情节环环相扣，机变迭出。内容计谋重重，故事精彩，几乎完全可以称得上是各行业营销人员的营销"圣经"。

从一定程度上来说，两本小说都有着某种程度上的行业色彩，因此也存在一定的局限性。而《杜拉拉升职记》的作者则把主人公放在一个具有普遍意义的行业中：一家全球五百强的广告公司。这种广告公司的人员组成、管理方法、领导层的构成都存在着某种程度的相似性，因此对于很多职场人士都具有特别的指导意义。

（二）内容成功

1. 故事流畅好看

这本小说的故事情节跌宕起伏，富有职场气息，杜拉拉在职场的浮沉命运是最吸引人们眼球的地方，并且获得了很多人的共鸣。杜拉拉在外企的经历跨度为八年，从一个朴实的销售助理，成长为一个专业干练的 HR 经理，见识了各种职场变迁，也历经了各种职场磨炼。这本书将杜拉拉由一个职场菜鸟变成职场精英的过程写得真实可信，并在其中贯穿着许多职场原则，使人在阅读后回味无穷。

《杜拉拉升职记》中精湛的心理描写是此书成功的关键，它淋漓尽致并且透彻地反映了当事人的心理，推动了情节发展，而且直截了当地给读者以启示。升职之前，杜拉拉是一头只顾低头拉车、从不抬头看路的傻干型的黄牛，后来写到她如何把广州的项目做得很出色，在玫瑰捣鬼生病期间，她又身兼三地主管，将上海的项目完成得非常漂亮，但她在谈身价时就表现得太嫩了，那个可怜的 5% 甚至让李斯特都有点因此而蔑视她，认为她不专业。读者在看到杜拉拉通过自己的努力取得成就的过程中，尽管充满艰辛，但是从另一方面也得到了向前的信心和勇气。对每个人来说，或许都遇到过职场中存在的不公平，而当人们看到这个情节时，也知道了自己存在着什么问题，给读者提供了可以参考的范本。

同时，这本小说还介绍了很多可以利用的职场原则，可操作性强。比如，怎样和老板保持恰当的沟通？在"杜拉拉"系列中都有所介绍。《杜拉拉1》中有一节题目是"受累又受气该怎么办？"其中杜拉拉的日记以事例说明了沟通的方法，属于职场初级版，工作不超过三年的人可以看看；在《杜拉拉2》中，有一节题目叫"授权的依据和程度"，其中讲到老板为什么能信任一个员工并授权，这和员工的主动性等级相关，这一段是上述《杜拉拉1》中片段的升级版，它系统地阐述了如何根据自己的能力经验来确定与老板的沟通中能达到多大主动级别，这就是这本书中阐明职场原则的方法，简单直白又不枯燥。

2. 核心人物突出

杜拉拉在这部作品中是贯穿全书的核心人物，作者将她的背景和起点设置为最具普遍意义的"一清二白"，她所拥有的一切都是依靠自己的双手得来的。因此故事的主人公具有典型的意义，这符合了绝大多数职场人士的身份，因为一无所有所以想依靠自己的双手创造一切。同时，这个人物还具有一定的范式特征，她的生活方式和精神信仰符合了大众化的审美标准，因此，她的行为也符合了广大受众的信仰范本，这种身份与信仰的契合，是该书畅销的内在动力。

3. 情感线索明确

该书的情感线索也是吸引读者的关键，这其中有两个线索。一条讲的是杜拉拉从一家小民营企业到著名外企的奋斗过程，职场阴暗面显露无遗；另一条讲的是她和公司大客户部总监王伟的恋爱过程，将办公室恋情描写得温情脉脉，充满情趣。而这些内容无疑也是对在职场上孤单打拼的人们的一种抚慰。

这本书的出现让很多职场人士或者准备踏入职场的人们仿佛找到了知音，职场中激烈的竞争和压力让很多人在工作中产生了一种难以挥去的焦虑情绪，尤其是在全球金融风暴的前提下，他们在风云变幻的职场上更加惶惶不安。他们的心灵脆弱而坚强，他们渴望在疲惫的时候得到安慰，在焦虑的时候得到宣泄。而这本书中的女主人公杜拉拉也面临着同样的问题，这让他们引起了情感上的共鸣，这本书更像是一面镜子，映照出他们同样孤独的内心。在阅读这个故事的时候，会不知不觉地把自己带入到故事中，体验主人公在职场中的酸甜苦辣。书中对于一个理解的眼神、一声轻微叹息的描写，都可能引起读者的情感共振。这也让他们明白了，在这个世界上，他们并不是孤单的一个人，还有很多人像他们一样，在职场上倔强地打拼，在执着地寻找着自己的梦。

（三）封面设计成功

《杜拉拉升职记》在封面设计上也是非常成功的，第二版的封面要改变原来的女性气质，经过反复思考和尝试，最终确定了三条原则：

1. 保持原有书名的字体

《杜拉拉升职记》的封面字体不像以往职场小说那般严肃，它采用了活泼轻快的字体，此处可看出编辑在使用字体上也考虑到了读者群的定位需求。这样做是为了延续"杜拉拉"在受众中的影响，让"杜拉拉"这一职场代号受到更多的认可。因此，对于书名和字体采取了保留的方式。

2. 剔除女性图案

原封面极具女性特色，这种带有性别倾向的、带有妩媚气质的封面，让很多人在公共场合有所顾忌。考虑到这一点，出版商决定剔除女性图案，将封面变成只有文字叙述的简单、中性的风格。

3. 在构图上力求简单大气

《杜拉拉升职记》在构图上以文字和色彩为主，抽象而又大气，长线条和大块的红、白色彩能给视觉带来强烈的冲击力。由于封面是读者接触图书的第一要素，因此，一定要让读者能够从封面中快速读出大概信息。从《杜拉拉升职记》红白两色的封面可看出，这本小说要传达的味道，那就是大气、干练，简约而不简单。

这三条要素最终成就了第二版这个极富白领气质的封面，这样的版面给读者留下的第一印象就是简洁、利落，适合在任何时间、任何场合进行阅读。

（四）传播上的成功

营销方式的选择应该依据图书文本的特性及外部条件的可适性来综合考虑，只有适合的才是最好的。

1. 利用了网络的巨大传播力

对于创作和策划都始于网络的《杜拉拉升职记》，出版方在营销中也同样重视网络营销。出版方借助当当网和卓越网的宣传力量，使门户网站成为了《杜拉拉》宣传的重要渠道，在其首页、分类页、排行榜上，都有《杜拉拉》的身影。由于《杜拉拉升职记》先在搜狐网上进行连载，会聚了大量人气，迅速拓展了小说的知名度，并且在宣传的过程中，出版方还有效利用了新媒体的宣传，比如，策划团队和图书作者开通博客与读者交流等。

在当当网、卓越网和豆瓣网的读者调查中可以发现，所有购买行为的原因都是来自朋友推荐。"朋友推荐"这一现代社会营销的新兴方式，它的实质是口碑营销，这种推荐带有极强的"扩散性"效果，其特点就是成本低、传播广、速度快。出版方在口碑营销的同时，也利用了相关的文学论坛，积极引导话题的探讨，这在一定程度上也扩散了杜拉拉品牌的影响力。例如，面对上级，如何能不失风度地赢得尊重？在外企，如何才能完成从草根到精英的蜕变？如何处理与同事之间的关系？在日复一日的工作中如何保持梦想？要成为职场精英是否有捷径可以走？在执行自己制定好的人生规划时，需要事事争先还是韬光养晦？如何处理地下恋情或办公室恋情等，这些话题的互动对于该书的口碑扩散有着至关重要的作用。

2. 利用报纸等传统媒体的推广

《杜拉拉升职记》上市后各大报纸也开始推出宣传信息。几乎每隔十天半月就有一篇新的图书新闻见诸报端，同时还有作者李可所作的《李可致北大学生的一封信》。这些书评和《李可致北大学生的一封信》不仅增强了读者对于《杜拉拉升职记》的立体理解，同时也扩大了它在大学生中的影响力。

（五）产业链开发上的成功

《杜拉拉升职记》不仅获得了图书营销上的成功，在产业链开发方面同样取得了卓著的成绩。2007年12月，《杜拉拉升职记》销量突破10万册时，上海文广买走了其电视剧版权；2008年11月，上海话剧艺术中心取得了《杜拉拉升职记》的话剧改编权，并于2009年4月将其搬上话剧舞台，作为全国第一部"杜拉拉"衍生文化产品，话剧《杜拉拉》在全国巡演仅供个人科学教研10场，票房就突破 3 000 万元；2008 年 12 月，《杜拉拉升职记》销量突破 60 万册时，成功地卖掉了电影版权；2009 年 1 月，《杜拉拉 2：华年似水》出版；2010 年 4 月，电影《杜拉拉升职记》上映，这部投资 1 500 万元的电影，票房超过了 1.2 亿元；2010 年 5 月，《杜拉拉 3：我在这战斗的一年里》出版；2010 年 6 月，30 集同名电视剧陆续在全国播出。在中国，向来是电影、电视剧热播，出版社才出书，与发达国家由图书而衍生影视作品相比，这样的过程是一种文化产品链的倒挂，而这一次，"杜拉拉"让图书成为影视剧的基础。

1. 产业链成功的原因

首先，精彩时尚的故事内容是基础。文学文本处在文化创意产业链的上游，因此，文本内容的优劣直接决定着产业链的开发状况。《杜拉拉升职记》作为一本职场小说，拥有与时俱进的故事内容。不仅有效地减轻了现代人的职场压力，而且关于杜拉拉和王伟的爱情描写，也非常生动有趣。职场文学近几年发展成一种新的类型文学，这种类型的文学成为一种流行的趋势。读者购买这类图书，不仅仅只是看故事，在消费的过程中，更加注重的是丰富自己的人生经验，让自己通过阅读小说得到历练和提高。

因此，作为图书的出版方，应该继续保持品牌的活力，这样才能对文化创意产业链进行更深层次的开发。文化创意产品的开发，是对文化产业的一种支持和肯定，并且对文化产业的发展也起到积极的促进作用。但是，消费者的口味是多变的，人们不可能长时间关注同一种类型的文学。因此，图书出版方要把握大众的品位，了解读者的需要，针对不同的读者群体，寻找新的切入点。这样才能打造出让读者认可的作品。

其次，积极利用文化符号的意义。一本图书想要得到市场的认可，就要找到可以用来大肆宣传的切入点，而这个切入点，就是文化符号所代表的直接意义。这些意义具有短时间被人们认可的特点，并且能给读者明确的指导，满足读者的内在需求。例如，"杜拉拉"系列图书的作者李可并不是一个出名的作者，因此，该书的宣传就不能将作者作为重点。"杜拉拉"系列图书在宣传的过程中，将"她的故事比比尔·盖茨的更值得参考"印在封面上，这句话能瞬间攫取读者的注意力，将世界首富的故事作为参照物，简洁地阐述了图书的主题和内容，吊足了读者的胃口。在这里，"杜拉拉"变成了一种职场成功人士的符号，给人们留下只要看了"杜拉拉"系列小说，就能在职场游刃有余的感觉，因此，《杜拉拉升职记》赢得了"职场圣经""生存手册"的美名。

当"杜拉拉"成为一种文化符号的时候，人们就可以挖掘这个文化符号中所蕴含的更深层次的意义了。电视剧《杜拉拉升职记》制片、上海文广影视剧中心策划部主任徐晓鸥在接受采访时也说道："《杜拉拉》红了，这是出乎所有人预料的，在我们买下了其电视剧改编版权以后，它的销量一直高居各个图书榜的榜首，没有'杜拉拉'这个符号的成功，就没有电视剧的成功。"随着电视剧版权的卖出，2008年4月，"杜拉拉"话剧的版权被何念拿走，博集天卷图书公司副总经理王勇回忆道："当时说只做小剧场话剧，给我们的钱非常少，只是如果票房不错就有分红。"结果，大环境迅速发生了变化，"杜拉拉"的品牌效应在年轻白领中不断扩散、发酵。"随着书越来越火，他们请到了姚晨作为主演，2009年4月在美琪剧院首演，1 200个座位，完全不是小剧场"。类似的事情也发生在电影版上：由徐静蕾导演、张一白监制的电影开拍3个月之后，中影集团就以大手笔买下了整部影片，对"杜拉拉"作为文化符号的影响力能够带来的吸金效应是他们看好的。

再次，审美价值得到有效开发。随着经济的发展，人们的物质渐渐得到了满足，文化消费的重点也更加注重文化审美、情感体验、价值取向等。因此，在进行产业链开发的过程中，要把握消费者心理状态，照顾文化方面的差异，寻找读者群的心理认同点，增强读者的文化接受力，这样才能最大限度地满足消费者对审美方面的需要。

文化产业归根结底是一种以内容为主的产业，在进行市场化转型的过程中，并不是要将其完全产业化，只注重经济效益的开发，而是必须要在内容上加以提炼和升华，形成符合读者口味的文化符号和审美取向，这样才能将抽象的文化产业转变为文化资本，从而进入产业运营的轨道，占有资本市场。"杜拉拉"系列创造了3亿多元的产业效益，它所汇聚的文化元素包括很多种，比如媒介、信息、话剧、想象、体验、娱乐等，这些都不是单纯的元素，都具有丰富的审美意义在里面。再如，电影对于杜拉拉爱情的描述、话剧中对于杜拉拉在职场的体验，这些对于读者来说都具有审美意义，正是这些文化含义抓住了读者的心，获得了读者的认可。

最后，在打造文化创意产业链的过程中，将内容创新、文化资源和产业资本结合起来，实现了文化产业的可持续发展。文学产业延伸链条上的几个主要产业形态都属于创意生产的内容，都非常注重对文化产品创意价值、符号价值、文化价值的开发。当代文学，要想充分地开发其文化价值和产业价值，必须要注重产业的生命和产业规模的大小，以及不同产业之间的连接。因为文化产品的消费不是一次完成的，要注重产业的可持续发展，就必须将文化创意产业链的各个环节有效地连接起来，形成互相带动、互相促进的趋势，这样有了好的文本和文化创意之后，才能将有效的资源转化成产业资本。

"杜拉拉"系列的产业链运作之所以能够成功，能带动各种文化产业模式，是因为不论这本小说被改编成何种形式，它的内在价值并没有随着文化模式的多元而变得多元化，不论是被改编为什么形式的文化产品，作品蕴含的仍然是契合大众精神需要的那部分闪光的价值观。

2. 产业链条成功可以借鉴的意义

产业链的互动营销是"杜拉拉"系列成功的关键，也宣告了"就书论书"模式的终结，通过延展文化产业链条，探索出了未来图书出版产业的发展模式：以传统的纸质图书为基础，以版权内容为核心，通过内容产业的经营，打造相关的电影、电视节目，通过电子图书形式进行网络下载甚至手机阅读，同时开发相关玩具产品、纪念品等，使出版模式进入新的商业领域。

四、精彩阅读

（一）干了活还受气该怎么办？

1. 我把每一阶段的主要工作任务和安排都做成清晰简明的表格，发送给我的老板，告诉他如果有反对意见，在某某日期前让我知道，不然我就照计划走——这个过程主要就是让他对工作量有个概念。其中提出日期限定，是要逼他去看工作表（老板们很忙，你的 mail 他常常会视而不见，甚至有可能根本不看）；用简明的表格来表述，是为了便于老板阅读，使他不需要花很多时间就能快速看清楚报告的内容。

2. 我刚开始接管这个部门的时候，本着尽量不给老板找麻烦的原则，我会尽量不把难题交给他，很多困难都自己想办法协调解决。

但是这样做的结果，就是使老板轻视我，他根本不了解工作的难度。

后来我就改变了这个策略，遇到问题我还是自己想法解决，但是每当这个时候，我会先带着我的解决方案去找老板开会。

每次开会，我会尽量挑一个他比较清醒而不烦躁的时候，单独地只讨论某一方面的一个大的困难。

　　我让他了解困难的背景。等他听了头痛的时候，我再告诉他，我有两个方案，分析优劣给他听，他就很容易在两个中挑一个出来了。

　　这样，他对我工作中的困难的难度和出现的频率、我的专业，以及我积极主动解决问题的态度和技巧，就有了比较好的认识。

　　3. 每次大一点的项目实施过程中，我会主动地在重要阶段给老板一些信息，就算过程再顺利，我也会让他知道进程如何，把这当中的大事 brief（摘要）给他。最后出结果的时候，我会及时地通知他，免得他不放心，我从来不需要他来问我结果。

　　这样，他觉得把事情交给我，可以很放心，执行力绝对没有问题。

　　4. 在需要和别的部门的总监们，或者和 president（总裁）和 VP（副总裁）一起工作的时候，我特别注意清晰、简洁而主动的沟通，尽量考虑周到。写 mail 或者说话，都非常小心，不出现有歧义的内容，基本上不出现总监们抱怨我的情况，这样一来，我的老板就觉得我很牢靠，不会给他找麻烦。

　　　　　　　　　　　　　　——节选自《杜拉拉升职记》第 58 页

（二）关于具备谋取好职位的资格

　　要具备怎么样的资格呢？一般情况下，你得是用人部门眼中的优秀者。

　　怎么样才算优秀呢？

　　1. 对上级

　　1）你要知道与他建立一致性，他觉得重要的事情，你就觉得重要，他认为紧急的事情你也认为紧急，你得和他劲往一处使——通常情况下，你的表现和能力好还是不好，主要是你的直接主管说了算；

2）你得具备从上级那里获得支持和资源的能力——别你干的半死，你的老板还对你爱搭不理的，那你就不具备本条件的能力。

2. 对下级

1）要能明确有效地设置正确的工作目标，使其符合 SMART 原则；

2）要能有效地管理团队内部冲突；

3）要能公平合理地控制分配团队资源；

4）要有愿望和能力发展指导下属，并恰当授权；

5）恰当地赞扬、鼓励、认可团队成员；

6）尊重不同想法，分享知识经验和信息，建立信任的氛围。

3. 对内、外部客户

1）愿意提供协助和增值服务（不然要你干吗）；

2）善意聆听并了解需求（搞明白人家需要的到底是啥）；

3）可靠地提供产品和服务，及时跟进（千万注意及时）；

4）了解组织架构并具影响力，及早地建立并维护关键的关系，使这样的关系有利于你达成业绩（专业而明智的选择）。

比如，你想取得一个内部职位，你得搞明白了，谁是关键的做决定的人，别傻乎乎不小心给这个人留下坏印象。

再如，必要去客人那里拿订单，你找了一个关键的人物 A，可是你也别忽略作购买决定环节上的另一个人物 B，没准 B 和 A 是死敌，本来 B 会同意给你下订单的，就因为 A 同意给你单子，B 就是不同意给你单子。

4. 对本岗任务

1）清楚自己的定位和职责——别搞不清楚自己是谁，什么是自己的活，知道什么该报告，什么要自己独立作决定；

2）结果导向——设立高目标，信守承诺，承担责任，注重质量、速度和期限，争取主动，无须督促；

3）清晰地制订业务计划并有效实施；

4）学习能力——愿意学，坚持学，及时了解行业趋势／竞争状况和技术更新，并学以致用；

5）承受压力的能力——严峻的工作条件下，能坚忍不拔，想办法获取资源、支持和信息，努力实现甚至超越目标；

6）适应的能力——如适应多项要求并存，优先级变换以及情况不明等工作条件，及时调整自己的行为和风格来适应不同个人及团队的需要（工作重心会变化，老板会换人，客人也会变，别和他们说"我过去如何如何"，多去了解对方的风格）。

——节选自《杜拉拉升职记》第 256~258 页

CCTV10
百家讲坛
LECTURE ROOM

于丹《论语》心得

《论语》的真谛，
就是告诉大家，
怎么样才能过上
我们心灵所需要的
那种快乐的生活。

于丹 著

中华书局

书名：《于丹〈论语〉心得》　　作者：于丹
出版时间：2006 年　　出版社：中华书局

一、作者简介

于丹，北京师范大学教授，中国古代文学硕士、影视学博士，北京师范大学艺术与传媒学院院长助理、影视传媒系系主任。教授"中国古典文学""影视学概论""电视理论思潮"等课程，参加"北京师范大学影视艺术学科基础教程系列"教材和"中国影视美学丛书"等大型理论工程的编著工作。出版《形象品牌竞争力》等专著多部，在《中国社会科学》《文艺研究》《现代传播》等重要学术刊物发表专业论文十余万字。

另外，她还是知名影视策划人和撰稿人，为中央电视台《东方时空》《今日说法》《艺术人生》等 50 个电视栏目进行策划，现任中央电视台新闻频道、科教频道总顾问，北京电视台首席策划顾问。

同时，她也是古典文化研究者和传播者。2006 年"十一"黄金假日在央视百家讲坛连续 7 天解读《论语》心得，受到观众的热烈欢迎。

二、畅销盛况

中华书局出版的《于丹〈论语〉心得》自 2006 年 11 月 26 日上市以来，很快刷新了一系列纪录：2006 年 11 月 26 日，中关村图书大厦新书首发式暨签售仪式上，当天店面零售 1.36 万余册，于丹签售了 1.06 万册，创下新中国图书史上单店单品种零售和现场签售的新纪录；自 2006 年 11 月至 2007 年 1 月底，作者在上海、南京、杭州、广州、天津、石家庄、沈阳、西安等地共签售 18 场，3.6 万册，举办讲座和较正式的读者见面会 8 场，走过 15 座城市，媒体高度关注，读者热烈欢迎，从 2006 年 11 月图书首发以来，截至 2007 年 2 月 5 日，销售量已达到 230 万册。至今，该书仍居于各地书店销售排行榜前列。

三、畅销攻略

《于丹〈论语〉心得》的成功绝非偶然，笔者试从"选题""内容""营销"三个方面对其畅销原因进行分析。

（一）选题兼顾社会效益与经济效益

做畅销书首先要把精力放在选题上。随着国民教育程度的提高，人们的思想越来越独立，在读者的火眼金睛中，一本没有灵魂的图书即使拥有强大的营销策略，人们也没有兴趣翻开它，更别提细细品味，掀起阅读风潮了。

所以说，一本书得以畅销，首先在选题上就要胜人一筹。作为一本畅销书，选题一方面要有市场意识，抓住市场脉搏，才可能取得不错的经济效益；另一方面，更要有社会责任感和使命感，这样既能取得不错的社会效益，同时也可能促使其自身由一本畅销书变成长销书。《于丹〈论语〉心得》一书的选题策划就兼具这两点。

1. 利用市场效应，着眼于当代性的解读

《于丹〈论语〉心得》的选题策划紧扣市场脉搏，利用当时市场上形成的热点效应，并着眼于当代性的解读上。

我国国情最鲜明的特征是：经济基础还不够雄厚，经济形态还不够成熟，经济体系还不够完善。因此，畅销书的选题只能且必须从两个大的基本方面去考虑和设计：一是从经济方面着眼，要求图书的定价低、成本少、本子薄；二是从内容方面着眼，必须侧重于知识性、趣味性、实用性和可操作性等几方面。

市场上形成的热点效应，常常来得快去得也快，如果就热点而追热点，常常使追随者因时间差而赶不上，图书非但不能畅销，还极有可能成为积压书、死书。但追热点也并非完全不可为，面对突发热点，图书由于有个较长的出版周期，在时效方面常被报纸、期刊抢去风头，但图书在挖掘深层次背景方面的能力却是受版面限制的报纸、期刊所无法比拟的。

《于丹〈论语〉心得》一书，就是利用市场效应，把握市场时机制定出的一项成功的选题策划。当时，《百家讲坛》节目在央视播出，在获得很高的收视率的同时，在人民群众中也产生了极大的影响。一时间，"复古"阅读风盛行。

《于丹〈论语〉心得》在选题上，以当代性启示为参照系进行了当代性解读。该书大卖，缘由就像于丹自己所说的："中国的文化不死，根在下，另外一方面是现在的读者重视自己的生活，对自己的生活讲究质量，就希望在这个时候过上一种从容不迫的生活，就是有一个心灵的定力。我觉得大家是因为这个来读我的书的。"

2. 注重选题的社会效益

任何一本图书的选题策划，都需要考虑经济效益和社会效益两个方面。所谓畅销书，顾名思义就是销量很大的书，经济效益自然是不错的。但更值得一提的是，真正的畅销书的选题策划编辑，一定要具备高度的社会责任感和使命感，充分考虑所策划的图书选题的社会效益。

《于丹〈论语〉心得》一书的选题满足了当今读者的精神文化需求，在畅销的同时实现了社会效益与经济效益的有机统一。宏观环境上的巨大变化和经济社会发展过程中的各种矛盾反映到人们的精神方面，就带来了人们道德信仰的危机。

《于丹〈论语〉心得》的责任编辑宋志军认为："2000 多年以来，《论语》已经融化在中国人的血液当中，看起来经典离大家很远，其实经典又随时在大家的生活当中，所以，《于丹〈论语〉心得》来到大家面前的时候其实是看似陌生实则亲切的。而在《于丹〈论语〉心得》的扉页上，作者开篇就提出了'道不远人'的观点，就是说，真正的道理永远是朴素温暖，贴近人心的，它离人一定不远。可以说《论语》和今天之间并没有一道鸿沟，它所讲的道理在今天完全适用，它会以一种非常贴近的方式进入我们的生活。"由此可见，无论作者还是编辑，对当前读者的精神需求、对传统文化如何服务于今天的社会生活都有十分准确的认识。

（二）轻松的图书内容

书籍能否畅销，关键在于其内容，在于其是否给人轻松、愉快的同时，也能带给人感动。畅销书大多具有某一方面或某些方面的创新，或者观点惊世骇俗，或者题材新颖独特，或者形象超凡脱俗，或者语言与众不同。笔者认为，《于丹〈论语〉心得》在内容上实现了以下两点，从而实现了畅销。

1."复古"与"时尚"相结合

图书市场的形成源于读者需要，图书在市场的分布率和持续占有率很大程度上取决于读者需要的结构及潜在需要向显现需要的转化程度。

畅销书是代表大众趣味与需求的产品。从近年我国畅销书的发展来看，无论是反映新事物、新问题、新技能的图书，还是新闻纪实类图书或与名人有关的图书等，都从不同侧面体现了大众的精神需求。

《于丹〈论语〉心得》的畅销，虽然和电视节目的推动以及比较合适的营销策略有关，但最主要的原因是它们的内容符合广大读者的需求。对其内容进行分析我们可以看出，《于丹〈论语〉心得》由传授知识为主要目的向娱乐大众方向转变，并且在解读经典的方式上更具个性化。

专业学者也许会对古代经典被如此解读而不满，甚至认为这是对圣贤的亵渎。但《于丹〈论语〉心得》的出版人清楚地意识到：对于《于丹〈论语〉心得》而言，"复古"只是一种元素，甚至是作为一种时尚的元素存在，绝不是目的，更不是为了文化上的"全盘复古"。学者是学者，出版人却兼有文化传播者的角色，而从文化传承的角度来说，现如今的国学也好，史学也罢，都不能自视过高，要像当年"农村包围城市"的革命策略一样走一条"边缘主流化"的传播道路。传统文化要进行通俗、有用、有益、有趣的解读，看起来好像经典被边缘化了，实际上已为大众所接受，占据了大众的头脑成为主流了，这就是先边缘再主流。传播讲究的是效果，传而不通的东西没有效果，更不会成为主流。

2. 通俗性和亲和感原则

现代商品经济的发展使人们的生活节奏加快，工作压力增大，这给人们的生活和心理都带来一定的影响，进而影响到审美趣味、阅读方式。畅销书内容必须符合读者心理期待，思想上要对读者造成积极的影响，让读者获得满意的精神提升，具有让读者乐于接受的一定品位的文化内涵、丰富的知识信息的内在品质。

一般而言，文笔越是通俗、越具有可读性和趣味性的读物越受欢迎，越能满足人们的现实欲望和追求。正是这种亲和性和通俗性使得它的共享性得到了真正的实现。当然，畅销书的通俗性并不排斥内容的文化内涵。畅销书的通俗性原则强调的是通俗的表现手法，使有益的知识和信息容易令人接受，以实现其价值。

另外，通俗性还体现于图书的形式上，如开本、纸张、定价等。把握通俗性原则的尺度主要是图书是否从内容到形式都具有亲和力，在图书构成的各个方面是否能尽可能减少读者购买和阅读的障碍。

《于丹〈论语〉心得》一书，作者于丹深入浅出地介绍了《论语》以及孔子的思想，文字通俗易懂、旁征博引，把古今中外不少事情写入了书中。其图书设计也给人一种庄严素朴的感觉，中等定价也能被广大读者接受。于丹在谈写作目的时说："如果说我们可以解读经典的话，重要的不是把它当成自己的学术和职业，而是把它当成一种生活方式，让我们每个人的生活能够更宽广一些，更从容一些，让我们的幸福感更能提升一些，在这样一个嘈杂的世界里，多一份自由，多一点淡定。"

因此，对于读者来说，它绝不是一本只图一时消遣的书，而是可以终身受益的书，很多人甚至把它当作了一种信仰来追求。有了这种吸引受众的自信，《于丹〈论语〉心得》就成了一本雅俗共赏、文字优美、内容吸引人的书。自然，畅销也就不难了。

（三）营销

仅仅有优质的选题和高质量的内容是不够的。《于丹〈论语〉心得》的畅销，与其有效的营销策划息息相关。在此，笔者归纳总结出有关畅销书的六大营销特性，进而探究《于丹〈论语〉心得》一书在营销上的成功之处。

1. 必需性

同其他畅销商品类似，一本图书要成为畅销书，应该具备四个基本元素：（1）内容具有畅销潜质，也就是说其内容符合广大读者的需求；（2）装帧、设计风格适合大众口味；（3）精心策划、挑选合适的出版时机；（4）进行有针对性的营销运作。这四个元素相辅相成，缺一不可，其中的营销运作最为关键，它是具有畅销潜质的图书最终能否成为畅销书的决定性环节。只有经过营销运作的畅销书，才能把图书本身的畅销潜质发挥到极致，才能在最短的时间内把一部书的销量推向顶点，制造轰动效应，并因此极大地引导社会观念。缺少了营销，具有畅销潜质的图书也极有可能胎死腹中。相反，如果营销到位的话，一本知名度不高的图书也很有可能跻身到畅销书的行列中。

2. 系统性

图书的营销活动具体而言就是图书市场调研、选择目标市场、相关图书分析、选题开发与设计、合适作者的遴选、图书设计与定价、渠道选择、图书促销以及售后服务等一系列活动。应该说，同一般图书的营销有很大不同，畅销书的营销在运作过程中没有明显的针对性。如果营销环节出现任何一个失误，营销的整体效果都会受到极大的影响，有时甚至产生"一着不慎，满盘皆输"的败局。正是基于这样的考虑，目前，国内一些有经验的出版社在运作畅销书时，都会把畅销书的营销作为一个系统的项目来进行。

另外，编辑和编辑团队要有一套完善的营销策划方案，并持续地与市场一线的发行人员保持密切沟通和互动，全程共同跟进和执行这个方案。

3. 策略和手段的多样性

与一般图书的营销策略相比，畅销书的营销手段和策略更加多样，更加丰富。营销手段花样翻新，层出不穷。成功的畅销书营销活动往往是综合运用各种营销手段和策略的结果。例如，通过媒体发布消息、通稿、赠送样书、名人签售、邀请媒体访谈、网络营销等。多种营销手段的交叉运用能够为图书建立立体的营销氛围，将图书的详细信息传递给目标读者，为实现最终销售提供强大的动力源泉。在利用媒体对畅销书进行宣传时，进行有机、交叉整合，避免方式单一，同时必须保证自始至终不能间断。这就要求畅销书比一般图书的营销要更为深化和细致。

4. 高度的时效性

畅销书作为时尚读物的一种，具有高度的时效性，一般而言其生命周期比其他图书要短，只有极少数的经典畅销书会转变为长销书。我们经常可以发现，大多数畅销书具有对读者产生跟风、带动效应，这就决定了对畅销书的营销也必须强调时效性。畅销书的营销目的就是要在特定的时间段里通过各种营销手段使畅销书的销量达到最大化，这就要求出版者必须审时度势，掌握好营销的时机和进度，另外，还特别强调营销的完整性和对畅销书进行适时而恰当的营销运作。

5. 收益最大化特性

出版社之所以要做畅销书，要运用各种营销手段使之达到畅销，最终目的就是要达到收益的最大化。出版界有个比较突出的"二八定律"，即占出版社出书总量的 20% 左右的畅销书，其利润却可高达 80% 左右。即在带来经济效益的同时，畅销书还可以迅速提高出版社的知名度，带动出版社其他相关产品的畅销。因此，有的出版社靠几本畅销书就让业界、读者广知其名，而这些出版社中还不乏一些以往很不起眼的无名小社。正是因为如此，打造畅销书就成为众多出版社和编辑的不懈追求。在对畅销书进行营销的过程中，追求图书销售数量、经济收益的最大化，追求图书品牌影响力的提升，以畅销书带动其他相关图书，使出版社名利双收。

6. 两面性

营销活动是一把双刃剑，具有鲜明的两面性，在运作过程中有利有弊。因此，在实际运作中如何把握好营销技巧和度是关键。我国畅销书出版尚处于比较初级的阶段，成熟的营销运作机制和模式较少。部分出版社运作畅销书具有一套较丰富的经验和成熟的模式，但也有不少出版社在具体操作的过程中，轻视图书内容质量和内涵，对营销活动更缺乏系统性和完整性的认知，把营销等同于疯狂的"炒作"，进行信息的狂轰滥炸，或者盲目"跟风"出版，但图书质量跟不上，名不副实，结果畅销书没出来，读者的指责和批评却蜂拥而至，极大地损害了出版社的声誉和效益。因此，在实际运用中一定要深刻认识到营销的两面性及因不当运用会带来的负面影响，要扬其长处，避其短处。

《于丹〈论语〉心得》一书，非常符合以上六点特性。《于丹〈论语〉心得》不是一般意义上的畅销书，它是一种经典的大众解读，它的方式是道不远人，贴近人心的。研究《于丹〈论语〉心得》，一方面，加深了我们对畅销书营销这一概念的理解；另一方面，《于丹〈论语〉心得》的营销策划也有自己的独到之处，我们可以从对《百家讲坛》营销模式的分析中得到有益的启示。

在一个高速发展的信息时代，各种媒体都应抱着开放的态度加入媒体融合的进程中，实现跨媒体经营。报纸杂志可以建立网站，当天新闻都可以上网查找，电视媒体也可以网上直播，可以创办报纸杂志。

但在这个信息爆炸的时代，图书依然可以凭借自己独有的高雅品位、便于阅读的优势放心大胆地与新媒体竞争，并借助新媒体的强势宣传、提升自己的竞争力。

目前，世界上著名的出版传媒集团都是通过走跨媒体经营之路，综合资金、技术、管理和人才等方面的资源，增强自身实力。世界头号教育出版商培生集团旗下拥有四大子集团，业务范围涉及图书出版、报纸、电子出版物、电视节目制作等领域，其营业额位居世界媒体集团的前列。

国内出版界也有比较多的媒体互动的成功案例，《于丹〈论语〉心得》与《百家讲坛》就形成了一个相互促进的效应，《百家讲坛》的热播带动了该书销量的上升。

（四）成功背后的问题

作为一本畅销书，《于丹〈论语〉心得》是成功的。然而，成功背后仍存在着一些问题，引发了笔者一些有关畅销书问题的思考。笔者认为，如果可以通过对《于丹〈论语〉心得》畅销的分析，由点及面，举一反三，找出我国畅销书市场存在的问题，才能真正实现研究的目的。

1. 同质化现象严重、创新性不强

畅销书最重要的价值之一就在于它的创新性。对于畅销书来说，原创性是其核心竞争力，而现在图书的营销策划中同质化或跟风现象越来越严重，一个图书品种或一本图书一旦畅销，马上就会有众多出版社不顾自身专业能力和资源状况，不顾市场的承受能力，纷纷跟进。拿《于丹〈论语〉心得》来说，其畅销后就引发了"新解经典"的热潮，包括于丹本人也出了不少书，而畅销程度远不及《于丹〈论语〉心得》。

2. 畅销书评定机制还不完善

建立健全畅销书评定机制就是要明确畅销书评价主体、评价目标，制订科学合理的畅销书评价标准及评价方法。确保畅销书评定的客观、公正、有效，进而保障、促进畅销书事业的健康发展。目前，我国畅销书评价机制中的评价主体主要由三方构成：商业调查统计机构以定期公布畅销书排行榜及榜评为主要评价形式；专家学者和大众读者通过各种媒介渠道发布的书评为主要评价形式；相关国家机构行业协会以各类奖评活动为主要评价形式。近年来，我国畅销书市场虽然获得了长足发展，但畅销书评价机制尚不完善，具体表现在目前国内尚未建立起覆盖全国的图书发行零售监测系统。畅销书排行榜统计范围有限，商业色彩浓厚，统计数据的客观性遭到质疑，书评权威性不高，广告书评多，大众参与意识不强。以"中国图书奖"、"国家图书奖"和"五个一工程奖"为代表的各种图书奖项评选有时过于强调主旋律和导向性，并不能准确反映社会阅读趋势，导致其社会影响力下降。

《于丹〈论语〉心得》的畅销，具有其必然性。从这本书的整体运作中我们可以看到，《于丹〈论语〉心得》无论是选题还是内容都是出类拔萃的，营销手段更是非常之高。研究《于丹〈论语〉心得》畅销的原因，对于搞清我国当代畅销书市场的现状，非常具有借鉴意义。但《于丹〈论语〉心得》的畅销背后依然暴露出问题，亟待解决。

四、精彩阅读

中国的创世神话是盘古开天辟地，但这个开辟不是像西方神话讲的那种突变，比如说拿一把大斧子，咣，劈开，然后金光四射出现一个什么样的天地万物，这不是中国人的叙事情感。

中国人习惯的叙事是像《三五历纪》里面描述的那样，是一个从容、和缓而值得憧憬的漫长的过程：

天地混沌如（鸡）子，盘古生其中，万八千岁。天地开辟，阳清为天，阴浊为地。盘古在其中，一日九变，神于天，圣于地。天日高一丈，地日厚一丈，盘古日长一丈。万八千岁，天数极高，地数极深，盘古极长。

它说开始时"天地混沌如（鸡）子"，盘古在里面待了一万八千年。

后来天地分开了，但它不是作为一个固体"啪"地从中间断裂，而是两股气逐渐分开，阳清之气上升为天，阴浊之气下降为地。

这并不是天地开辟的完成，这种成长才刚刚开始。

中国人是讲究变化的。你看，盘古在天地之间"一日九变"，像一个新生的婴儿，每天都在微妙地变化着。

这种变化最终达到了一个境界，叫作"神于天，圣于地"。

这六个字其实是中国人的人格理想：既有一片理想主义的天空，可以自由翱翔，而不妥协于现实世界上很多的规则与障碍；又有脚踏实地的能力，能够在这个大地上去进行他行为的拓展。

只有理想而没有土地的人，是梦想主义者不是理想主义者；只有土地而没有天空的人，是务实主义者不是现实主义者。

理想主义与现实主义就是我们的天和地。

——节选自《于丹〈论语〉心得》第一部分

每个人的一生中都难免有缺憾和不如意，也许我们无力改变这个事实，而我们可以改变的是看待这些事情的态度。

《论语》的精华之一，就是告诉我们，如何用平和的心态来对待生活中的缺憾与苦难。

子夏自称自己的名字叫"商"。他的话分几个层次：既然死生、富贵这些事情都是天命所归，个人无法决定，也无法左右，那就要学会承认并且顺应。

但保持一颗诚敬的心，使自己的言行减少过失，对待他人充分尊重、谦恭有礼，却是可以通过提高自身修养做到的。

一个人能做好自己，那么普天下的人都会爱敬你如同手足兄弟。所以，做一个有良好修养的真君子，又何愁没有兄弟呢？

尽管这段话不是出自孔子之口，但也代表了《论语》所倡导的一种价值观念：

人首先要能够正确面对人生的遗憾，要在最短的时间内接受下来。不要纠缠在里面，一遍一遍地问天问地，这样只能加重你的苦痛。

第二个态度是，要尽可能地用自己可以做的事情去弥补这个遗憾。

承认现实生活中的不足之处，并通过自己的努力去弥补这种不足，这就是《论语》告诉我们对待生活缺憾的态度。

如果一个人不能接受这些遗憾，将会导致什么样的后果呢？

一种遗憾，其实可以被放得很大很大。放大遗憾的后果是什么呢？那就将如印度诗哲泰戈尔所说，"如果你因为错过太阳而哭泣，那么你也将错过星星了"。

我曾经看到过一个报刊的转载，写的是英国著名网球明星吉姆·吉尔伯特的故事。

这个女孩子小的时候曾经经历过一次意外：

一天，她跟着妈妈去看牙医，这本来是个很小的事情，她以为一会儿就可以跟妈妈回家了。但是我们知道，牙病是会引发心脏病的。可能她的妈妈之前没有检查出来存在这种隐忧，结果让小女孩看到的是惊人的一幕：她的妈妈竟然死在了牙科的手术椅上！

这个阴影在她的心中一直存在着。也许她没有想到要看心理医生，也许她从没有想过应该根治这个伤痛，她能做的就是回避、回避、永远回避，在牙痛的时候从来不敢去看牙医。后来她成了著名的球星，过上了富足的生活。有一天她被牙病折磨得实在忍受不了，家人都劝她，就请牙医到家里来吧，咱们不去诊所，这里有你的私人律师，私人医生，还有所有亲人陪着你，你还有什么可怕的呢？于是请来了牙医。

意外的事情发生了：正当牙医在一旁整理手术器械、准备手术的时候，一回头，吉姆·吉尔伯特已经死去。

　　当时伦敦的报纸，记述这件事情时用了这样一句评价：吉姆·吉尔伯特是被四十年来的一个念头杀死的。

　　这就是心理暗示的力量。一个遗憾能被放大到多大呢？它可以成为你生命中一个阴影，影响到你的生命质量。

——节选自《于丹〈论语〉心得》第一部分

我不在乎说话之术，而是说话之道；我的说话之道，就是把你放在心上。

蔡康永 著
熊宝 插图

蔡康永的
说话之道

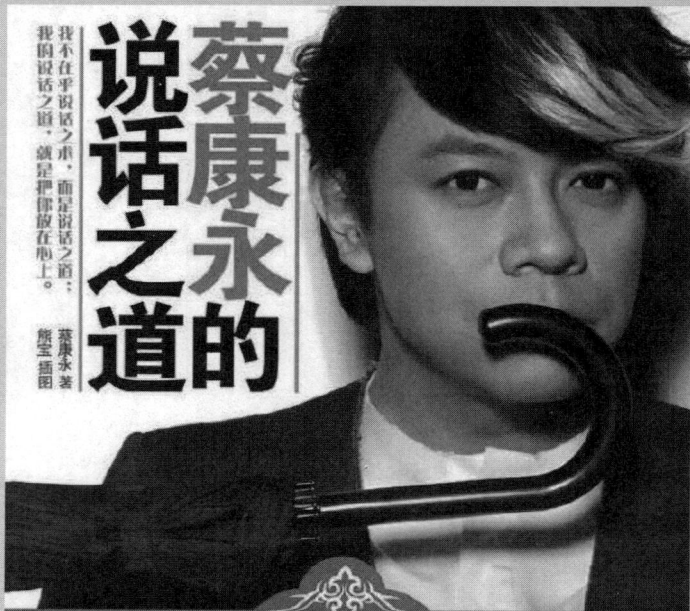

新智

贵人不一定能改变人生，
外表不一定能决定魅力，
但是——说话可以！
把说话练好，是最划算的事。

蔡康永的
第一本实用书！
蔡康永精湛演讲
锻炼淬炼等N年！

傻文哥：看电视只是听"道"，
要读书才能知"道"、学"道"、做"道"，掌握康永的说话之道

小S：如果因为懂得说话而交到好朋友，
又可让人开心，为什么不？

书名：《蔡康永的说话之道》 作者：蔡康永
出版时间：2010 年 出版社：沈阳出版社

一、作者简介

蔡康永，台湾著名节目主持人、作家，父亲蔡天铎是台湾著名的律师。他曾就读于再兴中学、东海大学外文系。1990 年获得美国加州大学洛杉矶分校电影电视研究所编导制作硕士学位后，返回中国台湾参加电影制片及编剧、影评的工作。主持过众多知性节目。其名人访谈节目《真情指数》、青老年人沟通节目《两代电力公司》、综艺访谈节目《康熙来了》最为成功。曾连续四届主持金马奖颁奖典礼。蔡康永也曾出版过多本散文著作，包括《痛快日记》《LA 流浪记》和《那些男孩教我的事》等畅销作品。2011 年，荣登"2011第六届中国作家富豪榜"第 10 位，引发广泛关注。

二、畅销盛况

由盛大文学旗下的聚石文华图书公司在内地推出的《蔡康永的说话之道》中文简体版，一经上架就立刻登上了全国各新华书店、北京图书大厦、中关村图书大厦、当当网、卓越网等图书销售榜的榜首。《蔡康永的说话之道》是蔡康永将自己多年来的说话经验进行总结提炼后所著，并希望此书能给即将步入社会的年轻人传授一些少走弯路的法门，让他们成为一个懂得说话、讨人喜欢的人。出版方最新数据显示，《蔡康永的说话之道》已连续加印 16 次，累计加印量已突破 100 万册。

该书从出版至今一直畅销不衰，聚石文华总裁甄煜飞称，《蔡康永的说话之道》能保持长期畅销不止，除了文本本身的实用性外，连续半年之久在全国各大高校举行的巡回演讲及读者签书见面会，也对该书的持续畅销起到了决定性作用。自推出中文简体版以来，蔡康永已陆续接到全国超过 180 家高校的真诚邀请，众多学子们都期待能亲耳聆听这位台湾"名嘴"的精彩演讲，聚石文华对该书一直着力于分析并执行具体的营销策略，此次策划行动被戏称为"签售持久战"。《蔡康永的说话之道》的成功营销，也被业内人士称为"饥渴营销"，提出了图书界一个全新的营销概念。

三、畅销攻略

（一）名人效应：卖品牌，卖专业

《蔡康永的说话之道》一战成名，其名人效应毋庸置疑。曾经有人说过，微博的粉丝数只要超过 100 万，就已经是一个电视台了，而蔡康永的微博（出书前夕）有 550 万的粉丝，他发一次微博有 550 万人看到，而且这个影响力不像电视广告一样转瞬即逝，它会一直存留在这个页面上，然后不断地被转发。"蔡康永"作为一个品牌，他的粉丝量决定了他能够影响多少人，蔡康永本身对年轻一族的影响力是非常惊人的。

按照西方的出版理论，一本书能否畅销，作者的知名度可起到接近 40% 的作用。香港出版界有一个笑话，说哪怕倪匡（卫斯理）写的是无字天书，也会迅速售罄。这都说明了名人之于畅销的重要性。蔡康永，他已经拥有了极高的知名度，这就可以保证其作品会被更多的人关注。回顾出版史，颇有一些基本没有什么营养的"名人书"（特别是电视主持人、演员的书）登上图书畅销榜之首，没有多少深层的原因，只不过因为作者脸熟罢了。所以，现在一些作家不安心埋头写作，而是热衷于网络恶炒、电视露脸、借名人上位，看似旁门左道，其实也是可以理解的。

回顾与《蔡康永的说话之道》同时期的"名人书",如白岩松的《幸福了吗？》、杨澜的《一问一世界》、乐嘉的《跟乐嘉学性格色彩》、倪萍的《姥姥语录》和林青霞的《窗里窗外》，可以看出名人职业和身份已产生变化。文化绅士、大家、精英等占据名人出书主要地位的态势被媒体大众人物代替。从前名人出书主要谈个人阅历或生活感悟，类似于"自传"，现在通常指存在一定知名度的公众人物在某个擅长的领域发表的作品，可能与个人生活无甚相干，而是涉及励志、休闲、旅行、美容、感悟等方方面面。业内人士表示，2011年主持人扎堆出书，打破了以往名人传记类图书的"隐私曝光"，在获取名人信息手段愈发丰富的今天，仅仅靠名人自己的那些事儿已不能调动起读者的太多兴趣。读者们关注更多的是名人对这个时代背景下共同经历的一些人、一些事的独特感悟，从中汲取营养。很明显，《蔡康永的说话之道》正是抓住了读者的这种心理，引发共鸣，从而获得口碑、销量双赢。

而相较其他名人书籍，蔡康永并没有沿袭所惯用的写作风格，不是传记也并非随笔，而是"术业有专攻"，一个在"讲话"方面的成功人士来和大家分享他的成功经验，相当于专业人士做了一件专业的事情。

（二）定位精准：受众谁来买单

《蔡康永的说话之道》一书受众群体的定位十分精准，目标受众群就是想要通过说话来改变个人形象的读者们，而这些读者一般集中在初入职场的菜鸟或即将毕业的大学生。他不仅教会了职场新人们该如何与人相处，同时又从朋友、同事之间等各个方面娓娓讲述讲话的技巧。因此，《蔡康永的说话之道》不仅仅是本明星书，同时也是一本工具书。

具体到该书的装帧形式和文字，装帧设计简单大方、版式轻松活泼，还配上了熊宝的插图，让人在趣味横生之余，更深刻地体味到文字的内涵，透露着一种儒雅与智慧。文字方面，短句多，节奏跳跃，减少了读者的阅读疲劳感。其语言轻松幽默，联想丰富，语调温和，其中不少短小精悍的语句被当下年轻人奉为经典，广为流传。

"2011第六届中国作家富豪榜"最值得关注的现象就是青少年读者是最大的书市消费群体，榜单前3名郭敬明、南派三叔和郑渊洁的书基本上都是青少年读者在为其买单。而排名第10位的蔡康永是港台地区最有文采的娱乐主持人，凭借《蔡康永的说话之道》以450万版税首度荣登中国作家富豪榜，他的粉丝几乎也全是15~30岁的年轻读者。

在资深出版人眼中，锁定目标读者是作家创造财富的起手式。国内著名出版人金丽红和黎波总结说："目前国内的购书人群就是8岁到18岁的青年阅读群体，他们是阅读主体，他们的阅读以学习知识、了解社会、增长阅历为目的。"

（三）运营模式：蔡康永 + 盛大文学 + 微博营销

1. 盛大文学营销模式

图书是否能畅销，出版团队对图书的策划、定位、营销推广起到了决定性的作用。西方出版理论认为，运营对畅销书所起的作用，约占40%，超过作者的知名度。

高妙的运营手段，可以有效发掘一本书的畅销潜质，如同高明的化妆师在短时间内能让一个中等姿色的女子化身超级魅惑佳人，而低劣的手段，即使是畅销题材也会被毁掉。前一个例子，应该说"读客"，它们用"像卖牙膏一样卖书"的理念打造了许多畅销书。

《蔡康永的说话之道》已经是多次上榜了。这本书之所以至今热度不减，除了蔡康永自身的知名度和图书自身的题材外，在很大程度上要得益于它的出品方，即近年来在网络、无线、纸质出版、影视等各个方面均运作得风生水起的盛大文学。一手抓名人，一手抓文化消费心理，这是盛大文学运营畅销书的两大法宝。而把蔡康永与盛大文学捆绑营销，更是达到了共赢的效果。在百度上搜索"蔡康永＋盛大文学"，差不多有200万个结果。强强联手，畅销自是意料中的事。

　　在《蔡康永的说话之道》的整个营销过程中，蔡康永知名主持人身份＋其所著的《蔡康永的说话之道》＋大学现场讲授如何说话＋当地书店签名售书，这几个环节构成了本书成功的营销流程。新书上市前期，通过大量的媒体曝光进行宣传，一则曝光新书的内容，二则将蔡康永内地巡讲和签售的消息铺向全国，做到了宣传的广度。在全国巡回活动的同时，曝光每场活动的亮点、花絮，并选择部分影响力较大的媒体对蔡康永进行深度访谈，随后甄选部分访谈稿的一些话题，找出新闻亮点，再次大量投放媒体，当然其中也包含了各种网络告知营销方式，并且，在每一个营销环节中，都着重强调了目标读者群体对本书的认知度。所以借力发力促成了此次宣传的深度。广度和深度的有机结合构成了此次完美的营销宣传。

　　该书的销售周期分为两个阶段，前期是利用明星效应在极短的时间内冲量打榜，后期则是通过其本身的图书特性持续销售。《蔡康永的说话之道》自2010年上市，仅一个月，一路飘红，创下25万册的销售量，不仅荣登新华书店、北京图书大厦、中关村图书大厦、当当网、卓越网等图书销售榜榜首，而且全国各大书城均先后出现了售罄现象，一度呈现洛阳纸贵的销售景况。到2011年3月，该书已连续加印10次之多，累计加印量超过80万册。5月，全国巡回演讲、签售活动进入尾声，该书的销量已经突破100万册。以上惊人的销售数据，足以显示出该书的优秀品质。

2. 蔡康永的人格魅力

《蔡康永的说话之道》的畅销与作者的积极配合密切相关。在整个巡回签售活动中，蔡康永没有让任何一位读者落空，每场都不遗余力地签完最后一本书。在厦门站，签书时长达 10 个小时之久，成为整个巡回签售的"时长之最"，当日蔡康永签书共计 1.6 万余册，厦门外图当天售书约 1 万余册。如此疯狂的销量，更是创下了厦门外图史上最高签售纪录。自 2010 年 10 月至 2011 年 5 月以来，蔡康永先后在北京、南京、武汉、成都、天津、上海等地的 10 所高校做过精彩演讲并于当地书店进行签售，所到之处出现万人空巷的盛况。

一次，在武汉的演讲活动是晚上 8 点开始，下午 2 点就有人在场外排队，当时的演讲场地只能容纳 1 500 人，而到场的观众却有 8 000 余人，场馆方为了活动的安全只放进场馆内 1 500 人，场外 7 000 余人仍在排队等候。蔡康永为了避免读者失望，在演讲结束后来到场外签书，一直持续到午夜 12 点，并且又在第二天补办了一场签书活动，整个宣传过程蔡康永的敬业精神得到了读者、媒体的一片称赞，还曾经有人撰文记录武汉的那次签售活动，名为《蔡康永的人格魅力》。

3. 微博营销

针对此书，"蔡康永的说话之道"专题微博和蔡康永自己的微博都有宣传，最明显的特征即是：名人效应推动微博消息传播。

作者自己有相当的知名度，蔡康永本身的微博也做得很好。他的个人感悟、生活的各个方面，已形成了宣传的强大"软实力"，而他的名气、他的好友（多数为知名度甚高的艺人、明星）都给了蔡康永强有力的支持。作者持续在自己微博上发布关于新书的发布消息、图书签售消息、读者反馈消息、实体店销售情况等，真实而饱满。

"蔡康永的说话之道"微博，全程跟踪图书宣传、销售、读者互动、媒体报道等，书的内容介绍较少，主要以宣传攻势吸引读者眼球。

总结起来，该案例为图书营销提供了一个大致的构架：（1）图书微博的专题性宣传。注重内容介绍和引发话题，抢占图书上市的最佳时机。（2）作者的名人效应和影响力。作者资源的开发和微博互动。（3）地面活动的配合与销售市场的跟踪。微博消息发布图书签售，活动现场报道，活动后报道等。

4. 网络营销（除微博外）

《蔡康永的说话之道》除了在各大图书站点发布书讯外，还在腾讯网连载，因为图书品质好，带动了其他网友在各个论坛的自觉转载，无形中加强了书的宣传力度。本书还在著名的门户网站如新浪、凤凰、腾讯的读书频道以及豆瓣网做图书信息的简介，包括作者信息和精彩内容摘录，这让读者对书有了全新的认识，读者的评论让互动元素更加浓厚，在潜移默化中影响了读者的购买需求。

除了走门户网站路线营销外，这本书还充分利用百度资源进行宣传，建立了百度百科，对图书信息做简单的介绍，让读者对书籍有了大致的了解，唤起关注度。同时，利用百度知道进行一问一答式的互动宣传，让读者在提问中增加对该书的了解，让书自身的吸引力增强不少。这本书的一大亮点就是蔡康永自身的人气，所以，此书的畅销离不开个人平时建立起来的舆论阵地的宣传。蔡康永的贴吧、微博都是此书宣传的阵地，这两种形式会及时发布读者对此书的观点、评论以及蔡康永新书宣传的活动等，这种互动性很强的宣传方式让读者参与其中，可强化他们对书的购买需求。

蔡康永还利用娱乐节目为自己的新书作宣传，在土豆、乐视等视频网站作新书发布，并以携新书进校园作讲座、作签售等形式对新书作推广。

总之，采取线上线下联动、网上多种媒介立体宣传的方式让这本书风行网络，这就是这本书的营销秘密，这其中有书的品质因素，但更大程度上还是宣传力度起到的推动作用。

（四）实用有趣：如何说话＋插画

某出版社策划人曾总结过他们赚钱的主流产品，可七个字概括："炒菜遛狗治小病"。也就是说，教人烧菜的、养宠物的、养生保健之类的实用图书，永远是有市场的。

我们不得不承认，不同的读者读书，想从中得到的回报是不一样的，有人是为了娱乐消遣，有人是为了心灵成长，有人是为了受教育，有人是为了明白事理，也有人是为了有用——从书中学到一些生活的知识，比如，怎样生养孩子、教育孩子（《好妈妈胜过好老师》），怎样吃东西更健康、更享受（《葡萄酒的奥秘》），怎样说话更容易被人接受（《蔡康永的说话之道》），以及怎样学业有成和在职场里升职加薪游刃有余（《杜拉拉升职记》《回家吃饭的智慧》），还有两性关系（《关于爱与性的一切，你全错了》）、心灵成长（《遇见未知的自己》）。

可以绝对肯定的是，奔着实用去的读者，绝对比其他目标的读者群基数要大得多，范围也广得多。相对于名人和影视资源，这个领域对资源的竞争还不算太激烈，好的创意、策划和内容，收到好的回报还是相对容易的。

《蔡康永的说话之道》一书是蔡康永的第一本实用书，在"说话"多年之后，首次尝试教人"说话"。说话问题是大多数人都关心的问题，如何用好的口才获取良好的人际关系是很多人的困扰。因此，当以说话为主业的蔡康永站出来，告诉大家如何学会说话时，这本书的畅销便在情理之中了。全书包括 40 篇精彩短文：蔡康永教你如何讨好领导升职加薪；朋友聚会如何炒热气氛；得罪老婆如何求饶……每篇都是让谈话变美的醒醐味，并配以熊宝绘制的令人喷饭的搞笑插画，如同蔡康永的主持风格一样犀利俏皮，饶有情趣。通过说话，懂得把别人放在心上，这就是我们想获得的，蔡康永的"说话之道"。

四、精彩阅读

【把说话练好，是最划算的事】

有人天天上健身房，练出漂亮肌肉，可惜课堂报告或公司开会，未必能让你脱衣展示成果；有人唱歌非常好听，可惜想向男友道歉，或想提醒老板加薪时，用唱的会显得你很古怪，说不定加薪不成，反遭遣散。

就算你费很大工夫，把鼻儿整得高挺、唇儿整得丰润，你一旦站上讲台去演讲，也没办法靠挺鼻丰唇来赢得满堂的掌声；就算你家财万贯，富豪榜排得进前五十名，一旦遇到女儿向你哭诉失恋之苦时，你也没办法靠钱解决，塞钱给她，叫她买杀手把负心男给杀了？

所有这些事情：报告、开会、道歉、要求加薪、演讲、倾听诉苦，都只跟一件事情有关，就是：你会不会说话，你有没有能力去想象；听你讲话的人是什么心情，想听到什么。

而且，最让人高兴的是，练习说话很方便，比练肌肉、练唱歌、去整形、去赚大钱，都要省事得多。你根本不用专门去上课，或者找医生。因为你每天都得说话，就像金庸小说里的段誉，最爱练的武功是"凌波微步"，既不必练气，也不必举重，只要一直练走路就好了。反正本来就每天都得走路，就走路走他个炉火纯青。结果段誉就靠着这"凌波微步"，消灾解厄，躲过了无数次大劫，还追到了大美女。

很多关于说话的书，教的是说话的"技术"，但，我不是一个只看重"术"的人。我喜欢研究说话这件事，是因为我觉得透过研究说话，你会比较根本地搞清楚自己和别人的关系，搞清楚自己在想什么、别人在想什么，以及，最重要的，自己到底是一个什么样的人。

——节选自《蔡康永的说话之道》第 1~2 页

【沉默没问题的，沉默很正常的】

沉默没问题的，沉默很正常的。但聚会时，沉默好像会带来压力，逼得人要开口说些什么。这时候，如果空气中本来就弥漫着音乐，你就会发现沉默没那么可怕。

但是如果刚好没音响可听，也不要依赖电视来填补沉默的空白。电视啊，就好像一个自以为很了不起的、喋喋不休的、很爱大声说话的人，靠这样一个人来打发时间或者消除寂寞，倒是很不错。但是家人晚餐或好友相聚时，有这么一个人在场是很受打扰的，电视对"闲聊谈天"毫无帮助。如果怕沉默带来的冷场，请不要给自己压力，不要逼自己随时要找话题。请优先把事情交给音乐来处理。

或者，也可以学着享受沉默。看夜景的时候、两人散步的时候、三五好友一起下厨煮菜的时候，"正在做的事"本身就很有趣，沉默反而比喋喋不休更丰富，更值得回味。

——节选自《蔡康永的说话之道》第 18~19 页

【话题卡住怎么办】

谈话卡住的话，其实不必用力挽救，另开一个话题即可。如果在相聚的两小时里面，你有三次让对方开心地笑，那对方应该是绝对不会记得你曾经提过几个无聊的话题的。

——节选自《蔡康永的说话之道》第 35 页

【让自己的问题短，对方的回答长】

问的问题越具体，回答的人越省力。回答的人越省力，他就越有力气和你聊下去。

——节选自《蔡康永的说话之道》第 38 页

【让对方聊自己，他就会觉得有趣】

不要说出"我"字。每次想说"我"字时，都改成"你"字或"他"字。你会发现自己，忽然变成一个不断把话题丢给对方、让对方畅所欲言的、超级上道的人！

——节选自《蔡康永的说话之道》第 44 页

【悬疑，让人想听下去】

跟朋友转述一件事的时候，每讲个几句，就稍稍停一下，看你朋友会不会问"然后哩？""后来呢？"如果有这样追问，就表示你叙述事情的方法是吸引人的；但如果你停顿一下，你朋友却想都不想，就把话题转去别的地方，那就表示你讲得很没意思。

——节选自《蔡康永的说话之道》第 67~68 页

【讲好笑故事，不讲笑话】

讲话幽默的人，就像走路好看的人，你跟他走在一起，会觉得很平常的走路也是赏心乐事。而讲笑话比较像翻跟斗，翻得好不好姑且不说，但其实很少有人喜欢跟一个没事就翻跟斗的人一起走路的。

——节选自《蔡康永的说话之道》第 77 页

【安慰别人】

一个人很难"了解另一个人所受的苦"。如果不能了解，就不要这样说，因为当事人向你倾诉的时候，她只需要你听，也许她也很需要你给她一点建议，但她可能不需要另一个人宣称有别人懂她的苦。她的痛苦折磨得她快死了，她不会觉得这种痛苦是"可替代"的。你这样讲，安慰不了她。

——节选自《蔡康永的说话之道》第 125 页

【从环境猜测人的个性】

如果我初次跟别人碰面，约见的地点墙上是有镜子的，我会尽量让对方坐在可以照镜子的位置，这样就可以看看对方在和你谈话的过程中，是对你比较有兴趣，还是对镜子里面的自己比较有兴趣。

——节选自《蔡康永的说话之道》第 151 页

【炒热气氛，需要练习】

一场气氛理想的聊天，其实追求的是同样的事：大家都有机会讲讲自己的事，也听听别人的事。更理想的话，快歌跟慢歌适当交错，有好笑的话题，也有透露心事的话题，那就绝对是一次令大家难忘的聚会。

——节选自《蔡康永的说话之道》第 154 页

龙应台

目送

龙应台作品

最犀利的一支笔也有最难以言尽的时候

继《孩子你慢慢来》、《亲爱的安德烈》后
龙应台再推出思考「生死大问」的最强新作

花枝春满，悲欣交集

跨三代共读的人生之书

书名：《目送》　　　　作者：龙应台
出版时间：2009 年　　　出版社：生活·读书·新知三联书店

一、作者简介

龙应台，祖籍湖南衡东，1952年出生于中国台湾高雄市，1974年毕业于台南成功大学外文系，后获美国堪萨斯州立大学英美文学博士学位。1983年回台湾，曾任教于"中央"大学及淡江大学。她是台湾著名文化人及公共知识分子，台湾地区著名作家，作品针砭时弊，鞭辟入里。在欧洲、中国大陆、中国台湾三个文化圈中，龙应台的文章已成为一个罕见的档案，作品《野火集》等具有很大的影响。

二、畅销盛况

《目送》一书一改龙应台早年直面社会问题的犀利文风，延续了《孩子你慢慢来》等书对亲情的自然流露。她用温柔细腻的笔锋，婉转地将对儿子的爱、对父母的依恋、对亲人朋友的牵挂写得感动人心，让每一个读者都怀着一颗同样悲悯的心来阅读她的文字。龙应台对这种改变作如此回答："其实这哪里是我在变，我只是把在每个阶段的经历、想法如实写下来而已，至于读者怎么解读那就由不得我了。"

这本《目送》于2009年9月在大陆首次出版。到2012年的5月份，该书已经重印17次，印数已达87万册。新书发布次月，龙应台赶赴北京，在三联韬奋书店举办了读者见面会。当天吸引了众多龙应台的粉丝，韬奋书店二楼被读者们围得水泄不通。码放在收银台边上的百余本龙应台作品，如《目送》《亲爱的安德烈》不到一小时被抢购一空。

在中国出版集团公司"双推计划"（中国出版集团公司畅销书推广计划和中国出版集团公司长销书推荐计划）年度优秀图书评选活

动中，2009 年有 7 000 多种图书参评，《目送》等 10 种图书获得"中国出版集团公司 2009 年度优秀畅销书奖"。来自当当网的数据显示，从 2009 年到 2012 年 4 年中，《目送》在文学类的畅销书排行榜上一直稳居前列，均在前 4 名，评论数已经超过 8 万条。在亚马逊的文学作品排行榜上，《目送》位列第 6 名。

三、畅销攻略

这本超级畅销书是如何产生的，它的创作者和编辑是怎样将这本书出版的，对这本书感兴趣的读者一定很想了解。遗憾的是，笔者没能采访到作者龙应台先生，通过联系到龙应台的助理得知，近期龙应台均不能接受采访，所以采访作者的计划暂且告终。

笔者后来辗转联系到了该书的责任编辑张荷老师。当时正值暑假，张老师事务较多，最终通过邮件对张老师进行了采访。在此特别感谢张荷老师的全力相助。

《目送》在出版的时候有明确的读者定位，定位为那些有着温婉胸怀的人。20 世纪 80 年代《野火集》在国内外引起轰动，被列为 20 世纪 80 年代畅销书榜首。在《目送》出版的 2009 年，《野火集》的绝大多数读者已经进入中年，经历了人生的幸福与波折，更能体会《目送》的侃侃而谈。但是如果你认为《目送》的读者定位仅局限在这一部分人的话，那么就缩小了许多真正存在的读者群，因为该书的主题充满人性的色彩，从人性的角度讲，是具有普适性的、能够引起众多读者共鸣的，读者群体应该是更加广泛的。这其中包括四五十岁的中年人，同样也涵盖了二三十岁的青年人。

从台湾引进版权，到编辑加工，《目送》的立意和龙应台的影响力都在出版这本书的考虑之中。《目送》的立意着眼人性最本质的东西，没有"龙卷风"式的社会议题，没有敏锐到让人寒冷的眼光，有的只是对亲情的留恋，对生死的叩问。在字里行间，没有丝毫造作之感，而是用自己的真挚情感和亲身经历，让读者产生共鸣，触动读者的泪点。龙应台本人的影响力更不消多言，她在台湾20世纪80年代崛起的女作家群里，可谓理性思维的佼佼者。《野火集》能够演绎成"旋风"之势，在于作者敏锐的洞察力和过于常人的理性思维。90年代以来，《孩子你慢慢来》《亲爱的安德烈》《目送》可谓龙应台的"亲情三部曲"，从以母亲的角度对待孩子，到以女儿的角度对待父母，无一不让读者体会到真情实感带来的心灵沉静。

封底印有对全书的简短评论，对于龙应台的文字做了这样的描述："'横眉冷对千夫指'时，寒气逼人，如刀光剑影。'俯首甘为孺子牛'时，却温柔婉转，仿佛微风吹过麦田。"相信读过龙应台早期和现在作品的人都会有如此贴切的感受。评论的最后一句写道："这是一本生死笔记，深邃，忧伤，美丽。"责编张荷认为，凡是有些生活阅历的人，都能从中看出其内含的深邃与生死离别的忧伤，但这些在龙应台的笔下，不仅是忧伤，也有美丽的色彩。这也是本书的魅力。的确，如作者自己所言，这就是生活和生命的本真。作者将自己的视线从国家大事回归到家长里短，经过半生的洗礼又回到中庸之道上，是只有走过半世纪的人才能真切体会的那种温情和悲凉。作者虽说将目光缩短，聚焦在家人和朋友身上，可是对人的一生来说，这是比社会议题更高的思想立意，是小溪流过千山万水，最后流入大海的明白。作家柏杨生前曾说："龙应台有许多想法和做法都是我年轻时会干的事，大概每个有志之士都要经过这一段吧。我是晚年才进入中庸之道，站在外面往里看，我认定，龙应台的轨迹大致也如此。"

《目送》这本书除了用文字表达所思所想，还配有作者自己所作的摄影作品。在当下，这种形式的图文书比起纯文字的图书来说，更受读者欢迎，图片直观、形象，配合文字可产生纯文字达不到的增值效果。但不一定是图文书就会畅销，生硬的配些图片，或者图与文没有能够有机融合的书就不能达到增值效果。张荷认为，文字的魅力与图片应该是相辅相成的，这才是畅销的基础。

（一）好书要有好立意

在做选题策划的时候，书稿的题材立意必定在考虑的范围之内。那么从题材上来讲，《目送》是一本怎样的书呢？从龙应台的"亲情三部曲"来看，《孩子你慢慢来》初版是在 1994 年，描绘了一位母亲在面对两个儿子时的心态，流露出母亲面对孩子成长的淡淡喜悦。《亲爱的安德烈》于 2008 年在大陆出版，是由 36 封电子邮件组成的亲情互动，其讲述了儿子正处于青春期，母亲面对儿子时的爱与无奈。随着孩子的成长，母子间的摩擦也在增多，孩子想要挣脱母亲的束缚，母亲却又无法割舍。《目送》一书，将视野拓宽，从小爱中见大爱，从日常点滴看生命真谛。作者人到中年，父亲离世，母亲记忆衰退，儿子都已成年不再依靠母亲，这些足以让作者感到落寞，通过亲情来感慨生命的本真。文中没有歇斯底里的情感抒发，而是以一种娓娓道来的方式，让读者感受到深邃的哀伤。正如作家柯裕棻所说："这是一本文字非常温柔、非常平静，低首敛眉的散文随笔，文字轻而无火气，一点也看不出使劲的痕迹，写家庭写国家都有大的包容与理解。"

从本书的立意上来讲，虽然其中道尽了离别的哀伤、放手的不舍，但是却没有颓废之感，而是一种忧伤的温暖，正如封底所写，是美丽的。从这个角度立意，确实是十分值得肯定的。

什么题材的书会畅销？答案大多集中在爱情、亲情、成长励志、健康等领域，这已经得到大多数人的认可。但是好的题材加上好的立意更能为一本书的畅销添彩。好的立意要观点正确，这是起码的要求，进一步则要考虑情感导向，需要积极向上，带给人健康的因子，同时还要深刻地揭示主题思想。

（二）找准目标读者

策划每一种出版物选题时，策划者应该有非常清晰的目标读者定位，这不仅是出版物市场细分的要求，也是出版物功能定位的要求。图书的策划也是如此。出版社是为读者服务的，什么样的书适合什么样的读者，策划编辑一定要做到心中有数。有了明确的读者定位，就具备了出版一本好书的基础，就可以完成接下来的工作，如针对该类型读者的年龄、心态来满足他们的需求。要打造畅销书，只有明确的读者定位是不够的，还要求读者定位的范围要大，如果仅针对 20 岁以下的女性读者或是针对大学教授，范围过窄，会影响图书的销量，难以成为畅销书。

《目送》的题材决定了其有足够大的目标读者群。这种带有普适性的真情实感，对人性、对亲情的深入探求，都符合现今社会忙碌得无法停下来的人们的心理诉求。《目送》的目标读者群较大也是其畅销的原因之一。

（三）整体设计风格清新

图书整体设计包括外部装帧设计和内文版式设计。首先，从外部装帧设计谈起，《目送》选用的开本为小 16 开，开本是否能够成为促进畅销的元素呢？根据"新华日报"2012 年 7 月 10 日提供的亚马逊上半年畅销书排行榜，前 10 名畅销书的开本分别为 32 开、大

32 开、16 开。而 32 开和大 32 开的书占了 80%，在一定程度上可以看出，近些年大 32 开和小 16 开等开本集携带方便和简洁大方于一体，广受读者欢迎。

图书封面整体基调是绿色，而且是由几种不同的绿组成的渐变色，代表希望、生命、和平。与通过花哨封面来吸引读者眼球不同，简洁大方的设计使得这本书在琳琅满目的书架上清新得让人眼前一亮。不仅如此，腰封也设计得别出心裁，与大多数腰封使用的铜版纸不同，《目送》用的是磨砂质地的纸，浅浅地透出封面的绿，淡雅悠扬，与腰封上素描画着的人物形象相得益彰。封面和腰封共三种颜色即绿、黑、白，视觉效果和谐统一。

其次，看书籍的内文版式设计，留白是版式设计的最大亮点。内文不以周空较大为吸引点，而是在题目和正文之间、配图周围、单篇短文结尾处都使用了留白，间空较多，显得疏朗、爽目。小版心一直是随笔类、散文类书籍惯用的手法，而如何巧妙地留白却没有一定之规，关键还在于设计人员长期以来的经验积累。图片的位置也是值得研究的内容，横、竖幅在书中均有设计，既有居上排图，也有居中排图；既有三边出血图，也有一边出血图；同时还有跨页插图。这些不同方法的图片排版，配以简短的正文摘要，让整本书既显灵动又不失端庄。

版式设计同时兼具了易读性、清晰性、和谐性。元素的运用鲜明地表现内容，没有丝毫视觉污染与干扰，使得整本书风格统一，阅读体验较佳，可谓设计精良。

（四）图与文相辅相成

21 世纪有一个词逐渐进入人们视野，那就是读图时代。生活节奏加快使大众更加青睐于读图这种轻松的阅读方式，出版界早在 20 世纪 90 年代就已经开始注意到这个现象，并出版了一些有影响力的图文书，如蔡志忠的古典幽默漫画系列图书，图文书便以此为发端在读者中流行开来。如今，大众通俗读物都或多或少地在书中配有图片，而且一些传统著作、名家作品用图文书的形式再版，均起到了好的传播效果，所以有学者指出作品的可读性和其深度存在矛盾，是不科学的。图文结合受欢迎是无异议的，但是图文书不一定就会畅销。图书与文字是如何配合的，图与文是否可以互动是一本图文书成功的关键。

《目送》正文中收录的 70 幅摄影作品大多数出自龙应台之手，图片的整体基调和文字相得益彰。本文不从摄影的角度来探讨这些图片的构图、用光，只讨论一下用图片记录生活的作用。作者"怀揣相机走山走水走大街小巷，上一个人的摄影课"，记录下自己的所见所闻，以图片抒发自己对生活的理解和感悟，是对文字记录的补充。邻里亲朋、自然风景、城市街景都成为图片的主题，它们都可以归纳为一个主题，那就是生活。文字是该书的骨架，让人有咀嚼的滋味，可体会到人生的遗憾与彷徨；图片则是该书的肌肉，让整本书丰满起来，更加灵动、细腻地表达了书籍的情感底色。

（五）作者极高的知名度与影响力

张荷老师回忆关于《目送》的选题策划情况时提到，该书稿的立意与作者龙应台的影响力，都是考虑引进这本书的要素。作者龙应台不仅在中国台湾，而且在大陆同样具有极强的影响力。20 世纪 80 年代的《野火集》表面上看是揭露台湾环境问题、社会问题、文化问题等，但是在文字背后明显是对当时独裁当局的有力抨击。《野火集》被评为年度最具影响力的书籍，一个月内销售5万余本，随即在台湾刮起了一阵"龙卷风"，不久这阵风也刮到了大陆。到如今，龙应台大部分书籍都有大陆引进版，其在大陆的影响力并不小于台湾地区。龙应台的读者并不拘泥于某个职业、某个年龄，而是上到七八十岁的老年人，下到十几岁的中学生，从家庭主妇到政府官员，无不是龙应台的读者，这也为其书籍的畅销奠定了基础。

这位1952年生于台湾地区的作者，祖籍湖南，这种背景让她更关注两岸人民的内心情感。1974年毕业于中国台湾成功大学外文系，后赴美深造，攻读英美文学。现为台湾著名文化人、社会批评家、学者、教授、作家。如此多的头衔集于一身，体现了龙应台丰富的阅历：祖籍中国大陆、长于中国台湾、美国教育、欧洲生活，这都加深了她完成每一本书的厚重和底蕴。凡是读过龙应台《野火集》的读者，再读到《目送》这样描写亲情、聚焦于个人情感题材的书时无不为之惊讶，惊讶作者是如何完成这个转变的。这是一个远离政治的龙应台，用一只温情的笔写出《孩子你慢慢来》《亲爱的安德烈》《目送》。在《野火集》之后，读者更加想了解温情的龙应台是什么样子，作者既能用尖刻之笔抨击社会问题，也可以用数寸柔肠来对待人间亲情，敢于直言的文字，与读者平等地对话，这都是龙应台的魅力，也是大家喜爱之所在。

出版社出版畅销书作家的书，成功畅销的概率往往很大。而对于这部分书稿，出版社之间的竞争自然异常激烈，同时需要筹付的版税也很高。有些作者出版的书会畅销，但是作者本身并不是畅销书作家，此种类型的书稿往往含金量较高，要有很好的文字表现能力或者是题材新颖有价值。发掘这种书稿比单纯为了畅销而写的书稿要困难，编辑需要擦亮眼睛用心寻找，一旦出版后畅销，往往兼具社会效益和经济效益，这样就达到了编辑理念中的效益最大化。

龙应台就是这样一位作家。记得龙应台曾说过自己并不是为了畅销而写作，因为那样的话写作的时候就太累了。

（六）情感包装宣传到位

有句老话说"酒香不怕巷子深"，但是，随着时代的改变，一本好书也需要有好的包装和好的宣传，这样才能够获得更大的成功。《目送》封底上有这样的文字：《目送》的 73 篇散文，写父亲的逝、母亲的老、儿子的离、朋友的牵挂、兄弟的携手共行，写失败和脆弱、失落和放手，写缠绵不舍和绝然的虚无。她写尽了幽微，如烛光冷照山壁。"龙应台自己关于这本书有如下评价：有了对生死的经历之后，开始觉得大部分社会议题其实都只是细枝末节；《目送》是溪水冲过千山万壑看见大海顿时的明白。以此情感丰富的话语来打动读者，引发共鸣，这就是一种情感包装的手段。

中国图书策划网的《畅销书运作专题学习》一文中说："情感包装"已成为这个时代的首要特征。古人云："感人心者莫先乎情。"一本畅销书，从内到外都要有情，才能打动读者的心。无论是封底、腰封上的宣传语，还是登在各大媒体上的广告语，都运用了极富感情色彩的语言，来抓住读者眼球，激起读者阅读和购买的愿望。

另外，书评也在图书的情感包装范围之内。书评对大众购买图书有很好的引导作用，既可以由专家、普通读者来撰写，也可以由编辑自己动笔拟稿。出版社可以在出版前将样书送给专业人士撰写书评，在出版的同时发表书评，对新书起到推动作用；或者在出版后，有偿地组织一些优秀读者来撰写书评，也可以拉动图书销售。

图书的情感包装，应该尽可能地让读者了解出版物的内容、特色以及价值所在，从而扩大发行量。此种包装方法适用于绝大多数通俗读物，应根据不同的书籍采取不同的语言风格，运用不同的情感包装。但是包装要实事求是，简练突出，切忌华而不实、大而无当，尤其是不能过分煽情、夸大特点，以免引起读者反感。

（七）营销新手法促销量增长

营销定位中发行的方式十分重要，得当的话确能增大图书的影响力。由于种种原因没能采访到《目送》的发行负责人，但是根据台湾方面龙应台作品出版发行方式及三联书店2011年采取的发行方式可以略见端倪。

台湾地区三家出版社皇冠、时报和圆神在1994年3月31日同时推出龙应台作品《孩子你慢慢来》《看世纪末向你走来》《美丽的权利》，运用联合促销的新方法，来达到加深读者印象的目的。市场上新书推出日益频繁，为加深读者对作者和作品的印象，出版者尝试联合促销的方式来打开市场，这不失为别具一格的促销新方法。这三本书各具特色且不冲突，同时出版，同时促销，不仅可以节约每家出版社的成本，也可以为龙应台的作品造势，达到更为理想的销售效果。

三联书店在2011年牵头，同江苏、山东、河南、黑龙江和青岛五地新华书店共同组成了"一社五店"联盟。这种联盟实质上是强强联手，打破条块分割，整合彼此优势，达到利益的最大化。换言之，该联盟预示着品牌老社将打破上下游、隶属关系、地域等多种限制，在更广阔的领域建立新的合作平台，在互利共赢的合作新机制方面进行新的探索。这种出版、发行、销售在一个平台上的无缝对接，使读者更快、更便宜地买到新书，同时有利于出版信息的交流与反馈，不失为一个新颖有效的方式。联盟至今成立两年有余，具体效果如何还需要通过更长的时间来考察。

十月文艺出版社总编韩敬群在分析《目送》的畅销原因时说，在传统的以"孝"道为中心的人伦价值体系日益崩颓、激烈竞争中人与人的关系日益紧张脆弱的现代都市社会，这样一本书迅速走红，完全是可以预料的。张荷老师认为，人类的情感有许多都是共通的，比如亲情。但只有真实的感受能打动读者，引起读者共鸣的书才会受到广大读者的欢迎，这种欢迎与契合，并非靠煽情所能达到的。

《目送》这本书与其说是龙应台自己的亲情感受，对自己生活的描述，不如说让我们"发现"了我们的亲情、我们的生活，在琐碎的生活中，寻找一些被我们忽略的爱与感受，让我们放下那些无谓的追求，体味人生的本真——"作为父母的子女，作为子女的父母，彼此的身份是在一生之中一次又一次的目送中完成转换——只是第一次的目送是成长，最后一次的目送却是永别。"

（八）尾数定价法激起购买欲望

三联书店为这本书定价 39 元，从畅销书的角度来看价格稍高。《新华日报》提供的亚马逊畅销书排行榜中 20 元以下的 1 本，20 元到 30 元区间的有 7 本，30 元以上的有 2 本，可见畅销书价格最大的区间在 20 元到 30 元之间，过高的定价不易产生超级畅销书，因为畅销书多为大众通俗读物，大众会考虑消费支出所占自己的收入比例，而阅读通俗读物的读者收入也多处于平均收入的范围内，其中也不乏在校学生。价格过高可能会使他们以借阅或者电子书的方式阅读书籍，而不是购买，同时也会失掉怀着"买一本读读看"心理的读者的购买份额。

随着市场化进程的加快，越来越能体现出图书的双重属性，即图书既有文化属性，同时也具有商品属性。那么如何给图书定价成了一个需要仔细研究的问题。除了需要考虑图书成本问题外，尾数定价法逐渐受到编辑们的青睐。

现在在市面上很少看到20元、30元这种整数的定价，大多都是以19.8元、29元这种运用尾数定价法来定价的图书。《目送》定价为39元即采取此法。

尾数定价策略是指在确定零售价格时，以零头数结尾，使消费者在心理上有一种便宜的感觉，或是按照风俗习惯的要求，价格尾数取吉利数字，如6、8、9，以扩大销售。这种心理定价策略方法已经广泛被商家使用，图书业也逐渐应用此法，假设《目送》定价40元，就会让读者产生一种上了一个价位的心理，以40元的价格档位来对待；但是定价为39元，就会产生与40元截然不同的效果，读者们则以30元的价格档位来对待。一些有经验的读者会自觉地把39元说成是40元或把19.8元说成是20元，但是仅从视觉角度来讲，前者还是能吸引消费者眼球的。

一些常常买书的读者，会下意识地在心里设定价格范围，什么价格的图书是合理的，是可以接受的，对图书价格的变化十分敏感。这时，对图书进行尾数定价法就能达到物美价廉的目的，这种微小到只有几块钱甚至几角钱的差别，却能够明显地影响消费者的购买行为。大众通俗类图书使用尾数定价法所带来的效果尤佳。

四、精彩阅读

华安上小学第一天，我和他手牵着手，穿过好几条街，到维多利亚小学。九月初，家家户户院子里的苹果和梨树都缀满了拳头大小的果子，枝丫因为负重而沉沉下垂，越出了树篱，钩到过路行人的头发。

很多很多的孩子，在操场上等候上课的第一声铃响。小小的手，圈在爸爸的、妈妈的手心里，怯怯的眼神，打量着周遭。他们是幼儿园的毕业生，但是他们还不知道一个定律：一件事情的毕业，永远是另一件事情的开启。

铃声一响，顿时人影错杂，奔往不同方向，但是在那么多穿梭纷乱的人群里，我无比清楚地看着自己孩子的背影——就好像在一百个婴儿同时哭声大作时，你仍旧能够准确听出自己那一个的位置。华安背着一个五颜六色的书包往前走，但是他不断地回头；好像穿越一条无边无际的时空长河，他的视线和我凝望的眼光隔空交会。

我看着他瘦小的背影消失在门里。

十六岁，他到美国做交换生一年。我送他到机场。告别时，照例拥抱，我的头只能贴到他的胸口，好像抱住了长颈鹿的脚。他很明显地在勉强忍受母亲的深情。

他在长长的行列里，等候护照检验；我就站在外面，用眼睛跟着他的背影一寸一寸往前挪。终于轮到他，在海关窗口停留片刻，然后拿回护照，闪入一扇门，倏忽不见。

我一直在等候，等候他消失前的回头一瞥。但是他没有，一次都没有。

现在他二十一岁，上的大学，正好是我教课的大学。但即使是同路，他也不愿搭我的车。即使同车，他戴上耳机——只有一个人能听的音乐，是一扇紧闭的门。有时他在对街等候公交车，我从高楼的窗口往下看：一个高高瘦瘦的青年，眼睛望向灰色的海；我只能想象，他的内在世界和我的一样波涛深邃，但是，我进不去。一会儿公交车来了，挡住了他的身影。车子开走，一条空荡荡的街，只立着一只邮筒。

我慢慢地、慢慢地了解到，所谓父女母子一场，只不过意味着，你和他的缘分就是今生今世不断地在目送他的背影渐行渐远。你站立在小路的这一端，看着他逐渐消失在小路转弯的地方，而且，他用背影默默告诉你：不必追。

我慢慢地、慢慢地意识到，我的落寞，仿佛和另一个背影有关。

博士学位读完之后，我回台湾教书。到大学报到第一天，父亲用他那辆运送饲料的廉价小货车长途送我。到了我才发觉，他没开到大学正门口，而是停在侧门的窄巷边。卸下行李之后，他爬回车内，准备回去，明明启动了引擎，却又摇下车窗，头伸出来说："女儿，爸爸觉得很对不起你，这种车子实在不是送大学教授的车子。"

我看着他的小货车小心地倒车，然后"噗噗"驶出巷口，留下一团黑烟。直到车子转弯看不见了，我还站在那里，一口皮箱旁。

每个礼拜到医院去看他，是十几年后的时光了。推着他的轮椅散步，他的头低垂到胸口。有一次，发现排泄物淋满了他的裤腿，我蹲下来用自己的手帕帮他擦拭，裙子也沾上了粪便，但是我必须就这样赶回台北上班。护士接过他的轮椅，我拎起皮包，看着轮椅的背影，在自动玻璃门前稍停，然后没入门后。

我总是在暮色沉沉中奔向机场。

火葬场的炉门前，棺木是一只巨大而沉重的抽屉，缓缓往前滑行。没有想到可以站得那么近。距离炉门也不过五米。雨丝被风吹斜，飘进长廊内。我掠开雨湿了前额的头发，深深、深深地凝望，希望记得这最后一次的目送。

我慢慢地、慢慢地了解到，所谓父女母子一场，只不过意味着，你和他的缘分就是今生今世不断地在目送他的背影渐行渐远。你站立在小路的这一端，看着他逐渐消失在小路转弯的地方，而且，他用背影默默告诉你：不必追。

——节选自《目送》第3页

我们这一代人，错错落落走在历史的山路上，前后拉得很长。同龄人推推挤挤走在一块，或相濡以沫，或怒目相视。年长一点的默默走在前头，或迟疑徘徊，或漠然而果决。前后虽隔数里，声气婉转相通，我们是同一条路上的同代人。

蔡琴开始唱《恰似你的温柔》，歌声低回流荡，人们开始和声而唱：

某年某月的某一天	就像一张破碎的脸
难以开口道再见	就让一切走远
这不是件容易的事	我们却都没有哭泣
让它淡淡地来	让它好好地去

我压低帽檐，眼泪，实在忍不住了。今天是七月七号的晚上，前行者沈君山三度中风陷入昏迷的第二晚。这里有五万人幸福地欢唱，掌声、笑声、歌声，混杂着城市的灯火腾跃，照亮了粉红色的天空。此刻，一辈子被称为"才子"的沈君山，一个人在加护病房里，一个人。

才子当然心里冰雪般的透彻：有些事，只能一个人做。有些关，只能一个人过。有些路啊，只能一个人走。

——节选自《目送》第 19 页

后 记

    2011年，北京印刷学院的出版专业硕士学位点获批并开始招生。由于它是全国首次获批的出版专业硕士点，当时并没有培养经验可以借鉴，但重在培养和提升学生的专业实践能力这个目标是确定的，于是一些偏重出版实务的课程被列入培养方案，"畅销书策划与出版"就是其中的一门。

    由于我一直给本科生主讲"畅销书与大众文化"课程，于是被学院指定负责出版专业硕士的"畅销书策划与出版"课程。不知不觉中，"畅销书策划与出版"课程已经开设了十多个年头，每年上这门课的出版专业硕士生也由第一届的16人变成了现在的60人。

    为了上好这门课，我想了一些办法，其中有两项一直坚持下来：一是定期邀请富有实战经验、出版过现象级畅销书的业界专家进入课堂讲解并与学生交流；二是带领同学们选择他们感兴趣的畅销书开展案例研究。这两种做法极大激发了学生探究畅销书的兴趣和出版畅销书的激情。兴趣和激情是最好的老师，在它们的引领下，每届学生遴选畅销书研究案例时都非常用心，除了考虑个人的畅销书类型偏好，他们还尽力兼顾出版史和阅读史两个视角；撰写畅销书案例研究文章时，他们不仅详细查阅了与研究案例相关的文献资料，有些同学还辗转联系到作者和编辑进行了针对性访谈；选择畅销书

精彩章节摘录时，他们反复阅读文本，努力把研究案例中最精彩的部分摘抄出来进行分享。

岁月无情流逝，一届届同学的畅销书案例研究成果却积累下来，于是就有了这套十卷本《畅销书经典案例研究》。

出版之前，我又一次翻阅了同学们完成的案例文章，课堂上师生围绕畅销书展开讨论的一幕幕场景如在昨日。我们不仅讨论具体的畅销书个案，我们更讨论了畅销书的类型发展、畅销书与常销书、畅销书与社会变迁、畅销书史的撰写，我们也会讨论于殿利先生"要远离畅销书"这句警告背后的深意……经过这些讨论，很多同学具备了"研究畅销书但不耽溺畅销书"研究立场，案例研究的视角也更为开阔深远。现在看来，他们的分析文字有些还尚显武断，有些也陷入了"爱屋及乌"的言说陷阱，但洋溢在字里行间的探索热情如熠熠星光，无疑会照亮后续研究者的前行之路。感谢精心撰写本丛书案例的同学们！

感谢我的研究生李玉雯、许晨露、王敏、郭宏浩、丁超、朱晓瑜、齐倩颖、王静丽、陈怡颖。他们每人负责编选本丛书的一辑，非常认真和高效地开展了案例文章筛选、重新编排和审校等工作。由于一些案例文章撰写时间比较久，有些数据需要更新，他们及时查阅了最新资料并对案例文章做了有效补充。感谢我的学生们！

感谢清华大学出版社的纪海鸿主任。从多年前的确定选题到今天的高质量出版，纪海鸿老师始终以超强的耐心容忍着我的"拖延症"。一旦项目启动，她又以务实高效的工作作风和严谨专业的出版精神推动各项工作不断前行。在疫情当前和居家办公的情况下，这套书还能如期出版，完全得力于她不懈的工作。谢谢纪老师！

另外，尽管本套丛书的案例研究文章采用较为统一的结构规范，但由于案例文章由多人撰写，在行文风格上无法协调统一，非常抱歉！同时，由于编者水平有限，书中错漏之处估计会有不少，诚恳期待各位读者的批评指正！

张文红

2022 年 6 月 5 日

于北京寓所

畅销书
经典案例研究

第三辑

张文红 主编

清华大学出版社
北京

图书在版编目（CIP）数据

畅销书经典案例研究 / 张文红主编 . —北京：清华大学出版社，2022.7
ISBN 978-7-302-59878-7

Ⅰ．①畅… Ⅱ．①张… Ⅲ．①畅销书—出版工作—案例 Ⅳ．① G23

中国版本图书馆 CIP 数据核字（2021）第 275331 号

责任编辑：纪海虹
装帧设计：刘　派
责任校对：王凤芝
责任印制：杨　艳

出版发行：清华大学出版社
　　　网　　　址：http://www.tup.com.cn，http://www.wqbook.com
　　　地　　　址：北京清华大学学研大厦 A 座　　邮　编：100084
　　　社 总 机：010-83470000　　　　　邮　购：010-62786544
　　　投稿与读者服务：010-62776969，c-service@tup.tsinghua.edu.cn
　　　质量反馈：010-62772015，zhiliang@tup.tsinghua.edu.cn
印 装 者：三河市东方印刷有限公司
经　　销：全国新华书店
开　　本：133mm×188mm　　印　张：39　　字　数：924 千字
版　　次：2022 年 7 月第 1 版　　印　次：2022 年 7 月第 1 次印刷
定　　价：298.00 元（全 10 册）

产品编号：060953-01

作者简介

张文红，博士，教授，北京印刷学院编辑出版系主任。教育部新闻传播学类专业教学指导委员会委员（2013—2017），北京市新闻出版专业群专家委员会副主任委员（2013— ）。主持国家社科重大招标项目《当代中国图书出版史》子课题《当代中国大众图书出版史》等项目多项。出版《出版概论》《畅销书理论与实践》《"十七年"时期长篇小说出版研究》等著作 12 部，发表论文 60 余篇。

目　录

To Kill A
Mockingbird

杀死一只知更鸟

【美】哈珀·李 著

李育超 译

译林出版社

书名：《杀死一只知更鸟》　作者：[美]哈珀·李　　译者：李育超
出版时间：2017年　　　　出版社：译林出版社

一、作者简介

哈珀·李（Harper Lee），1926 年出生于美国亚阿巴马州的一个小镇，其父亲是一位律师，曾经担任过州立法委员。哈珀·李童年时就读于当地一所公立学校，后在亚拉巴马州大学攻读法律，并在英国牛津大学交换学习一年。哈珀·李以自己的童年生活片段为基础创作该部小说，并于 1960 年出版了第一部长篇小说《杀死一只知更鸟》。图书出版后，哈珀·李获得了极大的声誉，此书也成为其代表作。2015 年，哈珀·李的第二部长篇小说《守望之心》成功出版，该作书稿失而复得，该书被称为《杀死一只知更鸟》的续篇之作。《守望之心》一经出版，迅速成为热门图书。

哈珀·李曾获得包括普利策小说奖在内的多个文学奖项，且在 2007 年和 2010 年分别被美国总统小布什授予自由勋章，被奥巴马总统授予国家艺术奖章以表彰其在文学领域上的杰出贡献。多年来，哈珀·李一直隐居在老家，拒绝接受媒体采访与参加各种社会活动，终身未婚。2016 年 2 月 19 日，哈珀·李在亚拉巴马州的门罗维尔逝世，享年 89 岁。

二、畅销盛况

1960 年，哈珀·李创作的长篇小说《杀死一只知更鸟》成功出版并广受赞誉；1961 年，哈珀·李的《杀死一只知更鸟》获得普利策奖文学奖；1962 年，由《杀死一只知更鸟》小说改编的同名电影在美国上映；1963 年，该片导演罗伯特·马利根荣获第 16 届戛纳电影节加里·库伯奖，该片演员格利高里·派克凭借该电影获得第 35 届奥斯卡最佳男主角奖、第 20 届美国金球奖剧情类最佳男主角奖等奖项。

自 1960 年出版以来，《杀死一只知更鸟》已被翻译成 40 多种语言，根据其改编的电影作品广受欢迎，由其改编而成的戏剧作品更是成为百老汇戏剧的基础。《杀死一只知更鸟》还入选了《时代》评选的"1923 年至 2005 年百佳小说"以及美国国会图书馆评选的 88 部"塑造美国的图书"之一，入选美国中学必读书目，成为现代文学经典作品。

此外，《杀死一只知更鸟》一书更是得到贝克汉姆、奥普拉等人的鼎力推荐。奥巴马总统曾评价《杀死一只知更鸟》是"一个关于勇气与信念，以及不惜一切代价做正义之事的故事……这是一部经典，也是我们家最爱读的书"，奥巴马本人更是在《杀死一只知更鸟》50 周年庆典上致辞。另外，美国脱口秀女王奥普拉·温弗瑞评价《杀死一只知更鸟》为美国的"国书"，可见《杀死一只知更鸟》所具有的巨大价值与影响力。《杀死一只知更鸟》的中文译本最早由逸群图书于 1982 年出版，此后，译林出版社分别于 2009 年、2012 年和 2017 年推出了该书的中文译本版本。鉴于《杀死一只知更鸟》（2017 年版）曾入选豆瓣 2017 年高分图书榜榜单第四，且该版图书目前在当当、京东上销量较高，因此，本文选择 2017 年版中文译本做进一步分析。

三、畅销攻略

（一）文本内容

1. 幽默的语言风格

作者借助阿迪克斯的女儿斯库特的视角来叙述，从第一部到第二部共计三十一章内容，以儿童的视角为出发点来观察所经历的一切。即使面临着诸如性别歧视、种族偏见等严肃的话题，其文本叙述风格之中仍不乏童真，给人以一种较为幽默、轻松的阅读体验。同时，这种轻松、幽默的文风也和后期涉及汤姆·鲁宾逊时的严肃、压抑氛围形成了一种鲜明的对比与反差。正是这种幽默的语言风格，使得第一部分的故事中斯库特、迪尔、杰姆有关拉德利"探险"的无拘无束、自由欢快的短暂时光显得更为珍贵，也使得最终由于裁决不公逃跑被杀的汤姆·鲁宾逊和在其死后小镇生活重获短暂往日平静的结尾更加突出，强化了汤姆·鲁宾逊结局的悲惨性。

2. 生动的人物形象

在《杀死一只知更鸟》中，作者运用丰富的心理描写以及细节描写等方式来塑造人物形象。一方面，因为本书的主人公是斯库特，作者以其孩童的视角向读者介绍这个小镇，继而展开一系列故事，丰富的心理活动能够体现出小孩子活泼的性格特征，相关的细节描述也能刻画出孩童的心理变化；另一方面，这些心理描写与细节描写的内容也从侧面帮助读者更好地理解人物性格、描摹人物画像，对于作者所塑造的人物角色进一步地予以丰富与完善，使最终呈现出的人物形象足够生动。以斯库特的父亲阿迪克斯为例，阿迪克斯面对在日常生活中总是指责斯库特和杰姆没有礼貌的杜博斯太太时，总是潇洒地摘下帽子，有骑士风度地对着杜博斯太太挥一挥手，向其打招呼并致以亲切问候。此外，面对每每因为杜博斯太太言语而恼怒异常的杰姆和斯库特，阿迪克斯总是用言语宽慰他们，让他们保持绅士的礼仪与自信。

3. 多元化的主题核心

《杀死一只知更鸟》中涉及不同的主体对象，其言语风格特色、故事发展变化、孩童成长经历等各具特色的不同因素使得本书存在着多元化的主题，因此，对于本书的读者而言，能从中收获多样化的感悟与心得。

（1）杰出的教育意义

关于《杀死一只知更鸟》，作家苗炜曾经说过，"据说，每一个当爸爸的人，都应该读读这本小说，思考一下怎么当个好爸爸。"《杀死一只知更鸟》更是被认为是"一部关于勇气与正义的成长教科书"，可见本书所具有的杰出教育意义。书中阿迪克斯在对斯库特与杰姆的教育过程中，表现出了极大的耐心与细致，其谦和温润的人物形象在一定程度上为其子女的成长树立了一个极佳的学习榜样。此外，作者还借阿迪克斯之口提出了一系列即使是在今天仍具有极大参考价值意义的教育"金句"，譬如，当亚历山德拉姑姑用脏话骂斯库特时，斯库特因为不懂脏话的具体意思而去询问杰克叔叔时，杰克并未准确地予以回答，而当事后杰克与阿迪克斯谈及此事时，阿迪克斯则明确提出"当一个孩子问你问题的时候，你要正儿八经地回答，不要东拉西扯，顾左右而言他。虽说孩子毕竟只是孩子，但他们会比成人更敏锐地察觉到你在回避问题，回避只会让他们糊里糊涂"，面对同样的问题，杰克与阿迪克斯所表现出的不同态度展现了两人不同的教育理念，结合之前斯库特在面对杰克叔叔的解释时认为其所说的内容与自己提出的问题关系不大，一定程度上能够证明阿迪克斯教育观念的正确性。毫无疑问，阿迪克斯对于斯库特与杰姆的教育方式与教育理念能够为阅读此书的家长们提供一定的参考意义，帮助他们反思其现有的教育方式。

（2）暗含的性别歧视

在《杀死一只知更鸟》中，作者并未用鲜明的语言直接点出性别歧视这一矛盾点，而是在故事叙述与推进的过程中，不时地点出梅科姆小镇存在着性别歧视的这一客观事实，且相较于刻意放大这一冲突、矛盾点，作者仅用寥寥数语简单带过。例如，当卡波妮领着斯库特和杰姆去首购非裔循道宗教堂时，塞克斯牧师在布道中"告诫信徒们要抵制种种罪恶的诱惑，比如烈酒、赌博和行为不轨的女人。私酒贩子已经给黑人区带来了很多麻烦，但女人有过之而无不及"。面对这套说辞，斯库特指出她在白人教会里也经常遇到这种情况，她们不得不领受"女人不洁"的教义，且这一观点似乎在所有牧师的脑子里都是根深蒂固的。作者从斯库特的视角出发，暗示无论是白人牧师还是黑人牧师，他们对于"女人不洁"这一教义深信不疑，由此可见小镇存在着性别歧视的问题。此外，在故事后期，阿迪克斯的话中也体现了这一点，"莫迪小姐不能担任陪审员，因为她是女人……"阿迪克斯的话直接指出了女人没有政治地位这一客观事实，佐证了人们对于女性存在性别歧视的事实。

（3）突出的种族矛盾

斯库特的父亲阿迪克斯为黑人汤姆·鲁宾逊辩护的故事是《杀死一只知更鸟》书中第二部分所描写的主要内容，作者以汤姆·鲁宾逊为代表，用其最终因为判决不公逃跑而被杀的悲惨结局向我们揭示了白人与黑人间存在着的鲜明的种族矛盾。

汤姆·鲁宾逊是一名住在镇上垃圾场后面居民区里的黑人，因为被老鲍勃·尤厄尔指控强奸了他的女儿马耶拉·尤厄尔小姐而在小镇中掀起一阵轰动，阿迪克斯被指派替汤姆·鲁宾逊辩护。那么被指控犯有强奸罪的黑人汤姆·鲁宾逊果真是这样的为人吗？事实并非如此。卡波妮与汤姆·鲁宾逊在同一个教会，根据卡波妮的观察，汤姆·鲁宾逊一家人是规规矩矩、清清白白的。此外，在法庭上对于汤姆·鲁宾逊案件进行公开审理时，从汤姆·鲁宾逊陈述时的细节描述中可以看出，他是一位善良、有礼貌、有着良好教养的男人，他乐于帮助白人马耶拉·尤厄尔小姐干活，甚至可怜这样一位独自尽心尽力干活的白人。随着庭审的进一步深入，事件真相一步一步浮出水面，马耶拉·尤厄尔小姐身上的伤痕并非汤姆·鲁宾逊造成的，而是其父亲老鲍勃造成的，但即便如此，陪审团依旧判决汤姆·鲁宾逊有罪，这一判决直接导致其后面逃跑被杀的悲惨结局。

从汤姆·鲁宾逊的故事可以看出，当白人与黑人发生冲突时，本应坚持公平公正、捍卫公民权利的法庭和陪审制度却并未站在事实真相这一边，而是枉顾事实真相选择维护白人的利益，蔑视黑人的生命与人权。托马斯·杰斐逊曾说过"人人生而平等"，但对于以汤姆·鲁宾逊为代表的黑人团体而言，这个"人人"却很少包含他们，正如阿迪克斯所说："在我们的这个世界上，总有什么东西让人丧失理智——即使他们努力想做到公平，结果还是事与愿违。在我们的法庭上，当对立双方是一个白人和一个黑人的时候，白人总是胜诉。这些事情很丑恶，可现实生活就是如此。"

4. 丰富的象征意义

作者在《杀死一只知更鸟》的写作中，运用了象征的写作手法，以"知更鸟"这一形象映射那一段时期内社会上存在着的种族歧视与阶级歧视，向读者展示了这一段时期美国社会的真实面貌。书中第一次提及"知更鸟"一词是在阿迪克斯与杰姆的对话中谈及，"我宁愿让你们在后院射易拉罐，不过我知道，你们肯定会去打鸟。你们射多少冠蓝鸦都没关系，只要你们能打得着，但要记住一点，杀死一只知更鸟便是犯罪"，从阿迪克斯的这一段话语中不难看出，"知更鸟"代表着善良与美好，在这一部小说中，作者用赋予意义的"知更鸟"形象来象征书中的那些人物。

（1）善良温柔的阿瑟·拉德利

阿瑟·拉德利虽然被他父亲囚禁于家中长达15年，不与外人接触，但他始终保留着一颗善良的心。阿瑟·拉德利会在斯库特玩游戏撞到自家前院的台阶时偷偷地发出笑声，他也会偷偷地在家门口的树洞中放上给斯库特和杰姆的礼物，从最开始的两块口香糖、两枚擦得晶亮的硬币，到后面灰色的麻线、雕刻着杰姆和斯库特兄妹两人画像的肥皂、拼写大赛的奖牌……可以说树洞成为阿瑟·拉德利与兄妹两人的交流平台，兄妹俩后期对于这位未曾谋面的"树洞先生"写信表达感谢之情。或许正是因为这样的一封信，加深了阿瑟·拉德利先生与杰姆与斯库特兄妹俩的感情。也正是因为这些前期的小故事片段、因为阿瑟·拉德利的善良之心，他才会在兄妹俩遭遇危险之时，从鲍勃·尤厄尔手中救出他们。而这一切关于阿瑟·拉德利的真实故事与人们口中对于阿瑟·拉德利的胡乱猜想完全不同，当我们不知道事情真相却在胡乱猜测甚至胡编乱造时，对于像阿瑟·拉德利这样的人所造成的伤害就如同人们杀死一只无辜的知更鸟的行为一样。①

（2）种族歧视的受害者汤姆·鲁宾逊

帮助马耶拉·尤厄尔小姐干活的汤姆·鲁宾逊被其父亲老鲍勃·尤厄尔指控犯了强奸罪，而本应公正无私的、尊贵而神圣的法庭和陪审制度却并没有给这位心地善良的黑人以最基本的公正裁决，陪审团成员枉顾事实真相，仅依据尤厄尔一家人的言语控诉就判决汤姆·鲁宾逊有罪。对于陪审团成员而言，汤姆·鲁宾逊强奸了马耶拉·尤厄尔小姐这一说法准确与否似乎并不是那么重要，即使这一案件在庭审时，阿迪克斯通过问询的方式证明了汤姆·鲁宾逊不可能打伤、强奸马耶拉·尤厄尔小姐，但陪审团成员却一致地选择对这一事实真相予以忽略，他们还是一致地主张其有罪。汤姆·鲁宾逊最大的错误或许就是他作为一名黑人却牵扯进与一名白人女子的谣言纷争

---

① 苏文娟.《杀死一只知更鸟》中知更鸟的象征意义解读 [J]. 兰州教育学院学报，2018，34（3）：48~49.

之中，而人们对于黑人的种族歧视，早已注定这一案件的最终结果，可惜这样一名无辜、心地善良的黑人，却成了种族歧视下的受害者。毫无疑问，汤姆·鲁宾逊被判有罪、最终逃跑被杀的悲惨结局和人们杀死一只知更鸟的行为一样，汤姆·鲁宾逊的死是陪审团成员们的默许造成的。

（二）装帧设计

译林出版社 2017 年出版的《杀死一只知更鸟》的中文译本图书在封面、封底、书脊部分采用灰色作为背景色，在灰色背景的基础上，封面、封底部分增加了橙色与黑色相结合的花朵图案，并进一步延伸至内侧，且封面及书脊上的书名、作者名、译者名等均采用白色的印刷字体，使得其在灰色的背景色衬托下更加突出。同时，为了与"杀死一只知更鸟"的书名相呼应，图书的封面上印有一只仿佛因为被击杀而掉落的知更鸟的图案形象。在图书的封底部分，除了前面提及的花朵图案和灰色背景色外，更有从书中内容节选的两部分内容置于此处进行展示，以帮助读者更好地了解图书的主题及其蕴含的价值内涵。

此外，本书的腰封与灰色的背景色形成鲜明对比，腰封的背景色以白色为主，同时增添了图书封面、封底中出现的橙色花朵图案。腰封上以橙色字体突出本书的图书定位与名人推荐内容，并以黑色字体概述本书所获得的奖项。与此同时，位于封底部分的腰封上印有奥巴马、奥普拉和作家苗炜对于本书的评价，这既与位于封面腰封上的名人推荐相呼应，同时也考虑到了腰封为读者购书所提供的参考意义。

（三）作品价值

1. 积极的社会影响

在《杀死一只知更鸟》中，莫迪小姐在评价阿迪克斯为汤姆·鲁宾逊辩护这一案件时曾说道："在我们这个镇上，还是有那么几个人，主张平等原则不仅仅适用于白人；还是有那么几个人，认为公平审判应该适用于每一个人，而不只是我们自己；还是有那么几个人心怀谦卑，在看到黑人的时候，会想到没有上帝的慈悲就没有他们自己。"从莫迪小姐的这一段话中可以看出，即使这是一件在最开始就被设定结局的案件，但依旧有人愿意为其发声，努力还原事实真相并为弱势群体辩护，正是因为阿迪克斯的辩护，人们才能够更清楚地看见汤姆·鲁宾逊在此案件中的无辜以及社会所存在的严重的种族歧视现象，帮助人们清晰地看出当前社会共识中仍需完善的一面。因此，通过《杀死一只知更鸟》一书，作者借助汤姆·鲁宾逊案件批判现有的种族歧视现状、法律体系不足等问题，对于维护民主权利客观上起到一定的推动作用，产生了积极的社会影响，具有极大的社会价值。

2. 人性光辉的闪耀

在故事的第二部分，汤姆·鲁宾逊的遭遇让人为之惋惜、为之哀伤，但在压抑的故事氛围之下，作者对于尽职尽责的阿迪克斯和最终丧命的鲍勃·尤厄尔的描绘则给这一沉痛的故事结局增添了一抹人性的光辉，也为这一压抑的故事片段增添了一丝温暖。

（1）尽职尽责的阿迪克斯

尽管阿迪克斯是被指派给汤姆·鲁宾逊辩护的律师，但自他接受这一身份起，他始终尽心尽力，而非简单敷衍、搪塞了事。他明知案件胜诉的机会很小，却依旧尽职尽责，"总不能因为过去这一百年我们一败涂地，就放弃争取胜利吧"，从言语到行为，阿迪克斯始终尽力做到问心无愧、尽心尽责。当汤姆·鲁宾逊有生命威胁时，阿迪克斯更是带着一盏台灯、一份报纸在监狱门口为其坚守，守护其生命安全。

（2）最终丧命的鲍勃·尤厄尔

鲍勃·尤厄尔虽然造谣控诉汤姆·鲁宾逊使其得到了不公的法律裁决，但在鲍勃·尤厄尔内心，他仍然不满于以阿迪克斯为代表的众人对汤姆·鲁宾逊的帮助行为，因此，鲍勃·尤厄尔闯入泰勒法官的家中，还在汤姆的遗孀海伦上工的路上围堵她……他甚至跟踪汤姆和斯库特兄妹俩，试图伤害他们，但由于阿瑟·拉德利的及时出现与制止，汤姆与斯库特兄妹俩成功得救，鲍勃·尤厄尔的阴谋没有得逞且最终丧命。鲍勃·尤厄尔跟踪并试图伤害汤姆、斯库特兄妹俩的行为可谓是丧心病狂，但正是这样一个捏造自己女儿被强奸、尾随并伤害两个孩子的坏人最终也得到了惩罚，付出了生命的代价。

（四）电影改编

《杀死一只知更鸟》一书于1960年出版后，随即引发巨大的轰动。1962年12月25日，根据哈珀·李小说改编的同名电影上映，该电影由罗伯特·马利根执导，格利高里·派克、玛丽·巴德哈姆、罗伯特·杜瓦尔等人主演。1963年，《杀死一只知更鸟》电影收获了3个"奥斯卡奖"，其中，格利高里·派克凭借该电影获得了第35届奥斯卡最佳男主角。由《杀死一只知更鸟》小说改编而成的同名电影的成功，为小说积累了不错的声誉与知名度，在一定程度上推动了《杀死一只知更鸟》图书的销售。

四、精彩阅读

"这样一来，又回到陪审团的问题上了。我们应该废除陪审团。"杰姆的口气很坚决。

阿迪克斯极力克制着自己，可还是忍不住笑了。"你对我们太苛刻了，儿子。在我看来，也许有更好的办法，修改法律，改为只有法官有权判处死刑。"

"那就去蒙哥马利修改法律吧。"

"你不知道这有多么艰难。我有生之年是看不到法律被修改的那一天了，如果你能活到那时候，恐怕也是个老头了。"

这一席话显然不能让杰姆感到满意。"这样不行，先生。他们应该废除陪审团。汤姆根本没有犯罪，他们硬要给他加上罪名。"

"儿子，如果你是那个陪审团的一员，而且另外十一位成员也是跟你一样的男孩子，汤姆现在就已经是个自由人了。"阿迪克斯说，"到目前为止，你的生活中还没有什么会干扰你的推理过程。汤姆的陪审团成员，是十二个通情达理的普通人，可是你却能看到在他们和理性之间隔着一层东西。那天夜里，在监狱大门前，你也看见了同样的情形。那帮人最后之所以离开，也并不是因为理性占了上风，而是因为我们守在那里。在我们生活的这个世界上，总有什么东西让人丧失理智——即使他们努力想做到公平，结果还是事与愿违。在我们的法庭上，当对立双方是一个白人和一个黑人的时候，白人总是胜诉。这些事情很丑恶，可现实生活就是如此。"

"那还是不公平。"杰姆执拗地说，他用拳头轻轻捶打着膝盖，"绝对不能在只有那种证据的情况下给一个人定罪——绝对不行。"

"按理说是不能，可他们就那么做了。随着年龄的增长，你还会看到更多这类情况。法庭本应是人们得到公平对待的地方，不论这个人是什么肤色，但陪审团包厢里一贯有人把个人恩怨夹带进去。等你再长大一些，你会发现每天都有白人欺骗黑人的事情发生，不过我要告诉你一句话，你一定要牢牢记住——一个白人只要对黑人做了这种伤天害理的事情，不管他是什么人，不管他多么富有，也不管他出身多么高贵，这个白人就是人渣。"

阿迪克斯的语调很平静，所以他说到最后，那个词让我们的耳膜猛地一震。我抬起头，发现他脸上带着激愤的表情。"这个世界上最让我厌恶的事情，莫过于下等白人利用黑人的单纯无知欺骗他们。休要自欺欺人——这些行为一天一天积累起来，我们早晚要为此付出代价。我希望不是你们这一代去偿还。"

杰姆挠了挠头。他的眼睛突然睁大了。"阿迪克斯，"他说，"为什么不让我们和莫迪小姐这样的人坐在陪审席上？我们从来没见过梅科姆镇上的人充当陪审员——都是住在林子里的那些人包揽。"

阿迪克斯向后一仰，靠在摇椅里。不知为什么，他听了杰姆的问话，似乎有点儿喜形于色。"我还一直在想，你什么时候会意识到这一点呢。"他说，"原因有很多。其中一个是，莫迪小姐不能担任陪审员，因为她是女人……"

"你是说，在亚拉巴马州，女人不能……"我腾地一下愤怒起来。

"是这样。我猜，这大概是为了保护脆弱的女同胞们，免得她们接触到肮脏下流的案件，比方说汤姆这个案子。另外呢，"阿迪克斯咧嘴一笑，"如果让女士们来担任陪审员，我怀疑案子永远都结不了——她们会没完没了地打断别人，提出各种问题。"

我和杰姆哈哈大笑起来。要是莫迪小姐坐在陪审席上，肯定会给人留下深刻印象。我想象着老杜博斯太太坐在轮椅里参加庭审的情景——"约翰·泰勒，别再敲了。我想问这个人几个问题。"也许我们的先辈这样规定是明智之举。

阿迪克斯说："对于我们这样的人而言——这是我们应负的一份责任。总体来说，我们就配得到这样的陪审团。首先，梅科姆的公民顽固得很，对担任陪审员不感兴趣；其次，他们也是有所畏惧。还有就是，他们……"

"畏惧？为什么呢？"杰姆问。

"怎么说呢，如果——咱们来打个比方，假设雷切尔小姐开车撞了莫迪小姐，由林克·迪斯先生来决定赔偿的金额。作为一个店主，林克先生不想失去任何一位主顾，对不对？于是他就对泰勒法官说，他不能担任陪审员，因为他不在店里的时候没有人帮他照应生意。这样一来，泰勒法官只好答应他的请求。有时候他是带着愤怒应允的。"

"他为什么觉得其中一个人不会再到他的店里买东西呢？"我问。

杰姆说："雷切尔小姐会，莫迪小姐不会。不过，陪审团的投票表决是保密的啊，阿迪克斯。"

我们的父亲嘿嘿一笑。"你还有很长的路要走啊，儿子。按理说，陪审团的投票表决应该是保密的。可是，一个人在履行陪审员义务的时候，就得对某个案子拿定主意，并且表明自己的看法。人们不喜欢这么做。有时候搞得很不愉快。"

"汤姆的陪审团应该快些作出裁决。"杰姆咕哝着说。

《杀死一只知更鸟》第 343~346 页

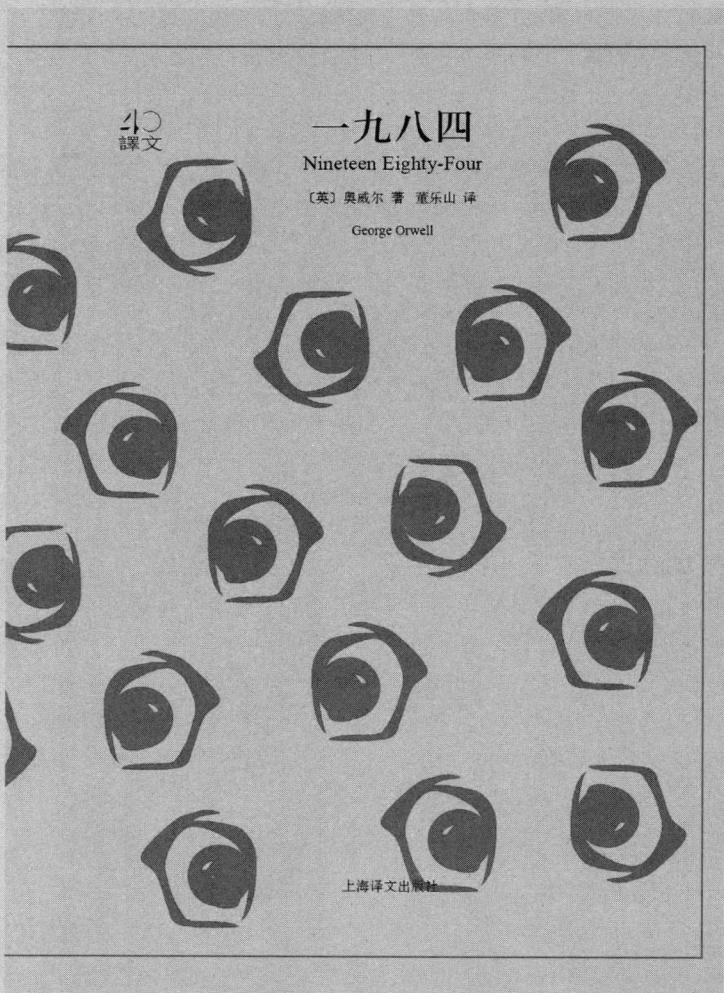

一九八四

Nineteen Eighty-Four

〔英〕奥威尔 著 董乐山 译

George Orwell

40 譯文

上海译文出版社

书名:《一九八四》 作者:[英]奥威尔 译者:董乐山
出版时间:2018 年 出版社:上海译文出版社

一、作者简介

乔治·奥威尔（本名为埃里克·亚瑟·布莱尔），英国小说家、散文家和文学评论家。1903年出生于英属印度，1911年至1916年就读于圣塞普里安学校，1917年至1921年就读于伊顿公学，1922年至1928年在缅甸担任见习警官，1928年辞去警察职务并前往法国巴黎开始了将近两年的流浪生活。1933年1月，其以乔治·奥威尔为笔名出版了《巴黎伦敦落魄记》。1936年7月，西班牙内战爆发，同年12月底奥威尔前往巴塞罗那并加入马克思主义统一工人党（下称"马统工党"）的民兵组织，后因其所属的马统工党被认定为托洛茨基派而遭到苏联警察的追捕，奥威尔经过一番躲藏后辗转返回英国。1941年，奥威尔在英国广播公司（BBC）从事战时宣传工作。1949年6月，《一九八四》出版并引起了激烈的政治争论。1950年，奥威尔因肺病去世，年仅47岁。虽然奥威尔的一生十分短暂，但其所留下的思想遗产却十分宝贵。

董乐山，翻译家、作家、美国文化研究学者。1924年出生于浙江省宁波市。1946年冬毕业于上海圣约翰大学英国文学系，毕业后从事新闻工作。其译作有《第三帝国的兴亡》（合译）、《一九八四》《西方人文主义的传统》《红星照耀中国》等，编有《英汉美国社会知识辞典》，著有《董乐山文集》（四卷本）。1994年与杨宪益、沙博理、赵萝蕤、李文俊同获"中美文学交流奖"。1999年于北京去世。

二、畅销盛况

《一九八四》是一部具有讽刺性的政治文学作品，着力于揭示极权主义思想的危险性，此书与赫胥黎的《美丽新世界》、扎米亚金的《我们》并称为"反乌托邦三部曲"，具有极其深远的影响力，曾被著名美国作家欧文·豪誉为"过去几十年英语文学中最伟大的道德力量"。

1949年6月8日，塞克和沃伯格出版社出版了《一九八四》，此书出版后引起了激烈的政治争论，一些评论家称赞了奥威尔的想象力和其通过个人体验表现复杂政治事件的能力，认为奥威尔向欧美那些赞同苏联制度的知识分子揭示了真相，小说家劳伦斯·达雷尔和波兰诗人切斯瓦夫·米沃什都称赞了奥威尔对极权主义压迫行为的描写。另一些评论家则猛烈抨击了此书，称《一九八四》显示了奥威尔"对人们的蔑视和诋毁性目的"，塞缪尔·西仑在美国的《大众和主流》上发表书评，贬斥它是"愤世嫉俗的胡扯八道……是对人类的诽谤"[①]。虽然当时评论界对此书的评价褒贬不一，但20世纪后半叶苏联经济的衰败、超级大国之间的持续战争、核扩散等问题都验证了奥威尔的预言，《一九八四》也因此成为一本长盛不衰的畅销书。1984年，英国的企鹅版《一九八四》年销量达75万册，其同名电影《1984》也于1984年上映以致敬此书。

《一九八四》在中国的第一个译本是由董乐山翻译的版本。董乐山的译文以《1984年》为书名在《国外作品选译》第4期至第6期连续刊载（1979年4—7月），印数仅为5 000册，且发行方式为内部发行。1985年12月，董乐山翻译的《1984》作为"乌托邦三部曲"之一由广州花城出版社出版，但仍是内部发行，印数为15 900。直到1988年，花城出版社出版了该书第二版，书名变为《一九八四》，印数增加到25 480，并取消了"内部发行"的字样。《一九八四》的公开发行标志着奥威尔在中国大陆已全面解禁，此后，奥威尔的作

---

① 杰弗里·迈耶斯.奥威尔传：冷峻的良心[M].孙仲旭译.北京：新星出版社，2016，372～373.

品逐渐被中国所接受。①

　　至今,《一九八四》已被翻译成 62 种语言, 全球销量超 5 000 万册, 并入选了英、美、德、法多国中学生必读书目, 被美国《时代》杂志评为 "1923 年至今最好的 100 本英文小说之一"。

三、畅销攻略

(一) 反乌托邦小说的兴起以及作品本身巧妙的设定

　　乌托邦小说是指作者通过描绘未来的理想化社会让读者暂时忘却对现实生活的不满, 从而获得幸福感的作品。由于乌托邦中的理想社会一直是人们许多年来所追求的目标, 因此乌托邦小说也很受读者喜爱。反乌托邦小说则与传统的乌托邦小说有所不同, 它所描绘的并不是未来世界的美好图景, 而是倾向于表现一个荒诞扭曲的未来世界, 借未来世界以讽刺社会现实。② 侯维瑞曾在《现代英国小说史》中对反乌托邦小说作出界定, 他认为, "当一部作品对未来世界的可怕幻想替代了美好理想时, 这部作品就成为了 '反乌托邦' 或 '伪乌托邦' 讽刺作品"。反乌托邦小说往往能够给人一种喜剧与悲剧相叠加的艺术效果, 其喜剧感在于作品中描绘的荒诞世界常令人感到可笑, 而悲剧感则在于它是对现实社会的延伸与夸张, 具有成为现实的可能性。

　　进入 20 世纪后, 由于资本主义的飞速发展、科技的快速进步、两次世界大战的爆发、法西斯主义与极权主义的肆虐, 整个世界变

---

① 陈勇. 乔治·奥威尔在中国大陆的传播与接受 [J]. 中国比较文学, 2017 (3): 101~119.

② 张中载. 十年后再读《1984》——评乔治·奥威尔的《1984》[J]. 外国文学, 1996 (1): 66~71.

得动荡不安，人们对未来美好生活的期待遭到了现实的打击，作家们似乎不再热衷于创作对未来社会充满美好期待的乌托邦小说，而是开始创作立足于残酷现实的反乌托邦小说，这使得20世纪上半叶时，反乌托邦小说在西方世界盛行一时，诞生了反乌托邦小说三部曲，即奥威尔的《一九八四》、扎米亚金的《我们》以及赫胥黎的《美丽新世界》，而《一九八四》则被称为是"一部结束西方传统的乌托邦小说的反乌托邦小说"。

在《一九八四》中，作者基于极权主义统治世界的前提，创造了一个扭曲恐怖的未来世界，从表面上看，书中所描绘的是虚构的未来世界，但实际上在这个未来世界中处处充满现实世界的投射，作者通过隐喻的方式将虚构的未来世界与现实社会紧密相连。例如在情节上，作者创造了一个历史可以被随意篡改、人们的思想受到严酷钳制、战争连年不断的未来世界，这些设定实际上暗示了20世纪相继爆发的热战、冷战以及极权主义统治所带来的灾难性破坏，巧妙地契合了时代特征与人们恐惧战争的心理。在空间维度上，作者虽然虚构了现实中不存在的大洋国、欧亚国、东亚国，但其地域领土却在读者相当熟悉的范围之内，书中主人公生活的地方也正是英国的首都伦敦。在时间维度上，作者没有将时间设定为遥远的未来，而是设定为《一九八四》出版不久后的1984年。[①] 这种时空维度上的拉近，缩小了小说中的未来世界与读者之间的距离感，使作者所描写的荒诞世界更加真实而震撼，从而给读者带来一种强烈的压迫感。《一九八四》中这些巧妙设定，加重了反乌托邦小说的荒诞色彩，使其成为一部经典的反乌托邦作品。

---

① 赵世瑾. 反乌托邦小说《一九八四》的文本结构和语言阐释 [J]. 科教文汇（上旬刊），2011（2）：74~76.

（二）作者天才般的预见性及其影响深远的政治思想

《一九八四》能够产生巨大影响的一个原因在于奥威尔的预见性。2013 年 6 月，前美国中情局职员爱德华·斯诺登曝光了美国国家安全局的"棱镜"秘密项目，该项目要求电信巨头威瑞森公司必须每天上交数百万用户的通话记录。《华盛顿邮报》也报道称，在过去 6 年间，美国国家安全局和联邦调查局通过进入微软、谷歌等网络巨头的服务器，监控美国公民的邮件、视频、照片等个人隐私。在这一丑闻曝光后，《一九八四》销量突然暴涨 7 000%，其原因主要在于该事件让人想起了奥威尔在《一九八四》中所描写的无处不在的"电幕"。在奥威尔笔下的大洋国中，人们看似可以通过"电幕"随时随地传递与接收信息，提高信息运转的效率，但实际上"电幕"也成为统治者监视与控制人的意识形态的工具。在这一段描写中，奥威尔极具预见性地指出了未来世界中发达的技术所带来的便捷，但也指出了高度发达的技术文明对现代人生存空间的挤压，即人人有可能生活在"老大哥"的监视之下，即使是精神世界也难逃被监视的命运。

《一九八四》能够畅销至今的另外一个原因则在于作品所表达的政治思想具有极为深远的影响力。1936 年，奥威尔弃笔从戎前往巴塞罗那参加西班牙内战，他最初认为这是一场共和派同法西斯党派之间的较量，但随着时间的推移他发现在共和派内部也存在着权力纷争。当席卷整个苏联的残酷大清洗在西班牙重演时，奥威尔因其加入的马统工党被认定为托洛茨基派而遭到追捕时，奥威尔则深刻地认识到了极权主义的恐怖之处。自此，奥威尔将写作主题由抨击西方资本主义转向抨击极权主义统治，他曾在《我为何写作》中写道："1936 年以来，我所写的每一部严肃作品都是直接或间接反对极权主义，支持我所理解的民主社会主义的"。此后，奥威尔相继写出了多部反极权主义作品，《一九八四》便是其中之一。

在《一九八四》中，奥威尔描写了极权主义对思想的控制、对伦理的危害、对自由的剥夺、对人性的扼杀、对历史的捏造和篡改，深刻地揭露了恐怖的极权主义。由于《一九八四》出版时正值美苏"冷战"时期，整个苏联都笼罩在极权主义统治之下，因此这部以揭示和批判极权主义为主题的作品一经出版便产生了巨大的影响力，并成为研究极权主义的重要文本。虽然作者在《一九八四》中所预言的极端情形并没有到来，但是当我们将其与20世纪后半叶所爆发的两次民族主义浪潮相联系时，便会发现《一九八四》中的荒诞世界离我们并不遥远，奥威尔所描绘的极权主义现象仍以某种形式存在着。由此可见，《一九八四》畅销至今的另外一个重要原因在于作品所表达的反极权主义的政治思想影响深远，书中所探讨的极权主义问题至今仍是值得全人类探讨和解决的问题，这使得这本书至今仍具有阅读的价值。

（三）反讽的写作手法

在《一九八四》中，奥威尔通过运用反讽的写作手法，描绘了一个是非颠倒、滑稽可笑但又令人感到恐惧的未来世界，书中对于人物形象的刻画、象征事物的设置、语言艺术的应用均展现出强烈的讽刺性，使得这部作品成为一部经典的政治讽刺小说。

在人物形象的刻画方面，作者主要通过描写代表统治集团的"老大哥"与代表反抗者的温斯顿来讽刺极权主义下的独裁统治。在大洋国中，"老大哥"是至高无上的统治者，所有人都无法逃脱"老大哥"与思想警察的注视，人们的思想与自由受到严密的监控，任何与"老大哥"作对的异己分子都将"化为乌有",主人公温斯顿由于反抗"老大哥"的专制统治而遭受了残酷的刑罚,在经过一番折磨后温斯顿被成功地改造为"老大哥"的忠实信徒,并迎来了结束其生命的子弹。奥威尔在书中所塑造的"老大哥"形象,实际上就是极权的象征,而其对于温斯顿从反抗到顺从"老大哥"这一过程的详细描写,则有力地讽刺了极权主义对于人性的扼杀以及思想自由的剥夺。

在象征事物的设置方面,作者主要借助"新话""记录司"以及无处不在的"电幕"等具有讽刺意味的象征事物,诠释了极权主义统治力量的恐怖之处。"新话"是指大洋国中的官方语言,其存在是为了满足统治者的意识形态需要。"新话"的设计原则是取缔异端词汇,同时减少词汇量,从而缩小思想的范围,最终消除所有与英社原则相违背的异端思想。"记录司"是主人公温斯顿的工作部门,主要负责修改历史。为了保证党的所有发言都是真实正确的,"记录司"需要篡改历史以及销毁所有与党的发言不符的新闻或者意见,就像书中所言"全部历史都像一张不断重新刮干净重写的羊皮纸"。此外,书中还反复出现了一个重要的象征事物"电幕"。统治阶级将"电幕"安置于公共场所、办公室、人们家中等各个地方,人们的一举一动都处于"电幕"的监控范围之内。奥威尔通过设置以上三样象征事物,有力地讽刺了独裁者为了巩固统治地位而任意操纵思想、篡改历史、监视人民的行为,揭露了极权主义统治力量的恐怖之处。

在语言艺术的运用方面,作者通过使用许多看似自相矛盾但别有深意的语言来呈现极权主义统治下的荒诞世界。例如,小说开篇的第一句话"四月间,天气寒冷晴朗,钟敲了十三下"便通过一座敲响十三下的钟暗示温斯顿所在的大洋国是一个时间扭曲的世界。在这个国度中,统治集团通过真理部、和平部、仁爱部与富裕部四个部门来实现对人、事、物的统治，具有讽刺意味的是真理部负责篡改历史、和平部负责制造战乱、仁爱部负责拷打与杀戮、富裕部负责制造饥饿与贫穷，这种语言所代表的含义与客观事实之间的强烈对比进一步加重了小说的荒诞色彩，而书中反复提到的"战争即和平、自由即奴役、无知即力量""谁控制过去谁就控制未来，谁控制现在谁就控制过去"实际上也是在以表面矛盾的语言来表现政治口号的荒谬。[①] 奥威尔通过运用这种具有矛盾性的语言，有力地呈现出极权主义统治下的荒诞世界。

（四）动荡的时代背景与作者坎坷的人生经历共同成就了《一九八四》

虽然在《一九八四》中有许多关于极权主义国家的详细描写，但是奥威尔其实并未生活在极权主义国家之中，他之所以能够写出这部经典的反极权主义作品，除了他对政治的高度敏感外，一个更重要的原因则在于奥威尔所生活的时代背景与其坎坷的人生经历。

回顾 20 世纪上半叶的历史进程，便会发现那个动荡不安的时代对奥威尔的创作产生了深深的影响。在奥威尔所生活的半个世纪中，分别经历了英国前十年的爱德华和平时期、"一战"、帝国主义的衰落、资本主义经济危机、西班牙内战、苏联大清洗、"二战"、"二战"胜利后随即展开的美苏"冷战"。奥威尔便是在这种战乱不断、法西斯主义与极权主义肆虐的时代背景下，创作出了《一九八四》这部反极权主义作品，而书中对于大洋国战争不断、人们生活用品极度短缺等情节的描写，实际上也是对那个时代的真实写照。

---

① 罗良清.人类的囚笼：乔治·奥威尔的寓言式小说[J].当代文坛，2011（3）：131~134.

当回顾奥威尔的成长历程时，便会发现奥威尔坎坷的人生经历逐渐使他明确了自己的创作主题。出身于上层家庭的奥威尔，在伊顿公学毕业后曾赴缅甸担任实习警察，在缅甸的这五年时光是他创作生涯的第一个重要节点。奥威尔曾坦言，在缅甸担任警察的这段经历让他开始强烈反感安定、常规、富足和舒适的中产阶级生活。在他认识到帝国主义的罪恶与这份工作的虚伪后，他毅然辞去了在缅甸的工作并背叛了自己的阶级，选择与被统治者结伴同行并主动沉入社会底层，开始了以帝国主义与殖民主义为批判对象的政治写作生涯。而1936年的西班牙内战，则是他创作生涯的第二个重要节点。在西班牙短短的一年中，奥威尔曾亲身感受到极权主义的恐怖与残酷，根据后来的解密档案，他因为加入马统工党被认定为托洛茨基派而受到苏联克格勃（KGB）的追杀，遭受比在战场上更可怕的生命威胁，这段经历也使奥威尔开始将笔锋由抨击帝国主义与殖民主义转向批判极权主义，同时也成为促使奥威尔写出《一九八四》的催化剂。

（五）"奥威尔研究热"持续提升作品的影响力

《一九八四》既是奥威尔的成名作也是他的最后一部作品，在这部轰动文坛的作品出版不久后，奥威尔便因肺病去世。在这部作品中，奥威尔凭借敏锐的政治洞察力与高超的艺术想象力做出了许多超越时代的政治预言，并详细刻画了极权主义统治下的社会黑暗，其在《一九八四》中创造的"老大哥""双重思想""新话"等均被收入权威的英语词典，如今已成为重要的政治词汇，而这部作品也成为研究极权主义的重要文本。

自1984年起，西方兴起了一股影响深远的"奥威尔研究热"，大量关于奥威尔本人及其作品的研究专著问世，欧美许多地方都举办了奥威尔国际研讨会。例如，1984 年 4 月在法国召开的史特拉斯堡会议，这是一个全球各地学者齐聚欧洲共同讨论极权主义的盛会。研讨会的内容涉及恐怖主义袭击和原子弹爆炸等事件所引发的恐惧、西方极权主义的本质和要素、革命的破灭、爱的缺失、个人身份的剥夺、现代监控和规训、信息交流的审查、法律的控制、现代科技的统治、媒体的宣传等与极权主义相关的话题，另外，在这个时期，以帕苔为代表的美国女权主义者指责奥威尔的"男权中心主义"和"厌女症"，这一话题的影响力较大，与其相关的讨论也延续至今。除了举办国际研讨会外，许多关于奥威尔的传记和专著也相继出版，这场自 20 世纪开始并延续至今的"奥威尔研究热"也使得《一九八四》的影响力持续扩大。①

四、精彩阅读

几年以前——多少年了？大概有七年了——他曾经做过一个梦，梦见自己在一间漆黑的屋子中走过。他走过的时候，一个坐在旁边的人说："我们将在没有黑暗的地方相见。"这话是静静地说的，几乎是随便说的——是说明，不是命令。他继续往前走，没有停步。奇怪的是，在当时，在梦中，这话对他没有留下很深的印象。只有到了后来这话才逐渐有了意义。他现在已经记不得他第一次见到奥勃良是在做梦之前还是做梦之后；他也记不得他什么时候忽然认出这说话的声音是奥勃良的声音。不过反正他认出来了，在黑暗中同他说话的是奥勃良。

---

① 陈勇. 跨文化语境下的乔治·奥威尔研究 [M]. 北京：中国社会科学出版社，2018，288~289.

温斯顿一直没有办法确定——即使今天上午两人目光一闪之后也仍没有办法确定——奥勃良究竟是友是敌。其实这也无关紧要。他们两人之间的相互了解比友情或战谊更加重要。反正他说过，"我们将在没有黑暗的地方相见"。温斯顿不明白这是什么意思，他只知道不管怎么样，这一定会实现。

——节选自《一九八四》第一部第 21~22 页

　　党说大洋国从来没有同欧亚国结过盟。他，温斯顿·史密斯知道大洋国近在四年之前还曾经同欧亚国结过盟。但是这种知识存在于什么地方呢？只存在于他自己的意识之中，而他的意识反正很快就要被消灭的。如果别人都相信党说的谎话——如果所有记录都这么说——那么这个谎言就载入历史而成为真理。党的一句口号说，"谁控制过去谁就控制未来；谁控制现在谁就控制过去。"虽然从其性质来说，过去是可以改变的，但是却从来没有改变过。凡是现在是正确的东西，永远也是正确的。这很简单。所需要的只是一而再再而三，无休无止地克服你自己的记忆。他们把这叫作"现实控制"；用新话来说是"双重思想"。"稍息！"女教练喊道，口气稍为温和了一些。

　　温斯顿放下胳膊，慢慢地吸了一口气。他的思想滑到了双重思想的迷宫世界里去了。知与不知，知道全部真实情况而却扯一些滴水不漏的谎话，同时持两种互相抵消的观点，明知它们互相矛盾而仍都相信，用逻辑来反逻辑，一边表示拥护道德一边又否定道德，一边相信民主是办不到的一边又相信党是民主的捍卫者，忘掉一切必须忘掉的东西而又在需要的时候想起它来，然后又马上忘掉它，尤其是，把这样的做法应用到做法本身上面——这可谓绝妙透顶了：

有意识地进入无意识，而后又并无意识到你刚才完成的催眠。即使要了解"双重思想"的含义你也得使用双重思想。

——节选自《一九八四》第一部第 29~30 页

　　这是十五点这个寂寞的时间。温斯顿如今已记不得他怎么会在这样一个时候到咖啡馆去的。那地方几乎阒无一人。电幕上在轻轻地播放着音乐。那三个人几乎动也不动地坐在他们的角落里，一句话也不说。服务员自动地送上来杜松子酒。他们旁边桌上有个棋盘。棋子都放好了，但没有人下棋。这时——大约一共半分钟——电幕上忽然发生了变化，正在放的音乐换了调子，突如其来，很难形容。这是一种特别的、粗哑的、嘶叫的、嘲弄的调子；温斯顿心中所要听的黄色的调子，接着电幕上有人唱道：

　　在遮阴的栗树下，

　　我出卖了你，

　　你出卖了我；

　　他们躺在那里，我们躺在这里，

　　在遮阴的栗树下。

　　这三个人听了纹丝不动。但是温斯顿再看鲁瑟福疲惫的脸时，发现他的眼眶里满盈泪水。他第一次注意到，阿朗逊和鲁瑟福的鼻子都给打瘪了，他心中不禁打了一阵寒战，但是却不知道为什么打寒战。

——节选自《一九八四》第一部第 62~63 页

The Dogs Of Babel

巴别塔
之犬

[美] 卡罗琳·帕克丝特 著

何致和 译

南海出版公司

书名:《巴别塔之犬》　作者:[美]卡罗琳·帕克丝特　译者:何致和
出版时间:2018 年　　出版社:南海出版公司

一、作者简介

卡罗琳·帕克丝特（Carolyn Parkhurst），美国著名的畅销书作家。1971 年出生于在美国马萨诸塞州，后进入卫斯理大学主修英语。大学毕业后，她曾在一家书店工作了三年，然后考入美国大学进修文学，获得艺术创作硕士学位（MFA），此后正式开始写作之路。她最开始的作品多为评论，散见于《北美评论》《明尼苏达评论》《夏威夷评论》《新月评论》等报纸期刊。《巴别塔之犬》是她正式出版的第一部小说，甫一出版即引起热烈反响，有书评家说她具有强烈的阿言德风格，作品中雾气浓重的鬼魅深夜、古老的民间传说，给予人如梦境般的阅读历程，更有书评家赞许她是美国新生代作家中最耀眼的一位。她还著有《伊甸园的鹦鹉》《空唱片》《星星上的人》等作品。

何致和，1967 年出生于台北。毕业于东华大学创作与英语文学研究所，其短篇小说曾获联合报文学奖、宝岛小说奖、"教育部"文艺创作奖。著有小说集《失去夜的那一夜》、长篇小说《白色城市的忧郁》等。另有《酸臭之屋》《时间线》《人骨拼图》《战争魔术师》等十余部译作。

二、畅销盛况

《巴别塔之犬》一面市，便力压当年的畅销书《达·芬奇密码》《追风筝的人》，迅速登上亚马逊、《纽约时报》等各大畅销书排行榜榜首，创造了新人新作的奇迹。作品被翻译成 40 多种语言在世界各地出版，受到了全球读者的热烈好评，并登上英国、法国、德国等 20 国小说畅销榜的第一名。《纽约时报》曾这样评价它："这部小说有不可臆测的魔力，它能将读者带往未知而惊奇的境地！你必定会为它动容，然后甘心接受它给予的一切逻辑，并且无从抵抗地被这个故事摆弄，随它欢喜、伤悲、起伏。"

2007年，《巴别塔之犬》的中文简体版由南海出版公司引进出版，当年热销近20万册；2010年，新经典文化公司联合南海出版公司出版了平装版《巴别塔之犬》，再度掀起销售热潮；2013年，首部中文精装珍藏版《巴别塔之犬》面世；2016年7月，《巴别塔之犬》的中文版版权代理人、新经典文化公司副总裁猿渡静子在一次演讲中提到，《巴别塔之犬》的中文版销量已累计超过130万册；2018年，设计精装典藏版《巴别塔之犬》出版，短时间内加印多次，热度依旧不减当年。

从2007年到2018年，《巴别塔之犬》中文版历经3次再版，每一次都能在当年出版的大批新书中脱颖而出，获得不俗的销量表现。

三、畅销攻略

（一）聚焦情感，与大众文化热点相契合

情感类作品一直是畅销书排行榜的常见"嘉宾"，无论作品主题是关于爱情、亲情或是友情，但凡与情感相关，都会因其主题契合大众心理而激发读者的购买欲望。

《巴别塔之犬》的主题便是两性情感。就故事情节而言，《巴别塔之犬》是一部神秘离奇的悬疑小说，但在悬疑背后探讨的还是关于爱情的问题。它是一个关于记忆，关于语言，关于悲伤和赎罪的故事。

一个叫露西的女人从苹果树上坠地身亡，是意外死亡还是自杀？无人知晓，唯一的目击者就是她的爱犬罗丽。露西的丈夫保罗是一位语言学家，因为深爱妻子却无从得知她真正的死因，竟异想天开

地试图教罗丽说话，让它道出事情的真相……就在保罗教罗丽说话的期间，他逐渐从他们相爱相守的回忆中拼凑出露西不为人知的一面，也揭开了美满婚姻下的累累伤痕。他们因为彼此相爱而步入婚姻，却又因为无法靠近而分崩离析。

保罗和露西的爱情开始于前往迪士尼乐园的路上，可爱、前卫的露西像一束光照进了保罗原本枯燥无味的生活，一个从来没有与别人好好交流过的语言学教授，这一次终于有了迫切了解一个人的需求，露西走进了他的生命里，逐渐成为他生活中的一部分，但是他对露西的了解却也仅限于那个戴着"面具"的露西。因为二人缺乏心灵间坦诚的沟通，当两个人的交往日渐深入，矛盾与嫌隙也在悄然滋生。

"是这样，但又如何？"我说，"这件事和别的事有什么关系吗？没错，我不是无时无刻在想我有一天会死，但这是因为我希望忘掉它。如果不试着遗忘，日子是过不下去的。不过，我对你的感觉却不是这样。"

"一样的，这就是你感知的方式，是吧？这种感觉是间歇性的。"她再度把脸转过去。

我举起双手盖在脸上，用力搓揉了几下，努力整理混乱的思绪。过去我们从来没像现在这样争辩过，此刻的感觉很像泅游在一池又稠又黏的糖浆里。"够了，露西，你何必这样呢？我对你的爱是一直存在的，我们两个会永远在一起。可是你到底想要我怎么说？就算爱情再浓烈，你也不可能在这一生中的分分秒秒都维持这种强度。"

她突然平静下来。"我能，我可以的。如果不知道自己爱着你，我便无法呼吸，一口气都不能。"①

---

① ［美］卡罗琳·帕克丝特．巴别塔之犬 [M]．何致和译．海口：南海出版公司，2018，72．

保罗作为语言学家，终日研究语言的奥义，却缺乏用语言和妻子沟通的能力，当妻子离开之后，他竟然还要依靠梦境与心理咨询来了解妻子的过去，但是从那些过往的只言片语和混沌不明的梦境中又能领悟到什么呢？他甚至又异想天开地想通过教狗开口说话来了解妻子临终前的情况，语言缺失令其陷入了与妻子露西所不同的另一种疯狂与偏执。保罗作为一个研究人类沟通方式的专家，在发现与自己同床共枕的妻子死亡之后，他不知道死因，也不知道自己的妻子死前已经怀孕，语言在这种情况下反而变成了体察对方的障碍。这无疑是一种嘲讽，也表明了人与人之间沟通的艰难。

保罗是理性的，理性到得知妻子的死讯后，还能镇定地去教自家的狗说话。妻子露西却是极度感性的，少女时期的痛苦经历让她的情绪极其不稳定，表面坚强独立的她一直深陷低落与抑郁之中，常常因为别人眼里微不足道的事而大发雷霆，但最令她绝望的还是丈夫的不理解。在发现自己怀孕的深夜，她只能通过拨打占卜电话来缓解痛苦。露西的人生就像她那怪异的梦境，"我们每个人不是都有两个心脏吗？秘密的那颗心脏就蜷伏在那颗众所周知、我们日常使用的心脏背后，干瘪而瑟缩地活着"。保罗始终没有走进过露西复杂的内心世界，理性的他一直在忽略露西感性行为背后的心理诱因，两个人始终缺乏一场深入内心的交流，这是他们婚姻的问题所在，也是千千万万对情侣夫妻产生隔阂的症结所在。

《巴别塔之犬》用一个离奇的悬疑故事讲述了两性沟通的难点与痛点，人与人之间的交流总是面临着重重阻碍，越是亲密的关系，越有着无法言说的交流困境。两性话题与爱情主题一直也是大众文化领域的讨论热点，越来越多的人希望从书中探求感情上的慰藉。因此，在话题的热度与吸引力上，《巴别塔之犬》已经牢牢占据了先机。

（二）内容为王，优质文本是畅销关键

1. 篇章开头设置悬念，引人入胜

马尔克斯在创作《百年孤独》前，构思了 15 年，却一直不知如何写第一句话。他称"有时这第一句话比写全书还要费时间""因为第一句话有可能成为全书的基础，在某种意义上决定着全书的风格和结构，甚至它的长短"。可以说这就是开头第一句话的意义。的确如此，小说第一句话和第一段的确立，往往决定了小说的成败。

《巴别塔之犬》就是一部胜在开篇精彩的畅销书。小说第一段，男主人公保罗用第一人称的口吻平静地叙述了妻子离奇的死亡经历，妻子露西莫名地从苹果树上坠地而亡，这是意外身亡还是自杀呢？无人知晓，现场的目击者只有跟在她身边的狗狗"罗丽"。短短数语，就营造了一个神秘离奇的氛围，牢牢抓住了读者的眼球。

许多读者在后期评论时也坦言，"刚翻开书，就得到一个概括了小说 80% 的故事梗概"，妻子"意外死亡"，丈夫在悲痛之余发现了一些蹊跷，因而想探究妻子之死的真相，于是面对唯一一个目睹了全过程的狗，他决定教会狗说话，从而得知真相。这个悬疑又科幻的开篇，立马将读者吸引住，对于那些早已厌倦了常规故事情节的读者而言，持果探因不失为一种令人兴奋的情节安排。

"目前为止，我知道的事就只有这些——十月二十四日的那个下午，我的妻子露西·兰塞姆从后院的苹果树上坠落而死，当时现场除了我们养的狗罗丽之外，没有任何目击者。那天不是周末，邻居们都不在家，没人把窗户打开坐在厨房里，因此当我的妻子从高处坠下时，没人知道她是否惊声尖叫，是否哀吟，或者根本没发出一点声音。那天不是假日，邻居们没人利用晚秋的好天气在院子里整理花园，因此当她下落时，没人看见半空中的她是缩成一团，是展

开身体，还是张开双臂迎向辽阔的天空。"①

2. 双重主线交织行进，构思精巧

作者无论在情节设置还是细节安排上都颇费心机。小说按照两条线索展开，一条线索是保罗寻找妻子死因的过程，保罗决定教罗丽说话，他收集各种资料证据，靠着自己的专业知识，对罗丽进行各种实验和教学，以指望这条狗可以通过人语告诉他当日的情况。可是随着实验越发深入、搜集的实验材料越多，他逐渐发现哪怕狗能通过模仿形成发音，但其发出的词汇并不存在任何意义。就像鹦鹉学舌，即使说得再惟妙惟肖，事实它们却并不知道自己说了什么。

另一条线索是从保罗与露西认识开始的顺序进行，保罗开始认真回忆自己和爱妻的过往，他在看到快乐点滴时却也发现了妻子企图自杀的蛛丝马迹。原来露西的内在一直非常愤怒，然而为了维持一个美好的妻子形象，她一直在压抑。她曾经给保罗和自己做了两个面具，她通过面具向他咆哮，表达的却是内在真实的自己。可是保罗却对这一切视而不见。真相其实一直就在眼前。

驯犬说话和回忆两条叙事线交织行进，两类情节交相辉映，并行不悖。我们与主人公共享视角，看他踏上解密爱人的旅途。这样的情节设置能消除读者的不耐烦心理，不断予人新奇的观感，且两者联系紧密，不会让读者产生割裂感。

保罗寻找答案的过程有点像侦探小说的情节，而重述两人交往过程的篇章则是一段哀伤的爱情故事。两个人的职业都具有暗示意义，保罗是语言学家，却忽略了与妻子的语言交流；露西作为一个面具制作师，她的内心世界却似乎总是隐藏在假面的背后。终于我们发现忠犬罗丽绝无开口说话的可能。它不能正确分辨主人的指令，吠叫意义

---

① [美]卡罗琳·帕克丝特.巴别塔之犬[M].何致和译.海口：南海出版公司，2018，1.

不清，到最后甚至连声音都被夺去了，但这并不影响它发现女主人想要自杀的意图。在心灵相通的主人与爱犬之间，无声已然足够。

作者还在两条故事线交叠的地方设置了许多精巧的悬念，既不乏侦探小说的曲折离奇，又充满着爱情故事的哀婉动人。书中关于方形鸡蛋、持续一周的约会、面具婚礼、穿蓝裙的美丽鬼魂、各种梦境、塔罗占卜、神话传说、误入虐狗组织被警察袭击而狼狈逃窜等一系列怪异的情节，使得读者如同经历了一场奇幻之旅。卡罗琳·帕克丝特以女性特有的细腻和婉约，将这部小说编织得极具可读性，非全知的视角让读者陷入"让犬说话"的癫狂之中，和主人公一起咬住被抛出的一个又一个诱饵，给读者带来不同寻常的阅读体验。难怪《纽约时报》评论道："这部小说有着不可臆测的魔力，它能将读者带往未知而惊奇的境地！"

3. 多次使用象征符号，立意深刻

在《巴别塔之犬》中，作者卡罗琳运用了大量的象征符号，例如巴别塔、罗德西亚背犬、心灵咨询师、塔罗牌、面具、童话、孩子……而这些象征符号都共同指向一个方向：人与人无法即时进行真正的交流。

小说的序言部分引用了《圣经·创世纪》中的一则传说：很久以前，人类只有一种语言，他们想要建造一座直达天堂的高塔，上帝看到了很震惊，于是就变乱了人类的语言，由于人与人之间无法沟通，人类建造通天塔的计划最终失败了。通天塔倒塌了，人们在广袤的大地上流离四散，讲着彼此不通的话语，仰仗顺畅沟通而凝聚起的共识永远失去了，人类就此匍匐在地面，再无挑战上帝权威的可能。

"巴别塔"虽象征着语言的分野，但该书已经将"巴别塔"上升为思想精神语言的分野。语言不同，双方便无法交流；思想语言不通，双方同样无法交流。这正是导致人类无法拥有交流的快乐的重要原因。造成这种"巴别塔"的原因有许多，可其中有种原因是我们最不敢置信的，这个原因就是爱。

爱，作为书中的重要一环贯穿全书，书中的爱是让人感到哀伤和心痛的爱，是灰色的爱。从最开始保罗和他前妻的爱，到保罗和露西的爱，到珍妮弗父母对珍妮弗的爱，基调都是暗哑的，唯一带些亮色的爱也许就是保罗与露西对罗丽的爱了。这些暗哑的爱统统裹着自以为是的色彩，筑起了一座座令人痛苦的巴别塔。他们自以为自己比谁都更了解自己所爱的人，可事实是虽然两人的距离很近，但心灵的距离却很远，两人之间根本毫无了解可言。在婚姻中，两个人变得越来越亲密，很多事情也变得理所当然，二人失去了最初的激情，也失去了说不完的话题。

作者没有直接用语言将关于沟通、情感等话题的思考表达出来，但却将这些思考全部融进了一个又一个的象征符号，既没有强行煽情，也没有刻意说教，这在同类型的爱情小说里显得立意十分高远，也是《巴别塔之犬》具有长销不衰的竞争力的原因所在。

（三）装帧设计不断优化、历久弥新

自 2007 年中文简体版《巴别塔之犬》正式出版起，此书已再版三次，尽管内容上无较多修订，但每一版的装帧设计却在不断优化，越来越精美。《巴别塔之犬》的中文版权代理人猿渡静子曾公开这样做的原因，"我们基本上每一本书、特别是畅销书，每隔 3 年一定要有一个新的版本出来。3 年的时间会有新的一批读者成长起来，新的版本是为了新一批的读者"[①]。

从最初的平装版到精装版再到设计精装典藏版，每一版《巴别

---

① 每年读 120 本书，翻译写作 12 万字丨猿渡静子的出版生涯 [EB/OL].（2019–07–01）[2020.5.22].http://www.360doc.com/content/19/0701/13/45262611_846040198.shtml.

塔之犬》的出版都经过了独到的处理，设计师密切结合当下热点对图书装帧进行优化设计。

以 2018 年的设计精装典藏版为例，护封上的一幅画将夫妻与狗狗两组意象巧妙地组合在一起，互为图底，设计巧妙，也契合了作品的内容。封底则放上了最吸引人的故事梗概："一个女人从树上坠地身亡，死因无人知晓，唯一的目击者是她心爱的狗。女人的丈夫是一位语言学家，哀伤又困惑的他，思念妻子却无从得知她的死因。他决定以自己毕生的研究教这只狗开口说话，让它说出事情的真相。"

该版本还配备了腰封，腰封上最显眼的是书里升华主题的一句话，"记住她原本的样子，就是送给我们彼此的最佳礼物"，腰封的后半部分还有《出版家周刊》对此书的简评。腰封本身作为一种重要的宣传符号，其上印有的推介性文字会在一定程度上对读者的选择与购买行为产生影响，这种影响作用在畅销书上会体现得更加明显。对于此版本的《巴别塔之犬》而言，腰封正面的文字与封面图案相呼应，"我记得我的妻子穿白纱的样子"一段真诚的独白则揭示出本书的情感主题。腰封背面的文字所借用的《出版家周刊》的评论则将全书最为精彩的故事开场展示出来："一个女人从树上坠地而死，死因不明，唯一的目击者竟是她的狗。"如此引人入胜的开场，带出了这个动人心魄的故事。学说话的狗、精彩的转折、如泣如诉的真相，都让读者的心灵久久无法平息。

有学者曾对腰封上的高频词汇进行统计研究，发现"畅销书腰封文字的表意模式主要由四种符号单一出现或两两及以上组合构成：品牌符号、权威符号、影响力符号和内容相关符号，四类文字符号互相结合、搭配使用，形成明晰的意图定点，即'该书值得购买'"①。

---

① 张欣，吴明红.副文本：畅销书腰封文字表意分析 [J]. 中国出版，2019（10）：36~40.

《巴别塔之犬》的腰封与封底的这段文字则综合运用了权威符号与内容相关符号，一方面，展示了权威机构《出版家周刊》的高度赞赏；另一方面，这种具有诱导性的文字给读者提供了与该书内容相关的想象空间，更容易引起读者的购买欲。

图书内文的版式设计则十分简练，除了正文部分就只有页码，与作者简洁干净的文字风格形成高度统一，不给读者的阅读体验造成额外干扰。

（四）"润物细无声"的宣传策略

自《巴别塔之犬》中文版上市以来，出版方一直没有进行大规模的宣传活动，既没有密集的营销推广，也没有排山倒海的宣传攻势，新经典在喧闹的市场潮流中显得格外安静，这与它的出品方新经典文化公司一直以来奉行的"出版之道"密切相关。新经典文化的副总裁猿渡静子曾这样解释新经典的出版理念：让一部作品的生命更长。在短期利润大的书和好书之间，选择好书。"我是做前端选题的，一个准确的选书定位就是考虑这样一个问题：五年以后它还会不会续签合同。我们不做短命书，只卖一年就被人遗忘。"①

猿渡静子当初遇到《巴别塔之犬》原稿的时候，只看到了故事梗概，就站在一个读者的角度对它作出了判断，"作为一个读者，我强烈地想知道，那个狗后来有没有说话。就是这样的一个故事，强烈地让你想知道结尾是什么样子的"。换句话说，猿渡静子早在刚把原版书引进国内的同时，就已经预料到，《巴别塔之犬》不仅会成为

---

① 新经典十年传奇："做书就是做口碑" – 中华读书报 – 光明网 [EB/OL].（2013–02–27）[2020–5–22].http：//epaper.gmw.cn/zhdsb/html/2013–02/27/nw.D110000zhdsb_20130227_2–06.htm.

一本畅销书，还应当是一本可以长销的好书。

2010 年是中国图书市场的一个分水岭，在此之前，中国的图书营销都或多或少存在着华而不实的通病。这个通病在 2007 年版的《巴别塔之犬》上也有体现，当时的腰封上赫然印着"感动全球 22 国读者，百万美国人为之落泪；美国一出版即力压《追风筝的人》，荣登各大畅销书榜第一名！"这种气势宏大的句子看上去很有震慑力，但事实上，可能会带来负面效果。因此，在此之后新经典开始采取比较保守的图书营销方案，选择比较朴素的文字作为图书的宣传文案，仅要求准确而完整地概括一本书的信息，实实在在地对书进行诠释。

诚然，对于像《巴别塔之犬》这样已经经过数百万读者阅读的好书，大张旗鼓的宣传营销已经不太适合，相较于把它"吹爆""榨干"，更要对它进行"保护"，用"润物细无声"的宣传策略保持它的后续价值。

四、精彩阅读

一个影子跃进我的脑海，那是塔罗牌上的那只狗，阿拉贝拉夫人曾描述过的，那只朝愚人狂吠，想阻止他往悬崖走的狗。这个意象在这一瞬间突然浮现。罗丽阻止过露西——这个想法像一记直拳击中了我。我有如突然摔了一跤，差点喘不过气。这就是露西煎牛排给罗丽吃的原因！她想引开它的注意，让它安静不要狂吠。露西到后院爬上这棵树，心里完全是牺牲自己的想法，一心想让一切结束，但罗丽不肯让她轻易这么做。面对这如此狂野激动、来自动物的爱意，她怎能完成任务？怎么按照自己的计划进行呢？她办不到，根本不可能。于是，她回到屋里，准备她一生中给罗丽的最后一次犒赏。她用平底锅煎了牛排，放在地上摆在罗丽的脚边。许多宠物主人在给喂东西之前常会逗逗它们，通常都以"要不要吃东西啊"作为开场白，但露西把这些话全省下了。至于罗丽，它猛摇尾巴，欣然接受了犒赏。

从罗丽的观点来看，一块香喷喷的牛排突然摆在面前，这分明是一个礼物，是自己刚才发出警戒的犒赏。它刚才做的事是对的，这块牛排就是最好的证明。我可以想象它那时心中一定充满感激，充满欣慰。但露西呢？当她看着眼前这只动物展现出的饥饿与满足，看着这种狼吞虎咽大饱口腹之欲所展现出的生命活力时，她是否暂时停下思索自己正要做的是什么事？她稍有犹豫吗？她重新思考过吗？罗丽有没有让她闪过这个念头？或是，她太专注在自己的目标上了，而没时间（她能利用的仅有一只饥肠辘辘的动物吞掉一块肉的时间）停下来思考？罗丽一时出了神，沉迷于弥漫在厨房里的香肉味，沉迷于用牙齿把牛排撕开的动作，但那仅是一点点时间而已。当它把地板上的肉汁舔干净，当它再度抬起头时，露西已经不见了。

她永远不见了。

背叛罗丽的是它的肚子，背叛它的是对味道的敏锐感知——它的鼻子以不断抽搐的方式背叛了它，它的嘴巴以淌满口水的方式背叛了它。它不留神的时间才那么一点点，有如转身接电话而忘了孩子就待在窗边的母亲，有如置身异国他乡忘了交通规则而看右不看左的旅游者……就这么倏忽的一瞬，一切就都失去了。露西躺在地上，悄无声息，哀伤至极的罗丽，就这么失去了至亲。

这一切，都发生在一瞬间。

树底下，罗丽仍在那儿不停地跳跃喘息，发了疯似的拼命转圈。

"我没事，妹妹，"我对它说，"我马上就下来。"

我估算了一下从这里到地面的距离，知道自己并没爬多高，便直接跳下。虽然有点蹒跚，但双脚还是安全着地。才一落地，罗丽就向我扑来，差点把我给撞倒。它拼命舔我的手、我的臂膀，狂舔任何它舔得到的地方。我蹲下来，紧紧抱住它。

"我没事，妹妹，"我说，"我就在这里，哪里都不会去的。"

一会儿，我让罗丽坐进车里，开车去超级市场。它很喜欢搭车兜风，而这阵子只要我办得到，我会让它做任何能让它快乐的事。我替它留了一点车窗缝隙，让他待在车上，对任何胆敢从这辆车旁边走过的人咆哮狂吠，然后便走进了超市。我直接到肉品区，挑了两块全超市最上等的牛排，一块给我，另一块给罗丽。回到家里，趁着烤肉盘还在加热的空当，我拿起电话打给马修·瑞斯。

"马修，"我说，"我想回去工作了。"

就这样，露西死后第一年的日子就这么过了，我和罗丽的生活渐渐恢复了平静。我们经常外出散步，秋天的落叶被我们的六只脚踩得沙沙作响。我回学校继续教书，重新和同事聊天来往，随着日子一天天过去，他们对我的戒心似乎越来越薄弱了。我又开始能享受生活，享受食物、阅读以及扔球让我的狗狗衔回的愉悦。上周戈丽丝从动物收容所打电话给我，问我有没有空和她一起喝杯咖啡。我答应了，只稍稍犹豫了一下而已。

——节选自《巴别塔之犬》第 279~282 页

案例四 《偷影子的人》

Le voleur d'ombres
Marc Levy

偷影子的人

[法] 马克·李维
段韵灵 ◎ 译

你偷走了我的影子，
不论你在哪里，我都会一直想着你

偷影子的人
（Marc Levy） ◎ 著

一部令整个法国为之动容的温情疗愈小说
小 心 偷 影 子 的 人 ， 他 会 带 走 你 的 心
首印45万册，法国年度图书销售总榜冠军
台湾地区首发2个月内紧急加印8次，吴佩慈、SHE落泪推荐
附赠浪漫告白卡——"青春初吻"纪念明信片

湖南文艺出版社 博集天卷

书名：《偷影子的人》   作者：[法] 马克·李维   译者：段韵灵
出版时间：2012 年   出版社：湖南文艺出版社

一、作者介绍

马克·李维，法国著名作家，主要作品有《偷影子的人》《如果一切重来》《伊斯坦布尔的假期》《假如这是真的》《你在哪里》等。他毕业于法国第九大学计算机与管理专业。22 岁时创办了一家电脑影像合成公司，30 岁前他又与朋友开设建筑事务所，37 岁完成了处女作《假如这是真的》。他的写作动机十分单纯，让儿子 30 岁时能遇见 30 岁的老爸，了解他的心情。此书一出版便获得了业界认可，好莱坞知名大导演史蒂文·斯皮尔伯格以 200 万美金买下该书版权，将其翻拍成电影《出窍情人》，使得此书一炮而红，成为法国当年年度销售冠军。此后，他离开建筑事务所，开始全心创作。

马克·李维每年出书皆引起法国书市旋风，他的每本小说都荣获当年年度图书销售排行榜冠军，他还连续 11 年获得"法国年度最畅销小说家"称号。《偷影子的人》是马克·李维的第 10 部作品，也是他 10 年创作生涯的纪念之作，被法国媒体称为"马克·李维迄今为止最动人的一部小说"[①]。

二、畅销盛况

《偷影子的人》首印 45 万册，法国媒体称此书为"销售得比影子消失的速度还快"的书，此书还被评为《费加罗报》年度畅销书。

2012 年，《偷影子的人》由博集天卷引进国内后便登上了国内各大畅销书榜单，还被原国家新闻出版广电总局评为 2013 年度"大众喜爱的 50 种图书"之一。根据开卷数据统计，该书位列开卷 2014

---

① 玮婕."法国作家第一人"十年纪念作《偷影子的人》出版 [J]. 出版参考，2012（21）：26.

年虚构类畅销书排行榜第 6 名，2015 年虚构类畅销书排行榜第 8 名。此书在出版多年后，仍列入当当 2016 年图书畅销榜总榜第 9 名，2017 年图书畅销总榜第 23 名。

三、畅销攻略

《费加罗文学周报》评价："马克·李维非常善用自身过人的感受力，从亲身经历中深掘出滋养书中人物及故事的生命力，而作家对营造美丽故事的写作才华以及对书中角色精辟的心理分析，绝不会让读者失望。"这也是《偷影子的人》能畅销多年的根本原因。

（一）引人入胜的文思布局

1. 温情的主题

《偷影子的人》以其温暖浪漫的故事吸引了无数的读者，在读者群中引起了强烈共鸣，故事中恰到好处的情感纠葛及其所流露出的温情色彩，是其畅销的重要原因之一。在故事中，作者马克·李维借用"影子"的特异功能，展现了人性中理性和感性的斗争，不管是成人还是孩子都有迷茫与彷徨的时候，故事中的"影子"既代表了我们内心中最柔软的地方，也代表了内心最真实的想法，主人公拥有"偷影子"的超能力，可以通过"偷影子"了解别人内心的呐喊和渴望，善良的主人公用这种超能力来了解身边的朋友、亲人，并伸出援手，为别人的生命和自己的生活点亮光芒。对读者而言，光怪陆离的现代生活让许多人越发迷失自己，生活的压力压得大家都喘不过气，而阅读这个温情的故事，可让读者的心灵为之一暖，跟随作者笔下的故事重新理解亲情、爱情、友情，从而直视自己的内心。

2. 清新的文笔

《偷影子的人》延续了作者一贯的"清新"文风。他用"她凝视着我，漾出一朵微笑，并且在纸上写下：'你偷走了我的影子，不论你在哪里，我都会一直想着你。'"来描写克蕾儿对主人公的情感；用"你再也不会戴夏天的草帽，不能披秋天第一波寒流来袭时你披在肩上的克什米尔披肩。你再也不会在十二月的雪覆盖花园时点燃壁炉。你在春天还未来临前离去，毫无预警地抛下我。在月台上得知你已不在时，我感觉到一生中前所未有的孤单"这样的句子来描绘主人公得知母亲去世后的悲恸；用"我要为秋天保存一些幸福的时刻，好在黑夜滞留上学途中时咀嚼。她添了皱纹，但眼中闪耀着永不老去的温柔。父母到了某个年纪总会变老，但他们的容颜会深深烙印在你的脑海里，只要闭上眼睛，想着他们，就能浮现出他们昔日的脸庞，仿佛我们对他们的爱，能让时光停顿"这样的句子来表达主人公对母亲的思念。虽然没有华丽的辞藻，但字字扣人心弦，让读者身临其境，随故事中的"我"或喜或悲。

3. 苦甜交织的故事线

《偷影子的人》没有一味地营造美丽的幻想，而是呈现了多维度的现实，文章中既有温馨感人的母子亲情，也有令人遗憾的父子感情；既有浪漫唯美的初恋，也有情难如愿的爱情；既有不离不弃的友情，也有不得不分道扬镳的遗憾。主人公的母亲生病很久却选择向他隐瞒，而作为医生的他却没有发现母亲的"失常"，这让他久久不能释怀。母亲给她留下了信，信中表达了对他的思念和关爱：主人公的朋友吕克一直梦想当一名医生，在经过不懈努力后终于进入了医学院进修，然而在尝试之后，他知道了自己内心的渴望，知道了自己真正想要的是什么，放弃了看似光明的前途，回到小镇做回面包师，他跟主人公说，"我的人生缺少了某些东西""我的生活！""多亏你，我现在才知道什么事我不想做"。这如同我们大多数人的人生，既有幸福、开心、激动，也有痛苦、孤独、无奈，如此的故事线让读者笑中带泪，让读者产生共鸣，从书中找到本真的自己。

4. 富有悬念的写作技巧

作者留有悬念的写作技巧，给读者留出了大量的想象空间，使整篇小说读起来充满了趣味性。首先，作者在人物描写上留有悬念，作者从未交待主人公的名字，所有读者都不知道"我"叫什么，这一手法使读者能够更好地融入故事当中；其次，作者在故事情节设置上留有悬念，主人公的父母离异给他的心灵留下了创伤，他无时无刻不思念自己的父亲，但是却得不到父亲的回应，给父亲写的信只能连父亲的地址都没写就丢进信箱，直到母亲去世才得知父亲的消息，原来他的父亲会在圣诞节和他生日时给他寄送明信片，让人为之动容；最后，作者在人物心理描写上留白，主人公与苏菲之间的爱情朦胧暧昧，他们之间似乎有隔阂，但是在故事中却没有具体说明，这不禁让读者陷入深思之中：是否这种情感问题也曾发生在自己身上？这种写作方式没有限定读者的想法，而是让读者自己去思考。

（二）炙手可热的治愈卖点

随着经济、科技的迅速发展，人们承受着高强度的工作和高压力的生活，在这种状态下，为满足人们心灵的需求，"治愈系文化"应运而生。治愈系文化在不同领域均有所体现，例如，治愈系文章、治愈系漫画、治愈系音乐等。治愈系文章以让人类有积极向上的生活态度为宗旨，通过主题、情节、人物刻画等方面的描绘达到治愈负面情绪的效果；治愈系小说广受读者喜爱，如东野圭吾的《解忧杂货店》、加布瑞埃拉·泽文《岛上书店》、加思·斯坦的《我在雨中等你》，以及马克·李维的《偷影子的人》等都是治愈系小说的代表性著作，受到了千万读者的喜爱。

人们很容易在繁杂的社会中迷失自我，不知道自己内心真实的需求，也许我们感觉日子过得还不错，有一份好工作，有亲人的陪伴，觉得一直这样下去也很美好，但当有一天，我们发现了自己内心真正的需求，开始感到迷茫、彷徨与不知所措时，是追寻内心的想法去做自己真正想做的事，还是故步自封保持原状呢？想必读过《偷影子的人》后，你便会对自己的人生有新的看法。读完这本书，也许你会有很多共鸣，也许你不会赞同主人公的某些生活态度，但是不可否认，在这本小说所讲述的故事中，我们能从中看到自己的身影，想必这也是许多读者喜爱此书的原因。

（三）恰到好处的整体设计

随着社会的发展和进步，读者的审美水平不断提升，他们已不仅仅满足于对知识本身的获取，对书籍装帧设计也有着较高的要求。

书籍的整体设计不仅是艺术和美的结合，还是科学与技术的结合，好的装帧设计不仅要满足人们的视觉审美要求，还应满足人们的日常使用要求，书刊的整体设计是否合理对于图书能否畅销发挥着至关重要的作用。[①] 而《偷影子的人》的成功亦离不开其恰到好处的整体设计。

1. 实用的形态设计

《偷影子的人》的形态设计充分考虑到读者使用的便利性及实用性，选择畅销书常用的大 32 开常规开本，装订样式选择勒口平装，

---

① 国家新闻出版广电总局出版专业资格考试办公室. 出版专业实务（初级）[M]. 武汉：崇文书局，2015，165~166.

面封和底封平整挺括不卷边，书口较为牢固，勒口还可用于刊登广告，内文选择黑白印刷的方式，节约成本。

2. 清新的美术设计

（1）封面设计

内容虽然是图书的灵魂，但是精心的封面设计也至关重要，甚至成为浅阅读时代下图书的重要组成部分。出色的封面设计不仅在整部书籍的装帧设计中扮演重要角色，更是获得读者市场认可的重要前提。封面设计作为编辑与读者沟通的第一桥梁，只有满足读者认知体验，引导读者理解图书内容，才能刺激读者的购买欲望，实现图书的最终价值。[①]

《偷影子的人》封面为绿色，是一种让人感到温暖的颜色，更是能让人感到被治愈的颜色，这与文章温暖的主题、清新的内容、治愈人心的用意相得益彰。封面插图是一张小男孩亲吻自己影子的侧颜图片，简单而又随性，与小说主题和内容相呼应，让人感到亲切、可爱，更容易引发读者购买的欲望。封面宣传语是"你偷走了我的影子，不论你在哪里，我都会一直想着你"，简单的文字突出了图书的主题，从而引起读者的阅读兴趣。

（2）腰封设计

腰封就像是图书的自我介绍，通过文案信息和视觉表现向读者展示图书最精彩的部分，文案信息就像诉说者的语言表达，清晰易懂，干脆利落；视觉表现就像诉说者的外在形象，端庄大方，可圈可点。使用腰封可以为设计师提供更多的设计思路，拓宽其表达图书内容的设计形式，利用多出的纸质空间制作出符合图书气质的形态，切

---

① 樊竹筱，甄慧霞.基于读者认知体验的图书封面设计研究——以 2019 年度"最美的书"为例 [J].出版广角，2020（3）：64~66.

合主题增加文学类图书的层次，凸显图书的文学内涵。[①]

《偷影子的人》的腰封以黄色为主色调，腰封上的宣传语"一部令整个法国为之动容的温情疗愈小说"明确了图书的定位，强调了小说的治愈功能，而"法国媒体惊叹，销售得比影子消失的速度还快""首印45万册，法国年度图书销售总榜冠军""数百万中文读者口口相传，外国文学畅销经典"等一系列推荐语均展现出本书的畅销性。

（3）版式设计

版式设计是指按照一定的需求与审美规律，运用相应的视觉要素构成将不同的元素进行重组，最终达到既便于提取信息又具备美观性的效果。

《偷影子的人》全书18万字，正文间距较大，疏松的行距让读者阅读起来更加轻松。图书的目录页则以从正文中提炼出的优美语句作为每个章节的导引文字，让人耳目一新。

（四）面面俱到的营销手段

信息大爆炸的时代，社会中充斥着各式各样的信息，要想让纸质出版物受到读者的关注，激发起读者的购买欲望，那就要针对读者设计独特且不落俗套的营销手段。《偷影子的人》的出版方利用多种营销方式将图书信息传达到目标读者，这是其能在上市之初便受到众多读者关注的重要原因。

1. 线上营销

（1）新闻报道营销

新闻营销充分体现了新闻报道传播快的特点。新闻营销以新闻

---

① 袁璐，李宁. 文学类图书中腰封的视觉表现研究 [J]. 工业设计，2019（11）：68~69.

的形式对产品进行全方位推荐，影响消费者的购买决策，从而引导其消费。这种模式能够在短时间内快速提升产品的知名度。

搜狐新闻、网易新闻等网站以好书推荐、图书评论的方式对该书进行宣传，如搜狐新闻评价此书"有催人泪下的亲情、浪漫感人的爱情和不离不弃的友情，清新浪漫的气息和温柔感人的故事相互交织，带给读者笑中带泪的阅读感受"，网易读书评价此书"《偷影子的人》以带有些许魔幻的笔触贯穿全书，文风清新幽默又不失感动，催人泪下的亲情、朋友相挺的友情和浪漫感人的爱情相互交织，轻松迎合了大众读者尤其是女性读者的内心"，这种宣传方式抓住了目标读者的心理，以最直接、最有效的方式引导消费者的购买行为。

（2）电视营销

有线电视营销是比较传统的营销方式，它有非常明显的优点，例如，效果直观、受众多、对产品的介绍更为详细等。

《偷影子的人》的营销团队充分发挥了电视营销的优势，通过北京新闻频道的《北京您早》栏目进行倾情推荐，该栏目对书的内容和精彩部分进行了将近 2 分钟的讲解，大大提升了该书的知名度和影响力。

（3）微博营销

微博营销是指利用微博平台对产品展开多媒体形式的宣传推广，从而达到推广产品的目的。微博营销有信息发布门槛低、随时随地传播信息、信息交互简便快捷等优势，已成为一种最常见的营销方式。

《偷影子的人》的营销团队通过与拥有 27 万粉丝的"博集天卷"官方微博以及"Kindle"电子书等拥有百万级粉丝的微博账号合作进行宣传，通过建立微博话题"偷影子的人"给广大读者提供在线分享平台，2021 年该话题的讨论数已过 10 万，阅读次数已过 2 000 万。

（4）名人推荐

名人效应是通过名人的到场或签名引起人们的关注，名人自身的社会效应也帮助图书形成了良好的社会效应。[①]

《偷影子的人》曾被多位名人推荐，知名艺人吴佩慈阅读完本书后写道："什么样的一本书，会让你看完想静静淌着泪回味一下，同时感到温馨、诙谐、爱、喜悦和哀伤，这么复杂却又纤细的情感交织出这本《偷影子的人》。好想知道我的影子会说出我的什么秘密？"Christian Aufranc 评论此书："以魔幻笔触贯穿全书，将我们卷入浪漫主义的浪潮，让我们读到尾声时仍旧不舍抽离，那些我们惯于隐藏、隔离在记忆深处的回忆，那些关于我们自己、关于青春、关于童年的一切。"名人对本书的推荐，提升了本书的知名度，在推广此书方面发挥了积极的作用。

2. 线下推广

（1）创作分析和读者交流会

签售会、读者交流会提供了一个读者和作者近距离接触的机会，不仅可以让作者充分了解读者的阅读感受和评价，还可以让读者之间互相交流图书内容，从而提高图书销量。

2014 年 8 月 16 日，"《偷影子的人》创作分析和读者交流会"于上海图书馆举办，马克·李维对话知名主播陈璇，同时与观众一起分享创作经验，这场交流会中有很多作者的忠实粉丝参与，进一步扩大了本书的影响力。

（2）报纸宣传

在借助报纸进行营销宣传时，需要传播者挖掘产品独特的卖点，充分展示品牌形象，向传播对象传达产品的符号意义，借助颜

---

① 王朔. 名人效应与图书馆绘本阅读推广——基于新浪微博"绘本时光计划"的研究 [J]. 传媒论坛，2018，1（12）：149~150.

色、字体、排版等视觉层面的设计，增强产品的品牌识别度，在一定程度上减少受众的认知成本。[①] 在《淮海晚报》上发表的"《偷影子的人》书评"，在《江门日报》上发表的"爱是治愈一切的良药——读《偷影子的人》"，均提升了本书的知名度。

（3）成套出售

出版方将马克·李维的 6 部精选代表作，《偷影子的人》《伊斯坦布尔假期》《如果一切重来》《那些我们没谈过的事》《在另一种生命里》《生命里美好的春天》组合成套出售，以整合营销的方式扩大图书的影响力。

四、精彩阅读

我们第一次做爱，是两年前的今天。你甚至根本不记得。我们已经两个星期没见，却在医院对面这个破旧的小店里庆祝我们的两周年，只因为必须在值班前吞点儿东西。我真的无法时而当你最好的朋友，时而当你的情人。你已经准备好为全世界，甚至为早上才遇到的陌生人奉献，而我，我只是你在暴风雨时紧抓的浮标，天气一放晴你就松手。你这几个月来对吕克的关心，远比两年来对我的还多。不管你承不承认，我们都已不是在学校操场放纵青春的孩子。我只是你生活里的一个影子，你却在我的生命里占有重要地位，这让我很受伤。你为何带我去见你母亲？为何要制造在阁楼里的亲密时刻？如果我只是个单纯的过客，为何要让我闯入你的生活？我千百次想过要离开你，但仅凭一己之力我做不到。所以，请你帮我一个忙，帮我完成这件事，又或者，如果你相信我们之间还有可以共同分享

---

① 宋文雅，颜毓洁 . 由 "4Ps 理论" 看新媒体下报纸的营销策略——以《纽约邮报》为例 [J]. 传媒，2019（2）：63~64.

的地方，即使只是时间问题，就为我们找出方法来继续这段故事。

——节选自《偷影子的人》第 150 页

我一言不发，也许是因为把克蕾儿的故事告诉苏菲，就如同出卖了克蕾儿一样。童年的爱是很神圣的，什么都无法将之夺去，它会一直在那里，烙印在你心底，一旦回忆解放，它就会浮出水面，即使只是折断的双翼。我折起鹰翼，重新把线卷好，然后请吕克和苏菲等我一会儿，把风筝重新放回灯塔去。一到了塔顶，我就把风筝放进木箱子，还向它道了歉；我知道，对着一只老旧的风筝说话很蠢，但我就是这么做了。把木箱盖合上时，我很愚蠢地哭了，而且完全停不下来。

——节选自《偷影子的人》第 165 页

我在这里不快乐，老伙计。我曾经以为，当上医生能改变我的处境，我的父母会以我为荣：面包师傅的儿子成为医生，这会是个多美好的故事！只有一件事例外，即使有一天，我成功当上最伟大的外科医生，但相较于我爸爸，我永远无法望其项背。我爸爸或许只是做面包的，但你看到那些在清晨第一时间来买面包的人，他们竟然如此快乐。你还记得在海边小旅馆的那些老人吗？我曾经为他们做过烘饼，而我爸爸，他每天都在创造这种奇迹。他是一位谦虚又低调的男人，不会说太多话，但是他的双眼已道尽一切。当我在烘焙房里和他一起工作时，我们有时一整夜都不说话，然而在揉面团时，我们会肩并肩站在一起，彼此分享许多东西。他是我的标杆，是我想成为的对象。他想让我学会的技艺，正是我想从事的工作。我告诉自己，有一天，我也会有孩子，我知道如果我和我爸爸一样，成为一名很棒的面包师傅，我相信我的孩子会以我为荣，就如同我以我爸爸为荣。别生我的气，圣诞节过后，我不会再回来，我要终止医学院的课业。等一下，你什么都别说，我还没说完。我知道你介入了某些事，也曾跟我爸爸谈过，这不是我爸爸告诉我的，是我妈妈。我在这里度过的每一天，包括那些你真的惹我很生气的日子，我都打心底感谢你，谢谢你给我机会到医学院进修，多亏了你，我现在才知道什么事我不想做。你回乡下的时候，我会为你准备好巧克力面包和咖啡口味的闪电面包，我们会一起分享，就像从前那样。不，比从前更好，我们会一起品尝，就像未来那样。好了，我的老友，这不是永别，只是再见。

——节选自《偷影子的人》第 197~198 页

青少年时期，我们总梦想着离开父母的一天，而改天，却换成父母离开我们了。于是我们就只能梦想着，能否有一时片刻重新变回寄居父母屋檐下的孩子，能抱抱他们，不害羞地告诉他们，我们爱他们，为了让自己安心而紧紧依偎在他们身边。神甫在妈妈的墓前主持弥撒。我听着他讲道，他说人们从来不会失去双亲，即使过世后，他们还是与你们同在。那些对你们怀有感情，并且把全部的爱都奉献给你们，好让你们替他们活下去的人，会永远活在你们心中，不会消失。

——节选自《偷影子的人》第 207 页

牧羊少年奇幻之旅

〔巴西〕保罗·柯艾略 著 丁文林 译

O ALQUIMISTA

北京出版集团公司
北京十月文艺出版社

书名：《牧羊少年奇幻之旅》 作者：[巴西] 保罗·柯艾略 译者：丁文林
出版时间：2017 年 出版社：北京十月文艺出版社

一、作者简介

保罗·柯艾略（Paulo Coelho），1947年出生于巴西里约热内卢，被誉为全球最有影响力的当代作家之一。1966—1968年，因性情叛逆被家人送进精神病院三次，入读法律学校一年后便放弃了学业，四处游玩，并且沉迷于毒品。1974年，因反对政治独裁被投进监狱；1986年，踏上去往圣城圣地亚哥之路，心灵顿悟；1987年，《朝圣》使他名扬巴西；1988年，因受《一千零一夜》中一个故事的启发而创作的《牧羊少年奇幻之旅》让他名声大振，自此开启了他的畅销书之路。

保罗·柯艾略以奇绝独特的视角、博大悲悯的心胸、清澈如水的文字，将童话寓言、宗教奇迹、哲学沉思融为一体，"在所谓的全球化的境况中，利用全人类的文化资源，写出一些所有人都可以欣赏和阅读的东西，超越了地域和作家本人的种族、文化认同的身份，给更多的人以文学幻想的甜蜜魅力。他喜欢把人类共同关心的主题，通过小说来呈现。他还打通了寓言、儿童小说和传说之间的壁垒，写出了全新的可以让各种年龄的人阅读的书"[①]。由于其作品的深远影响力，2002年时，保罗·柯艾略当选为巴西文学院院士；2007年，被联合国任命为和平大使；2009年，《牧羊少年奇幻之旅》打破"吉尼斯世界纪录"，成为迄今出版语种最多的图书。

二、畅销盛况

《牧羊少年奇幻之旅》是巴西作家保罗·柯艾略创作的长篇小说，

---

① 邱华栋. 小说的炼金术士——评保罗·柯艾略的小说 [N]. 中华读书报，2002-03-27.

出版于 1988 年。这部译成中文只有约 10 万字的作品一开始销量并不理想，最初只是在巴西一家小出版社印了 900 本，就没有再版了。一直到 1990 年，保罗·柯艾略出版《少女布莱达灵修之旅》之后，《牧羊少年奇幻之旅》才开始受到关注。1993 年，《牧羊少年奇幻之旅》英译本在美国出版之后引起轰动，在《纽约时报》畅销榜停留了 427 周。1994 年《牧羊少年奇幻之旅》法译本在法国出版，连续 5 年蝉联法国畅销书排行榜榜首。不久后，《牧羊少年奇幻之旅》又登上了意大利、德国、西班牙等国的畅销书榜首，在整个欧洲掀起热潮，成为罕见的文学现象。2009 年，此书又以拥有 68 种语言版本创造了吉尼斯世界纪录。这部小说被誉为 20 世纪最重要的文学小说之一。

该书最早由原中国文学出版社的一位年轻编辑孙国勇于 1997 年亲自翻译引进，当时直接以《炼金术士》的书名出版，这一版本的部分内容后来还被选入高中语文选修课本《外国小说欣赏》之中。但从市场角度来说，这显然是一次失败的试水，当时该书首印 1 万册，但实销仅 5000 余册。

其后，上海译文出版社于 21 世纪初由葡萄牙语原文直接翻译出版了此书，并以《牧羊少年奇幻之旅》为名重新命名，此书受到国内许多读者的关注。之后，柯艾略的中文简体版权落到了新经典文化公司手中，并由南海出版公司出版了一系列柯艾略作品，根据柯艾略作品版权方新经典文化公司提供的数据，柯艾略在中国出版的作品中，比较著名的有《牧羊少年奇幻之旅》《维罗妮卡决定去死》《朝圣》《孤独的赢家》等。2017 年新经典文化有限公司与北京十月文艺出版社合作重新出版了《牧羊少年奇幻之旅》，其在 2018 年与 2019 年的京东小说图书畅销榜的排名均在 100 名之内。

三、畅销攻略

（一）文本自身的魅力

1. 主题——追寻自己的"天命"

有人说，《小王子》教我们放下执念，《牧羊少年奇幻之旅》教我们寻找执念。《牧羊少年奇幻之旅》中牧羊少年圣地亚哥在做梦、释梦、寻梦、破梦、圆梦、识梦的过程中不断地追寻着自己的"天命"。对于"天命"，每个年龄段的读者都会带着此时的经验来解读这本书：于青年而言，"天命"可能是勇敢追寻的梦想；于中年者而言，"天命"可能是需审视的生活；于老者而言，"天命"可能是待回首的人生。看似简单的主题其实蕴含着丰富的哲学意味，能够引起不同年龄阶段人群的共鸣。牧羊少年不畏"死亡之海"撒哈拉大沙漠，告别羊群、告别既定的生存状态，远赴埃及追寻人生宝藏的故事设定，与人们常说的"生活不止眼前的苟且，还有诗和远方"有异曲同工之意。牧羊少年的冒险故事也仿佛是给迷茫的人的一剂良药，"当你想要某种东西时，整个宇宙会合力助你实现愿望，"这句话在书中反复出现，似是给予缚在一成不变的生活中的人们的一种鼓励，鼓励其在日渐浮躁、物欲横流的世界中坚持对所谓天命的追寻，跳脱出一成不变的生活。

2. 内容

《牧羊少年奇幻之旅》之所以能够成为畅销中外的图书，最重要的原因在于它的内容。保罗·柯艾略本人于 19 世纪 70 年代初开始便一直对神秘事物很感兴趣，他于 1981 年加入了拉姆教会，5 年后被任命为拉姆教团的魔法师。依据传统教团的规定，他踏上了中世纪 3 条朝圣路线之一的圣地亚哥之路。他用 21 天时间将这次朝圣经历编辑成书《朝圣》，并于 1987 年出版。这之后，柯艾略去了埃及开罗，见到了举世闻名的撒哈拉沙漠和埃及金字塔。由于受到《一千零一夜》里"一梦成富翁"的故事和博尔赫斯《双梦记》的启发，1988 年，柯艾略创作出了《牧羊少年奇幻之旅》。[①] 他富有传奇色彩的独特经历以及巴西多种族、多信仰国家的成长环境使其具有广博的人格思想，他的文学创作题材也是丰富多样的，是世界性的，故而能够被不同种族、不同信仰、不同文化背景的人群认可和接受。

《牧羊少年奇幻之旅》作为其代表作，讲述了牧羊少年圣地亚哥接连两次在老教堂里的无花果树下发梦，梦见埃及金字塔附近藏有一批宝藏。在撒冷之王麦基洗德的启发之下，他卖掉羊群，离开故土，历经千辛万苦一路向南，跨海来到非洲，穿越"死亡之海"撒哈拉大沙漠追寻人生的宝藏。在此期间奇遇不断，最后在一位沙漠炼金术士的指引下，他克服种种困难，在金字塔前悟出了宝藏的真正所在，最终，他回归故里，在古老教堂的无花果树下找到了宝藏。整本书将传奇、神话、寓言等多种形式融为一体，使用象征性语言及隐喻的手法，融合诸多《圣经》中的文化元素与意象，兼具宗教色彩与哲学沉思，这些内容上的巧妙构思成就了此书今日的畅销。

（1）精巧新颖的形式

《牧羊少年奇幻之旅》一书的原型为阿拉伯文学经典《一千零一夜》中的第 351 个故事。作品的叙事框架基本上是在重复原作中开罗浪荡子的故事，作者善用寓言化的叙事、探险故事的设定、骑士精神的传达以及通俗化的表达，使整本书融合了传奇、寓言、神话、探险故事与成人童话，也使书中所描绘的世界异彩纷呈。这种新颖的写作形式可以使读者感受到神话寓言的神秘感，同时也获得生活

---

① 李慧.《牧羊少年奇幻之旅》世界主义精神解读 [D]. 西北师范大学，2015.

哲学上的领悟，拥有脱离现实勇敢寻梦的代入感，这也是本书能够畅销的原因之一。

（2）多重文化的碰撞

在《牧羊少年奇幻之旅》中，保罗·柯艾略将基督教、犹太教与阿拉伯文化重合在一起，让主人公圣地亚哥在多重文化的碰撞中找寻到自己的天命。如在故事中贯穿全线的牧羊人在基督教文化里经常被用来形容上帝、耶稣及其仆人，不断地引导牧羊人追寻天命的撒冷之王麦基洗德在《圣经》中是上帝的最高祭祀神，而主人公之名圣地亚哥则是世界上仅次于耶路撒冷和罗马的第三大宗教圣城，这些人物角色身上均含有《圣经》相关的文化元素，是基督教文化的体现，而故事中谨遵《古兰经》的女主人公之名法蒂玛则是伊斯兰教的象征。法蒂玛是伊斯兰教先知穆罕默德最心爱的女儿的名字，她代表着伊斯兰最完美的信士和穆斯林最完美的女性[①]，保罗·柯艾略笔下的法蒂玛同样也是一位具有美好品德的美丽女性，她在圣地亚哥追寻"天命"的历程中发挥了重要的作用。二者的爱情在一定程度上也象征着基督教与伊斯兰教的完全平等，故事中圣地亚哥从最初的称伊斯兰教徒为"异教徒"到后来穿上阿拉伯服装接受阿拉伯文化，再到最后与法蒂玛相爱，在此期间所展现的既是其观念的转变，也是不同信仰间的和谐共处。书中所表现出来的宗教意识以及宗教间相互平等、包容共生的理念是非常明显的，不同文化元素的碰撞与渲染也让拥有不同信仰的读者能够感受到各自文化的魅力，如此一来便很容易受到西方读者的接受与欢迎。

（3）丰富的人生哲理

《牧羊少年奇幻之旅》运用富含哲理和诗意的语言讲述了牧羊少

---

① 百度百科．法蒂玛 [EB/OL]．（2019—07—30）[2020—07—20]. https：//baike.baidu.com/item/法蒂玛/2385931?fr=aladdin.

年圣地亚哥追寻宝藏的奇幻冒险故事，极具启发性和励志意义。作者擅长用通俗易懂的语言传达深刻、精辟的哲理，书中的许多细节与小故事的设定均经过精心设计，一字一句均能给人以人生启示。比如关于初心，故事中的智慧大师说，"幸福的秘密就在于，既要看到世上的奇珍异宝，又要永远不忘记勺里的那两滴油"；关于信念，撒冷之王告诉少年，"万物皆为一物。当你真心想要某样东西时，整个宇宙都会联合起来帮助你完成"；关于生活态度，赶驼人认为，"生活就是一个节日，是一场盛大的庆典，因为生活永远是，也仅仅是我们现在经历的这一刻"；关于爱情，男孩回答沙漠，"爱就是猎鹰在沙地上空飞翔，对猎鹰来说，你就是一片绿地，它永远不会无功而返，它熟悉你的那些沙丘、岩石和山岭，你对它十分慷慨"；关于学习，男孩坦言，"每个人都有自己的学习方式，他的方式不属于我，我的方式不属于他，但是我们俩都在追寻各自的天命，为此我尊重他"。作者用率真、流畅的语言写出诸多人生哲理金句，向读者传达着自己对于生活的理解，对于人生的思考，它们极大地增强了本书的趣味性、可读性以及感染力。

3. 语言特色——象征性语言及隐喻手法

在《牧羊少年奇幻之旅》中，保罗·柯艾略善用象征和隐喻手法赋予书中不同命运的"小人物"以象征使命，也赋予自然万物以超越自身内涵的意义，使读者能够于小人物中发现自己的影子，使万物不再只是单纯的物，由此营造出了书中的神秘世界。

《牧羊少年奇幻之旅》中主人公圣地亚哥在相信梦的指引与保持生活常态中选择了前者，他听从撒冷之王的智慧之语，相信预兆，不断地去追寻并完成自己的"天命"。在此期间他放弃了在水晶店老板那里获得的财富，暂别了在他看来比任何财富都宝贵的意中人法蒂玛，以"天命"为第一要务的圣地亚哥似乎成为了追寻"天命"之人最理想的化身。书中出现的"炼金术士"不断地提醒圣地亚哥遵循"预兆"，告诫他目前所拥有之物无一来自金字塔，若一味拘泥于目前所得，未来"天命"将会成为"未完成"的执念，将会成为他永生的遗憾。在其不断指引下，圣地亚哥勇敢地倾听心声，积极履行属于自己的"天命"。在这里，已经履行"天命"的炼金术士可以视作鼓励和推动我们去追梦、去实现自我价值的强大力量。

除此之外，作者仅给书中的男女主人公赋予了具有特殊意义的名字，其他角色均未命名，而是以水晶店老板、卖爆米花的小贩、英国人、躲避战乱的难民等形象出现，这些形象在一定程度上正是不同命运的"我们"。同样怀揣朝圣梦想却因恐惧失败拘泥现状的水晶店老板、同样相信生活中的预兆却迟迟不敢付诸实践的英国人、反复受到梦的指引却既不信"天命"又不信"预兆"只求苟活于乱世的难民……这些具有象征性意味的人物设定像你像我又像他，使读者在阅读作品的过程中更有代入感。另外，作品中的自然万物也同样带有象征意味，作者以羊群隐喻浑浑噩噩而不自知的普通大众，以沙漠隐喻坎坷艰难的追梦路途，以吹遍世界无所不知的风隐喻思想文化的包容性，等等，这些极富象征意义的意象构造出了书中的神秘世界，同时也给故事增添了更加深刻的哲学意味，令人深思。

（二）成功的图书设计

1. 外部装帧设计

在图书的装帧设计上，出版社选择了32开的精装本设计。护封采用黄白相间的纹理纸，素雅简单。封面上方由简单的线条以及单色块勾勒出金字塔、牧羊人和羊群，牧羊人正赶着羊群奔金字塔而去。而在封底，不见羊群，只有线条描绘的金字塔和牧羊人，正如故事中的牧羊少年放弃羊群，孤身一人去追寻金字塔的宝藏。这样的设计带着一点"魔幻"色彩，给人以想象空间，同时又契合了作品风格。黄白色相间具有纹理质感的护封也令人联想至牧羊少年圣地亚哥所穿越的撒哈拉大沙漠，视觉效果和谐统一。

与护封所具有的神秘感不同，内封以黑色作为背景色，封面中央采用烫金工艺展现太阳图形，图形中是葡萄牙语书名"O ALQUIMISTA"、牧羊人、山海以及彼岸的金字塔。西方文学中太阳发出强烈的光芒，使万物沉溺于光明之中。这些意象的集合搭配使庄严的黑色更显神秘色彩，也更加贴合"天命之书"的神圣感。《牧羊少年奇幻之旅》采用红色腰封，与淡雅的米黄色护封形成鲜明的色彩对比。腰封以金色字体突出此书的畅销盛况，同时标注了相关名人推荐、书中金句等重要信息，以求在短时间内吸引读者的注意力。

2. 内文版式设计

《牧羊少年奇幻之旅》在书籍的内文设计上选用较小的版心，且在四周都留有空白，使内文看起来较为舒朗。本书是一本具有童话色彩的寓言小说，整本书仅分为上部、下部及尾声三个板块，故内文主要依照故事情节来分章分节，这些情节的篇幅都不长，为故事留下了许多想象空间。因此，内文在单篇短文起始与结尾等处均留出空白，版面干净简洁，这样的排版不会给读者造成阅读压力，反而会使读者获得舒适的阅读体验。

（三）各界名人的推荐

《牧羊少年奇幻之旅》自1988年出版以来便被许多名人推荐，美国前总统比尔·克林顿曾表示，"我女儿切尔西向我极力推荐这本书，我非常喜欢它，我会把它推荐给希拉里"；法国文化部长让·雅克·埃雅贡称保罗·柯艾略为"成千上万读者心中的文学炼金术士";获得 1994 年诺贝尔文学奖的日本作家大江健三郎评价保罗·柯艾略"真正掌握了文学炼金术的真髓";中国儿童文学作家曹文轩评价此书道:"财富不在远方,财富就在我们脚下,但却需要通过九死一生的寻找,才会有所悟。"① 同时,它也是激励科比、詹姆斯的梦想之书。

除此之外,《牧羊少年奇幻之旅》也常常出现在明星们的推荐书单中。李现曾在社交媒体上推荐"正在努力奋斗或是相对迷茫"的粉丝关注此书,王源曾表示:"这本书教会我要有追梦之心,也要一直走在追梦之路上。"王俊凯的私藏书单里也有它。杨洋评价说:"这本书教会我做自己该做的事情,坚信我会找到属于我自己的成就。"黄轩和刘昊然均曾朗读过书中的经典桥段,《天天向上》节目中也曾推荐过此书;高圆圆和大张伟也在社交媒体上表示过对本书的喜爱……众多名人的推荐,加之保罗·柯艾略本人经常在社交媒体上与不同国家的读者互动、转评他人对本书的书评,这些都成就了《牧羊少年奇幻之旅》的畅销。

四、精彩阅读

"先生是哪里人?"男孩问。

"我是许多地方的人。"

"没有人能够是许多地方的人。"男孩说道,"我是牧羊人,到过许多地方,但是我只属于一个地方,那是一座古城堡附近的小镇。我就出生在那里。"

---

① 百度百科. 保罗·柯艾略 [EB/OL]. (2020–04–23) [2020–07–20]. https://baike.baidu.com/item/ 保罗·柯艾略 /3640199.

"那么，可以说我出生在撒冷。"

男孩不知道撒冷是哪儿，但是他不想寻根究底，以免因无知而丢脸。他望着广场，待了片刻。人们来来往往、行色匆匆，似乎都非常忙碌。

"现在撒冷怎么样？"男孩问道，试图套出点线索来。

"跟往常一样。"

这说明不了什么。不过他明白，撒冷不在安达卢西亚，否则他早就知道了。

"在撒冷您是做什么的？"男孩又问。

"在撒冷我是做什么的？"老人第一次开怀大笑起来，"听着，我就是撒冷之王！"

男孩心想，人总会说一些刁钻古怪的事情。有的时候，最好与羊群为伴，羊群不声不响，只顾吃草喝水。与书为伴也行，书总是在人们最想听故事的时候，告诉你一些意想不到的事情。但是，当人与人交谈的时候，有些人说的话会让我们无所适从，不知该怎样把谈话继续下去。

"我叫麦基洗德。"老人说，"你有多少只羊？"

"不多不少。"男孩回答说。看来老人很想了解他的生活。

"那么我们就面临着一个问题。既然你认为你已经有足够的羊，我可就没法帮你了。"

男孩生气了。他并未请求帮助，反而是老人主动跟他搭讪，跟他要酒喝，还翻看他的书。

"请把书还给我。"他说道，"我得去找我的羊群，然后继续赶路。"

"你把十分之一的羊送给我，我就告诉你怎样找到宝藏。"老人说道。

男孩又想起了那个梦。突然之间，一切都明朗起来。老妇人没收取任何报酬，但这个老人却想用一个子虚乌有的承诺，从他这儿弄走更多的钱，说不定他就是那老妇人的丈夫，大概也是个吉卜赛人。

然而，未等男孩开口，那老人便俯身拿起一根木棍，开始在沙土地上写字。当他俯下身去的时候，怀里有个东西闪烁了一下，发出的光芒如此强烈，晃得男孩睁不开眼。但老人迅速用披风遮盖了那个耀眼的东西，动作之快，像他这把年纪的平常人绝对做不出来。男孩的视觉恢复了正常，能够渐渐看清老人所写的字了。

在这座小城市中心广场的沙土地上，他看到了自己父亲和母亲的名字，看到了自己走过的人生路，童年时期的嬉戏玩耍，神学院里的寒夜青灯，看到了那个女孩的名字——这是他原先不知道的。他还看到一些他从未对任何人讲起过的事情。比如，有一次偷了父亲的枪出去打梅花鹿。还有，他第一次，独自一人的性体验。

"我是撒冷之王。"老人说。

"为什么一位王要和牧羊人交谈？"男孩极为钦敬而腼腆地问。

"原因有好几个。不过，咱们先说最主要的，那就是，你已经能够完成你的天命了。"

男孩不知道什么是天命。

"天命就是你一直期望去做的事情。人一旦步入青年时期，就知道什么是自己的天命了。在人生的这个阶段，一切都那么明朗，没有做不到的事情。人们敢于梦想，期待完成他们一生中喜欢做的一切事情。但是，随着时光的流逝，一股神秘的力量开始企图证明，根本不可能实现天命。"

老人所说的这番话，对男孩来说意义不大。但是他很想知道什么是"神秘的力量"，这要是讲给那个女孩听，她会惊讶得目瞪口呆。

"那是表面看来有害无益的力量，但实际上它却在教你如何完成自己的天命，培养你的精神和毅力。因为在这个星球上，存在一个伟大的真理：不论你是谁，不论你做什么，当你渴望得到某种东西时，最终一定能够得到，因为这愿望来自宇宙的灵魂。那就是你在世间的使命。"

"就连云游四方也算吗？还有，跟纺织品商人的女儿结婚也算吗？"

"寻找宝藏也算。宇宙的灵魂是用人们的幸福来滋养的，又或者是用人们的不幸、羡慕和忌妒来滋养。完成自己的天命是人类无可推辞的义务。万物皆为一物。当你想要某种东西时，整个宇宙会合力助你实现愿望。"

——节选自《牧羊少年奇幻之旅》第 29~34 页

追风筝的人

[美] 卡勒德·胡赛尼 著 ｜李继宏 译

THE
KITE RUNNER
Khaled Hosseini

这本小说太令人震撼，很长一段时间，让我所读的一切都相
形失色。文学与生活中的所有重要主题，都交织在这部惊世
之作里：爱、恐惧、愧疚、赎罪……
——伊莎贝尔·阿连德

全球3500万读者口耳相传
最想与友人分享的终身五星小说
为你，千千万万遍。

书名：《追风筝的人》　　　作者：[美]卡勒德·胡赛尼　　　译者：李继宏
出版时间：2006 年　　　出版社：上海人民出版社

一、作者简介

卡勒德·胡赛尼，美籍阿富汗裔作家、医生。其主要作品有小说《追风筝的人》《灿烂千阳》。1965年3月4日，卡勒德·胡赛尼出生于阿富汗喀布尔市，现居加州。他的父亲是外交官，母亲是喀布尔女子学校的教师。1980年，为躲避战乱，随父亲移居美国。1984年，胡赛尼高中毕业，申请到圣塔克拉拉大学念生物，之后在加州大学圣地亚哥分校的医学系就读。1999年，胡赛尼偶然看到一篇关于塔利班禁止市民放风筝的报道，而放风筝是胡赛尼小时候在喀布尔最喜欢的活动。他一时兴起写了一个小故事，并在2001年将它最终扩展成为小说《追风筝的人》，这也是他的第一本小说。2003年，此书一经出版，就因其震撼感人的故事情节而大获好评，曾占据纽约《时代周刊》畅销书排行榜首长达两年之久。

《追风筝的人》已经由梦工厂改拍成同名电影。胡赛尼本人更因小说的巨大影响力，于2006年获得联合国人道主义奖、约翰·斯坦贝克文学奖等多个奖项，并受邀担任联合国难民署亲善大使。卡勒德·胡赛尼出生在阿富汗，可以说是这个国家一系列大动荡的亲历者和见证者。自《追风筝的人》之后，他的名字便和阿富汗联系在了一起，作者以近乎偏执的热情和饱满的深情写下他在阿富汗的童年、记忆，从某种程度上来看，这本书也可以说是作者的回忆录。《灿烂千阳》是胡赛尼出版的第二本小说，出版之前即获得极大关注。2007年5月22日在美国首发，赢得评论界一致好评，使胡赛尼由新人作家一跃成为受到广泛认同的成熟作家。

李继宏，生于1980年，广东揭阳人，毕业于中山大学社会学系，现居上海，曾任英国伯明翰大学莎士比亚研究所访问学者、美国加州大学尔湾分校英文系客座研究员，译有"李继宏世界名著新译"丛书,包括《小王子》《老人与海》《了不起的盖茨比》《瓦尔登湖》《月亮和六便士》《傲慢与偏见》等，以及《追风筝的人》《与神对话》等图书，另著有外国文学评论集《陌生的彼岸》。

二、畅销盛况

自 2003 年《追风筝的人》在美国出版以来，该书已经被翻译成 42 种语言，并被报纸杂志界盛赞为"一部非比寻常的小说""一鸣惊人之作""一部扣人心弦的感人作品"，此书曾拿下美国鲍德斯（Borders）书店"原声文学奖"虚构类作品奖，还被评为美国《旧金山纪事报》年度最佳图书、美国《娱乐周刊》年度最佳图书。

2004 年，此书荣获南非图书奖、美国青年图书馆协会艾力克斯图书奖。2005 年，《追风筝的人》的繁体中文版在中国台湾出版，很快便成为畅销书。2006 年，《追风筝的人》中文简体版在大陆出版，被中国读者评为"终身五星图书"，《追风筝的人》的巨大成功使得胡赛尼获得了 120 万元的中文版权费，并登上"在中国最赚钱的外国作家富豪榜"榜首，该榜单是由中国西部城市成都出版的《华西都市报》进行统计的。根据开卷数据统计，《追风筝的人》销量位列 2008 年引进版小说第一名，此书 2019 年和 2020 年在京东文学小说排行榜上的排名均位于前 50 位。

根据英国《卫报》当时的报道，《追风筝的人》的作者卡勒德·胡赛尼凭着自己的作品荣登 2008 年全球最畅销作者宝座，他击败的对手包括了"哈利·波特"系列的作者 J.K. 罗琳和被誉为"吸血鬼女王"的斯蒂芬妮·梅耶。这项国际畅销小说作家的评选由英国的《书商》、美国的《出版人周刊》、法国的《图书周刊》，以及来自德国、意大利、荷兰、中国、西班牙、瑞典等国的众多权威杂志共同参与。对于胡赛尼的读者而言，《追风筝的人》没有耸动的标题与噱头，其畅销完全源自于全球读者的口耳相传。

三、畅销攻略

在市场经济社会中，打造畅销书是众多出版人追求的目标之一，而一本书籍的畅销往往也是多种因素共同作用的结果，《追风筝的人》这本畅销书也不例外。接下来笔者将从以下方面加以分析。

（一）"成长"与"救赎"两大主题的影响力

1. 充满人性意蕴的主题思想

《追风筝的人》可以说是一部有着多重主题的小说，既有成长、救赎的主题内涵，也有关于人性善与恶斗争的思想深度，并且每一个主题都对读者尤其是青少年有着深刻的意义。

首先，就成长与救赎的主题来说，《追风筝的人》可谓是一部典型的"成长小说"。作者基本是从自己的个人经验出发，为读者讲述了一个现实而又残酷的故事，为读者呈现了主人公阿米尔在青春期的成长之路，直到最后阿米尔完成了对哈桑儿子的解救并把他带到美国一起生活，也同时完成了对自己的救赎，这个时候的阿米尔才是真正意义上的长大成人。

这里的"成长"是带有双重意味的，一方面，是客观方面的成长，如身体特征的变化、年龄的增长等；另一方面，是主观方面的成长，如心理上的成熟、性格上的完善，这两者是相辅相成的。在《追风筝的人》一书中，主人公阿米尔经历了非常复杂的成长过程，大致概括为以下六个阶段：快乐的童年生活—风筝大赛—随父流亡美国—

揭开真相—重返故国—完成拯救和救赎。在阿米尔成长的这六个阶段中，他的内心世界也发生了以下变化：童真—背叛—痛苦—心灵冲击—勇敢面对—赎罪。阿米尔所经历的这六个阶段是非常曲折的，在这个过程中，不论时间过去多久，阿米尔都无法弥补自己所犯下的错，但是每个人都必须为自己所做过的事情承担他应该承担的责任，这是完成救赎的唯一途径。而这样的一个心路历程，恰恰也存在于我们每个人的内心之中。人的一生中，尤其是对于年轻读者来说，由于正处在心智不太成熟的阶段，在学习、生活中通常会遇到一些自己难以解决的问题，因此在阅读《追风筝的人》的过程中，许多读者都可以从中找到自己的影子，不论是友情、亲情还是爱情，在书中都有感人的故事，读者可以对亲情、友情和爱情都会有一个全新的认识。这种"成长"的体验是潜移默化的，也是《追风筝的人》给我们带来的独特体验。

其次，书中关于人性善与恶的描绘也极具真实性和感染力。在《追风筝的人》中，"善"的代表是哈桑一家，哈桑对阿米尔是毫无保留地付出，甚至在面对好友背叛时，仍然选择原谅，在知道阿米尔家无人照料的时候仍不顾危险替阿米尔一家照看房子。这种对友谊的忠贞让我们看到了人性中善良的一面，这种善良与周围的"恶"形成了鲜明的对比，极具艺术感染力。

书中的"恶"可分为两派：一派是以阿米尔为代表的虚荣心作怪的"恶"，另一派是以阿塞夫为首的欺凌弱小的"恶"。阿米尔的母亲逝世，表面上阿米尔跟着父亲过着极为富足的生活，但父亲给予他精神上的关怀却很少，对他的态度也是不冷不热的，但是对哈桑却是多有赞许，这就导致他形成了善妒、懦弱的性格，那么他在与哈桑相处的过程中就会把自己对父亲的不满和害怕发泄到哈桑的身上，最终对哈桑犯下难以弥补的错。这种"恶"与哈桑的"善"

所形成的强烈对比给读者形成了情感冲击。阿塞夫的"恶"则更让人们为之痛恨和憎恶，正是阿塞夫对哈桑做出了不可饶恕的罪行，在成年之后还加入了塔利班极端组织中，对同胞进行杀戮，阿塞夫代表着人性中极其丑恶的一面。胡赛尼借《追风筝的人》对这种极端主义分子表达了强烈的谴责之情。

《追风筝的人》可以使读者看到人性中的各个方面，同时，使读者产生关于人性的思考，相信这也是此书能够吸引广大读者阅读的一个原因。

2. 娴熟精练的主题表现手法

在《追风筝的人》一书中，"成长"与"救赎"的主题能够贯穿作品始终、打动人心。一方面，是由于作品本身独特的故事；另一方面，源于作者对主题的把控和创作手法。作者将震撼的故事平铺直叙地道来，让读者在阅读中获得丰富的内心体验，使故事能够非常容易打动读者的内心。

首先，在故事叙述的过程中，作者在小说一开始就设置了悬念，让来自远方的电话唤醒阿米尔的记忆，提醒他"过去那些未曾赎还的罪行"，以"赎罪"为切入点成功开启了文本与读者之间的对话。之后胡赛尼通过主人公阿米尔的视角，展开了阿米尔所经历的由犯下罪行到赎罪，由懦弱、自私的性格到勇敢面对并慢慢成熟的过程。读者可以通过阅读了解到阿米尔的内心世界，也能感觉到他是个敏感的小男孩，因为父亲对哈桑的关怀而使他产生嫉妒心理，这为之后阿米尔犯下罪行埋下了伏笔。在后来的风筝比赛中，当看到哈桑遭受凌辱时，阿米尔的心理再次出现变化，彻底地将自己的懦弱和自私暴露出来。后来，虽然阿米尔因为想要救出哈桑的儿子而被阿塞夫伤害得不轻，但是这却是他多年来第一次感到心安，此时阿米尔的内心独白可以让读者深深地体会到他如释重负后的轻松心情。

随着情节的发展，读者逐渐走进主人公的内心深处，从而更深刻地理解作品的内涵。

其次，在阿米尔和哈桑的童年对话中，作者将自然朴实的对话直接展现在读者面前，没有过多语言修饰，这样不仅使读者在阅读的过程中更具有画面感，还缩短了小说内容与读者之间的距离。

最后，在《追风筝的人》中，作者胡赛尼使用了重复的艺术手法。比如，关于"风筝"的重复。风筝是这部作品的主要意象，在书中曾多次出现，有着丰富的象征意味。对于主人公阿米尔来说，风筝既象征着阿米尔和哈桑童年时的友谊，同时也是童年时期阿米尔背叛哈桑的一个线索，是整部小说阿米尔展开救赎的情感纽带，风筝也是整部小说的线索，不断重复出现的风筝使小说前后有所呼应，形成了一种内容和语言上的艺术感。

3. 独特的开篇

这部小说是以回忆开篇的，"我成为今天的我，是在1975年某个阴云密布的寒冷冬日，那年我十二岁。我清楚地记得当时自己趴在一堵坍塌的泥墙后面，窥视着那条小巷，旁边是结冰的小溪。许多年过去了，人们说陈年旧事可以被埋葬，然而我终于明白这是错的，因为往事会自行爬上来。回首前尘，我意识到在过去二十六年里，自己始终在窥视着那条荒芜的小径。"阿米尔因为当时没有挺身而出感到后悔，此后这段记忆不断地在阿米尔脑中浮现，伴随他好久，这为阿米尔后来踏上救赎之路做好了铺垫。作者以此开篇，既成功地引起了读者的阅读兴趣，给读者留下充足的想象空间，也加深了读者的印象。

（二）文本好是硬道理

《追风筝的人》的文本非常好，故事简单明了。阿米尔是一个富家少爷，有一个形影不离的小伙伴哈桑，两人一起度过了美好的童年。阿米尔性格懦弱，得不到父亲的认同。为了得到父亲的关怀，阿米尔希望自己能在传统的风筝大赛中拔得头筹。在那年的风筝比赛中，在哈桑的帮助下，阿米尔如愿以偿。按照阿富汗传统，不仅要放风筝得第一，最完美的则是要把被割掉的风筝追回来。当哈桑为阿米尔追到风筝，但却因保护风筝而受到坏人侵害时，阿米尔目睹悲剧发生却没有上前阻止。因此，两人之间的友谊蒙上了阴影，阿米尔满怀愧疚。后来，移民美国的阿米尔在国外读完了大学，成为一名作家，有美满的婚姻，但他一直没有孩子。这时，他父亲的旧交打来电话说，重返阿富汗能够找到再次成为好人的路。为了赎罪，阿米尔重返阿富汗。哈桑已死，留下儿子索拉博，巧合的是，索拉博也落到了当年侵害哈桑的人的手里，阿米尔勇敢地救出索拉博又费尽周折地把索拉博带到了美国。到了美国的索拉博一直非常不开心，拒绝融入美国以及阿米尔的家庭。后来放风筝时，阿米尔脑子里回想起哈桑对他说过的"为你，千千万万遍"，阿米尔为哈桑的儿子追风筝，他看到了孩子眼中的笑，最终得到了救赎。

《追风筝的人》能够感动千万读者的主要原因在于它是一部写"情"的小说，故事非常温情，笔触细腻，能引发读者情感上的共鸣。即便地域和人种不同，但亲情、友情、爱与救赎这些主题是不受地域限制的。

（三）优秀的文本翻译与作者本身的吸引力

《追风筝的人》作为由国外引进的小说，在中国大陆畅销多年，译本的作用尤为重要。目前出版的中文译本有两部，一部是大陆译者李继宏在 2006 年翻译出版的简体中文版《追风筝的人》，主要在大陆地区发行，另一部是由台湾地区的译者李静宜女士在 2005 年翻译出版的繁体中文版《追风筝的孩子》，主要在港台地区发行。两译本一经出版就在中国市场上引起了轰动，受到许多读者的喜爱。此外，译者在翻译时采用不同的翻译策略也是这部作品被广为接受的一个原因。比如，李继宏在翻译时认为准确是翻译的基本要求，把目标读者定位在普通大众，考虑大众的接受程度和理解能力。因此，他的译作能够走进读者内心。

除了译者的翻译，作者也在某种程度上影响着作品的传播和接受情况。《追风筝的人》的作者胡赛尼作为从小在阿富汗长大，之后移民生活在美国的阿富汗人，他的身份具有跨文化属性。胡赛尼虽长期以来一直生活在美国，但他竭力保留着自身民族文化的根和对自己文化的认同，这使他在《追风筝的人》中描写了大量关于阿富汗人民的生活方式、宗教文化等相关内容，这些极具异域风情的描写，一方面，向非伊斯兰地区介绍了阿富汗当地的文化特色；另一方面，这种具有异域风情的作品也丰富了我国广大读者的阅读体验，刺激了读者的敏感神经，满足了读者想要了解国外文化的好奇心，所以作品对读者来说是非常有吸引力的。

（四）合适的时代背景和相似的社会背景

1. 合适的时代背景

2001 年，美国"9·11"事件的爆发，使得全世界的眼光都聚焦到了阿富汗和塔利班，人们对阿富汗充满好奇，想要探究这个塔利班基地所在的国家，而《追风筝的人》作为首部描写阿富汗人和阿富汗文化的作品，它的出现可以说是恰逢时机。作者在作品中真实地再现了阿富汗的政治状况和人民的实际生活处境，书中还对苏联和塔利班的暴行进行无情批判，揭露了战乱下人们水深火热的生活情景，小说所持有的正义立场也迎合了我国的主流价值观，从而在合适的时代背景下具有了成为畅销书的潜力。

2. 相似的社会背景

相似的社会背景总会让人更容易产生心理认同。《追风筝的人》讲述的虽然是发生在阿富汗的故事，但是所处的社会背景却和我国非常相似。故事发生在 20 世纪 70 年代的阿富汗，阿米尔是富家少爷，从小住在大房子里，享受着由父亲带来的体面生活，"人人都说我父亲的房子是瓦兹尔·阿克巴·汗区最华丽的屋宇，甚至有人认为它是全喀布尔最美观的建筑"。而哈桑则是仆人的儿子，住所简陋，"那是一所简陋的泥屋，我记得它狭小而干净，点着两盏煤油灯，光线昏暗"。这种身份的悬殊，使幼年时期的阿米尔一直无法正确处理两人的友谊关系，同时也反映出当时复杂的社会背景，而那时我国国内的社会背景也比较复杂。但在《追风筝的人》中，这两个不同阶层的人和谐地生活在了一起，实现了两个阶层的真正意义上的融合，这也是我国读者所愿意看到的，因此这部书能收获众多好评。

（五）大众媒介的引导及明星的推介

《追风筝的人》自 2006 年出版发行后，一直很受欢迎，按照一般畅销书的发展轨迹，这本书可能会随着时间的推移而被读者逐渐遗忘，但是 2014 年时此书又在各大书籍销售网站上风靡一时，突然"爆红"。在《追风筝的人》"爆红"的过程中，《快乐大本营》和高圆圆扮演着极其重要的角色。在 2014 年 11 月湖南卫视的综艺节目《快乐大本营》中，高圆圆在"爱书推荐会"中推荐了这本书，于是这本书再次受到大众关注。

从《追风筝的人》一书在 2014 年"爆红"的传播途径看，湖南卫视的《快乐大本营》在这本书的推广中发挥了重要作用。《快乐大本营》作为一档电视综艺节目，受众非常多，影响范围很广，节目收视率也很高，而且受众群体年龄偏年轻化，再加上节目的五个主持人本身都有着高人气和强大的粉丝号召力，因此就容易理解这本书能够引起轰动并受年轻人追捧的原因了。

此外，《追风筝的人》如此畅销，也与大众媒介的努力有关。此书的营销推广方式，不单单局限于书店的宣传和推广，也有来自传统纸媒的推荐，比如，2009 年初发行的《读者》（原创版）上的影音推荐板块就提到了《追风筝的人》这部电影，而在京东、当当的微信公众号以及新浪微博的阅读推荐书单里，都能看到《追风筝的人》的身影，这些传播方式都发挥了重要的宣传推广作用。

（六）合理地分阶段营销

一本书只是文本好还不足以取得非常好的销量，还需辅之以合理而及时的营销手段。《追风筝的人》的畅销就是一个好文本与好营销相结合的成功案例。对《追风筝的人》所作的营销，一个是出书前，一个是出书后。出书前，主要是向媒体作预热，先把部分精选章节发过去，让它们对书的文本有一个基本的认知。等书在印刷中时，适时地把资料提供给媒体，再次强化媒体对这本书的认知，并以此书在国外的畅销程度作为"诱饵"，令媒体觉得有大做新闻的必要。比如，《北京青年报》为这本书发布了一篇新闻报道，依托网络，有关这本书的消息铺天盖地。

此外，这本书在我国出版时是 5 月份，正值"五一黄金周"期间，因此能带动书的销量。《追风筝的人》上市两个月后，在各地媒体的上稿量也不断增多，势头不错。后来在市场趋于饱和的时候，出版社又采取了类似直销的方式，同《中学生报》《家庭教育时报》合作举办征文活动，非常直接地把《追风筝的人》的相关消息传递到中学生中，有力地进行了宣传。

四、精彩阅读

"它干掉几只？"我问。

"我数过了，十一只。"哈桑说。

"你知道放风筝的人是谁吗？"

哈桑吧嗒一下舌头，仰起下巴。那是哈桑的招牌动作，表示他不知道。蓝风筝割断一只紫色的大家伙，转了两个大圈。隔了十分钟，它又干掉两只，追风筝的人蜂拥而上，追逐它们去了。

又过了半个小时，只剩下四只风筝了。我的风筝仍在飞翔，我的动作无懈可击，仿佛阵阵寒风都照我的意思吹来。我从来没有这般胜券在握，这么幸运，太让人兴奋了！我不敢抬眼望向那屋顶，眼光不敢从天空移开，我得聚精会神，聪明地操控风筝。又过了十五分钟，早上那个看起来十分好笑的梦突然之间触手可及：只剩下我和另外一个家伙了，那只蓝风筝。

局势紧张得如同我流血的手拉着的那条玻璃线。人们纷纷顿足、拍掌、尖叫、欢呼。"干掉它！干掉它！"我在想，爸爸会不会也在欢呼呢？音乐震耳欲聋，蒸馒头和油炸菜饼的香味从屋顶和敞开的门户飘出来。

但我所能听到的——我迫使自己听到的——是脑袋里血液奔流的声音。我所看到的，只是那只蓝风筝。我所闻到的，只是胜利的味道。获救。赎罪。如果爸爸是错的，如果真像他们在学校说的，有那么一位真主，那么他会让我赢得胜利。我不知道其他家伙斗风筝为了什么，也许是为了在人前吹嘘吧。但于我而言，这是唯一的机会，让我可以成为一个被注目而非仅仅被看到、被聆听，而非仅仅被听到的人。倘若真主存在，他会引导风向，让它助我成功，我一拉线，就能割断我的痛苦，割断我的渴求，我业已忍耐得太久，业已走得太远。刹那之间，就这样，我信心十足。我会赢。只是迟早的问题。

结果比我预想的要快。一阵风拉升了我的风筝，我占据了有利的位置。我卷开线，让它飞高。我的风筝转了一个圈，飞到那只蓝色家伙的上面，我稳住位置。蓝风筝知道自己麻烦了，它绝望地使出各种花招，试图摆脱险境，但我不会放过它，我稳住位置。人群知道胜负即将揭晓。"干掉它！干掉它！"的齐声欢呼越来越响，仿佛罗马人对着斗士高喊："杀啊！杀啊！"

"你快赢了，阿米尔少爷，快赢了！"哈桑兴奋得直喘气。

那一刻来临了。我合上双眼，松开拉着线的手。寒风将风筝拉高，线又在我手指割开一个创口。接着……不用听人群欢呼我也知道，我也不用看。哈桑抱着我的脖子，不断尖叫。

"太棒了！太棒了！阿米尔少爷！"

我睁开眼睛，望见蓝风筝猛然扎下，好像轮胎从高速行驶的轿车脱落。我眨眨眼，疲惫不堪，想说些什么，却没有说出来。突然间我腾空而起，从空中望着自己。黑色的皮衣，红色的围巾，褪色的牛仔裤。一个瘦弱的男孩，肤色微黄，身材对于十二岁的孩子来说显得有些矮小。他肩膀窄小，黑色的眼圈围着淡褐色的眼珠，微风吹起他淡棕色的头发。他抬头望着我，我们相视微笑。

然后我高声尖叫，一切都是那么色彩斑斓、那么悦耳动听，一切都是那么鲜活、那么美好。我伸出空手抱着哈桑，我们跳上跳下，我们两个都笑着、哭着。"你赢了，阿米尔少爷！你赢了！"

"我们赢了！我们赢了！"我只说出这句话。这是真的吗？在过去的日子里，我眨眨眼，从美梦中醒来，起床，下楼到厨房去吃早餐，除了哈桑没人跟我说话。穿好衣服，等爸爸，放弃，回到我原来的生活。然后我看到爸爸在我们的屋顶上，他站在屋顶边缘，双拳挥舞，高声欢呼，拍掌称快。就在那儿，我体验到有生以来最棒的一刻，看见爸爸站在屋顶上，终于以我为荣。

　　但他似乎在做别的事情，双手焦急地摇动。于是我明白了，"哈桑，我们……"

　　"我知道，"他从我们的拥抱中挣脱，"安拉保佑，我们等会再庆祝吧。现在，我要去帮你追那只蓝风筝。"他放下卷轴，撒腿就跑，他穿的那件绿色长袍的后褶边拖在雪地上。

　　"哈桑！"我大喊，"把它带回来！"

　　他的橡胶靴子踢起阵阵雪花，已经飞奔到街道的拐角处。他停下来，转身，双手放在嘴边，说："为你，千千万万遍！"然后露出一脸哈桑式的微笑，消失在街角之后。再一次看到他笑得如此灿烂，已是二十六年之后，在一张褪色的宝丽来照片上。

——节选自《追风筝的人》第 64~67 页

一个人的朝圣

[英] 蕾秋·乔伊斯/著 黄妙瑜/译

2013年欧洲首席畅销小说，仅英美德三国累计销量1，000，000册！！
感动36国，台湾地区读者彻夜捧读。入围2012年布克文学奖，同名电影筹拍中

他以为人生就这么过去了，直到收到那封信
1个人，87天，627英里
有关自我发现、爱的回归、日常生活的信念以及万物之美

这一年，我们都需要他安静而勇敢的陪伴

北京联合出版公司
Beijing United Publishing Co., Ltd.

书名：《一个人的朝圣》　　作者：[英] 蕾秋·乔伊斯　　译者：黄妙瑜
出版时间：2013年　　出版社：北京联合出版公司

一、作者简介

蕾秋·乔伊斯，1962 年出生于英国伦敦，英国畅销书作家、《星期日泰晤士报》专栏作者、BBC 资深剧作家。同时，蕾秋·乔伊斯还在皇家莎士比亚剧团、皇家国家剧院担任重要角色。作为剧作家，蕾秋·乔伊斯于 2007 年获 *Tinniswood* 最佳广播剧奖。

蕾秋·乔伊斯在 20 年的舞台剧和电视职业生涯中积累了大量经验，这也促使她开始转向写作。蕾秋·乔伊斯在 2012 年出版首部小说《一个人的朝圣》，入围当年"布克文学奖"及"英联邦书奖"。《一个人的朝圣》曾被评为 2012 年英国最畅销新人小说、2013 年欧洲首席畅销小说，同时还是 2013 年春季英国最具影响力"理查与茱蒂"读书俱乐部书单的第一名。蕾秋·乔伊斯也凭《一个人的朝圣》获得当年英国图书奖"年度作家"，并在 2014 年入围"英国年度作家"短名单。

二、畅销盛况

《一个人的朝圣》于 2012 年在英国上市，持续一年半保持亚马逊总榜前 15 名。这本书是英国水石书店年度最佳新人小说、2012 年英国最畅销新人小说。同时，《一个人的朝圣》是 2013 年欧洲首席畅销小说，上市一年，仅英、美、德三国累计销量 100 万册，《一个人的朝圣》于 2013 年在中国出版上市，上市仅 3 个月就加印了 3 次，根据亚马逊数据统计，简体中文版销量已超 300 万册。

三、畅销攻略

（一）文本内容

1. 图书主题：救赎

"那封改变了一切的信，是星期二寄到的。"一切的故事从这里展开，主人公哈罗德收到曾经共事的好友奎妮的来信，信的内容显示奎妮处于重病之中。哈罗德最初决定回信给奎妮表示安慰，但在寄信的过程中他开始回忆过去，在走过一个又一个邮筒后哈罗德猛然意识到一个问题："我是谁？"哈罗德决定走路去距离他 627 英里的贝里克郡，开始他的朝圣之旅，这也是书中"救赎"这一主题的开端。

书中的救赎分为两个层面：第一个层面是哈罗德对奎妮的救赎，他希望通过走路到奎妮所在地的方式，让奎妮活下去、等着他，给奎妮鼓舞与力量；第二个层面是哈罗德在行走过程中对自我灵魂的救赎，在路程中，哈罗德与不同的人交流，回忆童年与家庭，不断审视自己并完成自我救赎，回答了最开始所提出的问题。

在日常生活中，"救赎"这个词语好像过于沉重，但事实上，现代人真的需要一场自我救赎。韩炳哲在《在群中》一书中提到"数字群"，数字群由单独的个人组成，在这个由个人会集成的新群体里，个人却失去了自己的特征。① 在宣扬科技的时代里，空间距离不再成为问题，人们对事物的娱乐化习以为常，快乐和愤怒在巨大的信息流中被轻易消解，而遗忘成为日常。沉迷于虚拟网络的人们，放下手机是为了下一次拿起手机，个人不再叩问灵魂。蕾秋·乔伊斯通

---

① 韩炳哲. 在群中：数字媒体时代的大众心理学 [M]. 北京：中信出版社，2019.

过哈罗德的朝圣之旅，向我们展示了一个人如何剖析自己、认识自我，完成对自我的救赎。"我是谁？"不仅是哈罗德对自己的发问，也是作者借哈罗德之口对读者的提问。每个人都需要一场内心的朝圣之旅，才不至于让灵魂消融于虚拟世界之中。

2. 扣人心弦的内容

（1）痛苦的传递与爱

作者在这本书里揭露了一个问题——原生家庭带给人的负面影响是难以消除的，所带来痛苦会向下传递。在主人公哈罗德的童年时期，他的母亲离家出走，他的父亲因为妻子的离开而备受打击，开始酗酒以及和不同的女人发生关系。父爱和母爱的双重缺失让哈罗德的童年并不快乐，也让他缺乏表达爱的能力，而当他与妻子莫琳有了孩子后，问题出现了。在他的意识中，莫琳是一个天生的母亲，而他却充满了对初为人父所要承担的责任的畏惧，甚至当孩子溺水后，哈罗德选择解鞋带而非立即施救，这也成为他与妻子最初的隔阂。原生家庭很大程度上塑造了我们的性格、世界观、价值观等，这是我们很难摆脱的。因此，当我们选择忽视原生家庭所带来的负面影响，问题也一定会在某一刻爆发。

不过在这本书里我们可以看到，尽管痛苦已经产生，但爱可以给人解决问题的机会。在故事的结尾，哈罗德想起与莫琳一见钟情的情景，那时哈罗德感觉他的童年时光都被剪掉了。当想起这一切时，哈罗德感觉内心深处又暖了过来。作者在这里描述了两种爱：一种是年轻时充满激情的爱，这份爱将哈罗德不幸的童年抹去，好像让他成为了一个全新的人；另一种则是经过了时间的打磨，一种更为深沉的爱，这份爱让哈罗德再一次拥有生命力。这也是蕾秋·乔伊斯想要给读者传递的东西，人会在亲密关系中犯错，但因为有爱的存在，所以人也可以在亲密关系中被解救。

（2）再成长的可能性

作家费兰特说："神不能时时在场，所以创造了妈妈。"莫琳好像就是天生的母亲，始终与戴维站在一起。而哈罗德却无法与儿子亲近，这也是他感到痛苦的一部分。小说中的哈罗德与莫琳一见钟情，却在有了儿子戴维后产生隔阂，戴维自杀去世后两人更像是生活在一起的陌生人。蕾秋·乔伊斯刻画了两个留在原地的人，莫琳的时间是在戴维死后停滞的，哈罗德可能是在更早之前。而就是这样两个老人，作者仍在故事中赋予了他们再成长的可能性。属于哈罗德的时间在他踏上路程的那一刻又缓慢转动了，他开始倾听更多人说话，开始欣赏从前没有注意过的景色，去面对和咀嚼过往的痛苦回忆。在这个过程中，哈罗德完成了对自我的救赎。虽然莫琳自戴维死后就一直处于自我封闭的状态，但在哈罗德离开后她也开始有所改变。莫琳意识到，哈罗德并不是什么都没做，他尝试过走近戴维，而她对于悲剧的发生也不是没有任何责任。书中虽然主要描写了哈罗德一个人的朝圣之旅，但其实两个人都有所成长。我们也由此认识到，每个人在任何时候都可以成长，不要成为留在原地的人，要再试着往前走一走。

3. 巧妙的叙事策略

（1）叙事视角

华莱士·马丁在《当代叙事学》中表明："叙事视点不是作为一种传送情节给读者的附属物后加上去的，相反，在绝大多数现代叙事作品中，正是叙事视点创造了兴趣、冲突、悬念，乃至情节本身。"[①]由此可见，作者在确定了小说的故事、人物、情节后，试图构建一个足以使读者沉浸其中的世界时，叙事视角起到了至关重要的作用。

---

① 华莱士·马丁. 当代叙事学 [M]. 北京：中国人民大学出版社，2018.

读者在阅读过程中，不可避免地会受到叙事视角的影响，不同的叙事视角会使读者对故事情节产生不同的反应。福斯特在《小说面面观》中提到，叙述视角分为内部视角和外部视角两类。蕾秋·乔伊斯在《一个人的朝圣》中以第三人称叙事视角和内部全知全能的叙述视角为主。作者以第三人称视角展开叙事，似乎拉开了与笔下主人公哈罗德的距离，成为如同读者一般的旁观者，弱化了作者在书中自我意识的显现。但是蕾秋·乔伊斯全知全能的叙述视角，实际上是在人物内部代替人物进行叙述，书中人物所面临的事物都来自于作者的安排，而书中人物的表达也就是作者想要表达的思想。这种叙事视角，一方面，使得读者能更快进入作者构建的小说世界，与书中人物站在一起；另一方面，蕾秋·乔伊斯作为全知全能的叙述人站在人物内部传递其价值倾向，恰到好处地维持了叙述人和故事之间的平衡关系，以干净利落的方式将整个故事呈现给读者。

（2）双线叙事结构

福斯特提出："小说的基础就是个故事，而故事就是对依时序安排的一系列事件的叙述。"[①] 因此，没有作者在创作一部小说时可以忽略时间，不论故事是否按照时间顺序进行。蕾秋·乔伊斯在《一个人的朝圣》中采用了双线叙事结构，整个故事的开展并非是单线性的，而是两条线彼此交错，为读者呈现了主人公哈罗德的全貌。在书中，一条线是顺时间开展的，描述了哈罗德完整的路程。在这条线里我们可以看到哈罗德从盲目地上路到逐渐坚定内心的转变、从单纯克服身体的不适转变为照顾自己的身体。同时，哈罗德在路程中与各种各样的人相遇，这些人中有支持他的，也有质疑他的。而与这些

---

① E.M. 福斯特. 小说面面观 [M]. 上海：上海译文出版社，2019.

人的交流，促使哈罗德再一次去审视自己。故事中的另一条线则以倒叙的方式将故事呈现在读者面前，这一条线主要描述了哈罗德的过往，以回忆的形式展现了哈罗德的童年、成年后的家庭以及与奎妮的故事。随着哈罗德回忆的不断深入，作者慢慢向读者揭开了致使他精神痛苦的根源，而哈罗德在面对痛苦回忆时经历了再一次的成长。这两条故事线相辅相成，让我们看到了哈罗德的过去与现在，见证了哈罗德对自我的救赎。

（3）碎片化的线索叙述

顺时间开展的故事线为我们呈现了哈罗德整个路程，而蕾秋·乔伊斯用碎片化的叙述方式将故事的线索展现给我们。例如，哈罗德在收到奎妮的来信时只是打算回信以表安慰，但在哈罗德准备将信寄出去时有四处关于邮筒的描写。第一处，哈罗德走到离家最近的邮筒旁，他特意绕了路却还是比预想早到；第二处，哈罗德决定去远一点的邮筒寄信，却仍比想象中早到，隐约有些事情开始发生了；第三处，哈罗德走向邮局，在这个过程中他开始思索关于自我的问题，然后哈罗德没有停留就走过了邮局；第四处，哈罗德在和加油站女孩聊完关于信仰的话题后，他突然感觉自己或许还可以做点什么。加油站对面也有邮筒，他却选择走向邮筒旁的电话亭，打电话给疗养院让奎妮等他，之后将写着"等我.H"的信寄给奎妮。作者在这里将空间固定的邮筒作为线索，邮筒的出现标志着哈罗德的变化。通过这种方式，作者清晰地展现出哈罗德的每一次细微改变。同时，利用碎片化的线索叙述来推动情节发展，更能将读者带入故事中。

（二）图书装帧设计

1. 外部装帧设计

书籍的封面属于视觉传达的范畴，读者在对一本书没有任何了解前，最先看到的便是图书的封面，因此图书封面在很大程度上决定了读者对书的第一印象。因此，图书的封面设计在整体的装帧设计中至关重要。

《一个人的朝圣》的封面设计简洁、色彩素雅，给人以宁静的感觉。图书封面的插画中有一个老人行走的背影，道路两旁是大片的草地，切合图书的主要内容，让读者在第一次看书时就能将封面与书名快速联系在一起。而图书的腰封除了宣传文字外，还画有一双帆船鞋，书中的主人公哈罗德就是依靠一双帆船鞋走完了全程，此处的设计与故事内容相呼应。

2. 插图设计

插图是出版物装帧设计的重要组成部分，承担了帮助读者进一步理解图书内容和感情的功能。所以，出版物中的插图既要有艺术性，也要兼具实用性。《一个人的朝圣》在每章结尾都会配有插图，插图的内容与这一章所讲的内容密切相关。例如，第一章结尾的插图是一个邮筒，而邮筒正是这一章的重要线索。这种设计一方面可以给读者提供除文字之外的感官享受，另一方面也可以帮助读者回顾故事内容，为故事增添一抹余韵。除每章的插图外，图书最后还附有一张哈罗德行走路程的手绘地图。读者通过这张插图可以直观地看到哈罗德行走的轨迹，读者可以一边阅读文字一边对比地图，更加有代入感。《一个人的朝圣》中的插图与文字形成了巧妙的配合，插图紧紧围绕文字，起到了帮助读者理解文字、投入故事的作用。

（三）社会大众心理需求

韩炳哲在《倦怠社会》中提出"21 世纪的社会不再是一个规训社会，而是功绩社会"，并提醒道，"过度的积极性还可以呈现为过度的刺激、信息和咨询，它从根本上改变了注意力的结构和运作方式，感官因此变得分散、碎片化"[①]。一方面，随着社会竞争压力的增大，属于现代人自己的时间越来越少，生存问题总是不可避免的；另一方面，在社交媒体平台和新媒体的信息冲击下，我们其实在慢慢失去原本的思考方式。我们每天能接受到的信息太多，以至于我们无法长时间集中注意一个信息，哪怕它很重要。而从软件平台方面来说，他会为你贴标签，收集你的喜好再为你推送相似信息，人与数据的边界开始变得模糊。软件平台的使用者也很难不受其影响，人在网络中不可避免地会进入令自己舒适的小圈子内。人会与自己持相同看法的人站在一起，更加坚定自己的想法，同时更加排斥异见，从社交平台中的争吵就可见一斑。在这种环境中，人越来越狭隘，个人的想法被弱化并逐渐失去自我。因此，我们需要这样一本关于自我发现、关于爱的书。《一个人的朝圣》就是在告诉读者，即使你处于迷失自我的状态或者处于其他艰难处境之中，你也仍然有机会去成长和改变，就像主人公哈罗德一样找回自我，完成对自我的救赎。

四、精彩阅读

到下午，脚上的水泡更疼了，他发现了一个把脚趾大力往前挤，避免鞋后跟狠狠蹭到脚踝的方法。脑子里既没想奎妮，也没想莫琳，

---

① 韩炳哲. 倦怠社会 [M]. 北京：中信出版社，2019.

他甚至没有去看身边的树篱、经过的车子和远处的地平线。他已经变成一句话："你不会死的。"这句话就是他迈出的每一步，只是有时句子语序会错掉。他突然意识到是自己的脑子在兀自唱着"死、你、不会"或"不会、你、死"，甚至只是"不会、不会、不会"。头顶上和奎妮分享着同一片天空，他越来越相信奎妮已经知道他正在赶过去的路上，她一定在等他。他知道自己一定能到达贝里克，他所要做的只是不停地把一只脚迈到另一只脚前面，这种简单令人高兴。只要一直往前，当然一定能抵达的。

周围一片寂静，只有来往车辆擦过树叶的沙沙声不时响起，几乎叫他以为又回到了海边。哈罗德突然发现自己已经深深陷入了变戏法一般纷纷浮现出来的回忆。

戴维六岁的时候，他们一起到班特姆玩，戴维越游越远。莫琳拼命叫着："戴维！回来！你给我马上回来！"但是她越喊，小家伙的身影就越小。哈罗德跟着莫琳来到水边，停下来解开鞋带，正要把鞋脱下来，突然冲出一个海上巡逻员，边跑边脱掉身上的T恤衫往后一丢，他这才想起来自己衣服还没脱。小伙子猛地一冲，一下就到了齐腰深的水里，一头进去，穿过起伏的海浪，直到一把抓住戴维，将他环在臂弯里游回岸边。戴维的肋骨都鼓了出来，一排排像手指一样，嘴唇都紫了。"他算幸运了，"巡逻员对莫琳而非哈罗德说道，哈罗德往后退了一两步，"刚才外面的水流很急。"他脚上的白色帆布鞋湿淋淋的，在阳光下闪着光。

莫琳从来不说，但哈罗德知道她在想什么，他自己也在想同一个问题：为什么当唯一的儿子溺水的时候，他还停下来解鞋带？

多年以后，他问戴维："在海滩那天为什么不停下来？你没听到我们在叫你吗？"

戴维那时候肯定还只有十几岁，他淡定地看着父亲，用他那美丽的、一半孩子气一半大人的棕色眼睛，耸耸肩说道："我也不知道。反正已经出大麻烦了，就这么待着好像比回来还容易一点。"接着哈罗德叫他最好不要骂脏话，特别是妈妈在的时候，戴维好像回了一句"走开"。

哈罗德奇怪自己怎么会想起这些事情。他唯一的儿子，冲到海里寻求解脱，然后在多年以后叫他走开。记忆中的画面全部都回来了，拼凑在一起：海面上闪烁的光点，戴维盯着他的那种强烈眼神。他当时是害怕了，这是事实。解鞋带，是因为他害怕用光所有借口以后他最终还是没法成功把孩子救回来。更重要的是，他们全都知道这一点：哈罗德、莫琳、那个巡逻员，甚至戴维自己。哈罗德逼着自己继续往前迈步。

他害怕还会有更多回忆出现——那些在许多个晚上充满了他的头脑，让他无法入睡的画面。许多年后莫琳还在怪他，好几次说他几乎由着他们的孩子在海里死。他努力将注意力拉回到现实中来。

——节选自《哈罗德、酒保与没有孩子的女人》第52~53页

突然忆起多年前的一幕，哈罗德在跳舞，突然发现隔着一整个舞池的莫琳在看着他。他还记得那一刻疯狂地挥舞四肢的感觉，仿佛要在这个美丽女孩的见证下甩掉过去的一切。他鼓起勇气，越跳越起劲，双腿踢向空中，双手像滑溜溜的海鳗扭动。他停下来仔细观察，她还在看着他，这次她碰到他的目光，忽然笑了。她笑得那样乐不可支，抖着肩膀，秀发拂过脸庞。他生平第一次不由自主地穿过舞池，去触碰一个完全的陌生人。天鹅绒一样的秀发下，是苍白而柔软的肌肤。她没有回避。

"嗨，你。"他说。他的整段童年时光都被剪掉了，只剩下他和她。他知道无论发生什么，他们的路都已经连在一起了。他知道自己会为了她做任何事。想起这一幕，哈罗德浑身都轻松了，好像心底某个很深的地方又暖过来了。

——节选自《哈罗德、莫琳与奎妮》第 314~315 页

世界文学名著

爱情世界不荒芜，等待背后便是光

一个陌生女人的来信

[奥] 斯蒂芬·茨威格 著

高中甫 韩耀成 译

Stefan Zweig

时代文艺出版社

书名：《一个陌生女人的来信》　作者：[奥]斯蒂芬·茨威格　译者：高中甫、韩耀成
出版时间：2017 年　　　　　　　出版社：时代文艺出版社

一、作者简介

斯蒂芬·茨威格出生于 1881 年，奥地利小说家、诗人、剧作家、传记作家。代表作有《象棋的故事》《一个陌生女人的来信》《心灵的焦灼》《昨日的世界》《三大师》和《一个政治性人物的肖像》等作品。

茨威格出身于一个富裕的犹太家庭，年轻的时候就对哲学和文学产生了极大兴趣，并在维也纳和柏林攻读这两门学科，日后周游世界时结交了罗曼·罗兰和弗洛伊德等人并深受影响。他创作了大量的诗、小说、戏剧、文论、传记。"二战"时期希特勒上台，茨威格因反战被纳粹驱逐，流亡至英国、巴西，这些变故使他更关注于人类的内心世界，他极度擅长对人物进行心理刻画，《一个陌生女人的来信》便体现了茨威格心理描写的至高境界。

《一个陌生女人的来信》也是他思想转折期的代表作。这个文本是茨威格面临其精神危机所发出的文学表达，同时也是茨威格在浪漫主义退潮后对其以自我为核心价值的观念的怀疑和反思。茨威格在生活中也的确收到过两封"陌生女人"的来信，正是这两封来信让茨威格有了灵感。因此，这本书也可以看成茨威格的"自传"。

二、畅销盛况

《一个陌生女人的来信》自 1922 年出版以来，就受到了广泛关注，曾先后被翻译成多种语言，从亚美尼亚语、孟加拉语、英语、法语到印地语、土耳其语、乌兹别克语等，在世界多地出版，根据小说改编的电影、话剧更是盛演不衰，与其相关的文学评论也层出不穷。

1933 年，该作品首次被引进中国，在其后几十年的时间里，伴随着中国社会的不断发展变化，这部作品在中国经历了跌宕起伏的命运。

在中国，最早翻译《一个陌生女人的来信》的人是章衣萍，其译文由上海华通书局于 1933 年出版，当时译名为《一个妇人的情书》。这本译著也是茨威格在中国出版的"第一部单行本"。翌年，孙寒冰翻译的《一个陌生女子的来信》连载于《世界文学》1 卷第 1~3 期。1935 年 8 月，上海商务印书馆推出该译本的单行本，并将其纳入"世界文学名著"丛书，进一步提高了这部小说的影响力。

1978 年，改革开放的中国重新打开了通向外部世界的大门，学习外国文学和外国文化成为重要的思想观念。在学习国外一切优秀文化的强烈愿望的推动下，中国再次出现了译介西方著作的高潮，《一个陌生女人的来信》作为西方经典也再次进入中国译介者的视野之中。

1979 年，《钟山》文艺丛刊第 3 期率先刊登了王守仁翻译的茨威格的《一个陌生女人的来信》，这是该部小说自 1949 年后在中国的首次译介，它拉开了这部小说在中国畅销的序幕。同年 8 月，人民文学出版社也出版了张玉书所译的《斯蒂芬·茨威格小说四篇》，《一个陌生女人的来信》被纳入其中，并被称为茨威格的四篇"比较为人们称赞"的小说之一。①

2005 年，同名电影在中国上映。人们对这部电影众说纷纭、褒贬不一，但这部电影拍摄并上映的事实说明《一个陌生女人的来信》在中国的接受度进入了一个新的阶段。它已经由一部外国小说转变为一部反映当代中国人欲望与追求的影视作品，并以这种形式

---

① 张晓青.《一个陌生女人的来信》在中国的传播历程 [J]. 郑州大学学报（哲学社会科学版），2013，46（4）：109~111.

获得新生。

经典历来要经受住时间的考验，这部小说历经这么多年，至今依然是人们耳熟能详的读物，并在经典文学作品中占据一席之地，这足以见得它长久的生命力。如今，它依然是各个出版社争相出版的对象，市场上的版本更是层出不穷。时代文艺出版社作为一个以出版文学经典为品牌特色的出版社，也瞄准了这部经典畅销小说，精心打造出了一个具有自己品牌特色的版本，2017年一经推出就深获读者的喜爱，成为现如今众多版本中比较畅销的版本。此版本从发行到现在，销量迅速超越了其他版本。

由此可见，这部作品不仅是风靡于20世纪的畅销小说，也将是被永续开发的经典之作。在时间的洪流中，它将跟随时代的脚步重新演绎出新的生命力。

三、畅销攻略

一本畅销书不应该如昙花一现般短暂，真正的畅销书应该经受住时间的考验与时代的洗礼，拥有长久的生命力，彰显其真正长远的社会价值。《一个陌生女人的来信》自面世以来就产生了非凡的影响，曾一度受到文艺界人士和众多读者的热烈追捧，历经这么多年，此书的经典地位经久不衰，在各个时期都拥有广泛的读者群，在社会上也有着持续不断的影响力。然而，一本畅销书的成功除了与书籍本身的精彩内容有关外，也与外部因素有关。时代文艺出版社的版本瞄准了社会需求和读者的心理诉求，其精美的装帧设计赢得了大众的喜爱，使其成为目前市面上较为受欢迎的版本。本文将从书籍内部本身的魅力和外部的推动力量两个层面来分析此书畅销的原因。

（一）内部原因

1. 爱情主题迎合读者趣味

《一个陌生女人的来信》这部小说中所表现出的爱情主题是人性中重要的一环。古往今来，人们对于爱情总是向往的，关于爱情的至美赞誉也层出不穷。有人认为，茨威格小说中所表现的"爱"，"不像那些轻浮的作家所作的近乎于'风流秘史'式的爱情小说，却带着一种使人感动的深厚的思想"[①]。在《一个陌生女人的来信》中，"陌生女人"一生痴爱着作家，从少女时期的情感悸动到生命快要结束时的等待哀愁，她把作家当成她生命的全部希望，但可悲的是作家对她的一生却毫无所知，她默默地爱着作家，直到她生命的最后一刻，才写信向作家诉说她一生的爱恋。这部小说打破了中国传统爱情小说的团圆式结局，茨威格对女主人公心理活动的精准描绘以及女主人公悄然离世的结局，重构了中国读者对文学作品一贯的阅读经验，在给读者讲述一部凄美的爱情故事的同时，也满足了他们的好奇心理，这也是这篇小说受欢迎的一个重要原因。小说的主题能否符合读者的趣味并给读者带来全新的阅读体验，也是一部作品能否在文本层面吸引读者的重要因素。

2. 作者自身的品牌效应

作者自身的品牌效应在一定程度上也能带动图书的热度，茨威格自身的影响力使这本书一经面世就受到广泛的关注。茨威格作为奥地利杰出作家、维也纳大师之一，在中国也拥有许多读者，有人称他是世界十大中短篇小说家之一，也有人称他是意识流小说的出色代表。近年来，由于文学界对他的作品介绍得越来越多，读者对他的了解也

[①] 卫茂平. 德语文学汉译史考辨——晚清和民国时期 [M]. 上海：上海外语教育出版社，2004.

越来越深刻和全面，他的个人魅力持续不断地吸引着广大读者。

早在20世纪三四十年代，茨威格蜚声欧洲文坛时，他的小说名篇便已被译成中文并广泛传播。21世纪之后，几家出版社同时推出了茨威格的小说作品，其作品的另一重要支柱——人物传记和作家传记也相继出版，在中国社会上刮起了一阵新的茨威格热，并逐渐形成一批茨威格迷群体。作者自身的热度也使得他的作品持续不断地活跃在大众视野中，吸引着一代又一代的读者。

3. 独特的语言风格和艺术手法

（1）叙述方法

《一个陌生女人的来信》采用与众不同的叙述方法，借用一封信贯穿全文的始终，这封信实则是陌生女人追爱过程的内心自白。它真实地表现出女人在追爱过程中的期望、等待、失落等一系列的心理变化过程。在小说创作中，运用书信叙述手法的不多。茨威格以"陌生女人"的一封信作为全书的线索，结合与女人内心世界相关的心理描写，以其感人至深的语言、灵活巧妙的结构，塑造了一个有着高尚人格的"陌生女人"形象，女人将自己从少女时期爱上作家开始到最后生命快要结束的整个爱情过程娓娓道来。她对爱情的忠贞不渝、奋不顾身，感染着每一个读者。

作者借用书信的叙述手法，以第一人称的视角将读者带入故事中，把话语权让渡给女子，使读者更能直面感知女子内心世界的悲欢，并对小说中的女子产生恻隐之心。

（2）女性主义视角

女性主义代表人西蒙·波伏娃在《第二性》中提出："一个女人之所以为女人，与其说是'天生'的，不如说是'形成'的。没有任何生理上、心理上或经济上的命定能决断女人在社会中的地位。"从这句话可以看出女人有着和男人一样的权利，女性可以掌握自己的命运。《一个陌生女人的来信》这部作品正契合了女性主义的思潮。它以女性的思考角度为重心，以细腻的表现手法展现了人物的心理活动。女人暗恋作家一生，几次见面都没有告诉他真相，并且自己一个人抚养孩子长大，整个过程都是女人自己对命运作出的选择。这部作品在表达女人对于作家的痴迷和爱恋的同时，也展现出女人强大的自我意识和自由权利。[①]

（3）心理剖析

茨威格的创作深受弗洛伊德的影响，对人物的心理做深刻而细腻的剖析是他作品中最突出的艺术特点。在这部作品中，茨威格分别对女主人公进行了四个层次的心理描写。茨威格以直击心灵的语言，精准记录了陌生女人心理变化的全过程，从天真的好奇，写到爱情萌生觉醒时的羞怯与迷恋，再写到相遇时的焦虑等待，最后写到独自抚养孩子、因贫困生活而体验到的绝望。茨威格对"陌生女人"心灵世界的描绘与深入剖析，让读者能够深刻体会到她对作家如痴如醉式的爱恋，与读者的审美意象相融合，同他们追求心灵解脱的情感相吻合，因而进入了读者的期待视野。他细腻的心理描写将陌生女人的整个暗恋过程刻画得异常生动，使读者产生强烈的共鸣。这也是该作品如此受大众欢迎的一个原因，每位读者或许都能从中看到些许自己的影子，并追忆起自己的青春暗恋。

4. 封面设计契合图书定位

时代文艺出版社主要出版古今中外文学艺术作品、文艺理论著作、文化类读物、实用临摹字帖等。自建社以来，该社有相当数量的图书在国内外产生了较大影响，并形成了以出版字帖、当代名家作品及外国名著翻译作品为主的品牌特色。时代文艺版的《一个陌

---

① 朱丽林，杨筱.《一个陌生女人的来信》的女性主义显现 [J]. 文学教育（下），2019（10）：134–135.

生女人的来信》遵循了该社独有的品牌特色，整个封面设计打造出一种清新文艺之风。

优秀的书籍封面设计可以将视觉美感和文化内涵很好地结合在一起，巧妙地传达书籍的主要思想和内容。时代文艺版的封面设计在表达视觉审美的同时也有着深层次的寓意。图书封面的背景色是浅绿色，上面布满了盛开的淡黄色花朵，在人们的审美意象中，女人和花总是联系在一起的，盛开的花朵就像是女人最终于见光的暗恋。封面中间的白色小框像是一则便签，记录了书名、作者等相关的基本信息，并附上一句文案宣传语"爱情世界不荒芜，等待背后便是光"凸显出了书中主题。该部小说作为一本文学经典，吸引了大部分文学爱好者，这种简约之风比较符合读者的审美趣味，也完美体现了该书的图书定位。清新文艺的封面设计，既暗示了作品主题，又给读者一种迎面扑来的春色，在众多版本中有着一股清新脱俗之感。

5. 译者的选择

该版本由知名德语翻译家高中甫、韩耀成翻译。高中甫，毕业于北京大学西语系，1978 年进入中国社会科学院外国文学研究所，从事德国文学研究。韩耀成也毕业于北京大学，曾长期从事对外宣传工作，除负责《人民画报》德文版的翻译出版外，还参加了一些重要文件的德文翻译、定稿工作。

两位译者曾参与这部小说多个版本的翻译工作，并获得了良好的口碑。先前两人共同参与过《一个陌生女人的来信》北京燕山出版社的翻译版本，韩耀成参与翻译了上海译文出版社的版本。他们在业界享有一定的声誉，有着较高的权威性，在这部作品的翻译工作中也具有充足的经验。

对于引进版的外文图书，译者的水平在很大程度上决定了一本书的质量以及读者的观感。两位译者作为知名的德语研究者，对整部小说的感情基调具有很好的掌控能力，不但翻译的语言十分细腻且具有文学性，还精准地再现了作家茨威格对人物内心的心理描写。

（二）外部原因

1. 电影、话剧的改编

图书的畅销会拉动影视方的投资，反过来银幕的再一次曝光，也会使图书内容重新引起关注，从而带动图书的销量。因此，对图书进行影视化的 IP 改编，会带动图书的二次销售。《一个陌生女人的来信》作为 20 世纪的世界名著，势必会受到业界导演的青睐。

小说曾先后两次被改编成电影。第一次被改编为电影是由美国导演执导，但对故事和人物做了较大的改动。2004 年第二次被改编成同名电影，导演是徐静蕾，徐静蕾把故事还原到了中国 20 世纪 40 年代的北京。该电影一上映就迎来广泛的关注，褒贬不一，从而掀起了一波话题热潮。影片自 2005 年 3 月 4 日上映以来，三天即狂收票房 400 万，获得当周新片票房冠军。这也彰显出大家对这部作品的喜爱之情。

与此同时，著名话剧导演孟京辉也将目光放到这部文学作品上来，在他强大的话剧编排能力下，这部小说经过重重改编又被搬上了话剧舞台。自 2013 年首演至今，吸引了许多茨威格迷与文艺青年，场场爆满，盛演不衰，成为艺术舞台上的经典，这也进一步说明这部小说具有长久的生命力。

影视和话剧的改编使得该部小说一直没有退出大众的视野，关于该作品的研究也层出不穷，使得该部小说一直延续着它强大的生命力，在众多同类型小说中立于不败之地。

2. 名家的推荐

在我国享有很高声誉的著名作家高尔基曾极力推荐这部作品，"您（茨威格）小说中的人物之所以能打动人，是因为您使他们比我耳闻目睹的那些活人更加高尚，更有人性"，而这种人性就是小说能打动人心的最深沉的力量。他还称《一个陌生女人的来信》真是一篇惊人的杰作。高尔基的褒奖和推荐使茨威格作品不仅在国外广泛传播，而且也影响了中国读者对茨威格的接受程度，他对《一个陌生女人的来信》的评价起到了引领中国读者阅读此作品的作用，也成为市场宣传时的必引之言。

著名作家余华曾评论："读他的作品，仿佛遇到了'速效强心丸'，感受到了久违的阅读激动，同时又没有生命危险。"第七届茅盾文学奖得主麦家也充分表达了自己对这部作品的喜爱之情："我对《一个陌生女人的来信》满怀敬意，因为我就是读着这本书开始写小说的。"此外，中国著名话剧导演孟京辉将其搬上话剧舞台，并称赞说："陌生女人带着强烈宿命意味的勇气，让人不忍看却又不能不看，这种极致的美感就是艺术的真实……当你和悲剧进行对话的时候，你会油然而生某种生命的力量，这是一种奢侈的美感，是一种幸福。"

这些名家的推荐在无形中逐步渗透到读者的内心世界，他们在某种程度上发挥着精神领袖的作用。在当当网或是京东等各大卖书网站，到处可见这本书的宣传语"孟京辉导读推荐，'世界上最了解女人的作家'与'最不了解女人的导演'隔空对话，诠释极致爱情"或是高尔基的那句"这真是一篇惊人的杰作！"等。运用名人的推荐语当作广告语无疑是现代图书营销中的常见手段。通过名人效应来带动图书的销售，这也符合读者的购买心理。

3. 持续的社会热度

喜马拉雅上线的轻知识阅读分享节目《明星枕边书》，邀请了

100 位明星在节目中公开自己的私人读物，并与平台听众和粉丝分享自己的故事与感悟、生活态度与思考，柳岩携带枕边书《一个陌生女人的来信》亮相该音频节目，并作为领读人分享自己对本书的感悟和思考。知名演员刘敏涛在早期参加节目《声临其境》时，也曾演绎这本书中的经典片段，完美诠释了这部作品的文字魅力，在网络上制造了一定的话题热度，"一个陌生女人的来信"等字眼重复出现在互联网上。由爱奇艺打造的超级火热节目《青春有你2》中，作为文艺代表的秦牛正威将《一个陌生女人的来信》作为推荐阅读书目，并在节目里进行倾情朗诵，将这部文学经典重新带到大众视野中，由于偶像效应，进一步带动了粉丝为图书买单，从而增加了图书的销量。在互联网时代，高热度话题所带来的流量是不容小觑的，高热度的话题可以提高知名度，社会名人的持续推荐使这本书一直有着一定的热度，从而不断带动图书销量的增长。

社交平台各大书单的推荐也是带动书籍销量的重要影响因素之一。时至今日，《一个陌生女人的来信》作为一本文学经典经常被媒体平台或者是名人列在各大书单中，从而保持着一定的社会热度。2020 年 3 月 8 日中央人民广播电台《品味书香》栏目列出了一份适合女性阅读的书单，其中《一个陌生女人的来信》就在其中；豆瓣每年评出的好书榜单中，《一个陌生女人的来信》次次都位列其中。书单对读者的影响是显而易见的。读者在选择书目时，往往会更愿意相信一些具有权威性的平台或者是专业的意见领袖所发布的书单。从某种程度上说，在新媒体时代，信息更加透明，一本好书更要经得起考验，网友的评论也直接影响一本书的口碑。因此，各大网络平台所发布的书单推荐也是提高图书销量的重要手段。

总体来说，一本畅销书的诞生有着多重复杂的原因。当然，首先要有精品内容。内容是一本书能否畅销的首要因素。无论是内容为王还是读者为王的时代，读者最后买单的还是图书的内容。一本书空有其华丽的外表，没有实质的内容，就缺少了书的灵魂，必定不会有长久的生命力。当然，一本书的畅销也离不开外部的装帧设计和精准的营销手段。在网络如此发达的社会，找准图书的定位并结合各大新媒体进行适度的营销，使图书保持一定的社会热度，才能有效扩大图书的影响力。最后，畅销书只有经受住社会和时代的考验，才能焕发出持久的生命力。

四、精彩阅读

　　但是，我亲爱的，那一天，那一刻，我整个地、永远地爱上你的那一天、那一刻，现在我还记得清清楚楚。我和一个女同学散了一会儿步，就站在大门口闲聊。这时开来一辆小汽车，车一停，你就以你那焦躁、敏捷的姿态——这姿态至今还使我对你倾心——从踏板上跳了下来，要进门去。一种下意识逼着自己为你打开了门，这样我就挡了你的道，我们两人差点儿撞个满怀，你以那种温暖、柔和、多情的眼光望着我，这眼光就像是脉脉含情的表示，你还向我微微一笑——是的，我不能说是别的，你向我脉脉含情地微微一笑，并用一种极轻的、几乎是亲昵的声音说："多谢啦，小姐！"

　　事情的经过就是这样，亲爱的；可是从此刻起，从我感到了那柔和的、脉脉含情的目光以来，我就属于你了。后来不久我就知道，对每个从你身边走过的女人，对每个卖给你东西的女店员，对每个给你开门的侍女，你一概投以你那拥抱式的、具有吸引力的、既脉脉含情又撩人销魂的目光，你那天生的诱惑人的目光。我还知道，在你身上这目光并不是有意识地表示心仪和爱慕，而是因为你对女人所表现的脉脉含情，所以你看她们的时候，不知不觉之中就使你的眼光变得柔和而温暖了。但是我这个十三岁的孩子却对此毫无所感，我心里像团烈火在燃烧。我以为你的柔情只是给我的，只是给我一人的，在这瞬间，我这个尚未成年的丫头的心里，已经感到是个女人，而这个女人永远属于你了。

"这个人是谁？"我的女友问道。我不能马上回答她。我不能把你的名字说出来：就在这一秒钟里，这唯一的一秒钟里，我觉得你的名字是神圣的，它成了我的秘密。"噢，一位先生，住在我们这座楼里。"我结结巴巴、笨嘴拙舌地说。"那他看你的时候你干吗要脸红啊？"我的女朋友使出了一个爱打听的孩子的全部恶毒劲儿冷嘲热讽地说。正因为我感到她的嘲讽触到了我的秘密，血就一下子升到我的脸颊，感到更加火烧火燎。我狼狈之至，态度变得甚为粗鲁。"傻丫头！"我气冲冲地说。我真恨不得把她勒死。但是她却笑得更响，嘲弄得更加厉害，直到我感到盛怒之下泪水都流下来了。我就把她甩下，独自跑上楼去。

从这一秒钟起，我就爱上了你。我知道，许多女人对你这个宠惯了她们的人常常说这句话。但是我相信，没有一个女人像我这样盲目地、忘我地爱过你。我对你永远忠贞不渝。因为世界上任何东西都比不上孩子暗地里悄悄所怀的爱情！因为这种爱情让人不抱希望，曲意逢迎，卑躬屈节，低声下气，热情奔放；它与成年女人那种欲火中烧的、本能的挑逗性的爱情完全不同。只有孤独的孩子才能将他们的全部热情集聚起来，其余的人在社交活动中滥用自己的感情，在卿卿我我中把自己的感情消磨殆尽，他们听说过很多关于爱情的事，读过许多关于爱情的书。他们知道，爱情是人们的共同命运。他们玩弄爱情，就像玩弄一个玩具，他们夸耀爱情，就像男孩子夸耀他们抽了第一支香烟。但是我，我没有一个可以诉说心事的人，没有人开导我，没有人告诫我。我毫无阅历，毫无准备，我一头栽进了我的命运之中，就像跌入了万丈深渊。从那一秒钟起，我的心里就只有一个人——就是你！

——节选自《一个陌生女人的来信》第 8~9 页

你没有认出我来，那时候没有，永远，你永远也没有认出我来。亲爱的，我怎么来向你描述那一瞬间的失望呢——当时我是第一次遭受到没有被你认出来的命运啊，这种命运贯穿在我的一生中，并且还带着它离开人世；没有被你认出来，一直还没有被你认出来。我怎么来向你描述这种失望呢！因为你看，在因斯布鲁克的两年中，我时刻都想着你，什么也不做，只是想象我们在维也纳的第一次重逢，根据自己的情绪状态，做着最幸福的和最可怕的梦。如果可以这么说的话，一切我都在梦里想过了；在我心情阴郁的时候，我设想过，你会拒我于门外，你会鄙视我，因为我太卑微、太丑陋、太不顾羞耻。你各种各样的怨恨、冷酷、淡漠，这一切我在热烈的幻想中都经历过了——可是这一点，这最最可怕的一点，就是在我心情最阴郁、自卑感最严重的时候，也没有敢去考虑过，你根本丝毫没有注意到我的存在。

——节选自《一个陌生女人的来信》第 20 页

后　记

　　2011年，北京印刷学院的出版专业硕士学位点获批并开始招生。由于它是全国首次获批的出版专业硕士点，当时并没有培养经验可以借鉴，但重在培养和提升学生的专业实践能力这个目标是确定的，于是一些偏重出版实务的课程被列入培养方案，"畅销书策划与出版"就是其中的一门。

　　由于我一直给本科生主讲"畅销书与大众文化"课程，于是被学院指定负责出版专业硕士的"畅销书策划与出版"课程。不知不觉中，"畅销书策划与出版"课程已经开设了十多个年头，每年上这门课的出版专业硕士生也由第一届的16人变成了现在的60人。

　　为了上好这门课，我想了一些办法，其中有两项一直坚持下来：一是定期邀请富有实战经验、出版过现象级畅销书的业界专家进入课堂讲解并与学生交流；二是带领同学们选择他们感兴趣的畅销书开展案例研究。这两种做法极大激发了学生探究畅销书的兴趣和出版畅销书的激情。兴趣和激情是最好的老师，在它们的引领下，每届学生遴选畅销书研究案例时都非常用心，除了考虑个人的畅销书类型偏好，他们还尽力兼顾出版史和阅读史两个视角；撰写畅销书案例研究文章时，他们不仅详细查阅了与研究案例相关的文献资料，有些同学还辗转联系到作者和编辑进行了针对性访谈；选择畅销书

精彩章节摘录时，他们反复阅读文本，努力把研究案例中最精彩的部分摘抄出来进行分享。

岁月无情流逝，一届届同学的畅销书案例研究成果却积累下来，于是就有了这套十卷本《畅销书经典案例研究》。

出版之前，我又一次翻阅了同学们完成的案例文章，课堂上师生围绕畅销书展开讨论的一幕幕场景如在昨日。我们不仅讨论具体的畅销书个案，我们更讨论了畅销书的类型发展、畅销书与常销书、畅销书与社会变迁、畅销书史的撰写，我们也会讨论于殿利先生"要远离畅销书"这句警告背后的深意……经过这些讨论，很多同学具备了"研究畅销书但不耽溺畅销书"研究立场，案例研究的视角也更为开阔深远。现在看来，他们的分析文字有些还尚显武断，有些也陷入了"爱屋及乌"的言说陷阱，但洋溢在字里行间的探索热情如熠熠星光，无疑会照亮后续研究者的前行之路。感谢精心撰写本丛书案例的同学们！

感谢我的研究生李玉雯、许晨露、王敏、郭宏浩、丁超、朱晓瑜、齐倩颖、王静丽、陈怡颖。他们每人负责编选本丛书的一辑，非常认真和高效地开展了案例文章筛选、重新编排和审校等工作。由于一些案例文章撰写时间比较久，有些数据需要更新，他们及时查阅了最新资料并对案例文章做了有效补充。感谢我的学生们！

感谢清华大学出版社的纪海鸿主任。从多年前的确定选题到今天的高质量出版，纪海鸿老师始终以超强的耐心容忍着我的"拖延症"。一旦项目启动，她又以务实高效的工作作风和严谨专业的出版精神推动各项工作不断前行。在疫情当前和居家办公的情况下，这套书还能如期出版，完全得力于她不懈的工作。谢谢纪老师！

另外，尽管本套丛书的案例研究文章采用较为统一的结构规范，但由于案例文章由多人撰写，在行文风格上无法协调统一，非常抱歉！同时，由于编者水平有限，书中错漏之处估计会有不少，诚恳期待各位读者的批评指正！

张文红

2022 年 6 月 5 日

于北京寓所

畅销书

经典案例研究

第四辑

张文红 主编

清华大学出版社

北京

图书在版编目（CIP）数据

畅销书经典案例研究 / 张文红主编 . —北京：清华大学出版社，2022.7
ISBN 978-7-302-59878-7

Ⅰ.①畅…　Ⅱ.①张…　Ⅲ.①畅销书－出版工作－案例　Ⅳ.① G23

中国版本图书馆 CIP 数据核字（2021）第 275331 号

责任编辑：纪海虹
装帧设计：刘　派
责任校对：王凤芝
责任印制：杨　艳

出版发行：清华大学出版社
　　　网　　址：http：//www.tup.com.cn，http：//www.wqbook.com
　　　地　　址：北京清华大学学研大厦 A 座　　邮　编：100084
　　　社 总 机：010-83470000　　　　　　　邮　购：010-62786544
　　　投稿与读者服务：010-62776969，c-service@tup.tsinghua.edu.cn
　　　质量反馈：010-62772015，zhiliang@tup.tsinghua.edu.cn
印 装 者：三河市东方印刷有限公司
经　　销：全国新华书店
开　　本：133mm×188mm　　印　张：39　　字　数：924 千字
版　　次：2022 年 7 月第 1 版　　印　次：2022 年 7 月第 1 次印刷
定　　价：298.00 元（全 10 册）

产品编号：060953-01

作者简介

张文红，博士，教授，北京印刷学院编辑出版系主任。教育部新闻传播学类专业教学指导委员会委员（2013—2017），北京市新闻出版专业群专家委员会副主任委员（2013—）。主持国家社科重大招标项目《当代中国图书出版史》子课题《当代中国大众图书出版史》等项目多项。出版《出版概论》《畅销书理论与实践》《"十七年"时期长篇小说出版研究》等著作 12 部，发表论文 60 余篇。

目　录

你当像鸟
飞往你的山

Educated

〔美〕塔拉·韦斯特弗 著

任爱红 译

TARA
WESTOVER

书名:《你当像鸟飞往你的山》　　　作者:[美]塔拉·韦斯特弗　　译者:任爱红
出版时间:2019 年　　　　　　　　出版社:南海出版公司

一、作者简介

塔拉·韦斯特弗（Tara Westover），美国作家、历史学家。1986年生于美国爱达荷州的山区，17岁前从未上过学，通过自学考取杨百翰大学，2008年获文学学士学位，随后获得盖茨剑桥奖学金，2009年获剑桥大学哲学硕士学位，2010年获得奖学金赴哈佛大学访学，2014年获剑桥大学历史学博士学位。2018年出版处女作《你当像鸟飞往你的山》，2019年因此书被《时代周刊》评为"年度影响力人物"，她将自己的成长和求学经历汇成这一部独一无二的回忆录。

二、畅销盛况

一部新人处女作，上市第1周就登上了《纽约时报》畅销榜，全美销量破百万册，作者因此书被《时代周刊》评为"年度影响力人物"。这本书在美国出版后引起了不小的轰动，并牢牢占据《纽约时报》畅销榜数十周。这本书成为比尔·盖茨年度荐书第1名，Goodreads读者票选超越米歇尔的《成为》，获年度最佳图书，全美销量破百万册，美国亚马逊年度编辑选书第1名，《洛杉矶时报》最佳传记奖，《纽约时报》《华尔街日报》《波士顿环球报》畅销书排行第1名，全球37种语言译本，读者口口相传，甚至中文版尚未出版，英文原版就已在"豆瓣"网站拥有9分评价。

2020年3月，该书中文版在当当电子书TOP20阅读排行榜上位居第1；4月，京东图书销售榜非虚构类排名第2；5月，奥示数据全国图书销量综合总榜第5名、文学类第1名。在"豆瓣"网站上该书有超10万条点评，评分8.8分。截至2021年5月开卷零售累计监控数据统计，该书已销售超130万册。

三、畅销攻略

在日渐激烈的市场竞争中，一本书能否畅销，自然由很多因素决定，主题、内容、出版商的营销策划水平，这三点就可以初步判断一本书是否具备畅销能力。对于出版业而言，"内容为王"是一个永恒的守则，没有坚实、出色的内容做基础，后期再多的增色都将于事无补，任何一本畅销书的成功往往都是各方面因素综合考虑的结果，探究《你当像鸟飞往你的山》这本书的畅销攻略，我将从以下几个方面展开。

（一）文本自身的魅力

1. 精准选题

畅销书一般是以社会和大众心理走向作为自己的生存原则，要求出版者对读者心理有高度的敏感和洞察力。当今社会，独生子女越来越多，家庭教育愈发受到关注，全社会都在大力倡导素质教育。教育意味着获得不同的视角，理解不同的人、经历和历史，接受教育，但不要让你的教育僵化成傲慢，教育应该是思想的拓展、同理心的深化、视野的开阔，教育不应该使你的偏见变得更顽固。如果人们受过教育，他们应该变得不那么确定，而不是更确定，他们应该多听少说，对差异满怀激情，热爱那些不同于他们的想法，我们需要做的就是顺势作出选择，像书中的主人公一样，不断地与自我作斗争，最终突破那最牢固的心理防线。

《你当像鸟飞往你的山》有两层含义：第一层是逃离，第二层是追寻。逃离的是养育她、塑造她同时又困住她的原生家庭，因为这个原生家庭带给她的是糟糕的生活环境：偏执扭曲的家庭教育、不断用畸形的宗教思想洗脑自己的父母、对她施加身体和精神暴力的家人。尽管她对这里仍然有感情，但是她最终还是选择逃离，因为这里虽然养育了她，但也束缚住了她。而追寻则是指她摆脱原生家庭的影响，培养独立的人格，重新塑造自己，寻找新的信仰。"我能在风中站稳，是因为我不是努力尝试站在风中，风就是风，人能受得了地面上的阵阵狂风，所以也能禁得住高空的风，它们没有区别，不同的是头脑中怎么想"，塔拉说的这句话便是她不停向上的真实写照。这本书的主题不仅有"原生家庭教育的影响"，还有"打破原生家庭的魔咒，塑造全新的自我""父母的爱应该是让孩子独立成长""真正的摆渡人，永远是自己""成为你本来的样子"。这本书适合任何年龄段的人阅读，适合父母阅读，也适合青少年阅读，相信阅读这本书的读者，会在塔拉具有悲剧色彩的成长历程中，打开另一个世界，听到自己心底的声音，打破自身局限，勇敢地做自己。

2. 高质量内容

图书的质量决定其对读者的价值，高质量文化供给可以增强人们的文化获得感和幸福感。高质量的内容能增长人们的学识，在学习和工作方面给人们提供大量的帮助，能美化和充实人的生活，给人带来愉悦和满足；高质量内容能在历史永存，不会随着时间消亡；高质量内容能体现出精神产品的丰富属性，获得社会层面与经济层面的"双效益"。

这本书用平淡的笔触真实地回顾了塔拉的悲惨童年：垃圾场的废铜烂铁、没有读书声、父亲顽固的意志控制，直到她逃离大山，用教育打开另一个新世界，最终迎来重生。教育让塔拉一步一步重塑自己的人生，更令她鼓起勇气去打开生命的无限可能，最终在教育和反思中解放了自己的心灵，在痛苦中获得了一个全新的自我。这本书的书名初读有些拗口，但读完这本书的读者一定能够明白，它展示了作者对自己这段人生经历的一种观点：没有人的生活是一帆风顺的，像作者塔拉一样，逃离禁锢自己的大山，像飞鸟一样去寻求自己真正信仰的山林，与过去的自己和解，做全新的自己。她接受了原生家庭，接受了不确定，满怀激情地去拥抱一种全新的生活。记得电视剧《欢乐颂》里有这么一句台词："一个人的原生家庭，就是一个人的宿命。"的确，那些原生家庭带给我们的伤害，往往需要我们用一辈子去消化。之后，她的哥哥泰勒说服她通过教育救赎自己的人生，泰勒对她说："对你来说，这是最糟糕的地方，去我的地方吧，去上大学。"摆脱无知的道路并不容易，凭借毅力和信念，塔拉不仅从不及格生成为全优生，还获得了去剑桥大学交换的机会，继而在那里攻读硕士，又成为哈佛大学访学者，最后获得了剑桥大学博士学位。

全书读完之后，有这样几个问题值得深思：原生家庭的教育对孩子未来的影响是巨大的；一个和睦的家庭关系，是孩子健康成长的避风港；启蒙时期的教育会决定孩子很长一段时期的人生观和价值观。学习，不只是事业和生存的必要条件，也是心灵救赎的必经之路，如果没有广博的见识，思维上升不到一定高度，思想就会显得狭隘。活着，有千万种方式，可以痛苦，也可以快乐，身边的人在影响着你，但对你影响最大的，还是你自己，希望此生不虚度。

3. 独特的语言风格

《你当像鸟飞往你的山》这本书，作为一位无名女孩的回忆录，可以博得如此多的关注，成为年度之书，一部分要归功于这本书在叙事语言上的亲切性和通俗性，这使得它的普及性得到了真正的体现，真正触动我们的恰恰是那些平凡却又复杂的真实。我们一直在寻找像作者这样具有非凡的勇气，不妥协、不放弃爱，无论在怎样的境遇中，都执着、坚定地做自己的人。作者在叙述的过程中采用全景化的描写方式，对当时的社会以及自己所处的环境进行了真实、全面的描写，对不同角色的习惯、思想、行为、语言的描写，占据了较大的篇幅，将这些人的心理展现得淋漓尽致。

（二）外部装帧设计

没有高水平的编辑，出畅销书也是很难的，出自高手的上乘之作，总能在书的内容之外给人以诸多美的享受，所以图书更强调以质取胜。书籍装帧也非常关键，尤其在书名、封面、版式等方面要多花心思，要有更大的灵活性。书籍的外在形象不但影响到读者对书籍的关注程度，还会影响到批发商、经销商对图书的预期和信心，甚至会影响到书籍在货架上摆放的位置。封面是给人的"第一印象"，对人的购买欲望有很大的影响。不管是文字、图形的使用，还是色彩基调的确定，都应在视觉艺术效果中表现图书的性质和主题，体现独特的风格。在图书市场竞争日益激烈的形势下，一本书的畅销，除了内容和其他营销策划活动之外，装帧设计同样是不可或缺的因素。

《你当像鸟飞往你的山》这本书充分体现了书籍装帧设计中的整体性原则，在整体设计上坚持理性与感性的两全其美，书籍表现形式与内容高度统一，封面图案以一支铅笔勾勒出大山的轮廓，一个女孩站在一座山头，眺望远方的崇山峻岭，一群飞鸟向着远方的山林飞去。作者正是逃离了故乡的山峰，像飞鸟一样去寻求教育，找到自己真正信仰的山林。这种情境与封面不谋而合，对读者起到了心理暗示和引导的作用，成功地把营销元素包含在内，"铅笔形"图案突出视觉重心，吸引读者的视线，这样的设计能使读者第一时间注意到这本书想要展示的核心内容和书籍主题。背景以象牙白为主色调，铅笔的颜色则选用红色和黄色这种有强烈视觉冲击感的颜色，吸引读者眼球。

值得注意的是，这本书在制作工艺上也精益求精，封面采用的是300克铜版纸，内文用的是70克轻涂纸。腰封的设计也别出心裁，采用红白腰封，红色的大山部分与封面很好地衔接，二者视觉效果和谐统一，并随书附赠封面图案"铅笔形"书签，在书脊版式设计时，在最上方也体现了"铅笔形"图案，优化编排书名、作者以及出版社等信息，通过不同形式的排列组合方式呈现出不同的视觉效果，突出书籍设计的艺术性、观赏性和个性，不论是视觉效果还是设计寓意，都是同类书无法比拟的。而书名更是图书最耀眼的广告语，浓缩了图书的一切精华。"你当像鸟飞往你的山"这句话排到封面上，与英文名的轮廓完美契合，与插画主图交相呼应。塔拉的故事始于描写故乡的山峰，全书的最后一个字，也落在"山"上，形成了很好的呼应。

（三）内文版式设计

版式设计是书籍装帧的重要环节，版式设计的优劣将直接影响书籍最终的视觉效果，也会对书籍信息传递产生影响，好的版式设计可以使书籍具备美丽的外壳，有利于书籍知识的传播。当读者打开书籍时，首先映入眼帘的就是版式设计，内文的内容是书籍内容的核心，《你当像鸟飞往你的山》这本书对字体、字号以及字距等内文版式细节的设计也是恰到好处，天头和地脚比例合适，四周留有较多空白，恰当的空白能给读者留有想象的余地，促进读者思维的发散，版面干净简洁，方便阅读时做读书笔记。书籍的功能是传递内容，而内容又靠文字来表达，这本书以文字信息呈现为主，字体采用宋体，阅读效果好，视觉上做到一目了然。整本书的内文版式设计简洁大方，疏密有致，章节衔接得张弛有度，赏心悦目，给读者带来了舒适的阅读体验。

（四）名人效应

比尔·盖茨说："一个惊人的故事，真正鼓舞人心，我在阅读她极端的童年故事时，也开始反思起自己的生活，《你当像鸟飞往你的山》每个人都会喜欢，它甚至比你听说的还要好。"

新东方教育科技集团董事长俞敏洪评价道："这本书的内容要远远多于教育的意义，也远远超出成长的意义。看完塔拉的故事，我认真回顾了我至今为止所走过的人生道路，我们每个人其实都有两个自我，一个是过去的自我，一个是未来的自我。"走向未来的自我，必然需要对过去的自我进行否定和批判，这一批判并不仅仅局限于自身，还必然涉及和你密切相关的人物、环境与信仰，因此，蜕变将会变成一场洗心革面的痛苦历程。在这个过程中，塔拉的精神是如此痛苦，以至于多少次都差点放弃，甚至得了夜游症和精神恍惚，与艰苦前行的精神重塑相比，回到原来的浑浑噩噩似乎要更加容易。就像书中讲的一个故事：塔拉一家曾救助过一只野生的大角猫头鹰，这个受伤的野性生灵发现自己被囚禁，险些将自己拍打致死，于是他们只好将它放生。塔拉的父亲说，它和大山在一起比和我们在一起更好，它不属于这里，也不能让它属于这里。

（五）出版社品牌效应

新经典文化公司作为民营书业的代表之一，在整个出版界已有良好的声誉，其大众图书品牌可谓是享誉全国。公司善于挖掘优质且可以反复阅读的书，从《百年孤独》《窗边的小豆豆》到东野圭吾的《嫌疑人 X 的献身》，再到《人生海海》《你当像鸟飞往你的山》，公司持续的作品产出不断在验证其挖掘优质内容的能力，并善于将作品从畅销打造为长销。

（六）宣传营销手段

现在出版业有一个词叫"做书"，一本好书想要成为畅销书，必须实施多方面的宣传营销，分阶段采取多种方式做宣传，积极利用书市、订货会、报刊媒体、签售、网上论坛以及社会知名人士进行推广，并形成上述诸多方面的互动。此外，畅销书的宣传推广时间也必须要精心设计，把握最佳时机，善于"借势"和"借力"，以期在最短的时间内形成轰动效应。

1. 前期准备阶段

《你当像鸟飞往你的山》这本书的英文原名叫《Educated》，2018年 2 月在美国正式出版，而早在当年 1 月，一家长期合作的国外版权机构就将其推荐给了新经典。新经典文化的策划编辑也一直在"豆瓣"等网站上默默关注着读者们的反馈，版权机构在推荐此书的时候很谨慎，说这本书受到美国许多书评人的赞赏，据此判断该书在美国上市后会引起一定的轰动，因为作者塔拉的家庭背景与她成功的反差足以让许多人想要翻开此书一看究竟，一部新人处女作，在美国上市第 1 周就有如此高的销量，受到读者认可，所以这本书的中文版是非常让人期待的。

2. 实际销售阶段

《你当像鸟飞往你的山》这本书采用的是线上线下营销联动、多平台授权销售的销售方式。线上分销渠道集中于信誉度高、知名度高的电商平台和其他的自媒体分销渠道，其选择了当当网、京东等知名电商平台销售该书，主播在直播间分享这本书的阅读体验，感兴趣的买家可以领取这本书的专属优惠券进行购买；线下销售渠道主要是新华书店、西西弗书店等具有全国影响力的书店，配合举办相关的阅读体验活动，例如好书分享会，能增强图书的影响力，辐射更多的消费群体，有利于提高图书销量。消费者不仅能在线上购物平台购买该书，还能在与出版社合作的特色实体书店里购买该书。

在微博上，"杭州图书馆""读书日签"等知名大 V 发起"转发赠书"活动，吸引感兴趣的读者转发、评论，"你当像鸟飞往你的山"微博超话阅读量破千万，并且热度长时期不减。同样，微信公众号"读书日签""悦读读书"等也纷纷推荐本书经典内容的节选以及读后的感悟，到处都有网友的讨论和留言。这本书以图书作者、读者的个人行为和观点为基础，借助形式多样的微博和微信公众号文章展示写作感悟、读书心得，不仅可以使读者、作者和出版社之间形成深度交流沟通，更可以为图书产品发现更多潜在需求。除此之外，很多读者用微信朋友圈分享这本书的读书笔记，在具有同样爱好的朋友圈中传播该图书内容，这种通过密集投放优质书评的行为也达到了更好宣传此书的效果。

（七）社会需求

心理学家阿德勒说："幸福的人一生被童年治愈，不幸的人一生都在治愈童年。如果一个人出生在不好的家庭里，那么给他带来的伤害是一生都难以弥合的。"的确，原生家庭对一个人的成长起着至关重要的作用，原生家庭带给一个人的影响会体现在心理、性格等众多方面，而这种负面影响给一个人带来的伤痕可能需要用一辈子的时间去修复，原生家庭教育对孩子的影响是巨大的，作为父母一定要正视自身，不断修身，给孩子创造一种好的家庭文化，营造一种好的家庭氛围，正所谓"种瓜得瓜，种豆得豆"，家庭教育是给孩子打基础的教育，父母的为人处事、言行举止都将直接影响到孩子的成长，所以一个人的性格与其幼年所受到的家庭教育有着紧密的关系。"做人第一，学习第二"，通俗地说，就是要"先成人，后成才"，学校在大部分时间里教给孩子的往往是知识，但性格的养成则直接关系到孩子的一生。每位家长都应担负起教育子女的责任，重视孩子良好性格的培养，因为孩子大部分时间生活在家庭中，同父母亲人朝夕相处，那么家庭环境、家庭教育的方式、家长的自身修养将对孩子的品质起到潜移默化的作用。因此，每位家长都应该为孩子创造良好的家庭环境，采取良好的家庭教育方式，促进孩子良好性格的形成与发展。采取正确的教育态度，会使孩子具备独立性和坚强的毅力等优良的性格品质；而粗暴、溺爱等不正确的教育态度，会使孩子们表现为任性、以自我为中心等。由此，需要每位家长根据性格可塑性的特征，结合孩子们各个不同年龄阶段生理和心理发展特点，采取严要适度、爱而不溺、循循善诱、因势利导等正确的教育方式，去影响孩子逐步形成良好的性格。

教育使你即使生活在阴沟里，也依然可以仰望星空。还记得比尔·盖茨曾经说过："你可以爱一个人，但仍然选择和他说再见；你可以每天都想念一个人，但仍然庆幸他已不在你的生命中。"真正的爱，从来不是控制，不是改变，而是"交还给你所爱的人自我选择的权利"。对于现在的自己，我也希望能像塔拉一样，能够勇敢且坚定地追逐梦想，变成独立的人。但也希望自己，在探索未来的这条路上，不会因为专注于探索结果而忽略过程，追求值得自己付诸一切的东西——信仰。此去经年，愿你像风走了八万里，不问前程，莫问归期。也希望这本书能给有类似经历的人一点力量，在绝望之中，在书里能握住一只有力的手。最后，真心地呼吁所有父母对孩子多一点关怀，多一点宽容，多一点心灵的沟通，让孩子在性格上健康、友爱，永葆一份纯真。

四、精彩阅读

别的学生问我来自哪里时，我答道："我来自爱达荷州。"尽管多年来我曾多次重复这句话，但说出它从未让我感到坦然自在。当你是一个地方的一部分，在它的土壤上成长的时候，没有必要说出你来自那里。我从未说过"我来自爱达荷州"，直到我离开了那里。

——节选自《你当像鸟飞往你的山》第 241 页

盖茨奖学金的面试是在安纳波利斯的圣约翰学院进行的。校园令人生畏，有完美无瑕的草坪和干净利落的殖民时期风格建筑。我紧张地坐在走廊里，等候被叫去面试；我身着套装，抓着罗宾的手提包，感到笨手笨脚，浑身僵硬。但最终，我几乎没有什么可做的，因为斯坦伯格教授已为我写了一封有力的推荐信。

第二天我就收到了确认函：我获得了奖学金。

电话开始响个不停，是杨百翰大学校报和本地新闻媒体打来的。我接受了六次采访，上了电视。一天早上醒来，我发现我的照片登上了杨百翰大学主页。我是杨百翰大学第三位获得盖茨奖学金的学生，学校充分利用媒体大肆宣传。我被问及高中经历，以及哪位小学老师对我的成功影响最大。我闪烁其词，逃避话题，必要时还撒谎。我没有告诉任何一个记者，我从没上过学。

我不知道自己为什么没有告诉他们。我只是无法忍受别人拍着我的背，对我说我多么令人印象深刻。我不想成为霍雷肖·阿尔杰那样热泪盈眶的美国梦的化身。我希望过有意义的生活，而在我看来，交代那些没有任何意义。

毕业前一个月，我回到巴克峰。爸爸已经看了关于我获得奖学金的报道，他说："你没有提到在家上学。我和你母亲知道学校的德行，没有送你上学，我本以为你会为此更加感激。你应该告诉大家，这都归功于在家上学。"

——节选自《你当像鸟飞往你的山》第 291~292 页

我告诉他们，我曾经贫穷而无知。当我告诉他们这些时，我丝毫不感到羞耻。那时我才明白羞耻感的来源：不是因为我不曾在铺着大理石的音乐学院学习，也不是因为我没有当外交官的父亲；不是因为父亲是半个疯子，也不是因为母亲跟着他亦步亦趋。我的羞耻感源自我有一个将我朝吱嘎作响的大剪刀刀刃推去，而不是将我拉走远离它们的父亲；我的羞耻感源自我躺在地上的那些时刻，源自知道母亲就在隔壁房间闭目塞听，那一刻完全没有选择去尽一个母亲的责任。

我为自己创造了一段新历史。我成了晚餐上备受欢迎的客人，讲述着各种趣闻轶事：打猎骑马、拆解废料、扑灭山火。我说起自己才华横溢的母亲——助产士和企业家，又谈及性情古怪的父亲——废品商和狂热分子。我想我终于可以坦然地面对过去的生活了。那并不完全是事实，但从更广泛的意义上讲，的确如此：未来真的会更好。现在一切都已变得更好。现在母亲也已找到了她的力量。

——节选自《你当像鸟飞往你的山》第 317 页

过去是一个幽灵，虚无缥缈，没什么影响力。只有未来才有分量。

我收到了另一封信：我获得了哈佛大学访学奖学金。从没有哪个消息像这样让我漠不关心。我知道，作为一个从垃圾堆里爬出来的无知女孩，竟被允许去那样的地方读书，我应该感激涕零才是，但我丝毫提不起热情。我已开始思考教育让我付出的代价，开始对它心生怨恨。

——节选自《你当像鸟飞往你的山》第 341 页

平静来之不易。我花了两年时间列举父亲的缺点，不断地更新记录，仿佛将对他所有的怨恨、所有真实发生过的和想象出来的残忍与忽视一一列举出来，就能为我把他从生活中剔除的决定辩护。我以为，一旦证明我的做法是正确的，我就会从那压抑的负罪感中解脱，松一口气。

当我彻底接受了自己的决定，不再为旧冤耿耿于怀，不再将他的罪过与我的罪过权衡比较时，我终于摆脱了负罪感。我完全不再为父亲考虑。我学会为了我自己而接受自己的决定，为了自己，而不是为了他。因为我需要如此，而不是他罪有应得。

——节选自《你当像鸟飞往你的山》第 377~378 页

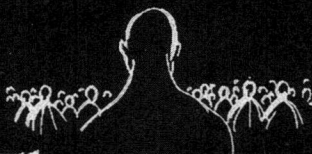

社会学经典读本

乌合之众
大众心理研究

〔法〕古斯塔夫·勒庞 著

冯克利 译

The Crowd
A Study of the
Popular
Mind

中央编译出版社

书名：《乌合之众：大众心理研究》 作者：[法]古斯塔夫·勒庞

出版时间：2004 年 出版社：中央编译出版社 译者：冯克利

一、作者简介

古斯塔夫·勒庞（Gustave Le Bon），法国社会心理学家、社会学家，群体心理学的创始人。1841 年出生于法国诺晋特–勒–卢特鲁，1866 年在巴黎获得医学学位，后随探险队游历北非、亚洲和欧洲多国，写了一些游记和有关人类学、考古学的著作。1879 年，他进入巴黎的人类学研究中心工作，凭一篇研究大脑容量与理智关系的论文获得了戈达尔奖。1884 年，他开始研究社会心理学，因具有革命性和颠覆性的观点引起研究中心的不满，愤而辞职成为独立研究者，从此被排挤出官方学术圈。1894 年，他发表了回应达尔文"天演论"的文章，同时，凭借《民族演化的心理规律》一书奠定了其在心理学界的地位。此后，他出版了一系列心理学著作，如《乌合之众》（1895 年）、《社会主义心理学》（1896 年）、《革命心理学》（1921 年）和《战争心理学》（1915 年），于 1931 年去世。

冯克利，曾担任山东省社会科学院儒学研究中心研究员，现任山东大学政治学与公共管理学院教授、博士生导师。译有《政治的浪漫派》《宪政经济学》《反潮流：观念史论文集》《二十世纪的政治哲学家》《致命的自负》等；著有《尤利西斯的自缚：政治思想笔记》《虽败犹荣的先知》。冯克利先生是国内公认一流水准的翻译家，自 20 世纪 90 年代以来对学术思想的传播有着突破性的杰出贡献，在公共思想领域有着不可替代的地位。

二、畅销盛况

《乌合之众》首次出版于 1895 年，是作者古斯塔夫·勒庞凭个人研究兴趣写成的一部学术著作。它以 18 世纪法国大革命为背景，独辟蹊径地开拓了群体心理学研究视角，对群体的心理特征进行了鞭辟入里的分析，观点大胆新颖，颠覆了人们的通常认知，是社会心理学研究领域的奠基作品之一。书中的思想观点深刻影响了弗洛伊德、荣格、托克维尔等学者以及罗斯福、丘吉尔、戴高乐等政治人物，弗洛伊德称其为"当之无愧的名著"。《乌合之众》至今已被翻译成近20种语言出版，再版将近30次，销量超过2亿册。2010年，法国《世界报》将该书列入"改变世界的20本书"，历经百年，其影响力仍长盛不衰。

勒庞的这一学术著作最早在民国时期被译介到中国。1923年钟健闳翻译的全译本，其中文译名为《群众》，直到2004年1月，由冯克利翻译、中央编译出版社出版发行的《乌合之众：大众心理学研究》正式开启了在中国的畅销之路。在近20年内，该书已被50多家出版社翻译出版，其中，中央编译出版社曾8次出版该书。2017年起，《乌合之众：大众心理研究》部分版本在当当网的心理学类畅销书年榜上稳居前3位。2020年1月至3月，《乌合之众：大众心理研究》更是蝉联当当网心理学类畅销书月榜冠军。这部已有百年历史的学术著作，至今仍在展现着它的魅力与价值。

三、畅销攻略

《乌合之众：大众心理研究》开辟了"群体心理学"的研究视角，百年来，持续占领全球心理类图书细分市场，后续同类书无法企及。究其原因，一方面，作者的洞察力和预见力经历了时间的考验，书中的观点在当今社会仍能找到广泛的应用场景；另一方面，出版方把握时机，回应公共情绪，引导集体价值判断的营销运作，突破了空间的制约，使其开启了在中国的畅销之路。

（一）译名的独具匠心

中国出版集团公司原总裁聂震宁先生曾提道："书名之立，即一本书的命名，不仅是书籍内容的归纳或者标识，往往还能为内容传播提供独特的推动作用。"可以说，好的书名不仅是图书灵魂的提炼，更是图书传播推广的利器。

《乌合之众：大众心理研究》作为一本经典学术著作，其内容相较大众读物更加严肃庄重，在命名时既不能"博眼球"，也不能天马行空脱离主题，十分讲究命名艺术。此书的英文名是《The Crowd：A Study of Popular Mind》，The Crowd 直译为"人群、群众"；而书中描述的人群主要是指"心理上的群体"。作者勒庞指出："个人一旦融入群体，他的个性便会被湮没，群体的思想便会占据绝对的统治地位，而与此同时，群体的行为也会表现出排斥异议、极端化、情绪化及低智商化等特点，进而对社会产生破坏性的影响。"显然，在勒庞的眼中，对群体的看法是贬义的，直译名"人群、群众"并不能点明主题。"乌合之众"一词的含义是"无组织、无纪律，如乌鸦般仓促聚合的群众"，这意味着，"乌合之众"不仅忠实、贴切地表达了原著主题，而且突破了学术书命名的桎梏，有一定的创造性，为后续在中国的传播打下了坚实的基础。

从民国时期最初的译名《群众心理》起，经历了不断重译、再版，直到 2004 年由中央编译出版社出版、冯克利翻译的版本才正式将其命名为《乌合之众：大众心理研究》。[①] 如今，《乌合之众：大众心理研究》早已进入公版书领域，被 50 多家出版社争相出版。在译名上，除了在副标题有所差异，主标题都以《乌合之众》为主，

---

① 冯小艳. 从《乌合之众》中译本看群众心理学的早期译介与传播 [J]. 智库时代，2020（6）：192~193.

足以证明该译名对作品形象塑造、作品社会传播的非凡意义。值得注意的是，在当今网络环境下，"乌合之众"一词更是成为标志性的网络流行语，数字时代《乌合之众：大众心理研究》的畅销，其译名功不可没。

（二）作者的文本表达

作者勒庞有着多维度的学术背景，研究范围涉及多个不同领域，而早期随探险队游历各国的调研经历也丰富了他的阅历，造就了其独特的研究视角，这也反映到了他的著作当中；此外，随着社会经济的发展，心理学研究成为与社交、职场、财富等主题密切相关的大众话题，这意味着《乌合之众：大众心理研究》一书具有潜在的大众性，同时，相较通常学术著作写作的乏味，勒庞的写作风格更引人入胜，体现出一本畅销书所应有的特质。

在阅读体验上，勒庞的文本表达与当下的自媒体写作十分相像。在陈述某一观点时会先进行铺垫，抛出问题与读者问答互动，激发读者求知欲，抓住读者的兴奋点；再以其行云流水的文字、夯实丰富的材料将观点抛出。勒庞前卫的写作风格，契合了互联网时代读者对阅读体验的本质需求，令读者大呼过瘾。换言之，这也是《乌合之众：大众心理研究》从诸多学术著作中脱颖而出，在当今仍占据畅销榜冠军的内在优势。

在写作手法上，勒庞深谙对大众心理的掌控，并将其发挥得淋漓尽致。《乌合之众：大众心理研究》中写道"当群体开始沉眠于妄想中时，就要果断而大胆地对其进行洗脑，以夸大其词、言之凿凿、不断重复的方式来煽动群众的情绪"，勒庞把这一手段成功地用在了读者身上，在读者思考勒庞观点之时，不断输送重复的论据和案例，引领读者思考问题的方向，让读者深信不疑，甚至会有"众人皆醉我独醒"的感叹。勒庞高明的写作手法使读者在浑然不觉中已然成为了一群"乌合之众"，在某种意义上来说，更是使这本书走向社会心理学圣坛的主要原因。

《乌合之众：大众心理研究》这本百年畅销著作吸引了一代又一代的读者，这与作者极具吸引力的文本表达是分不开的。需要指出的是，《乌合之众：大众心理研究》自首次在法国出版以来就因其学术的不规范、案例的极端、对妇女儿童有失偏颇且具有时代局限的论述遭到业界诟病，如今各大出版社都在其版本添加了序言、书评，力求帮助读者客观、公正、辩证地评价、认识图书内容，理性思考，取其精华，去其糟粕。

（三）内容的现实意义

1. 对当今社会环境下群体事件的解释力

作者勒庞在《乌合之众：大众心理研究》中所描述的法国大革命后的时代背景，有着复杂的民众和发达的传媒，与当今互联网时代十分相似。一方面，网络赋能，价值体系愈发多元，群体发"声"在一定程度上反映了集体的行为和特点；而另一方面，海量信息往往使个人难以保持理智与思考。

例如，新冠肺炎疫情暴发以来，人们源于对疫情的恐慌，轻信谣言、狂热冲动、盲目跟风，阴谋论、粮食恐慌等话题遍布网络，网民不经求证，看见信息就复制转发，勒庞在《乌合之众：大众心理研究》中将其描述为一种"集体无意识的非理性状态"。他认为"在既定的条件下，一群人表现出一些新的特点，它不同于组成这一群体个人所具备的特点。他们的感情和思想全部都转移到同一个方向，他们自觉的个性消失了，形成了一种集体心理""群体不善推理，却又急于行动"。也就是说，大众个性消失、随风而动是造成"集体无意识的非理性状态"的主要原因。另外，当社交媒体在互联网的沃土上蓬勃发展之后，网络暴力、人肉搜索等媒介伦理问题层出不穷，在《乌合之众：大众心理研究》中也有对这些行为的描述："仅从数量上考虑，形成群体的个人也会感受到一种势不可当的力量，这使他敢于发泄出本能的欲望，而独自一个人时，他们必须对欲望加以限制。他很难约束自己不产生那样的念头：群体是无名氏，因此不必担责任，这样一来，总是约束着个人的责任感便彻底消失了。"勒庞从个人欲望的角度阐述了为什么会发生群体"暴力"事件，这与当今互联网时代所触发的群体事件惊人的吻合。

从以上案例来看，显然，勒庞笔下的"乌合之众"对当今社会环境下的群体事件极具解释力，他将群体思维剖析，在多重视角下向我们展现了"乌合之众"究竟是如何出现的，为这些不可思议的群体行为提供了理论解释，令人折服。正是在这个意义上，《乌合之众：大众心理研究》能够为每个时代爆发的群体事件作出解释，其内容观点持续输出至今，才能够在当今出版市场屡屡受到推崇。

2. 出版社着眼读者的理性需求

《乌合之众：大众心理研究》正式在中国大陆开始畅销之路是进入 21 世纪后，由中央编译出版社出版发行的版本开始的。这个时期是社会的转型期，人们的物质生活得到极大满足，出于对美好生活的需求，群体性事件频发，更不用说互联网语境下，网民表现出的"暴民化"的倾向与特点。勒庞在《乌合之众：大众心理研究》中高呼"群体的无意识行为代替了个人的有意识行为，群体的时代已经到来"，我们确实进入了勒庞所说的群体时代。

结合勒庞的观点来看，这些群体性事件中，大众多处于一种集体无意识的非理性状态，站在非当事人的角度，面对这些群体事件的困惑与不解催生了理性的需求。在这样的背景下，读者需求被激活，期望通过针对群体事件的理性剖析，寻求心理慰藉和自我提升，以此得到全方位的思考；同时，社会舆论需要被更好地引导，网络的诞生不是为了制造困扰，而是让生活变得更美好，网络环境亟待净化，让各种社交媒体成为一座座沟通大众心理的桥梁，让网民群体走出"暴民""键盘侠"的怪圈，让"乌合之众"们在网络时代共同传播理性声音。

出版社在选题策划时着眼于社会环境下读者的理性需求心理，契合了时代的文化需求，选择出版《乌合之众：大众心理研究》，这不仅包含了对大众情绪的回应，解释了"乌合之众"是如何产生的，更是包含了出版社立足社会需求和效益，引导读者群体的价值判断，教导读者如何避免成为一个"乌合之众"的内在追求。作者勒庞以其敏锐的智慧和深邃远见使《乌合之众：大众心理研究》所讨论的话题在时代变迁中历久弥新，而出版社立足社会和读者理性需求的策划运作更是其在中国大陆走向长销的重要一步。

（四）营销策略的多元实践

1. 互联网长尾机制下的营销组合策略

《乌合之众：大众心理研究》作为一本学术著作，一般来说，扮演的角色是出版产业中的长尾部分，其在中国的畅销现象并非是一家出版社市场化运作的结果，而是由众多出版社多次出版并不断再版所导致的，在其畅销过程中，互联网长尾机制下的营销策略扮演着重要角色。

随着互联网的发展，网络书店兴起，有效地勾连了与读者的供求关系，促使长尾效应的实现成为可能；而《乌合之众：大众心理研究》作为长尾书，其市场份额逐步扩大，这也是营销运作市场的前提。长尾理论的提出者，美国《连线》杂志主编安德森提到，运用长尾机制的原则之一是"帮助消费者找到所需产品"①。中央编译出版社立足此理论，利用网络书店提供的新渠道和新引导方式，挖掘产品优势，细化产品分类，将《九型人格》《自卑与超越》《梦的解析》《墨菲定律》等同类图书与《乌合之众：大众心理研究》组合形成系列读物，打上大众心理研究经典的标签，再以吸引人的低价折扣，组合售卖。

营销组合策略的优势在于：一方面，扩大了单一产品展现渠道，既有助于发现潜在读者，又有助于将大众心理学类图书的受众聚合，形成连锁效应，有效地促进了单本图书的销量；另一方面，捕捉了心理类图书受众的购买习惯，利用读者知识焦虑的心理特点，打出组合拳，将产品的购买价值最大化。中央编译出版社用组合产品的营销策略，使《乌合之众：大众心理研究》这样一本小众学术著作，在互联网长尾机制的推动下，占领了较大的市场份额。

2. 结合社会热点的功能性营销

出版社在进行畅销书运作时不能盲目追求经济效益，社会责任的承担也是重要一环。当《乌合之众：大众心理研究》这样一本学术著作成为畅销书时，其理论指导的重要性及其社会意义可作为功能性上的营销利器。一是《乌合之众：大众心理研究》自问世以来便引起了强烈的社会反响，特别是当下，在互联网语境下，仅微博这样一个网络生态环境就已经表现出了作者勒庞所提到的群体特征；二是网络新媒体作为流量热点的传播赛道，《乌合之众：大众心理研

---

① 练小川. 幂律、长尾理论和图书出版 [J]. 陕西师范大学学报（哲学社会科学版），2007（3）：110~116.

究》的畅销也因对网络热点中的非理性群体行为所具有的指导意义，自然地与群体热点事件相结合。

例如，编辑在网络宣传语中往往会写到"本书尤其适合在中国当下阅读"，将图书功能作为一个指导性的认识工具，吸引受众；亦或是"保持独立性和理性的判断""愿你我做一个可爱的不合群者"等强调解决问题的功能。编辑把握时机，将《乌合之众：大众心理研究》的观点与中国当下群体性事件热点相结合，打出"功能牌"，升华了《乌合之众：大众心理研究》极具现实意义的社会价值，警醒读者保持清醒，理性思考，以敏锐的目光审视问题，解决困境。简言之，出版社通过强调图书的功能性，突出了内容的社会价值，引起读者强烈共鸣，推动了《乌合之众：大众心理研究》不断吸引新的读者人群。

3. 占领细分市场的影响力营销

《乌合之众：大众心理研究》多年来持续位居当当网心理类排行榜的前3名，足以证明《乌合之众：大众心理研究》在心理类图书细分领域的影响力。"影响力经济"是畅销书的本质，出版业的双重属性决定了畅销书出版需要超越"注意力经济"迈向"影响力经济"，这既是出版经济增长方式的转型，更是出版产品的内在要求。①

因《乌合之众：大众心理研究》一书在学术著作类别上的权威性，在营销策略上强调"影响力"必然是学术类图书的有力选择。"影响力营销"相较"功能性营销"更多的是通过引导读者注意力，强调必读性。一是编辑在营销宣传上以"大众心理学领域的开山之作，集体行为研究者的经典读本"这样的标语凸显该书在心理学研究领

---

① 杨军.畅销书出版：跨越"注意力经济"，迈向"影响力经济"[J].中国图书评论，2008（9）：84~88.

域的权威性；二是在其他领域受到《乌合之众：大众心理研究》观点影响或延伸发展的案例的潜在助力，如网红餐饮企业喜茶的爆红、以饥饿营销打开市场的小米手机等商业类案例，总统普选、广告公关技巧等延伸应用场景，也都从另一方面展现了其广泛的市场影响力。足以看出，一本经过百年历史岁月的畅销书，其影响力随着时代发展不曾减弱。

四、精彩阅读

根据让群体产生兴奋的原因，它们所服从的各种冲动可以是豪爽的或残忍的、勇猛的或懦弱的，但是这种冲动总是极为强烈，因此个人利益，甚至是保存生命的利益，也难以支配它们。刺激群体的因素多种多样，群体总是屈从于这些刺激，因此它也极为多变。这解释了我们为什么会看到它可以在转眼之间就从最血腥的狂热变成最极端的宽宏大量和英雄主义。群体很容易做出刽子手的举动，同样也很容易慷慨就义。正是群体，为每一种信仰的胜利而不惜血流成河。若想了解群体在这方面能做出什么事情，不必回顾英雄主义时代。它们在起义中从不吝惜自己的生命，就在不久以前，一位突然名声大噪的将军，可以轻而易举地找到上万人，只要他一声令下，他们就会为他的事业牺牲性命。

因此，群体根本不会作任何预先策划。它们可以先后被最矛盾的情感所激发，但是它们又总是受当前刺激因素的影响。它们就像被风暴卷起的树叶，向着每个方向飞舞，然后又落在地上。下面我们研究革命群体时，会举出一些它们感情多变的事例。

群体的这种易变性使它们难以统治，当公共权力落到它们手里时尤其如此。一旦日常生活中各种必要的事情不再对生活构成看不见的约束，民主便几乎不可能持续很久了。此外，群体虽然有着各种狂乱的愿望，它们却不能持久。群体没有能力做任何长远的打算或思考。

群体不仅冲动而多变。就像野蛮人一样，它不准备承认，在自己的愿望和这种愿望的实现之间会出现任何障碍，它没有能力理解这种中间障碍，因为数量上的强大使它感到自己势不可挡。对于群体中的个人来说，不可能的概念消失了。孤立的个人很清楚，在孤身一人时，他不能焚烧宫殿或洗劫商店，即使受到这样做的诱惑，他也很容易抵制这种诱惑。但是在成为群体的一员时，他就会意识到人数赋予他的力量，这足以让他生出杀人劫掠的念头，并且会立刻屈从于这种诱惑。出乎预料的障碍会被狂暴地摧毁。人类的肌体的确能够产生大量狂热的激情，因此可以说，愿望受阻的群体所形成的正常状态，也就是这种激愤状态。

正如所有处在暗示影响下的个人所示，进入大脑的念头很容易变成行动。无论这种行动是纵火焚烧宫殿还是自我牺牲，群体都会在所不辞。一切都取决于刺激因素的性质，而不再像孤立的个人那样，取决于受到暗示的行动与全部理由之间的关系，后者可能与采取这种行为极为对立。

于是，群体永远漫游在无意识的领地，会随时听命于一切暗示，表现出对理性的影响无动于衷的生物所特有的激情，它们失去了一切批判能力，除了极端轻信外再无别的可能。在群体中间，不可能的事不可能存在，想要对那种编造和传播子虚乌有的神话和故事的能力有所理解，必须牢牢地记住这一点。

——节选自《乌合之众：大众心理研究》第22~25页

群体表现出来的情感不管是好是坏，其突出的特点就是极为简单而夸张。在这方面，就像许多其他方面一样，群体中的个人类似于原始人。因为他不能作出细致的区分，他把事情视为一个整体，看不到它们的中间过渡状态。群体情绪的夸张也受到另一个事实的强化，即不管什么感情，一旦它表现出来，通过暗示和传染过程而非常迅速传播，它所明确赞扬的目标就会力量大增。

　　群体情绪的简单和夸张所造成的结果是，它全然不知怀疑和不确定性为何物。它就像女人一样，一下子便会陷入极端。怀疑一说出口，立刻就会成为不容辩驳的证据。心生厌恶或有反对意见，如果是发生在孤立的个人身上，不会有什么力量，若是群体中个人，却能立刻变成勃然大怒。

　　群体感情的狂暴，尤其是在异质性群体中间，又会因责任感的彻底消失而强化。意识到肯定不会受到惩罚——而且人数越多，这一点就越是肯定——以及因为人多势众而一时产生的力量感，会使群体表现出一些孤立的个人不可能有的情绪和行动。在群体中间，傻瓜、低能儿和心怀妒忌的人，摆脱了自己卑微无能的感觉，会感觉到一种残忍、短暂但又力量巨大。

　　　　　　　　　——节选自《乌合之众：大众心理研究》第 33 页

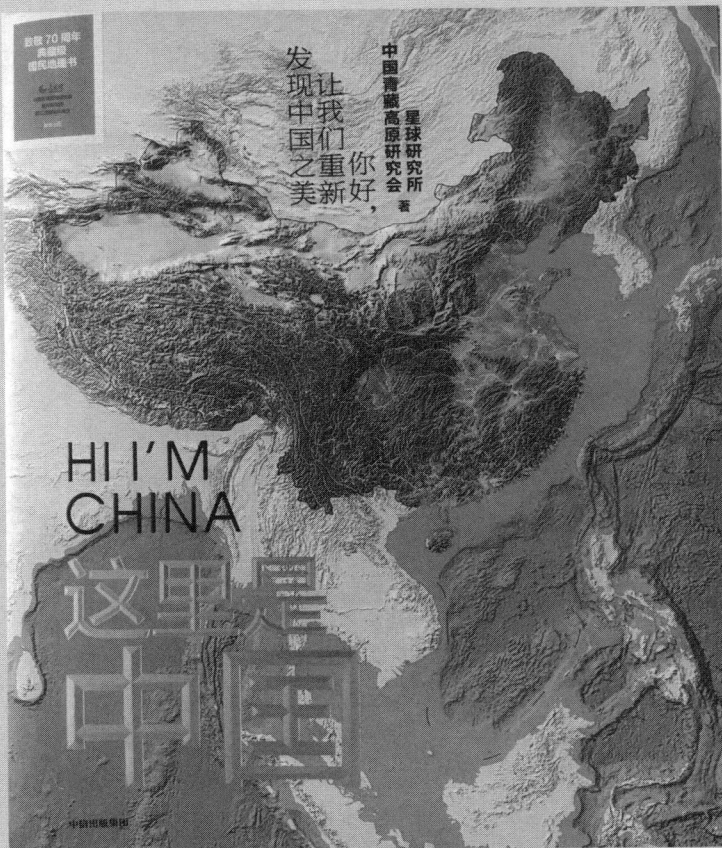

书名：《这里是中国》　　　　作者：星球研究所 中国青藏高原研究会
出版时间：2019 年　　　　　出版社：中信出版集团

一、作者简介

星球研究所成立于 2016 年，是一家专业的地理科普传播机构，专注于探索世界，解构世界万物，用地理的视角来认知世界和人类自己，现已产出多篇现象级爆文。2018 年，星球研究所被人民日报社和中国科学技术协会评为"中国十大科普自媒体"。

中国青藏高原研究会（CSTP）是中国科学技术协会的下属机构，成立于 1990 年 3 月，由全国从事青藏高原科学研究的科技人员和其他工作者组成，是我国发展青藏高原科学研究事业的重要力量。中国青藏高原研究会成立以来，积极开展青藏科考的科研交流，搭建科研平台并进行科普宣传，为青藏高原地区的科学技术发展和经济社会进步作出了巨大贡献。

二、畅销盛况

《这里是中国》出版于 2019 年 9 月，正值新中国成立 70 周年之际。发售当天，在作者星球研究所的微信公众号平台 5 小时售出 1 万册，20 天图书总销量破 10 万册，1 个月紧急加印 6 次共 25 万册，两个月销售额达到 6 000 万，3 个月销售 30 万册以上，累计已售出 40 万册。

在如今新书品种持续下降、规模收缩，头部畅销书长期占据畅销榜的情况下，本书出版一个月即成为京东图书总榜和当当图书总榜的双料第 1，是 2019 年 9 月全国新书排行榜非虚构类图书第 1 名，入选 2019 年 10 月中国好书榜单。出版 3 个月位列 2019 年京东科普读物销量榜第 1 名和 2019 年当当科普读物畅销榜第 5 名。

《2019 中国图书市场报告》显示，借助京东图书平台的优势，《这里是中国》名列 2019 年纸书畅销新品榜第 3 名，进入总榜前 15 名，作者星球研究所团队也凭借本书入围最受欢迎作者榜前 10 名，成为 2019 年的书界网红。此外，本书还入选了"中华优秀科普图书榜"2019 年度榜单，被评为 2019 年度"中国好书"。

三、畅销攻略

《这里是中国》由星球研究所近 3 年的积累而成，将 365 张有地域代表性的高清摄影作品、53 张专业地图和数百条地理知识，汇成这本全视野的中国地理科普著作。从 2019 年 9 月出版至今，本书持续出现在各大平台畅销榜单上，在科普榜上更是始终名列前茅。它的畅销不是偶然，而是以下多种因素合力促成的。

（一）图书自身：科学性、艺术性与创新性的完美结合

1. 文本内容：科学性与可读性相统一

内容是图书的核心价值。《这里是中国》本质上是一本图文并茂的中国地理科普书，书中的地理知识由专业科研团队把关，以科学理论为基础，耗时 3 年精心打磨，这是对读者最具吸引力的地方。与几百幅宏大的摄影作品相比，书中文字所占比例并不算大，但蕴含了丰富的地理知识，叙述角度独特，文字简洁易懂，既体现了地理这门学科独有的冷静、客观，也体现了作者对中国地理山川的热爱，使这本书的文本既科学严谨又充满温情。

作为一本面向大众读者的科普性读物，书中的内容不是简单的知识罗列，不是高深的学术论文，而是与大众生活密切相关的地理与文化知识。地理科普与其他更偏向文科的科普文章相比，在语言

表达上注定少了分俏皮活泼，多了分严肃客观，作者实事求是，追古溯今，以尽量通俗化的语言解读了中国重要地理区域和城市的物种、人文历史，让地理摆脱了枯燥的数字和概括性的文字，从地形形成讲到今天的区域划分，将从古到今的演变贯穿起来，从地区的诞生、发展、兴起，到今日对未来之展望，并提出许多值得当代人思考的问题，展现出一个既熟悉又陌生的中国，深入浅出的叙述把地理知识以一种有趣的方式传达给读者。

《这里是中国》每篇文章的精雕细琢，都是星球研究所团队对中国地理的独特解读和匠心呈现。为了保证科学性，本书请到了中国科学院院士、第二次青藏高原综合科学考察研究队队长姚檀栋亲自审核把关，对于文中有学术争议的观点特意注明，书后也罗列了许多参考文献。书中的知识不是单一割裂的，而是多个学科体系的综合，不同的论点往往伴随植物学、动物学、历史学等学科的佐证，书中精心绘制了53张专业的地质地形图，为气候、生物、城市各方面的数据分析提供支撑，有理有据。科普内容理性科学，非事实性的语言情感真挚，做到了科学性和可读性的统一，是适合所有读者了解中国地理的入门级科普读物，是一部有体系、有沉淀、有价值的好作品，这也是它能受到大众欢迎的根本原因。

2. 文章编排：去繁就简有新意

在文章编排上，《这里是中国》打破了传统地理科普图书对地理区域近乎教条般的沉闷划分和循规蹈矩的传统，不再是以单一的分行政区或地形区介绍各地的地形、水文、生物、气候、历史、城市、人口等知识，而是有依据、有选择地以特定区域为载体，从雪山、江河到城市，把当地的地理风光与人文历史有机结合，展现出中国地理多元的自然与人文艺术，化繁为简，别出心裁。

这本书以"中国从哪里来"开篇，以"什么是中国"作为回应，

16篇主体内容以"中国地势三级阶梯"为逻辑架构，第一阶梯的可可西里是全书主体部分的第一篇文章，展现出一种比较自然，较少受到人类影响的环境，最后一篇文章是第三阶梯充满烟火气息的江南，从可可西里写到江南，呈现了从自然荒原到人间烟火的变化。这种创新性的编排立足于中国的地势和地理环境，在空间尺度上更为灵活，将庞杂的中国地理归纳进一个全新的体系，给读者提供了不同于一般地理科普的思维方式，让读者从时间和空间不同维度去看待自然与人类文明，将地理与人文有机融合，这让读者的视野更加广阔，是地理学科普的一次有益尝试。

3. 摄影作品：摄影美学的感染力

地理学天生具有审美的特性，而摄影无疑是呈现地理之美的最佳方式。《这里是中国》打动读者的除了优美的文字，便是动人的摄影作品。本书将山川河流的肌理与人间烟火的温情置于镜头之下，用镜头追逐极致的自然风光，捕捉多姿多彩的风土人情。

《这里是中国》对摄影作品的选择始终保持着极高水准，许多拍摄视角和地区选择都很罕见。每篇文章中的插图，都是从几千张摄影师的投稿中精心挑选出最合适的几十张照片，还有不少摄影师专程重新拍摄，每一幅摄影作品的背后都是摄影师的坚持和付出。书中的摄影作品随着地域的变化而展开，收录了许多航拍和全景的摄影作品，尺度宽广、场面宏大，将自然景观与人文景观融为一体，既能吸引读者眼球，又能让读者通过照片了解地区的地形、道路等地理情况；既有俯瞰全局的视野，又有身临其境的体验，在唯美的观感中，了解祖国的大美山川。该书不仅具有极高的艺术欣赏价值，也让中国地理的辽阔与多样得以完美呈现。

这本书中的365幅摄影作品来自191位身份各异的拍摄者，除了专业摄影师，还有记者、科研人员、军人、纪录片导演、铁路工作者、自然保护区工作人员、牧民、设计师等来自不同行业的人。不同的地理生活背景使得他们能从不同视角发现并记录中国地理的点滴美好，书中的摄影作品也因此有着真实的震撼人心的力量。

4. 主题出版与地理科普相结合：跳出固化思维叫好又叫座

图书出版与时代发展紧密相连，党和国家的重大事件、重要节点往往也是出版业的重要任务、重要机遇。《这里是中国》既是一部地理科普读物，也是一部精品的主题出版物。是 2019 年中华人民共和国成立 70 周年的献礼之作。

主题出版是以特定主题为出版对象、出版内容和出版重点的出版宣传活动。[①] 广泛来说，主题出版并不限于党建读物、时政读物，但历年来的主题出版图书，大多更重视党史、国史、军史及重大节庆等传统题材，选题立意也是站在宏观角度，往往忽略对普通读者的关切。

《这里是中国》跳出了市场上固有的主题出版思维的局限，不受题材、体裁的拘束，从地理的视角观察中国，主题鲜明、内涵丰富、感染力强，为读者充分展示了真实、立体、全面的中国，旨在让读者能在宏大的地理格局下，了解中国的过去、现在以及充满希望的未来。中信出版集团副总编辑李穆说："我们不仅仅是在做一本书，更是用我们出版人的专业能力和职业素养来讲述一个地理视角的年轻的中国故事。"[②]

《这里是中国》将主题出版的价值诉求与读者现实阅读的需求相结合，可以算作一本建设生态文明和美丽中国的生动宣传物。它改变了读者对主题出版物注重政治性忽视可读性的片面认知，向市场

① 白利峰，陆莉莉.新时代背景下少儿主题出版的新思维 [J].出版广角，2020（1）：14~17.
② 中国新闻出版广电报.《这里是中国》走红了！[DB/OL].http://data.chinaxwcb.com/epaper2019/epaper/d7096/d1b/201910/101695.html.2019-10-17/2020-04-25.

证明了优秀的主题出版物不仅可以带来巨大的社会效益，还可以带来十分可观的经济回报，这是主题出版在主题和内容上的一次创新，展现了主题出版物的旺盛生命力。

（二）图书装帧：设计力的匠心呈现

虽然内容是图书的核心价值，但读者首先注意到的是图书的装帧设计，好的装帧会吸引读者的目光，向读者传达图书的理念和特色，表达图书的精神内涵，其自身也有一定的艺术审美价值。

《这里是中国》在装帧设计上力求完美，呈现出良好的视觉效果。从图书开本的选择、封面的设计到正文的排版，都体现了本书的十足诚意。图书整体上采用了大 16 开的大开本版面，使精美的图片给人以强烈的视觉冲击和视觉享受，让本书的摄影作品和地图等细节得以清晰呈现；目录设计和图书的章节编排一脉相承，创新性地采用了三级阶梯的立体展现方式，将不同章节印制在不同的页面上，醒目直观；"裸脊锁线"的装帧方式可以让图书页面平整打开；书中内含的多幅超长拉页，最长达 1.8 米，给了读者全视野的阅读体验；印刷采用了四色进口纸彩印，高清还原图片质感。

图书封面设计往往决定了读者在一本书前的停留时间，是影响图书销量和读者第一印象的至关重要因素，是图书装帧中最为重要的一环。《这里是中国》的封面采用了浮雕起鼓的工艺设计，根据海拔同比例制作了中国全境地形图，以中国地形图为主视觉图，各种地形一目了然、清晰可辨，读者能在凹凸不平的图书封面上，触摸到高山、丘陵、沙漠、盆地、平原、河流等中国地理"肌理"的组成部分，更真切地感受实体书的触感，回归到地理最初的本质来认识中国。浮雕烫金的书名也极为突出，更显本书作为地理科普图书的质感。

在内文图文排版上，《这里是中国》创意大胆。正文文字使用了黑体顶格排版，大字突出每部分要讲的核心与重点，让知识更有冲击效果，字体颜色与图片色彩相对应，体现了色彩的艺术感。文图一一对应，每一个开页都是一次独特的设计，保证了阅读的体验。

（三）作者：科普与科研的通力合作

《这里是中国》由地理科普团队星球研究所和中国青藏高原研究会第二次青藏科考队合作创作，是科普与科研通力合作的成果。

第二次青藏科考队是依托于国家第二次青藏科考任务聚集起来的科考队员群体，是国家青藏高原考察研究的重要战略力量，科考队聚焦水、生态、人类活动，考察、研究青藏高原的环境变化和影响，为本书贡献了许多地理知识和精彩的文章。

星球研究所成立于 2016 年 11 月，深耕地理科普领域，公众号文章阅读量常达百万，经过 3 年的积累，已发展成为科普地理领域的专业图书、音视频内容机构，本身拥有一定粉丝基础，培养了一批忠诚度高、对地理科普感兴趣的读者，这批读者中的很大一部分便是本书的消费者。

一个是专业的科研团队，一个是优秀的科普团队，创作者们以科学理论知识为基础，阅读大量科研著作、论文，凭借精准的判断能力，从众多晦涩的学术文章中汲取经验，厘清思路，创作出一篇篇条理清晰、经得起检验的好文章。他们严谨、诚恳、谦逊，是一群有专业背景、具有艺术性、懂得大众传播的优秀创作者，这正是《这里是中国》取得成功的关键。

（四）社会需求：中国需要好的地理科普

1. 满足大众地理科普需求

近几年科普作者逐渐受到读者的欢迎，但在地理科普方面并没有出现较多优秀作者，中国的地理科普还没有形成规范的知识环境和体系，当下地理科普图书存在着科普性、可读性差，过度娱乐化等问题。

《这里是中国》则避免了以上问题，满足了人们对优秀地理科普创作者和优质内容的需求。作者的专业性保证了内容的科学性，但并非高门槛的学术式科普，容易被大众接受；对科普图书而言，其最基本的功能是满足读者对于科学知识的需求，本书没有忽略主流科学知识，为读者呈现了地理科学的科研成果和思想，知识结构前后连贯、自成体系，保证了科普图书本身的严谨性。

《这里是中国》作为一本科普图书，除了功能性利益需求外，还承载着情感含义，能满足读者的情感需求。通过阅读本书，能激起读者的自豪感和对中国大好山河的热爱，同时也让读者从不同角度理解环境与人类的相互作用，引起读者对文明与自然的思考，是一本好的地理科普作品。

2. 为青少年儿童提供优质地理科普

开卷发布的《中国少儿图书零售市场报告》数据显示，2019年1月到9月，我国少儿科普百科新书是少儿新书各类别动销品种中唯一不降反升的，在少儿细分图书市场中，少儿科普百科以17.68%的销售码洋位列第3。可见我国少儿科普图书市场持续升温，市场规模也在持续扩大。

科普图书是激发少年儿童科学兴趣的重要工具，也是培养儿童科学素养的主要资源。但受制于科技题材门槛高、作者创作思维和写作模式固化等诸多客观因素，少儿科普与教辅出版市场内容同质化严重、原创比例不足，地理科普类图书精品更是少之又少。从当当网和京东网的读者评论反馈来看，在《这里是中国》的读者群体中，除了广大的地理爱好者，还有很大比例的年轻家长，因为这是一本适合孩子的高质量地理补充读本。

书中对知识的讲述浅显易懂，摄影作品使孩子能直观感受到地理世界，知识性和趣味性兼备，同时，还有着科普图书独具的真实性与逻辑性，不只是干巴巴地讲知识，而是用文学性的语言去描述科学。对少年儿童来说，能扩大孩子的知识视野，培养他们的科学思维与探索精神；对青少年学生来说，既能够满足他们学习地理知识的需求，也填补了青少年优秀地理科普功能性图书的空缺，可以让孩子更好地学习地理，热爱中国地理。

（五）宣传推广：立体化营销打造畅销黑马

在宣传营销方面，《这里是中国》通过与京东图书的合作推广，借助微博微信等平台进行社交平台社会化媒体营销，为新书预热，打开市场，线下积极举办读者活动，起到了良好的图书推广作用，积极助力了本书的畅销。

1. 与京东合作推广

《这里是中国》的畅销离不开与京东图书的推广合作。为提升新品销售，京东在出版行业内大力推广"京东图书 V 计划"，并推出了"超级新品计划"，对新书进行分层运营。《这里是中国》被京东评估为"超级新品计划"中的 A 级品种，得到了重点推介，将营销推广资源全部向本书倾斜，包括图书首页轮转、顶通、渲染、京粉首页推荐、荐书联盟首页推广、高级广告语、热搜等几十项营销推广资源，

这让本书在京东平台上有了极大的曝光率。^①

《这里是中国》上市前后，营销人员每天对这本书的推广和销售进行深入沟通，京东根据销量表现对产品营销和库存不断提出各种建议，在图书预售期就开始加印并对销量实时跟踪。中信出版集团的官微和星球研究所在新书面世时的传播文案中有且只有京东的销售链接，这为京东带来了1万多册的销量，也使得这本书迅速登上了京东图书畅销榜。随着新书在榜单位置的不断攀升，《这里是中国》受到越来越多的读者关注，带动了滚雪球似的增长。

为了给京东用户独家的购物体验，京东图书还特别策划了独家的定制版本。在京东购买这本书的读者，可以额外获得星球研究所在本书收录摄影作品以外精心选择的两张图片海报，这也进一步激发了读者的购买热情。

2. 社会化媒体营销

社会化媒体营销由于传播范围广、影响大、成本低的特点，已经成为图书营销宣传常见的手段，《这里是中国》也采取了社会化媒体营销的方式，通过微博、微信等微平台进行内容营销，提高传播效率。

《这里是中国》上市前，编辑分析了读者群体，"首批读者一定来自星球研究所的核心粉丝群，这群人60%是男性，消费能力强"。新书上市期间，星球研究所的微信平台发布了图书预售和宣传的相关信息，并在宣传期内及时更新线下活动资讯，为读者向消费者的转换提供了良好机会，也为本书创下了当日公众号渠道发售5小时1万册的销量。

在微博平台，除了普遍采用的微博大V转发抽奖赠书宣传，作

---

① 中国新闻出版广电报/网.定价168元的科普书如何成为京东图书总榜 TOP1.[DB/OL].https://www.chinaxwcb.com/info/557112.2019-10-21/2002-04-25.

者星球研究所的微博在国庆期间发布了"展现中国之美、讲述中国故事"的微博活动；微博拥有7 400多万粉丝的联合出品方人民网，在本书出版后每天在微博分享带有"致敬70年，一天一张没见过的大片！"的微博内容，分享本书中不同城市、地区的摄影作品并附有简单的介绍，文末带有图书的微博购买链接，为本书带来了一定话题讨论度和热度。

《这里是中国》还利用社会化网络和互联网平台，分别发布了不同的新书简介宣传文章，进行集中报道，提高了图书在短期内的媒体曝光率，吸引读者关注。

3. 线下积累人气

《这里是中国》发售时选择了在线下实体书店广泛布局，国庆期间在各省市书店及时补货，而许多书店内专门为本书制作了有创意的书花和巨幅海报，将本书大量摆放在店内进行区域的最佳位置，或在展架及店内的醒目位置。作为出版方的中信在多个城市的中信书店，如深圳机场店就以书花等形式展示本书。这一做法既能够获得读者的注意力，让本书的潜在读者转化为消费者，也增加了非目标读者冲动买书的可能性。

随着线上线下图书发售，本书还针对地理爱好者、亲子、摄影迷等特定人群设置了不同的分享主题，精准营销，策划了一系列线下的宣传活动。10月下旬至11月上旬，《这里是中国》陆续在上海、北京、成都等城市的实体书店举办了首轮线下签售会；11月中旬开始在成都、广州、深圳、昆明书城举办主题分享会；2019年12月起在北京市井观书房举办《这里是中国》主题影展——大美中国的发现之旅。举办分享会、签售会等线下活动，可以让作者与读者进行面对面的交流，直接获取读者的反馈信息，增强读者黏性，同时，还可以刺激图书在实体店的销售，也能为本书带来持续性的效益。

四、精彩阅读

没有多少人有机会看到成都的全貌。这个城市面积广大，且时常被笼罩在雾气烟霾之中。

在成都工作的江西籍摄影师嘉楠决心用最笨拙的方法捕捉这样的机会。他连续三年在每天早晨6点登上成都东侧的龙泉山，静候云开雾散。

2017年6月5日清晨，天气前所未有的晴好，嘉楠抓住机会一连拍摄了32张照片，最终拼接出了一幅真正的成都全景图。

之所以称之为"真正"，是因为它不仅仅包含成都的城市风貌，而且还将成都"两山夹一平原"的基本地理格局展现得淋漓尽致。近处龙泉山万木并立，郁郁葱葱。远处7 000米级的贡嘎山、6 000米级的幺妹峰，以及横断山脉的一众山峰都清晰可见。远近两列山脉之间密密麻麻的建筑耸立在广阔的平原之上，规模宏大，生机勃勃。这便是拥有1 600万常住人口的超级都市——成都。

然而，即便全貌尽现，成都依然有着诸多待解之谜。它深处中国西南内陆，没有沿海城市与世界接轨的便利；它远离航运发达的长江水道，没有重庆等沿江城市的水运交通优势。但是商业精英们却看好它的未来发展，北、上、广、深之外，成都是他们追逐财富梦想的最佳选择。

普通人津津乐道于它的生活方式，美女、美食、麻将、茶馆似乎是成都人日常生活的全部，其舒适度之高令全国人民艳美不已。在各大省会城市中，成都更是长期力压群雄，位列网络搜索热度榜之首，远超近些年愈发家喻户晓的杭州、南京。

成都究竟是一个什么样的城市？为什么会拥有如此大的魅力？

这也许要归因于它对三教九流、各个阶层的容纳。三千年以来，上至王侯将相，下至升斗小民，无数人逐一登临成都这个舞台，共同营建出了一个中国最具人间烟火气的城市。

——节选自《成都：烟火人间三千年》第272页

2018年7月2日，贵州梵净山一举成为中国第53项世界遗产。

在此之前，外地人也许知道贵州的黄果树瀑布，也许知道赤水丹霞、荔波喀斯特。但对于梵净山，绝大多数人可能连名字都没有听过。

为什么是梵净山？在世界遗产大门外排队的那些中国名山，明明更加声名显赫，如长白山、衡山、恒山，更不用提申遗20多年而不得的华山。是因为贵州的好运集中爆发？是因为它是佛教五大名山之一？还是因为它的相貌出众？

都不是。

第一，梵净山的山形虽然特别，但黄山、庐山、华山等还是要更胜一筹，更不用提西部众多的巍峨雪山。

第二，所谓佛教五大名山，也并未被人们广泛接受。真正被广泛认可的只有九华山、普陀山、五台山、峨眉山四大名山。梵净山最多算是一个区域性的宗教名山。

看来，要真正了解梵净山的价值，已经不能用我们平常看待名山大川的方式了。因为它真正出众的不是外形，不是宗教，而是它所孕育的生命。

亘古至今，人世间滚滚红尘，梵净山如同一座孤岛。它在危急时刻接连三次出手，助力生灵繁衍存续。正如生态学专家吉姆·桑赛尔在梵净山实地考察时所言：

梵净山就像一座生态孤岛，有很多物种在里面生存、发展，它的周边就是人类活动的海洋。

——节选自《梵净山：红尘孤岛》第 305 页

现代地理学家多依据地貌来划分中国的地理单元。论高原，有青藏高原、黄土高原等；论平原，有华北平原、东北平原等。

古人则更喜欢从文化的同质性着手，辅以山川形便，构建出许许多多充满文化韵味的地理区划，如江南、塞北、中原、关中、河西、西域等。

只是这些古代区域的名称，有的已经被历史遗忘，不为现代人所用，如西域、塞北。有的则从人人争相攀附的神坛上跌落，变成一个个普普通通的区域名称，如中原、关中。唯有江南，在历经千年起伏之后，仍能让大部分中国人心生向往。

——节选自《江南：江河湖海的盛宴》第 441 页

天津出版传媒集团
天津人民出版社

皮囊

NO MORE
THAN SKINS

蔡崇达

这些刻在骨头里的故事
那些我们始终要回答的问题

书名：《皮囊》　　　　作者：蔡崇达
出版时间：2014 年　　　出版社：天津人民出版社

一、作者简介

蔡崇达，闽南人，作家、媒体人、创业家，"南方国际文学周"联合发起人，《中国新闻周刊》前执行主编。曾就任于《新周刊》《三联生活周刊》，24 岁担任《生活》月刊《周末画报》新闻版主编，27 岁任《GQ》中国版报道总监，为全球 17 个国家版本的《GQ》最年轻的报道总监。2013 年创办男装品牌"单农"，2016 年创办 MAGMOOE 名堂。其在新闻特稿写作方面有独到贡献，作品多次获得"《南方周末》年度致敬"，亚洲出版协会特别报道大奖。

二、畅销盛况

《皮囊》自 2014 年 12 月上市后，受到不少读者的热捧，首印 3 万册，很快就销售一空，当当、京东以及众多书店卖断货，开新书发布会的时候甚至出现了无书可卖的尴尬境地，其虽在 2014 年年底出版，但也凭借优质内容获得了新浪中国好书榜"2014 年度新锐奖"。

该书面世 50 天之内加印 5 次，上市 2 个月，销量超过 20 万册，面市半年，销量高达 50 万册。2016 年 12 月 9 日，面世 2 年的时间，其累计销量突破 150 万册。在当当网 2016 年文学畅销榜上位居第 2 名。2017 年 10 月 9 日，上市 34 个月，累计 50 次印刷，销量突破 200 万册。且在 2017 年 9 月，该书繁体版在台湾一经面世，出版仅 3 周，就跃居诚品图书畅销榜双周文学类第 2 名，博客来（台湾最大的网上书店）畅销榜文学类第 5 名。2018 年 10 月 9 日，上市 46 个月，累计 58 次印刷，销量突破 250 万册。意味着其在一年内仍拥有高达 50 多万册的销售量。2 个月后，即 2018 年 12 月 9 日，其面世 4 年，销量累计突破 280 万册，在 2018 年京东自营文学图书销量榜以及 2018 年当当文学畅销榜皆为第 4 名。

截至 2019 年 3 月 9 日，其累计销售量突破 300 万册。2019 年 6 月，发行 350 万册升级纪念版。2020 年 4 月，其累计销售量超过 400 万册。

2020 年 3 月份零售渠道畅销书排行榜及榜单分析的数据显示，《皮囊》在非虚构类书籍中排名第 3，且连续上榜 63 次，上榜最好名次为第 1 名。

三、畅销攻略

（一）深入人心的文本内容

《皮囊》是蔡崇达首部文学作品，其被定义为有着小说阅读质感的散文集，也是一本"认心又认人"的书。书中的 14 篇故事由蔡崇达花费 3 年时间写作完毕，其作为资深媒体人，多年的写作经历使其练就足够的笔力，可以自由地穿梭于他人故事，但本书是其对自我的一次深刻剖析，其在本书后记中形容此次写作像是医生把手术刀划向自己，有些文章像是从骨子里抠出来的，是刻在骨子里的故事。

1. 共鸣度极高的命题

这些真实的故事涉及生活中的各个命题——家人、朋友、故乡、欲望等。例如第一篇故事，其篇名与书名相同，通过阿太（外婆的母亲）的真实生活经历，让大家了解到阿太基于皮囊与肉体间关系的理解所树立的生活观，"肉体是拿来用的，不是拿来伺候的"便出自第一篇故事。第二篇讲述母亲不计代价，克服各种困难，坚持修建完善自家房子，只为心中那永远说不出口的爱情。第七、第八、第九篇讲述自己在学习生涯中遇见的朋友：第七篇通过对比两位名字相同但成长环境截然不同的小孩子，向我们展示了小地方孩子对大城市的向往，以及大城市的孩子迁到小地方后所经历的心理变化；第八篇是一位早早规划人生却被沉重的自我压力所击倒的少年；第九篇是一位不清楚真实标准而活在虚幻梦想中的少年，最终幻想被现实击败。

可以看到，书中的每一篇故事几乎都是每个人生活中所要经历的命题。虽然整体来看，书中的14篇故事关联性较弱，但蔡崇达作为特稿记者、媒体主编的那段生涯，让他明白其实每个人的内心都是相通的，每个人的内心本质上都是一致的，我们内心其实都是被同样的社会、同样的时代、同样的人际关系雕刻出来的，只不过含量不一样。《皮囊》是作者用心灵观照现实的产物。蔡崇达的讲述和思考，熔铸了几乎全部的真情实感。秉持这样的理念，用心写出刻在自己骨头里的故事，必将会感动到读者。书中末尾处提到马塞尔·普鲁斯特的一句话："每个读者只能读到已然存在于他内心的东西。书籍只不过是一种光学仪器，帮助读者发现自己的内心。"因而，与读者产生心灵触碰的书籍，才能更易获得读者的青睐。

同时，这14篇故事涉及的生活中常见命题，可兼顾各类型读者。无论是已为人父、人母的中老年人，还是努力工作打拼的青年，甚至是尚在努力学习、补充文化知识的学生们皆可成为本书的受众。它虽然带着"心灵鸡汤"图书的影子，但却是以更成熟的姿态展现在读者面前，其不是简简单单地讲故事，而是用自己的经历与读者互动，让读者有代入感。虽然面向大众人群，但是又有作者蔡崇达自己个性化的东西在里面。

2. 大众化的阅读文本难度

《皮囊》整体的阅读难度并不高，这有利于它成为畅销书，成为长销书，拥有几百万的读者。上市半年，《皮囊》就成为了中学语文试题中的"常客"。蔡崇达认为，《皮囊》里有描绘人性基本面的东西，且整本书都在用比较朴实的方式探讨生命的命题，所以也比较适合做成阅读理解。这从侧面表现出来本书的阅读难度并不是很高，适合大众阅读与理解。

3. 广受赞誉的文笔

蔡崇达在本书中展现出来的文笔也获得不少赞誉。白岩松认为《皮囊》这本书比他想象得要好，认为它是一种来自内心的记事。在白岩松看来，这本书中的情感和文字是分离的，该书情感浓烈，但文字却很俏皮地独立在那里，相对较有节奏，而且文字掌控得很好。

学者梁鸿认为蔡崇达的文字既包容又能够审视自己，其能够用稍微剥离一些的眼光来审视生活。同时，清淡的文字中包裹着一种残酷，这是他能赢得读者的最根本所在，他将故乡内部那种残酷的成长，还有自己的成长书写了出来。

中山大学中学系教授、博士生导师谢有顺认为《皮囊》是一本勇敢、有诚意的书，蔡崇达勇敢去揭示生活中那些黑暗与不堪的一面，从而获得了一种难得的真实性。

从这些赞誉中，我们也可以看到内心与真实是大家对本书共有的赞赏点。因此，这类以自身情感经历所写作的散文集，唯有不浮于表面，从内心深处出发，才可打动读者。深入人心的文本内容是其畅销的原因之一。

（二）简洁、深邃的书名与封面

对于一本书来说，封面是其给读者视觉冲击的首选要素，书名是读者对书籍记忆以及内容主旨理解的最佳方式。但在物欲横流的当今社会，人们的注意力极易被分散，因此普遍认为书名越短越好，封面越简洁越好，某调查结果显示，绝大多数畅销书的书名不超过5

个字。但书籍作为知识的传播者，书名与封面只是简单还不行，还需有一定的深邃含义，能够引起读者的好奇心，激发读者的阅读欲望。

书名《皮囊》仅为两个字，容易记忆与传播。在书中内容写作完毕，需要为书籍命名的时候，作者蔡崇达想找个书名来概括书中故事提到的所有人，最终决定把书看作皮囊，打开本书便是一个个灵魂的展现，把每个人的故事包在它的里面，因此把书名命名为《皮囊》。读者虽未能全部领会到书名的真正含义，但提到"皮囊"一词，人们必然会与"精神"一词相对应。读者看到书名，会好奇书中讲述什么样的皮囊，谈及什么样的精神，可成功激发读者的阅读欲望。封面的设计是其给读者留下的第一视觉冲击。《皮囊》的护封设计整体较为简洁，底色为浅色系，同时一条黄色的线条从书名之间穿过，并且贯穿整个封面，寓意命运是一条闪闪发光的金色河流，我们在此相遇，卸下皮囊，以心相交。

在封面的字体设计上，封一处书名《皮囊》二字字体被极度放大，并居中放置，加深了书名给读者带来的冲击力，有利于读者对书名的记忆。同时，书名下方用较小的字体写有一句话："这些刻在骨头里的故事，那些我们始终要回答的问题"，用简短的一句话将书中内容向读者告知，可吸引读者打开本书进行阅读。封四上列有各名人的推荐，利用名人效应，加深读者对本书的好感，字体选用较小字号，给人带来精致感。同时，推荐人的名字被加粗显示，可第一时间被读者关注到。

封面是读者对书籍的第一印象。因而，封面设计对一本书籍来说至关重要。如何在极短的时间内吸引到读者的关注，并使读者对书中内容感兴趣，进而对书籍进行购买是封面设计重要的原则之一。但若想成为像《皮囊》这样的长销书，内容仍是决定要素。唯有深入人心的内容才可使书籍树立起良好的口碑，从而吸引到更多的图书购买者。

（三）有效的营销策略

1. 名人效应

《皮囊》这本书从策划、完成到销售的各个环节,皆有名人的参与。

作者蔡崇达在写本书内容时,已是媒体界的知名人士。同时,该书是受韩寒的邀请,历经3年集结完成,韩寒同时也担任本书的监制。本书的编者按便是由韩寒所作,本书的序则邀请了刘德华和李敬泽写作完成。在本书护封封底的名人推荐上,除韩寒、刘德华、李敬泽外,还有阿来、白岩松、阎连科。我们可以看到,推荐人涉及多个行业的名人,既有作家领域的杰出人物,也有影视界的名人,这有利于延伸书籍推广的范围。

该书在发行后也举办了多场宣传活动:2014年12月16日,新书首发式暨媒体见面会在北京举办,白岩松出席此次见面会,韩寒因档期虽未能出席,但也托人送来礼物与寄语;2014年12月20日蒋崇达回到母校泉州师范学院、晋江侨声中学展开文艺对话,举办新书签售会,蒋方舟(作家)赶赴泉州师范学院为其助阵;2014年12月22号,蔡崇达赶赴厦门大学开展文艺座谈会。

在各类宣传活动上,对《皮囊》表达赞赏与喜爱之情的学者及作家也不在少数。学者梁鸿、中山大学中学系教授兼博士生导师谢有顺、新锐小说家蒲荔子等人对本书内容皆表达了赞赏。

《皮囊》作为纯文学作品,业内即文学界多位名家对该文本的认同与推崇非常重要,有力地帮助其在读者心中树立了形象。同时,流量明星对其的推动,可有效增强其在市场中的知名度,从而赢得更多消费者的关注。实力与热度并存的宣传,是其畅销的原因之一。

2. 传统媒体与新媒体的综合应用

传统媒体与新媒体的综合运用,可利用不同媒体、不同受众的优势，对书籍进行更有效的推广。《皮囊》的名人效应虽为其带来了大量热度，但媒体的运用可使其持续保持高热度。作为纯文学作品，其所述内容命题虽可囊括各个人群，但其主要受众为已工作人群和大学生，传统媒体在他们心中的威信高于新媒体。因此，在当下新媒体宣传越来越受到出版界关注的情况下，传统媒体的宣传仍不容忽视。

在传统媒体的宣传上，电视对《皮囊》起到了较大的宣传作用。2015 年 5 月，作者蔡崇达参加了河南卫视与果麦文化传媒有限公司一起打造并推出的一档作家与演员一对一搭档的文学户外真人秀综艺节目，参加节目的演员张晓龙于 2016 年在自己微博账号上表达了对蔡崇达的崇拜之情，称其为自己的偶像，并对《皮囊》进行了强烈推荐。2019 年 1 月央视《读书》栏目对《皮囊》进行了分享。2020 年东方卫视大型家装改造节目《梦想改造家》第六季收官之作来到福建晋江，在蔡崇达的委托下改造书中的"母亲的房子"。传统媒体，尤其是央视、一线卫视对《皮囊》的报道，有效提高了《皮囊》在读者心中的印象与地位。

在新媒体的宣传上，人民网、中国新闻网、凤凰网等各大新闻网站对《皮囊》进行了大量的报道，作者蔡崇达在 2016 年也曾做客由澎湃新闻、《东方早报》联合主办的"思想湃"活动。除此之外，社交平台微信、微博的推广，也为其吸引了大量的潜在购买者，通过在微博、微信等新媒体上绵绵不绝地发出书中最动人的片段，被打动者再将有关内容转发至朋友圈，可为《皮囊》建立良好口碑。自媒体以微信公众号"十点读书"为例，作为文化类自媒体大号，拥有数千万粉丝，且受众更为精准，可以将《皮囊》更精准地推送到爱读书的人群中。在短视频内容平台上，以二更视频为例，蔡崇达参加了《更北京》系列短片的录制，讲述他和三联的故事。短片的开头以《皮囊》在三联书店的畅销引入后续内容，这为《皮囊》起到了很好的宣传作用。近几年，数字化阅读与有声读物发展势头迅猛，《皮囊》也入驻多个在线读书与听书平台，2017 年蔡崇达参加了掌阅发起的"阅读的百万理由"公益阅读活动，该活动由数十位大咖共同参加，线上与线下联合举办，线下覆盖北京全地铁，在为掌阅作宣传的同时也为作者蔡崇达提高了人气。2020 年年初，新冠肺炎疫情的暴发推动了网络直播销售的发展，出版业也无可避免地进入网络直播销售行业。在 4 月 23 日世界读书日那天，果麦文化与淘宝主播薇娅达成《皮囊》一书的销售合作。这次直播销售除具备电商直播销售低折扣的特点外，作者蔡崇达也进入直播间与读者进行直接沟通。虽然只有短短几分钟的交流，但根据两小时的直播销售数据，《皮囊》销售量超过 3.5 万册。

由此可见，图书在新媒体的宣传上，更要做到与时俱进，想要成为长销书需擅于利用各种资源使得图书与作者可以长期处于大众的视野中。以上所述的宣传活动仅仅是《皮囊》所有宣传活动中的一小部分，但因其所具有的典型性而将其作为传统媒体与新媒体宣传的案例进行展示。

3. 公益活动

书籍《皮囊》中描绘的母亲信奉神明，作为寺庙的义工，常发愿做善事。受母亲的影响，蔡崇达也曾发愿："当《皮囊》销量每上一个百万册，就要为家乡做点什么。"当《皮囊》销量突破 100 万册的时候，他在东石的母校设了奖学金。

2017 年销量超过 200 万册的时候，10 月份，他回到中学母校晋江侨声中学，设立了"长丽文学奖"。奖项的名字取父亲蔡长发、母亲黄丽珍名字各一字组成，设立有诗联、小说、散文、戏剧四个子项，致力于推动侨声中学文学发展，培育侨声中学的文学爱好者。2018

年 12 月 18 日，蔡崇达回到母校福建泉州师范学院，捐资设立"皮囊文学奖"，每年捐赠一次，该文学奖旨在鼓励学子进行文学创作，表彰优秀的文学创作成果。

2019 年《皮囊》的销量超过了 300 万册，蔡崇达选择建一座公益图书馆。他说，还未有人为小镇建一座公益的图书馆，他是作家，他来做很合适。东方卫视原创出品的大型家装改造节目《梦想改造家》第六季的收官之作便是接受蔡崇达的委托，将其老家的房子改造为小镇内的公益图书馆，图书馆的名字与《皮囊》书中第二篇故事篇名相同，命名为"母亲的房子"。图书馆在建过程中，蔡崇达的《皮囊》的粉丝已经在微博上纷纷表达自己在未来一定要带着书到小镇里来打卡。

作者蔡崇达善心的公益活动，不仅为其树立了良好的个人形象，同时，公益活动举办的时间点正好与畅销书销售量的节点相关，在一定程度上也起到了良好的推广作用。

4. 营销节点的利用

当《皮囊》累计销售量打破百万册后，出版社发行其百万册纪念版。之后，当累计销售量每增长 50 万，则推出相应的纪念版本。最新的纪念版本为 2019 年推出的 350 万册升级纪念版。纪念版书籍销售额的情况往往会在包裹新书的塑料包装上显示（通过在塑料包装上粘贴标有销量额的小型不干胶贴纸）。一方面，这些高额的销售记录证明了《皮囊》在读者中的受欢迎程度；另一方面，也可成功吸引到潜在购买者的注意力。

在纪念版书籍发行的同时，其营销活动也同步进行。除了常规的媒体宣传外，公益活动是其他书籍宣传很难做到的一点。公益活动也伴随着销售的节点，每突破 100 万册，便举办一次公益活动。

四、精彩阅读

那个下午，母亲就着急去拜访三伯了。自从父亲去世后，整个家庭的事情，她都习惯和三伯商量，还有，三伯认识很多建筑工队，能拿到比较好的价钱。

待在家里的我一直心神不宁，憋闷得慌，一个人爬到了四楼的顶上。我家建在小镇的高地，从这房子的四楼，可以看到整个小镇在视线下展开。

那天下午我才第一次发现，整个小镇遍布着工地，它们就像是一个个正在发脓的伤口，而挖出的红土，血一般的红。东边一条正在修建的公路，像只巨兽，一路吞噬过来，而它挪动过的地方，到处是拆掉了一半的房子。这些房子外面布着木架和防尘网，就像包扎的纱布。我知道，还有更多条线已经划定在一座座房子上空，只是还没落下，等到明后年，这片土地将皮开肉绽。

我想象着，那一座座房子里住着的不同故事，多少人过去的影子在这里影影绰绰，昨日的悲与喜还在那停留，想象着，它们终究变成一片尘土飞扬的废墟。

我知道，其实自己的内心也如同这小镇一样：以发展、以未来、以更美好的名义，内心的各种秩序被太仓促、太轻易地重新规划、摧毁，重新建起，然后我再也回不去，无论是现实的小镇，还是内心里以前曾认定的种种美好。

晚上三伯回访。母亲以为是找到施工队，兴奋地迎上去。

泡了茶慢慢品玩，三伯开口："其实我反对建房子。"

母亲想解释什么。三伯拦住了，突然发火："我就不理解了，以前要建房子，你当时说为了黑狗达为了这个家的脸面，我可以理解，但现在图什么？"

我想帮母亲解释什么，三伯还是不让："总之我反对，你们别说了。"然后开始和我建议在北京买房的事，"你不要那么自私，你要为你儿子考虑。"

　　母亲脸憋得通红，强忍着情绪。

　　三伯反而觉得不自在了："要不你说说你的想法。"

　　母亲却说不出话了。

　　我接过话来："其实是我想修建的。"

　　我没说出口的话还有：其实我理解母亲了，在她的认定里，一家之主从来是父亲，无论他是残疾还是健全，他发起了这个家庭。

　　事实上，直到母亲坚持要建好这房子的那一刻，我才明白过来，前两次建房子，为的不是她或者我的脸面，而是父亲的脸面——她想让父亲发起的这个家庭看上去是那么健全和完整。

　　这是母亲从没表达过，也不可能说出口的爱情。

　　在我的坚持下，三伯虽然不理解，但决定尊重这个决定。我知道他其实考虑的是我以后实际要面对的问题，我也实在无法和他解释清楚这个看上去荒诞的决定——建一座马上要被拆除的房子。

　　母亲开始奔走，和三伯挑选施工队，挑选施工日期。最终从神佛那问来的动土的日子，是在一个星期后——那时我已经必须返回北京上班了。

　　回北京的前一天下午，我带着母亲到银行提钱。和贫穷缠斗了这大半辈子了，即使是从银行提取出来的钱，她还是要坐在那一张张反复地数。清点完，她把钱搂在胸前，像怀抱着一个新生儿一样，小心翼翼地往家里走。

　　这本应该兴奋的时刻，她却一路的满腹心事。到了家门口，她终于开了口："儿子，我对不起你，这样你就不够钱在北京买房子了吧。"

　　我只能笑。

又走了几步路，母亲终于鼓起勇气和我说了另外一个事情："有个事情我怕你生气，但我很想你能答应我。老家的房子最重要的是门口那块奠基的石头，你介意这房子的建造者打的是你父亲的名字吗？"

"我不介意。"我假装冷静地说着，心里为被印证的某些事，又触动到差点没忍住眼泪。

"其实我觉得大门还是要放老房子父亲做的那对，写有你们俩名字的对联。"

然后，我看见那笑容就这么一点点地在她脸上绽放开，这满是皱纹的脸突然透出羞涩的容光。我像摸小孩一样，摸摸母亲的头，心里想，这可爱的母亲啊。

——节选自《皮囊》第 26~29 页

新版

文化苦旅

余秋雨

长江文艺出版社

书名：《文化苦旅》   作者：余秋雨

出版时间：2014 年   出版社：长江文艺出版社

一、作者简介

余秋雨，1946年8月23日出生于浙江省余姚县，中国著名文化学者，理论家、文化史学家、散文家、当代著名艺术理论家，现任中国艺术研究院"秋雨书院"院长、香港凤凰卫视首席文化顾问、澳门科技大学人文艺术学院院长。

1966年毕业于上海戏剧学院戏剧文学系；1980年陆续出版《世界戏剧学》《中国戏剧史》《观众心理学》；1985年成为中国大陆最年轻的文科教授；1986年被授予上海十大学术精英，同年获"国家级突出贡献专家"称号。历任上海戏剧学院副院长、院长、上海市咨询策划顾问，并被选为"上海十大高教精英"；曾任上海写作协会会长，并担任复旦大学、交通大学、中国科学技术大学、东南大学、宁波大学等多所大学客座教授。

余秋雨以擅写历史文化散文而著称，散文集《文化苦旅》在出版后广受欢迎，先后获上海市文学艺术优秀成果奖、台湾《联合报》最佳图书奖、金石堂最具影响力图书、上海市出版一等奖。此外，《山居笔记》《霜冷长河》《千年一叹》《行者无疆》长期位居全球华文畅销排行榜前列。海内外读者高度评价他集"深度研究、亲历考察、有效传播"于一身，以整整20年的不懈努力，为守护和解读中华文化做出了先于他人的杰出贡献。余秋雨先生已被公认为目前全世界华人社区中影响力最大的作家之一。

近10年来，他凭借着考察和研究的宏大资源，投入对中国文脉、中国美学、中国人格的系统著述。联合国教科文组织、北京大学、《中华英才》杂志等机构一再为他颁奖，表彰他"把深入研究、亲临考察、有效传播三方面合于一体"，是"文采、学问、哲思、演讲皆臻高位的当代巨匠"。

二、畅销盛况

　　开卷数据和相关研究调查的评估结果显示，《文化苦旅》自1992年初出版以来，获奖无数，畅销至今，累计销量突破千万册。有学者认为，在文学走向疲软的世纪之交时期，这是一种令人惊羡的现象。而余秋雨自己在最新修订版序言中说，"其实在公共场合出现的它（《文化苦旅》），大多不是真身。因为已有统计，此书盗版数量至少是正版的18倍"。余秋雨本人在各地书摊上就购过自己40余种的盗版散文集。可以说，《文化苦旅》是当代中国被盗版次数和数量着实都非常惊人的一部书。

　　尽管有18倍之多的盗版书，正版《文化苦旅》依然畅销不衰，自首次出版以来，长期占据排行榜：不仅是开卷非虚构类畅销榜的常客，在全国文学书籍排行榜上也名列前茅，全球华文书籍10年排行榜中它亦赫然前列。同时，它也是中国家长邮寄给留学子女最多的一本书。书中的《信客》《道士塔》《莫高窟》《都江堰》《夜与诗意》等一个个经典篇目，不断被编入教材、教参、考试题目，使得《文化苦旅》影响了一代又一代的学生、家长和老师。此外，它还是海外华人家庭阅读最多的一本书，是全球华人一家三代共同的文化烙印，也对中国人的文化价值观起到了一定的塑造作用。

　　东方出版中心发行人员曾在2012年接受访问时称："《文化苦旅》依然是东方出版中心卖得最好的书，在单本售卖的同时，还可搭卖其他书。仅一本《文化苦旅》的利润，完全可以养一个出版社，最多的时候每年可发行数十万册。"自1992版东方出版中心合约到期之后，全国各大出版社更是一度疯狂地争夺该书版权，但多年来余秋雨始终不同意重复出版，坚持不再授权，他感叹道："《文化苦旅》就是外出的浪子，它'出门旅世'时间太长，带给我的麻烦难以计数。"的确，此书的重大影响，在为余秋雨先生带来无数光环和拥趸的同时，也带来了数之不尽的麻烦和盗版。誉满天下，"谤"亦随身。而最终，余秋雨先生在身心俱疲之下，决定亲自修订、重编此书[①]："书稿我必须从头到尾重新修改、整理，并且必须等待所有旧版销售干净，才能让新版问世。""各色盗版还在市面上汗牛充栋，我自编一本新版宣布它们全部非法，挺好玩的。"由此，2014年新版《文化苦旅》便应运而生了。该新版一经推出后，销量状况仍然呈现良好态势，在 2014 年的开卷年度非虚构类畅销书排行榜 TOP30 中排名第 5，在开卷 2015 年上半年非虚构类畅销书排行榜 TOP30 和开卷 2015 年非虚构类畅销书排行榜 TOP30 等榜单中均占据一席之地。

三、畅销攻略

（一）内容质量上乘

1. 精妙的语言艺术

初读《文化苦旅》时，本以为是一本体量较大、厚重晦涩的学术性文化散文，然而在继续深入阅读后，发现余秋雨先生擅用多种修辞手法和表达技巧，灵活地点染文章各处，使字句文段朗朗上口、活泼优美又不失恢宏气势，极大地丰富了文章的层次性和阅读意趣，易使读者沉浸其中而孜读不倦。排比手法的使用频率尤其高，无论是《莫高窟》中"佛号、磬钹声、诵经声、木鱼声、旌旗飘荡声、民众笑语声，还有石窟外的山风声、流水声、马蹄声、驼铃声"，以一组短词排比所带来的声色萦绕之感，还是《黄州突围》中："成熟是一

---

① 齐鲁网.从《文化苦旅》看出版业盗版现象 [EB/OL].http：//book.iqilu.com/yjrw/tsld/2014/0227/1886798.shtml.2014–02–27/2020–04–26.

种明亮而不刺眼的光辉，一种圆润而不腻耳的音响，一种不再需要对别人察言观色的从容，一种终于停止向周围申述求告的大气，一种不理会哄闹的微笑……"的超脱观察，皆向读者娓娓诉来，细细倾来，缓缓道来，辅之以对偶、比喻、拟人、反问、夸张等修辞手法，使文章在读来朗朗上口的同时，散发出浓厚的诗意气质与深刻意境，令读者难以抗拒。

2. 多学科融通的记叙方式

余秋雨先生以擅写文化历史散文而闻名，《文化苦旅》作为他最早的一部历史文化散文集，在淋漓体现语言功力和行文气势之余，作品的内容处理又并非是"怀古伤今"，其作品字里行间充分流露出的对历史过往的喟叹、对人自身完善的哲思无不引人入胜。作者立于文学、史学、哲学、美学等各个学科的角度来思索往事，联系古今、放眼中外，并将各学科有机融通一体，对历史和人文景观进行了多个层次的诠释，增加了文章浑厚的艺术和文化思辨质感，容易将读者带入其所构建的特定意境之中，进而引发读者的思考和共鸣。

如在《宁古塔》中对于古代"株连"，运用历史哲思视角进行一番分析："在统治者看来，中国人都不是个人，只是长在家族大树上的叶子，一片叶子看不顺眼了，证明从根上就不好，于是一棵大树连根儿拔掉。"对于古代统治者为政治威慑而采取的"株连九族"残酷刑罚，从哲学角度进行了辩证的批判。同时指出，"树上叶子那么多，不知哪一片会出事而祸及自己，更不知自己的一举一动什么时候会危害到整棵大树，于是只能战战兢兢，如临深渊，如履薄冰。如此这般，中国怎么还会有独立的个体意识呢？"对很多"心底明白而行动窝囊的人物"的苦衷进行了一定解读，对君臣纲常秩序的影响产生一番联想，对中国人的家庭观念和全局意识也进行了一定的思考。在讲"大道理"的同时，对地域文化等较贴近日常交际的方面也有阐释："我常常想，今天东北人的豪爽、好客、重友情、讲义气，一定与流放者们的精神遗留有某种关联。流放，创造了一个味道浓厚的精神世界，使我们得惠至今。"这种多层次的人文感怀，在丰富文章内涵的同时，又贴合了不同文化层次读者的心理认知，既引发哲思又平易近人，从而能够吸引更多读者。

又如在《沙原隐泉》中，将敦煌景致之美与认知之美紧密结合："唯有大漠中如此一湾，风沙中如此一静，荒凉中如此一景，高坡后如此一跌，才深得天地之韵律、造化之机巧……以此推衍，人生、世界、历史，莫不如此。给浮嚣以宁静，给躁急以清冽，给高蹈以平实，给粗犷以明丽。唯其这样，人生才见灵动，世界才显精致，历史才有风韵。"在将泉、沙、坡等景致相集的同时，对应到人、世、史之上，由形写意，神形合一，观物思人，寄人文感喟于诗化感官之中，洋溢着别样之瑰美。综上，多学科异质同构，圆融相照，通感化变，浑然一体，相互促进，共存于难以割舍的橐榤共同体中。综上，《文化苦旅》用文学创作践行了文、史、哲互根的理念，为文、史、哲互根的当代回归提供了一种可能[①]。

3. 丰厚的知识体系

需要指出的是，《文化苦旅》中也出现过一些知识性"硬伤"问题而受到争议，也有人认为其语言过于煽情和甜腻。然而瑕不掩瑜，这部作品的文化内涵和广度仍然值得畅谈。且先不论余秋雨本人的教育背景、文化修养和其在文化界的地位，包括《文化苦旅》在内的这一系列文化散文的写作，着实是他在考察并阐释了大量的中华文化遗迹后，为了对此进行更加深入的对比研究，又远涉重洋，穿

---

① 黄磊. 文史哲互根视域下《文化苦旅》的学科互融特色探讨 [J]. 开封教育学院学报，2017（4）：28~29.

行 4 万余公里，冒着生命危险考察了世界其他重要文明遗址所凝结而成。他一路穿行，从中国的西域行至战火纷飞的中东，途经古典又旖旎的西欧，最后驻于凛冽清冷的冰岛……三四十个国家，百余座城市，将希伯来文明、伊斯兰文明、两河文明、阿拉伯文明等各种古老文明的衰落都逐一记录，探讨了其衰落的根本原因，在对比与揣思中，又渐渐找到了中华文明之所以延续的原因。余秋雨先生亲自用脚步丈量的万里征程上的每一个文化节点、每一段历史故事，无论是之前所学的，还是在途中听闻的，他都能有所思考、有所延伸，对于其中所涉及的无论是历史、艺术、哲学，还是宗教、文学、美学等学科和领域的知识，他都能有所涉猎、有所见地、有所领悟，集海内外研究、亲历考察、有效传播于一身，这种守护和解读中华文化的精神，这段别有一番滋味的"生命苦旅"，与厚重而又真实的文化喟叹相融成的"文化苦旅"，在 20 世纪 90 年代"下海潮、出国热"的时代背景之下，对于异国风情充满着好奇和憧憬的国人来说，此书便是一扇足不出户便可观影世界的窗扉。

4. 真挚的人文情怀

余式散文的一个显著特点是，它摆脱了传统散文过于琐碎的写作视角，而以宏大的中华民族、历史、文化为创作背景，在历史中寻找人类穿越时空的情感结合点，选取的内容题材又紧扣现代人极为关注并能建立感情联系的事件和人物，赋予人生命运的终极关怀[①]。以大事件、大命运、大感受为基本写作趋向，体现出浓厚的人文情怀和文化人格。对于往昔的斑驳与蹉跎，他并非在一味地喟叹或掩面叹息，而是从一众王朝的背影和历史人物的剪影中，积极探寻在特定时代背景之下，健全人格和人文气魄的踪迹。对于历史和

---

① 王国伟. 我经历的 22 个出版事件 [M]. 上海：上海书店出版社，2015.

人物的叙述，余秋雨又能自如地站在本人的戏剧文化背景下，得心应手地驾驭故事节奏，将厚重的历史转化成轻巧的诗，将前人的愤懑与当今读者的郁闷相对应，使得再晦涩的故事、再酸涩的情感，也能极易触动观众的人文泪点，使之产生一种代入感和引发共鸣。除此之外，文章中所体现的家国情怀，也是拨动读者神经的重要元素，由此所触发的爱国情怀和国人特殊的文化基因，也提升了阅读的感官体验。

（二）编辑慧眼独具

一本畅销书的打造，从最初的选题策划到最终推广宣传，编辑都在其中起非常重要的推动和促进作用。《文化苦旅》的出版过程并非一帆风顺，其最终得以大获成功，与本书最初版的编辑王国伟有着密不可分的联系。

《文化苦旅》中的散文最初是以专栏的形式，在巴金先生主编的《收获》杂志上刊载，由于杂志本身在文学界的影响力，开始刊发时专栏反响不错，在圈内积累了一定口碑。当时，若干内地文科院校发表了一些有质量的关于《文化苦旅》的评论文章，但由于学校和评论者地位不高，并未激起太大水花。而在后续的出版历程中，也曾一度深陷窘境。最初向余秋雨约稿的出版社错解了《文化苦旅》的内在价值和内容定位，要求删掉一部分，并以做成旅游手册的形式进行出版，这使余秋雨在感到愤懑失落之余，收回稿件后甚至一度将之锁进了柜子。

后来在一次机缘巧合之下，时任知识出版社编辑的王国伟去余秋雨家谈事，并谈到了《文化苦旅》在出版上不愉快的事。在了解情况后，王国伟当即接下了这堆在墙角中"惨不忍睹"的书稿。对稿件进行重新整理并认真阅读后，他认为："作为散文非常好读，而且关注历史大事件，反映人生的体验，富有细节美。而且，每一篇散文里都有一个故事结构，故事简单，脉络清晰，让阅读者顺此脉络进入，轻松有趣。这恰恰符合一般读者的阅读习惯。再加上他独特的文字表现力，自然就会拥有读者。"在发现了作品的潜在市场价值，充分肯定了稿件自身文化价值的同时，为了增加更多的信息量，加强文化厚重感，丰富和充实作品结构与内涵，他又邀请余秋雨补写了一些篇章，如《风雨天一阁》等。使得书稿从原来的18万字左右，增加到了23万字左右的规模。

在书稿正式立项后，王国伟又找来读过本书的朋友沟通，在获得了肯定评价后，进一步增强了对《文化苦旅》出版前景的信心。在确定《文化苦旅》的出版定位、厘清出版思路并得到领导认可后，王国伟决定将《文化苦旅》作为出版社重点图书列项和运作，并确定了以精装本为主的出版形式。在20世纪80年代到90年代初，散文类书几乎不可能享受此礼遇，且精装本带来的高成本和高定价，是否会影响销量也未可知。但王国伟坚持以精品图书的定位来制作，在他看来，"'一本书主义'应该成为出版人自己的内心要求，要做就做'长命书'，即能够不断进行重版和再版的书。无论是学术书，还是文学类的书，还是其他类型的书，都应该如此。出版人是要靠产品说话，靠品牌成就事业"。同时他还认为，精装本显得更加有文化分量，放在书架上更端庄，同时，也体现了对作者的尊重，并能满足和彰显作者及出版者的文化自尊及典雅的文化品位。此外，初版《文化苦旅》采用的撇脂定价策略，在图书生命周期初期，在同类竞品出版前，能够有效收回成本，取得利润，为本书此后的长期畅销运作活动提供了较为充足的资金保障。

直到2000年，王国伟再次主持了《文化苦旅》的正式改版工作。

为了便于阅读，决定把精装本改为简装本，并约请了上海优秀的图书装帧设计家袁银昌先生重新装帧设计。对封面、内页、版式都进行了精心调整，采用再生纸和简洁典雅的设计，使得内容和形式更加统一。而初版22元的定价则保持不变，与涨幅较大的物价相比，价格较低。事实证明，这次改版是成功的，不但使《文化苦旅》获得了良好的文化气质，也被市场充分接受和喜欢，为销售的进一步深入提供了产品基础。自此，《文化苦旅》保持着持续畅销势头，引发了具有强大后劲的蝴蝶效应，产生了巨大的无形资产和品牌收益，同时，为2014全新版本的顺利畅销也奠定了强有力的基础。

综上所述，王国伟为此所做的一系列编辑工作和努力，为《文化苦旅》能够畅销不衰打下了坚实的基础。而一本非同凡响的畅销书背后，必然会有一位独具慧眼的编辑，因此编辑要不断提高自身的文化修养和专业能力，保持敏锐的眼光和畅销嗅觉，才会创造更多的可能。

（三）独特的营销手段

1. 全面而持续的宣传

《文化苦旅》的出版首发仪式便不俗，选在了上海南京东路新华书店。当时的上海南京东路新华书店不但是上海，可能还是全国最大的书店。而"图书首发仪式"在当时也是新鲜事，除非是重点图书，一般不会如此兴师动众。如此来看，高规格的首发式确实为《文化苦旅》的营销定下了基调。仪式上，出版社约请了《人民日报》、新华社、《光明日报》《解放日报》《文汇报》《新民晚报》、中央电视台、上海电视台等50多家京沪重要媒体集中采访报道。首发仪式后的发行效果非常好，不到3个月，首印的1万册就已经售罄，随后快马加鞭加印了 1 万册。但《收获》副主编程永新谈到，王国伟的领导说起过，《文化苦旅》在一年多的时间里，卖得并不好，印了 2 万多册，剩下 1 万多册的库存。着急之余，便拉着余秋雨在全国各地举行签名售书会，之后，书的销量才开始有了起色，后来才呈现一发不可收拾的盛况①。但不可忽视的是，大规模签名售书是建立在本书已有一定知名度的基础上展开的，因而能得以顺利进行和发酵。由此可见，营销活动必须贯穿前期造势、中期蓄力、后续良性跟进等全过程，才可使得销售热度久增不减。

此后，《文化苦旅》继续利用各种媒体和宣传传播渠道，不断地进行推广宣传。其中，邀请多名作家、教授、学者撰写书评、读后感、推荐语进行口碑营销，给《文化苦旅》带来了重要的声誉。在近 5 年的时间里，该书累计进行了组织书评、新闻报道、读书随笔、讲座报告等各种形式约有数百篇（次）媒体报道的宣传活动。随着媒体传播的不断扩大和升级，销售也快速拓展，功夫不负有心人，《文化苦旅》渐露出了畅销势头。

《文化苦旅》真正保持长期畅销是在进入学校之后，尤其是中学。出版方在营销过程中捕捉到了一个重要的信息：有不少中学生写了读后感，并寄回出版社进行反馈，许多中学语文教师也十分偏爱《文化苦旅》，甚至将其列为学生课外必读书。因此，营销的重点逐步调整到了教育部门和学校。首先是利用多种渠道，向教育部门推荐，使得不少篇章顺利被选入各类语文教材，进一步扩大了本书影响力。而有的学校，则定期开展交流阅读心得、写读书笔记等活动。如此一来，随着师生的追捧，稳定的购买群体便逐渐形成，《文化苦旅》才成了真正意义上的畅销书。

---

① 代玮.《文化苦旅》缘何畅销？[J]. 出版参考，2014（4）：33~34.

2. 舆论渲染与事件营销

在《文化苦旅》火热畅销的背后，铺天盖地的盗版书接踵而至。连续几年，除了京沪等大城市之外，其余各地市场中基本都充斥着本书的盗版。甚至有不少外地读者拿着盗版书求签名。然而，盗版书在带来了一系列惨重损失的同时，也从反面进一步证明了这是一本不折不扣的畅销书，也间接地对图书营销起到了宣传作用。

从作者自身的社会影响力来看，余秋雨有着"高教精英""国家级突出贡献专家""文化名人"等头衔，还曾多次担任青歌赛评委，在对选手文化试题的表现进行点评的同时，也展示自己对于中国文化的理解，再度提升了自己的公众形象和文化地位。而从节目本身的特点来分析，跟《超级女声》等综艺选秀节目相比，青歌赛不免显得高雅但略沉闷。因此在节目开播以来，热点逐渐从较少的戏剧亮点转移到选手接受专家的考试上，网友也开始近乎吹毛求疵地捕捉余秋雨的差错。在此间网络上关于青歌赛的新闻，多半跟余秋雨及其口误相关①。这些文化现象，对于余秋雨本人的文化散文作品而言，也着实为之增加了一定的讨论度及营销热度。

此外，要特别说明的是，在当代中国，可能没有任何一个人能像余秋雨那样引发争议。可以说，余秋雨已演变成为一种"余秋雨现象"。余秋雨的争议主要集中在两个方面：一是有种声音咬定他在"文革"期间发表过有争议的文章；二是认为他的作品存在许多硬伤，学养不足。这两个问题一度将余秋雨变成了"众矢之的"。此时的余秋雨已经身处聚光灯下，且著有长期占据华文市场的畅销著作，而他本人及其拥护者也确有不足之处：对于批评的声音采取了不谦虚、不予理睬的否定态度，把错误都归为"细枝末节"，而且在修订

---

① 卢剑利.看"青歌赛"，还是看余秋雨？ [EB/OL].http：//net.blogchina.com/blog/article/505424.2008-04-04/2020-04-28.

与再集结时一仍其旧，将批评者归为"蒙面杀手"或"盗版集团"，由此引发的以《石破天惊逗秋雨——余秋雨散文文史差错百例考辨》为代表的众多批评者"找碴"的热潮持续不减，也并非意外。但从另一方面来看，话题和争议，舆论和抨击，相比起一味地褒奖称赞，对于知名度的打开和提升，成效或许更为明显，"余秋雨现象"为余秋雨书籍的销售，确实从侧面起到了一定的促进作用。尤其是结合当下"流量为王"的这一说法，对于如何精准、高效地打造出版物的营销话题来引流聚众，也是值得编辑去思考的。

但是，上述一些抨击和否定之声也无可避免地包含着某些主观因素，面对余秋雨的这些争议，作为读者，我们需要始终保持客观、冷静、理性的文化思考和判断力。无论是《文化苦旅》抑或其他作品，我们都应用心去体会作者笔下的文字给自己带来的真实感受，而不是盲目地不加思考就被牵扯到某种舆论漩涡中，为某些别有用心的人所利用。而时间自是检验一切的最公正利器，《文化苦旅》能够至今长销不衰，也正反映出更多读者对其质量的认可和肯定，而余氏散文以其别具一格的魅力和风韵，确乎为许多读者带来了独特的文艺美学体验，并影响着其语言表达风格和表现形式。在文化产品竞争日益激烈的市场格局之下，我们也期待着《文化苦旅》能够继续书写它的畅销故事，传承它所蕴含的文化气质与中华文化价值。

四、精彩阅读

在读了很多很多书，经历了很多很多灾难之后，我终于蓦然醒悟，发现一切文化的终极基准、人间是非的最后衡定，还是要看山河大地。说准确一点，要看山河大地所能给予的生存许诺。

再宏大的权力也留不住，只剩下与之相关的无言山河。陆游说：

"细雨骑驴入剑门。"剑门是权力地图中的千古雄关，这样的雄关在中国成百上千。但消解它们的，只是雨，只是驴，只是征尘，只是酒痕。

英雄史诗也会变成文字存之于世，顾炎武说："常将长江《汉书》挂牛角。"你看，足以包容千般评述、万般赞美的堂堂汉代，也就这么晃荡在牛角上了。那牛，正走在深秋黄昏的山道间。

山河间的实际步履，使一切伟业变成了寻常风景，因此也使我们变得轻松。人类本应把一切都放下，放下在山河之间。因此我们也就找到了终点。

价值的终点和生命的终点，这终点曾被陶渊明准确地表述过："托体同山阿。"

——节选自《我的山河》第 22 页、第 28 页

接下来应该是我非常向往的魏晋南北朝了：青褐的色泽依然浑厚，豪迈的笔触如同剑戟。中原一带有那么多潇洒的名士傲视着乱世，此时洞窟里也开始出现放达之风，连菩萨也由粗短身材变得修长活泼。某些形象，一派秀骨清相，甚至有病态之美，似乎与中原名士们的趣味遥相呼应。

——节选自《莫高窟》第 45 页

夕阳下的绵绵沙山是无与伦比的天下美景。光与影以最畅直的线条进行分割，金黄和黛赭都纯净得毫无斑驳，像用一面巨大的筛子筛过了。日夜的风，把风脊、山坡塑成波荡，那是极其款曼平适的波，不含一丝涟纹。

我胡乱想着，随即又愁云满面。怎么走近它呢？我站立峰巅，它委身山底。向着它的峰坡，陡峭如削。此时此刻，刚才的攀登，全化成了悲哀。

　　向往峰巅，向往高度，结果峰巅只是一道刚能立足的狭地。不能横行，不能直走，只享一时俯视之乐，怎可长久驻足安坐？上已无路，下又艰难，我感到从未有过的孤独与惶恐。

　　世间真正温煦的美色，都熨帖着大地，潜伏在深谷。君临万物的高度，到头来只构成自我嘲弄。我已看出了它的讥谛，于是亟亟地来试探下削的陡坡。

　　茫茫沙漠，滔滔流水，于世无奇。唯有大漠中如此一湾，风沙中如此一静，荒凉中如此一景，高坡后如此一跌，才深得天地之韵律，造化之机巧，让人神醉情驰。

　　以此推衍，人生、世界、历史，莫不如此。给浮嚣以宁静，给躁急以清冽，给高蹈以平实，给粗犷以明丽。唯其这样，人生才见灵动，世界才显精致，历史才有风韵。

　　　　　　　　　　　　　　——节选自《沙原隐泉》第 51~53 页

　　我在望不到边际的坟堆中茫然前行，心中浮现出艾略特的《荒原》。这里正是中华历史的荒原：如雨的马蹄，如雷的呐喊，如注的热血。中原慈母的白发，江南春闺的遥望，湖湘稚儿的夜哭。故乡柳荫下的诀别，将军咆哮时的怒目，丢盔弃甲后的军旗。随着一阵烟尘，又一阵烟尘，都飘散远去。

　　我相信，死者临死时都是面向朔北敌阵的；我相信，他们又很想在最后一刻回过头来，给熟悉的土地投注一个目光。于是，他们扭曲地倒下了，化作沙堆一座座。

即便是土墩、石城，也受不住见不到诗人的寂寞。阳关坍弛了，坍弛在一个民族的精神疆域中。它终成废墟，终成荒原。身后，沙坟如潮；身前，寒峰如浪。谁也不能想象，这儿，一千多年之前曾经验证过人生旅途的壮美、艺术情怀的宏广。

——节选自《阳关雪》第 55 页、第 57 页

　　周围的部落，仍然未脱游牧习性，因此与渤海国形成了巨大的反差。反差带来了美慕与趋附，但在美慕和趋附背后，却藏着强烈的嫉妒和仇恨。9 世纪前期的渤海国器宇轩昂，但包围着它的，却是大量越来越闪烁的目光。它拥挤的街道太刺激那些渴望人烟的马蹄了，它显赫的名声太撩拨那些企盼成功的山民了，它如潮的财宝太吸引那些背囊寒薄的骑手了。

——节选自《废井冷眼》第 71 页

全集
ECHO 02
LEGEND

撒哈拉的故事

三毛

世界上没有第二个撒哈拉了，也只有对爱它的人，它才向你呈现它的美丽和温柔。

北京出版集团公司
北京十月文艺出版社

书名：《撒哈拉的故事》　　　作者：三毛
出版时间：2017 年　　　　　出版社：北京十月文艺出版社

一、作者简介

三毛，中国台湾著名女作家，旅行家。1943 年三毛出生于重庆黄角，父亲给她取名陈懋（mào）平（后改名为陈平）。1948 年，三毛随父母迁居中国台湾，曾就读"中国文化大学"哲学系。1967 年三毛赴西班牙留学，后去德国、美国等地游学工作。1973 年三毛定居撒哈拉沙漠和荷西结婚，婚后定居西属撒哈拉沙漠的加那利岛，并以当地的生活为背景，创作了《撒哈拉的故事》这部作品。1981 年三毛回台后，曾在文化大学任教。1984 年辞去教职，以写作、演讲为重心。1991 年 1 月 4 日去世，享年 48 岁。

只因在美国地理杂志上看到了一组撒哈拉沙漠的照片，三毛便决定去寻找那"属于前世回忆似的乡愁"，她义无反顾地奔赴沙漠，《撒哈拉的故事》就是从这里开始的，这本书记录了三毛和荷西 1973 年至 1975 年间在撒哈拉生活的点点滴滴。因受时任《联合报》主编平鑫涛先生的鼓励，三毛开始将它们集结出书，第一部作品集《撒哈拉的故事》于 1976 年 5 月正式出版发行。从此"三毛热"一发不可收拾。"流浪文学"更成为一种文化现象！

二、畅销盛况

三毛的文字风靡一时，国内多家出版社先后多次出版过三毛的作品。《撒哈拉的故事》这部作品堪称"流浪文学"的经典之作，持续畅销 40 余年依然热度不减。北京十月文艺出版社是出版过最多版本《撒哈拉的故事》的出版社，此书也是三毛系列中最为畅销的一本。这本书是三毛真正的好作品，自问世以来就受到人们的广泛关注，当时在报纸连连载出，红极一时，译成十多国文字，在台北一版再版。

她的作品流存于中国大陆、港、台地区和美国、加拿大、日本等地。三毛的作品在大陆有过三次"三毛热"：第一次大约是在 20 世纪 80 年代初期，改革开放不久；第二次是在 1989 年 4 月，三毛首度返回大陆探亲；第三次是三毛 1991 年 1 月 4 日身亡。

20 世纪 80 年代初，三毛作品被介绍到大陆，国内多家出版社陆续推出她的作品，大陆的各文艺、文学、艺术报刊纷纷介绍三毛，新华书店里三毛的书一下子成了"最热门"的书。三毛成了年轻人的精神偶像。截至 2006 年，大陆共出版了三十几种三毛作品选编。三毛的散文一经问世，就引起读者的强烈反响。其中的很多本书均连续再版多次。中国友谊出版公司、湖南文艺出版社、陕西旅游出版社、鹭江出版社、广东旅游出版社等都出版三毛文集。三毛作品给千千万万读者带来了无限遐想。

2007 年，北京十月文艺出版社取得了《撒哈拉的故事》在中国大陆地区的合法出版权。其曾经先后出版了 4 个版次的《撒哈拉的故事》，目前已经更新到 2017 年 3 月的第 4 版。2017 年新经典上市时，新经典华语文学发行量前 5 本书中有 3 本都是三毛的作品，其中《撒哈拉的故事》是销量最好的一本书，累计发行量达到了 294.77 万册，并被选入教育部推荐中学生必读书目，至今依然活跃在各大文学畅销榜的热销名单上。

三、畅销攻略

（一）三毛作品自身的魅力

《撒哈拉的故事》是三毛最具代表性的一本散文集，这部作品之所以可以引起巨大的轰动，并且可以持续畅销 40 余年，离不开本书引人入胜的作品题材、平实却富含深意的语言、独特的人格魅力以及丰富的精神世界。

1. 作品题材引人入胜

《撒哈拉的故事》是三毛的代表作品之一，也是"流浪文学"的经典之作。"流浪文学"最大的特点是可以放下尘世的羁绊与牵挂，前往远方追求心灵的放逐、肉体的解放，这一特性也使得"流浪文学"极具魅力，吸引了一代又一代的读者。

不记得在哪一年，三毛无意中翻到了一本美国的《国家地理》杂志，那期杂志里，正好在介绍撒哈拉。三毛只看了一遍，就回忆起那不能解释的、属于前世记忆似的乡愁，然后就莫名其妙地将自己毫无保留地交给了那片陌生的土地。为着这份说不清道不明的乡愁，她毅然决然地选择要去沙漠生活。

三毛第一次来撒哈拉的时候，曾这样评价这片沙漠："如梦幻又如鬼魅似的海市蜃楼，连绵平滑温柔得如同女人酮体的沙丘，迎面如雨似的狂风沙，焦烈的大地，向天空伸长着手臂呼唤嘶叫的仙人掌，千万年前枯干了的河床，黑色的山峦，深蓝到冻住的长空，满布乱石的荒野……这一切的景象使我意乱神迷，目不暇接。"三毛深爱这片大地，在她的内心深处，撒哈拉沙漠就是她内心深处的梦中情人。

1974 年 10 月 6 日，台湾《联合副刊》刊载了署名"三毛"的一篇文章《中国饭店》。由此三毛开启了她真正的作家生涯。《联合报》是台湾的大报，社会影响巨大。20 世纪 70 年代的台湾刚刚走完战后那种贫穷封闭、欠缺自由的艰苦岁月，80 年代这本书引进大陆的时候也是正处在改革开放的初期，人们对自由和远方有一种向往，但是却不像今天这么方便地出游，当时，旧观念束缚着我们的身体，我们难以走向"远方"。

三毛的旅行从来都不仅仅是地理上的奇观，她终其一生都在寻找心灵的目的地，她始终在追求精神归宿，她的旅行是哲思性和灵性层面的，这些对今天的人们也极具启发意义。

现在获取信息和交通出行都越来越便利了，人们却似乎有了更多的羁绊，想要看世界的想法愈发强烈，去过的地方很多，但心却好像一直都停留在原地。可三毛是多么自由呀，她给那么多向往自由的人以信念。正如南方朔评论的那样，像三毛这样的女子，只身到人们并不熟悉的远方去流浪，而且她在流浪的剖白里，充斥着那种似真似幻的爱情表现，这使得三毛在流浪、才情以外又多了爱情这个最为重要的元素。你可能没看过三毛的书，但是你肯定听说过三毛和荷西的爱情故事，流浪与爱情乃是女性永远的梦想。

2. 创作中的语言艺术

通过《撒哈拉的故事》的创作，我们可以看到三毛那独特的属于自己的创作文体，这种带有自传色彩的文体，有了许多三毛式的特征。该书中每一篇文章都不求深刻，这就是很多人思考的，为什么朴素通俗的词汇在她的笔下就可以闪烁如此光芒。三毛用语朴素平实、浅显易懂，在书中很难找到生冷怪癖的字眼和拖沓繁长的句子，用词简单，却十分幽默讨喜，蕴含着智慧的光芒。

在《撒哈拉的故事》中她用清新自然的语言真实而具体地对人物动作进行白描，或用精练的对话来还原当时的场景，以她细腻、敏锐、准确的感知力，准确把握住写作对象的特点并注入自己独特的感受，这样，三毛的文字就有了一种令读者忘我而入境的感染力。所以，读《撒哈拉的故事》仿佛是在与三毛进行一次心灵的对话，好似在听朋友讲述动人的故事、深刻的感悟、时而无羁的快乐，令人如入其境。

三毛在进行文学创作时也运用了很多修辞手法，简单却又十分生动，充分调动了读者的想象空间，带领他们进入三毛的世界，给人一种身临其境之感。同时，这些修辞手法的选用又十分注重对语境的适应。她没有刻意地运用一些格式技巧，她的表达都是很随性的，正如她自己所提倡的写作方法："我手写我的口，以我的口，表达我的心声"。

《撒哈拉的故事》里面的每篇散文的开头几乎都有一个语言环境限定了整篇文章的语调、环境、氛围。在这样的限定下，散文的语言表达就受到了一定限制。[①] 比如说，《素人渔夫》这篇描写的是三毛和丈夫荷西在经济周转不灵的情况下，为了维持生计，自己下海捕鱼买鱼的事情，这也是夫妻俩柴米油盐酱醋茶平凡生活中的一些幽默风趣之处的再现。在这样的环境限定下，这篇文章的整个故事情节都是围绕着夫妻的对话展开的，采用一种平和轻快、率性浪漫的表达方式。再如《哭泣的骆驼》，整体上都是一种极度悲凉的氛围，这里就不能适用一种明快、欢乐的表达方式，否则就与整篇文章的基调不适应，三毛在此就巧妙地运用映衬的表达手段，通过对周围景物的一种凄凉感的细致描绘，烘托了游击队领袖巴西里被自己人出卖，他的妻子沙伊达、那个受过高度文明教育的可爱迷人的沙漠女子，却被诬蔑说她出卖了自己的丈夫而被欺凌致死的悲凉氛围。

3. 作者独特的人格魅力

在《撒哈拉的故事》中，三毛独特的人格魅力深深吸引着读者，人们常说"美丽的皮囊千篇一律，有趣的灵魂万里挑一"，三毛就有着这样一颗万里挑一的灵魂。她的率性洒脱，她的特立独行，她的多愁善感，她的敏感细腻，她对自由的追寻，她对美好事物的向往，她对生活的热爱，以及她骨子里的平凡简单、坚定隐忍、热情奔放、豁达率真的性格为她的人生和作品增添了永恒的魅力，这一点在书中许多篇散文中都有体现，譬如：

---

① 罗静晶 . 三毛《撒哈拉的故事》的修辞分析 [D]. 天津大学，2011.

三毛拥有孩子一般的想象力，她有一次为荷西做了粉丝煮鸡汤，但荷西是西班牙人，没见过粉丝，便问是什么。三毛回答说是"雨"，然后信口开河："是春天下的第一场雨，下在高山上，被一根一根冻住了，山胞扎好了背到山下来一束一束卖了换米酒喝，不容易买到哦！"在三毛和荷西结婚的时候，没有婚礼没有婚纱，甚至没有花，就穿了件淡蓝细麻布的旧衣服，一双凉鞋，戴顶草帽，帽子上别了一把香菜。没有车子，与荷西在沙漠中徒步走了40分钟，去镇上结婚。漫漫黄沙里，三毛不感觉疲倦，却觉得傍晚的沙漠美丽极了。荷西歉疚地说："你也许是第一个走路结婚的新娘。"三毛却感叹："我倒是想骑匹骆驼呼啸着奔到镇上去，你想那气势有多雄壮，可惜得很。"

　　三毛的一生虽然短暂，但是却足够美丽，足够轰轰烈烈、跌宕起伏。她是极单纯的，也是极浪漫的，她知道自己想要什么，她活得很通透。她是一个真正懂得生活含义及生命意义的人，她让我们认真感受生活，倾听来自内心深处的声音，她文字中的"漂泊"与现实中的"流浪"早已融为一体，构筑了她灵魂中的浪漫主义情调与天涯情怀。这样的三毛，又如何让人不爱呢？

　　4. 积极向上的人生理念

　　黑格尔在其著作《美学》第一卷中说过："在艺术里，感性的东西是经过心灵化了，心灵的东西也借感性化而显现出来了。"本书生动地为我们描述了她极富色彩与浪漫的沙漠生活以及其对生命意义、灵魂皈依的探索与思考，带领读者进行了一次深入的心灵之旅，传递出了一种积极向上的人生理念。

　　（1）热爱生活，富有情趣。三毛用捡来的包棺材的外壳制作桌子；用绿色的塑料水瓶做花盆；把旧的轮胎捡回来做舒服的沙发……这些生活的小情趣在《白手起家》中展现得淋漓尽致，三毛也在文中说明——"我实在是一个很懂得幽默生活的人，这些垃圾竟也被我当成了宝贝，把它们一个一个收回来重新利用，反而美不胜收……生命的过程，无论是阳春白雪，青菜豆腐，我都得尝尝是什么滋味，才不枉来走这么一遭啊！（其实，青菜豆腐都尝不到）"三毛把生命中可能经受到的欢喜悲伤比作"阳春白雪"和"青菜豆腐"，这种比喻充满了一种洒脱的幽默，轻快明朗的笔调让沙漠中枯燥乏味的生活一下子变得生机勃勃，括号中的自嘲也更让读者感受到三毛特别的诙谐和感染力，领悟到她的人生智慧。

（2）勇敢坚强，充满爱心。《白手起家》一章中环境的恶劣并没有浇灭三毛内心对撒哈拉的渴望，在如此艰难的环境中仍能饱含对生活的热情。住的房子没有顶，自己修；没有淡水，自己扛；没有煤气了，自己换。家里的墙，白天是烫手的，晚上是冰凉的。电，也是运气好的时候才来。在《悬壶济世》里，因为在面对当地人的病痛时她无法做到视而不见、听而不闻，于是她用黄豆治疖子，用维生素来治营养不良，用葡萄酒使母羊生产后残留的胎盘脱落，用指甲油来帮人修补牙齿；在撒哈拉沙漠期间，三毛对身边的每一个人充满善意，无论是周围的邻居还是处于社会底层的奴隶和残疾人，她都能够以尊重和友善的姿态对待。

（3）善于探索，敬畏未知。比如跑到海边去看女人洗澡，差点被人追打；比如去来回240多里外的沙漠找化石，导致荷西陷在流沙里面差点没命；比如去100多公里以外的海边在悬崖下捕鱼……在《收魂记》里，三毛带着照相机游走在大漠，面对落后的观念与愚昧的思想，当替人照相被认为是夺人魂魄时，她开始透过现象看本质，这样观念的产生到底是地理环境的限制还是掺杂着人为的因素，让人难以一言以蔽之；在《死果》里，当面对亲身经历的身体苦痛后，那张神秘的符咒让人不寒而栗，原来这世间，真的有些事是无法用科学来解释的，我们能做的只是怀有对自然的敬畏之情，然后继续坦然地生活。

（二）营销策略

1. 重新定位受众，打造品牌效应

《撒哈拉的故事》是新经典出品的图书，其在业内的知名度和美誉度也是非常高的，18 年来，新经典以专业精神为读者奉献出一部又一部精品杰作，创造了一个又一个奇迹，但细心观察后可以发现，每一个传奇背后都蕴含了"梦想、耐心、快速行动"。他们在获得三毛作品的独家版权后，组织专家、书店店员、读者对作品经过多次研读、讨论，认为三毛的作品区别于传统意义上的经典名著，她自身传奇的经历、她对梦想的激情、对心灵自由的探求，都是当下年轻读者非常向往的。市场普遍认为经典的是三毛的气息，但新经典认为三毛的作品是给年轻人看的，是年轻人对无法实现的梦想的一种寄托，基于此，编辑团队对其进行了全新定位，将三毛的所有作品打乱，重新组合，按照三毛一生的重要阶段，将其作品精选集成《雨季不再来》《撒哈拉的故事》《温柔的夜》《梦里花落知多少》《万水千山走遍》《送你一匹马》《亲爱的三毛》《我的宝贝》《滚滚红尘》《流星雨》《你是我不及的梦》《兰屿之歌》《清泉故事》《刹那时光》，共 14 本。

2. 装帧设计精美用心

书籍的装帧设计与一本书的销量密切相关，好的设计可以给人以美的感受，吸引读者的阅读兴趣，不会让好的作品蒙尘。北京十月文艺出版社共出版过四个版本的《撒哈拉的故事》，每一个版本的封面都是经过精心设计而成的，每一个版本都有自己的特色。据了解，当时三毛作品的封面设计方案不下 30 种，但始终不能让人满意，项目由此停滞长达 7 个月。也许是编辑们的诚意感动了上苍，当法国画家卢梭的一幅画作无意间来到大家面前时，一群人几乎同时高喊：

就是它！巧合的是，几年后，当编辑在整理三毛老照片时，猛然发现，三毛在加那利群岛的家里挂的画，竟然就是《撒哈拉的故事》封面选图。而在最新一版中（2017版）采用的是金黄色作为图书的封面，不仅与沙漠的颜色相呼应，也给人一种积极阳光的感觉。封面上的石像是三毛花了1 000块在坟场从一个撒哈拉老人手里买来的，她将它们视作珍宝，老人追上来时她还怕石像被抢走，结果老人往她怀里又塞了两只鸟的石像。封面下方的花纹是一种能在沙漠中生存的植物——沙棘，颜色艳丽，象征着生命和活力，简单、却富有童趣，和三毛的个性一样，能更加吸引青少年读者。如梦如幻的封面、精美的装帧，尤其全新的阐释与解读，新版三毛面市之后，不仅无数老读者将其作为珍品收藏，更引领年轻人开始重新发现三毛作品的魅力。

3. 把握读者需求，全方位立体营销

如今，社交平台兴起，使得人们更加乐于分享生活，分享快乐，大家喜欢将自己的生活和感受在社交平台上发布出来，展现自己的同时获得别人的认同感和满足感。旅行也渐渐变成了一种"潮流"，它不仅仅是故事与美的体验，也是网络社交平台分享的内容。精美的旅行照片，配上三毛的一段文字，变成了当代文艺青年的标配。在晒文化兴起的当下，撒哈拉的故事和生活理念依然成为当代年轻人所向往的生活，而三毛依然是我们心中那个特立独行，自由洒脱的文学偶像。

同时，利用名人效应，提高作品的知名度。齐豫就演唱过由三毛作词的多首作品，1985年，滚石唱片发行了由齐豫和潘越云演唱的《回声——三毛作品第15号》。在文艺青年聚集区的豆瓣上《撒哈拉的故事》的评分都在9分以上，好评如潮。读者们在豆瓣读书上发表书评，交流分享心得体会，在微博和一些微信公众号上进行转发评论抽奖送书等活动；以社群关系举办读书交流会，策划一系列线上线下的相关主题活动，邀请读者分享自己的旅行故事。这些无一不促成了这本书的畅销。

许多知名人物也非常喜欢这部作品，经常在社交平台上表达对三毛及此书的喜爱。作家贾平凹曾说："年轻、坚强而又孤独的三毛对于大陆年轻人的魅力，任何局外人作任何想象来估价都是不过分的。"蒋方舟、张晓风等作家也都表示对三毛的文字及生活方式的向往和认同。这些具有高知名度的人有很大的粉丝群体，有效地促进了本书的宣传，利用粉丝经济效益，产生了一定的影响力。

四、精彩阅读

其实母亲寄来的东西要开"中国饭店"实在是不够，好在荷西没有去过台湾，他看看我这个"大厨"神气活现，对我也生起信心来了。

第一道菜是"粉丝煮鸡汤"。荷西下班回来总是大叫："快开饭啊，要饿死啦！"白白被他爱了那么多年，回来只知道叫开饭，对太太却是正眼也不瞧一下，我这"黄脸婆"倒是做得放心。话说第一道菜是粉丝煮鸡汤，他喝了一口问我："咦，什么东西？中国细面吗？""你岳母万里迢迢替你寄细面来？不是的。""是什么嘛？再给一点，很好吃。"我用筷子挑起一根粉丝："这个啊，叫作'雨'。""雨？"他一呆。我说过，我是婚姻自由自在化，说话自然心血来潮随我高兴。"这个啊，是春天下的第一场雨，下在高山上，被一根一根冻住了，山胞扎好了背到山下来一束一束卖了换米酒喝，不容易买到哦！"荷西还是呆呆地、研究性地看看我，又去看看盆内的"雨"，然后说："你当我是白痴？"我不置可否。"你还要不要？"回答我："吹牛大王，我还要。"以后他常吃"春雨"，到现在都不知道是什么东西做的。

有时想想荷西很笨，所以心里有点悲伤。

第二次吃粉丝是做"蚂蚁上树"，将粉丝在平底锅内一炸，再撒上绞碎的肉和汁。荷西下班回来一向是饿的，咬了一大口粉丝："什么东西？好像是白色的毛线，又好像是塑胶的？""都不是，是你钓鱼的那种尼龙线，中国人加工变成白白软软的了。"我回答他。他又吃了一口，莞尔一笑，口里说着："怪名堂真多，如果我们真开饭店，这个菜可卖个好价钱，乖乖！"那天他吃了好多尼龙加工白线。第三次吃粉丝，是夹在东北人的"合子饼"内与菠菜和肉绞得很碎当饼馅。他说："这个小饼里面你撒了鲨鱼的翅膀对不对？我听说这种东西很贵，难怪你只放了一点点。"我笑得躺在地上。"以后这只很贵的鱼翅膀，请妈妈不要买了，我要去信谢谢妈妈。"我大乐，回答他："快去写，我来译信，哈哈！"

等有一天他快下班了，我趁他忘了看猪肉干，赶快将藏好的猪肉干用剪刀剪成小小的方块，放在瓶子里，然后藏在毯子里面。恰好那天他鼻子不通，睡觉时要用毛毯，我一时里忘了我的宝贝，自在一旁看那第一千遍《水浒传》。他躺在床上，手里拿个瓶子，左看右看，我一抬头，哗，不得了，"所罗门王宝藏"被他发现了，赶快去抢，口里叫着："这不是你吃的，是药，是中药。""我鼻子不通，正好吃中药。"他早塞了一大把放在口中，我气极了，又不能叫他吐出来，只好不响了。"怪甜的，是什么？"我没好气地答他："喉片，给咳嗽的人顺喉头的。""肉做的喉片？我是白痴啊？"第二天醒来，发觉他偷了大半瓶去送同事们吃，从那天起，只要是他同事，看见我都假装咳嗽，想再骗猪肉干吃。

反正夫妇生活总是在吃饭，其他时间便是去忙着赚吃饭的钱，实在没多大意思。有天我做了饭卷，就是日本人的"寿司"，用紫菜包饭，里面放些唯他肉松。荷西这一下拒吃了。"什么？你居然给我吃印蓝纸、复写纸？"我慢慢问他："你真不吃？""不吃，不吃。"
好，我大乐，吃了一大堆饭卷。"张开口来我看！"他命令我。"你看，
没有蓝色，我是用反面复写纸卷的，不会染到口里去。"反正平日说
的是唬人的话，所以常常胡说八道。"你是吹牛大王，虚虚实实我真
恨你，从实招来，是什么嘛？""你对中国完全不认识，我对我的先
生相当失望。"我回答他，又吃一个饭卷。他生气了，用筷子一夹夹
了一个，面部大有壮士一去不复返的悲壮表情，咬了半天，吞下去。
"是了，是海苔。"我跳起来，大叫："对了，对了，真聪明！"又要跳，
头上吃了他一记老大爆栗。

——节选自《沙漠中的饭店》第 2~4 页

经/典/译/林

Walden

瓦尔登湖

[美国] 梭罗 著

许崇信　林本椿 译

凤凰出版传媒集团
译林出版社

书名：《瓦尔登湖》　　作者：[美] 梭罗
出版时间：2017 年　　出版社：译林出版社　　译者：许崇信、林本椿

一、作者简介

亨利·戴维·梭罗（Henry David Thoreau，1817—1862），作家、思想家，美国自然文学大师，19世纪超验主义运动的重要代表人物。1817年7月12日，梭罗出生于马萨诸塞州的康科德城（Concord, Massachusetts），1837年毕业于哈佛大学，1841年起他不再教书而转为写作。在爱默生影响下，阅读柯尔律治、卡莱尔等人的著作，研究东方的哲学思想，同时对爱默生倡导的"自助"精神进行思考，形成了一套独立见解。梭罗的著作都是根据他在大自然中的体验写成。著有散文集《瓦尔登湖》和论文《论公民的不服从权利》（又译为《消极抵抗》《论公民的不服从》）。

许崇信（1919—1999），广东潮州人，翻译家、评论家。曾任福建师范大学外语系副主任、编译室主任、《福建外语》主编。长期从事外语教学、科研和翻译工作，曾领衔翻译了《马克思恩格斯全集》第40卷，并修订《列宁全集》第15卷。著述等身，在翻译领域颇有影响。

二、畅销盛况

《瓦尔登湖》是时间的玫瑰，它在时间之河中绽放，经久不衰。它的畅销之路鲜有华丽的脂粉，它的畅销经历在于人们对自然的向往。

在美国1985年《美国遗产》杂志所举行的由读者投票选择"十本构成美国人性格的书"评选活动中，《瓦尔登湖》荣登榜首。而在美国国会图书馆列入的"塑造读者心灵的25本书"中，《瓦尔登湖》与《圣经》并列其中。

在中国，《瓦尔登湖》的畅销是一个阶段性递增的过程。根据中国国家图书馆的网上数据库和当当网的图书书目，国内《瓦尔登湖》的出版情况可大致分为三个阶段：20世纪90年代前；20世纪90年代；21世纪以后。

《瓦尔登湖》一书首先由徐迟翻译到中国，于1949年10月由上海晨光出版公司首次向中国读者推出。1982年，徐迟先生于上海译文出版社出版了由他重新校译的《瓦尔登湖》。此后，译林出版社、三联书店、人民文学出版社等国内众多的出版社纷纷出版了不同译者翻译的《瓦尔登湖》。20世纪90年代可谓是《瓦尔登湖》翻译出版的复苏期，徐迟翻译的《瓦尔登湖》由老东家上海译文出版社于1993年和1997年再版。

21世纪以来，《瓦尔登湖》在中国的出版和翻译出现了"骤热"现象，该作自2003年起被频繁重译出版并行销，于2008年至2010年达到了高峰。该书国内有译本26种，译者多达28人。其中，译林出版社版的《瓦尔登湖》自出版后，在2009年至2015年多次重印，在2017年5月根据《梭罗传》中有关文字重版，到2019年12月进行了第8次印刷。

三、畅销攻略

莎士比亚曾说过："一千个读者眼中就会有一千个哈姆雷特。"每一个读者读一本书的感受都是不一样的，《瓦尔登湖》就是这样的一本散文集。《瓦尔登湖》历经150多年，依然经久不衰的原因就在于其优质的内容及其给人带来的思考。译林出版社版《瓦尔登湖》的畅销源于对内容编译及装帧设计上的独具匠心。同时，经典译林的品牌效应也为该书的畅销贡献了力量。最后，符合时代的宣传及其宝贵的社会效应为书的畅销起到了如虎添翼的作用。

（一）文本内容

1. 名家导读，引领读者

导读如同一个引路人，带领读者进入一本书的世界。译林出版社的《瓦尔登湖》在正文前添加了苇岸的《我与梭罗》和爱默生的《梭罗小传》两篇导读内容，让读者可以对梭罗本人及其散文有一个整体的印象，为读者提供更好的阅读体验。选择爱默生和苇岸作为导读，是因为这两个人对梭罗及《瓦尔登湖》有着重要的影响。

爱默生的导读带我们遍访了梭罗的一生。梭罗是爱默生的学生，也正是受爱默生的影响，梭罗成为了19世纪超验主义运动的代表人物。而苇岸的导读则带我们走进《瓦尔登湖》，他是真正让《瓦尔登湖》为国内出版界全面接受的作家。他曾说过："梭罗的名字，是与他的《瓦尔登湖》联系在一起的。"名人导读为这部经典散文增添了一抹新的光彩，经典散文与名人导读交相呼应，成为一道亮丽风景。

2. 内容朴实，引人深思

《瓦尔登湖》是一个宁静的世界，作品讲述了作者在瓦尔登湖畔一片再生林中度过两年又两月的生活以及期间他的许多思考。其不仅阐述了作者的思想，还教导人们应该要如何去生活，如何去感受大自然，让自己那浮躁的心能够静下来去享受自然，思考人生。

作者以一种超然的姿态去感受大自然的美好，去感受林间访客的到访，感受湖的深邃与清澈。作者将自己置身于自然之中，用心灵去感受自然界的一草一木，文中所述内容皆是对生活的所闻所感，朴实的叙述中却不乏深刻的智慧。作者带领读者一步步深入到这个静谧的湖畔，带领读者一同见证瓦尔登湖的四季变换，使读者卸下往日沉重的包袱，放空自己的心灵，启迪读者对生活有更深入的思考。

在瓦尔登湖畔，作者带我们见证了自己建造木屋的过程，用自己的记账单让我们再度思考经济的含义。在这里，梭罗指引我们阅读；在这里，梭罗领导我们种豆田；在这里，梭罗带领我们倾听自然的声音。瓦尔登湖的湖畔是祥和而平静的，同时又是热闹而喧嚣的。我们不仅可以领略那清澈透明的湖，也能感受到不远处轰鸣的火车。有人会认为，独居瓦尔登湖的湖畔定是件孤独的事情，然而事实并非如此。梭罗带我们造访了湖畔周边的村子，带我们拜访了贝克农场的居民。在这宁静的湖畔，也常有访客来与梭罗畅谈。梭罗本也不算隐士，也和大多数人一样喜欢社交。走进这个湖畔，或许，我们也会同他一样，结交到不少新的朋友：松鼠、野兔、狐狸、鹪鸟。我们是否也能和他一样做到同禽兽为邻呢？《瓦尔登湖》就是这样一本引人入胜的书，就是这样一本能在质朴生活中引人哲思的书。

《瓦尔登湖》是一本令人深度思考的书，书中对自然、对生命的哲学会令人回味深思。大量的引证既体现了希腊与东方古人的思辨，同时也展示了梭罗的自然观。梭罗不像陶渊明"采菊东篱下，悠然见南山"，却在这瓦尔登湖畔精心耕作豆田。梭罗没有选择做一个隐者，而是通过对自然生活的体验来引起人们对自然的关注，来洗涤人们心中的浮躁喧嚣。

3. 文辞优美，意蕴丰富

《瓦尔登湖》的文辞优美，文中辞藻朴实却不失优雅，充满了美的"诗意"。苇岸曾这样说过："在写作上与其说作家选择了文体，不如说文体选择了作家。"梭罗通过散文形式与这个世界相联系，把读者带回自然，浸润人的心灵。《瓦尔登湖》不像中式散文在行云流水间给人们营造一个世外桃源，而是在层层环绕中带人们身临其境。

《瓦尔登湖》的文字是纯粹的，正如那瓦尔登湖面的清澈。中西方的哲思在此相融于水，它使读者潜移默化地进入这世界，聆听瓦尔登湖畔动人的歌声，焕发出对生命的升华与思考。

梭罗的《瓦尔登湖》用西式思维带来思考，字里行间点缀着对瓦尔登湖的欣赏和对自然的向往。梭罗在记录自己豆田的生活中曾这样描写夜莺："空中小小的精灵，它们把蛋产在平沙地或在山顶的岩石上，可很少有人发现，它们像湖中卷起的涟漪，既优美又细长，像风卷树叶在空中轻轻飘动——大自然里面就存在着这般亲缘的关系。"梭罗仅轻轻描绘了夜莺的生活状态，却将自然的生命力活灵活现地展现于世人面前，在这静谧的深处，处处连接着亲缘。诸如此类的描写在《瓦尔登湖》中常常可见。

梭罗用自己投身于自然的血液、独具的秉性、坚定的信念和对自然向往的精神谱写着《瓦尔登湖》，使瓦尔登湖成为一面照射世界的镜子，镜子外是大自然的祥和与呼唤，镜子内是引人深思和自省的净化。《瓦尔登湖》的魅力也体现于此，在跳动的字节间与思想碰撞，在轻盈的旋律中与自然共舞。

（二）整体装帧设计

红花应有绿叶衬，优质的内容往往也需要一个精美的设计。译林出版社的《瓦尔登湖》能绽放异彩、映入读者视野的一个秘诀就在于它的装帧设计。具体体现在其外部装帧设计和内文版式设计两个方面上。

1. 外部装帧设计

译林出版社（以下简称译林）的《瓦尔登湖》为 32 开的精装书，凹凸有致，使人在阅读时有良好的触觉体验。精装本的设计对于保存与收藏也起到了保护作用，为书的畅销提供了保障。

好看的皮囊千篇一律，而有趣的灵魂却万里挑一。此版本与其他版本的《瓦尔登湖》的不同之处在于其封面上没有过多的宣传性文字，对封面的设计采取了西方的精简模式，除书名、作者外，仅仅放置了一张瓦尔登湖的插画，简约的设计却不失美感，给人营造出静谧之感。

此《瓦尔登湖》不同于其他版本封面，或单调乏味，或纷繁复杂，用过于平淡或过分的装饰湮没了梭罗的灵魂，使瓦尔登湖消逝于人们眼中。译林的《瓦尔登湖》简约的封面设计与梭罗在瓦尔登湖畔的自由生活交相呼应，将作者的灵魂注入其中，为读者进入一个放飞心灵的空间铺设了一条道路。

2. 内文版式设计

译林的《瓦尔登湖》在内文版式上没有采取过多的复杂设计，仅仅对注释和分节符做了简单的编排与设计。为使读者更易理解书中所引内容，在对注释的注入方式上采取页下注的形式，方便读者在阅读的过程中，了解其专有名词的含义及相关引文的出处。这种模式也有助于读者更加清晰地了解梭罗的自然观，了解《瓦尔登湖》中所映射出的哲学观。

译林的《瓦尔登湖》在对分节符的设计上与其他版本截然不同，它没有采取传统的空行分节形式，而是以枝叶、游鱼、飞鸟等形象作为分隔段落间的分隔符，看似简单的小设计却与瓦尔登湖的内文相呼应，为读者营造出一个自然环绕的氛围，使读者在探索瓦尔登湖的过程中，无时无刻不在同自然交流。简约的小设计为《瓦尔登湖》的读者带来了自然的领路人，为进入瓦尔登湖的人们带来了亲切的引航员。

（三）价格亲民

读者是否愿意购买一本书，往往也会受到价格因素的影响。译林出版社的《瓦尔登湖》虽是精装本，却有着亲民的价格仅仅定价 28 元。对于消费者而言，这样的价格符合大多数人的心理预期；而对于出版者而言，这样的价格对于图书的销量无疑是一个重要的保障。亲民的定价配以精良的装帧设计，为《瓦尔登湖》的畅销铺设了一条道路，为更多的人去阅读这一经典，走进梭罗的世界打开了一扇大门。

（四）品牌效应

知名的品牌是使图书畅销的一个法宝。译林出版社注重品牌管理与企业文化建设，把"坚守政治责任和政治担当；坚守文化责任和文化担当；坚守社会责任和社会担当"作为企业核心价值观。其在出版过程中始终强调"填补空白、全部从作品母语翻译、使用规范的现代汉语"的风格，以前瞻性的眼光，以构想宏伟、反响强烈的图书，在外国文学翻译出版领域独树一帜。正是这种独特的方式，为人们展现出了《瓦尔登湖》的平静祥和，使人们在梭罗的哲思中去思考自然。

译林出版社秉承"译、传承、超越"的宗旨，恪守"用好书垒品牌、用品牌谋市场"的理念，坚定出版宗旨、坚守出版信念、坚持出版创新。正是译林出版社对品牌的管理和企业文化的建设，经典译林才被读者所关注。经典译林拥有如下的特点：传世名译，独家版权，专家导读，典藏首选，世界文学名著第一品牌！《瓦尔登湖》秉承经典译林的宗旨，邀请名家翻译，再结合《梭罗传》中有关文字内容，将瓦尔登湖畔的趣味与深思展现出来。

经典译林凭借打造精品的品牌意识，为我们带来了传世佳作。如果有一天，你无意中发现了一间承载蔚蓝色的书房，那一本本书定会是经典译林的典藏。经典译林是可以陪伴人一生的阅读天堂，经典译林是可以让读者遨游的蓝色海洋。《瓦尔登湖》正是这海洋中的一部分，它同海洋中的其他经典一样，给人以无尽的思考与品味。它是海洋之中的又一片天地，它带我们离开城市喧嚣，享受自然的美好。

（五）营销与宣传

良好的营销与宣传是通往畅销的重要途径，《瓦尔登湖》被称为美国自然文学的典范，与《圣经》一同被评为"塑造读者心灵的25本书"。它是清华大学校长送给新生的见面礼，同时也是《朗读者》推荐的阅读书目。我们可以走进《瓦尔登湖》，体验梭罗的自然观也归功于名家的推荐以及《朗读者》节目的宣传推广。

1. 名家推荐

阅读经典的书目会开拓人的视野，了解名人的思想会引发人的思考。梭罗与他的《瓦尔登湖》正是启迪人们对大自然思考的作品。中外名家学者对其有着高度的评价，同时也深深被梭罗的《瓦尔登湖》所吸引。名家们的推荐为《瓦尔登湖》的传诵作出了贡献。

爱默生曾对其评价：没有哪个美国人比梭罗活得更真实。

诗人海子说，他在1986年读的最好的一本书就是《瓦尔登湖》。也正是由于海子，《瓦尔登湖》进入了国人的视野，成为经久不衰的畅销书。梭罗对其有着深刻影响，他说："梭罗这人就是我的云彩，四方邻国的云彩，安静在豆田之西，我的草帽上。"

《瓦尔登湖》同样也给苇岸带来影响，他说："当我初读这本举世无双的书时，我幸福地感到，我对它的喜爱超过了任何诗歌。"

清华大学校长邱勇评价它:"《瓦尔登湖》在展示自然美景的同时,也展示了一种物质上简朴至极、精神上丰盈充实的生活状态。"

2.《朗读者》推荐

媒体宣传是推动《瓦尔登湖》畅销的重要原因。《朗读者》节目涌起了文学经典的热潮,而这并不是仅仅停留在媒体传播层面,而是深深激起读者们对于经典的热爱,对于经典的深思,《瓦尔登湖》就是这其中之一。

广州市白云区钟落潭附近的一个野生动物救护中心,那里有十几种、几百只等待救援的动物,但只有一个工作人员——他叫林兆明。在这个山里,没有电视也没有网络,这可能会是世上最寂寞的工作之一。但是,他却并不感到孤独。他有动物们的陪伴,他亲近着这大自然带给他的礼物。因此,他带着《瓦尔登湖》来到了《朗读者》;他将瓦尔登湖畔冬季的动物带到了舞台的中央;他将与自然和谐相处的生活献给他的动物朋友们;他将人与自然的深奥哲思推荐给每一个人。

林兆明带我们看到了瓦尔登湖冬季湖畔的热闹,也让我们看到了大自然的包容。他引领我们走进了梭罗的世界,带我们认识了《瓦尔登湖》,也正是他的坚守让我们看到了自然界的美丽。林兆明声情并茂的演讲使我们身临其境,置身于冬季的瓦尔登湖,同动物们一起感受自然的魅力。《瓦尔登湖》使这个机械化的世界多了一层质感,拥有了感情与温度。

(六)社会需求

经典的传诵往往是由于其具有社会价值,《瓦尔登湖》的畅销自然离不开社会对它的需求。《瓦尔登湖》在对培养美的认识和对自然的思考两方面作出了重要贡献。

1. 培养学生发现美的眼睛

学生需要提高对美学的培养，需要有发现美的眼睛。在这样的社会需求下，《瓦尔登湖》作为经典散文，被列入了高中生的推荐阅读书目。它引导学生认识美、发现美，从而培育学生美的情操。《瓦尔登湖》如同一个精灵，将自然美引领到每一个阅读者的心中。

瓦尔登湖畔是一个美丽的地方，梭罗在这里建造了林间小屋，在动物朋友的陪伴下度过两年时光，梭罗用笔描绘下了这自然的美景。《瓦尔登湖》成为了帮助学生发现美、认识美的一本读物：它可以带领学生们走出城市，去看不一样的风光，它可以为学生们带来一座自然的殿堂。瓦尔登湖是一个陶冶身心的地方，笔尖点缀的词句无不体现出梭罗散文的魅力，学生们正是需要这样一个美丽的地方。如果说生命是一个长宽高结合的构造体，那么《瓦尔登湖》便是注入这构造体中的一道光。

2. 引领读者回归自然与思考

梭罗的《瓦尔登湖》曾在工业革命时期引发人们对自然环境的思考，如今在这样一个信息化的时代，《瓦尔登湖》将会再度引发我们对自然的向往与思考。当今智能成为新的代名词，人们甚至可以足不出户体验到各种服务，物质生活的满足与精神生活的匮乏已成为了鲜明的对比。在这个后工业化的时代，我们与自然的接触越来越遥远。我们对自然界与人的和谐相处的思考也变得浅薄。

《瓦尔登湖》为这些浮躁的人们敲醒了警钟，为这喧嚣的城市开辟了一方净土。当我们每日疲于奔波的时候，梭罗已在瓦尔登湖湖畔感受大自然的包容；当我们在为金钱而不知所措时，梭罗已在搭建的小木屋中感受大自然生活。《瓦尔登湖》不是告诉我们要抛弃现有的生活，而是在引导我们如何去学会生活。

《瓦尔登湖》的质朴会成为洗涤心灵的一剂良药，纵然我们无法远离浮尘喧嚣，但却因瓦尔登湖畔而感到自由与宁静。在阳光温暖的午后，放慢奔波的脚步，去聆听风的声音；在漫天星辰的夜晚，放缓急促的呼吸，去感受时间的流动。《瓦尔登湖》此时就静静依偎在你的身边，带你的思想探索大自然的浩瀚。

如今，有多少人不知田间生活的乐趣，又有多少人早已忘记日出而作、日落而息的幸福。人们需要一个短暂的停歇，需要沉淀下自己浮躁的心灵，去感受自然所带来的波光。《瓦尔登湖》正是这样的一个地方，它的晨间雨露可以伴随你享受早上的第一缕阳光，它的日暮夕阳可以陪你感受晚间的轻风荡漾。

四、精彩阅读

我们惯于忘记，太阳照着我们耕种的田野，也照着草原和森林，并没有什么区别。它们全都一样地反射并吸收太阳的光线，前者只构成太阳每天行程中所见到的灿烂美景的一小部分。在太阳眼里，大地到处一样被耕种得像一片园林。因此，我们得益于太阳的光和热，应配以相应的信任与宽宏的胸怀。

——节选自《豆田》第 119 页

我们在日常的散步中，尽管没有意识到，却经常像水手那样，凭着某些熟识的灯塔和海角来辨别方向前进。如果走的路线不在惯常航线之内，我们心中仍然会保存着邻近海角的方位；只有当完全迷路或转过身子时（因为在这个世界里，一个人如果闭上眼睛给转了一次身，便会迷路），我们才会感到大自然的浩瀚与奇异。每个人一清醒过来，不论是从睡眠中还是从人在心不在焉的状态中清醒过来，就必须常常看他的罗盘主方位。换句话，总要等到迷了路，总要等到失去了这个世界，我们才开始发现自己，认识自己的处境以及无穷无尽的种种关系。

——节选自《村子》第 124 页

这是一个又清又深的碧潭，长半英里，周边 $1\frac{3}{4}$ 英里，面积约 61 英亩半。这是松树和橡树林中一片常年清冽的甘泉，并无明显的入口或出口，除了靠云雾蒸发。四周山峰从水边峭拔升起，高达 40 至 80 英尺，但东南面和东面的山峰分别有大约 100 英尺和 150 英尺，都位于 1/4 和 1/3 英里之内。这些山全是林地。我们整个康科德的水至少呈现出两种颜色，一种从远处见到，另一种更属本色，是从近处见到的。

湖是风景中最美丽、最富于表情的姿容。它是大地的眼睛，观看着它的人也可衡量自身天性的深度。湖边的树是眼睛边上细长的睫毛，而四周郁郁葱葱的群山和悬崖，则是眼睛上浓密的眉毛。

——节选自《湖》第 128 页、第 134 页

人们总是夜间服服帖帖地从邻近的田地或街道回到家里来，那里萦绕着他们家庭的回响，他们的生命日趋憔悴，因为只是一再呼吸着自身的气息；早晨和黄昏的影子都比他们每天的脚步走得更远。我们应该每天从远方、从冒险行动、从险境、从各种发现中带着新的经验和性格回到家里。

——节选自《贝克农场》第 150 页

我们意识到自己身上存在着一种动物性，我们更高级的天性越是打瞌睡，这种动物性也就越清醒。它匍匐爬行，耽于酒色，也许无法完全排除掉；它像蛔虫一样，甚至在我们身体健康时，仍然寄生在我们的体内。我们也许有可能避开它，但无法改变它的本性。我担心动物性享有其自身的某种健康；我担心我们有可能身体健康，但并不纯洁。

——节选自《更高的旋律》第 157 页

　　有时我会听到狐狸走过雪地的声音，它们是在月夜出来找鹑鸡或其他猎物，像森林里的狗一样叫出凶恶刺耳的声音，似乎心急如焚，又好像要表达什么，争取光明，想立即变成狗，在街上自由地奔跑。如果我们考虑到时代的变迁，难道禽兽中不会跟人一样发展出一种文明吗？在我看来它们是原始人、穴居人，仍然时时警戒着，等待变形。

——节选自《冬季的动物》第 194 页

　　为什么我们要这样急不可耐地达到成功，为什么要这样不顾一切地去冒险进取？如果一个人跟不上他的同伴，也许是因为他听到不同的鼓声，让他踏着他所听到的音乐拍子走，不管节奏如何，或是有多远。他能不能像一棵苹果树或一棵橡树那样快成熟，其实都无关紧要。

　　由于天性的薄弱，我们假定了一种情况，并置身其中，因此我们同时是处在这两种情况之中，要摆脱出来也就加倍困难。清醒的时候，我们只看到事实、实际的情况。讲你必须讲的话，不要讲你应该讲的话。任何真理都比虚伪强。

　　不论你的生活多么卑贱，面对它，活下去。不要躲开生活，咒骂生活。它不像你那么坏。你最富的时候，生活看起来最穷。爱挑毛病的人即便在天堂里也会找出毛病。尽管生活很穷，还要热爱生活。即便是在贫民所里，你也许还会有快乐、刺激、光荣的时光。

——节选自《结束语》第 228~230 页

中国原创品牌童书

杨红樱和马小跳
YANGHONGYING AND MAXIAOTIAO

经典阅读永伴成长

淘气包马小跳 系列

① 贪玩老爸

杨红樱 ◎ 著

典藏
升级版

浙江少年儿童出版社

书名："淘气包马小跳"系列　　作者：杨红樱
出版时间：2013 年　　出版社：浙江少年儿童出版社

一、作者简介

杨红樱，中国儿童文学作家，四川成都人。18岁开始当小学老师，19岁开始童话创作。她做过7年小学老师，做过7年儿童读物编辑，现为中国作家协会会员、《青年作家》杂志社副编审。杨红樱曾获"冰心儿童图书奖""海峡两岸童话一等奖"等10余个奖项，获"2010第五届中国作家富豪榜"首富，作品销量已超过6 000万册，并被翻译为英文、韩文、泰文、德文、西班牙文等语言。其作品《女生日记》被选进中国小学语文试验教材，《男生日记》获2003年全国优秀畅销书奖，国家教育部指定中小学图书馆必备书，《漂亮老师和坏小子》获2004年全国优秀畅销书奖，并入选"中国新世纪教育文库·小学生阅读推荐书目100种"等。其中，杨红樱所著的"淘气包马小跳"系列丛书受到了小学生喜爱，销量达千万册。"淘气包马小跳"系列"杨红樱校园小说"系列、"杨红樱童书屋"已成为品牌图书，"杨红樱校园小说"系列已拍成100集校园动画片；《女生日记》《男生日记》由中国电影集团拍成电影；《五三班的坏小子》《漂亮老师和坏小子》已拍成电视连续剧。"淘气包马小跳"系列面市后受到了孩子、家长、老师们的由衷欢迎和喜爱，"淘气包马小跳"系列的电影、电视连续剧和动画片也受到广大读者热捧。

二、畅销盛况

"淘气包马小跳"是作家杨红樱创作的儿童文学系列小说，首次出版于2003年7月，截止到2019年已有27种。其漫画版至2017年连续6年居于开卷全国少儿图书畅销榜前列。"淘气包马小跳"系列自2003年7月上市以来，58个月共热销1 300多万册，连续52个月荣登全国少儿畅销书排行榜，总销量稳居历年来全国原创少儿文学图书之首。至 2019 年其系列总销量突破 6 000 万册，还被多次改编成电影、电视剧、动画片、音乐剧、舞台剧、木偶剧、漫画等，马小跳已成为一个家喻户晓的儿童形象。2006 年法国菲利普·比基耶出版社出版了"马小跳"法语版，2007 年 8 月，该系列的全球多语种版权授权哈珀·柯林斯出版集团，并于 2008 年春季在英国、美国出版《四个调皮蛋》《同桌冤家》《暑假奇遇》《天真妈妈》等 8 种图书。2007 年 9 月，该系列中的《巨人的城堡》获第十届精神文明建设"五个一工程"入选作品奖，根据该作品系列改编的同名广播剧获第十届精神文明建设"五个一工程"优秀作品奖。2010 年"淘气包马小跳"系列获 21 世纪影响中国的 10 种图书奖。

三、畅销攻略

一部作品获得成功，获得社会和大众的认可，本身就没那么容易，而"淘气包马小跳"系列接二连三的新品不断受到追捧，不仅受到孩子们喜爱，还被越来越多的成年人广泛接受，一个儿童文学作家的作品为什么这么受欢迎呢？"淘气包马小跳"系列成为畅销 10 多年的品牌图书，不仅仅因为其成功的营销包装，还有其优秀的内容、形式、作者、出版方等各方面原因。

（一）文本特色

到底是什么使孩子们对杨红樱的书如此痴迷呢？很多小读者的回答很简单：好看。所谓好看，也就是文本的魅力。这种文本内在的吸引力、亲和力与感染力，是小读者选择购买图书的最根本动力。

1. 好玩

儿童阅读是最不带功利色彩的阅读，他们只相信自己内心的感受，只相信作品本身带给他们的感动，"淘气包马小跳"系列图书最重要的一点就是内容足够吸引孩子，足够好玩，行文口语化，时常妙语连珠，还有日常中趣味拌嘴，让人不禁莞尔。书中还有很多当时的新鲜概念，比如，新新人类、蹦极、水吧、氧吧、陶吧、暴走族、快闪暴走族、土豆沙拉、橱窗设计师等，这些概念让当时的人大开眼界，耳目一新。

2. 真实

"淘气包马小跳"的另外一大优势是真实，里面的人物都是在现实生活中找原型。杨红樱在独家访谈中提到，贪玩老爸中马天笑的形象就是以她爸爸为原型改编的，而马小跳的原型则是她当年的学生。除了人物的真实性，还有故事的真实性，小孩子们可以在淘气包马小跳的身上找到成长的力量，可能会情不自禁地将自己放进作品中扮演一个角色，甚至在马小跳和他的老师同学身边发生的故事中找到自己的影子。

3. 温情

"淘气包马小跳"所传达的是对孩子天性的包容，是对孩子童年的理解，通过友情、亲情、同窗情、师生情，呈现出一个完整的童心世界。这里面有开朗乐观、与人为善的贪玩老爸，努力给孩子营造美好童年；还有天真善良、善于倾听孩子心声的天真妈妈；以及力争捍卫孩子们的童年，保护孩子的天性的欧阳校长，他们共同为孩子们营造了一个多彩的、充满温情的世界。"淘气包马小跳"的温情不仅仅表现在成人对孩子的关爱，还表现在孩子对成人的理解，比如，在天真妈妈难忘的母亲节中，马小跳理解宝贝妈妈是因为照顾自己的喜好而没吃好饭，就很过意不去要给妈妈买礼物。

4. 形象鲜明

"淘气包马小跳"系列中的每个人物角色都性格鲜明,艺术形象丰满。从爱玩、爱闹、调皮淘气但有情有义有担当的马小跳,有点笨但真实、自然、性格好的安琪儿,漂亮骄傲、但也会嫉妒的女孩儿夏林果,到永葆童心有想象力、有创造力,但也马虎的贪玩老爸,每个人物在杨红樱的笔下都很鲜活,很有特色,几乎在生活中就能找到这样的人。这也是"淘气包马小跳"的一个文本优势。

(二)图书形式

"淘气包马小跳"系列图书至 2021 年共 29 本,其以系列造势形成"马小跳"独特的优势。"马小跳"系列图书故事情节虽然没有必然连续性,但其针对马小跳身边的不同人物和不同事件形成整个系列,只要小读者对故事中的其中一个人或者其中一件事产生兴趣,其兴趣可能就会拓展到整个系列图书中,从而推动系列图书的销量。这既能增强读者黏性,还能提高图书销量。还有一点,系列图书其系列名称、作者等各种信息都是相同的,能从潜意识中影响读者,加固读者对图书的潜在印象,成为读者购买图书的推动力。

"淘气包马小跳"系列图书每册字数 7 万左右,20 余本形成整个系列,为读者提供了丰富的阅读内容,能够满足读者的长期阅读需求,为图书的畅销乃至长销都提供了可能。而且"马小跳"系列每年出版新品图书也直接为其增加了不少关注度,吸引读者不断地关注新品图书出版情况,所以"淘气包马小跳"系列每出现新的作品都会受到大众的瞩目,也能在此基础上取得良好的销量,最重要的一点是"淘气包马小跳"组成系列图书不仅能够拉动销量,而且对形成图书品牌大有裨益。

（三）营销策略

在充分了解市场需求及时抓住市场热点的基础上，有效地体现作者杨红樱对孩子们的关爱。2009 年杨红樱在北京举行义卖"马小跳"、10 万元书款救助"生命小战士"——白血病儿童患者活动，并成立"马小跳爱心奖"。杨红樱还不遗余力地救助贫困儿童，向众多受灾地区捐献了她的书籍，设立奖学金鼓励山村教育。汶川大地震时，出版社与作者更是携起手来，共献爱心，倡议重建校园，积极捐款，这些都体现了他们对孩子们的深切关爱和情意。上述举措虽然带上了宣传的色彩，但我们也应看到杨红樱作为儿童文学作家的责任心与爱心。

出版社还组织杨红樱与小读者的见面会及签售活动，而且在各种大型会议、重点卖场及各种媒体上不失时机地进行有效的宣传。石春爽在写《浅析童书"淘气包马小跳系列"的成功之道》一文时曾调查到，出版社初期主要集中在每年 2 月和 7 月的黄金售书期进行营销，后续又采用作家进校园、签名售书、开座谈会、成立读者服务部、有奖问答等形式保证图书的影响力。其后的合作出版社又通过电视、报刊、网络、访谈、讲座、读者见面会、公益活动等方式进行宣传推广[①]。这使更多的孩子认识和了解了作者及其作品，增加了与读者的互动，进而扩大影响力，提高小读者的好感度。不仅如此，作者杨红樱还深入中小城市和偏远地区，开拓更大的市场。

除了上述的宣传造势，出版商还运用促销的方式来提高销量，采用系列购买更划算的方法，增强"淘气包马小跳"系列图书的吸引力。作为童书为了能更加吸引孩子，还会随书赠送精美的书签、明信片、卡片等小礼物。

---

① 石春爽 . 浅析童书"淘气包马小跳系列"的成功之道 [J]. 出版广角，2019（7）：55~57.

（四）作者魅力

杨红樱凭借自身优秀的童书写作功底形成作者品牌。杨红樱1997年开始写作，在杂志上连载《巴浪的故事》（"淘气包马小跳"前身），从2000年开始，杨红樱的作品《女生日记》进入开卷月度少儿畅销书榜单。也就是从2000年开始杨红樱渐渐成名，后又陆续创作出《五三班的坏小子》和《男生日记》。2002年12月，《女生日记》获成都市政府"金芙蓉文学奖"，2003年5月，该书首次登上中国开卷畅销书榜。《男生日记》获"2003全国优秀畅销书奖"。这些奖项或排名使得杨红樱本身就代表了销量，代表了高质量童书，所以在2003年"淘气包马小跳"出版后，除了依靠其文本优势，作者本身的吸引力也为"淘气包"系列提供助力。

作者对童书的把握，既能形成系统又有自己独到的理解深度。杨红樱曾说过，她在马小跳身上寄予了太多东西，比如，对家庭教育和学校教育的教育理想、对当今教育现状的思考、对童年的理解、对孩子天性的理解，还包括她本人做老师、做母亲的人生体验，所以她通过马小跳这个真正的孩子，呈现出一个完整的童心世界。同时，通过有趣的情节，通过美好灵动的人物形象塑造，杨红樱把自己的人生体验和先进科学的教育理念自然而然地融进"马小跳"的写作当中，用自己长期以来对中国学校教育、家庭教育，以及社会教育等的凝重思考潜移默化地影响读者，从而最大限度地满足孩子们的想象力和精神成长的需要。所以，孩子们在阅读"淘气包马小跳"时，不但能品味到有意思的故事，还能汲取有意义的人生智慧。

（五）优秀出版方

"淘气包马小跳"系列图书曾在以下几个出版社出版，从最开始的接力出版社，到出版漫画版的安徽少年儿童出版社，再到出版典藏版的浙江少年儿童出版社。

孙欢在《〈淘气包马小跳〉是怎样"名利双收的"》一文中曾经详细介绍过出版社为出版图书所做的努力。"淘气包马小跳"系列的责任编辑余人，为了当好责编，他不以自己的喜好为标准，他觉得编辑看好的书，读者未必叫好，特别是少儿读物，编辑是成人，他们的眼光不能替代孩子的眼光。于是"马小跳"系列出版前，余人在南宁和北京找了20个小学3~6年级的男女学生做了一个调查。他把"马小跳"的书稿让这些孩子阅读，绝大多数孩子都是一口气读完，在孩子们阅读的同时，余人也在仔细观察他们的神态，比如，有的孩子看到有趣的情节会忍不住哈哈大笑，有的孩子则会提出这样那样的问题和想法。在观察以及与这些孩子的交谈过程中，余人做出初步的判断：孩子们喜欢"马小跳"，因为书里那些故事和他们的生活息息相关；书里的幻想成分也符合孩子们想象力的发挥。[1]"马小跳"有感染力，也有市场潜力，就是因为余人的一番调查研究肯定了"马小跳"的魅力，成为后续出版的推动力。

浙江少年儿童出版社"撒播快乐阅读之种，架起健康阅读之桥"活动也为"淘气包马小跳"系列做了很大的助力。如何让孩子们见到这些书本背后的作家？如何让作家们知道现在的孩子们最喜欢读什么书？本着一个个简单却又实在的想法，浙江少年儿童出版社通过"名家人文行"主题讲座，为孩子们架起了与作家面对面沟通交流的桥梁。他们也在各个"全国阅读示范基地学校"为孩子们带去了丰富多样的主题讲座，学校举办的多届读书节也成为打造书香校园的一大重头戏。在一个个普通的日子里，学校都洋溢着别样的欢

---

[1] 孙欢."淘气包马小跳"是怎样"名利双收"的[C]. // 中国编辑学会.优秀出版物价值论：中国编辑学会第十三届年会优秀文集. 2008：204~209.

乐阅读氛围。校园里的"樱桃"们（杨红樱粉丝的自称）满脸挂着灿烂的笑容，听着偶像杨红樱分享自己的创作经历和成长点滴，不时地举起手来和杨老师交流自己的阅读故事。在促进与孩子们沟通、提升作者影响力的同时，这些活动也扩大了"马小跳"系列图书对孩子们的影响。

浙江少年儿童出版社还致力于公益活动，希望更多的孩子读到"中国好童书"，连续几年参加捐书活动，它们不断给孩子们推荐轻松、可读、充满趣味的书，精心挑选的图书中"淘气包马小跳"系列典藏版就在其中，这不仅仅体现出了出版社对孩子们负责的态度，更能展现出出版社的人文关怀，有思想、有情怀、有质量的出版社一定不会差。

（六）与时俱进

"淘气包马小跳"系列图书从 2003 年到 2009 年每年都有新作品出现，而 2010 年到 2012 年此系列却未见新品，开卷畅销榜中这 3 年的年度榜单前 30 名也不见"淘气包马小跳"的身影，在经过市场分析与调查之后，杨红樱与出版社合作出版了符合当时市场要求的"淘气包马小跳"漫画版。"淘气包马小跳"漫画版以故事图书为创作蓝本，改编成孩子喜闻乐见的漫画书，对于对文字书阅读有障碍的儿童来说，图画比文字更有吸引力，漫画书可让他们用眼睛直接阅读，可有效培养儿童的阅读兴趣，有助于深度挖掘文本的再创造价值。漫画版的改编使"淘气包马小跳"系列进入另外一个高峰期，2014 年，凭借漫画版"马小跳"进入开卷年度少儿畅销榜前 30 名。所以"淘气包马小跳"系列图书从故事图书向漫画、卡通、绘本等类型图书拓展图书形式的过程，就是开发图书类别优势的过程。

（七）衍生品反推图书销量

"淘气包马小跳"自上市以来获得许多小读者的推崇，随之而来的就是各种类型的改编品种。2008年，由彭磊指导的动画片"淘气包马小跳"在中央电视台少儿频道播出，这部动画片根据杨红樱的小说改编而成，总共104集。同样，吴磊主演的电视剧"淘气包马小跳"也于2008年首播，并获得第28届中国电视剧飞天奖少儿电视剧二等奖。话剧"淘气包马小跳"也在不同地区的校园里演出。"淘气包马小跳"电影也于2009年上映。王晴在《"杨红樱现象"研究》一文中说到，有47.01%的小读者看过根据杨红樱作品改编的电影和电视剧，有24.66%的小读者是通过影视了解到杨红樱的。[1] 由此可见，影视翻拍扩大了杨红樱作品的曝光量，而相对于图书，影视受众更广泛，利润空间也更大，在此影视热潮之下，"淘气包马小跳"系列图书的销量也得到了很大的提升，形成影视与童书相互促进的形式。

四、精彩阅读

"为什么会这样？"

"说起来话就长了。"林老师摇了摇头，有点无可奈何的样子，"这不是孩子本身的问题，这是一个社会问题，也是教育制度的问题。扯得太远了，我们还是说马小跳吧！"

"对，我们还是说马小跳。"丁克舅舅的嘴巴又歪了一歪，"林老师，我记得那天在学校，你好像说过，你喜欢马小跳？"

"我是很喜欢马小跳。"

---

[1] 王晴 . "杨红樱现象"研究 [N]. 中华读书报，2015–08–05.

"我知道，老师都喜欢表现好的孩子，可像马小跳这样表现差的孩子，你为什么会喜欢他？"

"马小跳天真、顽皮，在他身上，最能体现孩子的天性、孩子的特质。一个孩子的成长过程，就是一个不断犯错误、不断改正错误的过程……"

听着听着，丁克舅舅的眼睛里发出光来——他已经对林老师有了好感。

——节选自《丁克舅舅》第96~97页

"大家请注意！"秦老师把小黑板翻过来，指着上面的一句话，用了强调的语气，"仔细读读这句话……"

我今天吃了三吨饭。

"哈哈哈！"

教室里笑翻了天。

马小跳跟着笑了一阵，后来才发觉这个句子是他写的。

"他们在笑什么？"马小跳虽然也笑了，但他并不知道大家在笑什么，"难道我写的这个句子有问题吗？"

"马小跳！"秦老师也在笑，"你来说说，这个句子错在哪里？"

马小跳看来看去，还真的看不出错在哪里。

唐飞的座位在马小跳的后面。马小跳听见他在后面说："马小跳是个超级饭桶。"

秦老师瞪了马小跳一眼，转身用红粉笔把句子里的"吨"字圈出来，问道："一吨是多少？"

毛超就像抢答一样怕落了后，大声答道："一吨是一千公斤。"

秦老师又问："三吨是多少？"

毛超对答如流："三吨是三千公斤。"

秦老师笑眯眯地看着马小跳："马小跳，你一天能吃三千公斤饭吗？"

同学们笑破了肚皮。

马小跳这才醒悟过来，原来他写了一个错别字，把"三顿饭"写成了"三吨饭"。

马小跳不怪自己，却怪他的爸爸。他清楚地记得，昨天他把作业拿给马天笑先生检查了的，马天笑先生还在那个句子下面签了三个大字"已检查"，怎么就没有检查出来呢？

回到家里，马小跳气呼呼的，叫他吃饭他也不吃。

"马小跳，先吃饭！"马天笑先生一副大包大揽的样子，"有什么事情给老爸讲，老爸都给你搞得定！"

马小跳更生气了，他冲马天笑先生大叫道："你知不知道，你把我害死了！"

"我害死你？"马天笑先生莫名其妙，"你是我儿子，我怎么会害你？"

马小跳把那个句子拿给他爸爸看。马天笑先生只看了一眼，便倒在沙发上，"嘎嘎嘎，嘎嘎嘎"，笑得像鸭子叫。

马天笑先生笑够之后，就开始打嗝。他笑得太厉害之后，就会打嗝，那是因为笑岔了气。

"马小跳呀马小跳，你是怎么搞的？"马天笑先生语重心长地教育起儿子来，"就是一头大象，一天也吃不了三吨饭嘛。"

马小跳说："海里的大鲸鱼一天能吃三吨。"

"海水和小鱼虾加一块儿，估计会有三吨。"马天笑先生马上意识到他对马小跳的教育偏离了方向，赶紧又扳回来，"马小跳，你千万不可掉以轻心，如果你长大参加了工作，如果你像我一样做了领导，写张纸条让食堂为加班的工人准备一顿夜宵，像你这样写成一吨夜宵，那怎么得了？"

马小跳说："我做不了领导。"

马天笑先生就批评马小跳没有雄心壮志，他马天笑能做领导，他儿子一样可以做领导。

"我不做领导，领导不好玩。"马小跳把本子递过去，"老师说，要家长在上面签字。"

马天笑先生大笔一挥，在那个笑死人的句子后面，写下几个字。马小跳拿过本子，大声念道：

大马虎，令后一定改掉这个毛病。

"什么呀？乱七八糟的！"

"你是这样写的，我就这样念。"

马天笑先生说："我写的是：太马虎，今后一定改掉这个毛病。"

"那你自己看吧！"

马天笑先生接过本子一看："太"字少了一点成了"大"，"今"字多了一点成了"令"。

"怎么会这样？"马天笑先生很快就自己原谅了自己，"不过是少了一点又多了一点而已。"

"大马虎带小马虎，怎么会不马虎？"

这次轮到马小跳笑了。他也笑倒在床上，笑过之后又打嗝，而且打个不停，真是遗传到位。

——节选自《贪玩老爸》第 48~51 页

后 记

　　2011 年，北京印刷学院的出版专业硕士学位点获批并开始招生。由于它是全国首次获批的出版专业硕士点，当时并没有培养经验可以借鉴，但重在培养和提升学生的专业实践能力这个目标是确定的，于是一些偏重出版实务的课程被列入培养方案，"畅销书策划与出版"就是其中的一门。

　　由于我一直给本科生主讲"畅销书与大众文化"课程，于是被学院指定负责出版专业硕士的"畅销书策划与出版"课程。不知不觉中，"畅销书策划与出版"课程已经开设了十多个年头，每年上这门课的出版专业硕士生也由第一届的 16 人变成了现在的 60 人。

　　为了上好这门课，我想了一些办法，其中有两项一直坚持下来：一是定期邀请富有实战经验、出版过现象级畅销书的业界专家进入课堂讲解并与学生交流；二是带领同学们选择他们感兴趣的畅销书开展案例研究。这两种做法极大激发了学生探究畅销书的兴趣和出版畅销书的激情。兴趣和激情是最好的老师，在它们的引领下，每届学生遴选畅销书研究案例时都非常用心，除了考虑个人的畅销书类型偏好，他们还尽力兼顾出版史和阅读史两个视角；撰写畅销书案例研究文章时，他们不仅详细查阅了与研究案例相关的文献资料，有些同学还辗转联系到作者和编辑进行了针对性访谈；选择畅销书

精彩章节摘录时，他们反复阅读文本，努力把研究案例中最精彩的部分摘抄出来进行分享。

岁月无情流逝，一届届同学的畅销书案例研究成果却积累下来，于是就有了这套十卷本《畅销书经典案例研究》。

出版之前，我又一次翻阅了同学们完成的案例文章，课堂上师生围绕畅销书展开讨论的一幕幕场景如在昨日。我们不仅讨论具体的畅销书个案，我们更讨论了畅销书的类型发展、畅销书与常销书、畅销书与社会变迁、畅销书史的撰写，我们也会讨论于殿利先生"要远离畅销书"这句警告背后的深意……经过这些讨论，很多同学具备了"研究畅销书但不耽溺畅销书"研究立场，案例研究的视角也更为开阔深远。现在看来，他们的分析文字有些还尚显武断，有些也陷入了"爱屋及乌"的言说陷阱，但洋溢在字里行间的探索热情如熠熠星光，无疑会照亮后续研究者的前行之路。感谢精心撰写本丛书案例的同学们！

感谢我的研究生李玉雯、许晨露、王敏、郭宏浩、丁超、朱晓瑜、齐倩颖、王静丽、陈怡颖。他们每人负责编选本丛书的一辑，非常认真和高效地开展了案例文章筛选、重新编排和审校等工作。由于一些案例文章撰写时间比较久，有些数据需要更新，他们及时查阅了最新资料并对案例文章做了有效补充。感谢我的学生们！

感谢清华大学出版社的纪海鸿主任。从多年前的确定选题到今天的高质量出版，纪海鸿老师始终以超强的耐心容忍着我的"拖延症"。一旦项目启动，她又以务实高效的工作作风和严谨专业的出版精神推动各项工作不断前行。在疫情当前和居家办公的情况下，这套书还能如期出版，完全得力于她不懈的工作。谢谢纪老师！

另外，尽管本套丛书的案例研究文章采用较为统一的结构规范，但由于案例文章由多人撰写，在行文风格上无法协调统一，非常抱歉！同时，由于编者水平有限，书中错漏之处估计会有不少，诚恳期待各位读者的批评指正！

张文红

2022 年 6 月 5 日

于北京寓所

畅销书经典案例研究

第五辑

张文红 主编

清华大学出版社
北京

图书在版编目（CIP）数据

畅销书经典案例研究 / 张文红主编 . —北京：清华大学出版社，2022.7
ISBN 978-7-302-59878-7

Ⅰ．①畅…　Ⅱ．①张…　Ⅲ．①畅销书—出版工作—案例　Ⅳ．① G23

中国版本图书馆 CIP 数据核字（2021）第 275331 号

责任编辑：纪海虹
装帧设计：刘　派
责任校对：王凤芝
责任印制：杨　艳

出版发行：清华大学出版社
　　　　　网　　址：http：//www.tup.com.cn，http：//www.wqbook.com
　　　　　地　　址：北京清华大学学研大厦 A 座　邮　编：100084
　　　　　社 总 机：010-83470000　　　　　邮　购：010-62786544
　　　　　投稿与读者服务：010-62776969，c-service@tup.tsinghua.edu.cn
　　　　　质量反馈：010-62772015，zhiliang@tup.tsinghua.edu.cn
印 装 者：三河市东方印刷有限公司
经　销：全国新华书店
开　本：133mm×188mm　　**印　张**：39　　**字　数**：924 千字
版　次：2022 年 7 月第 1 版　　**印　次**：2022 年 7 月第 1 次印刷
定　价：298.00 元（全 10 册）

产品编号：060953-01

作者简介

张文红，博士，教授，北京印刷学院编辑出版系主任。教育部新闻传播学类专业教学指导委员会委员（2013—2017），北京市新闻出版专业群专家委员会副主任委员（2013—）。主持国家社科重大招标项目《当代中国图书出版史》子课题《当代中国大众图书出版史》等项目多项。出版《出版概论》《畅销书理论与实践》《"十七年"时期长篇小说出版研究》等著作 12 部，发表论文 60 余篇。

目 录

阿来

尘埃落定

人民文学出版社

书名：《尘埃落定》　　　　作者：阿来
出版时间：1998 年　　　　出版社：人民文学出版社

一、作者简介

　　阿来，藏族作家，1959 年出生于四川省阿坝藏族羌族自治州马尔康市，毕业于马尔康师范学院。曾任成都《科幻世界》杂志主编、总编和社长，现任四川省作家协会主席。主要作品有：诗集《梭磨河》，小说集《旧年的血迹》《月光下的银匠》，长篇散文《大地的阶梯》《草木的理想国：成都物候记》，长篇小说《尘埃落定》《机村史诗》《格萨尔王》《云中记》，等等。

　　2000 年，年仅 41 岁的阿来凭借长篇小说《尘埃落定》荣获第五届茅盾文学奖，成为茅盾文学奖史上最年轻的获奖者。2009 年，阿来凭《空山》第六卷（后改用书名《机村史诗》）获得"第七届华语文学传媒大奖·年度杰出作家奖"。2018 年，阿来的《蘑菇圈》获第七届鲁迅文学奖中篇小说奖。2019 年，他的长篇小说《云中记》荣获中宣部"五个一工程"优秀作品奖。阿来不断将他的新作品带进中国读者以及世界读者的视野，写下属于他的时代。

二、畅销盛况

　　1998 年，《尘埃落定》由人民文学出版社出版发行。当年，这部并不通俗易懂的纯文学小说销量高达 20 万册。在当时的图书市场上引起了较大的轰动。

　　1999 年，该书获得全国少数民族文学奖，2000 年，这部作品荣获中国长篇小说原创作品最高奖——"茅盾文学奖"，同年获"郭沫若文学奖"，是 20 世纪末中国文坛上一部具有重要意义的优秀作品。2002 年，《尘埃落定》入选教育部新课标必读丛书，也是当时"茅盾文学奖"中唯一入选的作品。2003 年，根据阿来小说《尘埃落定》

改编的同名长篇电视剧获得了第21届大众电视"金鹰奖"长篇电视剧奖，后续这部小说还被改编为话剧、川剧、舞剧等，以多种艺术形式呈现。至今，《尘埃落定》已被人民文学出版社、作家出版社、浙江文艺出版社等出版了20多种中文版本，而且阿来已将该书的英文版权以15万美元（约合125万人民币）的价格卖出，远销海外。

综上，根据销量维度，此书已销售超200万册；根据时间维度，此书生命周期已长达23周年；根据空间维度，此书已被翻译成30多个国家的语言出版；根据质量及社会效益维度，该书是一部艺术、思想、文化价值极高的作品。由此可知，《尘埃落定》不仅是一本轰动一时的畅销书，更是一本当之无愧的长销书。

三、畅销攻略

《尘埃落定》的出版并非是一个顺利的过程，作者阿来在1994年写完稿子后的4年时间里，曾被多个出版社退稿，直到1998年才被人民文学出版社的编辑所采纳，出版后立刻受到读者们的欢迎。在历经23年的图书市场考验下，这部充满传奇性、艺术性、通俗性的小说，销量已达百万册，成为名副其实的畅销书。《尘埃落定》的畅销是其文本内容的高质量、主题思想的普世性、书名意蕴丰富及恰当的宣传营销等诸多因素作用的结果，本文将从以下几个方面进行具体阐述。

（一）文本内容的传奇性、艺术性与通俗性

1. 传奇性：叙述视角新颖——傻子视角

"在麦其土司辖地上，没有人不知道土司第二个女人所生的儿子

是一个傻子，那个傻子就是我。除了亲生母亲，几乎所有人都喜欢我是现在这个样子。"

《尘埃落定》的开篇便点明了此书的主人公是由麦其土司与一名汉族女人在酒后生下的傻儿子。阿来围绕着傻儿子的命运及经历，讲述了藏族土司制度兴衰存亡的历史过程，傻儿子的人生际遇也成为了小说的叙述主线。通篇来看，这个傻儿子也是全文的第一叙述者，在小说叙事中选择傻子、疯子、白痴这类特殊人群作为叙述对象的文章也不少见，如鲁迅先生《狂人日记》中的狂人，韩少功《爸爸爸》中的丙崽，卡夫卡《变形记》中的格里高尔，格拉斯《铁皮鼓》的奥斯卡，这些特殊角色往往可以帮助作者从不同的角度来把握和批判现代社会。在采访中，阿来曾向记者透露，选择傻儿子作为叙述视角的灵感源于瑞典小说《侏儒》，作者认为傻子的特殊叙述视角对扩展叙事空间、反映社会生活、表达小说主题具有特殊作用，正如小说里所说"一个傻子往往不爱不恨，因而只看到基本事实"。而且作者在行文过程中，赋予了这个被大家忽略的傻子超强的预知能力与特殊的智慧，从而为故事制造了一种悬念，赋予了这本书的传奇性，从而激起读者的阅读欲望。

从具体描述来看，《尘埃落定》中的傻子并不是一个普通的傻子，他虽然智力并不高，也会做出一些傻子般的行为，如"一咧嘴，一汪涎水从嘴角掉了下来"。但作者在后续的情节发展中，却塑造了一个愚蠢又聪明，迟钝又敏感的傻子形象，大愚而大智，大拙而大巧。傻子在权力争夺中总是以缜密的布局、超凡的预测能力逐渐赢得权力与财富，如傻子在麦其家因种罂粟而日渐强盛后，提出与哥哥相反的意见——改种粮食，并开仓放粮，救济饥民。傻子还在边界的南面扩张了领土，开辟了康巴地区第一个边贸集市。在描述傻子这些令人惊讶的智慧之策时，也经常穿插着傻子的愚蠢举动。最直接的例子就是在众人将傻子扛在肩头奔跑，打算拥立其为土司时，傻子却表现得很迟钝，并没有领悟到这层意思，从而错失土司之位。这些对比描写，增强了小说内容的传奇性。

在《尘埃落定》中，傻子的形象还具有淡淡的魔幻色彩。在重要时刻，傻子总是可以凭借非凡的智慧与大局意识做出正确的决策增强麦其土司的实力，在与其他土司的冲突中，傻子往往以简单有趣的方式赢得胜利，而且傻子还可以预知未来事情的发生，窥视身边重要的人的心理活动。除了这些特殊的先知功能外，傻子还做出一些特异行为，如穿上死人的紫色衣服、对翁波意面的格外关照、央求下人鞭打自己、主动放弃求生机会，等等，这些特异行为连同文中多处出现的意味深长的意象，如失传很久的不吉歌谣重新传唱、麦其土司官寨突发的地震、失去舌头的书记官翁波意西能重新说话、央宗所生全身发黑的死婴等，这些意象都是土司制度崩溃瓦解的前兆。作者在小说中刻意为之而又了无痕迹地刻画了一个具有特异功能的傻子，使得小说怪诞奇异，激起了读者们的阅读欲望。

总体来说，《尘埃落定》中的傻子既是故事的参与者又是历史的旁观者，这种双重的叙述视角不仅可以制造悬念，推进情节的发展，缩短叙述者与读者之间的距离，而且还可以帮助读者们透过傻子的心理变化看到深沉的历史感和普遍的人性指向，启发人们对生活、对历史的哲学思考。

2. 艺术性：语言具有诗性美，富有哲理

"诗一般的语言、诗一般的意境所赋予文本的灵动的诗意"是《尘埃落定》获茅盾文学奖后出版界一致的评价。通过上述评语可知，《尘埃落定》的语言是非常有特色的。本文将从语言的诗性美和隐喻性两个方面来分析《尘埃落定》的语言美。

作者前期的创作经历为《尘埃落定》的语言特色奠定了基础。

作者阿来最初是以诗人的身份出现在文坛上的，在创作《尘埃落定》之前就曾出版过诗集《梭磨河》，取得了较好的成绩。作者也在采访中谈及自己从写诗歌到创作小说的转变是因为小说这种文学体裁可以承载作者更强的表达欲望，故而改写小说。小说中的含蓄意象与灵活的文字表达都体现了小说与诗歌创作中存在的一些共性，正因这些特征，才使得整部小说呈现出浓浓的诗性美。

在《尘埃落定》中，曾先后八次出现以诗歌形式直接抒发自己感受和情感的段落，这些诗歌语言往往轻快明朗，具有民族特色。在小说的第四章中，阿来曾创作过一首诗歌："她的肉，鸟吃了，咯吱，咯吱；她的血，雨喝了，咕咚，咕咚；她的骨头，熊啃了，嘎咬，嘎咬；她的头发，风吹散了，一绺，一绺。"虽然这首诗歌文字简短，但是却运用了大量的拟声词，使得语言具有很强的乐感，能给读者如闻其声之感。再比如，作者在描述河谷之景时用了"零零落落""深深""懒洋洋"等大量的叠音词，形成一种寂静、悠远之感。由此可见，作者并不是孤立地对某一事件进行描写，往往是运用多种不同的修辞手法和一些具有意象的形容词等共同描述，增强了语言的艺术性。

由于叙述视角的独特性，小说的叙事语言呈现出一种强烈的主观化倾向，而且表达通常比较模糊，但是，在这些主观性的模糊表达中通常蕴含着许多哲理性的话语，这也使得小说语言具有很强的寓言性，可以给予读者一些思考，如"母亲说，一种植物的种子最终要长到别的地方去，我们不该为此如此操心，就是人不来偷，风会刮过去，鸟的翅膀上也会沾过去，只是个时间问题"。小说中的书记官翁波意西也曾说过一句充满哲理、发人深省的话："凡是有东西腐烂的地方都会有新的东西生长。"这句简洁的话和小说篇名《尘埃落定》具有同样深刻的含义。综上所述，这部小说轻巧而有魅力的语言特色不仅显示了作者出色的艺术才华，也减轻了读者的阅读难度。

3. 通俗性：人物形象鲜明，引发读者共鸣

优秀的作品不仅故事情节引人入胜，而且人物性格丰满鲜明，这些更是吸引读者的重要因素之一。从人物形象塑造这点来看，《尘埃落定》也毫不逊色。

在这部小说中，作者阿来成功地塑造了一系列个性鲜明的人物形象。在众多人物形象中，翁波意西虽然在小说中的描述并不多，但是却贯穿全文，对小说主题与思想的表达有着至关重要的作用。小说中的翁波意西是格鲁巴教派的拥护者，他来到麦其土司的领地宣扬禅宗，但由于他的聪明睿智及敢于发表评论的性格，招来了济嘎活佛与门巴喇嘛的痛恨，并且他的改革思想撼动了土司的权力，所以翁波意西曾两次被割掉舌头：第一次是因维护自己的教义；第二次是因维护自己的政治见解。但不能说话的翁波意西依旧用他的笔记录着土司制度的变迁，成为了当时的书记官。翁波意西的正义凛然象征着他对真理的执着，也表现了作者阿来"用小说去怀念那生与死、铁与血的大的浪漫"的情结，令许多读者肃然起敬。

通过阅读这篇小说，我们可以认识许多性格鲜明的人物，并跟随他们一起感受他们在特定时空里发生的或感动，或悲伤，或慷慨，或遗憾的故事，其中有天真善良的傻子、美丽叛逆的塔娜、誓死捍卫真理的书记官、热情率真的卓玛、酷爱权力的麦其土司，等等。甚至小说中描写点到即止的人物也都具有鲜明的个性，如审时度势的黄师爷、精明能干的管家，等等。他们既是联系在一起的，又是作为独立个体存在的。通过这些人物我们可以感受到他们在面对权力与情感交织时的矛盾心情，也能看到他们在面临等级压迫下誓死抵抗的勇敢与无惧。在谈论《尘埃落定》的创作时，作者曾说："在

我怀念或者根据某种激情臆造的故乡中，人是主体。即或将其当成一种文化符号来看待，也显得相当简洁有力。"作者笔下所塑造的这些鲜活的人物形象就像是许多文化符号，串联起来便表达了作者对生命、对权力、对人性等多方面的态度与情感。

（二）从藏族题材中揭示权力的普世性

阿来对本民族文化的深厚感情及对民族文化的深厚积淀是创作《尘埃落定》的基础。作者阿来结合自己特殊的民族身份及实地调研，围绕藏汉接壤处的嘉绒藏区的历史变迁进行描述，向读者展现了西北藏区多元丰富的文化，并展现了社会变迁中，不同文化之间的矛盾与冲突。阿来在很多场合中都表示过《尘埃落定》的创作目的是要借助土司制度的历史变迁来揭示权力的秘密。他说："所有人，不论身处哪种文明，哪个国度，都有爱与恨，都有生和死，都有对金钱、权力的接近与背离。这是具有普遍意义的东西，也是不同特质的人类文化可以互相沟通的一个基础。"就《尘埃落定》而言，作者是希望通过讲述在麦其土司的历史变迁过程中，审视权力是如何产生，如何作用并且如何影响人们选择的，即从藏族题材中揭示权力的普世性。

土司下面是头人，头人管百姓。然后才是科巴（信差而不是信使），再然后是家奴。这之外，还有一类地位可以随时变化的人。他们是僧侣、手工艺人、巫师、说唱艺人。

《尘埃落定》在开篇第一章便以简洁明了的语言交代了权力关系。通过上述描写，可知嘉绒藏区呈现出严密的社会等级制度。小说中，在以麦其土司为代表的权力之争的大背景下，作者讲述了众多人物围绕权力争夺与传承发生的种种故事，并通过这些讲述来反映深陷斗争中的人们所表现出的复杂而真实的人性,《尘埃落定》也被许多读者称为中国版"权力的游戏"。

综观全书,有一条很清晰的权力线索贯穿其中,那便是哥哥与傻子的土司之争。在麦其家族中,哥哥与傻子不需像其他家族那样,兄弟俩互相防备。在傻子的少年阶段,哥哥只做未来土司该做的事情,从不忧虑权力之争,而且哥哥也表现出对弟弟十足的关爱,赢得的战利品也会送给弟弟,同样,傻子也爱着他的哥哥。然而当傻子在多次决策中表现出超乎常人的预测能力并逐渐成为麦其土司的有力争夺者时,一切都发生了变化。哥哥对"弟弟"不再温和友好,代之以忌恨,同时也激发了他强烈的权力欲望,不仅说出"你这个装傻的杂种"此类的恶语,还与傻子的妻子塔娜多次通奸。同时,在傻子内心中始终认为哥哥愚蠢无知,是不适合做一个土司的,因此傻子对哥哥也总持一种嘲讽、怜悯的态度,两人关系逐渐破裂。甚至在哥哥死亡事件中傻子起到了加速的作用。这种赤裸裸的权力争夺中表现出来的亲情的抹杀、人性的扭曲让人读来不禁感到悲凉。

小说中还围绕权力之争,讲述了麦其土司作为父亲与两个儿子间的矛盾。对于老土司来说,权力是他生活的唯一追求,而且这种追求是近乎疯魔的。当父亲意识到大儿子开始在战场上崭露头角,屡屡获胜时,父亲并没有表现出任何喜悦,反而是意识到自己的地位受到威胁,选择以宿醉来发泄自己的情绪。而且最让读者们超乎意料的是土司在大儿子去世以后,并没有任何失去亲人的悲痛之情,反而要比大儿子在时更加精神抖擞。而且,就在土司晚年已丧失领导能力的时候,土司还是将傻子分配到边地,不肯让位。在麦其土司与两个儿子的相处之时,也可以看出这位父亲是深爱着两个儿子的,但与失去权力的恐惧相比,麦其土司还是放弃了亲情。由此可见,权力就是父亲的生命。作者在描述各类权力之争的同时，也凸显了真实而复杂的人性，引发读者的思考。

在这部小说中，权力在其中扮演了相当重要的角色。不管是四个土司之间的领土侵占、两个儿子之间关于土司地位的争权，还是不同等级的人关于权力的抗争与屈服，都让读者领略到了权力对人性的冲击以及对社会制度更替的强大推动作用，让人情不自禁产生代入感，增强了文章的感染力和吸引力。正如阿来自己所说："爱与恨、生与死的观念是全世界各民族所共同拥有的，并不是哪个民族的专利。"综上，《尘埃落定》不仅可以让读者了解到藏族生活中独特的婚葬礼仪、宗教习俗、饮食文化等，还关注了许多人性中的共同点，写出了人类共同的感情，引发了读者共鸣。

（三）书名意蕴丰富，呼应主题

书名作为图书的一个关键性的传播符号，在图书信息传播中发挥着至关重要的作用。一个好的书名既应该对图书的主题思想进行简洁的凝练，同时也应该有其独特的语言魅力，易于记忆。关于畅销书书名的研究表明，书名字数在2—7字以内的虚构类畅销书比例达到82.9%，占绝大多数。同时短语类的书名占据主导地位，易于表达与传播。而小说《尘埃落定》的书名选取则恰恰符合了以上畅销书书名的几点规律。

作者阿来选取四字成语"尘埃落定"作为书名，既较为简洁，又与阿来表达的主题思想相互呼应。在小说的情节发展中，"尘埃"这个意象是贯穿全文的，并与小说中种植罂粟、建立边贸市场、土司官寨烧毁等重要情节紧密联系。在这些重要事件中，主人公傻子凭借超强的预知能力，审视着土司之间的各种文化冲突及土司制度的瓦解。在这些历史变迁中，每个个体都是尘埃，权力与财富也是尘埃，爱与恨也是尘埃，这些尘埃始于大地而终于大地，它们的升起与下落也见证了历史无止休的发展。小说的结尾也与书名相互映衬，作者在小说结尾处细致地描写了土司官寨倒塌的过程："炮弹落下来，官寨在爆炸声里摇晃。爆炸声响成一片，火光、烟雾、尘埃升起来，遮去了眼前的一切。"在上述描述中，官寨象征着土司王朝的政权，官寨被炮弹摧毁象征着土司制度的终结，而在官寨倒塌中，那些升起来的火光、烟雾、尘埃，象征着历史的循环往复。这些意象恰好回应了书记官翁波意西所说的"凡有腐烂的地方，必有东西生长"，而且小说中的主要人物最终都面临着死亡的结局，连拥有无数荣耀与辉煌的傻子最后也屈服于死亡。这一情节的设定也象征着人作为历史长河中的一粒尘埃终究会落定的不可抗拒性，也体现了一种"不管人的一生和命运做过多么坚忍的斗争，最后都会必然归于毁灭的英雄主义"。

综上所述，作者通过"尘埃落定"这个书名不仅巧妙地表达了作品的主题，也是作者阿来对历史态度及对未来状态的一种思考。同时，作为一本严肃文学小说，过于华丽的书名反而会显得华而不实，"尘埃落定"四字短语恰好符合这本小说的创作基调。

（四）恰当的营销策略使小说历久弥新

由于图书数量与种类的急剧增加，"酒香不怕巷子深"的书业时代已经结束，一本好书的宣传营销成为重要一环。要想在茫茫书海中脱颖而出，让读者们了解、关注此书，必须要运用合理的营销策略进行宣传推广。《尘埃落定》自1998年出版以来已经20多年了，在这20多年的时间里，《尘埃落定》一直活跃在图书市场，被大家所关注。可以说，《尘埃落定》的成功与巧妙的宣传营销策略是有直接关系的。

1. 定位准确，发表系列书评

《尘埃落定》在1998年出版时，其责任编辑张福海就将此书定位为"当代经典"并将"经典"作为宣传营销的卖点。当时还有学者发表过《当代文学有经典了》的文章刊登在报纸上，引起了读者们的关注，之后有不同的学者在全国各地的大众媒体与专业媒体上刊登书评、书讯，如艾莲发表在《当代文坛》的《"我"非傻子——试析〈尘埃落定〉的叙事策略》；周政保发表在《当代作家评论》的《"落不定的尘埃"暂且落定——〈尘埃落定〉的意象化叙述方式》；张东焱发表在《小说评论》的《烛照尘埃遮蔽的界域——〈尘埃落定〉读后》，等等。这些文章在当时新媒体并不发达的时代起到了重要的宣传作用。在进行图书发行时，此书的编辑张福海选择先广州再武汉，最后北京的发货顺序，由远及近，给读者营造了一种好书难求的心理感觉，以上策略让一个不知名作家的第一部小说首年销量就达到了20万册。从20世纪90年代来看，这样的营销策略是非常灵活有效的。

2. 巧用时间节点开展宣传

在《尘埃落定》的宣传过程中，出版社及编辑非常重视时间节点。2013年是《尘埃落定》出版15周年，因此，在2013年4月11日，人民文学出版社在中国现代文学馆举办了"向经典致敬——《尘埃落定》出版15周年纪念座谈会"，作者阿来、出版人、评论家、学者等20余人参加了本次会议。

2020年是《尘埃落定》荣获"茅盾文学奖"20周年，2020年12月27日，知名读书博主都靓主持了"一部畅销经典的成长之路——《尘埃落定》荣获茅盾文学奖20周年暨新版再出发"分享会。此次分享会阵容强大，不仅有作者阿来，还有中国作协副主席李敬泽、电视节目制作人关正文、出版人曹元勇等人出席，这些业界名人从不同的角度与读者分享了此书出版20年来的收获和体会。以上活动都引起了诸多媒体的宣传报道，引发了图书的又一次销售热潮。

而且人民文学出版社非常重视经典书的新市场，不断以精装、丛书等形式在市场上再版此书。截至2021年，人民文学出版社已出版了10余种中文版本，被多次列在《语文新课标必读丛书》《新中国70年70部长篇小说典藏丛书》《茅盾文学奖获奖作品全集（2019版）》等系列丛书中再版，人民文学出版社还在此书出版15周年时重点推出《尘埃落定》的精装纪念版，以上举措都使得此书在图书市场上历久弥新（见图1、图2）。

3. 版权的全方位开发

《商业周刊》的主编迈克尔·考非（Michael Coffey）说过："如今，对书业产生影响最大的无非就是电视和电影。"作为主流的娱乐方式，

图1 《茅盾文学奖获奖作品全集之〈尘埃落定〉》

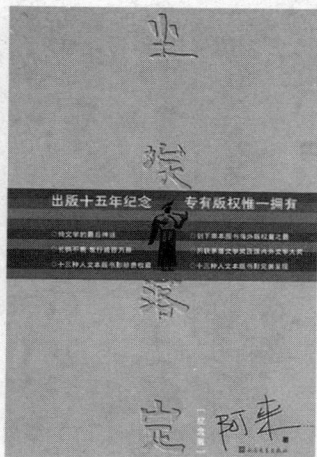

图2 《尘埃落定》出版15周年纪念版

电影电视在我们的生活中有着巨大的影响。因此，图书与影视互动也成为当今宣传的一个重要渠道。对图书而言，改编自图书的影视作品在放映后往往会引起阅读原著的新热潮，从而造成原著图书的第二次销售高峰。

《尘埃落定》在这 20 多年的时间里被改编为舞剧、川剧、电视剧等多种形式，散发着它强大的艺术能量。2003 年 1 月 6 日，由阎建钢执导，范冰冰、宋佳、刘威主演，根据原著小说改编的同名电视剧《尘埃落定》在成都电视台首播，并获得了第 21 届大众电视"金鹰奖"优秀电视剧奖。2021 年 3 月 26 日，由曹路生编剧、胡宗琪导演的话剧《尘埃落定》在北京天桥艺术中心开演，并陆续在上海、广州、深圳等 7 个城市进行巡演，扩大了这本书的传播范围，编剧曹路生也在多个媒体采访中表示，这部同名话剧不仅是对当今伟大时代的一种致敬，也是对中国共产党成立百年及西藏和平解放 70 周年的一份献礼。可见多种形式的优质传播也为图书的双效益带来了巨大的影响。

4. 文化类综艺助力宣传

2016 年 2 月 5 日，阿来做客中央电视台打造的中国首档青年电视公开课节目《开讲啦》，并以"故乡，世界的起点"为主题分享了自己的心得与体会。在节目中，阿来不仅描述了《尘埃落定》的创作缘由，还称此书促成了自己与故乡的和解。2018 年 12 月 10 日，关正文导演的文化综艺节目《一本好书》推荐了阿来的《尘埃落定》。在该期节目中，当红明星喻恩泰、徐帆等人以舞台剧的形式演绎了《尘埃落定》的部分内容，并且，文化大咖对《尘埃落定》作出精彩点评，向观众推荐这本经典好书。2018 年 6 月 2 日，中央电视台播出的《朗读者》以"等待"作为主题，邀请阿来为朗读嘉宾，阿来在出席节目的过程中讲述了《尘埃落定》的创作历程，并在朗读时刻选取了此书的段落。此段视频在微博上被大家多次转发。这三个综艺节目的热播也带动了《尘埃落定》的又一次销售高潮。由此可知，选择与图书格调相符的综艺节目进行宣传也是向大众宣传图书的一种有效方式。

综上所述，《尘埃落定》是一本拥有强大"生命力"的畅销书，在出版后的 20 多年时间内，不仅没有消失在读者面前，还不断凭借它鲜活生动的故事、价值深远的主题及与时俱进的营销吸引着越来越多的读者，成为名副其实的长销书。

四、精彩阅读

队伍又要出发了。

解放军把炮从马背上取下来，叫士兵扛着，把我和央宗扶到了马背上。队伍向着西面逶迤而去。翻过山口时，我回头看了看我出生和长大的地方，看了看麦其土司的官寨，那里，除了高大的官寨已经消失外，并看不出多少战斗的痕迹。春天正在染绿果园和大片的麦田，在那些绿色中间，土司官寨变成了一大堆石头，低处是自身投下的阴影，高处，则辉映着阳光，闪烁着金属般的光泽。望着眼前的景象，我的眼里涌出了泪水。一小股旋风从石堆里拔身而起，带起了许多的尘埃，在废墟上旋转。在土司们统治的河谷，在天气晴朗、阳光强烈的正午，处处都可以遇到这种陡然而起的小小旋风，裹挟着尘埃和枯枝败叶在晴空下舞蹈。

今天，我认为，那是麦其土司和太太的灵魂要上天去了。

旋风越旋越高，最后，在很高的地方炸开了。里面，看不见的东西上到了天界，看得见的是尘埃，又从半空里跌落下来，罩住了那些累累的乱石。但尘埃毕竟是尘埃，最后还是重新落进了石头缝里，只剩寂静的阳光在废墟上闪烁了。我眼中的泪水加强了闪烁的效果。这时候，我在心里叫我的亲人，我叫道："阿爸啊！阿妈啊！"

我还叫了一声："尔依啊！"

我的心感到了前所未有的痛楚。

队伍拥着我翻过山梁，便什么也看不见了。

我留在山谷里的人还等在那里，给了我痛苦的心一些安慰。远远地，我就看见了搭在山谷里的白色帐篷。他们也发现了解放军的队伍。不知是谁向着山坡上的队伍放了几枪。我面前的两个红色士兵哼了一声，脸冲下倒在地上了，血慢慢从他们背上渗出来。好在只有一个人放枪。枪声十分孤独地在幽深的山谷里回荡。我的人就呆呆地站在那里，直到队伍冲到了跟前。枪是管家放的。他提着枪站在一大段倒下的树木上，身姿像一个英雄，脸上的神情却十分茫然。不等我走近，他就被人一枪托打倒，结结实实地捆上了。我骑在马上，穿过帐篷，一张张脸从我马头前滑到后面去了。每个人都呆呆地看着我，等我走过，身后便响起了一片哭声。不一会儿，整个山谷里，都是悲伤的哭声了。

解放军听了很不好受。每到一个地方，都有许许多多人大声欢呼。他们是穷人的队伍，天下占大多数的都是穷人，是穷人都要为天下终于有了一支自己的队伍大声欢呼。而这里，这些奴隶，却大张着愚不可及的嘴哭起他们的主子来了。

我们继续往边界上进发了。

两天后，镇子又出现在我们眼前，那条狭长的街道，平时总是尘土飞扬，这时也像镇子旁边那条小河一样，静悄悄的没有一点声息。队伍穿过街道。那些上着门板的铺子里面，都有眼睛在张望，就是散布梅毒的妓院也前所未有的安静，对着街道的一面，放下了粉红色窗帘。

解放军的几个大官住在了我的大房子里。他们从楼上望得见镇子的全部景象。他们都说，我是一个有新脑子的人，这样的人跟得上时代。

我对他们说我要死了。

他们说，不，你这样的人跟得上时代。

而我觉得死和跟不跟得上时代是两码事情。

他们说，你会是我们共产党人的好朋友。你在这里从事建设，我们来到这里，就是要在每一个地方都建起这样漂亮的镇子。最大的军官还拍拍我的肩膀，说："当然，没有鸦片和妓院了，你的镇子也有要改造的地方，你这个人也有需要改造的地方。"

我笑了。

军官抓起我的手，使劲摇晃，说："你会当上麦其土司，将来，革命形势发展了，没有土司了，你也会是我们最好的朋友。"

但我已经活不到那个时候了。我看见麦其土司的精灵已经变成一股旋风飞到天上，剩下的尘埃落下来，融入大地。我的时候就要到了。我当了一辈子傻子，现在，我知道自己不是傻子，也不是聪明人，不过是在土司制度将要完结的时候到这片奇异的土地上来走了一遭。

是的，上天叫我看见，叫我听见，叫我置身其中，又叫我超然物外。上天是为了这个目的，才让我看起来像个傻子的。

——节选自《尘埃落定》第 400~403 页

书名:《四世同堂》 作者:老舍
出版时间:2017 年 出版社:东方出版中心

一、作者简介

老舍（1899—1966），北京满族正红旗人，原名舒庆春，字舍予，另有笔名絜青、鸿来、非我等。老舍生于立春，父母为他取名"庆春"，老舍自己更名为舒舍予，含有"舍弃自我"，也就是"忘我"的意思。中国现代文学家、语言大师、人民艺术家、北京人艺编剧。代表作有小说《骆驼祥子》《四世同堂》，剧本《茶馆》《龙须沟》。

1951年，老舍被北京市人民政府授予"人民艺术家"的称号，成为新中国第一位获得"人民艺术家"称号的作家。1953年，老舍当选为全国文联主席，作协副主席。1966年8月24日，由于受到"文化大革命"运动中恶毒的攻击和迫害，老舍被逼无奈之下含冤自沉于北京太平湖。1978年，老舍得到平反，恢复"人民艺术家"的称号。

经《亚洲周刊》联合全球各地学者作家推选，老舍的作品《骆驼祥子》和《四世同堂》均名列"20世纪中文小说100强"。

二、畅销盛况

《四世同堂》的第一部《惶惑》1944年11月10日起在重庆《扫荡报》上连载，1945年9月2日载毕，后交于良友公司发行。《扫荡报》作为抗战时期发行量十分可观的报纸，加之老舍已有的知名度，《惶惑》自然获得读者众多，反响甚广。第二部《偷生》从1945年5月1日起在《世界日报》上连载，同年12月5日载毕。1946年，老舍受邀赴美讲学，并将《惶惑》连同《偷生》一起改交晨光出版公司出版。1948年，老舍于美国继续第三部《饥荒》的创作，至此全文完成。

新中国成立后老舍回国，《四世同堂》第三部《饥荒》在上海商务印书馆《小说》杂志连载了二十章，后文未能刊载便散佚，国内于是并没有完整版的《四世同堂》。1980年，人民文学出版社出版了只有前87段的《四世同堂》。1983年，翻译家马小弥仿照老舍的文笔，又从英文版翻译了最后13章内容，凑齐了100段，由百花文艺出版社出版，但此版本相比原稿还是少了15万余字。

2014年，《四世同堂》中第三卷《饥荒》的21段到36段，约10万字的英文原稿终于在哈佛大学图书馆被发现。2017年9月，《四世同堂》的完整版由东方出版中心出版上市，包含翻译家赵武平找到并回译的第三部《饥荒》最后16段内容，是该作自发表以来第一次以完整版形式出版，截至2021年5月的开卷数据，此版本累计销售4万余册。

此外，流传甚广的版本还有北京十月文艺出版社在2012年出版的50万字版，截至2021年5月的开卷数据，累计销量44万余册，零售数据在中国现在小说榜中仍然排名前10；人民文学出版社2016年出版的丁聪插图本，累计销量12万余册。据开卷数据统计，目前可计算的《四世同堂》各类版本销量合计超140余万册，可以称得上是一部名副其实的畅销书、长销书。

《四世同堂》还曾于1951年在美国出版英译本，书名改为《黄色风暴》(The Yellow Storm)，是老舍与普鲁伊特合作翻译而成的，合作翻译部分文稿还得到了赛珍珠的肯定。由于1945年《骆驼祥子》英译版出版后成为当年美国纽约著名的"每月一书"读书俱乐部(Book-of-the-Month Club)的畅销书，美国读者开始接纳老舍以及他的作品，故而几年后出版的《四世同堂》英译本也同样受到诸多关注，还被誉为"好评最多的小说之一，也是美国同一时期所出版的最优秀的小说之一"①。同年，《四世同堂》在日本发行，引起强烈反响，成为畅销书。

---

① 朱栋霖. 中国现代文学史 [M]. 北京：高等教育出版社，2010，268.

经《亚洲周刊》联合全球各地学者作家推选，《四世同堂》名列"20 世纪中文小说 100 强"。

三、畅销攻略

（一）文本特色

1. 主题——亦家亦国

《四世同堂》是中国现代文学史上最重要的长篇小说之一，也是老舍生前自认最好、最满意的作品。《四世同堂》的创作准备开始于1941 年，这是北平沦陷的第五年，抗日战争进入了战略相持阶段。在全民抗日的情势下，当时的文学创作均表现出统一的步调和普遍高昂的爱国情绪，老舍于是也萌发了创作一篇关于抗战题材的小说的想法，直到 1944 年，抗战进入反攻阶段，老舍从夫人的经历中想到了一个完整的小说框架，于是开始创作《四世同堂》。

小说故事主要发生在北平城内的小羊圈胡同，以胡同内四世同堂的祁家老幼为主线，描写了抗战期间北平人民的悲惨遭遇和艰苦抗争，三个部分分别刻画了他们在日本侵略者兵临城下时的惶惑不安，在被进一步践踏欺凌时的忍辱偷生，以及在国破家亡之际缓慢觉醒、痛苦挣扎、艰难反抗的全过程。

首先，这部作品集中审视了传统的中国家族文化。四世同堂是中国人祖祖辈辈的家族理想，是人们历来崇尚的家庭模式，也是文中祁老人唯一可以向他人夸耀的资本。他尽一切可能去维持这个家庭圆满的外貌，享受别人所没有的天伦之乐，因此，面对老三瑞全的出走、老二瑞丰的离家，他十分不满，也对长孙瑞宣私自放走瑞全、在中秋节日驱逐瑞丰表示不以为然，但当他面对唯一的儿子和二孙子的死亡，面对孙女因饥饿死在胜利前夕时，他终于敢于站起来向日本人发出愤怒的呐喊——虽然只是对着胡同里弱小的日本老太太发怒——然而一旦抗战结束，他很快又忘掉了自己所遭遇过的苦难，仍惦念着"四世同堂"。

这样的家庭观是当年以至于时下仍然盛行于中国的思想观念，老舍以家庭为中心描述的这篇文章，正是对这一观念的辩证批判。老舍在第一部《惶惑》连载前曾在《扫荡报》发表过一篇预告，其中写过他对第三部的预想是："敌人制造饥荒，四世同堂变成四世同亡！"这正是他对"四世同堂"这一观念进行批判的佐证。家庭不应该成为家庭成员追求理想的束缚和犯错的避难所，更不该成为时代进步的阻力。《四世同堂》家庭层面的时代意义，就在于此。

再由家及国，这部作品最主要想表达的是国家观。一个民族的兴衰存亡，不仅在于其经济的发达、武器的先进，而且还取决于该民族普遍的社会心态。中国一泱泱大国，在近代却被西方列强欺凌至遍体鳞伤，甚至遭受小小邻国日本的侵略，这不仅是当时国民需要反思的耻辱，更是现在我们需要铭记的历史。北平人传统守旧的思想，包括祁老人的"四世同堂"、钱默吟一开始的"出世归隐"，都不能使得这样一个客观上处于弱势的国家停止被欺负；而冠晓荷、大赤包等人的"崇洋媚外"和"追名逐利"更是只能将一个逐渐觉醒的国家推向至腐朽和破落的曾经。安于现状的北平人，在一步步紧逼的情势下，逐渐被激发出爱国卫国的血性，就算是守旧的祁老人也有一瞬间的怒气，何况是不断接受着新思想的中年人、青年人——祁瑞宣、祁瑞全、钱默吟，他们在这场外来的祸事中觉醒，找到了自己在乱世中应处的位置，为家庭、为民族、为国家，去抗争、去战斗、去疾呼。

作品于当时而言，赞扬了抗战过程中底层人民从消极度日到积极反抗的觉醒意识、爱国精神，赞颂了面对外敌时迸发的民族力量。在和平与发展并存的当下，作品同样为我们指明了民族精神的发展方向。

《四世同堂》以其朴实而真切的家国主题，需要在当代社会被了解、被阅读。就像人民文学出版社编写"教育部统编《语文》推荐阅读丛书"时将这部小说列入的理由一样，于文学层面带给青少年熏陶的同时，它在精神层面也能给新时代的年轻人更多启发，让爱国主义教育从小贯彻落实，将民族气质从小刻写进基因里。

2. 内容——由表及里

（1）波澜的故事架构

第一部《惶惑》：小羊圈胡同里，祁老人渴望圆满地度过 80 大寿，而日本人的突然入侵打乱了平静的生活。冠家人为取得日本人信任告发钱家，钱默吟被迫下狱。祁瑞全在大哥的帮助下逃出城外开始抗战。冠家靠出卖女儿色相取得了职位，瑞丰也不顾瑞宣的反对为日本人做事。经历了一番拷打后，钱默吟出狱，家破人亡的他逐渐认清日本人的面目，独自一人在北平城内开始进行抗战。

第二部《偷生》：日本人的倾轧使北平人逐渐开始缺煤缺粮；日本人也开始对学校的思想控制，瑞宣不满，向学校辞职到英国使馆工作，后被使馆的富善先生从日本人手中搭救；钱默吟用炸弹袭击了日本人的戏园大会；大赤包因人告密入狱，冠家被封，招弟不知所踪。

第三部《饥荒》：北平开始了饥荒；失势的冠晓荷被日本特务抓走，大赤包在狱中被虐待致死；日本人限量发放共和面，北平流行起传染病，日本人抓到得病的人就活埋，冠晓荷刚被放出就遭到活埋；祁瑞全回北平进行地下工作，杀了当了特务的招弟；抗战即将胜利，小妞子却饿死在了母亲怀里；钱老人终于出狱，写下一纸"悔过书"。

从前面对故事主要情节的概括，我们便能够清晰地看出在《四世同堂》中，老舍对故事的架构主要是建立在人物和情节两部分内容上的，再辅以心理描写，推动人物行为的发生与情节的发展。他以祁家为中心，以冠家为对比，叙写小羊圈胡同里里外外几十口人的日常生活，在对人物的语言和心理进行生动勾勒的同时，通过不断发生的冲突和矛盾，点面结合，推进故事剧情发展。故事由前期轻松至后期压抑紧张，张弛有度，令读者对人物命运和情节发展感到好奇的同时，体验到交错的人物心理，增强了阅读感和临境感，不至于让人觉得人物复杂、情节难懂。

老舍惯于采用虚实结合、概括与细节相结合的方法写作。就如在《四世同堂》中，每一小节的开头他常从社会环境下笔，提到战争时，无论胜败总是寥寥几笔，却能够写出当下的情况；而提到社会风物时总运用非常大的篇幅，渲染与对比并施，就好像比起故事情节，他更想要读者熟知老北京的各类风俗习惯一样。这样的粗细对比与他所塑造的人物和设置的情节结合，让读者更有代入感，更亲切。而虚写战争背景，与实写人物和情节也形成了鲜明对比，形成了独特的行文节奏，简单写战争步步紧迫，而人物的反应却各不相同：有人觉醒，有人蒙昧；有人趋光，有人投暗，这种写法将家国情怀这一主题分明地表现出来。

（2）多变的叙事手法

在中国现代小说写作中，作者们为了追求个性的表达，通常不会运用全知视角。但老舍在抗战前的创作大多选择中国古代文学中经常使用的第三人称全知视角。这样，叙述者便可独立于人物的内心和外在世界，既知道每个人物身上发生的事情，但又不会和任何人物产生关联，并推动故事的发展。这种描述方式一方面能够展现出叙述者对于后期故事走向的隐喻，等于一个"上帝视角"，另外还能够为读者留下悬念，引起读者的兴趣，让他们跟随人物角色的发展而继续阅读故事。

老舍在《四世同堂》的创作中，运用第三人称全知视角的同时，也运用了现代的第一人称叙事技巧，常常不动声色地对叙事视角进行调换，这就有效地解决了全知视角太过于"全知全能"而失去文字兴味的问题。因为老舍作品的叙述核心是一个个鲜活的人物，那么依靠这种第一人称与第三人称结合的叙事手法，他在创作的过程中便可以进行不同视角的转换，从而让读者看到不同人眼中的同一件事，感受到不同人物截然不同的心理、性格，甚至思想意识。同时，通过第三人称叙述者的叙述和感情流露，读者便能清晰地知道，作者想要批判的，以及想要赞扬的。这种局部视角和全知视角结合的使用，共同构建了老舍创作多变的叙事艺术。

（3）精妙的人物塑造

此外，这种故事架构和叙事手法的特殊性，也就意味着老舍对于人物的塑造也是不同于他人的。

他围绕着"家"与"国"，塑造了几类人物。有积极舍家为国的祁瑞全，包括后期的钱默吟，他们被情节不断地推动着前进、反抗；还有不舍家却为国的祁瑞宣，这类故事里总少不了这样一个中间角色，但他的可爱之处在于虽无奈却保有尊严；也有祁老人这样只为家庭的传统老市民，封建、消极，但他们也是有转变的可能性；最后就是舍家又卖国的大赤包这类人，她们只为了个人利益而奔走，全然不顾忌国家大事与民族大义，对于这样的人物，老舍也给予了相应的惩罚，达成恶有恶报的结局，表达了老舍强烈的爱国情怀和民族自强意识。

老舍还非常善于创造场景，将其中每个人物的动作、语言、心理都整合在一起，从而形成一种多维叙述的方式。读者会跟随每一个人物不同的表达，思考他的心理和动机，在满足读者的好奇心的同时，还将事件从空间上的叙述转化为时间层面的叙述，这充分彰显了其在描绘人物方面的高超技巧。

3. 语言——京韵幽默

老舍先生是老北京人，所以《四世同堂》的字里行间都透出特有的京味儿，同时他幽默的语言中又带着尖锐的讽刺。

老舍从小生长在老北京的胡同里，他的京味儿与生俱来。而且《四世同堂》中所表现的是北平底层百姓的生活，他们的语言更是老北京话的代表，例如，第一节中，韵梅叫小顺儿别跟爷爷"讪脸"。小说中还充满了北京话中最具标志性的儿化音，如文中形容爷爷祁天佑为"黑胡子'小老头儿'"。儿化音的运用使人物描写更精准、更生动，让读者身临其境，亲切感极强。

在老舍的语言中有许多幽默的夸张与讽刺，这表达了他对不同人的态度。比如，老舍对大赤包的讽刺便十分直白："近来更发了福，连脸上的雀斑都一个个发亮，好像抹上了英国府来的黄油似的，她手指上的戒指都被肉包起来，因而手指好像刚灌好的腊肠。"老舍在这里用一连串的比喻，毫不留情地批判了大赤包崇洋媚外的行为，更凸显出大赤包的物欲和丑陋，让读者对这一丑恶形象有了形象的认知。

（二）作者影响

老舍是中国现代文学家、语言大师、北京人艺编剧，新中国第一位获得"人民艺术家"称号的作家。他的创作包括小说、话剧剧本和民间曲艺等各种形式，对中国现代文学史、话剧史、曲艺史均有着重大贡献。

老舍作品的一个特点，就是表现出鲜明的反帝爱国的主题。其作品中往往直接揭露帝国主义侵略罪行，从经济、文化、社会等各个不同侧面描写出来，表现民族觉醒，表彰民族气节，同时，抨击那些在侵略和渗透面前卑躬屈节、为虎作伥的汉奸走狗。

在现代文学史上，老舍的名字总是与市民题材、北京题材密切联系在一起。他所描绘的内容，把历史和现实糅合，从一年四季的自然景色、社会气氛、风俗习惯，一直到三教九流各种层次、性格人物的喜怒哀乐、微妙心态都结合浓缩在一起，有声有色、生动活泼，自成一个完整的世界，这是老舍作品的另一个特点。因其作品的内容和语言风格都围绕北京展开，老舍还是"京味小说"的源头，是老北京文化的一种象征，甚至成为一个符号，一说到北京文化，就不能不联想到老舍的作品和笔下的人物。同时，小说中提到的小吃、建筑、习俗和语言也都成为现如今研究北京文化的重要源泉。

朱光潜有言："据我接触到的世界文学情报，全世界得到公认的中国新文学家也只有沈从文与老舍。"

在我国文学史上占有如此重要地位的大家，能够展现出老舍风格、特点的代表作自然会是长盛不衰的畅销书。

（三）影视剧改编

《四世同堂》的相关影视剧改编情况有以下几种，1985 年林汝为导演的电视剧《四世同堂》，2007 年汪俊导演的电视剧《四世同堂》，2011 年话剧《四世同堂》，北京曲剧《四世同堂》。各个改编影视剧的团队都是由著名导演、著名演员带领组成，内容表达或视觉表现也基本经过老舍家人的肯定。延续至今，皆可欣赏到各种形式的表达，能够吸引不同年龄层次、不同欣赏水平的观众，让他们了解《四世同堂》的故事，以至于慕名购买原著，扩大了各个版本原著书籍的受众。

（四）宣传营销

1. "首次完整出版"

东方出版中心的这一版《四世同堂》，是翻译家赵武平在发现散佚英文版稿件后出版的第一部完整的《四世同堂》，也是这一老舍研究专家亲自操刀进行回译的精品版本。为了贴近老舍原著的词汇和风格，他还整理出了老舍词汇表，将译文中的专有名词和习惯用语一一替换。同时，这一版本的整体编校环节还全面参考了现有的老舍手稿和连载、分部发表版本，并修正了之前的编校错误，恢复了不当删节，可以说此版本是 2017 年最完善、最好的《四世同堂》的版本。

出版社针对此特点，对这一版进行了精准的营销和宣传，面向各个年龄层的读者，强调了教育学习价值、收藏研究价值等，使购买过其他版本的读者，同样也成为了本版本的读者；未曾购买过此书的读者，也有很大可能在现有的版本中选中此版本。

2. 众多名家推荐

著名汉学家傅高义在这一版《四世同堂》回译的过程中发挥了重要的作用，不仅帮助译者赵武平在哈佛大学的研究工作，还协助他对文中的疑难词句进行了鉴别，因为这些支持，我们在这一版《四世同堂》的宣传语中，便能够看到傅高义的强力推荐。另外还有刘心武、李国文、钱理群、邵燕祥这些著名现当代文学家"联合推荐"的字眼，甚至还有《收获》杂志主编程永新、老舍研究会副会长孙洁等老舍研究专家的评点也同样作为出版社宣传的焦点出现在图书购买界面。

同样，这些推荐语也被放在了腰封的设计中，让读者在选购时能够一目了然地看到。那么，当不同版本的图书同时在备选行列时，这些受到大众认可的学者、作家，以及权威专家的推荐，在一定程度上就能够成为使读者购买的决定性因素。故而，来自各方名家的推荐是促进这一版本销售的一个强力推手。

3. 重要媒体宣传

2016年，《四世同堂》第三部英文原稿在美国被找到的消息已经被各方媒体集中报道过，只是当时的宣传是针对《四世同堂》完整版将在《收获》杂志连载这一消息的。而2017年，针对老舍作品《四世同堂》"首次完整出版"这一在文学和历史两方面都具有重要价值和意义的事件，又有《人民日报》《光明日报》等重要媒体对此进行报道宣传。

《人民日报》2017年4月28日"文艺评论"栏目刊载《跨越70年的文学"接力"——〈四世同堂〉散佚部分的寻找和修复》，称这是一场"跨越70年、跨越中英文世界的文学'接力'"。这篇评论是在本版本出版前发表的，阐述了完整版本的文学艺术性之强、思想批判性之深刻，以及让读者获得其原貌的时间跨度之久。文章在盛赞原书与作者的同时，间接将东方出版中心筹备中的这一版本的优势淋漓尽致地展现出来，出版方于是利用此报道来进行宣传。在出版后，出版方还联系到《光明日报》，以《文学缺憾新故事——读新版〈四世同堂〉有感》一文，再次直接对此版本图书进行宣传。

重要媒体在出版前后的间接和直接宣传，再加上网络媒体等的推广，都让出版方达到了让更多读者慕名而来购买本书的目的。

（五）图书设计

东方出版中心这一版《四世同堂》的装帧设计与其他出版社的装帧设计相比，有着比较明显的不同。

其他版本的《四世同堂》或精装或平装，装帧设计中或多或少都带有一些写实的北京景观元素，城楼或者胡同，搭配米黄或者灰色的整体色调，打造出古朴的整体观感。

以往的版本第三部《饥荒》部分过于简短，通常与第二部合成一本形成上下册，或干脆全书做成一册出版。而东方出版中心这一版，首先采用了 32 开平装本三册的套装，将小说的三个部分分别安排。这也与其"三部完整版"的宣传内容相契合，同时，此版本整体风格和色调都采用了比较简洁的设计——灰白底色、深浅不一的水墨灰色笔画组成标题、靛蓝色的图案与被突出的部分笔画。靛蓝色的图案都比较抽象，每一册不同的图案来自每部分的标题，比如，第三部标题为"饥荒"，第三册封面的图案就是两个空碗；被蓝色突出的笔画一方面代表了书册的顺序、与图案呼应，另一方面，根据中文方块字的特点，再借助灰色的笔画，形成抽象画面，和每一部分的内容暗合，例如，第一册突出的"点"被困在"四"的外框中，不仅表达北平人的生活困境，更是隐喻他们的精神困境。同时书籍套装配有腰封，书脊处单独将标蓝的笔画拿出，封面罗列了推荐的名人，最突出的是"首次完整出版"以及"20 世纪中文小说 100 强"两个宣传语。

与众不同的设计和宣传语的突出，让这一版本的"四世同堂"能够在众多版本中脱颖而出。

四、精彩阅读

祁老太爷什么也不怕，只怕庆不了八十大寿。在他的壮年，他亲眼看见八国联军怎样攻进北京城。后来，他看见了清朝的皇帝怎样退位和接续不断的内战：一会儿九城的城门紧闭，枪声与炮声日夜不绝；一会儿城门开了，马路上又飞驰着得胜的军阀的高车大马。

战争没有吓倒他，和平也没使他怎样狂悦。逢节他要过节，遇年他要祭祖，他只是个安分守己的公民，只求消消停停地过着不至于愁吃愁穿的日子。即使赶上兵荒马乱，他也自有办法：最值得说的是他的家里老存着全家够吃三个月的粮食与咸菜。这样，即使炮弹在空中飞，兵在街上乱跑，他也会关上大门，再用装满石头的破缸顶上，便足以消灾避难。

为什么祁老太爷只预备三个月的粮食与咸菜呢？这是因为在他的心理上，他总以为北平是天底下最可靠的大城，不管有什么灾难，到三个月必定灾消难满，而后诸事大吉。北平的灾难恰似一个人免不了有些头疼脑热，过几天自然会好了的。不信，你看吧，祁老太爷会屈指算计：直皖战争有几个月？直奉战争又有好久？啊！听我的，咱们北平的灾难过不去三个月！

"七七抗战"那一年，祁老太爷已经七十五岁。对家务，他早已不再操心。他现在的重要工作是浇浇院中的盆花，说说老年间的故事，给笼中的小黄鸟添食换水，和携着重孙子孙女极慢极慢地去逛大街和护国寺。可是，卢沟桥的炮声一响，他老人家便没法不稍微操点心了，谁叫他是四世同堂的老太爷呢。

儿子已经是过了五十岁的人，而儿媳的身体又老那么病病歪歪的，所以祁老太爷把长孙媳妇叫过来。老人家最喜欢长孙媳妇，因为第一，她已给祁家生了儿女，教他老人家有了重孙子孙女；第二，她既会持家，又懂得规矩，一点也不像二孙媳妇那样把头发烫得乱鸡窝似的，看着心里就闹得慌；第三，儿子不常住在家里，媳妇又多病，所以事实上是长孙与长孙媳妇当家，而长孙终日在外教书，晚上还要预备功课与改卷子，那么一家十口的衣食茶水，与亲友邻居的庆吊交际，便差不多都由长孙媳妇一手操持了，这不是件很容易的事，所以老人天公地道地得偏疼点她；还有，老人自幼长在北平，耳习目染的和旗籍人学了许多规矩礼路：儿媳妇见了公公，当然要垂手侍立。可是，儿媳妇既是五十多岁的人，身上又经常地闹着点病，老人若不教她垂手侍立吧，便破坏了家规，教她立规矩吧，又于心不忍，所以不如干脆和长孙媳妇商议商议家中的大事。

祁老人的背虽然有点弯，可是全家还属他的身量最高。在壮年的时候，他到处都被叫作"祁大个子"。高身量，长脸，他本应当很有威严，可是他的眼睛太小，一笑便变成一条缝子，于是人们只看见他的高大的身躯，而觉不出什么特别可敬畏的地方来。到了老年，他倒变得好看了一些：黄暗的脸，雪白的须眉，眼角腮旁全皱出永远含笑的纹溜；小眼深深地藏在笑纹与白眉中，看去总是笑眯眯地显出和善；在他真发笑的时候，他的小眼放出一点点光，倒好像是有无限的智慧而不肯一下子全放出来似的。

——节选自《四世同堂·惶惑》第3~4页

如果我真的存在，也是因为你需要我。

I exist because you need me.

摆 渡 人

[英] 克莱儿·麦克福尔 著

付强 译

畅销欧美33个国家的 ｜ 令千万读者灵魂震颤的
心灵治愈小说 ｜ 人 性 救 赎 之 作

如果命运是一条孤独的河流，谁会是你灵魂的摆渡人？

Life, Death, Love — Which would you choose?

百花洲文艺出版社
BAIHUAZHOU LITERATURE AND ART PRESS

书名:《摆渡人》 作者: [英] 克莱儿·麦克福尔 译者: 付强
出版时间: 2015 年 出版社: 百花洲文艺出版社

一、作者简介

克莱儿·麦克福尔，居住在英国苏格兰地区的格拉斯哥，因2013年在英国首次出版的作品《摆渡人》而一举成为英国文坛备受瞩目的作家。在那之前，她是一名中学老师。书中的主角"迪伦"就是一名正在上中学的15岁女孩，当被问及"迪伦"的形象是否来自于她的学生，克莱儿表示更多是来源于自己，书中的那一片荒原就是她自己的荒原。

二、畅销盛况

《摆渡人》首部作品于2013年在英国出版，一经推出就获得了该年度12~16岁类别的苏格兰童书大奖，并入围了包括卡内基奖章在内的多个奖项，同时，对33个国家输出了版权。2015年6月，《摆渡人》一书由白马时光引进，推出中译本，由百花洲文艺出版社出版。该书一经推出，就长期占据畅销榜前列。在亚马逊2016年图书销售排行榜中，《摆渡人》排在第20位；在京东图书2016年小说销量榜中，《摆渡人》排名第2。此外，该书在2016年的"双11"当天，创造了天猫全网单日破10万册的销量。2017年2月7日的数据显示，《摆渡人》的销量已经超过100万册。此后，《摆渡人》续集《摆渡人2：重返荒原》与《摆渡人3：无境之爱》分别于2017年9月和2019年2月出版，这两本新书的出版再一次带动了首册《摆渡人》的畅销，在5年间的畅销榜单上，一直有《摆渡人》的一席之地。

北京开卷2019年6月发布的文章中提道："'摆渡人'系列的首部图书《摆渡人》于2015年7月首次进入开卷虚构类榜单，在同年10月登顶榜首，并在其后3年中始终保持在榜单前10名之中，可谓是经过了时间考验的畅销作品。"开卷数据显示，截至 2021 年 4 月 31，《摆渡人》的销量已经突破 357 万册。

三、畅销攻略

（一）图书文本的魅力

1. 打动人心的主题——爱情、死亡与救赎

图书内容是图书能否畅销的内在决定性因素。图书内容如果能够满足大部分读者的心理需求，具有能够打动人心的普遍性，就具有了畅销的潜质。从《摆渡人》一书读者可以看到自己内心深处对于死亡与未知事物的恐惧，也能从中感受到我们每个人的生命中都会遇到许多珍贵的人，教会我们去爱，去变得勇敢。《摆渡人》的主题与我们每一个人息息相关，切合了我们人性当中对于爱与温暖的渴望。

15 岁的单亲女孩迪伦，与母亲的关系紧张，在学校与其他同学格格不入，唯一的朋友在不久前也转学了。在又一次被同学捉弄之后，迪伦逃课打算去见自己从未谋面的亲生父亲，然而却遭遇了火车事故。她艰难地走出隧道，到达了一片荒原，遇到了等待在那儿的男孩崔斯坦，她以为他们都是这场事故的幸存者，于是跟随崔斯坦在荒原跋涉，去寻找救援，但在途中她渐渐发现了自己已经死亡的真相。崔斯坦也不是与她在同一辆火车上的幸存者，而是带她去往未知之地的"摆渡人"。迪伦与崔斯坦一起在荒原艰难行走，在与恶魔对抗的过程中，渐渐接受自己死亡的事实，与崔斯坦之间也产生了爱情。这种爱让迪伦勇于打破规则，带领着崔斯坦一起重新回到了人间。在这个故事当中，崔斯坦是迪伦的"摆渡人"，迪伦同时也是崔斯坦的"摆渡人"，带他挣脱了无法选择的永远被困于荒原的命运走向人

世。面对着冰冷的死亡与永恒的孤独，是对爱的渴望让迪伦去寻找一切可能改变命运的机会。

该书的作者克莱儿·麦克福尔在一次采访中谈道："我认为《摆渡人》之所以能吸引如此多的中国读者，是因为它具有普遍性。其一，爱情的力量是这部作品的关键创作思路，也是和每个人都有关的主题。其二，作品中有关面对恐惧，即使困难重重也要战斗到底的决心也是我们大多数人都会经历的，只是迪伦的表现方式不同罢了。曾经有读者告诉我，《摆渡人》中的一些想法，类似于中国的神话故事，比如'黑白无常'。这部作品的普遍性之三，即所有人终将面对的未知领域——死亡的神秘性，它也是永远能够吸引读者的话题。"

2. 多种小说类型的结合——拥有更广泛的受众面

《摆渡人》一书集各种小说类型于一体。

首先，它是一部青少年成长小说。书中的主角是一个普普通通的 15 岁中学生，她在成长过程中缺失父爱，母亲由于常年的单身生活形成了强硬、尖锐的性格，不擅长表达对女儿的爱，迪伦常常与她针锋相对。她性格内向腼腆，在学校经常受到同学的捉弄。青少年读者能在迪伦身上看到自己成长过程中也会面临的烦恼、孤独与迷茫，而迪伦在荒原跋涉的旅途当中，渐渐变得勇敢、坚定的经历，也会给青少年读者以正能量的引导与激励。

其次，对成年人来说，这也是一部心灵治愈小说。崔斯坦从存在之初，就别无选择地做着被安排的工作，在荒原上引导着一个又一个的灵魂，在这个过程中渐渐变得冷漠、麻木，也不敢去挣脱自己的命运。他的身上有着当下在生活的重压下慢慢失去激情，被社会磨平棱角的芸芸大众的影子。

再次，它也是一部浪漫的爱情小说，迪伦与崔斯坦两人在共同面对险境，克服重重困难的过程当中渐渐产生情愫，他们的爱是这片残酷、黑暗的荒原当中一抹明亮的光，最终刺破荒原与人间的屏障，共同回到了人类世界。

最后，这部小说也有着神话传说的色彩。作者克莱儿·麦克福尔曾说，创作这本书的灵感来自于她对人死后会发生什么的好奇和希腊神话中的"冥府渡船人"故事的结合。希腊神话中，卡戎是冥王哈得斯的船夫，他不仅仅是在冥河上摆渡，还肩负着分辨来到冥河岸边的是死者的亡灵还是不应进入地府的活人的任务。作者据此塑造出"崔斯坦"这个人物，他是荒原上的"摆渡人"，在最后的旅途当中要划船穿过一片暗藏危险的湖泊，将灵魂送到未知的彼岸。

无论是青少年还是成年读者，都能在这部书中找到与自己相契合的部分及心灵所需要的养分。其中爱情、冒险与神话等丰富的故事元素也让这本书的内容充满了独特的魅力。

（二）有吸引力的图书装帧设计

1. 封面设计兼具视觉效果与内涵呈现

图书的封面设计决定了图书给读者留下的第一印象，影响着读者下一步的抉择。这种重要性对于名不见经传的作者和作品来说更为突出。当读者对一本图书毫无了解，在随意的浏览过程中是否能够被书名和封面设计所吸引从而产生进一步翻阅的兴趣，很大程度上决定了图书的命运。

首先，《摆渡人》的封面具有视觉冲击力，整体压抑的黑蓝色调，与璀璨的金光形成了鲜明的对比，能够在第一时间抓住读者的目光，让读者产生进一步翻阅的兴趣。其次，《摆渡人》的封面设计很好地展现了文本的内涵，做到了形式与内容的统一。暗蓝的天幕、厚重的黑色乌云、黝黑的湖水，有人划着一艘小船浮于其上，从云层中透出的光将湖面照得金光璀璨。压抑、绝望的环境当中那一抹刺破黑云的明亮曙光，给人以震撼心灵、充满希望的感觉。从封面的图景当中读者可以感受到这本书想要传递出来的主题：关于我们的生命中遇到的那些帮助我们走过黑暗的人、关于勇敢面对恐惧的勇气、关于救赎。每个人的生命当中都会有一段孤独而黑暗的时光，但只要怀抱着爱与勇气，我们终究会冲破黑暗，到达光明的彼岸。

2. 宣传文字展现图书亮点

封面的宣传文字能够帮助读者进一步了解图书内容。准确提炼图书的宣传点，撰写有吸引力的宣传文字，让读者产生阅读兴趣，能够为图书的销售起到非常关键的作用。《摆渡人》封面上的宣传文字"如果命运是一条孤独的河流，谁会是你灵魂的摆渡人？""如果我真的存在，也是因为你需要我"打动了许多的购买者。每个人的生命中都会有孤独难熬的时刻，也希望遇到那个帮助我们冲破黑暗，迎来曙光的摆渡人。这样一个关于爱、陪伴与救赎的故事，契合了人性中对美好感情的渴望。

此外，图书的腰封也充分发挥了宣传作用："畅销欧美33个国家的心灵治愈小说""令千万读者灵魂震颤的人性救赎之作"以及"布兰福·博斯奖"等五项图书大奖。"畅销33个国家""千万读者""五项大奖"这些数字的罗列，有力地传达出这样的信息：这是一本已经经过市场检验，并且被许多读者认可的作品，值得一看。在读者对一本图书毫无了解的情况下，这些内容显著增加了图书内容在读者眼中的价值以及吸引力。

（三）丰富的营销活动扩大图书影响力

1. 作者参与宣传为图书营销造势

在《摆渡人》的宣传推广过程当中，作者克莱儿·麦克福尔多次来到中国，参与图书线下营销活动，成为图书销售的重要推动力。在 2017 年 1 月 12 日的北京图书订货会上，白马时光邀请作者克莱儿·麦克福尔出席了三周年庆典活动暨经销商大会。克莱儿·麦克福尔在接受采访时既谈到了《摆渡人》的创作灵感，也为即将出版的《摆渡人 2：重返荒原》预热。紧接着，在 1 月 15 日，作者在中信书店举行了读者见面会并进行图书签售，吸引了众多读者前来参与活动，现场气氛火爆。作者出席线下营销活动的时机选择恰到好处。《摆渡人》出版之前，克莱儿·麦克福尔并不为人所知。2017 年年初，《摆渡人》已经十分畅销，并拥有了庞大的读者群，也打响了克莱儿·麦克福尔的名气。选在此时组织图书签售会，能够收获热烈的反响，为图书的宣传造势。而且《摆渡人 2：重返荒原》在几个月之后也将出版，能够为新书的推出吸引到足够的关注度。作为同一系列的作品，《摆渡人》续集如能热销，首册图书的生命力也将不断增强。

2. 开展跨界活动传播 IP 内核

目前，每年新书品种层出不穷，图书更新换代速度加快，新书出版之后很容易被淹没在茫茫书海之中。一本书的出版光是有好的内容和包装还不够，能否将图书信息尽可能地传递到更多读者手中，让图书能够触及更多潜在读者，是图书能否畅销的关键。在 "IP" 热大行其道的当下，开展跨界合作，将图书的 IP 内核进行全新的呈现，不仅能加深其在读者心目中的印象，也能够制造全新的宣传热点，吸引媒体的关注，为图书进行新一轮的宣传。

在 2018 年的北京国际设计周上，白马时光与斑马谷文化联合出品，开展了 "北京国际设计周·《摆渡人》创意艺术展"。以《摆渡人》的 IP 为灵感，将 "谁是你生命中的摆渡人" 的主题贯穿其中，展现与自己生命中的 "摆渡人" 的故事。作为一场文学 IP 与艺术创作的跨界联合，此次活动吸引了许多机构和艺术家的参与，将图书信息进行了有效发散。展品征集活动的发起方就有斑马谷文化、凤凰文化、时尚芭莎艺术、民国画事、为你读诗等多家单位。在展览开幕当天举行了媒体分享会，多位知名艺术家、插画师、设计师的出席吸引了众多媒体的目光，激起了新一轮的宣传热点。

3. 借势同名电影热播风潮

2016 年，根据张嘉佳的短篇小说集《从你的全世界路过》中的一篇改编而成的电影《摆渡人》播出，与《摆渡人》图书同名。《从你的全世界路过》在 2013 年出版，成为当时风靡一时的畅销书，因此电影的播出也吸引到众多关注的目光。虽然在此之前已经有了《摆渡人》图书的热销，但此时同名电影的播出无疑进一步加强了"摆渡人"这个概念的传播度。二者具有相同的故事内核，即关于爱与救赎。电影的播出也让《摆渡人》图书进入了更多观众的视野当中。

（四）续集的出版带动首册销量

"摆渡人"系列的第二部与第三部分别于 2017 和 2019 年出版，三部作品每两年出版一册，延长了图书的社会关注周期，大大增强了首册《摆渡人》的生命力，为图书的销售注入新的活力。从开卷的畅销榜中可以看到，在《摆渡人 2：重返荒原》与《摆渡人 3：无境之爱》登上畅销榜时，总会看到其后紧紧跟随着《摆渡人》的书名。得益于后两部图书出版的带动作用，在 2015—2020 年的六年时间里，《摆渡人》大部分时间都排在开卷虚构类畅销榜的前列，直到 2021 年开始淡出。而且当图书续集出版时，若读者对其产生兴趣，大部分人会习惯于先阅读第一册，如果被内容所吸引再去阅读后续作品。"摆渡人"系列第一册的销量远远高于后两册，其畅销的盛况离不开后两册图书的带动作用。

四、精彩阅读

迪伦睁大了眼睛，眼神中满是惊恐。她尽力死死盯着前方的路，攥着崔斯坦的那只手由于太过用力，手指都在微微颤抖。地下的隆隆声似乎越来越响，整个地面都仿佛在冒泡、融化，好让恶魔们全都钻出来。她费了一会儿工夫才分辨清楚地上的图案，然后就意识到，那就是阴影。她看到周围的山谷正变得越来越黑，悬崖似乎也在不断向他们靠近，不禁呼吸越来越急促，大气也喘不匀了。他们已经走到了阴影深处，还有多久那些恶魔就会破土而出呢？

空气似乎在瞬间就变得冷飕飕的，一阵寒风顺着山谷的岩壁而上，吹得迪伦的头发盖住了脸。耳边是风的低语，和地面上的噪声相应和。她清晰地辨认出了其他恶魔的吼叫声，那哀号声就在他们的头顶。它们正从四面八方围过来。

在那一刻她感觉时间似乎在一片混沌的边缘停止了。她身体里的每一根神经都绷紧了，血管中肾上腺素汹涌澎湃。她的肌肉似乎也兴奋起来，随时准备接收她的命令。她深吸一口气，灌进肺里的空气让她的耳朵里呜呜作响。

她还没来得及把这口气呼出去，还没来得及眨一下眼睛，时间就一下子跳到现在，所有的事情都在一刹那发生了。无数恶魔像黑色的小蛇般突然冒出来，地上顿时黑烟滚滚。它们在空气中翻滚扭动，气势汹汹地发出嘶嘶声。成百上千，成千上万，铺天盖地，遮蔽了她的视线。迪伦目瞪口呆地傻看着，她之前从未见过这样的情景。一个恶魔从迪伦的胸口钻了进去，在里面抓来抓去，然后又从她后背钻了出来，她的心一下子结成了冰。不知什么东西卡在她的头发里，又扯又拽，头皮上一阵阵刺痛。还有利爪牢牢钳住了她的肩膀和胳膊。使劲拖拽着她。

"迪伦,快跑!"崔斯坦的声音穿过喧嚣与纷乱,直达她头脑正中。

跑!她自己也在心里重复了一遍。跑!可是她动不了,腿完全僵硬了,就好像它们已经忘记了该怎么挪动。她以前看的那些恐怖片里有些人遇事会吓得四肢瘫软,结果沦为抡着斧子的杀人狂的牺牲品,她还总是嘲笑人家,可现在轮到自己了,她吓得完全动不了。

他猛地拉起迪伦的手,她这才跌跌撞撞地迈开步子。快跑、快跑、快跑,她不断默念着,铆足了力气随他沿路飞奔。恶魔们尖叫着在她周围盘旋,但好在它们暂时没法跟上她的脚步抓住她。

身边的景物随着她的飞奔快速移动着,虽然还没看见安全屋,但她知道自己已经快要找到它了。可她在全力冲刺的时候就清楚自己没法这样跑太久,她感觉双腿火辣辣的,已经不太听使唤了。呼吸越来越急促,越来越不均匀,每吸一口冷气胸口都撕心裂肺地痛。她的胳膊还在匀称地摆动,奋力地让她继续跑下去,可步子却越来越慢。恶魔们的利爪已经抓住了她,使劲地把她往后拽,她的脚步更慢了。她知道,除非小屋就在眼前,否则自己坚持不下去了。

有东西使劲拉住了她的手,力道之强,几乎把她向后带倒。迪伦的肩窝一阵剧痛,不由得叫了起来。片刻后,她才醒悟过来是怎么回事。她的双手已经攥成了拳头,赤手空拳。

"崔斯坦!崔斯坦!救命!"她在喘气的间隙有气无力地说。

"迪伦,快跑!"她听到他在大喊。他不在自己身边。他去哪了呢?她不敢回头看,生怕摔倒。她全力以赴地按他教的去做——跑,尽力跑,越快越好。

那是什么?在她正前方,大约有四百米的距离,朦朦胧胧有一个正方体。那一定是安全屋了。她如释重负地呜咽起来,尽力绷住了自己本已疲惫不堪的肌肉做最后一搏。

——节选自《摆渡人》第 97~99 页

书名:《航海王》　　　　作者:[日]尾田荣一郎　　　　译者:王若星
出版时间:2007 年　　　　出版社:浙江人民美术出版社

一、作者简介

《航海王》作者尾田荣一郎，日本著名漫画家。尾田自幼喜欢绘画，并立志画出以海贼冒险为主题的热血漫画。1992年，尾田在九州东海大学建筑学科就读一年后，为了磨炼画技选择退学，先后为甲斐谷忍、德弘正也、和月伸宏三位漫画家做过助理，这段经历使得他的画法融合名家之长，最终形成自己的创作风格。1997年，尾田开始在《周刊少年JUMP》连载漫画《航海王》，正式以漫画家身份出道。迄今为止，《航海王》已在全球40多个国家和地区发行单行本，尾田也成为版税收入最高的日本漫画家。他在连载期间"每天凌晨2点睡、5点起床，共睡3小时"，让《航海王》保持高品质水准和高效率更新，将它带到了世界漫画的巅峰。

二、畅销盛况

2005年，《航海王》在连载8年后，创下日本史上漫画销量最快、达到1亿册的纪录。自2010年第57卷起，《航海王》单行本已连续10年保持每卷初版发行超300万册的纪录。2015年，《航海王》凭借自1997年到2014年全球累计发行量达3.2亿册，被吉尼斯世界纪录认证为"全球发行量最大的单一作者创作的系列漫画"。1999—2019年的20年间，《航海王》单行本销量在日本19次占据榜首，最长曾13年连续登榜，打破了日本漫画销量"各领风骚"的格局，缔造了日本漫画界前所未有的畅销奇迹。2021年2月，集英社宣布《航海王》全球总销量突破4.8亿册（日本4亿），这是日本历史上第一个销量超4亿的系列漫画。2021年6月，《航海王》单行本发行至第99卷，平均每卷销量近500万册，其销量数据早已变为出版方定期唤起读者关注的营销手段。

三、畅销攻略

（一）内容自身的魅力

1. 目标明确、矛盾突出的新颖叙事

在《航海王》第1话，主角路飞喊出的"我要成为航海王的男人！"这一口号，成为《航海王》明确的叙事主线，所有情节都朝向这个终极目标展开，引发了读者的阅读期待。《航海王》还将这个贯穿全程的长期目标拆分为许多同样明确的短期目标，每个目标的设立和实现，都构成一个相对独立的叙事单元。这些短期目标通常是战胜一个强大对手，同时提高战斗能力或收获伙伴。随着故事的推进，对手越来越强，主角团队也越来越强，人物的升级与战斗的升级相辅相成，如此层层递进、螺旋上升。这样的故事矛盾突出且简单易懂，即使小学生也能理解，明确的目标可以牢牢抓住读者，路飞等人的成长经历又能带来强烈的陪伴感和代入感。

2. 贯彻爱、梦想与正义的普世价值

"传承的意志、人类的梦想、时代的漩涡，只要人们还在追求自由的答案，这一切就绝不会停下。"这是"航海王"罗杰的经典台词，也是对《航海王》核心价值观的高度概括。《航海王》所宣扬的，正是以自由、梦想、奋斗、羁绊、平等、正义等为代表的超越时空限制和文化差异的普世价值观，在浪漫主义的大背景下强调个人和梦想的力量。同时，尾田紧跟时代潮流，重视女性在社会中不可替代的角色和地位，塑造了娜美、罗宾等众多坚强勇敢的女性角色，将作品置于社会发展的主流价值体系中，使之被不同文化背景的读者认同。《航海王》名"贼"实"侠"，其中人物既有古代中国侠客、西方骑士和日本武士的影子，又有类似现代美国漫画超级英雄的形象,实际是对世界各地均存在的"侠义"精神的阐扬。在《航海王》中,海军代表世界政府执行"正义",但也有为达目的不择手段的阴暗面(如直接毁灭一个国家的"屠魔令");海贼虽然大多是被通缉的"穷凶极恶之徒",但也有路飞这种坚守原则、有情有义、从不滥杀无辜的好人。

3. 体现少年间友情的温暖能量

《航海王》中每个人、每个动物或物品,都有其存在价值。路飞与伙伴之间平等相处,展现出了一种"四海之内皆兄弟"的和谐氛围。"我的船上没有手下,只有伙伴",这是船长路飞经常强调的他与船员的关系。在路飞看来,伙伴是可以彼此信赖、同甘共苦的人,哪怕搭上性命他也会保护伙伴。在路飞的船上,虽有船长、船员之分,但不管是谁犯错,都可能会被伙伴们指着鼻子指责甚至暴打一顿。《航海王》平等博爱的意识还体现在路飞等人敢于打破一切不平等的规章制度,改变被暴力所统治的局面,让人们看到希望的曙光。但路飞与伙伴的情感羁绊与互动仍是故事中所有宏大主题的直接案例与最终落脚点。

4. 增加作品内涵与寿命的趣味彩蛋

《航海王》中最著名的彩蛋就是"熊猫人"了,它的设计灵感源于我国的国宝——熊猫。熊猫人经常出现在很多不起眼的地方(如单行本的内封等),被戏称为《航海王》的最强龙套,是粉丝每话必找的重要细节。"寻找熊猫人"这一活动,就像"漫威迷"喜欢在漫威电影中寻找斯坦·李老爷子的身影一样,成为世界各地"海贼迷"互相沟通的重要话题和重大乐趣。《航海王》还通过扉页连载小故事和单行本独有的"SBS"等非正篇内容,对漫画剧情和设定等做补充解释或抛出新线索。SBS是一个作者和读者问答的互动交流平台。《航海王》每卷单行本会收录 6~8 页的问答组成 SBS 专栏,尾田会亲自从读者来信的问题中挑选提问内容并作出回答。SBS 里无论是粉丝的提问还是尾田的回答都很轻松幽默，但是尾田关于《航海王》剧情、人设等的回答，往往可以作为对漫画正式内容的补充说明看待。长期追随《航海王》的资深读者，会深度挖掘这些线索，对隐藏彩蛋进行分析和猜想。

5. 大量新奇严谨跨文化的细节设定

《航海王》巧妙地将日本文化元素与世界各国的文化元素相融合，对人类历史上的诸多文化资源进行了精细加工。很多国家的读者都能够在《航海王》中找到以自己家乡为原型的角色、场景，甚至国家。这种"混血"设计能将东西方代表性的文化元素兼收并蓄，如"鱼人岛"中就既有西方人鱼传说的影子，又有取材于我国的建筑场景。这种文化多元化的细节设定，可以弱化海外读者对异质文化的排斥感，提升内容与各国的文化契合度。

中国读者可以通过寻找以"熊猫人""龙宫""旗袍"等为代表的中国元素，在《航海王》中体验不同文化与中国文化的相似性和契合点。这些元素的出现和存在，使中国读者在阅读《航海王》时，能基于中国文化对其剧情和含义进行解码，鲜有因为文化差异而产生误解或排斥感。特别是对熟悉其中一些取材于中国景点的读者来说，会更容易产生情感共鸣。

《航海王》中最让人称绝的细节设定，自然是"ONE PIECE""最终之岛·拉夫德尔""历史正文""空白的一百年"等始终让人捉摸不透的最终秘密。而《航海王》更高明的、不可复制之处在于，构建了以自然系、动物系、超人系三系恶魔果实和武装色、见闻色、霸王色三色霸气为主的战斗体系，以海军（世界政府）、七武海（已被废除）、四皇（海贼）、革命军（发展中）为代表的多足鼎立、互相制衡的世界格局，还有以东、西、南、北四海和红土大陆、伟大航路为主体的宏大世界观。尾田把这些纷繁复杂的细节设定严谨地交叉组合到一起，形成了一个庞大且独一无二的故事架构。

6. 多手法并用特色鲜明的角色设定

《航海王》中很多角色的性格弱点都被成功转化为亮点，大大增加了人物的魅力。比如，强大帅气的剑士索隆，因为经常莫名其妙地迷路，与他平时稳重可靠的形象产生了鲜明反差，更受粉丝喜爱。同时，《航海王》中的角色在表达高昂情绪时，往往都会咧开大嘴，露出牙龈和牙齿，折射出海贼的放浪形骸。除了奔放、夸张且感染力十足的面部表现手法，《航海王》在人物的身高设定上也极为夸张，身高超过三四米的人物比比皆是，更有身高超过七八米、气场强大到令人生畏的众多强者。尾田将这种夸张手法用到角色设定中，既可强调角色自身的各方面特征，又能增强角色创作带给《航海王》剧情的叙事效果。而随着剧情逐步深入，《航海王》中出场的角色越发扭曲怪异、不合常理，既折射出前路的艰险，又暗示未来充满了许多未知和光怪陆离的可能性。

除了人物角色外，《航海王》中还有众多让人印象深刻的动物角色，比如，体型大如岛屿的巨象"佐乌"和形态各异的海王类等。在描绘动物角色时，尾田常用拟人手法，赋予动物以人类的行为、性格、表情，甚至思想，让它们与人类结下深厚的情谊，如在颠倒山下苦苦地等待伙伴50年的鲸鱼拉布等。它们与人类一样拥有喜怒哀乐与爱恨情仇，它们恪守信念约定、忠于内心的那种不屈精神，连人类也望尘莫及。

在《航海王》的创作过程中，尾田坚持亲自绘画所有角色，助手只负责部分背景绘制。即使是龙套角色，尾田也会用心绘制，甚至在整部漫画出现过的角色里几乎看不到完全重复的设定，大多数角色都有着独特的风格，比如，各种各样的笑声、外号和果实能力等。

此外，《航海王》的角色设定基本遵循"有据可查"的原则。在人物的命名上，麦哲伦、汉尼拔、恺撒等均有原型，多为知名的大人物，能够给读者天然的熟悉感，便于读者识别和记忆多如牛毛的角色。在角色的外形塑造上，海军大将的外貌原型多参考自日本老牌男星。甚至很多动物角色也都有原型，比如，鳄鲨就是出自日本浮世绘大师歌川国芳古画的。《航海王》通过借鉴真实历史或其他文艺作品中的经典形象，赋予了重要角色历史厚重感，又给读者增添了寻找角色原型及故事背景的阅读乐趣。

7. 影射揭露世界阴暗面的尖锐隐喻

《航海王》里除了人类和动物，还有鱼人族、人鱼族等种族，以及"至高无上"的世界统治者——"天龙人"，甚至也有种族歧视和种族压迫。《航海王》中，以"天龙人"的地位最为神圣，他们能在背后干预和操控世界政府，利用手中的特权奴役其他种族，暗指现实中肆意妄为的"特权阶级"。而那些被"天龙人"奴役和被普通人类歧视甚至屠戮的种族，会因积累百年的仇怨对人类恨之入骨。比如，鱼人海贼团"恶龙"一伙用暴力手段统治了某个小岛上的人类村镇，以报复人类在历史上对他们族人犯下过的罪行。这些令人感到愤怒、压抑的阴暗情节，直接且尖锐地隐喻了现实中的种族歧视、阶级压迫等乱象，同时对那些被虚无的仇恨和疯狂的欲望支配的人进行了无情嘲讽。

尾田活用隐喻、反转、对比等手法，在影射和揭露了社会阴暗面的同时，又留出了无限的光明。虽然世间有种种不公，但也从不缺乏种族之间追求和平共存的例子——人鱼族的王后乙姬，为了寻求与人类和平相处的道路耗尽心力，最后虽不幸献上了自己的生命，但仍给无数后人留下了和平的希望。

另外，尾田还常在标题、扉页以及正文的人物、场景等设定上用隐喻手法，甚至引用了很多歌词和诗句来对剧情进行暗示。比如，艾斯（Ace）、萨博（Sabo）、路飞（Luffy）三兄弟身上的名字缩写 A、S、L，尾田就用了传唱度极高的 "Auld Lang Syne"（《友谊地久天长》），隐喻他们即使面对生死离别却依然坚深如故的友情。再比如，第292话标题《云遮月，难相逢》（あふことは片われ月の雲隠れ）出自日本歌集《拾遗和歌集》，对应本话当中诺兰度和卡尔加拉两位惺惺相惜的英雄就此永别的悲凉气氛。尾田通过日本古代诗歌隐喻作品中人物壮志未酬、空留遗恨的孤寂感，给剧情增加了一层浪漫主义色彩，使故事的展开呈现出无比风雅的意境，既增强了故事可读性和叙事效果，又使读者借着融入作者情感的隐喻置身剧情中，通过一些别有意味的画面自行品出"前因后果"。

8. 契合时代背景与需求的成长主题

在寻找 "ONE PIECE" 的过程中，路飞与伙伴遭遇了各种要突破自我才能克服的磨难和危机，他们在经历了一系列的痛苦与挣扎后才变得更强大。路飞一伙能获得超高人气，不仅是因为他们坚持梦想、永不放弃的人格魅力，也因为他们都是活生生的人，有从弱到强、战胜恐惧的成长历程，有正常人的负面情绪。主角在追逐梦想的过程中历经磨难而蜕变成长，这样的主题放之四海而皆准。《航海王》以路飞等人自我实现和拯救他人的成长经历，鼓舞着世界各地心怀梦想的少年，引发广泛共鸣。

（1）对日本时代创伤的响应

日本自20世纪90年代以来的经济低迷和21世纪的"新自由主义"政策使人们在激烈的社会竞争体制中被迫压抑自我，社会急需转移人们焦虑心理和振奋人心的文化武器。热血少年漫画在当时是处于主导地位的题材。但就在1996年，随着《龙珠》等大热作品相继完结，以"王道热血系少年漫"著称的《周刊少年JUMP》发行量急剧下滑，迫切需要一部人气新作来填补市场空白，《航海王》的横空出世恰逢"天时"，这使得它的起点就高于刊载在一般杂志上的漫画。

（2）对中国读者心灵的慰藉

《航海王》进入中国后，遇到的社会环境与在日本不同，但那种焦虑感却有相似之处。20世纪末21世纪初，随着中国经济快速增长，社会进入转型期，城乡、地区之间的发展出现失衡，不满情绪在中低收入群体中迅速蔓延，焦虑感和压力增强。在这样的时代背景下，像《航海王》这种价值取向积极的作品既能为人们的心灵带来慰藉，亦能唤醒年轻人的斗志，激励他们奋发图强。21世纪初至今，《航海王》在中国传播的这段时期里，中国经济逐渐稳定，人们的需求也逐渐从温饱转向了精神享受与物质享受，使越来越多的读者持续关注《航海王》。

（二）作者深厚的功力

1. 涉猎广泛、勤奋博学的考究态度

尾田十分擅长引经据典，甚至能将其隐藏在很多不起眼的细节里，可谓是涉猎广泛。他还有着非凡的想象力和创新力，经常会有新的灵感迸发出来。尾田不仅经常在休息时间外出采风观察、积累素材，也会通过查阅世界各国的资料扩充自己的知识面。久而久之，尾田的勤奋博学让《航海王》成为一部博采众长的著作。他的书架上常常摆放着自己收藏的图书，以便为了创作出"奇形怪状"的角色从中寻找资料、获得灵感，如美国漫画家迈克·米格诺拉的"地狱男爵"系列画集，日本人偶师辻村寿三郎的《辻村寿三郎人偶集》等。

2. 构思严谨、设想荒诞的工匠精神

尾田是学建筑设计出身的，他在漫画中构建的世界观和所画的分镜，以及各种光怪陆离的场景，就如同是一座迷宫，读者在阅读

过程中总能发现惊喜。尾田为《航海王》构建的世界观，集"严谨""荒诞"于一身："严谨"在于遵循现实的冷热原理、区域地理、气象学以及有关航海的一系列知识；"荒诞"在于将这些理论原理进行了一定程度的夸张与变通，在保持逻辑严谨的同时，插入富有创造力的画面语言。尾田在漫画中埋下大大小小的伏笔，以主线剧情为时间进程的主干道，衍生出密密麻麻的支线与岔路，最终形成一张完整繁荣的地图，主角和配角在其中各行其路，中途或有交叉、有平行，又或最终汇入主干道。这样时间上清晰、空间上密集的大型叙事漫画，犹如一座宏伟的大型建筑，严谨而富有创造力。

3. 给予漫画电影般观感的作画手法

尾田平时很注重作画练习，他经常逐帧播放迪士尼动画或在观看时装秀节目时跟着模特登场的速度将看到的场景画下来。尾田不会一边连载一边做设定，他会先把设定的草图迅速画好，等实际画原稿的时候根据已有的设定草图进行完善，保证连载时作画的准确性。

尾田对漫画分镜的处理有很多独到手法，他的分镜中可以同时进行多个时间线索的并置与交错。《航海王》的剧情越向后推进，画面越饱满，分镜格中几乎没有留白。尾田常常在一段描述主线剧情的分镜格中加入其他的细小剧情，不仅是作为一个静止场景进入画面，而是以有生命力的动作进入画面并在最终汇入主线剧情。有的线索仅仅增添喜剧色彩，有的却是尾田埋入的重要伏笔。尾田的这种作画风格类似于电影画面，虽会使漫画稍显杂乱，但静态的画面阅读起来会营造一种动态感，既扩大了叙事范围，丰满了叙事内容，增强了叙事趣味性，又让人物形象和故事情节更加饱满。

《航海王》分镜中的构图也很有尾田的个人特点，首先是利用大量的大透视来表现战斗场面。这样的画面处理可以将分镜格布置得非常饱满，并且不需要大量表现动态的线条进行装点，也能最大限

图 1

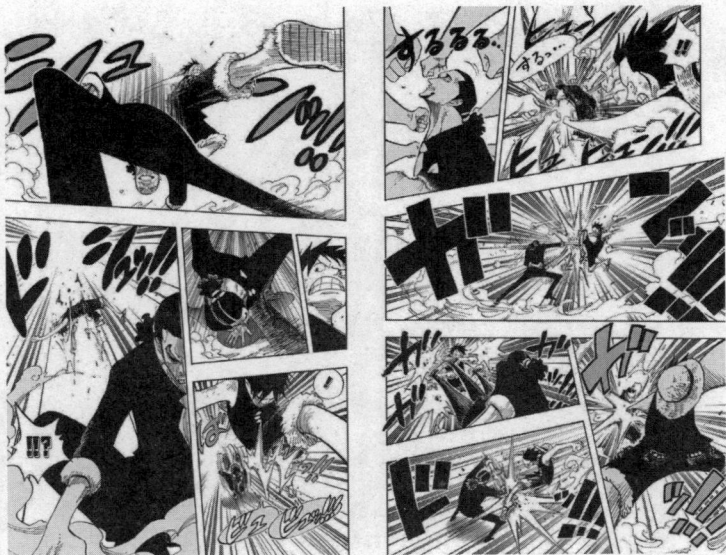

图2

度地展现出战斗场面的惊心动魄，从而更好地烘托气氛。尾田还常常采用渐变手法，用一小格分镜将同一场景的镜头分成两部分，产生一种镜头转换的淡入式效果（见图1、图2）。

4. 内外呼应、构图巧妙的封面设计

《航海王》单行本封面都由尾田亲自设计绘制，尾田常将两个不同的封面联系到一起，形成一种奇妙的呼应，比如，《航海王》卷一和卷六十一不仅标题互相关联，甚至连封面图案的设计也彼此对应、各有特点（见图3）。卷一讲述的是路飞初次出航的故事，卷六十一讲的则是路飞和伙伴们修炼两年之后再度起航的故事。这种前后呼应的工整对称，既有纪念意义，又能给读者一种熟悉的怀念感和成长的陪伴感。

尾田还曾多次在大战章节的连续两册单行本封面中让反派与主

图 3

角团队先后列阵，两本书的封面拼合起来就是两军对阵之图。两个封面的构图往往也很相似，形成一种对称的美感，同时给读者营造出一种大战一触即发的紧张感。如"阿拉巴斯坦篇"卷二十一和卷二十二的封面，就能拼合成一张大海报，在一定程度上起到了捆绑促销作用（见图 4）。

尾田总喜欢在封面隐藏一些暗示信息等待读者发现，既增添了阅读趣味，又激发了读者的探索欲。比如"七水之都篇"的卷三十九（见图 5），封面中弗兰奇手臂摆成"W"形，路飞的拳头代表一个"."，索隆手臂摆成的是数字"7"，连起来就是"W.7"，即"WATER SEVEN"（七水之都）。

作为一部少年漫画，《航海王》的封面也常常出现充满童趣的元素，比如，彩虹就曾先后出现过 4 次，且都是出现在有童话或传

图 4

说色彩的篇章——卷五十三以《西游记》中女儿国为原型的"女儿岛篇",卷八十三借鉴了《糖果屋》《阿拉丁》等童话故事的"Big Mom 万国篇",卷六十二和卷六十六以《海的女儿》等人鱼传说为原型的"鱼人岛篇"。

《航海王》每册单行本封面的"ONE PIECE"Logo 都会根据背景色和构图设计的不同改变颜色,有时还会透明化。除此之外还有些特别的:卷五十七的"ONE PIECE"Logo 由单色变为燃烧的火焰状,暗示了被押上处刑台的"火拳"艾斯性命危在旦夕;卷六十八的"ONE PIECE"Logo 被积雪覆盖,暗示了故事发生地——"冰火岛"庞克哈萨德的环境;紧接着,卷六十九封面中的"ONE PIECE"Logo 就被斜向切开了,暗示反派所保护的机器"SAD"在最后会被一刀斩为两段;卷八十四封面的"ONE PIECE"Logo 则呈横向间隔彩色条纹状,

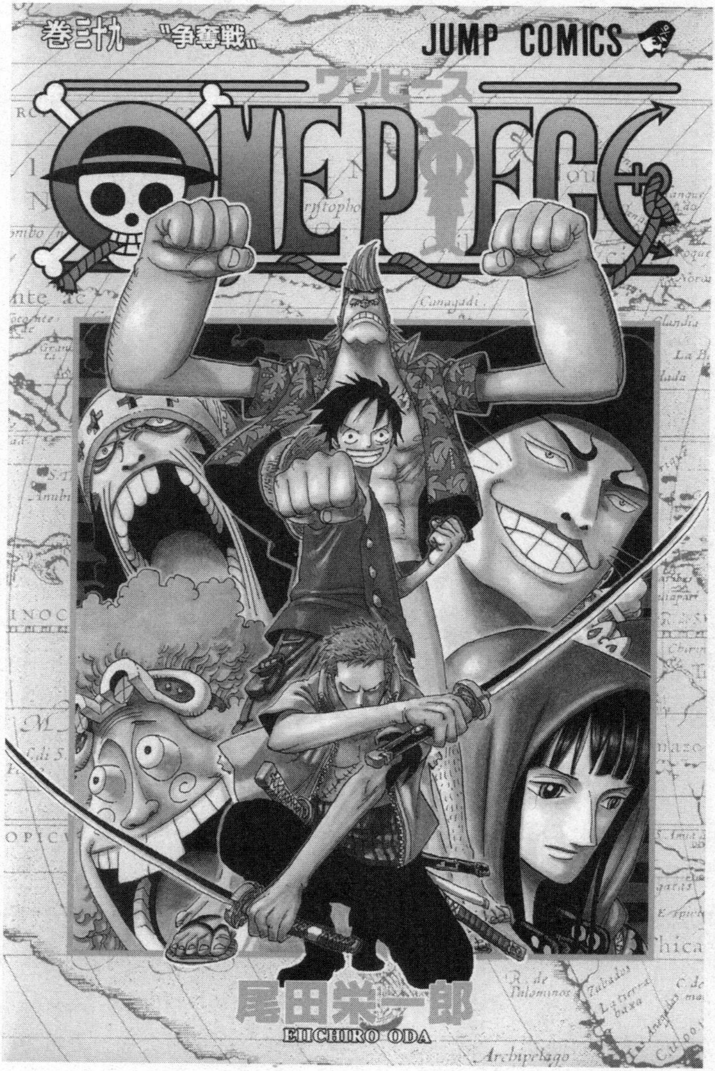

图 5

由多个不同色彩的横纹所组成，既暗示了该卷内容中色彩各异的"杰尔马 66"家族，又带有"杰尔马 66"原型之一"恐龙战队"的特摄风格（见图 6、图 7）。

图 6

图 7

（三）出版机构的实力

1. 主题明确、风格统一、定位清晰的经营模式

《航海王》出版方集英社是世界最大的漫画版权机构，它旗下的《周刊少年 JUMP》是日本发行量最高的连载漫画杂志。《航海王》作

为一部典型的"JUMP系"少年漫画，它的畅销离不开其赖以生存的"JUMP模式"。《周刊少年JUMP》的"JUMP系"少年漫画有三个重要的特征，既决定了《航海王》等刊载漫画的主体风格，也有效地保证了其销量：其一，主题关键词是"友情""奋斗"和"胜利"，刊载的作品以超能力战斗、体育竞技等热血题材为主；其二，以读者需求为出版导向，目标受众是青少年人群，连载的作品以所有人都能看懂、都可能感兴趣为终极目标；其三，以读者喜好为评价标准，采取"问卷至上主义"的优胜劣汰策略，严格地根据读者反馈分析市场偏好，决定作品排位，如果问卷调查结果不好，即使是经典作品也可能被腰斩。以上三个特征催生了《周刊少年JUMP》最典型的作品风格："王道热血系少年漫"。这类作品在日本漫画产业中始终占据着统治地位，只要有新一代的青少年出现，必然会产生对这类漫画的巨大需求，形成长期稳定的市场。

2. 要求严格、慧眼识珠、与时俱进的编辑制度

尾田成名前曾将短篇漫画《Romance Dawn》(《航海王》雏形）向《周刊少年JUMP》投稿，当时的责任编辑久岛是对《航海王》影响最深远的一位责编。当时久岛认为《Romance Dawn》画风稚嫩且剧情浅薄，高潮部分很难触动读者。尾田由此受到启发，重新绘制并加入了"香克斯为救路飞断臂"的经典剧情，《Romance Dawn》也终于通过了初审。之后的《航海王》第1话中，开篇"航海王"罗杰死刑前的宣言，和中间香克斯的断臂、托付草帽，以及最后的路飞独自出海，共同构成一个充满玄机和富有阅读诱惑力的精彩开场，吊足了读者胃口。

想在《周刊少年JUMP》连载漫画，还必须得通过连载会议的讨论才行，《航海王》漫画的最初方案却3次在会议当中落选。当时担任总编的鸟岛和彦对《航海王》保持怀疑态度，最终还是在佐佐木尚

（《浪客剑心》责编）等人的强烈推荐下《航海王》才得到了连载许可。

2007年起，随着《航海王》逐渐打开中国大陆等海外市场，《航海王》开始采取更有效率的"双编辑模式"，将责编分为漫画责编（原作责编）和媒体责编。媒体责编，就是漫画作品在改编成为其他媒体形式的时候，作为尾田的代表去讨论和跟进的人，一般由做过原作责编的人担任，主要负责协调《航海王》的媒体宣传和各种衍生开发等，有时还要亲自参与直播采访等活动；漫画责编被简称为《航海王》责编，就像作者的贴身秘书或保姆，除了负责催稿、审稿并对漫画内容给出看法和建议，甚至还要掌握作者的身体状况、精神压力、连载期间的行踪等。除此之外，《航海王》责编还要审核单行本的内容，并在单行本中修改连载时未发现的作画、台词或设定错误，进一步优化、保证作品的质量。

3. 跨越时空、打破圈层、因地制宜的传播策略

经过20余年的经营，《航海王》作为世界顶级漫画IP之一，形成了能良性循环的完整产业链，围绕《航海王》漫画创意这一核心，开发出了动画、电影、舞台剧、食品、玩具、游戏、服饰、主题娱乐场景和生活用品等一系列衍生品。《航海王》还推出了一系列的衍生图书，与单行本等核心商品捆绑营销，比如，资料设定书、角色图鉴、番外小说等。

《航海王》的畅销有一定周期性，基本上是每卷单行本发售之初的一个月内销量暴增，之后快速回落趋缓。为了不断刺激粉丝的购买欲望，防止粉丝流失，尾田和《航海王》出版方十分重视与粉丝的情感互动。除了前文所述的"SBS"，尾田还会在每册单行本勒口处发表"卷首语"，内容一般是分享自己的近况或者讲笑话活跃气氛，日本原版单行本的勒口有时还会附上官方各大平台账号的二维码（如Twitter等）和最新的衍生图书宣传信息，引导粉丝积极参与线上互

动和线下消费；另外也有半透明腰封，上面宣传语主要强调最新销量以及本册单行本看点。《航海王》单行本的后面还设置有"乌索普画廊"特别栏目，刊登来自世界各地粉丝投稿的同人画作，有时会附上其他周边产品的宣传专页。《航海王》还常通过作者对谈、角色客串等方式，与其他热门漫画作品联动宣传。

长篇连载导致《航海王》单行本上市最新册经常与漫画连载时隔几个月，为了便于读者理解，避免读者遗忘前期剧情，《航海王》每册单行本开头都会有前情提要、登场人物简介，甚至有敌我阵营分布图。当《航海王》的一个篇章完结时，官方会将包含这一篇章内容的单行本通过盒装的形式打包销售，其外观设计也根据篇章和出版地域的不同各具特色。随着《航海王》剧情开始收尾，这部长篇作品已进入"完结倒计时"，它的总销量成为出版方每年官宣通告的标志性行为，不断刺激新老读者的集体回忆和购买欲望。

《航海王》官方一向重视在海外市场的本土化传播。以中国大陆为例，集英社向翻翻动漫（它是中国大陆的版权总代理）进行直接投资，并推动《航海王》在翻翻动漫旗下的《漫画行》实现了中国大陆的首次《航海王》杂志连载。2011年，更是推动《航海王》在《钱江晚报》实现了《航海王》的全球首次报纸连载，让《航海王》在中国得到了更大范围、更深层次的传播。近两年，《航海王》在中国大陆的传播动作愈加频繁，不仅开通了官方微博和淘宝店铺，还策划推出了一系列联名商品和线上线下各种营销活动。

（四）名人效应的助力

《航海王》连载至今，粉丝逐步渗透至各个年龄层和各行各业。在这一群体当中，有人迎着自媒体浪潮组建了围绕《航海王》展开的社群和论坛，聚集粉丝流量和注意力（如"鹰目话道"创建的"Talk OP 海道"航海王论坛）；还有的"海贼迷"成为"意见领袖"，尤其是明星群体，他们本身就是连接《航海王》与粉丝的媒介，同时起到"扩音器"的效果。从"70后"巨星木村拓哉、周杰伦等，到"90后"和"00后"新星王俊凯、鹿晗、王源等，他们在各自影响力覆盖范围内促进了《航海王》的传播。《航海王》的一些经典台词和标志性动作，也成为广大粉丝争相模仿和引用的对象，创造了一系列的流行语和流行符号，形成独特的文化潮流。《航海王》借助名人粉丝和自媒体的推荐，进一步向多元群体快速扩散，带动了单行本等纸质图书的畅销。

四、精彩阅读

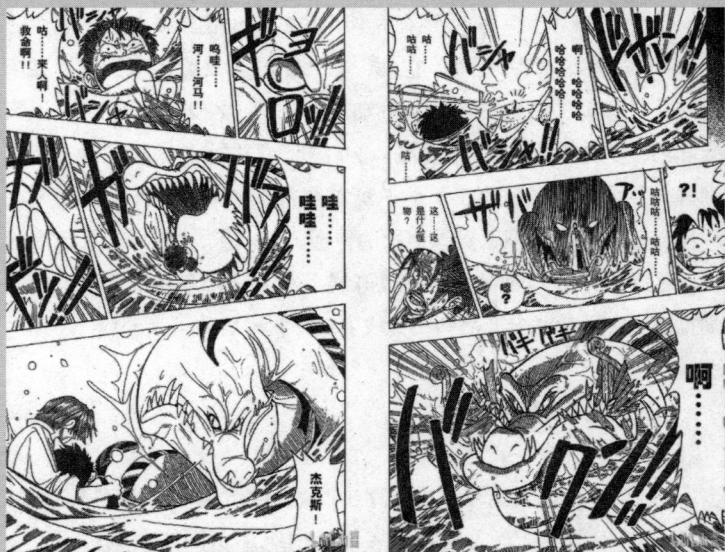

——节选自《航海王（卷一）》第 44~47 页

COUNSELLING FOR TOADS:
A PSYCHOLOGICAL ADVENTURE

Robert de Board

英国国民级
心理咨询入门书

该不该去看心理医生？
这本书会给你答案

蛤蟆先生
去看心理医生

[英]罗伯特·戴博德 著

陈赢 译

天津出版传媒集团

天津人民出版社

书名：《蛤蟆先生去看心理医生》 作者：[英]罗伯特·戴博德 译者：陈赢
出版时间：2020 年 出版社：天津人民出版社

一、作者简介

　　罗伯特·戴博德（Robert Board），毕业于剑桥大学塞尔文学院，曾任教于英国亨利商学院，拥有 20 多年心理学研究及临床咨询的专业经验。他的两本专业著作《咨询技巧》和《组织的心理分析》都是英国心理学类畅销书。本书是他最著名、最畅销的一本大众心理学著作。

二、畅销盛况

　　《蛤蟆先生去看心理医生》是英国畅销 23 年的国民级大众心理学畅销书，被翻译为 6 种语言。在中国上市后口碑极佳，豆瓣评分 8.7 分，超过一半以上的读者为该书打出了 5 星满分。其销量在 4 个月内就突破 40 万册，在各大畅销图书排行榜上迅速飙升，荣登当当网 2020 年度非虚构新书榜、心理学畅销榜；入选豆瓣 2020 年度读书榜单；入围《新京报》2020 年度阅读推荐榜单；荣获 2020 年书业年度评选"年度生活类图书"，现稳居当当网、京东图书等图书电商网站畅销总榜前 10，心理学榜单前 5，最高日销量逾 3 000 册。截至 2021 年 4 月，累计销量超过 100 万册。根据该书版权方 Routledge（劳特利奇出版社）的规定，每一本授权海外发行的著作都要贴上版权方特制的防伪贴标。由于《蛤蟆先生去看心理医生》在中国的意外"走红"，版权方在 2020 年 10 月向果麦发出了咨询邮件，希望了解是什么原因致使该书以 10 万册的基数不断加印，以至于 2021 年需要把全社 95% 的防伪贴标都发给《蛤蟆先生去看心理医生》这一本书。

三、畅销攻略

（一）优质的文本内容

1. 理论根基的科学性

本书内容讲述的是原本热情开朗、喜爱冒险的蛤蟆先生不知什么时候开始抑郁了，朋友们不忍心看着他对生活失去兴趣，帮他找了心理医生，希望他能通过心理咨询的方式走出阴霾。故事完整地讲述了蛤蟆先生10次心理咨询的过程，蛤蟆先生也在这一过程中全面回顾了自己的人生，读者也跟随蛤蟆先生完成了一次特殊的心理疏导。书中的心理咨询师苍鹭医生把人的心理状态划分成三种：儿童自我状态、父母自我状态和成人自我状态。儿童自我状态是从儿时所经历的所有情感演变而出的行为模式，比如，习惯顺从、讨好身边的人，习惯把自己放在情感弱位去依赖和迎合他人，等等；父母的自我状态是儿童自我状态的对立面，许多处在儿童状态的人在某些时刻也会走向另一个极端，模仿父母的行为习惯，扮演起审判者的角色，比如，挑剔别人的毛病，责备、教育别人等；真正成熟理性的状态是成人自我状态，该状态下的人不会再被童年困扰，意识到自己掌握着自己的自主权，正确理解和看待自己的种种情绪和情感需求，为自己的行为负责。

苍鹭医生所讲的心理学内容，来自人际沟通分析学（Transactional Analysis，简称 TA）。20 世纪 60 年代，美国心理学家埃瑞克·伯恩（Eric Berne，1910–1970）创立的这一人格理论，也是一种系统的心理治疗方法，被广泛应用于咨询、企业管理、教育等领域，甚至用于治疗毒瘾、酒瘾和精神分裂症。这一理论的核心在本书中被通俗地表达了出来，其中还涵盖了移情和反移情、危机干预、情绪智商等多个心理学基础概念。

2. 咨询情景的真实性

本书中的动物角色都是虚拟的，但主人公蛤蟆和心理咨询师苍鹭进行心理咨询的情景却高度还原了专业的心理咨询状态，让读者仿佛亲临心理治疗的现场，这是在同类书籍以及影视剧中都不曾展现的东西。比如，初次咨询时"苍鹭医生"对咨访关系的确定、对话中引导式的发问和鼓励、对蛤蟆的极端情绪和意外情况的处理都体现了超高的专业性和真实性。

书中大量的对白和细节描写给人极强的代入感。在每次咨询之前，作者都会用一定的篇幅进行环境描写和心理描写，比如，"过了一周，蛤蟆又与咨询师见面了，还是坐在老位子。他很诧异自己那么快就习惯了咨询的常规，连这把椅子都被他视作'自己的椅子'。有时他会想，不知别人是否坐过这个座位，还是这间咨询室每周只因为他才使用一次。"有这样的描写作铺垫，容易让人产生很强的代入感，仿佛苍鹭的发问是在对自己的发问，蛤蟆的困惑也是自己的困惑，读者常常带着主人公蛤蟆的所见所想，开启一次次心理咨询。

3. 文本的易读性

本书的易读性主要体现在三个方面：第一，文本体量小。该书是英国畅销书 Counselling for Toads : A Psychological Adventure 的中文版本，正文部分共计约 10 万字，199 页。读者可以利用碎片化时间，10 多分钟就读完一个章节，即使一次性通读整本书也只需要大概三四个小时。与市面上许多相同类型的心理学书籍相比，该书内容篇幅短小精悍，不容易让人产生阅读的畏难情绪，更容易被读者选择。第二，主题切口小。该书的定位是心理自助类图书，将主题聚焦于人的自我状态，对于"我的问题到底出在哪？""我要不要去看心理医生？""心理咨询是什么样的体验？""心理治疗能让我变得更好吗？"等这些人们最关心、最迫切想要解决的问题予以回应，也就是说，该书能够为读者更加精准有效地提供价值。第三，语言趣味性强。这也是本书区别于其他心理自助类图书的最鲜明的特点。本书沿用了英国经典童话《柳林风声》中的动物主角，将其行为特点、性格特点、心理活动、角色关系充分拟人化，大大增强了内容的趣味性。加之语言风格轻松朴实充满想象的色彩，处处隐喻，令人回味无穷。

（二）社会对心理健康的空前关注

1. 当前社会抑郁症高发，心理健康受到重视

在现代社会，人们工作、生活的压力增大，常常产生抑郁情绪。2021 年 3 月，中国科学院心理研究所发布了我国 2020 年心理健康蓝皮书《中国国民心理健康发展报告（2019—2020）》。报告显示，中国抑郁症患病率达 2.1%，约 9 500 万人。"微博""知乎""豆瓣"等各大互联网社交平台上，"抑郁症"、心理健康类相关话题有着十万、百万级别的超高搜索量和讨论量。2020 年，在新冠肺炎疫情的影响下，很多人陷入恐慌、焦虑的情绪中，心理健康再次引起人们的高度重视，专业的心理疏导和治疗越来越为人们所需要。

与此同时，报告还显示，与 2008 年的调查相比，2020 年国民心理健康意识显著增强。2020 年，94% 的调查对象认为心理健康工作是重要的，比 2008 年提高了 6.1 个百分点。在预测未来 5 年心理健康状况的变化时，有一半以上的人认为自己和周围的人在未来 5 年心理健康状况会变好。在针对人们所需要的心理健康知识进行的调查中，选中率最高的选项是自我调节，约占调查对象的 70%。由此可见，大多数人已经意识到心理健康的重要性，对未来的情况有信心，愿意通过自身努力做出积极的改变。同时这也充分表明，当下中国

社会存在着心理学书籍的文化土壤，以解决读者问题为导向的心理自助类图书有着巨大的市场潜力。

2. "原生家庭论"的流行以及自我意识的觉醒

近年来，"原生家庭"受到空前的广泛关注，特别是继《欢乐颂》《都挺好》等国产电视剧大热之后，依托传统大众媒介，比图书传播更快、更广，比互联网使用门槛更低的影视剧似乎越来越多地涉及原生家庭的讨论，如近两年《我的姐姐》《隐秘的角落》等。无论是以《奇葩说》《圆桌派》为代表的语言文化类综艺节目，还是以李玫瑾、董卿为代表的名人明星、自媒体博主等都曾对原生家庭这一话题进行过探讨，形成了广泛的社会影响。与之相伴的是个体自我意识的觉醒，人们不再只局限于原生家庭，开始从各种关系中寻找独立的自我。"PUA""讨好型人格"等热词在互联网社交平台掀起了讨论热潮。

这充分表明，越来越多的人开始有意识地反思自己的性格、行为、人际关系，并且尝试剖析现象背后的问题根源，关注人格独立和自我成长。

（三）良好的市场环境

1. 同类书竞品少

通过对当当网、京东图书两大主要图书电商网站以及西西弗书店、Pageone、言几又、王府井图书大厦等实体书店所售心理类图书销售情况的调查，笔者发现当前图书市场上心理学类比较畅销的书籍除了《蛤蟆先生去看心理医生》之外，还有《非暴力沟通》《乌合之众：大众心理研究》《自卑与超越》《社会心理学》《天才在左，疯子在右》《别想太多啦》《亲密关系》等。笔者对这些心理学类畅销书进行梳理和比较，发现这些书在表述方式上大多朴实平淡，解释、说理、教化的特征较为明显，而内容却走向学术和鸡汤两个极端。相比之下，《蛤蟆先生去看心理医生》的独特性显得愈发鲜明：找一个小主题，把专业的知识掰开揉碎了融入生动的故事中，带领读者完成一次关乎自身的、轻松的自我疗愈。从这个层面上来看，市场上与该书类型相同、效果相当的竞品图书非常少，这就凸显了该书独特的市场竞争力。

2. 受众阅读对象"精简化"和消费动机多样化

畅销书无疑是一种重要的大众文化产品，它伴随着工业文明产生，在内容上传达了人们的集体潜意识，得到普遍的社会认同和集体共鸣，又在形式上采取通俗化的表现方式，使其易于为大众所接受，具有较强的商业性和模式化的特征。这就决定了畅销书的选题、表达方式和目标设定必须高度符合大众的阅读喜好、习惯与需求。

人们天然地喜欢选择有趣的、浅显的、干货满满的内容进行阅读，希望付出较少的成本（时间、金钱）获得较多的收益（知识、解决方案）。在现代社会，移动互联网的发展进一步加深了这种阅读偏好，短平快、小而精的内容往往更受欢迎。《蛤蟆先生去看心理医生》是一本体量小、切口小、趣味性强，具备很高的易读性的书，但作为一本心理学入门书，它又蕴含着丰富的科学理论，解决了读者关心并且亟待解决的问题，具备不容忽视的社会效益。由此可见，该书从内容到形式都高度符合大众文化的特点，而这本书的内容和语言风格在同类书中又是一种创新，使其具备自身的独特性，这成为该书能够如此畅销的关键因素。

与此同时，大众的消费动机也变得多样化，也就是说，除了图书本身的内容价值之外，其他附加价值也可以触发读者的消费行为，消费的理由变多了。相对于电子书,实体书消费显然能带来更多的附加价值。比如,随着读者阅读行为的社会化、图书消费的场景化,人们购买一本书,不仅仅是为了读完之后从中获取相应的知识信息,还希望参与讨论和互动、拍照,在社交媒体上进行分享来获得满足感。相对于其他大部分实体书,无论是获取使用价值还是附加价值,《蛤蟆先生去看心理医生》需要的时间和金钱成本都是更低的,因此更容易触发读者的消费行为。

(四)出版品牌方的运营

1. 果麦文化的品牌背书

果麦文化成立于 2012 年,全称果麦文化传媒股份有限公司,主营业务是图书策划与发行,后来逐渐涉足影视投资、数字内容、IP开发等业务。其创始人路金波是中国第一代网文作家的领军人物,曾经以"李寻欢"的笔名与宁财神、邢育森并称为"网络文学三驾马车"。自公司成立至今,果麦文化先后出版了《浮生六记》《小王子》《人间失格》、易中天"中华史"系列、《我与世界只差一个你》等畅销书,在文艺、社科、历史、少儿文学等细分领域表现不俗;参与投资了《万物生长》《后会无期》《乘风破浪》《万万没想到》等知名影视剧,与易中天、韩寒、冯唐等作者保持长期的深度合作关系。2019 年,果麦启动了 2040 书店项目,发展自有实体书店。现如今,果麦文化以其丰富的作者资源、优质的产品质量、高超的策划和运营能力积累了一大批忠实读者,形成了鲜明的出版品牌,成为出版业中一股发展迅速的年轻力量。

《蛤蟆先生去看心理医生》的巨大成功离不开果麦文化对其进行的一系列打造。无论是编辑方案、翻译水平还是整体设计,都将这本书原有的价值发挥得淋漓尽致，加之果麦一流的营销推广，该书迅速成为当下最热的心理学入门书。

2. 选择合适的译者，重视书名的翻译

外版书引进，最重要的是找到合适的译者，好的翻译能够在最大程度上还原原文的意思，同时还能对文本进行本土化的润色，为其增光添彩。本书的译者陈赢是上海外国语大学社会语言学博士、上海师范大学英语系讲师，同时也是国家二级心理咨询师。译者的双重专业背景使该书的中译版语言更加流畅、准确，特别是在细节的翻译上更加翔实。同时，译者风趣幽默的语言风格也为文本增添了趣味性。例如："还有一个乐呵呵的怪人，会变戏法，有一次他俩单独在一块时，他居然用屁点火，让蛤蟆吃惊不已。还有个老大叔，脖子上挂着的金表链在大肚腩前晃来晃去，他给了蛤蟆一个金币，还用非常惊悚的方式在蛤蟆腿上捏了一把。"

果麦的成功运营来源于他的用户思维。通过还原读者逛书店买书的过程，它们发现书名是打动读者的第一要素，因此十分重视书名的翻译。该书的英文原版书名 *Counselling for Toads : a Psychological Adventure*，直译为"蛤蟆的咨询：一场心灵的冒险"。直译过来的书名一是冗长复杂，这样一本小而精的图书并不适宜；二是缺少美感，让人没有想要翻开的欲望。经过译者和编辑的反复推敲，最终定为《蛤蟆先生去看心理医生》这个译名，将主人公蛤蟆在人称上进一步拟人化，整个题目既长短适中、概括内容，又兼具童话的美感，可成功吸引读者的注意力。

3. 符合定位的编辑方案

作为一本心理学入门读物，本书的受众是不懂心理学理论的初学者，针对这样的受众，编辑方案的成功在于将该书从体例编排到章节划分都兼顾吸引力和易读性。果麦把目录视作除了书名之外吸

引读者的第二大因素。全书一共十六个章节，编辑给每个章节都设置了高度凝练并极具悬念的小标题，让读者在浏览目录时就对其内容产生浓厚的兴趣。书中蛤蟆的每次咨询都是一个独立的章节，根据不同的内容大意，每个章节长短各异但差量至多不超过 10 页。蛤蟆的每次咨询都卡在合适的节点结束，既包含一定量的新信息，让读者可以从该次咨询中获得思考，又留下了问题，为下一篇设置悬念，让读者忍不住继续读下去。

4. 简洁的封面设计与装帧

图书的封面和封底与书名一样，是吸引读者的首要元素。英文原版 *Counselling for Toads*：*a Psychological Adventure* 的封面色调较暗，一个张着大嘴、抽着烟卷的大腹便便的蛤蟆形象占据整个页面的四分之三。该书的中文版封面由屡获大奖的果麦设计总监董歆昱先生亲自设计。色调选用明快的白色和绿色，蛤蟆的形象以剪影的方式呈现，采用比原版封面图案缩小数倍的尺寸，放在封面的正中央，为页面进行了充分且适宜的留白。整个封面的设计配上小开本的尺寸使整本书显得非常精巧、独树一帜。仔细观察不难发现，中文版封面蛤蟆的形象更加乖巧内向，又有一点忧郁，弱化了蛤蟆的年龄特征和封面形象的视觉冲击。笔者认为这样的改动实际上是对蛤蟆先生内在、自我的彰显，更符合书中蛤蟆先生的形象，也暗示了该书所讲的内容并非仅适用于某一年龄段的读者，心灵的疗愈、自我成长等课题是所有人都可能面临的。

图书的整体装帧采用平装 32 开，用纸是环保的轻型纸。这样的设计既与图书的整体风格相吻合，又方便读者作为口袋书随身携带，利用碎片时间进行阅读。更重要的是，简洁的装帧设计大大压低了图书的成本，不同的销售终端都能够有打折的空间，使读者能以一个较低的价格买到这本书，容易产生物有所值的感觉。

5. 宣传推广

2020 年 7 月 1 日,"果麦文化新品预告"公众号首先在当日的推文中预告了《蛤蟆先生去看心理医生》这本书。该书上市当天,果麦官方微博"知书少年果麦麦"和公众号"2040 书店"对其进行新书宣传,反馈数据亮眼。8 月,著名心理学者李松蔚自发在自己的微博上强烈推荐了该书;小红书博主"昀仔非读 book"的一篇推荐笔记收获了超越其账号往期数据 10 倍的点赞量,爆款笔记"横空出世"。此时果麦意识到该书的专业水平和读者群体可能远超预期,这大大增强了果麦营销团队的信心。

果麦是出版业中最早引入专职信息流投放经理的企业之一,其广告投放策略的精准度超出行业平均水平。该书的畅销潜力显现之后,营销团队充分介入该书的推广工作,建立豆瓣讨论组,维护其活跃度,实时收集优质、真实的读者反馈;邀请优质书评人撰写评论,并在微博、微信平台大量推送,如心理学头部公众号"壹心理"头条推文,《新京报》、凤凰网等权威媒体的书评,"思想聚焦"等微博大 V 的书摘、赠书活动等;还分别联手喜马拉雅和网易蜗牛读书,参与"423 听书节"和"423 共读挑战";发起带话题转发微博参与抽奖活动等。

营销团队意识到传统渠道的销量天花板很快就显现,必须在短视频领域发力,打破该书的增量瓶颈。于是"小嘉啊""哈佛学长 Leo""EMY"等读书博主、知识达人的爆款视频带来了巨大的流量,使该书一时卖到脱销。此外,果麦还邀请到了大量名人和垂直领域 KOL 对该书进行分享和推荐,包括武志红、吴迪等专业学者以及樊登、李思思、董洁、刘媛媛等文化名人。同时,果麦还尝试通过头条号推文带货的形式将渠道继续下沉,撬动大量的新流量。

四、精彩阅读

就这样，在朋友们的一连串电话联络、约定日期、施压恳求之后，蛤蟆来到了一个叫"苍鹭小筑"的大房子。这是一栋四四方方的三层建筑，红砖是柔和的陶瓦赤土色，夹杂着几抹斑驳的黄色。它散发着老建筑的历史气息，似乎存在很久了，看着朴素却实用，像是世代有人居住的样子。

按过门铃后，蛤蟆被带入了一间书盈四壁的房间，房间里有几把椅子，还有一张大书桌，上面摆放着零散物件，还有一颗陶瓷头颅，上面写满了文字，是关于福勒所创的颅相学传说的。

苍鹭走进了房间，他个子很高，看上去富有智慧。他在蛤蟆对面的椅子上坐了下来，道过早安，接着便无声地看着蛤蟆。

蛤蟆早已习惯人们同他说话，正等着苍鹭开启一场冗长的训诫，可什么动静也没有。这一阵沉默让蛤蟆感到血液涌上头部，仿佛房间里的紧张气氛也瞬间加剧了。他开始感到相当不舒服。苍鹭依然看着他，终于，蛤蟆再也忍不住了。

他哀怨地问："你不打算告诉我该做什么吗？"

"关于什么？"苍鹭答道。

"呃，告诉我怎么做才能觉得好受一些。"

"你感觉不好受？"

"是的，不好受。他们肯定把关于我的所有事情都跟你说了吧？"

"'他们'是谁？"苍鹭问。

"哦，你知道的，獾、河鼠他们几个。"说出这几个字时，蛤蟆哭了起来，不快的感受也更汹涌地释放出来。这不快，他竟不知不觉闷在心里很久了。苍鹭依然不语，只把一盒面巾纸推到了蛤蟆这里。

良久，蛤蟆的抽泣渐渐平息，他深吸一口气，感觉好了一点儿。接着，苍鹭开口了。

"你能告诉我，为什么来这儿吗？"

蛤蟆说："我来这儿，是他们让我来的。他们从报纸上看到了你的名字，说我需要咨询。现在我准备好听你的了。不管怎么做，只要你觉得是最好的，我都会照办。我知道他们都是为了我好。"

咨询师在椅子上挪了一下身体。"那么，谁是我的来访者？是你，还是他们？"

蛤蟆不是很明白。

"你看，"咨询师说道，"你的朋友们想让我给你作咨询，以便减轻他们对你的担忧。你似乎也想得到帮助，为的是让他们高兴。所以依我看，你的那些朋友们才是我真正的来访者。"

蛤蟆听完一头雾水，困惑全写在脸上。

"也许我们可以澄清一下现在的情况。"咨询师说道，"这几次面谈，是由谁来支付费用？"

"我早该猜到的，"蛤蟆想，"他就和其他人一样，只关心怎么挣钱。"

"这个你无须担心，"蛤蟆说起这个，竟有几分像从前的自己了，"獾说了，钱的事他会处理好的。你会得到报酬的，完全不用顾虑。"

"谢谢你，但恐怕这样行不通。我建议今天会谈后就结束咨询，就当是一次体验。"咨询师说。

这么久以来，蛤蟆头一次感到愤怒。"听着，"他提高了嗓门，"你不能这么做。你说你是咨询师，我为了咨询来到这里。我坐在这儿等着你跟我说些什么，可你说的居然是我的钱还不管用。到底还要我再做什么才行得通？"

"这是个非常好的问题，我来回答你。"咨询师回应道，"心理咨询向来是一个自发的过程，咨询师和来访者双方都得出于自愿。所以这就意味着，只有当你是为自己而不是为取悦朋友们才想咨询的时候，我们才能真正合作。如果我们约定要合作，就需要拟一个合同，咨询结束时，我会把收据寄给你。你看，这并不是钱的问题。为咨询负责的只能是你，而不是其他任何人。"

蛤蟆的脑子急速运转，虽然没完全理解这一番话的意思，但他意识到一件事：他得为自己的咨询担起责任来。可他又不是咨询师！

同时，咨询师用了"合作"一词，这意味着不管咨询中发生什么，蛤蟆都是主动的参与者。所有这些要求，和他原先打算坐等受教的态度相去甚远。这些想法困扰着他，也让他兴奋。或许，他真的能够靠自己摸索出摆脱痛苦的办法来。

——节选自《蛤蟆先生去看心理医生》第 15~19 页

PRINCIPLES

原 则

RAY DALIO

-美- 瑞·达利欧（Ray Dalio）-著-

瑞·达利欧曾向我提供的非常宝贵的指导和忠告，
你在《原则》一书中都能找到。
——比尔·盖茨

康德在《实用人类学》中对"人是什么"作答："人具有一种自己
创造自己的特性。"但如何在复杂多变的环境和人际关系中
创造出独特完美的自我？《原则》一书对此给出了可行的方案。
——张瑞敏 海尔集团董事局主席、首席执行官

中信出版集团

书名：《原则》　　　作者：[美]瑞·达利欧　　　译者：刘波 等
出版时间：2018 年　　出版社：中信出版集团

一、作者简介

瑞·达利欧，世界顶级投资家，1949 年出生在一个意大利裔美国家庭。达利欧的父亲是一名出色的爵士乐手，母亲是一名家庭主妇。用达利欧的话来说，自己的家庭出身"十分普通"。1957 年，达利欧进入了一家公立学校学习，但是由于不擅长"死记硬背"，达利欧在学校的表现一般。1961 年，达利欧在离家不远处的一家高尔夫球场俱乐部当球童，在此期间买了东北航空公司的股票并获得 3 倍收益，由此开启他传奇的投资生涯。1967 年，达利欧进入长岛大学学习，主修金融学，因为可以自主选择课程，他从曾经的"坏学生"摇身一变成为"尖子生"。1971 年，达利欧以几乎完美的绩点被哈佛商学院录取，毕业后去了一家证券公司做大宗商品业务主管。1975 年，达利欧创办了桥水公司。2008 年，达利欧成功预测金融危机，使得桥水公司在低迷的市场环境中仍然获得了近 10% 的收益，同时也成就了达利欧的投资传奇，诞生了备受金融市场推崇的"全天候策略"。2018 年，达利欧正式成为中国境内私募管理人。

二、畅销盛况

2010 年，达利欧将简略版的《原则》公开发表在桥水公司的网站上，收获了无数企业、管理者和职场人士的好评，下载次数超过300 万次。2017 年 9 月，英文版的《原则》一经问世就引起了美国金融圈的轰动，发售第二天便被抢购一空，成功斩获 2017 年亚马逊、《纽约时报》畅销书总榜第一名，迅速成为超级畅销书。同时，其热度从美国迅速蔓延到中国，以至英文版《原则》的销量创下了亚马逊中国销售总榜前 10 名的记录。译成中文版以后，《原则》一书在预售阶段即冲上了畅销书排行榜。

2018年1月，中文版《原则》正式发布，立即受到了中国金融投资圈人士的广泛关注，甚至在金融界朋友圈开启了强势刷屏模式。在之后的数月中，《原则》一书稳坐各大图书销售榜榜首，并斩获了2018亚马逊中国年度纸质书畅销榜、纸质书新书榜和Kindle付费电子书新书榜三料冠军，成为5年以来首次夺得亚马逊中国年度纸质书畅销榜冠军的经管类图书。上市不足两个月，销量便突破了50万册。截至2018年年底，《原则》已加印10余次，销售码洋也突破了亿元大关。目前，该书的销量已经超过了170万册。

除了170多万册的销售量，这本书也收获了无数好书评选的奖项：豆瓣2018年度图书商业经管类No.1、第一财经"年度人气书籍"、微信读书2018年度好书、彭博新闻社2018年度最佳书籍等。

三、畅销攻略

打造畅销书，是每一个出版人的理想和追求。中信出版集团前总编助理方希曾表示："畅销书对于中信出版社的意义犹如金字塔的两端，品种不过是塔尖而已，为数不多，但其创造的价值恰恰是金字塔的塔基，占绝大部分。"而一本畅销书的诞生，必然是作者知名度、文本内容、装帧设计和宣传营销等多方面因素相互影响、相互作用的结果。本文对现有资料进行整理和分析，将《原则》的畅销攻略详述如下。

（一）极具影响力的图书作者

畅销书研究专家李鲆曾提出一个关于畅销书的"3214法则"，即"一本书能否畅销，除不可测因素外，作者（或主人公）的知名度占

30%，主题（写的是什么）占 20%，品质（写得怎么样）占 10%，另外 40% 是出版商的策划营销功力"。这表明作者的知名度越高，其作品越容易获得更多读者的认可。

本书的作者瑞·达利欧是全球顶尖投资企业家之一，也是全球最大的对冲基金公司——桥水公司的创始人。达利欧出生于美国纽约一个普通的中产阶级家庭，12 岁时买下人生第一支股票并大赚了一笔，22 岁时考上了哈佛大学商学院，26 岁时被辞退后在自己的两居室公寓内创立了桥水公司。经过 40 多年的发展，现在桥水公司管理资金超过 1 600 亿美元，成为世界上规模最大、最赚钱的对冲基金，位列美国最重要的私营公司榜单第 5 名（《财富》杂志）。达利欧也被视为世界 100 位最具影响力人物之一（《时代周刊》），并跻身全球富豪榜前 100 位之列（《福布斯》）。由于他独到的投资原则改变了美国乃至整个世界的基金行业，美国 CIO 经理人杂志称其为对冲基金"教父"、投资界的"史蒂夫·乔布斯"。

在注意力经济时代，"名人效应"已经成为推动名人书畅销的重要保证。瑞·达利欧这一名字对于普通读者来讲可能并不熟悉，但是他在财经领域尤其是创投圈可谓是风云人物，拥有着极高的知名度与巨大的影响力。作者达利欧的名气使得《原则》一经问世就受到了金融投资圈的广泛关注。

（二）丰富翔实的文本内容

内容是图书的核心和灵魂。高质量的内容是图书赢得读者的关键，也是其成为畅销书最基本的要素。笔者认为，几乎可以用"倾囊相授"来形容《原则》这本书的内容。

全书分为三个部分：第一部分讲述了达利欧的人生历程，分享了他的投资、成家和创业经历，以及不同阶段对于人生的解读与思考；第二部分和第三部分分别阐述了达利欧的生活原则和工作原则，从多个角度分享了他在为人处世与投资管理方面的经验和教训。

在《原则》中，达利欧根据几十年来的投资经历，总结出 21 条高原则、139 条中原则和 365 条分原则，并将工作和生活紧密结合起来，运用金融投资方面的知识来隐喻人生的真正意义，并通过翔实的案例原则告诉我们：不断地总结原则能够帮助我们不断地达成目标。这本书所阐述的生活原则和工作原则，是达利欧历经几十年投资市场的血雨腥风锤炼而成的，是达利欧多年来世界观和人生智慧的总结，具有很强的实用性和可读性。它不仅适合西方读者阅读，也适合中国读者阅读，不仅是金融圈人士的必备读物，也是其他行业管理层提高管理能力和普通大众读者提高自身素质的必读书目。

诚如这本书的书名而言，《原则》是一本有原则的好书。作者达利欧并没有为了销量一味地迎合读者的观点，也没有利用各种噱头吸引读者的注意力，而是坦诚地将他毕生所学提炼成一系列实用的原则，以飨读者。正如比尔·盖茨所说，"瑞·达利欧曾向我提供的非常宝贵的指导和忠告，你在《原则》一书中都能找到"。

（三）极简轻奢的整体装帧设计

图书的价值主要体现在内容方面，但是优秀的装帧能够为图书内容加分。日本著名书籍设计大师杉浦康平就图书的装帧设计发表了自己的看法，他认为"一本书不是停滞在某一凝固时间的静止生命，而应该是构造和指引周围环境有生气的元素"。

1. 外部装帧设计

凡事都要把握好度，过犹不及，图书设计亦是如此。在封面设计上，出版社沿用了原版极简的设计风格，仅使用了黑、白、红三个色调，书名十分醒目。在材质选择上，内文采用了纯质纸，封面则选择了高级唯美装帧布，用精装工艺缓和了极简主义设计所造成的冲击力的缺失。在腰封设计上，采用白色宽腰封，与黑色封面产生了强烈的对比，给读者带来视觉冲击。面封推荐语是由美国顶尖企业家比尔·盖茨和我国顶尖企业家张瑞敏撰写的，底封推荐语则由常振明、朱民和高西庆等著名企业家及金融专家撰写，而腰封内折页上则展现了关于作者的信息，这样的腰封信息使该书更加具有可信度和说服力，可以吸引读者眼球，引发其购买和阅读的欲望。

2. 内文版式设计

在版式设计上，图书内文采用黑色和红色双色印刷，重点语句加粗或者标红序号，必要之处配以简单的线条图，章节页则采用红色黑字或红底白字的形式。这种做法既便于读者抓住书的筋骨脉络，快速掌握重点内容，又可以帮助读者读完此书后回顾书中要义。简约疏朗的版式更加能够引起读者对文字和图片的视觉凝聚力，从而增加了读者的阅读体验感。同时，这本书特意加入了黑红两条丝带，与其内文黑色和红色的排版样式相搭配。由于市场需求巨大，本书上市后经历了数次重印。在此情况下，为了追求高品质，出版社仍然没有去掉这两条书签带。有不少读者在购买该书后表示"《原则》是一本有自己原则的好书"。我认为，这不仅是对图书内容的评价，也是对图书装帧设计的评价。

（四）精准有力的宣传营销

策划一本超级畅销书的关键有三点，即内容优质、装帧精美和宣传到位。在信息大爆炸的互联网时代，"酒香不怕巷子深"已经成为过去式。在"酒香也怕巷子深"的年代,图书的内容质量固然重要,但是宣传营销的重要性也不可忽视。在《原则》这本书的宣传和推广方面,策划人做的第一步是把作者当作一个超级 IP 来运作,同时将该书作为一个超级重点项目,尽力将宣传营销做到极致。

1. 前期宣传工作为销售做铺垫

目前,微信已经成为人们使用频率最高的社交软件之一。与传统的推广方式相比,利用微信公众号进行推广,信息内容被用户获取的可能性会大大增加。在《原则》一书正式出版前一个月,出版社就开始邀请微信公众号大 V,以及知名财经类和科技类微信公众号对该书进行宣传。如猎豹移动董事长傅盛发布推文《自我进化是一切》,阅读量突破百万。正和岛发布推文《曾犯错公司只剩一人,今管理 1500 亿财富,秘诀竟是"超级现实"》,阅读量突破 5 万。华尔街见闻发布推文《〈原则〉译者独家解读:无知是一种优势》,阅读量破万。另外,财富中文网发布了 2018 年必读书单,其中推荐了《原则》一书。这些文章一经推送,人们便纷纷将其转发到自己的微信朋友圈,这使得此书即将面市的消息迅速传播开来。

2. 作者巡回演讲引发销售热潮

2018 年 2 月,《原则》上市近两个月,出版社邀请作者瑞·达利欧开启了 4 天两地的巡回演讲。2 月 26 日,达利欧在北京发表了以"我的生活和工作原则"为题的演讲。2 月 27 日,达利欧在《财富》杂志举办的"瑞·达利欧:看中国、看市场、看投资"见面会上发表了以"投资的圣杯"为题的演讲。2 月 28 日,达利欧来到上海,在华尔街见闻举办脱口秀"见面"活动中向中国投资者分享了经济学和投资原则,并与高毅资产董事长邱国鹭进行了深度交谈。3 月 1 日,达利欧与我国知名投资人徐新展开了一系列精彩的对话。

包括中信出版、吴晓波频道在内的多家微信公众号都在第一时间发布了瑞·达利欧的演讲全文，收获了相当可观的阅读量。如吴晓波频道发布了题为《达利欧：一切解读都不及作者自己用 16 页 PPT 彻底讲清〈原则〉》的文章，阅读量迅速突破 10 万。随后，笔记侠发布的《傅盛：这本决策圣经我在公司内部已经分享过 10 遍》阅读量达 6 万，傅盛发布的《开放比勤奋更重要》阅读量近 10 万。与此同时，《财经》杂志、秦朔朋友圈、点拾投资等一大批传统媒体和新媒体推荐该书的文章不断涌现。4 天两地的巡回演讲帮助达利欧和《原则》收获了超过 2 000 万次的中国主流人群的关注，由此，《原则》迎来了又一轮的销售高潮。

3. 意见领袖推荐促进图书销售

意见领袖，是人群中首先或较多接触大众传媒信息，并将经过自己再加工的信息传播给其他人的人。由于意见领袖在所处行业、领域中的权威性，信息传播流到达意见领袖后，再由意见领袖传达给大众，能够使得信息内容更具说服力和可信度。

在专家推荐方面，策划人并没有完全考虑财经圈内部人士，而是选择了许多著名企业家和互联网产业领军人物。《原则》一书出版前后，微软联合创始人比尔·盖茨、海尔集团创始人张瑞敏、SOHO 中国联合创始人潘石屹、中信集团董事长常振明、中粮集团董事欧阳谦、INB 资本合伙人李笑来、华尔街见闻 CEO 吴晓鹏、财经作家吴晓波、得到 App 创始人罗振宇等知名企业家和商界名流都给予了该书极高的评价，纷纷向公众推荐此书。众多意见领袖的推荐也促进了该书的销售。

4. 延伸产品开发推动持续销售

中信出版集团自成立以来，依托于母公司中信集团在金融财经领域的丰富积淀，成为我国最早引进经济管理类图书的出版社，并且凭借极强的内容发掘和版权获取能力逐渐成为我国经济管理类图书的出版龙头。近年来，中信出版集团打造了如《基业长青》《谁说大象不能跳舞》《竞争论》《伟大的博弈》《长尾理论》《黑天鹅》《滚雪球》《思考，快与慢》《大繁荣》《从0到1》《货币战争》《灰犀牛》《爆裂》等一系列经济管理类爆款图书，积累了极其丰富的版权运营经验。

在《原则》成功出版发行后，桥水公司官网发布了《原则》的动画短片，将书中核心内容提炼成一部28分钟的迷你探险动画，帮助读者了解达利欧的成功原则。2019年3月，中信出版集团出版了达利欧的另一部著作——《债务危机》，讲述了达利欧应对三次债务危机的原则。2020年3月，中信出版集团出版了《苏世民：我的经验与教训》，解密了另一位华尔街投资巨头——作为黑石联合创始人之一的苏世民的成功法则，同样引起了金融投资领域的高度关注。并将《原则》和《苏世民：我的经验与教训》组合成套装进行售卖，以"看桥水，读黑石，读懂华尔街投资巨头的传奇人生"为宣传点，赢得了广大读者的喜爱。2020年6月，中信出版集团出版了《原则（绘本版）》，以简单易懂的语言帮助孩子们用更广阔的视野去看待生活。此外，中信出版集团计划于2021年上半年出版达利欧新作——《变化中的世界秩序》（暂定名），以全新的视角解读当今世界的变化，相信也能获得不错的销量。《原则》一书的畅销带动了这一系列图书的出版，而这些图书的出版也反过来带动了《原则》的持续销售，形成了图书销售的良性循环。

四、精彩阅读

2.7　理解你和其他人的"意境地图"与谦逊性

有的人很擅长自己把问题和解决办法搞明白，这样的人拥有良好的"意境地图"。也许他们通过学习掌握了这种能力，也许他们天

生就富有理性和常识。无论
是哪种情况，他们自己找到
解决方案的能力更强。同时，
还有一些人比其他人更谦逊，
头脑更开放。如果谦逊能引
导你找到比自己想出来的更
好的解决办法的话，就可以
说谦逊比拥有良好的"意境
地图"价值更大。既头脑开

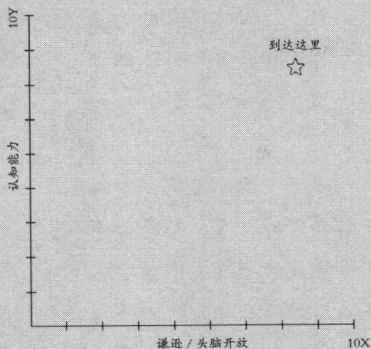

10Y

到达这里
☆

认知能力

谦逊/头脑开放　　　　　10X

放又拥有良好"意境地图"的人是最强大的。

　　为了说明这个简单的概念，我们可以画一个坐标系，Y 轴代表
一个人的"意境地图"（换句话说就是认知能力），X 轴代表一个人
谦逊和头脑开放的程度，从 1 到 10 依次增强，如上图所示。

　　所有人一开始都位于左下方，"意境地图"不好，头脑也不开放，
而大多数人一生都会悲剧性地、顽固地留在那个位置。你可以沿着 Y
轴进步（通过学习如何更好地做事），也可以沿着 X 轴进步。这两种
方式都能增强你认知和解决问题的能力。如果你的"意境地图"好而
头脑不够开放，这也不错，但不能说太好，你仍将错过很多有价值的
东西。类似地，如果你头脑很开放而"意境地图"不好，你或许将难
以选择正确的人来请教，难以选择正确的观点来借鉴。既有良好的"意
境地图"又有开放的头脑的人，总是可以击败不是两者皆有的人。

　　现在花点时间来想想你应该走哪条路来增强自己的能力。你觉得
自己处在这个坐标系的什么位置？也问问别人他们觉得你在什么位置。

　　一旦你明白自己的短板在哪里，并变得头脑开放，从而可以得
到其他人的帮助，你将会发现，你几乎没有实现不了的东西。

——节选自《原则》第 179~181 页

4. 任何组织或机构若想正常运转，其工作原则必须与其成员的生活原则相契合

我的意思不是说方方面面都要保持一致，而是必须在最重要的事情（例如所从事的工作以及彼此之间的相处）上相契合。

如果一个机构的员工感受到这种工作原则和生活原则的一致性，他们就会珍惜彼此之间的相处，从而和谐地共事，这种文化将渗透到他们所做的每件事情中。如果他们感受不到这种契合，工作的目标就会出现差异甚至冲突，他们会对彼此如何相处感到困惑。因此，每个机构，包括公司、政府、基金会、学校、医院等，都应当明确、清晰地阐明其工作原则和价值观，并持续贯彻下去。

工作原则和价值观并不是像"顾客至上"或"争取做行业龙头"那样含糊不清的标语口号，而是一系列具体的指南，每个人都能看懂、遵循和践行。这部分我们将从生活原则转向工作原则，重点阐述我们在桥水是如何把两类原则有机统一起来的，及其对我们的工作业绩产生了怎样的影响。但首先，我想先介绍一下我对机构的看法。

一个机构就像一部机器，主要由两组部件构成：文化和人。

二者之间相互产生影响，因为机构的人塑造了机构的文化，而机构的文化决定了机构选用什么样的人。

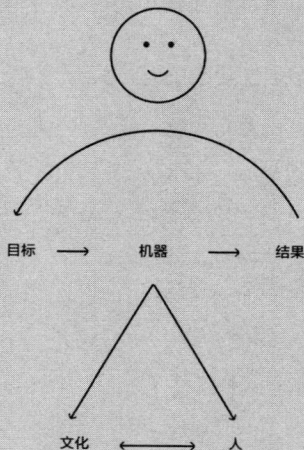

a. 优秀的机构拥有优秀的人和优秀的文化。能够持续进步改善的公司同时拥有优秀的人和优秀的文化。没有什么比获得优秀的文化和优秀的人更重要，也没有什么比这更难。

b. 优秀的人具备高尚的品格和出色的能力。我所说的高尚的品格，是指能够实事求是、开诚布公，致力于所在机构的事业；出色的能力，是指他们具备能力和技艺，能够出色地完成工作。只具备其中一种素质的人是危险的，不应留在机构里，而同时具备两种素质的人则难得一遇，必须倍加珍惜和善待。

c. 优秀的文化不掩盖问题和分歧，而是公开妥善解决，喜欢让想象力驰骋且愿意开创先河，这样能够实现与时俱进。桥水的做法是创意择优，通过极度求真和极度透明，努力从事有意义的工作，建立有意义的人际关系。我所说的有意义的工作，是指人们有激情去投入的事业；有意义的人际关系，是指相互之间能够真心相互关爱（就像一个大家庭）。我认为这两个方面是相辅相成的，而做到极度求真和极度透明，则使工作成就和人际关系都能不断精进。

通过对这部机器的持续跟踪分析，管理层可以将运转结果与目标进行客观的比较，以使其更有效地运转。如果结果与目标不一致，要么是机器设计有毛病，要么是操作机器的人有问题，需要进一步诊断以修改完善。正如第二部分"生活原则"中所提到的，这最好经由五步流程实现：（1）设定清晰的目标；（2）找出妨碍目标达成的问题；（3）诊断出机器的什么部分（哪些设计或哪些人）运转不正常；（4）设计修改方案；（5）采取必要的行动。对一个机构来说，这是最快、最有效的改进提高方法。

——节选自《原则》第302~306页

万历十五年

黄仁宇 著

黄仁宇作品系列

书名:《万历十五年》　　　作者:[美]黄仁宇
出版时间:1997年　　　　出版社:生活·读书·新知三联书店

一、作者简介

黄仁宇（1918—2000），生于湖南长沙，1936 年入天津南开大学电机工程系就读。抗日战争爆发后，先在长沙《抗战日报》工作，后来进入国民党成都中央军校，1950 年退伍。

其后赴美留学，凭在美国陆军指挥参谋学院所修的学分，被密歇根大学录取，以 34 岁的"高龄"从大学三年级读起，先读新闻，后转到历史，1954 年获学士学位，1957 年获硕士学位，1964 年获博士学位。曾任哥伦比亚大学访问副教授及哈佛大学东亚研究所研究员。参与《明代名人传》《剑桥中国史》《中国科学技术史》的集体研究工作。

其作品有：《黄河青山：黄仁宇回忆录》《万历十五年》《中国大历史》《赫逊河畔谈中国历史》《资本主义与二十一世纪》《关系千万重》《地北天南叙古今》《放宽历史的视界》《十六世纪明代中国之财政与税收》等。

二、畅销盛况

《万历十五年》中文版由中华书局 1982 年出版，首印 2.75 万册，很快便销售一空。但中华书局初版的《万历十五年》仅在学术界引起较大震动，并未引起大众读者的注意。截至 2004 年版权到期，中华书局初版《万历十五年》销量达 8 万册。生活·读书·新知三联书店在征得中华书局同意之后于 1997 年出版了《万历十五年》，这成为推动其成为畅销书乃至长销书的起点。从 1997—2008 年的 10 多年间，生活·读书·新知三联书店版的《万历十五年》的销量达到了 42 万册。

随后，中华书局时任编辑徐卫东反思中华书局初版《万历十五年》的缺陷和问题，进行修订再版，于 2006 年、2007 年先后推出中华书局增订纪念本和中华书局增订本，到 2008 年，中华书局增订纪念本销量达 8.5 万册，而中华书局增订本则达到了 8 万册。

生活·读书·新知三联书店版《万历十五年》则一直保持不俗的销售成绩。据责任编辑潘振平回忆："《万历十五年》出版的前几年每年大概有五六万册的销量，后来每年有 1 万多册，这两年又有回升，每年有 2 万册的销量。"到 2017 年 8 月，生活·读书·新知三联书店版《万历十五年》已印刷 51 次，总印数达 136.36 万册。

据中华书局责任编辑徐卫东估计，截至 2018 年，《万历十五年》各版本销量相加可达 300 万册。

2020 年，生活·读书·新知三联书店版平装本《万历十五年》仍常驻京东历史类畅销书排行榜前 10 名，其他版本的《万历十五年》也均稳居京东图书历史类畅销书排行榜之上。北京开卷数据显示，2020 年，生活·读书·新知三联书店版《万历十五年》年销 16 万余册，2015—2020 年，总零售销量超过 79 万册，并且稳居学术文化类畅销书榜单前 30，近年来虽有下降趋势，但销量仍然可观。

另外，1993 年，《万历十五年》的台湾版经由《食货》半月刊主编、胡适的学生陶希圣主持的食货出版社出版。此书一经出版，便在台湾市场赢得了一大批读者的好评。之后的 8 年时间里，《食货》初版印了 25 次。改版后，又有印刷 50 多次的纪录。

而在国外，《万历十五年》的英文版——1587：*A year of no significance* 于 1982 年在美国耶鲁大学出版社出版，并在 1982 年和 1983 年两次被提名为美国图书奖历史类好书。随后，日文、韩文、法文、德文等译本也相继出现。

三、畅销攻略

（一）具有开创性的时代意义

20世纪80年代初，我国刚刚结束"文革"，学术界尚处于恢复期。自中华人民共和国成立后，历史研究逐渐呈现出一种僵化、沉闷的程式化局面，对于重要历史人物、重要历史事件都出现一种近乎公式化、脸谱化的分析和解释，历史学研究难以为继。然而，新的历史研究方法尚未出现，历史研究的前路在哪尚未可知。而且对于国外学术作品的引进也还存在困难，很多出版社对于学术作品的引进过分谨慎。因此《万历十五年》的出版迅速引起了学术界的广泛关注，在很大程度上活跃了研究学者的思维，拓宽了我们看待历史、观察社会的眼光，为僵化的历史研究领域注入了活力。

（二）文本自身的独特魅力

1. 黄仁宇的"大"历史观呈现独特的历史研究视角

所谓"大历史观"，在黄仁宇看来则必须具备国际性，"从技术上的角度看待历史"，要将历史的基点推后三五百年才能摄入大历史的轮廓。而在当时，不论是国内国外，以"大历史"的角度来进行历史研究都是绝无仅有的。在国内，旧有的历史写作方式更接近于教科书，从定义出发，单一地进行史实的堆叠和陈述。而在国外，例如美国的汉学界，都更加注重分析，而非综合，无数学者都是带上了显微镜的眼光，而非望远镜的视角。而作者的意图是通过"大历史观"来更加全面、立体地勾勒历史全景，从而能够深入历史情境之中，更加客观地看待历史。这样的写作更容易化除文化冲突与隔膜下形成的刻板成见，更有利于增进东西方文化的深入交流。

作者的大历史观的形成主要依托于他丰富的生活经验和人生阅历。黄仁宇在《〈万历十五年〉和我的"大"历史观》一文中提道："我的经验，是几十年遍游各地，听到不同的解说，再因为生活的折磨和煎逼，才体现出来的。"作者从小受到的教育是传统史学，后又步入大学学习电机工程等西方技术。在抗战期间辍学从军，从军期间接触国民党右派人士的同时也结识了共产党"左"派人士。后赴美学习期间，又为了生活四处做工，完成学业已到不惑之年。而如此丰富的人生阅历使他注定是一个与众不同的历史学者，一方面，使得黄仁宇保持自身独立思考而不致陷落于传统历史研究的窠臼；另一方面，又使他能够以更加包容、开放的视角来看待历史。

因此，黄仁宇的大历史观无疑是历史学术研究的一个全新的视角，虽然这样的视角在一开始会遭到学界的怀疑和抵制，但还是会为人们提供一个思考的角度，在历经岁月冲刷之后熠熠闪光。

2. 文学化的历史叙述方式扩大目标读者人群

学术类书籍之所以长期被人们看作是曲高和寡，原因之一便在于其语言晦涩难懂，专业性强，阅读门槛高，无法适应大众阅读的需求。文学化的叙述方式的优势在于适当弱化内容的专业性，而增强文本的故事性，使内容更加容易引人入胜，引发人们的阅读兴趣。

《万历十五年》的开篇即可窥见该书所呈现的文学性：

公元 1587 年，在中国为明万历十五年，论干支则为丁亥，属猪。当日四海升平，全年并无大事可叙，纵是气候有点反常，夏季北京缺雨，五六月间时疫流行，旱情延及山东，南直隶却又因降雨过多而患水，入秋之后山西又有地震，但这种小灾小患，以我国幅员之大，似乎年年在所难免。只要小事未曾酿成大灾，也就无关宏旨。总之，在历史上，万历十五年实为平平淡淡的一年。

这一段落通过平淡的文字陈述了万历十五年不是特别的一年，回扣题目的同时，却又布下悬念，读者在平淡的文字中似乎又嗅出一丝深沉阔远的历史味道，让这部历史学术著作透出一丝兴味。

除了语言的通俗化表达之外，本书的叙述结构也颇有特点。黄仁宇选择了万历十五年作为本书的原点，又设定万历皇帝朱翊钧，两任首辅张居正、申时行，清官楷模海瑞，抗倭名将戚继光以及明末思想家李贽为六条线，由此张开一张大网，将明朝的政治结构、经济制度、思想发展网罗其中。仅从万历十五年一个点，作者便辐射出明朝中后期一幅涉及政治、经济、思想文化的完整图景。

同时，对于故事的编织，该书也极具特色。本书在行文中充满了对于历史时间和人物的细节的描写。通过作者的文字，万历的懦弱、申时行的无奈、海瑞的刚直、戚继光的两面以及李贽的通透穿过时空的隧道在读者眼前徐徐呈现，每一个对于自身悲剧命运的挣扎也由作者的文字娓娓道来，使读者仿佛置身于历史场景中，与历史人物的选择和思考感同身受，带给读者深度的共情体验，也让读者对中国历史不再局限于刻板的历史课本上，而是产生了更加充满想象力的深度思考和感受。

而作者这种对于历史学术研究成果的文学化处理，实际上是将学术成果通俗化。这种学术成果通俗化是将学术阅读的门槛降低，将普通读者纳入了目标读者的范围，这才得以使明史摆脱上层教科书的命运，得到大众的认可。

（三）编辑对稿件的修改和润饰提高了文本的品质

1. 编辑眼光独具，用心打磨

《万历十五年》的稿件从接稿到出版用了将近 3 年的时间，而它的出版过程经历了重重困难。据中华书局当时负责《万历十五年》的编辑傅璇琮回忆，当时的稿件问题不大，但出于当时社会环境的原因，编辑还是不敢过分肯定，并提出了一些后来被称作"鸡蛋里挑骨头"的问题，并在最后提出的审稿意见里说明："鉴于作者系美籍学者，出不出此稿，可能有政治影响，因此要慎重考虑。"并提出建议，请别的同志"再审阅一遍，共同商量一下"。足可见当时审稿之严苛与谨慎。当时中华书局的一位领导，甚至一度将此书稿批为"不宜接受"。幸亏时任中华书局副总编的赵守俨先生同意出版，而且他还认为稿件中"涉及现实问题之处，似乎在提法上并没有什么大问题"，在文字润饰上"不必改变原来的写法和文风"。可见赵守俨先生在当时眼光独具和胆识过人。

同时，编辑与作者始终保持良性沟通，也是使稿件得以不断完善的重要原因。当时作者黄仁宇身居美国，与中国大陆的通信交流十分不便，但编辑仍然没有懈怠，时刻与作者保持沟通。在稿件的编辑过程中，编辑并不回避自己的看法，又充分征求作者的意见。在稿件的审核与修改的过程中始终保持作者与编辑的良性沟通，才能让作品不断完善。作者也充分尊重编辑，认真地回复编辑的每一条建议和想法。正是因为编辑与作者双方都彼此尊重，才让这本仅20万字的作品，经过作者和编者细致的打磨，慢工出细活，成为历史学经典著作，并在出版近40年来仍畅销不衰。

2. 翻译尊重作者，保持原作风格

对于国外引进作品，原文的翻译至关重要。尽管《万历十五年》的作者是华裔，但却同样面临着翻译的问题。《万历十五年》一书的原稿是黄仁宇在完成英文版写作之后，自己译成中文的。关于这一点，黄仁宇也曾在自序中提到过："本书由英文译为中文的，因为国内外情况的差别，加之所译又是自己的著作，所以这一翻译实际上是一种译写。笔者离祖国已逾三十年，很少阅读中文和使用中文写作的机会，而三十年来祖国的语言又有了不少的发展，隔膜很多。"因此，原稿在遣词造句上存在很多问题，既拗口又难懂。面对这一问题，中华书局编辑决定请沈玉成先生来对全书进行文字加工润色。沈玉成先生在中国社会科学院文学所从事于古代文学研究，他既通史实，又相当有文采，非常适合从事《万历十五年》稿件润色修改工作。

不仅如此，沈玉成先生在进行稿件修改的过程中还与编辑一起订下改稿的四条原则：（1）保持原作的论点和材料；（2）尽可能保持作者原有的文字风格，即文言白话交融，具有某些幽默感的语言，同时又希望在一定程度上保持译文的意味；（3）对某些语意不甚明了的，或并非必要的词句稍作删节；（4）个别段落稍作调整。编辑还向作者充分说明："润色稿如您认为有不妥之处，请径加改正。"这样，文本的翻译工作一方面尊重了作者的原著，保持文本的风格，另一方面又实现了作品的优化和增值，提升了作品本身的出版价值。

（四）长期的系列化营销充分延长图书生命期

1. 生活·读书·新知三联书店的系列化营销形成群体效应，扩大了品牌知名度

生活·读书·新知三联书店前总编辑曾就三联书店的选题策划问题提出"以作者为中心"的观点，其意在要充分利用作者资源，以作者为中心打造出版品牌。

生活·读书·新知三联书店早在1992年开始接触作者黄仁宇，并拿到了《赫逊河畔谈中国历史》的中国大陆出版权。时任总经理沈昌文在与黄仁宇谈出版其系列作品的事宜，得知《万历十五年》的版权在中华书局手中。后来的总经理董秀玉与中华书局谈，才获

得了《万历十五年》的出版权。之后，生活·读书·新知三联书店将《万历十五年》与黄仁宇的《中国大历史》《资本主义与二十一世纪》《赫逊河畔谈中国历史》等其他著作做成系列产品，形成了群体效应。当时的生活·读书·新知三联书店《万历十五年》的编辑潘振平说："因为《万历十五年》只讲明朝的后期，而那几本都比较宽泛，都是说古论今，历史表达比较完整。这样，4本书在一起，有群体效应。按出版的行话，就是扎堆卖。"因此，三联书店通过风格统一的装帧形式分别推出了平装版和精装版，精装版还推出了套盒装捆绑销售，采取了系列化的发行营销策略。正是这样的一种营销策略，使得黄仁宇系列作品均取得了不错的成绩。截至2008年，在黄仁宇的系列作品中，《万历十五年》销售了42万册，在此先后出版的《中国大历史》售出了36万册，《资本主义与二十一世纪》和《赫逊河畔谈中国历史》则分别销出了20万册。

2. 图书顺应时代变化，不断更新再版

《万历十五年》自1982年在中华书局首次出版距今已近40年了，但《万历十五年》却在一直随着时代发展的脚步不断革新。

1982年，中华书局的第一版在装帧、用纸上不够用心，甚至在书的封面上没有作者的署名。就在出版两年之后，中华书局再次出版，增录了黄仁宇的《〈万历十五年〉和我的"大"历史观》一文和两段附录。

1997年，生活·读书·新知三联书店的《万历十五年》在内容上虽和中华书局的增录版一样，但已经在装帧、用纸和开本上远胜过中华书局的版本。

2006年，中华书局分析初版《万历十五年》的不足，续签版权，推出新版《万历十五年》。新版《万历十五年》分增订本和增订纪念本。增订本是原有版权的延续，只是重新做了校订和装帧。增订纪念本则是一个全新的版本。这一版本不仅在装帧上下了大功夫，精心选取了反映明代以文统武特质的《平番得胜图》作为封面，而且在内容上也做了补充和修订，加入了黄仁宇《1619年的辽东战役》等四篇具有补充意义的文章，还增入了30余幅历史图片，其中包括11幅彩图。

当然，生活·读书·新知三联书店版《万历十五年》也在不断革新，不仅在2006年出版了新版，对内容进行了修订，并在2015年推出精装本，以不断适应读者逐渐提高的审美品位和阅读需求。

3. 依托出版单位的学术声望

不论是中华书局还是生活·读书·新知三联书店，它们都是在国内长期从事学术文化类图书出版的出版机构。它们不仅有专业的出版精神不断传承，而且长期以来所出版的图书品质有目共睹，不仅对内容要求严格，而且在装帧上也追求品质，自成一体。因此，两家出版社具有极高的社会评价，得到了无数学者和读者的充分认可。

尤其是生活·读书·新知三联书店，它在长期的历史积淀中形成了独特的学术文化出版风格，就在于其所出版的图书的思想价值和人文精神。生活·读书·新知三联书店出版学术著作确定的口号是"学术中的思想，思想中的学术"，其选取的内容都具有深刻的思想性，这一出版特点自然与《万历十五年》的作品定位不谋而合。因此，《万历十五年》能够畅销在一定程度上是契合了出版单位长期以来的出版基调，借助了出版社积累的品牌知名度的支撑，更容易被读者关注、信赖，认为此书值得一读。

4. 基于长期积累的品牌影响力下进行持续营销

《万历十五年》在出版近40年中一直畅销不衰，还有一个原因在于它基于自身已有的影响力形成的持续营销。作为历史学的一本经典著作，《万历十五年》本身具有很高的历史学术价值，读者对它也有一定的认知度。基于此，一方面，出版单位积极与新的媒体形式合作，扩展媒介形式。例如，中华书局与得到合作，推出《万历十五年》有声书，并推出相关的课程。另一方面，社会媒体的自发宣传也进一步巩固了《万历十五年》在社会中的影响力。例如，2017年热播的《人民的名义》中反派角色高育良借《万历十五年》来暗示当代官场，再度引发对于《万历十五年》的思考和讨论，并带来销售热潮。而在《一本好书》第一季中，王劲松等一干演员通过舞台表演的形式向读者分享了《万历十五年》，也让《万历十五年》再一次走进观众视野。凡此种种，都在一定程度上延伸了《万历十五年》在图书市场上的生命期，使得《万历十五年》成为图书市场中的长销书，并能够保持在历史文化类图书中的畅销地位。

四、精彩阅读

公元1587年，在中国为明万历十五年，论干支则为丁亥，属猪。当日四海升平，全年并无大事可叙，纵是气候有点反常，夏季北京缺雨，五六月间时疫流行，旱情延及山东，南直隶却又因降雨过多而患水，入秋之后山西又有地震，但这种小灾小患，以我国幅员之大，似乎年年在所难免。只要小事未曾酿成大灾，也就无关宏旨。总之，在历史上，万历十五年实为平平淡淡的一年。

既然如此，著者又何以把《万历十五年》题作书名来写这样一本专著呢？

1587年，在西欧历史上为西班牙舰队全部出动征英的前一年。当年，在我国的朝廷上发生了若干为历史学家所易于忽视的事件。这些事件，表面看来虽似末端小节，但实质上却是以前发生大事的症结，也是将在以后掀起波澜的机缘。其间关系因果，恰为历史的重点。

由于表面看来是末端小节，我们的论述也无妨从小事开始。

这一年阳历的 3 月 2 日，北京城内街道两边的冰雪尚未解冻。天气虽然不算酷寒，但树枝还没有发芽，不是户外活动的良好季节。然而在当日的午餐时分，大街上却熙熙攘攘。原来是消息传来，皇帝陛下要举行午朝大典，文武百官不敢怠慢，立即奔赴皇城。乘轿的高级官员，还有机会在轿中整理冠带，徒步的低级官员，从六部衙门到皇城，路程逾一里有半，抵达时喘息未定，也就顾不得再在外表上细加整饰了。

站在大明门前守卫的禁卫军，事先也没有接到有关的命令，但看到大批盛装的官员来临，也就以为确系举行大典，因而未加询问。进大明门即为皇城。文武百官看到端门、午门之前气氛平静，城楼上下也无朝会的迹象，既无几案，站队点名的御史和御前侍卫"大汉将军"也不见踪影，不免心中揣测，互相询问：所谓午朝是否讹传？

近侍宦官宣布了确切消息，皇帝陛下并未召集午朝，官员们也就相继退散。惊魂既定，这空穴来风的午朝事件不免成为交谈议论的话题：这谣传从何而来，全体官员数以千计而均受骗上当，实在令人大惑不解。

对于这一颇带戏剧性的事件，万历皇帝本来大可付诸一笑。但一经考虑到此事有损朝廷体统，他就决定不能等闲视之。就在官员们交谈议论之际，一道圣旨已由执掌文书的宦官传到内阁，大意是：今日午间之事，实与礼部及鸿胪寺职责攸关。礼部掌拟具仪注，鸿胪寺掌领督演习。该二衙门明知午朝大典已经多年未曾举行，决无在仪注未备之时，仓促传唤百官之理。是以其他衙门既已以讹传误，该二衙门自当立即阻止。既未阻止，即系玩忽职守，着从尚书、寺卿以下官员各罚俸两月，并仍须查明究系何人首先讹传具奏。

礼部的调查毫无结果，于是只能回奏：当时众口相传，首先讹传者无法查明。为了使这些昏昏然的官员知所儆戒，皇帝把罚俸的范围由礼部、鸿胪寺扩大到了全部在京供职的官员。

由于工作不能尽职或者奏事言辞不妥，触怒圣心，对几个官员作罚俸的处分，本来是极为平常的事。但这次处罚竟及于全部京官，实在是前所未有的严峻。本朝官俸微薄，京城中高级官员的豪华生活，决非区区法定的俸银所能维持。如各部尚书的官阶为正二品，全年的俸银只有152两。他们的收入主要依靠地方官的馈赠，各省的总督巡抚所送的礼金或礼品，往往一次即可相当于十倍的年俸。这种情况自然早在圣明的洞鉴之中，传旨罚俸，或许正是考虑到此辈并不赖官俸为生而以示薄惩。但对多数低级官员来说，被罚俸两月，就会感到拮据，甚至付不出必要的家庭开支了。

按照传统观念，皇帝的意旨总是绝对公允的，圣旨既下，就不再允许有任何的非议。这一事件，也难怪万历皇帝圣心震怒。因为从皇帝到臣僚都彼此心照，朝廷上的政事千头万绪，而其要点则不出于礼仪和人事两项。仅以礼仪而言，它体现了尊卑等级并维护了国家体制。我们的帝国，以文人管理为数至千万、万万的农民，如果对全部实际问题都要在朝廷上和盘托出，拿来检讨分析，自然是办不到的。所以我们的祖先就抓住了礼仪这个要点，要求大小官员按部就班，上下有序，以此作为全国的榜样。现在全体京官自相惊扰，狼奔豕突，实在是不成体统。

——节选自《万历十五年》第1~3页

书名："大中华寻宝系列"　　作者：孙家裕

出版时间：2012 年　　出版社：二十一世纪出版社集团

一、作者简介

孙家裕，中国台湾地区著名漫画家，1960 年出生于台北，是"漫画中国"系列创始人。1998 年，孙家裕来到大陆，成为较早到大陆寻求发展的台湾漫画家之一。其创作的漫画作品数量已达百部，多次入选台湾地区畅销书排行榜，并授权欧美、亚洲的多个国家及地区，曾荣获中国文化艺术政府奖首届动漫奖"最佳动漫出版物奖"第一名、国家动漫精品工程创意奖、国家动漫精品工程产品奖、全国优秀美术图书"金牛奖"、中国台湾文化类最高荣誉"金鼎奖"等，并入选国家新闻出版广电总局"原动力"中国原创动漫出版扶持计划。孙家裕多年来致力于寻找本土漫画图书的突围之路，以幽默、隽永的故事和鲜活、生动的形象将传统经典用漫画语言表现出来，使年轻读者更容易熟悉经典，接近传统。

二、畅销盛况

"大中华寻宝系列"是一套中国风元素浓郁的原创知识漫画书，由著名漫画家孙家裕编创，二十一世纪出版社集团出版。"大中华寻宝系列"全套共 34 册，2012 年开始出版，目前已出版 27 册，单本最高印数超过 100 万册，全系列累计销售超过 3 000 万册，显示出优质原创内容蓬勃的生命力。值得一提的是，2020 年 5 月《大中华寻宝系列·海南寻宝记》一经上市，就冲破了童书市场新冠肺炎疫情阴霾笼罩的低迷态势，仅 1 个月的销量便突破 40 万册，第 23~25 周连续位居开卷少儿畅销书排行榜第一位，可见"大中华寻宝系列"的品牌形象力之广，读者期待度之高。

从经济效益来看，2018 年，"大中华寻宝系列"发货码洋 1.67 亿元；2019 年，发货码洋达 1.91 亿元；2020 年，发货码洋约达 2.2 亿元。从社会效益来看，"大中华寻宝系列"获得 2020 年度中国版权最佳内容创作奖、2019 年中国出版协会第七届中华优秀出版物（图书）奖、2019 年中国文化 IP "金竹奖"最佳原创作品奖、2018 年度桂冠童书奖、2015 年第三届"少年中国"少儿文化作品漫画银奖等诸多奖项。

目前，该系列图书的版权已输出到东南亚多个国家和地区，将中华大地的人文风情与地理风貌传播至海外，让更多的海外儿童认识中国、了解中国。

三、畅销攻略

（一）内容：扎根中华优秀传统文化，打造少儿文化创意符号

"大中华寻宝系列"的定位是具有浓郁"中国风"的原创知识漫画书，主要读者群体为 7~14 岁的中小学生，该系列通过生动的漫画形象、有趣的故事情节和丰厚的文化底蕴吸引读者，让每一位小读者在阅读中感受中华优秀传统文化的魅力，增加文化认同感，从而树立正确的文化观和价值观。

1. "有用"与"有趣"的完美结合

该书以我国 23 个省、4 个直辖市、5 个自治区、2 个特别行政区为创作背景，以漫画为表现形式，以扣人心弦、引人入胜的寻宝故事为逻辑架构，将祖国的地理风貌、历史遗迹、文化艺术、风味美食、风俗习惯等海量知识点巧妙地融入漫画故事中，为广大读者提供一次知性与感性的纸上之旅（见图 1）。

此外，每个漫画章节后还加入了"顶呱呱的地理常识"知识页，用实景照片、文字资料、示意图等对我国各地区的自然地理和人文

图 1 《大中华寻宝系列·北京寻宝记》漫画页

历史知识进行了生动的讲解和全景式展现（见图 2），拓展了小读者的视野，提高了小读者的人文素养，让孩子们认识到特定地理环境和特定文化之间的联系。

以往漫画书的销售难点是家长和教师认为孩子沉溺于漫画书会使成绩下降，因此反对孩子购买漫画书。而"大中华寻宝系列"却兼具知识性和娱乐性，通过形象生动的漫画与幽默逗趣的人物对话将丰富的地理和历史知识潜移默化地传递给小读者，真正做到了寓教于乐，家长和老师也鼓励孩子看这类漫画书，出版难点由此变成了亮点。

2. "寻宝"故事架构，参与感强

"大中华寻宝系列"采用了少年儿童感兴趣的"寻宝"故事架构，

讲述了一群睿智、机敏的寻宝少年队，联合具有五行属性的千年超能神兽们，游遍祖国各地，展开一次次惊险刺激、扣人心弦的寻宝故事。如在北京破解古老的童谣，寻觅七把钥匙封印的神秘宝藏；在重庆追寻神秘头骨，探寻亚洲古人起源的密码；在浙江搜寻欧冶子的五把稀世名剑和失落的越王勾践的宝藏……以儿童为主角的寻宝故事与其心性相契合，尊重儿童的价值存在，提升了小读者的参与感。古老珍贵的国宝、丰富多彩的风土人情、神秘猖狂的夺宝人、一波三折的夺宝大战，吸引着广大小读者同夺宝少年队一起不畏艰险地踏遍祖国各地，理清线索，分析推理，破解暗码，共同对抗邪恶势力，守护浩瀚的大中华国宝。

图 2 《大中华寻宝系列·北京寻宝记》知识页

3. 灵动传神的人物形象

在"大中华寻宝系列"创作前，主创人员曾多次进行市场调研，在充分理解不同类型的儿童心理的基础上，从儿童的视角出发，为每个寻宝队员赋予了亲切、真实、极富感染力的人格化形象，将每个人物塑造得生动鲜明。米克身手灵活，爱耍嘴皮子，鬼点子很多，是寻宝队的核心人物；月半自称"食神"，食量惊人，胆小怕事，是个贪吃懦弱的小胖子；卡卡是富家子弟，钱多人傻，因拥有一堆信用卡而以"卡神"自居；果果是寻宝队中唯一的女孩，也是米克的"死对头"，她性格直率、正义感强，擅长平板回旋斩；秦博士脾气古怪，知识渊博，很符合儿童心中严肃刻板的班主任形象。这些极具亲近感、感染力、辨识度的卡通形象真实地再现了这群性格迥异、活泼可爱的寻宝队员，极易赢得小读者的好感，激发小读者的共鸣（见图3）。

4. 神兽设定创新，深受孩子喜爱

"大中华寻宝系列"中小读者最喜欢的元素就是神兽。但是，这些神兽并不仅仅是普通的卡通形象，其形象都是从中华文化的图腾里

图3 "大中华寻宝系列"寻宝队员

图 4 "大中华寻宝系列"中的神兽

提炼出来的，神兽的不同属性和超能力则是依据中国五行八卦排列以及相生相克的原理确定的。比如，"第一神兽"——"顶呱呱"的原型为麒麟，属于火系神兽，最拿手的法术是"三昧真火"；"金灿灿"的原型是金鸡，属于金系神兽，最擅长从金怪兽身上获得强大的能量；"慢吞吞"的原型为玄武，属于水系神兽，其绝招是"翻江倒海""落花流水"。这些神奇的属性和超能力不仅为故事增加了神秘色彩，激发了小读者的阅读兴趣，还使整本漫画浸透着浓郁的"中国风"，使中国优秀传统文化元素深入人心（见图 4）。

5. 倡导协作和勇气，贴合人类共同的情感

一本童书要成为畅销书，必然要关注儿童成长中的共性问题，突出作品的思想性和人文关怀，给予小读者正确的指引。而"大中华寻宝系列"在故事中处处展现着热爱祖国、友谊与勇气、正义战胜邪恶等思想。

在寻宝的过程中，寻宝队员们遇到各种困难都没有退缩，而是互相扶持迎难而上。在阅读中，小读者们能够学会如何用智慧来寻

找解决问题的方法，用勇气来面对不可预知的人生道路，用协作来战胜生活中的重重困难。故事中的宝藏也不仅仅是需要传承的传统文化瑰宝，或许创作者想告诉我们：成长为更好的自己才是我们人生中最大的宝藏。

6. 画面精致，有中国韵味

"大中华寻宝系列"在画法上采取写实与抽象相结合的方法，场景更偏写实，人物更偏抽象，既能最大限度地营造场景的真实感，又能使角色有更大的演出余地，虚实结合，从夸张中体现真实。该系列的每一本书都着重体现了不同省份的独特之处，其记载的景致和民俗通过漫画的艺术再现，在保留了其独特韵味的同时还提升了审美趣味。比如，《大中华寻宝系列·北京寻宝记》里描绘了极具老北京特色的胡同和四合院，灰墙朱门，鸟语花香，京韵悠长，不经意间处处显露着古都的文化和生活的睿智。又如，《大中华寻宝系

图 5 《大中华寻宝系列·安徽寻宝记》漫画页

列·安徽寻宝记》里那些灰瓦白墙的徽派民居（见图5）和《大中华寻宝系列·广东寻宝记》里的早茶，写的是家常小吃，画的是平民小院，却时时向孩子们传递着中国优秀传统文化的质朴与温情。在色调上，该系列图书多用红、黄、蓝等较纯的中国民间色，鲜艳明快的色调更符合中国少年儿童的阅读和审美趣味。

（二）质量：严把图书质量关，守住产品生命线

在内容创作方面，本书创作者孙家裕对每本书稿内容的要求近乎苛刻，每个页面都要经过反复打磨和推敲，书稿画好了又全部推倒重来的情况时有发生，而编辑人员从未催促过作者加快创作速度。

在内容审校方面，编辑部门聘请了各省的省级图书馆馆长审稿并作序推荐，保证了图书质量和内容的权威性。同时，还增加了外审校次，聘请专家为每一页漫画内容进行严格把关。比如，为《大中华寻宝系列·新疆寻宝记》聘请了新疆教育工委负责学校图书审查工作的老师，以及新疆大学西北少数民族研究中心专职研究员进行内容审核和把关，专家们对本书进行了10余次集体论证和修改，

图6 《大中华寻宝系列·新疆寻宝记》漫画页

细致到新疆少数民族的马褂和头饰的绘制图案、民族节庆的内容等都经过反复审定（见图6）。

在书籍印刷方面，二十一世纪出版社集团对本系列书建立了印刷质量监督机制，对重印图书进行色彩跟踪，并签署色样，杜绝没有签样就开机印刷的情况，严格把控书籍印刷各个环节，使每批次样书都做到封面和内文人物颜色统一。

创作者的精益求精是本书高质量的基础，编辑部门的严格把关是本书高质量的重要保障，印制部门的质量监督更使本书的内容得到了高质量的输出。各个部门通力合作，共同打造了这样一套经得起读者评价和市场考验的优秀图书。

（三）IP运营：深入挖掘IP价值，打造立体产业链

优质IP不仅是未来图书品牌获得高速增长的核心驱动，也将成为收获消费者的内在文化价值。IP运营要以优质的原创内容为基础，以成熟的品牌形象为依托，充分发挥其高附加值的属性，使其获得最具多样性的呈现及推广，形成品牌联动和产品方阵。"大中华寻宝系列"作为一部原创科普漫画图书，其所拥有的独特漫画元素和优质的原创内容，具有广阔的IP开发空间。

为了使其IP价值得到最大的开发，二十一世纪出版社集团专门成立项目组，打通了编辑生产、营销推广、多媒体互动等环节，把"大中华寻宝系列"当作整体工程去布局，采用了以"大中华寻宝系列"IP打造为核心，将原创IP向全产业链发展的管理模式，不断拓宽产品线：2015年，《大中华寻宝记》小说版问世；2018年4月，《大中华寻宝系列·上海寻宝记》广播剧在喜马拉雅上线；2018年12月，"大中华寻宝系列"同名动画片在央视少儿频道银河剧场首播，其收视率

多日位列全国同时段动漫节目第一名；2020 年科普漫画《恐龙世界寻宝记》加入"大中华寻宝系列"家族；同年，主题 IP 客房也在上海凯悦酒店应运而生，为广大家长及孩子带来一段寓教于乐的亲子欢乐时光。此外，该项目组还有步骤有计划地将 IP 开发延伸至文创周边，以及游戏、儿童用品、文旅行业等相关领域，如打造低幼注音故事、历史寻宝记、手绘地图、脑筋急转弯、立体拼插等一系列衍生产品线，积极推动"大中华寻宝系列"实现纸质图书、影视动漫、游戏小程序、全民阅读推广等业态的互动，使"大中华寻宝系列"成为国内原创知识漫画领域的优质 IP 品牌。

此外，"大中华寻宝系列"IP 开发项目组还将目光投向海外，通过参加国际性的 IP 授权展，将该 IP 向游戏产业及周边商品开发的领域延伸，在国际范围内引爆"大中华寻宝系列"原创 IP。全力助推"大中华寻宝系列"这一传承中华优秀传统文化的大 IP 实现跨越式发展。

"大中华寻宝系列"的 IP 开发模式不仅使产品形态日益丰富、服务模式更加多元，还大大提升了"大中华寻宝系列"的品牌影响力，直接带动了图书的销量，有效延长了该系列的生命周期，使"大中华寻宝系列"朝着品牌化、系列化、产业化的方向快速发展。

（四）营销：全方位立体化营销，丰富品牌内涵

在图书的营销推广方面，二十一世纪出版社集团以全方位、立体化的营销推广方式，全面展开了以"大中华寻宝系列"为主题的线上线下跨界营销，如"寻宝探秘营""中华寻宝大会"线上和线下知识竞赛等。丰富多样的营销活动丰富了品牌内涵，使该系列图书的品牌影响力不断扩大，品牌价值不断积累提升，从而使"大中华寻宝系列"焕发新的生机，不断创造新的销售高峰。

1. 线下营销：活动丰富多彩，成效显著

二十一世纪出版社集团以"大中华寻宝系列"为核心，举办了以弘扬中华优秀传统文化为主题的创意营销活动——"中华寻宝大会"知识竞赛。"中华寻宝大会"以紧贴童书内容的海量知识点为核心，以互动性极强的竞赛抢答为表现形式，受到了小读者的热烈欢迎。目前"中华寻宝大会"已在全国1000多个城市的展会、书店、图书馆、学校举办宣传活动上千场，覆盖读者超过10万人次。例如，2018年7月，第18场"中华寻宝大会"在江苏省第八届书展上举办，"中华寻宝大会"完美契合此次书展主题——"激发阅读需求"，让小读者们在寻宝故事中了解博大精深的中华文化，在知识竞赛过程中激发阅读兴趣，将该系列图书的阅读与现场活动紧密结合在一起，受到了广大家长和小读者的一致欢迎。活动结束后，《大中华寻宝系列·江苏寻宝记》被抢售一空。

此外，二十一世纪出版社集团还在全国范围建立"中华寻宝大会"推广团队，积极拓展阅读资源，开展公益校园行、百城千店大促销、场景化互动体验、"大美中华杯"征文大赛等活动，以全新的阅读分享方式给小读者们带来了崭新的阅读体验，取得了良好的宣传效果。

根据开卷和当当网2018年的统计数据，在"中华寻宝大会"知识竞赛在全国巡回举办的助推下，"大中华寻宝系列"在2018年1月至5月销售了109.2万册，同比增长83.62%，其中，实体店销售同比增长32.43%，网点销售同比增长94.07%，成效十分显著。

2. 线上营销：探索新兴渠道，开展互联网创意营销

二十一世纪出版社集团为"大中华寻宝系列"制定了专门的线上营销策略，以新媒体融合的方式开展互联网创意营销，如"轰炸式"直播、专家知识专栏连载等，以全国新华书店为支点，以线上H5为核心，营销活动贯穿全年，合力引爆畅销产品的市场燃点，进一步

扩大品牌影响力。

首先，发布"中华寻宝大会"线上活动。"中华寻宝大会"微信小程序 2.0 版再度开启在线知识竞赛、有奖征集等活动，为了增强在线答题的吸引力和趣味性，活动设置了体力领取、获取积分和荣誉兑换等功能。在线问答活动结束之后会在所有参加者中评选出前 30名，获奖者有机会参加上海书展的颁奖典礼，交通费和住宿费都由二十一世纪出版社集团承担。

其次，组建了一支由编辑、作家、专家、阅读推广人员组成的营销推广阵营，在当当、京东、天猫等多个电商平台进行直播。例如，《大中华寻宝系列·海南寻宝记》出版后，编辑部与发行公司联合当当、大 V 店及天猫、抖音平台进行了 100 余场直播，总观看人数超过37 万人，带货实洋超过 15 万元，为《大中华寻宝系列·海南寻宝记》带来了更大曝光率。

再次，布局短视频，收割流量红利。团队根据"大中华寻宝系列"的内容拍摄了多个趣味小视频，在抖音等短视频平台推广，在全方位展示图书的同时，还分享了本书的创作历程和创作背后的故事，赢得了更多读者的关注。

最后，积极运营自媒体微信公众号"大中华寻宝记""寻宝战队"，开设专栏并每日更新文章。2018 年至今已更新微信公众号文章 1 000余篇，最高阅读人数超过 10 万，总粉丝数突破 40 万，扩大了该图书品牌的社会影响力。

二十一世纪出版社集团正是充分运用各渠道的整合营销策略，加大线上渠道推广力度，构建立体化营销网，助推"大中华寻宝系列"图书的销量不断攀登新的高峰。

四、精彩阅读

——节选自《大中华寻宝系列·北京寻宝记》第 20~21 页

——节选自《大中华寻宝系列·北京寻宝记》第 14~15 页

中国的政治文化中心——北京

北京市简称京，是中华人民共和国的首都，也是政治、文化和国际交流中心，有着800多年的建都史，更有数不清的名胜古迹和人文景观等等。

北京属于典型的温带季风大陆性季风气候，春秋季节较为短促，夏热冬冷，降水大多集中在夏天，占全年降水量的80%。

▲ 北京市行政区域图

▲ 北京市市花——菊花

世界上最大的宫殿——紫禁城

紫禁城位于北京市区中心，1406年，明成祖朱棣下令建造紫禁城，至1420年竣工。

▲ 太和殿是紫禁城里第一座大殿

▲ 天安门广场是世界上最大的城市中心广场

——节选自《大中华寻宝系列·海南寻宝记》前言

后 记

　　2011年，北京印刷学院的出版专业硕士学位点获批并开始招生。由于它是全国首次获批的出版专业硕士点，当时并没有培养经验可以借鉴，但重在培养和提升学生的专业实践能力这个目标是确定的，于是一些偏重出版实务的课程被列入培养方案，"畅销书策划与出版"就是其中的一门。

　　由于我一直给本科生主讲"畅销书与大众文化"课程，于是被学院指定负责出版专业硕士的"畅销书策划与出版"课程。不知不觉中，"畅销书策划与出版"课程已经开设了十多个年头，每年上这门课的出版专业硕士生也由第一届的16人变成了现在的60人。

　　为了上好这门课，我想了一些办法，其中有两项一直坚持下来：一是定期邀请富有实战经验、出版过现象级畅销书的业界专家进入课堂讲解并与学生交流；二是带领同学们选择他们感兴趣的畅销书开展案例研究。这两种做法极大激发了学生探究畅销书的兴趣和出版畅销书的激情。兴趣和激情是最好的老师，在它们的引领下，每届学生遴选畅销书研究案例时都非常用心，除了考虑个人的畅销书类型偏好，他们还尽力兼顾出版史和阅读史两个视角；撰写畅销书案例研究文章时，他们不仅详细查阅了与研究案例相关的文献资料，有些同学还辗转联系到作者和编辑进行了针对性访谈；选择畅销书

精彩章节摘录时，他们反复阅读文本，努力把研究案例中最精彩的部分摘抄出来进行分享。

岁月无情流逝，一届届同学的畅销书案例研究成果却积累下来，于是就有了这套十卷本《畅销书经典案例研究》。

出版之前，我又一次翻阅了同学们完成的案例文章，课堂上师生围绕畅销书展开讨论的一幕幕场景如在昨日。我们不仅讨论具体的畅销书个案，我们更讨论了畅销书的类型发展、畅销书与常销书、畅销书与社会变迁、畅销书史的撰写，我们也会讨论于殿利先生"要远离畅销书"这句警告背后的深意……经过这些讨论，很多同学具备了"研究畅销书但不耽溺畅销书"研究立场，案例研究的视角也更为开阔深远。现在看来，他们的分析文字有些还尚显武断，有些也陷入了"爱屋及乌"的言说陷阱，但洋溢在字里行间的探索热情如熠熠星光，无疑会照亮后续研究者的前行之路。感谢精心撰写本丛书案例的同学们！

感谢我的研究生李玉雯、许晨露、王敏、郭宏浩、丁超、朱晓瑜、齐倩颖、王静丽、陈怡颖。他们每人负责编选本丛书的一辑，非常认真和高效地开展了案例文章筛选、重新编排和审校等工作。由于一些案例文章撰写时间比较久，有些数据需要更新，他们及时查阅了最新资料并对案例文章做了有效补充。感谢我的学生们！

感谢清华大学出版社的纪海鸿主任。从多年前的确定选题到今天的高质量出版，纪海鸿老师始终以超强的耐心容忍着我的"拖延症"。一旦项目启动，她又以务实高效的工作作风和严谨专业的出版精神推动各项工作不断前行。在疫情当前和居家办公的情况下，这套书还能如期出版，完全得力于她不懈的工作。谢谢纪老师！

另外，尽管本套丛书的案例研究文章采用较为统一的结构规范，但由于案例文章由多人撰写，在行文风格上无法协调统一，非常抱歉！同时，由于编者水平有限，书中错漏之处估计会有不少，诚恳期待各位读者的批评指正！

张文红

2022 年 6 月 5 日

于北京寓所

畅销书

经典案例研究

第八辑

张文红 主编

清华大学出版社

北京

图书在版编目（CIP）数据

畅销书经典案例研究 / 张文红主编 . —北京：清华大学出版社，2022.7
ISBN 978-7-302-59878-7

Ⅰ．①畅…　Ⅱ．①张…　Ⅲ．①畅销书—出版工作—案例　Ⅳ．① G23

中国版本图书馆 CIP 数据核字（2021）第 275331 号

责任编辑：纪海虹
装帧设计：刘　派
责任校对：王凤芝
责任印制：杨　艳

出版发行：清华大学出版社
　　　　网　　址：http：//www.tup.com.cn，http：//www.wqbook.com
　　　　地　　址：北京清华大学学研大厦 A 座　邮　编：100084
　　　　社　总　机：010-83470000　　邮　购：010-62786544
　　　　投稿与读者服务：010-62776969，c-service@tup.tsinghua.edu.cn
　　　　质量反馈：010-62772015，zhiliang@tup.tsinghua.edu.cn
印　装　者：三河市东方印刷有限公司
经　　销：全国新华书店
开　　本：133mm×188mm　　印　张：39　　字　数：924 千字
版　　次：2022 年 7 月第 1 版　　印　次：2022 年 7 月第 1 次印刷
定　　价：298.00 元（全 10 册）

产品编号：060953-01

作者简介

张文红，博士，教授，北京印刷学院编辑出版系主任。教育部新闻传播学类专业教学指导委员会委员（2013—2017），北京市新闻出版专业群专家委员会副主任委员（2013—）。主持国家社科重大招标项目《当代中国图书出版史》子课题《当代中国大众图书出版史》等项目多项。出版《出版概论》《畅销书理论与实践》《"十七年"时期长篇小说出版研究》等著作12部，发表论文60余篇。

目　录

书名：小妇人　　　　　　作者：[美] 路易莎·梅·奥尔科特　　译者：王岑卉
出版时间：2017 年　　　　出版社：江西人民出版社

一、作者简介

路易莎·梅·奥尔科特（1832—1888），美国女作家。

她出生在宾夕法尼亚州的日耳曼敦，但她却在靠近马萨诸塞州的康科特城度过了她的一生。她自幼受当作家和教师的父亲的影响，在父亲的熏陶下，很早就对写作产生了兴趣。为了帮助贫穷的家庭，路易莎在成为职业作家之前不得不靠做女用、家庭老师和裁缝挣钱。路易莎的代表作《小妇人》是一部美国文学的经典著作，一本道德家世小说。小说中马奇家四姐妹对自主的权利的追求以及对家庭的忠诚眷顾构成了一贯全书的矛盾，使故事熠熠生辉，情节生动感人。

《小妇人》首次出版于 1868 年，是一部以美国南北战争为背景，以 19 世纪美国新英格兰地区的一个普通家庭 4 个姐妹之间的生活琐事为蓝本的、带有自传色彩的家庭伦理小说。《小妇人》是一本以女性角色为主，强调女权意识的半自传体小说。文中注重表现女性意识，宣扬美好品质。美国内战期间，马奇先生远赴战场做了随军牧师，留下 4 个女儿和妻子在家里过着清苦却坚强乐观的生活。她们虽贫穷却乐意帮助比她们更需要帮助的邻居赫梅尔一家。小说受到当时的大思想家爱默生的影响，强调个人尊严与自立自律的观念，内容平实却细腻，结构单纯而寓意深远，富有强烈的感染力。

二、畅销盛况

《小妇人》是美国女作家路易莎·梅·奥尔科特（Louisa May Alcott）创作的家庭传记小说。1868 年初版时印刷了 2 000 册，瞬间销售一空，此后连年再版，成为经久不衰的名著。这部名著的流行程度,可以和《圣经》相媲美,几乎陪伴在每个孩子甚至成年人枕边。

除了小说本身的持久生命力,原著还被世界各国作者改编成各种儿童读物和绘本,衍生文化产品无数,仅英、美两国就有多个版本的话剧、歌剧、广播剧、电影和电视剧。

《小妇人》在出版后受到读者和评论家的一致好评,被称为美国最优秀的家庭小说之一,而作者本人也因此跻身于著名小说家的行列。

美国图书协会、美国教育协会从评选出的 100 种小学必备书中又精选出 25 种,其中《小妇人》位居榜首。

《小妇人》畅销中国 10 余年,累计销量超过 8 000 万册,是较好的中国青少年读物。

三、畅销攻略

打造一本成功的畅销书,是很多图书出版人追逐的目标,畅销书可遇不可求,一本书的畅销往往是多个因素综合作用的结果,它需要经过时间的考验和市场的筛查。《小妇人》这本书的成功也是由很多因素共同促成的。

(一)文本自身具有魅力

1. 故事情节精彩

《小妇人》故事情节真实简单,却感人至深,写作背景是美国的南北战争,主要写的是成长类型的故事。故事的主人公是一个家庭的 4 个女儿,这种成长故事并不单单指生活经历和阅历的丰富,更多的是女孩们思想上的成长。她们每个人都不是完美的,都有自己的缺点,但是她们不断和自身缺点进行斗争，勇敢地面对自己的不足，积极向上，努力让自己成为一个更出色的人。

问世100多年以来，《小妇人》被翻译成多种文字，被誉为"世界文学宝库中的经典名作"，还多次被改编为影视作品搬上银幕。在这本书中你可以找到所有时代、所有少女在成长过程中都要面对和经历的：初恋的甜蜜和烦恼、贫穷与富有的矛盾、感性与理性的差异、理想和现实的距离，等等。

书中描写的种种情感体验和生活经历，在每一个女孩走向成熟的过程中都曾经、正在或将要发生。书中倡导善良、忠诚、无私、慷慨、尊重、宽容、坚韧、勇敢，这些也是人类永远尊崇和追求的美德与信仰。所有这些都赋予了这本书超越时代和国度的生命力，这也正是它成为不朽经典的魅力和原因所在。

2. 女性视角切入

《小妇人》被称为"女性主义经典"。它从头到尾都在写女性，它的视角是女性，甚至90%的对白都是女性的，它描写的是女性所理解和期待的生活。

受周围超验主义者女权主义思想以及家庭贫穷真实境遇的影响，路易莎从青少年时期起就很独立。她认为女性的幸福不一定是要嫁给有钱人，而是要靠自己。路易莎很早就开始外出打工，不仅能独立养活自己，还能补贴家用。她先后做过看护、保姆、洗衣工、缝补女工、家庭教师等多份工作，业余时间仍在继续着自己的写作梦想。

正是由于作者的经历和思想，《小妇人》文中注重女性意识的表现和美好品质的宣扬。在路易莎的笔下，女性虽然没有偏离传统的结婚生育、相夫教子路线，但她们像男人一样积极地选择生活，选择另一半，为自己负责，她们没有成为男人的附庸，而是自主决定自己的命运。

此外，书中的乔靠着勤奋写作来为家里赚钱，梦想当作家，这种对于经济独立的执着追求，也是女性主义的一种表现。

3. 人物性格特点鲜明

一本能给人留下深刻印象的书，除了精彩的故事情节之外，还有具有鲜明性格特征的主角，《小妇人》这本书中的人物都有着自己鲜明的性格特征。故事追随这 4 位女性由女孩成长为小妇人的岁月，讲述了她们不羁的爱情经历及她们各自追寻不同理想与归宿的过程。

大女儿梅格生性爱美，对恋爱充满憧憬，有一些爱慕虚荣；二女儿乔独立自主、勇敢、有创造力，矢志成为作家，但脾气却比较暴躁；三女儿贝丝则是传统意义上的乖乖女，柔弱、温柔，惹人怜爱，但是却胆小自卑；小女儿艾米钟爱绘画，活泼可爱，但是有点自私。4 个人性格鲜明，有着不同的优缺点。因此，针对不同的性格和缺点，作者给她们还安排了别致的成长故事。

梅格是最大的姑娘，她身上有对美丽的执着和对金钱、名利的迷茫。她的挑战是和上流社会的姑娘们一起生活一段时间。在一场聚会中，上流社会的姑娘们把梅格打扮成了一个漂亮的洋娃娃，梅格也差点沉醉，但发现了背后的虚假和粗俗，她开始为自己内心的虚荣感到悲哀，也意识到自己与家人紧紧相连的美好。

乔在 4 个姐妹之中最像个男孩，敢爱敢恨，但是脾气却比较暴躁，因为艾米的自私烧掉了自己写的小说，乔发了很大的脾气，艾米道歉后，也没有接受。后来在滑冰的时候，艾米掉进了冰窟窿里，差点丢了性命，乔后悔不已，学会了控制自己的脾气。

贝丝比较胆小害羞，敏感且内向，除了家人以外，和其他人几乎没有什么交流，如果放在现代的话，可以说是有些"社交恐惧"了。

但是为了弹钢琴，她勇敢地走出去，来到劳伦斯爷爷的家里，为所爱之物作出改变。

艾米是年纪最小的一个，喜欢跟风，还有点小自私。学校之前流行酸橙，为了得到同学们的关注，她用零花钱买了许多酸橙，还拿出来炫耀，结果被老师批评，打了手掌心还被罚站，让她明白了显摆与自大毫无意义。

此外，《小妇人》还有一个绝妙之处，就是读者的感同身受。相信不管是看过《小妇人》原著的读者还是看过电影的观众，都可能会在其中找到自己的影子。正如罗伯特·麦基在《故事》一书中所说：故事，是生活的比喻。书中的故事和经历虽然是属于路易莎的，但是她对这些个人经历和记忆进行提炼，使其抽象于生活并产生更高的普遍意义，又很接地气，让我们不自觉想起自己的故事。

（二）整体装帧设计具有特色

1. 封面设计

（1）封面的颜色搭配巧妙

封面主体颜色是偏暗一点的奶油色，奶油色一般会使图片显得奢华和灿烂，绘制宫廷风的图画时会经常用到这个颜色。封面选用这个颜色的话，会给人带来一种精致典雅的感受。封面的字和图画只有三种颜色，分别是蓝色、金色、黑色。颜色较少，金色和典雅的蓝色形成一种视觉冲击，能快速吸引住读者的目光，黑色用于强调书的一些重要信息。又因为封面留有足够的留白，总体看来是很协调而平静的，让人觉得很舒服。

（2）封面有好的视觉引导作用

蓝色的人物分布在 4 个角落对应文中的 4 个姐妹，4 个人是 4 种不同的姿态，并且是从 4 个不同的角度去进行绘制的，让人觉得生动鲜活，且不会觉得画面重复。细心的读者也会发现，4 个人的画像照应了文中 4 个人的性格特征和爱好，我觉得这点设计是很巧妙的。金色的 Little Women 大而显目，处于中间偏上一点的位置，让人能一眼看到题目，足够吸引读者的目光。再往下是黑色的中文题目，下面包括作者、译者和出版社的信息，文字清晰且简洁，除了重要信息，没有其他多余的内容，让人会有舒服、干净的感觉。

视觉引导也被称作视觉流程，是设计师利用版面上的图片和文字内容，或者几个图片，几个颜色相同的色块，控制读者的注意力，成功的设计会通过这些内容的搭配达到读者眼睛跟着设计者既定的线路移动的效果。

我们可以发现，除了刚才我们说到的那些之外，封面的 4 个人物各占一角，中间夹有蓝色的框框和线条等纹路，不管读者是先看到图片还是先看到中间的字，读者最终的视线都会形成一个闭合的移动空间，视觉会不断地在这几个板块中来回游走，这就是好的视觉引导，我觉得《小妇人》这本书的封面成功地做到了这一点。

（3）腰封有简短明朗的广告语

腰封作为图书的附属品，可以印上与该书相关的宣传、推介性文字，可以对书籍内容进行简洁的介绍，方便读者选购图书。有人称现在是一个"腰封四起"的时代，很少有图书不加腰封。但是，如果设计得不符合整体风格，或者过于夸张地宣传的话，则会引起读者的反感。

江西人民出版社的《小妇人》这本书在 2020 年又加强了封面和腰封的设计。这版腰封设计是比较成功的。腰封使用纯色设计，且正面只有三行文字，非常简短。第一行：直面女性无法逃避的问题——爱情、梦想、家庭和金钱。这一行文字点明了书的主要内容。

第二行：奥斯卡获奖电影《小妇人》原著完整版。利用影视作品对图书进行了侧面宣传。第三行：献给所有女孩的成长礼物。这一行是对书的宣传。非常简洁，无赘余，不会让人觉得很夸张，也不会产生反感。

2. 内文版式设计和插图设计合理

精致典雅的装帧设计和舒适护眼的内芯版式，给读者较好的视觉体验。《小妇人》的版心设计合理，有巧妙的留白，字间距的选择也是比较合理的，使版面看起来舒朗、爽目。

精美时尚的彩色插图，不仅能增添阅读趣味，还能丰富读者的阅读体验。《小妇人》的插图风格和封面保持一致，一如既往地传递精致典雅的感受，每个章节处出现的颜色也都是黄色和蓝色，与封面颜色相照应。

（三）译者的选择很用心

江西人民出版社的这一版《小妇人》，译者是王岑卉，这是读者觉得翻译得比较成功的一个版本。

王岑卉，毕业于北京大学国际关系学院，现为自由书籍翻译。目前已出版译著 20 余部，包括心理学著作《自控力》、世界经典文学《格列佛游记》及大型图册《纸上动物园：大英图书馆 500 年动物图志》等，翻译量超过了 300 万字。

如果一本书翻译腔太重，读者会明显感觉出来书中的遣词造句不符合本国语言的习惯，一下子就能看出是翻译作品，会给读者带来不好的阅读体验。江西人民出版社王岑卉翻译的这个版本评价是比较高的，翻译得不生硬，流畅，且通俗易懂，使人能看得下去。

（四）具有良好的现实意义及社会效益

1. 美好的亲情抚慰战争创伤

《小妇人》讲述的是 19 世纪 60 年代，生活在美国新英格兰地区的一户人家中四姐妹的成长历程。那时的美国正在经历着惨烈的南北战争，但是小说却没有对战争进行正面描写，而是专心勾画四姐妹的日常生活，以及她们的人际交往和情感世界，说出当时中产阶级的价值观，用美好的亲情故事抚慰了那些历经创伤的家庭。

2. 当下仍具有现实意义

（1）对个人成长有意义

每个人都是有缺点的，《小妇人》的主人公也都有自己的缺点，但是她们勇敢、自律，直面自己的不足，和自己的缺点作斗争，使自己不断成长为一个更加出色的人。

我们每个读者也能在书中找到自己的经历或者影子，书中教给我们很多道理：做事情要有勇气，不能安于现状，要为了梦想勇敢地拼一把；要学会谦逊，谦逊使人充满魅力；自我控制很重要，自我控制不是失去自我，更多的是对爱的一种选择；金钱和名利并不是真正意义上的财富，为了更好的自己值得发奋自律……

这本书告诉我们，成长就是不断改进自身缺点的过程，读完这本书，我们更懂得去爱，更珍惜亲情、友情，更享受经营爱情的快乐。

（2）对教育子女有意义

整部作品旨在强调真善美的重要性，是一部集教育与婚恋于一体的成长教科书，马奇太太和马奇先生的教育理念在如今仍然适用。

孩子的成长离不开父母的良好教育。马奇一家重视孩子们的身心健康。我们可以发现，4 个姐妹的生活是非常丰富多彩的，她们溜冰、看话剧、参加晚会等，丰富孩子生活的同时也充实了孩子们的内心。

在孩子们犯错误或者受挫折时，他们给予正面的鼓励，保护孩子的自尊心。他们教会孩子保持平稳的内心，在困境中坚强，在爱中成长。虽然父亲没有在孩子身边，但是他的信却不曾间断，四姐妹在等待父亲回家的日子里，也时刻谨记要保持坚强，充实自己。

（五）影视剧等的推动及侧面宣传作用

影视有着无比强大的影响力，它可以让一位作家、一部作品得到有效的传播。同时，电影等影视剧的宣传也是对图书本身的一种变相的宣传方式。我们都知道《小妇人》被拍成了电影、电视剧等，这给《小妇人》带来非常强的曝光度，使越来越多的人了解到这部小说。

《小妇人》第一次登上电影银幕是 1917 年；1918 年，在原著作者路易莎的故居进行拍摄的，被人称作"最原汁原味"的电影上映；第一部有声版《小妇人》在 1933 年上映；"二战"后，备受读者喜爱的《小妇人》继续是改编和翻拍的热门。美国在 1949 年和 1994 年分别上映了两个新版本，日本于 1987 年播出了 48 集动画版，韩国 2004 年播出韩剧版，英国 BBC 在 2017 年推出 3 集迷你剧，等等。

另外，拍成电影或者电视剧等，会有一定的名人效应，因为选的演员在全球来说都是具有极高的知名度和影响力的，电影的热卖或者电视剧的热播都会增加《小妇人》的曝光度和知名度，受影视剧的影响，又会给图书带来一定的销量。以江西人民出版社的最新版本为例，腰封上就写着：奥斯卡获奖电影《小妇人》原著完整版。这就是利用影视作品对图书进行了侧面宣传。

四、精彩阅读

在夕阳的余晖下，她们围坐在一起打毛线，屋外雪花静静飘落，屋里炉火噼啪欢唱。这是一间挺舒服的老房子，虽说地毯已经褪色，家具也很简陋，但墙上挂着一两幅漂亮的画，壁橱里塞满了书，窗前是盛放的菊花和圣诞蔷薇，屋里一派温馨祥和的气息。

——节选自《小妇人》第 6 页

在姑娘们心目中，这位身披灰色斗篷、头戴过时女帽的女士，是世界上最好的妈妈。

"亲爱的，你们今天过得怎么样？我手头事太多了，忙着收拾明天要寄走的箱子，没赶得及回来吃晚饭。贝丝，今天有人来过吗？梅格，你感冒好点了吗？乔，你看上去累得要命。快过来亲亲我吧，小宝贝。"

马奇太太一边嘘寒问暖，一边脱下湿淋淋的外套，穿上暖乎乎的拖鞋，在安乐椅上坐下来，把艾米抱上膝头，准备享受忙碌一天后最幸福的时光。姑娘们跑来跑去，各显神通，想把家里弄得更舒服。梅格布置茶桌。乔手忙脚乱地搬木柴、摆椅子，本想帮忙，却弄得一团糟。贝丝在客厅和厨房之间打转，手脚轻快，忙个不停。艾米则端庄地坐在一边，指挥大家做这做那。

——节选自《小妇人》第 9~10 页

在那个艰难岁月里，前方来信很少有不催泪的，特别是父亲寄回的家书。但在这封信里，爸爸对战争的艰苦、凶险和思乡之情一笔带过，将军旅生活、行军过程和军队里的新闻娓娓道来，让人读着愉快，心中充满希望。直到信的末尾，他才情不自禁地流露出浓浓的父爱，显然非常期待回家跟女儿们团聚。

"送上我最深的爱，再代我亲亲她们。告诉她们，我每天都在想她们，每晚都在为她们祈祷。每时每刻，她们的爱都给了我莫大的安慰。还要再等上一年，我才能见到她们。这看上去似乎很漫长，但请提醒她们，在等待的日子里，我们都该努力工作，不要虚度时光。我知道她们会记住我说的话，做妈妈的好孩子，履行自己的责任，勇敢地面对心魔，战胜自我。

——节选自《小妇人》第 11 页

乔把自己的大冒险讲给姐姐听，讲完正好到家。她们对劳里谢了又谢，道过晚安，然后偷偷溜进屋里，希望不要惊动任何人。但门刚"吱嘎"一响，就冒出了两个戴睡帽的小脑袋，传来两个困得不行但兴奋不已的声音："舞会怎么样！好玩吗！快说说呀！"

虽然被梅格骂"没教养"，乔还是给妹妹偷偷带了些夹心巧克力。听完舞会上最激动人心的故事后，两个小家伙很快就安静下来。

"我敢说，参加完舞会，坐马车回家，穿睡袍坐着，旁边有女仆伺候，真像个大家闺秀。"梅格说。乔给她的脚搽了药酒，又帮她梳了头。

"我觉得吧，虽然我们的头发烫焦了，裙子也是旧的，手套只有一只是干净的，又傻到穿小鞋，害得扭到了脚，但是那些大家闺秀肯定没有我们玩得开心啊。"乔自有她的一番说辞。

——节选自《小妇人》第 37~38 页

每次走过街拐角，她们都会回头看看。妈妈总是在窗口点头微笑，跟女儿们挥手告别。要是不这么做，她们一天都过不踏实。不管那一天心情是好是坏，只要临行前看见妈妈的身影，她们就会觉得阳光普照。

——节选自《小妇人》第 40 页

世界上有许许多多像贝丝一样的人，容易害羞，性格腼腆，总是静静坐在角落里，有人需要的时候才出现，心甘情愿地为别人而活。没有人留意她们作出的牺牲，直到家中的小蟋蟀停止歌唱，温暖的阳光消失不见，只留下一片寂静和空虚。

——节选自《小妇人》第 44 页

那是一段美好的时光，友谊就像春草一样茁壮成长。大家都喜欢劳里，劳里也偷偷跟家庭教师说"马奇家的姑娘们棒极了"。天真烂漫的姐妹们把孤单的男孩带进了她们的小圈子，对他关怀备至。有这些心地单纯的姑娘相伴，劳里渐渐喜欢上了这种纯真的友情。他没有妈妈，也没有姐妹，很快受到马奇一家的感染，见她们忙忙碌碌、生机勃勃，不免为自己的懒惰而惭愧。他厌倦了读书，对跟人打交道燃起了兴趣，搞得布鲁克先生不得不跟劳伦斯老先生告状，因为劳里总是逃课跑去马奇家。

——节选自《小妇人》第 64 页

于是，贝丝便弹了起来。人人都说，那是她们这辈子听过的最美的琴声。小钢琴显然最近刚刚调过音，收拾得干干净净。但不管钢琴本身有多完美，最动人的还是贝丝轻按黑白琴键、踩动闪亮踏板时，围在琴边的那些幸福笑脸。

　　"你得去谢谢人家。"乔开玩笑似的说，压根没想过贝丝真会去。

　　"对，我打算去的。我想我现在就得去，不然想多了就该害怕了。"出乎全家人意料的是，贝丝竟然从容不迫地走过花园，穿过树篱，进了劳伦斯家的大门。

——节选自《小妇人》第69~70页

　　"对呀，我想让你们知道，只有人人都各司其职，大家的日子才能过得舒坦。有我和汉娜帮你们做事，你们当然过得悠闲，但我觉得你们不开心，脾气也不好。所以，我想给你们一个小小的教训，让你们知道，如果人人都只顾自己，结果会变成什么样子。你们难道不觉得，互相帮助，做好日常工作，闲下来才会更开心，学会克制忍耐，这个家才会舒适温馨吗？"

　　"是的，妈妈，是的！"姑娘们大声说。

　　"那我建议你们重新背起自己的担子。尽管它们有时看上去挺重，但对我们都有好处。只要学会怎么背，担子就会越来越轻。工作有益健康，而且人人都有事可做。它让我们不会无聊，不惹麻烦，对身心都有好处。它让我们充满力量，独立自主，比金钱和时尚更有意义。"

　　"我们会跟小蜜蜂一样勤劳工作，热爱工作，您就瞧好吧！"乔说，"我会好好学做饭，当作假期任务，下次请客肯定能成功。"

——节选自《小妇人》第130页

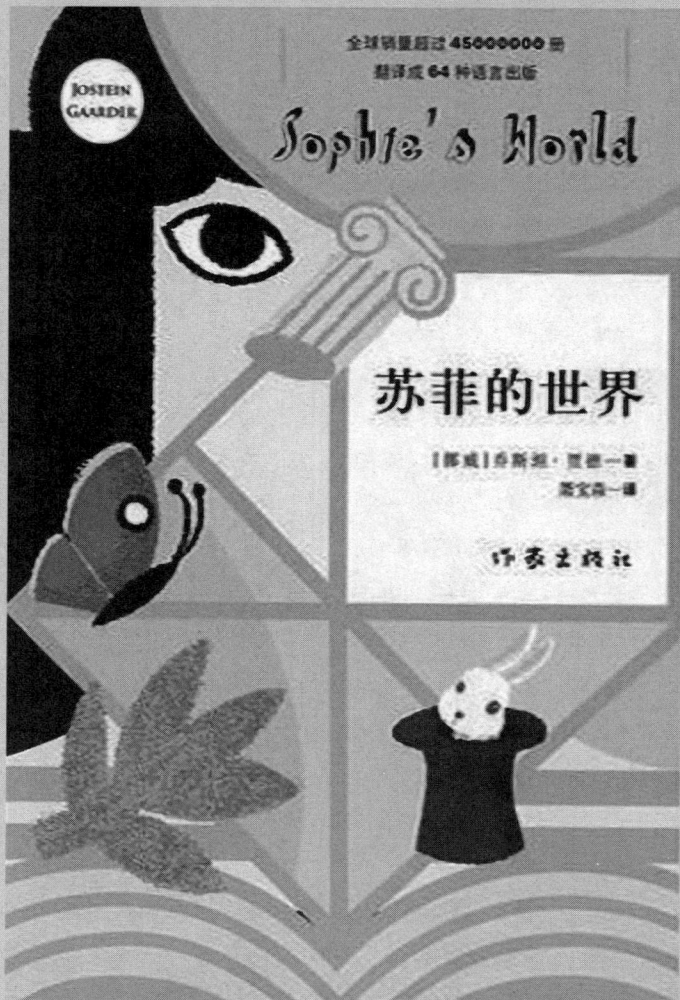

全球销量超过 45000000 册
翻译成 64 种语言出版

Sophie's World

苏菲的世界

[挪威] 乔斯坦·贾德 一著

萧宝森 一译

作家出版社

书名：《苏菲的世界》   作者：[挪威] 乔斯坦·贾德   译者：萧宝森

出版时间：2017 年   出版社：作家出版社

一、作者简介

乔斯坦·贾德（Jostein Gaarder）是一位挪威世界级的作家。1952 年，他出生于挪威首都奥斯陆，大学时主修哲学、神学以及文学，其后担任高中哲学老师多年。1986 年出版第一部作品《贾德谈人生》，后于 1991 年成为一位全职作家，全身心投入青少年文学的创作，出版其最为著名的作品《苏菲的世界》，并以此作品奠定了全球十大作家的地位。

乔斯坦·贾德擅长以对话的形式述说故事，能将高深的哲理以简洁、轻松的笔调融入小说情境，并执着于人的本质与人生终极意义的探索和思考，启发读者对生命的省思。同时，他也热心公益，在 1997 年创立"苏菲基金会"，每年选取对环境发展提出创新方案或将之付诸行动的个人或机构，对其颁发 10 万美金的"苏菲奖"。

二、畅销盛况

挪威作家乔斯坦·贾德在创作《苏菲的世界》这一作品后，本以为只能吸引有哲学专业背景的读者阅读，但在 1991 年正式出版后，这本哲学小说出乎意料地受到广泛的读者欢迎，被公认是 20 世纪末西方社会最优秀的哲学通俗读物之一，很快成为全世界最畅销的小说之一，并长期占据各国畅销书排行榜第一名，被誉为"全世界最易读懂的哲学书""二十世纪百部经典名著之一"。

作为一本风靡世界的哲学启蒙书，《苏菲的世界》已被翻译成 64 种语言出版，全球销量超过 4 500 万册。1999 年，作家出版社首次引进《苏菲的世界》一书，22 年以来长销不衰，其间多次再版、加印。为顺应时代发展，2017 年，作家出版社对此书的开本、封面作出改变，新版也多次登上开卷畅销书排行榜。根据开卷数据显示，单是本文所指的 2017 年《苏菲的世界》新版在中国的销售也已超过 250 万册。2017 年，作家出版社还为贾德颁发了"超级畅销纪念奖"。

以下是《苏菲的世界》获得的部分奖项：

1991 年，获得挪威"宋雅·赫格曼那斯（Sonja Hagemanns）童书奖"；

1993 年，获得《德国时报周刊》（Die Zeit）文学奖；

1994 年，《苏菲的世界》获得德国青少年文学奖；

1995 年，《苏菲的世界》获得意大利邦卡瑞拉奖（Bancarella）及菲莱以阿诺奖（Flaiano）；

1995 年，在中国台湾地区获选为台湾《中国时报》开卷版 1995 年度十大好书，并获得《联合报》读书人最佳书奖。

三、畅销攻略

（一）哲学是人类永恒的问题

在普通人的日常生活中，工作、吃喝、玩乐占据了我们绝大多数的时间，但是我们的生活不仅是物质的，也是精神的。每个人在成长过程中，对自我、他人、世界都有探究之心，当我们深入自己的内心世界时，其实就已经处在哲学的世界中了。"我是谁？""世界从何而来？""生存的意义是什么？"……这样的问题看似玄妙，但多数人都思考过类似的问题。我们心中都潜藏着对哲学问题的探寻意识，只是哲学常常以一种高深莫测的姿态出现在生活中，让我们敬而远之。

哲学的研究往往是高深、晦涩的，远离了普通读者的世界。不同于以往哲学著作的艰深晦涩，《苏菲的世界》将小说文体与哲学内容完美融合，普及了西方哲学的相关历史，启发普通读者对哲学问题的探究和思考。

（二）哲学的通俗化

其对哲学的通俗化是成功的关键，至今仍是哲学通俗小说类别中不可替代的存在。

1. 作者的教学经历

《苏菲的世界》的作者乔斯坦·贾德，不仅在大学时主修哲学课程，还曾担任高中哲学教师多年，哲学教学经验十分丰富。正因如此，在《苏菲的世界》一书的哲学内容中，作者才能够用生动、丰富的语言概括出了较为完整的哲学史，并使用精妙的比喻以及营造情境，深入浅出地帮助读者理解哲学内容。还因为他多年的教学经验，更能把握儿童心理，对文中苏菲、席德等青少年角色的塑造大有益处。

2. 哲学知识逻辑清晰、较为全面

《苏菲的世界》是一部关于哲学史的小说，将西方哲学史中的重要哲学理念及其时代背景，以及理念中的一些代表人物与小说情节紧密结合起来。书中主要以哲学老师艾伯特·诺克斯（下称"艾伯特"）对苏菲教授的哲学课程为载体，不断向读者输出哲学知识，总体按照历史时间的先后顺序对西方哲学进行讲解，从神话的世界观到存在主义，形成了一部较为完整的西方哲学史。

3. 双重视角哲学解释

书中哲学老师艾伯特以"书信＋对话"的形式对苏菲进行哲学课程的教授，两者互回书信及对话的过程，就是从两个叙述角度对哲学内容进行了双重解析。在艾伯特和苏菲二人书信交流时，书中

以小信封提出哲学问题，借苏菲之口引导思维，启发读者思考；再以大信封解释同一个哲学问题，借艾伯特之口对问题进行详细周密的科学解释。艾伯特以成人的语言和思维，尽量贴近青少年，用简明精要的方式去解释说明哲学思想；而苏菲则以一种青少年视角去童趣思考，深入自己的生活实际，运用打比方的方式对哲学思想再次加以解释，让哲学内容能更好地被读者消化。

4. 新奇的小说叙述策略

《苏菲的世界》进行哲学通俗化的过程，不仅是将哲学内容进行通俗的解释，更是用小说化的方式来揭秘哲学。而本书的叙述风格中带有浓厚的悬疑色彩，从开头就设置了一系列悬念：苏菲的匿名哲学课老师是谁？为什么给席德的信需要通过与其素不相识的苏菲转交？为什么上校艾勃特·纳格（下称"艾勃特"）可以控制苏菲的世界？苏菲是"活生生"的人还是书中的角色？席德将如何反击父亲？苏菲和艾伯特会用什么样的办法来逃脱控制？……这些问题随着情节的发展，一直牵动着读者的心，吸引读者阅读下去。而这种悬疑感的产生，与作者运用的叙述策略是分不开的。

（1）反逻辑书写

《苏菲的世界》运用了元小说的叙述策略，其破碎、分裂的叙事结构，造成了书中的反逻辑书写，打破读者固有观念，通过反转获得新奇与震撼感，是营造悬疑感的主要原因。

如果是平常的叙述逻辑，全书的写作逻辑应该是上校艾勃特写给女儿席德一本哲学书作为礼物——席德收到并且阅读——展开对书中内容的描写，而本书中的书写逻辑是完全相反的：展开对书中内容的描写——被席德收到并阅读——由上校艾勃特书写。作者刻意调换惯常的写作顺序，将书中内容放置到最前，用苏菲自述视角展开对书中内容的描写，"欺骗"读者用阅读习惯假定苏菲的真实性；

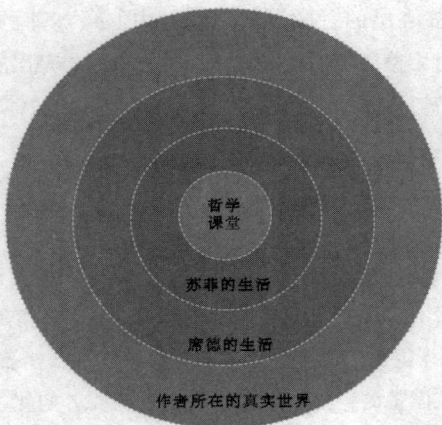

《苏菲的世界》嵌套叙述层次

随后转换叙述视角，用席德视角揭秘苏菲不过是小说中的一个人物，并不真实存在，给读者极大的反差感，带来惊喜的阅读体验。

（2）"跨层"叙述

《苏菲的世界》叙事具有明显的框架性，不同的叙事层次层层嵌套，每一层次中叙述者的故事总是高于被讲述者的故事层。如图所示，书中的核心叙述层是哲学老师艾伯特对苏菲所教授的哲学课程；中心叙述层是以苏菲视角叙述的日常生活；外层叙述层是席德视角叙述的日常生活；最外围叙述层则是书中暗指的作者所在的真实世界。

传统的嵌套模式在小说写作中并不稀奇，但令人注目的是，本书作者乔斯坦·贾德不单单利用了大圈层套小圈层的嵌套结构，更是让不同叙述层相互影响，打破原本层次分明的结构，让不同层次的人物进入另一层次，实现不同层次的叙述情节交织，虚幻与现实交织，实现了跨层式的叙述。

其叙述核心层的哲学课堂，既对中心层苏菲的生活造成影响，又间接对席德的生活造成影响，其哲学思想是层层传播的，甚至根本目的在于启发最外层的作者真实世界中的真实读者的哲学思考。

而中心层苏菲的生活，与席德的生活有着密不可分的联系。本身苏菲的存在就是为了满足席德的阅读体验。同时，两者的物品还可以在两个叙述层中跨越：苏菲可以收到收件人为席德的明信片；在家中找到带有"席德"字样的红色丝巾；属于席德的一只白色长袜；梦中捡到席德丢失的金色十字架等，这些东西在被苏菲捡到后，就真实消失在席德的世界中，用物品来证明两者的叙述圈层是可以被跨越的。更重要的是，苏菲最后通过逃亡来到了席德的世界，即使她成为不能被感知的透明人，和席德之间仍然有着可被感知的联系，具体表现在苏菲用扳钳敲击席德和艾勃特，只有席德给予反应。这样的圈层跨越，更大程度上给了读者想象的空间和奇妙的阅读体验。

而作者所存在的真实世界，在小说中也有频繁的暗示。在中心层苏菲的生活中，苏菲和艾伯特曾走入书店阅读一本名叫《苏菲的世界》的著作，其内容是席德手中未完成的稿件，还是真实世界中读者所看到的这本书？这些更能激发读者的揣测和好奇，混淆读者对虚拟和现实的界限。在外层席德的生活中，作者也通过苏菲和艾伯特的哲学谈话，隐隐暗示，席德也不过是存在于某位大人物的心灵中罢了，这里的大人物，即指真实世界中的作者乔斯坦·贾德。

这样跨层式的嵌套模式，让不同圈层的人物碰撞出独特的火花，给本书的叙述形式增加了亮点，致力于不停地颠覆读者认知，模糊虚实概念，引导读者对哲学有着更深层次的探究。

（三）关注的社会问题具有时尚性

哲学关注人的问题，作者在借哲学老师艾伯特之口讲述西方哲学史外，还关注人生的现实问题，对课堂教育、联合国、青少年情感问题、男女平等问题都有所关注。

在苏菲经受课外老师艾伯特的哲学教育时，作者借苏菲的眼光对课堂教育提出了一些问题。在思考哲学问题时，苏菲沉迷于哲学的思辨，认为课堂教育只有死记硬背的知识而没有思维上的扩展；艾伯特用录像、穿着等方式尽可能将苏菲和读者代入所讲述的哲学情境中，获得了卓越的教学成果，从侧面反映了学校教学方式的枯燥。

作者还借少校艾勃特在联合国担任维和任务的身份，表明自己对联合国以及和平的推崇态度。书中少校提出向每一位世界公民发放《联合国哲学小册》，通过对哲学课程的学习，让人们厘清思维，避免战争和暴力。少校还希望联合国所有会员国联合起来，重建雅典广场，达到世界各国团结一致的目的；并且应迫切地实现"自由、平等、博爱"的理念。种种迹象都在潜移默化地向读者传输和平、团结的理念。

书中对青少年的感情问题也有着较多关注。在苏菲与哲学老师秘密交往的期间，苏菲身边的好友乔安甚至母亲都认为苏菲陷入了恋爱，从侧面反映出青少年恋爱现象的普遍；在苏菲生日宴会上，乔安与其男友的出格举动遭到成人的夸奖和围观，使整个宴会的荒谬感到达顶端，这自然不是单纯展示少校对苏菲世界的影响力，作者更是从这个荒谬的现象来讽刺当代青少年的恋爱问题。

同时，作者还借哲学老师艾伯特和苏菲对男女问题上的看法，表明自己支持男女平等的态度。艾伯特和苏菲都认识到了西方哲学史上女性地位的缺失，并认为这是不公平的体现；对柏拉图的男女平等观念颇为赞赏，对亚里士多德歧视女性的观点进行直接批判，认为其男女方面的思想还不够崇高。

值得注意的是，作者虽是在 1991 年写作本书，但在书中所提到的对课堂教育的探索、和平的追求、青少年恋爱问题的疏导，以及男女平权的思想到目前仍是社会关注的重点问题，这也是本书至今仍十分畅销的重要原因。

（四）引进畅销书自带"光环"

《苏菲的世界》一书在由作家出版社引入中国市场前就已经成为全球畅销书，荣获多国奖项，并由多家知名媒体大力推荐，在全球范围内有着较为广泛的影响力和读者基础，因而出版社预知《苏菲的世界》在中国市场也会有着十分巨大的潜力。对于此类名著，出版社往往会选择在引进后直接在书籍封面上列出本书所获得的诸多成就，如"一本风靡世界的哲学入门书""二十世纪百部经典名著之一""获挪威、德国、西班牙等国图书大奖"等标题，就已经在很大程度上调动起了读者的购买兴趣。

（五）精准的阅读群体定位

在《苏菲的世界》一书的出版发行过程中，因其成功完成了对哲学的通俗化，作家出版社一直都以"青少年读物""哲学启蒙"等标签来对此书进行类型定位，即这本书是面向青少年群体的哲学通俗小说。而对于青少年来说，其对世界观的形成还在探索阶段，对世界的困惑填充着其稚嫩的心灵。青少年群体的哲学智慧的启蒙是其成长的关键，对世界、自我、他人的思考都可以从哲学中获得启发，综合来看，青少年群体是最需要哲学启蒙书的人群。《苏菲的世界》一书对市场进行细分，精准地定位读者群体，也是本书成为畅销书的一大关键。

（六）列入中小学生推荐阅读书目

新编人教版义务教育教科书八年级下册《语文》教材在《自主阅读单元》推荐了作品《苏菲的世界》，因此其被正式列入中小学生推荐阅读书目。这个举措相当于此书获得了教育部官方权威的认可，加之中小学授课老师的频繁推荐，扩大了其在青少年群体中的影响力。相对来说，家长更乐于购买这类学校推荐书目，这对其销量的增长有着重要影响。尤其是在中小学假期期间，这类学生推荐读物的销量几乎都会有所上升，《苏菲的世界》更是多次登上开卷畅销书排行榜。

四、精彩阅读

苏菲放学回家了。有一段路她和乔安同行，她们谈着有关机器人的问题。乔安认为人的脑子就像一部很先进的电脑，这点苏菲并不太赞同。她想：人应该不只是一台机器吧？

她们走到超市那儿就分手了。苏菲住在市郊，那一带面积辽阔，花木扶疏。苏菲家位于外围，走到学校的距离是乔安家的一倍，附近除了她家的园子之外，没有其他住家，因此看起来她们仿佛住在世界尽头似的。再过去，就是森林了。

苏菲转了个弯，走到苜蓿巷路上。路尽头有一个急转弯，人们称之为"船长弯"。除了周六、周日的时候，人们很少打这儿经过。

正是五月初的时节。有些人家的园子里，水仙花已经一丛丛开满了果树的四周，赤杨树也已经长出了嫩绿的叶子。

每年到这个时节，万物总是充满了生机。这岂不是一件奇妙的事吗？当天气变暖，积雪融尽时，千千万万的花草树木便陆地自荒枯的大地上生长起来了。这是什么力量造成的呢？

苏菲打开花园的门时，看了看信箱。里面通常有许多垃圾邮件和一些写给她妈妈的大信封。她总是把它们堆在厨房的桌子上，然后走上楼到房间做功课。

偶尔，也会有一些银行寄给她爸爸的信。不过，苏菲的爸爸跟别人不太一样。他是一艘大油轮的船长，几乎一年到头都在外面。难得有几个星期在家时，他会上上下下细心打点，为苏菲母女俩把房子整理得漂亮舒适。不过，当他出海后却显得离她们遥远无比。

今天，信箱里却只有一封信，而且是写给苏菲的。信封上写着："苜蓿路三号，苏菲收"。仅此而已，没有写寄信人的名字，也没贴邮票。

苏菲随手把门带上后，便拆开了信封。里面只有一小张约莫跟信封一样大小的纸，上面写着：

你是谁？

除此之外，什么也没有。没有问候的话，也没有回信地址，只有这三个手写的字，后面是一个大大的问号。

苏菲再看看信封。没错，信是写给她的。但又是谁把它放在信箱里的呢？

苏菲快步走进她家那栋漆成红色的房子里。当她正要把房门带上时，她的猫咪雪儿一如往常般悄悄自树丛中走出，跳到门前的台阶上，一溜烟就钻了进来。

"猫咪，猫咪，猫咪！"

苏菲的妈妈心情不好时，总是把他们家称为"动物园"。事实上，苏菲也的确养了许多心爱的动物。一开始时是三条金鱼：金冠、小红帽和黑水手。然后她又养了两只鹦哥，名叫史密特和史穆尔，然后是名叫葛文的乌龟，最后则是猫咪雪儿。这些都是爸妈买给她做伴的。因为妈妈总是很晚才下班回家，而爸爸又常航行四海，很少在家。

苏菲把书包丢在地板上，为雪儿盛了一碗猫食。然后她便坐在厨房的高脚椅上，手中仍拿着那封神秘的信。

你是谁？

她怎么会知道？不用说，她的名字叫苏菲，但那个叫作苏菲的人又是谁呢？她还没有想出来。

如果她取了另外一个名字呢？比方说，如果她叫作安妮的话，她会不会变成别人？

这使她想起爸爸原本要给她取名为莉莉。她试着想象自己与别人握手，并且介绍自己名叫莉莉的情景，但却觉得好像很不对劲，像是别人在自我介绍一般。

她跳起来，走进浴室，手里拿着那封奇怪的信。她站在镜子前面，凝视着自己的眼睛。"我的名字叫莉莉。"她说。

镜中的女孩却连眼睛也不眨一下。无论苏菲做什么，她都依样画葫芦。苏菲飞快地做了一个动作，想使镜中的影像追赶不及，但那个女孩却和她一般的敏捷。

"你是谁？"苏菲问。

镜中人也不回答。有一刹那，她觉得迷惑，弄不清刚才问问题的到底是她，还是镜中的影像。

苏菲用食指点着镜中的鼻子，说："你是我。"

对方依旧没有反应。于是她将句子颠倒过来，说："我是你。"

苏菲对自己的长相常常不太满意。时常有人对她说她那一双杏眼很漂亮，但这可能只是因为她的鼻子太小，嘴巴有点太大的缘故。还有，她的耳朵也太靠近眼睛了。最糟糕的是她有一头直发，简直没办法打扮。有时她的爸爸在听完一首德彪西的曲子之后会摸摸她的头发，叫她："亚麻色头发的女孩。"（编按：为德彪西钢琴"前奏曲"之曲名）对他来说，这当然没有什么不好，因为这头直板板的深色头发不是长在他的头上，他无须忍受那种感觉。不管泡沫胶或造型发胶都无济于事。有时她觉得自己好丑，一定是出生时变了形的缘故。以前妈妈总是念叨她当年生苏菲时难产的情况，不过，难道这样就可以决定一个人的长相吗？

她居然不知道自己是谁，这不是太奇怪了吗？她也没有一点权利选择自己的长相，这不是太不合理了吗？这些事情都是她不得不接受的。也许她可以选择交什么朋友，但却不能选择自己要成为什么人。她甚至不曾选择要做人。

人是什么？她再度抬起头，看看镜中的女孩。

——节选自《苏菲的世界》第 1~4 页

书名:《〈教父〉三部曲》   作者:马里奥·普佐   译者:姚向辉
出版时间:2014 年   出版社:江苏凤凰文艺出版社

一、作者简介

马里奥·普佐（Mario Puzo，1920—1999），意大利裔美国作家、演员、编辑，代表作品有小说《教父》《西西里人》《末代教父》等。马里奥·普佐于1920年出生在纽约市地狱厨房一个意大利移民家庭，"二战"时加入美军赴欧洲作战，战后进入哥伦比亚大学学习社会学。

自20世纪50年代起，他开始创作犯罪小说，并出版了《黑色竞技场》（1955）和《幸运的朝圣者》（1964）两部作品，但它们在社会上并没有引起什么反响。1963年普佐开始着手创作有关西西里黑手党的小说。普佐对黑手党人物的刻画可谓栩栩如生、对故事情节的描写也是丝丝入扣。他具有文学的易感性，讲起故事来又口若悬河、滔滔不绝，这种特长在成名作《教父》中得以体现。1969年，他的第三部犯罪小说《教父》问世。该书刚一出版，即荣登《纽约时报》畅销书排行榜榜首，驻留达22周之久。接着他又开始了人生中的第二个创作生涯——写起电影剧本来。他所创作的电影剧本《教父》第一、第二部先后获得奥斯卡奖，此外他还创作了包括《教父》第三部、《超人》两部、《棉花俱乐部》在内的8个电影剧本，都取得了不同程度的成功。

同时，继《教父》之后，马里奥·普佐又写了4部犯罪小说。它们是：《傻瓜灭亡》《西西里人》《第四个K》和《末代教父》。其中，《末代教父》沿用《教父》的家族犯罪小说模式，在商业上也获得了巨大成功。1999年7月马里奥·普佐因心脏病去世，遗作《拒绝作证》和《家族》分别于2000年和2001年出版。

二、畅销盛况

1969 年由马里奥·普佐撰写的《教父》（*The Godfather*）由 G. P. Putnam's Sons 出版公司出版，小说描述的是有关在纽约市的虚构黑手党教父维托·柯里昂与其家族的故事。本小说涵盖 1945 年至 1955 年，还提供了维托·柯里昂从幼儿到成年的背景故事。该书一经发行就因其逼真、生动的黑手党"内幕"情节引起了很大的社会反响，一举跃居美国畅销书排行榜。

自 1969 年《教父》出版以来，仅 10 年，它的发行总数就高达 1 300 万册。截止到 2021 年，半个多世纪它的全球销量已突破 2 100 万册，至今仍是美国出版史头号畅销书。不仅如此，它还曾连续 67 周占领《纽约时报》畅销书排行榜，发行过程中被译成 37 种语言，风靡全球，奠定了黑帮文学的叙事风格和美学基础。

由读客文化发行，江苏凤凰文艺出版社出版，姚向辉翻译的"教父"三部曲于 2014 年 2 月面世，因其为原版三部曲"一字未删"的全新完整译本而销售火爆，在中国的两大主要图书销售网站——当当和京东图书上皆取得了不错的销量。当当外国小说畅销榜单第三、成交评价 17 万 +，京东图书外国小说热卖榜第 6、成交评价 68 万 +。

同时，开卷数据表明，"教父"三部曲在 2015 年至 2021 年 4 月，实体店销售、网点销售都展现了它不俗的成绩，2015 年实体店销售 17 万 +、网店销售 12 万 +；2016 年实体店销售 16 万 +、网店销售 32 万 +；2017 年实体店销售 21 万 +、网店销售 50 万 +；2018 年实体店销售 24 万 +、网店销售 79 万 +；2019 年实体店销售 28 万 +、网店销售 96 万 +；2020 年实体店销售 31 万 +、网店销售 112 万 +；2021 年 1 月至 4 月实体店销售 31 万 +、网店销售 117 万 +……将近 5 年半的时间，"教父"三部曲并未随出版时间而"销声匿迹"，反而年年销售量都在逐步攀升，越卖越畅销，可以称之为是一本真正长销的畅销书了。

三、畅销攻略

（一）多维度的图书内容

1. 批判现实主义的精神内核

写于 1969 年的《教父》，创作时间正好处于美国经济大萧条时期，高居不下的失业率、低迷的经济使得许多家庭没了收入来源，过度的超前消费使得有些人甚至因为还不起贷款而被银行收回房子，无家可归。在这种情况下，越来越多的年轻人开始对未来感到迷茫和忧虑。曾经人人挂在嘴边的"美国梦"，遭到前所未有的质疑。在这种充斥质疑、前路不清的时代氛围里，美国诞生了一大批带有浓厚批判色彩的文学作品，《教父》就是其中之一。无论在美国国内或在美国以外的其他国家，都有不少人在考虑这样的问题：美国社会到底怎么样？它是否是理想社会？这部小说继承批判现实主义的优良传统，对这类人们普遍关心的问题提供了一个极其生动、形象、具有说服力的回答。

出身卑微的普佐，少时就喜爱读书并且善于观察生活。人到中年，依旧贫困的普佐更是饱经沧桑、阅历丰富。他熟悉美国社会生活的各领域和各阶层的秘密，也熟悉各种各样人物的生活隐秘。贫瘠的生活没能阻碍他思想的丰富，对美国社会本质的思考从未停止。他洞见症结，因而最有发言权。所以，我们可以说，这是一部反映社会现实的作品，我们也可以说这是一部闪耀着批判现实主义光辉的作品。

值得我们深思的是作者在小说正文的前面特别声明说："这本书里面的一切人物都是虚构的，若书里的描写同现在还活着的或已经死了的真人有相似之处的话，那也纯属巧合。"作者的这一声明，酷似"此地无银三百两"，从反面点明了这部小说的现实社会意义和社会价值。它是一部脍炙人口的文艺作品，同时也是一部生动形象的社会风俗史。

2. 独特的写作风格

没有冗杂的描述，没有花哨的文字，在"教父"三部曲中马里奥·普佐选用了自然主义的创作手法。一方面，文风简洁干练，极具特色的叙述风格，注重群体写照，聚焦刻画人物气质与心理，增强了小说及人物的可信度和真实感；另一方面，他偏重于描绘客观现实生活的精确图画，淡化情节，不苛求、不追求戏剧性的场面与转折，主张按照现实生活的样貌去涂写画面。同时，多采用俚语、隐语、行话、委婉语、双关语等，人物的性格与其语言和行为十分契合，以期刻画更为真实生动的人物群像。不仅如此，和普佐第二创作生涯紧密相关的是，在"教父"三部曲中，普佐还广泛运用了一些电影艺术的手法，回忆、倒叙、插曲、心理描写等方法运用得恰如其分。

同时，"教父"三部曲的故事脉络也独具特色。对一个好的故事而言，除去故事发展的主线，支线情节与配角人物同样不可或缺。文中的许多配角出场时间不多，但都非常重要。不同于先展开主线情节然后接续描写由直线分支出来的支线故事的方式，在"教父"三部曲中，很多支线章节并非属于主线的分支，而是各有源头，它们拥有自己的逻辑与章程，在恰当的时机自然而然地迈入主线章节。故事的画卷缓缓展开。整个故事的主线与支线的发展脉络，很像一条大河的主流与支流的关系：各有源，最后聚成洪流，一泻千里。就像是电影版《教父》中麦克在参议院听证会上，作为诉讼方递交证据时一闪而过的树形家族图那样。生生不息、绵延不绝而又汇聚成流、交相呼应。

3. "如此真实"的黑手帮题材

对于小说来讲，"内容为王"是不变的宗旨。《教父》如此畅销，最重要的原因在于它的内容。该小说主要描写了 1945 年至 1955 年之间，意大利移民柯里昂家族在困境中的挣扎和生存之道。柯里昂家族是五大黑帮势力集团之一，为了能够生存不惜进行各种残忍的攻略，用枪、用斧头、用刑具，最后在斗争激烈的环境下生存了下来，实现了对美国黑帮势力的统一。在文中，普佐对黑手党人物的刻画可谓栩栩如生、对故事情节的描写也是丝丝入扣。小说一经出版甚至有人怀疑普佐是否和黑手党有密切的关系。但其实写作时的得心应手只是来源于普佐儿时听继母讲的黑帮故事，再加上普佐本人广泛的阅读和丰富的想象力罢了。

《教父》是作者的第三部小说。这部小说一出版就轰动了整个美国，引起了广泛的评论和赞扬。美国当代著名文学评论家霍尔·伯登在《星期六评论》报上对这部小说做了深刻的分析和精辟的评价。他是这样写的："马里奥·普佐的新小说是一种对准顽固堡垒猛烈攻击的攻城锤，其主旨在于振聋发聩。这是一部内容充实的黑手党家史，记录的是一个家庭不惜用枪、用斧、用绞刑具、用攻心战来实现自己对整个美国地下势力集团体系的独霸控制的详细过程……"《教父》较有深度地揭露了黑手党的内幕，有助于了解和认识当代美国的社会状况。此外，小说情节惊险，描写生动，引人入胜。

4. 揭露美国社会的本质

身处美国经济大萧条时期的普佐，对于美国社会的思考达到了一个顶峰。面对"美国梦"的破灭、理想社会的争议，他以作品来回答，既不抽象地肯定，也不概括地否定，而只是客观地把当时美国社会最隐蔽的本质赤裸裸地揭示了出来。在这一时期，繁荣只是虚幻的泡沫，一触即碎，杀戮与狡诈才是本色。自由、平等与博爱只是虚假的旗帜，歧视、挥霍与倾轧才是美国这艘大船上的标语。这部小说通过对美国地下黑势力集团之间真刀真枪的"战争"叙写，淋漓尽致地揭示了美国社会的表层下最隐蔽的本质。

正如中国的《教父》最早版本的译者周汉林先生所说的那样，"《教父》通过生动的故事与翔实的人物刻画所揭示的政治和社会的真理，比起所有的政治家、政论家和一切新闻报道合起来所揭示的还要多，我们从这里所能学到的东西，也要比从所有的历史学家、经济学家和统计学家以及报纸杂志那里所能学到的全部东西还要多"。

5. 罕见的人性光辉

《教父》它以沉郁冷静的风格讲述了一段颇具浪漫主义色彩的黑帮史诗，开启了黑帮小说的全新时代。不仅是指它详尽地、充满真实感地描绘了黑手党的一些暴力手段与处事原则，更在于它在血腥、暴力与权欲中依旧有着罕见的人道主义光辉。

不同于其他的黑帮小说，"教父"三部曲处处都可窥见人性的光辉。从开头康妮的结婚现场，摄影师摆好架势正准备为柯里昂家族拍摄全家福，可是当教父发现麦克并不在场时毫不犹豫地打断了摄影师的拍摄，"麦克不在，我不想拍照，待会再拍"，留下原本喜庆的家人无辜地站在那里，可见在这个倔强的老头心里，家人是缺一不可的；最让人动容的一幕出现在大儿子的逝世时，儿子桑尼被乱枪打死，在殡仪馆暗淡的灯光下，教父揭开桑尼身上的白布，无助地摇头，面容抽搐，"看看他们是怎么对我的孩子的"，他悲恸地对化妆师说，蹙起的眉毛在额头上形成一条条哀伤的皱纹。与童年的悲惨境遇不同，晚年的维托·柯里昂是幸福的，生意上的工作交给了儿子，自己则拥有了更多陪伴家人的时间，于是我们看到了他和小孙子安东尼在菜圃里玩捉迷藏的身影，温馨的画面让人难忘。当然，画面的最后是令人惋惜的，伴随着教父身躯平静地倒下，一个时代也就此落幕了。

（二）同名电影的成功激发更多的购买欲望

依据小说改变的电影版"教父"三部曲也进一步带动了本体小说的畅销。电影版"教父"三部曲在 1972 年到 1990 年接连上映，影片一经播出就广受好评。1997 年，票房就达到了 2.45 亿美元。电影版《教父》《教父Ⅱ》分别斩获第 45 届和第 47 届奥斯卡金像奖最佳影片，《教父Ⅲ》也获得第 63 届奥斯卡金像奖最佳影片等多个奖项的提名。

如果说一本书在小说领域上的成功并不能真的打动一部分消费者去购买它的话，那么由小说改编成的同名电影大获成功，并接连斩获奥斯卡最佳电影、奥斯卡最佳改编剧本等多个奖项时，在图书领域和影视领域的双重成功能够大大激发人们的购买欲望，刺激更多的消费者去购买该作品。"教父"三部曲就是如此。

（三）精巧的封面设计

读客文化发行的这一版本的封面设计依旧延续了原版图书封面神秘而优雅的风格，以黑色为主基调。

《教父》的封面，正面形象，左手轻轻手持一朵玫瑰襟花。维托·柯里昂遵奉道德规范，帮助弱小，仁慈却不怒自威。维托标志性的缎面平驳领西装，异常宽大的驳头，显得庄重沉稳、地位不凡（见图1）。

《教父Ⅱ：西西里人》，也是正面，右手紧握一柄权杖。迈克尔·柯里昂比父亲更加坚硬刚强、阴郁冷酷，也更商业（见图2）。

《教父Ⅲ：最后的教父》，教父则背对着世界，双手在身后叠合，手心里躺着两颗骰子……权弄天下、掌控感十足。文森·柯里昂霸气十足的性格展露无遗（见图3）。

共同点是，三代教父十分考究的衣服袖口，都有一片触目惊心的血渍！正如第一部《教父》扉页上巴尔扎克的名言："财富背后，总有犯罪。"

不同的是，读客文化该版本更加突出了教父的西装形象，与电影《教父》的封面更加接近，也更加符合中国观众相较于原版图书封面更为熟悉的电影版"教父"三部曲的现实情况。神秘优雅中带有一丝血腥，哪怕是对《教父》丝毫没有了解的消费者都可能会被吸引购买。

图1 《教父》封面　　　图2 《教父Ⅱ：西西里人》　　图3 《教父Ⅲ：最后的教父》
　　　　　　　　　　　　　　封面　　　　　　　　　　　封面

（四）营销推广促进图书销售

1. 名家点评推荐增"色"

这才是畅销小说的料。——《出版人周刊》

《教父》的故事如此令人信服，模糊了现实和虚构，这部小说将会永远畅销下去，就好像意大利人将会永远钟爱腊肠一样。——《纽约时报》

马里奥·普佐是黑手党的巴尔扎克。——《时代周刊》

《教父Ⅱ：西西里人》的邪恶和浪漫你无法拒绝。——《时代周刊》

《最后的教父》囊括了腐败、娱乐、背叛、刺杀、浪漫爱情……当然还有极重要的——家庭的价值。——《时代周刊》

我们认为，没有一部小说能同《教父》相提并论。——《旧金山时报》

《最后的教父》堪称大师之作，年龄的增长让一些作家变得平庸，但也将另一些作家打磨得非常智慧。马里奥·普佐正是后者。——《出版人周刊》

……

名家点评凭借自身影响力肯定了图书质量与图书内容，提高了"教父"三部曲的知名度，进而推动了图书的销售与发行。名人效应展现得淋漓尽致。

2. 优秀的线上口碑成绩添"彩"

无论是在美国还是在中国，小说《教父》在点评软件上的表现都是极佳的。全球最大的在线读书社区、美国读书民意代表 Goodreads 好评率达到 97%；中国豆瓣评分 9.1、当当好评率 99.7%、京东图书好评率 99%。良好的线上大众点评成绩真实反映了消费者眼中的《教父》，这也推动了《教父》的持续畅销。

3. 线上投放广告吸引受众

身处数字出版时代，巨大的线上流量是出版人极力争取的时代红利。"教父"三部曲的营销就紧跟了这一行业趋势。一方面，在大型读书、售书网站或者应用上将其图书上线，如当当网、京东图书等，依靠平台流量获得大量的曝光率推动图书的售卖；另一方面，也看到了新兴的短视频聚合平台存在的巨大流量潜力，例如，抖音、抖音火山版等。截止到2021年，人们依然能在抖音平台上搜索到众多抖音号发布的关于"教父"三部曲的推广视频。

并且，读客文化这一版本更是抓住了受众的消费心理。以《教父》那句最深得人心的广告语——"《教父》是男人的圣经，是智慧的总和，是一切问题的答案"和"未删减版本""全新译本，完整还原教父每句话的智慧、每个动作的深意"作为广告卖点来宣传这个新译本，以此吸引更多、更新的消费对象。

4. 系列成册进行图书推广

众所周知，"教父"系列作品按照书中完整的故事线应该有3部。这3部分别是《教父》《教父Ⅱ：西西里人》《教父Ⅲ：最后的教父》。但其中只有《教父》最负盛名，另外两部系列作品的市场表现略逊一等。所以在读客文化与江苏凤凰文艺出版社商讨出版事宜时，就采取了"捆绑售卖""系列成册"的营销手段。一方面，以"完整的故事逻辑线"为卖点；另一方面，拉动其余两本《教父》系列作品的销量。

四、精彩阅读

话虽如此，但黑根还是万分惧怕接下来的这一个小时。他尽量作好精神准备，克制自己的内疚。过分自责只会增加唐的负担，过分悲恸只会加重唐的哀伤。指出他本人担任战时顾问的缺陷，只会让唐自认判断失误，竟然选了这么一个人坐上如此重要的位置。

黑根知道，他必须通报消息，提出他的分析，说明该怎么办才能扭转局势，然后保持沉默。接下来唐要他怎么回应，他就怎么回应。唐要他悔罪，他就悔罪；唐要他悲伤，他就袒露心底的哀恸。

听见几辆轿车驶进林荫道的隆隆声，黑根抬起头。两位首领到了。他打算先和他们简单说两句，然后上楼叫醒唐·柯里昂。他起身走到办公桌旁的酒柜前，拿出酒瓶和一个杯子。他呆站片刻，魂不附体，甚至没法举起酒瓶斟酒。他听见背后的房门轻轻打开，转过身，见到的赫然是自遇刺以来第一次打扮整齐的唐·柯里昂。

唐穿过房间，坐进他那张宽大的皮革扶手椅。他的步伐有点僵硬，衣服挂在身上有点松垮垮的，但在黑根眼中，他和以前没什么区别。好像唐单凭意志就可以摆脱身体的虚弱。他面容坚定，带着往日的全部力量和强韧。他直挺挺地坐在扶手椅里，对黑根说："给我一点茴香酒。"

黑根换了一瓶酒，给两人各倒一杯甘草味的烈酒。这是乡下土酿，比店里卖的烈得多，是一个老朋友的礼物，他每年都要送唐一小卡车这种酒。

"我老婆睡前在哭，"唐·柯里昂说，"我朝窗外看，见到两个首领都来了，但这会儿是半夜，所以，我的顾问，我想你应该把大家都知道的事情也告诉你的唐。"

黑根静静地说："我对妈妈什么也没说。我正想上楼叫醒你，把消息直接告诉你。本来再过一分钟我就要上楼去叫醒你的。"

唐·柯里昂不动声色道："但你必须先喝点酒。"

"对。"黑根说。

"酒你已经喝完了，"唐说，"现在请告诉我吧。"声音里有一丝最细微的斥责，针对的是黑根的软弱。

"敌人在堤道上对桑尼开枪，"黑根说，"他死了。"

唐·柯里昂连眨眼睛。有那么半秒钟，他的意志之墙土崩瓦解，肉身力量的枯竭清清楚楚写在脸上。但他立刻恢复原样。

他合拢双手，放在面前的办公桌上，直勾勾地盯着黑根的眼睛。"告诉我，都发生了什么。"他说，他举起一只手，"不，等克莱门扎和忒西奥来了再说，免得你再从头说起。"

没过几秒钟，两位首领就在保镖的护送下走进房间。他们立刻看出唐已经知道了儿子的死讯，因为唐起身迎接他们。他们拥抱唐，老战友当然有这个资格。黑根先给他们各倒一杯茴香酒，两人喝完一杯，黑根开始讲述今晚的前因后果。

听到最后，唐·柯里昂只问了一个问题："确定我儿子已经死了吗？"

克莱门扎答道："对。保镖虽然是桑蒂诺的人，但都是我亲自挑选的。他们来我家以后，我仔细盘问了好几遍。他们在收费站的灯光下看清了他的尸体。按照他们见到的伤口，他不可能还活着。他们敢用生命担保。"

唐·柯里昂接受了最终宣判的结果，没有流露任何感情，只是沉默了几秒钟。他说："没有我的明确命令，你们谁都不准插手，谁都不准发动报复行动，谁都不准追查凶手的下落。我个人不点头，就不准再对五大家族采取任何战争行动。在我儿子下葬之前，我们家族将中止一切生意活动，并中止保护我们的所有生意活动。过后我们再在这里碰头，讨论接下来该怎么办。今夜我们必须尽量为桑蒂诺准备丧事，要让他有一个基督徒的葬礼。我会请朋友找警方和其他人安排各种琐事。克莱门扎，你带上部下，时刻陪着我，担任保镖。忒西奥，你保护我的家人。汤姆，你打电话给亚美利哥·邦纳塞拉，就说我今晚需要他的服务。请他在殡仪馆等我。也许要等一两个，甚至三个小时。都明白我的意思了吗？"

三个男人点点头。唐·柯里昂说："克莱门扎，安排几个人和几辆车等我。我过几分钟就准备好。汤姆，你做得不错。明天早晨，我要康丝坦齐娅来陪母亲。安排她和她丈夫住进林荫道。叫珊德拉的那些女伴去她家陪她。等我告诉我妻子，她也会过去。我妻子会把不幸的消息告诉她，让女人们安排教堂望弥撒，为他的灵魂祈祷。"

说完，唐从扶手椅上起身。另外三个人跟着他站起来，克莱门扎和忒西奥再次拥抱他。黑根为唐拉开门，唐停下盯着黑根看了几秒钟，然后伸手摸着黑根的面颊，轻轻拥抱他，用意大利语说："你是个好儿子，你安慰了我。"言下之意是说，黑根在这个可怕的时刻表现得体。唐上楼走向卧室，去通知妻子。就是在这个时候，黑根打电话给亚美利哥·邦纳塞拉，请殡仪馆老板偿还他欠柯里昂家族的人情债。

——节选自《教父》第 296~298 页

情书

岩井俊二

书名:《情书》　　　　作者:[日]岩井俊二　　　　译者:穆晓芳
出版时间:2018年　　　出版社:南海出版公司

一、作者简介

岩井俊二，著名导演、作家。1963 年出生于日本宫城县仙台市，毕业于横滨国立大学。

作为作家，他以清丽、隽永、残酷和忧伤的文字书写青春物语，书写成长疼痛，细腻精美到让人无法抗拒。代表作有《情书》《燕尾蝶》《关于莉莉周的一切》《华莱士人鱼》《垃圾筐电影院》《花与爱丽丝》《梦的花嫁》等。作为导演，他是日本新电影运动的旗帜，相继推出的《情书》《燕尾蝶》《四月物语》《花与爱丽丝》《关于莉莉周的一切》等，以影像清新、叙事独特、画面纯粹、情感细腻获得极大好评，清新感人的故事和明快唯美的影像引起轰动。

二、畅销盛况

《情书》是日本作家岩井俊二的长篇小说，是处女作，也是其成名作。首次出版于 1995 年。小说由一个同名同姓的误会展开，通过两个女子的书信交流，以舒缓的笔调细致地展现了两段可贵的恋情。小说通过两位女子对过去的追忆以及有关生死的描绘含蓄优美、哀而不伤地表达了珍惜有限生命和宝贵爱情的主题。岩井俊二在 1995 年将《情书》改编成同名电影，当年拿下近 30 个奖项，影响到整个亚洲及欧美少部分地区。

《情书》出版 20 余年，一直稳稳居于当当网小说类图书畅销榜单前列。在 2021 年 5 月 20 日其改编的电影重映之后，《情书》的热度再次居高不下，一定程度上拉动了书籍的销量。国内《情书》于 2009 年 2 月出版第一版，2018 年 6 月印发第二版，截至 2019 年 11 月，《情书》印次已经达到 52 次。

根据开卷数据，截至 2021 年 5 月，《情书》在中国累计销量约为 31 万册。2009 年的第一版销量为 22 万册，2018 年的第二版销量为 9 万册。再版之后的月销量和年销量都远远超过 2009 年的版本，改版后的畅销也给我们带来更多的启发。

《情书》电影由岩井俊二自编自导，由中山美穗、丰川悦司、柏原崇等主演，于 1995 年在日本上映，引起了不小的轰动。而后 1996 年先后在中国台湾、中国香港上映。电影于 2021 年 5 月 20 日在中国大陆重映，重映首日票房达到 2000 万，重映第 13 天总票房达到 6000 万。

三、畅销攻略

（一）极具质感的故事内容

1. 东方世界特有的情感表达——含蓄内敛

（1）高语境文化国家的情感共振

东方人情感表达方式具备特有的含蓄，《情书》小说和电影凭借含蓄内敛的情感表达触发东方人的情感共振。《情书》在日本和中国的影响之广泛和久远，远超于在其他国家的影响。相较于《情书》在我国的销售盛况，在亚马逊网上书店中，《情书》的销售量在排行榜上根本排不上号；《情书》电影的高票房也产生于日本和我国，这种现象是由不同国家文化语境的差异所导致的。

爱德华·霍尔在他的著作《超越文化》中将语境分为两种：高语境和低语境。高语境是为文化底蕴较深的国家，比如，中国民众安土重迁，彼此互相熟知，联系密切，有着长期共同的生活经历和背景，形成高语境文化；而美国正好相反，属于工业国，人口迁量大、速度快，加上"个人主义"和"隐私"的观念，使人们相互之间不易培养共同的生活经历和背景，在交流中不得不靠语言来表达，由此形成低语境文化。因此，高语境国家的人民说话更委婉，他们倾向用表情、动作、眼神等来传递信息，因为大家相互之间存在大量的共有文化，传递信息的方式升级到了文化暗示。低语境国家则相反，积累的共有文化较少，传递信息的方式依旧主要来自语言，情感的表达更加直白，稍微含蓄对方都会不理解。

因此，《情书》中大量的各种含蓄情感表达，都是处于高语境文化的东方人，以及其他高语境文化国家的受众才能深刻理解的情感。

（2）含蓄情感表达的极致——《情书》之后再无暗恋

男藤井树为了女藤井树打人的行为、因为女藤井树给自己当丘比特而愤怒的行为、骑自行车捉弄女藤井树的行为、在借书卡上写满藤井树的名字的行为、在女藤井树卷子上画画的行为、在不合时宜的时候对英语卷子答案的行为、送《追忆似水年华》（第七卷）的行为……男藤井树未曾说出过一句喜欢，却处处都表现出喜欢。最明显的表达，也就是《追忆似水年华》（第七卷）的借书卡背面画上女藤井树的画像，并让女藤井树替自己还书。而在男藤井树眼里最明显的表达，也未能够让女藤井树看到他的心意。这份许多年前的心意却在男藤井树遇难两年后，被渡边博子一封带有私心的寄望天国的信，慢慢地揭露开来。

在全书的结尾处，迟钝的女藤井树看到了借书卡背面自己学生时代的画像，才彻底相信，她那时候不知道，有一个人想念了她好久好久。

2. 人类永恒的主题——爱情和死亡

《情书》是一个同时以爱情和死亡为作品主题的多核作品，而非仅仅以爱情为单核的作品。除了男藤井树对女藤井树的极致的暗恋、女藤井树对男藤井树朦胧的好感、博子小姐对男藤井树的无法忘怀，还有女藤井树父亲的死亡和男藤井树的死亡，这两人的生命都是以猝然长逝的形式消失的。女藤井树父亲死于感冒，男藤井树死于山难。并且，他们的死去都对和他们有联系的生者留下了不可磨灭的影响。《情书》中用娓娓道来的手法，将各色人物面对死亡的反应和受到的影响，以及从死亡的阴影中走出来的过程轻描淡写地剖析开来。读者通过阅读《情书》，或多或少都能体会到生命的珍贵和脆弱，以及亲情、友情和爱情的美好。

3. 内容相辅相成的小说和电影

（1）小说和电影相得益彰

小说的作者和电影的编剧及导演都是岩井俊二，因此小说和电影都是作者本人的作品。他在拍电影的时候加入的书中没有的细节，或者电影中没有表现出来的书中的细节，对于读者或者观影者来说都是莫大的惊喜。美国著名学者霍华德·苏伯曾在《电影的力量》一书中提到："细节往往能赋予故事真实性，让它变得真实可信。"新内容的重新介入和添加，除了更加深了故事的可看性和真实性之外，在一定程度上还对主题的升华起到了不可替代的重要作用。① 例如，电影中有一幕是，女藤井树大病初愈躺在病床上，不停地小声喊着："你好吗？我很好！"另一个画面，渡边博子在男藤井树遇难的山脚下，大声喊着："你好吗？我很好！"这几处交替不断的画面，生动地表现了女藤井树和渡边博子审视自己的过往，寄托了对已故之人的追思和怀念，几乎是全影片的高潮，催人泪下。

作者将回味无穷的故事转换为更加具有感染力的视觉语言，并且在电影不同的表达方式的基础上对人物刻画和故事情节有所增添。这样的作品影视化形式，让读完书的读者有很强烈的观影意愿，让

---

① 梁永胜. 谈影视改编的艺术魅力——以《情书》的改编为例 [J]. 山东行政学院学报，2014（12）：81~85.

看完电影的观众有很强烈的想找出这本书来读一读的冲动。因为不论电影还是小说，两者都有很强的情绪感染力，让受众陷入意难平的情绪，进而生怕错过一点内容上的细节，开始补看电影或读小说。重映后飞涨的《情书》销量证明，搬上大银幕的《情书》再次刺激了读者的购买欲；而重映首日座无虚席的观影盛况也侧面表明《情书》多年来畅销的影响力。所以说，成功的影视化小说和电影是相辅相成的，构成了一个双赢的局面。

（2）令人动容的日本美学——"物哀"

"物哀"美学同时贯穿在《情书》的小说和电影当中，带给读者和观众极致的情感体验。"物哀"是日本传统文学、诗歌、美学理论中的一个重要概念，它和"侘寂""幽玄"是日本传统美学的三大关键词。

其一，作者在书中对于死亡的叙述哀而不伤。从未刻意展示死亡的残酷，而将悲情转化为一种哀思和怀念。例如，对男藤井树遇难情况没有任何一句直接描写，仅仅通过他人的话语侧面描写：

或许是喝醉了，雷公爷爷突然哼起歌来，博子听出那是松田圣子的《青色珊瑚礁》。

"怎么？这是大家的队歌吗？"博子问。

"什么？"

雷公爷爷的表情略显诧异。

"这首歌是那家伙最后时刻唱的歌，他掉下了悬崖，看不见他，只听得见这首歌。"

……

沉默又笼罩了三个人。他就在三个人中间。对他的想念，分别游荡在每个人的脑海里。

其二，书中对樱花也有不少描述的篇幅。女藤井树在书中认为春天和樱花是"出现不祥之兆的条件"。樱花之美在于它散落之时，我们感受到将逝之物，为其哀怜。还会感受到，美与死亡。如此看来，樱花在春天盛开和凋落，和死亡相伴，确实可以说是不祥之兆。

其三，作者在电影中用铺天盖地的白色表现"物哀"，白色几乎是整部电影画面的基调。小樽的雪，白色，容易消逝；少年男藤井树在图书馆窗台处看书时飘动的白色窗帘；女藤井树和男藤井树最后一次见面也是在雪天……

其四，影片采用的配乐基调几乎和影片是一体的，搭配在一起几乎浑然天成。在这部影片中，背景音乐的叙事功能得到了充分的体现，背景音乐就像含情脉脉的电影语言，几乎构成了影片中的每一个细节，音乐的细腻、淡雅、还夹带哀伤，与整部影片的风格丝丝相扣，紧密融合，共同推动了影片的叙事①。

4. 符合受众需求的译者选择

《情书》有两个译本，分别是穆晓芳译本和王筱玲、张苓译本。本文所分析的译本是符合大陆受众需求的穆晓芳译本。

译者穆晓芳的个人信息较少，关于译者王筱玲、张苓的信息较为全面。王筱玲是自由编辑工作者；张苓 2001 年在北京外国语大学日本学研究中心获得硕士学位，而后于中央戏剧学院攻读博士学位，两者都具备相当的翻译经验。

根据可观的销量，穆晓芳译本明显更为受众所青睐。穆晓芳译本于 2009 年 2 月出版第一版，于 2018 年 6 月印发第二版，截至 2019 年 11 月，《情书》印次已经达到 52 次。2009 年处于中日文化交流的友好时期，因此反响良好。而王筱玲、张苓译本出版于 2012 年，那一年中日关系处于一个僵持的状态，"钓鱼岛"等问题的激化

---

① 牛碧玲. 电影《情书》中的物哀美 [J]. 视听，2013（10）：50~51.

引起了国内抵制日货的风气，给王筱玲、张苓新译本的销量带来一定的影响。王、张译本至今印刷了 4 次，销量不佳，市面上基本上找不到这一译本。两个译本天差地别的销量，出版地区和出版时间也许造成了一定的影响，但主要影响因素是两译本的翻译特点的差异。下面选取典型的例子对两个译本的翻译特点进行简单的分析。

例 1 知らない人間から送られてきた薬物をおいそれと飲める人間なんて、そういうものではない。

穆晓芳译：我可不是那种人，会放心地吃素不相识的人寄来的药。

王筱玲、张苓译：我可不是那種會放心吃下陌生人寄來的藥物的人。

例 2 ひと目惚れですか？どうかな。

穆晓芳译："一见钟情？什么样的？"

王筱玲、张苓译："一見鍾情？我不知道欸。"

通过以上两个典型例子的选取，两者的翻译特点差异显而易见。其一是穆晓芳译本作为大陆译本，文字使用的是简体字，王筱玲、张苓译本在台湾地区出版，因此使用的是繁体字。其二，句法结构的处理。例 1 中，穆晓芳翻译的文本处理成两个短句，将原文放在后方的否定句前置，先表明立场，再陈述事件；而王筱玲、张苓译本直接按照原文的语序翻译，尽可能地保留了原文的句式结构。实际上穆晓芳版本的句式结构更符合大陆受众的阅读习惯。其三，语言风格的差异。例 2 中 "か" "かな" 都是日语中的语气助词。由于语气词在日本人交流中承担了传达情绪的作用，在文学作品中还能体现人物的性格特点，因此，日本文学作品的文字里充斥着大量的语气词。而台湾地区的本土文化也具备使用大量语气词的特点，所以王筱玲、张苓译本将原文中的语气词一并译出，更符合台湾读者的阅读偏好。而穆晓芳译本以大陆读者的阅读需求为出发点，翻译的语言风格更加贴合大陆读者的阅读偏好，虽然将大部分的语气词省去或改写，但我认为她对人物的性格特点和心理的把控更为精确，通常将改写的程度把握得分毫不差。因此，译者穆晓芳绝对是符合受众需求的。

（二）恰到好处的装帧设计

1. 贴合内容的外部装帧设计

继畅销 10 年之后，南海出版公司推出 10 年精装珍藏版。由知名设计师设计，双封精装，带有书签和腰封。

封面设计整体风格贴合书籍内容，设计的风景图为雪山和雪原，和书中男主人公遭遇山难死去的场景相呼应。封面、书签、腰封采用一致的色调。

随书附赠的"借书卡"书签可谓是装帧设计的点睛之笔。借书卡的设计和改编与《情书》电影结尾处，普鲁斯特的《追忆似水年华（第七卷）重现的时光》中的借书卡完全一致，这是作品中揭露男藤井树对女藤井树的真挚爱恋的直接证据，也是全书、全电影的结尾和高潮。这样的"借书卡"书签，对读者来说是莫大的惊喜和彩蛋，是旧版本装帧没有的亮点设计。

腰封上的内容是作者岩井俊二所说的话：虽然经历了岁月的洗礼，但真挚的感情没有磨灭，生命是短暂的，而爱情是永恒的。这是我想在《情书》里表达的东西。这样的话语不仅仅传达了作品的主题和信息，还吸引了读者的注意力，实现了针对受众进行说服和引导，促进传播推广和销售的作用。

2. 代入感极强的内文版式设计

首先，《情书》是一本较其他小说更具有特殊性的小说，书中很多篇幅通过两位主人公的书信往来推动情节的发展，叙事角度根据阅读书信的视角不断变换，书信的字体和其他篇幅的字体以及排版格式不同，让读者在阅读过程中具有很强的代入感，仿佛真的和主人公一样，做着展信阅读的动作。

其次，是人物的对话部分，排版都以一句作为一个段落的格式呈现。这样的版式设计增加了读者阅读对话的流畅度，页面中大量的留白，使读者对人物对话时的节奏和情绪把握得更加深刻。

（三）作者自身的名人效应

岩井俊二作为著名导演，具备非凡的影响力。在日本电影领域、日本文学领域中有不小的受众群体。他所拍摄的系列电影和他所写的书具备源远流长的生命力，使电影受众和书籍受众这两个群体不断扩散、融合，他的总受众群体多年来一直不断地在变大。

岩井俊二的忠实读者和粉丝，一般会读全系列作品，看所有的电影作品。岩井俊二在新浪微博也有账号，并且有不少的粉丝量。在电影重映计划官宣之后，岩井俊二在微博发布了简单的动态：“《情书》请一定要看，请告诉我你的感想！”并且发布演奏与电影相关的主题旋律的视频，引发粉丝回忆热潮，话题讨论度冲上热搜。丝毫没有刻意的营销、自带热度的作品，即便是不知晓《情书》这本书的受众也愿意去影院一探究竟。

（四）经久不衰的社会影响

《情书》是日本著名作家岩井俊二的知名著作，无论是小说还是其改编而成的同名电影都产生了深刻的影响。这部作品具备长久的生命力，拥有持续存在的细分市场，有广泛的受众，历经时间的考验，时至今日也依然产生着巨大的正面社会影响。

2021《情书》电影重映宣传海报

1. 象征符号的生命力

正如书中男藤井树为女藤井树在图书馆无数本图书的借书卡上写满了藤井树这个名字,女藤井树并没有料想到在数十年之后"藤井旋风"被学生们视若珍宝并乐此不疲地找出来,机灵的学生们一下子就能看穿"藤井旋风"的用意并告知女藤井树。在小说中,学生时代的"藤井树"已然不再少年,但现在、未来还会有无数的新的"藤井树"出现在学校里。在现实生活中,这种极具特色的象征符号也被年轻的读者们效仿,在《情书》的读者眼里,学校图书馆管理员和借书卡有了不一样的意义,这些事物一定承载着不为人知的情感和故事;"藤井树"成为很多人的笔名或者网名,并且相当一部分读者会认为:通晓这个名字的出处的人一定能互相理解;无数高校的图书馆中马塞尔·普鲁斯特的《追忆似水年华》(第七卷)借书卡也许被写上了特殊的名字,绘上了特殊的画像……

青春题材的文学作品通常是人们开启学生时代回忆的钥匙,也是正当青春时代的少年人的情感启蒙书。这样的书籍在当今时代永远存在对应的市场,受众永远存在,因为学校里每年的开学典礼入场时必定人声鼎沸。有大人带着回忆离开校园,就会有孩子带着懵懂进入校园。

2. 唤醒大众的生活真意

姚亮在《发现爱情:论〈情书〉的"追忆诗学"》一文中提道:"在对往事的追忆中,各种隐秘和真相渐渐浮出水面。随着这些发现的到来,个体生命被改变。岩井俊二的'追忆'诗学以追忆为手段,让生命与历史连接,重新审视失去的时间,让生活的真意完整显现。"①在岩井俊二的笔下,女藤井树和渡边博子在书信往来的过程中,两人的个体生命被改变,她们重新审视自己所失去的,走出了困住自己的怪圈。读者和观众在书中和影院中出来之后,自己生活的真意也会被唤醒。

随着信息时代的高速发展,人们的生活节奏没有最快,只有更快,书信来往不再常见,取而代之的是便捷的通信设备和手机软件。现代人已然少有通过写信联系友人,更别提通过信纸袒露心意。《情书》中通过书信这种纸媒所揭露的珍贵往事和真挚情感在我们的时代反而显得更可贵,更触动人心。

我们也许再也找不到如《情书》这般扣人心弦的文学作品,作者岩井俊二凭借他对人心的深入洞察,他笔下的人物和故事能够直击人们的心房,让我们在读完或者观看他的作品后,在沉浸在作品

---

① 姚亮. 发现爱情:论《情书》的"追忆诗学" [J]. 世界文学评论,2014,(3):202~203.

里的某个时刻，轻易打开尘封自己回忆的大门。我们可以说，每一个年少的自己都是学生时代的藤井树；每一个在死亡里走不出来的人都是渡边博子；每一个心甘情愿地爱了很多年的人都是秋叶。因为太相似而更加容易产生共鸣，进而和作品中的主人公一样，开始对往事进行追忆，连接属于我们的历史和生命，也许能惊喜地发现从前的自己没能发现的珍贵事物，以及可以想念的人。

也许真如岩井俊二所说，虽然经历了岁月的洗礼，但真挚的感情没有磨灭，生命是短暂的，而爱情是永恒的。这是他想在《情书》中表达的东西。但笔者认为，《情书》带给全世界读者的影响已经超越了作者想表达的内容。《情书》除了传达了作者对于爱情和死亡的理解，更多的是启发了读者从青春的共鸣和追思到对生命的不同看法，唤醒大众在忙碌生活中早已丢失的生活中的真意，进而带来积极正面的社会影响。

四、精彩阅读

我一边歪着脑袋想，一边拆开信。里面是一张信纸。我的目光落在这张信纸上，怎么说呢，一刹那，大脑一片空白，陷入了一种难以形容的状态。

藤井树：

你好吗？我很好。

渡边博子

这就是全部的内容。

——节选自《情书》第 16~17 页

博子是读短期大学时和他相识的。他当时读的是神户市立美术大学，学油画专业，还参加了学校的登山队。

从短期大学毕业后，博子比他早一年进入社会。他在第二年当了高中的美术老师。

博子在东京长大，对她而言，神户的生活全部都是他：和他一起度过的日日夜夜、长相厮守的日日夜夜、偶尔一个人的日日夜夜，以及满心满脑全是他的日日夜夜、有他陪伴着的日日夜夜、宁愿时间停止的日日夜夜，还有——永远失去他的日日夜夜。

他死于登山事故。失去了留在神户的理由，博子也没打算回东京。家里劝她回去，她只是含糊其词地搪塞，并不想结束自己的单身生活。不过，博子也没弄明白自己的意愿。就算弄明白了，也要留在这里。这种感觉时常让她感到震惊。于是她仍一成不变地过着从公司到家的两点一线的生活。

——节选自《情书》第 25~26 页

父亲死的那天，我和妈妈还有爷爷就是走这条路回家的。当时是正月的第三天，店铺都关着门，没有一个人。

我在路中央发现了一个大水洼，那种季节，水洼自然是彻底结冰了。我助跑之后，在冰面上滑得很远。

妈妈吓了一跳，喊道：

"傻瓜，会摔倒的！"

可是我没有摔倒，我在那冰面上轻松地滑着。

那水洼可真大，而且我滑得出奇的好，很久才停下来，那种感觉至今不能忘怀。我在水洼边停下，在脚边发现了一个奇怪的东西。

我蹲下来仔细辨认。妈妈和爷爷也走过来和我一起看。

妈妈说："……是蜻蜓？"

的确是蜻蜓。被冻在冰里的蜻蜓。奇怪的是，翅膀和尾巴都是在舒展的时候被冻住的。

"真漂亮。"

妈妈只说了一句。

突如其来的急刹车把我拉回现实。出租车失去控制，在马路中央滴溜溜地打转。

……

司机开动了一下雨刷。雨雪的颗粒在窗玻璃上拖出白色的印迹。

"已经四月了，还下雪啊？"

天空不知何时已被厚重的乌云笼罩。

——节选自《情书》第 152~154 页

博子缓慢地抬起头来。让人倍感庄严的山峰占据了她的视野。

博子的眼泪夺眶而出。

秋叶突然冲着山大喊：

"藤井，你还在唱松田圣子的歌吗？那边冷吗？"

远处传来了回音。

秋叶又喊道：

"藤井，把博子交给我！"

回音重复着这句话。秋叶自作主张地回答了。

"好啊！"

回音又再度响起。秋叶得意地冲博子笑了。

"他说'好啊'。"

"……秋叶你真狡猾。"

"哈哈，博子也说点什么吧。"

博子想说点什么，但身边有人，她觉得不好意思。她一直跑到雪地中央，然后，放声大喊：

"你——好——吗？我——很——好！你——好——吗？我——很——好！你——好——吗？我——很——好！"

喊着喊着，泪水噎住了喉咙，发不出声来。博子哭了，简直像孩子一样放声大哭。

雷公爷爷边揉着眼睛，边打开了窗户。

"一大清早的，嚷个什么？"

"别打搅她。现在是最好的时候。"

——节选自《情书》第 171~173 页

"下面该爷爷讲了。"

"阿树，看那里。"

爷爷指着院子里长着的一棵树。

"种那棵树时，我给它取了个名字，你知道是什么吗？"

"不知道。"

"叫阿树。和你一个名字。"

"骗人。"

"那棵树是在你出生时种的，所以给你们两个取了同样的名字，就是你和那棵树两个。"

"……什么？"

"你不知道吧？"

"不知道。"

"没人知道。这种事偷偷地做才有意义。"

爷爷一边说，一边笑嘻嘻的。

"真的吗？不是刚编出来的吧？"

"不是说了吗？偷偷地做才有意义啊。"

关于这件事，真相最终还是一个谜。

……

面对突然出现的不速之客，我吓了一跳。

学生们羞涩地踌躇不前，终于，遥香说道：

"我发现了一件好东西。"

说着，她把一本书递到我眼前。那是普鲁斯特的《追忆逝水年华》，他让我帮忙还给图书室的那本书。

学生们冲着目瞪口呆的我嚷道："里面，里面的卡片！"我按照提示，看了里面的卡片，上面有藤井树的签名。可是学生们还在嚷嚷："背面，背面！"

我不明就里，漫不经心地把卡片翻过来。

顿时，我无话可说了。

那是中学时代的我的画像。

我突然发现，他们正津津有味地偷看我的表情。

我一面佯装平静，一面想把卡片揣到兜里。然而不凑巧，我喜欢的围裙，上下没有一个兜。

——节选自《情书》第178~180页

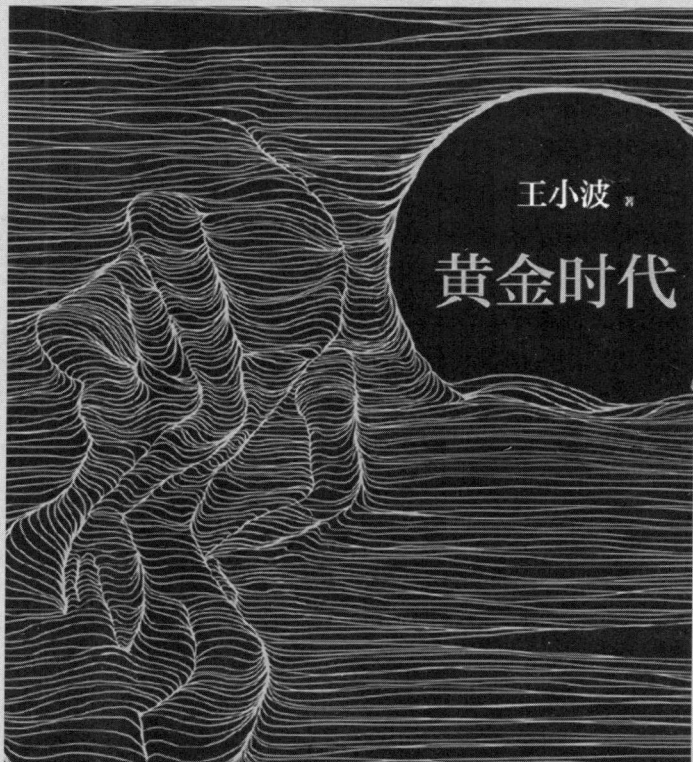

王小波 著

黄金时代

写出《黄金时代》之前，我从未觉得自己写得好。——王小波

那一天我二十一岁，在我一生的黄金时代，我有好多奢望。我想爱，想吃，还想在一瞬间变成天上半明半暗的云。后来我才知道，生活就是个缓慢受锤的过程，人一天天老下去，奢望也一天天消失，最后变得像挨了锤的牛一样。可是我过二十一岁生日时没有预见到这一点。我觉得自己会永远生猛下去，什么也锤不了我。

书名：《黄金时代》　　　　作者：王小波
出版时间：2017年　　　　出版社：北京十月文艺出版社

一、作者简介

王小波（1952—1997），生于北京，1968年前往云南农场插队，云南的这段经历是小说《黄金时代》的创作背景，也成为王小波日后写作的重要素材。1973年回到北京当工人，1978年考入中国人民大学，1986年获得美国匹兹堡大学硕士学位。1988年回国，曾在北京大学、中国人民大学任教，教师生活是《三十而立》《似水流年》等小说的写作背景。1992年辞去教职，成为自由撰稿人。1997年病逝于北京。代表作品有杂文集《沉默的大多数》《一只特立独行的猪》《爱你就像爱生命》，小说《黄金时代》《白银时代》《青铜时代》《黑铁时代》（未竟稿），电影剧本《东宫西宫》等。

二、畅销盛况

仿佛命中注定一般，《黄金时代》的坎坷命运与王小波的人生经历颇为相似。据王小波好友丁东描述，王小波生前想要出版自己小说的心愿未能彻底实现，杂文反倒先受到广泛认可。被王小波视为"副业"的杂文受到欢迎却无法带动其"主业"小说的销售。1991年，《黄金时代》荣获第13届台湾《联合学报》文学中篇小说奖，在台湾香港出版发行，很受欢迎。因内容尺度问题，1994年《黄金时代》（华夏出版社）才在大陆得以出版，这本花费近20年写成的心血之作，首版只印了6 000本，卖了3年，直至王小波去世时都没有售完。而"时代三部曲"的另外两部——《青铜时代》《白银时代》，稿件在华夏出版社编辑赵洁平手里积存两年，未能成功出版。1996年冬，王小波找到花城出版社，社长肖建国阅读后大为赞赏，试图冒险出版"时代三部曲"。1997年4月11日王小波离世时，未能见到"时代三部曲"最终成书。王小波的死在当时引发了一场媒体地震，数百家媒体发表了相关报道，这或许成为"王小波热"的开端。花城出版社的"时代三部曲"作为王小波留下的最后作品，开始受到人们追捧，一时洛阳纸贵，不同于《黄金时代》首次出版时的无人问津，"时代三部曲"问世后极为畅销，据花城出版社编辑钟洁玲回忆，2001 年年底合同到期前，"时代三部曲"加印 10 多次，印数约 20 万册。

之后近 20 年里，长江文艺出版社、陕西师范大学出版社、译林出版社、云南人民出版社、北京理工大学出版社、重庆出版社等多家出版社出版过多达十几个版本的王小波作品集，盗版数更是多到难以统计。2016 年，李银河将王小波全部作品版权独家授予新经典文化公司，新经典与北京十月文艺出版社联合出版了新版王小波精选小说套装，《黄金时代》即为此套装书目之一。

新经典版本的《黄金时代》于 2017 年 4 月出版，当年王小波登上 2017 年"Kindle 年度付费电子书作家榜"前 3 名。据北京开卷信息技术有限公司数据显示，截至 2021 年 4 月，本书销量超过 51 万册。新经典当当网官方店商品评价超过 8 万条。至 2020 年 12 月此版本《黄金时代》累计印刷 25 次，长年占据各大图书销售网站畅销书榜单。

三、畅销攻略

（一）图书内容

《黄金时代》不仅是一本畅销书，更是长销书，《黄金时代》能够畅销，其文本魅力方面的原因主要有以下几点。

1. 引人入胜的开篇

小说的开头至关重要，是抓住人心、吸引读者继续阅读的关键。《黄金时代》一开头写道："我二十一岁时，正在云南插队。陈清扬当时二十六岁，就在我插队的地方当医生。我在山下十四队，她在山上十五队。有一天她从山上下来，和我讨论她不是破鞋的问题……"这与王小波所推崇的杜拉斯《情人》一文，有异曲同工之妙："我已经老了，有一天，在一处公共场所的大厅里，有一个男人向我走来。"这样的开头既真实又充满悬念，读者能身临其境，自然而然地进入作者所营造的场景之中。看似轻而易举的描写、几句简单的陈述，实为举重若轻的从容，透露出作者本人对讲好故事的自信。紧接着，王小波就在"破鞋"这一中国人所熟知的概念中玩起语言游戏，进而成功地将读者拉入他与众不同的逻辑中。不知有多少读者会因为《黄金时代》开头的"破鞋理论"产生兴趣而读下去，想必数量是不少的。

虽然王小波通篇采用第一人称"我"的叙述视角，却更像是从证人的角度对往事作回忆，故事如同一幕幕电影画面清晰、流畅地铺展在读者眼前。对生活细节的精确掌握、恰到好处的描写，使他在叙事过程中，任何奇异的戏剧性都不会显得唐突，整个事件就应该这样发展，才能称其为故事。这是他的小说之所以能唤起读者的热情、让人感兴趣、让读者得到持久快感的重要原因。

2. 语言口语化，阅读门槛低，趣味横生却不失理性思考

《黄金时代》一个重要的语言特色便是书中随处可见的粗俗口语，这种粗俗化的口语为文本语言带来了别样的风格魅力。王二说出大量粗言粗语，其实正是其高压生活环境下的内心真实写照，这种粗俗的表达方式反而让王二的人物形象更加丰满且具体，也更加真实有活力。这些口语让《黄金时代》具有很强的随意性和生活性，

更加还原现实生活，具有特殊的表达魅力，因此更为贴合普通读者，能够引起读者探索内容的兴趣。

有人将王小波奉为中国白话文第一人，王小波浅白甚至略显粗俗的语言，确实能够降低许多读者的阅读门槛，不至于让人产生面对文学巨著时的望而生畏感。王小波语言简单，所用的也都是常用字词："这是大师才被允许的简单。"在舒缓的节奏中进行日常化的叙述，其中的人物和事件都显得格外真切，即使虚构的叙述，也能让读者身临其境。比如下面这些看似小学生一般的语调，在文中比比皆是："我二十一岁生日那天，正在河边放牛。""陈清扬告诉我这件事以后，火车就开走了。"如此坦诚的描写，会产生意想不到的效果：还原了生活本身的平淡和真实。简简单单地用清晰的字句勾勒出事情的原貌，真实再现了一个个云南边地的环境。通过简单的话语、简单的过渡句，整篇小说的舒缓节奏都得以顺畅体现。

3. 拥有自由主义内核和放荡不羁的灵魂

本书收录王小波最负盛名的 3 篇小说《黄金时代》《三十而立》《似水流年》。故事以 20 世纪七八十年代为背景，正面书写对"性爱""自由"的追求，反思人的生存现状，并彰显了人性中的自由与本真。3 篇小说整体以男主人公"王二"的人生经历为叙事顺序，《黄金时代》一文中，王二处于 20 岁左右的黄金时代，他觉得自己会永远生猛下去，什么也锤不了他。到了《三十而立》和《似水流年》，王二心态明显发生了变化，30 岁的他试图做个"好人"，只为了死后"塞进肛门的那团棉花"，到《似水流年》时他感慨生命的一切只是片刻的欢愉与不幸，终将归于似水流年。王小波在正叙、倒叙和预叙间不留痕迹地来回切换，在每篇小说之中，他并非严格地以时间顺序来安排情节，而是站在一个更加整体的高度，将它们布置在最恰当的位置，最终使全篇具有一种特别的阅读感受。

提起对王小波的印象，被人提到最多的词就是"自由"，王小波将他想要的自由都流纵于小说里了，自由的文体和语言彰显了王小波自由的生命意识，作为一个具有浪漫情怀的行吟诗人，王小波建构的文学想象所具有的价值在时间的延展中被呈现。王小波的读者受众多为大学生和青年人，甚至有"26岁后不读王小波"这种说法，这个年龄段的读者极易被王小波作品中自由和荒诞不经的言语、事情所吸引。但实际上王小波关于《黄金时代》的经典阐述，既能唤起21岁之前的读者的好奇与向往，又能激发21岁以后的读者的共鸣与感叹。

4. 金句频出，口口相传

王小波最为文艺青年熟知的名句正出于《黄金时代》："那一天我二十一岁，在我一生的黄金时代，我有好多奢望。我想爱，想吃，还想在一瞬间变成天上半明半暗的云……"

还有全文中最感人的一句话，陈清扬的那句："好危险，差点爱上你。"在满篇荒诞不经的场景和离经叛道的语言里，偶然出现这么一鳞半爪关于爱的描写，让人觉得温柔得刺目。除此之外还有："就如世上一切东西，你信它是真，它就真下去；你疑它是假，它就是假的。我的话也半真不假。但是我随时准备兑现我的话，哪怕天崩地裂也不退却。就因为这种状态，别人都不相信我……""陈清扬说，人活在世上，就是为了忍受摧残，一直到死。想明了这一点，一切都能泰然处之……"王小波的语言风格简短有力，文笔时而辛辣犀利，时而俏皮幽默，没有居高临下的说教，却能引人深思，激发读者的共鸣，成为王小波语录在当代社交媒体上广泛传播的重要原因。

5. 性爱话题，永恒的吸睛点

很多人一开始是把《黄金时代》当黄书来看的。书中露骨大胆的性爱描写，充满原始野性，给读者强烈的感官刺激。1992年香港繁荣出版社出版《黄金时代》时，为吸引读者眼球，直接将其命名为《王二风流史》，大量性爱描写是许多读者对这本书的最初印象。20世纪90年代，社会环境对男女关系的压抑，《黄金时代》中又通篇充斥着王二与陈清扬没羞没臊的"敦伟大友谊"，另有"龟头血肿"、"阴茎倒挂"等粗鄙字眼，导致青年人对一本自由描写性爱的书充满好奇也无可厚非。这本充满铺天盖地性爱细节的小说，思想之开放可以说领先了时代几十年，所以直到今天也有读者会因此书爆棚的荷尔蒙而开始阅读。

但如果继续读下去，便知道这不单纯是一本"小黄书"，王小波使用大量反讽的修辞手法，将对现实的讽刺和控诉隐藏在看似"满纸荒唐言"的故事背后，越读越品，就会觉得越有味道，自然能吸引大批读者反复阅读。第一次看，我们也许只看到了满篇不知所云的性；再次看，能看到戏谑文字、怪诞极致的形式、对插队生活荒谬的讽刺；如果多年后回想，相信仍能记起书里半明半暗的云、鸽哨、风、天空、阳光这些美好的东西。就像王小波封面上说的那句话，在看完《黄金时代》之前，我从未觉得自己写得好。

（二）作者的影响力

王小波本人的影响力不必多说，众多粉丝自诩为"王小波门下走狗"，从20世纪90年代起，"王小波热"一直持续到今天，或许曾有很多文化名人被看作是文化热潮，但时过境迁后他们便走下神坛，被大众遗忘。而唯有王小波依然被人们所欣赏，且始终拥有大量的年轻读者，他在人们心中好像从来都没有老去。而如果想要了解王小波，必然逃不开对《黄金时代》的阅读。毕竟王小波曾说，《黄金时代》是他的宠儿。

"王小波热"的出现和持续有以下原因：

1. 王小波对年轻人具有天然的亲和力

北京理工大学版《王小波全集》简介中写道："他创造的文学美，他特立独行的思维方式，像透过时间阻隔的强光，给无数有思想、爱智慧的青年人带来光明。"王小波的创作，被周国平比喻为《皇帝的新装》里的小孩："别人也看见皇帝光着身子，但宁愿相信皇帝的伟大，不愿相信自己的眼睛，他却不但相信自己的眼睛，而且把自己所看到的如实说了出来。"王小波拥有极为理性的价值观，他的文字里表现出的却不是囿于世俗，而是拒绝社会成规，他文字中的"智慧"经常表现为对成规的超越。他的天马行空，符合年轻人的个性特点，因而年轻人自然会被他的文字所吸引。

2. 文化界集体合力的结果

王小波去世后，纪念他的文字、讨论、评论喷涌而出，在这其中，妻子李银河的推崇和诸多文化名人的推荐在"王小波现象"中发挥了重要作用。

例如，刘心武说："小波伟大，是当代的鲁迅，是中国文化的经典。"高晓松说："在所有白话文的作家中，王小波是我心目中的第一位，并且甩开第二名很远，是神一样的存在。"冯唐评价道："小波的文字，仿佛钻石着光，春花带露，灿烂无比，蛊惑人心。"林少华将王小波称作"敢讲真话的人"。妻子李银河称王小波是"世间一本最美好、最有趣、最好看的书"。

3. 媒介对王小波的身份塑造发挥了重要作用

大众传媒的力量使王小波能够进入到阅读和批评的视野中。"王小波论坛""王小波在线"与《南方周末》和《三联生活周刊》等媒体共同建构了王小波神话。王小波去世后,多家媒体对其逝世及新书出版的报道也是王小波迅速走红的重要原因之一,借助媒体的免费宣传,出版业得以趁势推广销售王小波的书。

进入互联网时代,凭借网络的传播,王小波的影响力更加广泛。在如今的网络平台,王小波语录随处可见,如"须知参差多态,乃是幸福的本源""人的一切痛苦,本质上都是对自己无能的愤怒"等经典语句让人耳熟能详。王小波与李银河之间的爱情故事也是其话题性的重要来源,就算没有看过王小波的作品,恐怕也听说过诸如"你好哇!李银河""一想到你,我这张丑脸上就泛起微笑"等著名情话。网络的传播使王小波再度收获一大批新粉丝,这也是其作品能够经久不衰的原因之一。

4. 杂文的影响力

1997年王小波的突然逝世,成为了"王小波现象"的开端。其作品被空前传播,一时间,社会上各种形式的王小波纪念会、作品研讨会层出不穷,热潮席卷文坛、文学批评界和民间。王小波现象的最初爆点在于杂文,他的杂文在生前已经接受了大量关注。与王小波生前的情况相似,如今"时代三部曲"等小说集的销量仍然不及《沉默的大多数》《一只特立独行的猪》等杂文集,就连出版社对小说集的营销力度也显得更为低调。相比于王小波杂文集宣传界面运用大篇幅插画、卡通人物形象、流量明星推荐语等广告宣传,"时代三部曲"详情仅是扼要地写明内容简介和摘抄书中精彩语句,本套图书的读者定位更倾向于深层次阅读群体。许多读者是先看过王小波的杂文后,才进一步深入了解作者并购买小说集,王小波在杂文方面的影响力或许带动了其小说作品的销售。

（三）出版方的努力

王小波被誉为中国的卡夫卡，曾在海外华人文学界获得普遍称誉。但当他期望进入内地文坛时，却遭到了前所未有的冷遇，连出版作品都很困难。王小波在《黄金时代》的后记中说过："本书得以面世，多亏了不屈不挠的意志和积极的生活态度。必须说明，这些优秀的品质并非作者所有。鉴于出版这本书比写这本书困难得多，所以假如本书有些可取之处，当归于所有帮助出版它的朋友们。"

王小波拿着自己的小说四处推销，四处受阻，最后只有华夏出版社编辑赵洁平力排众议，顶着压力偷偷将《黄金时代》出版，还因此被总编辑严厉指责，大病一场。《黄金时代》出版后，在发行上也遇到了很大阻碍，无法公开打广告，无法参加图书订货会，赵洁平和王小波甚至需要推着自行车亲自去小摊兜售。作者生前得不到大众赏识确是一件悲哀的事，但赵洁平作为一个编辑不仅能慧眼识珠，而且能做出冒险出版的决定，实属勇气可嘉。后来《黄金时代》的畅销，也算是为赵洁平这个"伯乐"正了名。

作品受到大众欢迎后，比起打造《黄金时代》这本畅销书，如何在多方抢夺之下争取到王小波作品的版权才是最为困难的事情。2016年，在新经典获得王小波独家授权的新闻发布会上，李银河解释说，当前市面上王小波作品版本繁杂，且质量参差不齐，盗版侵权问题严重，为消除这一出版乱象，她才决定将王小波的作品版权独家授权给新经典文化。她主要是被新经典作为内容的发现者、创造者和守护者品质折服，其具体表现在三方面：第一，新经典在经营外国文学方面有很高的水准，对待所有作家几乎都是多年持续经营，多年全力推广和诠释；第二，新经典在经营华语文学方面更显深厚内功，尤其是在使经典作品重新焕发活力的能力方面，更是独具功力；第三，新经典始终很严肃地选择作家，无论经典作家还是大众作家在国内读者中间都有着深厚而良好的口碑，这体现了新经典在版权竞争方面的实力。此外，新经典于2014年成立子公司新经典影业。当时路遥的《人生》、张爱玲的《红玫瑰与白玫瑰》等多部畅销作品影视化都在进行中。王小波的作品有望被改编为影视作品也是李银河选择新经典的原因之一。

授权新经典前，王小波作品版本繁多，质量参差不齐。随便搜索"王小波"字样，就能发现很多不同的版本，版权繁多和杂乱从侧面证明了王小波的作品经久不衰，一直占领着巨大的市场。当初有人说，新经典做了一桩赔本的买卖，市场上王小波的作品已经饱和了，而新一代的年轻人对王小波的作品可能并无多大的兴趣。其实，就算王小波作品的市场接近饱和状态，也无损于他新版作品的销售，在逐渐清理过往作品销售市场之后，对王小波的作品重新进行编辑、修订和包装，靠出版质量取胜，逐渐淘洗掉市场上那些残次的版本。在王小波逝世20周年推出精装纪念版并成功畅销，这不失为一种精明的出版策略。

为打造王小波作品集，出版方可谓倾尽全力。它们组织了精干的编辑团队，重新阅读、编排、校对。光校对就进行了五次，将原有作品存在的错字、漏字、不规范的地方，均做了修订和更新。李银河提供了所有王小波已出版作品和未出版的手稿，以及王小波全部的书信和照片，并对全套书亲自进行了校勘。新经典试图将这套王小波作品集打造成市面上最亮眼、最准确、最有特色的版本，相信这个版本会"一统天下"。现在来看，当初的目标确实已经达到了。现在，《黄金时代》出现在各地书店的书架上，长盛不衰，每年都有新的读者关注王小波，阅读王小波的作品。

每到王小波的祭日，人们都会自发举办纪念活动、发布纪念文章，自 2016 年接手版权起，新经典文化开始每年在 4 月 11 日（王小波逝世纪念日）举办纪念活动，如 2017 年的文化沙龙、2018 年"吾爱王小波：纪念王小波逝世 21 周年"活动、2019 年"王小波之夜"朗读分享会、2020 年线上读书会等，均引起了广泛的社会反响。同时，在新经典的公众号、微博等网络平台每年也会发起关于纪念王小波的专题。用有趣的方式纪念有趣的王小波，也是使王小波作品永葆活力的关键。

（四）图书设计

在图书设计方面，出版方的编辑们秉承新经典一贯的"将经典做成畅销，将畅销做成经典"理念，启用《百年孤独》和《解忧杂货店》的设计团队，用线条的方式勾勒出符合作品气质的图片作为封面，以期走前卫和高端的路线，吸引更多"90 后"和"00 后"的关注。本书装帧设计选用 32 开本的精装本，全套图书均采用黑色为底色，以显示主题的严肃性。《黄金时代》配以金色的抽象线条画，流金溢彩。正面线条勾勒出一位女性丰满的身体曲线，正是书中的女主人公陈清扬的剪影。封面设计达到了思想性、主题性和美感的统一。书籍还配备了金色腰封，腰封正面最显眼的一句话是："写出《黄金时代》之前，我从未觉得自己写得好。——王小波"，腰封背面是刘心武对本书的高度评价。能充分引起读者的好奇，激发读者的购买欲。随书赠品附赠王小波写给许倬云的亲笔信，让读者可以更亲切地感受王小波，对读者具有很强的纪念价值，能够显著增强读者的购买意愿，有效促进了图书的销售。

四、精彩阅读

我过二十一岁生日那天，正在河边放牛。下午我躺在草地上睡着了。我睡去时，身上盖了几片芭蕉叶子，醒来时身上已经一无所有（叶子可能被牛吃了）。亚热带旱季的阳光把我晒得浑身赤红，痛痒难当，我的小和尚直翘翘地指向天空，尺寸空前。这就是我过生日时的情形。我醒来时觉得阳光耀眼，天蓝得吓人，身上落了一层细细的尘土，好像一层爽身粉。我一生经历的无数次勃起，都不及那一次雄浑有力，大概是因为在极荒僻的地方，四野无人。

我爬起来看牛，发现它们都卧在远处的河岔里静静地嚼草。那时节万籁无声，田野上刮着白色的风。河岸上有几头寨子里的牛在斗架，斗得眼珠通红，口角流涎。这种牛阴囊紧缩，阳具挺直。我们的牛不干这种事。任凭别人上门挑衅，我们的牛依旧安卧不动。为了防止斗架伤身，影响春耕，我们把它们都阉了。

每次阉牛我都在场。对于一般的公牛，只用刀割去即可。但是对于格外生性者，就须采取槌骗术，也就是割开阴囊，掏出睾丸，一木槌砸个稀烂。从此后受术者只知道吃草干活，别的什么都不知道，连杀都不用捆。掌槌的队长毫不怀疑这种手术施之于人类也能得到同等的效力，每回他都对我们呐喊：你们这些生牛蛋子，就欠砸上一槌才能老实！按他的逻辑，我身上这个通红通红，直不愣登，长约一尺的东西就是罪恶的化身。

当然，我对此有不同的意见，在我看来，这东西无比重要，就如我之存在本身。天色微微向晚，天上飘着懒洋洋的云彩。下半截沉在黑暗里，上半截仍浮在阳光中。那一天我二十一岁，在我一生的黄金时代。我有好多奢望。我想爱，想吃，还想在一瞬间变成天上半明半暗的云。后来我才知道，生活就是个缓慢受槌的过程，人一天天老下去，奢望也一天天消失，最后变得像挨了槌的牛一样。可是我过二十一岁生日时没有预见到这一点。我觉得自己会永远生猛下去，什么也槌不了我。

——节选自《黄金时代》第 8~9 页

晚上我在水泵房点起汽灯，陈清扬就会忽然到来，谈起她觉得活着很没意思，还说到她在每件事上都是清白无辜。我说她竟敢觉得自己清白无辜，这本身就是最大的罪孽。照我的看法，每个人的本性都是好吃懒做，好色贪淫，假如你克勤克俭，守身如玉，这就犯了矫饰之罪，比好吃懒做、好色贪淫更可恶。这些话她好像很听得进去，但是从不附和。

陈清扬后来说，她始终没搞明白我那个伟大友谊是真的呢，还是临时编出来骗她的。但是她又说，那些话就像咒语一样让她着迷，哪怕为此丧失一切，也不懊悔。其实伟大友谊不真也不假，就如世上一切东西一样，你信它是真，它就真下去。你疑它是假，它就是假的。我的话也半真不假。但是我随时准备兑现我的话，哪怕天崩地裂也不退却。就因为这种态度，别人都不相信我。

——节选自《黄金时代》第 10~12 页

我开始辨认星座。有一句诗说：像筛子筛麦粉，星星的眼泪在洒落。在没有月亮的静夜，星星的眼泪洒在铃子身上，就像荧光粉。我想到，用不着写诗给别人看，如果一个人来享受静夜，我的诗对他毫无用处。别人念了它，只会妨碍他享受自己的静夜诗。如果一个人不会唱，那么全世界的歌对他也毫无用处；如果他会唱，那他一定要唱自己的歌。也就是说，诗人这个行当应该取消，每个人都要做自己的诗人。

——节选自《黄金时代》第 112 页

似水流年是一个人所有的一切，只有这个东西，才真正归你所有。其余的一切，都是片刻的欢娱和不幸，转眼间就已跑到那似水流年里去了。我所认识的人，都不珍视自己的似水流年。他们甚至不知道，自己还有这么一件东西，所以一个个像丢了魂一样。

——节选自《黄金时代》第 199 页

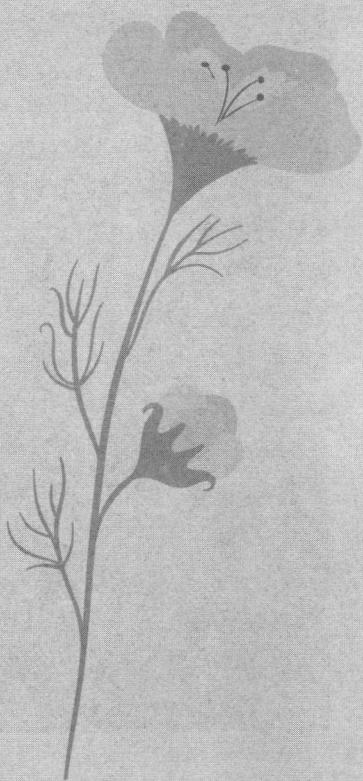

许三观卖血记

余华作品

作家出版社

书名:《许三观卖血记》　　作者:余华
出版时间:2012年　　出版社:作家出版社

一、作者简介

余华，1960年4月3日出生于浙江杭州，曾经在美国从事过5年的牙医工作，于1983年开始写作，已经撰写并完成了长篇小说4部，中短篇小说集6部，随笔小说集3部，其作品被翻译成20多种语言，并在近30个国家进行出版。先后获得意大利格林扎纳·卡佛文学奖（1998年）、法国文学和艺术骑士勋章（2004年）、中华图书特殊贡献奖（2005年）、法国国际信使外国小说奖（2008年）等。

当代作家王安忆是这样评价余华的："余华的小说是塑造英雄的，他的英雄不是神，而是世人。比如许三观，倒不是说他卖血怎么样，卖血养儿育女是常情，可他卖血喂养的，是一个别人的儿子，还不是普通的别人的儿子，而是他老婆和别人的儿子，这就有些出格了。像他这样一个俗世中人，纲常伦理是他的安身立命之本，他却最终背离了这个常理。他又不是为利己，而是向善。这才算是英雄，否则也不算。许三观的英雄事迹全是一些碎事，吃面啦，喊魂什么的，上不了神圣殿堂，这就是当代英雄了。他不是悲剧人物，而是喜剧式的。这就是我喜欢《许三观卖血记》的理由。"

余华是一个具有很强的理性思维能力的人，他借助一些有条不紊的逻辑转换词来将故事情节曲折但不隐晦地表述出来，余华是一个具有清晰的思想脉络的人，他常在小说中施放烟幕弹，并在烟雾中捕捉亦鬼亦人的幻影，而且他的能力是那么超卓，他曾经被认为是"小说革命的先锋拓展"，他在创作上具有一定的苦难意识、宿命现象以及音乐语言等特点，也常常使用一些灰色幽默的语言来创造出一些出奇的表达效果。

二、畅销盛况

《许三观卖血记》在亚马逊上畅销不衰，并被中国百位批评家和文学编辑评为"20 世纪 90 年代最有影响的 10 部作品"。在韩国，该作品被入选为《中央日报》100 部必读书，并被韩国改编成电影上映，其邀请了韩国小银幕上顶级豪华阵容，包括尹恩惠、成东日、张光等大腕，阵容非常华丽，使韩国电影界为之震惊。2014 年艺术家邓伟杰将它改编成舞台剧，并在香港同流剧团上映，荣获香港小剧场奖 3 项提名。

从《活着》到《许三观卖血记》，再到《兄弟》《第七天》，余华的每一部作品都为读者带来不一样的惊喜体验。

三、畅销攻略

一本书的畅销取决于多方面的因素，《许三观卖血记》及余华的另外一部作品《活着》，两本作品都被翻译成了多种语言在多个国家进行出版，并被评为世界级的畅销书。这部作品从文本、选题再到图书装帧设计方面都具有一定的特色，并且结合宣传营销的作用，实现了这部作品的畅销。

（一）文本特色

1. 平等的故事主题

余华在《许三观卖血记》的韩文版自序里提道："这是一本关于平等的书。"也可以说，这是一本追求平等而却无法获得平等的书。在《许三观卖血记》中，许三观的一生都在追求平等，而在小说的后半段叙述过程中更多展现的是一种现实社会中的不平等，在这种平等和不平等的抗衡之中，许三观树立起了自身的一种英雄主义形象，实现了对自身的一种超越。这本书最核心的概念就是"血"，全书以描述许三观卖血作为主脉络，来讲述这个关于"平等"的故事以及对这种不平等的事情的回应。

许三观希望获得和别人一样的平等的感觉，这种感觉其实是心理上的平衡感，即平等感，主要来源于和别人家、妻儿、血头等人的比照，而余华笔下的许三观一生追求平等却无法平等，体现出了余华当时贴着人物写，更尊重人物自身的声音，站在民间立场，进行民间化叙事的写作主张和具有悲悯情怀的写作特点。但是，在个人之间和自然性质上是无法获得平等的，所以许三观一生追求平等而无法获得平等的对待。在他不断地追求平等的过程中，平等感时而获得时而又失去，最终还是无法得到。许三观一生都想要实现平等，可是他发现就是长在自己身上的毛都是不平等的，所以他抱怨道："毛出得比眉毛晚，长得倒是比眉毛长。"

2. 富有深度的故事内容

书籍的畅销不仅取决于书籍的装帧设计是否具有吸引力，选题是否得当，更取决于内容是否具有一定的吸引力。余华笔下的故事以相对独立又更加平稳的方式顺延下去，打造出了一种平凡而又不失艺术魅力的叙事风格，展现出了他个性的行文风格，吸引了大量的读者，实现了世界级的畅销。

（1）讽刺意味透过情节自然地流露出来

《许三观卖血记》以许三观卖血为线索，将其贯穿作品的始终，通过许三观不断面对危机，来展现他"卖血"前后所遭遇的人和事，直接秉承了《儒林外史》的嘲讽世情、讥刺时弊的传统。作者对作品中的每个人物也都有不同程度的讽刺。例如，书中在体现许玉兰唯利是图的性格时，余华写到当她的身体一抖一抖开始打嗝时，许三观数着手指开始算这个下午花了多少钱。"小笼包子两角四分，馄饨九分钱，话梅一角，糖果买了两次共计两角三分，西瓜半个有三斤四两花了一角七分，总共是八角三分钱……你什么时候嫁给我？""啊呀！"许玉兰惊叫起来，"你凭什么要我嫁给你？"许三观说："你花掉了我八角三分钱。"

《许三观卖血记》中余华通过对人物细节的描述以及幽默的写作风格展现出人物的个性特点，使作品呈现出了诙谐幽默的喜剧效果。例如，书中对许三观卖血回来后的一段叙述，"四叔，我想找个女人去结婚了。四叔，这两天我一直在想这卖血挣来的三十五块钱怎么花？我想给爷爷几块钱，可是爷爷太老了，爷爷都老得不会花钱了。我还想给你几块钱，我爹的几个兄弟里，你对我最好。……四叔，我刚才站起来的时候突然想到娶女人了。四叔，我卖血挣来的钱总算是花对地方了……"许三观通过屡次的卖血来应对自己生活中的危机，对卖血产生了依赖，余华用尖刻而犀利的语言讽刺了许三观虚伪和要面子的性格，针对像许三观这一类人的性格弱点进行了详细的刻画，以此来体现当时的文化和社会政治环境。

（2）具有一定的现实意义人生哲理

通过对许三观一次次卖血经历的描述，展现出了他绝望中有一丝希望，而后又是无边的绝望的心情，整篇采用的是悲喜交加的描写方法，揭露了在极度恶劣环境下的人性，启发人们在阅读过程中进行思考。这部小说具有一定的现实意义，现代社会拜金主义和享乐主义的现象随处可见，对生命的轻视和不爱惜也是非常普遍的现象，余华通过《许三观卖血记》这部作品向我们展示了穷苦老百姓生活的不易，在读者阅读过程中也会引发读者思考"怎样活下去"的命题，同时，余华在这部作品中也向我们展示了人们在艰难生存时生活中的酸甜苦辣，以及老百姓在极端恶劣的生存环境下对生的渴望，同时，展现出了人们是怎样冲破人性的枷锁，怎样进行自我的救赎，引发了读者更多的思考，使这部作品也有了一定的深度和更加丰富的内涵。

3. 独具特色的语言风格

余华在以往的小说撰写过程中大多都具有一定的苦难意识，他所描述的苦难世界里，人们在经历生存的危机和精神上的折磨，呈现出饥贫交加、生死交织的生存状态，在这部作品里，水灾带来了饥荒之年，余华将天灾作为故事的叙述背景来进行展现，来突出人与人之间的关系以及这种精神苦难给人们带来的压迫，由此来揭示人性和更多荒诞的现实。

此外，余华在文学创作过程中还从音乐作品中获得了一些创作灵感，余华采用话语重复的方法来展现人物的性格特点和心理变化过程，例如，在《许三观卖血记》中，一乐与许乐兰的对话多次使用了"我不愿意"，余华巧妙运用重复语言手法，使其语言更加简练和集中。

余华在小说创造过程中经常采用极端反差的灰色幽默，并且这种语言幽默经常能起到出奇制胜的效果。《许三观卖血记》被认为是黑色幽默中的代表作品，故事情节带有一定的悲情色彩，这部作品对黑色幽默和艺术特点进行了更加深入的探索，将苦难和贫困作为这部作品的基调，在整个表述过程中还穿插一定的喜剧情节，在悲情和喜剧的交叉表达过程中，使读者可以感受到悲喜交融的艺术效果，利用喜剧的表述方式一定程度上化解了作品中黑色的沉重与压抑的气氛。在整本书的结尾处，余华用一句"这就叫毛出得比眉毛短，长得倒是比眉毛长"作为整个故事的结尾，就体现了许三观面对困境时乐观主义的性格以及诙谐幽默的人设，余华用诙谐幽默的手法展现出了市井小人物的艰难生活，给读者以意味深长的阅读感受。

（二）整体装帧设计

书籍的装帧设计对于书籍是否成为畅销书具有很重要的影响。书籍不是一般的商品，在书籍的封面设计上，每一个符号、每一根线条都需要具有一定的设计思想，需要体现出书籍的文化内涵，不仅需要有丰富的内容，也需要具有一定的审美价值。封面既是书的外貌，也可体现出书的内容、性质，还能提供给读者以美的享受，吸引读者，从而达到畅销的目的，此外，还可起到保护书籍不受损坏的作用。书籍外部装帧设计的好坏对图书能否成为畅销书也具有非常重要的影响。

《许三观卖血记》整体设计以黑色为基调，给人一种压抑、沉重的视觉体验，白色的书名与黑色的封面形成了鲜明的对比，更加突出了书名。另外，封面上余华红色的签名也非常醒目，余华其他的作品也大都采用相似的设计风格，整本书整体简洁大方，但是放在众多书当中又具有自己的特色，不会被埋没，也很吸引人的注意力，拿到手中的第一印象就会给人一种这是一本具有好内容的书，符合一些文艺青年的喜好。

（三）宣传营销手段

《许三观卖血记》的畅销得益于多方面的因素，不仅跟前期的宣传有关，跟一系列衍生作品的发展也具有非常密切的关系，在一定程度上有效地促进了这本书的销售，从而推动该作品成为世界级的畅销书。

1. 相关作品的力量

余华的另一部作品《活着》是他的代表作之一，受到了国内外大量读者的喜爱，并翻译成了多个版本，在国内外非常畅销，也使得余华逐渐积累了大量的粉丝，所以余华在推出《许三观卖血记》这部新作品时，也受到了大量读者的追捧，并获得了美国巴恩斯·诺贝尔新发现图书奖。所以，余华通过《活着》这个作品以及个人的魅力拥有了更多的人气，从而促进了他其他作品的销量，使得像《许三观卖血记》这样高质量的书得以畅销。

2. 签售会的影响

在 2021 年 3 月北海市的签售会上，新华书店准备多本余华的著作被读者抢购一空，图书馆影视报告厅也座无虚席，足见余华的影响力。在以后的活动中，无论是签售会还是读者会，余华用他诙谐幽默风格的语言及独具特色的个人魅力、吸引很多读者，这为余华的作品带来了更多的生机，也大大增加了余华以及他相关作品的知名度。

3. 衍生作品的影响力

《许三观卖血记》同名电影 2013 年在韩国上映，获得了非常大的关注，电影由韩国顶级演员阵容出演，在韩国获得了较高的人气，并产生了非常大的影响力。2000 年韩国三大报之一的《中央日报》称《许三观卖血记》是读者必读的 100 本书之一。另外，该作品被邓伟杰改编成同名话剧，2014 年 11 月在香港同流剧团进行上映，并荣获了香港小剧场奖 3 项提名奖项。不管是改编成电影还是话剧，都在一定程度上为这部作品积累了大量的粉丝，衍生作品为该作品的发展带来了一定的经济效应。将该作品更好地推广出去，不仅使衍生品受到了粉丝的喜爱，更形成了环环相扣的良性产业链，推动了该作品的长久销售，吸引大量的读者进行购书，提高了作者的知名度，实现了经济和文化上的双赢。

4. 新媒体的环境推动文学市场

互联网发展迅猛，将一些传统的经典之作推到了大众视野，新媒体环境对文学市场的影响力越来越大，使传统的经典著作更容易传播，新媒体利用相关的数字技术、网络技术等，通过手机、电脑等移动终端为用户提供更加个性化的内容，并凭借新媒体信息覆盖面广、信息传递及时，以及符合用户碎片化的阅读习惯的特点，使得文学市场获得更快的发展。像《许三观卖血记》这类篇幅较短，情感丰富的小说就很能抓住读者的注意力，得到读者的广泛传播和分享。读者通过微博或者微信读书等方式就可以有效扩大作者和作品的影响力，也可以通过移动终端选择一些听书软件进行听书，在为读者带来方便的同时，也为读者带来了更加个性化的阅读体验，有效地促进了作品的传播。

四、精彩阅读

　　许三观是城里丝厂的送茧工，这一天他回到村里来看望他的爷爷。他爷爷年老以后眼睛昏花，看不见许三观在门口的脸，就把他叫到面前，看了一会儿后问他："我儿，你的脸在哪里？"许三观说："爷爷，我不是你儿，我是你孙子，我的脸在这里……"许三观把他爷爷的手拿过来，往自己脸上碰了碰，又马上把爷爷的手送了回去。爷爷的手掌就像他们工厂的砂纸。

　　他爷爷问："你爹为什么不来看我？""我爹早死啦。"他爷爷点了点头，口水从嘴角流了出来，那张嘴就歪起来吸了两下，将口水吸回去了一些，爷爷说："我儿，你身子骨结实吗？""结实。"许三观说，"爷爷，我不是你儿……"他爷爷继续说："我儿，你也常去卖血？"许三观摇摇头："没有，我从来不卖血。""我儿……"爷爷说，"你没有卖血，你还说身子骨结实？我儿，你是在骗我。""爷爷，你在说些什么？我听不懂，爷爷，你是不是老糊涂了？"许三观的爷爷摇起了头，许三观说："爷爷，我不是你儿，我是你的孙子。""我儿……"他爷爷说，"你爹不肯听我的话，他看上了城里那个什么花……""金花，那是我妈。""你爹来对我说，说他到年纪了，他要到城里去和那个什么花结婚，我说你两个哥哥都还没有结婚，大的没有把女人娶回家，先让小的去娶，在我们这地方没有这规矩……"坐在叔叔的屋顶上，许三观举目四望，天空是从很远处的泥土里升起来的，天空红彤彤的越来越高，把远处的田野也映亮了，使庄稼变得像西红柿那样通红一片，还有横在那里的河流和爬过去的小路，那些树木，那些茅屋和池塘，那些从屋顶歪歪曲曲升上去的炊烟，它们都红了。

许三观的四叔正在下面瓜地里浇粪，有两个女人走过来，一个年纪大了，一个还年轻，许三观的叔叔说："桂花越长越像妈了。"年轻的女人笑了笑，年长的女人看到了屋顶上的许三观，她问："你家屋顶上有一个人，他是谁？"许三观的叔叔说："是我三哥的儿子。"下面三个人都抬着头看许三观，许三观嘿嘿笑着去看那个名叫桂花的年轻女人，看得桂花低下了头，年长的女人说："和他爹长得一个样子。"许三观的四叔说："桂花下个月就要出嫁了吧？"年长的女人摇着头，"桂花下个月不出嫁，我们退婚了。""退婚了？"许三观的四叔放下了手里的粪勺……

——节选自《许三观卖血记》第一章　第2~4页

许三观在他叔叔的瓜田里一坐就是一天，到了傍晚来到的时候，许三观站了起来，落日的光芒把他的脸照得像猪肝一样通红，他看了看远处农家屋顶上升起的炊烟，拍了拍屁股上的尘土，然后双手伸到前面去摸胀鼓鼓的肚子，里面装满了西瓜、黄金瓜、老太婆瓜，还有黄瓜和桃子。许三观摸着肚子对他的叔叔说：

"我要去结婚了。"

然后他转过身去，对着叔叔的西瓜地撒起了尿，他说："四叔，我想找个女人去结婚了。四叔，这两天我一直在想这卖血挣来的三十五块钱怎么花？我想给爷爷几块钱，可是爷爷太老了，爷爷都老得不会花钱了。我还想给你几块钱，我爹的几个兄弟里，你对我最好。四叔，可我又舍不得给你，这是我卖血挣来的钱，不是我卖力气挣来的钱，我舍不得给。四叔，我刚才站起来的时候突然想到娶女人了。四叔，我卖血挣来的钱总算是花对地方了……四叔，我吃了一肚子的瓜，怎么像是喝了一斤酒似的，四叔，我的脸，我的脖子，我的脚底，我的手掌，都在一阵阵地发烧。"

——节选自《许三观卖血记》第二章　第18~19页

第二天下午，许三观把许玉兰带到了那家胜利饭店，坐在靠窗的桌子旁，也就是他和阿方、根龙吃炒猪肝喝黄酒的桌前，他像阿方和根龙那样神气地拍着桌子，对跑堂的叫道：

"来一客小笼包子。"

他请许玉兰吃了一客小笼包子，吃完小笼包子后，许玉兰说她还能吃一碗馄饨，许三观又拍起了桌子：

"来一碗馄饨。"

许玉兰这天下午笑眯眯地还吃了话梅，吃了话梅以后说嘴咸，又吃了糖果，吃了糖果以后说口渴，许三观就给她买了半个西瓜，她和许三观站在了那座木桥上，她笑眯眯地把半个西瓜全吃了下去，然后她笑眯眯地打起了嗝。当她的身体一抖一抖地打嗝时，许三观数着手指开始算一算这个下午花了多少钱。

"小笼包子两角四分，馄饨九分钱，话梅一角，糖果买了两次共计两角三分，西瓜半个有三斤四两花了一角七分，总共是八角三分钱……你什么时候嫁给我？"

"啊呀！"许玉兰惊叫起来，"你凭什么要我嫁给你？"

许三观说："你花掉了我八角三分钱。"

"是你自己请我吃的，"许玉兰打着嗝说，"我还以为是白吃的呢，你又没说吃了你的东西就要嫁给你……"

"嫁给我有什么不好？"许三观说，"你嫁给我以后，我会疼你、护着你，我会经常让你一个下午就吃掉八角三分钱。"

"啊呀，"许玉兰叫了起来，"要是我嫁给了你，我就不会这么吃了，我嫁给你以后就是吃自己的了，我舍不得……早知道是这样，我就不吃了。"

"你也不用后悔，"许三观安慰她，"你嫁给我就行了。"

"我不能嫁给你，我有男朋友了，我爹也不会答应的，我爹喜欢何小勇……"

于是，许三观就提着一瓶黄酒一条大前门香烟，来到许玉兰家，他在许玉兰父亲的对面坐了下来，将黄酒和香烟推了过去，然后滔滔不绝地说了起来……

——节选自《许三观卖血记》第三章　第23~25页

文史哲联合解读，国学大师词话珍藏全本

王国维 著

人间词话

· 晚清以来
· 中国最负盛名的
· 美学经典

北京联合出版公司

书名：《人间词话》　　　　作者：王国维
出版时间：2015 年　　　　出版社：北京联合出版公司

一、作者简介

王国维（1877—1927），字静安，亦字伯隅，号永观，晚号观堂，中国近现代相交时期一位享有国际声誉的著名学者，"甲骨四堂"之一。生于浙江省海宁州（今浙江省嘉兴市海宁）一封建没落的书香世家，平生学无专师，自辟户牖，终成近代博学通儒，在教育、哲学、文学、戏曲、美学、史学、古文学等方面皆有造诣。其功力之深、治学范围之广、对学术界影响之大，自晚清以来所仅见。1927年6月，于颐和园中昆明湖鱼藻轩自沉。

王国维一生著述甚丰，著有《人间词话》《宋元戏曲考》《观堂集林》《海宁王静安先生遗书》《红楼梦评论》等著作62种，批校典籍近200种。被誉为中国近现代重要的美学和文学思想家，郭沫若亦称其为"新史学的开山"。

二、畅销盛况

自《人间词话》进入公版以来，涌入市场的版本琳琅满目，仅收录于开卷数据系统的版本就高达372种，累积销量超300万册。本文版《人间词话》由北京联合出版公司于2015年出版，当当网旗下"科文图书"参与策划、营销。截至2021年年初，本文版已连续加印20次，出版近6年来，当当网累积评论超过120万条，销售排名稳居"当当文学畅销榜"前10位。尽管本文版的销售渠道以当当网为主，但据开卷数据显示，该书在其他渠道的零售数量仍有13.5万册，在开卷图书排行榜中，该版于2019年攀升至"文学理论及研究"分类中的网店渠道排名第4位，零售渠道（网店＋实体店）整体排名第7位，且笔者认为其销售情况依旧具有可持续性。

《人间词话》发表于 20 世纪之初，却在发表后 20 年内波澜不惊。怀着"此中所蓄几全是深辨甘苦惬心贵当之言，固非胸罗万卷者不能道，读者宜深加玩味，不以少而忽之"的敬慕，俞平伯将《人间词话》标点，并撰以《重印人间词话序》对其核心范畴进行高度评论，为此后该书的理论研究和经典化奠定了基础；而后，朱光潜、季羡林等学人纷纷展开对《人间词话》理论范畴和体系的研究，《人间词话》由此成为众所关注的对象，并在不断阐释中走向经典，直至今日被大众所品读。此外，《人间词话》还在 20 世纪下半叶传播至海外，引发英语世界的翻译与研究。

三、畅销攻略

王国维的文学批评著作《人间词话》，虽只薄薄 30 页纸、寥寥几万字，却将唐宋以来诸词家、词作以清健之笔短札品析，其立论精辟，自成体系，熔中西美学、文艺思想于一炉。对此，一向苛以誉人的鲁迅评之"他才可以算一个研究国学的人物"，而著名文艺评论家傅雷更以"此书等于一把金钥匙"赞其为中国有史以来最好的文学批评作品。

自王国维在 1908—1909 年之交在《国粹学报》发表初版，至 1926 年俞平伯将其标点作序后交由朴社单行，从 1928 年起赵万里等人对该书增补、修订、再版至今，世人对《人间词话》研究的历史已达百年之久。20 世纪 30 年代至今，朱光潜、季羡林、叶嘉莹等一代代学人对《人间词话》理论范畴和体系的研究，使其持续受到学界的关注。然而，《人间词话》如何从学界走向大众读者，本文版《人间词话》又如何因天时、地利、人和而获得畅销，其中原因值得探究和思考。

（一）经典之内容与时代之旋律的融合

本文版《人间词话》的畅销，乘以政策引导、国学浪潮之天时，加以大社策划、名人推荐之地利，佐以精心编辑、精准营销之人和，是为"天时、地利、人和"的畅销之路。其中，政策引导、国学浪潮之天时最为难得。

1. 文学艺术性、思想性、学术性、时代特性并存的内容价值

一部经典之作，内容是其核心，内涵是其价值。《人间词话》畅销的最根本原因，非其精良的内容及丰富的内涵莫属，充分体现了文学作品的文学艺术性、哲学思想性、学术性等。

（1）《人间词话》的文学艺术性

《人间词话》是一部文学批评著作，继承了中国文艺批评的传统形式，只言片语，灵机闪现处便是绝妙好辞成文。王国维试图率先将西方美学、文学理论融于中国传统美学和文学理论中，构成新的美学和文学理论体系。从某种意义上说，《人间词话》既集中国古典美学和文学理论之大成，又开中国现代美学和文学理论之先河，是中国古典文艺美学的历史上里程碑式的重要作品。通俗来讲，本文版的营销词"晚清以来中国极负盛名的美学经典，流转一个世纪的词语经典，一本书读尽才子骚人的豪情与哀愁"便概括了《人间词话》的文学艺术价值。

（2）《人间词话》的思想性、学术性

《人间词话》提出的境界说，让人豁然开朗。王国维以境界来评价各家诗词的高下优劣，这是《人间词话》的核心理论。在文艺评论方面，论词的学说有很多种，相较而言，王国维的境界说更被学界所接受。虽"境界"一词并为王国维首创，但其境界说触及诗词创作中的方法、构思、语言等问题，并因此建立了一种全新的文艺

理念，其价值和地位不容忽视。

王国维的美学观点，受叔本华影响，又有所突破。其"无我之境"和"以物观物"直接承继了叔本华的哲学观点，而"诗人必有轻视外物之意，故能以奴仆命风月，又必有重视外物之意，故能与花鸟共忧乐"又透显出朴素的唯物因素和辩证法睿智，流露出对人生的哲学思辨。

（3）《人间词话》的时代特性

《人间词话》作为中华优秀传统文化中的经典之作，体现着我们最深厚的文化软实力。随着"文化自信""诗词热"等时代的浪潮，《人间词话》这样的国学经典之作被冲刷至大众读者的视野中。对忙碌的上班族而言，《人间词话》述以短札形式，读者可随手拾起放下，三两闲时修身养性，而不拘泥于阅读时间的长短和阅读内容的完整性。对苦读的学子而言，赏读《人间词话》可以促进文化底蕴的形成及自身人格的塑造，掌握充足的古诗词知识将是青少年受用一生的宝贵财富。从文化层面，王国维独树一帜的"意境"之说、"一切景语皆情语"的精辟论述，皆使《人间词话》走出学界，成为每个中国人都应该了解的国学经典，成为学生时代学习成长的必读之书；从思想层面，该书因对文化审美、思想认识、哲学思辨等方面的学习皆有裨益，现已成为一部被当代大众读者拾起赏读的拂尘之书、启发之书。

2. 弘扬中华优秀传统文化背景下的"国学热""诗词热"现象

（1）《中国诗词大会》的热播与全民诗词的时尚浪潮

近十年来，在培育国家文化软实力、建设文化强国的时代背景下，人们对传统文化的重视程度逐渐加深。在文化消解与市场环境下，随着我国电视节目中国学之风的蓬勃发展，逐渐掀起了新时代下"国学热"的浪潮。北京联合出版公司跟随这一浪潮,联合当当网旗下"科文图书"，于 2015 年推出了本文版《人间词话》。

在不久后的 2016 年 2 月，中央电视台综合频道的《中国诗词大会》一经播出，便引发大众读者对国学之中经典诗词的阅读升温。《中国诗词大会》至今已播出六季，王国维和他的《人间词话》便是常读常新的节目素材。在各季节目中，不仅有以《人间词话》为题的比赛内容，更有著名主持人董卿谈王国维的"人生三境界"、康辉现场解读王国维诗句"最是人间留不住"以及康震对王国维《蝶恋花·阅尽天涯离别苦》的点评等经典桥段。

上述种种，使得王国维和他的《人间词话》迅速被大众读者所熟悉，成为各特色书店畅销书架的码堆图书。伴随着"国学热""诗词热"的升温，王国维的《人间词话》被迅速列入坊间各种"国学丛书""诗词品读"系列，它和《论语》《孟子》《史记》等著作并列，成为一套中国人必读的"国学经典"，和《诗经》及唐诗、宋词并列，成为"中国诗词大会鉴赏经典"。至此，似乎阅读《人间词话》已成为了"国学热"氛围中的一股时尚浪潮。

王国维是著名的国学大师，《人间词话》又是这位国学大师脍炙人口的代表作，再加上国家政策引导、央视节目热播、知名人士品读，《人间词话》的大热便顺理成章。且正巧本文版在出版不到半年时间便赶上了《中国诗词大会》第一季的极高热度，佐以当当网的渠道营销，自 2016 年年中，本文版《人间词话》迅速登上当当网榜单，稳坐前 10 至今。

（2）精致文艺生活的氛围衬托

每一次媒体的更新迭代，都会给国学经典阅读带来新的冲击。例如，相对于怀抱手机浏览公众号、微博、短视频等新媒体内容而言，静心阅读一本纸质书中的诗词，似乎成了不被选择的消遣方式。但在"国学热""诗词热"的浪潮中，对热爱文学的年轻人而言，香茗配诗词似乎成了一种新的生活品质。此时，捧一本内容精短的《人间词话》，将颇有感觉的词句作为社交软件中的动态文字或休闲聚会时的谈资，以书会友，似乎成为一种不错的选择。同时，豆瓣网友、知乎网友、大V文学博主等也纷纷发文发帖畅谈《人间词话》，吸引更多文学爱好新人购买《人间词话》。

3. 教育部遴选的学生时代必读之经典

社会的发展和现代文化的冲击，使中学古诗词教学并没有得到应有的重视和发展，因而其蕴含的价值也未能体现。但"国学热"的兴起和发展，使得作为传统文化重要组成部分的古诗词，在语文教学中逐渐得到教育界的广泛关注。

为贯彻党的十九大和全国教育大会精神，提高广大中小学生阅读能力和综合素质，教育部基础教育课程教材发展中心组织研制并发布了《教育部基础教育课程教材发展中心 中小学生阅读指导目录（2020年版）》（以下简称《指导目录》）。在教育部相关通知中，尤其提到了"读经典""加强中华优秀传统文化"的字眼，这为包括《人间词话》在内的各种国学经典图书的针对性策划与精准营销找到了一个大方向。

《人间词话》作为《指导目录》从古今中外浩如烟海的图书中精心遴选出的图书之一，被安置在"高中段"，但细看《指导目录》不难发现，从"初中段"起，唐诗宋词等文学类图书便在目录中占据了一席之地。虽然教育部在相关文件中作出了"《指导目录》所列图书供学生自主选择阅读，各地各校不作统一要求，不得强制使用，不得要求学生全部必读"的明确规定，但为了在素质教育中能取得理想的成绩，只要是列入了《指导目录》中有一定知名度的图书，皆会吸引大批中学生和家长购买。这一点，在当当网的评论区即可印证。点开当当网本文版《人间词话》评论区，在百万余条评论中随处可见类似"每一句都能写作文""内容很好，孩子喜欢""这本书是我们语文老师推荐的"等字眼。

不仅如此，现如今内卷的教育现象甚至使得很多小学高年级家长也会给孩子购买《人间词话》，以提前培养其文化素养、帮助其精进作文文笔、提高语文成绩。由此，中小学学生及其家长这一庞大的群体，成为各版《人间词话》的固定消费者，而本文版《人间词话》更是依赖于当当网主推的渠道优势，稳居"文学畅销榜"前列。

（二）有针对性的图书内容编排

《人间词话》最早分三期于 1908—1909 年之交刊于《国粹学报》，1910 年经王国维删定为一卷，1926 年由俞平伯标点并出版单行本，1927 年赵万里辑成《人间词话删稿》一卷，1939 年徐调孚又辑成"补遗"一卷，作为附录。现行的四卷本包括已刊 64 则、未刊 50 则、删稿 13 则、附录 28 则。

纵观市面上几百个版本，其中不乏校注版、插图版、珍藏版、学术版等各种版本，风格不一，体例不一，功能不一。本文版《人间词话》精准地面向热爱国学与诗词的大众读者和学生群体。从内容范围来看，本文版以已刊稿、未刊稿、删稿为主，同时收录俞平伯 1926 年标点单行本之序，未过多添置类似手稿和本编及通行本条目次序对照表、未刊手稿图片等冗余内容，为初次接触《人间词话》的读者提供了精简的赏读范围。从内容体例来看，本文版的原文、注释、译文、赏析一目了然，内容准确详细，注释充实丰富，鉴赏评点细致入微。

经对比市面其他长销版本的《人间词话》，本文版的赏析部分是该版可在众多版本中获得读者青睐的一个关键因素。本文版《人间词话》的策划编辑团队"科文图书",是当当网旗下自有品牌,6 年间,该品牌出品的图书涵盖了众多经典、名家作品,为读者提供了优质价廉的文字内容,团队的编辑素养、专业能力以及迎合大众读者的策划意识均值得信赖。因此,不同于苏州古吴轩 2012 年 10 月版的陈旧乏味、上海三联书店 2013 年 9 月版的晦涩庞杂、四川文艺 2019 年 6 月版的过于简短,本文版的赏析部分用易于理解的语言和恰到好处的篇幅,将《人间词话》中关于境界的核心及哲思、审美的内涵娓娓道来,使大众读者在品读之中能够充分感受到王国维的国学功力、唐宋诗人的思想和诗词的美感,此乃市面之少有。

(三)简洁风雅的图书表现形式

据开卷数据统计,截至 2021 年 4 月,"文学理论及研究"这一细分品类的图书高达 11 146 种,各版《人间词话》共有 372 种,其中常年动销的版本也有 20 余种。因此,本文版《人间词话》若要在茫茫书海中脱颖而出,迅速吸引读者眼球,并在同类书市场保持核心竞争力,不仅需要精益求精的内容,还需要在表现形式上别具匠心。

本书的装帧设计是后声文化,其是一支专业的图书装帧文化团队,与各大出版社及图书公司合作时间长,并成功向市场推出若干畅销书籍,对图书市场的设计感知力强,故懂得根据图书分类和读者人群设计出称心如意的"畅销款"装帧。

从外观上看,本文版《人间词话》为 32 开的开本、软精装的装帧工艺,便携实用中平添精巧美观。本文版的封面设计取镂空设计之巧思。护封选用茶花蓝鹊图铺以宣纸底纹,火红的山茶花树上停落一只红嘴蓝鹊,经典的意象与唐宋诗词的风雅调性十分吻合,内容指向性明显。护封正中模切出一个圆形,恰巧透出内封书名"人间词话"和作者"王国维"字样，圆形的线条与整体画面吻合，仿佛古时门庭窗格之感，配以清刻本悦宋的书名字体，更显大气经典、风雅意趣。

从排版上看，内文周口较大，版心各部分内容之间间距宽敞，文字行距适中，与作品内容的意境美相吻合，易于闲适阅读。由于内文体例较多，在版式设计上，设计者特意根据原文、注释、译文、赏析的各部分功能选用不同字体，并以大小、粗细等设置加以区分，注重原文明显、释义精巧、赏析易读的设计理念，使读者在阅读过程中视觉逻辑清晰，提高了作品内容的易读性。

从印制上看，本书采用 32 开简装工艺，全书内文单黑印刷，但封面和内文用纸皆为精品，既保证了本书的质感与质量，又控制了生产成本，使得 29.80 元的定价更好地为大众读者所接受。此外，红色特种纸的前后环衬、印有"三境界"段落的精致书签等细节，也为本文版的装帧设计锦上添花。该书性价比之高，不容错过。

（四）名人大家的权威引流

《人间词话》及王国维的理论思想在百余年间影响着无数的文人学者。自 20 世纪 30 年代前期开始，朱光潜、许文雨、任访秋、唐圭璋、顾随等纷纷展开对《人间词话》理论范畴和体系的研究。至今，王国维的理论思想尤其深受鲁迅、胡适、陈寅恪、季羡林、叶嘉莹等大家推崇，甚至被出版者作为营销词，大字体现于纸质书腰封、线上详情页等处。

说到名家推荐，词学大师叶嘉莹与王国维和《人间词话》有着不解之缘。早在 2014 年 5 月，北京大学出版社策划出版了叶嘉莹先生的著作《人间词话七讲》，年终获"央视 2014 中国好书奖"；2016

年 12 月叶嘉莹的中信版作品《给孩子的古诗词》也在童书界掀起一次热度；随后，北大社借势名人效应，于 2018 年 6 月再版营销《人间词话七讲》，并整合发布叶先生授课视频。

王国维、叶嘉莹两位词学大师的一次跨世纪精神合作，使得《人间词话》的销量于 2019 年再度攀升。浏览当当网评论区，可以在较新的评论中看到"以前也买过，翻几页就翻不下去了，看了叶先生的解读再来，就有一种指引"的留言。

此外，具有影响力的当代文艺工作者及文学学者，也在各处影视节目中为《人间词话》带来了一波"硬气的营销"。知名央视主持人董卿在被问起什么书值得反复研读之时答道，"其实能够被反复阅读的书很少，如果一定要找一本需要反复读的，那就是唐诗宋词吧"，而后又在《中国诗词大会》上谈起王国维的"三境界"。其他推荐者，还有著名主持人康辉、北师大教授康震等。"腹有诗书气自华""正人君子实力佳"一直是观众对董卿、康辉的赞誉，观众们在接收到这样的推荐后，自然升起阅读《人间词话》的意愿。

由此可见，文人学者和知名人士自带的权威性和影响力，也帮助《人间词话》更顺畅地走入寻常百姓家。

（五）公版书热潮下的作品联动营销

近年来，公版书凭借出版成本低、内容质量高等优势引起出版社关注，从而引发出版热潮，其不仅书籍种类丰富，而且在传播文化价值、拉动图书市场销量、推广全民阅读等方面均产生了积极作用。图书市场上多种版本《人间词话》的涌现，也不乏此因素的影响。

本文版《人间词话》书封和内页均印有"当当"和"科文图书"标志，可见，是当当网经考量自身渠道的市场数据后，与北京联合出版公司联合策划制作的图书。本文版《人间词话》由当当网独家发行，得益于网络渠道的大力支撑，此版一经发售，就快速占据当当网各级图书页面的主推板块，通过广告投放获得了初步引流，为抢占国学经典类公版书的市场赢得先机。

同类作品或延伸作品的联动营销，一直是出版社营销部门以及电商渠道进行图书营销推广的常用营销方法。北京联合出版公司自身的国学经典产品板块图书种类可观，因此，其率先利用出版社的发行渠道资源进行了系列作品联动。在本文版《人间词话》获得一定销量后，当当网又从旗下自有品牌"科文图书"推出的一系列公版文学经典图书中，选择了同样具有高市场关注度、高销量的图书《浮生六记》，与本版《人间词话》做组合销售。截至 2021 年第一季度，该捆绑营销在当当网获评价 66 万余条，作品联动营销十分成功。

四、精彩阅读

一

词以境界①为最上②，有境界则自成高格③，自有名句。五代北宋之词所以独绝者在此。

【注释】

① 境界：本意是一定的疆土范围。诗家所说的境界包括物境、情境和意境三境。王国维的境界是指"言有尽而意无穷"。

② 最上：指最上乘，兼具高尚之义。

③ 高格：指高尚的文格和人格。

【译文】

有境界的词为最上品，有境界的词自然有很高的格调，自然会出现千古名句。五代、北宋词的艺术成就之所以空前绝后，原因就在于此。

【赏析】

王国维以境界来评价词的高下优劣，这是《人间词话》的核心理论。在文艺评论方面，论词的学说有很多种，比如神韵说、兴趣说等。神韵说强调字句间流溢出来的风神气韵，"专以冲和淡远为主"，突出"兴会俱到""神到不可凑泊"。兴趣说在之前比较常见，以禅理论诗，推崇创作灵感带来的妙悟。相较之下王国维的境界说更为可取。兴趣说和神韵说突出强调诗词中艺术形象的神秘化，夸大了诗人词家的主观精神；而王国维的境界说强调要"不隔"，艺术形象具体，较为明确，强调"思无疆""意无穷"，并将之作为境界说之本。境界说不仅强调诗人的主观精神，还要兼顾周围物境，认为境界即是把诗人精神和描摹物境融为一体。他的境界说触及诗词创作中的方法、构思、语言等问题，对当今的文艺评论学具有参考价值。

王国维认为诗人的人格是创造境界的首要条件，所以会有"有境界则自成高格"这样的观点。境的高格是"高尚伟大之人格"与情、境相融合而来的，这样的结合自然就会有崇高的格调。先生还认为空有格调，无情乏韵也枉然。之于"名句"兴趣说是持否定态度的，兴趣说把"气象"与名句相对立，反对名句。而王国维却正相反，他推崇名句，名句具有句外之意，通常都能有无穷无疆之境，名句也是造境的一个成分。由句而篇，由篇而气象，怎么能否定名句呢？

——节选自《人间词话》第 2~3 页

二十六

古今之成大事业、大学问者，必经过三种之境界："昨夜西风凋碧树，独上高楼，望尽天涯路。"此第一境也。"衣带渐宽终不悔，为伊消得人憔悴。"①此第二境也。"众里寻他千百度，蓦然回首，那人却在，灯火阑珊处。"②此第三境也。此等语皆非大词人不能道。然以此意解释诸词，恐为晏、欧诸公所不许也。

【注释】

①《蝶恋花》柳永

独倚危楼风细细，望极春愁，黯黯生天际。草色烟光残照里，无言谁会凭阑意。

拟把疏狂图一醉，对酒当歌，强乐还无味。衣带渐宽终不悔，为伊消得人憔悴。

此词又见欧阳修《近体乐府》卷二，故王国维定为欧公所作。

《全宋词》既收录为柳词，又收录为欧词，一般人认为此词为柳永作品。

②《青玉案》辛弃疾

东风夜放花千树，更吹落，星如雨。宝马雕车香满路。凤箫声动，玉壶光转，一夜鱼龙舞。

蛾儿雪柳黄金缕，笑语盈盈暗香去。众里寻他千百度，蓦然回首，那人却在，灯火阑珊处。

【译文】

从古至今，凡是成就大事业、大学问的人都必须经过三种境界：

"昨夜西风凋碧树，独上高楼，望尽天涯路。"这是第一种境界。"衣带渐宽终不悔，为伊消得人憔悴。"这是第二种境界。"众里寻他千百度，蓦然回首，那人却在，灯火阑珊处。"这是第三种境界。这样的词句不是大词家、大文豪是讲不出来的。但是，如此解释以上三首词，恐怕不会为晏同叔、欧阳修所首肯。

【赏析】

王国维一向反对深文罗织、牵强附会式的评论词，但又喜用象征手法。在此处，他把晏同叔、柳永、辛幼安的三首表达爱情的词截取出来重新编排，贴切地表达出自己对成就大事业、大学问需要经历的三种境界的理解。其实做事业、做学问和谈恋爱一样：第一种境界是苦苦求索却不得途径的阶段，开始前的茫然无措、凭高望远孤独而寂寞，但仍信念坚定地不断寻觅和探索；第二种境界是在求索过程中，为了伊人（即人生的目标）即使衣带渐宽、日益憔悴也在所不惜，坚忍而执着；第三种境界是苦觅不遇时不经意间偶然得之，其实这偶然一得的背后是不断地积累。这段佳句如浑然天成，堪称一绝，王国维本人正是"成大学问者"，这三种境界想必他都亲身经历过，因此颇有感触，正合了那句"蓦然回首，那人却在，灯火阑珊处"之意。这三句并非王国维的注解，实是切身的感悟，想来晏、柳、辛对这样的妙论，应该不但不会"不许"，反而会欣然乐见吧！

——节选自《人间词话》第 43~44 页

沉默的大多数

王小波杂文随笔全编

中国青年出版社

书名：《沉默的大多数》　　　作者：王小波
出版时间：1997年　　　　　　出版社：中国青年出版社

一、作者简介

王小波，中国当代学者、作家，被誉为"中国的卡夫卡"。考入中国人民大学后与李银河结婚，随后赴美匹兹堡大学东亚研究中心求学，在此期间游历美国各地与西欧诸国。回国后先后在北京大学、中国人民大学任教，后辞职做自由撰稿人，1997 年 4 月 11 日病逝于北京。王小波创作了大量优秀的文学作品，小说有《黄金时代》《白银时代》《地久天长》等，杂文集有《沉默的大多数》《我的精神家园》《一只特立独行的猪》等。其小说《黄金时代》获第 13 届《联合报》文学奖中篇小说大奖，他和张元合著的电影剧本《东宫西宫》获阿根廷国际电影节最佳编剧奖。王小波生前鲜有人知，去世后名声大噪，其作品被大量出版并再版，相关的研究和纪念等创作也层出不穷，并因此形成了"王小波热潮"，之后更是被一代代年轻人奉为精神偶像。

二、畅销盛况

20 世纪 90 年代的"王小波热"开始后，王小波的作品被各大出版社相继推出。《沉默的大多数》1997 年 10 月在中国青年出版社出版，此书一经发行就受到了大众喜爱，到 1999 年年底就已经重印 5 次，发行了 6 万多册，此后，这本书不断被再版。截至目前，《沉默的大多数》有作家出版社、上海三联书店、北京十月文艺出版社等 18 家出版社出版了 25 个版本，在图书市场十分受欢迎。直到今天，《沉默的大多数》在豆瓣热门文学图书 TOP10 中排名第 9，在豆瓣热门杂文图书 TOP10 中位列第 2，在豆瓣中国文学（非虚构）图书 TOP100 中居于 13 位，并在豆瓣读书 TOP250 中处在第 18 名，评分高达 9.1 分。此外，北京十月文艺出版社全新排编出版的《沉默的大多数》也取得了不错的销量，从发行之日到现在 4 个月内，基本占据在当当文学畅销榜前 10 位之内，累计评论达 20 多万条，京东文学图书销量榜单中也排在前 20 位之内，同样有 20 多万条评论。从该书首次出版到现在，它一直是图书热销榜单常客，深受读者喜爱。

三、畅销攻略

畅销书是以市场为导向，贴合读者喜好及特征，在一段时间内形成购买热潮的图书。在如今网络信息十分发达的时代，打造一本畅销书与网络、新媒体早已密不可分。这本书的畅销，除了作者本人长久以来活跃的话题度和口碑作用，以及文本内容和幽默风格带来的巨大受众群以外，最为值得一谈的还是当今时代在营销方面对网络热词的运用和名人明星效应的带动。正因为以上种种因素的推动，使得这本书一直以来被各大出版社争相出版，常驻各大图书销售网站的热销排行之中。以下，对此书畅销之因进行了较为全面的分析。

（一）与时代不谋而合的文本内容

畅销书本身就是以读者为主导的，而一本书要做成畅销书，首先内容就要经得起推敲，《沉默的大多数》不仅仅是内容、语言与风格上的优秀，其所表达的超前思想更是紧紧与时代热点贴合，符合读者精神层面的需求，因而大受欢迎。

当时文坛较为禁锢，王小波的文章里自由随性思想吸引了一大批读者。"自从我辈成人以来，所见到的一切全是颠倒着的。在一个喧嚣的话语圈下面，始终有个沉默的大多数。既然精神原子弹在一颗又一颗地炸着，哪里有我们说话的份？但我辈现在开始说话，以前说过的一切和我们都无关系——总而言之，是一刀两断的意思。千里之行始于足下，中国要有自由派，就从我辈开始。"这是王小波在给好友的邮件中对自己杂文集《沉默的大多数》这个名字的解释，从中不难看出他走出沉默的坚定决心和所立的自由态度。其实，王小波在自己的书中从未正式解释过自由主义，但只要阅读过他的作品，就不难感受到他作品中自由主义精神的体现。长久以来，自由一直是文学创作中的热门话题，尤其是 20 世纪 90 年代的我国文坛。此时，王小波的作品横空出现，其文章中所包含的知识分子处境思考、民族主义、生育问题、国学与新儒学等问题的探讨，与当时社会的思想需求不谋而合。由此，借着一些媒体对王小波去世的炒作和对王小波本人的推崇，这本书被适时推出，其书中内容与时代问题的契合使得这本书得以大获成功。

自由主义精神与 90 年代文坛需求的契合使《沉默的大多数》大获成功，在今天，它的一些超前内容又再次与现在的社会热点相交。书中谈及的女权主义、文化争论、同性恋话题、性问题的分析研究等，均是现在网络和各大论坛的热门主题，由此，书中的内容也自然得到关注。此书从 1997 年首次发行到现在依然畅销，主要的原因就是内容的超前性支持它与所处不同时代焦点去碰撞，不断与大众关注点相重合，因而在这么多年内持续受到读者的追捧。此外，书中在之前就大受喜爱的自由、反叛精神不仅仅符合当时读者的阅读兴趣，更与当代年轻人不羁、随性的性格相符，因此得到大批青年读者的喜爱。在某种程度上，可以说王小波与其作品的爆火，不仅仅是其文学才华对大众的吸引，其实更多的是当时的社会和热点需要他书中所表达的内容和观点去了解和回应一些待解决的问题。而此书版本的不断更新出版，更是对其内容历久弥新的肯定，也正是因为该特色的加持，使得此书成为图书电子销售平台文学畅销榜熟客。

（二）与大众狭路相逢的趣味风格

王小波曾经说过，"我写作的起因就是：既然这世界上有趣的书是有限的，我何不去试着写几本"。在当时文学普遍严肃的时代，王小波"有趣"的内容很快在当时作为一抹别样亮色出现在读者视野之中，并获得热捧。一直到今天，其作品所拥有的庞大青年读者群体都与他风格的趣味性密不可分。

1. 黑色幽默与读者喜好的契合

"我觉得黑色幽默是我的气质，是天生的。"这是王小波公开对自己和其作品的评价。所谓"黑色幽默"，始于20世纪六七十年代的美国，指一种绝望的幽默，极力引出人们的笑声，作为人类对生活中明显的无意义和荒谬的一种反响。"黑色"往往代表着死亡、可怕的现实，"幽默"则是对这种现实的嘲讽态度，两者结合成了绝望的幽默，是一种用喜剧形式表现悲剧内容的文学方法。王小波的黑色幽默使其文章更有趣味性，对于所表达的道理也更加易懂，而内容与当时社会现实的结合，也使得读者在阅读他的杂文时对他挖苦自嘲的方式更加感同身受。

王小波经历过下乡，又曾出国学习，还见证了快速发展给人们带来精神上的空缺和社会上日益突出的民生问题，这些丰富的生活经历为他的写作提供了素材。在他趣味追求和现实因素的双重作用下，他将"黑色幽默"在自己的杂文中运用得炉火纯青。在《肚子里的战争》中描写自己在下乡时骣马卫生员给病人切阑尾就反讽意味十足，"我觉得有件事情最可恶：每次手术他们都让个生手来做，以便大家都有机会学习战争，所以阑尾总是找不到。刀口开在什么部位，开多大也全凭个人的兴趣。但我必须说他们一句好话：虽然有些刀口偏左，有些刀口偏右，还有一些开在中央，但所有的刀口都开在了肚子上，这实属难能可贵。"这段简单而又有些搞笑的语言描述，将他经历过的匪夷所思的现实场景展现出来，读起来滑稽得令人发笑，但背后又透露出当时一些拿人命肆意胡闹的行为的恐怖。没有将荒诞惊悚的场面严肃地复述出来，这种"黑色幽默"的表达更吸引读者，也更让人震撼，幽默与绝望两者的交叉让对比更加鲜明有力。此类写法在他的杂文集里还有很多，《一只特立独行的猪》里他就以猪为兄，开启自嘲模式，所写内容在揭露现实问题方面趣味性十足，但搞笑之余又含着深刻的警醒作用，非常符合青年读者的阅读喜好。

王小波的文章创作力求幽默，《沉默的大多数》在自嘲、随性、讽刺、趣味的笔触中，对当时社会存在的问题和荒诞现象进行了有意思的剖析，使文章风趣又生动，思想的表达更加深刻有力，与青年读者所追求的阅读快感狭路相逢，因此收获了稳固的粉丝群体，使其图书得以热卖。

2. 口语化与大众生活的贴切

王小波文章趣味性浓厚离不开他写作时语言的口语化，也就是接地气。他曾在自己的文章中写过有人评价他的小说格调不高，杂文没有典故、考证，缺少点儿文化气味，也就是他写得不够高雅，体现不出文人作品的深奥，王小波对此不置可否，但依旧坚持自己的风格。在他的杂文中有着大量平实通俗的语言，还夹杂着具有地方口语特色的调侃描写，这些语言的大量运用，其实不仅能将思想简单明了地传达给读者，还拉近了与读者的距离，展现作者与阅读者之间思想交流的平等，更便于阅读的人去了解作品，给大众带来趣味性的阅读体验。他在《有关"媚雅"》中提到:"我觉得这两首曲子没咸没淡、没油没盐,演奏员在胡吹、胡拉,指挥先生在胡比画,整个感觉和晕船相仿。天可怜见,我开了十几个小时的车,坐在又热又闷的教堂里,只要头沾着点东西,马上就能睡着;但还强撑着,把眼睛瞪得滚圆,从七点半撑到了九点半!中间有一段我真恨不能一头碰死算了……布鲁克纳那厮这两首鸟曲,真是没劲透了!"诸如类似的有趣语句在他的杂文中频繁出现,为一贯枯燥的释理增添了许多乐趣。此外,俚语粗话的使用,也是其作品幽默风格的体现。这里所说的粗话并不是骂人的秽语,更多的是调侃和自嘲时的使用,像"我们的生活有这么多障碍,真他妈的有意思""原来我是个傻 × 呀"等一些粗话的表达,都是用在合适的语境和背景中,读起来并不会让读者反感和不舒服,反而更能达到他想表达的反讽和自欺效果,让读者体会到其批判的力度,更能明白他想表达的思想。

从大众化的角度来看,王小波大量通俗、口语化的幽默笔触,并未使内容粗俗减分,反而让枯燥的文字生动有力,在大众的阅读体验感上更加锦上添花。此外,无论是 20 世纪 90 年代或是如今的青年读者,将哲理讲得有趣又轻松的图书一直是他们所钟爱的,王小波的杂文就做到了这一点,因此,青年读者在他的粉丝群体中占有很大的比重。

(三)作者自身经久不衰的话题吸引

王小波算是 90 年代最为特殊的一个作家,生前虽获得过一些奖项,作品在港台地区有过热销,但在大陆始终处于籍籍无名的状态。他自由、前卫、幽默的创作风格不太被当时文坛正统所接受,也不被出版社看好,其作品的出版比较艰难,销量在当时并不可观。

转机出现在王小波去世后，1997 年 4 月 11 日王小波病逝于北京家中，之后 3 个月里在妻子李银河的推动下，多家媒体对王小波之死进行了报道，称之为"王小波死亡事件"。之后，他被冠上了无数称号，成为文学界讨论火热的话题者。1997 年李银河与别人合编的集子《浪漫骑士——记忆王小波》出版，给王小波经久不衰的话题热度贡献了很大作用。在这本书中王小波被称为"自由思想家""文坛外高手""自由知识分子""中国最有希望获诺贝尔奖的人"。此外，"浪漫骑士""行吟诗人""文化英雄""文坛受难者"等一系列独属于他的头衔也相继出现，引起了很大反响。在当时媒体带动下，"惨烈寂寞的死""最后的邮件"等一系列与他相关联话题带来的猎奇、大胆舆论也为王小波做足了宣传。也正是因为本人话题的火爆以及所展现出来的传奇经历，使得人们对这位当时文学"神坛"上的人物所创作的作品产生了好奇。接连媒体报道和轮番话题轰炸下，王小波的作品在当时畅销热卖，甚至有关的纪念作品也非常火爆，其作品的学术价值研究分析也接连不断。

　　在今天，话题营销对这本书的售卖依旧十分受用，北京十月文艺出版社在 2021 年新出版的版本宣传中，再次将话题的作用发挥了出来。在新版本《沉默的大多数》宣传上，写着："后浪入海必读，社会毒打解药，思维霸总带你手撕一切套路、内卷、PUA！"将图书与当下微博和其他论坛上讨论的热门话题"社会毒打""内卷""PUA"相关联，用以宣传图书，这不仅自带了热门话题流量，还又一次与时代合流，与当代青年所关注、讨论的社会热点再次契合。除此之外，宣传者又为王小波更新了一波头衔，在当当网等销售平台的宣传上，留有很大的版面来介绍王小波现在的新身份："硬核梗王""骚话艺术家""元祖程序员""情话输出大师""你好哇 CP 中的铁憨憨""理工直男"等，一系列网络论坛上的潮词使王小波完美地融入这个时代。

新版本的宣传标语上，也在极力展现与现在潮流的贴合，"王小波——yyds（永远的神）""偷偷在家搞事情，然后惊艳所有人……"等运用了网络论坛上十分火爆的句式，这些都在很大程度上迎合了现在年轻人的喜好，对于王小波这个20世纪90年代幽默不羁的青年再次走进现在读者的视野有很大帮助。此外，宣传者将王小波定义为"一代代年轻人的精神idol（偶像）"，与现在娱乐界火速兴起的"idol文化"相符合，这对此书在新一代年轻读者市场的开辟也起到了一定作用。

从以上的分析中不难看出，《沉默的大多数》之所以能够常列于畅销书行列之中，与作者契合时代潮流的头衔所带来的话题度是分不开的。从未间断的话题讨论，促使人们产生好奇，想去在作品中找到真正的王小波，因此其作品一直保持着吸引力，无论哪个时代都是出版社争相出版的畅销图书。

（四）巨大粉丝天团的应援

粉丝不仅仅是图书的接受者，更是宣传者，成功的畅销图书背后离不开粉丝群体推广，而粉丝的积累与作者和图书的口碑息息相关。可以说《沉默的大多数》当时的热销盛况，离不开王小波粉丝群体的推动。

1. 头号"粉丝"的推动

说到粉丝对王小波作品的推广，值得一提的便是王小波的头号"粉丝"、他文学创作的绝对支持者，妻子李银河。在王小波1997年因病去世后，李银河悲痛之余，承担起了丈夫作品的宣传工作，可以说，王小波的作品一直热销到今天，拥有大批忠实读者，背后的头号"粉丝"李银河功不可没。

在李银河的推动下，王小波死亡事件在短短几个月内就有包括《人民日报》在内的 140 多家媒体进行了报道，之后，王小波在社会上被引发热烈讨论，这对于其作品的销售帮助是非常大的。在这段时间里，王小波原本被推迟发行的作品迅速顺利出版，紧接着，《我的精神家园》《沉默的大多数》杂文集也随之发行并得以畅销。除了不断地运用报刊媒体扩大王小波及其作品的知名度，李银河还和别人合作出版了有关纪念性的作品，之前提到的给王小波带来许多头衔和话题的《浪漫骑士——记忆王小波》就是在 1997 年 7 月份快速出版的，这将当时的王小波热潮再次进行了大力推动。此外《王小波画传：81 个瞬间》《爱你就像爱生命》《王小波——一个特立独行的人》《王小波十年祭》等作品的不断出版，让王小波从未淡出过读者视野，也从未脱离话题中心。在 2007 年王小波逝世十周年时，李银河策划的"重走小波路"获得了数万人关注，引发全国多家媒体关注，再次引起了热烈讨论。王小波作品不同版本的出版，李银河大都参与过，还亲自审定过，直到今天，《沉默的大多数》最新版出版时，李银河也是亲自授权，可见其对于王小波作品的上心程度。

其实，有很多人对李银河表示过质疑，认为她的一些话语夸大且过誉，她高调频繁的宣传和纪念是对王小波的消费和炒作。但在图书畅销的分析方面，不论对其评价如何，不可置疑的一点是，王小波的作品一直从 20 世纪 90 年代火到现在，与李银河背后的话题制造和宣传推动密不可分。

2. 网络粉丝群体的宣传

除了李银河对王小波的宣传推广外，他的读者群体也发挥了很大作用，毕竟作为畅销作家，固定的读者粉群对于作品的传播与售卖是非常重要的。好的作品离不开好的口碑，正是王小波粉丝群体的热捧与宣传，其口碑得以迅速而又大面积的传播，作品也就自然打开市场，成为热销图书。

王小波粉丝群体的规模庞大且高调，这与当时社会环境和王小波作品思想精神有关。在前面分析中已经有提到过，王小波所处的20世纪90年代，经济快速发展，使得社会上各种问题显露，文坛迷茫而又急于脱去政治枷锁去创作纯文学性、体现自由主义的作品。在这个时候，王小波的杂文凭空出世，一方面，尽显自由随性的精神；另一方面幽默地将社会上的问题点出来调侃、分析，与大多数人的精神诉求相符合，再加上当时媒体对王小波的大肆渲染，自然很快就收获了大批忠实粉丝。喜爱王小波作品的人聚在一起，借着郑板桥爱徐青藤的诗，刻一印云"徐青藤门下走狗"，来自称是王小波的"门下走狗"，并出版了《王小波门下走狗》杂文集。此外，90年代互联网兴起，为大众提供了一个宽松的交流平台，王小波的粉丝应潮流而起，被他自由、反叛、幽默的精神所吸引，相聚于网络这个自由没有地域限制的空间，分享和学习王小波的作品。一时间，网络上和王小波有关的报道、文集等迅速火热，王小波成为网上社区和论坛的红人，粉丝甚至建立了"王小波网上纪念馆""王小波俱乐部"等专门网站。除了网站外，还有百度贴吧"王小波吧"，豆瓣"王小波门下走狗"小组。王小波粉丝抓住了网络这一重要媒体，使得其作品的传播在时间上更加迅速、空间上更加广泛，而他们在各大论坛的活跃，也对图书的热卖与推广大有很大帮助。

不仅仅是网上大力宣传与推广，粉丝更多是将王小波看作自己的精神偶像、学习效仿的对象。在"王小波门下走狗"社区论坛中，众多王小波的粉丝模仿其写作风格，创作了不少优秀作品，该论坛的主要创始人更是将这些作品进行了筛选后集结成书，出版了杂文集。还有不少人在王小波的影响之下走上了文学创作之路，像胡坚、陆源、连岳、乐文城等，都成为了颇有收获的作家。此外，甚至还有粉丝在杭州开了一家书店，名为"我的精神家园——王小波书店"，用来纪念和宣传王小波。

正是王小波粉丝这个强大又有创造力的集体，他的图书从不缺宣传热度，本人也从未在社会上冷却，其作品被不断地传阅和喜爱，成为年轻人所热捧的对象。

3. 名人、明星粉丝的加持

畅销书在营销方面，名人推荐是很有必要的一个环节，不但会大大加重作品在大众心中的分量，也给作品给予了一个质量保证，因此，很多作品在出版时都会邀请文坛名人来为自己宣传。而现在这个娱乐文艺大大发展的时代，娱乐明星的粉丝文化盛行，明星推荐书单势必会引起粉丝的大量购买，对于图书的宣传来说是不可缺少的机会。而王小波正是将这两个资源都牢牢地握在了手中，其图书畅销与这些号召力极强的文坛名人、娱乐明星有很大关系。

戴安娜·克兰曾谈到"为了跻身于声名远扬的畅销书行列，一部小说至少得赢得其中一些批评家的赞许"，名家的推荐对作品知名度的推广大有帮助。王小波虽然生前未被当时的文坛正统所接纳，但去世后随着环境的改变，不论是他的思想还是作品都得到了一定的认可。像刘心武、王蒙、林白、李大卫等知名正统文坛作家都曾表示过对王小波和他作品的欣赏，李大卫曾发表过短文《祭王小波》，将其艺术和思想的主要精髓进行了介绍，这些文坛名家力量的加持，对王小波的作品起到了很大的认可和宣传作用。此外，还有麦家、双雪涛、撒贝宁、柴静、高晓松等名人对他的作品也大加推荐。撒贝宁在采访中表示，"我也希望自己像王小波那样，凭借天马行空的想象力而有趣；而我的有趣，是很肤浅的"。高晓松公开在自己的节目中提到，所有的以白话文写作的作家里，王小波在他的心目中排第一。这些影响力颇大的名人推荐在读者心中很有分量，其作品的火爆和好口碑与他们起到的作用是分不开的。

在粉丝文化盛行的今天，许多书店在售卖图书时，为迎合这种潮流促进销量，都会在宣传时加上这本书是哪个明星推荐，以此来吸引明星粉丝购买。王小波的作品由于其简朴幽默易懂的语言、自由反叛肆意的精神收获了大批明星粉丝。邓超、李诞、张若昀、张译、朱一龙等明星的推荐，为其在更年轻的读者群体中进行了宣传。尤其当下粉丝经济火爆的今天，明星的粉丝群体是很大的一批受众，这些明星推荐对于扩大图书的读者圈子有很大作用。在北京十月文艺出版社新版《沉默的大多数》的宣传上，就将"朱一龙、麦家、李诞实锤推荐"置于图书标题之下，足以见得明星效应对于图书销售的帮助之大。

在畅销书的成功之路中，强大的读者群体是一个关键因素，读者是畅销书的主导者，而《沉默的大多数》正是无论从自身内容还是出版后的宣传方面，都与读者喜好紧紧贴合，使得此书从首次出版到现在均取得了不俗的成绩。

四、精彩阅读

我认为，可以在话语的世界里分出两极。一极是圣贤的话语，这些话是自愿的捐献。另一极是沉默的话语，这些话是强征来的税金。在这两极之间的话，全都暧昧难明：既是捐献，又是税金。在那些说话的人心里都有一个税吏。中国的读书人有很强的社会责任感，就是交纳税金，做一个好的纳税人——这是难听的说法。好听的说法就是以天下为己任。

我曾经是个沉默的人，这就是说，我不喜欢在各种会议上发言，也不喜欢写稿子。这一点最近已经发生了改变，参加会议时也会发言，有时也写点稿子。对这种改变我有种强烈的感受，有如丧失了童贞。这就意味着我违背了多年以来的积习，不再属于沉默的大多数了。我还不至于为此感到痛苦，但也有一点轻微的失落感。开口说话并不意味着恢复了交纳税金的责任感，假设我真是这么想，大家就会见到一个最大的废话篓子。我有的是另一种责任感。

——节选自《沉默的大多数》第 16~17 页

　　我在医院里遇上一个哥们，他犯了阑尾炎，大夫动员他开刀。我劝他千万别开刀——万一非开不可，就要求让我给他开。虽然我也没学过医，但修好过一个闹钟，还修好了队里一台手摇电话机。就凭这两样，怎么也比医院里这些大夫强。但他还是让别人给开了，主要是因为别人要在战争里学习战争，怎么能不答应。也是他倒霉，打开肚子以后，找了三个小时也没找到阑尾，急得主刀大夫把他的肠子都拿了出来，上下一通紧倒。小时候我家附近有家小饭铺，卖炒肝、烩肠，清晨时分厨师在门外洗猪大肠，就是这么一种景象。眼看天色越来越暗，别人也动手来找，就有点七手八脚。我的哥们被人找得不耐烦，撩开了中间的白布帘子，也去帮着找。最后终于在太阳下山以前找到，把它割下来，天也就黑了，要是再迟一步，天黑了看不见，就得开着膛晾一宿。原来我最爱吃猪大肠，自从看过这个手术，再也不想吃了。

　　时隔近三十年，忽然间我想起了住院看别人手术的事，主要是有感于当时的人浑浑噩噩，简直是在发疯。谁知道呢，也许再过三十年，再看今天的人和事，也会发现有些人也是在发疯。如此看来，我们的理性每隔三十年就有一次质的飞跃——但我怀疑这么理解是不对的。理性可以这样飞跃，等于说当初的人根本没有理性。就说三十年前的事吧，那位主刀的大叔用漆黑的大手捏着活人的肠子上下倒腾时，虽然他说自己在学习战争，但我就不信他不知道自己是在胡闹。由此就得到一个结论：一切人间的荒唐事，整个社会的环境虽是一个原因，但不主要。主要的是：那个闹事的人是在借酒撒疯。这就是说，他明知道自己在胡闹，但还要闹下去，主要是因为胡闹很开心。

——节选自《肚子里的战争》第 160~161 页

我这篇文章题目在说椰子，实质在谈平等问题，挂羊头卖狗肉，正是我的用意。人人理应生来平等，这一点人人都同意。但实际上是不平等的，而且最大的不平等不是有人有椰子树，有人没有椰子树。如罗素先生所说，最大的不平等是知识的差异——有人聪明有人笨，这就是问题之所在。这里所说的知识、聪明是广义的，不单包括科学知识，还包括文化素质、艺术的品位，等等。这种椰子树长在人脑里，不光能给人带来物质福利，还有精神上的幸福。这后一方面的差异我把它称为幸福能力的差异。有些作品，有些人能欣赏，有些人就看不懂，这就是说，有些人的幸福能力较为优越。这种优越最招人嫉妒。消除这种优越的方法之一就是给聪明人头上一闷棍，把他打笨些。但打轻了不管用，打重了会把脑子打出来，这又不是我们的本意。另一种方法则是：一旦聪明人和傻人起了争执，我们总说傻人有理。久而久之，聪明人也会变傻。这种法子现在正用着呢。

——节选自《椰子树与平等》第 169 页

后　记

　　2011 年，北京印刷学院的出版专业硕士学位点获批并开始招生。由于它是全国首次获批的出版专业硕士点，当时并没有培养经验可以借鉴，但重在培养和提升学生的专业实践能力这个目标是确定的，于是一些偏重出版实务的课程被列入培养方案，"畅销书策划与出版"就是其中的一门。

　　由于我一直给本科生主讲"畅销书与大众文化"课程，于是被学院指定负责出版专业硕士的"畅销书策划与出版"课程。不知不觉中，"畅销书策划与出版"课程已经开设了十多个年头，每年上这门课的出版专业硕士生也由第一届的 16 人变成了现在的 60 人。

　　为了上好这门课，我想了一些办法，其中有两项一直坚持下来：一是定期邀请富有实战经验、出版过现象级畅销书的业界专家进入课堂讲解并与学生交流；二是带领同学们选择他们感兴趣的畅销书开展案例研究。这两种做法极大激发了学生探究畅销书的兴趣和出版畅销书的激情。兴趣和激情是最好的老师，在它们的引领下，每届学生遴选畅销书研究案例时都非常用心，除了考虑个人的畅销书类型偏好，他们还尽力兼顾出版史和阅读史两个视角；撰写畅销书案例研究文章时，他们不仅详细查阅了与研究案例相关的文献资料，有些同学还辗转联系到作者和编辑进行了针对性访谈；选择畅销书

精彩章节摘录时，他们反复阅读文本，努力把研究案例中最精彩的部分摘抄出来进行分享。

岁月无情流逝，一届届同学的畅销书案例研究成果却积累下来，于是就有了这套十卷本《畅销书经典案例研究》。

出版之前，我又一次翻阅了同学们完成的案例文章，课堂上师生围绕畅销书展开讨论的一幕幕场景如在昨日。我们不仅讨论具体的畅销书个案，我们更讨论了畅销书的类型发展、畅销书与常销书、畅销书与社会变迁、畅销书史的撰写，我们也会讨论于殿利先生"要远离畅销书"这句警告背后的深意……经过这些讨论，很多同学具备了"研究畅销书但不耽溺畅销书"研究立场，案例研究的视角也更为开阔深远。现在看来，他们的分析文字有些还尚显武断，有些也陷入了"爱屋及乌"的言说陷阱，但洋溢在字里行间的探索热情如熠熠星光，无疑会照亮后续研究者的前行之路。感谢精心撰写本丛书案例的同学们！

感谢我的研究生李玉雯、许晨露、王敏、郭宏浩、丁超、朱晓瑜、齐倩颖、王静丽、陈怡颖。他们每人负责编选本丛书的一辑，非常认真和高效地开展了案例文章筛选、重新编排和审校等工作。由于一些案例文章撰写时间比较久，有些数据需要更新，他们及时查阅了最新资料并对案例文章做了有效补充。感谢我的学生们！

感谢清华大学出版社的纪海鸿主任。从多年前的确定选题到今天的高质量出版，纪海鸿老师始终以超强的耐心容忍着我的"拖延症"。一旦项目启动，她又以务实高效的工作作风和严谨专业的出版精神推动各项工作不断前行。在疫情当前和居家办公的情况下，这套书还能如期出版，完全得力于她不懈的工作。谢谢纪老师！

另外，尽管本套丛书的案例研究文章采用较为统一的结构规范，但由于案例文章由多人撰写，在行文风格上无法协调统一，非常抱歉！同时，由于编者水平有限，书中错漏之处估计会有不少，诚恳期待各位读者的批评指正！

张文红

2022 年 6 月 5 日

于北京寓所

畅销书

经典案例研究

第七辑

张文红　主编

清华大学出版社
北京

图书在版编目（CIP）数据

畅销书经典案例研究 / 张文红主编 . —北京：清华大学出版社，2022.7
ISBN 978-7-302-59878-7

Ⅰ.①畅…　Ⅱ.①张…　Ⅲ.①畅销书—出版工作—案例　Ⅳ.① G23

中国版本图书馆 CIP 数据核字（2021）第 275331 号

责任编辑：纪海虹
装帧设计：刘　派
责任校对：王凤芝
责任印制：杨　艳

出版发行：清华大学出版社
　　　　网　　址：http://www.tup.com.cn, http://www.wqbook.com
　　　　地　　址：北京清华大学学研大厦 A 座　邮　编：100084
　　　　社 总 机：010-83470000　　邮　购：010-62786544
　　　　投稿与读者服务：010-62776969, c-service@tup.tsinghua.edu.cn
　　　　质量反馈：010-62772015, zhiliang@tup.tsinghua.edu.cn
印 装 者：三河市东方印刷有限公司
经　　销：全国新华书店
开　　本：133mm×188mm　印　张：39　　字　数：924 千字
版　　次：2022 年 7 月第 1 版　印　次：2022 年 7 月第 1 次印刷
定　　价：298.00 元（全 10 册）

产品编号：060953-01

作者简介

张文红，博士，教授，北京印刷学院编辑出版系主任。教育部新闻传播学类专业教学指导委员会委员（2013—2017），北京市新闻出版专业群专家委员会副主任委员（2013— ）。主持国家社科重大招标项目《当代中国图书出版史》子课题《当代中国大众图书出版史》等项目多项。出版《出版概论》《畅销书理论与实践》《"十七年"时期长篇小说出版研究》等著作 12 部，发表论文 60 余篇。

目　录

林奕含

著

房思琪
的
初恋乐园

北京联合出版公司
Beijing United Publishing Co., Ltd.

书名：《房思琪的初恋乐园》　　作者：林奕含
出版时间：2018 年　　出版社：北京联合出版公司

一、作者简介

林奕含，1991 年出生，中国台湾作家。2017 年 2 月，在台湾出版了长篇小说《房思琪的初恋乐园》。

林奕含作为学生时就曾引起过社会关注。她出身台南医学世家，其父是有着"台南怪医"之称的知名皮肤科医生林炳煌，哥哥也是医生。她从小外貌出众，品学兼优，曾是台南女子中学唯一一个在升大学测验中获得满分的学生，还曾获台湾数学科展第一名，高中时就被多家媒体报道，甚至被称为"最漂亮的满级分宝贝"。

林奕含罹患精神疾病，大学期间也因为精神疾病被迫辍学。2017年 4 月 27 日，她因不堪抑郁症的折磨自缢身亡，年仅 26 岁。其少时曾遭到补习班老师诱奸，这一经历最终导致了她的凋零。她文笔缠绵绝艳，才思过人，可是却有过这样沉重痛苦的遭遇，她将亲身经历写成小说《房思琪的初恋乐园》。她在生前接受采访时曾说："这个故事折磨、摧毁了我一生。"她离开之后，她的父母才告知世人：房思琪就是林奕含自己，这本书在很大程度上是她的自传。她在年少时曾遭受老师诱奸，留下了长期的心理创伤。她面对镜头时说过"人类历史上最大规模的屠杀，是房思琪式的强暴"，并质疑文学艺术的"所谓真善美"，她所描述的痛苦，很多就是源发于她自己的感受。

二、畅销盛况

《房思琪的初恋乐园》台版在 2017 年一出版就荣获了多项奖项，包括"台湾 2017 Openbook 年度好书奖""豆瓣读书 2017 高分图书特别提名""台湾诚品书店 2017 年度畅销华文作家 TOP1""台湾博客来 2017 年度畅销榜 TOP1"。

据北京开卷统计，本书简体中文版自 2018 年 2 月出版后，截至 2021 年 5 月，销量累计已达 73 万册以上，在开卷小说类图书年销量榜单中，《房思琪的初恋乐园》排名第 54 位，取得了非常好的市场业绩，在当当网、亚马逊网、京东图书等线上销售排行榜上始终居前。2018 年 6 月，《房思琪的初恋乐园》获得首届"梁羽生文学奖"爱情都市类大奖。

三、畅销攻略

（一）强烈的社会主题引人深思

1. 儿童性侵

《房思琪的初恋乐园》具有很强的社会性，所涉及的儿童性侵引发了社会的关注。林奕含将女孩们被老师诱奸，为了寻找活下去的理由而强迫自己爱上老师的故事，用极具华丽讽刺的语言描绘出来。书中受害女孩的极大悲痛也是林奕含的悲痛，她说自己在写作过程中几度崩溃、泪流满面。但是，林奕含依然要将这些让自己难受的回忆抽丝剥茧毫不保留地呈现出来。她说，她不愿消耗任何一个房思琪，而她能做的只有写，这一切都是为了不让更多的人成为房思琪，也让房思琪们或许找到一点光亮。关于儿童性侵，林奕含详细刻画了饼干、郭晓奇和房思琪三个女孩的经历，她们都是受害者，一步一步跳进衣冠禽兽老师挖好的陷阱，最后窒息于多重桎梏的枷锁中。房思琪、饼干和郭晓奇的悲剧来源于禽兽教师李国华、父母和整个社会，李国华们是第一施害者，父母和社会压力是第二施压者。

李国华以及他的同事们，数学老师、物理老师、英语老师以及女班主任蔡良老师普遍地猎取、享用学生，并以此自得。"李国华们"对于漂亮小女生的玩弄给他们一种满足感和自信，作为语文老师，李国华竟然以"思无邪"的诗做他卑劣行径的遮羞布。不是教师这个职业的错，只是教师这个职业让他们作恶更为方便；不是文学的错，只是作恶的人利用文学的陪衬来宽慰自己引诱别人、美化恶行。错的是他们的心，一旦染指，便无回头之日，不管从事什么职业，他们都是社会的流毒。

在"李国华们"攀比着诱骗小女生后，亲人做了什么呢？是对于性教育的逃避，思琪对妈妈说："我们的家教好像什么都有，就是没有性教育。"妈妈诧异地回答："什么是性教育？性教育是给那些需要性的人。"在这个故事中父母将永远缺席，他们旷课了，却自以为是还没开学。多数家长在性教育问题上大都采取回避的态度，很少在家庭中进行性教育，甚至干涉或禁止儿童与异性之间的交往，同时，对学校性教育持反对态度。后来思琪尝试着说学校里有女生跟老师在一起，父母的反应是"这么小年纪就这么骚"。饼干的男朋友知道事实后，大骂饼干"脏"，立马要跟饼干分手。甚至于公开后，晓奇的父母第一反应是"你跑去伤害别人的家庭，我们没有你这种女儿"。父母觉得对不起师母，要对老师道歉，而女儿的事情还不如抢付账时的账单重要。"家丑不可外扬"是父母们遇到这类事件的常规处理思路，而一个"丑"字，恰好暗示了受害女性的自我怀疑："是不是我哪里错了？为什么会是我而不是别人？"也就是作者在文中借思琪的口质问自己当时"为什么要说'我不会'而不是'我不要'"。

晓奇遭受的社会网络暴力更加重了她的自我质疑。网络上的留言像是一种千刀刑加在晓奇身上，每一个回应，都像是杀来了一刀。这种质疑是很痛苦的，所以房思琪们开始逃避，开始美化肮脏，因为李国华身上有胡兰成之流的文人之美，"只要有了爱，做一切都是可以的"，所以她要"爱"上老师而不能只是喜欢，这样发生的一切就不是错误和肮脏了，她们是被爱了，而不是犯了错被诱奸。亲人及社会的回应又将她们推入更加幽暗的深渊。

2. 家庭暴力

林奕含在书中刻画的第二个社会主题是家庭暴力。作者通过刻画许伊纹这一角色，来揭示社会现实中的家庭暴力，它带给女性身体与心灵的伤害是巨大的，最终许伊纹逃离了那栋雕梁画栋的大楼，逃脱了丈夫的控制，她获得了新生。这也是林奕含对遭受家庭暴力的女性的期许，希望她们能有勇气早一些逃离身边的伤害。

书中的许伊纹从外貌甚至精神都是房思琪的长大版，她也是两个女孩的偶像，是她们"美丽、坚强、勇敢的伊纹姐姐"。伊纹20多岁，美丽且前途无量，放弃了继续读文学博士的理想，嫁给浪漫多金的钱一维。钱一维背景无可挑剔，外貌端正在哪里都赏心悦目，留学归来，有绅士派头，与伊纹约会，也尽显浪漫体贴，与孩子们相处尽显亲和幽默，也能与伊纹聊文学，当她们说到在读陀思妥耶夫斯基，他就能说出"德米特里、伊万、阿列克谢"。这样一位外人看来近乎完美的男人怎会四十几岁还没结婚？他对伊纹说："以前接近我的女人都是要钱，这次索性找一个本来就有钱的，而且你是我看过最美、最善良的女人。"许伊纹念的是文学，聪慧美丽，文学帮助她辨别话语的真实度，她很明白这些就像是"恋爱教战手册的句子复制帖"，而真正让她动心的那次也是文学的渲染。有一回台风天，一维等她下课，伊纹看到他的裤子鞋子都被淹了，很自然想到了三世姻缘里蓝桥会的故事："期而不来，遇水，抱梁柱而死。"

张阿姨清楚钱一维曾经打跑过几个女朋友，仍然将伊纹介绍给钱一维。她也隐隐知道李国华诱奸少女的事情，却只把它当作茶余饭后的八卦，面对伊纹和思琪的悲剧，她是冷漠、自私、幸灾乐祸的，我们生活的世界里不乏这样藏在角落里的恶人。张阿姨将伊纹推入了火坑，钱一维在恋爱中隐瞒了自己的病况，任凭女生再机敏聪慧也抵挡不住这万般计谋与作弄。她像很多遭此不幸的女性一样，一次次选择原谅她的丈夫，直到丈夫酒后将她打到流产，差点要了她的命，才终于决定结束 6 年的婚姻。

伊纹作为故事里的女性导师，她在引导思琪和怡婷这两个年轻女孩子的同时，自身也被男权社会压迫着。在男权社会，男人对女性的压迫和控制都源于男人想要女性屈服于自己的力量，男人压迫女人，迫使女人服从，好满足自己的需求和欲望。伊纹姐姐为了婚姻中断求学，婚后一直经历家庭暴力。她最后花了很大的力气逃离了那栋大楼、那些暴力。她在思琪试图倾诉而欲言又止的时候，没有逼问思琪，没有做更多。思琪也知道她夏天高领上衣下的淤青，不忍再加重她的负担。伊纹姐姐自顾不暇，心力交瘁。她已经做得够多了，谁又能怪她什么？这是两个女性的互相慰藉，互相体谅。我常想，如果伊纹是法律专业出身，她哪怕无法躲避与钱一维的结合，但所遭受的伤痛或许也就不会这么持久而深重吧！

3. 救赎

作为一本描述少女遭受性侵犯的小说，《房思琪的初恋乐园》清楚地知道需要和谁对话。在纳博科夫之后，讲述中年男人和 13 岁少女的情欲关系似乎没有办法绕过《洛丽塔》，洛丽塔也早已不再只是小说中的人物，而是修辞，是不道德情欲的符号。

《房思琪的初恋乐园》和《洛丽塔》对话的力量正在于打破洛丽塔符号的僵硬表面，用"反欲望"的修辞让人看到洛丽塔内里伤痕累累的少女。洛丽塔在这本小说中并没有首先指向纳博科夫的文本，而是直接指向鲜活的天真少女："补习班的学生至少也十六岁，早已经跳下洛丽塔之岛。房思琪才十二三岁，还在岛上骑树干，被海浪舔个满怀。"逐浪少女占据了洛丽塔的位置，任何指向小说《洛丽塔》

的叙述行为，都必须以这个活生生的生命为前提。因此当李国华化身亨伯特，用甜腻辞藻粉刷自己强暴房思琪的行径时，他心中对《洛丽塔》开篇的仿写也就只能是令人作呕的拙劣仿写。他没有机会用自己的层叠叙述把房思琪变成诱人的符号，留在读者面前的，只有一个被伤害的少女："洛丽塔之岛，他问津问渡未果的神秘之岛……把她压在诺贝尔奖全集上，压到诺贝尔都为之震动。告诉她她是他混沌的中年一个莹白的希望，先让她粉碎在话语里、国中男生还不懂的词汇之海里，让她在话语里感到长大，再让她的灵魂欺骗她的身体。"

撕开亨伯特编织的辞藻迷网，让洛丽塔从符号回到受伤害的人，这应该是《房思琪的初恋乐园》的文学野心之一。这本小说的背后站着《洛丽塔》，但是纳博科夫并没有投下不能超越的阴影。相反，《房思琪的初恋乐园》用自己的修辞调度成功地展示了少女的苦难不应该被欲望的修辞垄断。

"忍耐不是美德，把忍耐当成美德是这个伪善的世界维持它扭曲的秩序的方式。"令人绝望的文字，如溺水般无力求助，它终究会出现在越来越多的世人面前，会有更多的人能通过这部书看到人性背面，一个姑娘用血肉之躯书写的人性之恶，我们都逃避不了。林奕含弃世了，留下了《房思琪的初恋乐园》，把它当作对命运和这个伪善世界的最后一声呐喊和控诉。它给无数还在黑暗中咀嚼苦痛、舔舐伤口的房思琪们带来一丝希望。

（二）隐喻反讽的文字充满力量

林奕含的文字是柔软的，也是生冷的，充满了阴郁又充满了力量。林奕含接受采访时也提到了她的文字："这个故事其实用很简单的大概两三句话就可以讲完，很直观、很直白、很残忍的两三句话就可以把它讲完，就是，'有一个老师，长年用他老师的职权，在诱奸、强暴、性虐待女学生'，很简单的两三句话，然而我还是用很细的工笔，也许太细了的工笔，去刻画它。我要做的不是报道文学，我无意也无力去改变社会的现况，我也不想与那些所谓大的词连接，也不想与结构连接。"

"不必期望她的文章有多少清凉的禅意，如果那样她反而得救。虽然她文字的诡辩离禅意只有一步之遥。但这诡辩，实在不是她能把握，如她要反对的对象那样游刃有余：轻松的，是那种羼杂了恶的生活，更兼它的伪善的文学。她提出的尖锐问题，并不能妨碍她的耻感文学的成立：尤其，当将她的小说理解为一种反语。在不能成为控诉时，成为反语，但反语其实是棘刺更为广大的控诉。"这部书充满大量的通感和譬喻，可以说整本书就是由无数个大大小小隐喻组成了一个巨大的隐喻，而林奕含说："我已经知道，联想、象征、隐喻是世界上最危险的东西。"在这个意义上来看，林奕含的文笔神似张爱玲。然而，张爱玲有着对世俗的观察，那是一种上帝视角，而林奕含，她用文学世界的复杂、精美的笔触来描绘现实世界的残酷与单调。下面简要分析三段文字，感受一下林奕含文字的力量。

思琪努了努嘴唇，说下面高雄港好多船正入港，各个排挤出 V字形的浪花，整个高雄港就像是用熨斗来回烫一件蓝衣衫的样子。一时间，她们两个人心里都有一点凄迷。成双成对，无限美德。

整个高雄港在她的眼里就是一件被熨斗来来回回不断重复熨烫的蓝衣衫，也是她内心的折射，褶皱了的心永远也无法抚平。

房思琪已经三天没上课也没回家了。一个陌生的号码打了三次，老师说："真有急事就接吧。""哦，抱歉，老师，我出去接一下。"

紧接着下一段落开头：

"是阳明山什么湖打来的……"这是警察打给怡婷的，警察确认她是不是刘怡婷，然后告诉她"我们在山里发现了你的朋友"。

两段文字无缝衔接，场景却像斗转星移进入了另一个时空，思想与时空的断裂，猝不及防地将后果摔在你的眼前，思琪跑去了阳明山，她疯掉了。阳明山，小时候思琪与怡婷假期玩乐的地方，那时候的她们在那里踮起脚摘星星，看到的山是圣诞树的形状，那是属于她们快乐的象征性的时光。

怡婷看得很清楚，在伊纹姐姐碰到一维哥哥的手的时候，伊纹姐姐一瞬间露出奇异的表情。她一直以为那是新娘子的娇羞，跟她们对食物的冷漠同理，食，色，性也。后来她才知道那是一维在伊纹心里放养了一只名叫"害怕"的小兽，小兽在冲撞伊纹五官的栅栏。那是痛楚的蒙太奇。后来，升学，离家，她们听说一维还打到伊纹姐姐流掉孩子——老钱太太最想要的男孩。德米特里、伊万、阿列克谢。

短短的一段文字，读者先是感受到文字无比细腻，像是用放大镜不断放大细节，所见所想是真实诚恳的，伊纹触碰到丈夫的手的奇异表情、怡婷内心的猜想、"害怕"的小兽，紧接着笔锋急转，读者所见的时间空间迅速拉伸延展，重大事情迅速带过，像放电影一样，一帧一帧闪过，升学、离家、打到流掉孩子。前部分细腻充满隐喻的文字与后边冷酷无情的笔触形成映照，可见其文字之张力。最后，罗列了卡拉马佐夫三兄弟的名字，前文一维与她们一起谈论了陀思妥耶夫斯基，那是文学带给她们的共同语言，是和谐的，这里，仿佛卡拉马佐夫三兄弟从头到尾都在旁观着一切，这是一种文学带来的讽刺与残酷。

（三）清晰的文本结构透出生命力

1. 乐园—失乐园—复乐园

文本结构很清晰：乐园—失乐园—复乐园。"乐园"是以怡婷视角来叙事：元宵节汤圆会、伊纹嫁入钱升生家、伊纹同思琪和怡婷读陀思妥耶夫斯基、思琪向怡婷坦白和李老师之间的关系、思琪在山中发疯住进精神病院、怡婷读思琪日记寻找真相。第一章乐园是怡婷的，而不是思琪的，怡婷这段时光的愉悦并不是思琪的，第一章结尾说"故事必须重新讲过"，怡婷的"乐园"接而转入思琪的"失乐园"。"失乐园"与其说是重述"乐园"，不如说是更为清楚地复原怡婷曾经遗漏的细节，乐园正是由于细节的遗漏而变得失真与无瑕。现实的真实与残忍紧随着暴露无遗：李国华一家搬进这栋大楼逐家窥探、钱一维将许伊纹娶过门不到一年就开始施暴、补课老师聚集交流彼此诱奸学生的"心得"、李国华辅导思琪和怡婷"写作文"，等等。人们关心体面、妥帖、被人尊敬的生活，但有人善于利用这种体面的需求将"乐园"变成"失乐园"。从怡婷的"乐园"到思琪的"失乐园"，再到第三章许伊纹的"复乐园"，"乐园"必得天真无邪，"失乐园"则全是反讽着自我催眠，直到"复乐园"小说才有了正面而清醒的回击。伊纹搬出大楼之前，故事是彻头彻尾的黑暗与阴冷，看不到一丝光亮，在伊纹独自生活之后，她才有勇气独自面对那座圣殿，并且鼓励怡婷重新讲述这个故事，"连思琪的份一起好好地活下去"。

2. 首尾呼应的"家庭聚餐"

每个人都觉得圆桌是世界上最美好的发明。有了圆桌，便省去了你推搡我推搡你上主位的时间。那时间都足以把一只蟹的八只腿一对螯给剔干净了。在圆桌上，每个人都同时有做客人的不负责任和做主人的气派。

开篇的聚会与结尾的聚会似乎形成了某种呼应关系。最初当然是邻里情谊，钱爷爷、吴妈妈、陈阿姨、李老师这些成年人都在逗弄两位说悄悄话的小姑娘。当怡婷在餐桌上说错话被妈妈责罚，房妈妈连忙开解"你家小孩多乖啊"，刘妈妈口气也就软下来，大人们互相客套寒暄。两个小孩仿佛让大人们相处得更加和谐。林奕含写道："席上每个人的嘴变成笑声的泉眼，哈字一个个掷在地上。"小说结束时，除了房家搬走以外，其他人又一次聚在一起，这漫长的社交巡礼在作者的笔下同样没有中断。当年的两个小女孩已不在这里，怡婷去上大学，思琪住进了疯人院，大人们的寒暄依旧热闹。吴妈妈说："以前看怡婷她们，倒不是会轻易喜欢人的类型。"她们，圆桌沉默了。说到怡婷，说到以前、躲不掉的思琪，所有人都明白，而所有人都假装没发生，下一刻，就有人用高声打破沉默，打破记忆。"桌面上躺着的一条红烧大鱼，带着刺刺小牙齿的嘴欲言又止，眼睛里有一种冤意。大鱼半身侧躺，好像是趴在那里倾听桌底的动静。"这条大鱼就像是在疯人院的思琪。

（四）编辑的用心让这本书得以更好地呈现

1. 遇见这本书——这是一部能和自己生命发生激荡的作品

当时，魏强还是入职磨铁图书（下称"磨铁"）仅两年的年轻编辑，他和所有编辑一样"一直在渴望做出自己发自内心热爱的一本书"。他在网上看到了关于台湾女作家林奕含自杀的报道，"2017年4月27日，我国台湾作家林奕含因为被辅导班老师长期诱奸患抑郁症在家中自杀，她给世人留下了根据亲身经历改编的小说《房思琪的初恋乐园》"，他持续关注了大量相关报道，出于对事件的痛心和作为编辑的职业敏感，魏强对林奕含和她的作品产生了强烈的好奇。

他向版权部同事要来这本书的试读资料，瞬间就被作者的文字所吸引。"在那个下午，仅仅几千字的小说片段营造的世界将我吸入其中，仿佛时空倒流，使每个人回到自己的青春年代。而同样置身于那个年代的少女房思琪要面对的，则是一段被撕裂的人生——正是在这仅仅几千字的文字片段中，我感受了很久未曾出现的深度阅读体验。这样的体验恐怕在一个人一生的阅读史中也只会出现几次。"魏强决定做《房思琪的初恋乐园》简体中文版的选题策划。

2. 争取简体中文版权——这样优秀的作品理应让更多读者看到

获取台方出版社游击文化公司的版本授权是一段持久的经历。磨铁积极联系了出版此书的游击文化公司，但由于当时网络媒体用各种角度来解读这个话题，有作家之死的悲痛，有儿童性侵、家庭暴力的社会议题，也涉及了对该作品文学价值的探讨，此书的版权代理公司并没有很快授权此书。魏强联系到这本书繁体中文版的编辑张蕴方，通过和张蕴方陆续的邮件往来，魏强对这本书的内容以及出版过程有了更深的了解，这也让他更加迫切地想要去做这本书的简体中文版。一直到 2017 年 7 月中旬，磨铁终于等到了从台湾地区来的版权代理公司，双方面谈了两个多小时，磨铁向对方展示了详细的方案，包括邀请推荐嘉宾的名单、最大程度保留作者文字完整的方法、后期的营销计划，等等。讨论过程顺利且充实。半个月后，魏强收到了张蕴方的一封邮件："说恭喜好像很奇怪，但做书才是辛苦的开始。"它们获得了这本书的授权，漫长的努力与等待都是值得的。

3. 文字近乎原文呈现，内容上增加了推荐语、注释

文中有关性的描写是生冷而老练的。魏强说："就像我们并不认为王小波在《黄金时代》中的性描写肮脏一样，《房思琪的初恋乐园》作者在下笔时有着过人的功力，这种干净而克制的书写是为小说服

务的，展现着作者的文学功底，不应该做过多删改。"出版社编辑老师也认同这一点。有了统一的审稿标准，也保证了对作者文字的尊重，最终简体版在文字上也确实达到了以上标准，仅有几处少量改动，近乎原文呈现。

简体版的开篇是一批学者和作家对这本书的郑重推荐语，有李银河、戴锦华、骆以军、张悦然、冯唐、蒋方舟、詹宏志、史航、汤舒雯、衣锦夜行的燕公子、杨庆祥、张伟、李尚龙等业界名人。魏强说："最先邀请的是张悦然和蒋方舟两位作家。时值磨铁图书出版了张悦然的新书《我循着火光而来》，在新书活动上，我给张老师送上小说稿件，张老师知道这本书，很爽快地答应推荐。另外，我们联系了早在5月时就第一时间在微博发表读后感的青年作家蒋方舟，同样得到了肯定的答复。联系李银河老师时，开始我还比较忐忑，但李老师在收到稿件后很快回复，看了小说很喜欢，表示愿意推荐。12月中旬时得知《房思琪的初恋乐园》获得了台湾2017Openbook年度华文好书奖，出版人、作家詹宏志先生为之致颁奖词，我们第一时间通过邮件发去了请求，詹先生乐于推荐，他精准的推荐语我特别认同。"

文本内容的第二处增加是对书中的一些专有词语如"阿娜""街友""二一通知单""奇摩新闻"等作了注释，并请游击文化公司在审核书稿时一并审核了上述部分。魏强说："虽然只是小小的注释，但文字背后承载的是两岸文化的沟通和交流。"

4. 简体版的封面如何呈现也是一个不小的挑战

繁体版封面是编辑张蕴方一人所做。问到繁体版封面含义时，张蕴方说："封面中间的那抹颜料是请朋友画的……因为事情太复杂，（思琪或所有人）可能也没办法完全找到一种说法，理解自己人生里发生过的到底是什么事，也许中间还有感情。所以说是个不完全的东西。"

简体中文版封面在设计之初遇到了困难，做了几版方案后仍然达不到想要的效果，一筹莫展之际找到了设计师山川。呈现在我们面前的这版简体版的封面是山川所做，整个内封为靛蓝色，矮外封呈现粉色、蓝色、黑色三种颜色。怡婷从思琪的日记中寻找思琪疯掉的真相，思琪从被性侵的那天开始记日记，那是粉红色外皮的日记，正文是蓝色钢笔字，注解的字是红色的。内封的蓝色，矮外封的粉色、蓝色与思琪日记本的粉红色外皮和蓝色钢笔字相呼应。封面上的黑色色块给粉色与蓝色的纯粹带来一种压迫感。关于此书的设计思路，设计师的解读是："重新审视之后我认为，小说对作者来说有两种意义，一是作为反抗者的一种行为存在，二是作为受伤女性的性别存在。前者的受众更广，后者却更能凸显特性。反抗者首先得是一个反抗者，其次才能是女性，这让我对于封面的颜色选择更趋向于繁体版的选色，抑郁压力的蓝紫色与充满脆弱温柔的粉色正是这两个形态存在的标准颜色。""我选择了中国画家常玉的作品来作为封面的核心展示，常玉与林奕含在某种程度上很相似，从画面中迸发出的一种精神自由和脆弱坚韧的束缚感让我觉得这就是林奕含文字所带给我的感受。方案采用书腰与矮外封，上面露出内封一部分，用了鹿的折返将形态展现。方案中有黑色色块，这个黑色色块我认为是混进颜色之中的一种无形的反抗力量，撞色后更具特点。另外，再说一个题外话，这本书的立场很微妙，你既可以看作是一个女性作家对女性反抗意识觉醒和毁灭的记录，也可以看作是小女孩的挟私报复，这个很难切割开，作者现在已去世，令这种切割变得更加不可实现。还有关于暴力，用美的语言写暴力，即使语言是美到极致的，但书写暴力到底应该到什么水准，这种书写到底是记录了文学的美还是记录了暴力，很难界定，这也是我觉得这本书非常难做封面的原因，所以做了这个相对稳妥的封面，不让封面去影响到读者对于小说内容的判断。"最终的内文和封面送给台湾出版社审定，所有修改得到了游击文化公司的认可。

从选题到出版的半年多时间，这本"能和自己生命发生激荡的作品"让魏强第一次感受到出版也能是一件如此沉重的事情，他说："从总编辑到各环节的同事都付出很多，为读者提供好书是磨铁图书的出版使命，而我们也用实际行动去践行着这个使命，在2018年里，我们会让更多的读者阅读到《房思琪的初恋乐园》，这部带给我们心灵震撼的作品，也必将持续和社会以及文学的讨论激荡下去，永远流传。"

（五）全方位立体式营销推广

1. 名人推荐，营造口碑

《房思琪的初恋乐园》因其特殊的意义，受到业界的广泛关注，众多文人、名人为其作推荐语，给了该书极高的评价。著名社会学家李银河说："从社会学角度看，这部小说涉及了儿童性侵和家庭暴力这两大社会主题。从纯文学角度看，林奕含令人肃然起敬，她是一位杰出的小说家，属于'老天赏饭'的类型。"另外，还有戴锦华、骆以军、张悦然、冯唐、蒋方舟、詹宏志、史航、汤舒雯、衣锦夜行的燕公子、杨庆祥、张伟、李尚龙等业界名人为此书作推荐语，纷纷向公众推荐此书。由于众多名人的推荐和口耳相传，该书比想象中更为畅销。

2. 社会热点，引起共情

《房思琪的初恋乐园》出版两个月之后，作者林奕含因抑郁症在家自杀，随后其父母通过出版社发表声明，表示林奕含就是《房思琪的初恋乐园》中的房思琪的原型，因为长时间遭受补习班教师的性侵，引发抑郁症，导致自杀，诱奸林奕含的老师被广泛议论。此事件因为件涉及社会、伦理、性侵、师生、抑郁症、自杀这些敏感话题，一时间受到社会各界广泛关注，即使出版社并没有将作者的去世事件作为热点事件来对新书做营销宣传，《房思琪的初恋乐园》也被更多的人关注。

在《房思琪的初恋乐园》出版热销期间，众多涉及性侵的社会事件的发生，使得这本书也被更多的人关注。如 2017 年 5 月，"北京电影学院性侵案"的新闻在网上热传，当事人阿廖沙自称在北影就读期间曾遭班主任朱某的父亲性侵害，引起社会的关注。2017 年 10 月，美国反性骚扰运动 Metoo 运动从美国发起，迅速引起全球热议。2017 年 11 月，反映儿童性侵的电影《嘉年华》上映。2018 年初，美国堪萨斯大学和比利时的摩伦贝克相继举办了一场名为 "What were you wearing？（当时你穿的什么衣服？）"的展览。2018 年 4 月，北京大学中文系 1995 级本科女生高岩自杀事件，其同学李悠悠举报称时任北大副教授沈阳曾对高岩作出性侵行为，这被认为与高岩 1998 年自杀有关。林奕含在最后的访谈中说道："人类历史上最大规模的屠杀，是房思琪式的强暴。"《房思琪的初恋乐园》让人们看到世界的背面，也带给遭遇性侵或家庭暴力的人与之反抗跟活下去的勇气。

3. 媒体营销，持续热销

新书出版的前 3 个月是营销的关键期，磨铁图书为《房思琪的初恋乐园》制定了详细、周密的营销方案。

第一阶段：1 月 20 日至 1 月 26 日，利用广大媒体网络发布新书报道。在凤凰文化、新浪读书、北京文艺网、现代快讯等媒体发布新书报道，其中凤凰网连续发布两篇新闻报道：《林奕含：你可以假装世界上没人以强暴小女孩为乐》《〈房思琪的初恋乐园〉简体版面世，再次直面文学与恶》。微博是一条重要的营销渠道，磨铁图书在微博官方账号连续3天发布上市倒计时，1月25日发布上市微博，带当当、京东、亚马逊、微博图书、博库、文轩、凤凰新华、中信书店、磨铁旗舰店购书链接和林奕含采访视频；"我的读书小马甲""好书天天荐""读书邮箱""新浪读书""当当读书汇""止庵""尚龙老师"这些大流量的微博公号及出版界名人转发推荐新书；通过"梨视频"发布作者视频，带书封及上市信息，并进行转发抽奖。在微信宣传方面，20家公号推送新书推荐：《新京报·书评周刊》、凤凰网文化、新浪读书、做书、单向街书店、华文好书、不止读书、鲤newriting、这儿有好书、豆瓣公号、博库书城、人间事儿、女报、小读物、当当读书汇book等。新书刚出版便取得在豆瓣最受关注图书榜第3名、虚构类作品榜单第2名、豆瓣评分9.1分的佳绩。在销售渠道方面，京东、当当新书上市、首页轮转推广。

第二阶段：1月27日至2月2日，在《北京青年周刊》《北京青年报》、凤凰文化、梨视频、《北京晨报》《文学报》《广州日报》界面新闻、《每日新报》《信息时报》《好奇心日报》等12家媒体刊登新书报道，网易新闻、中华网、北京文艺网等转载报道。然后在微博上继续转发赠书活动，《新京报·书评周刊》、"梨视频文化""界面""Kindle中国""文轩网""江苏凤凰新华书店""掌阅读书"等10多个书店和网站宣传新书，新书登上亚马逊好书榜。接下来在近30个微信公号推荐新书：十点读书、书单、真实故事计划、《新京报·书评周刊》、《三联生活周刊》、豆瓣读书、界面文化、当当网、新浪微读书等。这一阶段，仍是豆瓣最受关注图书榜TOP3。渠道方面，位列当当新书总榜TOP5，京东小说新榜TOP4，亚马逊小说热卖榜第1、总榜第10。

第三阶段：2月3日至2月9日，在《北京青年报》《南方都市报》

《潇湘晨报》《新京报》北京日报等 7 家媒体登新书报道。微博推书："新浪读书""知乎""顾剑""一个 APP 工作室""止庵""单读"等大流量公号推书，亚洲好书榜持续在榜。持续在近 20 个微信公号推送新书推荐：《新京报·书评周刊》、未读、《环球人物》、单读、做书、南京先锋书店、方所文化、新浪读书、当当读书汇等。这一阶段，豆瓣最受关注图书榜跃升至第一。渠道方面，在当当新书总榜排第 10，小说类新书排第 3；京东图书小说类新书排第 2；亚马逊小说类新书榜单排第 10；网易蜗牛读书七日在读榜单排第 2。

第四阶段：2 月 10 日至 3 月 30 日，《新京报》等 9 家媒体报道新书，持续在 10 多个大流量微博公号发布新书推荐，亚洲好书榜持续在榜。持续在 18 个微信公众账号推荐新书。这一时期，在当当新书总榜排第 10；京东新书小说榜排第 3；亚马逊图书总榜排第 4，新书总榜排第 2。

为配合媒体和图书的整体宣传，磨铁在全国各地举办了多场读书会与宣讲会，几乎场场爆满，每做一次宣讲会，都会引发一次购买该书的小高潮，从而抬高《房思琪的初恋乐园》的畅销旺势。如 2018 年 3 月 7 日，中国国际广播电台南海之声频道《轻阅读》栏目谈《房思琪的初恋乐园》；4 月 19 日，磨铁图书举办"凝视深渊——林奕含逝世一周年重读房思琪"活动；4 月 26 日，《新京报·书评周刊》发起"这一年来，林奕含改变了我们什么？"读者故事征集活动；4 月 27 日，在北京朝阳单向空间，止庵、戴潍娜、杨早三位老师进行主题为"文学内外·重读《房思琪的初恋乐园》纪念青年作家林奕含逝世一周年"的对谈活动。5 月 2 日至 31 日，广州 1200bookshop 书店将《房思琪的初恋乐园》作为 5 月的主题书，并做了一系列读书会与宣讲活动。

四、精彩阅读

李国华站在补习班的讲台上，面对一片发旋的海洋。抄完笔记抬起脸的学生，就像是游泳的人在换气。他在长长的黑板前来往，就像是在画一幅中国传统长长拖拉开来的横幅山水画。他住在他自己制造出来的风景里。升学考试的压力是多么奇妙！生活中只有学校和补习班的一女中学生，把压力揉碎了，化成情书，装在香喷喷的粉色信封里。其中有一些女孩是多么丑！羞报的红潮如疹，粗手平伸，直到极限，如张弓待发，把手上的信封射给他。多么丑，就算不用强来他也懒得。可是正是这些丑女孩，充实了他的秘密公寓里那口装学生情书的纸箱。被他带去公寓的美丽女孩们都醉倒在粉色信封之海里。她们再美也没收过那么多。有的看过纸箱便听话许多。有的，即使不听话，他也愿意相信她们因此而甘心一些。

一个女孩从凌晨一点熬到两点要赢过隔壁的同学，隔壁的同学又从两点熬到三点要赢过她。一个丑女孩拼着要赢过几万考生，夜灯比正午太阳还热烈，高压之下，对无忧的学生生涯的乡愁、对幸福蓝图的妄想，全都移情到李老师身上。她们在交换改考卷的空当讨论到他，说多亏李老师才爱上语文，不自觉这句话的本质是，多亏语文考试，李老师才有人爱。不自觉期待去补习的情绪中性的成分。不自觉她们的欲望其实是绝望。幸亏他的高鼻梁。幸亏他说笑话亦庄。幸亏他写板书亦谐。要在一年十几万考生之中争出头的志愿，一年十几万考生累加起来的志愿，化作秀丽的笔迹刻在信纸上，秀丽之外，撒捺的尾巴战栗着欲望。一整口的纸箱，那是多么庞大的生之呐喊！那些女孩若有她们笔迹的一半美便足矣。他把如此庞大的欲望射进美丽的女孩里面，把整个台式升学主义的惨痛、残酷与不仁射进去，把一个挑灯夜战的夜晚的意志乘以一年三百六十五天，再乘以一个丑女孩要胜过的十几万人，通通射进美丽女孩的里面。壮丽的高潮，史诗的诱奸。伟大的升学主义。

补习班的学生至少也十六岁，早已经跳下洛丽塔之岛。房思琪才十二三岁，还在岛上骑树干，被海浪舔个满怀。他不碰有钱人家的小孩，天知道有钱人要对付他会多麻烦。一个搪瓷娃娃女孩，没有人故意把她砸下地是绝不会破的。跟她谈一场恋爱也很好，这跟帮助学生考上第一志愿不一样，这才是真真实实地改变一个人的人生。这跟用买的又不一样，一个女孩第一次见到阳具，为其丑陋的血筋哑笑，为自己竟容纳下其粗暴而狗咒，上半脸是哭而下半脸是笑，哭笑不得的表情。辛辛苦苦顶开她的膝盖，还来不及看一眼小裤上的小蝴蝶结，停在肚脐眼下方的小蝴蝶，真的，只是为了那个哭笑不得的表情。求什么？求不得的又是什么？房思琪的书架就是她想要跳下洛丽塔之岛却被海给吐回沙滩的记录簿。

洛丽塔之岛，他问津问渡未果的神秘之岛。奶与蜜的国度，奶是她的胸乳，蜜是她的体液。趁她还在岛上的时候造访她。把她压在诺贝尔奖全集上，压到诺贝尔都为之震动。告诉她，她是他混沌的中年一个莹白的希望，先让她粉碎在话语里，中学男生还不懂的词汇之海里，让她在话语里感到长大，再让她的灵魂欺骗她的身体。她，一个满口难字生词的中学生，把她的制服裙推到腰际，蝴蝶赶到脚踝，告诉她有他在后面推着，她的身体就可以赶上灵魂。楼上的邻居，最危险的地方就是最安全的地方。一个搪瓷娃娃女孩。一个比处女还要处的女孩。他真想知道这个房思琪是怎么哭笑不得，否则这一切就像他搜罗了清朝妃子的步摇却缺一支皇后的步摇一样。

李国华第一次在电梯里见到思琪，金色的电梯门框一开，就像一幅新裱好框的图画。讲话的时候，思琪闲散地把太阳穴磕在镜子上，也并不望镜子研究自己的容貌，多么坦荡。镜子里她的脸颊是明黄色，像他搜集的龙袍，只有帝王可以用的颜色，天生贵重的颜色。也或者是她还不知道美的毁灭性。就像她学号下隐约有粉红色胸罩的边沿，那边沿是连一点蕾丝花都没有，一件无知的青少女胸罩！连圆滑的钢圈都没有！白袜在她的白脚上都显得白得庸俗。方求白时嫌雪黑。下一句忘记了，无所谓，反正不在"教育部"颁布的那几十篇必读里。

——节选自《房思琪的初恋乐园》第 40~44 页

穆斯林的葬礼

霍达 著

北京出版集团公司
北京十月文艺出版社

书名:《穆斯林的葬礼》　　作者:霍达
出版时间:2015 年　　　出版社:北京十月文艺出版社

一、作者介绍

霍达，女，生于 1945 年 11 月 26 日，回族人，国家一级作家，第七、第八届全国政协委员，第九届全国人大代表，第十、第十一、第十二届全国政协常委，中央文史研究馆馆员，国务院授予政府特殊津贴。自幼酷爱文学艺术，偏爱太史公的春秋笔法，成年后曾师从史学家马非百先生研究中国历史，尤攻秦史。

霍达著有多种题材的文学作品，共约 800 万字，其中，长篇小说《穆斯林的葬礼》获第三届"茅盾文学奖"，长篇小说《补天裂》获第七届"五个一工程奖"的长篇小说和电视剧两个奖项，并被中宣部、文化部、新闻出版总局、广播电视总局、中国文联、中国作协评为建国 50 周年全国 10 部优秀长篇小说之一；中篇小说《红尘》获第四届全国优秀中篇小说奖；报告文学《万家忧乐》获第四届全国优秀报告文学奖，中国消费者协会授予"保护消费者杯"全国个人最高奖及"3·15 金质奖章"等，报告文学《国殇》获"中国潮"报告文学奖；话剧剧本《红尘》获第二届国家舞台艺术精品工程优秀剧本奖；电视剧《鹊桥仙》获全国电视剧"飞天奖"；电影剧本《我不是猎人》获全国优秀少年儿童读物奖，电影剧本《龙驹》获建国 40 周年优秀电影剧本奖。代表作尚有长篇小说《未穿的红嫁衣》、长篇报告文学《搏浪天涯》、大型历史电影剧本《秦皇父子》、电视连续剧本《苍天圣土》、话剧剧本《海棠胡同》等。

多年来，霍达曾先后应邀参加美国艾奥瓦大学国际写作计划交流活动，赴英国、法国、俄罗斯、日本、西班牙以及我国港台地区进行学术活动，并曾应邀出任《港澳大百科全书》编委、第十八届开罗国际电影节评委、第四次世界妇女代表大会代表等职，生平及成就载入《中国当代名人录》、英国剑桥版《世界名人录》等大型辞书。

二、畅销盛况

《穆斯林的葬礼》最初发表于《长篇小说》季刊总第 17 期、第 18 期，1987 年第 6 期《中国作家》选载，1988 年由北京十月文艺出版社出版，引起强烈的社会反响，被评论为"是我国当代少数民族文学中第一部成功表现回族人民传统文化和现实生活的长篇小说"。

1989 年，中央人民广播电台在《小说连播》节目全文播出本书，中国国际广播电台和许多地方电台多次转播。1991 年获中国作家协会第三届茅盾文学奖，此外，还曾获得第三届全国少数民族文学创作奖，并陆续出版了英、法、阿拉伯、乌尔都等语言的译本。1992 年，中国台湾《世界论坛报》以长达一年的时间全文连载本书。1993 年中国台湾国际村文库书店出版了《穆斯林的葬礼》上、下册繁体中文版。2005 年《穆斯林的葬礼》收入人民文学出版社"茅盾文学奖获奖作品全集"。2008 年，中央人民广播电台将《穆斯林的葬礼》重新录制为百集配乐朗诵大制作。2009 年，《穆斯林的葬礼》收入人民文学出版社"新中国 60 年长篇小说典藏"、作家出版社"共和国作家文库"。①

《穆斯林的葬礼》先后被列入北京市十大畅销书、全国文教类优秀畅销书、家庭书架百种常备书目、北京市青少年 1994—1997 年读书工程推荐书目、大学生喜爱的作家及其作品，部分章节选入高中和大学语文教材。登上"中国青年最喜欢的二十本古今中外名著""一生必读的六十部名著""香港中文大学推荐的八十七本书""21 世纪新四大名著"等多个推荐榜单。据香港《镜报》月刊 1996 年 7 月号报道，在中国青年最喜欢的 20 本古今中外文学名著中，《穆斯林的葬礼》名列第 5 位。

---

① 霍达.穆斯林的葬礼 [M].北京：北京十月文艺出版社，2015，内容简介.

2012 年，《穆斯林的葬礼》出版 25 周年，正版销量累计 200 万册，2015 年正版销量累计 300 万册，其中 2014 年一年至少销售 30 万册。2017 年，出版 30 周年正版累计销售 400 万册，并保持年销售 40 万册。

三、畅销攻略

（一）好内容是畅销的根本

1. 浓烈的悲剧色彩，令人痛彻心扉

（1）时代的悲剧

《穆斯林的葬礼》里存在两个时代大背景，一是战争背景。在中日战争时期，日本不断向中国各地发起进攻，神州大地生灵涂炭。姑妈从关外逃难到北平，丈夫孩子都被日本人杀害。韩子奇为了保护家当，在英国人沙蒙·亨特的帮助下，将贵重的玉器转移到英国，梁冰玉也一块前行。国内卢沟桥事件后北平沦陷，奇珍斋生意萧条，生活艰难。但是，没想到英国也发生战乱，德国向英国发动袭击，奥立佛惨死，韩子奇与梁冰玉苟且偷生。由于战乱无法联系，期间发生了一些事情：奇珍斋易主、韩子奇梁冰玉相恋、韩新月出生等。另一个时代背景是"文化大革命"时期。楚雁潮自身十分优秀，但由于父亲的政治问题，备受歧视，而且由于当时风气不开放，楚雁潮初始时无法面对他对韩新月的感情。"红卫兵"将韩子奇划为资本家，闯进博雅宅，捣毁木雕影壁，涂黑了抄手游廊上的油漆彩画，抄走了韩子奇的所有藏玉，将韩子奇一家人从里屋赶到倒座南房，将韩子奇用生命守护的玉毁于一旦。

（2）人物的悲剧

梁君璧是整个故事中形象塑造最为丰满，但也是最为悲剧的。

《穆斯林的葬礼》中塑造了一系列生动的人物形象，踏实稳重但懦弱的韩子奇，精明霸道的梁君璧，独立自由的梁冰玉，天真纯洁的韩新月，儒雅深情的楚雁潮，老实忠厚的韩天星。作者通过各种事情塑造人物形象，在这些人物中，梁君璧的形象最为丰满典型。梁君璧本是家里面的大女儿，精明能干，开朗聪慧，但是，由于父亲突然去世，便与韩子奇结合，后来由于战争，接受不了丈夫与妹妹的双重背叛，开始逐渐失去自我，性格变得霸道强势、冷酷刻薄，表面上显露着压人的威势，其实内心隐藏着悲痛。梁君璧是虔诚的穆斯林，坚持汉族回族不能通婚，破坏儿子韩天星与小荣子的恋爱，强迫韩天星迎娶自己不喜欢的陈淑彦，破坏女儿韩新月的师生恋，即使在女儿病重即将离世之际，对女儿的恋情也毫不退让，造成了一场又一场的悲剧。

即使可恨又可悲，梁君璧对家庭依然有厚重的责任感和浓浓的热爱。在梁亦清"无常"，奇珍斋被蒲绶昌迫害到家破人亡之际，还是梁君璧将奇珍斋改为了茶水房，维持了一家人的生计，给后来的韩子奇光耀家门埋下伏笔。即使到后来韩子奇远渡重洋，日本人侵入北平，在整个城市生灵涂炭的恶劣环境下，她依然还是凭借着自己的执着与坚忍维持着风雨飘摇的奇珍斋，甚至想出了通过打麻将的方法使店铺回光返照，天星的婚礼，姑妈的葬礼，每一样都办得风风光光、井井有条，但因为坚持伊斯兰教信仰，与现代文化相抗争，最终落得家破人亡。

（3）爱情悲剧

在书中有两段爱情悲剧。一是韩子奇与梁冰玉，两人在伦敦躲避战乱时，朝夕相处，唤起了韩子奇深藏于心底的爱火，他们一起在国外度过美好的 10 年。但这是建立在特定境况下的爱情，缺乏生存的现实土壤，所以，当他们抑制不住对家乡的思念回到北平时，这段在战火中燃起的爱情遭到了最强大的阻力。《古兰经》明文规定，严禁娶两姐妹，这场在时代变迁中的爱情在强大的宗教势力前注定要成为悲剧。最终韩子奇选择了视同生命的玉，导致梁冰玉再次流浪异国。二是韩新月与楚雁潮的纯真感情，一方面由于师生恋的禁忌，另一方面由于回汉不能通婚，新月惨死，导致爱情以悲剧告终。

2. 鲜明的民族文化，吸引广大读者

《穆斯林的葬礼》是中国当代文学第一部表现回族人民特别是现代都市中回族人民的生存境况和内心情感世界的史诗性作品，作者主要描写了回族韩氏一家60年的沉浮。霍达以自己的母族——回族为切入点，同时立足于燕京古都这一大背景，文中对民族文化意识的追求既表现在对人物的文化心理特征的描写，也表现在对浓郁的民族文化氛围的描写中，展现了回族的传统文化，包括穆斯林语言、服饰、婚丧嫁娶、晨课宵礼的礼仪形式，以及买卖规矩、北京回族居民来往逢年过节的风俗讲究，等等。

冰心曾说："看了《穆斯林的葬礼》这本书就如同走进一个完全新奇的世界，书里的每一个细节，我都很'陌生'。"书中大量地描写回族文化，其中包括日常礼仪：

《圣训》规定的念、拜、课、斋、朝这些"五功"是每一个穆斯林必尽的基本义务。念功就是立誓信教；拜功就是每日五次向着麦加方向礼拜；课功就是完纳天课，乐善好施，把自己的财富和孤寡贫困的人们分享；斋宫就是每年的斋月戒食把斋；朝功就是在有生之年至少一次前往麦加朝觐天房[①]。

也有婚姻的规矩：

按照回族的习俗，男婚女嫁，不是自由恋爱，私定终身就可以了事儿的，任何一方有意，先要请"古瓦西（媒人）"去保亲，往返

---

① 霍达. 穆斯林的葬礼 [M]. 北京：北京十月文艺出版社，2015，607.

几个回合，双方都觉得满意，给了媒人酬谢，才能准备订婚。①

文中还有一些回族用语：

这时老者朝他微微躬身，道了一声："按赛俩目而来坤。"梁亦清一惊，慌忙答礼，也是右手抚胸，微微躬身："吾而来坤闷赛俩目！"②

"新娘含羞念"达姆"（愿嫁），新郎念"盖毕尔图"（愿娶）。③

低声说"撒瓦卜，出散个乜贴"即谢谢您给点儿施舍。④

3.丰富的玉器知识，增加内容可读性

玉在《穆斯林的葬礼》中不仅是家族赖以生存的支柱，也起着故事引线的作用。在韩子奇的眼中，玉比自己的生命还要重要，由于梁亦清和韩子奇都是琢玉的匠人，因此在书中有大量有关玉的描写，玉的外观、品相、制作过程以及有关玉的历史和知识。正是有了这些有关玉的描写，整个小说的内容更加充实，人物形象更加丰满。

（二）写作风格个性独特

1.接地气的文字风格，通俗易懂

霍达是个北京人，在《穆斯林的葬礼》中运用了大量的北方方言，使作品里充满了京味的烟火气息，更加接地气。

蒲绶昌出了门，也觉得有些尴尬，可当着韩子奇，也不好说什么，只笑笑说："你这个师妹，将来可是个没人敢娶的主儿！"⑤

每日早晨四时，徒弟们就已起床，先拿扫帚把儿，把店堂内外打扫得干干净净，再拿掸子把儿，把货物掸得一尘不染。⑥

① 霍达.穆斯林的葬礼 [M].北京：北京十月文艺出版社，2015，179.
② 霍达.穆斯林的葬礼 [M].北京：北京十月文艺出版社，2015，15.
③ 霍达.穆斯林的葬礼 [M].北京：北京十月文艺出版社，2015，181.
④ 霍达.穆斯林的葬礼 [M].北京：北京十月文艺出版社，2015，186.
⑤ 霍达.穆斯林的葬礼 [M].北京：北京十月文艺出版社，2015，107.
⑥ 霍达.穆斯林的葬礼 [M].北京：北京十月文艺出版社，2015，112.

一变天儿她就说腿疼，我给她揉揉、焐焐，过几天也就好了。①

以上例子里的"主儿""扫帚把儿""掸子把儿""焐焐"都是典型的北方方言。其次，儿化音在书内到处可见，有学者将其中的儿化音分为三个方面：

第一，区别词义。有些词在"儿化"之后会改变原意，例如：眼儿（小窟窿）—眼（眼睛）。说起来，这是成吉思汗给他的位置，他自己倒是没什么本事，只会打眼儿！/ 再也没有见过，那样美丽动人的眼。

第二，区别词性。有些词在"儿化"之后，会改变原来的词性，兼动、名两类的词或形容词，"儿化"后就固定成为名词；有的名词、动词，"儿化"后借用为量词。例如：亮（形容词）—亮儿（名词）。没有等放射出昏黄的光辉，玉儿在灯下做她的功课，姐姐璧儿就着亮儿，飞针走线。/ 点了灯，屋子一下就亮了起来。

第三，表达情感。在文中，表达情感作用的"儿化"词很多，可表疑问，例如："我知道，这是你的经名儿！你的本名儿叫什么？""本名儿？"方言和儿化音的使用，让故事更有画面感，人物形象更加丰满，形成别具一格的语言风格。②

2. 独特的叙事结构，让人欲罢不能

《穆斯林的葬礼》在叙事结构上表现为双线交叉，行文时善于设置悬念。从序曲开始，偶数章节是以"月"为中心线索展开，奇数章节是以"玉"为中心叙述。"月"的主要章节是围绕穆斯林家族中的第三代女主人公"韩新月"展开的故事叙述，"玉"是以穆斯林家族的第二代男主人公"韩子奇"展开的故事叙述，增加了读者的阅读趣味。③

① 霍达. 穆斯林的葬礼 [M]. 北京：北京十月文艺出版社，2015，222.
② 曹越. 浅析《穆斯林的葬礼》词汇特点 [J]. 教育，2017（12）：65.
③ 偶禺舒.《穆斯林的葬礼》的叙事特点分析 [J]. 唐山师范学院学报，2017，39（4）：57~59.

作者也采取了倒叙的方式，序曲中，梁冰玉回到了家门口，在叩响门扇铜环的刹那戛然而止；第一章开始，时间回到商场上春风得意的韩子奇买下博雅大宅，随后在后面奇数章节分别讲述了韩子奇的奋斗过程；第二章，从韩新月的成长开始讲述，直到第十三章才真相大白，揭开了梁冰玉、韩夫人和韩新月之间的关系，令人茅塞顿开，唏嘘不已。除了使用倒叙的手法，作者还在整个故事的讲述中穿插着大量的悬疑式回忆，还有学者总结。悬念大致分为两类：一类是在章节间设置扣子，另一类是两条线索导致故事情节让读者阅读时产生时间上的误差。作者在作品的前半部分不断地堆积谜团，后面再一一解开，使故事有勾人心弦的效果，增强了文章的丰富性和曲折性。

3. 传播宗教真善美，契合心灵需求

在《穆斯林的葬礼》中，霍达摒弃了以政治关怀书写少数民族历史的形式，除了回族本身与伊斯兰教千丝万缕的关系以外，后"文化大革命"时期的文学创作环境也是造成这一创作意识的原因。

从 1949 年中华人民共和国成立到 1976 年"文化大革命"结束，整个 27 年的中国文学都是为政治服务的，创作意识中体现了政治对文学产生了过多的干预，导致两者之间的关系愈发向不正常的方向发展。文学不再是艺术的表达形式，而是彻底成为政治宣传和政治意向的工具。到了 70 年代末 80 年代初，文学创作开始进入反思"文化大革命"创伤的阶段，伤痕文学、反思文学此起彼伏，作家与读者同时感受到政治所带来的犹如梦魇般的以前，而进入 80 年代中期，中国开始了社会转型，文学创作由此转入市场经济主导下着重于个人创作风格对新奇内容及形式的追求，对文学精神的拷问也变为对现代派、后现代主义、先锋派等华丽形式的趋之若鹜。因此，宗教无疑成为在政治当道、物欲横流的中国语境中表达精神的一个适宜的角度，这不仅来源于宗教的纯美和圣洁，同时也因为宗教所要求的祷告本身也起到了净化社会与人类主体的作用。[①]

（三）营销扩大图书影响力

1. 广播播放提高知名度

1989 年后，中央人民广播电台在《小说连播》节目隆重推出《穆斯林的葬礼》，后又两次全文播出本书，并在其他地方电台播出。节目特邀黑龙江台著名演员孙兆林演播。在广播制作时，编辑和演员同去牛街，体验穆斯林做礼拜，采录阿訇语言，熟悉穆斯林习俗、语言等，直至沉浸于长达两个多月的同期标题配乐录制工作，每天录音两集。1989 年首版录制 74 集，每集 30 分钟，2000 年修订版制作 88 集，每集 25 分钟。1991 年叶咏梅制作的标题配乐《穆斯林的葬礼》荣获全国首届《小说连播》编辑一等奖。

广播播放对《穆斯林的葬礼》的影响力起到了扩大作用。1991

---

① 吴耀宗. 精神中国：1976 年以后的文学求索 [M]. 上海：复旦大学出版社，2013.

年 3 月，"茅盾文学奖"在人民大会堂颁奖时，受邀出席的叶咏梅见到了评委、老评论家蔡葵。叶咏梅记得，蔡葵一见面就说："小叶，你们这次广播真是厉害呀，好多评委都是听着你们的《小说联播》节目才知道《穆斯林的葬礼》和《平凡的世界》这两部小说的。"

2. 名人推荐

冰心看完这本书如此评价它："看了《穆斯林的葬礼》这本书，就如同走进一个完全新奇的世界。我觉得它是现代中国百花齐放的文坛上一朵异卉奇花，挺然独立。它以独立的情节和风格，引起了'轰动的效应'。"冰心先生还为《穆斯林的葬礼》一书作序。刘白羽在序中说道："读这部书，有如读《巴黎圣母院》，诡辩，奥妙无穷。"众所周知，名人推荐的书，大众都有兴趣读一读。

3. "茅盾文学奖"

"茅盾文学奖"是《穆斯林的葬礼》隐形的名片，茅盾文学奖是我国文学界的权威奖项。获奖作品具有丰富的内容和深刻的内涵，《穆斯林的葬礼》是获得茅盾文学奖的作品中最有生命力的作品之一。大众在选择图书时，也会优先选择得奖图书。

4. 口碑传播

《穆斯林的葬礼》当初除了在期刊上连载、出版图书，还在中央人民广播电台和中国国际广播电台数次全文广播，把读者面扩大到无数的听众。出版社和作者收到了大量读者、听众的信件，在他们当中，既有德高望重的文坛前辈，也有穆斯林同胞和饱经沧桑的耄耋老者，还有寒窗苦读的莘莘学子，绝大多数人是偶然从朋友或同学那里看到这本书，顺手翻一翻，便放不下了。许多人是在辛劳的工作或学习的间歇，一边捧着饭碗，一边收听广播，一集听完，意犹未尽，期待着明天同一时刻继续收听。

《穆斯林的葬礼》已畅销多年，霍达直到现在还会接到读者来信。

在当当网关于《穆斯林的葬礼》的读者评论有数万条，其中不少都是饱含生命的激情，不乏文学的真知灼见。一位网友说："这是第一次把一本书连看两遍才来评价的，不知道怎么用言语来形容霍达的文笔。这是需要多么超凡的文学功底才能写得出的文字！民族信仰、文化底蕴、封建传统、东西方差异都被描绘得淋漓尽致。它不仅是一本小说，更是一本教科书。它用一家三代人的荣辱兴衰带领读者领略了 60 年的历史进程。"

5. 良好的合作

《穆斯林的葬礼》从初版到再版都是在十月文艺出版社出版的，已经 30 年，每次《穆斯林的葬礼》周年纪念和销量突破一定数量时，十月文艺出版社都会举办新闻发布会，邀请霍达与读者进行交流。

作为《穆斯林的葬礼》（新版）一书的责任编辑，北京十月文化传媒有限公司编辑郑实回忆说，为了赶在纪念该书创作 20 周年之际以全新品相亮相，同时举行一系列的宣传活动，在近一个月的出版时间里，公司从领导到普通工作人员基本每天都在加班。凡是和出版该书有关的工作都是环节畅通、有求必应、非常高效。不仅在这样短的时间内推出了该书的市场精装版，还同时赶制出了纪念珍藏版，《穆斯林的葬礼》创作 20 周年读者座谈会也如期顺利举行。《穆斯林的葬礼》的销量也由原来的每年平均 2 万 ~3 万册，迅速攀升到10 余万册。

《穆斯林的葬礼》一书，早在 2015 年累计销量就已突破 300 万册。十月文艺出版社的成功，首先是因为利用品牌力量，扩大了影响力。其次，新经典的发行渠道非常优秀，为图书增大了市场话语权。最后，长时间优质选题的磨合和作者维护，使其获得了大量优质资源，得到了张爱玲、三毛、王朔、王小波等作家的宣传，形成了市场号召力。

四、精彩阅读

按照回族的习俗，男婚女嫁，不是自由恋爱、私订终身就可以了事儿的，任何一方有意，先要请"古瓦西"（媒人）去保亲，往返几个回合，双方都觉得满意，给了媒人酬谢，才能准备订婚。订婚通常要比结婚提前一年至三年，并且订婚的仪式也不是一次就可以完成的。初次"放小订"，在清真寺或者清真饭馆或者"古瓦西"家里举行，男方的父、兄预先订下一桌饭菜，备了用串珠编织成的聘礼，前去行聘。女方的父、兄带着一只精巧的玻璃方盒，里面放着"经字堵阿"和刻着待嫁女子的经名的心形银饰。双方父、兄见面之后"拿手"，互换礼物，然后聚餐，"小订"即算完成。过了一年半载，再议"放大订"。"大订"比起"小订"，就要破费得多了，男方要送给女方一对镯子、四只戒指、一副耳坠儿、一块手表、一对镯花儿，装在玻璃盒里，连同"团书"（喜柬），由"古瓦西"送到女家，"团书"上写了两个日子，供女方任择其一。"古瓦西"讨了女方的口信儿，再回男方通知。"团书回来了吗？订的是几儿呀？""回了，×月×日。"这个日子就是预定的婚礼日期，所以称为"大订"。"大订"之后，男方就要依据婚期，早早地订轿子、订厨子，并且把为新娘做的服装送去，计有棉、夹旗袍，棉袄棉裤，夹袄夹裤……共八件，分作两包，用红绸裹好，外面再包上蓝印花布的包袱。至此，订婚就算全部完成，只待举行婚礼了。

喜期来临，排场当然更要远远超过"放订"，当那十抬嫁妆浩浩荡荡出了门，人们才知道嫁女的父母要花多少钱！看那嫁妆：头一抬，是二开门带抽屉的硬木首饰箱（官木箱），箱上搁着拜匣；第二抬，一件帽镜、一只掸瓶、两只帽筒；第三抬，四个宗罐；第四抬，两个盆景；第五抬，鱼缸、果盘；第六抬，两个镜支；第七、第八抬，是两只皮箱，盛着新娘的陪嫁衣物，箱上搁着对匣子和礼盒；第九抬，又是一只小皮箱；第十抬，是新娘沐浴用的木盆、汤瓶以及大铜锅、小铜锅、大铜壶、小铜壶。这十抬嫁妆，是断不可少的，如果女方家境富裕，还可以加上炉屏三色和大座钟，便是十二抬。若要摆阔斗富，再增加几倍也没有止境，多多益善，但少于十抬便觉寒酸了。有的穷家妇女，凑不够十抬，又无钱打发抬夫每人两块大洋，便廉价雇几个人，头顶着嫁妆送过去，称为"窝脖儿"，那是相当现眼的事儿，谁家谁家四个"窝脖儿"就聘了姑娘了，往往要留下几十年的话把儿。

再说男方。迎亲当日，男方要备上一块方子肉、两方卷果、两只鸡，都插着"高头花儿"；五碗水菜、四盘鲜果、四盘干果、四盘点心、四盘蒸食、一对鱼，装在礼盒里，分作两抬，称为"回菜"，给女方送去，一俟花轿出门，这"回菜"就回来了，女方的亲友大吃一顿。新娘上轿，婆婆要来亲自迎娶，娘家妈也要亲自把女儿送上门去，随着去的还有娘家亲友，又是浩浩荡荡，并且把葬礼上绝不许用的旗、锣、伞、扇、乐队，也从汉人那里照搬过来，吹吹打打，好不热闹！花轿进了婆家的门，早已有请好了的"齐洁人"或者由婆婆迎上前去，挑开轿帘儿，给新娘添胭粉，然后迎入新房，却不像汉人那样"拜天地"。

这时，宗教仪式的婚礼才真正开始。

八仙桌上，摆好笔砚，由双方请来的两位阿訇写"意札布"（婚书）。婚书上写着双方家长的姓名，新郎、新娘的姓名，以及八项条款：一、这是婚书；二、真主订良缘；三、双方家长赞同；四、夫妇双方情愿；五、有聘礼；六、有证婚人二人；七、有亲友祝贺；八、求真主赐他们美满。阿訇写毕，向新人祝贺，这时，新娘含羞念"达旦"（愿嫁），新郎念"盖毕尔图"（愿娶），婚礼达到了高潮，来宾们哄声四起，手舞足蹈，抓起桌上的喜果向新郎、新娘撒去，祝愿他们甜甜蜜蜜、白头偕老！

——节选自《穆斯林的葬礼》第 179~180 页

A
NOVEL

FREDRIK BACKMAN

外婆的道歉信

[瑞典] 弗雷德里克·巴克曼 著　　孟汇一 译

Min mormor hälsar och säger förlåt

天津出版传媒集团

武汉人民出版社

书名：《外婆的道歉信》　　作者：[瑞典] 弗雷德里克·巴克曼　　译者：孟汇一
出版时间：2017 年　　出版社：天津人民出版社

一、作者简介

弗雷德里克·巴克曼，瑞典专栏作家、博客作者，1981 年生于瑞典赫尔辛堡，曾在大学修读宗教学，但没有毕业，后来曾当过卡车司机、专栏作家、博客作者。某天他把自己和老爸在宜家吵架的过程写在博客上，妙趣横生的对话让他一夜成名，吸引了众多网友到巴克曼的博客讨论和吐槽自己的家人。2012 年，他以此创作出《一个叫欧维的男人决定去死》，开启了自己的畅销书作家之路。2013 年他发表第二部小说《外婆的道歉信》，仅 10 个月内全球销量已突破 150 万册。在世界各国都取得了巨大成功，巴克曼因此成为 2016 年瑞典年度作家。

他对日常生活极具洞察力，作品风趣活泼，笔下的人物生动真实，使得他的小说无论是人物塑造还是情节描写都非常贴近生活细节。他笔下的人物来自瑞典上下不同阶级、年龄，从小女孩到流浪汉，并且这些角色都充满生活气息。同时，得益于博客和专栏的写作经验，他的故事风趣幽默又感人至深，让读者笑中带泪地领悟人生。巴克曼接受瑞典媒体采访时曾表示："我得感受这些角色，我的每一个句子都是在感受角色……小说是用情感做素材的，有时我会离开朋友，离开我的社交圈，也有时候是他们离开我。因为我这个人天生难以和别人保持一段长久的关系，所以我笔下的人物会在空房间里一个人对着自己生闷气，这不是凭空瞎写的，我就是这样的人。"

巴克曼于 2014 年发表的第三部小说《清单人生》登上了《纽约时报》畅销书榜。日前该书已经登陆中国，从中文版本看，内容延续了《一个叫欧维的男人决定去死》的故事感，同样写出了一个笑泪交织的故事。

二、畅销盛况

《外婆的道歉信》是在 2016 年掀起全球阅读狂潮的温情小说，畅销 40 个国家，作者巴克曼位列美国亚马逊作家排行榜第一。截至目前，巴克曼共出版了 4 部长篇小说，在全球卖出了超过 730 万册。《外婆的道歉信》这本现象级图书曾引发国外万人晒照推荐，自上市以来连续霸占《纽约时报》畅销榜 50 周，仅 10 个月全球销量突破 150 万册，2016 年全年，稳定排名美国亚马逊总榜前 100 位。书评网站 Goodreads 超过 5 万人参与评分，好评率高达 91%。不仅读者喜欢，业内也给出了高度评价。《商业内幕》将该书评为 2015 年最佳图书。《出版人周刊》则表示巴克曼这次抛给我们一个神奇又温暖人心的故事。《图书馆杂志》称该书充满希望、谅解和宽容。

2017 年 5 月，《外婆的道歉信》由天津人民出版社首次引进中国，巴克曼特地从瑞典的斯德哥尔摩发来对中国读者的寄语："这本小说是关于想象力的伟大力量，还有伟大的爱与友情，真心希望你会喜欢。"中文版问世 6 个月销售就超过 50 万册，令他在中国读者中收获了极高人气。该书开卷数据显示，在 2021 年小说类零售榜上位于 93 位；在当当 2020 年小说榜排名第 47 位。

三、畅销攻略

一本畅销书的成功，尤其是在全球范围内的成功，包含着天才般的创作、读者的忠诚喜爱、出版商的倾力打造、对变化莫测的市场的把握和跌宕起伏的时代推动等各种因素。

（一）在故事中产生共鸣

《外婆的道歉信》讲述的是一个 7 岁的早熟少女与一个 70 多岁的疯狂外婆的故事，两个分子的碰撞与反应，是关于爱、关于勇敢、关于守护与原谅的题材。作者笔下描述的人物，从小朋友到流浪汉，这些都是不同寻常且又真实平常的人，充满着生活的烟火气与真实感。7 岁的爱莎有个古怪又疯狂的外婆，四处惹麻烦的外婆却是爱莎唯一的朋友，也是她心中的超级英雄。外婆不幸得了癌症去世，留给爱莎一项艰巨的任务——将外婆的道歉信送给她得罪过的 9 个邻居。这一趟送信之旅让爱莎渐渐发现，外婆和邻居们的故事比她听过的所有童话都更加精彩。

整本书囊括了非常多的内容：校园暴力、女权、家庭与工作、亲子关系、心理创伤、战争、灾难、爱情、孤独、安全感、自我认知、向死而生，等等。外婆为爱莎建造起来的童话世界，实际上是现实生活的投影，这是整本书最奇妙的地方。每个童话故事都是隐喻，都是爱莎的家人和邻居们的过去，用外婆的道歉信来做开启过去的钥匙。狼心和黑裙女人代表战争和灾难所带来的严重的心理创伤；妈妈、外婆和爱莎代表与家人之间达成和解；莫德和萨曼莎代表人性中的善，他们的儿子山姆代表人性中的恶；阿尔夫、肯特和布里特－玛丽代表尘世中的爱情和婚姻。本书用一个或一组概念去引起消费者的心理共鸣而促成消费，这是一种概念营销的方式。读者能够从书中找到自己的影子或经历，能够从中产生思考，引起情感共鸣。

本书编辑透露，在内部发放了预读本，很多人都是一口气读完的，大家都很喜欢这个故事，喜欢这样疯狂的外婆。国外大批读者都将这本书誉为自己当年的最佳读物，这本书让人既会捧腹大笑又会潸然落泪，让我们想念那些深爱我们但已离去的人，甚至让我们想要成为更好的自己。

编辑还表示，"外婆"真的很酷，相信看了这本书的读者都会有这样的感叹，都会有点羡慕爱莎。虽然我们的生活中不会有一个这样神奇的老人，但我们却可以在书中感受到这位老人的可爱之处：虽然处处与人为敌，但是她活得年轻潇洒，永远都在做着属于自己的梦，并影响着她身边的人。她称这样的故事很容易让人想起自己的童年，我们也有过这样的年纪，在平凡中硬是幻想出波澜壮阔，在日常生活中进行着一场又一场的冒险。成年人在孩子们的眼中既是怀揣巨款无所不能的天神，又是管东管西根本不知道什么事才重要的白痴。于是，小孩们心目中的超级英雄似乎就是像爱莎外婆这样的成年人，既懂得真正"重要"的事情，又见过许多风景，经历过无数冒险，拥有着巨大的能力。

（二）文本翻译贴近真实生活

本书编辑表示，他们在处理文稿时，语言经常反复揣摩，以求贴近真实生活。编辑称这是一个非常接地气的故事，所以从一开始，就要求译者一定要口语化，想象自己就是其中某个角色，用当下最自然的表达方式，同时，还为某句话怎样讲得更像真实生活中的语言而反复打磨。虽然书名叫《外婆的道歉信》，但其实这些信件的内容都是通过对话或情节透露出来的，直到故事的结尾，最重要的一封信才完整展现。文字、图片的编排需要从读者的阅读体验出发，综合考虑图书的类型和读者群体的需求等因素。另外，特别设计赠品以增强阅读代入感也是卖点之一。编辑曾特别设计一封真实的英文手写信作为赠品，相信每一位读完故事再打开这封英文信的读者，都会想念自己的外婆。

译者孟汇一表示，这是一本读起来很轻松的书，译起来却没有想象中那么容易。作者巴克曼是个非常会写故事的人，编辑时不时地从里面发现自带双引号的字词、精妙的双关语和恰当的令人发笑的比喻。"这次为了贴近原作文风，抛弃了文绉绉的漂亮词汇，尽量用最简单的词语，试图还原这个与众不同的女孩和她与众不同的外婆的世界。"

（三）装帧设计治愈暖心

如今，在海量信息的冲击下，读者的口味变得越来越刁钻，简单的设计已经不能满足读者需要，这使得畅销书更加注重装帧设计。一本畅销书的装帧设计最基本的要求是要唤起读者的共鸣，精细优美的装帧设计会让众多读者眼前一亮。

本书设计师表示，《外婆的道歉信》封面设计采用了暖黄色，色调温暖明快，设计表现手法凝练，以少胜多，风格趋于简洁，与书中内容风格相契合。同时，提取故事中的重要元素做小插图出现在封面上，主画面是一个小女孩和一只狗，画面活泼、简约而引人注目。

（四）全方位营销推广

1. 线上推广

传统媒体时代，出版机构主要借助书刊、媒体广告、书展展销等平台或方式进行对外传播，其受众范围较小、互动性弱、成本较高。新兴媒体的快速发展，使出版机构拥有的对外传播平台逐渐增多。在畅销书的宣传中，网络作为不容忽视的大众媒介，已日益成为各出版企业进行有效宣传的平台。在互联网上，可用于营销的阵地或者窗口非常多，对于图书来说，适合的平台主要包括网上书店，与图书内容有关的站点、论坛及社区，图书信息网等。在大数据助力精准营销的背景下，借助微博营销、微信朋友圈可更进一步增强影响增加销量。截至目前，《外婆的道歉信》：

微信公众号共有 28 家推荐，平台阅读量超过 100 万；

微博大号共有 46 家推荐，其中不乏人民日报、新华视点、头条新闻、央视财经等千万级别的大号；

在豆瓣上市当天荣登豆瓣"新书速递"专栏第一名，共 40 人五星推荐，上市 4 周，标记为"想读"的人数近 2 万人，登顶"豆瓣图书"最受关注图书榜；

联合凤凰资讯、凤凰新闻、凤凰网同时推荐本书；

平媒、电台、杂志曝光超过 140 余家，地方主流媒体、主流门户网站推荐。

多种数字化营销方式，相比传统大众媒体信息滞后、成本高昂的特点，数字传播以其信息丰富、快速、便捷且具有互动性而备受重视，尤其是在畅销书的营销中，数字传播更是显示出了与传统大众媒体不同的"神奇功能"。《外婆的道歉信》在国内的成功很大部分得益于互联网平台。

2. 畅销书排行榜与作者的影响力

《外婆的道歉信》在美国《纽约时报》畅销榜上榜 50 周，2016年全年，稳定排名美国亚马逊总榜前 100 位。这样的销售盛况会有效促进消费者的购买行为。排行榜能够简明扼要地列出书目，有利于传播图书信息，能够通过对比来让读者感兴趣，产生购买的欲望，从而促进图书销售。

作者品牌塑造是畅销书运作的一种重要营销手段，它主要是以作者的知名度和社会影响来确定出版的畅销书，也就是通常所说的"名人出书"效应。作者弗雷德里克·巴克曼是近年欧美畅销书榜单上当之无愧的金字招牌，而《外婆的道歉信》则将巴克曼稳稳推上畅销作家之列。他尤其擅长讲故事，往往只用一两句对话或者一件小事，就能给读者留下非常深刻的印象。

3. 联动效应

出版社很注重版权贸易工作的开展，利用国外资源调整出书结构和优化选题，这些举措对提高出版物水平和出版实力发挥了积极而重要的作用。近年来，引进版图书数量呈上升趋势，促进了我国出版业的发展，同时也促进了我国对国外优秀文化成果的吸收。

（1）令弗雷德里克·巴克曼成名的《一个叫欧维的男人决定去死》的热销和相关电影的热播也会对《外婆的道歉信》的销量起到推波助澜的作用。

（2）本书的全球热销能引起国内读者的好奇，在全球化的趋势下，优秀的文学作品不会因语言而被隔离，因此，该书在国内市场的宣传上很重视将它在全球其他国家畅销引起的轰动作为宣传重点。

（3）作者新出的《清单人生》在引进中国市场后反响较好，通过当当网和京东网上的销售情况看，将《外婆的道歉信》与《清单人生》搭配售卖的模式可以起到互相宣传的促进作用。作者本身的知名度和新闻价值，使得品牌传播极为迅速，传播成本也很低，作者品牌在该书出版中的效用与销售量的提高相辅相成。

4. 名人宣传

本书在国内面世时，微博大 V 账号"新华视点"发起"领读者计划"的阅读话题，邀请马思纯领读《外婆的道歉信》，展开了"转发接力"的读书热潮。这样的官方活动与名人效应相结合的方式，对图书的推广起到巨大的宣传作用。

青年插画家张皓宸、青年作家七堇年等都在微博上宣传《外婆的道歉信》,通过他们自身的影响力来大力推广此书。年轻读者活跃于微博平台,出版社以微博为重点的网络营销方式目标明确,效果明显,通过微博转发来提高网络传播效率,这样的热潮能带动读者购买阅读,将流行元素巧妙地融入书的内容中,营造全民阅读的环境,有效提升图书的销售量。

5. 多元营销方式

本书出版后,发行公司在一些学校举行了读书分享会,并且推出了相关手账。一本畅销书的装帧设计最基本的要求是要唤起读者的共鸣,除此之外,读者更注重图书的附加值,所以应该在视觉形象、图书结构、使用方式上形成互动。本书夹了一张精致的手写体英文信,是主人公外婆写给爱莎的最后一封信,在信封上印着"读完本书前请勿打开"的字样,这一设计别具匠心,提升了阅读体验的愉悦感。在全书的最后一页附上了二维码,配以文字"喜欢外婆吗?这里有作者更多好笑的日常哦",扫描后的页面是"果麦读友会"的界面,里面有关于作者详细生动的生活日常介绍、图书背后的故事,以及部分经过翻译后的巴克曼的博客,这些都能增进编者与读者之间的距离,使读者能够更立体和多元地了解图书内容,提升了读者的阅读趣味。这些周边活动的举办和周边产品的开发,都能在一定程度上推动图书的销量。

(五)精细的市场定位

读者口味越来越偏向新奇、个性化,受众的细分也逐渐影响图书设计的细分。根据使用与满足理论,读者对畅销书的购买及阅读行为是基于其特定的生存及生活需要产生的。《外婆的道歉信》属于温情小说，这种类型的图书在市场上有较多同类，想要脱颖而出有一定困难。它之所以畅销，除了有优质的内容作为基础外，还因为它的目标读者群体定位十分准确。

当代年轻人对缓解社会压力和释放负面情绪的需求是"温情类"文学畅销的主要原因，网络时代，大众的轻阅读倾向和作者的品牌号召力也是这类图书畅销的原因。据出版社调查，温情治愈类文学畅销书的主要受众集中于大学生和初入社会的年轻人等。现代社会生活中人们压力大，读者希望能通过阅读一些图书来释放压力，寻求有效的途径缓解负面情绪已成为年轻人潜意识中的选择，健康的身心能令年轻人以积极的态度去面对生活，而这也正是温情类文学能为他们提供的，由此产生的对经验和情感的传递使读者能很好地理解和接受。

当前，读者偏重于碎片化以及快餐式阅读，这是由现代社会过度忙碌的生活方式引起的。新媒体环境下，信息海量且泛滥，读者会根据需求选择内容，人们也没有耐心去看冗长复杂的信息，更愿意选择简短易懂的内容。《外婆的道歉信》在阅读体验上能给人以轻快和轻灵的感受，语言诙谐，内容有趣而又令人感动，表达的情感内涵丰富。

畅销书代表着一种社会现象及潮流，它作为文化系统中的一个因子，以其传播的广泛性、影响的全面性，引导着大众阅读，满足人们的精神需求，进而影响人们的行为方式、生活方式及思想观念。巴克曼接受采访时曾说，他的故事更关注于 55 岁以上的中老年人和 10 岁以下的小孩，因为他们是最不会在意社会既定法则的人，但阅读他的图书的主要受众面却是年轻人。《外婆的道歉信》能够抓住读者喜好，从而获得年轻读者的认可，使它的畅销也变得顺理成章，说明他的书中内容所能引起的情感关联和共鸣让许多人从中找到出口或归属。这种独特性是该书畅销的很重要的一种特性，在这样新奇的设定下会令该书在众多的温情牌作品中令人耳目一新。

这类现象级畅销书的畅销原因包含着作者的号召力和宣传的多元化，它具有满足读者内心需要的丰富情节、吸引眼球并温暖人心的封面设计及舒适贴心的阅读体验等特征。但它是否具有更多价值去深度阅读和挖掘、是否能够经受住市场的考验，还需要我们进一步思考。同时，这也提醒我们不要将畅销作为图书出版的唯一目的，而是要全面地衡量一本书的质量与潜能，用丰富的方法去弘扬优秀的文学作品。

四、精彩阅读

外婆的房子有些特别之处。你绝对不会忘记它的味道。

大体上来说，这是一栋普通的建筑。它有四层楼，九间公寓，整栋楼闻上去都像是外婆（和咖啡——多亏了莱纳特）的气味。洗衣房里张贴着一套明确的规章，标题是"为了每个人的福祉"，其中"福祉"下面画了双横线。电梯总是坏的，垃圾在院子里分类存放便于回收。这里有一个酒鬼、一头巨大的动物，当然，还有一位外婆。

外婆住在顶楼，和妈妈、爱莎、乔治对门。外婆的公寓和妈妈的完全一样，除了乱得多，因为外婆的公寓就像外婆这个人，而妈妈的公寓就像妈妈这个人。

乔治和妈妈住在一起，这通常不是件容易的事，因为这意味着他也住在外婆隔壁。他蓄着胡子，常戴一顶小帽子，痴迷于慢跑，跑步时总坚持将运动服束在短裤里头。他烹饪时用外语念菜谱。外婆从不叫他"乔治"，只叫他"废物"，这让妈妈非常愤怒，但爱莎知道外婆为什么这么叫。她只是想让爱莎知道，她是站在爱莎这边的，不管发生什么。因为当外孙女的父母离异且找到新伴侣，还告诉外孙女她将有一个同母异父的弟弟或者妹妹时，一位外婆就应该这么干。惹怒妈妈在外婆看来单纯只是附加的奖励。

妈妈和乔治不想知道"小半"会是女小半还是男小半，虽然很容易就能查出来。不知道性别对乔治来说尤其重要。他总是称呼小半"他或她"，这样可以"不将孩子困在一种性别角色中"。第一次听他说"性别角色"这个词时，爱莎以为他说的是"性别巨魔"。结果，所有参与聊天的人都度过了一个非常困惑的午后。

妈妈和乔治决定给"小半"取名为埃尔维或者埃尔维拉。爱莎告诉外婆此事时，她盯着爱莎说："埃尔维？！"

"是埃尔维拉的男孩子版本。"

"但是，埃尔维？他们是打算送他去魔多摧毁戒指吗？"（那时候，外婆刚刚和爱莎一起看完了所有《魔戒》电影，而爱莎的妈妈明令禁止爱莎观看。）

爱莎当然知道外婆其实不是不喜欢"小半"，包括乔治。她这么表现只是因为她是外婆。有一次，爱莎告诉外婆，她真的恨乔治，有时候甚至恨"小半"。当你说出这么可怕的话时，听到的那个人居然还能站在你这边，你无法不去爱这样的人。

外婆楼下的公寓住着布里特－玛丽和肯特。他们喜欢"拥有东西"，肯特尤其喜欢告诉别人每件东西的价格。他几乎从不在家，因为他是个企业家，或者说是一位"垦（肯）业家"——他总是对陌生人大声地这么开玩笑。如果人家没有立刻大笑，他就用更大的声音重复，就好像是别人的听力有问题。

布里特－玛丽几乎总是在家，所以爱莎推测她不是位企业家。外婆称呼她为"永远是我的灾星兼全职烦人精"。她看上去总是一副吃错巧克力的模样。就是她在洗衣房里贴上了那个写着"为了每个人的福祉"的规章。每个人的福祉对布里特－玛丽来说十分重要，虽然她和肯特是整幢楼唯一在自己公寓里就有洗衣机和滚筒烘干机的人。某次乔治洗好衣服之后，布里特－玛丽上楼要求和爱莎的妈妈谈谈。她带着从滚筒烘干机的过滤器中取出的一小团蓝色毛球，举到妈妈面前，就好像那是一只新孵出来的小鸡，她说："我想，你洗衣服的时候忘记这个了，乌尔莉卡！"当乔治解释说，其实是他负责洗衣服时，布里特－玛丽看着他笑了，虽然这笑容看上去不怎么真诚。她说："男人干家务，真新潮啊。"然后意味深长地朝着妈妈笑着递出了毛球。"在这个租户协会里，为了每个人的福祉，我们洗完衣服就该清干净毛球，乌尔莉卡！"

其实目前并没有什么租户协会，但即将成立一个，布里特－玛丽总是尽力指出这点。她和肯特一定会确保这个协会的成立。对她的租户协会而言，遵守规定是非常重要的，这就是为什么她是外婆的敌人。爱莎知道"敌人"的意思，因为她读了不少好书。

——节选自《外婆的道歉信》第 23~25 页

银河帝国

"人类历史上最好看的系列小说
(Best All-Time Novel Series)"
——世界科幻协会，1966年，雨果奖评

基地七部曲

艾萨克·阿西莫夫[美]
叶李华 译

ISAAC ASIMOV

银河帝国1：基地

银河帝国2：基地与帝国

银河帝国3：第二基地

银河帝国4：基地前奏

银河帝国5：迈向基地

银河帝国6：基地边缘

银河帝国7：基地与地球

书名："银河帝国·基地七部曲"　作者：[美]艾萨克·阿西莫夫　　　　译者：叶李华
出版时间：2015 年　　　　　　出版社：江苏凤凰文艺出版社

一、作者简介

艾萨克·阿西莫夫，俄裔美籍作家，著名科幻小说家、科普作家、文学评论家，美国科幻小说黄金时代的代表人物之一，被全世界的读者誉为"神一样的人"。

1920 年 1 月 2 日，阿西莫夫出生在俄罗斯莫斯科西南部一个名叫彼得罗维奇的小村庄里，父母是俄国犹太人。1923 年 1 月 11 日，阿西莫夫一家离开了俄罗斯，到美国纽约布鲁克林定居，并在当地开了糖果店。阿西莫夫从小就很聪明，普通人的智商一般是 80 分，而他的智商在 160 分左右。

阿西莫夫从 11 岁开始写作，15 岁时阿西莫夫高中毕业，之后进入了哥伦比亚大学。20 世纪 30 年代中期，阿西莫夫成为一名科幻迷。从 1935 年起，他开始给《惊奇故事》投稿，从此以后便笔耕不辍地发表科幻作品。在阿西莫夫逝世前不久，他曾自述出版过 467 部著作，但研究他作品的专家称，他至少出版过 480 部著作。

阿西莫夫与儒勒·凡尔纳、赫伯特·乔治·威尔斯并称为科幻历史上的三巨头，同时还与罗伯特·海因莱因、亚瑟·克拉克并列为科幻小说的三巨头。阿西莫夫也是著名的门萨学会会员，并且后来担任副会长。其作品中以"基地七部曲""帝国三部曲"和"机器人五部曲"三大系列被誉为"科幻圣经"。曾获代表科幻界最高荣誉的"雨果奖"和"星云终身成就大师奖"。他提出的"机器人学三定律"是当代机器人研究的基本法则，被称为"现代机器人学的基石"，他预言了今天的生物科技，预言了互联网时代的数字图书馆，预言了人类将进行太空移民。

本书译者叶李华，1962 年生，台湾大学电机系毕业，加州大学伯克利分校理论物理博士，现任交通大学建筑研究所助理教授兼科幻研究中心主任，并任教于台湾大学、台湾地区"清华大学"、政治大学与台湾师范大学。

叶李华致力推广中文科幻与通俗科学 20 余年，相关著作与译作数十册。自 1990 年起，即透过各种渠道译介、导读及讲授阿西莫夫作品，被誉为"阿西莫夫在中文世界的代言人"。

曾获中国台湾地区《中国时报》"张系国科幻小说奖"首奖、"吴大猷科学普及著作奖"银签奖。

二、畅销盛况

"银河帝国·基地七部曲"系列自出版以来，对人类的太空探索、政治局势、前沿经济学理论、科幻小说创作、好莱坞影视等多方面都产生了深远的影响。"银河帝国"系列小说在美国创造了畅销神话，持续卖了 60 年，至今仍盘踞亚马逊网站科幻小说最畅销前 100 名榜单，累计销量超过 5 000 万册。

2005 年"银河帝国·基地七部曲"在中国引进出版，起初由于种种原因，销量颇为惨淡，第三方监控——开卷数据显示，最多一本销量为 2 053 册，全套 22 本总销量为 20 854 册。2012 年，上海读客图书重金买下"银河帝国"的小说版权，重新向中国读者推荐这套"讲述人类未来 2 万年历史"的经典小说。

"银河帝国·基地七部曲"项目的参与者、资深科幻编辑许姗姗在 2015 年接受《扬子晚报》的记者采访中回顾道，2012 年 4 月 6 日，在阿西莫夫逝世 20 周年这一天，"银河帝国·基地七部曲"正式在国内开售。当时对这套书的心理预期是一年卖出 30 万册，然而，头 3 个月的销量只有 5 万册，虽然单本 5 万册的销量已经超过了老版本"银河帝国·基地七部曲"过去 10 年的销量总和，但这个成绩与心理预期相去甚远。

此后，读客公司以一个半月推出一本的节奏推出了"银河帝国·基地"系列的其他书。直至 2013 年 11 月，"银河帝国·基地七部曲"全部出版完毕。凭借该系列稳定而强势的好口碑，"银河帝国·基地七部曲"套装一经推出，就登上了当当科幻小说榜的 TOP1。

2014 年，电影《星际穿越》的走红给科幻市场投了一枚炸弹。许姗姗回忆当时，"'银河帝国·基地七部曲'以一天接近 2 000 套的订单量在疯涨，每天都有货源补上，但一补上就被卖空，所以网站页面一直都显示断货，这个断货状态整整持续了 50 天"。

2018 年 2 月，在由 SpaceX 公司发射的人类现役运力最强的"重型猎鹰"火箭中，搭载了其创始人马斯克的一辆樱桃红色特斯拉 Roadster 跑车，就在这台特斯拉上，带着一套阿西莫夫的"银河帝国"，"猎鹰号"新闻发出以后，"银河帝国"的销量随之暴涨，"过去 24 小时，它的销量也从日销 2 000 套暴涨到了 5 000 套，读客图书正在紧急加印中。同时，对电子书销量的带动也极为明显"。①

截至 2021 年 6 月，"银河帝国"在京东、当当、亚马逊三大图书电商平台中均属热销且长销的图书，"银河帝国·基地七部曲"在京东自营小说销量榜中排名第 9 位，在当当科幻小说销量榜中排名第 12 位。"基地系列"是"银河帝国"整套作品中，排名最靠前的系列，在读者的心中，"基地系列"是全套书的经典代表作，其出版的时间最早，叙事的场景最宏大，有最完整的历史视野，而且语言简单，情节设置紧密，所以能吸引读者有意愿购买并阅读完整的"基地系列"。

---

① 现代快报.猎鹰号发射成功改写历史，《银河帝国》销量一夜暴涨 [EB/OL].http：//www.myzaker.com/article/5a7c3c611bc8e0d366000255/，2018-02-08/2018-04-20.

三、畅销攻略

（一）中国科幻市场正在迎来最好的时期

受历史环境和出版政策的影响，科幻小说很长时间以来在中国图书市场中都没有受到广泛关注，直到 2006 年 5 月，"三体"开始在《科幻世界》上连载，当即引发了读者的狂热追捧，2010 年 12 月，在万众期待中，刘慈欣推出了"三体"三部曲的最后一部《三体 3：死神永生》，在极短的时间内就售出 10 万本，2015 年 8 月 23 日下午，刘慈欣凭借"三体"获得"雨果奖"，让科幻小说在中国图书市场中的地位又上升了一个台阶，科幻类小说开始得到越来越多的受众群体的喜爱。2015 年年末，图书市场卖出了 20 多部科幻小说的改编权，创历史纪录；2016 年郝景芳再获"雨果奖"，直接带动了科幻小说在阅读市场的蹿升，仅掌阅一家电子书平台就狂销 30 万册，带动了掌阅科幻类电子书销量暴涨 100%；在 2017 年，科幻小说已经成为最受关注的图书类别，无论是国内本土还是海外引进版的科幻小说，很快就成为热议头条。①

据不完全统计，截至 2017 年上半年，中国的泛科幻读者、观众与科幻迷共计达 8 000 余万人。国家新闻出版广电总局电影电子政务平台的数据显示，2017 年，我国备案登记的科幻电影已达 85 部，相较于 2014 年的 17 部和 2015 年的 63 部，近 3 年中国科幻电影的发展呈现出良好的上升趋势。中国科幻小说的畅销带动了相关文化创意产业的发展，图书、影视、动漫、游戏、创客空间，全产业链联动

---

① 搜狐 . 科幻小说为啥越来越火？| 共同体 [EB/OL].http：// www.sohu.com/a/130419231_648599，2017-03-26/2018-04-20.

发展，一旦布局完善，发展潜力巨大。[1]

中国正在迎来科幻市场发展的良好时机，作者的创作动力和读者的接收能力都处于上升期，市场的宽容、科技意识的觉醒、产业的良性发展、国内读者的阅读习惯逐渐与国际接轨，这些都有助于为作者提供良好的创作空间，此外，科幻影视作品的宣传造势，也为科幻类小说的畅销带来了一波又一波的热度。

（二）作者的影响力和精妙的情节设置是作品畅销的基础

1. 阿西莫夫的渊博学识成就"银河帝国"

阿西莫夫从 1950—1993 年，先后创作了"银河帝国"系列科幻小说作品 15 部，早在半个多世纪以前，其作品中的创想已经成为当今科技发展的趋势，作品中关于人类社会的未来预言，正在逐步得到印证。

阿西莫夫是一个全知全能的作家，他的写作内容涵盖了杜威十进图书分类法中的每一个范畴，广博的知识储备使其将科幻小说带入全新的境界，其著作几乎覆盖人类生活的各个方面，上天下海、古往今来、从恐龙到亚原子再到全宇宙无所不包，从通俗小说到罗马帝国史，从科普读物到远东千年历史，从圣经指南到科学指南，再到两性生活指南，每一部著作都朴实、严谨而又富有幽默风趣的格调。到了晚年，他开始变得"好色"，出版了一系列两性话题的"黄书"。

阿西莫夫说自己想写这样一部书是受到英国大历史学家爱德华·吉本的影响。爱德华的著作《罗马帝国衰亡史》讲述的是罗马

---

[1]　搜狐. 科幻阅读正处于最好阶段 [EB/OL].http://www.sohu.com/a/165427885_99941517, 2017-08-17/2018-04-20.

帝国衰亡的历史过程，叙述了一个曾经强盛的帝国怎样逐步崩溃，然后进入一个黑暗时期。在"银河帝国·基地七部曲"系列中，同样描述了一个帝国从强盛到衰败的无可挽救的过程。

在豆瓣上，有关于"银河帝国·基地七部曲"系列的书评有近2 000条，长评动辄长达3 000~5 000字，读者们大多数都在表达被小说内容、想象力、架构、理念而震慑后的赞叹。由于这套系列丛书的内容庞杂，涉及的学科领域广泛，读者在理解内容的过程中需要结合个人的经历感受和知识体系，有读者说，阅读"基地系列"的方式有很多种，"你可以把它当作一本讲述银河帝国衰败与兴盛的'中世纪史'来读；可以把它当作一本为个人成长提供教导的书来读（第一基地和第二基地的关系就像孩子与父母的关系，第二基地一直在监护第一基地的成长，并在第一基地需要变得更强大的时候隐退）；也可以把它当作一本政治著作来读；还可以把它当作一本追问自由的书来看（因为银河帝国的起落兴衰，都是经过测算的安排，都是谢顿计划的一部分）"，也有读者从中看出了帝国的科学宗教史。

2. 台湾学者叶李华对译文精心锤炼

"银河帝国·基地七部曲"系列中文版最早是在台湾地区授权出版发行的，繁体中文版的"汉声版"和"奇幻基地版"均由叶李华博士翻译，"汉声版"是叶李华在学生时代翻译完成的，据此10年后，叶李华改正纰漏，重新修订翻译了"奇幻基地版"。在接受采访的过程中，叶李华在评价两个版本的差异时提到，10年前的译笔并不成熟，译文有不少小错，有些是自己的疏失，有些则是编辑擅改的结果；他对此感到羞愧与痛恨，这令他决心逐字逐句修改重译。虽然在文风上依然保留了译者的个人风格，但是"奇幻基地版"在"信、达、雅"上皆有进步，最明显的是，"奇幻基地版"的每一本的字数都大约只有"汉声版"的90%，但是经过文字的修改，"奇幻基地版"的译文更加忠于原著。

江苏凤凰文艺出版社最早在 2012 年出版的简体版"基地系列"，是由叶李华 2011 年正式授权的简体中文版，叶李华先生在老译本的基础上，专门针对大陆读者的阅读习惯进行了修订，其主要在于两岸用词与惯用表达方法不同，此外，叶李华在修订的同时，又对很多地方进行校正，仅《银河帝国·基地》这一本就有多达几百处的润色修改，江苏凤凰文艺出版社 2012 年出版的是相较于之前所有版本中翻译最理想的版本。

译者叶李华在接受《华商晨报》的采访中，表达了自己对阿西莫夫作品的热爱和崇敬，他说："阿西莫夫的科技预言一向经得起时间考验，令人怀疑他简直是个自由穿梭时光的旅人。例如，他在 1980 年写过一篇《全球化电脑图书馆》，我们只要读上几段，便会赫然发现主题正是 15 年后的'万维网'。而他在发表于 1988 年的《化学工程的未来》这篇文章中，则已经讨论到当今最热门的生物科技。"在谈到阿西莫夫的作品畅销不衰的奥秘时，叶李华表示："在我看来，至少有两个原因。其一，他对人性的掌握十分精准，而人性的本质并不会随着时间而改变，因此他笔下的人物永远能和新一代的读者取得共鸣。其二，在他的小说中，有着许多高瞻远瞩的科技预言，足以指导未来数世纪的科技发展。"

译者是在原作的基础上，使用另外一种文化表达进行再创作，正因为叶李华教授对原著的尊重与热爱，对工作的认真和勤恳，才有这样经过字斟句酌、千锤百炼的汉语译文，才让中国读者们有幸与遥远的阿西莫夫对话，与遥远的太空宇宙勾连，才有幸感受到简洁通透的语言中潜藏的魔幻力量，就像来自 20 世纪 50 年代的一声面向未来的呼喊，借着时间的风，传向更远，借着译者的笔，让更多的人听见。

3. 跌宕起伏的情节透视人类社会文明

梁文道曾这样评价阿西莫夫的"基地系列":"除了预言新知识、新领域、新观念和新技术,科幻小说还将人类社会的组织、历史、文明放在科幻的背景下,研究其中潜藏的各种问题和可能性。这种小说真正要写的不是一个纯粹空想的未来或者一些宇宙深处的故事来让我们想象和娱乐,而是要在那个背景下重新观察和思考人类社会到底是怎么回事。我们不妨把这种小说看成关于人类社会文明、历史政治的实验小说。'基地系列'之所以伟大,正因为它是这样一种小说。"

小说的科学思维贯穿始终,小到谢顿教授的学科背景设置,大到银河人类文明的走向,都拥有深厚坚实的学理支撑。小说中的哈里·谢顿博士是心理史学的创立者和研究者,心理史学是以数学为基础,融合了心理学与历史学,并综合经济学、社会组织研究和博弈论进行跨学科研究。心理史学基于数学模型推演出来的结果是,看起来强大繁盛的银河帝国即将在3个世纪内完全毁灭,帝国崩溃后,可能持续3万年的黑暗时代接踵而至,彼时的人类退化至无政府的混乱状态,知识消失、秩序瓦解。很多科幻小说都是描绘科技在未来带给人类社会全新的可能性,便利、智慧、发达、高度的文明和秩序,那是一切都更加强盛的时代,然而,阿西莫夫却站在历史文明的节点,开启了理智的反思,利用通透的哲学思想,刻画立体的人性,逻辑严谨地推导致使帝国衰落和崩溃的原因。阿西莫夫在作品中透露着对人类历史细致的洞悉,比如,每个强大的国家在看起来国势强盛的时候,往往会埋下衰败的种子;在动荡时期,宗教成为统治人心和思想的有效手段;商业贸易的发展最终会导致资本的集中化,政治寡头随之出现。每个对应情节的构思,都是在运用巧妙的手段,简单描述通俗易懂的故事,引发读者更深层次的思考,触发的是现实人类文明潜在的真实规律。

（三）读客图书别具匠心的品牌策划与营销方式

1. 华楠："货架思维"包装"银河帝国"

读客的董事长华楠对于产品的包装提出了"货架思维"，即实现与虚拟购买者的对话，要让虚拟购买者在看到包装文案的时候，对每一句话、每一个符号都有反应，进而与购买者实现沟通，让购买者"坐着滑梯，一直滑到收银台"。

华楠强调，在与虚拟购买者发生沟通的过程中，要把握发现感和价值感。"价值感"的意义在于使购买者直截了当地发现商品最具有针对性的效用和使用价值；"发现感"就是让消费者感觉到"天啊，世界上居然还有这么好的东西，我以前居然不知道""一定要捶胸顿足地承诺，一定要脸皮厚，千万不要不好意思，一定要用尽所有极端的词汇做出最夸张的承诺，消费者才会有发现感"。①

在 2012 年读客出版中文版"银河帝国"以前，这部在国外卖出了千万册的畅销科幻巨著，在中国市场中一共只销售了几千套，华楠认为，导致这么好的东西在中国卖不起来的原因，是它和中国读者的趣味、喜好以及他们脑中的符号没有关系，而读客要做的就是要建立起这种联系，让中国读者发现这本科幻作品。

随后，印有 4 个人头的封面横空出世（见图 1）。华楠认为，为了使中国读者发现"银河帝国"，首先，封面包装要"奇怪"，其次，要和中国人现有文化生活的"文化母体"联系起来。中国人不知道阿西莫夫，不知道"银河帝国"，但是中国人知道阿凡达、黑武士、本·拉登、克鲁格曼，其中克鲁格曼是诺贝尔经济学奖获得者，相对知名度小一点。而这些人都是和本书有关联的，"有记者说，拉登成立基地

---

① 华楠.让购买者"坐着滑滑梯，滑到收银机"华楠品牌十六咒之"货架思维"（二）[EB/OL].https：//mp.weixin.qq.com/s/GcRIJvHig-Z2IWvWMlxrhQ，2016-04-21/2018-04-20.

图1 "银河帝国·基地"系列护封

组织，就是模仿《银河帝国·基地》这本书，因为'银河帝国'里面的基地和拉登成立的基地组织的反抗性质是一样的，他们面临的政治环境也是相似的。第二个是阿凡达，潘多拉星球的出现，引起全世界的哗然，因为潘多拉星球完全是'银河帝国'里面描述的一个星球，星球所有的生物都共享同一个神经网络，当互联网发展到今天的时候，大家才接受这个想象，但是在几十年前阿西莫夫就提出来了这个概念。第三个黑武士就更不用说了，整个《星球大战》电影的架构就和'银河帝国'里面的架构是一样的。第四位是克鲁格曼，他在拿到诺贝尔经济学奖的时候，接受采访时说，选择经济学作为研究方向，是因为受了'银河帝国'的启发，'银河帝国'的核心就是今天的大数据，是通过历史大数据去推演未来世界的发展"。

虽然这一封面曾激起众多科幻迷的不满，他们甚至在豆瓣成立小组，命名为"我出五块钱干掉读客"，但是面对反对的声音，华楠心态乐观，表示"别人的攻击不是什么坏事，最糟糕的是无人理会"，他感到科幻迷站出来攻击读客的那段时间，反倒帮助了图书的销售，华楠说："这就是经典的魅力，什么是经典？经典就是经得起指指点点。"实际上，读客的营销的确使"银河帝国"销售成绩甚佳，曾经一个月的销量就超过10万册，推出3年的时间里，总销量超过了80万册。

2. 读客花高昂制作费，为"银河帝国"拍摄宣传视频

2012年7月，读客图书在官方微博上贴出了一条"银河帝国"

的创意视频链接（现在视频链接已失效）（见图 2、图 3），短时间内在微博平台得到大量网友的疯狂评论和转发，一位名为"苏先生刻小说"的网友在评论中曝出"这条短短 30 秒的图书宣传视频竟然花费了 16 万元制作费用，创下了国内图书视频广告的纪录"。

华楠称："我们相信'银河帝国'一定能卖好，如此经典的一部巨著，在中国 20 多年，却一直没能卖起来，是件非常遗憾的事，我们花这么多钱来拍摄视频，就是希望通过各种各样的方法，让更多的读者能够看到这本书。只要是好书，我们就会尝试各种方法，不惜成本做推广。微博人群主要是白领和大学生，这部分人就是'银河帝国'的目标读者。这个视频的创意就脱胎于封面，把静态的封面拍成动态的视频，我们选择本·拉登、阿凡达、黑武士、诺奖得主克鲁格曼，是因为他们代表着影响力和知名度，通过他们来传播'银河帝国'。营销无定式，只要能向消费者提供乐趣或者购买价值，图书可以采用尽可能多的营销方式。"

据"银河帝国"的编辑许姗姗透露："拍摄视频事宜半年前就开始准备了，选演员、买道具、化妆、拍摄……每个环节我们都精益求精。《星球大战》黑武士的服装我们专门联系了卢卡斯电影公司，邮购了一套原厂出品的服装，但因为太薄，穿上效果并不好。于是，我们又在国内多方联系厂家定制，光这一套衣服，价格就高达 2 万元。"在选演员方面，许姗姗介绍说："阿凡达'纳美人'造型，因为属于外星种族，所以在选演员时，对眼睛、鼻梁、身材方面要求很高，pass过 40 多个演员。片酬都是按小时支付，从进片场就开始计算。"[①]

图书低毛利一直以来都是行业痛点，然而一个在图书行业刚刚稍有建树的年轻公司，就如此勇敢而不惜成本地打造、制作精良的

---

① 邢晓英. 微博营销挽救"失落的经典" [J]. 出版参考，2002（12）：57~59.

图 2   读客图书官方微博宣传创意视频并发起赠书活动

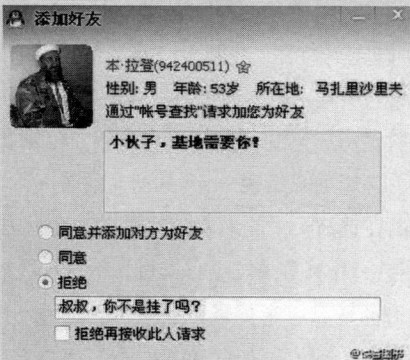

图 3   读客图书官方微博宣传《银河帝国》创意视频

图书宣传视频，其背后作为支撑的，一方面，是读客团队对于图书行业的情怀，对好书的责任感和使命感；另一方面，是读客对市场风向的职业敏感，和对自身眼光与实力的坚定信心。

3. 马斯克致敬经典，读客借势营销

2018 年 2 月，人类现役运力最强的火箭——"重型猎鹰"火箭由 SpaceX 公司发射成功，埃隆·马斯克再次改写了历史，全球瞩目。这次重型猎鹰发射所搭载的是他本人的一辆樱桃红色特斯拉跑车，同时被马斯克送上太空的还有一套微缩版本的阿西莫夫"银河帝国·基地七部曲"系列。据悉，马斯克是阿西莫夫"银河帝国"的忠实粉丝。正因为年少时读阿西莫夫的书，为马斯克的太空梦埋下了一粒种子。①

马斯克将这套书送上太空，表达的是对这套启迪了无数大师的至高经典的一次致敬，此举令无数的科幻迷为之疯狂，出版 60 多年的"银河帝国"系列又一次点燃全球读者的热情。

2018 年的 4 月，读客在微博中发起了"纪念阿西莫夫"的话题活动，蹭了一波马斯克的热度。那天正是科幻作家阿西莫夫逝世 26 周年，博文中提及"银河帝国·基地七部曲"系列被马斯克送上火星，并向伟大的作家致敬。转发微博，即有机会获赠"银河帝国：基地七部曲"1 套。网友们纷纷转发，在留言中表达对作品的喜爱，并期待幸运机会的降临。

4. 细处着眼，以银河帝国行政区图作内封

2012 年 7 月，大 V 廖信忠在微博中表示对读客出版的"银河帝国：基地七部曲"系列的惊叹和赞许："昨天才知道，读客新版的'基地

---

① 网易新闻.《银河帝国》：被马斯克视为能代表地球人的书，送给火星人"学习"（全文）[EB/OL].http：//news.163.com/18/0210/17/DAA5IEHF00018AOQ_all.html，2018-02-10/2018-04-26.

图4 《银河帝国·基地》内封

三部曲'那个内封上的银河各星系地图，竟然是它们编辑看完银河帝国系列15本之后慢慢归纳再画出来的……"读客也予以回应，表示内封的"银河帝国行政区图，绘制过程历时半年，前后调整上百遍"。

读客以擅长营销而著称，但从此书内封设计的细节能够看到，除了制造噱头，读客还是一支具有高品位的设计审美和真实力专业水平的团队。就包装理念来看，思路清晰，护封的四只巨头和文案的创意成功地吸引了读者的注意，无论是从正面建立起中国读者与外国经典的符号连接，还是从反面激发科幻死忠粉们的悲愤抨击，都有助于打开中国市场，而内封的存在，就像天使脱下笨重外衣后的惊喜，贴近本体的光芒才是自身内涵气质最恰当的代表，图例注释、比例尺、星郡排布完全遵照原著，让人毫不怀疑亿万光年之外的银河帝国就是这样的结构（见图4）。读客的编辑研读完15部"银河帝国"系列，用半年时间绘制，上百遍地调整打磨的作品是一件在原著基础上再创造的艺术品，既是磅礴之美的震撼，也是伴随读者阅读的便利工具，如此投入时间和精力的钻研，也正完美地实践了阿西莫夫在作品中倡导和颂扬的严谨求实的科学精神。

四、精彩阅读

他名叫盖尔·多尼克，只是一个乡下孩子，以前从未到过川陀。或者应该说，他并没有真正来过。因为盖尔早已通过超波电视熟悉了这座城市；偶尔也会在巨大的三维新闻幕中，观赏皇帝加冕或银河议会揭幕的盛况。因此，虽然他一直住在"蓝移区"边缘的辛纳克斯行星，却完全没有脱离银河的文明。在那个时代，银河中没有任何角落是与世隔绝的。

当时整个银河系中，有将近二千五百万颗住人行星，这些世界全部效忠定都于川陀的银河帝国。不过这个事实只能再维持半个世纪。

对年轻的盖尔而言，这趟旅程无疑是他学术生涯的第一个高峰。他曾经到过太空，因此旅行本身的意义并不算太大。事实上，他以前的太空旅行只是前往辛纳克斯唯一的卫星，去搜集陨石漂移的力学数据，用来作为博士论文的材料。话说回来，太空旅行就是太空旅行，近至五十万英里，远至许多光年之外，其实都没有什么差别。

即将跃迁进入超空间的时候，他已经做好心理准备，这将是"行星际旅行"所没有的经验。到目前为止，或许直到永远，"超空间跃迁"是往来恒星间唯一可行的办法。普通空间中的运动，物体的速率永远无法超过光速。（这个科学小常识，在人类历史的黎明期便已被发现。）这就代表，即使在两个最接近的住人星系间来回一趟，也得花上好几年的时间。可是匪夷所思的超空间完全不同，它既非空间又非时间，既非物质又非能量，既非实有又非虚无；经由超空间，人类能在一刹那间穿越银河。

在等待第一次跃迁时，盖尔心中有些恐惧，腹部有轻微打结的感觉。结果在他尚未确定之前，跃迁带来的一阵轻微震动，以及体内被轻踢一下的感觉便已消失。就是如此而已。

然后在盖尔意识中，就只剩下这艘闪闪发光的硕大星船，它是帝国整整一万二千年的科技结晶。此外他想到的就是自己，他刚刚获得数学博士学位，带着伟大的谢顿寄来的邀请函，准备前往川陀加入庞大而略带神秘的"谢顿计划"。

跃迁体验令他失望后，盖尔期待的便是川陀的第一眼。他不时跑到观景室，那里的钢制窗盖在特定时段会卷起来。这些时候他都会待在那里，观看繁星闪耀的光辉，欣赏星团展现出难以置信的朦胧，好像一大群萤火虫永远禁锢在一处。有一阵子，星船周遭五光年范围内布满寒冷、蓝白色的气体星云，像牛奶一般散布在玻璃窗上，为观景室带来一丝寒意。两小时后，星船又做了一次跃迁，那些云气立时消失无踪。

川陀的太阳首次出现的时候，看起来只是一个明亮的白点，若不是星船上的向导指点，根本无法从无数类似的星体中分辨出来。这里接近银河的核心，恒星分布得特别稠密。星船每跃迁一次，那颗恒星就显得更明亮一点，从众恒星中脱颖而出，而其他恒星则愈来愈黯淡稀薄。

一位高级船员走进来，对乘客说："我们即将着陆，观景室必须关闭了。"

盖尔尾随着那位船员，拉了拉船员白色制服的袖子——制服上绣着帝国"星舰与太阳"的国徽。

盖尔说："能不能让我留下来？我想看看川陀。"

船员对他微微一笑。盖尔有些脸红，他忽然想到自己说话带有乡下口音。

船员说："我们准备早上在川陀降落。"

"我是说，我想从太空中看看川陀。"

"喔，抱歉，孩子。如果这是一艘太空游艇，我们就能帮你安排。但是我们将从'日照面'盘旋而下，你总不希望被太阳灼伤、弄瞎，而且被放射性物质烧得体无完肤吧？"

　　盖尔只好乖乖走开。

　　那位船员却在后面叫住他。"别失望，反正从这里看下去，川陀只是灰蒙蒙的一团。等你抵达川陀后，再去参加太空旅行团吧，很便宜的。"

　　盖尔转过头来。"非常感谢您。"

　　为这种事感到失望实在有点孩子气，但孩子气一样会出现在成人身上，盖尔感到喉咙有些哽咽。他从未看过整个川陀的壮丽景观，没想到还要多等一些时间才能如愿。

——节选自《银河帝国·基地》第 3~5 页

本版原文系开明书店民国遗本
考以林语堂英译本重新点校

浮生若梦

为欢几何

浮生六记

沈复 著   张佳玮 译

天津出版传媒集团
天津人民出版社

书名:《浮生六记》   作者:沈复   译者:张佳玮
出版时间:2015 年   出版社:天津人民出版社

一、作者简介

沈复（1763—1832），字三白，号梅逸，清代杰出的文学家。清乾隆二十八年（1763年）生于姑苏（今江苏苏州）城南沧浪亭畔士族文人之家，18岁娶舅女陈芸为妻。婚后夫妻俩举案齐眉、相爱甚笃，然命运多舛，常常事与愿违；幸而二人不落世俗，苦中作乐，耳鬓厮磨23年，至芸积病身故，仍深情如旧。后，沈复离家漫游，著《浮生六记》6卷，记录过往生活中点滴趣味及漫游经历，因其以真情述真情，从不刻意造作，深为后世所推崇，流传至今，已成经典，被誉为"晚清小红楼梦"。

本书译者张佳玮，系中国内地作家，1983年生于江苏无锡。以一手古今皆通的文笔独树一帜。因其性情不拘、摒弃俗流，备受读者推崇。2006年开始在虎扑社区初涉篮球评论，凭借其出众的文学天赋及对篮球的深刻理解，迅速成为中国篮坛顶级评论家，在虎扑堪称全民偶像。在知乎上拥有百万级别的粉丝。代表作有《倾城》《朝丝暮雪》《世界上有趣的事太多》等。

二、畅销盛况

天津人民出版社的《浮生六记》一书自2015年8月份出版以来，销售量累计超过300万册，在当当网上获得120万条以上读者评论。网上数据显示，《浮生六记》位列2020年文学类畅销书第13名；在京东图书2020年文学图书销量榜上位列31位，在开卷2021年中国古典文学类排名榜上位列第6位。清人沈复写的自传体散文《浮生六记》篇幅不过4万字，却无法用"有趣""精致""伤感"将其简单概括。俞平伯一生钟爱《浮生六记》，赞其"俨如一块纯美的水晶，只见明莹，不见衬露明莹的颜色；只见精微，不见制作精微的痕迹"。林语堂则视之为知己："读沈复的书每使我感到这安乐的奥妙，远超乎尘俗之压迫与人身之痛苦。"中国现代文学大师林语堂曾将《浮生六记》翻译成英文介绍到美国，也得到如俞平伯、陈寅恪和钱锺书等名家的赞誉，后又相继出版了日语和德语等版本，使其在世界范围内得以传播。《浮生六记》用有趣味精致的文字传递生活之美，正吸引着越来越多的读者。

三、畅销攻略

《浮生六记》是沈复的一部自传体作品，系沈复所写的一部回忆录。"浮生"取一生浮荡不定之意，源自李白《春夜宴从弟桃李园序》中"浮生若梦，为欢几何"的感慨。自杨引传于光绪四年（1878 年）将其早先在苏州冷摊上发现的《浮生六记》前四记，以管贻葄、近僧、王韬等人为此书所作的诗、序、跋作为附录付印行世，《浮生六记》研究的历史已达百余年之久。[①] 在数字阅读对纸质出版业形成强烈冲击的新形势下，一部清朝的自传体散文突然间如此走红，实在非常罕见而且令人诧异，这其中的原因也值得探究和思考。

（一）内容为王是畅销书的天然基因

"内容是出版的核心，传播是出版的价值"，开卷多年的畅销书分析研究得出了这一观点，而众多图书出版人的实践更验证了这一观点。《浮生六记》能够畅销也验证了这一观点。

---

① 黄强.《浮生六记》百年研究述略 [J]. 扬州教育学院学报，2006，（2）：3~8.

1. 主题的永恒性

对于《浮生六记》来说，畅销的最根本原因在于它的内容反映了人类永恒的主题：执子之手的爱情和温暖、治愈的生活之美。这是永恒的、跨越时间的，这一主题是读者产生心灵共鸣的所在。

《浮生六记》以作者夫妇生活为主线，记述了平凡而又充满乐趣的居家生活以及浪游各地的所见所闻。作品描述了作者和妻子陈芸情投意合，想要过一种布衣蔬食、从事艺术的生活，但由于封建礼教的压迫、朋友的背叛、家人的隔阂与贫困生活的煎熬，终至理想破灭。沈复深情率真地刻画了一位憨而真、惠而美的女性形象——芸娘。她是沈复相濡以沫的结发妻子，也是沈复乃至许多中国男人心目中的红颜知己。不仅林语堂，还有俞平伯、冯其庸、曹聚仁等文人大家都曾为之心仪不已。《浮生六记》有古典的意蕴情韵，有雅致婉约的文字，有林下风致的诗意，有温暖，有悲凉，有执子之手的欢欣、相濡以沫的温情，有无法与子偕老、情深不寿的宿命。①

《浮生六记》在古代就已经刊印发行，并且有200余种不同的版本，流传100余年仍然成为爆款，还跟当下环境、文化心理有关。在中国文化中，对"生活的艺术"的书写和诉求，一直是中国文人的一个文化母题和精神母题。书中对沈复夫妇二人生活艺术的描写，尤令人心生向往：陈芸（芸娘）用小砂囊撮茶叶少许置荷花心中，第二天早上烹天泉水泡茶；二人七夕赏月共论云霞，镌"愿生生世世为夫妇"图章为往来书信之用；二人游沧浪亭、水仙庙，陈芸女扮男装引起误会的戏剧性场景，更是饶有意趣……这正是沈复所期望追求的一种布衣蔬食而充满艺术性的生活，同时也表现了沈复和陈芸反抗封建礼教的精神。或许正是这类"温暖""治愈"的文字内容，

---

① 杜浩.《浮生六记》为何频登畅销书榜 [N]. 齐鲁晚报，2017–8–8（A11）.

触及到了阅读此类图书的读者生命、情感、心灵的痒处。^①现今物欲横流、信息爆炸，生活被嘈杂和焦虑所填满，现代人需要借艺术审美的良药来舒缓浮躁的心灵，寻求与自我的生命、精神和灵魂的联系。就此而言，传统经典文学，尤其是像《浮生六记》这样的艺术化、生活化的随笔文体，应该就是这种熨帖人心、抚慰生命的最佳之选，同时也有助于读者生活境界、艺术境界和审美趣味的修习和提高。

同时，在书中《坎坷记愁》这一节中，沈复面临朋友背叛、亲人去世、家道中落的悲惨命运，尤其是对芸娘去世时的悲痛描写，以及芸娘去世后沈复的相思之苦，令人痛心不已。林语堂曾将芸娘称为是"中国文学上一个最可爱的女人"，正是芸娘的可爱和有趣，与芸娘去世前对人生的感慨和对丈夫、儿女的依依不舍形成了鲜明的对比，更加令人扼腕惋惜。悲剧是把人生有价值的东西毁灭给人看，悲，是这本书的深刻性所在，更加打动人心。

2. 叙述方法和角度的新颖独特

《浮生六记》以人物性情或某种生活情感作为表现内容，按照所记事件的情感基调和性质分为四卷（后二卷佚失），分别为《闺房记乐》《闲情记趣》《坎坷记愁》《浪游记快》。本书打破了传统自传作品以故事情节为中心、以时间为线索的线性叙事结构模式，代之以情感体验为中心、以情理逻辑为线索的抒情结构，更能从各个侧面揭示生活的本质，更具有认识社会人生的深刻性，引人入胜，避免了叙述的平板及单一，更加吸引读者阅读和感受生活的丰富性与多样化。

以第一人称的角度叙事，更能够拉进作者与读者的距离，即使是与作者处于不同的年代，仍然能感受到作者在文中将故事娓娓道来的感觉。若是采取单一的第三人称全知叙事视角，叙事者无处不在，

---

① 杜浩.《浮生六记》为何频登畅销书榜[N]. 齐鲁晚报，2017-8-8（A11）.

无所不知，可以说出任何一个人物都不可能知道的秘密，但是长此以往，这种单一的叙事模式很容易使读者感到厌倦。《浮生六记》完全使用第一人称叙事，贯穿全文，所叙述的内容全部是"余"的亲身经历或内心情感世界。"余"不仅是故事的记录者，更是故事的参与者，写"余"的故事，写"余"的情感，塑造"余"的形象。《浮生六记》尽管写于 200 多年前，但是已经非常符合现代意义上的第一人称叙事了 ①，这也是一本清代的自传作品仍然保持活力的原因之一。

3. 语言风格的真实朴素

《浮生六记》语言之真诚、朴素在中国古典文学中极其罕见，令人感动。中国古典文学著作多为结构紧密、语言生动、蕴意深刻的虚构文学作品，如《红楼梦》《西游记》《三国演义》《水浒传》，少有纪实的散文作品，更没有见过《浮生六记》这样纯粹率真、独抒性灵、不拘格套、富有创造性的写作方式。国学大师陈寅恪曾说："吾国文学，自来以礼法顾忌之故，不敢多言男女间关系，而于正式男女关系如夫妇者，尤少涉及。盖闺房燕昵之情意，家庭米盐之琐屑，大抵不列于篇章，惟以笼统之词，概括言之而已。此后来沈三白《浮生六记》之《闺房记乐》，所以为例外创作。"而这一例外创作恰恰符合如今非虚构文学的自然写作之风。沈复在留存下来的《闺房记乐》《闲情记趣》《坎坷记愁》《浪游记快》四个部分中生动记述了和妻子陈芸的闺房之乐，与文友的闲情之趣，以及人生的坎坷烦愁和游历的无忧快乐。虽然结构上较为松散，篇幅上详略不一，但其中流露出来的夫妻之间、文友之间、父子之间、兄弟之间的感情颇为今天的读者所认可和感动。连鲁迅先生都称赞："像《浮生六记》中的芸，虽非西施面目，并且前齿微露，我却觉得是中国第一美人。"沈复承

---

① 张晨光 . 论《浮生六记》的现代性因素 [D]. 内蒙古大学，2007.

袭其父，做的是幕僚。幕僚一职，相当于现在的秘书。沈复通文字，但幸运的是其没有陷在科举成文的窠臼中，语言平实不加雕琢，文法自然不工巧技，一方面，朴实无华的语言风格叙事流畅，极易烘托和塑造人物形象；另一方面，也很容易被读者接受，进而打动人心。

（二）范围较广的目标读者

相比于其他传记类图书，《浮生六记》有更为广泛的读者对象，具体表现在以下几点：第一，这本书主要讲述的是沈复和芸娘的伉俪情深以及充满艺术气息的生活方式，这完全符合当代年轻人，尤其是女性向往美好生活、不为世俗束缚的心理诉求；第二，《浮生六记》是具有很高艺术价值的古代文学作品，在文字上通俗易懂，读起来不像部分古典文学类作品那样艰难晦涩，在图书类别上也被分为散文或者传记类，因此易于被大众所接受；第三，人教版七年级上册中的《童趣》一文选自《浮生六记·闲情记趣》的篇首，课文讲述了沈复的童年经历——鞭打蛤蟆、观蚊起舞的趣事，在阅读课本时学生只能欣赏到部分精彩内容，因此许多学生和家长还会购买全本，以窥图书全貌；第四，译者张佳玮凭借自己的作品、篮球评论以及知乎平台吸引了数百万级别的粉丝量，通过张佳玮在社交平台上的推荐和宣传，这些粉丝在一定程度上也成为了《浮生六记》的潜在目标读者。

（三）精挑细选的图书点校版本

光绪四年（1878 年），杨引传在苏州冷滩上偶得苏州布衣文人沈复《浮生六记》的手稿残本前四记，使其得以付印发行，至今已有 100 余年的历史。据统计，目前《浮生六记》共有 200 多个版本。最早的版本是 1878 年上海申报馆出版的《独悟庵丛钞》。1924 年出版的北京霜枫社版本是俞平伯根据《独悟庵丛钞》及《雁来红丛报》校勘标点的，有俞氏《重印浮生六记序》两篇，附《浮生六记年表》，之后有多种版本都是以此本为参照。1932 年出版的上海开明书店版本是根据霜枫社俞平伯校阅本重排的。近几年，又出版了多个版本的《浮生六记》，其中包括 2010 年 4 月人民文学出版社、2015 年 3 月中华书局、2015 年 8 月天津人民出版社、2017 年 4 月浙江文艺出版社等出版的《浮生六记》。同时，《浮生六记》还出版了 3 种英译本，德、法、丹麦、瑞典、日本、马来译本各一种。最早的英译本是 1936 年林语堂的汉英对照本，后来英国牛津大学出版社在 1960 年出版了《浮生六记》英译本。

资料显示，杨引传刊印的版本问世之后的 40 年间，《浮生六记》在文坛中并没有引起很大的反响，甚至很少有相关资料。五四新文学运动时期，一大批现代学术的先驱开始重视对《浮生六记》的研究，使它真正走入了学者们的研究殿堂。1924 年，由俞平伯点校的《浮生六记》作为"霜枫丛书"之一发行，打破了评论沉寂的局面。之后，《天下》英文月刊刊出了林语堂的《汉英对照本序》一文，表达了对《浮生六记》的赞赏与喜爱。林语堂对于该书的介绍和翻译，使《浮生六记》走进了英语世界，后来，许多种外文译本的问世都与林语堂译本有着密切关系，郑逸梅曾说："林语堂把《浮生六记》译成英文，已传诵环宇。"

相较于其他版本，天津人民出版社出版的《浮生六记》选取了开明书店民国遗本（即霜枫社俞平伯点校本），考以林语堂英译本重新点校。这两个版本是 200 多个版本中最为经典的版本，通过重新点校，细细打磨，在原文的选择和处理上就更加具有准确性、权威性和科学性，容易得到读者的认可和喜爱，因而成为"经典＋畅销"的读本。

（四）恰如其分的古典文学翻译方式

精妙的翻译助推了外国文学经典著作在中国的流行，这种现象很常见，但很少听说中国古典文学著作经过翻译走红的例子，《浮生六记》是一个例外。《浮生六记》的翻译者是张佳玮。张佳玮本是"80后"网络文学作家，写过《倾城》《加州女郎》《朝丝暮雪》《再见帕里斯》等长篇小说，2004年被《南方都市报》评为"'80后'实力派五虎将"之一。选择张佳玮翻译这本书有以下几点原因：首先，张佳玮在中学就读期间参加第四届新概念作文比赛并获得二等奖，写过多部长篇小说，以一手古今皆通的文笔独树一帜，这种古风与白话融为一体的文笔，使得天津人民出版社的《浮生六记》比其他版本保留了更多的韵味。其次，请一位年轻人而不是惯常的精通古典文学的学者来翻译200多年前的古典文学作品，拉近了《浮生六记》与当代青年人之间的距离。最后，作者沈复是苏州人，所写情状，大多在江南，而张佳玮是无锡人，沈复所写的江南吴地风情样貌大多见闻过，因此在翻译过程中更能保留最原始的苏州地域风貌。张佳玮尊重原文又通俗流畅的翻译，使这本《浮生六记》不仅受到普通年轻人的欢迎，也受到古典文学专家的肯定。

（五）别具匠心的整体装帧设计

中国图书新书品种逐步增长，一本书要在茫茫书海中脱颖而出，迅速吸引读者眼球，不仅需要优质内容，还需要在装帧设计上投入大量的精力。本书的装帧设计师是朱镜霖。朱镜霖擅长使用变体文字来表现图书的内容与韵味，其设计简洁而不简单，留空而不空洞，由他设计的图书主要包括《冯唐诗百首》《荣格自传：回忆·梦·思考》《西天》《用尽柔情》和"易中天品读中国"系列等。分析本书的整体装帧设计主要从开本、封面设计、内文排版和整体风格四个方面进行分析。

（1）本书开本为32开，采用平装，既显得轻巧，又实用、经济、美观，适合篇幅短的图书，携带方便。

（2）封面设计采用了护封与封面相结合的形式。护封使用了略带黄色的压纹特种纸，赋予图书典雅之气。在构图上力求简单大气，封面文案、书名和作者名以及画面中的船形成了三角形构图，令人在视觉上体会到一种稳定之感，在视觉上吸引了读者。同时，小船、流水、微风等元素恰到好处地与文字融为一体，勾勒出一幅游人泛舟湖上的景象，与《浮生六记》中《浪游记快》的内容相呼应。封面使用深蓝色卡纸，伴以流水、微风等元素，封面上的文字只有"浮生若梦、为欢几何"八个字，给人一种飘摇肃穆之感。图书正文使用了略带黄色的胶版纸，延续了护封的沉静色调，使读者尚未细读书中内容，就已经被笼罩在图书朴素典雅的氛围之中。而图书中附赠的书签采用和封面一样的纸张，图形元素、文字字体、纸张材质、颜色布局既相互独立又交相融合。封面设计服务、依存于书刊内容，对内容起到映衬、补充作用。同时，封面设计又要使用它自身独有的元素和艺术语言，创作出和谐完美的作品。就整体来看，这本书的装帧设计师做到了封面设计从属性和独立性的统一。

（3）从排版上看，全书设置了较大的留空空间，行间距相对较大，读者在阅读时不易产生视觉疲劳。《浮生六记》分为译文和原文两大部分，译文部分使用黑色字体，原文部分使用深蓝色字体，这种排版方式让读者在阅读时能够很便利地区分自己阅读的是哪一部分。译文与原文中间以水墨版的《沈复三十年游历图》相隔，既提高了图书的附加价值，让读者了解沈复游玩时的路线图，又调节了读者的阅读节奏。

（4）设计风格简约大方，与本书内容的质朴真实之感相契合。封面上只有作者、译者、书名、出版社名和简单的封面文字，看似内容很少，却在封面的留白之处给人以无尽的遐想。如果将封面文字上移，或者再加一个宣传腰封，这本书的设计就缺乏了它的特色，甚至破坏了整本书的意境。

总体而言，本书在开本、封面设计、内文排版和整体风格上都别具匠心，内容与设计、文字与图片，相互映衬与融合，彰显了图书质朴典雅的气质，符合大众的主流审美，为打开市场奠定了良好的基础。

（六）名人的权威书评

在当前数字化潮流的冲击之下，一本新书不仅要与品种日益增多的纸质图书竞争，还要面临诸多电子图书的夹击，而邀请名人和媒体撰写书评是帮助图书迅速打开市场、赢得竞争的重要方式。书评是了解一本书的窗口，它的主要作用对象是读者。书评的作用主要有以下几点：第一，信息功能，即为读者选择图书提供参考，这就要求它把图书的基本内容介绍给读者，这在一定程度上对图书起到了宣传作用；第二，中介功能，即让读者在阅读行为实施之前有一个心理准备，使阅读具有针对性，这又要求它点明图书的精要所在；第三，导读功能，即当读者在阅读时，对所读图书提供价值判断的参考，引起读者的阅读兴趣，向读者推荐优秀的图书，从而激发读者的购买欲，产生购买行为。自《浮生六记》出版以来，诸多名人从各个角度对其进行评价。中国著名古典文学研究家俞平伯赞其为："一块纯美的水晶，只见明莹，不见衬露明莹的颜色；只见精微，不见制作精微的痕迹。"著名学者、文学家林语堂评价说："我相信淳朴恬适自甘的生活——如芸所说'布衣菜饭，可乐终身'的生活，是宇宙间美丽的东西。在我翻阅重读这本小册之时，每每不期然而然想到这安乐的问题——读了沈复的书每使我感到这安乐的奥妙，远超乎尘俗之压迫与人身之痛苦。"同时，著名主持人汪涵曾多次在节目中提起这本书，并向观众推荐："我们要学会用美的眼光，去发现周遭的一切。"这些书评对《浮生六记》的畅销起到了一定的促进和推动作用。

四、精彩阅读

　　余生乾隆癸未冬十一月二十有二日，正值太平盛世，且在衣冠之家，居苏州沧浪亭畔，天之厚我可谓至矣。东坡云"事如春梦了无痕"，苟不记之笔墨，未免有辜彼苍之厚。

　　因思《关雎》冠三百篇之首，故列夫妇于首卷，余以次递及焉。所愧少年失学，稍识之无，不过记其实情实事而已，若必考订其文法，是责明于垢鉴矣。

　　余幼聘金沙于氏，八龄而夭。娶陈氏。陈名芸，字淑珍，舅氏心馀先生女也，生而颖慧，学语时，口授《琵琶行》，即能成诵。四龄失怙。母金氏，弟克昌，家徒壁立。芸既长，娴女红，三口仰其十指供给。克昌从师，脩脯无缺。一日，于书簏中得《琵琶行》，挨字而认，始识字。刺绣之暇，渐通吟咏，有"秋侵人影瘦，霜染菊花肥"之句。

余年十三，随母归宁，两小无嫌，得见所作，虽叹其才思隽秀，窃恐其福泽不深，然心注不能释，告母曰："若为儿择妇，非淑姊不娶。"母亦爱其柔和，即脱金约指缔姻焉。

此乾隆乙未七月十六日也。

是年冬，值其堂姊出阁，余又随母往。芸与余同齿而长余十月，自幼姊弟相呼，故仍呼之曰淑姊。时但见满室鲜衣，芸独通体素淡，仅新其鞋而已。见其绣制精巧，询为己作，始知其慧心不仅在笔墨也。

其形削肩长项，瘦不露骨，眉弯目秀，顾盼神飞，唯两齿微露，似非佳相。一种缠绵之态，令人之意也消。

索观诗稿，有仅一联，或三四句，多未成篇者，询其故，笑曰："无师之作，愿得知己堪师者敲成之耳。"余戏题其签曰"锦囊佳句"，不知夭寿之机，此已伏矣。

是夜，送亲城外，返已漏三下，腹饥索饵，婢妪以枣脯进，余嫌其甜。芸暗牵余袖，随至其室，见藏有暖粥并小菜焉，余欣然举箸。忽闻芸堂兄玉衡呼曰："淑妹速来！"芸急闭门曰："已疲乏，将卧矣。"玉衡挤身而入，见余将吃粥，乃笑睨芸曰："顷我索粥，汝曰'尽矣'，乃藏此专待汝婿耶？"芸大窘避去，上下哗笑之。余亦负气，挈老仆先归。

自吃粥被嘲，再往，芸即避匿，余知其恐贻人笑也。

至乾隆庚子正月二十二日花烛之夕，见瘦怯身材依然如昔，头巾既揭，相视嫣然。

合卺后，并肩夜膳，余暗于案下握其腕，暖尖滑腻，胸中不觉怦怦作跳。让之食，适逢斋期，已数年矣。暗计吃斋之初，正余出痘之期，因笑调曰："今我光鲜无恙，姊可从此开戒否？"芸笑之以目，点之以首。

廿四日为余姊于归，廿三国忌不能作乐，故廿二之夜即为余姊款嫁。芸出堂陪宴，余在洞房与伴娘对酌，拇战辄北，大醉而卧。醒则芸正晓妆未竟也。

是日，亲朋络绎，上灯后始作乐。

廿四子正，余作新舅送嫁，丑末归来，业已灯残人静。悄然入室，伴妪盹于床下，芸卸妆尚未卧，高烧银烛，低垂粉颈，不知观何书而出神若此。因抚其肩曰："姊连日辛苦，何犹孜孜不倦耶？"芸忙回首起立曰："顷正欲卧，开橱得此书，不觉阅之忘倦。《西厢》之名闻之熟矣，今始得见，真不愧才子之名，但未免形容尖薄耳。"余笑曰："唯其才子，笔墨方能尖薄。"

伴妪在旁促卧，令其闭门先去。遂与比肩调笑，恍同密友重逢。戏探其怀，亦怦怦作跳，因俯其耳曰："姊何心春乃尔耶？"芸回眸微笑。便觉一缕情丝摇人魂魄，拥之入帐，不知东方之既白。

——节选自《浮生六记·闺房记乐》第130~132页

余忆童稚时，能张目对日，明察秋毫，见藐小之物必细察其纹理，故时有物外之趣。

夏蚊成雷，私拟作群鹤舞于空中，心之所向，则或千或百，果然鹤也；昂首观之，项为之强。又留蚊于素帐中，徐喷以烟，使之冲烟而飞鸣，作青云白鹤观，果如鹤唳云端，为之怡然称快。

于土墙凹凸处，花台小草丛杂处，蹲其身，使与台齐；定神细视，以丛草为林，以虫蚁为兽，以土砾凸者为丘，凹者为壑，神游其中，怡然自得。

一日，见二虫斗草间，观之，兴正浓，忽有庞然大物，拔山倒树而来，盖一癞虾蟆也，舌一吐而二虫尽为所吞。余年幼，方出神，不觉呀然惊恐。神定，捉虾蟆，鞭数十，驱之别院。

——节选自《浮生六记·闲情记趣》第150页

傅雷 朱梅馥 傅聪 著

傅敏 编 译林出版社

傅雷家书

书名:《傅雷家书》

出版时间：2016 年

作者：傅雷、朱梅馥、傅聪

出版社：译林出版社

编者：傅敏

一、作者简介

傅雷，字怒安，号怒庵，1908 年生于原江苏省南汇县下沙乡（今上海市浦东新区航头镇），是我国著名的翻译家、作家、教育家、美术评论家，也是中国民主促进会的重要缔造者之一。傅雷早年留学法国巴黎大学。他翻译过大量法文作品，其中包括巴尔扎克、罗曼·罗兰、伏尔泰等名家的著作，尤以《高老头》《约翰·克利斯朵夫》等译作最为著名，共计 34 部，约 500 万字，全部收录于《傅雷译文集》。他所写的关于文学、美术、音乐等方面的文章，共100 多万字，被收录于《傅雷家书》。傅雷先生为人坦荡，禀性刚毅。"文化大革命"之初，他受到巨大迫害，遭到"红卫兵"抄家，又连续受到 4 天 3 夜批斗，经历罚跪、"戴高帽"等各种形式的凌辱。1966 年 9 月 3 日凌晨，傅雷愤而离世，在家中吞服巨量毒药，走完了他悲壮的一生。

朱梅馥，1913 年 2 月 20 日生于上海南汇县城。1932 年，她与著名翻译家傅雷在上海结婚。婚后育有三子，长子夭折；次子傅聪生于 1934 年，留居英国，是一名钢琴家；三子傅敏生于 1937 年，是一名教育家，编辑有《傅雷家书》传世。1966 年 9 月 3 日，"文革"爆发，时局混乱。不堪中，她与丈夫傅雷选择了一死，她为傅雷准备好温水服毒药，为保持尊严将他摆正在沙发上，后撕下床单上吊自尽。时年 53 岁。1979 年 4 月，朱梅馥与傅雷夫妇二人的骨灰盒移入上海革命烈士公墓。

傅聪，世界著名钢琴演奏家，1934 年生于上海一个充满艺术氛围和学术氛围的家庭。傅聪童年时代断断续续上过几年小学，主要是由父亲在家督教。他 8 岁半师从李蕙芳，开始学钢琴，9 岁师从李斯特再传弟子梅百器。1954 年赴波兰留学，师从著名钢琴家杰维茨基教授。1955年3月获"第五届肖邦国际钢琴比赛"第3名和《玛祖卡》演奏最优奖。1958年年底以优异成绩提前毕业于华沙国立音乐学院。1959年起为了艺术背井离乡，浪迹五大洲，只身驰骋于国际音乐舞台，获得"钢琴诗人"之美名。

傅敏，1937年出生于河南林州。傅敏初中毕业后要求报考上海音乐学院附中，而傅雷则坚决不同意。当他的音乐之梦破灭以后，他决定做一个像父亲那样的文学翻译家。组织上格外看重他，保送他到北京外交学院。好景不长，1958年4月30日，父亲傅雷被划为"右派"。1959年秋天，北京外交学院忽然把傅敏作为"代培生"调入北京外国语学院，插入英语系三年级学习。他的外交家之梦，从此彻底破灭了。1962年，傅敏进入北京市第一女子中学任英语老师，在英语教学上渐有名气。1981年，傅敏编辑出版畅销书《傅雷家书》。

二、畅销盛况

《傅雷家书》（下文简称《家书》）自1981年初版面世起即开始畅销，至今已40年，多家出版社出版不同版本200余种。

《家书》曾荣获全国首届优秀青年读物一等奖，还被列为大型丛书"百年百种优秀中国文学图书"之一。此外，《家书》还被收录到中学语文教材：人民教育出版社九年级上册《语文》（旧版）名著导读第二篇为"《傅雷家书》：苦心孤诣的教子篇"、人民教育出版社九年级上册《语文》（旧版）中第二单元第7课收录《傅雷家书两则》（1954年10月2日、1955年1月26日）、山东教育出版社八年级下册《语文》（旧版）第二单元第9课收录《傅雷家书两则》（1954年10月2日、1955年1月26日），以及人民教育出版社八年级下册《语文》（部编版）名著导读第一篇《〈傅雷家书〉：选择性阅读》。

截至 2021 年 6 月 9 日，译林版《家书》在豆瓣读书的评分高达 8.7 分（3 586 人评价），大多数读者对这本书给予了正面、积极的评价。

三、畅销攻略

（一）译林版《傅雷家书》精选本的独特性

译林版《家书》除了家信更加完整丰富，还将傅雷及其家人不同时期的照片收录其中。根据著作权法的规定，《家书》属于汇编作品，傅敏为其汇编著作权人。因此，尽管傅雷的著作权在 2017 年进入公版，其他版本也无权收录这些内容，只有译林出版社拥有傅聪家信、照片、楼适夷初版代序等内容的完整版权，使得本版《家书》背景更加深厚，情节更加完整，人物更加丰满。

其独特性之一，在于此版本收录了傅聪的回信与傅雷家人的照片，并精选出了父亲信 132 封，母亲信 39 封，加之父母遗书，共计 171 封。另外，年逾古稀后，傅聪终于同意将自己的回信收录进《家书》。译林出版社获得傅雷家人授权，将 22 封傅聪家信也收录其中，并对照相应的父母家信，依照写信日期编排成家书精选本。至此，读者眼中看到的《家书》便不仅仅是一个父亲的独白，还能够看到语境更完整、内容更连贯的傅聪与父母相隔万里的情感交流，由父亲"独语"变成了"父子对话"。

独特性之二，在于此版本独家出版了英、法文家书的中文版本。在傅聪和大音乐家耶胡迪·梅纽因的女儿弥拉结婚后，傅雷的家书固定有两封，一封是中文的，交给傅聪，另一封是英文或法文的，交给弥拉。这些信件包含了傅雷对生活的理解，是傅雷人生智慧的生动体现。金圣华教授将英文与法文的家书译成了典雅流畅的中文，而后将其编入本版《家书》。

独特性之三，在于本版的《家书》中增加了楼适夷的序言和金圣华的译注。第一版《傅雷家书》推出时，三联书店邀请傅雷好友之一的楼适夷为其作序，该序言名为《读家书，想傅雷》，主要交代了家书写作时的背景，回顾了傅家的往事，能够帮助读者了解傅雷的思想世界。金圣华女士是著名翻译家，香港中文大学翻译系教授，她长期研究傅雷的翻译作品，了解傅雷家书中英语、法语所表达的微妙意思，因此，为方便读者阅读，金圣华教授将家书中的英语、法语词翻译成中文，以括号形式标注在原文后，使译文灵活而贴切。此外，在有必要增加注释帮助理解的地方，她都精心添加了脚注，使内容更完整。

（二）傅氏父子的名人效应

傅雷是我国著名的翻译家、作家、教育家、美术评论家，一生译著丰富，享誉译坛；而傅聪也是世界著名的钢琴演奏家，二人都具备一定的知名度。

2017 年，傅雷著作进入公版领域，掀起一波"傅雷译作热"，傅雷再一次出现在读者视野中。译林出版社于 2016 年获得傅雷家人独家授权，拥有《傅雷家书》的完整出版权。此次出版的《家书》是傅雷家人出于对内容完整性和权威性的追求，以区别傅雷作品进入公版后他人选编的各种《傅雷家书》版本。

（三）傅敏的不断修订使《傅雷家书》历久弥新

《家书》自 1981 年初版至今已出现 10 余种版本，其中，比较有代表性的有三联书店、辽宁教育出版社、天津社会科学院出版社等出版的《家书》。每一个版本的侧重点不同，都是为了适应当下读者的阅读偏好，给读者们带来了不同的阅读理解与感受。

1981 年三联书店的初版本《家书》共收录书信 118 封，其中包含一封母亲寄给傅聪的信。在作为增补本的第二版中，共增加了 60 封书信，其中包括母亲的中文信件 16 封，英文信件 1 封，以及傅雷寄给傅敏的书信 2 封。

2005 年，辽宁教育出版社的插图增订版《家书》共收录家信 200 封，傅雷写作的书信共计 161 封，其中包含寄给傅敏的信件 3 封，寄给夫人的信件 39 封。收录的家信中，傅雷的 138 封信件和夫人的 38 封信件是中文写作的，其余信件均使用英文和法文。较之既往版本，此版本共新增了 36 封信件，包含父亲的 11 封和母亲的 25 封；补充内容的信件包含父亲的 69 封，母亲的 10 封。此外，该版《家书》以残存的 6 封傅聪家信为前言，楼适夷先生文章为代跋。

2012 年，傅敏借傅雷诞辰 100 周年之际对《家书》重新进行了编选，由天津社会科学院出版社出版。该版本编选傅雷夫妇给儿子的书信共 184 封，其中，傅雷的信件 143 封，母亲的信件 41 封。此版本比较突出的一个特征是其删掉了许多傅雷信中提到的有关现实政治的段落和与儿子聊家常的段落。

本版本是在《家书》全编本的基础上精选出的书信，以傅聪游学打拼经历和恋爱婚恋之路为经纬度。它的最大特点表现在，将傅雷作为父亲的高大形象与严苛态度展现得更为亲切、更为家常。在编辑过程中，傅敏忍痛割爱，删除了傅雷关于文化艺术的长篇独白，尽量挑选日常生活中的内容，展现傅雷"真诚待人、认真做事"的基本原则。本版《家书》更加贴近普通人的生活，它意在告诉读者，傅雷夫妇既是很伟大的父母，也是很平凡的夫妇。

（四）《傅雷家书》内容值得经久流传

辑印在这本集子里的，不是普通的家书。傅雷在给傅聪的信里这样说："长篇累牍地给你写信，不是空唠叨，不是莫名其妙的gossip（说长道短），而是有好几种作用的。第一，我的确把你当作一个讨论艺术、讨论音乐的对手；第二，极想激出你一些青年人的感想，让我做父亲的得些新鲜养料，同时也可以间接传布给别的青年；第三，"借通信训练你的——不但是文笔，而尤其是你的思想；第四，我想时时刻刻，随处给你做个警钟，做面'忠实的镜子'，不论在做人方面，在生活细节方面，在艺术修养方面，在演奏姿态方面"。贯穿全部家书的情意，是要儿子知道国家的荣辱，艺术的尊严，能够用严肃的态度对待一切，做一个"德艺俱备、人格卓越的艺术家"。①

1. 父爱如山，望子成龙

编者傅敏曾在采访中说："在书中，你能看到一个中国传统家长对孩子爱得多么炽烈和真挚。"傅雷在家信中所流露出的对孩子的关爱与期望，即使在今天，其思想性仍具有现实意义，这或许就是《家书》能够畅销并长销 30 多年的原因。

父爱与母爱在表达上是存在巨大差异的。艾里希·弗洛姆在《爱的艺术》中曾说，母爱是无条件的，而父爱是要去争取的。这其实就是"严父慈母"观点的理论依据。孩子在母体内被孕育，这一现实使

---

① 傅雷，朱梅馥，傅聪 . 傅雷家书 [M]. 南京：译林出版社，2016，96.

得母亲天然地将孩子当作自身生命的分化，母亲"爱孩子"，实际上就是"爱自己"，因此母爱更显宽容。但父爱不同，由于缺少体内孕育和分娩的过程，父亲"爱孩子"更像是"爱别人"，通常他会对孩子提出更高的要求，而这种要求往往包含着改造天性的成分。傅雷对于傅聪的严父之情在《家书》中体现得淋漓尽致，这也是读者感兴趣的。

《家书》的首封书信写于 1954 年傅聪离家赴京的第二天，傅雷在信中写道："孩子，我虐待了你，我永远对不起你，我永远补赎不了这种罪过！"家书就是从这里开始，对傅聪的忏悔开始，充满着悔恨。这不是傅雷育子成功的激动，而是对自己身为父亲多年来过度严厉管教的悔恨与愧疚。

与此同时，傅雷开始在信中与儿子傅聪有了更多平等而真诚的交流、沟通。傅雷对傅聪不再是严苛地训诫，而是转变为细微到极致的关怀，想要把自己对音乐、艺术、文化的理解全部讲给傅聪。从思想到心情、从学习到工作、从恋爱到理财、从起居到业余爱好、从穿着到待人接物，傅雷一一过问指点，同时傅雷还就音乐、文学、东西方文化等方面与儿子进行了深入的探讨与交流，深情、博雅而又关怀之至，可以说这是傅雷迫切希望傅聪能够成功、成才的心理，但也可以说这是精神上的"捆绑"。

2. 传统又现代的教育理念

《家书》自问世以来，能够长销不衰、深受广大读者喜爱的原因，不仅在于它对严格的传统教育风格的认可，还在于它对更为科学的现代教育理念的欣赏。傅雷尤其重视对傅聪的传统教育，多次在家信中强调民族观念的重要性，教导傅聪学习中华优秀传统文化，热爱祖国文化。这种教育并非一味地说教，也并非口号式的呐喊，而是通过自己的实际行动，潜移默化地教导着儿子们。

傅雷在与儿子们的通信中，始终保持着平等的谈话态度。他的爱不是盲目的，而是通过保持一种平等的对话关系开始，逐渐提升父子间的对等性，在此基础上，共同探讨人生和艺术，充分体现出共同探究、休戚与共的精神。在如何对待恋爱和婚后生活问题上，父子俩能做到将心比心、坦诚相见，即便遇到意见不和的场景，也能平心静气、畅所欲言。恐怕也正因为如此，傅聪才得以顺利度过恋爱过程并在婚后坚定地承担起家庭的责任。

《家书》中很重要的一点是，在傅雷向儿子傅敏教导的过程中，傅雷一般不给儿子直接的答案，而是采用启发式教育方式，与儿子共同体验和讨论日常生活中的一些问题，培养儿子们的独立人格，而不是像一般家长那样只是单方面向孩子介绍经验，孩子只是被动地被灌输，无法真正理解实际问题。傅雷的启发方式是一种直面困难的体验式经验传授，让孩子与困难"面对面""硬碰硬"，进而再告诉孩子问题的答案。此外，傅雷为了培育孩子们的独立人格与独立精神，将问题的讨论与孩子们的自我反思结合在一起，在这样的有机互动中多次提问，使孩子们形成一种自我体验式的人生观和人生态度。

3. 为人、为学、为生之道

傅雷的教育能够引起读者强烈的共鸣和深入的思考。《家书》中蕴含的亲情之爱、感恩之爱、赤子之爱和博大之爱，正是傅雷引导儿子们不断提升人生境界的过程。在傅雷的人格教育中，特别注重独立人格的培养，始终强调必须对思想独立有一个彻底的认识，人性要向独立、自由的方向发展。

傅雷在与儿子讨论音乐、艺术、人生时，在知识和经验面前，他不是旁观者，而是实践者。父子休戚与共、血脉相连，在生活上共同体验人生，在艺术创作上共同实践去创新音乐。傅雷通过潜移默化的教育方式开导儿子，达到了润物细无声的效果。

心理的健康是为生之道的核心。傅雷再三告诫儿子，人生道路上必定充满了曲折与坎坷，要正视现实、正视困难、正视错误。傅雷在信中写道："人一辈子都在高潮低潮中浮沉，唯有庸碌的人，生活才如死水一般；或者要有极高的修养，方能廓然无累，真正地解脱。只要高潮不过分使你紧张，低潮不过分使你颓废，就好了。太阳太强烈，会把五谷晒焦；雨水太猛，也会淹死庄稼。"[①] 这是在告诫其子要看到挫折的两面性，不能只见其消极面，而忽略了其积极面，应当始终以乐观的精神坦然面对生活中的挫折，以适中的自我期望水平和积极乐观的态度培养自己的人生观。

（五）厚重的装帧设计

书籍的装帧设计作为彰显其内容的物质载体和外在的形式构成，已经成为现代图书构成的一部分。书籍装帧设计除了要具有醒目、别致的封面设计以及吸引消费者眼球的编排以外，还要注重对书籍内涵的表达，以满足读者的多元化消费心理诉求。本版《家书》的装帧设计整体上大气简约，封面颜色采用牛皮纸的颜色，符合读者对书信的认知，同时，具有历史沉淀感和文化底蕴，底纹采用书信的手写版叠印效果，信上盖上了 1954 年 1 月 18 日的邮戳，即第一封信的时间，看上去仿佛是一封信。书脊印有傅雷的印章。在内文版式设计上，页眉显示了书信的年份，版心靠近切口一侧，避免了由于图书厚度导致的阅读体验不佳等问题。插图的位置设置恰到好处，与书信内容相适应，并配字说明照片的拍摄人物及背景。白色腰封上明确标识出"精选本独有傅聪家信和英法文信版权，独家收录傅雷家人照片"等内容，能够直接得到读者的关注。

---

① 傅雷，朱梅馥，傅聪.傅雷家书 [M].南京：译林出版社，2016，56.

四、精彩阅读

一九五四年八月十一日午前

八月一日的信收到了，今天是十一日，就是说一共只有十天功夫。

你的生活我想象得出，好比一九二九年我在瑞士。但你更幸运，有良师益友为伴，有你的音乐做你崇拜的对象。我二十一岁在瑞士正患着青春期的、浪漫谛克的忧郁病：悲观、厌世、彷徨、烦闷、无聊；我在《贝多芬传》译序中说的就是指那个时期。孩子，你比我成熟多了，所有青春期的苦闷，都提前几年，早在国内度过；所以你现在更能够定下心神，发愤为学；不至于像我当年蹉跎岁月，到如今后悔无及。

你的弹琴成绩，叫我们非常高兴。对自己父母，不用怕"自吹自捧"的嫌疑，只要同时分析一下弱点，把别人没说出而自己感觉到的短处也一起告诉我们。把人家的赞美报告我们，是你对我们最大的安慰；但同时必须深深地检讨自己的缺陷。这样，你写的信就不会显得过火；而且这种自我批判的功夫也好比一面镜子，对你有很大帮助。把自己的思想写下来（不管在信中或是用别的方式），比光在脑中空想是大不同的。写下来需要正确精密的思想，所以写在纸上的自我检讨，格外深刻，对自己也印象深刻。你觉得我这段话对不对？

我对你这次来信还有一个很深的感想，便是你的感觉性极强、极快。这是你的特长，也是你的缺点。你去年一到波兰，弹 Chopin［萧邦］的 style［风格］立刻变了；回国后却保持不住；这一回一到波兰又变了。这证明你的感受力极快。但是天下事有利必有弊，有长必有短，往往感受快的，不能沉浸得深，不能保持得久。去年时间短促，固然不足为定论。但你至少得承认，你的不容易"牢固执着"是事实。我现在特别提醒你，希望你时时警惕，对于你新感受的东西不要让它浮在感受的表面；而要仔细分析，究竟新感受的东西和你原来的观念、情绪、表达方式有何不同。这是需要冷静而强有力的智力，才能分析清楚的。希望你常常用这个步骤来"巩固"你很快得来的新东西（不管是技术还是表达）。长此做去，不但你的演奏风格可以趋于稳定、成熟（当然所谓稳定不是刻板化、公式化）；而且你一般的智力也可大大提高，受到锻炼。孩子，记住这些！深深地记住！还要实地做去！这些话我相信只有我能告诉你。

还要补充几句：弹琴不能徒恃 sensation［感觉］, sensibility［情感］。那些心理作用太容易变。从这两方面得来的，必要经过理性的整理、归纳，才能深深地化入自己的心灵，成为你个性的一部分，人格的一部分。当然，你在波兰几年住下来，熏陶的结果，多少也（自然而然的）会把握住精华。但倘若你事前有了思想准备，特别在智力方面多下功夫，那么你将来的收获一定更大更丰富，基础也更稳固。再说得明白些：艺术家天生敏感，换一个地方，换一批群众，换一种精神气氛，不知不觉会改变自己的气质与表达方式。但主要的是你心灵中最优秀、最特出的部分，从人家那儿学来的精华，都要紧紧抓住，深深地种在自己性格里，无论何时何地这一部分始终不变。这样你才能把独有的特点培养得厚实。

关于这个问题，我想你听了必有所感。不妨跟我多谈谈。

其次，我不得不再提醒你一句：尽量控制你的感情，把它移到艺术中去。你周围美好的天使太多了，我怕你又要把持不住。你别忘了，你自誓要做几年清教徒的，在男女之爱方面要过几年僧侣生活，禁欲生活的！这一点千万要提醒自己！时时刻刻提防自己！一切都要醒悟得早，收篷收得早；不要让自己的热情升高之后再去压制，那时痛苦更多，而且收效也少。亲爱的孩子，无论如何你要在这方面听从我的忠告！爸爸妈妈最不放心的不过是这些。

罗忠镕和李凌都有回信来，你的行李因大水为灾，货车停开，故耽误了。你不必再去信向他们提。我认为你也应该写信给李凌，报告一些情形，当然口气要缓和。人家说你好的时候，你不妨先写上"承蒙他们谬许""承他们夸奖"一类的套语。李是团体的负责人，你每隔一个月或一个半月都应该写信；信末还应该附一笔，"请代向周团长致敬"。这是你的责任，切不能马虎。信不妨写得简略，但要多报告一些事实。切不可二三月不写信给李凌——你不能忘了团体对你的好意与帮助，要表示你不忘记，除了不时写信没有第二个办法。

　　你记住一句话：青年人最容易给人一个"忘恩负义"的印象。其实他是眼睛望着前面，饥渴一般地忙着吸收新东西，并不一定是"忘恩负义"；但懂得这心理的人很少；你千万不要让人误会。

——节选自《傅雷家书》第 44~46 页

一个叫
欧维的男人
决定去死

[瑞典] 弗雷德里克·巴克曼 著

宁蒙 译

2016年瑞典年度作家，美国亚马逊作家排行 *No.1*

同名电影提名第 **89** 届奥斯卡最佳外语片

温暖席卷 **44** 国，欧美读者几乎人手一本的奇迹之书

全球销量超过 **730** 万册，上市两年仍位列小说畅销榜 *Top5*
出版后连续 **74** 周制霸《纽约时报》畅销书榜
豆瓣网友 **9.1** 高分推荐，goodreads 超过 **20** 万条满分好评

来，认识一下这个内心柔软，充满恒久爱意的男人

书名：《一个叫欧维的男人决定去死》 作者：[瑞典] 弗雷德里克·巴克曼 译者：宁蒙
出版时间：2017 年 出版社：四川文艺出版社

一、作者简介

弗雷德里克·巴克曼，1981 年生于瑞典赫尔辛堡，曾在大学修读宗教学，但没有毕业，后来曾当过卡车司机、专栏作家、博客作者。2012 年他发表处女作《一个叫欧维的男人决定去死》，一举成名；2013 年他发表的第二部小说《外婆的道歉信》，仅 10 个月内全球销量已突破 150 万册；2014 年他发表的第三部小说《Britt-Marie var här》和 2016 年发表的第四部小说《Björnstad》，均登上了《纽约时报》畅销书榜。巴克曼笔下的故事幽默又充满温情，人物常格格不入但善良有趣，因而广受世界各地读者的喜爱。巴克曼曾当选 2016 年瑞典年度作家，位列美国亚马逊作家排行榜榜首。

二、畅销盛况

《一个叫欧维的男人决定去死》自 2012 年出版至今，版权已卖到 46 个国家，全球销量超过 900 万册，出版后连续 76 周登上《纽约时报》畅销书榜。截至 2021 年 6 月 19 日，在国内获豆瓣 9.2 高分推荐。该书同名电影荣膺第 29 届欧洲电影节最佳喜剧片，提名第 89 届奥斯卡最佳外语片，同时也是瑞典年度票房冠军。

三、畅销攻略

著有《这书要卖 100 万：畅销书经验法则 100 招》的日本出版人井狩春男曾在书中写道："成就畅销书的最后关键在于读者的口耳相传——全由口碑决定。"那么哪些作品能吸引读者阅读，并得到读者的推荐？读者对于不同类型的作品有不同的要求，但精彩的内容和良好的阅读体验必不可少。因此，笔者将从书名、主题、情节、形象、语言、叙述方式和封面设计这七个方面对本书进行分析。

（一）富有悬念的书名

"眼球经济"时代，书名的重要性不言而喻。对于一部作品而言，读者首先接触到的文字内容就是书名，它是读者决定是否翻开看看的依据，也是读者能否记住作品的关键因素。书名兼顾内容创意和营销策划两大方面，既是对图书内容的概括，也体现了策划者对于图书的准确把握。这一点在本书的体现尤为明显。

本书的原始书名是 *En Man Som Heter Ove*，英文版名字是 *A Man Called Ove*，两个版本的书名直译成中文都是《一个叫欧维的男人》，书名缺乏吸引力，让读者不知所云。而中文版的书名改为《一个叫欧维的男人决定去死》，一改原书名中规中矩的风格，增加的这四个字使书名更加新颖，不仅点明了故事线索，而且设置了悬念，吸引读者阅读。修改后的书名虽长，但正如日本出版人井狩春男所说："书名只要独特有力即可，长短都无所谓……重要的是，编辑要制作出'读者只看一眼书名就想一睹为快'的书来！"

（二）温情的主题及背后的反思

当我们谈论一本图书能不能畅销时，首先要看它的主题。小说的主题就是小说通过对现实生活的描绘和艺术形象的塑造所表现出来的中心思想。出版业的畅销书与影视业的商业片类似，它们都面向普通大众，目标受众定位于平民中的大多数。趋乐避苦是人的本能，为了满足读者，畅销书或能使读者精神振奋，或能提供读者所急所需。

本书的主题就符合这一点。

《一个叫欧维的男人决定去死》讲述了一个令人愉悦又令人心碎的故事。欧维，一个 59 岁的古怪老头，每天一大早就四处巡视，检查停车场是否有人闯入，检查垃圾是否按规定分类，再撕掉墙上粘贴的纸条，抱怨生活本不该这样，没完没了。于是他想自杀。直到一天早晨，当一对话痨夫妇和他们的两个女儿搬到隔壁，不小心撞上了欧维家整面外墙。

米兰·昆德拉曾说过："所有时代的所有小说都关注自我这个谜。您只要创造一个想象的存在，一个人物，您就自动地面临着这个问题：我是什么？通过什么我能被捉住？这是一个基本问题，小说这个东西就是建立在它上面。"那么本书建立在什么之上？本书的作者弗雷德里克·巴克曼通过叙述欧维失去妻子后一心求死，却死而不得，最后重新找到生命的意义这一过程，展现了人性中关于爱的美好的一面，比如，欧维与索雅的爱情，欧维与邻居们的友情……爱是畅销书中的基本主题，主人公的自我救赎也是读者所希望看到的。然而除了这种温情、治愈的主题外，作者还通过欧维之口表达了他对现实社会的思考。

"欧维其实并不认为自己无可救药，他只是希望一切井井有条。他觉得做人不能朝三暮四反复无常，就好像忠诚一文不值。如今换东西那叫一个快，怎么把东西造得坚固一点的知识反而显得多此一举。质量——早就没人在乎了……这是一个还没过期就已经过时的世界。整个国家都在为没人能正经做事起立鼓掌，毫无保留地为平庸欢呼喝彩。"无论是在瑞典还是在中国，浮躁与功利仿佛是一场流行性感冒，迅速地感染了每个人，而且我们不知道何时能自愈。人们生活在算计和他人的评价中，"能脚踏实地地做事已经不值一提了"。17 世纪人们讨论"生存还是毁灭"，19 世纪人们关心"战争还是和平",与之相比,我们这个时代思考的问题是多么渺小且不值一提。但它是我们当下面临的问题,即"现在已经没人这么做了——承担责任"。在温情的主题背后,作者的反思同样值得我们注意。

(三)抓人眼球的故事情节

情节即叙事作品中表现人物之间相互关系的一系列生活事件的发展过程,而经典的小说作品往往开篇就能抓住读者眼球。戴维·洛奇曾说:"小说的开始是一个入门界限,它把我们居住的真实世界和小说家想象出来的世界区隔开来。就像俗话说的,它'把我们拉了进去'。"然而随着电影工业、互联网技术和新媒体的发展,"讲故事"不再是小说的专利,阅读的乐趣也不如影视剧来得更快,小说的领地正在被压缩。在如此困境中,小说家如何把读者"拉进门去"?小说作品大致有 5 种开场方式:有介绍故事人物的,有交代故事背景的,有开篇就进入故事情节的,有以简练深刻的话语开篇的,还有以闲谈的方式作为开场白的。本书的开篇也很有特点。

"欧维五十九岁。开萨博。看到不顺眼的人,他会像见了贼一样指指点点,食指宛如警用手电——他就是这种人。"短短三句,清晰明了,既刻画了一个脾气古怪、坚守原则的老头,又展示了小说风趣、调侃式的语言风格。小说的第一章叙述了欧维买电脑的过程。欧维想买一台电脑,用他的"警用手电"在柜台上指指点点,然而和店员的沟通并不顺畅,店员叹气的时间"足够朗诵一篇史诗"。当欧维气得一个店员嘟囔着去吃午饭时,欧维哼了一声,"午饭?如今人的脑子里也就这点破事"。如此一个寻常的买电脑的情景也能一波三折,怎会不抓人眼球?然而除了吸引读者阅读外,《一个叫欧维的男人决定去死》的开篇还有塑造人物形象、与后文相呼应等效果，之后详谈。

　　传统小说理论强调小说叙事和三个基本要素有关，即人物、情节和环境。"文似看山不喜平"，情节作为小说的骨架，要想撑得起整个作品，就不能平铺直叙，总要有一些波澜。戴维·洛奇也曾在《小说的艺术》中谈道："小说是一种叙述体；叙述体，不论利用哪种媒介——文字、影片、连环漫画——都依靠在读者心中激起疑问，并延迟给予答案，来纠缠着读者的心思。"在这方面，本书的"纠缠"就显得张弛有度、扣人心弦。从本书的书名《一个叫欧维的男人决定去死》开始，读者已经知道欧维寻死的意图。在第二章欧维注销了电话号码，退掉了之前订阅的报纸，下定决心在天花板上装个钩子时，读者会意识到欧维决定去死了。然而"正当他沉浸在这个最重要的时刻，一阵刺耳的长长声响无情地把他打断"。新搬来的邻居开着挂拖斗的车撞上了欧维家的外墙。当他终于解决了邻居的问题，装好了钩子后，却因为绳子质量太差而摔在了地板上。之后欧维又尝试了用汽车尾气自杀、卧轨自杀、吞药品自杀和开枪自杀，然而都因为种种原因没有成功。故事随着欧维的自杀计划波动前进、跌宕起伏，读者也对欧维为何要自杀、是否自杀成功感到好奇。随着各个人物之间的矛盾冲突，书中情节的走向既在情理之中，又在意料之外，越发有悬念感。

（四）给人以亲近感的人物形象

　　英国作家E.M.福斯特曾在其作品《小说面面观》中将小说中的人物形象分为圆形人物和扁形人物。圆形人物即人物性格比较丰满，具有立体感，能够表达出人物的复杂性和多面性的形象。反之，扁形人物则是围绕着单一的观念塑造，有类型化的特点，常见于篇幅较短的作品或长篇作品中的配角形象。本书的主人公欧维是典型的圆形人物。作者是如何塑造欧维这个形象的？最为常见的介绍人物的办法就是描述人物的外表，并对他的生平进行概括，然而用这种平铺直叙的方法塑造出的人物形象并不容易给读者留下深刻印象。现代小说家通常倾向于让人物的细节信息慢慢地通过多变的行为与话语浮现出来。本书的作者正是这样做的。

本书的开头是"欧维五十九岁。开萨博"。作者并没有对欧维的外表或身份进行过多的描写，仅仅介绍了他的年龄和他开的车。读者初读时可能会忽略"开萨博"这个信息，然而随着阅读的深入，读者会发现"萨博"是欧维固执与专一的象征。这样的开头虽然简短，但信息量丰富。开篇第一章描写欧维买电脑的经过是作者塑造主人公欲扬先抑手法中"抑"的部分。小说开篇，欧维是一个满腹牢骚，爱对他人指指点点的"讨人嫌"形象，他在小区巡逻、赶走流浪猫、管闲事、抱怨社会……他存在的意义似乎就是和所有人过不去。这样的人物形象很普通、很典型，能让读者立刻产生联想。对于本书来说，作者塑造的人物形象能让读者联系到自己身边的人，就达到了与读者构建亲密联系的效果。

阅读本书可以发现，小说中有大量重复的词组、句子和语段。小说中对欧维的起床时间的描述就有"6点差一刻，他准时醒来""欧维在差一刻6点的时候起床""现在，6点不到一刻钟"，等等。此外，重复的叙述还有煮咖啡、巡逻、关掉暖气片、更换不同型号的萨博，等等。这些反复不仅仅可以塑造主人公欧维固执、有原则的性格，还强调了索雅对于欧维的重要性和索雅与欧维之间的爱情，"只要索雅在，生活就有规律"。

除此以外，欧维交还捡到的巨额钱款，不在背后说人闲话，冲回火场救人而失去自己的房子，帮助遭受家庭暴力的男孩吉米，收留因性取向被赶出家门的米尔莎德，"他对正义、道德、勤劳以及一个对错分明的世界深信不疑。并不是因为这样的人会赢得奖牌或证书，或者会被别人拍拍肩膀说声好样的，而是这样处世的人不多了"。虽然他每次都不善言辞，但正如书里所说的"一个人的品质是由他的行为决定的，而不是他所说的话"，这些情节塑造了一个正直、富有同情心的欧维。这样的欧维与抠门的欧维、坏脾气的欧维、刻薄的欧维并不矛盾，这不仅仅体现了其性格的多侧面性、性格构成因素的多层次性，并且体现了人物性格的发展性。而这三点正是反映圆形人物性格丰富性的三方面。也正是这样正直、善良又有小缺点的人物形象更加贴近生活、贴近读者，使读者对此产生亲近感。

（五）风趣的语言和传神的翻译

以语言为媒介把握现实生活、表现主体的思想感情，是文学的基本特征。与其他诉诸视觉和听觉的艺术相比，文学的形象性和生动性并不直观。但是文学也因此获得了自己的天地，一个依靠语言引发的想象而创造出来的艺术世界。作为感知文学作品的唯一途径，语言和翻译就显得尤为重要。

幽默风趣的语言是本书的一大特点。例如，描写欧维对一个厌烦的女邻居的印象："整天穿着跟扳手一样高的高跟儿鞋在小区里晃悠得像只喝高了的大熊猫，脸画得跟脸谱似的，戴一副硕大的太阳镜，大得你都不知道该管它叫眼镜呢还是叫头盔。"读过这段话，读者对这位女邻居都会有具象的认识，而且通过这段描述，也能从侧面反映出欧维古怪、刻薄的一面。

另外，语言上的变化也能细腻地传达思想感情，表现人的心理活动。例如，书中描写欧维对小区的流浪猫的态度。欧维与猫咪第一次相遇时，"欧维寻思着要不要朝它砸个木屐什么的。猫咪一脸晦气，心想没有木屐给他抽回去。"当欧维被迫收留猫咪，给猫咪穿上袜子后，"猫咪自己站在那儿，好奇地端详着自己的新扮相，反倒突然洋洋自得起来，就像它要端起手机自拍上传博客似的。"欧维虽然暂时收留了猫咪，但心里并没有接受它，于是他把猫咪吼了出去，同他一起巡逻。而当欧维与猫咪相处了一段时间，内心认可了猫咪的存在后，他在夜晚想用猎枪自杀时意识到枪响会把猫咪惊醒，会吓坏它的。于是他打开收音机，认为"如果猫被响声惊醒，大概会以为这只不过是收音机在播放时下流行的时髦音乐，然后就接着睡去了"。作者并没有直接写出欧维对猫咪的态度变化，而是用这种不明显的方式暗示，幽默而又不直白，正符合欧维古怪、别扭的性格。

文学作品要想走向世界，必然要经过翻译。英国翻译理论家彼得·纽马克将文本类型划分为3种，即表达型文本、信息型文本和呼唤型文本。表达型文本往往使用夸张、比喻、拟人等文学修辞，以及一些带有个人印记的词语和句型，以表明作者的态度、情感、价值取向等。很显然，小说属于表达型文本。为了使译文产生与原文同样的效果，翻译过程中对原文内容进行增补，进行具体化的阐释，就变得必不可少。例如，第二章里有这样的描述："但欧维已经付清了房贷，自食其力，上班。一辈子从来没有一天病假，一个萝卜一个坑，承担一份责任。"这里选择"一个萝卜一个坑"这种常用俗语，生动地表现出了欧维的责任感，也使文本内容与中国读者的语言环境更为贴近。

（六）独特的叙述结构

关于叙述结构，戴维·洛奇有个形象的比喻："叙述结构就像支撑起现代高层建筑物的主梁：你看不到它，但是它的确决定了这栋建筑的外形与特色。"我们最常见的叙述结构就是"发生—发展—高潮—结局"，在故事框架的 4 个环节之中存在着大量的空隙和事实上的停顿，这种方式常常导致读者在阅读中跳过了中间的许多章节。那么，该如何解决这一问题？格非在《小说叙事研究》中提道："作家的幽默感和丰富的知识可以暂时地弥补存在于传统故事叙述中的这一缺陷，但这毕竟不是长久之计。"更多作家面对这一问题时，选择将故事进行拆解和重组，用一种新的方式重新组合在一起。毕竟小说的艺术是一种结构的艺术，是对生活的"时间统一性"的破坏和重组。在这方面，本书的作者也采用了这种方式。

从书名可以知道欧维寻死是一条主线，作者围绕这一主线，用插叙的手法交代了欧维的成长经历、与索雅的爱情故事和与老邻居鲁尼的故事。正如书中所说："每个人的生命中总有那么一刻决定他们将成为什么样的人。你不了解那个故事，就不了解那个人。"随着作者补充的内容的增加，读者了解到欧维的不同方面，进而对开篇塑造的古怪固执的主人公形象有了不同的理解。

格非曾在《小说叙事研究》中谈到过："对于具体的小说作品而言，自古以来，小说美学对于故事的'整一性'有着极高的要求，这种整一性要求故事的结构形式统一和完整。"前面我们提到了本书的第一章叙述的是欧维买电脑的过程，继续看第二章、第三章似乎与买电脑并无关联，买电脑事件似乎只是一个小插曲。然而看到第三十八章（全书共四十章），欧维送给邻居家的小女孩一台电脑时，我们会发现原来第一章并不突兀，本书情节的首尾是这样联系在一起的。此外，本书的开头是"欧维五十九岁，开萨博"。这一信息极容易被初读者忽略，然而当读者读到故事的结尾处，邻居领一对新婚夫妇看房子，当谈到男孩开什么车时，"男孩第一次放松下来，嘴角露出一丝无法察觉的微笑，那双直视着她的眼睛里充满难以抑制的骄傲，这种骄傲只有一个词可以表达：萨博"。故事的开始和结尾相呼应，形成了一个完整的结构，能够满足人们喜欢刨根问底的心理，使读者从故事的结局中得到审美的愉悦。

（七）配合宣传的封面设计

在书店里，一本书的装帧和书名对销量有很大影响。现在网购盛行，一本书的封面能否在众多图书封面中脱颖而出也尤为关键。日本出版人井狩春男认为成为，畅销书的图书在颜色的选用上都有共通性，都选用所谓的暖色系。而本书的封面却选用了同名电影中主人公欧维的背影，凸显欧维的孤独之感，可以吸引看过电影的读者的注意。

封面的三分之二是蓝天，色调偏冷，于是搭配橙色的书名和腰封。橙色，一方面在视觉上能更加吸引读者注意力；另一方面，也突出了腰封文案。说到腰封文案，因为本书由瑞典作家创作，并不为国内读者所熟知，因此文案重点突出本书在全球范围内的影响力，包括"同名电影提名第 89 届奥斯卡最佳外语片""温暖席卷 44 国，欧美读者几乎人手一本的奇迹之书"等。腰封文案内容排版错落有致，重点突出，能起到吸引读者阅读的作用。

四、精彩阅读

欧维在差一刻到六点的时候起床。给他的太太和自己沏上咖啡。四处检查暖气片，确认太太没有悄悄把它们又打开。它们当然都和昨天完全一样，但他还是把它们的旋钮又调低了一挡。以防万一。

客厅里，仅剩六个挂钩没挂她的衣服，他从其中一个钩子上取下自己的外套，出门巡逻。记录车牌号，检查车库门。他注意到天开始凉了起来。快到把蓝色秋季外套换成蓝色冬季外套的时候了。

他总是知道什么时候会下雪，因为一到时候，他的太太就会开始念叨要把卧室暖一暖。疯了，每年这时候欧维都一口咬定。电力公司老板休想因为一点季节更替的小事就坐享其成。暖个五度，一年就得多花几千克朗，这个欧维算得出来。所以每年冬天他都会从阁楼上取下那台他在跳蚤市场上用一台老式留声机换来的柴油发电机，然后接上以清仓价三十九克朗买来的暖风机。用发电机启动之后，暖风机能在欧维安装的小电池上跑上半个小时，这样欧维的太太就能在躺下睡觉前让靠自己这边的床暖和上几次。不过欧维还是叫她不要太浪费，柴油也不是白给的。太太就像往常一样，点头表示欧维说的有道理。然后整个冬天，她都会趁他不注意，偷偷把暖气片打开。每年都是这样。

——节选自《一个叫欧维的男人决定去死》第 25 页

"昨天我答应来却没来，你一定生气了吧。"他喃喃道。

她不作声。

"整个小区都快变成疯人院了。"他替自己辩解。

"一团糟。如今还得亲自出去替他们倒拖斗车，连挂个钩子的工夫都没有。"他继续争辩。

他清清嗓子。

"天黑就不能挂钩子了，你明白的。这样就不知道灯什么时候灭了。电表就这么一直跑，可不行。"

"家里没有你，简直乱了套。"

她没有回答。欧维用手指拨弄着花瓣。

"你不在家，一个人整天在这房子里转悠一点都不自然。我就想说这些。这日子没法过了。"

她连这话都没有接茬。

他点点头，递上鲜花好让她看见。

"粉红色，你喜欢的。温室栽培。店里的人管它叫'常年花'，我他妈才不信呢。这么冷的天，它们显然会被冻死，店里的人也承认了，不过他们这么说只是为了推销更多垃圾给你。"

他看上去就像在等待她的认可。

"他们还有藏红花炒饭。"他低声说。

"我说的是新邻居。外国人。吃藏红花炒饭过日子。不知道这有什么好处。吃土豆烧肉不好吗？"

又是沉默。

他默不作声地站在那儿转着手指上的婚戒，仿佛在寻找新的话题。引导谈话方向这活儿对他来说还是太痛苦。这本来就是她的专职之一。他负责回答。现在这种新情况，他们俩都还得适应。最后欧维蹲下身，把上周插在那儿的旧花又挖出来，小心翼翼地塞进塑料袋。插上新花前翻动了一下冻僵的泥土。

"电费又涨了。"他站起身后告诉她。

然后他只是双手插兜站在那儿看着她，最后他小心地把手搭在那块大石头上，温柔地从这端轻抚到另一端，仿佛轻抚着她的肌肤。

"我想你。"他低声说。

六个月前，她去世了。但欧维还是每天两次走遍所有房间，摸摸暖气片，看她有没有悄悄把它们打开。

——节选自《一个叫欧维的男人决定去死》第 32 页

他们把钱包放到失物招领处时，柜台里坐着的女人不敢相信自己的眼睛。

"它就这么躺在地板上？你们没看见个包什么的？"她问。欧维困惑地看看父亲，但父亲只是沉默地站着，欧维就照做了。

柜台里的女人对这个反应挺满意。

"没多少人会把这么多钱交出来。"她边说边冲欧维笑。

"有脑子的人也不多啊。"父亲简短地说，然后拉上欧维的手，脚跟一转，回去工作了。

沿着铁轨走出几百米远后，欧维清了清嗓子，鼓起勇气问父亲为什么不提汤姆拿走的手提箱。

"我们不是到处讲别人闲话的人。"父亲回答。

欧维点点头。他们沉默地继续前进。

"我想过要把钱留下来。"欧维终于悄悄地说出口，还把父亲的手握得更紧一些，就好像害怕他会把手甩开。

"我知道。"父亲说，也把手握得更紧。

"但我知道换了你一定会把它还回去，而且我知道汤姆这样的人是不会这么做的。"欧维说。

父亲点点头。一路无话。

欧维要是那种总是回头想一想自己是何时变成了现在这样的人，他大概会归结，就是那天，他学会了明辨是非，但他并不是那种人。他记得，从那天开始，他决定尽可能做个和父亲一样的人，这样他就很满足。

——节选自《一个叫欧维的男人决定去死》第 40 页

书名：《退步集》　　　　作者：陈丹青
出版时间：2005 年　　　　出版社：广西师范大学出版社

一、作者简介

陈丹青，1953 年生于中国上海市，毕业于中央美术学院画家、文艺评论家、作家。1970—1978 年至赣南、苏北下乡插队，1980 年以《西藏组画》震动中外艺术界。2000 年，陈丹青回国并受聘于清华大学美术学院，担任教授及博士生导师，后因难以认同中国大学体制而辞职，其举引起社会争议。除了在艺术上有所造诣，陈丹青也是一位多产的文学作家，已出版《退步集》《退步集续编》《多余的素材》等书。

二、畅销盛况

2005 年，《退步集》由广西师范大学出版社出版，这本收录了陈丹青归国近五年来部分访谈及评论作品的散文集，以大胆辛辣的文风闯入了人们的视野当中，其讨论话题包含政治、城市、教育以及美术等多个领域。在《退步集》出版之前，陈丹青出走清华大学美术学院的消息引发社会热议，辞职原因是其本身与美院内部的教育方式、行政举措难以相适。因此《退步集》甫一出版，便一时间引起了大众、纸媒以及文化工作者等多方探讨。《退步集》曾获得一系列优质奖项：2005 年，获得《新周刊》新锐榜年度图书奖，《新周刊》评此作品为："画家陈丹青的杂文访谈集萃。该书辑录陈丹青归国五年来的部分文字，话题涉及绘画、影像、城市、教育，自云'退步'，语涉双关，始末可理解为对百年中国人文艺术领域种种'进步观'的省思和追询。作者的文字观察敏锐，细节刻画尤其生动。"2007 年，《退步集》获得国家图书馆文津图书奖。

自 2005 年至今，《退步集》的销售热度依旧不减。长年以来，《退步集》始终占据各大网络书店榜单，而在各类网络优质书单推荐中也能常常见到这本书的身影。其长销现象背后的原因，是陈丹青的文字与对现实的批判能够深刻地在读者的心中敲响共鸣的钟声，且经久不衰，屡屡能够激荡起不同时代读者的回响。

三、畅销攻略

从 2005 年至今，《退步集》始终在各大图书销售网站的排行榜中有着一席之地，成为代表广西师范大学出版社文化面貌的重要图书之一，说明《退步集》不仅在一开始便得到认可，且经受得住时间的考验。有关《退步集》畅销原因的分析，本文将从四个方面阐述。

（一）作者的个人魅力

作者的影响力是构成消费者购买动机的重要因素之一，对作者的了解、好奇以及与作者"交流"的渴望使得消费者们乐意为他们欣赏的作家掏腰包，具有一定社会影响力及个人魅力的作者本身就能够作为出版社保证销量的底气。当下，我国出版产业正迅速兴起的围绕某一作家个人打造全媒体 IP 产业链的出版思路便是基于这一原因。

《退步集》的畅销，与作者本身的个人魅力不无关系。陈丹青的个人魅力可以从他的三个身份说起，即画家、批判者和作家。

首先，作为作家的陈丹青，还有着另一个更为瞩目的身份——画家，准确来说，陈丹青先是一个画家，然后才是一个批判者和一个作家。"文化大革命"时期，他作为下乡知青依然坚持自学绘画。20 世纪 80 年代，他共 7 幅的油画作品《西藏组画》，在国内外引起了强烈反响。批判现实是陈丹青的画作留给大众的第一印象。正如他的肖像照一样：穿着一身的黑色，一双含怒的大眼睛透过圆眼镜直视着对面，嘴唇紧紧抿着。也正是凭借《西藏组画》，陈丹青在中国的艺术地位开始受到认可，逐渐走进公众的视野。

其次，陈丹青是批判者。继《西藏组画》后，陈丹青再一次身处舆论中心是在 2004 年，即《退步集》出版的前一年。这一次，他的身份是清华大学美术学院的离职教授。

最后，陈丹青是作家。陈丹青的文笔辛辣锋利，对美术研究、文学评论皆有涉猎，具有鲜明的个人特色，是一位受到大众认可的作家。以豆瓣读书为例，读者对陈丹青文学作品的评分平均稳定在 4 星以上（满分 5 星）。如果说最初一批购买《退步集》是基于其话题人物身份的影响而购买此书，那么在 2005 年后的读者们，则更多是基于对作者的信赖而购买。

（二）内容有锋芒，是对时代的追问

针砭时代，有所反思，是《退步集》吸引读者眼球的另一原因。《退步集》收录的是陈丹青在 2005 年以前的约稿、发言、访谈及评论等，共编辑成六大部分，为绘画、访谈、城市、评议、影像和教育。选取其中几篇文章的题目，不难看出陈丹青对中国发展现实的深刻反思：《摄影在中国》《城市建设与历史记忆》《建筑设计与行政文化》《媒体、大众与神话》《消费不是奢侈》《绘画、图像与学术行政化》。为什么这些话题能引起社会的震动与共鸣？在这里，我们不妨以时间划分的方法，通过对 1978 年到 2005 年的《退步集》出版前时期以及 2005 年到 2018 年的《退步集》出版后时期的简述，来对《退步集》所引起的时代共鸣进行分析。

1978年我国改革开放，中国的历史从此翻开了新的篇章。高楼平地而起，城市化进程飞速加快。另外，在此前一年我国正式恢复高考制度，掀起了人才选拔的热潮。从1978年到千禧年初，我国的社会生活发生了翻天覆地的变化。20世纪80年代中国文化理论界掀起思想浪潮，争鸣不断，我国不少边缘性及交叉性学科也在此时诞生和逐步发展成熟。在这一过程中，理论问题落地为实践问题，探讨主体亦从小众的文化学者们下移至普通大众。对城市规划、教育制度等新时代话题的追问和迷茫成为大众舆论的焦点。《退步集》的出现正与大众的迷茫相契合，换另一种说法，读者们正需要这样一部作品的出现。

2005年到2018年是中国互联网迅速发展的时间段。随着互联网社区的崛起，以博客和微博为代表的网络社交空间成为公民舆论的主阵地，对民主、教育、城市、社会文化等话题的讨论如火如荼。我们可以看到，《退步集》在不同的社会背景下，不但没有为时间所淘汰，反而历久弥新。总览其内容，并不是对某一特定历史时期某一特征的小打小闹，而是对大量长久以来存在于中国的社会问题进行历史和现实的追问。

中国的教育问题以及中国学生是陈丹青书中重点关注的对象，也同时是经久不衰的社会议题。从《退步集》《退步集续编》再到《荒废集》，读者们能够发现对教育的反思以及对青年学生的指导和关爱是陈丹青始终贯一坚持下来的关注焦点，他在作品中多次提及与年轻人的交流对话，并从中生发出对通识教育的回归呼唤以及对实用教育的强烈批判，对陈丹青教育思考有研究探寻之心的读者们，不可能避开《退步集》一书，因其在写作过程中同样伴随着思想的成长。这一个性化的坚持以及其背后所具备的社会意义也推动了《退步集》一书由畅销转为长销。

（三）书名与封面的不俗

　　加拿大莫塞克出版社社长霍华德·阿斯特曾说过一句话："八秒钟就能够决定一本书的生死。"这句话背后是否存在着强有力的数据支撑，还是仅仅是个人出版经验的总结，我们不得而知，但至少提供了这样一个事实：在一家书店（不管是线下还是线上），消费者的注意力很有限，在不了解作者和内容的前提下，他们决定是否要购买一本书所需要花费的判断时间是极短的。这牵扯到的便是书籍的外表，即书名、书腰及封面等能够给读者提供直接信息的要素。在这里，我们仅对封面与书名展开讨论。

　　《退步集》采用平装版本，深墨蓝色的纯色封面上，于右上方印刷有银色毛笔字体的"退步集"3个字，除此之外别无其他。这其中经历了小小的调整：在最初印刷的几版中，右下方还印刷着灰蓝色的陈丹青人物剪影，而在后续至今的版本中，这一剪影被转移至书腰之上，使得封面达到了极致的简单，书的风格以朴素、低调为主。这一封面设计一直延续至今，很重要的一点便在于纯色耐得住不同时期审美的考验，也正因此，《退步集》的封面成为一个经典的形象，使人印象深刻。

　　《退步集》的书名取"退步"二字，作者在《退步集》开头的自序中解释了这一原因：在某一次与年轻人的座谈中，他收到了一张匿名的年轻人写的字条，上面写着："陈老师，你这样说来说去有什么意思呢？你会退步的！"这句话令陈震动不已，他写道："我真心谢谢这位匿名的年轻人。我虽不曾怎样进步过——广义而言，'进步'之说原本即可疑——但我因此记住了'退步'两个字，顺便移来作题目，送给这本书。"知名词作家林夕曾表示，"退步"这一书名令他心有戚戚。林夕说："大部分人都患上了进步强迫症，忘了顺其自然，让目标若有若无……"书名是一本书最直接的表意符号，是什么在"退步"？"退步"二字暗示了与现实中所谓"进步"概念之间存在着某种模糊不清的矛盾隐喻，令读者浮想翩翩。如今，"丧文化"在社会人尤其是年轻人中备受欢迎，用消极厌世的态度消解身份和地位的焦虑成为当今社会人宣泄压力的主要方式，"退步"这一颇具负面影响的标题恰逢其时地击中了时代焦虑的患者们的敏感点，是新时代的社会文化成为了《退步集》以持续畅销的土壤。

（四）作品联动刺激销量

除作品本身所激发的购买欲之外，《退步集》与陈丹青其他作品联动所产生的购买刺激同样值得一提。除《退步集》外，广西师范大学出版社先后出版多部陈丹青的作品，包括《退步集续编》《纽约琐记》《草草集》《多余的素材》《无知的游历》《谈话的泥沼》《笑谈大先生》《荒废集》《陌生的经验》，均取得不错的销量成就。

以 2007 年 4 月出版的《退步集续编》与《退步集》的关联为例。作为《退步集》的延续，这本书甫一上市便备受关注，登上各家书商销售排行榜前列，在豆瓣上读者评价颇高。《退步集续编》的出版畅销直接刺激了《退步集》的销量，通过《退步集》认识陈丹青的读者不少会选择继续购买《退步集续编》，而购买了《退步集续编》的新读者们反过来又会对《退步集》产生好奇，如此良性循环，也推动了《退步集》长期稳定的销售状况。

除图书作品之外，陈丹青还参与跨界合作，主持解说艺术类网络节目。近年来，由公共知识分子所主持的文化普及类网络节目受到了观众们的青睐，以高晓松、梁文道及窦文涛等学者所主持的《晓说》《圆桌派》等为代表的文化脱口秀节目纷至沓来。2015 年和

2018 年，陈丹青主持由土豆和理想国合作打造的《看理想》节目之一《局部》，高质量的艺术作品讲解及独到有内涵的解说风格使得《局部》广受好评，再次将陈丹青推向大众视野。

陈丹青其他出版作品与节目作品所形成的影响力，对《退步集》的销量颇有贡献。目前，网上书店逐渐开始采取将同一类图书或同一作家图书放在同一页面销售的联动举措，对于刺激销量大有裨益。

（五）成功的品牌塑造

图书的品牌，往往成为读者选择购买的品质保证。根据现代营销学之父、经济学教授菲利普·科特勒的看法，品牌"是销售者向购买者长期提供的一组特定的特点、利益和服务的允诺"。品牌形象的树立，有利于企业与消费者形成良好、稳定而长期的买卖关系。因此无论是在什么样的领域，打造品牌，使其形成值得信赖的企业形象都是企业工作的重要组成部分。

《退步集》的出版者广西师范大学出版社，近年来在业内及更广的社会领域塑造了精准的人文社科图书出版者的形象。其创办的图书品牌"理想国"，以"想象另一种可能"为口号，旗下作家包括陈丹青、许倬云、朱赢椿等，出版了大批精美优质的社科人文图书。而创始于 2013 年的另一文化品牌"新民说"则以"成为更好的人"为理念，出版关注历史现实、关注公民道德成长过程的相关书籍。广西师范大学出版社集团社长何林夏说，他们希望提供一个"交流的平台，尽量包容百家，让不同观点都有展示的机会"。在这里我们可以顺带一提"新民说"的品牌理念发端——"新民说"三字取自梁启超于 1902 年至 1906 年发表在《新民丛报》的政论文章，在文章中他提出了振聋发聩的"少年强则中国强，少年富则国家富"宣言，强调了青年人的重要性，而这一点也正与陈丹青的《退步集》中对青年人的关注理念相契合。

如今，广西师范大学出版社成功地在大众读者心中构成了坚固的品牌质量信赖感。因此，由广西师范大学出版社出版的《退步集》也使得消费者产生了品牌信赖的情感，读者对广西师范大学出版社形象的好感同时投射到《退步集》之上，这也成为推动《退步集》销量增加的一大原因。从某种意义上来说，这里的品牌塑造与上文所介绍的作品联动有着相辅相成的关系，陈丹青的《退步集》除了能与自身的作品产生联动，还能够与广西师范大学出版社所建设的品牌作品产生联动。

（六）总结

《退步集》初版出版的 2005 年，网络渠道远不如今天这样发达，全媒体运营的概念尚未形成，而这本书的畅销能够一直延续到今天，靠的不是成功的产业链开发，更多是依靠其扎实的内容以及广大读者的口口相传。以豆瓣读书中《退步集》的词条为例，截至 2021 年6 月，已超过 2 万人评价，豆瓣评分 8.1，是读者们对《退步集》内容的认可；有关《退步集》的短评共计 4 700 余条，长书评近 300 篇，对该书的文章进行了高度赞扬。正如《退步集》责任编辑刘瑞琳所言，陈丹青的《退步集》"克服了这个时代"，其成功通过时间的考验，是优质畅销书转为长销书的最佳例证。如何判断一本书是否具有长销的潜力，或者说如何促成一本书从畅销转为长销，我们能够从《退步集》的案例中得到以下启示：

1. 经得起时间考验的优质内容是长销书的根本

在每一个历史时期，都有为了迎合时代而创作的畅销作品。它们在某一个时间段满足了读者的阅读需要，但由于内容浮浅，最终被冲入历史的浪潮中，不为人知。最具有代表性的便是 15 世纪至 16 世纪流行于欧洲的骑士小说，这类以骑士贵族为主要描写对象的文学作品，通常描写主人公孤独骑士与美人之间的浪漫爱情故事，在一段时间内确实受到各阶层读者的追捧，如《阿马迪斯·德·高拉》《骑士西法尔》《埃斯普兰迪安的英雄业绩》等，都是名震一时的畅销小说。但由于这类小说的内容大量重复且流于俗套肤浅，艺术价值低，最终为历史所淘汰，反倒是 17 世纪由西班牙作家塞万提斯创作的反骑士小说《堂吉诃德》传世至今。这部经典作品描写了普通平民阿隆索·吉哈诺由于沉迷骑士小说而做出种种匪夷所思行径的故事，揭示了不切实际的理想与现实之间的残酷矛盾，并通过现实主义写作手法构建了一个充满殖民色彩的故事背景，更重要的是，为我们留下了堂吉诃德和桑丘这两个极富特点和争议的文学形象，其文学地位及社会意义在当代语境中依然饱受肯定。

《退步集》的内容，虽不及《堂吉诃德》卷帙浩繁的几十万字，但却是作者陈丹青在千禧年前后几年、社会巨变时期的敏感反应。文中所揭露的各种社会问题并不是特殊矛盾，而是在每一个历史发展时期都可能遇到的普遍症结，其笔下所写文字，虽然已过去 10 余年，却依旧无比动人、引人深思，这便是《退步集》成为长销书的根本原因。

2. 抓住有"符号"潜力的好作家

读者群的培养、稳定销量的保证离不开作者本身的影响力。一般来说，在同等条件下（作品文字水平、题材、篇幅、装帧等），有知名度的作家作品销量要高于不知名作家。所谓具有"符号"潜力的作家，即指有独特个人写作风格和个人理想信念，在读者心中具有丰满形象的作家，最明显的便是治病救人施烈药的鲁迅。陈丹青虽不可与鲁迅比肩，但其文章言辞之激烈、心绪之恳切，以及他身为画家所具备的审美眼光和丰沛学识，都使得他在大众心中更为立体，以至到今天他本身成为一个类似"符号"的存在，使作品得到肯定。

面对这种作者，出版社要坚持与他们维持关系，抓住与他们长期合作的机会，我们不妨展开详述陈丹青与《退步集》责任编辑刘瑞琳之间的合作情谊。刘瑞琳是"理想国"品牌的创始人，曾任山东画报出版社副总编。2002年，还在山东画报出版社的她找到了刚归国不久的陈丹青，非常认可陈丹青作品中的社会价值及文学价值，并出版了陈因为"敏感原因"而屡屡被拒的作品，即《多余的素材》。在后来长达10余年的时间里，两人始终保持着良好而坚定的合作关系，陈丹青甚至曾放言刘瑞琳"就是我的出版社"。这种被作者欣赏和绝对信赖的机会非常珍贵难得，一旦被出版人所遇到，一定要紧紧抓住。陈丹青实现了他的承诺，他此后近20年在大陆出版的几乎所有作品都由刘瑞琳负责，因此使这些出版物无论从文章风格还是装帧风格都保持了一贯性，为读者购买甚至收藏提供了极大的便利。

3. 产品繁衍很重要

当某部作品取得了一定的市场号召力后，出版社不可以任其发展，而是要乘胜追击，在保证质量的情况下推出同类型图书，甚至打造出系列品牌，实现抢滩市场的目标。

《退步集》出版几年后，陈丹青又先后出版《退步集续编》《笑谈大先生》《荒废集》《草草集》《谈话的泥沼》等，这为陈丹青的作品形成长销优势做了不错的铺垫。这样的优秀案例在出版界中不胜枚举，以商务印书馆的"汉译世界学术名著丛书"为例，作为商务印书馆最负盛名的社科学术丛书品牌，该丛书从20世纪80年代开始编辑，翻译出版几百种各国优质学术作品，其对作品的悉心选择以及高水准的翻译成品，使得该丛书成为商务印书馆编辑智慧的结晶，为我国读者拓宽视野、了解国外先进学术思想作出了重要贡献，在出版界具有划时代的价值地位，也是我国社会主义精神文明建设道路上光辉灿烂的一笔。《退步集》以及其后续作品的连贯发展和"汉译世界学术名著丛书"的精彩事例无不启示着我们：繁衍产品，实现可持续发展的重要性能够大大提高畅销转长销的潜力。

4. 不过于迷信"营销第一"

随着转企改制的完成，出版社经营自负的共识已然形成，出版物的营销已经逐渐成为各出版社最为重视的出版环节之一，一些编辑甚至养成了"文稿未到，营销先行"的出版习惯，本文认为，这其实是一种在经济效益与社会效益的选择中均衡失当的表现。作为保证经济效益的重要条件之一，对营销的重视有其合理性及正当性，但出版业始终是文化创意产业，其产品有着"既是精神产品又是物质产品"的特殊性，这要求出版人要对自己的工作负责，首先就要对作品的内容进行鉴定评价，判断其品质优劣后再制订后续的营销和推广计划。

《退步集》没有大张旗鼓的宣传，没有铺天盖地的造势，其畅销乃至长销的背后并非以营销为第一功劳，而更重要的是扎实深刻的作品内容。不过于迷信"营销第一"，同样也是出于成本的考虑。一些不错的作品，本来可以获得较好的收益，却因为责任编辑强调营销而付出了大量成本，纵使销量不错，但总体来说仍然收效甚微，这便是用力过猛的失误。对于大专题、大看点的作品，如中信出版社营销《乔布斯传》、三联书店营销《邓小平时代》，我们不否认其营销声势浩大，但也绝不能因为这样就称它们以营销为第一，因为与这些作品出版背后的编辑人员们在编辑加工、整体设计等方面付出的努力相比，营销实在难以担得起"第一"之头衔。不迷信"营销第一"

并不意味着要求编辑放弃营销，适当的营销是有必要的，但要在营销过程中把握分寸，精准选择宣传的媒体和读者对象，只有用对了巧劲，才能实现社会效益与经济效益的双丰收。《退步集》的长销，尤其是后续的10年已少有营销的参与，这也是长销书的一大特征。综上所述我们可以看到，正是丰满的作品内容、可持续的合作发展，以及对出版环节地位轻重之权衡等因素的综合作用，才使得一部部作品从畅销转为长销，最终形成一股涓涓细流，持续不断地滋养着出版社。

四、精彩阅读

近日感冒，嚏涕交加，泡杯热茶，又得给"交谈版"按期写字了。今次是我末一回在这栏目上胡说，索性借这小小的版面，谈论艺术教育。年内至少有十几封来信指责今日的艺术教育，而我目前的角色正是一名教员。教员又怎样呢，就我所知，关于教育的批评必定是无效的，我也不过空谈，唯其空谈，但愿不致被删除吧，以下摘录四位读者的意见——

青岛市一位称我"伯伯"的麟麟说：现在的美术学院高考是不公平的，是一种模式，流水线制造人才，误人子弟。许多启蒙者关注这一问题，但难改中庸，仅是"关注"。湖北的李青雷说：最愤恨的是中国的艺术教育，一边说艺术如何如何，一边又不改革！江苏的立人说：小生不才，承蒙现有的优越的教育制度所赐，暂且无缘接受高等教育……福建的吴晓帆说：我为中国的艺术教育感到悲哀与愤怒。有天才的人总是被那可叹的分数拒之门外。想象力是无法培养的，而艺术最最需要的想象力早已被我们"伟大"的"应试教育"扼杀光了，那些考试真正公平吗？考生中有几个真正钟爱艺术？这个时代的人缺乏梦想与追求，找个好大学，找个配偶，生孩子，再让孩子接受应试教育，浑浑噩噩过一生……学院的教条主义培养出一拨拨所谓的美术工作者，但谁是艺术家？

这几位读者显然都是少年，青春大好，前途无量："无缘接受高等教育"的立人，电脑来信工整清洁；自称是高中生的吴晓帆，钢笔字相当漂亮，落款加签的英文"YOUR FRIEND"，更是龙飞凤舞，比美国孩子的英文书写还风流……偏是这样的岁数，总要叫喊"悲哀""愤怒""不公平"。他们说得对不对？那是落榜者的怨言吗？他们的际遇能否代表其他人？假如有哪位好学生出面反驳，为当前艺术教育描绘另一幅美好图景，我极愿倾听，但我同情与我交谈过的各地艺术院校校内校外的许许多多年轻人。回国教学以来，我的感受是：90年代艺术学院的教育，远不如80年代，远不如"文革"前十七年，甚至远不如艺术学院全部关闭，但艺术教学并未窒息的"文革"十年——在那些年代，我们对学院无比向往，对艺术满怀信念。中国自"五四"前后创办艺术学院迄今，八十多年过去了，我们的艺术学院从未像今天这样臃肿庞大，像今天这样充斥办学的教条。

许多人士，许多专著，都在诊断中国当代教育的大病，去年北京教育学家杨东平先生送我一本他所编辑的书《我们有话要说》，所有篇幅均对当代教育的种种错失与斑斑恶果，剀切痛陈。然而大病既久，仿佛无病:我确定，那些文字在目下空前"繁荣"、高叫"改革"的教育大局面前，只是风中的杂音。

——节选自《退步集》第 365~367 页

后　记

　　2011 年，北京印刷学院的出版专业硕士学位点获批并开始招生。由于它是全国首次获批的出版专业硕士点，当时并没有培养经验可以借鉴，但重在培养和提升学生的专业实践能力这个目标是确定的，于是一些偏重出版实务的课程被列入培养方案，"畅销书策划与出版"就是其中的一门。

　　由于我一直给本科生主讲"畅销书与大众文化"课程，于是被学院指定负责出版专业硕士的"畅销书策划与出版"课程。不知不觉中，"畅销书策划与出版"课程已经开设了十多个年头，每年上这门课的出版专业硕士生也由第一届的 16 人变成了现在的 60 人。

　　为了上好这门课，我想了一些办法，其中有两项一直坚持下来：一是定期邀请富有实战经验、出版过现象级畅销书的业界专家进入课堂讲解并与学生交流；二是带领同学们选择他们感兴趣的畅销书开展案例研究。这两种做法极大激发了学生探究畅销书的兴趣和出版畅销书的激情。兴趣和激情是最好的老师，在它们的引领下，每届学生遴选畅销书研究案例时都非常用心，除了考虑个人的畅销书类型偏好，他们还尽力兼顾出版史和阅读史两个视角；撰写畅销书案例研究文章时，他们不仅详细查阅了与研究案例相关的文献资料，有些同学还辗转联系到作者和编辑进行了针对性访谈；选择畅销书

精彩章节摘录时，他们反复阅读文本，努力把研究案例中最精彩的部分摘抄出来进行分享。

岁月无情流逝，一届届同学的畅销书案例研究成果却积累下来，于是就有了这套十卷本《畅销书经典案例研究》。

出版之前，我又一次翻阅了同学们完成的案例文章，课堂上师生围绕畅销书展开讨论的一幕幕场景如在昨日。我们不仅讨论具体的畅销书个案，我们更讨论了畅销书的类型发展、畅销书与常销书、畅销书与社会变迁、畅销书史的撰写，我们也会讨论于殿利先生"要远离畅销书"这句警告背后的深意……经过这些讨论，很多同学具备了"研究畅销书但不耽溺畅销书"研究立场，案例研究的视角也更为开阔深远。现在看来，他们的分析文字有些还尚显武断，有些也陷入了"爱屋及乌"的言说陷阱，但洋溢在字里行间的探索热情如熠熠星光，无疑会照亮后续研究者的前行之路。感谢精心撰写本丛书案例的同学们！

感谢我的研究生李玉雯、许晨露、王敏、郭宏浩、丁超、朱晓瑜、齐倩颖、王静丽、陈怡颖。他们每人负责编选本丛书的一辑，非常认真和高效地开展了案例文章筛选、重新编排和审校等工作。由于一些案例文章撰写时间比较久，有些数据需要更新，他们及时查阅了最新资料并对案例文章做了有效补充。感谢我的学生们！

感谢清华大学出版社的纪海鸿主任。从多年前的确定选题到今天的高质量出版，纪海鸿老师始终以超强的耐心容忍着我的"拖延症"。一旦项目启动，她又以务实高效的工作作风和严谨专业的出版精神推动各项工作不断前行。在疫情当前和居家办公的情况下，这套书还能如期出版，完全得力于她不懈的工作。谢谢纪老师！

另外，尽管本套丛书的案例研究文章采用较为统一的结构规范，但由于案例文章由多人撰写，在行文风格上无法协调统一，非常抱歉！同时，由于编者水平有限，书中错漏之处估计会有不少，诚恳期待各位读者的批评指正！

张文红

2022 年 6 月 5 日

于北京寓所

畅销书经典案例研究

第八辑

张文红 主编

清华大学出版社

北京

图书在版编目(CIP)数据

畅销书经典案例研究 / 张文红主编 . —北京:清华大学出版社,2022.7
ISBN 978-7-302-59878-7

Ⅰ.①畅… Ⅱ.①张… Ⅲ.①畅销书—出版工作—案例 Ⅳ.① G23

中国版本图书馆 CIP 数据核字(2021)第 275331 号

责任编辑:纪海虹
装帧设计:刘　派
责任校对:王凤芝
责任印制:杨　艳

出版发行:清华大学出版社
　　　　　网　　址:http://www.tup.com.cn, http://www.wqbook.com
　　　　　地　　址:北京清华大学学研大厦 A 座　　邮　编:100084
　　　　　社 总 机:010-83470000　　　　邮　购:010-62786544
　　　　　投稿与读者服务:010-62776969, c-service@tup.tsinghua.edu.cn
　　　　　质量反馈:010-62772015, zhiliang@tup.tsinghua.edu.cn
印 装 者:三河市东方印刷有限公司
经　　销:全国新华书店
开　　本:133mm×188mm　印　张:39　　字　数:924 千字
版　　次:2022 年 7 月第 1 版　　印　次:2022 年 7 月第 1 次印刷
定　　价:298.00 元(全 10 册)

产品编号:060953-01

作者简介

张文红，博士，教授，北京印刷学院编辑出版系主任。教育部新闻传播学类专业教学指导委员会委员（2013—2017），北京市新闻出版专业群专家委员会副主任委员（2013— ）。主持国家社科重大招标项目《当代中国图书出版史》子课题《当代中国大众图书出版史》等项目多项。出版《出版概论》《畅销书理论与实践》《"十七年"时期长篇小说出版研究》等著作12部，发表论文60余篇。

目　录

THE
MOON AND
SIXPENCE

月亮
与六便士

[英] 毛 姆 著
W.Somerset Maugham

徐淳刚 译

浙江出版联合集团
浙江文艺出版社

书名:《月亮与六便士》　　作者:[英]毛姆　　译者:徐淳刚
出版时间:2017 年　　出版社:浙江文艺出版社

一、作者简介

威廉·萨尔塞特·毛姆，生于 1874 年，是英国著名的小说家、剧作家。1897 年在伦敦学医期间，毛姆发表了第一部长篇小说《兰贝斯的丽莎》，此后便陆续有作品问世。第一次世界大战期间，毛姆赴法国加入战地急救队，不久进入英国情报部门，在日内瓦收集敌情报，后又出使俄国。1916 年，毛姆去南太平洋旅行，此后多次到远东。1919 年，长篇小说《月亮和六便士》问世，以情节入胜、文字深刻在文坛轰动一时，人们争相传看。1920 年毛姆来到中国，并以中国为背景创作了一部长篇小说《彩巾》。此后他还曾去往拉丁美洲与印度。1954 年，英国女王授予毛姆"荣誉侍从"的称号，他成为皇家文学会的会员。1965 年 12 月 16 日，毛姆于法国病逝。

毛姆擅长叙事性描述，他常常于个性化语境中批判传统价值观，体现文学的思辨性，引发受众共鸣。幼年的经历对他的世界观和文学创作产生了深刻的影响。毛姆优雅的作品，自从引进中国，几乎已经成为文艺青年的指定读本。孤僻、敏感、内向的个性使得其作品也蒙上了同样的色彩，其短篇小说的标志就是冷静、客观和深刻地剖析与解读人性的弱点。他笔下的主人公对造成自身孤独的外在世界冷眼相看，对保持孤独的完美刻骨铭心，在西方文化的樊笼中，他们无所适从，惶惶不可终日。在一次次质疑中，毛姆放逐他笔下的主人公，自由地寻求灵魂栖息之地。

二、畅销盛况

《月亮与六便士》自出版 100 多年以来，总销量突破 6 000 万册，风靡美国、法国、德国、意大利等 110 个国家，被翻译成 60 多种文字。

其中，2017 年由波比文化小说奖和水沫诗歌奖得主徐淳刚翻译的版本，更是在一年内狂销 100 万册，并且开创了当当网 24 万名读者全 5 星好评推荐的奇迹，成为 2017 豆瓣阅读 TOP100 排行榜中的第 1 名；2018 年亚马逊中国年终图书排行榜纸质版畅销书榜第 7 名；2018 年亚马逊中国年终 Kindle 付费电子书畅销榜第 1 名，Kindle Unlimited 借阅榜第 1 名。除了漂亮的销量数据和榜单排名外，还在 2018 年入选 2018 亚马逊中国年度阅读盛典"40 年·25 部影响力外译作品"。

2019 年 7 月《月亮与六便士》在热播综艺《一本好书》中以话剧形式由当红明星演绎，在各大门户网站的搜索引擎上搜索量达百万，引发讨论狂潮。

截至目前，该版本《月亮与六便士》仍雄踞各大图书电商网站名著类畅销榜前列，在当当网有超 120 万网友评论，好评率更是高达 100%。

三、畅销攻略

（一）文本自身魅力

1919 年《月亮与六便士》问世，那个年代，正是现代派小说风起云涌的时代，它却异军突起，在欧美引起轰动，成为当时红极一时的畅销书。这绝对不是一件偶然性的事件，为什么在这 100 多年间，这本书能够持续引起读者的关注和讨论，并在近年来又出现争相阅读的情况，是非常具有探讨价值的。

1. 内容

不置可否的是，一本书若真的讲出一个好故事，那么它的成功之路就完成了三分之二。《月亮与六便士》之所以能畅销全世界，首先就在于其为读者带来了一个极棒的故事。

一位已经获得被世俗承认的、幸福美满的生活，事业小有成功的证券经纪人，一声不响地在一个极其平常的夜晚，抛下此前40年奋斗的成果，远赴巴黎，去那里画画。他在巴黎过着极其困苦不堪的生活，吃尽苦头。对真诚的朋友冷嘲热讽，将朋友的妻子当作泄欲的工具，间接导致朋友的妻子自杀，他却丝毫不以为然。尽管他对世俗的一切表现得冷嘲热讽、傲慢不屑，但他对艺术却有着一种本能的、也不被人理解的追求。最后他在无意中去到了南太平洋上的一座小岛，娶妻生子，与世隔绝，在生命的最后几个月里，他创作出了改写现代艺术史的不朽之作，却嘱咐妻子将其付之一炬，化为灰烬。这就是《月亮与六便士》的整个故事。

　　整个故事几乎没有阅读障碍，无论你是十来岁初具文字水平的青少年，还是已经步入而立之年的中年人士，都不会觉得这是一个不适合自己阅读的书籍。正如他自己说的，"作为一个小说家，我却要透过无数年代，回到居住在新石器时代的洞穴里，围坐在火炉旁讲故事者的身旁"。

　　每个读者沉浸在巧妙的故事里的同时，还深深地被震撼被感动，这是这本书畅销多年的终极秘诀。它戳中了当下社会人内心深处的痛点，在经历了几千年封建文化的熏染下，中国国民的内心大多是不自觉地被束缚着的，又在这个全球化竞争的环境下，面临着前所未有的生存压力，太多人终其一生都没有抬起过头去看那轮一直在的月亮，甚至连作者口中的"满地都是六便士"都没有看见过，而书中男主人公却在不惑之年抛弃了相对优渥的生活，去寻找人生的意义，这是大部分中国人都不具备的勇气，在书里，那个男主人公却做到了，他们可以在精神的领域附身于主人公短暂地逃离这高压的社会。

　　2. 叙事技巧

　　毛姆擅长叙事性描述，常常于个性化语境中批判传统价值观，体现文学的思辨性，引发受众共鸣。在小说《月亮与六便士》中，"月亮"是皎洁美好的，代表了人们内心遥不可及的梦想，"六便士"则代表现实的物质生活，梦想与现实如何选择，历来争议不断。毛姆以法国印象派画家保罗·高更的生平为素材，描绘了一个追求身心自由的艺术家形象，刻画了主人公遵循内心渴望追逐"月亮"，寻找原始精神家园的心路历程。他没有一味地随波逐流，采用当下最流行的现代派文学手法来讲述故事。在这本书里，你会看到他用随意的、轻松的笔调一气呵成式地写就，你会看到他处处对一些东西津津乐道，一提到某人某物，总会荡开一笔，虽则看起来离题万里，实则有着极高的内在联系性。

小说以第一人称的口吻来叙述，夹叙夹议，娓娓道来，在这个纷繁的故事里，只靠着"我"来穿针引线。而且，在小说中，他没有明确自己是写实还是写虚，反复表明自己对真实的事件知道得并不多，只是借着他人之口来讲述故事、塑造人物，甚至还会对他人讲的故事抱以怀疑的态度，给读者一种极强的代入感，这样看来，这反而成为了一种最真实的虚构，不仅增强了小说的权威性，增加了小说的神秘感与立体感，还打破了主叙述者视角的限制。另外，毛姆巧妙地在文章中运用言语反讽和情景反讽也为文章增添了不少色彩。言语反讽强调正话反说、言外之意。而运用情景反讽，不得不承认，这是一种高超的小说技巧。所以即便这是一部主题深刻的小说，却被作者包裹在一个轻松的故事之下，在这一点上，毛姆的小说技巧可以说是和卡夫卡、普鲁斯特比肩的。

《月亮与六便士》的持续畅销，无疑印证了畅销书也要"内容为王"的特性。在碎片化阅读大行其道的当下，渠道竞争也进入了白热化阶段，但是想要打造真正的畅销书，而不是昙花一现，还是应该回归内容。

（二）名人效应

1. 作者的社会影响力

毛姆本人的名号就是一张畅销书界的通行证。他是极负盛名的作家、剧作家，被誉为"全世界最会讲故事的人"，有着极其丰富的人生阅历，写作风格也独树一帜。不同于许多逝后才进入大众视野的作家，他年轻时就已声名鹊起，晚年更是几乎获得了整个欧洲文学界的一切殊荣。他在大地上度过了整整91年，享受着一个伟大作家所能得到的一切舒适与自由，他巧妙地度过了完美的一生，是天真和智慧的分野。他传奇的一生对后人而言极具吸引力，而想要探寻毛姆当时的内心，最好的工具毫无疑问是他创作的一系列作品，而《月亮与六便士》是毛姆的主要代表作，这是这本书在经历近1个世纪后的今天仍然热销的原因之一。

2. 名人推荐

微博坐拥4 000万粉丝的当代著名音乐家，脱口秀节目主持人高晓松在他的节目不止一次提到《月亮与六便士》，他说："无关乎有钱没钱，天上那轮永远免费的月亮，就是诗和远方。月亮和六便士伴随我们一生，是人和动物的根本区别。"著名新锐作家蔡崇达也在推荐语里写道："《月亮和六便士》探讨了人生很核心的一个命题，也是现在很多年轻人都会面临的问题：你怎么和你的自我发现、自我期许、自我愿望相处。"

在这个媒体时代，这些有巨大粉丝量的名人的推荐，可以将《月亮与六便士》的读者范围不断延伸扩展。你随意问起周围的人，即便是没有完整读过这本书，他们或许都听过《月亮与六便士》这个名字。

（三）营销推广

《畅销书营销浅规则》中说道，一本书，没有营销，就不可能畅销。该版本《月亮与六便士》会在各大图书网站畅销榜单持续上榜，自然也离不开一定的宣传策略。

1. 媒体全方位出击

2017年，作家榜团队在第11届作家榜展出之际推出"复活名著计划"，消息一出，迅速引发热议。《月亮与六便士》就是这批被复活名著的其中之一。这一新闻首先引起了原本就对《月亮与六便士》感兴趣的读者的关注。

近年来，国家大力倡导全民阅读，诸如《一本好书》的荐书类文化综艺节目争相涌出，2017年，《月亮与六便士》就在《一本好书》的节目中被改编为舞台剧，由知名实力派演员黄维德等人倾情演绎，突破4 000万次播放，推动了《月亮与六便士》阅读狂潮。微博、微信平台也对其精彩视频片段进行转发，将内容推向更多的读者群体。2018年是短视频大火的一年，出版方开始在抖音上投放与该书相关的视频，成本低，收效广。另外，出版社与一些拥有大量粉丝的优质内容博主合作，多管齐下，最大范围地让读者看到这本书的相关信息。

正如李鲆在《畅销书营销浅规则》中提到，在这个信息过剩的年代，受众犹如置身喧闹的菜市场，注意力也是生产力。全媒体出击，无疑是全方位抓取注意力的重要手段之一。

2. 强力度的折扣活动

由于毛姆的书在2017年进入公版期，《月亮与六便士》争相被出版社出版，虽然这本书一直都在出版，但由于这一契机，使得一时间无论是线下实体书店还是电商平台都随处可见《月亮与六便士》的影子。

对一般消费者而言，书不是民生必需品，是闲暇读物，无法用公司或者学校的经费购买。扣除生活所需的费用之外，我们不但要面对这么多的诱惑和自我投资的选择，还得考虑是否值得拨出零用钱来购买。在这交通便利、网购盛行的时代，已经不用再去思考是否买得到书，而是这本书要多少钱。井狩春男在《这书要卖 100 万本》的守则第四十条说道："书价便宜，当然是'亲近'的条件之一。"所以《月亮与六便士》在电商平台上经常参与促销活动，有时候折扣甚至低至四折，超低的价格对于目标读者，抑或是仅为了参加凑单减免活动的潜在读者，都极具吸引力。毛姆的书在 2017 年就进入公版期，单从制作成本来看，即便是经常参与促销活动，也是可以保证出版社的经济效益的。

（四）丛书品牌开发相互促进

《月亮与六便士》是"作家榜经典文库·外国经典"作品之一。同系列的还有《小王子》《老人与海》《莎士比亚》《了不起的盖茨比》等。这些书都是当下最热销的书籍，它们被做成丛书，也体现了出版商对畅销书进行的品牌链开发。

赵英在《畅销书攻略》一书中曾提到要对畅销书进行品牌链开发。作家榜创始人吴怀尧策划了作家榜"复活名著计划"，并为此在活动前两年作家榜团队内部就成立了一个独立的秘密部门——"作家榜致敬名著小组"，在全球范围内大规模签约杰出的诗人作家，致敬翻译全球经典名著。《月亮与六便士》就是其中之一。经过两年的积累筹备，《月亮与六便士》的翻译者选定了波比小说奖得主徐淳刚。而且这些经典名著的装帧设计参考了全球范围内各个年代的不同版本，进行全新设计，更邀请了国际知名插画师进行插画创作。

按照系列丛书相互促进的原则，可以预见的是，作家榜之后的再推出使书籍也会与同系列书籍形成合力，赋予《月亮与六便士》更持久的畅销力。

四、精彩阅读

为了使灵魂安宁，一个人每天至少该做两件他不喜欢的事。说这话的，是个聪明人，对于这一点我始终严格遵守：每天我都早上起床，晚上睡觉。

过去不到四十岁的人物就很了不起，现在二十五岁已显得可笑。我想，在过去的那些日子，我们都羞于表达，因为怕人嘲笑，所以尽量约束自己，不让人觉得骄傲自大。我不相信当年风流不羁的文人会洁身自好，但真想不起，文艺界那时有这么多风流韵事。我们为自己荒诞不经的行为，蒙上一层体面的缄默，并不觉得虚伪。我们讲话得体，直言不讳。女性那时还没有取得自主地位。

——节选自《月亮与六便士》第 14 页

就是这么个人，你指望他良心发现，根本没用。这就像不用镜子，却想照出自己一样。我认为，良心，是心灵的守门人，社会要向前发展，就必然制订一套规矩礼仪。它是我们心中的警察，它就在那儿，监视着我们，不能违反。它是自我中心的间谍。人们想让别人认可自己的欲望如此强烈，害怕别人指责自己的恐惧如此剧烈，结果适得其反，引狼入室；而它就在那里监视，高度警惕，保卫着主人的利益，一旦这个人有了半点儿脱离集体的想法，马上就会受到它的斥责。它逼迫每一个人，把社会利益置于个人之上。它把每个人，牢牢系于整体之上。而人，总会说服自己，相信某种集体利益大于个人，结果沦为这个主子的奴隶。他将自己放在荣誉的宝座上。正如弄臣奉迎皇帝按在他肩头的御杖一样，最后，他也为自己有着敏锐的良心而倍感骄傲。于是，对那些违背良心的人，他会觉得，可以任由责骂，因为，他已是集体的一员，他很清楚，已经没有什么能反对他了。当我看到，斯特里克兰对良心的谴责无动于衷，我就像碰见了一个可怖的怪物，吓得毛骨悚然，只能仓皇退缩。

——节选自《月亮与六便士》第 66 页

女人心中的爱，往往只是亲昵和安慰，大多数女人都是这种反应。这是一种被动的感情，能够被任何一个人激起，就像藤蔓可以攀爬在任何一棵树上；当一个姑娘嫁给随便哪个男人，总相信日久生情，世俗之见，如此牢固。说到底，这种感情不过是衣食无虞的满足，财产殷实的骄傲，受人爱慕的愉悦，以及家庭圆满的得意；女人赋予这种感情精神层面的价值，只是出于一种无伤大雅的虚荣。但这种感情，在面对激情时往往显得手足无措。

——节选自《月亮与六便士》第 139 页

柔情是爱的重要组成部分，但斯特里克兰无论对人对己，都是铁石心肠。爱需要有甘愿示弱的态度，保护他人的愿望，尽心竭力、取悦对方的渴望——总之，爱需要无私，或者至少将自私隐藏得了无痕迹；而且爱也需要矜持。而这些特征，在斯特里克兰身上简直无法想象。爱是全神贯注，它需要一个人全力付出；即使头脑最清醒的人，也可能知道，要让他的爱永不停止，根本没有可能；爱给予的真实是虚幻，而且，明明知道是虚幻，不是别的，却依然爱得义无反顾。爱让一个人比原来的自己更丰富，同时又更贫乏。他不再是他自己。他不是一个人，而是一件东西，一样工具，需要通过某种外在的目的来抵达他的自我。爱情从来免不了多愁善感，而斯特里克兰却是我认识的人中最不吃这一套的人。我不相信，任何时候，他会去忍受爱的痴狂，他永远都受不了外在的枷锁。如果有什么东西阻碍了他那无人理解、怂恿他奔向未知事物的热望，我相信，他会毫不犹豫将它从心中连根拔除，哪怕让他痛苦，让他遍体鳞伤，鲜血淋淋。如果我对斯特里克兰的复杂印象，总结得还算成功，那么，下面的话也不算离谱：我觉得斯特里克兰在爱情这件事上，既过分，又贫乏。

但是我想，每个人的爱情观，都带着自己的秉性，所以因人而异。像斯特里克兰这样一个人，在爱情中自然会有自己独特的方式。要寻求他的感情分析，简直白费力气。

——节选自《月亮与六便士》第 142 页

人生海海 潮落之后是潮起
你说那是消磨 笑柄 罪过
但那就是我的英雄主义

人
生

麦家 著
MAI JIA

海 海

北京出版集团公司
北京十月文艺出版社

书名：《人生海海》　　　　作者：麦家　　　　　　译者：黄妙瑜
出版时间：2019 年　　　　出版社：北京十月文艺出版社

一、作者简介

麦家，1964年生于浙江富阳，1981年考入军校，毕业于解放军工程技术学院无线电系和解放军艺术学院文学创作系，是首位被英国"企鹅经典文库"收录作品的中国当代作家，《解密》《暗算》《风声》是其代表作品。麦家的小说具有奇异的想象力和独创性，人物内心幽暗神秘，故事传奇曲折，充满悬念，多被改为影视作品，如电视剧《解密》《暗算》《风语》《刀尖上行走》，电影《风声》《听风者》等。其中，《暗算》和《风声》掀起了中国当代谍战影视剧的狂潮。小说《暗算》曾获第七届"茅盾文学奖"，作品被译成30多种语言。《解密》则被翻译成33种语言，是世界图书馆收藏量第一的中文作品，被《经济学人》评为"2014年度全球十大小说"。英文版《解密》被收进英国"企鹅经典文库"，是继鲁迅、钱锺书、张爱玲后唯一入选该文库的中国当代作家。2019年，出版长篇小说《人生海海》。

二、畅销盛况

《人生海海》是麦家历时5年打磨的新作，2019年3月在全网预售，4月在全国开售，同时，新书电子版也在阅文集团旗下平台QQ阅读同步上线。当当在预售阶段第一时间配合直播，推出麦家新书签名本，上市3周销量破10万册。同时，莫言、苏童等盛赞此书，董卿、王家卫、高晓松、杨洋等数十位名人倾力推荐，掀起了一轮阅读热潮，上市两月有余的《人生海海》在豆瓣上的想读人数已达1.3万人。在上市60天的时候，其发行量已经突破60万册，上市整1年后，《人生海海》印量已经达到120多万册，发行量也超过了100

万册，不论是网店还是实体店，都取得了很好的销售成绩。

在微博上，关于《人生海海》的话题流量接近4 000万，主力是年轻人，证明了纯文学绝对不是曲高和寡。2020年4月，"淘宝一姐"薇娅在直播间分享推荐该书，几句腰封文案还没读完，3万册新书已然售罄。

在网上图书排行榜中，《人生海海》在豆瓣最受关注图书榜虚构类图书中连续6周位于TOP1，并占据各大好书榜榜首，如新浪读书3月好书榜TOP1、亚洲好书榜第44期月榜TOP1、书单4月新书推荐榜No.1等。同时，《人生海海》被《中国出版传媒商报》评为2019年影响力图书、2019年6月畅销书；入选《出版商务周报》2019年7月荐书、《晶报·深巷书评》"年度十大好书"年中榜、《光明日报》光明阅读7月光明书榜、《经济观察报》"2019年领读中国探享好书榜"、《中华读书报》2019年4月阅读好书榜单等。

《人生海海》一经推出就格外受人关注，首批阅读此书的22位读者一致认为这是一部超越之作。"诺贝尔文学奖"得主莫言评价说："如果一个作家能够创造一种类型的文学，这个作家就是了不起的。那么麦家应该是一个拓荒者，开启了大家不熟悉的写作领域。而这部小说的迷人之处就在于它能把不存在的人物写得仿佛是我们的朋友，《人生海海》就是这么迷人。"

王家卫称："有人说，稀奇古怪的故事和经典文学的直线距离只差三步。但走不完的也正是这三步。麦家的了不起在于他走完了这三步，且步伐坚定，缓慢有力，留下的脚印竟成了一幅精巧诡秘的地图。"另外高晓松和诸多文化界人士也对作品给予了很高的评价，《人生海海》遂成为口碑和销量俱佳的现象级作品。

三、畅销攻略

《人生海海》讲述了一个浑身是谜的"上校"在时代中穿行缠斗的一生，离奇的故事里藏着让人叹息的人生况味，既有日常滋生的残酷，也有时间带来的仁慈。"人生海海"取自闽南方言，意为"人生像大海一样变幻不定、起落浮沉，但总还是要好好地活下去"。麦家对这个词的解读又深了一层：既然每个人都跑不掉逃不开，那不如去爱上生活。

《人生海海》与以往的作品不同，这次的故事脱离了此前素有的"谍战"题材，背景设置在麦家的故乡。"这一辈子总要写一部跟故乡有关的书，既是对自己童年的一种纪念，也是和故乡的一次和解。"麦家说道，"一个作家，他的写作是怎么也逃离不了童年和故乡的。"

（一）借助名人宣传造势

1. 麦家自身名气和个人魅力

麦家 1986 年开始写作，到 2019 年《人生海海》出版之前，他发表了很多作品，2002 年出版的第一部长篇小说《解密》，出版后斩获中国国家图书奖、第六届"茅盾文学奖"提名等 8 项文学奖，使麦家一战成名。随后，其作品多次获奖，如《暗算》获第七届"茅盾文学奖"、《风声》获第六届华语文学传媒大奖、《地下的天空》获"金鹰奖"最佳电视剧奖等，麦家个人也获得了第十三届上海国际电视节最佳编剧、第三届电视剧风云盛典最佳编剧奖，众多奖项的加持使得麦家名声大噪。同时，根据麦家的作品所改编的电视剧的热播，使麦家涉足影视圈，走进了大众视野，如 2005 年电视剧《暗算》的播出，广受好评。文学界和大众市场的双重肯定，为麦家积攒了大量的人气。而《人生海海》是麦家时隔 8 年的首部长篇之作，时隔 8 年的回归，让读者对这部新作品必然充满期待。

同时，麦家也受邀做客《舍得智慧讲堂》，讲述自己不断寻求突破的幕后故事。节目分上下两期播出，从上期"麦家：从谍报台到名利场"探讨麦家在面对名利时的妥协与反抗到下期"用一辈子和父亲和解"来深入了解作者麦家的内心。澎湃新闻也邀请麦家做了专访，解读他新书背后的创作故事，通过媒体等公众平台，将作者展现在读者面前，使得这本书不再是一部纯文学作品，而是深深地烙印着麦家的个人色彩。

另外，麦家在微博上的活跃度很高，他的微博粉丝有 674 万，他会经常发一些随笔感悟并参与读者互动讨论，话题多围绕其作品所体现的深层次的价值，对读者的读后感也积极回应，如在微博上，有位读者顺手用《人生海海》压泡面杯盖拍照发微博并分享，麦家则幽默地回复道："能用来压泡面的都是居家旅行必备之物。"这种与读者的互动交流，拉近了麦家与读者的距离，更易使人了解他的文字、他的作品，也增加了作品的曝光度。

2. 作家名人助力推荐

《人生海海》在正式开售前，只有 22 个人看过，这 22 个人一致认为这是一部超越之作。其中包括连读两次的"诺贝尔文学奖"得主莫言，以及惊叹"过瘾"却遗憾没法立刻和众人分享阅读感受的高晓松。这不禁让人疑惑，《人生海海》到底是怎样的一本书，竟然令这么多名人都赞不绝口，借助莫言和高晓松等人的肯定和推荐，可谓吊足了读者的胃口，让人忍不住要一探究竟。

在 4 月的新书发布会上，中央电视台著名主持人、《朗读者》节目制作人董卿，同时还有阿里娱乐战略委员会主席、杂书馆、晓书馆馆长高晓松，演员白百何、杨祐宁以及中国超模何穗等人到场。这些嘉宾，他们自身就有一定的影响力和粉丝群体，其对于作品的解读不仅丰富了作品所蕴含的价值，也壮大了作品的影响力。如高晓松"失去任务的天才在时代的洪流里滚来滚去，最终还没有被救赎"、董卿"心有雷霆，面若静湖，这是人生的厚度"、杨祐宁"天真、浪漫的眼光去看待一个相对很残酷的世界"等，从不同角度对作品的点评为作品增添了更多的可读点。

此外，陈坤、周迅、李冰冰、苏有朋、黄轩、李健、王宝强、郭京飞、田沅、范丞丞等艺人也录制了宣传短片推荐该作品，而作为麦家师弟的杨洋在 4 月 20 日微博分享的读后感，则引发了 40 万的转发和 600 万的播放。这样声势浩大的推荐阵容，使得这部作品从圈内向外延伸，并迅速扩散开来。时下，跟着偶像读书是粉丝寻求归属感的一种表达，像买代言、买杂志一样，购买偶像同款、同爱豆一起学习、明星的助阵，使得那些从未读过麦家作品的人成为了潜在的读者和消费者。

（二）叙事方式和内容的再突破

1. 拼图式的叙事方式

作品用第一人称，以"我"作为故事的叙述者。通过多视点、零散化、非线性的叙事，让"我"成为上校人生故事的见证者、参与者、转述者。作品中的"我"是一个 10 岁的孩子，"我"所知道的、了解的事大都是从别人口中听来的，在第一部中，经常可以看到"爷爷讲"的字眼，例如在第一章开篇，关于村子前山和后山的描述也是源自爷爷之口。而这种第一人称的限知视角，让"我"在探寻上校的故事中不可避免地遇到重重障碍和谜题，借由"我"的疑惑和思考，以及对所获知信息的分析判断，一步步推演、解密。

由于没有全知的上帝视角，读者在阅读过程中，如书中的"我"一般，置身重重迷雾之中，又借"我"的视角，窥视上校身上隐藏的秘密。

对于上校的故事，"我"一方面从家中爷爷、父亲的讲述中了解，一方面通过村里人，如老保长、小瞎子口中获悉。而每一个人所讲述的故事只是上校人生中的某一阶段或某一片段，是不完整的、有空缺的。在第一部里主要通过上校的自我讲述和爷爷与父亲的私下讨论让"我"对上校有了初步的认知：他当过国民党军队的上校，有个地方好像受过伤，向来不出工、不干活，天天空在家里看报纸、嗑瓜子，像养孩子一样养着一对猫。在第二部中通过老保长的讲述，追述、补述 20 世纪 40 年代初上校在上海时期的经历。在第三部中则由林阿姨补全有关解放军接管之后 50 年代的故事。故事中的"我"在公共、私人两套话语中，通过爷爷、老保长、父亲、林阿姨以及小瞎子等人的讲述和回忆，从自我讲述、他人叙述与日常生活中的听说、问答、对话中将获知的碎片化信息进行整合分析，从而使"上校/太监"这样一个具有争议性的人物逐渐显露出来，上校的故事也一点点被拼凑完整。从一无所知渐渐寻到蛛丝马迹，拼图式的故事和情节透出一种解密未知的神秘感。这种拼图式的叙事方式容易诱发读者对谜底的兴趣和对结果一探究竟的欲望，以致很多读者感叹"这是一本拿起就舍不得放下，想一口气读完的书"。

2. 悲剧英雄的主题和人性的剖析

《人生海海》讲述的是英雄归来的故事，在这个故事中，涉及三个要素：英雄、悲剧、人性。关于英雄的故事，最能打动人的不是他的光辉事迹，因为那些事迹与大众之间存在距离，在他们眼中是不真实的、神圣的，而将英雄置于世俗生活中，在生活和命运的磨砺下所遭遇的不幸则能触发读者揪心又痛彻的心境，引起共鸣。作为盖世英雄，上校在前线上阵杀敌，救人无数，以战场上的著名医生"金一刀"为人所知，虽然他舍弃了名利，退居到"双家村"，却还是没有逃脱悲剧的命运。随着1966年那段特殊时期的到来，上校小心翼翼隐藏的秘密也一点点被揪出来，他从神坛跌落，被批斗、被贴上"汉奸"的标签，最后被逼成一个疯子。

透过上校的悲剧命运，我们也见证了人性的复杂和阴暗，小瞎子为报复父亲捏造上校是"鸡奸犯"，爷爷为了自家人的面子出卖上校，林阿姨因爱生恨给上校扣上"强奸犯"的罪名，而不时造谣与谩骂上校的老保长却是打心底敬畏这位英雄、死守上校的秘密。人物态度的转变、剧情的反转使得故事中的人物鲜活立体起来，把人性的善与恶表现得淋漓尽致。这种围绕人心和人性的主题，都是跨越时空可以永久闪烁的。虽然故事的背景是20世纪五六十年代，但却因其对人性的准确刻画让人为之震撼、感同身受，从而减轻了这种年代感和读者之间的隔阂。

而正是这样的故事，在不同的人生阶段来阅读，所体会到的、所触动的都是不同的。《人生海海》的编辑黄宁群说："假如你是一个涉世未深的年轻人，你可以很容易地从《人生海海》中获取一种英雄主义式的感染；倘若你的阅历深一些，你可以在这本书里看到人生的起伏不定，这又会带来另一种触动。"正是这样的不同，使得作品面向的读者群从小范围的文学爱好者向外延伸，从而面向整个市场，受到当下读者的喜爱。

3. 封面和内文版式设计紧贴作品主题

《人生海海》的封面整体以黑色为主色调，并以金色、银色两条线交错地将页面分为四块，书名"人生海海"四个字各占分开的一部分，颜色为金色，与书中上校用黄金打造的金色手术刀具相呼应。

其中，弯曲的线条犹如海面的波浪，在线条周围的白色圆圈似海浪泛起的浪花，呼应封面上的文字"人生海海，潮落之后是潮起。你说那是消磨、笑柄、罪过，但那就是我的英雄主义"。此外，在银色线条上印着一个金色的人的身影，相对应的在金色线条上印着银色的猫的身影，对应上校和他的猫，猫和人的背影不是完整的，缺失的部分做成了圆圈式的泡沫状，像是即将消散而去，又如跌宕起伏的人生，潮起潮落，是海的一部分。

在内文排版方面，采用的是简洁的版式设计，四周恰当的留白，读起来不会有密密麻麻的沉闷感。在每一部开始的页面上，都印有与封面类似的猫和线条，可爱而又不失美感。在书中，猫被上校视作是比自己还重要的存在。为了救猫他"自投罗网"，甚至在逃离村子时，他挂念的还是他的猫的处境。

（三）营销推广，层层推进

1. 利用微博话题转发、推广新书信息

2019 年 3 月 22 日，《人生海海》官方微博账号从转发作者麦家关于他的写作与故乡的一段内心独白开始，便正式开启了新书发布前的预热活动。麦家说他这么多年来的写作一直逃离故乡，也谈到"一个作家，他的写作是怎么也逃离不了童年和故乡的"，而《人生海海》就是以麦家的故乡为背景，里面的人物上校也有对应的人物原型，不过麦家对其加以润色，赋予了其传奇的人生。在预售的前一天，设置微博转发抽奖活动，赠送麦家的《解密》作品。随后，多次开展话题，转发评论抽奖送书活动，通过这些转发抽奖活动，吸引用户参与，从而扩大新书宣传和知名度。

在 4 月 23 日世界读书日期间，麦家以一串数字和连接符发微博，

官微带话题开展活动转发抽奖，并以作者麦家和杨洋联合签名本，以及麦家给杨洋粉丝的专属签名作为限量版礼物。同时，"3-14-17/10-23-11/37-9-23/46-1-14,105-16-28/12-18-7/23-14-17/18-11-28" 这一串密码互动也引发众多网友分析的破译和参与，晒图破译码的话题方式，为《人生海海》增长了一波人气。

2. 宣传视频配合直播多形式推广作品信息

《人生海海》拍摄了很多的宣传视频来为作品宣传助力，如用高晓松、董卿等众多名人的推荐或感想剪辑的宣传视频。此外，还拍摄了一组海报为书籍宣传，麦家手握《人生海海》这本书，目光看向镜头，似有千言万语藏在心中，正待诉说。以黑色作为主色调，黑猫与书的合影，正应对着书中的上校所养的猫。在《人生海海》的官微和相关活动中，猫的形象经常出现，这一点十分讨巧，猫与书的组合透出一种慵懒闲适之感，营造出安静阅读的氛围，同时猫又与书的内容相关，利用猫的可爱形象获取读者好感，同时又不偏离书中故事，可谓两全其美。

随着新书的发售，麦家一次次被拉到了镜头前，关于《人生海海》、关于麦家的故事也不断被挖掘、展现在镜头前、画面里。在新书上市后不久，关于麦家和他的新书《人生海海》的直播活动就举行了好几次，如2019年4月10日，麦家在当当直播揭秘《人生海海》讲述的故事，以麦家"这个故事我藏了44年"来引起读者的好奇，为作品的上市预热；2019年6月中国网直播在微博平台的直播夜读分享活动，选取《人生海海》中的片段分享阅读。各种直播分享和互动，让更多的人了解到了麦家与他的书，这些人中，不仅包括他的读者，还包括那些未曾读过他的文字，甚至从未知晓他是谁的人。

除线上直播宣传推广外，新书发售当天，在上海外滩黄浦江畔还投放了巨屏广告，为新书发售宣传助力；同时，在7月还举行了"走出大山看大海"公益夏令营活动。另外，2019 年 10 月 24 日 ELLE 男神与文学系列微电影之《遇见》的上线，以绅士内敛的演员赵又廷和佳句迭出的作家麦家因机缘巧合在酒吧相遇，关于书中的一句话"世上只有一种英雄主义，就是在认清了生活的真相后依然热爱生活"展开了讨论。将书与微电影巧妙地结合起来，借助微电影的表现形式以及赵又廷的人气，进一步拉动《人生海海》的热度。

3. 多种话题会谈延长作品热度

在新书上市后，除了一轮又一轮的宣传推荐外，对作品的交流和深入探讨则有助于维持作品的热度，延长其销售的生命周期。在这一点上，《人生海海》就做得特别好，在不同的时间段，多次组织读书会或邀请名人评论家参与研讨活动。

关于《人生海海》书中故事的交流和分享，一种是关于作品的读后感分享，这一类的分享会如 2019 年 4 月的新书发布会上高晓松、董卿、白百何等人的读后感和分享；2019 年 11 月，评论家谢有顺与麦家在珠海无界书店共聊"人生海海"，并安排现场签售活动等。另一种是关于麦家创作的心路历程的分享，如 2019 年 5 月，新书上市一个月后在杭州之江饭店举行"人生海海，满月嗨嗨"活动，就"人生海海，我怎么与这个世界和解"，麦家分享了自己与世界和解的故事；2019 年 6 月，在樊登读书 APP 的"作者光临"里，麦家分享了《人生海海》背后的故事；2019 年 7 月，在"香港书展 2019"上，麦家与好友马家辉就《人生海海》共话"人生的虚构与小说的真实"；2019 年 7 月 21 日，在深圳书展现场，麦家与作家卢冶在分享会上一起探讨了小说的时代意义，麦家表示自己要另立山头，回到童年，回到故乡，去破译人心和人性的密码；在 2019 年 7 月 23 日，麦家回到家乡，在富春山馆举办了一场别开生面的"童年与故乡"——《人生海海》创作分享会。

各式各样的交流会和分享会，从作品创作的心路历程、书中的故事引发的思考、写作技法等方面的深入探讨，以及关于这本书的话题讨论直到今天还在继续，都表明了这是一本值得一读的好作品。

综上所述，我们可以看出《人生海海》的畅销，不仅得益于一个好故事，而且新经典在宣传营销方面所作的努力不容忽视。好的作品固然重要，但如何将其适时地推到读者面前却不容易，众多的名人、明星助力宣传、挖掘作者创作背后的故事，贴合当今读者的互动交流，借助分享会、交流会等形式推动读者和作者的联结，将书与读者产生的共鸣放大，从而让作品抵达更多的读者。

四、精彩阅读

不知是身上痒的缘故，还是月光太亮照到我眼睛，总之我一下醒来。先是朦胧听到有人在嘀咕，后来听到有人在哽咽，呜呜咽咽的，时有时无。听见这呜咽声，我像着了火，一下坐起身，本能地。我这才发现，床上只有我一人，爷爷已经不知去向。门稀开一条缝，切进来一路月光，仿佛爷爷乘着月光走了；同时那个呜咽声也一同被月光照亮，满当当地挤拥在我心里：恐惧、好奇、刺激、紧张、混乱的感觉，在黑暗和呜咽声中左冲右突，起伏跌宕。

是谁在哭？

一个男的。

一个大人。

但不是我父亲，也不是爷爷，更不像大哥。

是谁？强大的好奇心战胜恐惧，我悄悄下了床，一步一步，猫一样轻巧。门缝够宽，我可以轻松侧身出去，然后如临深渊地循着声音去。声音来自我家退堂、灶屋里最旮旯的角落最避人耳目的地方。谁干吗半夜三更躲到那鬼地方去哭？四处没有开灯，我从月光里走过去，什么也看不到，一片乌黑，那呜咽声仿佛也变得乌黑，像鬼在哭。他的声音我似曾相识，又像被黑夜包裹着，使我无法辨识。只有一点很清晰、很奇怪，就是：他好似不会哭又好似不敢哭、不肯哭，哭得乱七八糟的，时而呜呜咽咽，泣不成声，时而哼哼哧哧，怒气冲冲。

他到底是谁？我有种要裂开来的痛快和痛苦。

门关得死死，我当然不敢闯进去看，但我知道阁几一头有个破洞（其实板壁上有多处缝隙和孔眼）可以看到退堂。借着月光，我蹑手蹑脚走近阁几，找到那个破洞。巧得很，我眼睛刚凑上去，只听里面嚓一声，一支火柴像闪电一样撕破黑幕，又比闪电持续更长时间。在火柴熄灭前，我已完全看清楚：点烟的是爷爷，正对着我，缩手蜷脚地坐在炉膛前的小板凳上，一脸肃穆、在行大事的样子；一个高大的人背着我，偻着腰，身子前倾，半个屁股坐在方凳上（母亲经常坐在上面一边守着饭菜一边纳鞋底），双肘撑在灶台上，两只手抱着耷拉的脑袋，肩膀一耸一耸的——就是这个人在呜呜，悲痛得不成样子了，散架了，上半身几乎瘫在灶台上。我也看到了父亲，他盲目地傻傻地站在那人身边，是一副累极的样子，也是丧魂落魄的样子。

那人是谁？

在火柴熄灭前的一刹那，我从衣服上一下认出：他是上校！他穿的是我晚上送去的那件白汗衫，背上印着一个大大的红号码：12。

我记得清楚，父亲交给我这件汗衫时，爷爷曾责备他，夜里蚊虫多，应该拿件长袖衬衫才对。父亲解释，这衣裳是上校母亲从普陀山寺院里请来的，或许有法力，可以保佑上校平安。我敢断定这就是我给上校送去的那件衣裳，如果不出意外穿它的人当然是上校。

可是……可是……上校怎么会变成这个样子？他跟我心目中的上校完全不一样，颠倒不像！黑白不像！我心中只有一个上校，腰笔挺，大嗓门，风趣爽朗，胆大勇敢，天塌下来都不怕。即使给我一百个上校，我也想象不到这个样子的上校：这么伤心的样子！这么委屈的样子！这么狼狈的样子！

这真是上校吗？

是的，错不了，衣服是他的，声音是他的，背影也是他的。

到底出了什么事？

我第一想到的是猫，猫出事了，跑了。不，是死了，跑了应该大家去找才对。不，死了猫也不至于这样子，这是天塌下来的样子！再说，死了猫小瞎子也不会放他出来。于是我想到他那个白发苍苍的老母亲，会不会是她死了？老太婆病病歪歪的，还整天不着家，四方八远烧香拜佛，神神道道的，是快死怕死的样子。

想到这里，我心头反而松宽下来，因为这跟我家没关系。我愣着、想着，一红一黑的烟头，像鬼火，一呜一咽的声音，像鬼哭。如果真是那个叨老太婆子死了，村里倒是少了一个多嘴的人——她有些爱多管闲事，平常看见我们调皮捣蛋，不是横加指责就是念阿弥陀佛吓我们。我胡思乱想着，不知道到底发生了什么事，也不知道接下来还会发生什么事，只希望有人出来发话，尽快给出一个答案。

爷爷像摸到我心思，咳嗽一声，发话，声音里没有一点感伤和迟疑。"不走笃定死路一条。"爷爷讲，是长辈老子的口气，带着见多识广的权威和坚决，"要走得尽快，必须在天亮前走，晚了就走不成了。"

接着是父亲的声音，低落、沉缓、落寞的，仿佛掺着上校的泪水。"是的，走吧，死在这小畜生身上值不得。"父亲想拉上校起身，上校却不配合，不动，赖着，像被灶沿吸住似的。

爷爷立起身，催促道："赶紧走，还要收拾东西，不能耽误了。"一边也过来拉上校起身，"快起来，走了。"

上校似乎刚从梦中醒来，丢了魂似的站不稳，一边机械地呢喃着："走？去哪里？"声音嘶哑、胆怯、茫然、孤苦。这哪像他，平时他总是给别人解决问题，排忧解难，教人这个那个，有时气定神闲，有时神气活现，现在却这般怯懦惶惶，无头苍蝇一样。

爷爷讲："天下那么大，哪里不能走，非要走一条死路。"

父亲讲："你外面朋友那么多，哪里不能去，去哪里都比在这儿等死好。"

爷爷对上校讲："快走，没时光耽误了。"

爷爷对父亲讲："拉他走，天亮就走不成了。"

我从爷爷红旺的烟头中依稀看到上校被父亲拉起身。我知道他们要出来，连忙回到厢房，闪在门后躲着，这样可以正面看到他们出来。不一会儿，他们果然开门出来，从黑暗里走出来，走进月光里。月光又冷又亮，我看到父亲拽着上校手臂，牵着，爷爷在后面押着、赶着，有时推着，不准他停下来。就这样，上校亦步亦趋跟着父亲，耷拉着脑袋，佝偻着腰，僵手僵脚地，深一脚浅一脚地停停走走，向大门移去，挪去。出门时他双脚甚至连门槛都迈不过，差点被门槛绊倒。他像一下子变成比爷爷还要老迈的老头子，像发生的事情把他迅速报废了。

这是我在村里最后一次见到他，月光下，他面色是那么苍白凄冷，神情是那样惊慌迷离，步履是那么沉重拖沓，腰杆是那么佝偻，耷拉的头垂得似乎要掉下来，整个人像团奄奄一息的炭火，和我印象中的他完全不是同个人——像白天和黑夜的不同，像活人和死鬼的不同，像清泉和污水的不同。

——节选自《人生海海》第 108~112 页

五、相关研究推荐

[1] 林培源.“故事—世界”与小说的时空体——论麦家《人生海海》的叙事及其他 [J]. 中国现代文学研究丛刊，2019（7）：110~122.

[2] 陈佳冀，陈心澈.“英雄主义”与时代个体的救赎之路——评麦家新作《人生海海》[J]. 写作，2019（6）：83~88.

[3] 余夏云.《人生海海》和麦家的“论文字学”[J].小说评论，2019（6）：84~91.

[4] 韩松刚.命运的召唤，或回忆的诱惑——评麦家长篇小说《人生海海》[J].当代文坛，2020（2）：145~150.

[5] 谢有顺，岑攀.英雄归来之后——评麦家的《人生海海》[J].中国当代文学研究，2019（4）50~57.

全球瞩目的新锐历史学家力作

人类简史

从动物到上帝

[以色列] 尤瓦尔·赫拉利◎著 林俊宏◎译

Sapiens

A Brief History of Humankind

20多个国家
争相购得版权
全球热销

普利策奖得主
《枪炮、病菌与钢铁》
的作者戴蒙德力荐！

理清影响人类发展的重大脉络
解除历史的枷锁，看到多种多样的未来

中信出版社·CHINACITICPRESS

书名：《人类简史：从动物到上帝》　作者：[以色列] 尤瓦尔·赫拉利　译者：林俊宏
出版时间：2014年　出版社：中信出版社

一、作者介绍

尤瓦尔·赫拉利，1976 年生，牛津大学历史学博士，现为耶路撒冷希伯来大学的历史系教授，全球瞩目的新锐历史学家，他擅长世界历史和宏观历史进程研究，在学术领域和出版领域都有很大的建树。作为一名学者，赫拉利精通世界史、中世纪史与军事史，除了历史学，哲学、人类学、生态学、基因学等各种学科的理念他也能信手拈来。《人类简史：从动物到上帝》（以下简称《人类简史》）以及随后出版的《未来简史》《今日简史》构成了赫拉利的"简史三部曲"，是引发全球大讨论的思想炸弹，其每本图书销售量都在 100万册以上，拥有大批书友粉丝，仅在中国就有多达 50 万的读者。

二、畅销盛况

2011 年，《人类简史》首次以希伯来语出版，随即占据以色列图书销售榜首连续 100 周；由该书改编而成的人类简史课程风靡全球，成为希伯来大学在 Coursera 和 MOOC 上最受欢迎的课程。

2014 年，《人类简史》英文版在英国出版，此前曾引起英国 9 家出版商疯狂竞价。同年，该书已授予 20 多个国家版权，席卷全球，引起学界、媒体、大众的极大兴趣。

2014 年 12 月，《人类简史》中文版由中信出版社引进出版，扎实的内容、极致的策划包装，再加上预热阶段的精准推广，这本书在上线后立刻引起了广泛关注，文艺界纷纷推荐，作者声名远播。

2015 年，《人类简史》获得第十届国家图书馆文津图书奖。

2016 年年底，中文版销量突破 100 万本，是当年中国出版史上社科文化类书籍的单年销售最高纪录。

2016 年，入选国家新闻出版广电总局向全国青少年推荐百种优秀出版物。

2017 年，《人类简史》再版，同年荣获诸多奖项。在京东图书年中畅销榜单位列前 10；在开卷上半年非虚构类榜单位列第 3 名；2017 年度掌阅最受欢迎的出版书第 2 名；2017 亚马逊中国纸质书畅销榜第 5 名。

2018 年，入围 2018 南国书香节改革开放 40 周年 40 本最具影响力图书；被评为第三届"水木书榜·清华学生喜爱的十本好书"之一；位列 2018 亚马逊社科历史榜排行榜第 1 名。

截至目前，该书已在全球售出 1 600 万册，并被翻译成 60 种语言。中文版热销 300 万余册。

三、畅销攻略

任何一本书的成功都不是偶然的，作为一本历史类普及读物，《人类简史》是如何吸引各个国家不同年龄段的读者，成为全球现象级的畅销书呢？

（一）内容契合读者需求

1. 极简浓缩的内容便于读者汲取知识

一本书稿、一部作品出版之后能否得到读者喜爱，关键在于能否精准地满足读者的文化需求，这是打造现象级畅销书的核心。

近年来，"简史类"书籍在图书市场上十分畅销，这一类书籍畅销的秘密，根本在于能够为读者提供一个简便易懂的世界观。《人类简史》正是这一类畅销书的典型，作者从认知革命、农业革命、科技革命三个部分为读者讲述了人类的过去和未来，同时把涉及各个学科的知识装入一个极简且极具普适性的叙述框架里，帮助读者迅速建立起一套完整的、成体系的自然观、历史观、世界观，把读者碎片化的新旧知识整合起来，使读者能在最短的时间里，用最轻松的方式与作者一起遨游上百万年人类的历史及发展。

2. 作品适应了不同文化圈的需求

《人类简史》在中国出版后，最先是在互联网圈引发热烈反响。中信出版社很好地把握住了这个营销突破点，把首要推广目标人群锁定在了关注人工智能的互联网企业的意见领袖身上，这些人的追捧使得该书迅速得到了全行业的瞩目。互联网圈的人之所以特别推崇这个书，就在于它所提倡的虚构能力，能够把更多的组织与个人协同起来，这跟互联网发展底层的文化逻辑是一样的，互联网经济的动力其实就是连接。该书在内容上满足了读者明显或隐藏的需求、痛点，满足了这个时代不同阶层、不同行业、不同人群的需要。正如《卫报》的一篇评论所言，赫拉利的书满足了当下这个碎片化世界对宏大叙事的迫切需求。

（二）观点引发热议，争议即卖点

结合近几年国内历史图书大卖的情况，可以看出一部历史畅销书不仅具备内容契合大众需求的特点，其作者的观点也会引起社会大众的关注。

推崇此书的人认为，《人类简史》以另一种跨学科的逻辑思维来看待人类历史的发展，给读者带来了全新的视角与观点。作者运用和组织众多学科知识，集历史学、人类学、社会学、哲学、心理学、生物学、物理学、地理学、化学、文学、基因学于一体，又融合宗教、经济、政治、科技等多学科角度，审视人类作为一个物种在宏观层面的发展进程，让人读来叹为观止。由于维度足够多样，阅读过程中，读者会感觉到脑洞不断被打开，会感叹原来还可以这样看问题。

在受到一众读者追捧的同时，也有一部分读者表示这是一部糟糕的历史学作品，认为该书是在大量吸收了戴蒙德1997年《枪炮、病菌、钢铁：人类社会的命运》一书中的原创观点后进行了缩写，表示这两本书的许多论题重复，《人类简史》可是说是前者的简化版。

因此，不同观点的碰撞引发了社会上对此书更大范围的讨论，使《人类简史》成为全社会都在热议的书，从而引发了舆论和读者的强烈关注，进一步激发了读者的购买欲望。

（三）出版方的精心策划

1. 引进优质的图书版权

《人类简史》在出版前，作者还处于名不见经传的状态，他在以色列寻求出版《人类简史》，曾遭到6家出版社的拒绝。但在图书出版后的书展上，有23个国家在和他的代理人洽谈《人类简史》的版权，英国有6家出版社参与了竞价。在中国，包括中信在内的几家出版社也对这本书产生了兴趣。国内的出版社都认为这部作品很好，但至于能不能畅销，都没有绝对的把握。最后中信出版社以1.5万美金买下了该书的版权，这一版权价格对于社科历史类图书而言，只能算"中等"。可以说，正是因为中信出版社在一众同行皆持观望的态势中果断下手，把握时机拿到了这本书的版权，才收获了《人类简史》畅销后为出版社带来的经济效益与社会效益。

2. 细究编辑与出版环节

《人类简史》中文版是由中信出版集团的副总编辑、"见识城邦"

主编王强带领团队操刀运作的，从拿下选题，到翻译、编校，再到推广营销，为一本社科好书的诞生披荆斩棘。从外版到中文，全力做好内容打磨和精细品控。从一审到质检，除责任编辑、策划编辑、终审、质检、总编辑的逐次编辑审阅过本书外，全书再交由历史学专业出身的资深编辑做最后校阅。通过一环扣一环的编辑和打磨，才最终呈现给读者。

不仅是文字内容优化和规范化，内文排版以及封面设计也针对国内读者做了进一步的优化和调整。读者对一本书的第一印象大多来自封面，封面是否好看、有特色、准确表现书的内容，对最终读者是否能在琳琅满目的图书中看见这本书、并将它带回家十分重要。该书的封面设计主打创意，并未使用传统历史书的历史性元素，而是用了指纹来阐释图书的主题，延续了中信出版社一贯大面积单色留白、居中放置具象图案的特色。

3. 着力图书的推广营销

（1）作者营销

作者是最了解所出图书的人，据调查，在影响读者购书的原因中，作家知名度占 36%，作品内容占 12%，作品形式占 10%，可见，针对作者营销是畅销书运作的重要营销手段。

赫拉利具有宽广的学术视野和渊博的知识结构，《人类简史》出版后更是受到了全球热捧。出版社采用了把作者包装为超级 IP 的宣传方式，先是大力宣传该书的独特性，接着邀请作者来国内参加各种线上线下活动，以此加深作者在国内读者心目中的印象，从而带动其作品知名度的提高。随后，书火了，作者也火了。赫拉利在商业圈、学者圈、IT 圈，产生了巨大的影响力，获得数千万流量。一个平时阅读量只有几千的公众号，因报道了赫拉利参与访谈的内容后阅读量飙升到 10 万，通过这件事即可看出作者在国内的火爆程度。后来，作者的新书《今日简史》和《未来简史》一面世立即上榜，现在销量都已突破百万，赫拉利显然已经成了一位不折不扣的畅销书作家，也成为了中信出版社的招牌作家。

（2）营销渠道合力传播

随着网络的发展，各个营销传播平台已经被打通，形成了去中心化的网络体系。在对图书进行营销和宣传时，需要利用好传统媒体、自媒体、电商等各个平台的优势，形成传播合力。现象级畅销书的营销，都是在整合线上线下的基础上，巧用"四两"之力，拨动"千金"销售。

《人类简史》在出版前，编辑团队的策略是重在提高图书曝光度，先将图书精华内容、推荐信息等在线上渠道发布。图书出版后，重在提高图书知名度和认可度，结合社会热点组织线下营销和推广，让读者接触图书精华内容，产生心理共鸣。中信团队还与罗辑思维、36氪、凤凰读书、未读、一条等知名新媒体合作，对图书进行共同推广，这一系列操作有效地带动了作品的销售。《人类简史》与纸质书一同出版的还有电子有声书以及思维导图。同时赫拉利还被邀成为中信书院 APP 的首位签约讲师，并在公众号上不定期推出一些专业的解读内容。通过一系列营销活动的开展，让读者在互动体验中，潜移默化地对出版社、作者和图书产生认同。

（3）适时再版

再版是出版界常见的营销策略。在美国和日本，它体现为这样一种策略：如果想要卖得更好，出版社会先推出精装本，待精装本卖不动了，再推出平装本。《人类简史》一经面市，持续火爆，销量迅速突破百万。在 2014 年推出精装版后，中信出版社于 2017 年再版推出平装版，与作者新书《今日简史》《未来简史》一起又收获了一拨读者。2018 年，中信"见识城邦"团队对书重新进行了编校，再次推出精装版，并收录到旗下丛书品牌"见识丛书"中。通过先富带后富，推动整套丛书共奔富裕路。

（4）借势营销

他山之石，可以攻玉。并不是每一次营销，都需要投入大量的人力物力，在各类资源都有限的情况下，借势营销，可以体现显著的效果。目前，读者每天接触海量信息，非常排斥填鸭式的灌输宣传方式和硬性广告。因此，想要使一本具有优质内容的图书达到"现象级"，还需要学会借力，树立话题意识以及事件营销的意识，针对图书的内容进行话题设计，通过开展活动与事件营销对图书进行宣传。

中信秉持"从中国看世界，把时间变成历史"的出版理念，与优酷土豆联合打造的大型作者秀视频栏目"大集"，充分利用社内作者资源优势，为客户提供更具全球视野和面向未来的知识内容。首邀《人类简史》作者举办视频直播活动，线下线上超10万人同步体验，受到业界和读者的一致好评。

中信出版社在京主办大数据＋人工智能的XWorld大会，邀请赫拉利进行演讲。根据搜狐新闻报道，当天现场参会人数超过2 500人，通过13家直播平台进行线上观看的数量累计超过280万人次。此次事件将《人类简史》及其作者在国内的影响力又进一步扩大。

2016年，北京展览馆剧场以《人类简史》内容为核心的"你，定义未来"演讲秀惊艳中国文化界，同日流量和影响力盖过罗辑思维"史上最大读书会"。

这些活动结束后，《人类简史》的销量再度攀升。

（5）适时打造系列图书品牌

有意识地打造自己的图书品牌是中信近年来在出版业打响品牌的最大法宝，《谁动了我的奶酪》《史蒂夫·乔布斯传》《21世纪资本论》《激荡三十年》等一系列经管、社科类型的图书，作为中信比较稳定的一条产品线，在读者中间有很大的影响力和号召力。

在《人类简史》一书畅销后，中信又相继推出赫拉利的《未来简史》和《今日简史》，构成了"简史三部曲"，通过《人类简史》的人气积攒的广大读者群，出版方举办了一系列有效的营销活动，如在京东、当当等网络图书销售中，将《人类简史》与作者的《未来简史》《时间简史》等图书捆绑销售，在线下书店亦集中摆放，联合销售，取得很好的销售业绩。现在，这几本书都成了销量逾百万的现象级畅销书，赫拉利也一跃成为全球畅销书作家。

（四）名人效应

名人效应主要是指借名人的影响力强化事物、扩大影响的效应。如今，名人效应已经在生活中的方方面面产生了深远影响，比如，邀请名人代言广告，就是期望消费群体对名人的喜爱能够刺激消费，邀请名人参加活动，也是因为名人所具备的带动性，等等。

《人类简史》这本书之所以畅销，一方面也是依靠了这种名人效应或者说是偶像效应。书一出版，就引发全球热议，一众名人给予此书极高的评价。贝拉克·奥巴马评论说："这本书十分有趣并令人兴奋……作者告诉我们人类是怎样在地球上生存的，农业以及科学存在的时间是如此之短，以至于我们不应该将之视为理所当然。"比尔·盖茨说："我会把这本书推荐给所有对人类历史感兴趣的读者，你会发现这本书令你难以撒手。"马克·扎克伯格说："《人类简史》为什么能够在国际畅销书榜上爆冲？原因很简单，它处理的是历史的大问题、现代世界的大问题，而且，它的写作风格是刻骨铭心的生动。你会爱上它！"这几位有影响力的大人物为该书的畅销播下了很好的种子。

不仅是国外，国内读者也对《人类简史》倍加关注，北京大学历史系教授高毅说："《人类简史》的目的不是传授人类考古学的所有研究成果，而是提供一种看历史的视角，一种全局的观点。当你不再执着于科学、政治或宗教等某一个领域的发展过程，而是关注人类社会的整体演变，观察这些领域之间的相互作用，你会感到你脑海中零碎的历史知识忽然像拼图一样各就各位，构成一幅宏大的图景，这样的视角非常新鲜。"罗辑思维、得到 APP 创始人罗振宇说："我在节目里多次推荐过《人类简史》，它对我启发最大的地方是捅破了一层窗户纸。它说人类根本的能力是想象和虚构的能力，然后人们在这个不靠谱的基础上展开了协作，这才是我们这个物种真正有力量的地方。"北京大学校长林建华也向全国大学生推荐读此书。这些名人对此书的推荐充分发挥了名人效应，推动了读者对该书的青睐，同时也扩大了读者范围，得到了显著的宣传效果。

四、精彩阅读

从实际观点看，全球融合最关键的阶段就是过去这几个世纪。各大帝国成长，全球贸易强化，亚洲、非洲、美洲和大洋洲的人类形成紧密联结，于是印度菜里出现了墨西哥的辣椒，阿根廷的草原上漫步着来自西班牙的牛。但从意识形态观点看，公元前的 1000 年间慢慢发展出"世界一家"的观念，这点的重要性也绝对不在其下。在这先前的数千年间，历史确实是朝向全球融合统一的方向迈进，但对大部分人来说，还是难以想象世界一家、全球为一的概念。

智人从演化学到了区分"我们"和"他们"。自己身边的这群人就是"我们"，而所有其他人就是"他们"。事实上，世界上没有什么社会性动物会在意所属物种的整体权益。没有哪只黑猩猩在意整体黑猩猩物种的权益，没有哪只蜗牛会为了全球蜗牛社群举起一只触角，没有哪只狮群首领会说要成为全球的狮子王，也没有哪个蜂窝会贴标语写着："全球的工蜂联合起来！"

但在认知革命开始后，智人在这方面就和其他动物大不相同。和完全陌生的人合作成了家常便饭，而且还可能觉得这些人就像是"兄弟"或是"朋友"。只不过，这种兄弟情也有限度。可能只要过了隔壁山谷或是出了这座山，外面的人就还是"他们"。大约在公元前 3000 年，美尼斯（Menes）统一埃及，成了第一位法老王。对埃及人而言，"埃及"有明确的边界，外面都是些奇怪、危险、不值得注意的"野蛮人"，大不了就是拥有一些土地或自然资源（前提还是埃及人想要）。然而，所有这些想象出的边界，其实都是把全人类的一大部分给排除在外。

公元前的 1000 年间，出现了三种有可能达到全球一家概念的秩序，相信这些秩序，就有可能相信全球的人类都"在一起"，都由同一套规则管辖，让所有人类都成了"我们"（至少有这个可能），"他们"也就不复存在。这三种全球秩序，首先第一种是经济上的货币秩序，第二种是政治上的帝国秩序，而第三种则是宗教上的全球性宗教，像是佛教、基督教和伊斯兰教。

商人、征服者和各教先知是最早跳出"我们"和"他们"这种二元区分的人。对商人来说，全球就是一个大市场，所有人都是潜在的客户。他们想建立起的经济秩序应该要全体适用、无处不在。对征服者来说，全球就是一个大帝国，所有人都可能成为自己的属民。对各教先知来说，全球就该只有一个真理，所有人都是潜在的信徒，所以他们也是试着要建立起某种秩序，希望无论谁都能适用。

在过去的 3000 年间，人类有越来越多雄心勃勃的计划，想要实现这种世界一家的概念。接下来的三章中，我们就要一一讨论货币、帝国和全球宗教是如何传播，又如何建立起全球一家的基础。第一个要谈的，就是史上最伟大的征服者。这位征服者极端宽宏大量，手段又灵活无比，让人人都成了虔诚狂热的信徒。这位征服者就是金钱。在这世界上，大家讲到不同的神就易有争执，说到不同的王也可能大打出手，但用起一样的钱却是和乐融融。例如本·拉登，他恨美国文化、恨美国宗教、恨美国政治，但用起美元倒是十分顺手。究竟金钱有什么魔力，竟然能完成连神和君王都做不到的事？

——节选自《人类简史》第 164~165 页

工业革命的核心，其实就是能源转换的革命。我们已经一再看到，我们能使用的能源其实无穷无尽。讲得更精确一点，唯一的限制只在于我们的无知。每隔几十年，我们就能找到新的能源来源，所以人类能用的能源总量其实在不断增加。

为什么这么多人担心我们会耗尽所有能源？为什么他们担心我们用完所有化石燃料之后，会有一场大灾难？显然，这世界缺的不是能源，而是能够驾驭并转换符合我们所需的知识。如果与太阳任何一天放射出的能量相比，全球所有化石燃料所储存的能源简直是微不足道。太阳的能量只有一小部分会到达地球，但即使是这一小部分，就已经高达每年 3 766 800 艾焦（焦耳是能量单位，在地心引力下将一颗小苹果抬升一米，所需的能量就是一焦耳；至于艾焦则是 1018 焦耳，这可是很多很多颗苹果）。

——节选自《人类简史》第 319 页

全新修订版

半小时
漫画中国史

其实是一本严谨的极简中国史

二混子 著

书名："半小时漫画中国史"　　作者：陈磊
出版时间：2017 年　　出版社：江苏凤凰文艺出版社

半小时
漫画中国史3

其实是一本严谨的极简中国史

陈磊 著

一、作者简介

陈磊，笔名二混子，是拥有 400 万粉丝的公众号"混子曰"（2020年更名为"混知"）创始人，原为上汽集团旗下设计师，曾获 2017年度亚马逊年度新锐作家、年度挚爱阅读大使等称号。原"混子曰"公众号下的"Stone 历史剧"栏目，日常所发的文章平均阅读量为 60 万，累计点击量高达 3 亿次。其爆笑又富有创意的手绘形象和历史段子，深受"90 后""00 后"等年轻群体的喜爱，是开创了另一种写史方式的作者。

二、畅销盛况

"半小时漫画中国史"自 2017 年上市以来，一直占据各大购书网站热销榜前 10 名，掀起了一阵"全民看漫画学历史"的风潮。该系列第一本于 2017 年出版，该书出版后不久，不仅横扫五大电商畅销榜第 1 名，还在当当预售 1 日过万册，在电商平台创下 7 小时卖断货的记录。这本书更是引发了实体书店的抢购热潮，不少家长特地带着孩子来书店排队购买，销售异常火爆。浦东国际机场书店仅铺货一个上午便卖出近 100 本，上海书城曹杨店刚刚上架便被抢售一空，深圳南山书城历史书店聚集了许多闻讯而来的读者，向店员纷纷询问出版方读客图书能否安排作者到书店进行签售或者举办见面会。2018 年新书《半小时漫画世界史》出版后，几乎每天都有读者在网上催问后续作品的出版时间。

据开卷数据显示，开卷 2018 年 9 月非虚构类畅销书排行榜前 10位中，《半小时漫画中国史 3》《半小时漫画中国史》（全新修订版）《半小时漫画中国史 2》分别排名第 6、第 9、第 10。2018 年 1 月至

2018 年 12 月开卷非虚构类畅销书前 10 名中，《半小时漫画中国史》（全新修订版）排名第 9。

据出版方读客文化官方公布的文件显示，截至 2020 年 6 月，"半小时漫画"系列累计销售册数已突破 920 万册。目前，《半小时漫画中国史》（修订版）在当当历史类图书畅销榜依旧排名第 13 位；"半小时漫画中国史"全系列在京东图书动漫类畅销榜排名第 1 位，销售势头依旧高涨。

三、畅销攻略

（一）通俗历史类图书拥有较广泛的受众群体

历史类图书一直在畅销书排行榜中占据着重要的席位，但历史类图书市场长期存在"两极分化"的现象，较为严肃的学术性历史读物很难被普通大众读者所接受，通俗活泼的"轻学术"历史读物则拥有较广泛的受众群。

通俗历史类读物出现真正"现象级"的"爆红"作品始于 2006 年。学者易中天凭借《百家讲坛》闻名后，其作品《易中天品三国》一书以 55 万册的首印量拉开了历史类畅销书的大幕。这一年，《明朝那些事儿》在天涯论坛上连载并创下近 2 000 万的点击率，同年出版后，迅速荣登当当"终身五星级最佳图书"，被评为全国十大畅销书之一，连续 5 年销量突破 1 000 万册。由此掀起了"明史热"的风潮：张宏杰的《大明王朝的七张面孔》、十年砍柴的《皇帝、太监和文臣：明朝政局的三角恋》、毛佩琦《明朝顶级文臣》等有关明朝历史的图书相继出版。2009 年，高中历史教师袁腾飞的《历史是个什么玩意儿》横空出世，掀起了历史类畅销书的新一轮高潮。

粉丝经济时代的来临使高晓松的《鱼羊野史》、马伯庸的《笑翻中国简史》受到追捧。①

以《明朝那些事儿》为代表的通俗历史图书的畅销，表明我国通俗历史市场领域有着广泛的群众基础，市场需求较大，而真正优质的作品数量却不多，有着较大的市场潜力。由此可见"半小时漫画中国史"系列图书的畅销正是适应了市场对通俗类历史读物的需要。

（二）严谨的内容与漫画讲史的形式完美融合

"半小时漫画中国史"用漫画形式演绎了上下三千年中国史，虽然表现手法让这本书看起来十分"不正经"，但其实它是一本严谨的极简中国史。书中每篇内容都经过专家的层层审稿，只保留最精华的历史大事件，脉络清晰，让读者在捧腹大笑的同时，不知不觉已经通晓了历史。

1. 内容严谨

《明朝那些事儿》的畅销拉动了"明史热"的同时，也让通俗历史读物进入了大众视野。通俗"解史"的巨大成功引发了井喷般的跟风之作，尤以"趣说"风格吸引读者，历史类读物泛于通俗化、娱乐化，以至于后来在巨大市场利益的驱使下出现了内容同质化、粗制滥造、趣味低俗等掩藏在热潮下的种种负面效应。"半小时漫画中国史"系列则坚持做历史的搬运工，作者陈磊在接受采访时表示："我的公众号更新的频率很慢，有时十天才能磨出一个段子，因为需要查阅很多正史资料，还要在成文后仔细检查很多遍，防止出现史

---

① 苏格兰，张文红. 虚构类畅销书书名研究——以 2011—2015 年开卷虚构类畅销书为例 [J]. 科技与出版，2016（11）：113~116.

实上的硬伤。我画这个漫画的目的，是为了让大家更轻松、愉快地了解历史，从而发现历史原来是如此有趣，所以我自然要按照真实的历史来。"

严格贴合史实，打造优质的内容是一本历史书成为畅销书的必备条件之一，"半小时漫画中国史"正是以严谨的内容吸引了大批读者。

2. 历史极简

在创作伊始，作者陈磊就很明白自己作品的定位与价值所在。"里面所有的知识点，都是历史书里能看到的。我写这本书的目的，是对历史进行梳理。把所有的历史事件串起来，中间有因果，有逻辑，有脉络，这样的一条线才叫历史，你才能说你懂一点历史。"

帮助读者梳理历史的脉络，用一种提纲挈领的方式，告诉读者历史的样子，鼓励读者更加深入地学习。"半小时漫画中国史"就是这样一本帮助读者打开历史兴趣的读物。

3. 爆笑漫画

资深媒体人何亮曾这样评价"半小时漫画中国史"："如果说《明朝那些事儿》是历史类图书在文字层面的集大成之作，那么二混子则另辟蹊径，用漫画将通俗说史引入了一个全新的领域，"半小时漫画中国史"可以说是这个互联网时代的革命性历史作品。"

作为一本首次将漫画与历史相结合的通俗历史读物，这种用漫画讲史的方式无疑是本书最大的卖点之一，本书能够取得不俗的销售成绩除了优质严谨的内容之外，还与其幽默爆笑的漫画形式分不开。

（三）知识界网红出书，粉丝一呼百应推动销量

作者陈磊是微信公众号"混子曰"（现更名为"混知"）的创始人，目前已有 400 万粉丝，全部微信文章平均阅读量超 60 万，累计阅

读量高达 3 亿次，人气爆棚，陈磊可以说是一个当仁不让的知识界网红。

陈磊在公众号发布新书消息后，文章短短半小时内便突破了 10 万的阅读量，不少粉丝在评论里留言表示要第一时间去离自己最近的书店买混子哥的新书。凭借粉丝的大力拥簇，陈磊新书销量呈直线型速度飙升。粉丝李文称："看完还是不过瘾，希望混子哥马上出续集！"因不同地域书店到货的速度不同，还有不少粉丝纷纷"哭诉"二混子的新书等得他们望眼欲穿，许多书店负责人向记者透露，"二混子不过是吼了一嗓子，就能掀起这样的销售热度，真是又激动又紧张，我们赶紧联系出版方增加订货量。"

在当前的"粉丝经济"时代，通俗历史读物的走红除了自身优质的内容，还依靠忠实读者作为"粉丝群"加以巩固市场。

（四）图书整体设计风格夺人眼球

1. 书名

"半小时漫画中国史"书名简明扼要地抓住了书的主要特征。"半小时"突出了本书"极简"的特点，"漫画"点明本书的主要表现形式，"中国史"不仅说明了本书的主要内容，且在图书检索时可出现在靠前位置，方便读者寻找以带动销量。

日本著名出版人井狩春男曾经在《这书要卖一百万——畅销书经验法则 100 招》一书中明确提出，一些图书无法畅销走向失败的原因"大多是因为书名取得不好"。[①] "半小时漫画中国史"的畅销也与其简明扼要的书名关系紧密，读者在看到书名第一眼时就知道

---

① 陈宾杰. 解开畅销书封面设计的密码 [J]. 新媒体研究，2017，3（13），113~114.

这本书的内容是否是自己感兴趣的。

2. 封面设计

封面是一本书的脸面，一个好的封面，就像是一位不说话的推销员，不仅能招来读者，而且让读者对它爱不释手。

读客图书的创始人华楠在接受《广州日报》的采访时说：封面设计的最终目的是为了鼓动消费者购买，读客的要求是：让读者在5米开外的地方就注意到我们的书，《东北往事：黑道风云20年》中的大花被面、《我们台湾这些年》中的航空信封等，都是最具冲击力的视觉符号。这种"显眼"的设计在系列书中尤其具有优势。①

"半小时漫画中国史"由读客文化出品，延续了读客文化一贯的封面设计风格，封面大面积采用漫画中的人物和搞笑情节，背景色采用色彩明丽的荧光色，以夸张、搞笑的风格衬托本书的格调，同时，吸引读者的目光。

与夸张、搞笑的设计风格相对比的是书名下的副标题——其实是一本严谨的极简中国史。这就将这本书既搞笑又正经的内容表现得淋漓尽致。

（五）采取线上线下相结合的营销推广方式

1. 微博、微信线上营销推广

新书一经推出，读客文化就通过在微博上进行转发抽奖活动和发布宣传推文等方式进行营销推广，作者也在新书发布的第一时间在微信公众号、微博发布新书信息以强大的粉丝号召力带动图书销量，与此同时，微博微信也对作者进行读者签售见面会的时间地点

---

① 杜筱芦.历史的品位与口味——近年来历史类畅销书的文化解读 [J].法治与社会，2017（2）.

进行积极的宣传。

除了作者和出版方的积极宣传，"半小时漫画中国史"也因自身独特的魅力征服了许多名人为其倾力宣传造势。

有一个微信公众号叫"混子曰"（现更名为"混知"），创作者叫二混子，他写历史类的分析，画画，有稳定的内容生产，是一个流量极高的平台。

——前央视主持人、热播网综《奇葩说》导师张泉灵

重要的是画风。他的画看着很舒服，图文配得也很好笑。像暴走漫画这种就只是好笑。听说这个号拿了张泉灵的投资，我颇为遗憾自己动作太慢。

——著名投资人魏武挥

如果你关注混子哥的公众号"混子曰"（现更名为"混知"），那些深入浅出、遍地铺梗的漫画一定让你过目不忘。漫画本身能吸引人已是难得，还能用这样的漫画来讲清楚一个知识，实在让人有些惊喜。

——樊登读书会

2. 作者签售会线下营销推广

作者签售会一直是图书线下推广的重要方式，"半小时漫画中国史"的线下营销推广依旧延续了这一方式，在全国进行巡回销售。在签售活动正式开始前，作者都会亲切地和读者分享创作漫画历史的过程，与读者进行现场互动，加深读者对书的理解，拉近和读者之间的关系。

同时，线下书店也会相应地在签售会当天为"半小时漫画中国史"开辟单独的展位，吸引读者的注意力，带动图书的销量。

（六）口碑传播，推动系列图书热度不减

"半小时漫画中国史"第一部上市以后就收获了粉丝无数，集极简、严谨、爆笑于一身，用"90后""00后"最爱的知识形式获得家长和老师的支持，"90后""00后"的中小学生群体也成为粉丝的主力军，可以说这套书成功地俘获了0~80岁的读者群体，引领了漫画说史的新时尚。有了良好的口碑积累，《半小时漫画中国史2》《半小时漫画中国史3》一经上市就受到粉丝的追捧，继续营造良好的销售成绩。

除了作品本身积累的口碑之外，策划方读客文化因成功策划"藏地密码"系列、"银河帝国·基地七部曲"系列、"卑鄙的圣人：曹操"系列等一系列畅销书为其营造了良好的口碑，在读者心目中有着较高的市场认可度，这也是"半小时漫画中国史"系列图书热度不减的原因之一。

四、精彩阅读

这种制度下，办一件事的流程是这样的：

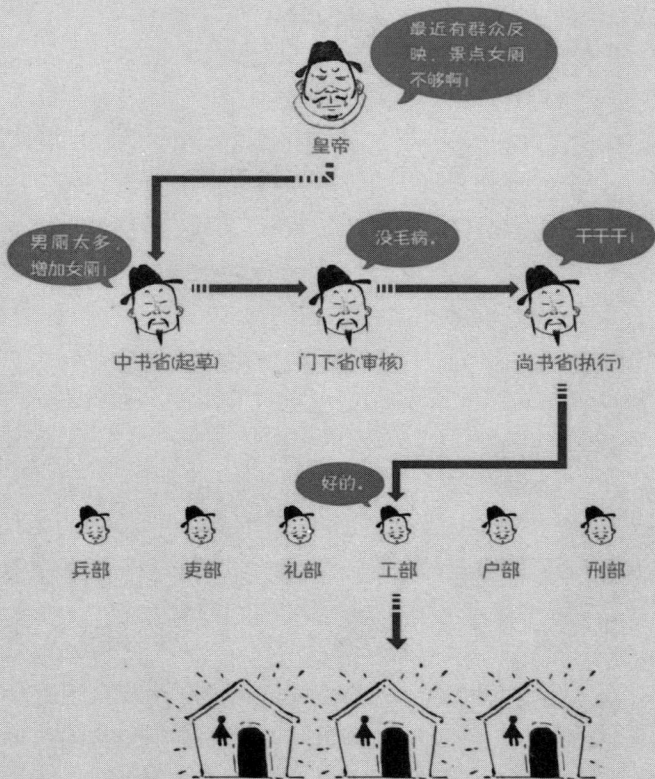

唐太宗觉得这个制度不错，所有的决策都由皇帝、中书省、门下省一块做，谁也不能说了算，包括皇帝自己。

——节选自《半小时漫画中国史 3》第 100 页

如果武则天上天坐的是热气球，那李家三代就是气球里的三把火，她的路径是这样的：

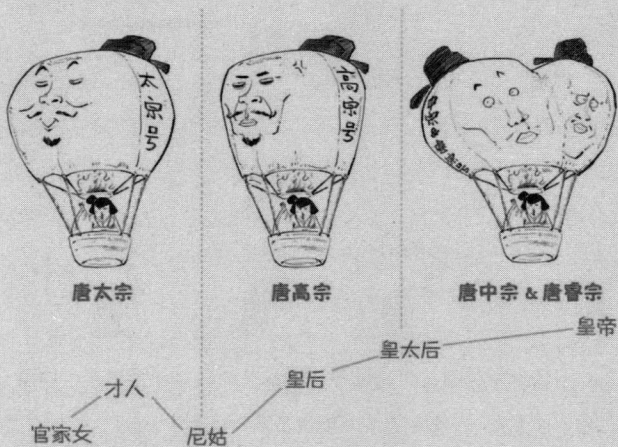

唐太宗　　　唐高宗　　　　唐中宗&唐睿宗

```
                                               皇帝
                                        皇太后
                                皇后
              才人
       官家女         尼姑
```

——节选自《半小时漫画中国史 3》第 122 页

嗨！皇上！
我在这里！

嫔×9 + 婕妤×9 + 美人×9 + 才人×9
+ 宝林×27 + 御女×27 + 采女×27

好吧，级别低没关系，可以从基层干起，结果一不小心被唐太宗看穿了勃勃的野心，太宗一直不怎么喜欢她。后来太宗年纪到了就驾崩了。

唐太宗有匹烈马，问大家应该怎么驯服，武则天说不听话就砍死它，唐太宗并不喜欢这个答案，对武则天也一直不怎么来电。

对不起，我不喜欢女汉子……

这时候武则天发现，才人最低的根本不是级别，**是性价比**。

124 武则天升职记

——节选自《半小时漫画中国史 3》第 124 页

如果要用一句话概括唐朝，那一定是：

像坐过山车一样酸爽！

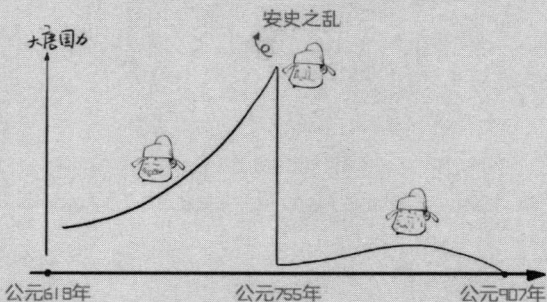

但李白的运气很好，一生中大部分的时间都在盛唐时代快活。

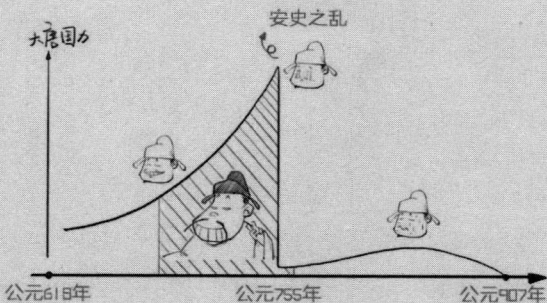

——节选自《半小时漫画中国史 3》第 234 页

案例五 《岛上书店》

THE STORIED LIFE OF A.J.FIKRY

岛上书店

没有谁是一座孤岛

[美] 加布瑞埃拉·泽文 著

孙仲旭　李玉瑶 译

A NOVEL

Gabrielle Zevin

江苏凤凰文艺出版社

书名：《岛上书店》　　作者：[美] 加布瑞埃拉·泽文　　译者：孙仲旭、李玉瑶
出版时间：2015 年　　出版社：江苏凤凰文艺出版社

一、作者简介

《岛上书店》的作者加布瑞埃拉·泽文是美国作家兼编剧。她年轻而富有朝气,深爱阅读和写作。她大学期间主修英美文学,于2000年顺利从哈佛毕业。14岁时,曾撰写过一封关于"枪与玫瑰乐团"的信函,意外成为乐评人。2005年出版第一部青年小说《我在另一世界等你》,被选为美国图书馆协会著名儿童读物,目前已被翻译成20多种语言。

加布瑞埃拉·泽文喜爱阅读,对书籍和书店都有着自己独到的见解与看法。《岛上书店》是她创作的第8本书,一出版即成为现象级的全球畅销书,一直占据各大畅销书排行榜。2016年3月,加布瑞埃拉·泽文以430万的版税收入位列第十届作家榜外国作家榜第9位。由她编剧的多部电影也相继被电影制片厂买断,陆续拍摄成影片。

二、畅销盛况

2014年4月,《岛上书店》在美国出版,短短48小时内在美国社交网上引发热议,《岛上书店》的电子书在亚马逊Kindle文学类图书榜上排名第一,此外,在各种图书网站上该书均位列过榜首。

一年之内,《岛上书店》畅销美国、德国、英国、法国、意大利、西班牙、加拿大、巴西、荷兰、日本、韩国等25个国家,创下出版史上全球化最快的畅销纪录,感动了世界各地的读者。

同年,《岛上书店》被列入美国图书馆推荐阅读书目,高票获选美国独立书商选书第1名。

2015年5月12日,《岛上书店》中文版发行,销量一直领先,占据亚马逊、当当、京东图书排行榜前列。5月底,《岛上书店》便登上开卷畅销书排行榜。2015 年，亚马逊中国发布 2015 年度图书排行榜，《秘密花园》《解忧杂货店》《岛上书店》位列亚马逊畅销榜前 3 名。

2016 年，亚马逊中国发布 2015 年浪漫图书排行榜，《岛上书店》占据榜首。据出版方读客确认，当时该书销量已突破 120 万册。

截至 2020 年年末，《岛上书店》累计销售册数已达 288 万。

三、畅销攻略

《岛上书店》共 167 千字，全书始终以书和书店贯穿始终。故事的主人公是 A.J. 费克里，他一生酷爱读书，与第一任妻子在艾丽丝岛上经营着唯一一家岛上书店。生活本可以平淡无奇地过下去，可是意外降临到他的身上，在一次车祸中，他的妻子不幸去世，他的书店也面临倒闭的危机。面对困境，他沉迷于书籍之中，整天浑浑噩噩地生活，就连唯一值钱的珍宝也丢失了，他甚至一度想要放弃。生活的重重打击，让他几近崩溃。

就在此时，一个娇小的婴儿出现在他的书店，他决定按照孩子母亲的遗愿收养婴儿，意外的是婴儿玛雅渐渐地改变了 A.J. 费克里，让费克里的生活从灰暗变得光明。

伴随着玛雅的到来，A.J. 费克里和岛上的警长兰比亚斯、妻姐伊斯梅以及出版社派来的女业务员阿米莉亚开始了更加紧密的接触。原本毫无期待的生活，焦头烂额的琐事，都在他们爱与被爱的过程中，变成了一段段幸福的小插曲。小岛上几个人的生活开始与书结缘，通过阅读与分享，通过互助与沟通，他们的生活开始变得色彩斑斓。原本对生活没有期许的 A.J. 费克里，也在困境中看到了转机，收获了自己的爱情与幸福。

本书以故事形式叙述，简单易读，同时让读者觉得温暖而感动，可以说《岛上书店》在短短几个月的时间内就成为了畅销书，占据各大畅销书排行榜前列。它是一本现象级的全球畅销书；是一本畅销25个国家席卷全球的治愈系小说。《岛上书店》作为一本超级畅销书有诸多因素，正是由于各方的努力，促成了《岛上书店》的销售业绩。

（一）内容设置符合市场需求

一本畅销书需要蕴含丰富的文化背景并且符合市场需求。在现今快节奏的生活中，读者在闲暇时喜欢阅读轻松易懂并且放松心情的图书。这样的书适合最普遍的大众读者阅读。

《岛上书店》全书一共分为两部，共13章。每章节以小说名来命名，每章开篇都是A.J.费克里阅读小说的读后感。书籍在内容设计上很有创意，开篇读后感的形式与图书整体关联性强，并且突出了书中主人公的个性，与此同时，开篇的小说读后感也衔接起了书中的故事情节。

全书以小说形式展现，一个平淡的故事因为独特的人物塑造而变得栩栩如生。几个人有不一样的生活背景，不一样的性格，却意外地因书结缘。原本爱书的费克里和阿米莉亚志同道合，原本不爱看书的兰比亚斯，在和A.J.费克里相处的过程中开始阅读书籍、开办读书讨论会，逐渐爱上阅读。玛雅则是从小在书店生活，酷爱读书，对未来有着无比的向往与憧憬。

事实上，本书不同于以往的外国文学图书，它的内容浅显易懂，同时涵盖丰富的小说常识，这不仅能开拓读者的视野，同时也会与爱书之人产生共鸣。除了爱书人士阅读，书籍中A.J.费克里的人生境遇，也让很多大众读者感同身受。这也是图书畅销的一大原因。

优秀的图书会让读者产生共鸣，一本超级畅销书在内容的设计与把控方面要力求真实，引发读者共鸣。每个人在生活中都会遇到窘境，当人生处于低谷的时候，人们或是沮丧，或是痛苦，但是困境总会过去，当努力克服困难之后，人们的生活会变得更加美好。《岛上书店》一书就是透过 A.J. 费克里的生活来阐述这一主题的。正如书名下方的那句话所说"没有谁是一座孤岛"。当你觉得孤立无援、生活困苦的时候，总有转机会让你的生活变得更加美好。

综上所述，书籍的内容不仅不晦涩难懂，而且充满正能量。作者在内容创作方面不仅体现了书籍本身的价值，而且也展现出人与人之间相处的点点滴滴。内容温暖而治愈，符合现今绝大多数读者的阅读需求。

（二）作者创作风格独特

《岛上书店》的作者是加布瑞埃拉·泽文。加布瑞埃拉·泽文在上学期间主修英美文学，通过阅读该书不难看出作者深厚的文学功底，她对各类文学作品都有自己独到的见解。书中蕴含大量长篇、中篇、短篇小说的相关内容与注解。而在作者写作的过程中，其对小说的内容、出处、人物设定也都是信手拈来。就连 A.J. 费克里与阿米莉亚吃饭的餐厅都是以小说为主题，以小说人物姓名为菜品命名。阅读这本书，读者可以透过作者的笔触了解许多英美文学的优秀小说作品，与单纯记背英美文学小说相比，阅读图书并且从中悉知文学小说会让读者觉得更加生动有趣。

此外，作者不仅是一名作家，也是一名优秀的编剧。双重的身份让作者在创作图书的过程中更加游刃有余，也造就了其独树一帜的写作风格。阅读该书会令人有一种看电视剧的感觉。事件与故事情节环环相扣，十分有连贯性，尤其是书中人物的对白，风趣幽默又不落俗套。针对不同的人物背景，作者加布瑞埃拉·泽文也做了不同的处理，在对话的过程中可以明显感觉到A.J.费克里的变化。人物性格也在对话的过程中表现得淋漓尽致。书中写到，警长兰比亚斯似乎见证了费克里所有"悲催"的瞬间，而即便是在失去爱妻妮可的时候，费克里还在用小说中的情节描绘着眼前悲伤的一幕。读到动情处会觉得这样的对白风趣而幽默。

而且，作者对于小说的见解十分独到，这也使得她的写作风格独特新颖。章节开篇的读后感有着作者对于小说的理解，推荐的每一篇小说都可以称之为佳作，13章的小说推介可以成为一份不错的阅读书单，这也为图书增色了不少。

（三）口碑传播，打响知名度

《岛上书店》不同于有明星效应的图书，它的作者鲜为人知，但是这并没有影响图书的快速传播。现如今，网络迅速发展，恰当的营销和适当的网络推介会促进图书的销量。2014年《岛上书店》在美国出版，24小时内就快速出现在社交网络之上。读者通过购买阅读，并且在脸书（Facebook）等社交平台上发表照片和文字来畅谈自己的阅读体验。这种良好的口碑宣传，奠定了图书畅销的基础，伴随着图书的畅销，各国纷纷开始引进版权，翻译出版，这也促使图书开始畅销全球。

口碑宣传让更多的人选择阅读购买，加之图书内容易懂，读者阅读速度快，这使得《岛上书店》的读者宣传更加具有时效性。一般读者花费几个小时便可读完整本书，快速的阅读使得读者可以快速地宣传、分享。当受众累积到一定数量，口碑效应就提升了书籍的整体影响力。越来越多的大众开始熟知这本书，与此同时无论是出于好奇，或是喜爱都会增加大众对于《岛上书店》的购买需求。当需求量上升，各大售书网站也都会有所显示，赫然而立的畅销书排行榜成为《岛上书店》第二次口碑宣传的重要渠道。

由此不难看出，口碑宣传对于《岛上书店》的畅销起着深远的影响，当书名时刻出现在人们的生活中时，会增加读者购买的可能性，而且轻松易读的书也会让读者放松身心，快速充实自己。这一点完全符合畅销书的基本架构。在传播过程中，《岛上书店》不仅仅是通过读者进行传播，各大媒体也相继报道《岛上书店》，除此之外，《岛上书店》还时常与近期畅销书同时出现在图书网站的榜单上，如《解忧杂货店》《秘密花园》等，与时下的畅销书齐名，也打响了图书的自身知名度，让其快速地跻身于畅销书前列。

（四）图书的宣传与设计，激发读者购买欲

图书的封面设计简洁、明了，贴近主题。书名为《岛上书店》，其封面是有玻璃橱窗的书店局部景观。书店的门和墙壁均是红色，营造出一种水彩画的效果，封面鲜亮，吸引读者视线。此外，其宣传语句句斟酌，可意外碰触到当下许多人的内心痛楚，让读者可以在看到封面的时候就感同身受，决定购买。

书的腰封有醒目的宣传语，不仅体现了图书的畅销地位，而且周刊、日报、名家评论都为图书增色不少。在现如今竞争激烈的社会中，每个人都会遇到瓶颈和困难，书的腰封处写到：“每个人的生命中，都有最艰难的那一年，将人生变得美好而辽阔。”清晰醒目的宣传语让大众看到图书的第一眼就感受到了无限的慰藉与鼓舞。人们愿意阅读正能量的书籍，正如在纷繁的社会中人们希望找到栖息的港湾一样。书籍的宣传语戳中了现代人的痛点，不停地凸显着图

书的产品价值，并且依靠语言的魅力，时刻激励，诱导着消费者购买。

对于大众读者而言，《岛上书店》是一本温暖而治愈的小说。里面的主人公犹如现实版中最为落魄的"自己"。主人公在书中从落寞看到希望，从悲观变得乐观。小岛上来来往往的人将爱与被爱诠释得淋漓尽致，吸引着读者从中汲取能量。可以说，书籍的宣传语以及书中的内容，在很大程度上给阅读它的读者带去了勇气和力量，让更多处于窘境的人在困难中看到了希望。

（五）巩固读者群，创立品牌概念

《岛上书店》一书由读客策划引进、江苏凤凰文艺出版社出版。上海读客图书有限公司至今已创立了近十年，十年间，读客公司凭借《藏地密码》《无声告白》《教父》《岛上书店》等畅销书，不断走入大众的视野，得到读者的认可。

《岛上书店》的定价旁有读客的熊猫 Logo，Logo 上方写着"认准读客熊猫，本本都很畅销"的字样，其下则是读客的官方网站。

多年来，读客不追踪热点话题，旨在认真探索、发现高效的产品，并且不断地对产品进行升华，力求本本精品，确保一年至少策划一部超级畅销书。这种精益求精的态度，让读客图书建立了一定的粉丝读者群，并且，读者群体在不断地扩大。

正如读客的创始人华楠所说：现今是个信息快速传播的时代，它巧妙地融合了粉丝经济的特征，读客一直在着重做粉丝经济。这一明确的目标定位让读客出版的图书更加有温度，也更加人性化。这样依据品牌效应出版的《岛上书店》先前是借助了以往的畅销书口碑而开始畅销，而如今则是自成体系，已经拥有了自己的读者粉丝群体。这就是粉丝群体的建设与演化。

综上分析，可以看出《岛上书店》的畅销有很多原因。一方面，是由于图书本身的产品价值；另一方面，则要归功于图书的营销包装。优秀的营销策略提升了图书自身的竞争力，使《岛上书店》这本书从大量的新书中脱颖而出，持续畅销。

四、精彩阅读

尽管他想不起来自己是怎样上床的，也想不起来是怎样脱掉衣服的，A.J.却是在床上醒来，身上只穿着内衣。他记得哈维·罗兹死了，记得自己在奈特利出版社那位漂亮的销售代表面前表现恶劣，记得在房间里扔过咖喱肉，记得喝下的第一杯葡萄酒以及向《帖木儿》祝酒。在那之后，他什么都不记得了。从他的角度看，这个晚上过得成功。

他的头在咚咚跳着疼。他走到大房间那里，想着会发现咖喱肉的残迹。但地板和墙面都一尘不染。A.J.从药柜里找出一片阿司匹林，一边暗自庆幸自己有这样的远见，居然把咖喱肉都清理干净了。他坐在餐厅的餐桌前，注意到葡萄酒瓶已经拿出去扔掉了。他做事这么一丝不苟倒是奇怪了，但也并非前所未有。若喝醉后能保持整洁不算一项本领，那他真的一无是处了。他往餐桌对面看去，他本来把《帖木儿》放在那里的。现在书不在了，也许他只是以为他从盒子里拿出了那本书？

走过房间时，A.J.的心脏跟他的头比赛着咚咚直跳。走到半道上，他就看到用来保护《帖木儿》不受外界侵害的、用密码锁锁着的恒温玻璃棺材敞开着，里面空空如也。

他披上一件浴袍，穿上最近没怎么穿过的那双跑步鞋。

A.J.沿着威金斯船长街慢跑，他破破烂烂的格子浴袍在他身后飞舞拍打。他看上去像是位意志消沉、营养不良的超级英雄。他拐上主街，径直跑进睡意未消的艾丽丝岛警察局。"我被偷了！"A.J. 叫道。他没有跑多远，却在大喘气，"拜托，谁来帮帮我！"他努力不让自己感觉像个被偷了钱包的老太太。

兰比亚斯放下咖啡，打量这个穿着浴袍的狂乱男人。他认出他是书店老板，也是他，一年多之前，他年轻漂亮的妻子开车冲进湖里。和上次见面时相比，A.J. 显得苍老许多，虽然兰比亚斯觉得变老是一定的。

"好吧，费克里先生，"兰比亚斯说，"告诉我出什么事了。"

"有人偷了《帖木儿》。"A.J. 说。

"什么是'帖木儿'？"

"是一本书，一本很值钱的书。"

"说清楚点。你指的是有人没付钱拿走了店里的一本书。"

"不，是我个人收藏的书，是一本十分稀有的埃德加·爱伦·坡的诗集。"

"所以，这好像是你很喜欢的一本书？"兰比亚斯说。

"不，我根本不喜欢它。它是本垃圾，不成熟的垃圾作品。只不过……"A.J. 喘不过气来，"操。"

"别激动，费克里先生。我只是想弄明白。你不喜欢这本书，但是它具有感情价值？"

"不！操它的感情价值。它有很高的商业价值。《帖木儿》就像珍本书中的霍纳斯·瓦格纳。你知道我在说什么吗？"

"当然，我老爹收集棒球卡。"兰比亚斯点头，"这么值钱？"

A.J. 的嘴巴跟不上脑子的速度。"这是埃德加·爱伦·坡最早的作品，当时他十八岁。这本书数量极少，因为首印只印了五十本，还是匿名出版的。封面上没有印'埃德加·爱伦·坡著'，而是'一位波士顿人著'。依据品相和珍本书的行情，每本能卖到四十万美元以上。我本来打算过段时间等经济有点起色后，就把这本书拍卖了。我本来打算关掉书店，靠那笔收入过退休生活。"

"如果你不介意我问，"兰比亚斯说，"你干吗把那种东西放在自己家里，而不是银行的保险库里呢？"

A.J. 摇摇头。"我不知道，我蠢，喜欢它在身边，我想。我喜欢看到它，让它提醒我什么时候我不想干了，什么时候就可以不干。我把它放在一个配组合密码锁的玻璃盒里。我本来想着那够安全的了。"确实，除了旅游季节，艾丽丝岛上极少有盗窃案。而此时是十月。

"这么说，有人打破了玻璃盒子还是破解了密码？"兰比亚斯问。

"都不是。昨天晚上我想一醉方休。真他妈蠢，可是我把那本书拿出来，好让自己能看着它。就是让它跟我做个伴吧，我知道这借口很糟糕。"

"费克里先生，你为《帖木儿》投过保吗？"

A.J. 把头埋进双手当中。兰比亚斯把那理解为书没有投保。"我大约一年前才发现那本书，是我妻子去世后两三个月的事。我不想多花钱，就一直没去办。我不知道，有上百万个白痴理由，主要的一条是，我是个白痴。兰比亚斯警官。"

——节选自《岛上书店》第 29~32 页

观山海

The Classic of Mountains and Rivers

《山海经》手绘图鉴

杉泽 绘 梁超 撰

书名：《观山海》　　　　　作者：杉泽、梁超
出版时间：2018 年　　　　　出版社：湖南文艺出版社

一、作者简介

《观山海》的绘者杉泽，本名李一帆，曾用笔名 VIKI_LEE，毕业于四川大学艺术学院。杉泽以画古风插画闻名，画得最多的是上古神话中的奇灵异兽。原本狰狞恐怖的妖怪，在他笔下清新而唯美，灵气十足。他致力于东方水墨插画艺术，在继承国风底蕴的基础上敢于挑战传统绘画方式，形成了妖冶唯美且不失大气的独特风格，因此被称为国风美学画师。

杉泽是"超线拾"青年线体艺术家联盟成员之一，2012 年举办个人插画作品展"呓"，作品多次参展于国内著名艺术大展，并被收录于《中国百位插画师黑白作品精选》。2014 年 1 月出版黑白画集《黑白画意：专业手绘插画攻略》；2014 年 11 月出版国风画集《洛煌笈》；2018 年 6 月出版山海经手绘图鉴《观山海》，上架一天之内就登上当当畅销榜榜首，24 小时内卖出 3 万册，1 个月内卖出 10 万册，至今仍居当当文化畅销榜第 4 位。

《观山海》的撰者梁超是四川大学文学与新闻出版学院硕士研究生，研究方向为媒介文化、传媒与社会等。同杉泽合作完成《观山海》时，主要负责资料整理以及文字部分的撰写。

二、畅销盛况

杉泽从 2015 年起就在微博上连载"中国百鬼"系列图画，吸粉112 万，被称为"百鬼画师"。脱胎于"中国百鬼"系列的《观山海》在 2017 年 6 月曾经发行过一版，在很短时间内全部售空，之后就绝版了。

2018 年 6 月出版发行的新一版《观山海》，定价 168 元，上架 7 小时就卖断货，1 天之内售光 3 万册，登上当当网新书排行榜的第 1 名，并蝉联 2 周之久。1 个月之内卖出 10 万册，发货总码洋过千万。

2018 年，《观山海》收获了一众奖项。入选当当网"2018 年新书虚构类十大好书"；入选天猫图书发布的"2018 十大好书"；入选"2018 南国书香节"十大最受读者关注图书。

截至 2020 年年末，《观山海》在京东绘画类图书畅销榜依旧排名第 1，好评率高达 99%；在当当文化畅销榜排名第 4，评论超 20 万条，好评率高达 99.9%。

三、畅销攻略

（一）图文书：读图时代的宠儿

越来越快的生活节奏把我们带入了一个"读图时代"，我们无暇去阅读长篇巨著，轻松愉悦的图文书符合我们浅尝辄止碎片化阅读的习惯。成人童话《小王子》全球销量 5 亿册；"陪安东度过漫长岁月"系列真诚温暖，治愈人心，并在 2015 年成功改编成电影；几米的绘本系列售出 260 万余册，图文书是不折不扣的读图时代的宠儿。《观山海》是一本关于《山海经》的手绘图鉴，绘画精美绝伦，文字注释通俗易懂，图文并茂地将《山海经》中的山精海怪展现在读者面前。

（二）作者本身的名人效应

1. 百万粉丝的知名画师

杉泽以画古风插画出名，笔下最多的是中国上古神话中的奇灵异兽，画风唯美妖异，被称为"国风美学画师""百鬼画师"。他在专业设计师平台站酷上累积人气 1 200 万，微博粉丝数量 143 万，单条微博的最高转发量超 5 万,其庞大的粉丝群是《观山海》最直接的读者对象。杉泽从 2015 年起就在微博连载"中国百鬼"系列的绘画,现在该话题的阅读量高达 1 692 万,《观山海》的选题就是脱胎于"中国百鬼"系列,借着"中国百鬼"的热度,《观山海》从一开始就有很好的市场基础。

2. 已出版多本图书的知名作者

杉泽在 2014 年 1 月出版画册《黑白画意:专业手绘插画攻略》,用黑白线条传递美学意蕴,获得知名线体主义绘画大师北邦和新学院派中国风画家莲羊的力荐;在 2014 年 11 月出版画册《洛煌笈》,以全新水墨美学绘画方式倾情演绎中国神话、敦煌秘境、百妖异闻,杉泽也正是凭借此书成功走红,被人们熟知。前期出版图书积累的名气为《观山海》的畅销打下了良好的基础。

(三)上乘的图书质量

1. 选题优质

2018 年,整个中国正处于学习中国传统文化的热潮中,作为上古三大奇书之一的《山海经》,内容主要是民间传说中的地理知识,包括山川、民族、物产、药物、祭祀、巫医等,也保存了包括"夸父逐日""女娲补天""精卫填海""大禹治水"等不少脍炙人口的远古神话传说和寓言故事,这对研究历史具有非凡的历史价值,对于现代的读者具有很大的吸引力。

近几年,以《山海经》为底本的经典再现式作品有很多,在当当网上以"山海经"为关键词搜索,共检索出万余件商品,这说明"山海经"是一个很受读者欢迎的文化 IP。

相传《山海经》是先有图后有文,但是后来古图佚失了。之后也有很多人想要把图增补回去,如刘力文古风写实版的《山海兽》、陈丝雨严谨端庄的《山海经绘本》、罗元可爱萌系的《山精海怪》，每一个版本都各有特色，但都没有在市场引起很大反响，市场上急缺一本像《观山海》这样文字通俗易懂，插图恢宏大气的《山海经》画册来重建世人对《山海经》的文化记忆。

2. 内容优质

杉泽绘制《观山海》时不是肆意地、不着边际地发挥想象，而是在对《山海经》原文充分理解的基础上再着手创作。一张白纸，一支墨笔，浓淡明暗，反复斟酌，光影变化，仔细描绘。每张图画上看似不经意的一笔，都承载着杉泽大量的时间、精力以及巧思，这样才造就这册绝美的《山海经》异兽手绘图鉴。

杉泽希望赋予每张画不同的故事或者背景，所以他翻阅了大量古籍文献，如《山海经注释》《中国神怪大辞典》《中国妖怪百科全书》等。绘画时，除了线条的繁复穿插、体积塑造之外，杉泽还添加了"风"与"水"的意向。风的灵动撑起了画的骨架，水的缥缈纯净使画意更加宁静，将观者带入那个充满妖灵的神秘世界。

《观山海》中的许多形象与我们通常所见的《山海经》绘本中的形象有所不同，但杉泽对这些异兽的重新定义绝不是随心所欲的胡来，而是尊重传统下的再创造。比如，《山海经》中的九凤被认为是中国古代神话九头神鸟的原型，起初，杉泽按照自己的理解，将九凤的羽毛设计成金色。然而，随后他在翻阅其他古籍文献的过程中了解到，战国时期流行阴阳五行学说，楚国地处南方，主火，崇尚红色，所以作为楚国神鸟的九凤，羽毛为红色显然更合适一些，于是杉泽对之前的作品做了修改。

《山海经》的原文是现代人早已不再熟悉的文言文体例，里面还包含了许多生僻字，读起来佶屈聱牙，晦涩难懂。此书的撰者梁超以郝懿行《山海经笺疏》为底本，并参考了郭璞、袁珂等人的校译版本，用通俗易懂的白话文进行注解，同时多方参阅古典书籍，做了大量的故事延伸，补充了许多新奇有趣的知识。此外，他还对原文中出现的大量生僻字，进行了汉音标注等工作，力求做到知识的严谨全面，语言的简明生动，给读者带来更好的阅读体验。

3. 装帧设计别具一格

封面采用内外双封的形式，"观山海"三个字做了烫金处理，红黑配色端庄大气，符合此书的基调。为了最大程度地还原作者原稿的效果，印刷选用了超感特种纸。它的表面经过微涂处理，不透明度高达 90%。纸张的底色淡雅，符合现今读者视觉上追求的舒适感。印刷后表现的色彩层次丰富，对于图片的还原十分逼真。内文采用裸背锁线的装帧方式，图书可 180 度平铺，使得内文中的跨页图画能够完整地展现在读者面前。

图书版式方面，从图书的扉页、目录、索引和正文部分都始终围绕《山海经》的"古老""神秘"与"唯美"的特色，以灰色、红色为设计主色调，文字采用了中国古代传统的竖排形式。细节之处的处理也十分用心：索引部分的图文既能给读者一个大概的说明，又能为读者继续阅读留下丰富的想象空间；篇章页部分采用了红底白色线描图的壮阔山海图为设计元素，视野宏大，非常震撼。图书最后的拉页设计在全书结束时为读者带来惊喜，弥补了正文纸张尺寸太小不能完整展现妖灵的遗憾，黑底描红的线稿图为全书画了一个气势恢宏的完美句号。

（四）多样的营销推广方式

1. 名人推荐

微博知名科普大 V 张辰亮表示："市面上关于《山海经》的书籍

多如牛毛，这本书却是做得相当用心的。据说，《山海经》最初曾有图，后来图失传，仅留文字，后人根据文字重新绘制图像，但画技普遍不敢恭维。本书的绘画作者为《山海经》的异兽们绘制的画像极为精美，富有艺术性和想象力。更可贵的是，本书不仅是画集，还有大量对《山海经》的注解文字，为现代读者了解这部奇书提供了多方位的帮助。"

国家博物馆讲解员河森堡表示："人类很难想象自己没见过的东西，所以即使是天马行空的幻想，如果仔细考据，我们也会发现那其实是大自然中种种元素的拼接和重组。对华夏先民来说，从来就不缺乏恢宏浪漫的想象，《山海经》的存在就是证据。但是在科学和理性昌明的今天，我们在与古人共同神游山海之间俯瞰那些仙禽神兽时，有没有想过它们在自然界中的原型到底是什么呢？今天，一个才华横溢的作者，用这本《观山海》为我们讲述了他心中的答案。"

张辰亮和河森堡因为传播文化分享知识，在微博上分别拥有百万和千万数量的粉丝。他们的粉丝群体年轻活跃、崇尚知识，与《观山海》的目标读者群重合。有了两人的推荐，《观山海》的知识性、艺术性、趣味性更加令人信服，而且在目标读者之中有了很大的曝光度。

2. 线上营销

《观山海》的读者对象十分年轻化，活跃于各种社交平台。《观山海》的营销团队希望通过掌握社交媒介话语权群体的分享传播，在互联网时代形成更好的宣传效果。

首先是根据图书内容策划出"舌尖上《山海经》""《山海经》中的妖怪 CP""神奇动物在中国"等一系列营销热点，通过撰写软文以及在微博和豆瓣上展开话题讨论等方式为《观山海》增加热度。其次是选择与梨视频、哔哩哔哩、抖音三个视频平台合作，通过视频更加直观地展示、宣传图书。哔哩哔哩给予了《观山海》视频首页播放的曝光，抖音上关于《观山海》的单条视频获赞可达 18 万。今日头条、新浪微博以及相关媒体平台的大力支持也让《观山海》热度不断发酵。

3. 线下营销

2018年8月,《观山海》团队在上海书展上举办了以"神奇动物在中国"为主题的读者见面会,并邀请作者杉泽、梁超出席,与读者分享图书创作过程中的许多故事。

2018年9月,由西西弗书店、博集天卷、自然生长共同主办的"东临神州,以观山海——杉泽《山海经》手绘图鉴展"在上海世茂广场开展。为了最大程度地彰显《观山海》的个性化与主题化,展览划分出了"神兽""见之""食之"三个区域。还特别搭建了一个创意体验空间,将《观山海》中奇幻唯美的图案进行分割式悬挂,读者必须找到合适的角度才能看到画面的完整信息,让观赏作品更具仪式感,同时也给人们带来极富想象力的视觉体验。

2018年11月,今日头条在北京民生现代美术馆举办"冬日森林"活动,专门为《观山海》开辟展台,宣传传统文化。读者可以充分发挥想象力,对书中的妖灵现场涂鸦填色,绘制属于自己的《观山海》。

2019年3月24日,苏州诚品书店举办"寻梦《观山海》"图书分享会,杉泽和梁超出席,与读者们一同分享创作心路历程,浅谈对中国神话的理解和心得。出版方还将书中的异兽做成卡片藏在书店的各个角落,带读者开启寻找异兽的探索之旅。

一系列线下活动的开展拉近了《观山海》与读者的距离,提高了图书的曝光度,为推动《观山海》的销售增加了一轮又一轮的热度。

4. 跨界营销

《观山海》与拍照APP黄油相机合作跨界推出相机贴纸。因为黄油相机的用户多为年轻女性,杉泽专门画了一套与书中气势宏大画风不同的Q版萌兽贴纸,来抓住这些受众的注意力。

除了相机贴纸外,壁纸、手机主题也成为《观山海》跨界合作的一大途径。博集天卷通过与小米手机合作，开发了"观山海·天神录""观山海·异兽录"两款手机主题，极大推进了《观山海》的用户覆盖面。

5. 饥饿营销

2017 年 6 月出版的那一版《观山海》因制作工艺烦琐限量发售，全部售完之后就没有再印制。许多喜欢杉泽、喜欢《观山海》但没有买到的读者感到非常遗憾。一年之后，《观山海》再版重来，还增补了五个异兽，装帧设计方面也做了很大的调整，许多 2017 年没有买到的读者当然会在第一时间下单，弥补遗憾。

2018 年"双 11"期间，《观山海》推出黑金限量版，下单的买家还没有收到快递，网站就早早显示"售罄"，且后续不再加印。京东网、文轩网、博库网这三个图书电商平台售卖的签名版的《观山海》也都是限量的，读者为获得杉泽的签名，只能尽早尽快购买。

6. 赠品营销

虽然《观山海》内容优质、制作精美、用纸昂贵，但 168 元的定价还是让许多读者在购买前犹豫，所以《观山海》团队在各大电商平台都进行了赠品营销：在当当网购买可获得 100% 作者亲笔签名以及独家签章版的《观山海》；在京东购买可获得限量亲笔签名版《观山海》以及定制手绘神兽；在文轩网购买可获得限量亲笔签名版《观山海》以及定制印签"蛇身人面神"海报和神兽水晶卡贴 1 张；在博库网购买可获得限量亲笔签名版《观山海》以及翻口"鹿形"签绘章和"九首人面鸟身神"装饰画；在亚马逊购买可获得作者亲笔签名版《观山海》。作者的亲笔签名以及精美的小礼品增加了作品的吸引力，而且每个平台的赠品不一样，读者可以根据自己的需要购买。

《观山海》豪华礼盒签名版价格高达 399 元，其包含高档松木原色礼盒、《观山海》杉泽签名书 1 本、特种纸神兽装饰画 4 幅、祝福贴 2 张、神兽书签 6 枚、《观山海》海报 1 张。典雅精致的装帧以及超值的赠品让这版《观山海》十分适合收藏或者送礼，从而刺激了图书的销售。

7. 捆绑营销

针对杉泽的粉丝，出版方将《观山海》《洛煌笈》两册图书捆绑销售，并给予 7.9 折优惠；针对传统文化爱好者，出版方将《观山海》与《楚辞》捆绑销售，并给予 6.7 折优惠；针对《山海经》爱好者，出版方将《观山海》分别与多个版本的《山海经》捆绑销售，如作家出版社出版的《山海经校诠》、中国华侨出版社出版的《山海经》（彩图全解版）、现代出版社的《山海经》（白话彩图版）等。捆绑销售既满足了读者的需要，还降低了读者的购买成本，从而刺激了《观山海》销量的上升。

四、精彩阅读

——节选自《观山海》第 10~11 页

【九尾狐】

——节选自《观山海》第 16~17 页

【凤凰】

——节选自《观山海》第 32~33 页

【毕方】

《章莪之山……有鸟焉，其状如鹤，一足，赤文青质而白喙，名曰毕方，其鸣自叫也，见则其邑有讹火。

【注解】

（注释竖排文字）

——节选自《观山海》第 76~77 页

[法] 安托万·德·圣埃克苏佩里 著

李继宏 译

Le Petit Prince

小王子

法国「圣埃克苏佩里基金会」
唯一官方认可简体中文译本

FONDATION
SAINT EXUPERY

同名3D动画电影 The Little Prince 小王子

2015 年 10 月 16 日 暖心上映

如果你驯化了我，那我们就会彼此需要。 Si tu m'apprivoises, nous aurons besoin l'un de l'autre. （出自《小王子》Chapter.21）

书名：《小王子》　　　　　作者：[法] 安托万·德·圣埃克苏佩里　　　译者：李继宏

出版时间：2013 年　　　　　出版社：天津人民出版社

一、作者简介

安托万·德·圣·埃克苏佩里（Antoine de Saint-Exupéry），1900年6月29日生于法国里昂。他既是飞行家，也是与伏尔泰、卢梭、雨果同入先贤祠的著名作家。其经典代表作《小王子》一经问世即获好评，全球销量超过5亿册，被誉为"人类有史以来最佳读物"。1975年，在土木小行星带发现的一颗小行星以圣·埃克苏佩里命名；1993年，另一颗小行星被命名为B-612星球，B-612的编号正是《小王子》中主角小王子所居住的星球；1994年，法国政府将他和小王子的形象印到了面额为50法郎的新钞票上；2006年，法国为《小王子》过了60大寿，向全世界宣布《小王子》满60岁了，它永远是法国人民引以为傲的世界名片。

圣·埃克苏佩里一生喜欢冒险和自由，是一位将生命奉献给法国航空事业的飞行家。在服务于航空公司期间，他开辟了多条新的飞行航道，孜孜不倦地完成飞行任务。圣·埃克苏佩里于"二战"期间应征入伍，法国战败被纳粹占领期间，他侨居美国，又于归国后重新回到部队。1944年他在一次飞行任务中失踪，成为神秘传奇。

正是由于他的职业身份，他把飞行员的精神世界融入了自己的灵魂里，更融入了自己的写作中。尤其是《小王子》，其就是以飞行员的身份遇到了小王子。此外，他还有其他的文学作品，包括小说《南线邮航》（1928）《空军飞行员》（1942）以及散文集《人类的大地》（1939）等。

作为一位同时兼有飞行员角色的作家，圣·埃克苏佩里不是第一个描写航空的作家，却是第一个从航空探索人生与文明的作家。他的《夜航》《人类的大地》初次出现时，书中的那些雄奇壮丽的情景，使读者感到耳目一新。然而，圣·埃克苏佩里不仅仅只限于描写高山流云、海洋风暴。他从飞行员的视角俯视生命的成长、竞争、发展和变化，从内心探寻的是生命的本真，是对生命的敬畏和崇拜。在他的笔下，文明就像是夕阳的余晖，美丽却脆弱，任何的不可抗力都可将之摧毁。所以，也因此圣·埃克苏佩里形成了对人生的看法：人生归根结底不是上帝赐予的一件礼物，而是人人要面临的一个问题——人的价值不是与生俱来的，而是后天获得的。他说，"我的行动，从今以后，一个接一个，组成我的未来"。这与萨特的存在主义非常相似，"人被抛入这个世界"，必须做出自己的选择。人只是在实施自己的意图时才表明自己的存在，决定自己的未来。难怪萨特称圣·埃克苏佩里的《人类的大地》是存在主义小说的滥觞。而海德格尔也把出版 70 年来译成 100 多种语言的《小王子》，看作是最伟大的存在主义小说。

二、畅销盛况

作为法国作家圣·埃克苏佩里的畅销作品，虽然 1943 年《小王子》最先在美国出版，但是法国人只认同《小王子》在法国的首次出版时间：1946 年。中国最早的版本是 1979 年由商务印书馆出版的版本。在长达 70 多年的时光旅程中，全球 5 亿册的图书销量有力地证明《小王子》是一本全球长盛不衰的图书。

《小王子》作为全球如此畅销的虚构类图书，销量之大让人叹为观止，真可谓"前无古人，后无来者"。这本薄薄的小说曾经被法国读者票选为 20 世纪最佳图书。在搜索引擎上搜索"全球销量仅次于《圣经》的图书"，《小王子》赫然在目，它和狄更斯的《双城记》并列为史上第二畅销图书。同时《小王子》也是目前译本最多的著作，共有 253 个译本。上海图书馆就收藏有 100 多个版本的《小王子》，其中只有 3 个版本是在 2000 年以前出版的；也就是说进入 21 世纪之后的这 20 年来，光是我国的图书市场就出现了上百个不同版本的《小王子》。笔者所选择的版本是天津人民出版社 2013 年 1 月的第 1 版，2015 年 10 月第 39 次印刷，与 2015 年 10 月 16 日上映的同名电影同时上市。此版本为法国"圣·埃克苏佩里基金会"官方认证版本，截至目前，已畅销 400 万册。

三、畅销攻略

在各大搜索引擎上以"小王子"为关键词进行搜索，当当、亚马逊、京东等电商巨头对于《小王子》评价最多的宣传广告语多为"仅次于《圣经》经久不衰的畅销书""全球总销量多达 5 亿册"。这样的描述虽然可能有待考证（因为也有数据表明《小王子》销量为 2 亿册），但也足够证明《小王子》不仅是一本童话故事，更是一本赢得世界人民喜爱的图书。之所以受到市场如此的厚爱和追捧，是因为它伴随着一代又一代的人成长，每一代人对其中的故事都有着不同的理解，进而成为他们人生路上不可磨灭的美好印记，在触动人心最柔软的部分的同时，也影响着每一个读这本书的人。这样长时间的销售周期，加上庞大的受众人群，同时再加上每个时代不同的时代特征，造就了《小王子》销量上亿的销售神话，下面就从以下几个方面来谈谈这一版本的《小王子》畅销的原因。

（一）主观原因

1. 特殊的献词

《小王子》作为一部畅销全球的经典作品，多年风行在各大少儿图书畅销排行榜之上。而业界，不管是出版商还是译者，普遍都把《小王子》只看作一本比普通畅销童话更为畅销的童话书。但是，根据上文提到的畅销盛况，热销如此之久，影响如此广泛的一本"童话书"，早已不是人们普遍认为的"写给孩子的书"那么简单了。作者其实在献词部分就已经告诉了我们这本书的"真相"。

"请孩子们原谅我把这本书献给了一个大人。我有一个正当的理由：这个大人是我在世界上最好的朋友。我还有另一个理由：这个大人什么都懂；即使儿童读物也懂。我还有第三个理由：这个大人住在法国，他在那里忍冻挨饿，他很需要有人安慰。要是这些理由还不够充分，我就把这本书献给这个大人曾经做过的孩子。每个大人都是从做孩子开始的。（然而，记得这事的又有几个呢？）因此，我把我的献词改为：'献给还是小男孩时的莱翁·维尔特。'"

由此说明，作者当初的立意也并非只是写一本童话故事那么简单——虽然是以儿童的口吻和视角来讲述故事，其内涵却是在试图唤醒沉睡在成年人内心世界里最初的"本真"。而献词当中的表述也充分表达了作者与莱翁·维尔特深深的友情，以及想以此为突破口，来向小孩子、大人还有曾经是孩子的大人讲述故事。

而这就充分说明，《小王子》作为一本儿童视角的读物的同时，为何受到儿童和成年人的共同喜爱。对于小孩子，可能更多的是由故事联想到书中主人公小王子的奇幻世界；而对于大人们来说，读的更多的是故事背后的自己和由自己反馈到故事中的心境与感受。

2. 内容通俗易懂，文学性突出

不同于散布在当下微信朋友圈里的"心灵鸡汤"，《小王子》是一部对生活充满极致思考，对未来充满诸多美好遐想的"哲理童话"。它既没有"填鸭式"的讲述与说教，也没有令人乏味说起来不耐烦的大道理，更没有对任何"人生法则"的刻意铺陈和循循善诱。书中更多的只是借用最简单的自然事物和人物，在作者设置的一番如诗如画的情境里，与书中的主人公小王子一起经历他的旅程，以主人公的视角，用最简单、最朴素、最直接的方式，去直面人性，探寻真善美。书中涉及例如宗教、欲望、人性、爱情、死亡、贪婪这样的大背景、大道理，都会以小王子途中的简单故事向读者娓娓道来。但万变不离其宗，所有文学作品能够受到读者热爱的原因，主要涉及以下三个方面，《小王子》也不例外。

（1）时代背景的隐喻

鉴于作者经历了两次世界大战和一次全球性的经济危机，他的经历让他对这个世界产生了更多对于战争与和平、动荡与萧条的思考。如此浩瀚庞大且沉重的人生经历，让作者在写作时更多地通过简单的人物设定，反映出社会阶级等级的不公，如孤独的国王象征政权；贪得无厌的商人象征经济权利；爱慕虚荣的伪君子象征贵族阶级等，这种性格特征明显的人物，其实都是现实社会当中的隐喻和象征。这可能也是文学作品中的写作通性法则——以小见大，以点拓面，以虚构讽刺现实。不同于文学名著的是，《小王子》的人物塑造是以"童话"的方式。而童话的风格，就像音乐、美术一样，是世界性的语言，更让人印象深刻。

（2）强大的自我隐喻

《小王子》中开篇的两个主人公：身为飞行员的"我"和柔弱的小王子，其实都是圣·埃克苏佩里的真实形象。作为文学作品来说，通常情况下，作者都会分化出两个真实的自己，分身在所讲述的故事人物当中。从叙事的角度来说，是丰满故事人物形象；从写作的目的来说，是借用故事人物讲述自己的故事。在作者简介部分说过，作为书中"飞行员"形象出现的圣·埃克苏佩里在现实生活中也是一位飞行员。创造西贡直飞记录的他曾在荒漠中迷失三天，经历过生死考验的他，必定有一个"坚强"的自己被唤醒；同时，小王子的形象也反映了作者不为人知的另一面，有后续资料公开报道过，圣·埃克苏佩里的母亲说过，性格孤僻的圣·埃克苏佩里是个不愿长大的孩子，希望让时间一直停留在他童年的时光，更重要的是，当时作者处在分权抗礼的时代，作者作为没落的贵族，有太多的无奈和孤独，于是孤独忧郁的"小王子"的形象隐喻着这个王室贵族的些许忧愁。

（3）爱情的动人隐喻

当作者在讲述这段故事的时候，其实也是在告诉读者他自己的爱情故事：圣·埃克苏佩里的妻子康素罗出生在萨尔瓦多，萨尔瓦多在《小王子》里是一个"以火山、地震成为传奇的国家"。小王子与玫瑰花的爱恋和矛盾其实就是圣·埃克苏佩里和妻子康素罗的传奇故事——"她对我散发香味，使我充满光明……应该揣摩到她小小诡计后面隐藏的一片柔情"。这样的句子也表现了圣·埃克苏佩里和妻子康素罗的相恋与矛盾。

而狐狸与小王子的故事讲述了另一段闯入作者生活的爱恋，"如果你驯养了我，那我的生命就会充满阳光……"当彼此建立起"一种联系"，这种因彼此信任和熟悉而建立起来的联系，会不再计较生命的得失。这种因类似于红颜知己的关系，让人觉得美好和幸福。

在《小王子》中，小王子与玫瑰花的爱恋，狐狸对小王子的依恋，是两段让读者读来颇为感动也引发深思的两段爱情故事。美好的初恋，朦胧的暗恋，都是让人回味的感情线。爱情，作为文学作品中永恒的主题，很容易引起读者的共鸣。能够引起读者共鸣的作品，就会有读下去的欲望，而能够引起读者共鸣的好作品，就会流芳百世，永垂不朽。

除此之外，书中各处都散布着细小的隐喻和象征，这些看似简单的故事和故事当中的角色，都隐含作者和先前作品当中的相关信息，几乎每一个场景、角色都有着强烈的象征意义和暗示作用。有的时候需要通读作者所有的作品才能够通透作者所想要表达的意思，以及背后的真实含义。如开篇的帽子、面包树与猴子、蛇等意象。

3. 叙事结构的古典美和音律美

《小王子》的中文译本大概 2.5 万字左右，但叙事结构完整，叙事逻辑通透，绝对是一篇优质的短篇小说。麻雀虽小，五脏俱全，如此短小精悍的优质作品，足以与古典戏剧或长篇小说相媲美。由德国文学理论家古斯塔夫·弗雷塔格所著的《戏剧的技巧》中提出：古典戏剧的旭辉结构可以分为：铺垫、发展、高潮、回落、灾难五大部分。而《小王子》中由飞行员自述（铺陈）—小王子与飞行员互动（发展）—小王子拜访六星球（经过）—地球遭遇（回落）—小王子消失（灾难）的脉络发展，与这一理论吻合。同时，从开头到结尾，小王子的叙事视角也随着故事的发展而产生人称叙事上的变化：第一人称—第一人称和第三人称并存—第三人称—第三人称和第一人称并存—第三人称。这样的方式很容易让人想到交响乐当中关于奏鸣曲的曲式布局：引子—呈示部—发展部—再现部。所以说，《小王子》的文学之美，既拥有古典文学的严谨之美，也包容着奏鸣曲的韵律之美。那么其中的奥妙，可能只有读过它的人才能知道吧。

总体来说，内容好是一部好的文学作品畅销的关键。通俗易懂的文字加上读者的共鸣感，再匹配上文学特有的韵律和韵味，往往就是一部好作品能够长时间获得市场和读者认同的基本要素与关键。

（二）客观原因

1. 译者前期造势

李继宏，因执笔翻译《追风筝的人》声名远扬，被誉为天才翻译，却在 2013 年的《小王子》新译本中，因在腰封中醒目地印着"迄今为止最优秀译本"引发了开年翻译界乃至出版界争议性最大的一场风波。

当时《小王子》尚未发售,就因惹眼的腰封,引起了读者群体强烈的不满。除了赤裸裸地写着"迄今为止最优秀译本"等字句,还罗列出一大串数据:"纠正现存其他56个《小王子》译本的200多处硬伤、错误。"而果麦公司出品的这部新译本,李继宏更是被冠上了"年轻的天才翻译家"这样的称谓。

《世界文学》主编、法语翻译家余中先在评价李继宏的译本《小王子》时这样说道:"李继宏的译本我还没有读过,但以前读过他译的《维纳斯的诞生》,总体看法是:他的译本读起来不错,但应该没有好到'与李继宏相比,别人都不行'的地步。"

那么就这一点来说,人们不免会把萧曼、周克希、马振聘、柳鸣九等人的译本与之相比较。腰封的"霸气"宣传语是否过于言之凿凿,以及新译本是否真的名副其实还是言过其实,在喜爱《小王子》的读者当中必定会掀起一轮"好奇心之旅"。先不考虑其他因素,光是这一点,出版商在赢取话语权和传播效果的征途中算是打下了良好的基础。

2. 打造同年译本最美封面

在同年出版的几部《小王子》中,这一版本的《小王子》的封面,选用深邃的深蓝色描绘出令人无限遐想的宇宙空间,同时以白描线稿的手法,勾勒出小王子在他自己的星球中眺望宇宙的样子。整个画面简洁大方不失稳重。32开本的选择,拿到手里的重量也非常舒服。其中的插图都以手绘(手绘图样也得到官方授权)的方式进行呈现,显得颇有童心童趣,与封面所选的图样交相辉映,不失典雅和庄重。

2015年10月,第39次印刷的这一版的腰封上写着:法国"圣·埃克苏佩里基金会"唯一官方认可简体中文译本。这还要追溯当时的一件新闻事件:在法国巴黎时间2015年4月22日下午,应《小王子》作者安托万·德·圣·埃克苏佩里家族的邀请,果麦文化总裁瞿洪斌、知名翻译家李继宏赴《小王子》作者故乡法国里昂，与"圣·埃克苏佩里基金会"创办人、主席奥利维尔·达盖先生举行了认证签约仪式。至此，标志着由果麦文化出品、李继宏翻译的中文版《小王子》，获得法国"圣·埃克苏佩里基金会"的支持和推荐，成为唯一官方认可的简体中文译本。

作为圣·埃克苏佩里的后裔，奥利维尔·达盖第一次拿着《小王子》中文版不禁赞叹："封面真是太美了！我喜欢这个蓝色！"自2013年1月果麦文化推出《小王子》以来，一直占据各大电商网站各版本《小王子》中搜索和销售第1名，销量已接近100万册，奥利维尔·达盖表示非常惊讶并由衷赞叹。奥利维尔·达盖说："我希望未来在中国，能有越来越多的人阅读《小王子》。"《小王子》全球销售数亿册，光中国每年都有200万册以上的销售量，由于《小王子》中文译本版本众多、良莠不齐，"圣·埃克苏佩里基金会"特意将果麦文化出品、李继宏翻译的中文版《小王子》推荐给中国读者，主席奥利维尔·达盖还亲笔为读者书写寄语：我真诚地希望你们喜欢《小王子》这个故事，并从中感受到快乐！

3. 乘着 IP 的微风，续写王子情怀

2015 年是《小王子》的作者——法国飞行员安托万·德·圣·埃克苏佩里失踪 70 周年。

法国制片人迪米特利·哈桑从十年前就开始考虑将《小王子》搬上银幕。最终他请来了美国著名导演，曾执导《功夫熊猫》的马克·奥斯本，拉上在好莱坞风生水起的著名德国作曲家汉斯·季默，创作了这部有着好莱坞故事外壳、原著精神内核和全球化卖相的动画电影。借助纪念活动的预热，加上资深导演的亲自执导，《小王子》电影在未上映之前就未炒先热。当然，在《小王子》的腰封上，也赫然写着"2015 年 10 月 16 日同名 3D 动画电影《小王子》暖心上映"

的广告语，让人们看到书后就有想走进影院的冲动。

以图书推动电影票房，电影反哺图书销量，这样的一个模式，在业界，特别是在这个把 IP 推动到极致的 IP 年里，显得极为重要。

在前文中已经分析到，《小王子》的销售量惊人，囊括了一众"70后""80后""90后"乃至"00后"的读者。百读不厌的文学作品必将为电影的上映拉拢广泛的受众群，也必将给《小王子》电影的票房奠定基础。同时多位人气明星高调加入中文版《小王子》电影配音团队，其中包括黄渤、黄磊、袁泉、黄忆慈（多多）、胡海泉、马天宇、TFBOYS 易烊千玺、王自健、小柯、张译等 11 位明星，很难让你不去电影院为其买单。在电影上映前，各大商业品牌就与其进行了合作，BMW、I Do、百草味、腾讯游戏，都推出了与之相关的产品，其在为自己的品牌开疆拓土的同时，也为电影的上映做了一个很好的宣传。而相关的电影 IP 衍生品，如手机壳、抱枕、杯子等纷纷面世。电影的热映必将引领《小王子》图书的又一次热销，这对《小王子》这个 IP 来说，可谓双赢。

如果说《小王子》是 IP，那它绝对是一个超级 IP。全球销量数亿册，几乎全年龄的受众群体，长时间的销售热潮，还有浩大的粉丝情怀，对于《小王子》而言，确实拥有一个不错的 IP 基础。《小王子》电影最终以 1.58 亿的票房收官。不同于好莱坞动画电影，对于一个具有哲理意味，融合着法式浪漫和唯美配乐的动画电影来说，如此票房也是真不简单了。

而其实，当 IP 这个词还没有这么火的时候，法国人对于《小王子》的热衷和痴迷程度堪比中国人痴迷四大名著。

最为直观的表现莫过于法国人把小王子印在了钞票上：通行欧元前的最后一版 5 法郎纸币，小王子和他心爱的玫瑰，作者圣·埃克苏佩里和他的双翼飞机，赫然印在纸币的正反面。要知道，在其他国家的钱上印着的，可是最伟大的政治家和艺术巨匠，而法国人，却让一个虚构的卡通形象接替伏尔泰，担当其本民族的文化大使，其在民众心目中的地位可见一斑。

如此具有庞大受众基础的超级 IP，怎么会没有被改编或成为其他相关衍生品的机会？于是全世界关于《小王子》改编的衍生作品开始陆续出现，涉及连环画、电影、广播剧、动画片、音乐剧等超过 30 多种。

从 1954 年《小王子》被改编成童话剧，之后法国人、德国人、加拿大人又出了 6 个版本的此类童话剧，到 1996 年，魁北克的听众们还能在加拿大电台里听到一个 101 分钟的《小王子》睡前故事。从 1964 年到 2014 年，全球一共诞生了 9 个版本的《小王子》剧场作品。1994 年法国人为了纪念圣·埃克苏佩里失踪 50 周年，在巴黎十九区的"杰奥德中心" 1 000 平方米的巨型球幕上，特别制作并放映了一个多媒体版的《小王子》。2013 年为庆祝《小王子》诞生 70 周年，国际知名品牌瑞士沙夫豪森 IWC 万国表特别推出两款"小王子"限量版腕表，以此致敬圣·埃克苏佩里。2015 年，刘烨和法国妻子安娜还带着自己的儿女诺一、霓娜以及一群中国孩子，制作了有声读物《小王子》。包括这部 2015 版的《小王子》电影和果麦公司所出品的同名图书，都借着 IP 的风，为每一位喜欢《小王子》的人诉说着王子的梦想和情怀。

《小王子》作为拥有巨大受众的经典文学作品，拥有核心的哲学观、价值观，也拥有法国人独有的浪漫，全年龄的阅读人群让所有的出版商和出版作品钦羡又嫉妒。它具有核心 IP 的特征，是实打实的超级 IP。从其衍生品的种类来说，一部文学作品《小王子》所带给世界人民的精神财富，正在逐渐被商业化，IP 开发者不断地从中提取和升华更多的商业和经济价值，使得更多的人知道《小王子》，关注《小王子》，了解《小王子》。

四、精彩阅读

小王子啊，我就这样渐渐地了解你那忧伤的小生命！原来在很长的时间里，你唯一的消遣是默默地欣赏日落。我知道这个新的细节，是在第四天早晨，当时你说：

"我喜欢日落。我们去看日落吧……"

"但我们必须等……"

"等什么呀？"

"等日落啊。"

起初你显得很吃惊，接着忘情地笑了起来。然后你说：

"我以为我还在自己的星球上呢！"

确实如此。大家都知道，如果美国是中午，那么法国是黄昏。如果能在一分钟内赶到法国，那就能看见日落。可惜法国太远了。但你的星球很小，你只要把椅子搬动几步就可以。你随时能够看见黄昏的景色。

"有一天，"你说，"我看了四十四次日落！"

过了片刻你又说：

"你知道吗，人在难过的时候就会爱上日落。"

"在你看了四十四次日落那天，你很难过吗？"

但小王子没有回答。

——节选自《小王子》第 29~30 页

我很快对这朵花有了更多的了解。小王子的星球上向来有些普通的花，只有一圈花瓣，既不占地方，也不给人造成麻烦。它们早晨在草丛中盛开，到了傍晚就凋谢。可是有一天，这朵花发芽了，是由某颗不知道从哪里飘来的种子发育而成的，小王子非常密切地观察着这株幼苗，它看上去和别的幼苗并不相同。它可能是猴面包树的新品种。但这株灌木很快不再长大，而是冒出了花苞。看到花苞长得那么大，小王子相信这朵花将会出奇的漂亮；可是她躲在花萼里，迟迟不肯露出美丽的容貌。她仔细地挑选颜色。她慢慢地披上衣裳，将花瓣一片一片地调整好位置。她不愿意像婴粟花那样皱巴巴地出现。她要彻底盛放出美丽的光芒。是的，她就是这么臭美！她神秘地把自己打扮了很多天。然后在某个早晨，就在日出的时刻，她突然露出了真面目。

她已经如此精心地打扮过，这时却打着哈欠说：

"哎呀！我刚刚才起床……不好意思呀……我还没有洗漱。"

小王子情不自禁地说："你真漂亮啊！"

"是吧？"这朵花轻轻地回答，"而且我出生时太阳正好……"

小王子很快看出来她不是很谦虚，但她长得太动人啦！

"我想早餐时间应该到了吧，"她很快又说，"你能不能……"

小王子满脸通红，赶紧拿来一个装满清水的喷壶，伺候着这朵花。

就这样，这朵敏感而虚荣的花儿开始折磨小王子。比如说有一天，正好聊到她的四根刺，她对小王子说：

"老虎要来就让它来，我可不怕它的利爪！"

"我的星球上没有老虎，"小王子，"再说老虎也不吃草。"

"人家又不是草，"这朵花娇滴滴地说。

"对不起……"

"反正我不怕老虎，但我讨厌风。你就没有挡风的隔板吗？"

"居然怕风……这对植物来说太不幸了，"小王子心里想，"这朵花的心事真是难懂呀。"

"到了傍晚你要把我放在玻璃罩里。你这里太冷啦。我住着很不方便耶。在我家乡那边……"

　　说到这里她就停了。她是由一颗种子发育而成的。她并不熟悉别的地方。这么天真的谎言差点被当场揭穿，她感到有点惭愧，于是假咳了两三声，责怪起小王子来：

　　"挡风的隔板呢？"

　　"我本来想去拿的，但你要跟我说话啊！"

　　她又假咳了几声，就是想让小王子感到自责。

　　所以小王子虽然很愿意去爱护她，但也很快产生了怀疑。小王子总是把她的话当真，但很多话她其实只是随口说说而已，这让小王子很不高兴。

　　"我不该把她的话当真，"有一天他告诉我，"你千万不能把花儿的话当真。我们只要凝望她们的模样，闻闻她们的芳香就好。我的花朵让整个星球弥漫着香味，但我却不懂得为此而高兴。那几句关于虎爪的胡话让我很生气，但她其实是在撒娇，希望我能怜惜她……"

　　他继续说着他的心里话：

　　"可惜从前我什么都不懂！我应该看她的行动，而不是听她的言语！她为我散发芬芳，点亮我的生活。我不应该离开她的，我应该看出藏在她那些小把戏后面的柔情。花儿的心事好难捉摸的！当时我太小了，不懂得爱是什么。"

　　　　　　　　　　　　　　　　　　——节选自《小王子》第 35~39 页

案例八 《三体》

书名:《三体》　　作者:刘慈欣
出版时间:2008年　　出版社:重庆出版社

一、作者简介

刘慈欣，别名刘电工，大刘；山西阳泉人，高级工程师，科幻作家，中国作家协会会员，中国科普作家协会会员，山西省作家协会副主席，阳泉市作家协会副主席，被誉为"中国当代科幻第一人"。自20世纪90年代开始，他一边在山西省阳泉市的娘子关发电厂担任计算机工程师，一边利用业余时间出版了13本小说集。1999—2006年，他的作品蝉联中国科幻文学最高奖"银河奖"。2013年，刘慈欣以370万的年度版税收入成为第一位登上中国作家富豪榜的科幻作家。其代表作有长篇小说《超新星纪元》《球状闪电》"三体"三部曲等，中短篇小说《流浪地球》《乡村教师》《朝闻道》《全频带阻塞干扰》等。其中"三体"三部曲被普遍认为是中国科幻文学的里程碑之作，将中国科幻推上了世界的高度。2015年2月，《三体》获得美国"星云奖"提名。2015年3月，刘慈欣接任腾讯移动游戏"想象力架构师"。2015年4月，其作品《时间移民》获得"2014中国好书"奖项。2015年6月，刘慈欣获得2015腾讯书院文学奖"致敬小说家"称号。2015年8月，《三体》获第73届世界科幻大会颁发的"雨果奖"最佳长篇小说奖，这是亚洲人首次获得"雨果奖"，也是中国科幻走出国门、走向世界的重要一步。2015年9月，刘慈欣获第26届科幻银河奖特别功勋奖。2015年10月，第六届全球华语科幻"星云奖"颁奖典礼在成都举行。刘慈欣凭借《三体》获得了组委会颁发的华语科幻文学最高成就奖，并被授予特级华语科幻星云勋章，该等级勋章只有获得国际最高科幻奖项"雨果奖"和"星云奖"的作家有资格获取。

二、畅销盛况

刘慈欣的科幻小说"三体"三部曲又名"地球往事"三部曲，系列小说由《三体》《黑暗森林》《死神永生》三部组成。主要讲述了地球文明在宇宙中的兴衰历程，小说涉及历史、物理、天文学、社会学以及哲学多个方面。2014年年底，小说第一部的英文版在美国上市，市场反响强烈，并于2015年获得美国科幻和奇幻作家协会"星云奖"提名。2015年8月22日《三体》荣获第73届世界科幻大会颁发的"雨果奖"最佳长篇小说，这是亚洲人首次获得雨果奖，这使得《三体》一夜之间家喻户晓，销量大幅攀升。

开卷对全国图书零售市场监控的数据让我们看到了畅销书《三体》的成长轨迹。2008年年初《三体》新书上市，随后5月《三体Ⅱ：黑暗森林》上市，于当年暑假期间迎来第一个销售高峰。在随后的两年中小说销售情况相对平稳，但是这并不影响该书在科幻迷中的口碑流传。随着系列第三本《三体Ⅲ：死神永生》的上市，"三体"系列又迎来新的销售高峰。2014年《三体》在美国上市后，"三体"系列书知名度大大提升，该系列书的销量又逐渐增多。到了2015年上半年，该系列书的提名以及获奖使得其销量直线上升，甚至超过了以往6年该系列书的累积销量，该系列三部作品也因此全部登上2015年8月份开卷虚构类畅销榜单。"三体"系列书的突然畅销与其获得"雨果奖"密不可分，这一奖项的获得肯定了国产科幻小说的价值，也给本土原创作家带来了新的希望。2019年，"三体"系列被选入"新中国70年70部长篇小说典藏"。截至2020年，《三体》依旧稳坐各大电商平台科幻小说畅销榜单第一名的宝座。

《三体》第一部英文版在海外发售后，很快就在亚马逊上的评级达到了4星半。《纽约时报》称刘慈欣为"中国科幻第一人"；《华盛顿邮报》评价《三体》是"一部深奥的、充满创新战略思想的作品"；《纽约客》的科幻评论家称刘慈欣为"中国的阿瑟·克拉克爵士"。随着 2016 年《三体Ⅲ：死神永生》英译版的发售，《经济学人》还专门刊登了一篇名为"Cultural revolutions：Chinese sci-fi"的文章，高度评价称《三体》是近十年中国科幻文学中的最高成就。在《三体》的英文官方网站上，有来自美国、加拿大、以色列等著名科幻小说作家的评论。中国教育图书进出口有限公司有关负责人表示，截至 2015 年年底，中国科幻小说"三体"系列第一部的英文版在全球销量已超过 11 万册，销售码洋逾 200 万美元，取得这一销售成绩，距离该书英文版的全球首发仅 1 年 2 个月的时间。目前，这部英文被译为《The Three-Body Problem》的实体书已有 5 个版本在国际市场上发行，此外还以有声书光盘、有声书下载版、电子书等多种形式发行。

三、畅销攻略

《三体》会成为一本畅销书，大概作者自己也是万万没想到的。的确，《三体》这个充满了物理学前沿概念的硬科幻作品着实不是当前大众阅读所欣赏的流行口味。这是一本很可能成为科幻经典，却在多方因素下不小心成为畅销书的"黑马"。为什么这样一本原本"小众"的书，猛然间出现在国人的眼前且在畅销榜久居不下，我们将在下面简要分析其畅销攻略。

（一）内容元素及表现手法

抛开《三体》是畅销书的事实不谈，就书的内容本身来说，这也是一本能够成为经典的优质小说。《三体》中所拥有的各类故事元素、人物以及情节的设置丝毫不逊色于欧美最经典的科幻小说，拥有吸引读者不由自主往下看的可贵特质。

《三体》中拥有绝对丰富且抓人眼球的故事元素。整个故事以探讨人类文明是否得以延续的问题为中心，将人类和"三体"人之间的冲突作为大主题，这本身就是一个极具深度的话题。在故事进展过程中，作者通过推进人类阵营和"三体"世界两条故事主线来引出最后的大冲突。在人类线中，穿插有"红色革命"、政治冲突、信仰冲突等各类矛盾来推进故事的起承转合；在"三体"世界线中，则是以虚拟电子游戏的方式来介绍"三体"人200多个文明的兴起与毁灭，其中结合了中国古代历史元素。整个故事处处都是历史和科技结合的产物，加之作者在描写中穿插的象征等表现手法，使得这本书略显晦涩。但是，这种晦涩感在另一方面完美地衬托出作者扎实的科学基础、丰富的想象力以及恢宏壮丽的宇宙架构，使其具有一般科幻小说或者时下流行的其他类型的畅销书所不具备的深刻性和启发性。在一众无病呻吟的青春文学和猎奇、暴力或者性描写中，《三体》这样充满神秘色彩和丰富想象力的严肃科幻小说可谓是一阵春风、一股清流，让读者们眼前一亮。

丰富且优质的内容也许不是一本畅销书的必备条件，但却是一本书经得起读者检验的最重要因素。《三体》小说本身对复杂人性的探讨，对"恶"的反思，加之"革命""外星文明""政治冲突"等多个能够激起读者阅读兴趣的元素，都是该小说之所以成为畅销书的重要"硬件"元素。在硬科幻作品中，对社会伦理以及区域政治冲突的描写听起来似乎让文章更加晦涩难懂，其实不然。《三体》很好地把握了文学作品描述专业知识的界限，并将所有元素巧妙地糅合在一起，推进了故事情节的发展，这是其成为畅销书的硬性条件。

（二）图书营销方式

获得"雨果奖"，是全世界的大众读者了解《三体》的重要契机。很多人可能在《三体》获得"雨果奖"以后才了解到这本小说，实际上，"三体"的第一卷早在 2006 年就在《科幻世界》上连载了。2008 年 1 月《三体》在重庆出版社出版，作为"中国科幻基石"丛书中的一员，同年 5 月《三体Ⅱ:黑暗森林》出版，2010 年 11 月《三体Ⅲ:死神永生》出版。其英文版的第一部在 2014 年 11 月由中国教育图书进出口有限公司与美国托尔（Tor）出版公司合作发行，第二部于 2015 年 8 月发行，第三部在 2016 年 9 月出版。在 2015 年 8 月《三体》在获得"雨果奖"最佳长篇小说之前，就在国内获得过许多文学奖项，例如，2006 年度和 2010 年度的中国科幻文学"银河奖"特别奖。但是，不可否认的是，《三体》在国际主流科幻界取得的成功是其在国内成为畅销书的主要原因之一。

1. 国际权威奖项带来的"获奖效应"

《三体》获得"雨果奖"是亚洲人第一次斩获国际权威科幻小说奖项，这个消息本身对于国人来说就是充满冲击力的。如同当年莫言斩获"诺贝尔文学奖"一样，就算平日中再不爱读书的人，处于自尊需要和社交需求也会买两本莫言的书回来，以表示对本土作家的支持。更何况《三体》作为科幻小说，就故事内容来说比起传统文学更能吸引普通读者。在领略了《三体》中宏伟的宇宙格局和眼花缭乱的物理学概念后，有不少原先非科幻小说迷的读者爱上了这部作品。可以说《三体》小说作为中国小众科幻圈子中的翘楚，其作品本身就具有畅销的品质，"雨果奖"则是它成功进入大众阅读范围的重要契机，正是这种"获奖效应"造就了《三体》的畅销热潮。

2. 与"获奖效应"相伴而来的"名人效应"

《三体》自出版后就一直受到名人、名家的追捧。例如，著名媒体人梁文道曾高度评价《三体》："最近一年我发现我身边很多朋友都在跟我提到一个很重要的中国科幻小说作家，大家都推荐这个科幻小说你一定要看，这就是我们这个礼拜要跟大家介绍的刘慈欣，还有他最著名的长篇小说'三体'三部曲，或者准确地讲应该叫'地球往事三部曲'。刘慈欣被认为是当今中国科幻小说里面最重要的一个作家，最有分量的一个作者，他自己其实是山西的一个工程师，是个'60后'，其实早在20世纪80年代开始，他就已经开始写作科幻小说，被认为是跟韩松他们一起，是今天中国科幻小说新浪潮里面的其中一个群体的代表人物。"科幻作家韩松曾评价《三体》为"一场人类智力的饕餮大宴。错过了会后悔一世"。除了文化圈名人的评价外，诸多互联网产业的大佬们对《三体》的推荐更能吸引普通读者，随着《三体》斩获国际大奖以后，各大主流媒体争相对其作者刘慈欣进行采访，并且把之前推荐过该书的各个互联网大佬，诸如雷军、李彦宏、柳传志、马化腾、周鸿祎以及扎克伯格等人的新闻炒出来造声势。这种狂轰滥炸式的报道虽然简单粗暴，但确实是推动《三体》小说成为畅销书的重要助力。

3. 主流网上书城的推广

当当、京东、亚马逊等主流网上书城对《三体》小说的线上推广同样功不可没。在《三体》获奖之后，当当迅速将其放上图书首页宣传，并且将刘慈欣的其他作品一同进行推广，其效率之高令人惊叹。也正是由于线上图书商城的卖力宣传，《三体》才得以畅销10余万册，同时也带动了相关科幻作品甚至科普读物的销售。

（三）IP 开发推动"三体热"

自《三体》小说获得"雨果奖"进而在全国卷起"三体热"和科幻热潮以来，不少人意识到了《三体》小说作为一个 IP 所具有的丰富资源，也因此在极短的时间内，由"三体"系列小说衍生的同名电影、舞台剧、电视剧，甚至电子游戏将这股热潮不断推至顶峰。《三体》小说的电影改编权其实在 2013 年就被卖出，但是一直迟迟未动，直到 2015 年年初才开拍，这更像是抱着观望的态度，等待 2014 年已经杀进"星云奖"的《三体》小说能在国际上累积更高的声誉和人气。在 2015 年 8 月，《三体》小说斩获"雨果奖"之后，电影开始借势进行大肆宣传，陆续放出海报、人物定妆照和预告片等，该电影上映时间还未定。如同《北京遇上西雅图：不二情书》对《查令十字街 84 号》图书销售的带动一样，可以预见的是《三体》电影的上映又将带来新一波小说阅读的浪潮。

除了电影改编之外，《三体》小说改编的同名舞台剧在 2016 年 6 月的上海正式与观众见面，这个日期先于电影上映时间，在一定程度上维持了《三体》小说的话题热度。这部《三体》多媒体舞台剧，是由 Lotus Lee 戏剧工作室联合《盗墓笔记》原班团队倾力打造的 3D 舞台剧，结合高科技手段让观众在一场剧中同时感受过去、现在、未来的三重体验。据说，这个经历过《盗墓笔记》舞台剧 3 年 2 亿票房奇迹的成绩洗礼后的"神奇团队"现在已经可以通过成熟的 3DMapping、全息成像等一系列多媒体技术，完全将真实、高端、大气的《三体》场景完整地展示在各位"三体"迷的面前。该剧由刘慈欣亲自监制，作者本人亲自坐镇确保了整个作品对于原著的继承和精神内核的延续，在保持原汁原味的同时又给予舞台创作新的指导意见。2017 年，《三体》舞台剧获得第 28 届中国科幻"银河奖"最佳改编文艺作品奖。期间，Lotus Lee 戏剧工作室还联手国内高级时装化的街头潮牌 Reshake，重磅推出"三体"合作系列的服装。舞台剧和潮牌服装的跨界合作是《三体》大 IP 开发的又一新创，也是营销战略上的一个重大突破。

由于《三体》小说本身内容的丰富性，可以开发的相关网游、电视剧、手游等各类形式的衍生品十分丰富。这种 IP 产业链的不断挖掘和开发，对图书本身的销售起到了很大的推动作用，也是目前畅销书营销的常见方式之一。

四、精彩阅读

这天叶文洁值夜班，这是最孤寂的时刻，在静静的午夜，宇宙向它的聆听者展示着广漠的荒凉。叶文洁最不愿意看的，就是显示器上缓缓移动的那条曲线，那是红岸接收到的宇宙电波的波形，无意义的噪声。叶文洁感到这条无限长的曲线就是宇宙的抽象，一头连着无限的过去，一头连着无限的未来，中间只有无规律、无生命地随机起伏，一个个高低错落的波峰就像一粒粒大小不等的沙子，整条曲线就像是所有沙粒排成的一维沙漠，荒凉寂寥，长得更令人无法忍受。你可以沿着它向前向后走，无限远，但永远找不到归宿。

但今天，当叶文洁扫了一眼波形显示器后，发现有些异样。即使是专业人员，也很难仅凭肉眼看出波形是否携带信息，但叶文洁对宇宙噪声的波形太熟悉了，眼前移动的波形，似乎多了某种说不出来的东西，这条起伏的细线像是有了灵魂，她敢肯定，眼前的电波是智能调制的！叶文洁冲到了另一台主机终端前，查看计算机对目前接受内容识别度的判断，发现识别度是 AAAAA！！在这之前，红岸接收到的宇宙电波，识别度从未超过 C，如果达到 A，波段包含智能信息的可能性就大于百分之九十；连续五个 A 是一个极端情况，它意味着接收到的信息使用的就是红岸发射信息的语言！叶文洁打开了红岸译解系统，这个软件能对识别度大于 B 的信息进行试译解，在整个红岸监听过程中，它从未被正式使用过。按软件试验运行中的情况，翻译一段智能编码可能需要几天甚至几个月的运算时间，而出来的结果多半还是译解失败。但这次，原始文件刚刚提交，几乎没有时间间隔，屏幕上就显示译解完成。叶文洁打开结果文件，人类第一次读到了来自宇宙中另一个世界的信息，其内容出乎所有人的想象，它是三条重复的警告：

不要回答！

不要回答！！

不要回答！！！

在令她头晕目眩的激动和迷惑中，叶文洁接着译解了第二段信息：

这个世界收到了你们的信息。

我是这个世界的一个和平主义者，我首先收到信息是你们文明的幸运，警告你们：不要回答！不要回答！！不要回答！！！

你们的方向上有千万颗恒星，只要不回答，这个世界就无法定位发射源。

如果回答，发射源将被定位，你们的行星将遭到入侵，你们的世界将被占领！

不要回答！不要回答！！不要回答！！！

看着显示屏上闪动的绿色字迹，叶文洁已经无法冷静思考，她被那激动和震撼抑制了智力只能理解一下事实：现在距离她上次向太阳发送信息不到九年，那么这些信息的发射源距地球只有四光年左右，它只能来自距我们最近的恒星系：半人马座三星！

宇宙不荒凉，宇宙不空旷，宇宙充满生机！人类将目光投向宇宙的尽头，但哪里想到，在距他们最近的恒星中，就存在着智慧生命！

叶文洁看看波形显示，信息仍源源不断地从太空中涌进红岸天线，她打开另一个接口，启动了2实时译解，接收到的信息被立刻显示出来。在以后的四个多小时中，叶文洁知道了三体世界的存在，知道了那个一次次浴火重生的文明，也知道了他们星际移民的企图。

凌晨四点多，来自半人马座的信息结束了，译解系统开始无结果地运行，不断发出失败信息，红岸监听系统所听到的，又是宇宙荒凉的噪声。

但叶文洁可以确定，刚才的一切不是梦。

太阳确实是一个超级天线，但八年前那次实验中为什么没有收到回波，为什么木星的辐射波形与后来的太阳辐射对不上？叶文洁后来想出了许多原因，基地的电台可能根本不能接受那个频段的电波，或者收到后只是一团噪音，就认为是什么都没有收到。至于后者，很可能是因为太阳在放大电波的同时，还叠加了一个波形，这个波形是有规律的，在外星文明的译解系统中很容易被剔除，但在她的肉眼看来，木星和太阳的辐射波形就大不相同了。这一点后来得到了证实，叠加的是一个正弦波。

她警觉地四下看看，主机房中值班的还有三人，其中两人在一个角落聊天，一人在终端前打瞌睡，而监听系统的信息处理部分，能够查看接受内容识别度和访问译解系统的终端只有她面前的这两台。她不动声色地迅速操作，将已经接收到的信息全部转存到了一个多重加密的隐形子目录中，用一年前接收到的一段噪声代替了这五个小时的内容。

然后，她从终端上将一段简短的信息输入了红岸发射系统的缓存区。

——节选自《三体》第 202~204 页

后　记

　　2011 年，北京印刷学院的出版专业硕士学位点获批并开始招生。由于它是全国首次获批的出版专业硕士点，当时并没有培养经验可以借鉴，但重在培养和提升学生的专业实践能力这个目标是确定的，于是一些偏重出版实务的课程被列入培养方案，"畅销书策划与出版"就是其中的一门。

　　由于我一直给本科生主讲"畅销书与大众文化"课程，于是被学院指定负责出版专业硕士的"畅销书策划与出版"课程。不知不觉中，"畅销书策划与出版"课程已经开设了十多个年头，每年上这门课的出版专业硕士生也由第一届的 16 人变成了现在的 60 人。

　　为了上好这门课，我想了一些办法，其中有两项一直坚持下来：一是定期邀请富有实战经验、出版过现象级畅销书的业界专家进入课堂讲解并与学生交流；二是带领同学们选择他们感兴趣的畅销书开展案例研究。这两种做法极大激发了学生探究畅销书的兴趣和出版畅销书的激情。兴趣和激情是最好的老师，在它们的引领下，每届学生遴选畅销书研究案例时都非常用心，除了考虑个人的畅销书类型偏好，他们还尽力兼顾出版史和阅读史两个视角；撰写畅销书案例研究文章时，他们不仅详细查阅了与研究案例相关的文献资料，有些同学还辗转联系到作者和编辑进行了针对性访谈；选择畅销书

精彩章节摘录时，他们反复阅读文本，努力把研究案例中最精彩的部分摘抄出来进行分享。

岁月无情流逝，一届届同学的畅销书案例研究成果却积累下来，于是就有了这套十卷本《畅销书经典案例研究》。

出版之前，我又一次翻阅了同学们完成的案例文章，课堂上师生围绕畅销书展开讨论的一幕幕场景如在昨日。我们不仅讨论具体的畅销书个案，我们更讨论了畅销书的类型发展、畅销书与常销书、畅销书与社会变迁、畅销书史的撰写，我们也会讨论于殿利先生"要远离畅销书"这句警告背后的深意……经过这些讨论，很多同学具备了"研究畅销书但不耽溺畅销书"研究立场，案例研究的视角也更为开阔深远。现在看来，他们的分析文字有些还尚显武断，有些也陷入了"爱屋及乌"的言说陷阱，但洋溢在字里行间的探索热情如熠熠星光，无疑会照亮后续研究者的前行之路。感谢精心撰写本丛书案例的同学们！

感谢我的研究生李玉雯、许晨露、王敏、郭宏浩、丁超、朱晓瑜、齐倩颖、王静丽、陈怡颖。他们每人负责编选本丛书的一辑，非常认真和高效地开展了案例文章筛选、重新编排和审校等工作。由于一些案例文章撰写时间比较久，有些数据需要更新，他们及时查阅了最新资料并对案例文章做了有效补充。感谢我的学生们！

感谢清华大学出版社的纪海鸿主任。从多年前的确定选题到今天的高质量出版，纪海鸿老师始终以超强的耐心容忍着我的"拖延症"。一旦项目启动，她又以务实高效的工作作风和严谨专业的出版精神推动各项工作不断前行。在疫情当前和居家办公的情况下，这套书还能如期出版，完全得力于她不懈的工作。谢谢纪老师！

另外，尽管本套丛书的案例研究文章采用较为统一的结构规范，但由于案例文章由多人撰写，在行文风格上无法协调统一，非常抱歉！同时，由于编者水平有限，书中错漏之处估计会有很多，诚恳期待各位读者的批评指正！

张文红

2022 年 6 月 5 日

于北京寓所

畅销书经典案例研究

第九辑

张文红 主编

清华大学出版社
北京

图书在版编目（CIP）数据

畅销书经典案例研究 / 张文红主编 . —北京：清华大学出版社，2022.7
ISBN 978-7-302-59878-7

Ⅰ.①畅…　Ⅱ.①张…　Ⅲ.①畅销书—出版工作—案例　Ⅳ.① G23

中国版本图书馆 CIP 数据核字（2021）第 275331 号

责任编辑：纪海虹
装帧设计：刘　派
责任校对：王凤芝
责任印制：杨　艳

出版发行：清华大学出版社
　　　网　　　址：http://www.tup.com.cn，http://www.wqbook.com
　　　地　　　址：北京清华大学学研大厦 A 座　　邮　　编：100084
　　　社　总　机：010-83470000　　　　　　　　邮　　购：010-62786544
　　　投稿与读者服务：010-62776969，c-service@tup.tsinghua.edu.cn
　　　质量反馈：010-62772015，zhiliang@tup.tsinghua.edu.cn
印　装　者：三河市东方印刷有限公司
经　　　销：全国新华书店
开　　　本：133mm×188mm　　印　　张：39　　字　　数：924 千字
版　　　次：2022 年 7 月第 1 版　　印　　次：2022 年 7 月第 1 次印刷
定　　　价：298.00 元（全 10 册）

产品编号：060953-01

作者简介

张文红，博士，教授，北京印刷学院编辑出版系主任。教育部新闻传播学类专业教学指导委员会委员（2013—2017），北京市新闻出版专业群专家委员会副主任委员（2013—）。主持国家社科重大招标项目《当代中国图书出版史》子课题《当代中国大众图书出版史》等项目多项。出版《出版概论》《畅销书理论与实践》《"十七年"时期长篇小说出版研究》等著作12部，发表论文60余篇。

畅销书经典案例研究
丛书编委会

（按姓氏笔画排序）

主　编
张文红

主要编纂人员
丁　超　王　敏　王静丽
朱晓瑜　齐倩颖　许晨露
李玉雯　陈怡颖　郭宏浩

目　录

东野圭吾 嫌疑人 X 的献身

南海出版公司

书名:《嫌疑人 X 的献身》　　作者:[日]东野圭吾　　译者:刘子倩

出版时间:2014 年　　出版社:南海出版公司

一、作者简介

东野圭吾，日本推理小说作家。1958 年 2 月 4 日出生于日本大阪。毕业于大阪府立大学电气工学专业，之后在汽车零件供应商日本电装担任生产技术工程师，并开始了推理小说的创作。

1985 年，凭借《放学后》获得第 31 回江户川"乱步奖"，从此成为职业作家，开始专职写作。1999 年，《秘密》获第 52 届日本推理作家协会奖。2006 年《嫌疑人 X 的献身》获得第 134 届"直木奖"，东野圭吾从而达成了日本推理小说史上罕见的"三冠王"。2017 年 4 月，第 11 届中国作家富豪榜子榜单"外国作家富豪榜"重磅发布，东野圭吾以 2 200 万元的年度版税收入，问鼎外国作家富豪榜首位。

东野圭吾的早期作品主要以校园本格推理为主，偏重设谜解谜和逻辑推理，作品内容以描写犯罪手法为主，代表作有《放学后》《十一字杀人游戏》，等等。

东野圭吾的中期作品不再拘泥于凶手和手法，尝试较为复杂的结构方式，这一时期的作品具有"新社会派"的特点，开始关注社会和人性，在叙事技巧上不断创新。代表作有《宿命》《平行世界的爱情故事》，等等。

东野圭吾的后期作品注重写实，将社会生活中真实存在的案件经过艺术处理后融入小说内容，反映真实社会，淡化谜团，淡化凶手的身份，将重点放在"犯罪动机"上，揭示人性的善与恶。这一时期的作品几乎本本畅销，代表作有《白夜行》《嫌疑人 X 的献身》《恶意》《湖畔》《圣女的救济》等。

二、畅销盛况

《嫌疑人 X 的献身》是日本推理小说作家东野圭吾创作的长篇推理小说，2003 年起在《ALL 读物》杂志上连载；2005 年 8 月在日本由文艺春秋首次出版；2006 年，繁体中文版由中国台湾的独步文化出版；2008 年 9 月，简体中文版由新经典文化有限公司在中国大陆推出，出版以后，创下百万级销量。

此书获得第 134 届"直木奖"和第 6 届本格推理小说大奖，荣登日本亚马逊、纪伊国屋、三省堂畅销排行榜第一名，获得"这本小说了不起"第一名、"本格推理小说 TOP10"第一名、"周刊文艺推理小说 TOP10"第一名。"直木奖"评语称《嫌疑人 X 的献身》这本书："他将骗局写到了极致。"

2017 年 3 月 11 日，由苏有朋导演的、根据同名小说《嫌疑人 X 的献身》改编的电影在中国上映。

三、畅销攻略

（一）用内容打动读者

1. 主题凸显人性

《嫌疑人 X 的献身》一书讲述的是百年一遇的数学天才石神，每天唯一的乐趣便是去固定的便当店买午餐，只为看一眼在便当店做事的邻居靖子。靖子与女儿相依为命，失手杀了前来纠缠的前夫。为救靖子，石神提出由他料理善后。石神以数学家缜密的逻辑思维设了一个匪夷所思的局，为靖子提供了天衣无缝的不在场证据，令警方始终只能在外围敲敲打打。石神的同级校友汤川学不断揭开事情的真相，一次次的推理、一次次的博弈，随着石神对靖子的爱慕之情被挖出，看似无懈可击的逻辑因为掺杂了感情而变得漏洞百出。最后石神因为爱选择去自首，而这份爱太过沉重，重到靖子无法承受，她也选择了自首。

石神从出于好心的默默保护，到因为爱而去自首、不惜献出生命的真切；从每天去便利店只为看一眼靖子的无言到因为爱慕者工藤频繁出现的吃醋。这个看似冷酷无情的科学宅男，却默默表达着自己内心最炽热的情感，即使对方并不在意。石神是个偏爱科学实验和喜欢逻辑推理的科学怪人，如果没有掺杂人性的感情，也许他的逻辑一定可以瞒天过海，汤川学也不会看破这背后的一切。但再不屑于人情世故的个体，在真挚的情感面前都无法控制自己的理智；再缜密的逻辑思维都会因为人性的存在而变得无法控制。

全文的主线围绕花冈靖子杀了自己的前夫，而深爱着花冈靖子的石神为了帮她掩盖罪行不惜让自己犯下罪过的情节展开。

小说一开头就告诉了我们凶手是谁，等于将谜底直接拿出，再抛出一个新的谜面——杀人动机是什么？这与其他的推理小说是完全不同的。并且小说将故事的重点转移到"人心"上，展示的不是犯罪的手法，而是犯罪的心理，石神以令人惊骇的诡计诠释了对花冈靖子无比真挚的爱情，但是他从未把这种感情告诉过任何人，也未奢望能在靖子的生活中占据任何位置，这也令读者被这种感情深深震撼。

2. 人物形象丰满

小说中的主要人物有石神哲哉、汤川学、花冈靖子，虽然小说中涉及的人物并不多，但是作者把每个人物形象通过各种细节都刻画得非常饱满和丰富。

作者用了很大的篇幅将石神塑造为一个冷静、理性的数学天才形象，从决定帮助靖子母女开始，石神一直以一种沉稳甚至是冷酷的态度去处理一切的事情，面对警察的盘问也显得不慌不忙，让人觉得似乎没有事情能动摇和打倒他，甚至是面对自己心爱的女人，他依然显得冷静异常。然而，当他精心设计和准备的计划最终被打乱，无法再保护自己心爱的人的时候，他内心的感情终于爆发，在小说的最后，石神的失态让读者感到震撼，也为他的献身精神所折服。比如，当看到富樫的尸体时，作者对石神的描述是："别急，他告诫自己，急躁不能解决任何问题，这个方程式一定有完美的答案。石神闭上眼，面对数学难题时，他总这么做。一旦隔开来自外界的干扰，数学方程式就会在脑中不断变形。然而现在，他脑中出现的并非数学方程式。"

汤川学是东野圭吾塑造的一个名侦探，是一个具有鲜明个性且具备超群推理能力的人物。他在生活上非常随意，甚至有时会让一般人无法忍受。比如他爱喝咖啡，却对咖啡要求不高，经常用不干不净的杯子喝速溶咖啡，但涉及案件推理时却异常敏锐。

3.语言简练真实，引入科学知识

在小说中，作者对语言的拿捏恰到好处，需要简练的绝不赘述，需要细致的绝不遗漏。开篇时用短短几句话交代了天气情况和地理环境，而阴冷的天气和石神黯淡的工作、生活情况相呼应，也预示了案件的即将发生，交代地理环境则是给之后情节的发展作铺垫。对于作案现场和尸体的描述，有别于其他作家堆砌大量血腥恐怖文字的做法，东野圭吾对富樫尸体的描述也只有寥寥几句："富樫的脑袋近在眼前。暴睁的双眼一片死灰，仿佛正睨视着屋顶，脸由于淤血变成紫黑。勒进脖子的电线，在皮肤留下深色的痕迹。富樫再也不动，口水淌下唇角，鼻子也溢出鼻涕。"文字虽少，却给读者一种非常真实的感觉。

此外，作者还在小说中引入了科学知识，在汤川学和石神对话的过程中，"黎曼假说""平面或球面上的任何地图是否都能W四色区分""厄多斯"和"N不等于NP"等数学专业词汇不断出现。两人在思考问题时，也完全离不开数学思维，数学和物理知识似乎已经渗透在他们的血液里，成为他们身体和意识中不可或缺的一部分。从中我们可以看出，东野圭吾对于科学知识，特别是对数学和物理知识的运用已经做到信手拈来、随心所欲的程度。

（二）设计风格独具一格

《嫌疑人X的献身》一书设计风格的独特主要体现在图书的外部装帧设计上。图书包装为精装，护封使用的颜色为黑灰色，护封正面的中上部是作者名字和书名，护封背面用几行字引出本书的故事情节，吸引读者的阅读兴趣。除此之外，护封上并没有过多的点缀，非常简洁。图书封面使用的颜色是白色，封面上也只有作者的名字和书名，一黑一白的搭配，极其简单，虽然没有用图片或者其他要素来点缀，但是这种设计与图书的内容是完全相符的，与主人公石神沉稳、冷酷的性格相呼应。

此外，本书的书名也非常具有吸引力，《嫌疑人X的献身》中"X"是一个比较突出的红色字体，"X"本身是一个数学符号，在书中既代表嫌疑人的未知与不确定性，又与主人公石神哲哉作为天才数学家的身份相呼应，既设置悬念又吸引了读者的阅读兴趣。当读者看到这本书的书名时，可能会产生一些思考，比如，大多数人看来，嫌疑人都是坏人，那么为什么还要用"献身"一词来形容他？嫌疑人X为什么要"献身"……当真正的谜底揭开时，"献身"一词的真正意义就展现出来了。因此，本书的书名也会成为吸引读者注意力的重要因素。

（三）作者巨大的影响力

东野圭吾目前已有著作超过 90 部，其中 82 部被翻译成中文，在国内授权的出版公司约有 20 家。2010 年前后可以说是各家机构争抢"东"字头的混战期，当年光新书就增加了 12 种，达到市场高点。虽然版权争夺激烈，但新经典文化有限公司（以下简称"新经典"）一家独大的格局一直未变。从 2008 年《嫌疑人 X 的献身》出版到 2018 年《盛夏方程式》的推出，"新经典"10 年来共推出了 55 部东野圭吾作品，销量超过 2 300 万册。千万册级销量的东野圭吾以其烧脑的文字给国内推理题材燃起一把火，成为炙手可热的现象级作者。

北京开卷统计的畅销书排行榜中，没有哪位作家能够撼动东野圭吾的霸主地位，比如，从 2017 年以来，他的三部作品《解忧杂货店》《白夜行》《嫌疑人 X 的献身》长时间连续登上虚构类排行榜。东野圭吾连续成为 2017 年、2018 年虚构类图书销量最高的作家，并连续获得 2017 年、2018 年亚马逊中国纸质图书作家榜和 Kindle 付费电子书作家榜两个榜单的冠军。截至 2020 年 6 月 10 日，东野圭吾的《白夜行》《解忧杂货铺》《恶意》《放学后》《希望之线》《嫌疑人 X 的献身》均进入当当网图书畅销榜前 40 名。

东野圭吾之所以这么火，绝不仅仅是因为他善于设计的写作技巧，而是他懂得穷则思变。饱尝 10 年冷寂让他懂得要迎合市场需要，紧贴社会热点，将人们感兴趣的话题带入作品当中，因此他的作品具有相当高的可读性和趣味性，既符合大众口味又直入人心，并且在小说的风格上作出了多元化改变，不仅仅停留在推理，还在"治愈""文艺""暖心"等元素的运用上也愈发得心应手，他有能力将自己的作品包装得更优美、更诱人，如大火的《解忧杂货店》。他不断推陈出新的想法，总会让读者在阅读他的作品时保持新鲜感，有想要去阅读的欲望。正如他所说："小说首先应该是一个好故事，一个让人喜欢听下去的好故事。"而他，就是这么一个会讲故事的人，这就扩大了东野圭吾的读者群体的范围。

（四）微博、微信等网络平台的推动

至今"新经典"出版了60多部东野圭吾的作品，这样的畅销现象与"新经典"在自己的微博、微信公众号以及豆瓣等平台上对图书进行宣传介绍是分不开的。"新经典"在微博上策划一系列的图书宣传活动，比如，在《嫌疑人X的献身》的同名电影上映期间，"新经典"在微博上开启了话题互动活动，与读者进行互动，并准备了丰富奖品反馈给读者；利用作者的影响力，策划"东野圭吾读书月"，在微博上开展"厉害了东野圭吾"的话题参与活动，读者可参与话题，获得抽奖机会；在微信公众号以及豆瓣上对《嫌疑人X的献身》以及同系列的图书进行出版宣传，不定时推送文章对小说中的人物和情节进行分析，从而启发读者。

（五）系列图书营销打造品牌特色

《嫌疑人X的献身》是由"新经典"出品的。2005年，"新经典"签下来一批东野圭吾作品版权。2008年，推出了东野圭吾的第一本书，第一本书既不是《白夜行》，也不是《解忧杂货店》，而是《嫌疑人X的献身》。原因是这本书比较薄，字数少，相对定价也低，更容易吸引读者，做起来压力会小一点。同时，也是通过这本书给东野圭吾贴上一个"好看的推理小说"的标签。

"新经典"外国文学总编辑黎遥在接受媒体采访时曾说："一个作家如果单出一本书，是不太容易持续畅销的，需要多部作品互相依托。"所以在《嫌疑人 X 的献身》取得成功之后，"新经典"又相继出版了东野圭吾的其他作品，如《白夜行》《解忧杂货店》等。

后来，"新经典"又将《神探伽利略》《伽利略的苦恼》《圣女的救济》《盛夏方程式》《禁断的魔术》《虚像的丑角》《预知梦》《嫌疑人 X 的献身》归为一种系列——"嫌疑人 X 的献身"系列，这一系列通过破解奇案讲述了一向理智的"神探伽利略"汤川学是如何一步步成长起来的。因为其中涉及的主人公是相同的，所以系列中每一本图书的出版都会带动同系列其他图书销量的增长。

（六）IP 开发促进图书销量

对于许多作家来说，图书 IP 的影视化对于带动图书销量的影响不言而喻。这在东野圭吾身上也有例证。

2012 年 10 月 18 日，由方恩珍导演的、根据同名小说改编的电影在韩国上映；2008 年，由西谷弘导演的、根据同名小说改编的电影在日本上映，并获得第 32 届日本电影学院奖话题奖"最具话题影片"。

由苏有朋执导，光线影业、青春光线、深圳中汇影视文化公司等出品的电影《嫌疑人 X 的献身》于 2017 年 3 月上映。电影曾为图书销量带来大幅增长：同年 4 月该图书线下书店的销量同比增长 421%（3 月同比增速为 211%）。

四、精彩阅读

上午七点三十五分，石神像平常一样走出公寓。虽已进入三月，风还是颇冷，他把下巴埋在围巾里。走上马路前，他先瞥了一眼放自行车的地方。那里停着几辆车，不过没有他在意的绿色自行车。

往南走大约二十米，就见到大马路，是新大桥路。往左，也就是往东，是去往江户川区的方向。往西走，则能到日本桥。日本桥前就是隅田川，河面上的桥就是新大桥。要去上班的地方，就这样一直往南走最近，只要走几百米，就来到清澄庭园公园。公园前的私立高中便是石神上班的地点，他是个老师，教数学。

见信号灯变成红色，石神遂向右转，朝新大桥方向走去。迎面的风掀起他的外套。他将双手插进兜里，微弓着身子前行。

厚重的云层覆盖天空，隅田川倒映下的暗沉苍穹，一片污浊，有小船正朝上游划去。石神边望着这幅景象，边走过新大桥。

过了桥，他顺着阶梯走下，沿着隅田川漫走。全家出游或情侣散步，多半会走前面的清洲桥，所以即便是节假日，也很少有人走新大桥。来到此处，你立刻就会明白原因何在——这里由近及远，是一整排游民的住处，全部以蓝色塑料布覆盖。上方就是高速公路，用来遮风蔽雨倒最理想不过。河对岸却是一间小屋也没有，这大概是因为，对他们来说，挤在一起更方便。

石神毫不在意地走过蓝色小屋。小屋的高度，顶多只及背部，有些甚至仅仅及腰。与其说是屋子，恐怕称为箱子更贴切。不过要是只用来睡觉，也就够了。小屋或箱子附近，不约而同地挂着晾衣架，显示出这里乃是生活空间。

一个男子正倚着堤防边架设的扶手刷牙。他有六十多岁，花白的头发绑在脑后。估计他今天不想工作了，如果打算做些粗活，不会磨蹭到这个时候。他大概也不打算去职业介绍所，就算给他介绍了工作，以他那头从不修剪的长发，也根本不可能参加面试。而且，他这把年纪，替他介绍工作的可能性也几近于零。

另一名男子正在蜗居的棚子旁将大量空罐踩扁。石神之前见识过这光景多次，私下给此男子取了个绰号——"罐男"。"罐男"五十上下，日常用品一应俱全，连自行车都有，想必在搜集罐头盒时方便不少。他的棚子位于"部落"最尾端隐蔽的位置，算是这当中的头等席。石神猜测，"罐男"八成是只老鸟。

整排蓝色塑料布棚子到此为止。再往前走，石神看见一个人坐在长椅上。原本米色的大衣，已变得肮脏不堪，几近灰色。大衣里面是夹克，夹克底下露出白衬衫。石神给这男子取名"技师"，几天前，他看到过"技师"阅读机械杂志。"技师"一直留着短发，胡子也刮过，应该还没放弃重新就业，说不定一会儿要去职业介绍所。不过，他怕是不容易找到工作。要想找到工作，首先得抛开面子。大约十天前，石神第一次看到"技师"时，他还没习惯游民的生活，想和蓝色塑料棚子划清界限，可又不知道该怎么办，正在犹疑。

石神沿着隅田川继续走。清洲桥前，一个老妇正牵着三只狗散步。狗是迷你德国腊肠，分别戴着红、蓝、粉红的项圈。走近后，老妇也注意到了石神，露出微笑，微微欠身施礼。石神回以一礼。

"您早。"石神先打招呼。

"您早，天很冷啊。"

"是。"他皱起眉头。

经过老妇人身旁时，她出声说："慢走，路上小心。"

石神点头说好。

石神见过她拎着便利商店的袋子。袋子里装着三明治，应该是早餐。石神猜测，她一个人独居，住处应该离这儿不远。他还见过她穿着拖鞋——穿拖鞋根本无法开车。估计是丧偶后，在这附近的公寓和三只狗相依为命。住处想必也相当宽敞，才能一口气养三只狗。但也因为这三只狗，她无法搬到别处更小的房子。房屋贷款或许已经还清，但物业费仍是个不小的开销，她不得不节俭。整个冬天，她始终没上美容院，也未染发。

石神在清洲桥前走上台阶。要去学校，必须从这里过桥。但石神却朝学校的反方向走去。

面向马路，有个挂着"弁天亭"招牌的店面，是家小小的便当店。石神推开玻璃门。

——节选自《嫌疑人 X 的献身》第一章

Who
Moved My
Cheese?

谁动了
我的奶酪?

如何应对人生的无常与变化

[美]斯宾塞·约翰逊（Spencer Johason）著
魏平 译

书名：《谁动了我的奶酪?》   作者：[美]斯宾塞·约翰逊   译者：魏平

出版时间：2010年   出版社：中信出版集团

一、作者简介

斯宾塞·约翰逊，出生于美国南达科他州沃特敦，1963年毕业于南加州大学，并获得了心理学学士学位，后获皇家外科医学院医学博士学位。他曾担任跨学科研究所的研究医师，发明了心脏起搏器。约翰逊是世界上最受欢迎的国际畅销书作家之一，是全球知名的思想家、演说家，其代表作品有《谁动了我的奶酪？》《一分钟经理》《给你自己一分钟》《礼物》等。斯宾塞·约翰逊的过人之处在于他能够将复杂的问题给出简单有效的解决方案，擅长用形象活泼的寓言故事，说明深刻的人生哲理，他的书鼓励着万千职场人士的自我成长。斯宾塞·约翰逊出版了多本在全球畅销的图书，其作品累计被翻译为47种语言，总销售量超过5 000万册，英国广播公司、美联社、美国有线电视新闻网等各大主流媒体纷纷对其进行报道，他在读者心目中地位崇高。斯宾塞·约翰逊在2017年于圣地亚哥去世，享年78岁。

二、畅销盛况

《谁动了我的奶酪？》一书于1998年英文版问世，出版后两年内销量达2 000万册，该书占据《纽约时报》畅销书排行榜长达5年之久。《谁动了我的奶酪？》目前仍然是最畅销的商业类心理励志图书之一。该书出版之后，掀起了一阵狂热的模仿之风，先后出现了《我能动谁的奶酪》《我动了你的奶酪》《没人动你的奶酪》《我动了谁的奶酪》《谁也不能动我的奶酪》等各种"奶酪体"，其火爆程度可见一斑。

《谁动了我的奶酪？》一书自出版以来便引起了巨大的反响，

曾被《今日美国》称赞为"寓言之王"，英国《每日电讯报》称该书为"有史以来最成功的商业书籍之一"。1998 年该书曾同时进入《纽约时报》《华尔街日报》《商业周刊》《今日美国》等权威畅销书排行榜榜首。《谁动了我的奶酪？》中文版在 2001 年 9 月由中信出版社正式出版后，便引起了读者的广泛关注，2001 年 11 月该书进入北京新华书店、南京市新华书店、深圳书城、成都人民南路新华书店等国内各大实体书店的畅销榜单，一时间风靡全国。同年，该书被中国版协国际合作出版促进会等单位评为"2001 年度引进版优秀畅销书"。2001 年 12 月中央电视台财经频道邀请张朝阳、柳传志、王石等著名企业家做客《对话》栏目，以《谁动了我的奶酪？》一书为主题，热议"奶酪"寓言。

以下是该书在部分畅销榜中的排行情况：

2002 年 8 月该由中信出版社重印第 22 次（2001 年 9 月为第一次印刷），同年上榜由《中国图书商报》发布的全国十大非文学类畅销榜榜单第 1 名。

2004 年 1 月该书 7 次上榜由《中国图书商报》发布的畅销榜榜单。

2005 年该书被亚马逊网站评为"有史以来最畅销的图书"。

2008 年 11 月该书入选由中国出版集团主办、中国图书商报社等承办的"改革开放 30 年最具影响力的 300 本书"评选活动，一同入选的作品有《飘》《百年孤独》等。

2009 年该书入选中国出版集团等单位评选的"中国最具影响力的 600 本书"，截至 2009 年年底，全球销量突破 2 600 万册。

2018 年在亚马逊中国年度阅读盛典榜单中，该书入选为"40 年 25 部影响力外译作品"。

2020 年《谁动了我的奶酪 2》由中信出版社出版。

三、畅销攻略

（一）出版人对选题的精准把握

编辑工作是整个出版工作的中心环节，而编辑人员在这个环节中充当着重要的角色。编辑人员是图书质量的把关人，常常被人称赞为"人类灵魂的工程师""为他人作嫁衣的无名英雄"，等等。《谁动了我的奶酪？》一书成为风靡全球的畅销书，离不开编辑人员的慧眼识珠。

1982年，斯宾塞·约翰逊曾与肯尼斯·布兰查德合著《一分钟经理》一书，这本书得到了读者的一致好评，该书的成功为后来《谁动了我的奶酪？》一书的出版打下了一定的基础，企鹅书屋的总裁从《一分钟经理》这本书中看到了作者的潜力，以及出于自身对市场的紧密观察，才会对该书的出版有充足的信心。

谈到这本书在中国市场上的成功，不得不提到当时中信出版社的社长王斌。这本书的版权被中信出版社引进之前，并非一帆风顺，该书曾遭到10多家出版社的拒绝，因为就薄薄的一本"故事书"来说，出版商没有太大的把握能够成功地将它推向市场，而王斌在了解到该书自1998年英文版问世后，两年就达到了2 000万的销量，考虑其在国外所打下的良好基础，以及国内出版市场的变化，凭借自己独特的洞察力和职业人的书感，坚定地引进了该书的版权。后来，该书也成为中信出版社第一本"商业畅销书"，有了这本书的成功经验，此后出版社相继出版了《杰克·韦尔奇自传》《从0到1》《乔布斯传》等商业畅销书，中信出版社也从默默无闻的小出版社逐渐走向业内知名出版社的队伍。

（二）内容新颖别致，打造图书文化品牌

1. 写作风格独特，用"小故事讲大道理"

《谁动了我的奶酪？》一书不同于以往商业类心理励志图书留给读者的刻板形象，该书避免了高深晦涩的经济学原理，用一个精彩的寓言故事，为正在迷茫的人提供了问题的解决方案，"奶酪""两只小老鼠""哼哼""唧唧"这些故事形象都有极强的象征意义，作者巧妙地将这些形象符号化，而这些形象特征的典型性也成为人们口口相传的基础。《谁动了我的奶酪？》一书的写作特点在于懂得充分调动读者的情绪，引领读者进行思考。在故事写作上，作者通过增加趣味性，使读者拥有较好的阅读体验，故事的形象鲜明，说服力强，打破了传统商业类心理励志图书的创作模式，将现实和故事巧妙融合。这本书挖掘了读者进行自我帮助的潜能，书中并没有具体的办法，但是它给众多的读者提供了一个解决思路，引导读者用积极的态度去应对变化。

普特南森出版公司总裁伊万赫尔德曾说"斯宾塞·约翰逊建立了一个寓言，帮助人们以一种非常容易接近的方式应对变化"。《谁动了我的奶酪？》一书的很多读者都称这本书挽救了他们的职业、健康、婚姻等，读者往往更加偏爱阅读对他们能够产生积极作用的书，而《谁动了我的奶酪？》这本书正传递了一种积极向上的精神，鼓励人们寻找方法改变自我，这本书所传达的力量也是其畅销的原因之一。该书用寓言故事的形式启发读者，看似内容简单，但是将读者从恐惧和焦虑不安的状态中解放出来，并且向人们展示了应对困境所应当持有的态度，为我们的工作和生活提供了一种选择。畅销书的影响不仅仅体现在它带来的销量，一定程度上也体现了出版业的市场走向，代表了一定时期的文化潮流。《谁动了我的奶酪？》一书成功

地塑造了出版品牌，"奶酪"一词也迅速成为流行语言，成功地引发了一种社会现象。

2. 语言通俗易懂，引发读者情感共鸣

《谁动了我的奶酪？》一书在全球创造了销售奇迹，但针对该书仍然存在不少质疑的声音，有人不理解为何内容如此简单的作品会受到这么多人的追捧，甚至有人批评这本书的内容小孩子都能看得懂，内容过于简单。其实不然，这些特点恰恰是该书成功的原因之一。一本书的内容如果是想要被读者广泛接受，那么它必须得先让读者理解其中的意义。《谁动了我的奶酪？》一书用比喻的手法使故事轻松愉快，文中设定了两个小老鼠和两个小矮人的虚拟角色，讲述其在迷宫内寻找奶酪的故事。故事中的四个虚拟角色分别从不同的角度映射着人性，不论你身在何方，身体里流淌着何种血液，我们都能从故事当中发现自己的影子。

作者斯宾塞·约翰逊是心理学专业出身，深谙读者心理，能够以最佳的方式向读者呈现自己的作品，他曾说"做任何事，大家都不喜欢吃苦"，以简单的寓言故事进行创作，符合了大众的心理特征，让读者阅读起来更为舒适，事实证明这种办法简单可行。斯宾塞·约翰逊曾对《今日美国》说，"大部分作者都写他们想写的书，如果你写下人们想看的书，那么将更加明智"，斯宾塞·约翰逊站在读者的立场进行作品的创作，他的视角充满了人性化，为该书的畅销打下了基础。故事灵动、内容通俗简单，为读者营造了轻松的阅读氛围。文章篇幅短小精悍，读者花一下午时间就能将该书读完，在内容上没有阅读压力。《金融时报》曾对该书进行过这样的评价："这本书平庸得让人吃惊"，易于阅读让这本书以最快的速度在人群中流行。

3. 突破时间和地域的限制，寓言故事具有普适性

该书的阅读，没有特定的年代限制，在今天拿起这本书也是同样可读的，这本书没有严格的地域限制，适用于世界各地有同样需求的读者，文本简单，没有翻译上的障碍。由于"奶酪"是一种隐喻，读者可以把它比作任何事物，一千个读者心中有一千个"奶酪"的定义，每个人对"奶酪"都有自己不同的理解。这本书的版权在引进国内之后，中信出版社在 2009 年出版了青少年版本，该书出版后在青少年市场也取得了良好的销售成绩。从阅读上看，该书没有严格的年龄段限制，内容浅显，没有阅读障碍。在教育、医疗、金融等行业内工作的职场人士都能将该书应用于自己的生活，适用范围广，使该书具备成为超级畅销书的潜力。

（三）主题契合时代发展潮流，市场定位精准明确

1. 与时代发展的步调一致

《谁动了我的奶酪？》一书自 2001 年由中信出版社引进以来，在国内各行各业引起了不小的轰动。这本书的畅销离不开当时中国社会发展的大背景，21 世纪人们解决了温饱问题，读者的视野相对开阔，对不同种类图书的接受程度也有所提高。当时的中国正处于一个变化的时代，中国经济开始腾飞，改革开放进一步深化，随着经济全球化的兴起，新鲜事物不断涌向公众，新事物取代旧事物，大众的生活也出现了翻天覆地的变化，人们渴望在面对职场生活中的机遇和挑战时有相应的精神指导，这时一本契合社会发展的书籍横空出世，正适应了读者的需求，随即该书火遍了大江南北，这无疑证明，中信出版社对于《谁动了我的奶酪？》一书的版权引进是明智之举。

2. 职场人士的案头书

该书的主要投放市场和销售对象定位为企业员工，《谁动了我的奶酪？》一书较好地结合了心理励志和商业管理类图书的理论特点，成为企业培训员工的必备书，甚至成为商业巨头们对企业进行管理的指导手册。《谁动了我的奶酪？》一书中讲述了两个小矮人"哼哼""唧唧"和两个小老鼠"嗅嗅""匆匆"在迷宫中寻找奶酪的故事，这四个"角色"在书中的性格迥异，分别代表了人们在应对变化和困难时的不同态度，这本书挖掘了读者自我解决问题的能力。20世纪90年代末，中国进行了3年国有企业改革，改革中的一项措施是把减员增效作为企业的突破口，将千万余人推向了社会，大批的下岗失业人员需要扭转多年来形成的固有思维模式，人们对新环境下的挑战一时间显得手足无措，迫切需要战胜自我，为了适应新的环境下行业的变动，人们需要一本能够指导自己如何面对机遇和挑战的书籍，《谁动了我的奶酪？》一书在这时就充当了答疑解惑的角色，深受人们的推崇。许多公司在解雇员工时，将它作为一本自助类的心理辅导发放给员工。在变革的年代中，这本书缓解了人们的焦虑，消除了环境的突变给人们带来的手足无措感。

（四）全方位地营销手段

1. 主流媒体的宣传扩大了该书的影响力

主流媒体掌握着话语权，有着"广而告之"的作用，把握关键的宣传时期对图书的销售能起到事半功倍的效果。该书自英文版面世后便得到了广泛的关注，并在同一时间跃居《纽约时报》《华尔街日报》《商业周刊》最畅销图书排行榜第一名。各大主流媒体等对该书进行充分的评价，引起了读者的大范围围观。该书除了得到主流媒体的青睐之外，曾经还被当作话题搬上了中国电视的荧幕，这使得该书的知名度进一步提高，央视《对话》栏目曾邀请联想集团的柳传志、万科集团的王石、吉利控股集团的李书福、四通集团的段永基、诺基亚公司的刘持金、北京恒基伟业电子产品有限公司的张征宇、搜狐的张朝阳、三通企业有限公司的艾欣、联合运通控股有限公司的张树新和美林的刘二飞等人为该书进行宣传。这些中国的企业家们对《谁动了我的奶酪？》一书进行了激烈的讨论。在互联网普及之前，传统媒体是人们接收信息的主要来源，电视媒体吸引着许多观众的注意力，而央视栏目在众多电视节目中又具有极强的权威性。媒体的造势，使该书广泛流传于读者之间，形成联动效应，持续不减的热度引发了读者的购买潮流，"奶酪"一度成为一种热门的文化现象。

2. 知名企业家的推荐，形成"口碑营销"

宝洁、通用电气、柯达、惠普等公司的高层人员对该书进行了热烈的推荐，著名的NBC电视主持人对此书给予了极高的评价，他称"这本书改变了我的人生。它拯救了我的工作，并引领我到了另一个领域，取得了我梦寐以求的成功"，引导读者逐渐对该书态度的建立，这些企业家在当时充当了"精英""成功人士"的社会角色，所发表的言论具有极强的号召力，该书成功地利用了口碑进行营销。斯宾塞·约翰逊本人也曾说过，"我的书都是靠口耳相传成为畅销书的"。因此，"口耳相传"成为该书畅销的重要原因之一。

3. 全程实行项目负责制，制订全面的营销计划

中信出版社把这本书当作一个项目来进行，详细制定项目运作步骤，确立明确的销售指导思想，以项目的策划到实施的全过程作为工作重心，以项目完成的实际情况为考核内容，并根据完成情况来进行奖罚，这种做法激励了工作人员的活力，有利于对整本书的

出版进度进行监控。中信出版社在出版该书时进行了充分的市场分析，按照市场容量将该书定位为 5 星级的市场期望值，进行重点推出。在销售渠道的建设上，该书进行销售的主要目标是在全国的新华书店和民营书店进行充足的铺货，并寻找目标企业促使其进行集体团购。中信出版社用严谨的态度和科学的方法进行图书营销，取得了优异的成绩。《谁动了我的奶酪？》一书在初次出版时占据了书店和书摊的最佳位置，为读者打开了更为便利的购买渠道。

（五）恰到好处的设计

1. 封面设计简洁有力，直面市场

该书的封面宣传文案采用最直白的语言，直击读者内心。封皮采用亮黄色，引人注目。书名采用疑问句式，短小精悍、朗朗上口，能够充分地引起读者的注意，满足了读者的猎奇心理，让人有想要进一步阅读并对问题一探究竟的阅读欲望。中文版书名采用直译的方法，"奶酪"对中国人来说是一种较为新鲜的事物，日常生活中，中国人没有吃奶酪的习惯，因此，"奶酪"一词给读者带来了一定的新鲜感。封面上的宣传语直接有力："连续 78 周蝉联亚马逊书店畅销榜首""连续 128 周雄踞中国各大媒体畅销书排行榜"，并放置社会名人对该书的推荐语以及在畅销榜中取得的成绩，给读者的第一感觉是该书已经得到了大众广泛认可，是经历过时间检验的一本书，这让读者在还未阅读该书之前，就对该书的内容质量产生信服感，可以说，封面设计将图书的卖点体现得淋漓尽致。

2. 排版设计轻快灵活，图文并茂

这本书的内容并不多，结合本书的内容特点，出版社将该书设计的关键点锁定在"短""小""精"。文本的设置具有"字大行疏"

的特点，使版面更为疏朗。中信出版社选用硬纸板作为图书封面，采用胶版纸做护封，精装的方式为图书增值，使读者在阅读的同时能够感到物有所值。在开本的选择上该书使用 32 开，便于读者携带，版心较小，天头和地脚留出较大的空间，为读者营造轻松的阅读环境，同时，方便读者进行批注，全书采用全彩印四色印刷，图文结合，在图书中加入漫画元素，使图书色彩更加鲜活明亮，保证了图书的美观和可阅读性。这也使得该书除去基本的阅读功能之外，还给人一种舒心、轻快的美感，全彩印的内文插图也提升了读者的阅读体验。

四、精彩阅读

　　第二天，辗转反侧了一夜的哼哼和唧唧早早离开家，再次来到奶酪 C 站。他们多么希望昨天走错了地方，希望昨天只是一场误会，他们仍然希望在这里找到自己的奶酪。

但是，这里仍然和昨天一样，还是没有奶酪，空空如也。小矮人手足无措地站在那里，就像两尊雕像一样。

唧唧紧闭着双眼，用手捂着耳朵，他还是什么都不想看，什么都不想听。他不想知道奶酪是一天天减少的，而是愿意相信它们是一下子消失的。

哼哼一遍又一遍地分析局势，最终他那充满信念的复杂大脑占了上风。"他们为什么这样对待我？"他有些愤怒，"这里究竟发生了什么事情？"

最后，唧唧终于睁开眼睛，环顾四周，说道："对了，嗅嗅和匆匆呢？他们是不是知道一些内幕？"

哼哼不屑一顾地反问："他们能知道些什么？"

哼哼接着说："他们只是小老鼠，只会被动地作出反应。而我们是小矮人，比他们聪明几百倍。我们应该能够把这件事情搞清楚。"

"我知道我们比他们聪明,"唧唧回答道,"但是我们现在的反应似乎并不怎么明智。哼哼,这里的情况已经变了,也许我们也需要改变。"

"我们为什么要改变?"哼哼质问他,"我们可是小矮人,我们是与众不同的。这种事情不应该发生在我们身上。如果真的发生这种事情,我们至少应该从中得到一些好处。"

"我们为什么应该得到好处?"唧唧问他。

"因为这是我们的权利!"哼哼大声吼道。

"什么权利?"唧唧还是不明白。

"得到奶酪的权利!"

"为什么?"唧唧接着问道。

"因为,这个问题不是我们造成的,"哼哼说,"这是其他人造成的,因此我们应该得到补偿。"

唧唧建议道:"我们不如停止绕来绕去的分析,直接去寻找新的奶酪?"

"哦,不,"哼哼反对道,"我一定要坚持到底。"

就在哼哼和唧唧还在商量怎么办的时候,嗅嗅和匆匆已经跑了很多的路。他们进入了迷宫的更深处,尝试了一条又一条的走廊,在找得到的每一个奶酪站中寻找奶酪。

除了倾尽全力寻找新的奶酪,他们什么都不想。

很长一段时间里,他们什么都没有找到,直到有一天他们走进了迷宫的另一个新区,发现了奶酪 N 站。

他们高兴地欢呼起来,因为他们找到了自己梦寐以求的东西:一大堆新鲜的奶酪。

他们简直不敢相信自己的眼睛,因为他们从来没有见过如此多的奶酪。

——节选自《谁动了我的奶酪？》第 58~62 页

钱锺书 著

围城

书名：《围城》　　　　作者：钱锺书
出版时间：1991 年　　　出版社：人民文学出版社

一、作者简介

钱锺书（1910—1998），原名仰先，字哲良，号槐聚，曾用笔名中书君，江苏无锡人，中国现代著名作家、文学研究家。他曾担任中国社会科学院副院长、清华大学教授。他的主要作品有《谈艺录》《写在人生边上》《围城》《人·兽·鬼》等。

钱锺书学贯中西的学术成就，与他青少年时期形成的知识结构有关，其基础来源由学校教育、家学和自学三方面组成。他接受的学校教育以西学为主。钱锺书少年时期就读的主要是教会学校。教会学校极为严格的教学为他打下了坚实的外文基础。家学以国学为主，钱锺书由此扎稳了极为坚实的古文根底。

二、畅销盛况

最新开卷数据显示，《围城》在 2018 年虚构类畅销书榜中排名第 10 位，在 2019 年 3 月份畅销书排行榜中排名第 9。据开卷统计，《围城》已有 31 次进入畅销书榜 TOP30。当当网上对于 2017 年版本的《围城》累计共有 12 万评论。

其实，《围城》从 1946 年在《文艺复兴》一卷二期上开始连载时，就在读者中间掀起了很大波浪，读者十分关心这部小说。

从 1947 年初版到现在 70 多年，横贯长销畅销小说之首，是中国现代文学史上一部风格独特的讽刺小说，被誉为"新儒林外史"，堪称中国现当代长篇小说的经典。本书被《亚洲周刊》选为 20 世纪 100 部最佳小说之一，并且还是 20 世纪中国 10 大影响最大的小说之一。

1980 年，《围城》由人民文学出版社正式出版，首印 13 万册。

人民文学出版社总编室的数据显示，1980—1989 年，《围城》共印刷 6 次，每次加印约在 5 万册。1990 年年底印刷一次，近 7 万册。1991 年一年之内，《围城》加印了 6 次，印数近 40 万册。此后，每年印数保持在 10 余万册至 20 余万册。进入 21 世纪以后，《围城》也大致保持了这个印数，偶尔超过 30 万册。至今总印数超过 1 000 万册，每年发行量过百万册。2017 年，人民文学出版社推出《围城》电子书，阅读量达百万人次。同时，掌阅提供《围城》第一章的试读，目前试读和购买的阅读量达到 90 多万人次。2018 年，在钱锺书先生逝世 20 周年之际，人民文学出版社在喜马拉雅平台特别推出《围城》有声音频版，截至 2019 年 4 月，播放次数已达 162 万次。

除了各种单行本外，《围城》还被收入中学生课外文学名著必读丛书、百年百种优秀中国文学丛书、"大学生必读"丛书、中国现代长篇小说藏本，以及中国文库、教育部统编《语文》推荐阅读丛书等，同时还出版了《围城》英汉对照版。

值得一提的是，20 世纪 60 年代以后，《围城》被译为英文版、法文版、德文版、日文版、俄文版，在世界各地广泛流传。

三、畅销攻略

（一）内容优质

人民文学出版社在 1991 年出版的第 2 版《围城》，无论是在成书结构还是文字凝练上都比较成熟，为后来陆续出版的书奠定了基础。

《围城》中的人物塑造、时代主题、小说构思、描写技巧、语言艺术等都成为学术界长期讨论的话题。

1. 人物形象塑造丰满，寓意深刻

钱锺书先生的《围城》中塑造了大量鲜活、生动的人物形象，作者用细腻的笔法，将这些人物的心理活动，通过行动与对白形象地展现在大家面前。《围城》刻画了一系列年轻、有身份、有知识的人，但在现实生活中，却还是无法逃脱被摆布、被压榨的命运。刻画的男性形象主要有淡薄不居的方鸿渐、灵魂独有的赵辛楣；女性形象有世故老练的鲍小姐、虚荣刻薄的苏文纨、天真执拗的唐晓芙、工于心计的孙柔嘉等，作者通过对他们追求爱情的过程及结局的描写，揭示了当时中国知识分子的生存状态。特别是本书中刻画的女性形象，在后来被很多学者反复研究。

2. 故事发展脉络清晰，结构明了

《围城》的故事是按照顺时推进的，即随着时间的推移铺陈事件，这样的好处是使情节发展清晰明了。故事整体上分为 3 个阶段，分别是方鸿渐回国前后、去三闾大学和结婚，这 3 部分的发展具有合理的前后因果关系，衔接自然。感情作为主要线索，但是在 3 个部分中有不同形式的体现。第 1 部分的感情发展是按部就班，第 2 部分则根据情节需要出现转折，第 3 部分的情感状态则在前面埋好了伏笔。这样的结构安排，读来顺理成章，却也不至于乏味。

3. 主题意蕴多重，文学价值丰富

《围城》作为一部经典名作，有着极其丰富的文学内涵，其中隐藏着的多重主题意蕴，被广大文学爱好者反复深究。在受社会环境约束的时代，钱锺书渴望突破"围城"的"束缚"，去寻求无限广阔的世界。《围城》体现出钱锺书因太平洋战争受困于上海，渴望挣脱束缚，向往自由神话般的愿望，也描述了当时中国处于困境，受到封建制度禁锢的社会群众思想落后无知，受外来列强侵略的社会状态。小说是生活客观的反映，影射当时社会背景下中国多数知识分子受到"内忧外患"、不能掌控自己命运的无奈。

4.语言幽默讽刺，修辞灵活多样

在这部小说中，运用大量修辞手法，其中比喻的数量是最多的，而且比喻的形式也是多种多样，不仅有明喻、暗喻、借喻，还有反喻、典喻……这个书名就是一个比喻，它将婚姻比喻成一座被围困的城堡。在这座围困的城堡中，城外的人一直想要冲进来，而城里的人却一直想逃出去。《围城》这部作品有上百处采用了比喻修辞手法，可以说作者对比喻这一手法的运用新颖别致、恰到好处，在幽默的比喻背后映射出作者尖酸刻薄的讽刺，可谓是语言幽默，内涵却刻骨铭心。除了比喻的修辞手法以外，夸张手法被运用的极多。比如，书中有一段也是对方鸿渐的描写："方鸿渐以为是聘书，心跳得要冲出胸膛，里面只是一张信笺，一个红纸袋"。这段描写就十分夸张地描绘出方鸿渐此时内心的激动和迫切程度。钱锺书先生凭借其独特的讽刺而又幽默的文字，用在喜剧中展现悲剧性体验的文学方式解析了知识分子所特有的个性，创作出了一卷生动而逼真的画卷。

（二）设计简单，风格自成一派

1.设计简单明了，风格不断沿袭

下面是人民文学出版社出版的《围城》各版本，所统计的数据也许不够全面，仅供参考。

出版年份	封面	装订方式	定价（元）
1985 年		平装	1.70
1991 年		平装	3.55
1991 年		平装	19.00
1991 年		藏本	20.00

出版年份	封面	装订方式	定价（元）
1991 年		精装	39.00
1991 年		平装 （语文新课标必读丛书）	20.00
1991 年		平装	18.00
2000 年		平装	16.00

出版年份	封面	装订方式	定价（元）
2001 年		平装 （中学生课外文学名著必读）	15.20
2003 年 1 月		平装	16.80
2003 年		软精装	26.00
2013 年		平装	28.00

出版年份	封面	装订方式	定价（元）
2017 年		平装	36.00

　　从上表中可以看出，除了藏本和中学生读本以外，《围城》的设计风格基本一致。书的封面十分尊重钱锺书先生的设计需求。1980年人民文学出版社联系钱锺书先生出版本书，在设计封面时，江秉祥带着美术编辑室画的两个封面样到钱先生处商量。钱锺书先生嫌美编设计的封面太过花哨，他希望封面尽量简洁。于是，便有了封面上只有一条竖线的简单设计。

　　1991 年第 2 版的封面在保留了第 1 版设计的基础上略作变动。封面为青苔暗绿色，从书脊处向封面和封底延伸出压痕，像古老且厚重的墙壁。书名和作者名字位于封面的右上角，字体呈暗银色，条形码位于封底处与书名对称的位置，整个封面设计呈现严肃、拘谨的状态；内封纸张是饱和度很低的绿色，文字均采用与封面同色系的绿色，值得一提的是，内封处的"围城"二字为杨绛先生的题字，这样别出心裁的小设计在增加了本书情感意义的同时，也与正文附录中杨绛先生写的《记钱锺书与〈围城〉》相呼应。

　　直到今天，《围城》的设计大体沿袭这一风格，只在细节上稍作变动。

2.平装充分考虑题材与市场

人民文学出版社出版的《围城》基本都是平装版，只有 1991 年设计过精装版本和少数藏本，且在后来几年未有变动。

本书选用平装的装订方式，充分考虑了长篇小说的篇幅长、容量大的特点；32 开本更方便携带；软皮封面有勒口，可减少内封磨损。这样的设计不仅为读者减轻了重量负担，也为出版社节省了成本。

（三）历史积淀，与时俱进

1.历史积淀，造就《围城》

关于《围城》的各修改版本明显集中在两个时间段：一是从作品初次发表至 1949 年，一是 80 年代及之后的时期。前者主要是从初刊本到初版本的变化及初版本之后的两次重印，后者主要是人民文学出版社出版的定本及之后的 3 次重印。

《围城》从初刊到初版，再到后来不断被重印，每一次都能掀起读者对本书的关注。长久以来，"围城"这两个字就已经成为书的卖点。"围城"代表了历史、代表了中国某一特殊时期的知识分子，也代表着一种婚姻观。因此，几十年的每一次销售都为后天的《围城》打下了坚实的基础。

2.更新内容，与时俱进

钱锺书先生在《围城》序文中曾说："悬拟这本书该怎样写，而才力不副，写出来并不符合理想。"在《〈围城〉重印前记》中也说："我写完《围城》，就对它不很满意。仅对《围城》汇校本中呈现的修改情况进行统计，就发现了 3 000 余处的修改。这些修改涉及字、词、句、段落、标点等多个方面，其中多表现在对字词的更改、删除和对某些句子的删除上。"对于《围城》的修改，作者主要集中在语言方面，涉及字、词、句以及篇章、标点等。钱先生的语言一向精妙，因此其语言修改也只是些小修小补，包括修改错别字，在字词句上加以润色等，使语言更生动准确。例如将"著"改为"着"，"末"改为"么"，将状语后的"的"改为"地"等都是为了符合语言规范所作的修改。

经过研究对比发现，《围城》并没有情节、人物性格命运等大方面的改动。但是随着作者年龄、经历以及时代的不断变化，每一个新的修改本的出版都可以说是对小说的一次再创作。因此，钱锺书先生对《围城》的修改也为本书的持续畅销注入了新鲜血液。

（四）名家推崇，锦上添花

《围城》一书从初刊以来就一直受到很多名家的推荐。在《围城》最开始于《文艺复兴》一卷二期上开始连载时，在该期"编余"中李健吾先生就写道："钱锺书先生学贯中西，载誉士林，他第一次从事于长篇小说制作，我们欣喜首先能以向读者介绍。"这简短几句话是对《围城》最早的评介文字。

《围城》一书已经因为夏志清的推崇具有了很高的国际声誉。在1961年由耶鲁大学出版社出版的《近代中国小说史》中，夏志清认为，"《围城》是中国近代文学中最有趣和最用心经营的小说，可能亦是最伟大的一部。"正是夏志清的推崇，才有了1979年由美国学者杰妮·凯利和茅国权翻译的英译本（印第安纳大学出版社出版），并被美国图书协会评选为1980—1981年的卓越学术著作。苏联汉学家索洛金翻译的俄译本也于1980年5月由苏联莫斯科文学出版社出版。

另外值得一提的是杨绛先生对本书出版作出的贡献。在附录中有杨绛先生写的《记钱锺书与〈围城〉》，她写的附录不仅是《围城》的注释或解读，更是《围城》重要的组成部分。《围城》中最经典的一句话就是：城里的人想出去，城外的人想进来，婚姻、爱情莫不如此。这句话成为后来《围城》出版的最佳宣传语。但是，这句话却并非出自钱锺书先生，而是《围城》出版的时候杨绛先生加上去的。

（五）形式开发多样

1987 年，《围城》由南京人民广播电台文艺部录成 30 多段的长篇小说联播，由中央实验话剧院演员张家声演播。

1990 年，由编剧孙雄飞、屠传德，著名导演黄蜀芹执导的 10 集电视剧《围城》由中央电视台向全国播出。电视剧的播出又极大地刺激了读者阅读原著的热忱，将《围城》的热度又推到一个新的高度。电视剧的热播使第 2 版《围城》应运而生。1991 年，人民文学出版社推出了平装、精装、藏本以及中学生课外读本等各种形式的《围城》，这也为《围城》成为时代的畅销书打下了坚实基础。

人民文学出版社一直非常重视对经典作品的多形式开发。2017 年，人民文学出版社与掌阅合作推出了《围城》电子书，阅读量达到百万人次。

2018 年，为纪念钱锺书先生逝世 20 周年，《围城》有声音频版正式推出。《围城》有声作品在人民文学出版社官方微信公众号、"人文读书声"店铺进行首发，同时，北京人民广播电台文艺台 FM87.6《小说连播》栏目也随后播出，各大互联网听书渠道陆续上线。

四、精彩阅读

这几天来，方鸿渐白天昏昏想睡，晚上倒又清醒。早晨方醒，听见窗外树上鸟叫，无理由地高兴，无目的地期待，心似乎减轻重量，直长升上去。可是这欢喜是空的，像小孩子放的气球，上去不到几尺，便爆裂归于乌有，只留下忽忽若失的无名怅惘。他坐立不安地要活动，却颓唐使不出劲来，好比杨花在春风里飘荡，而身轻无力，终飞不远。他自觉这种惺忪迷忽的心绪，完全像填词里所写幽闺伤春的情境。现在女人都不屑伤春了，自己枉为男人，还脱不了此等刻板情感，岂不可笑！譬如鲍小姐那类女人，绝没工夫伤春，但是苏小姐呢？她就难说了；她像是多愁善感的古美人模型。船上一别，不知她近来怎样。自己答应过去看她，何妨去一次呢？明知也许从此多事，可是实在生活太无聊，现成的女朋友太缺乏了！好比睡不着的人，顾不得安眠药片的害处，先要图眼前的舒服。

——选自《围城》第 44 页

天色渐昏，大雨欲来，车夫加劲赶路，说天要变了。天仿佛听见了这句话，半空里轰隆隆一声回答，像天宫的地板上滚着几十面铜鼓。从早晨起，空气闷塞得像障碍着呼吸，忽然这时候天不知哪里漏了个洞，天外的爽气阵阵冲进来，半黄落的草木也自昏沉里一时清醒，普遍地微微叹息，瑟瑟颤动，大地像蒸笼揭去了盖。雨跟着来了，清凉畅快，不比上午的雨只仿佛天空郁热出来的汗。雨愈下愈大，宛如水点要抢着下地，等不及排行分，我

挤了你，你拼上我，合成整块的冷水，没头没脑浇下来。车夫们
跑几步把淋湿的衣襟拖脸上的水，跑路所生的热度抵不过雨力，
彼此打寒噤说，等会儿要好好喝点烧酒，又请乘客抬身子好从车
卒下拿衣服出来穿。坐车的缩作一团，只恨手边没衣服可添，李
先生又向孙小姐借伞。这雨浓染着夜，水里带了昏黑下来，天色
也陪着一刻暗似一刻。一行人众像在一个机械画所用的墨水瓶里
赶路。夜黑得太周密了，真是伸手不见五指！在这种夜里，鬼都
得要碰鼻子拐弯，猫会自恨它的一嘴好胡子当不了昆虫的触须。
车夫全有火柴，可是只有两辆车有灯。密雨里点灯大非易事，火
柴都湿了，连划几根只引得心里的火直冒。此时此刻的荒野宛如
燧人氏未生以前的世界——

——选自《围城》第 141 页

本书荣获： 意大利格林扎纳·卡佛文学奖
Premio Grinzane Cavour 1998

活 着

余华作品

作家出版社

书名：《活着》　　　　作者：余华
出版时间：2012 年　　　出版社：作家出版社

一、作者简介

余华，1960年生于浙江杭州，3岁时随父母迁至海盐，在海盐读完小学和中学，曾经从事过5年的牙医工作。余华1983年开始写作，被认为是新时期先锋文学的开创者之一，代表作品有小说《活着》《许三观卖血记》《在细雨中呼喊》《兄弟》《第七天》等，其作品被翻译成40多种语言，在美国、英国、法国、德国、意大利、日本、韩国、泰国等40多个国家和地区出版。曾获国内外多种文学奖，如意大利格林扎纳·卡佛文学奖（1998年）、法国文学和艺术骑士勋章（2004年）、中华图书特殊贡献奖（2005年）、法国国际信使外国小说奖（2008年）、意大利朱塞佩·阿切尔比国际文学奖（2014年）等。

二、畅销盛况

1992年，余华的中篇小说《活着》在《收获》第6期杂志上发表。1994年，著名导演张艺谋邀请余华担纲编剧将小说《活着》改编为同名电影，这部原本7万字的中篇小说被扩编成长篇，才有了现在读者们所推崇的版本。

上海文艺出版社出版的《活着》在2006年度开卷虚构类畅销书排行榜上位列第8名[①]。从2004年1月到2007年12月，该版本印刷次数达到22次，印数共计56万余册。

2008年5月，余华将包括《活着》在内的13种作品授权作家出版社出版。截至2018年的10年时间里，余华作品系列图书累计销售总量已达866.8万册，其中代表作《活着》的销售量更是达到了惊

---

① 百度百科.上海文艺出版集团. https://baike.baidu.com/item/ 上海文艺出版集团 / 6527156?fr=aladdin.

人的 586.9 万册，创造了当代纯文学作品销售的奇迹。作者余华也因此荣获了作家出版社颁发的"超级畅销纪念奖"。

2018 年开卷虚构类畅销书排行榜，有两家出版社不同版本的《活着》双双登榜。其中，由作家出版社推出的版本，从 2018 年 3 月至 12 月连续 10 个月在开卷虚构类畅销书排行榜上雄踞第一位，并顺理成章地登顶年度虚构类畅销排行榜榜首。另一个由北京十月文艺出版社推出的《活着》精装版，从 2018 年 3 月开卷虚构类畅销书排行榜的第 26 名一跃上升到 2018 年 4 月榜单的第 8 位，排名上升了 18 个名次，成为当期虚构类畅销榜单上升最大的图书。

余华的《活着》不仅畅销国内市场，还被广泛译介，行销德国、法国、意大利、韩国、日本、美国等多个国家并深受好评，为践行"中国文化走出去战略"做出了突出的贡献。

例如，1992 年德国 Klett-Cotta 出版公司出版德语版。这是《活着》最早的外文译本，1998 年德国的《柏林日报》对这部小说给予高度评价："这本书不仅写得十分成功和感人，而且是一部伟大的书。"[1]

1995 年韩国的文化部门将电影《活着》引入韩国，更名为《人生》，在韩国放映引起了很大的轰动。小说《活着》的销量在韩国也随之暴涨。[2]

2003 年 8 月，《活着》的英文译本 ToLive 由兰登书屋首次出版发行，并久居美国图书排行榜榜单前列。[3]2003 年 11 月美国《时代》周刊曾发表评论道："中国过去 60 年所发生的一切灾难，都一一发生在福贵和他的家庭身上。接踵而至的打击或许令读者无从同情，但余华至真至诚的笔墨，已将福贵塑造成了一个存在的英雄。当这

---

① 百度百科.上海文艺出版集团.https://baike.baidu.com/item/上海文艺出版集团/6527156?fr=aladdin.
② 王圭平.余华小说的域外传播与中国形象的建构 [J].扬子江文学评论，2018（4）：17.
③ 邓亚平.余华《活着》外译史研究 [J].海外英语，2016（9）：156.

部沉重的小说结束时，活着的意志，是福贵身上唯一不能被剥夺走的东西。"美国《华盛顿邮报》（2003年11月2日）在评论中将《活着》赞誉为"不失朴素粗粝的史诗"。

三、畅销攻略

（一）作品写作

1. 内容聚焦生与死、善与恶的人类社会两个永恒主题

"生存还是毁灭，这是一个问题。"正如威廉·莎士比亚在悲剧《哈姆雷特》中所感叹的那样，生与死、善与恶是人类社会关注的两个永恒的主题。对于这两个永恒主题，不论从文学、戏剧，还是艺术、历史等方面，人类从未停止过探析的脚步。

同样，余华的《活着》通过主人公福贵的一生对生与死、善与恶进行了深刻的探讨。余华在《活着》的中文版自序中讲述道：他听了一首美国民歌《老黑奴》，歌中那位老黑奴经历了一生的苦难，家人都先他而去，而他依然友好地对待这个世界，没有一句抱怨的话。余华被这首歌和老黑奴的经历所深深打动后，才决定写下小说《活着》。

不论是民歌里的老黑奴、戏剧中的哈姆雷特、小说中的福贵，还是生活在当下的我们，虽然生活在不同的国家和时代，属于不同的民族和不同的文化，有着不同的肤色，但我们都面临着共同问题——生与死、善与恶。然而，与其他探讨生与死、善与恶的作品不同的是：一方面，余华没有将这生与死描写得悲壮和沉闷，而是以一种冷静、坦然又略显诙谐的笔触娓娓道出福贵历经父母、儿子有庆、女儿凤霞、女婿二喜、妻子家珍、孙子苦根生死离别的那份无奈与忍受。

就像余华在《活着》韩文版自序中所写到的："作为一个词语，'活着'在我们中国的语言里充满了力量，它的力量不是来自于喊叫，也不是来自于进攻，而是忍受、去忍受生命赋予我们的责任，去忍受现实给予我们的幸福和苦难、无聊和平庸。"

余华看待生死的这种冷静、坦然的态度，似乎更多地受到其原生家庭的影响。余华的父母都是医生，在回忆童年经历时他谈到：那时候，我一放学就是去医院，在医院的各个角落游来荡去，对从手术室里提出来的一桶一桶血肉模糊的东西已经习以为常了。我父亲当时给我最深刻的印象，就是他从手术室里出来时的模样，他的胸前是斑斑的血迹，口罩挂在耳朵上，边走过来边脱下沾满鲜血的手术手套。① 那时的余华就"不怕看到死人"，甚至做出异于常人的举动——因疲惫而躺在医院太平间与尸体一同午睡。② 或许正是儿时的"非常"经历，使后来的余华才能以诙谐的语言来探讨生与死。

另一方面，余华并没有把"善"与"恶"简单地置于非黑即白的对立面上，而是对"善"和"恶"一视同仁，用同情的目光去看待现实世界。在《活着》的开头部分，主人公福贵整日里游手好闲、吃喝嫖赌无恶不作，是在任何社会道德体系下都会被归为"恶人"的形象。但是，在输光祖辈留下的家产之后，福贵由"身着白色的丝绸衣衫、头发抹得光滑透亮的有钱人"，沦落为从土地讨生活的雇农。这时，福贵身上的"恶"也随着家产的败尽而逐渐向善转变。原来的恶少"死去"了，农民福贵开始了"好好活"。反之，利用赌局夺得福贵家产的龙二，从一个"闯荡过很多地方、见过大世面的人"转变成解放土改时欺压佃户的地主恶霸，最终被枪毙掉了。"善"和"恶"就像是一枚硬币的正反两面，而被欲望裹挟着的人们要在

① 马立荣.余华的小说《活着》与电影 [J]. 求实，2006（12）：290.
② 赵娟.《活着》的生与死探析 [J]. 信阳农林学院学报，2019（3）：94.

善与恶之间做出自己的选择，一念之差，翻个面而已。小说中的福贵、龙二是如此，现代人亦是如此。

2. 叙事手法引发读者的"同理心"

西方心理学所谓的"同理心"，又译为"设身处地理解""感情移入""神入"等，泛指心理换位、将心比心，即设身处地地对他人的情绪和情感的认知性的觉知、把握与理解。[①] 笔者认为余华的《活着》之所以十年来一直畅销，正是在情节内容的设置和叙事手法上成功地把握住读者们的"同理心"，使读者对主人公福贵苦难的一生感同身受。

（1）两个"我"，两条叙事线

纵观余华的《活着》，不难发现在整部小说中出现两个第一人称"我"：一个是采风人，另一个是故事的主人公福贵。小说的故事情节就此形成了双层叙事线。第一个"我"即采风人，作为一条辅叙事线，主要出现在开头和结尾，且文中偶有穿插。他像是一位向导将读者带入主人公福贵对过往的回忆中，而不是代替主人公，又在结尾处当老年福贵和牛渐渐远去时把读者的思绪引回到现实世界。第二个"我"，也就是小说的主人公福贵，它作为一条主叙事线，以第一人称的自叙方式推进着故事的展开。作者余华曾在日文版自叙中阐明了采用第一人称叙述的初衷："《活着》中的福贵虽然历经苦难，但是他是在讲述自己的故事。我用的是第一人称的叙述，福贵的讲述里不需要别人的看法，只需要他自己的感受，所以他讲述的是生活。如果用第三人称来叙述，如果有了旁人的看法，那么福贵在读者的眼中就会是一个苦难中的幸存者。"

这种两个"我"、两条叙事线的叙事方式，虽然在以往文学创作

---

① 焦雨浓．"同理心"与"设计思维"在战略设计中的运用 [J]．中国艺术时空，2018
（9）：60．

中已屡见不鲜，但是作者驾轻就熟的运用，使采风人的现实世界和福贵的回忆世界自如切换，更好地保证了主人公福贵自述部分的连贯性和流畅性，如同流水般自然顺畅，消除了时空频繁切换导致的"出戏感"。

（2）"轻"时代背景，"重"细节描写

余华的《活着》是一部年代小说，故事发生在20世纪40年代至70年代左右时间段里，历经解放战争、土地改革、人民公社化、"大跃进"和"文化大革命"等社会变革，与现代社会有较长的时间距离，全书却没出现过一个年代或时间节点的标注。余华采用"轻"时代背景的叙事手法，淡化了故事发生时代背景给读者带来的年代隔阂感。

与时代背景的"轻"成鲜明对比的是细节描写的"重"，余华通过"最风光的那次是小日本投降后，国民党军队准备进城收复失地""我回来的时候，村里开始搞土地改革了""村里办了食堂，砸了锅谁都用不着在家做饭啦"等如水珠般微小的细节，来突出时代的更迭和主人公命运的变迁，勾勒出漫长的命运和波澜壮阔的场景。这种叙事手法在淡化了年代隔阂感的同时，营造出强烈的视觉感、画面感，激发出读者的"同理心"，让读者不由自主地沉浸在福贵动荡和苦难的一生中，也是平静和快乐的一生中。

（二）营销推广

1. 市场营销上主打作者品牌策略

三联书店原总编辑李昕认为："畅销书的选题策划应以作者为中心。"因此，以知名度高的作者为品牌推出系列图书，成为很多出版社惯用的一种选题策划和市场营销策略，即作者品牌策略。作者品牌是指在消费者心目中已经建立起品牌形象的作者本身。[①]它具有较强的风格化、个性化特征，既是出版社打造畅销书的一种重要资源，也是读者选择购买图书的重要影响因素之一。

余华作为新时期先锋文学的开创者之一，在文学创作方面显然已经拥有自己独有的观念、审美姿态和叙述方式，并对传统文学形态构成了巨大的冲击与挑战，培育出一批小说"忠粉"，形成了自己的品牌价值。正因为如此，作家出版社在2008年5月获得包括《活着》在内的余华13种作品授权后，在选题策划和市场营销方面主打作者品牌策略，相继推出余华百万畅销集、余华经典作品集等作者品牌系列，囊括了余华的《活着》《许三观卖血记》《兄弟》及《在细雨中呼喊》等。

在市场营销策略方面，作家出版社围绕作者余华作品系列图书开展了一系列营销活动。例如，2013年12月，作家出版社官方微博发布余华签名售书活动相关信息，读者可通过微博转发抽奖和当当网这两种方式，领取或购买《活着》《许三观卖血记》《兄弟》等余华签名本。在此活动期间，作家出版社官方微博中该信息的网友评论量就有500多条，转发次数高达800多次。

作家出版社通过对作者品牌的全方位打造，不断发掘作者品牌的市场潜力和名人效应，把余华作品系列图书从畅销书转化成长销书，实现了口碑和销量、社会效益和经济效益的双丰收。根据作家出版社相关报道称：从2008年5月至2018年1月间，余华作品系列图书累计销售总量已达866.8万册，其中代表作《活着》的销售量更是达到了惊人的586.9万册。余华凭此荣获了作家出版社颁发的"超级畅销纪念奖杯"。

---

① 国家新闻出版广电总局出版专业资格考试办公室. 出版专业基础[M]. 商务印书馆，2015，307.

2. 与影视剧"联姻",相互推进

余华于 1992 年 6 月在《收获》杂志发表中篇小说《活着》,于 1994 年即第一次"触电"——由余华担任编剧、张艺谋为导演将它改编成同名电影搬上大银幕。在改编过程中,余华把原本 7 万字的中篇小说扩编成约 12 万字的长篇①,也就是现在行销国内外的版本。

自小说《活着》与电影《活着》问世以来,已有不少研究学者把二者的异同点展开比较研究。有研究学者认为:"张艺谋改编的电影《活着》比文字更有观赏性、戏剧性和冲击力,更有一种悲剧美。"② 而另有研究者持相反观点认为,电影《活着》尾声部分福贵携妻子家珍、外孙去上坟,这种相对温和的结局方式,削弱了小说原著的深度模式和艺术魅力。

笔者认为从艺术角度来看,小说与电影本身就是两种截然不同的艺术形式,二者在叙事结构、表现手法及人物塑造等方面有各自的特色,不存在孰高孰低的"较量"。可以说,小说《活着》与电影的"联姻",不论对于当时还是现代文化产业发展来说,都是一个成功的合作范式。电影《活着》把小说中一行行跳动的文字视觉化、写实化,小说《活着》则将电影中的人物和情节文本化、深刻化。从市场营销角度来看,电影《活着》的上映和屡获殊荣——该片获得了第 47 届戛纳国际电影节评审团大奖、最佳男演员奖、人道精神奖以及第 48 届英国电影学院奖最佳外语片奖,为小说《活着》开辟了更加广阔的驰骋疆域和读者空间;小说《活着》为电影吸引了一批"小说忠粉"的关注。

① 胡焕龙.两种艺术展现 两种境界的"活着"——余华小说《活着》与同名电影改编作品比较 [J]. 海南师范大学学报 .2018(5):58.
② 姚佩.从小说《活着》到影像改编的审美转变 [J]. 电影评介,2016(2):66.

2005 年 12 月，余华的小说《活着》又被改编为电视剧《福贵》在各家电视台播出。虽然该剧未取得像电影《活着》如此大的反响，但是把余华的《活着》再次引入了大众的视野，重温福贵及其一家的悲欢离合。

从小说《活着》到电影《活着》，再到电视剧《福贵》，这些不同的艺术形式相辅相成、珠联璧合，都为《活着》各版本的畅销打下了一个良好的基础。

3. 明星效应助推图书畅销

人类对于明星的推崇源自于远古对图腾的崇拜。与原始的图腾崇拜不同的是，现代社会把明星视为一种大工业化时代的产物，其商业属性得到极大的开发和利用，而明星效应也成为商业化运作的结果。明星效应作为广告营销惯用的一种手段，是指通过利用明星的高知名度和民众的情感倾向，以达到产品宣传、品牌建立和培养顾客忠诚度的目的。[1] 由于明星效应在广告营销中取得的巨大成功，近年来逐渐运用到图书市场营销当中，并且在短期内收效可观。

譬如，在 2018 年世界读书日到来之际，身为"00 后"代表、年轻人心中"爱豆"的易烊千玺在其新浪微博上晒出了自己正在读的书——《活着》，发起了 #18 岁读的书 # 的话题，邀请网友晒出自己18 岁时读的书，并配发了北京十月文艺出版社《活着》精装版的在线购买链接。该条微博信息受到粉丝们热情的反馈，获点赞量达 25万次，转发 71 万次，评论多达 11 万条。很多粉丝在易烊千玺的微博回复中表示，能够与自己喜爱的"爱豆"读同一本书感到非常欣喜，还有很多人在读完书后在评论中交流读后感。余华也与易烊千玺互

---

① 彭静. 论图书营销的明星效应 [J]. 今传媒，2010（10）：97.

动，写了一封信鼓励他和现在所有正值年少的青年。

明星效应与图书营销的结合为余华的《活着》赢得了巨大的曝光度，助推其销量呈现出"井喷式"提升。在开卷2018年4月虚构类畅销书排行榜中，易烊千玺微博推荐的北京十月文艺出版社《活着》精装版，排名由上期的第26名上升到本期的第8名，排名上升了18个名次，成为当期虚构类畅销榜单上升最大的图书；而由作家出版社推出的另一版本《活着》，不仅成功卫冕开卷虚构类畅销书排行榜月度冠军，还最终登顶年度虚构类畅销书榜榜首。

这两版《活着》的双双登榜，亦反映出我国畅销书市场的"冰火两重天"的格局。我国畅销书市场的"火"，体现在出版10年以上的经典长销书在排行榜上表现活跃。从宏观角度来观察和分析2018年4月至2019年1月开卷虚构类畅销书排行榜，可以看到经典长销书在市场中所占比重较大，如《活着》《红岩》《围城》等都曾屡屡上榜且位居前列。余华的《活着》本身是一部经过10多年时间检验的经典之作，余华自身的知名度和口碑经过多年积淀在读者心目中已形成了作者品牌，已经拥有较大的读者基础，加之年轻"爱豆"易烊千玺的宣传助力，其畅销是水到渠成的事。此次易烊千玺和余华以书为媒的互动，是明星效应与图书营销相结合的"双赢"范例，为图书营销探索出一种新的营销模式。而红火的畅销书市场背后的"冰"则表现在：虽然目前出版物零售市场上总码洋规模呈现持续上升态势，据开卷全国图书零售市场观测系统检测，2018年中国图书零售市场码洋规模达894亿，规模较2017年进一步上升①，但是新书占比较少，内容创新方面尤显不足。

这种格局一方面说明随着我国国民文化素质和文化消费水平的

---

① 中国新闻网. 2018年中国图书零售市场趋势：实体店现负增长[EB/OL]. www.chinanews.com/cul/2019/01-10/8725253.shtml，2019-01-10.

不断提升，人们在畅销书选择和购买上减少了盲目跟风，而是日益趋于理性，逐渐向经得起时间检验的经典阅读回归；另一方面，反映出我国畅销书在选题策划和内容创新方面后劲乏力，一些出版社奉行"二八定律"这一企业经营的"圣经"——20%的图书贡献的销售收入和利润约占80%，故此在新书资源开发和投入上较为谨慎和保守。这种格局可能会对未来出版物市场的持续健康发展产生不利的影响，所以出版业内人士应给予足够的重视。

四、精彩阅读

那天我在青楼里赌了一夜，脑袋昏昏沉沉像是肩膀上扛了一袋米，我想着自己有半个来月没回家了，身上的衣服一股酸臭味，我就把那个胖大妓女从床上拖起来，让她背着我回家，叫了抬轿子跟在后面，我到了家好让她坐轿子回青楼。

那妓女嘟嘟哝哝背着我往城门走，说什么雷公不打睡觉人，才睡下就被我叫醒，说我心肠黑。我把一块银圆往她胸口灌进去，就把她的嘴堵上了。走近了城门，一看到两旁站了那么多人，我的精神一下子上来了。我丈人是城里商会的会长，我很远就看到他站在街道中央喊：

"都站好了，都站好了，等国军一到，大家都要拍手，都要喊。"

有人看到了我，就嘻嘻笑着喊："来啦、来啦。"

我丈人还以为是国军来了，赶紧闪到一旁。我两条腿像是夹马似的夹了夹妓女，对她说：

"跑呀，跑呀。"

在两旁人群的哄笑里，妓女呼哧呼哧背着我小跑起来，嘴里骂道：

"夜里压我，白天骑我，黑心肠的，你是逼我往死里跑。"

我咧着嘴频频向两旁哄笑的人点头致礼，来到丈人近前，我一把扯住妓女的头发：

"站住，站住。"

妓女哎哟叫了一声站住脚。我大声对丈人说：

"岳父大人，女婿给你请个早安。"

那次我实实在在地把我丈人的脸丢尽了，我丈人当时傻站在那里，嘴唇一个劲地哆嗦，半晌才沙哑地说一声："祖宗，你快走吧。"那声音听上去都不像是他的了。

——节选自《活着》第 11~12 页

毙掉龙二后，我往家里走去时脖子上一阵阵冒冷气，我是越想越险，要不是当初我爹和我是两个败家子，没准被毙掉的就是我了。我摸摸自己的脸，又摸摸自己的胳膊，都好好的，我想想自己是该死却没死，我从战场上捡了一条命回来，到了家龙二又成了我的替死鬼，我家的祖坟埋对了地方，我对自己说：

"这下可要好好活了。"

我回到家里时，家珍正在给我纳鞋底，她看到我的脸色吓一跳，以为我病了。当我把自己想的告诉她，她也吓得脸蛋白一阵青一阵，嘴里嗞嗞地说：

"真险啊。"

后来我就想开了，觉得也用不着自己吓唬自己，这都是命。常言道，大难不死必有后福。我想我的后半截该会越来越好了。我这么对家珍说了，家珍用牙咬断了线，看着我说：

"我也不想要什么福分，只求每年都能给你做一双新鞋。"

我知道家珍的话，我的女人是在求我们从今以后再不分开。看着她老了许多的脸，我心里一阵酸疼。家珍说得对，只要一家人天天在一起，也就不在乎什么福分了。

——节选自《活着》第 66~67 页

我睡着以后，家珍一直没睡，不停地往火上加树枝，后来桶里的水快煮干了，她就拿着木桶去池塘打水，她身上没力气，拿着个空桶都累，别说是满满一桶水了，她提起来才走了五六步就坐在地上，她坐在地上歇了一会，又去打了一桶水，这回她走一步歇一下，可刚刚走上池塘人又滑倒了，前后两桶水全泼在她身上，她坐在地上没力气起来了，一直等到我被那声巨响吓醒。看到家珍没伤着，我悬着的心放下了，我把家珍扶到汽油桶前，还有一点火在烧，我一看是桶底煮烂了，心想这下糟了。家珍一看这情形，也傻了，她一个劲地埋怨自己：

"都怪我，都怪我。"

我说："是我不好，我不该睡着。"

我想着还是快些去报告队长吧，就把家珍扶到那棵树下，让她靠着树坐下。自己往我家从前的宅院，后来是龙二，现在是队长的屋子跑去，跑到队长屋前，我使劲喊：

"队长，队长。"

队长在里面答应："谁呀？"

我说："是我，福贵，桶底煮烂啦。"

队长问："是钢铁煮成啦？"

我说："没煮成。"

队长骂道："那你叫个屁。"

我不敢再叫了，在那里站着不知道该怎么办，那时候天都亮了，我想了想还是先送家珍去城里医院吧，家珍的病看样子不轻，这桶底煮烂的事待我从医院回来再去向队长作个交代。我先回家把凤霞叫醒，让她也去，家珍是走不动了，我年纪大了，背着家珍来去走二十多里路看来不行，只能和凤霞轮流着背她。

——节选自《活着》第 90~91 页

阿加莎·克里斯蒂作品 10

无人生还

Agatha Christie

And Then
There Were None

（英）阿加莎·克里斯蒂 著 夏阳 译

新星出版社 NEW STAR PRESS

书名：《无人生还》 作者：[英]阿加莎·克里斯蒂 译者：夏阳

出版时间：2013 年 出版社：新星出版社

一、作者简介

阿加莎·克里斯蒂（Agatha Christie），1890 年 9 月 15 日生于英国德文郡。她几乎没有受过正规教育，但酷爱阅读，尤其痴迷于侦探福尔摩斯的故事。她的第一部侦探小说《斯泰尔庄园奇案》于 1920 年出版，从此阿加莎开始了她的创作生涯，1926 年出版的《罗杰疑案》奠定了她在侦探小说领域不可撼动的地位，之后她又出版了《无人生还》《尼罗河上的惨案》《东方快车谋杀案》等一系列脍炙人口的作品，时至今日这些作品依然是世界侦探文学宝库中的财富。

阿加莎的创作生涯持续了 50 余年，总共创作了 80 余部侦探小说。阿加莎·克里斯蒂是继柯南·道尔之后最伟大的侦探小说作家，是侦探文学黄金时代的开创者和集大成者，1971 年英国女王授予她爵士称号以表彰其不朽的贡献。

二、畅销盛况

《无人生还》最初出版于 1939 年，迄今已在全球畅销了 80 余年。《无人生还》作为阿加莎最广为人知的名篇，是世界上最畅销的侦探小说之一，是古典推理的不朽之作。本书曾由人民文学出版社和贵州人民出版社出版，自 2013 年由新星出版社独家出版销售，至今已重印 30 余次，无论在国内还是国外，它都是当之无愧的畅销书和长销书。

三、畅销攻略

（一）内容本身的优质性

1. 意识流写法的群像剧

《无人生还》讲述了这样一个故事：10个素不相识、身份各异的人受邀登上一座主人不明的孤岛豪宅，10人到齐后主人并未出现，却有一个神秘的声音依次指控他们曾经犯下的罪行，当晚便有一人死亡，暴风雨来临，无法逃离的客人们竟一个接一个按照古老的童谣《十个小士兵》中的歌词死去，直至最后无人生还。在这个故事中，这10位客人都是主角，除幕后凶手瓦格雷夫法官最后的自白外，所有角色的戏份近乎相等，可以说他们在这座与世隔绝的孤岛中上演了一部异常精彩的群像悬疑剧。在这种群像剧式的描写中，作者采用了大量意识流的写作手法，上帝视角与视角有限的第三人称视角自如切换，使得整个故事显得迷雾重重而更加扣人心弦。

小说以10位客人受邀登岛的过程作为开篇，用精练的笔墨分别描述了众人受到邀请后以及在路上时的行为动作和心理状态，篇幅简短，却将集中出场的陌生角色刻画得生动鲜活，使读者对他们印象深刻且不会混淆，而其中使用了大量的心理描写，出色的心理描写使读者能够迅速将自己代入角色身处的环境和心理状态中，并对接下来的剧情发展产生巨大的期待。

意识流文学流派的语言以表现人内心活动中所呈现的印象、记忆、想象、直觉甚至是幻觉为特点，是一种具有"流动性"的语言写作手法，意识流文学语言打破了传统文学作品条理化、规律化的特征，形成了颠倒时间、空间，或者将其重叠交错而形成的语言特征，其中包括自由联想、颠倒时序、内心独白等语言模式方法，呈现出错综复杂的内心世界。① 在《无人生还》中，我们可以找到大量意识流写作的例子，如第一章女教师维拉的回忆：

> 想到这里，尽管车厢里是那样闷热，她却突然打起寒战来。真希望自己现在不是去海边！当时的情景历历在目！她眼前是西里尔的脑袋在水面上一起一伏，漂向岩石……他的脑袋在水面上一起一伏，一起一伏……而她就跟在他身后，摆出一副奋力向前游的架势，其实她心里再清楚不过，自己无论如何也追不上他了……
>
> 那片海——那片温暖的深蓝色的大海——躺在柔软的沙滩上度过整个早晨……雨果……雨果说他爱她……
>
> 她一定不能去想那个叫雨果的男人……②

这段是维拉在火车车厢里联想到的过去，作者完全从角色的心理出发，带领读者一同来到了这片海面，心情随着作者的描述起伏，维拉的思绪零散而混乱，暗示了她内心的不安，这让读者不由得疑惑：海边发生过什么？维拉为何如此不安？雨果又是谁？读者的阅读兴趣便在一系列疑问中不断攀升。

又比如对没落家族的古板老小姐布伦特心理活动的描写：

> 布伦特小姐满脑子都是各种愤世嫉俗的念头，对于看不惯的事物，向来不妥协。虽然坐在拥挤不堪的三等车厢里，她却表现出完全不受拥挤和闷热干扰的姿态。现代人活得太矫情！拔牙要打麻药，睡不着觉就要吃安眠药，椅子要坐有软垫、有靠背的，女孩子走路居然把身子扭来扭去，夏天还半裸躺在沙滩上！③

在布伦特小姐的小节中没有任何外貌描写，但从这短短一小段心理描写，我们可以看到一位家境没落却仍故作清高、无法适应时

---

① 马迪.探索意识流文学的美学症结 [J].时代文学，2012（12）：142.
② ［英］阿加莎·克里斯蒂.无人生还 [M].夏阳译.北京：新星出版社，2013，4.
③ ［英］阿加莎·克里斯蒂.无人生还 [M].夏阳译.北京：新星出版社，2013，6.

代变化而与周遭环境格格不入的古板老女士。

2. 多义性主题的思考空间

推理小说是以推理方式解开文中谜题的一种类型小说，通常以凶杀、失窃等疑难案件作为主要剧情，将案件的破获作为结局，因此绝大多数推理小说阅读一遍即可，假若知道了谜底或阅读时被泄底，再读便索然无味。《无人生还》却并非如此，它不是一部常规的推理小说，作者已经大方地通过题目告知读者最终的故事结局：无人生还。但读者仍能够在阅读中获得乐趣，甚至每一次重读都有不同的体验，这是因为它的主题具有多义性，在推理小说固有的娱乐性之外仍给予读者非常大的思考空间。

其一是复杂、饱满的角色塑造。在小说中作者塑造了 10 个鲜活饱满的角色，他们身份不同、性格各异，虽然均被指控犯有杀人罪，却都经过一番狡辩将自己塑造成"遵纪守法、尽职尽责的优秀公民"，其中一些人甚至真的认为如此，这些丰富而充满个人意味的表达，使得人物脱离单薄的纸面而脱胎成为有生命力的角色；在神秘声音公布他们的罪行时，众人的反应大相径庭：维拉反复地喊叫质问，罗杰斯"脸色煞白，双手颤抖"，麦克阿瑟将军"肩膀塌了下来，好像一下老了十岁"，布伦特小姐保持端庄"昂首挺胸，脸色微红"，瓦格雷夫法官"眼珠转个不停，东看看西看看，脸色露出既困惑又警觉的神情"……虽然众人都笼罩在恐慌中，但各自的表现天差地别，他们的性格特点和对自己罪行的态度可以从中管窥一二，读者也仿佛能够看到一群活生生的人在这出危险的群像剧中的表演。

其二是精雕细琢的剧情建构。作者在卷首写道：

我之所以写这本书，是因为书中的故事很难写，可它一直在我脑海中挥之不去。故事里有 10 个人要接连死去，但情节不能过于荒诞，凶手也不能过于明显。经过深思熟虑，我终于创作出这部令自己满意的作品。这个故事清晰、直截，虽然谜团重重，但是解释起来合情合理。事实上，为了解开谜底，这个故事必须有一篇尾声。此书面世后反响热烈，评价颇高。不过真正感到高兴的无疑是我自己，因为我比任何评论家都更清楚这本书创作历程之艰辛。[①]

正如作者所说，整部小说内容完整，节奏紧凑，一口气阅读下来酣畅淋漓，细细思考回顾前文都能找到细节和伏笔，其逻辑自洽使得作品经得住读者的反复咀嚼，优秀的剧情编织使这部小说可读性和思考性大大增强。

其三是对私刑道德性的探讨。一般推理小说的杀人案件总会有一个动机，《无人生还》中犯下罪行的10人也有各自的动机：觊觎遗产、过失杀人、情杀、牺牲他人保全自己，等等，但岛上的这场蓄意谋杀，幕后元凶却是代表公平与正义的法官，动机则是惩罚罪人以实现他心目中的"正义"，最终毫不手软地连自己也杀死了，这看似大义凛然的行为却很值得思考。在末尾瓦格雷夫法官手稿的自述中我们得知，"死亡总能激起我的兴趣，我喜欢亲眼看见或亲手制造各种死亡"，同时瓦格雷夫又有着另一种矛盾心理，"我一直深深地感到，正义应该战胜一切"。在这种矛盾的兴趣中，瓦格雷夫从事了法官职业，但这并不能满足他的内心，他渴望亲自杀人，却又无法对无辜的人下手，于是就有了这项惩治法外之徒的惊人计划。毫无疑问，瓦格雷夫是在使用私刑，但受刑人确实犯了罪并逍遥法外，瓦格雷夫遵从了他的正义感，也让了解到真相的读者出了一口恶气，但有"穿法袍的刽子手"之称的瓦格雷夫的所作所为真的正当吗？尽管他把自己包装成正义的使者，但他仍是遵循着内心自私的欲望而行动，虽然受

---

① [英]阿加莎·克里斯蒂.无人生还[M].夏阳译.北京：新星出版社，2013.

刑对象是罪人，但动用私刑就是道德的吗？作品通过关于人物性格、心理和行为的表达，将一些更深层的问题展现给了读者。

一千个读者眼中有一千个哈姆雷特，或许不同读者还能看到更多不同的主题，正是因为其主题具有如此丰富的内涵，这部作品才得以数十年来经久不衰畅销至今。

3. 无可比拟的开创性及经典性

作为侦探小说"黄金时代"的引领者和集大成者，阿加莎在承袭和发扬了爱伦·坡的推理模式外，更是有自己的创造性影响，其中影响最大的便是"孤岛模式"。"孤岛模式"也称"暴风雪山庄模式"，是指一群人出于各种原因会集在一个与世隔绝的地点，这些角色不断死去，而凶手就在会集的数人之中的一种经典犯罪模式。在《无人生还》中，客人们被邀请到一座孤岛上，唯一的渡船不会靠近，众人在孤立无援的恐惧下相继死去，凶手正是客人之一的瓦格雷夫。这一模式能够体现出凶杀案的离奇、暂且幸存者的恐惧、凶手的缜密手段、案件的扑朔迷离，甚至人性的弱点与阴暗，等等，能够一次性给予读者大量的刺激，一经推出便广受欢迎，后世的诸多名作皆有借鉴，推理小说如西村京太郎的《双曲线杀人案》，绫辻行人的"馆"系列，漫画如《金田一少年事件簿》《名侦探柯南》中的多个案件，电影如《致命 ID》《孤岛惊魂》等，可以看出这一模式对后世作品创作的影响之深，作为开山之作的《无人生还》自然受到了无数推理迷的追捧。

另一模式"童谣杀人"虽然由范·达因在《主教杀人事件》中首先使用，但阿加莎将其运用得更加出神入化。作为瓦格雷夫法官所追求的仪式感之一，"十个小士兵"的元素被安置在小说的各个角落，烘托了诡异恐怖的氛围，暗示了整个连环谋杀案的布局，并成为促成最后一名死者自缢的强烈心理暗示，童谣的元素既弥漫在剧情之外又充斥在剧情之中，后世读者提及童谣杀人不可避免地会想起《无人生还》。

这个故事还在多个国家被改编成电影、电视剧、舞台剧等多种表演形式，其影响之广、受众之多，其他小说难以望其项背。

（二）外部形式的匠心独运

1. 单本方面

本书曾由贵州人民出版社于 1998 年、人民文学出版社于 2008 年引进出版，皆为平装本，两社不约而同地选择了黑色底色、白色书名、冷色系图画的封面设计，给人以神秘恐怖的感觉，是悬疑小说常用的风格，但新星出版社不拘一格地选择了高饱和度的亮黄色底色加水彩风小士兵插图，其活泼鲜艳的色彩将阴郁一扫而光，实在让人眼前一亮。

在封面装帧方面，新星版《无人生还》采用了 32 开平装本，形态简洁优雅，封面以大面积的亮黄色为底色，清新的水彩画小士兵被置于封面中间偏右的位置，简单的黑色宋体字题目"无人生还"居于其上，明显却不扎眼，左侧空处使用了凹凸压印工艺，将作者姓名"Agatha Christie"的花体字装饰在侧，巧妙地强调了作者响亮的名头却又不会喧宾夺主，整体风格给人以舒适和谐的观感，插图中摆在餐桌上的小士兵以及窗外的闪电雷鸣又与故事情节密切相关，甚至隐隐透露着一种紧张的气氛，读者并不会因被封面误导而大呼上当，反而会更容易走入剧情。这版封面乍看之下除了暖色调出其不意外，其他方面平平无奇，但翻开封面就会发现，它的勒口做出了 105mm 的宽度，红白双色的封面插图再次印制在了勒口内里，而封面图周边被切割线仔细处理，读者可以自行将其撕下收藏，取下后的空处正好露出勒口上印制的插图，不会影响封面美感，这一设计既呈现了美观的视觉效果，又考虑了读者"使用"它的可能，可谓独具匠心。

在内文版式方面，排版使用了较大的行间距和易读的宋体字，由于故事本身经常由人物对话来推进剧情，故常有单句成段的情况，疏朗的排版和简短的段落减轻了读者的阅读负担，读者能更顺畅地阅读，从而沉浸到剧情之中。

作为阿加莎最受欢迎的作品，新星出版社还推出了精装本、小红壳版本，封面形式精致美观，大致相同又各有特色，大大刺激了读者购买、收藏的欲望。

2. 系列方面

阿加莎一生创作了80余部作品，新星出版社是唯一一家将其作品全部出版的出版社，这80余部作品分为"马普尔小姐系列""波洛系列"和其他系列及非系列作品，分别以粉色、蓝色、黄色为底色，封面布局相同，插画风格统一，多部作品陈列在一起，无论是展示封面还是书脊，效果都十分美观，可吸引读者的注意力，刺激读者购买、收藏的欲望。

（三）良好长效的运营

1. 对读者市场的正确认知

城市化带来了侦探文学的兴盛，城市的复杂结构使得乡村社会的治理方式不再有效，经济文化的高速集散为文学的发展注入了活力，读者的口味也随之发生了变化，侦探推理这类对文化水平要求较高、紧张刺激的文学越发受到年轻读者的欢迎，但我国公安部于1993年明令规定禁止民间设立私家侦探类的调查机构，国内文学界对侦探文学也一直缺乏关注，因此虽然读者市场有所需求，但外部环境却使本土侦探推理文学的发展受到了一定影响。在这样的市场环境下，2006年新星出版社推出了"午夜文库"系列丛书，主要译介欧、美、日优秀的侦探小说，推理小说女王阿加莎自然在列。

新星出版社前任社长、"午夜文库"策划人谢刚曾表示，侦探小说市场惨淡，规模不会急剧扩大，但这一类读者群黏性更高，也更加容易投入。多年来由于各种原因，侦探小说市场确实一直没有扩大，反而有萎缩之势，但侦探小说的爱好者已认准了"午夜文库"的品牌，侦探小说是小众爱好，阿加莎的侦探小说则无疑是小众中的大众，广受读者欢迎。在阿加莎的作品中，《无人生还》不属于"马普尔小姐"或"波洛侦探"系列，它是一个独立完整而又精彩万分的故事，读者能快速进入剧情，适合各类读者阅读，在这一系列因素的加持下，它的畅销并不意外。

2. 版权引进的独家性和完整性

阿加莎·克里斯蒂的作品最初由贵州人民出版社引进，但因版权到期已经绝版，人民文学出版社仅出版了阿加莎最经典的一部分作品，并不完全。2013年哈珀柯林斯集团授权给新星出版社，阿加莎的外孙、阿加莎·克里斯蒂公司董事长马修称赞，新星出版社是中国最好的侦探小说出版机构，拥有强大而专业的编辑团队，并对这些作品富有热情，是最理想的合作伙伴。从此阿加莎系列作品成为"午夜文库大师"系列中重磅的明星产品，在新星出版社精心的制作和运营下，阿加莎的全部作品已经出版完毕，对于有兴趣阅读和购买的读者来说，新星版已经是最好的选择。

3. 温和但有力的营销

《无人生还》初次出版于1939年，在全球以及国内市场已有佳绩，它并非是一本爆款书，新星出版社对其的营销更倾向于细水长流。首先是图书本身，除了封面设计的匠心独运外，封底文字介绍了故事的开端，简洁的语言使读者充满了好奇心和期待感，另有文字强调了作者和作品在推理界举足轻重的地位，让读者对这本书的品质有了充足的信心。其次是出版社的官方网站，"午夜文库"有独立的网页分区，而阿加莎的专题就在最显眼的位置，可以看出这是重点推介的书目。最后是媒介宣传方面，新星出版社的微信公众号有一批稳定的关注者，其转化率在10%左右，发布内容优质，对读者的购买行为影响较为明显，自新星开通公众号以来，至今关于《无人生还》的推送文章一直络绎不绝，在无形中反复强化了此书的特殊地位和影响力，大大延长了它的生命周期，而精装版和小红壳版的发售则为其注入了新的活力。

四、精彩阅读

1

晚饭即将结束。

罗杰斯服务周到，美酒佳肴，宾客尽兴。

在座的每位客人都心情愉快，相互交谈时自在了许多，变得熟络起来。

饮下几杯醇美的葡萄酒，瓦格雷夫法官先生脸上浮现酒意，说起话来幽默风趣。阿姆斯特朗医生和安东尼·马斯顿津津有味地听瓦格雷夫法官说话。布伦特小姐和麦克阿瑟将军正在聊天，说起几个他们都认识的朋友。维拉·克莱索恩向戴维斯先生询问南非的情况，详细地打听南非的方方面面，戴维斯对答如流。隆巴德则在一旁听着。他眯着双眼，偶尔抬起头来扫一眼桌子，观察在座的人。

安东尼·马斯顿忽然说：

"这玩意儿是不是挺有意思的？"

原来，在圆桌中央的玻璃托盘里，摆着几个小瓷人。

"小士兵玩偶，"安东尼说，"这不是士兵岛嘛！我猜是这个意思。"

维拉凑上前去。

"让我看看一共几个？十个吗？"

"没错，正好十个。"

维拉高兴地说：

"真有趣！我看这就是那首童谣说的十个小士兵。我卧室里的壁炉架上有个镜框，里面就镶着这首童谣。"

隆巴德说：

"我房间里也有。

"我也有。"

"我也有。"

每个人都重复了一遍。

维拉说："真有意思！"

瓦格雷夫法官嘟囔了一句："幼稚。"然后继续喝波尔图。

埃米莉·布伦特看看维拉·克莱索恩。维拉·克莱索恩也看看布伦特小姐。两个女人站起身来走了出去。

客厅那扇面向露台的法式落地窗敞着，她们听着海浪拍击礁石的声音。

埃米莉·布伦特说："真好听。"

维拉语气生硬地说："我讨厌这种声音。"

布伦特小姐用诧异的目光看着她。

维拉紧张得脸红了起来，但很快又平静下来，说："我看这地方一起风就没那么舒服了。"

埃米莉·布伦特表示赞同。

"一到冬天,这幢房子里的人肯定哪儿也去不了,我保证。"她说,"还有一点,这儿的用人也干不长。"

维拉喃喃地说:

"是啊!这座岛不容易雇到人。"

埃米莉·布伦特说:

"奥利弗夫人能雇到这两个用人算是运气好。那个女用人确实烧得一手好菜。"

维拉想:

真有意思,人一上年纪总把别人的名字记混。

她说:

"是啊,我也觉得欧文夫人的运气的确不错。"

埃米莉·布伦特从手提包里拿出针线,正打算开始刺绣,听到维拉的话,她突然停住手,疑惑地问:

"欧文?你刚才说的是欧文太太?"

"是啊。

埃米莉·布伦特接着说:

"我从来没听说过叫欧文的人。"

维拉一愣。

"可明明是——"

她的话音未落,客厅的门开了。先生们都走了过来。罗杰斯手里托着咖啡盘跟着在后面。

法官走到埃米莉·布伦特身边坐下。阿姆斯特朗医生走到维拉旁边,安东尼·马斯顿大步走到敞开的窗边。布洛尔把玩着一尊铜制小塑像,傻傻地研究塑像上奇特的衣褶线条,似乎是想弄明白这个塑像到底是不是个女性人物。麦克阿瑟将军背对壁炉架而立,捻着自己白色的小胡子。这顿晚饭真不错!他感到精神抖擞。隆巴德站在墙边从桌上的报纸堆里挑出一本《笨拙》杂志随意翻看。

罗杰斯端着托盘，按顺序给大家端咖啡。高档咖啡，又浓又热，口感一流。

这些客人晚餐吃得很满足，罗杰斯的服务也得到了一致认可，大家都非常愉快。

时钟指针指向八点四十分，屋子里突然变得非常安静，一种令人身心放松的安静。

正在这个宁静的时刻，突然响起一个"声音"，冷酷无情，尖刻刺耳。

"女士们，先生们！请安静！"

所有人都大吃惊，四处张望，然后看向彼此。是谁在说话？那个清晰洪亮的"声音"继续说着：

"你们被控犯有以下罪行：

爱德华·乔治·阿姆斯特朗，一九二五年三月十四日，你造成路易莎·玛丽·克利斯的死亡。

埃米莉·卡罗琳·布伦特，你要对一九三一年十一月五日比阿特丽斯·泰勒之死负全部责任。

威廉·亨利·布洛尔，一九二八年十月十日，是你导致了詹姆斯·斯蒂芬·兰道的死亡。

维拉·伊丽莎白·克莱索恩，一九三五年八月十一日，你谋害了西里尔·奥格尔维·汉密尔顿。

菲利普·隆巴德，一九三二年二月某日，你杀害了东非部落二十一名男子。

约翰·戈登·麦克阿瑟，一九一七年一月四日，你蓄意谋害妻子的情人阿瑟·里奇蒙。

安东尼·詹姆斯·马斯顿，去年十一月十四日，你杀害了约翰和露西·库姆斯。

托马斯·罗杰斯和埃塞尔·罗杰斯，一九二九年五月六日，你们害死了詹尼弗·布雷迪。

劳伦斯·约翰·瓦格雷夫，一九三〇年六月十日，你谋害了爱德华·塞顿。

监狱的铁栅已经关闭，你们这些罪人还有什么要替自己辩解的吗？"

——节选自《无人生还》第三章第 33~37 页

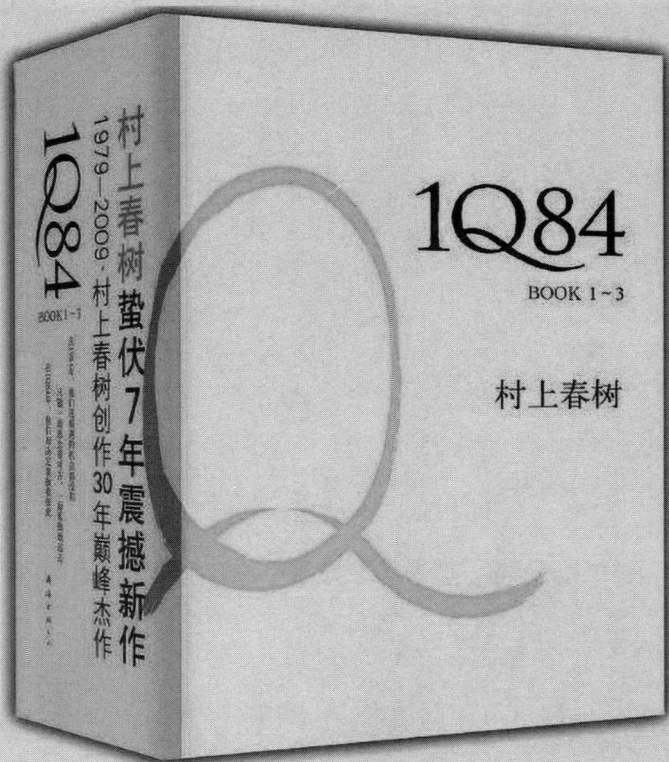

书名：《1Q84》（全三册）　　作者：[日] 村上春树　　译者：施小炜

出版时间：2013 年　　　　　出版社：南海出版公司

一、作者简介

村上春树，日本著名作家，1949年出生于京都，毕业于早稻田大学第一文学部。1979年，以处女作《且听风吟》进入文坛。1987年，《挪威的森林》畅销全球，成为影响一代人的青春物语，是现象级的超级畅销书。该书打破了日本文坛的沉寂，出现了所谓的"村上春树现象"。在此之后，其出版的《舞！舞！舞！》《国境以南，太阳以西》《海边的卡夫卡》《刺杀骑士团长》等在我国持续畅销。村上春树文风轻灵、多变、朴实，少有日本战后阴郁沉重的文学气息，因此被称作第一个纯正的"二战后时期作家"，并被誉为日本20世纪80年代的文学旗手。

施小炜，教授、翻译家，毕业于复旦大学外语系日本语言文学专业，后留学于日本早稻田大学日本文学研究科。自翻译村上春树的《当我谈跑步时我谈些什么》后，成为"新经典文库·村上春树作品"的专属译者。《1Q84》是其翻译的首部村上春树长篇小说。

二、畅销盛况

《1Q84》是村上春树30年写作生涯的集大成之作，一经出版便被媒体称为"日本文学在新千年的伟大开篇"。在一份对百位日本知识分子关于"代表平成的30本书"的调查中，该书居于榜首。2009年，由新潮社出版的日文版《1Q84》，一个月内销量便突破200万册，创下销售最快纪录，并荣获2009年日本"年度最畅销图书"第1名。之后更是在韩国、中国台湾地区先后创下版权引进、首印最高纪录。在中文简体版出版前，《1Q84》的全球版权就已被美、英、法等多个国家和地区购得。

2010 年，新经典在激烈竞争中拿下该书中文简体版版权，并于 5 月出版第一卷和第二卷，首印量高达 100 万册。在 2010 年的开卷畅销书排行榜上，《1Q84》前两册接连拿下周榜榜首，并在 2010 年虚构类畅销书排行榜 TOP30 中排名第 9 位（BOOK 1）和第 20 位（BOOK 2）。该书也在 2010 年当当新书榜中排名首位，获得 2010 年新浪中国好书榜"十大好书"推荐。2011 年 1 月，《1Q84 BOOK 3》出版，当月便在开卷畅销榜榜单中名列前茅，2011 年开卷畅销书年榜中，《1Q84》依然取得了 TOP30 的第 13 位（BOOK 1）和第 15 位（BOOK 3）的好成绩。截至 2015 年，《1Q84》销售数量已经超过 160 万册。2018 年，南海出版集团推出《1Q84》经典收藏版。目前，该书销售情况稳定，仍然在当当小说畅销榜中占有一席之地，成为村上春树在我国的又一长销书代表作。

三、畅销攻略

全球性的畅销现象所带来的社会影响以及中文简体版出版前夕广泛的社会话题讨论，都为《1Q84》的畅销奠定了市场基础。但该书最终能够成为百万销量级别的超级畅销书，不仅得益于村上文学独有的市场号召力和"新经典"所做的营销努力，更是得益于小说自身所蕴含的独特文学魅力，使其有能够成为时代文学经典的潜力。

（一）村上文学独有的市场号召力

村上春树作为如今最具全球号召力的日本作家，每一次出版新书都会受到广泛关注。他在 30 年的创作生涯中，创作生命力长盛不衰，是世界文坛持续畅销的常青树。凭借着其作品的畅销与读者的大力追捧，村上文学在中国盛极一时。

村上春树在中国具有影响力始于《挪威的森林》一书。20 世纪 90 年代，由于该书"青春爱情都市小说"的主题与当时中国经济发展、城市化进程加快所带来的中青年精神文化需求相契合，获得了大批读者的青睐，开始出现"村上热"现象。2001 年，上海译文出版社在漓江出版社版权到期后，成功获得村上春树 17 部作品的中文版权，出版了由林少华担任翻译的完整版《挪威的森林》。该版本一经上市就大为畅销，成为影响几代读者的青春名作，使中国读者对村上文学的关注达到了前所未有的高度。

村上文学的持续畅销，来源于他独特的文学风格和其作品所赋予的时代内涵。作为日本后现代主义文学的代表人物，他常用非现实的手法诠释现实，将虚幻世界与现实世界融为一体，以社会问题为背景，在比喻、想象中挖掘问题背后存在的价值，进而揭露社会的阴暗面。朴实、清澈的文字风格，简约、流畅、幽默、富有律动感的抒情笔调，伴随着个性化的音乐元素，也让他成为世界文坛独树一帜的象征。同时，村上文学具有的"都市感"和"孤独感"，使其在改革开放后经济快速发展、城市化进程不断加快的中国成为都市中精神世界贫瘠的中青年们的精神慰藉和寄托。在村上的小说中我们既可以读出社会的浮躁，又能够领略到个体的孤独。读者在阅读了一个个虚实相间的故事的同时，也旁观着人类生命的价值与意义。

村上春树的写作生涯，经历了从文人意义上的作家向人文知识分子的转变。他的作品在保留了幻想性和都市感的同时，变得愈发注重探讨世界的现状以及人类未来的发展方向，《1Q84》便是这一转变的集大成之作。村上根据 1995 年日本奥姆真理教的地铁毒气攻击事件为背景，将极端的邪教、恐怖主义作为切入点，用虚构的故事探讨个体灵魂与体制的冲突。在转型的同时，他孜孜不倦地寻找着自己作为小说家的责任。他说："我写小说的理由，归根结底只有一个，那就是为了让个人灵魂的尊严浮现出来，将光线投在上面。经常投以光线，敲响警钟，以免我们的灵魂被体制纠缠和贬损。这正是物语的职责，对此我深信不疑。"从这个意义上来说，村上春树的创作理念是伟大的，他不再是某些人口中的"小资作家"，而是肩负着文学创作和社会关怀的领路人。

（二）版权、译者之争引发社会讨论

社会媒体的关注和话题讨论会为图书带来热度，成为其畅销的关键因素。在《1Q84》简体中文版的出版前后，版权与译者之争一时间成为业界和读者讨论的焦点。针对"天价版权费"和"林译、施译谁优谁劣"的问题，媒体和读者争相在网络上发表观点，为《1Q84》的畅销制造了足够的话题热度。

1. 新经典的"天价版权费"

自 2001 年获得村上春树 17 部作品的中文版权后，上海译文出版社一直是村上作品在中国大陆的出版方。但在 2008 年，新经典出版《当我谈跑步时我谈些什么》，打破了这一传统，也让村上的最新长篇小说《1Q84》的版权归属问题变得扑朔迷离。因为村上春树在中国大陆的号召力和《1Q84》在日本、韩国及中国台湾等地的畅销，使得中国大陆多家出版单位有意争取该书的简体中文版版权。最终，经过激烈的竞争，新经典文化有限公司获得了该书的版权。

自新经典获取版权后，坊间一直对其版权费猜测不断，甚至传出新经典为争夺版权支付了百万美金的预付款。对此，新经典总编辑陈明俊回应，首先，新经典在近年来出版了许多具有国际影响的外国文学，良好的销售业绩，使其在业内建立起良好的口碑；其次，新经典对作品的严谨态度，得到了日本出版圈的认可；最后，是在《当我谈跑步时我谈些什么》合作的基础上，让村上充分认可了新经典。版权之争的话题讨论，无疑引发了业界的广泛关注，也让许多媒体借"天价版权费之谜"为该书做了一次免费的宣传活动。

2. 更换译者引发风波

从 1989 年漓江出版社首次出版《挪威的森林》起，林少华 20 年来一直担任村上春树作品的译者。但从《当我谈跑步时我谈些什么》起，新经典开始指定施小炜作为译者。林少华虽多次在公开场合表达其希望翻译《1Q84》的想法，但新经典最终还是选择了施小炜，这一改变在业内和读者中引起强烈的讨论。虽然林译版在国内读者中拥有很大影响，但其翻译风格一直饱受争议。许多读者认为他的翻译丢失了村上原本的"味道"，语言过于华丽、堆砌辞藻。而新经典认为，读者需要"换换口味"，施小炜的翻译风格更加接近原作，是"更接近食材本色的菜品"，也符合它们对该书品质的愿景。对于村上作品简体中文版译者的讨论，一直延续至今，可见译者在村上作品销售中的重要性。总而言之，新经典更换译者的举动，既是一次对作品品质打造的追求，也在侧面起到吸引读者眼球、引发读者讨论的宣传作用。

（三）"新经典"的精准营销

1. 预热宣传引起期待

在日文版《1Q84》出版 4 个月后，2009 年 9 月，新经典在激烈的版权竞争中获得了简体中文版的版权。但因为翻译等问题，《1Q84》

前两卷在中国大陆面世已是 9 个月之后。在这段时间里，《1Q84》在日本、韩国、中国台湾等地持续热销，不断打破畅销纪录，使得中国大陆的村上粉丝和读者们十分焦急。新经典在这段时间里，率先在当当网开辟了独家预售通道，并通过合作的平面媒体和网络媒体，在网络上宣传造势。从该书在日本的畅销盛况、韩国版权的天价交易、中文简体版的首印量和村上 30 周年集大成之作等角度介绍该书情况，并且通过一系列文章分析《1Q84》的内容和阅读价值，利用微博、豆瓣等平台进行宣传，加深青年群体对于该书的了解，扩大其影响力。

2. 广告投放全力造势

一般情况下，图书出版公司在考虑到投入产出比关系的情况下很少敢大手笔投放户外广告，新经典却在《1Q84》的宣传上做到了。对于这样大胆的尝试，新经典总编辑陈明俊坦言："《1Q84》具有很高的文学水准，同时又具有很强的可读性。面对这样一部作品，我们基本没有考虑太多投入与产出的问题，只是希望把我们能做的事尽量做好，尽到出版这个环节的责任。"[①] 新经典在该书上市一周前，便在北京市三环路的公交车站投放大量户外广告。这种在人流密集性区域大量投放灯箱广告的做法，可以使更多人接收到图书的出版信息，赢得更多潜在读者，从而推动该书的畅销。

3. 线上线下配合营销

新经典在营销宣传中也十分注重线上线下配合营销。在出版发行前夕及发行期，新经典精准利用网络平台进行以下宣传：在文艺青年和村上读者众多的豆瓣建立《1Q84》官方网站，发起"你为什么想读《1Q84》？"的投票；发表内容简介、作者小传、文学评论

---

① 陈明俊揭秘《1Q84》畅行中国之道 [EB/OL].（2010–07–02）[2020–04–20].http：// www.bookdao.com/article/6727/.

等内容；创建讨论话题"喜欢和不喜欢村上的理由"；利用同城功能宣传线下首发活动；制作同名静态电影，引起读者热议；利用读书媒体平台发表与内容有关的文章进行宣传造势。同时，在线下，新经典于 5 月 25 日，在北京举办了隆重的中文简体版首发式，邀请文化名人梁文道，该书译者、翻译家施小炜，以及文学评论家止庵就该书分享各自阅读体验，利用名人推荐效应促进图书销售。同时，在线上与线下实体书店，新经典免费放送"抢读本"100 万册，利用免费试读这一方式吸引潜在读者。并在书店设立专门区域进行宣传，进一步吸引读者注意力、激发其购买欲望。

4. 朴实保守的营销策略

在《1Q84》的营销宣传中，新经典一直秉承着"图书不能娱乐化"的营销策略，争取用最朴素的介绍语言、准确而完整的信息概括，实实在在地对图书进行诠释来吸引读者。虽然在《1Q84》的宣传中，诸如"天价版权"等问题可以作为噱头进行宣传，但新经典的朴实、保守使其并未主动利用这些噱头进行宣传。而在腰封的运用上，新经典在肯定其具有推荐作用的同时，也对它的使用严格把关。新经典外国文学总编辑黎遥曾说："卖书的时候只有书名是不够的，腰封上的信息印在书上不合适，但是确实需要，而且读者只在挑书、买书的时候需要，随后是可以扔掉的。只要上面的信息是平实的，腰封就是有存在价值的。"① 因此，新经典在《1Q84》的腰封上，只是简短地印着"村上春树创作 30 年巅峰杰作"，并且在用词上也都与作者本人确认过。一目了然的腰封宣传，也有效地帮助读者选择和购买该书。

---

① 新经典十年传奇：做书就是做口碑 [EB/OL].（2014-06-11）[2020-04-20].https：//
site.douban.com/210084/widget/notes/13276908/note/357297586/.

（四）"综合小说"的文学魅力

一部"纯文学"作品的畅销，离不开其本身具有的文学魅力。作为村上春树"综合小说"理念的实践之作，《1Q84》在保留了村上作品艺术性和完整性的同时，因其所蕴含的时代背景，对"极权"主义、"伪真理""乌托邦"和人性善恶等问题的深刻思考，以及对个体在体制下的生存问题的严肃讨论，成为了一部兼具可读性和思想性的文学作品。

1. 以真实事件作为写作背景

《1Q84》的故事围绕着新宗教集团展开，邪教是整部小说的主轴和关键词。无论是青豆刺杀的领袖（Leader），还是 17 岁高中生深绘里所写的《空气蛹》，都与教会组织"先驱"密切相关。这一组织并非虚构，其原型来自 1995 年制造日本地铁毒气攻击事件的奥姆真理教，该教的成立也与 20 世纪 60 年代末至 70 年代的日本"赤军旅学生运动"息息相关。村上在旅居国外多年，1995 年回国后得知该事件，并在之后耗费近两年时间通过调查采访事件受害者，于 1997 年、1998 年先后出版了以该事件为题材的纪实文学作品《地下》《地下 2：应许之地》。在谈及《1Q84》创作起因时，村上明确表示来自于这一事件。他认为："当今最可怕的，就是由特定的主义、主张造成的类似'精神囚笼'那样的东西。多数人需要那样的框架，没有了就无法忍受。奥姆真理教就是个极端的例子。"他也在《1Q84》出版后再次强调："个人与体制的对立、相克，对于我始终是最重要的主题。体制不能没有，但体制在很多方面将人变为非人。在沙林毒气事件中或死或伤的人也是奥姆这一体制伤害个人的结果。"[①]

---

① 林少华. 之于村上春树的物语：从《地下世界》到《1Q84》[J]. 外国文学，2010（4）：133~141，160.

1995 年，日本接连经历"阪神大地震"和"奥姆沙林毒气"事件，这两个事件也被村上称为"日本战后划时代的具有极其重要意义的两大悲剧，是即使说'日本人的意识状态因此而前后截然不同'也不为过的重大事件。有可能作为一对灾难、作为在讲述我们的精神史方面无可忽视的大型里程碑存续下去"。以这样的背景再去阅读《1Q84》，就可以理解其作为村上在经历过"对自身的精神调整"后所写的长篇小说，是如何体现他作为"在日本这个国家生存的作家"的想法与担当。该书的写作背景所映射出的村上对日本社会体制与个人灵魂之间冲突的思考，以及希求于通过小说物语疗愈受伤的社会这一写作目的，使其在日本引发巨大反响，从而一举畅销。近年来，《1Q84》的这一写作背景不断被国内学者和读者认知和了解，这不仅扩宽了对村上文学理解的角度，也对重新阐释村上作品的内涵具有重大意义。

2. 对《一九八四》的致敬

看到《1Q84》这一书名，许多读者不难联想到乔治·奥威尔的著作《一九八四》。村上在述说其写作起因时坦言："很早以前就想以乔治·奥威尔的'未来小说'为基础将不久的过去写成小说。"① 巧合的是，邪教"先驱"的原型奥姆真理教恰恰成立于 1984 年。在书中，村上不止一次提起过本书与《一九八四》的联系。首先，小说的故事就发生在 1984 年和其平行世界 1Q84 年中；其次，"先驱"的前身，类公社组织"高岛塾"就是一个像大洋国一样追求乌托邦的组织。同时，小说中不断出现的小小人也被村上视作与《一九八四》中的独裁者"老大哥"形成对比的人物。

"不用说，乌托邦之类的在任何世界里都不存在，就像炼金术

---

① 林少华.之于村上春树的物语：从《地下世界》到《1Q84》[J]. 外国文学，2010（4）：133~141，160.

和永动机在任何地方都不存在一样。高岛塾的所作所为，要我来说，就是制造什么都不思考的机器人，从人们的大脑中拆除自己动脑思考的电路。和乔治·奥威尔在小说中描述的世界一模一样。

"乔治·奥威尔在《1984》里，你也知道的，刻画了一个叫'老大哥'的独裁者。这固然是对极权主义的寓言化，而且老大哥这个词从那以后，就成了一个社会性的图标在发挥着作用。这是奥威尔的功劳。但到了这个现实中的 1984 年，老大哥已经变成了过度有名、一眼就能看穿的存在。假如此刻老大哥出现在这里，我们大概会指着他说：'当心呀，那家伙就是老大哥。'换句话说，在这个现实世界里，老大哥已经没有戏了。但取而代之，这个小小人登场了。你不觉得这两个词是很有意思的对比吗？

"对，今年正好是 1984 年。总有一天未来会变成现实，又会立刻变成过去。乔治·奥威尔在这部小说中，把未来描绘成由极权主义统治的黑暗社会。人们受到一个叫'老大哥'的独裁者的严厉控制。信息传播受到限制，历史被无休止地改写。主人公在政府里任职，我记得好像是在负责篡改语言的部门工作。每当新的历史被制造出来，旧的历史就被悉数废弃。与之对应，语言也要更改，现有的语言，意思也要改变。由于历史被过于频繁地改写，渐渐地谁也不知道什么才是真相，连谁是敌是友也搞不清楚了。就是这样一个故事。"①

村上在书中多次提起《一九八四》，这既是对小说部分设定来源的解释，同样也带有一种对《一九八四》所蕴含思想的呼应。他在书中所设定的"高岛塾""小小人"是与《一九八四》中的"大洋国""老大哥"对应的存在；他将《一九八四》中的 9 替换为"Q"作为书名，

---

① ［日］村上春树.1Q84[M].施小炜译.海口：南海出版公司，2013.

把 Q 当作 "question mark" 的 Q，喻为 "背负着疑问的东西"。这些都是为了唤醒读者对于极权主义和邪教的警觉，反对乌托邦与绝对的 "伪真理"。如果说，乔治·奥威尔在 1948 年写《一九八四》是对未来的一种预测，那么村上在 2009 年写《1Q84》则是要告诉我们：为何当时的预测会成真。香港文化名家梁文道曾评价道："村上春树的这部作品体现了他对社会的关怀与担当，他的这种关怀与 60 多年前乔治·奥威尔是一脉相承的。"①

可以说，村上对《一九八四》的致敬，也是《1Q84》畅销的重要原因。这种致敬不仅使得村上的作品突破纯文学领域，表现出他所提出的 "新现实小说" 中蕴含的社会关怀，也兼备着对《一九八四》"反极权""反乌托邦" 思想的继承与延续，同时借助《一九八四》在世界文学的影响力为《1Q84》宣传造势，让更多读者希望通过阅读来了解该书与《一九八四》之间的联系，思考村上在这一设计的背后所表达的思想和主题。

3. 突破的叙事手法和小说主题

在《1Q84》中，村上首次采用以第三人称视角叙述的多线平行结构。小说以 "青豆" 和 "天吾" 的视角叙述：在小说开头，青豆为执行 "替天行道" 的杀人任务而从高速路口误入与现实世界平行的 1Q84 年，同时，天吾也在机缘巧合中开始进行小说《空气蛹》的改写工作，小说由此开启了以奇数章为 "青豆"、偶数章为 "天吾" 的双线推进结构；并在后续情节发展中，在 BOOK 3 中增加了 "牛河" 视角，以三线结构进行推进。

村上曾说，他希望写出一部 "立体描述当今时代市井万象的我自己的'综合小说'，想超越'纯文学'的范畴，通过各种方式尽量

---

① 村上春树新作《1Q84》全解读 [EB/OL]. (2010–05–30) [2020–04–20]. http : //www. china.com.cn/culture/book/2010–05/30/content_20147745.html.

挖掘，将人的生命嵌入当今时代的空气中"。在《1Q84》的平行世界中，以刺杀有家庭暴力行为的男人为副业的青豆和在补习班兼职工作的小说家天吾都被卷入邪教组织"先驱"的事件中。青豆奉命刺杀长期存在儿童性侵行为的"先驱"教主 Leader，天吾则在机缘巧合中改写了 17 岁少女深绘里所著的揭露"先驱"秘密的《空气蛹》一书。两人在 10 岁时相遇，因一次命运的握手产生羁绊，却从此各奔东西。多年以后，两人心中潜藏的情感被逐渐唤醒，在 1Q84 年里相互寻觅。小说看似以简单的爱情故事为主线，并无太多新意，但村上在作品中对现实社会问题的关注讨论，却达到了前所未有的高度。从对"先驱"前身——田园公社"高岛塾"的乌托邦命题讨论，到对青豆一家所参加的"证人会"的宗教传播以及"先驱"邪教的极权主义，再到贯穿小说核心主体的儿童性侵和家庭暴力的问题，可以看出村上在小说中有意地去加大对人性伦理、社会矛盾的思考。在对明确的恶进行批判的同时，村上对于恶的挖掘也进入了新的层次，即寻找善恶之间的界限。

在《1Q84》中，邪教"先驱"与领袖并未单纯地被当作恶的形象出现，而是充满复杂与混沌感。村上在通过儿童性侵与家庭暴力行为直白地展现其恶的形象的同时，却又用杀人这种"恶"的行为对"恶"进行报复。小说中青豆不止一次在心中对其所坚信的正义有过动摇，甚至在刺杀教主后开始对以暴制暴行为的合理性产生重大怀疑。村上借青豆好友、曾受过儿童性侵的亚由美之口也表达过这种怀疑：

"杀人的一方总能找出乱七八糟的理由把自己的行为正当化，还会遗忘，能转过眼不看不愿看的东西。但受害的一方不会遗忘，也不会转过眼。记忆会从父母传给孩子。世界这个东西，青豆啊，就是一种记忆和相反的另一种记忆永无休止的斗争。"①

　　而书中重要的中介"小小人"也"没有善恶之分"。按照深绘里的语气，小小人是"可能倒向任何一边的中立的存在"。这种善恶界限的模糊性，是村上在小说中希望自己和读者思考的议题。早在《地上》两部曲时，村上便反对简单地将以奥姆真理教为代表的邪教事件还原为善恶二元对立的图解的做法。他在该书中并未仅仅从受害者的视角出发，而是在第二部中加入了教团内部成员的视角，使其能从两个完全相反的视角探索事件产生的原因和真相。正如在小说开头，出租车司机向青豆所说的那样，"事物往往和外表不一样。不要被外表迷惑，现实永远只有一个"。

　　比善恶界限划分议题更进一步的是，村上在《1Q84》中也更多地强调个体在体制中的矛盾和对抗，强调在体制下"受害者"们还必须遭受的那种"次生灾害"（即我们周围无处不在的平常社会所产生的暴力）。他曾在耶路撒冷文学奖的获奖词中写道："而且我们每一个人，程度或轻或重地，都在面对着一面高大的、坚固的墙。而这面墙有一个名字：它的名字叫作'体制'。这个体制本来应该保护我们，但有时它却残杀我们，或迫使我们冷酷、有效率、系统化地残杀别人。"②

　　在小说中，天吾的父亲在经历"二战"战败从"伪满洲国"撤回后，一直从事 NHK 电视台的收费工作。他的父亲每周日都要带着天吾挨家挨户地上门收钱，不仅要不厌其烦、花尽力气，还要受尽周围人的白眼；青豆一家也因参加教会传播而饱受压力。而亚由美在幼时遭受哥哥与叔叔的性侵，却因家庭中亲戚和母亲的压力而无法制裁

---

① 　[日] 村上春树 .1Q84[M]. 施小炜译 . 海口：南海出版公司，2013.
② 　村上春树在耶路撒冷文学奖上的演讲 [EB/OL].（2014—10—06）[2020—04—20].https：//www.douban.com/note/431602005/.

他们。在社会中，性侵事件和家庭暴力常常来自于体制下的社会偏见与压力。受害者迫于无奈，无法直接公开受害经过对加害者进行控诉，若强行揭露反而会遭到社会的冷眼和议论，对自身造成二次伤害。因此，村上在探求善恶界限的同时，在小说中对受害者予以关怀。对成为"鸡蛋"的个体，他坚信："一堵坚硬的高墙和一只撞向它的蛋之间，会永远站在蛋这一边。"

在10年前，许多人对于《1Q84》的畅销现象持有偏见态度，认为该作品畅销的主要原因是作者名气和营销宣传所产生的跟风效应。在经历了10年之后，通过学界对其写作背景、文学思想的深入挖掘，我想，在《1Q84》已从现象级畅销书逐渐转变为长销书的当下，它在世界文学史中的地位以及其对于村上写作生涯的意义，会慢慢随着时间显现出来。

四、精彩阅读

车站里没有站员。这里也许是个很清闲的车站。青年踱过石桥，走到镇里。小镇一片静寂，看不见一个人影。所有的店铺都紧闭着卷帘门，镇公所也空无一人。唯一的宾馆里，服务台也没有人。他按响电铃，却没有一个人出来。看来完全是个无人小镇。要不然就是大家都躲起来睡午觉了。然而才上午十点多，睡午觉似乎也太早了点。或许是出于某种理由，人们舍弃了这座小镇，远走他乡了。总之，在明天早晨之前，不会再有火车，他只能在这里过夜。他漫无目的地四下散步，消磨时光。

然而，这里其实是一座猫儿的小城。黄昏降临时，许多猫儿便走过石桥，来到镇子里。各色花纹、各个品种的猫儿。它们要比普通猫儿可大得多，可终究还是猫儿。青年看见这光景，心中一凉，慌忙爬到小镇中央的钟楼上躲起来。猫儿们轻车熟路，或是打开卷帘门，或是坐在镇公所的办公室前，开始了各自的工作。没过多久，更多的猫儿同样越过石桥，来到镇里。猫儿们走进商店购物，去镇公所办理手续，在宾馆的餐厅用餐。它们在小酒馆里喝啤酒，唱着快活的猫歌。有的拉手风琴，有的和着琴声翩翩起舞。猫儿们夜间眼睛更好用，几乎不用照明，不过在夜里，满月的银光笼罩小镇，青年在钟楼上将这些光景收尽眼底。将近天亮时，猫儿们关上店门，结束了各自的工作和事情，成群结队地走过石桥，回到原来的地方去了。

天亮了，猫儿们都走了，小镇又回到了无人状态，青年爬下钟楼，走进宾馆，自顾自地上床睡了一觉。肚子饿了，就吃宾馆厨房里剩下的面包和鱼。等到天开始暗下来，他再次爬上钟楼躲起来，彻夜观察猫儿们的行动，直到天亮。火车在上午和傍晚之前开来，停在站台上。乘坐上午的火车，可以向前旅行；而乘坐下午的火车，便能返回原来的地方。没有乘客在这个车站下车，也没有人从这个地方上车。但火车还是规规矩矩地在这儿停车，一分钟后再发车。只要愿意，他完全可以坐上火车，离开这座令人战栗的猫城。然而他没有这么做。他年轻，好奇心旺盛，又富于野心和冒险精神，他还想多看一看这座猫城奇异的景象。从何时起，又是为何，这里变成了猫城？这座猫城的结构又是怎么回事？猫儿们到底在这里做什么？如果可以，他希望弄清这些。目睹过这番奇景的，恐怕除了他再没有什么别人了。

第三天夜里，钟楼下的广场上发生了一场小小的骚动。

"你不觉得好像有人的气味吗？"一只猫儿说。

"这么一说，我真觉得这几天有一股怪味。"有猫儿扭动着鼻头赞同。"其实俺也感觉到啦。"又有谁附和着。

"可是奇怪呀，人是不可能到这儿来的。"有猫儿说。

"对，那是当然。人来不了这座猫城。"

"不过，的确有那帮家伙的气味呀。"

猫儿们分成几队，像自卫队一般，开始搜索小城的每个角落。认真起来，猫儿们的鼻子灵敏极了。没用多少时间，它们便发现钟楼就是那股气味的来源。青年也听见了它们那柔软的爪子爬上台阶、步步逼近的声音。完蛋了，他想。猫儿们似乎因为人的气味极度兴奋，怒火中烧。它们个头很大，拥有锋锐的大爪子和尖利的白牙。而且这座小镇是个人类不可涉足的场所。如果被抓住，不知会受到怎样的对待，不过，很难因为知道了它们的秘密，它们还会让他安然无恙地离开。

三只猫儿爬上了钟楼，使劲闻着气味。

"好怪啊。"其中一只微微抖动着长胡须，说，"明明有气味，却没人。"

"的确奇怪。"另一只说。"总之，这儿一个人也没有。再去别的地方找找。"

"可是，这太奇怪啦。"

于是，它们百思不解地离去了。猫儿们的脚步声顺着台阶向下，消失在夜晚的黑暗中。青年松了一口气，也莫名其妙。要知道，猫儿们和他是在极其狭窄的地方遇见的，就像人们常说的，差不多是鼻尖碰着鼻尖。不可能看漏。但不知为何，猫儿们似乎看不见他的身影。他把自己的手竖在眼前。看得清清楚楚。并没有变成透明的。不可思议。不管怎样，明早就去车站，得坐上午那趟火车离开小镇。留在这里太危险了。不可能一直有这样的好运气。

然而第二天，上午那趟列车没在小站停留。甚至没有减速，就那样从他的眼前呼啸而过。下午那趟火车也一样。他看见司机座上坐着司机，车窗里还有乘客们的脸，但火车丝毫没有表现出要停车的意思。正等车的青年的身影，甚至连同火车站，似乎根本没有映入人们的眼帘。下午那趟车的踪影消失后，周围陷入前所未有的静寂。黄昏开始降临。很快就要到猫儿们来临的时刻了。他明白他丧失了自己。他终于醒悟了：这里根本不是什么猫城。这里是他注定该消失的地方，是为他准备的、不在这个世界上的地方。而且，火车永远不会再在这个小站停车，把他带回原来的世界了。

——节选自《1Q84》（BOOK 2）第 113~115 页

书名：《米小圈上学记——小顽皮和老顽童》　　作者：北猫
出版时间：2014 年　　出版社：四川少年儿童出版社

一、作者简介

北猫，原名刘志刚，"80后"新锐儿童文学作家、动画编剧。1982年出生在黑龙江哈尔滨，喜欢为孩子们写好玩的书和动画故事。因为自己出生在北方，又非常喜欢猫，所以有了"北猫"这一称号。他曾这样介绍自己"3岁起看别人的小说，13岁开始逼别人看他的小说。与侯宝林大师同月同日出生，自认为获得了强大的幽默天赋"。曾获央视动画大片招标优秀提案一等奖，参与创作多部动画片。他的代表作品《姜小牙上学记》"米小圈上学记"等图书受到了广大小读者的喜爱。

截至2018年年底，北猫已连续3年登上中国作家榜。2016年，以665万元版税位居作家榜第22位；2017年，以2000万元版税位居第12届中国作家榜第4位，紧随杨红樱、大冰、郑渊洁3位作家之后；2018年，在第13届中国作家榜发布的中国童书作家榜中，北猫紧随杨红樱之后，以5300万元版税位列榜单第2位，并且成为童书作家榜中最年轻的儿童作家。2019年，北京开卷公布的《2019中国图书零售市场报告》指出，北猫成为少儿类图书中最具有市场影响力的作家，同时，北猫是整体市场中销量排名第1的作者。

二、畅销盛况

"米小圈上学记"2012年5月出版时，首版印刷8000套，后来分别于2013年推出二年级版，2014年推出三年级版，2017年上半年推出四年级版。目前，"米小圈上学记"出版到四年级，每年级一套图书，共16本图书。

2017年"米小圈上学记"开始登上畅销榜单，截至2019年，"米小圈"系列累积近百次登上开卷少儿图书畅销周榜，每次均占据榜单多个席位。[①]"米小圈上学记"在 2017 年重印 31 次，销售 1 243 万册、2.09 亿码洋，总销量超过 2 100 万册[②]。根据开卷公布的信息，2019 年"米小圈"系列共有 11 种图书登上开卷畅销榜 TOP10。至 2019 年年底，"米小圈"系列图书累计销售 8 454 万册、17.18 亿码洋。

"米小圈上学记"系列图书全国销售量已达 6 000 余万册，同名广播剧全网播放量也已经突破 30 亿次。"米小圈上学记"获奖众多，入选 2018 年国家新闻出版署向全国青少年推荐百种优秀出版物目录，2019 年获得第五届中华优秀出版物提名奖、四川省"五个一工程"奖。该书中文繁体版权已输出中国台湾地区，中文简体版权输出至印度、挪威、马来西亚等国家和地区。

三、畅销攻略

畅销书的打造是不容易的，需要作者和出版团队多方的共同努力。对于在图书市场上已经有较大影响力和较高市场地位的名家来说，在原有广大粉丝读者群体和市场口碑的基础上，他们的作品很容易畅销。然而对于新人作家来说，能够受到广大读者的喜爱，让自己的作品成为畅销书，还能与领域内的一线作家齐头并进，则是难上加难。

作为新人作家的北猫，他的"米小圈上学记"也经历了一个比较坎坷的过程。"米小圈上学记"之前曾在国内一家出版社出版，但是市场反应平平，销量一般。北猫与出版社解约后，将稿件投到了

---

① 孟捷.《米小圈》为什么能畅销 6000 万册 ?[J]. 出版人，2019（8）.
② 2017 年销售码洋增长 95%，这家少儿社靠什么引爆市场？ [EB/OL].https：//www.sohu.com/a/215209958_211393.2018–01–07/2020–7–21.

四川少年儿童出版社（以下简称"川少社"），在重新包装出版过程中，编辑与作者不断沟通，甚至因为意见分歧出现过争吵。但是幸运的是，作者对写作的坚持和对内容质量的坚守、编辑对作品的负责以及出版社的营销运作，最终使"米小圈上学记"顺利出版，并成为儿童图书市场上的超级畅销书。由此可见，作者和出版团队中的任何一方对畅销书的打造都至关重要。

一部畅销书的出版离不开优质的作品内容、精益求精的作者以及认真负责的出版团队。以下将从作品、作者以及出版社三个层面对"米小圈上学记"的畅销进行深入的分析和解读。

（一）作品层面

1. 情感：精准定位读者，引起读者共鸣

"米小圈上学记"对读者有着非常明确的定位，主要读者对象是小学生这一群体。作品通过描写米小圈和家长、老师、同学之间有趣好玩的故事，讲述了米小圈多彩的小学校园生活，充分展现了小学生成长中的快乐与烦恼。在呈现形式上，图书以日记体分年级出版，这使得每个年级阶段的小读者都能选择适合自己年龄的分册。这一形式也充分体现了图书对于小读者的精准定位。

在作者北猫看来，"米小圈"图书最大的特点就是无限接近孩子。该书以小学生的口吻，讲述了一个个精彩的校园故事，真实地还原了小学生的学校生活。有关成绩的不理想、同学朋友的相处、爱好的培养、老师的严厉、家长的管教等让孩子们或苦恼或开心的话题都包含在内。作品通过简单易懂的文字表现了主人公的喜怒哀乐，非常贴近小朋友的真实生活和真实心理。正是因为米小圈身上有孩子自己的影子，所以孩子读"米小圈上学记"就像是在读自己的童

年一样，能够在阅读的过程中产生情感共鸣。

2. 文字：幽默风趣，画面感强

很多小朋友对于"米小圈上学记"图书的评价，大致可以总结为"有趣""好玩""幽默"三个关键词。北猫也曾说过，他给自己写儿童文学作品的标签，就是"幽默"。由此也可以看出，该书另一个吸引小读者的特色就是幽默。全书多采用语言描写、动作描写和心理描写等表现手法，对故事情节进行展现和叙述，语言文字简单易懂、明白直接，阅读体验感较强。作者巧妙地将喜剧元素融合在各个故事当中，使图书兼具故事性和趣味性。

同时，作者呈现的故事很有画面感。北猫多年来一直从事动画编剧的工作，创作过多部动画剧本，并且其参与创作的多部动画片在央视少儿频道播出。从事动画编剧的经历让他的文字更具特色，语言文字传达出的场景感更强，因此更能吸引小读者的注意力。

3. 人物：性格鲜明，涂鸦式人物形象

一方面，该书中每个人物的性格都非常鲜明真实，每个角色都有自己的缺点和优点。例如，小主人公米小圈调皮、贪玩，有时甚至会搞一些小恶作剧，但他活泼开朗，很重视朋友，尊重别人，与同学团结友爱，又乐于做好事；又如学习认真、成绩优秀但喜欢打小报告的李黎，贪吃、憨实却喜欢当守门员的"铁头"邢铁，家庭富裕、喜欢炫耀的姜小牙，漂亮温柔的语文老师莫老师，严厉的数学老师魏老师等。小读者在自己的身边都能够找到书中人物的原型，因此也能从中找到共鸣。

另一方面，涂鸦式人物形象具有高识别性和易模仿性。在重新包装出版的过程中，责任编辑明琴多次与北猫沟通商量，最终将全书中的人物定为简单几笔就能绘制成的形象。"米小圈"有着圆圆的脑袋，胖胖的身形，不仅具有高识别性，而且非常适合小朋友模仿。

事实也证明这一形象设计取得了较大的成功：在读书评价或给作者北猫的读书反馈中，很多小读者都会自己画米小圈以及书中的其他人物，甚至利用食物、纸张等制作书中的人物。

4. 内容：丰富多样，寓教于乐

除了正文内容和有趣的内文插画，书中还包括"米小圈对你说""米小圈爆笑漫画""北猫哥哥小课堂""北猫哥哥的日记魔法""北猫哥哥的作文魔法"等延伸板块。

开篇的"米小圈对你说"相当于图书的序言，以米小圈的口吻向广大的读者小朋友问好，并根据书中的内容介绍自己的情况和北猫哥哥对自己的帮助，从而引导小读者跟着主人公米小圈的日记进入情境。

原创漫画为图书增添了幽默的色彩。一、二、三年级的图书分册，主要通过一小幅漫画插入正文的形式，展现一个小的情境。而四年级的分册除了小幅漫画的穿插，又独自设置了"米小圈爆笑漫画"这一部分，以五格漫画的形式展现了一个完整的对话情境，使整本书的趣味性得到进一步的提高。

"北猫哥哥小课堂"栏目寓教于乐，主要针对书中一些不好的现象或人物表现的不好行为进行分析和解读，并发起疑问让小读者反思自己是否存在缺点和不好的行为，引导他们树立良好的价值观和人生观。例如，《搞笑大王来啦》一书中的小课堂，以几个小问题引出主题——外号与嘲笑的问题，作者北猫结合自身小时候的经历和感受，讲述了受人嘲笑的消极影响，又回到书中的故事，告诉读者嘲笑是一种残忍的行为，引导小读者不嘲笑别人的缺点，不欺负弱小的同学，不针对同学的缺点起外号。

图书最后是作者的"写作魔法"，目的是让孩子们在阅读中学习如何写好日记与作文，同时这也是"米小圈上学记"营销卖点之一。一、二年级的图书分册是"北猫哥哥的日记魔法"，教小读者如何写好日记，因为一、二年级对作文的要求相对较低，主要强调习惯的培养和日记的积累。而到了三、四年级，对小学生作文水平的要求有了提高，因此"米小圈上学记"的三、四年级版是"北猫哥哥的作文魔法"板块，目的是讲述作者自己的写作方法，为小朋友作文的写作提供指导。

5. 形式：日记体编排，装帧设计充分考虑读者

"米小圈上学记"系列图书以全彩的短日记形式呈现内容，记录了米小圈学习生活中的事情。日记体的形式问题简单，所记录的都是身边发生的事情，都是自己的所见所感，因此更加具有亲切感。一方面，可以拉近文字作品与小读者的距离；另一方面，也可以让小读者在阅读中不知不觉地爱上日记这种形式。同时，该书的装帧设计充分考虑了读者的阅读习惯。

在内页设计方面，该系列图书有很多自己的小特色。一是彩色字词，书中将一些好词或相对生僻的字词用彩色进行了标注，使小读者能够提高对这部分字词的注意力，从而加深印象；二是批注点评，在米小圈的日记中有红色字体标注的小圈爸、小圈妈的批注点评，不仅能够提高日记整体的真实性、准确性和趣味性，而且还能体现亲子感情，拉近亲子之间的距离；三是有趣插图，因为相对于纯文字，儿童更喜欢图画，插入漫画不仅能给小读者的阅读过程带来一些欢笑，而且达到了图文并茂的效果，提高读者阅读的兴趣；四是可爱多彩的背景，全书内页采用了多彩的边框设计，色彩丰富，并融合形状、线条和事物等各种小元素，使页面更加有趣，凸显了正文日记纸张的立体性，增强了小读者的阅读体验和感受。

在形式选择上，图书则针对不同年龄段的小读者进行了个性化的设计。考虑到一、二年级小读者的认知水平有限，识字尚少，因

此对正文进行了注音，来扫除这一群体的阅读障碍。在开本的设计上，为了适应小读者的阅读习惯，采用了 24 开的大开本形式，利于图文疏松排版，从而为小读者提供舒适的阅读体验。一、二、三年级的图书版本都是 210mm × 180mm 的尺寸，而四年级的图书分册则稍小一点，成品尺寸为 210mm × 160mm。

（二）作者层面

1. 蹲在孩子的视角看生活

"米小圈上学记"系列图书产生于一次机缘巧合下的灵感。2009年，北猫在网络上偶然看到了一篇小学生写的日记，被逗得哈哈大笑，由此也产生了"模仿这个孩子的文笔去写一本书"的想法。

北猫曾言："创作儿童文学最大的难度在于需要转换思维方式，作者需要把自己变成一个小学生或者一只树袋熊，这对于一个成年人来说是不容易的。不但要具有孩子般超乎想象的思维，还要了解当下的孩子在想什么、喜欢什么、最近流行什么漫画和玩具等。"[①] 也正是因为作者北猫能够站在孩子的视角看待学习和生活，才能在日常生活中发现孩子们喜欢的东西，通过文字真实地反映出孩子们的心理活动与他们所关心的问题，从而准确地发现孩子们的阅读需求，无限地接近孩子内心世界，引发他们情感上的共鸣。

2. 慢节奏创作，高质量追求

高质量的内容是畅销书的基础支撑。北猫清楚自己的作品必须和别人不一样，要有自己鲜明的特点。因此，北猫的出书节奏很慢，目的就是充分打造自己的特色，同时保证作品的质量。他对于自己

---

① 孟捷.《米小圈》为什么能畅销 6000 万册？[J]. 出版人，2019（8）.

的作品，包括每个故事、每个转折，都要仔细思考、认真打磨、精益求精，以工匠精神深耕内容。

根据北猫的介绍，"米小圈上学记"系列图书的第 1 本（即一年级）写的时间非常长，3 万字写了两年，来来回回改了 100 多稿。虽然现在北猫已经成为著名的儿童作家，"米小圈上学记"已经成为超级畅销书，市场需求量较大，后续的图书作品也时刻受到读者市场的重点关注，但他仍然没有刻意加快作品的创作，也没有找任何团队进行代笔，没有急于追求眼前的经济利益，而是潜心写作，不断修改完善文字。以《米小圈上学记（四年级）》为例，北猫在创作时如果对自己写的故事不满意，他会随时推翻重写；又如在《米小圈脑筋急转弯》的写作过程中，甚至花费了整整一年的时间去琢磨几个情节的转折。

（三）出版社层面

1. 注重发掘和培育新人作家

在少儿出版市场上，儿童名家的作品一直是畅销书的主力军，占据着较大的市场份额。因此，杨红樱、曹文轩、沈石溪等一线儿童作家的作品一直是出版社争夺的资源。这些作品虽然能够给出版社带来较高的收益，但是由于竞争激烈，出版社与名家合作付出的成本较高，同时也会因为能否做好名家名作的出版而面临各方面的压力。

川少社常青社长根据川少社自身的实际情况，并结合上述因素的考虑，认为"不一定要把眼光盯着儿童文学板块最顶尖的那一块，不必往人群扎堆的地方挤"①。因此，川少社将作家资源建设的重点放

---

① 陈香. 常青："米小圈"和川少的故事 [N]. 中华读书报，2019-05-08.

在二三线作家身上，注重培育种子作家，着重培养有潜力的青年作家，"量体裁衣"进行个性化的孵化。

正是因为川少社重视对新人作家的培养，对种子作家投入了足够的资源和精力，耐心等待作家的成长，不抛弃任何一位作家，使得新人作家有机会展现自己的作品，并不断在市场上站稳脚跟。就如北猫得到编辑明琴的重视和出版社的投入，并且作品幸运地在出版两个月就开始加印，一年内印到了30万册。

2. 编辑的主动性和创造性付出

畅销书的打造同样离不开编辑的主动性和创造性。新人作者与编辑，正如伯乐与千里马，如果千里马没能遇到伯乐，那千里马的才能终将会被埋没。正因为川少社编辑明琴主动性的判断和敏锐的市场眼光，发现北猫作品的大胆与想象，才使得一匹"黑马"从众多作品中脱颖而出。然而，对于编辑来说，识出"千里马"意味着才刚刚迈出第一步，对于这匹千里马的打造和付出才是至关重要的一步。

北猫说："幸运的是我找到了一位特别懂我的编辑。编辑对我来说非常重要。如果一名作者是拳击手，那编辑就是陪练员，甚至是教练员。我们写作的过程非常艰苦和孤独，我经常需要别人鼓励我，给我打气，甚至有时需要有人逼着自己去练习拳击。编辑还会提出很多修改意见，这些意见会让我不再当局者迷。"在"米小圈上学记"的出版过程中，编辑明琴经过详细的市场调研后，从封面到内文设计，从人物性格到形象呈现，针对各个细节与作者、设计者进行反复的沟通和交流，仔细进行内容和形式的打磨，充分展现了一位编辑的职业责任感和业务修养。

3. 打造IP产业链，实现品牌价值延伸

川少社曾表示："要深度挖掘该品牌的IP价值，实现"米小圈上学记"系列图书销售和周边产品打造的良性互动、整体推进。"川少社针对该系列进行了全方位的立体式开发，打造图书品牌，充分挖掘作品的价值，事实证明这也取得了良好的成效。

规划多条产品线，形成"米小圈"大家族。在出版"米小圈上学记"一、二年级取得了良好的市场销售后，川少社就开始针对"米小圈"进行产品线的规划，逐步推出三、四年级的图书分册，并推出几个年级的合集版。除了推出"米小圈上学记"系列分龄图书，川少社还围绕"趣读""趣学""趣想""趣写"等主题规划产品线。^①在"趣读"主题下，除"米小圈上学记"外，还推出了兄弟篇"姜小牙上学记"，该系列图书以米小圈的好朋友姜小牙为主人公，同样以第一人称的视角讲述了新的校园故事；"趣学"主题下，根据小学生喜爱漫画这一特点，继续沿用了米小圈中的人物形象，将成语通过多格漫画的形式表现出来，寓教于乐，推出了《米小圈漫画成语》四册；"趣想"主题下，为开拓小读者的思维和想象，推出了《米小圈脑筋急转弯》四册；"趣写"主题下，根据小读者写日记和画画的需求，推出了《米小圈日记本》《米小圈图画本》，以此引导小读者记录下自己的学习和生活，爱上写作和绘画。同时推出了《米小圈》杂志，实现书刊互动，使产品线更加多元化发展。2018年，川少社专门成立了明琴工作室，重点打造"米小圈"系列图书、《米小圈》杂志及其他童书作品。

跨界开发衍生产品，进一步巩固品牌形象。除了推出"米小圈"衍生图书品种，川少社还打造了"米小圈"保温杯、文具、徽章、微信表情包、小游戏等多种实体和虚拟文创衍生产品。同时借助现代技术的发展，联合喜马拉雅FM、懒人听书等第三方平台，开发了

---

① 孟捷.《米小圈》为什么能畅销6000万册?[J]. 出版人，2019（8）.

"米小圈上学记"有声书、广播剧产品。2019年年初，根据"米小圈上学记"改编的儿童剧《米小圈》儿童栏目剧在央视一套《第一动画》节目中播出，截至2020年2月已推出两季，真实展现小学生生活的喜怒哀乐，引导孩子们树立正确的价值观。文创产品、有声书、广播剧、动画片等衍生产品进一步提高了"米小圈"的品牌效果，实现了与图书的良性互动和共同推进。

4. 宣传营销手段

一个耐心、可靠、专业的出版社对于新作者来说非常重要，其良好的营销能力以及到位宣传都会对图书的销售产生积极的影响。

精准定位市场需求，开展相关宣传活动。对于童书而言，虽然儿童是图书的阅读者和消费者，但是家长才是图书真正的购买者，因此，图书的宣传营销要充分考虑到家长的消费需求，引起家长的注意力。大多数家长购买图书，都希望书能够有营养、对孩子有价值，甚至能够培养孩子的爱好和兴趣。川少社则抓住这一点，紧紧围绕"成长""写作"等关键词展开活动，进行长期的、多频次的宣传和推广，例如，开展相关主题讲座。2015年，川少社以"写作"为切入点，让作者走进书店和校园，与小读者们进行面对面的沟通与交流，掀起"米小圈"的阅读热潮。其中，通过《北猫哥哥的写作魔法》"书香进校园"主题，邀请作者北猫进入四川、重庆、贵州、福建等地的校园进行主题讲座，并获得当地电视台、报纸、网站等媒体的多次报道，成功提高了"米小圈上学记"的曝光度，提升了作者自身在小朋友中的人气。

多样化的营销手段。促销手段是图书营销中的一个重要环节，会直接影响到图书的销量。川少社积极进行全方位营销，借助"米小圈"图书衍生品和其他周边产品开展促销活动。一方面，大力拓展电商渠道。长期积极与京东、天猫等电商平台合作，通过分年级成套的形式进行宣传和销售，使销量翻倍，并通过赠品、预售等多种形式开展促销活动。另一方面，也重视线下渠道的销售。在2017年《米小圈上学记（四年级）》准备上市时，川少社进行饥饿营销，将新书的首发机会给了新华书店地面渠道，对火爆的网络渠道封闭40天，同时在地面店开展各种主题的营销活动，使得"米小圈"系列一举冲进每周的开卷全国少儿类图书畅销榜①。同时借助"儿童节"等节假日，在地面书店进行专台的成列销售，并向小读者赠送精美的"米小圈"品牌的小礼品。

四、精彩阅读

---

① 肖姗姗. 三问"米小圈"何以一纸风行全国 [N]. 四川日报，2018-09-12.

——节选自《加油！足球小将》好玩的"的地得"第 24~30 页

书名："窗边的小豆豆"合集(1-6)　　作者：[日]黑柳彻子 黑柳朝
出版时间：2020 年　　　　　　　　出版社：南海出版公司

一、作者简介

黑柳彻子，日本知名电视节目主持人，亚洲第一位联合国儿童基金会亲善大使。"社会福利法人小豆豆基金"理事长、"社会福利法人小步的箱子"理事、"日本文学俱乐部"会员。1981年，她根据童年在巴学园的亲身经历，创作了脍炙人口的《窗边的小豆豆》，在日本创下有史以来图书销量第一的纪录，该书被译为33种语言。作品主要将视角放在儿童与教育上，虽然定位是儿童文学，但是父母、老师、孩子等都可以在书中找到自己的阅读视角。

黑柳朝，日本作家，"小豆豆"黑柳彻子的妈妈。1910年生于北海道，她性格开朗，好奇心旺盛，勇于付出实际行动，始终抱着积极乐观的生活态度。代表作有《小豆豆与我》《阿朝来啦》《阿朝在旅途》等。

二、畅销盛况

《窗边的小豆豆》1981年在日本出版后，一年内卖出450万册，成为日本历史上销量最高的一本书，后被翻译为33种语言在全球发售。其英文版在日本国内就卖出了40万册，创下了英文畅销书的纪录。美国《纽约时报》在星期日的书评栏目中，为"小豆豆"发表了本栏目有史以来最长的书评文章。《时代周刊》的日本特集用一整页篇幅介绍了作者和"小豆豆"，并纳入日、美、英等国中小学生和教师必读书。

《窗边的小豆豆》单本中文简体版销售已突破1 100万册，连续10年进入开卷全国畅销书排行榜，被评为影响20世纪的儿童文学杰作，入选九年制义务教育小学语文课本。而该套装简体中文版销量近 1 700 万册。其中《小时候就在想的事》《丢三落四的小豆豆》等中文简体单行本已突破 100 万册。在 2008 年至 2016 年、2008 年至 2012 年开卷年度少儿类畅销榜排名第 1，2013 年至 2016 年排名前 7，2017 年再次位居少儿类第 1；被《中华读书报》《新京报》、当当网、新浪网评为年度图书；被新华社、《人民日报》《中国教育报》、中央电视台深度报道。

书中时刻流露出的对儿童的关爱、对教育的重视和对爱的鼓励使读者深受感动。知名作家、"安徒生文学奖"获得者曹文轩评价："为什么所有人都喜欢《窗边的小豆豆》？秘密在于：其实所有人都是向往如此的教育的。"

三、畅销攻略

《窗边的小豆豆》是日本作家黑柳彻子于 1981 年为纪念已逝的小学校长小林宗作先生而创作的，讲述了作者上小学时的一段真实的故事：书中的主人公小豆豆因淘气被原学校退学后，来到巴学园。在小林校长的爱护和引导下，一般人眼里的"怪孩子"小豆豆逐渐变成了一个大家都能接受的孩子。巴学园里亲切、随和的教学方式使这里的孩子们度过了人生最美好的时光。该作品散发着儿童天真烂漫的童趣，透露着儿童无厘头可爱的小心思，反映了儿童对世界的认知以及最初对自我懵懂的认知。全书总共由 60 篇小故事加两篇后记组成。2001 年，该书在日本的销量已经超过 900 万册，成为日本"二战"后最畅销的童书之一。2003 年新经典文化将其从日本引进中国为地，由南海出版公司出版。

《窗边的小豆豆》单行本的畅销促使新经典开发系列套装本（共6 本），虽然每本内容都围绕小豆豆展开，但又是独立的板块。每本书都有自己独特的主题，在阅读完该系列书籍后，本文将从内容和营销两个层面分析"窗边的小豆豆"合集（1-6）畅销的原因。

（一）内容

一部日本儿童文学，一套可以算作作者自传性质的书籍，为什么不仅在日本取得了巨大成功而且在国际上也声名鹊起？只有你亲自读过才会明白，为什么联合国儿童基金会主席会说"再没有比她更了解孩子的了"；也会明白为什么教育专家孙云晓评价："《窗边的小豆豆》令人惊讶地证明了童年是永恒的，是跨越时空的，是有特殊价值的。黑柳彻子对童年的发现与证明，不亚于爱因斯坦发现相对论。"

因为书中作者的视角是孩子、是教育、是爱，这些是没有国界的，是任何一个人都需要的。虽然是作者的个人经历但是内容却具有"普遍性"，因为"普遍性"，所以中国的读者会产生强烈的情感共鸣。

1. 内容的"普遍性"

在阅读完套装 6 本书籍后，我总结了"窗边的小豆豆"合集（1-6）的如下几个关键词。这几个关键词贯穿文本的始终。

1）教育

《窗边的小豆豆》以小豆豆因为在原来的学校"调皮捣蛋"，被老师列为"坏孩子"的行列而被开除，展开整个故事。小豆豆的妈妈因为怕伤害孩子的自尊心而没有告诉她被开除的事实，而是带着她来到巴学园，一个专门为"调皮捣蛋"和不被其他学校容忍的孩子建立的学校。小豆豆从第一次进巴学园就感觉到了这里的与众不同，巴学园独特的教育方式改变了小豆豆的一生。

这里的教室是电车，上课不用像其他学校那样严格按照课表，而是可以根据自己的爱好选择每节课的学习内容。所以每一堂课孩子们有的在写作文，有的在做实验，有的在画画。这里有位和蔼可亲的小林宗作校长，他初次见小豆豆就可以耐心地听她讲4个小时毫无逻辑的话。他为身材矮小患有残疾的高桥君特意设计体育项目，只是为了让他克服自卑心理，在运动会上通过自己的优势和努力拿到第一名，进而建立起自信。小林校长在看到"我"为了找掉进便池的钱包而将掏出的排泄物堆放在一边时，只是说了一句"记得把它们放回去哟"。

　　巴学园里有我们每个人童年对理想校园的憧憬，这里平等尊重，小孩子表达的欲望可以得到满足。这里小班教学，每个班只有几个人，老师有足够的精力关注每个学生。巴学园上课形式丰富，可以野外散步，可以露营泡温泉，可以爬树也可以找"妖怪"。同时注重实践，请真正的"旱田"老师来给孩子们讲解庄稼知识，孩子们可以到农田干活。这里因材施教，每个孩子可以做自己喜欢的事情，而老师则提供一切你需要的东西。这里能满足你的好奇心，不会像小豆豆原来的学校那样因为好奇而被责骂，在这里，孩子们好奇电车是怎么运到学校的，校长就允许孩子们在学校过夜目睹电车的搬运过程。这里鼓励表扬，这里的老师从来不会打骂学生，即使是做错事，也只是说"请为这件事道歉"。校长说得最多的话也是："小豆豆，你真是个好孩子。"

　　一个孩子的成长除了来自学校的教育，家庭的教育也至关重要。在小豆豆因"调皮捣蛋"被要求退学时，小豆豆的妈妈没有责备小豆豆而是带她找新的学校，并怕伤害孩子的自尊心而选择隐瞒。这是因为在妈妈的眼里小豆豆的一切搞怪只是好奇心在作祟，所以她选择遵循孩子的成长个性。在小豆豆因为钻篱笆割坏衣服怕被责骂而撒谎说是小朋友朝自己背后扔刀子时，妈妈选择相信她，只是说

"啊，是吗？那太可怕了"，这是妈妈在包容孩子的天性。在阅读完作者妈妈的《小豆豆与我》后你会发现，原来小豆豆和妈妈多像呀！妈妈因为知道家庭和睦对孩子的重要性，所以总是做爸爸和孩子沟通的桥梁。妈妈从来不打骂孩子，而是一起分享快乐和难过，把自己放在孩子的角度，所以她一直是孩子们的朋友。也因为妈妈经历过婚姻生活，所以她选择尊重孩子的意愿，从不强求。

对孩子教育的重视不分国界和语言，所以乐园般的巴学园生活让孩子们和父母、老师都心生向往。我们都想拥有小豆豆那样的妈妈，就如同每个妈妈都希望自己可以做到和小豆豆妈妈一样。作者很好地将教育这一主题贯穿其中，引起不同身份读者的共鸣。

2）关爱

爱是一个永恒的主题，是每个人成长道路上不可或缺的东西。作者通过一个个真实的小故事向读者诠释了爱和被爱的含义。

《窗边的小豆豆》里有小林校长平等无差别的关爱，为了让孩子们不偏食，校长要求每餐必须保证要有"山的味道"和"海的味道"。因为怕孩子们攀比，校长会为没有"山的味道"或"海的味道"的小朋友特意准备食物。游泳课上，校长要求所有人都光着身体，因为想告诉孩子们"无论什么样的身体，都是美丽的"。这里也有同学之间互帮互助的友情之爱，小豆豆为了帮助患有小儿麻痹症的泰明爬树，在烈日下也从未想过要放开他的手；在茶话会上，税所爱子为了感谢阿良的帮助，说出了自己的心里话："阿良，有一次我摔倒了，你给我包扎起来。谢谢你，我不会忘记的。"

《小时候就在想的事》里妈妈为了让小豆豆过一个开心的圣诞节，即使战争已经爆发，物资严重短缺，妈妈还是四处寻找给小豆豆买了一个球拍。而小豆豆并未因为没有得到梦想的蝴蝶结而伤心，而是隐藏自己的小心思，妈妈和小豆豆都深深地爱着对方。

《小豆豆与我》里作者的妈妈黑柳朝更是以细腻的笔触写了自己和女儿相处的点点滴滴。妈妈为了不拖累子女,为了给彼此留下生活的空间而选择自己独自一个人生活。女儿时常鼓励想要尝试新生活的妈妈,不断为妈妈的事业出谋划策,尊重妈妈的选择。一封封信件表达了女儿对妈妈的感恩和爱,而妈妈记得所有关于女儿的记忆。正是这份爱支撑她们熬过战争,熬过生活的苦难。

《小豆豆和小豆豆们》则是作者历时13年,遍访14个国家写成的故事集。作为联合国儿童基金会亲善大使的小豆豆,为了坦桑尼亚的孩子们能喝上干净的水而四处奔波筹款;她被尼日尔人民亲切地称呼为"降雨亲善大使";在印度面对因为没有疫苗而身处死亡边缘的孩子,她眼含热泪;在柬埔寨看到9 000多个头盖骨,她祈祷:"请不要让这样的悲剧再重演";在印度,她握着因为营养失调、像老人一样的婴儿的手,为自己的无能为力道歉。作者用文字记录下无数孩子看到的世界,自由、和平是他们最奢侈的礼物,疾病、战乱是他们无尽的梦魇。作者用自己的实际行动回报自己所得到的关爱,此时的爱是大爱,是超越国界的爱,也是巴学园里无差别的爱的延续。

3)希望

《窗边的小豆豆》的氛围随着一个个小故事逐步走向沉重,但即便是描写战争的残酷,作者的笔触也是隐晦而含蓄的。例如,通过身边人一个个陆续参军,糖果贩卖机再也出不来糖果(物资匮乏),食堂的饭菜由最初的有鱼有肉到后来的鱿鱼干,再到最后的吸吮树皮,以及巴学园被战火炸毁,等等,作者并未对战争的暴力残酷做过多的描绘。书中没有提及死亡,也没有涉及血腥场面。即使是面对被毁的学校和家园,作者整本书的基调都是有趣而充满诗意的,阅读时的感受是温暖的,眼眶是湿润的。

《小豆豆频道》记录的是小豆豆初入社会，遭遇否定、斥责、嘲笑的两年。但面对种种来自社会的挑战，全书所传达的信息没有抱怨，更多的是积极鼓励自己去战胜、去适应。《小豆豆和小豆豆们》里作者所到之处无不是战争、贫穷、饥饿与死亡。作者呈现给我们的具体情境本应是绝望和无助的，但她舍弃了由这些恐怖的天灾人祸可能招致的怨恨、恐惧、暴力与血腥，而处处记录爱，传达宽容与理解。

2. 内容的"真实性"

《窗边的小豆豆》是作者的儿时自传，讲述的是作者黑柳彻子即小豆豆上小学时一段真实的故事。巴学园是真实存在的。它于1937年成立到1945年因战争被毁，笔下的人物也是真实可寻的。

《小时候就在想的事》中小豆豆回眸当年，发现长大后的所思所想、所作所为都源于自己的童年。小孩子也在考虑大未来，只是大人老是盯着他们的小毛病。通过被退学后的一些记忆深刻的事，才发现原来自己的个性是从小养成的。《丢三落四的小豆豆》可以看作是小豆豆的笑话集，通过一个个啼笑皆非的故事来告诉读者，无论什么样的人，上天都会赐予他一项出类拔萃的才能。那些故事现在看来是幼稚和可笑的，但是那就是童年应该有的模样。

《小豆豆频道》可以看作《窗边的小豆豆》的续集，因为一个是关于上学那两年的记忆，一个则是小豆豆初入社会，初次面临职场所遭遇的否定、迷茫。《小豆豆和小豆豆们》是作者功成名就后担任亲善大使后的所见所闻，这本书在表现形式上和其他系列有所区别，书中将原本的插画换成了真实的照片，这实际上是作者在记录她见到的不同的真实世界。

《小豆豆与我》则是作者妈妈记录的关于自己和女儿的点滴，既有儿时的回忆，也有长大后的生活，笔触平实。向读者展示了小豆豆与妈妈一起成长的时光。

通过以上简单的梳理，我们可以看出，"小豆豆"系列以在巴学园上学开始到作者老年仍然为那些需要帮助的孩子们奔波结束，短短的 6 本书记述了作者的一生。正是因为这些不带任何虚构的亲身经历，通过一个平凡甚至有点"坏孩子"的小豆豆这一形象，作者告诉我们每个孩子都是独一无二的，都是上天赐予的礼物。

真实性使读者更能产生反思。即使作者从头到尾从未批评过传统教育的不足，从未告诉父母、老师要如何培养孩子，社会应该为未来一代做些什么，但这比那些虚拟地讲大道理的内容更能触动内心。即使我们会狡辩说现行的教育体制下，完全实行"巴学园"那样个性化的教育是不现实的，但巴学园里一些本质的东西，比如，对孩子个性的尊重、对孩子兴趣爱好的培养、对孩子的因材施教、教育环境的特色安排、孩子的关爱和赞美等都是值得家长和老师反思的。

3. 编排的"特色性"

首先，每本书在内容的呈现形式上都采用小故事的形式，由 60~70 个小故事组成，每个故事内容独立但又紧扣整本书的中心。每个故事都尽量控制在 4~5 页的长度，这使得读者阅读起来没有压力。将故事的趣味性和短篇幅相结合，符合儿童的阅读特点，因为孩子的注意力有限，这样的编排形式使读者在有限的注意力下可以读完整个故事。而相对独立的内容使得每次开始都是新的内容，一方面，可以引起读者的兴趣；另一方面，不需要在开始新的内容时回忆前面的内容，可以轻轻松松地在一到两天内读完整本书。

其次，图文结合。作者在《窗边的小豆豆》后记中也特别提到，为了选择合适的插画，作者每个月都要去岩崎千弘绘本美术馆挑选图画。岩崎千弘女士将西洋的水彩画与东洋传统的绘画技巧融合在一起，创造了独具一格的、富有动感而又细腻的表现方式。儿童是她一生不断描绘的主题，书中的小豆豆天真、活泼、神态灵动。她生动地表达孩子们的神态，天真烂漫的插图拉近了与孩子的距离，对该书的成功起到了一定的作用。

（二）营销

《窗边的小豆豆》单行本由新经典2003年引进，南海出版公司出版。新经典是一家兼具图书策划和发行的上市公司，通过近些年的发展已经打造出一套相对成熟的内容运营体系。新经典副总裁黎谣曾在接受采访时表示："营销好比做蛋糕的厨师，在介绍自己的蛋糕时总说'这蛋糕特别好吃，吃一口会感觉飘飘欲仙'；而现在，大多数人都会介绍蛋糕里面粉、水、蛋、糖的含量。"他提到营销不能娱乐化，"一本书并不需要过多的诠释，只要把它背后的故事讲出来就可以了，读者自有判断和选择的敏锐能力。"[①] 新经典将线上营销与线下营销相结合，在坚持传统营销的基础上，利用互联网的特点打通线上营销服务，为《窗边的小豆豆》的畅销奠定了基础。

1. 打通自有线上营销

新经典的线上营销主要包括三大板块：（1）自有媒体。主要包括新经典官方网站、官方微博及新经典旗下自有公众号，还包括新经典文化、爱心树童书等，形式多样、内容丰富。（2）平面媒体。主要是指与新经典合作的报纸和杂志。（3）网络媒体，指和新经典合作的门户网站。

---

① 节选自新经典十年传奇："做书就是做口碑".《中华读书报》，2013-02-27.

在即将推出新书时，新经典在自家的官方网站和微博、淘宝旗舰店等滚动播放新书信息。利用新经典、爱心树童书等微信公众号介绍关于书籍的创作故事，将新书的信息传达给读者。

2. 定制专属线下营销

线下营销主要采用产品促销、活动公关、会议会展等手段来进行"一对一"的品牌宣传和产品助销服务。线下营销相比线上营销更加灵活和多变，往往没有固定的营销模式，可以根据每本图书的特点为其量身定制线下的营销模式。

例如，初期在对《窗边的小豆豆》单行本进行推广时，就对其制定了专属营销推广方案。

（1）组织读书会：2003 年 6 月出版后，新经典深入北京地区的中小学，组织共读活动，直接把书送到目标读者的手上。让读者直观地感受该书的魅力，达到了成功宣传的目的。

（2）向校长、老师赠书：通过老师推荐，他们在阅读后确定这是一本值得孩子们阅读的书籍，便会向学生和家长推荐，实现口碑效应。

（3）阅读征文活动：新经典在传统媒体和网络媒体开展阅读征文活动，对优秀的文章进行奖励。在社会上掀起了"小豆豆热"。[1]

猿渡静子在采访中说道："我们的坚持不是盲目的，而是有一个基本的整体把握。重要的不是对别人面不改色心不跳的宣传，而是在面对自己的时候还能认为自己做的是好书，并且真正读懂它，确实了解它的特点。"[2] 只有真正地理解了书才知道怎样向读者传达出它的与众不同，宣传往往在精不在多。

---

[1]　张硕 ."新经典"的出版经营活动研究 [D]. 河北大学，2015.
[2]　节选自新经典十年传奇："做书就是做口碑".《中华读书报》，2013–02–27.

3. 依托特色封面营销

1）封面

每本书在大框架相同的情况下各有特色。比如，6本书都是采用温馨的粉红色底加白色，中间放插图和标题。插画风格和内文一样，《窗边的小豆豆》穿着粉红色毛衣，顶着一头黄黄短发，双手抱拳的小豆豆，没有过多复杂的修饰，简单易懂，画面简约大方，鲜明的人物形象突出主题吸引读者的注意力，符合儿童的心理，同时暖暖的色调也符合书中温馨的故事。其他封面也以简洁、温馨为主，除了《小豆豆和小豆豆们》一书的封面使用的是作者站在一群黑人小朋友中间的照片，但这也与整本书的基调相呼应。

2）封底

以《窗边的小豆豆》为例，共有三段文字，其中"世界上最可怕的事情，莫过于有眼睛却发现不了美，有耳朵却欣赏不了音乐，有心灵却无法理解什么是真。不会感动，也不会充满激情。"和"我常常想，如果今天还有巴学园，可能就不会有孩子不愿意上学了吧。因为在巴学园，放学后孩子们也不愿意回家，而且第二天早晨，又眼巴巴地盼望早一点到学校去。巴学园就是一所充满魅力的学校。"两段文字，第一段是哲理煽情性，第二段是童真朴实性，情理并重，有很好的宣传效果。其余基本采用相同的模式，以勾起读者的阅读兴趣。

3）腰封

每本单行本都设计有腰封，在腰封的内容设计上具有以下几个特点：（1）名人撰写推荐语；（2）利用数字：中文简体版突破1 100万册，连续10年位居开卷全国畅销榜；（3）利用媒体：新华社、《人民日报》《中国教育报》、中央电视台深度报道等；（4）走心的文字："无论什么样的人，上天都会赐予他一项出类拔萃的才能。"（5）选取文中的内容："即使大家都觉得我毛病很多，比如天天蹿来蹦去，没有一刻安静，一发现有趣的事情马上凑上去，见到一个坑就要跳进去，不听大人的话，可是我仍然在听，仍然在思考。小学低年级的我，在大人看来只是一个让人无计可施的差劲的孩子。那时候谁能想象得到，我正在思考怎样才能做一个有教养的人。"通过走心和发人深省的文字引发读者的情感共鸣，勾起读者的阅读欲望。

四、精彩阅读

　　一般的学校都是按照每个时间段，有顺序地上课。比如第一节课是语文的话，就上语文；第二节课是算术的话，就上算术。可是这个学校却完全不一样。

　　在第一节课开始的时候，女老师就把当天要上的所有的课，还有每一节课要学习的所有问题点，满满地写在黑板上，然后说：

　　"下面开始上课，从你喜欢的那门课开始吧。"

　　于是，小学生们就从自己喜欢的那门课开始学习……喜欢作文的小学生在写作文。后面的位子上，喜欢物理的学生点起了酒精灯，把烧瓶烧得"咕嘟咕嘟"冒泡。或者做着什么爆发实验，每个教室里都可以看到这样的风景。这样上课的话，随着年级的升高，老师就能逐渐掌握每一个学生的兴趣所在，以及他感兴趣的方式、对问题的思考方式等。由此，老师能清楚地了解每个学生的个性。对老师而言，在了解学生的基础上因材施教是最有效果的上课方法。

　　　　　　　　　　　　　　　——节选自《窗边的小豆豆》第 31~32 页

钻铁丝网的时候，裙子当然撕破了。但这一回破的样子很奇怪，不像裙子被钩住了划开那样，而是从背上到屁股那里，共撕开了七个大口子，破破烂烂的像是背了一个掸子。小豆豆知道这件裙子虽然旧了，却是妈妈喜欢的，她拼命地想一个好办法。因为说"是钻铁丝网的时候划破了"，很对不起妈妈，哪怕是撒个谎，也一定要显得"实在避免不了弄破，实在没有办法"才好。想啊想，小豆豆好不容易想出了一个好理由。

回家以后，小豆豆对妈妈说：

"刚才，我在路上走的时候，别的孩子都往我背上扔刀子，才成了这个样子。"

一边说着，她一边担心"妈妈要是仔细问怎么回事，可就麻烦了"。好在让人庆幸，妈妈只说了一句：

"啊，是吗？这可太吓人了。"

——节选自《窗边的小豆豆》第 104 页

小学低年级的我，在大人看来只是一个让人无计可施的差劲的孩子。那时候谁能想象得到，我正在思考怎样才能做一个有教养的人，因而在一字一句地读契诃夫的文章呢？一个刚上小学一年级几个月就被退了学的孩子，居然在想怎么去做有教养的人，还一个人在默默思考！即使大家都觉得我毛病很多，比如天天蹿来蹦去，没有一刻安静，一发现有趣的事情马上凑上去，见到一个坑就要跳进去，不听大人的话，可是我仍然在听，仍然在思考。

——节选自《小时候就在想的事》第 26~27 页

和我约会的男子对我说：

"吃惊的时候，还是好好看明白再惊讶为好。不然会吵着别人。"

现在想来，这是非常亲切的忠告。

可当时我觉得"明明看起来就像企鹅嘛"，心里有些不舒服，便反驳说：

"那么，我这样说行不行？'哎呀，那边那个把头探进塑料桶的东西，看起来真像企鹅，可是这一带不会有企鹅，我还是好好看一看吧！仔细一看，原来是一只猫，可这只猫黑白相间，花纹和企鹅一模一样！哇，真让人吃惊！'这样可以了吧？"

我和那个人，后来就没有了交往。

——节选自《丢三落四的小豆豆》第13页

近江导演虽然是对着哭泣的女孩说话，但是似乎也想让小豆豆他们一起听，他说道：

"在录音棚里哭，就是纵容自己的证据。真到了迫不得已时，人是没有工夫哭的！有哭的功夫，还不如好好想想怎样才能把剧演好。如果真的想哭，就到河滩上去哭。从今天开始，你们都要记住，在录音棚里哭是可耻的！想哭的时候，一个人到河滩上哭！"

——节选自《小豆豆频道》第185页

"啊，你用红色试试，红色多漂亮啊。"我试着对他说。谁知他却回答："我讨厌红色，我就是喜欢黑色。"说完，继续涂他的黑色。

男孩看上去大约八九岁。我问："你几岁啊？"他回答："不知道。"听说他什么也不记得了。我曾经遇到过不少这样失去记忆的孩子。

人要是经历了太多恐怖的事情，上帝似乎便会安排他患上"健忘症"，让他不再记起过去那些可怕的事。然而这又何尝不是可怕的事情。

——节选自《小豆豆和小豆豆们》第 269~270 页

人无论住在哪里，都应该心平气和，因为地球上任何一个角落都可以成为自己的故乡；无论有没有钱，都要有信心过上幸福的生活，也要洒脱地认为这个世界上所有事情都有自己的一份责任，不要只是充满怨气。

——节选自《小豆豆与我》第 152~153 页

我最讨厌把孩子训哭了，所以从彻子小时候开始，我一次也没有大发雷霆、歇斯底里地训过孩子。不管多小的事，我们都会一起高兴、一起愤怒；美好的东西我们会一起欣赏和感激；不管有多少好吃的东西，我们都会互相分享，一起品尝。现在这样用电话聊天，其实也是一种延续，如果有快乐的事，两个人一起为之雀跃，一边听着她说感人的电影，一边和她一样觉得温暖。我和彻子一直都这样相处。

——节选自《小豆豆与我》第 101 页

后 记

  2011 年，北京印刷学院的出版专业硕士学位点获批并开始招生。由于它是全国首次获批的出版专业硕士点，当时并没有培养经验可以借鉴，但重在培养和提升学生的专业实践能力这个目标是确定的，于是一些偏重出版实务的课程被列入培养方案，"畅销书策划与出版"就是其中的一门。

  由于我一直给本科生主讲"畅销书与大众文化"课程，于是被学院指定负责出版专业硕士的"畅销书策划与出版"课程。不知不觉中，"畅销书策划与出版"课程已经开设了十多个年头，每年上这门课的出版专业硕士生也由第一届的 16 人变成了现在的 60 人。

  为了上好这门课，我想了一些办法，其中有两项一直坚持下来：一是定期邀请富有实战经验、出版过现象级畅销书的业界专家进入课堂讲解并与学生交流；二是带领同学们选择他们感兴趣的畅销书开展案例研究。这两种做法极大激发了学生探究畅销书的兴趣和出版畅销书的激情。兴趣和激情是最好的老师，在它们的引领下，每届学生遴选畅销书研究案例时都非常用心，除了考虑个人的畅销书类型偏好，他们还尽力兼顾出版史和阅读史两个视角；撰写畅销书案例研究文章时，他们不仅详细查阅了与研究案例相关的文献资料，有些同学还辗转联系到作者和编辑进行了针对性访谈；选择畅销书

精彩章节摘录时，他们反复阅读文本，努力把研究案例中最精彩的部分摘抄出来进行分享。

岁月无情流逝，一届届同学的畅销书案例研究成果却积累下来，于是就有了这套十卷本《畅销书经典案例研究》。

出版之前，我又一次翻阅了同学们完成的案例文章，课堂上师生围绕畅销书展开讨论的一幕幕场景如在昨日。我们不仅讨论具体的畅销书个案，我们更讨论了畅销书的类型发展、畅销书与常销书、畅销书与社会变迁、畅销书史的撰写，我们也会讨论于殿利先生"要远离畅销书"这句警告背后的深意……经过这些讨论，很多同学具备了"研究畅销书但不耽溺畅销书"研究立场，案例研究的视角也更为开阔深远。现在看来，他们的分析文字有些还尚显武断，有些也陷入了"爱屋及乌"的言说陷阱，但洋溢在字里行间的探索热情如熠熠星光，无疑会照亮后续研究者的前行之路。感谢精心撰写本丛书案例的同学们！

感谢我的研究生李玉雯、许晨露、王敏、郭宏浩、丁超、朱晓瑜、齐倩颖、王静丽、陈怡颖。他们每人负责选本丛书的一辑，非常认真和高效地开展了案例文章筛选、重新编排和审校等工作。由于一些案例文章撰写时间比较久，有些数据需要更新，他们及时查阅了最新资料并对案例文章做了有效补充。感谢我的学生们！

感谢清华大学出版社的纪海鸿主任。从多年前的确定选题到今天的高质量出版，纪海鸿老师始终以超强的耐心容忍着我的"拖延症"。一旦项目启动，她又以务实高效的工作作风和严谨专业的出版精神推动各项工作不断前行。在疫情当前和居家办公的情况下，这套书还能如期出版，完全得力于她不懈的工作。谢谢纪老师！

另外，尽管本套丛书的案例研究文章采用较为统一的结构规范，但由于案例文章由多人撰写，在行文风格上无法协调统一，非常抱歉！同时，由于编者水平有限，书中错漏之处估计会有很多，诚恳期待各位读者的批评指正！

张文红

2022 年 6 月 5 日

于北京寓所

畅销书经典案例研究

第十辑

张文红 主编

清华大学出版社
北京

图书在版编目（CIP）数据

畅销书经典案例研究 / 张文红主编 . —北京：清华大学出版社，2022.7
ISBN 978-7-302-59878-7

Ⅰ.①畅…　Ⅱ.①张…　Ⅲ.①畅销书—出版工作—案例　Ⅳ.① G23

中国版本图书馆 CIP 数据核字（2021）第 275331 号

责任编辑：纪海虹
装帧设计：刘　派
责任校对：王凤芝
责任印制：杨　艳

出版发行：清华大学出版社
　　　　　网　　址：http：//www.tup.com.cn，http：//www.wqbook.com
　　　　　地　　址：北京清华大学学研大厦 A 座　邮　编：100084
　　　　　社 总 机：010-83470000　　邮　购：010-62786544
　　　　　投稿与读者服务：010-62776969，c-service@tup.tsinghua.edu.cn
　　　　　质量反馈：010-62772015，zhiliang@tup.tsinghua.edu.cn
印 装 者：三河市东方印刷有限公司
经　　销：全国新华书店
开　　本：133mm×188mm　　印　张：39　　字　数：924 千字
版　　次：2022 年 7 月第 1 版　　印　次：2022 年 7 月第 1 次印刷
定　　价：298.00 元（全 10 册）

产品编号：060953-01

作者简介

张文红，博士，教授，北京印刷学院编辑出版系主任。教育部新闻传播学类专业教学指导委员会委员（2013—2017），北京市新闻出版专业群专家委员会副主任委员（2013— ）。主持国家社科重大招标项目《当代中国图书出版史》子课题《当代中国大众图书出版史》等项目多项。出版《出版概论》《畅销书理论与实践》《"十七年"时期长篇小说出版研究》等著作12部，发表论文60余篇。

目 录

案例一 《这就是二十四节气》

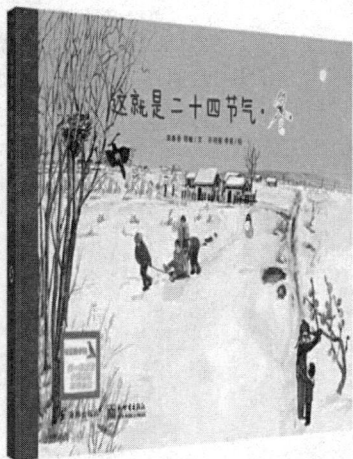

书名：《这就是二十四节气》（套装 4 册）　　作者：高春香、邵敏 / 文，许明振、李婧 / 绘
出版时间：2015 年　　出版社：海豚出版社

一、策划创作团队简介

　　《这就是二十四节气》由中科知成绘本馆和海豚出版社共同策划出版，历时两年。如图 1 所示，中科知成绘本馆由一群历史地理发烧友组成，既有耄耋教授、中年博士，也有刚毕业的年轻人，他们都是图画书的忠诚读者，也是富有童心、关爱儿童成长的创作者。中科知成绘本馆馆主高春香老师是《这就是二十四节气》的文字作者之一，也是该套书中小主人公牙牙的妈妈。她是教育学硕士出身，志愿"做最中国的书，让孩子读懂祖国，让世界了解中国"。牙牙的爸爸齐德利博士是这套书的总策划人。他是中国科学院地理科学与资源研究所地貌室的科研人员，从事丹霞地貌研究，也是中国第一位丹霞地貌学博士。许明振和李婧是这套书的图画作者，这套书的图画创作，

图 1　《这就是二十四节气》策划创作团队

很多灵感和素材都来源于他们从小在农村长大的生活，每一笔都带着童年记忆。

童书编辑王然拥有多年的童书编辑经验，十分了解儿童的心理，具备良好的选题策划和编辑能力，尤为喜欢自然科普类图画书，一直致力于原创图画书的创作出版。作为这套书的策划编辑和责任编辑，王然参与了从选题确立、编辑出版到营销推广的全过程。

二、畅销盛况

《这就是二十四节气》是国内首部原创中国地理科学绘本，由中科知成绘本馆 6 人创作团队和海豚出版社共同策划出版，历时两年。这一套专门为儿童讲述二十四节气的中国原创科普图画书，包括《这就是二十四节气·春》《这就是二十四节气·夏》《这就是二十四节气·秋》《这就是二十四节气·冬》4 册。2015 年第一版一问世就受到社会各界的广泛好评，荣获文津图书奖、中国科普作家协会优秀科普作品奖、大鹏自然童书奖"华文原创奖"等多项大奖，入选"40 年中国最具影响力的 40 本科学科普书"，产生了良好的社会效益和经济效益。

《这就是二十四节气》是第一部跻身当当童书畅销榜首位的原创科普图画书。自 2015 年出版以来，《这就是二十四节气》在当当网上累计销量已超过 300 万册，当当读者好评超 60 万条（当当网数据，截至 2021 年 4 月）。在当当网 2016 年的当当童书畅销榜上，《这就是二十四节气》与"神奇校车"《地图（人文版）》并驾齐驱，稳居当当童书榜前 3 名，受到了多方媒体的关注和赞誉。

三、畅销攻略

（一）图文特色鲜明

1. 立体解读，八大板块帮孩子读懂节气（见图2）

和DK系列的科普读物不同，在选题上，《这就是二十四节气》取材自中国优秀传统文化，以二十四节气为主题，将中国优秀传统文化与科普相结合，更受中国父母喜爱。在体例规划上，《这就是二十四节气》的策划创作团队按照图画书的体例对其进行了规划，每个节气用四幅页面来呈现，整套书以时间为序且由一个故事贯穿。第一幅页面以牙牙的视角讲述节气故事，采用主图结合故事的形式向读者展示牙牙的趣味乡村生活，为小读者预留了体验和想象的空间；第二幅页面是节气概述，包括节气的天文来历、气候特征及相关古诗词；第三幅页面讲述节气与自然的关联，选取典型的物候现象，介绍动植物的变化；第四幅页面讲述节气与社会的关联，主要介绍民俗节日和农事活动。

整套书的设计紧贴儿童心理和求知特点，结构统一，编排清晰简明，通过牙牙的生活将其串联起来，语言充满奇思妙想，符合当下儿童的阅读趣味。在这套书中，以一个节气为一个单元立体呈现，小读者可以按书里的顺序进行阅读，也可以自主选择某一个节气进行阅读，甚至还可以定制一条自己最感兴趣的节气路线，循着路线展开阅读，杜绝了单一晦涩的讲解，帮助孩子更好地理解节气的流转与自然之美。

虽然这套书按照节气规划，但并不会因此显得模块化，《这就是二十四节气》的策划创作团队在编写上非常注重每个节气之间的连贯，确保了图画书的连续性。比如书中的棉花，它正好在四

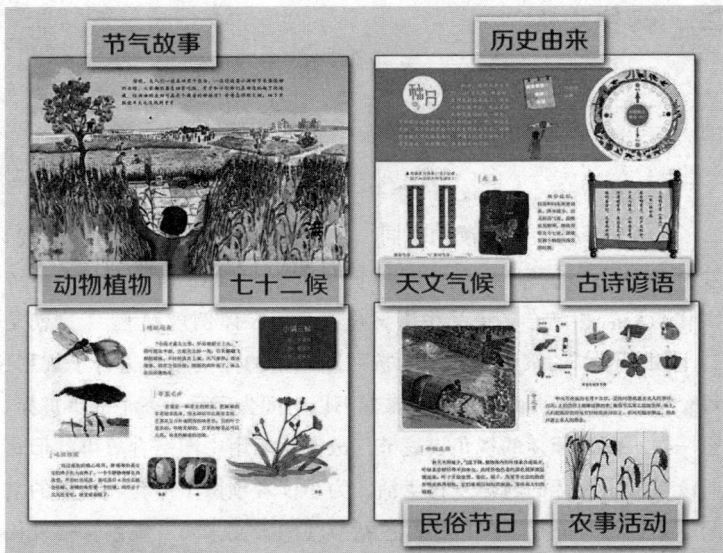

图2　八大板块立体解读节气

册书里经历了春种、夏长、秋收、冬藏的全过程：谷雨到了，牙牙帮着大人们给刚刚播种的棉花盖"塑料被子"；立夏时节，棉花出苗啦；夏至时，大人们需要给出蕾的棉花打杈，掐掉不长棉铃的多余枝丫；到了白露，牙牙学着爷爷奶奶将特制的棉花包拴在腰间，细心地将棉壳里的棉花摘下放入包里；秋天收完棉花后，奶奶用棉花为牙牙做了一套新棉衣，陪伴牙牙度过乡下寒冷的冬天。整套书读完，小读者能将情节前后联系起来，也能真切地感受到节气与生活的关联。

2. 图文详示，让孩子玩转节气（见图3）

一套成功的少儿图画书，其绘画和文字定能激发孩童的兴趣，引发孩童的情感共鸣，与儿童产生持久的互动。《这就是二十四节气》

不仅通过快乐阅读来让孩子认识二十四节气，还让孩子动起来，身临其境地体验节气。比如，夏天来了，小读者们既可以跟随牙牙的脚步去看看西瓜有没有开花，看看细细的西瓜藤能不能长出大大的西瓜，还可以参照图文详示，自己动手采摘并捣碎凤仙花来染指甲，从中体会古代劳动人民的智慧。丰富的活动不仅能培养孩子的动手能力，而且能激发孩子对大自然的好奇心。

在这套图画书里，编写团队设置了许多益智小游戏。"春分，和家人进行立蛋PK赛；处暑，在中元节放荷花灯；夏至，自制圭表

图3 图文详示全年玩转节气

测影长；冬至，画'九九消寒图'……"一圈玩下来，家长和孩子都会有意想不到的收获，动脑又动手。且在每册书的最后都设计了游戏环节，包括"飞行棋""抢西瓜""节气连连看""谁拿到'金雪花'"4个趣味互动游戏。此外，还可通过观察互动（填节气日期、涂气温表），科学实验（观北斗知节气、养蚕、种西瓜）、学习传统技艺（包粽子、编蛋套、制作腊八蒜）等形式认识节气，大量的图文详示，7岁及以上的孩子能独自轻松完成，在寓教于乐中感受生活中的二十四节气。同时，对于家长和老师来说，图文详示的教程能协助他们对孩童进行自然科学教育和传统文化启蒙。

3. 清新画风，领略中国艺术之美

《这就是二十四节气》的图画作者许明振和李婧以手绘水彩画的形式为小读者们展现节气的发源地——黄河中下游地区某小村落的自然与人文风光，以淡黄、淡绿、乳白、浅棕等色调为主，画风清新、淡雅，并刻意保留了手绘画的草稿线条，颇有笔触稚嫩的儿童画的感觉。在这套书的图画创作过程中，他们的灵感和素材大多来源于儿时的农村生活记忆，画面没有强烈的视觉冲击，既不会显得跳跃，也不会割裂，随便翻开一页都是一幅小桥流水人家般富有生活气息的田园画面。"春有百花秋有月，夏有凉风冬有雪"，观感极度舒适，画工精良，画面传神。书中的人物、花草树木、房屋建筑等的绘制都极具中国艺术特点，绘画将中国传统智慧和农村生活劳动场景相融合，为城市里的孩子呈现独具魅力的乡土生活。

小读者在阅读过程中，一边欣赏四时田园风光，了解动植物、学习天文气候、古诗谚语，一边领略中国艺术之美，走进没有围墙的自然乐园，在大自然母亲的怀抱里舒展身心，倾听大自然母亲的语言。这扑面而来的清新的泥土气息，定能唤起孩子心中至真至美的感受。

（二）整体装帧设计新颖

1. 凝结众人心血的外部装帧设计

《这就是二十四节气》全套书 4 册均为硬皮精装，以绿、红、黄、蓝四种主色调分别呈现春、夏、秋、冬，每册书的书名颜色与封面主色调保持一致，封面大图选取与该季节相对应的典型画面。形态设计上，16 开大小，厚薄适宜，文字量适中，语言轻松活泼，配上中国风的插画，稚拙中有雅趣，3~6 岁的学龄前儿童由父母陪伴共读，7 岁及以上的儿童可独立阅读。

封面是图画书的眼睛。一套质量上乘的原创科普图画书，离不开优秀的美术编辑，作者和编辑的想法需要通过美编的创造性工作来呈现。《这就是二十四节气》在开始封面设计时，中科知成绘本馆没有专业的美编设计人员，海豚出版社当时也是条件有限，没办法花大价钱请设计公司设计，且原创图画书封面不是提完一遍要求就能做出来的，需要作者、编辑和美编不断磨合。于是，责任编辑王然找到了曾做过美编的好朋友丁卉。丁卉以很低的价格接下了封面设计，配合作者、编辑不断调整、修改，封面最终按照"春种、夏长、秋收、冬藏"的思路进行设计，将节气与农耕特色突显出来。图画书的观感非常重要，这套书的封面设计凝结着出版人和作者团队的心血，得到了很多读者和同行的喜欢。

2. 体现精益求精态度的内文版式设计

古老的二十四节气所涵盖的内容特别多，策划创作团队在全面了解节气后才开始这套书的内文版式设计，可以说，每个细微之处都体现着策划创作团队精益求精的态度。以"节气日期"为例，这套书在"节气日期"上设计了互动空间，每个节气具体在哪一天以及每个节气的气温变化，由小读者自己观察、记录、填写，巧妙引

图 4　节气时钟

导孩子学会观察。再比如，每个节气里都有一面"节气时钟"，这是策划创作团队在多次尝试后决定采用的（见图 4）。为了阐释节气的天文来历，一开始它们设计了一幅将地球绕太阳运行的轨道和太阳直射点的变化结合起来的天文来历图，每个节气的天文来历图各不同，该图十分复杂，视觉呈现效果不佳。经过多次磨合，策划创作团队最终选取孩子熟悉的时钟概念来呈现，二十四节气在时钟上循环往复。在这面"节气日期"上，中间是二十四节气天体运转的模拟示意，用表针夹角对应黄经度数，小读者可以一目了然地知晓节气的来历及二十四节气的先后顺序，十分有趣；最外圈呈现的是四季的变化场景，可刺激儿童的感官，培养孩子感受美的能力。

（三）创作出发点质朴

《这就是二十四节气》中的小主人公牙牙是以该套书的策划人齐德利博士和文字作者高春香老师的女儿为原型进行塑造的，图书讲述了牙牙和爸爸回乡下爷爷奶奶家体验乡村生活、观察节气的故事。牙牙的父母为什么要给孩子创作这样一套书呢？这一切源于5岁的牙牙无意间提出的一个问题——"惊蛰是什么？"牙牙的爸爸妈妈翻遍了市面上的儿童科普书都没能找到一个特别满意的答案。

牙牙的父亲齐德利博士是中国科学院地理科学与资源研究所地貌室的科研人员，也是中国第一位丹霞地貌学博士，母亲高春香老师是中科知成绘本馆的馆主，教育学硕士出身。他们从小在农村长大，耳濡目染了很多二十四节气的知识，二十四节气对于他们来说是乡土记忆中的重要组成部分，但在大都市里长大的女儿没有这样的环境，所以牙牙问的很多问题他们不知道怎样解答。正因如此，他们萌生了一个念头：为什么不利用自己的专业知识，研发一套自然科普图画书给像牙牙一样的孩子们呢？于是，就有了这一套专门写给孩子们的自然科普图画书。《这就是二十四节气》因牙牙而生，但整套图画书的策划、创作、成书历程确是为全中国的儿童而生的，为了传递祖先的科学智慧、讲好中国故事、传播中国优秀传统文化、让孩子们近距离聆听祖国节气韵律而生的。这是一部倾注了父母对孩子满满爱意的匠心之作，理所当然受到了广大儿童和中国父母的喜爱。

（四）编辑工作富有创造性

2014年，齐德利博士带着24张画稿前往海豚出版社，虽然当时的画稿并不成熟也没有故事脚本，但被一直希望有一天能做中国本土的原创科普图画书的童书编辑王然遇到了，她对二十四节气这个题材特别感兴趣，在取得社长和总编的支持后，她决定一试。这是海豚出版社第一次编辑原创科普图画书，也是图文作者第一次创作图画书。作为这套书的策划编辑和责任编辑，王然参与了从选题确立、编辑出版到营销推广的全过程。首先，基于营销推广角度，在充分考虑二十四节气所涵盖的内容范围，王然团队与作者商量将其策划拓展成一套书，春夏秋冬四季各编一本，一季包含 6 个节气。并且对每本书按照图书的体例进行了规划，每个节气用四面篇幅呈现，整套书由一个故事贯穿。正是有了责任编辑对选题和书籍形态的精准定位，才有了这套书生意盎然的呈现。

编辑是作者的第一读者，编辑和作者是相辅相成、相互吸引、相互帮助的关系。在作者创作前，编辑要协助作者寻找写作角度，要将最能打动你的点告诉作者，并从形式和内容上不断地强化它。比如，在这个故事里，最打动责任编辑王然的是作者以父母的身份要为孩子创作一个跟她自己生活经历有关的故事，所以王然建议作者在故事的开篇就用小女孩牙牙的视角引入。因为如果没能让小读者近距离接触二十四节气的话，他们便会觉得节气是很古老的东西，很难将二十四节气跟自己的生活联系起来。以牙牙的视角引入，能给予同龄小读者亲切感和代入感。

科学性是科普图画书的基本要求，这套书的创作过程虽有中科院地理所的专家在指导参与，但节气涉及的各个科学门类的东西太庞杂了，节气中还包含天文、气象、动植物等很多学科的知识。为确保每一个知识点准确无误，王然团队在编辑的过程中查阅大量资料反复对比核实，将疑惑处一一圈出，请民俗学、动物学、植物学等学科专家针对图文一一校准，全面把好图书品质关。从最初的 24 张画稿到销量上百万册的获奖图书，编辑的创造性工作在其间发挥了重要作用。

（五）宣传营销手段多样

1. 出版社和编辑的努力

2015年11月底《这就是二十四节气》出版，当时正巧当当网的领导去了海豚出版社，对这套书赞不绝口，海豚出版社相关负责人随即抓住机会促成了该套书在当当网的独家销售。在当当网上，这套书的图书详情页十分吸引家长的眼球，重点展示了该书的获奖情况、读者好评、媒体报道、备受喜爱的三大理由以及部分图文展示等内容，在当当专业运营团队的努力下，《这就是二十四节气》冲到当当图书总榜的第1名。2016年，《这就是二十四节气》一直稳居当当童书榜前3名。此外，出版社多渠道推广图书，如与"凯叔讲故事"等自媒体平台合作，责任编辑王然在推广上也做了不少尝试，包括一些线上线下的分享活动，带动了图书的销售。2019年10月，海豚出版社推出《这就是二十四节气》(升级版)，在修订原有内容的基础上，新增《我们这样学习节气》指导手册，并免费提供丰富的内容服务和海量学习资源。

2. 作者的敬业

为了提高网络传播力和影响力，《这就是二十四节气》出版以后，高春香老师自2016年立春日起，开始在全国最大在线教育平台沪江网CCtalk上开设《这就是二十四节气》免费在线课程，全国各地的孩子只要在节气日当天，都可以上网免费收听相关课程，并在网上进行实时互动。该活动带动了全国上百所学校参加《这就是二十四节气》课程的学习和研讨，同时，与全国范围内的近300所学校建立合作，开辟"二十四节气实验田"，并进行每个节气一次的网上课程教学研讨，提高这套书在全国的影响力，不仅带动了原有图书的销售，也为进一步打造系列图书品牌奠定了基础。

（六）迎合社会需求

"春雨惊春清谷天，夏满芒夏暑相连。秋处露秋寒霜降，冬雪雪冬小大寒。"二十四节气是中国独创的一种传统历法，承载着厚重的民族文化和中国人的诗意生活，是中国传统文化中独具民族特色的文化遗产。2016年，中国二十四节气申遗成功，正好是《这就是二十四节气》出版1周年的时候。这套书之所以成功，很大原因在于它与当下的社会需求不谋而合，在适当的时间节点推出，唤起人们对二十四节气等中国优秀传统文化的关注，同时也紧跟现今提倡的自然教育、乡土教育、博物教育的步伐。

近年来，我国原创少儿图画书市场欣欣向荣，然而原创少儿图画书销售表现普遍欠佳，且科普类图画书品种较少，缺乏为中国孩子讲述中国故事、本土人文、自然科学的作品。由本土作者创作、经中科院专家审定的《这就是二十四节气》是一套集众人之力打造的融合自然、文化、科学、地理、艺术、文学、历史各个领域的通识教育百科全书，以儿童的生活体验为中心，不仅在内容上具有专业性和权威性，且采用故事结合百科的新颖形式，真正实现了孩子近距离接触和对话经典，填补了市场空白，在国内原创少儿图画书领域具有开创性。

二十四节气是世界性的人类非物质文化遗产，传承人类非物质文化遗产，靠的是每一个人真正去感受它、体验它，当看到它给我们生活带来的启发和益处，便会自觉传承它。《这就是二十四节气》成为"阅读"与"实践"之间的"通路"，它将"身边的科学"和"云端的艺术"结合起来，让孩子们认识到二十四节气与农事、民俗、气象、物候、天文等有着千丝万缕的联系，也让孩子们体会到二十四节气跟我们的生活息息相关，我们每个人都可以在生活里运用它，进一步启发孩子热爱自然，引领孩子热爱生活。

四、精彩阅读

立春

要过年了，村里真热闹。左邻右舍、哥哥姐姐都聚在院子里做游戏，一中长长的雪地被挂了起来，爷爷把搭起旧年画时记，...的响声能把叶炸春卷，准备年夜饭，各各告诉孩子，"新年一到，春天跟着就来了，过完年，村里人就要忙起来了。

立春

东风解冻

井里的水冬暖夏凉，但是到了井口附近，水的温度基本与空气相同。寒冷的冬天，井口内侧及边沿洒落的水结成厚厚的冰。到了立春就开始渐渐融化。

元日
[宋] 王安石
爆竹声中一岁除，
春风送暖入屠苏。
千门万户曈曈日，
总把新桃换旧符。

蛰虫始振

立春的暖意渗入土层，冬眠动物的洞穴不再像冬天那么寒冷，它们僵硬的身体渐渐变得柔软，时不时地会扭一扭，睡了一冬的它们快要苏醒了。

迎春花开

立春到了，冬天的僵硬寒冷的感觉还没有消散干净，但是春风已经最先吹醒了迎春花，它们躲在墙角悄悄地吐了鹅黄色的花蕾。

迎春花喜欢光亮，不害怕阴冷寒凉，枝条落地就能生根，有极强的生命力。百花之中它开花最早，此后即迎来百花齐放的春天，所以它才被叫作迎春花。

鱼陟负冰

鱼儿在冰封的池塘里度过一整个冬天，简直要被憋坏了。当天气回暖，冰面开始解冻，鱼儿感受到春天的召唤，欢快地向上游，好像急着要把冰面顶破一样。

春节

农历的正月初一是"春节"，它是中国民间最隆重的传统节日。农历一年的最后一天称为"大年三十"，这一天是全家团圆的日子，家家户户忙着贴春联，挂红灯笼，包饺子，做年夜饭。孩子们穿新衣服，放鞭炮，给长辈们拜年，收压岁钱，过年的热闹气氛会持续好几天，全家人一起走亲访友，互赠礼物，表达新年的祝福。

挂灯笼

贴春联

1. 村长开"春耕"先抽第一鞭，然后村民依等分大小，依次鞭打春牛。
2. 将一头土牛打得粉碎后，围观的村民们一拥而上，争抢碎土。
3. 把土放到进自家的田里，祈求丰收的古俗。

鞭春牛

新一年的耕种开始前，有个迎春的仪式，叫"鞭春牛"。相传古时少昊（hào）氏之子句（gōu）芒，在立春日率百姓翻土犁田，开始春耕播种，可是老牛却躲在牛栏内睡觉，不听指挥。情急之下，句芒想了个办法：用泥土塑成一头牛，叫人们用鞭子抽打土牛。鞭声呼呼作响，惊醒了老牛，吓得它急急爬起来，跑到田里干活去了。

从此以后，"鞭春牛"便成了立春日的仪式，象征一年春耕的开始，人们借此希望老牛多出力、多耕田，一年能有个好收成。

——节选自《这就是二十四节气·春》第3~6页

书名:"少年读史记"

出版时间:2015年

作者:张嘉骅／编著,郑慧荷 官月淑／绘图

出版社:青岛出版社

一、作者简介

张嘉骅，著名儿童文学作家，1963年出生于中国台湾，祖籍江西。他是台湾大学中文学士，中正大学中文硕士，2004年获北京师范大学儿童文学博士学位，是中国儿童文学领域的第一批本土博士。他曾任英文汉声杂志社编辑、《民生报》编辑、华视漫画美语创意总监暨海峡两岸儿童文学交流研究会理事。

他出版了包括《怪怪书怪怪谈》《我爱蓝森林》《海洋之书》《风岛飞起——童年的澎湖湾》等中文简体版、繁体版及韩文版儿童文学作品逾30多种，曾获好书大家读年度最佳童书奖、《国语日报》儿童文学牧笛奖、开卷年度最佳青少年图书奖及中华儿童文学奖等30多项奖项。曾于亚洲儿童文学大会、两岸儿童文学学术研究会及国内外学术期刊发表多篇论文。现居台湾，专事写作及阅读推广。

二、畅销盛况

"少年读史记"于2013年8月26日首次在中国台湾出版，出版后多次登上台湾诚品书店畅销榜榜首，也被专家誉为"史学、文学、哲学、国学一次到位"的图书。2015年由台湾远见天下文化出版股份有限公司授权青岛出版社在大陆地区出版。[①]2015年2月，青岛出版社推出16开"少年读史记"，同年9月，青岛出版社与当当网独家合作推出了当当定制版"少年读史记"，为32开，主要在网上销售。

自出版后，两版"少年读史记"均取得了不俗的成绩。首先，它不仅获得了第六届中华优秀出版物奖、2016年冰心儿童图书奖、2016

---

① 刘洁：《少年国学图书〈少年读史记〉出版策划的成功之处分析》，硕士学位论文，青岛科技大学，2018年，第21页。

年当当童书大新书奖、2015年桂冠童书奖（文化历史类）等多项大奖，还入选了中国出版协会2015年度"中国30本好书"、2015年中国好书，国家新闻出版总署首届向全国推荐中华优秀传统文化普及图书，社会效益显著。其次，此书的销量一直在稳步上升，截至2016年1月，该书累计销售了35万册；至2017年10月，该书销量突破100万册；至2018年1月，该书销量已近200万册；至2019年8月，该书销售码洋已逾千万。且自从当当定制版上线之后，"少年读史记"基本稳定在当当网图书畅销榜和童书榜前20名，具体如表1所示：

表1 "少年读史记"在当当网上的畅销表现

排名＼时期	＜	2017	2018	2019	2020	2021.1	2021.2	2021.3	2021.4
图书畅销榜		18	8	10	16	2	4	6	6
童书榜	12	9	8	8	5	3	2	2	4

注：根据当当网相关数据整理绘制。

三、畅销攻略

"少年读史记"面世后获得的成功以及多年后仍能占据当当网童书榜前几位的原因，我认为主要集中在专业且知名的作者、符合国家政策的选题、满足少年儿童阅读兴趣的内容及编辑、强劲的宣传营销力度以及恰当的产业链开发五方面。

〔一〕专业且知名的作者

对于畅销书而言，专业、知名的作者拥有较强的影响力，且这类作者极易发展出自己的粉丝群体，这有助于图书销售的增长。

首先，"少年读史记"的作者是台湾地区资深儿童文学作家张嘉骅，他是中国儿童文学领域的第一批本土博士，有着丰富的童书写作经验，在儿童文学界颇具影响力。除此之外，张嘉骅还在其大学时期就开始研究《史记》，丛书"少年读史记"的写作也花费了3年的时间，图书在出版后多次登上台湾诚品书店的畅销书榜单，说明了此书的内容是值得推荐的。

其次，"少年读史记"拥有两个绘者——官月淑和郑慧荷。

官月淑，知名的台湾童书插画家。她的代表作品有《八岁，一个人去旅行》《万和宫老二妈的故事》《彩虹纹面》等，作品曾获"金龙奖"①、"小太阳奖"最佳美术设计奖以及"金鼎奖"儿童及少年图书奖等。

郑慧荷毕业于东海大学美术系，从事插画、美术设计工作多年，代表作为《爱上手作，因为猫》。她曾为三民、信谊、民生报等出版社绘制插图，2007年为天下远见出版社的作品《我的台湾小百科》《我最喜爱的中国神话》绘制插图，2008年应韩国Age World出版社邀请绘制大型绘本 *The North Wind and The Sun*。其中，《我最喜爱的中国神话》、*The North Wind and The Sun* 均属于传统文化类作品，这些都对"少年读史记"插图的绘制打下了一定的基础。

（二）符合国家政策导向的选题

党的十八大以来，以习近平总书记为核心的中央领导集体高度重视中华优秀传统文化的继承与发展，总书记多次在讲话中提及中华优秀文化，并赋予中华优秀传统文化时代内涵，运用中华优秀传统文化治国理政，阐发中华优秀传统文化应对国内外重大挑战，将

---

① 金龙奖：中国最有影响力的动漫奖项之一，主办单位为国家新闻出版总署以及广东省人民政府。

中华优秀传统文化提升至崭新阶段。例如，2013 年 3 月 7 日在中央党校建校 80 周年庆祝大会上，习近平总书记谈到，学习和掌握中华传统文化中的思想精华对树立正确的人生观、世界观和价值观很有益处。2017 年，中共中央办公厅、国务院办公厅印发的《关于实施中华优秀传统文化传承发展工程的意见》中提出，在 2025 年，要基本形成中华优秀传统文化传承发展体系。为了实现这一目标，各级党委和政府要从坚定文化自信、实现中华民族伟大复兴等高度切实把中华优秀传统文化的传承发展摆上重要日程。

在国家政策的大力宣传推动下，"少年读史记"这一类符合中华优秀文化传承与发展的出版选题就搭上了"东风"。之后，《中国诗词大会》《经典咏流传》等一系列央视出品的传统文化节目办得如火如荼，也说明了这一问题。

（三）满足少年儿童阅读兴趣的内容及编辑

在少年儿童学习中国历史的过程中，《史记》这一部史学巨著是绕不开的。《史记》作为"二十四史"之一，是中国历史上第一部纪传体通史，记载了上至上古传说中的黄帝时代，下至汉武帝太初四年间共 3000 年的历史。全书共一百三十篇，包括十二本纪、三十世家、七十列传、十表、八书。这本巨著内容庞杂，司马迁会把一个完整的事件分散在众多不同人物的传记中去叙述，难以理清相关故事人物脉络。对于成人来说，阅读起来都会乏味枯燥，需要花费大量时间和精力，更何况是好动且无法长时间保持专注力的少年儿童。

首先，在创作"少年读史记"时，作者选取了《史记》中重要的 60 个人物，将不同篇目中同一人物的全部事迹汇聚起来，编成了情节完整、条理清晰的短篇故事。同时，作者没有遵循《史记》原来的本纪、世家、列传等分类，而是将身份相同的人物放在一本书中叙述，将其分为《少年读史记·帝王之路》《少年读史记·霸主的崛起》《少年读史记·辩士纵横天下》《少年读史记·绝世英才的风范》《少年读史记·汉帝国风云路》5册。每一册中都有一种贯穿始终的"文心"，就是再现司马迁在《史记》里所展现的道义与正气、史识与情怀。在《少年读史记·帝王之路》中通过写"尧舜禅让""汤武革命""周公摄政""项羽创立霸业""鸿门宴"以及"四面楚歌"等帝王或者"准帝王"的故事传递出一种"大器"的思想；《少年读史记·霸主的崛起》中通过写齐桓公、伍子胥、越王勾践、孔子、萧何、张良等人的故事来体现出"承担"二字；《少年读史记·辩士纵横天下》中通过写春秋战国时期曾叱咤风云的一些人物来传递一种"乱世不浮生"的思想；《少年读史记·绝世英才的风范》中通过写范雎、蔺相如、廉颇、吕不韦、荆轲、李斯、赵高、韩信等历史上的知名人物面对时代变局时做出的非比寻常的作为来传递"不以成败论英雄"的思想；《少年读史记·汉帝国风云录》中通过写叔孙通、张释之、李广、卫青、霍去病、司马相如、东方朔等西汉时期的人物来传递一种判断是非的准则，"小则独善其身，达则兼济天下"。这些都是中华民族的可贵风骨与品格，也是今天的少年儿童需要去认识、认同、领略和拥有的东西。

其次，此书在文字内容编排上，采取的是"白话文故事 + 三分钟读历史关键 + 史记原典精选 + 成语收藏夹"的结构。"白话文故事"将每一位人物的全部事迹分成不同阶段来逐一讲述，每一阶段都会赋予一个小标题，方便少年儿童理解这一阶段的大意；"三分钟读历史关键"则是通过还原历史场景，解析前人智慧，引导少年儿童把握历史关键；"史记原典精选"则是精选篇幅适中的《史记》原文，配有译文、注释，让少年儿童感受文言文；最后则是"成语收藏夹"，即选择《史记》中的经典成语故事，通过解释和例句，让少年儿童理解相关成语的出处以及原意，并且可以活学活用。

最后，考虑到少年儿童对图像的记忆要强于文字，此书整体内容呈现出图文并茂的形式。除了适合少年儿童阅读的大号字体以及行间距外，"少年读史记"选用了具有时代特色的汉砖①风格的插图，这些插图来源于故事情节，是故事内容的情景再现，可以帮助少年儿童在阅读时加深对相应历史的理解与记忆。

（四）强劲的宣传营销力度

1. 多渠道多媒体宣传营销

"少年读史记"的宣传销售分为线下和线上两个渠道。

首先，图书出版后，积极邀请著名儿童文学作家、评论家就文学内涵、出版意义、阅读价值等方面进行深度赏析，在提纲挈领地概括文本价值，帮助读者深入了解作品的同时，提高了"少年读史记"的品牌认知度；之后，北京卫视的《北京您早》栏目和青岛卫视的《今日青岛》栏目对"少年读史记"进行了专题推荐。并且，为了进一步促进该书的销量和提高影响力，出版社还策划了多场走进校园的宣传活动以及作家、读者见面会，主要是作者讲座、作者与读者交流以及签名售书的模式。2017年是青岛出版社入校宣传最集中的一年，仅4月和5月份就在青岛开展了近50场入校活动。虽然入校宣传的主要阵地在山东，但也辐射到了在江苏、浙江等其他省份的小学，在那里开展读书活动。

其次，线上充分借助微博、微信、QQ、豆瓣等网络社群的阅读推广平台来对书籍进行宣传推广，并积极与当当、天猫等电商平台

---

① 汉砖：泛指绘画砖，是汉代绘画的一种，是兼具绘画和雕刻为一体的特殊艺术表现形式。汉砖风格插图在构图上以线为主，在色彩上，人物、建筑等主体部分多以黑、白两色出现，背景会根据需要大面积平涂相应颜色。

对接，举办多场线上直播讲座活动，例如，在 2017 年双十一期间邀请作者张嘉骅在当当官网直播间进行线上直播。

最后，"少年读史记"因良好的社会效益成为国家新闻出版总署向全国青少年推荐的优秀图书，以及向全国推荐的中华优秀传统文化普及图书，国家官方的宣传推荐会带动了各地方学校或者媒体的宣传推荐。

2. 扩大宣传营销对象的范围

童书的宣传营销对象不仅在少年儿童本身，还包括其家长、老师，尤其是利于提高孩子学习成绩、文学素养的童书。"少年读史记"的主要营销对象即为这一类家长，且其推荐宣传中还引用了余秋雨《何谓文化》中的一段话，"《史记》，应读名篇甚多……司马迁是中国首席历史学家，又是中国叙事文学第一巨匠，读他的书，兼得历史、文学、人格，不嫌其多"，来吸引更多的家长选购此书。

此外，学校教育上的一些变化也会促使老师去推荐此书。例如，2018 年教育部公布的《普通高中课程方案和语文等学科课程标准（2017 年版）》中，明确要求要加强中华优秀传统文化教育。它要求各学科结合自身特点，丰富充实相关内容。其中，语文这门科目不仅增加了经典文化作品的内容，提高了中国古代优秀作品的篇目占比，同时，对中华传统文化经典作品也提高了学习要求，如古诗文背诵推荐篇目由 14 篇大幅提升到 72 篇。除此之外，《史记》也被列为新课标小学生必读书目。

（五）恰当的产业链开发

2020 年，在青岛出版社的童书畅销榜中，"少年读史记"占据第 2 名的位置，这不仅归功于产品本身的优质，还有赖于产业链的开发与延长。

首先，青岛出版社联合喜马拉雅 FM 开发了"少年读史记"的付费产品——"读史记，成大器"，这个产品并非是"少年读史记"的有声呈现，而是作者张嘉骅在图书的基础上重新编辑脚本制作而成的亲子历史课，截至 2021 年 5 月，该音频的播放量达 99.2 万。

其次，开发"少年读"系列图书。在"少年读史记"获得良好的社会效益和经济效益之后，青岛出版社联合张嘉骅再次推出了《少年读西游记》，这一套图书同样荣获了 2017 年冰心儿童图书奖，以及 2017 年度中国出版协会评选的"中国 30 本好书"；另外，青岛出版社还联合其他作家进一步推出了《少年读国学》《少年读中国简史》《少年读徐霞客游记》等"少年读"系列图书，引领了出版界的"少年读"风潮，同时也打造了出版社的品牌。这对同系列图书的销售均有积极的正面影响。

四、精彩阅读

万箭复仇

围魏救赵后的第十三年（公元前341年），魏国与赵国合攻韩国。韩国向齐国告急，请求救援。

齐国派田忌带兵前往，直攻魏国首都大梁。

魏国将领庞涓一听到这个消息，立刻从韩国赶回来阻拦，而齐军已经越过魏国边境，向西挺进。

孙膑对田忌说："魏国部队向来勇猛强悍，不把齐军看在眼里，而齐国部队又是以胆怯出名，所以会打仗的人必须懂得利用这种情势，从中取利。根据兵法，每天赶一百里路去和敌人争利的，定要折损自己的前锋主将；每天赶五十里路的，只有一半的士兵到得了目的地。就让魏军赶着来找我们吧！请您下令，让我军部队在进入魏国的第一天造十万个灶来做饭，第二天减为五万，第三天减为三万。"

田忌依孙膑的计划进行部署。

庞涓带兵走了三天，探察齐军驻留过的地方，非常高兴地说："我早就知道齐军是胆小鬼，到了我国境内，溜掉的士兵竟然超过一半。"

庞涓舍弃步兵，只带装备轻简的骑兵，日夜兼程地追赶齐军。

孙膑估算庞涓的行程，推算出他到达马陵的时间。

想起庞涓，孙膑不禁摸了摸自己残废的双腿。十多年过去了，伤口早已愈合，但每当想起这件事，孙膑便会心痛不已。自从那次被庞涓迫害后，他就不再用本名，改称自己为"膑"。"膑"即膝盖骨，又指挖掉膝盖骨的刑罚。他以这个字为名，就是要自己牢牢记住心中的痛。现在，复仇的机会来了。马陵这个地方道路狭窄，两旁障碍又多，大可设下埋伏。

孙膑叫人把一棵大树的树皮刮掉，在白白的树干上写下一行字："庞涓死在这棵树下。"又命令齐军善于射箭的弓箭手藏匿在道路两旁，并下令："天黑以后，只要见有人点火，就立刻放箭。"

夜里，庞涓果然带兵来到马陵，经过这棵树下时他见刮过皮的树上似乎写着什么，便叫人点燃火把，想借火光看个清楚。

他还没读完树上所写的那句话，只听见"飕飕"的冷箭声响起，齐国伏军万箭齐发。一时间，魏军反应不及，阵脚大乱。

庞涓这时知道自己已是穷途末路，便刎颈自杀，死前恨恨地说："倒让这小子成就了名声！"

齐国部队乘胜追击，大破魏军，将魏太子申俘虏回国。

这场马陵之战让天下人都知道了孙膑的大名，也使他的兵书流传后世。

三分钟读历史关键

对司马迁而言，孙膑是个意义重大的人物。当司马迁遭受宫刑，不愿苟活在世时，是孙膑这类人物的奋斗故事激励了他，让他勇敢地活下来，最后完成《史记》的写作。

在中国，孙武号称"兵圣"，孙膑号称"兵学亚圣"。然而在以前，只见孙武有《孙子兵法》传世，却不见孙膑所写的兵书流传，以致后来有不少人怀疑战国时期是否真有孙膑这个人。

直到1974年，《孙膑兵法》的简书在山东临沂银雀山汉墓出土，孙膑的真实性才得到明确的证实。

不过，就算历史上真有孙膑这个人，也不能说司马迁所写的孙膑的故事就全部是事实。就像庞涓在死前说："倒让这小子成就了名声！"当时兵荒马乱，万箭齐发，司马迁若非具有神通，怎么能知道一个将死的人所说的话呢？

写历史，很多时候得靠想象。只不过这些想象是照着事理的发展来铺排，因此也算是言之成理。

史记原典精选

孙子度①其行，暮②当至马陵。马陵道陕③，而旁多阻隘，可伏兵，乃斫④大树白⑤而书之曰："庞涓死于此树之下。"于是令齐军善射者万弩，夹道而伏，期⑥曰："暮见火举而俱发。"庞涓果夜至斫木下，见白书⑦，乃钻火烛之⑧。读其书未毕，齐军万弩俱发，魏军大乱相失。庞涓自知智穷兵败，乃自刭⑨，曰："遂成竖子⑩之名！"

《史记·孙子吴起列传》

孙膑估计庞涓的行程，推算他晚上应当到达马陵。马陵道路狭窄，两旁多障碍，可以埋伏兵卒。于是他叫人砍削大树，让树木露出白色的部分，在上头写道："庞涓死在这棵树下。"接着，他又命令齐军一万名善于射箭的弓箭手，埋伏在道路两边，并且约定："晚上见到火光点燃就放箭。"庞涓果然在夜里来到那棵砍削过的树木下，看见树上的白色部位有字，于是点燃火把照明。树上的字还没读完，齐国部队就万箭齐发，魏军大乱，应接不暇。庞涓知道自己无计可施，已然兵败，于是自刎，但在自刎之前说："倒成就了这小子的名声！"

[注释]①度：估算，估计。②暮：晚上。③陕：同"狭"，狭窄、不宽广。④斫（zhuó）：削砍。⑤白：露出木头的白色部分。⑥期：约定。⑦白书：白色部位上写的字。⑧钻火烛之：点燃火把来照亮它。钻，取火；烛，照亮。⑨自刭：用兵器刎颈自杀。⑩竖子：古代对人鄙视的称呼，意同"小子""家伙"。

词语收藏夹

一、围魏救赵：这句成语出自孙膑运用兵法的故事，后来引申为打击对手后方，让对方撤退。

例句 在足球场上，巴西队使出一招"围魏救赵"，迫使法国队的前锋后退。

二、出奇制胜：语出《孙子兵法》，指运用奇招，打败敌人。后来引申为使用创新的方法，获得不同凡响的效果。

例句 这次校园艺术节，为了出奇制胜，我们排练了一出哑剧参加比赛。

——节选自《少年读史记·辩士纵横天下》第 9~9 页

书名："神奇校车·图画书版" 作者：[美]乔安娜·柯尔著，[美]布鲁斯·迪根图
译者：蒲公英童书馆
出版时间：2018 年 出版社：贵州人民出版社

一、作者简介

乔安娜·柯尔，美国童书作家。上小学的时候，乔安娜就喜欢做研究，为学校写研究报告。那时，学校里有一位和卷毛老师很像的老师，她每周在课堂上进行一次实验，向同学们介绍科学知识。乔安娜非常喜欢这个环节，每一次实验都认真听讲，积极参与。就这样，乔安娜找到了自己感兴趣的领域，也为日后给孩子们写书奠定了基础。大学毕业后，她从事过小学教员、图书馆管理员、儿童读物编辑以及作家等职业。在工作中，她发现市面上还没有一本专门介绍蟑螂的儿童读物，于是乔安娜便开始创作有关这一题材的作品。在位于纽约的廉价公寓中，她的第一本书《蟑螂》诞生了。从此之后，乔安娜开始创作儿童读物，其中就包括著名的"神奇校车"系列。她在创作思路上颇有创新，不仅陈述了客观事实，而且还加入了自己的思考。除此之外，乔安娜还会在写作开始时提出一个问题，例如，水是从哪里来的？并且在写作时用通俗易懂的语言回答这个问题。2020年7月12日，乔安娜·柯尔在美国爱荷华州苏城因肺纤维化去世，享年75岁。

二、畅销盛况

"神奇校车"是2005年国家新闻出版总署向青少年推荐的100本优秀图书之一，也是美国国家图书馆向所有学龄前儿童和小学推荐的课外自然科学读物，曾获得波士顿环球图书奖，美国《教育杂志》非小说神奇阅读奖等。该系列丛书出版以来，全球销量已达3亿册。据调查，四川少儿出版社早在2000年就推出过"神奇校车"，但当时的销售情况并不好，首印的5 000册中就有3 000册滞销。2005

年版权到期后，四川少儿出版社重新推出了这套书，并做了大量的营销推广。比如，专门为宣传此书制作小报，将书籍介绍和读后感想分发到媒体、互联网、幼儿园等。自2005年以来，该书已售出十几万册。2010年，蒲公英童书馆与贵州人民出版社联手重新制作了"神奇校车"系列图书，并通过当当网进行销售，实现了销售快速增长。

"神奇校车"目前已出版6种不同形式的纸质出版物，分别是图画书版、动画版、桥梁书版、阅读版、人文版、手工拼图版。其中，图画书版12册，动画版10册，桥梁书版20册，阅读版16册，人文版3册，手工拼图版15册。"神奇校车·图画书版"是该系列的第一版，出版后成为孩子们竞相阅读的对象。据统计，"神奇校车·图画书版"推出10年已售出3 000万册，连续10年位居当当网少儿图书畅销榜榜首。以一本书0.5厘米的平均厚度和8 844.43米的珠峰高度计算，相当于销售了17座珠峰。截至2021年6月，在当当网少儿科普畅销榜中，"神奇校车·图画书版""神奇校车·桥梁书版""神奇校车·大家族"仍位居前3。

三、畅销攻略

目前，童书市场越来越火爆。专业少儿图书出版机构方兴未艾，非专业少儿图书出版机构也开始涉足。此外，新渠道的童书销量也在不断扩大。蒲公英童书馆的总编辑颜小鹂曾表示，每年大量出新书是一件劳民伤财的事情。当初成立蒲公英童书馆，她的第一个想法是做自己认同的作品，做一个可以给读者带来持续效应的机构。颜小鹂说："首先我想要做的是长销书，长销就是一本书出来以后，它的生命周期长。那生命周期长的作品是靠什么来存活？我觉得就是靠品质。"①"神奇校车"能够成为一本长销书，离不开它的社会背景和其在选题策划、内容设计、装帧设计和营销宣传方面的努力。

（一）社会背景

1. 少儿图书市场繁荣

近年来，国内图书出版行业整体呈现低迷态势，少儿图书出版市场却能够逆风翻盘，保持持续上扬的态势。当前，我们的社会正处于转型期，年轻一代容易出现知识焦虑。新生代的家长越来越重视孩子的知识获取，对亲子阅读、陪伴阅读的关注度也逐渐提高。随着"三胎"政策的放开，业内专家预测，未来几年，整个婴幼儿市场的消费规模将超过 3 万亿元。在此背景下，教育支出将有望成为仅次于食品支出的第二大家庭支出。此外，最新调查显示，我国儿童的阅读率和阅读量呈稳步上升趋势。根据中国新闻出版研究院第十八次全国阅读调查，2020 年，0~17 岁未成年人阅读率为 83.4%，比 2019 年的 82.9% 提高 0.5 个百分点；人均阅读量 10.71 册，比 2019 年增加 0.35 册。此外，亲子阅读的观念也在逐渐加强，2020 年，在我国 0~8 周岁儿童家庭中，平时有陪孩子读书习惯的家庭占 71.7%，较 2019 年的 70.0% 增加了 1.7 个百分点。另外，在有 0~8 岁孩子读书的家庭中，父母平均每天陪伴孩子的时间为 25.81 分钟。②可见，国家政策的支持、社会对未成年人的阅读习惯培养和素质教育的重视，以及出版企业经营理念和营销方式的日趋成熟，均为少儿阅读市场的长期发展创造了良好的环境。

---

① 蒲公英童书馆.搜狐："颜小鹏：蒲公英十周年——一个编二代的成长"，https：// www.sohu.com/a/75261504_377450.
② 中国新闻出版研究院第十八次全国阅读调查.

2. 公众科普意识提升

近年来，我国公众的科普意识逐步提升，为"神奇校车"在我国大陆的出版和营销创造了良好的条件。当前，中国特色社会主义进入新时代，科普事业与科普产业齐头并进，科普工作规模不断扩大。2016 年以来，中国科普研究院不断开展国家科普能力发展研究，以蓝皮书形式向社会通报我国国家科普能力发展状况。根据《全国科普能力发展报告（2019）》，2006—2017 年全国科普能力发展指数年均增速为 8.08%。截至 2017 年年底，全国科普能力发展指数为 2.12，表明中国人的科学素养逐步提高。[1] 此外，在国家有关部门的推动下，科普基础设施建设日趋完善，科普场所数量快速增加，科普图书出版规模不断扩大。大众参与科普活动成为常态，越来越多新颖的科普形式涌现，例如果壳、丁香医生、回形针等科普类自媒体在互联网上迅速走红，表现出我国公众对于科普类知识分享的热情空前高涨。可见，中国人参与科普活动的机会越来越多，科普体验的形式也日趋丰富。全民科普意识的提升为"神奇校车"在中国大陆的营销提供了可能。

（二）选题策划

1. 人文性与科学性并重

科普知识的传播是儿童科普读物的重要功能之一。少儿科普读物所包含的科学知识，必须与科学有关，它以多种方式传递科学事件和科学信息，提高孩子对信息的深度处理与解决能力；它是对与科学有关的数据和信息的解读、扩展与整合，读者可以在阅读后发挥主观能动性，实现自身的思维飞跃。换言之，少儿科普读物应该包括对问题的科学态度，运用科学的方法发现和解决问题，建立科

---

[1] 《全国科普能力发展报告（2019）》.

学的价值观或行为准则。这些都是衡量一本少儿科普读物是否合格的标准。"神奇校车"着重引导孩子思考科学与我们的关系，比如，书中会让大家向国家和政府提出自己的意见与建议，与家人探讨探索冒险中遇到的问题，等等。值得注意的是，"神奇校车"非常注重主角在探索冒险过程中的刻画，每个人物面对问题的态度不同，解决方式也大有不同。本书认为，科学与人息息相关，应该将科学融入人类生活中去。"神奇校车"通过建立科学与人的关系，培养读者"人是科学的主体"的思想，实现了人文性与科学性并重。

2. 精准的读者定位

面向儿童是所有少儿出版领域的共同特点，也是区分少儿读物与成人读物最根本的特征。我们区分一本书是不是儿童读物，不是看它的语言是否生动活泼，也不是看装饰是否卡通，封面是否亮丽，而是从儿童的角度看这本书是否适合儿童。这些都要求少儿科普读物定位准确，把握读者的年龄特征、心理特征、思维特征，做到真正为少儿读者创作。"神奇校车"系列第一个故事制作于1986年，一经出版便成为孩子们竞相阅读的对象。这套书的成功引起了美国动画制作的关注，美国教育机构在图画书版本上重新制作，将其制作成动画。作者根据动画重新改编成书，这就是后来的"神奇校车·动画版"。为适应不同年龄、不同阅读水平的孩子，作者随后出版了"神奇校车·桥梁书版"和"神奇校车·阅读版"。2000年后，作者应邀前往中国、埃及等国，创作了侧重于人文和历史的"神奇校车·人文版"，以故事的形式科普。目前，"神奇校车"系列已出版6种不同形态的纸质出版物。根据孩子们认知能力和阅读习惯的差异，不同版本的书在内容的选择和布局上做了相应的调整。例如4岁左右的孩子适合看图画书版，桥梁书版作为图画到文字的过渡，适合6岁左右的孩子阅读，阅读难度较大的是阅读版，需要有独立阅读能力的孩子才能阅读，等等。由此可见，"神奇校车"每版图书都有明确的读者定位，准确锁定用户的阅读需求，综合考虑读者的阅读能力，是其能长期销售的关键。

（三）内容设计

1. 用叙事引出知识

科普儿童图画书在呈现科学知识时，并不是将知识点一一排列，而是通过故事的讲述，巧妙地揭示知识。"神奇校车"的主角是卷毛老师和班里的孩子们，"卷毛"是孩子们给老师的昵称。在孩子们的眼里，卷毛老师是个古怪的老师，她一头卷发，总是穿着花样奇特的裙子，布置作业和督促学习时毫不犹豫。也正是这个古怪的卷发老师，会驾驶那辆神奇的校车，带着孩子们进入一个奇幻的世界，用独特的方式讲述身边的各种科学知识。孩子们在带着惊喜、兴奋、甚至恐惧的心情完成神奇的科普之旅的同时，也学到了很多科普知识。除此之外，书中的语言非常童趣。除了介绍科学知识的语言，还不时地穿插表达孩子此刻心理活动和情绪的小句子，让小读者们倍感亲切，愿意接受，如"哦，看哪，卷毛老师今天穿的是章鱼图案的裙子！""光看她的裙子就跑题了，再看看她的鞋子，我们连字都忘了，想想她那怪异的性格，我们脑子里都是一片空白！但谁让我们的老师是卷毛老师呢？""卷毛老师说，接下来我们要去研究火山，全班都有些紧张，毕竟有这种用图片来展示知识的老师，什么事情都有可能发生！""只要我学着卷毛老师的课，我的力气就会耗尽！""神奇校车"在叙述故事中巧妙地呈现科学知识，运用创新的文学想象力和创造性思维，让读者在阅读有趣的故事的同时，获得要传达的科学信息。

2. 用图片呈现知识

科普儿童图画书强调图文并茂，强调科普过程中故事场景的描绘。孩子的识字水平不高，与一段文字相比，一张图片更能吸引他们的兴趣，传达更多的科学知识。在"神奇校车"中，图片塑造的生动故事场景巧妙地传达了科学知识。比如，在《漫游电世界》中，作者提出了几个问题：电是怎么来的？怎么传到家家户户，又是怎么把灯变亮的？读者可以跟随卷毛老师，乘坐可以在任何环境中穿梭天际、走进大地的神奇校车，到火力发电厂，进入发电机炉，再进入输电管道……最后，进屋、进电线、进灯泡，给家里带来光明。这是一种体验和探索的方式，不需要告诉孩子深奥的道理，只需要让他经历一次，就可以明白所有的道理。这种图文关系可以给孩子留下更多的想象空间，文中未提及的部分，可以通过阅读图片进行关联，同时也避免了科普少儿图画书文字堆积过多的问题。此外，"神奇校车"在画面细节上也做到了极致。比如，卷毛老师身上的图案是和内容息息相关的，在《穿越飓风》中，卷毛老师就身着乌云闪电纹的黑色长裙，以此来呼应主题。而且每本书末尾出现的卷毛老师服装也隐藏着下一本书的重要线索。总体来说，图片中展示的内容可能与科学知识无关，但故事的细节和丰富的图片让图画书建立的故事世界更加全面生动。

3. 用问题扩展知识

孩子总是和好奇心联系在一起，而提出设计问题是激发好奇心的一种方式。科普儿童图画书经常用提出问题的方式，引导读者接收信息。在"神奇校车"中，问题设计非常巧妙，不是纯粹为答案而设计问题，更像是为解决问题而绘制的答案。例如，"胃为什么会尖叫？当胃里没有食物时，它会蠕动，胃内的气体会被挤压，四处奔波，发出咕咕声。""你知道吗？地球上所有的水都被反复使用。

事情是这样的：水从湖泊、河流和海洋中蒸发，上升到空中，形成云，然后以雨雪的形式回到地面上，这就是所谓的'水循环'。"书中涉及的知识基本涵盖了孩子在生活中可能遇到的问题，可以快速吸引读者的注意力，让孩子在满足对自然世界的好奇心的同时更愿意读下去。同时，在掌握知识的深度上，做到了广而不深。比如在《水的故事》中，除了讲述自然界中的水循环，还全面阐释了天然水从开始进入城市的净水系统，直到进入我们每个家庭的步骤，最后，还介绍了关于水的环保知识。这些设计基本上把我们日常生活中的物质的各个方面知识都串了起来，全面、通俗地讲给了孩子们。

（四）装帧设计

孩子们的好奇心很强，天生喜欢新奇有趣的东西。因此，儿童科普读物需要考虑小读者们实际的阅读需求，其外观装帧设计应当与图书内容保持一致。书籍的艺术感染力和意境需要分别以不同的形式表现出来。无论是出于科普的目的还是儿童图画书的特点，封面都需要吸引人，体现图画书独有的特点。科普儿童图画书除了上述科普内容和形式的新颖性外，还体现了创作者创造性的文学想象和意境。"神奇校车"每册都以乘坐校车冒险的方式呈现不同题材的叙事场景。因此，作者在封面上体现了这种创意设计。封面上的校车在各个不同主题的背景下飞驰，在浩瀚的宇宙中、在奇妙的人体内，等等。该系列各卷册封面均呈现统一的原创风格，在吸引读者阅读的同时增加了读者黏性。此外，封面的设计也融入了作者的艺术构思。在《奇妙的蜂巢》一册中，作者特意将校车与蜜蜂结合，既表达了主题，又体现了图画书的特点。封面的设计主要是通过简洁的物体特写来突出主题，使画面干净整洁，让孩子更专注于图画书所体现的主要内容，明白其所要普及的科学知识。另外，在表达图画书主题的时候，可注入作者所编图画书的文学表达和意境，体现不同作者的原创风格，吸引可能感兴趣的目标读者。

（五）营销宣传

1. 自发的口碑营销

口碑营销是以口碑传播为途径的营销方式。在社交网络中，每个人都是信息接收者与传播者的统一体。我们在接收外界信息的同时，也在向外界传达自己对事件的看法和情绪。对于感兴趣的内容，我们通常采用"转发、点赞、评论"的方式搭建自己的信息茧房，并在传播和分享的过程中形成了信息推荐。在"神奇校车"的营销宣传过程中，发行团队紧紧抓住宝妈这一核心消费群体，引导她们在消费后主动进行分享推荐。通过在当当网收集的真实阅读反馈，整合出易于传播的话题点，在微博、微信公众号、小红书等平台结合图书内容制造话题，引发宝妈群体圈内的广泛讨论。从而使得更多潜在受众关注到了"神奇校车"系列图书，在看到口碑推荐时产生兴趣，在搜索后促成了购买，至此形成了完整的 AISAS 闭环链路模型。由此可知，"神奇校车"之所以能成为畅销书，离不开读者的分享和推荐。

2. 线上线下相结合的多形态营销

一是与肯德基合作进行线下营销。2017 年 9 月，肯德基发起了"买肯德基快乐儿童餐送魔法校车书"活动，但与已出版的校车系列书籍不同，此次"买餐送书"活动赠送的书是肯德基版"神奇校车"，是蒲公英童书店与肯德基合作打造的全新系列。全套包括：《声音博物馆》《蚂蚁世界》《谁主沉浮》《动物体温》《沙漠之旅》《飞行的秘密》《神秘空间》《石头》和《三文鱼的迁徙》，每本书最后还附有 K 记独家折纸福利页，让校车华丽变身宇宙飞船、骆驼等，在激发小读者动手能力的同时，还能让他们走进图书中拥有一辆属于自己的神奇校车。肯德基还邀请了中央人民广播电台主持人录制"神奇校车"系列有声故事，供小读者们在线收听，同时还制作了精彩的动画短片可以观看，并且，还在线下组织了一场场神奇校车故事会，邀请小读者们听故事，结交新朋友。肯德基版"神奇校车"、有声故事读物、动画短片以及线下故事会等一系列暑期活动，都是对"神奇校车"的进一步营销。

二是利用电视、微博、抖音等主流媒体平台进行网络营销。在微博上，一些教育、育儿类自媒体博主通过图片、文案等形式来介绍"神奇校车"的内容，并采用图片整合的呈现方式来吸引读者的注意力，达到营销的目的。拥有超过 400 万粉丝的知名教育博主李永乐在自己的微博上推荐了"神奇校车"这本书，并在央视节目中推荐了这本书。同时，得益于蒲公英童书馆与肯德基的联名活动，肯德基在其官方微博推送了"神奇校车 ×KFC"系列超级话题，借助肯德基的粉丝基础与用户黏性，进一步提升了"神奇校车"在微博平台的影响力。在抖音平台上，自媒体用户可以通过短视频的形式，生动、形象地将"神奇校车"中的精彩故事与精美插画呈现给受众，使得短视频用户在极短的时间内被"神奇校车"系列故事吸引。碎片化的动画内容、精准的用户推荐、以"神奇校车"为主题的活动，都在短时间内吸引了大量观众，扩大了"神奇校车"的影响力。

3. 当当网的加持

近年来，随着科技革命、互联网技术和电子商务的发展，网络书店的扩张势不可挡，不仅改变了当今读者的消费行为和消费习惯，也影响了书店的整体市场表现。在童书发行上，当当网一骑绝尘。当当网童书销售码洋占我国网络童书零售总码洋的 50%。其中，精品图书（包括高端手绘科普书、婴儿书、玩具书、图画书、少儿英语等）市场占有率超过 70%，市场优势突出。究其原因，丰富的产品线定制、精细化运营、推广方式多样化与灵活性、出货量大、退货率低、回款周期短，使得出版机构能够深入参与市场运作。"神奇校车"于 2005 年推出，传统书店一年仅售出几千本，但在当当网平台上，该书一年内销量突破 1 万本。后来，颜小鹂创办了蒲公英童书馆，加深了与当当网的合作。2011 年，推出完整版"神奇校车"，在当当获得近 10 万套的销量，至今仍保持良好的增长态势。可以说，"神奇校车"系列能稳居童书畅销榜，当当网的重要性不言而喻。

四、精彩阅读

刚开到校外的路口，校车便拐进了一条黑漆漆的隧道。当我们从隧道钻出来时，神奇的事情发生了——校车变了样，我们也变了样，每个人都穿上了潜水服，连卷毛老师也一样。

我想我我妈妈。

我以前确实不知道这个呀！

水的真相 ⑦
——菲比的笔记

★ 你呼吸的空气里，就含有水分。你看不见它，因为它是以一种看不见摸不着的气体状态出现的，这种状态的水叫做"水蒸气"。
★ 当水蒸发时，就会从液态转变成气态，然后上升到空气中。

好像只有卷毛老师没有注意到这些变化。她只顾着开车，当车子到了桥中央时，突然开始……

天啊！我们正在往上升！

往上升……

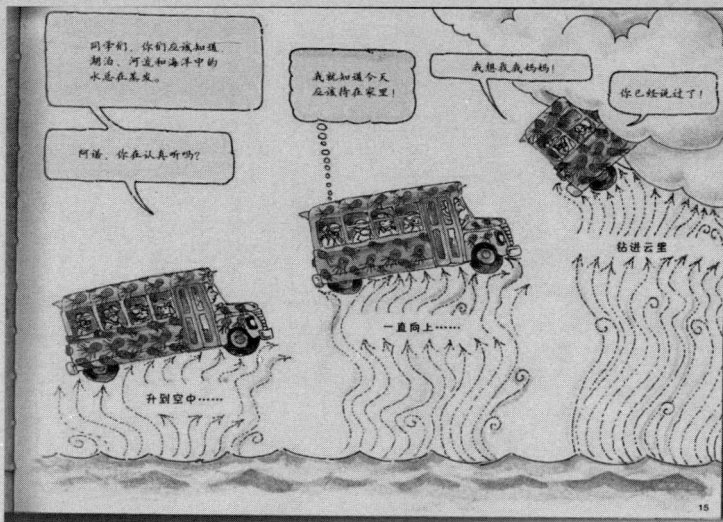

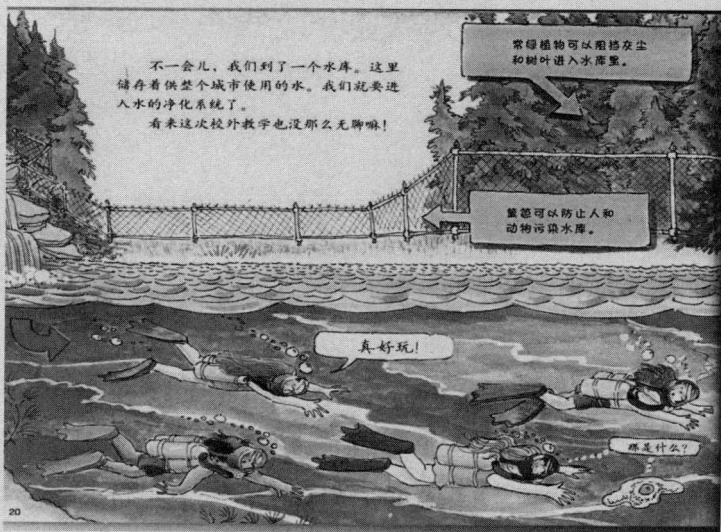

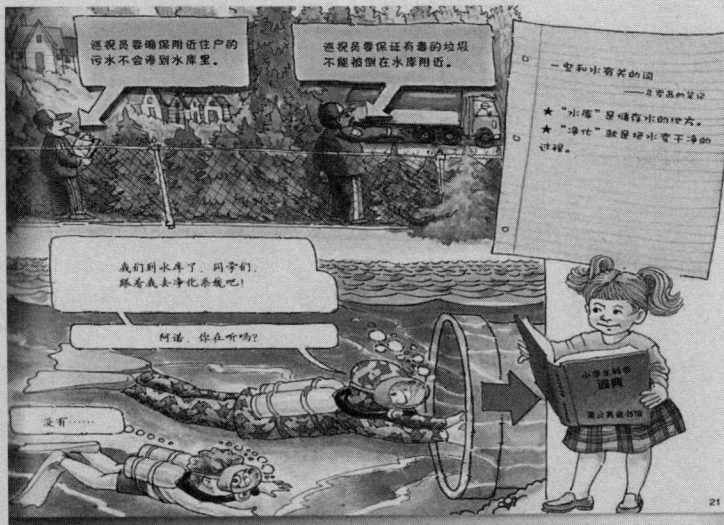

——节选自《神奇校车·水的故事》第 10~21 页

书名："冒险小虎队"（现为"小虎神探队"）　　作者：托马斯·布热齐纳　　译者：丁敏
出版时间：2001 年　　　　　　　　　　　　　出版社：浙江少年儿童出版社

一、作者简介

托马斯·布热齐纳，奥地利著名儿童文学家，是德语国家非常成功的儿童文学作家之一。在奥地利，92%的家庭有他的图书，有73%的6~12岁的儿童读他的书。著有《我的怪物伙伴》、"冒险小虎队"、《神奇自行车》《神探马克和"鬼怪"》《小狗德邦》《寻宝历险》等。这些图书被翻译成32种语言，在挪威、英国、美国、中国、日本、韩国等众多国家出版。

托马斯·布热齐纳曾荣获"奥地利青年图书大奖""金羽毛兔图书奖""猫头鹰读书奖"等众多国际大奖，并且担任联合国儿童基金会奥地利亲善大使，连续两年被评为"奥地利年度作家"。

2003年"冒险小虎队"以400万册的销售业绩稳占中国儿童图书市场第一把交椅，成为金牌儿童畅销书，后引进的姊妹篇《神探马克和"鬼怪"》出现预付书款排队买书的场面，60万册的首印图书被一抢而空，这种火爆场面在儿童图书市场很是少见。

二、畅销盛况

"冒险小虎队"在2001年被浙江少年儿童出版社和人民邮电出版社引进之后，短短半年内销量便突破400万册，当时"冒险小虎队"和"哈利波特"前后脚引进中国，那时年轻人不是拿着树枝乱挥便是在看完金庸的书后喊着"独孤九剑"，就在"哈利波特"的作品大热之时，"冒险小虎队"横空出世。

2003年，在"哈利热"稍微降温之时，浙江少年儿童出版社的"冒险小虎队"已经稳稳成功跻身中国儿童图书市场的头把交椅，3年累计销量达460余万册。在2003年的4月、5月两个月内，"冒险小虎队"

占据儿童图书榜单的前 15 名，把"哈利·波特"的 4 部作品挤出了榜单之外，展示出霸榜的强劲势态。

2005 年，浙江少年儿童出版社推出的超级版"冒险小虎队"，总首印量达到 100 万册，曾经连续 6 个月揽下了儿童畅销书榜的前 10 名。

2007 年，"冒险小虎队"出版了近 50 本，先后 20 次占据全国儿童出书畅销榜的榜首，累计总销量达 1 365 万册，总销量已经超过"哈利·波特"，成为名副其实的中国少年儿童畅销书第 1 名。

2010 年 7 月，"冒险小虎队"系列在中国的销售量为 2 978 万册，是少年儿童畅销书中的常青树。

2011 年，"冒险小虎队"在中国销售总量累计达 3 686 万册。

至 2019 年，"冒险小虎队"（更名为"小虎神探队"）全球总销量超过 4 500 万册，算得上是少年儿童出版领域的一个传奇。

"冒险小虎队"的引进，可以说开创了国内"玩具书"的先河，在它引进的 6 年内，国内并没有同类的图书出现。其惊险刺激的冒险故事、超强的互动性阅读，成为无数读者的童年回忆，几乎每个儿童读者的梦中，都曾拿着"解密卡"和 3 个小虎队成员一起踏上了奇幻热血的冒险旅途。

三、畅销攻略

（一）儿童推理题材正中市场痛点

"冒险小虎队"讲述的是 3 个伙伴结伴在世界各地进行冒险探案的故事，每一册都会去一个新的地方进行探险，其故事情节惊险刺激、曲折离奇，紧紧地抓住了小读者的好奇心和求知欲。追求未知是人的天性，喜欢探险，喜欢冒险，对带有恐怖元素的惊险故事有着浓厚的兴趣。因为这类冒险故事可以将人带入一个自己从未接触过的玄幻的世界。这种猎奇心理使得这种题材的故事从古至今都令人津津乐道，例如，西方的《十日谈》《福尔摩斯》，中国的《聊斋志异》《西游记》等。

带有恐怖元素的冒险故事在儿童类图书中是很少看到的，大人带有刻板印象地认为孩子就应该读一些温馨快乐的小故事或者是科普类的图书，类似《十万个为什么》。正是如此，大部分人都忽略了孩童时期正是好奇心最旺盛的时候，孩子对一切新鲜的事物都充满了好奇。我相信，每个人在童年时都曾幻想过背着自己心爱的玩具，去热带雨林探究原始人的秘密；去非洲金字塔找寻神秘的木乃伊；去广阔的草原看猎豹奔跑；去太平洋看海鸥飞舞……

"冒险小虎队"中的故事正是切中了儿童图书市场的痛点，在几乎都是绘本和科普故事集的儿童图书市场，"冒险小虎队"横空出世。每一册"冒险小虎队"中的探险故事都是跌宕起伏，一个疑点接着一个疑点，危险一波未平一波又起，始终吊着小读者心，每次小虎队遇到的危险都令小读者大呼刺激。这些引人入胜的探案故事使得小读者对"冒险小虎队"爱不释手，只要打开第一页，就一定要读完才能意犹未尽地合上。但是"冒险小虎队"中的内容并不是完全没有科学根据的，其中的内容含有大量的科学知识，同时，因为不同的故事发生在不同的国家，因此会展现不同国家和地域的自然景观与人文风貌，还蕴含着简单易懂的地理知识和历史知识，让小读者在大呼过瘾的同时，还能够学习到新知识，将一幅小读者们从未看见的五洲四海的世界风貌图画展示在眼前。

（二）叙述简洁，篇幅适中

考虑到这套书的读者定位和受众群体年龄的限制，托马斯·布热齐纳在创作的过程中，使用直白简练的语言进行平铺直叙，并且大量使用对话，如下面这段节选内容：

路克冲到屋外，想将这个惊人的发现告诉两个队友。他东张西望了半天，却始终看不见碧吉和帕特里克的踪影。他们两个到底躲到哪里去了？

"碧吉，帕特里克，快出来呀！"路克大声喊着，"我有东西要给你们看！"

"是什么东西呀，四眼田鸡？"路克的身后传来一个尖锐刺耳的声音。

路克听了，不禁深深吸了一口气，站在他身后的，是威普克家的阿迪。阿迪双手叉在胸前，一双眼睛不怀好意地盯着路克瞧。

这个才八岁大的小子长得活像个恶魔。他那两撮直竖的黑发，好像魔鬼头上的兽角，一对黑色的眼珠子老是恶狠狠地盯着人瞧。他一天到晚净打鬼主意，恨不得惹得每个人都生气。

这种直白的对话简单易懂，使得小读者阅读起来十分轻松。在内容剧情的推进上，"冒险小虎队"直接粗暴，从不拖沓。在故事的篇幅设定上，照顾到这是一本儿童读物，"冒险小虎队"的框架结构比较简单，每一册书只讲一个冒险故事，每一页的字体设计得都比较大，行目疏朗，每页字数不会超过300字，每本书都在100多页，最多不过200页，在引进中国后，还进行本土化的设计，语言更贴近中国人的说话习惯，同时也改变了文本的字体设置。

这些改动都体现了这本书的定位和对儿童的关怀，同时拉长了读者的年龄段。原本这本书的读者定位是给高中生，但没想到在中国的中小学生中如此火爆，

就如同原本"哈利·波特"的定位是给成年人读的奇幻书，却也在孩子中如此畅销。这也令我们不禁思考，在21世纪成长的孩子，

对当下世界的认识和接受新知识的能力要远远超过成人，孩子们思维敏捷、善于思考，因此需要们对儿童图书市场做出新的审视。

（三）"玩具书"引领潮流

"冒险小虎队"能够大火的最大原因，是这套书不是单单的推理小说，而是一套"玩具书"，可以说是开创了中国儿童"玩具书"的先河。"冒险小虎队"具有很强的游戏精神。书中是由3位个性鲜明的小主人公组成探案团队，一起进行冒险的。他们分别是运动少年帕特里克、智囊军师路克、活泼机灵的碧吉，3个人互相配合，能力互补，侦破一起又一起案件。这3人在性格的设定上并不是完美的，他们身上都有着这样或那样的缺点，让读者更感真实，非常亲切，仿佛就是你邻居的小伙伴。但是他们做的事情又不平凡，让日常生活平淡无奇的读者非常羡慕，这些奇幻的冒险故事，为读者平淡的学习生活增添了色彩，缓解了他们的学习压力，给心灵来了一场冒险。可以说，托马斯很好地创造了平凡的小英雄。

有趣的是，为了让小读者有更强烈的代入感，每本书的开头会让你填一张小表格，将小读者设定为第4位"小虎队"的成员，以第一视角来进行观察，使读者有强烈的代入感。书中每到需要动脑思考或者进行小推理的时候，都会拆分章节，提出一个小问题，让读者在前面的内容寻找答案，或者利用工具进行解密，这个工具便是"冒险小虎队"最大卖点——解密卡。

真正畅销的图书总是能够带动市场潮流，正如"哈利波特"中的魔法杖，"冒险小虎队"被设计成了可以玩的书，"冒险小虎队"每一本都附带一张神奇的特种功能解密卡。

在小虎队的成员之中，智慧又有担当的路克总是在危急时刻掏

图 1　"冒险小虎队"解密卡

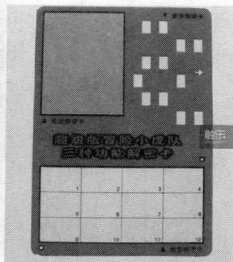

图 2　"超级版冒险小虎队"
解密卡

出自己的百宝箱，从中间拿出各种神奇的工具，帮助小虎队破解难题。但是书本之外的读者该怎么参与其中呢，这时候就要拿出随书附赠的解密卡，解密卡是经过特殊工艺制造的移动解密卡，将其贴在书本上留出来的空白处，隐藏的字便会显示出来，结合获取的信息，读者再通过小推理就能得到答案。有时还要利用解密卡的空白格解读秘密信件，只有将卡片移动到正确的位置，答案才会显现（见图 1、图 2）。其实书中大部分谜题在文字中都可以找到答案，但是解密卡使得推理能力不强的小朋友也能有参与感，当小朋友解开谜团的时候，才能阅读下去。解开谜团时，读者都会有茅塞顿开的感觉，不仅好奇心被调动起来，成就感也得到了大大的满足，提高了读者的阅读兴趣，令其迫不及待地向下阅读。

但是，"冒险小虎队"的互动设置并不是简简单单的小虎队解密卡这么简单，作者托马斯是一个非常善于将游戏元素与阅读相结合的人，在他早期的作品创作中，喜欢将电视节目、广播、游戏等游戏元素与图书相结合，在"冒险小虎队"中体现得也是淋漓尽致。书中的插图等也是需要读者认真仔细观察的，说不定会发现破解谜题的关键钥匙。

这种设置和解密游戏十分相像，大大增加了阅读的趣味性。同时，"冒险小虎队"每一册都去不同的地方冒险，因此，每一册除了必备的解密卡之外，还会赠送其他很多每册独有的解密工具，例如，在《冒险小虎队：死亡海岸》中去的地方是海边，便会赠送海盗藏宝图、罗盘卡等专有工具。

还有其他形形色色的破案小工具，什么"毒物辨识卡""卡片温度计""印第安手语卡"等千奇百怪的卡片。这使得读者在阅读的时候，不再是被动的接受者，而是书中角色中的一员，与作品本身有了互动，这些工具和小细节设计都使"冒险小虎队"的可玩性不断上升，既能学知识又有趣的探案书，谁能不喜欢呢？很多的孩子都是先被这些探案工具吸引，进而成为"冒险小虎队"的忠实粉丝。

（四）营销造势

"冒险小虎队"能够成功，除了图书本身的乐趣以外，更离不开背后出版社的推广和宣传。被称为"冒险小虎队之母"的浙江少年儿童出版社的责任编辑袁丽娟，在 2000 年 9 月北京国际图书博览会上，看到台湾版本的"冒险小虎队"，孤独地缩在角落，无人问津。但是袁丽娟看完一本后，认为这本书能够大火，在第二天发现仍然没人注意后，就买下了版权。由此，浙江少年儿童出版社出版了最早的 13 本。最开始销量并不好，解密卡丢失严重，出版社就不停地给书店寄卡片，希望不要退货，同时，出版社全体人员出动，去书店宣传，慢慢地，"冒险小虎队"经过买过书的读者口耳相传，逐渐火了起来（见图 3）。

在营销上，"冒险小虎队"是以"市场本位，概念先行"，选择以较低价位营销策略冲进市场，不同区域细分，以点带面，最终星星之火可以燎原。在江苏地区的销量突破 20 万大关的时候，将这个

图 3 "冒险小虎队"插图

小虎工具房

欢迎你来到小虎工具房。这里有本次侦探行动必需的破案小工具。

一、罗盘卡

图 4 《冒险小虎队：死亡海岸》工具页

二、海盗藏宝图

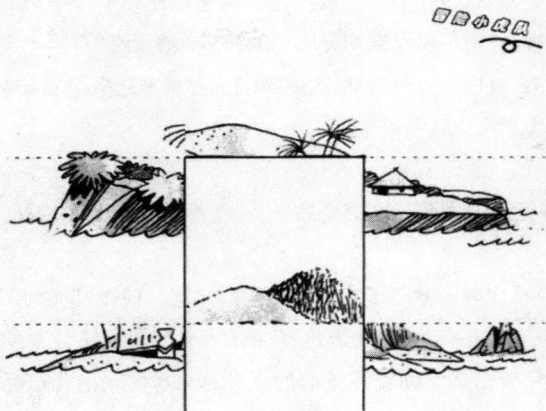

图 5 《冒险小虎队：死亡海岸》工具页

信息反映给其他地区的销售，以此鼓舞士气。借此，"冒险小虎队"的销售以华东地区—中南—西南—东北—华北的结构全面铺开。在推销的初期，"冒险小虎队"面临一个问题——解密卡丢失严重，出版社编辑们便一起努力本土化改造，之前的解密卡是直接粘在书上的，工具卡还是铁的，易丢失，非常麻烦。经过出版社的改造，全部改成纸质的，还在书上做了一个小袋子，全部装起来，这样一来，图书的质量减轻了，解密卡丢失率也降低了（见图 4、图 5）。

与此同时，浙江少年儿童出版社推销"工具阅读""小虎队""解密卡"等概念，运用"概念先行"的营销策略，经这些作为话题引发读者的讨论，将看"小虎队"是一种时尚这个话题"炒热"，从而使得"冒险小虎队"横扫市场。

出版社还选择寒暑假实践上线"小虎队"新版图书，2001 年 10 月，北方图书城采取多种促销策略——拉横幅、打折促销、在电子屏上打广告、张贴海报、联动学校。加入学校推荐书目，到 2006 年年底，北方书城销售 38 566 本。出版社还多次邀请托马斯来中国讲座，开办图书签售会，与小粉丝亲切见面，2007 年推销新版"冒险小虎队"时，举行漂流书、快乐寻宝等活动，这些都吸进着越来越多小朋友拿起"解密卡"成为"小虎队"一员。

（五）后续开发延长图书寿命

"冒险小虎队"掀起了"玩具书"的热潮，使得其他的图书也纷纷加入"玩具书"行列，模仿者也有，例如《惊恐小虎队》等，各种"小虎队"充斥着市场。随着孩子们的玩具越来越多，电子产品的开发使得"冒险小虎队"这类图书不再新奇有趣，为了留住读者，"小虎队"不断升级换代，2005 年出了超级版"冒险小虎队"，随后出版超级成长版，女生版。

中国市场的巨大销量使得托马斯在 2003 年见面会时提到，会专门写一本中国的故事，然而等到超级版上市的时候独独少了中国故事的《千龙山》，直到 2010 年真人电影《小虎队：千龙山之旅》上映后，才发现一些问题，故事中充满对中国的"刻板印象"：留着长辫子的人，古怪的中国食物，罪犯明目张胆地贩卖军火……一切都使得这本中国故事没有通过审查，该真人电影也因为过于歪曲历史没有被引进。正是因为托马斯对中国理所应当的臆想，没有客观的了解，使得"小虎队"丧失了进一步开拓中国市场的机会。

在《千龙山》失败后，"冒险小虎队"没有进行过电影的改变，也没有官方的衍生影视出现，托马斯在对故事进行修改后现在"冒险小虎队"更名为"小虎神探队"，继续带给孩子们奇幻的冒险故事，依然有着不错的销量成绩。

"冒险小虎队"可以说是"90后"的童年回忆，不仅仅是浙江少年儿童出版社创下的销量奇迹，更是无数读者心中冒险的开端。就像有人这么评价到：

如果我们的童年记忆是一本书，那一定有一张解密卡。

四、精彩阅读

确定是有人暗中在灯塔内搞鬼后，碧吉和路克更加害怕，恨不得立刻插翅膀飞离灯塔。他们两人夺门而出，一路沿往小船的方向跑去。"等一下。"路克突然停住脚步，开始绕着灯塔四周勘察。他不但巡视海岸，还眺望海面，可惜并没有发现其他船只。尽管如此，路克还是确定几分钟前曾有人闯进灯塔。

路克忙着沿小岩岛勘察，碧吉也鼓起勇气，再度走进灯塔里查看。

"走吧，"路克站在灯塔门口探头说，"看样子，我们得报警了。"

"等一下，快进来看看！"碧吉指着地面上的废物堆，"我想……这大概就是我们要找的答案。"

废物堆里隐藏着一个大铁盖，大铁盖上面还有一个大铁环，由于上面被各类杂物和船舵覆盖着，碧吉和路克当时没立即发现它。

路克蹲下来，把废弃物推到一旁。"哦，我明白了。"他恍然大悟，"这一定是密道的入口。绝对错不了！掩藏得还真是巧妙。"

"那……刚才的声音……"碧吉推测着，"一定是有人打开过密道的入口。"

"嗯，"路克点点头，"帕特里克很可能就在里头。"

两只小虎抓紧大铁环，想用力拉开入口的大铁盖，可惜使尽力气拉了半天，铁盖还是封得紧紧的。

"再加把劲！"路克咬紧了牙关。

图 6 《冒险小虎队：死亡海岸》插图

　　费了九牛二虎之力，他们终于把生锈的大铁盖拉动了几厘米。但是，单凭碧吉和路克两人的力气，似乎不可能完全打开大铁盖。

　　"真累！"碧吉坐在地上，"到底要怎样才能打开这个入口？"

　　路克没搭腔，自顾自地盯着废物堆瞧，然后捡来一根又粗又重的长铁棍。

　　"来吧，"路克说，"这个应该管用，来帮个忙吧！"

　　"你拿这个做什么？"碧吉一头雾水。

　　路克没吭声，径自把脚尖顶在密道入口旁的大岩石上。

　　"你到底想做什么呢？"碧吉又问。

　　"哎呀，我画给你看。"路克拿出他的笔记本电脑，用荧光笔在屏幕上画着，试着让碧吉了解他正要做的事。

　　"路克，你真是天才！"碧吉不禁竖起大拇指。

　　路克平时爱看科技书，遇到紧要关头，又懂得如何随机应变。由

图 7 《冒险小虎队：死亡海岸》插图

于懂得使用"杠杆原理"，两只小虎终于把密道入口的大铁盖撬开了。

路克从百宝箱内掏出手电筒，往密道里一照，不禁惊呼："碧吉，你看，这很可能是条海底隧道。我们下去瞧瞧吧！"

路克鼓起勇气，率先跳入阴暗的隧道，碧吉紧随其后。这条隧道不但狭窄，而且阴暗，通道内的岩壁裂缝上还不断渗水，滴得地面上又湿又滑，稍不注意，就会摔得四脚朝天。

刚开始，隧道顺着地势往下倾斜，走着走着，碧吉和路克来到了一个转弯处。

"哇！"路克回头看看身后的隧道，忍不住惊叹，"这么长一条海底隧道，不晓得究竟会通到哪里！"

路克手持手电筒照着地面及岩壁，两人摸索着往前走了好一阵子。

"天啊，"碧吉喘着气叫道，"有完没完呀？这条隧道好像没有尽头似的。"

"碧吉，"路克好像突然有所醒悟，"糟了……我们可能已经远离小岩岛了，这条隧道是通往大海的！"

图 8 《冒险小虎队：死亡海岸》插图

"你是说……"碧吉瞪大眼睛慌乱地盯着隧道岩壁，"我们现在正走在大海里。完了隧道的岩壁看起来似乎不怎么牢固，万一……万一渗进海水，那……那不就惨了吗？我看，我们还是赶紧回去吧！"

路克坚定地摇摇头："不行！不能就这么丢下帕特里克不管，我相信他一定就在这里头，而且……"路克沉思了一会儿，又继续说："如果我判断得没错，帕特里克应该是被人押进海底隧道的。否则，他应该跟我们打暗号才对。"

"是谁绑架了帕特里克？"碧吉又急又怕地喃喃自语，"到底是谁把他拖进这条阴森恐怖的隧道里的呢？"

碧吉和路克忧心忡忡地又走了好长一段路，仍然不见帕特里克的踪影。两只小虎担心队友的安危，心情更加沉重。

"帕特里克，你在哪里？"路克大喊。

路克的喊叫声在隧道内回响着，听起来格外吓人。

"帕特里克，"碧吉也扯着嗓子喊叫，"如果你听到了，就给个暗号吧！"

还是没有回应。

两只小虎拖着沉重的步子继续往前走，心里实在害怕极了。他们担心另外一只小虎已经发生了意外。

　　又走了好一会儿，路克突然停下脚步，竖起耳朵仔细地听着，然后转身问碧吉："你听见什么了吗？"

　　"嗯，"碧吉点点头，"好像有人正呜呜地叫个不停。"

　　两只小虎互看一眼，开始加快脚步往前跑，边跑边喊："帕特里克，帕特里克，你在哪里？"

　　声音愈来愈清晰，帕特里克的嘴巴好像被东西堵住了（见图6至图9）。

——节选自《冒险小虎队：死亡海岸》第33~46页

图9 《冒险小虎队：死亡海岸》插图

Mom Pop
图。

我们仨

杨　绛

生活·读书·新知 三联书店

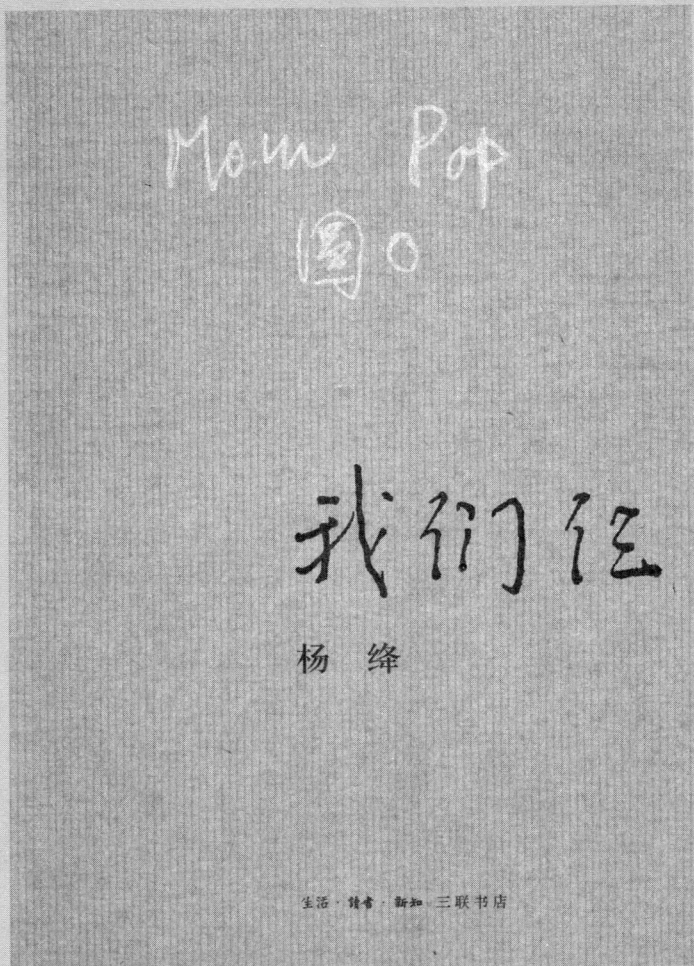

书名：《我们仨》　　　　作者：杨绛
出版时间：2003 年　　　　出版社：生活·读书·新知三联书店

一、作者简介

杨绛（1911—2016），本名杨季康，江苏无锡人，是中国女作家、文学翻译家和外国文学研究家，著名学者钱锺书的夫人。她毕业于东吴大学，后就读于清华大学研究院。1935年与钱锺书结婚后共赴英国、法国留学。1938年秋回国，曾任上海震旦女子文理学院、清华大学外语系教授。主要作品有剧本《称心如意》《弄假成真》，长篇小说《洗澡》，散文及随笔集《干校六记》《将饮茶》《杂忆与杂写》《我们仨》《走到人生边上——自问自答》等，译作《堂吉诃德》《吉尔·布拉斯》《小癞子》《斐多》等。

二、畅销盛况

据开卷对全国图书零售市场监控的数据统计，《我们仨》一书在2016年年销量超过89万册，2017年年销量超过75万册，截至2021年6月，累计销量超260万册。之所以出现如此急骤的变化，与2016年5月杨绛逝世这一消息密不可分。被民众普遍接受的一个情结便是以重温其作品的方式，来纪念名人的逝世。其实，早在初版的2003年，这本书便引发过一时的轰动效应。责任编辑冬晓（董秀玉）回忆道，鉴于杨绛夫妇的影响力，这本书本来准备首印20万册，后来出版社出于谨慎考虑，仅首印了3万册，而这3万册在12天内便销售一空，一直到2004年2月，发行部提供的数字仍保持"一个月内发书6万册"。在2003年，《我们仨》共发行了47.5万册，并迅速登上各大书店畅销榜的榜首。

媒体将这本书列为"2003年最感人的书"，新浪网评选的2003年度精品图书，《我们仨》位居网络读者投票第1名。不只在大陆如此，这本书也被台湾《中国时报》评选为"2003 开卷好书奖"中文创作类的第 1 名，评委会的评语是"92 岁高龄的杨绛，以平和笔调记录了她与著名学者钱锺书先生及女儿钱瑗相守 63 年的人生经历，让读者与她一同沉浸于苦难与幸福、快乐与忧伤交织的人生实境中。书中收录了三人往来的文字、书信与图画，不仅如梦似幻地道出挚情难断的依恋，也在清丽幽默的文字中浓缩了近半个世纪以来中国读书人深邃厚重的人情及正直清朗的操持"。

18 年过去了，《我们仨》还在重印、再版，早已成为长销书。2016 年杨绛的离世将它带到了新的销售高峰，促使其成为 2016 年最畅销的传记类文艺图书，2017 年热度依旧不减，同类书中仅次于《习近平的七年知青岁月》。作者本身的知名度、作品平和质朴的语言魅力、优秀的装帧设计等，都成为这本书持续畅销的内在生命力，一直成长为图书业长销不衰的常青树。

三、畅销攻略

（一）名人效应是关键

1. 女先生的社会影响力

在近现代，女先生是对德高望重、有突出贡献的杰出女性的尊称，如宋庆龄先生、冰心先生、杨绛先生。回顾杨绛一生的成就，将其列为近现代屈指可数的女先生之一，她是当之无愧的。她通晓英语、法语和西班牙语。她早年创作的剧本，《称心如意》《弄假成真》《游戏人间》等相继在上海公演，风靡一时，《称心如意》被搬上舞台长达 60 多年，到 2014 年还在公演；她翻译的《堂吉诃德》，被公认为最优秀的翻译佳作；她 1981 年出版的《干校六记》，已有 3 种英语、

2 种法语和 1 种日本译本；她 1984 年创作的《老王》被选入多种版本的教材；她 93 岁时出版的散文随笔《我们仨》，风靡海内外，再版达百万余册；她 96 岁时依然坚持写作，出版哲理散文集《走到人生边上》。杨绛一生勤勤恳恳、笔耕不辍，即使在晚年，读书写作也从不间断。

她写下的文章、说过的话，常被用作标题或者警句、文摘，在网络上盛传，要么被青年人读以自省，要么被同辈拿去相互调侃，或者被长辈拿去教诲晚辈，如"你的问题主要在于读书不多而想得太多""一个人有所不足，就要自欺欺人。一句谎言说过三次就自己也信以为真的""上苍不会让所有幸福集中到某个人身上，得到爱情未必拥有金钱；拥有金钱未必得到快乐；得到快乐未必拥有健康；拥有健康未必一切都会如愿以偿"。杨绛用其通达至情的才华，和淡泊明利、宠辱不惊的人生态度，为大众树立了一个儒雅的女知识分子形象。

2001 年，清华大学建校 90 周年之际，杨绛以一家三口的名义，设立"好读书"奖学金，并把当年她和钱锺书的稿费 72 万元以及以后出版作品的报酬全部捐献，以鼓励真正热爱读书的贫寒子弟。截至 2016 年，已积累奖学金基金达 2 934 万元。除此之外，她亦将生前财产全部无偿捐赠国家。这样一个淡泊名利的学者，她翻译的英国诗人兰德诗作《生与死》："我和谁都不争，和谁争我都不屑；我爱大自然，其次就是艺术；我双手烤着，生命之火取暖……"更像是她的夫子自道。

2. 钱杨夫妇伉俪情深，《我们仨》故事吸睛

20 世纪初期，随着西学东渐和五四运动的影响，知识分子界流行一股"休妻"热潮。然而，人们最为津津乐道的是钱杨夫妇的伉俪情深，堪为知识分子的楷模。钱锺书评价杨绛为"最贤的妻、最才的女"，并坦言"在遇到她以前，我从未想过结婚的事；和她在一起这么多年，从未后悔过娶她做妻子，也从未想过娶别的女人"，之

后这段话被社会学家视为理想婚姻的典范，在社交媒体发达的今天被广为传诵。一个是书香世家的博学鸿儒，一个是名门闺秀的文学大家，二者结合，可谓门当户对、珠联璧合。相比于学术成就，大众读者更为关心的则是这个知识分子家庭有血有肉的真实生活，而《我们仨》讲述的恰恰是一家三口相守相助、相聚相失的故事。

胡河清曾赞叹："钱锺书、杨绛伉俪，可说是当代文学中的一双名剑。钱锺书如英气流动之雄剑，常常出匣自鸣，语惊天下；杨绛则如青光含藏之雌剑，大智若愚，不显刀刃。"1946年初版的短篇小说集《人·兽·鬼》出版后，钱锺书在自留的样书上为妻子写下这样无匹的情话："赠予杨季康，绝无仅有地结合了各不相容的三者：妻子、情人、朋友。"

（二）文本为王是支撑

1. 永恒的亲情主题，细节上的盛宴

亲情是人类永恒的主题，关于亲情，人们总是有说不完的话题。杨绛以细腻的笔触，记录一家三口的风风雨雨，很容易引起读者共鸣，许多人表示都是哭着读完这本书的。

钱杨二人结缘于清华园，婚后二人同赴英、法求学，几年之后带着女儿归国。无论是青年时期艰辛的求学、养女之路，中年时期"文革"中的聚少离多，还是晚年一家三口的相濡以沫，二人都风雨同舟、琴瑟调和。杨绛花了很多笔墨在柴米油盐、衣食住行等生活琐事的描写上：钱锺书在牛津就读期间，杨绛在一边伴读，二人相依相助，把搬家、自理伙食称作"冒险"，吃上红烧肉就是"冒险成功"，把出门散步，称作"探险"；钱锺书常自叹拙手笨脚，不会打蝴蝶结，分不清左右脚，有一次还摔跤磕断了半颗牙，满嘴鲜血；女儿出生时钱锺书一人待在

家，去产院探望妻女时，常苦着脸认错，自己做了坏事，比如，打翻了墨水瓶、砸了台灯、弄坏了门轴，杨绛总是耐心地安慰他说"不要紧，我会……"从此杨绛的一句"不要紧"，成了钱锺书的"定心丸"；女儿钱瑗长大后出国留学的两年期间，从不忘给家里写信，钱锺书和杨绛总是争着读女儿从英国寄来的家信。全书对于一家三口的家庭细节描写，无不彰显着"我们仨"的浓浓爱意。

2. 语言平和深邃，耐人寻味

《我们仨》是纪实性回忆录式的散文，全书约9万字，共分为3个部分，第一部分以杨绛老年时的一个梦境为开篇，第二部分从"走上古驿道"开始，讲述了三人相聚和相失的过程，完整记录了这一"万里长梦"，第三部分则是继爱女钱瑗、丈夫钱锺书离世后，杨绛一个人思念"我们仨"。

作为大陆近几十年出色的女散文家之一，杨绛的文笔朴实中见真挚，平缓如静水流深，蕴含着拳拳爱意与温情，即使忧伤也带着与生俱来的从容，从容地对待生而为人必经的生老病死、世态炎凉。有论者说："杨绛的文字，如一方玉。外表朴素，不炫示，叫人望去油然生宁静心情；她还能准确、节制，不枝不蔓，叫人体会一种清洁之美；玉当然又绝不冷硬，她显出温和，淡淡却持久地散发；还有润泽，透露着内在丰富的生命律动。"

写作此书时杨绛已是92岁的高龄，她几乎是蘸着热泪和鲜血，尽可能地以简洁的语言，哀而不伤的笔调，记录这个家庭63年的风风雨雨。女儿病重住院时，杨绛听到别人说及自己的女儿坚强，只是在惦记爸妈，她觉得"心上给捅了一下，绽出一个血泡，像一只饱含着热泪的眼睛"。当她把女儿病逝的消息告诉丈夫时，她描写老夫老妻二人痛失爱女的情景，"老人的眼睛是干枯的，只会心上流泪。锺书眼里是灼热的痛和苦，他黯然看着我，我知道他心上也在流泪。

我自以为已经结成硬块的心，又张开几只眼睛，潸潸流泪，把胸中那个疙疙瘩瘩的硬块湿润得软和了些，也光滑了些"。没有呼天抢地的哭声，只是"潸潸流泪"，一边是白发人送黑发人，一边是病重的丈夫，杨绛作为一个步履蹒跚的老人，默默地经历着这一切。女儿钱瑗和丈夫钱锺书相继离世之后，"我们仨"就此失散。杨绛以前把三里河寓所称为"我们家"，当作人生旅途上的客栈，现今家在哪里？杨绛去世的消息传来时，无数人为她的离去感到惋惜，并安慰道"先生没有走，她只是回家了"。

3. 手法虚实结合，烘托如梦人生

《我们仨》一书巧妙地运用叙事空间的转换，围绕一家三口的聚散离别，建立了由一个"长达万里的梦"——梦境中"我们仨"相依为命——梦醒后"我一个人思念我们仨"的叙事空间。第一部分叙述简略，讲述梦的开篇是一个老人常做的梦。第二部分讲述"我们仨"从"走上古驿道"的其乐融融，到在"古驿道上相聚、相失"的悲欢聚散，杨绛在女儿的指引下去寻找一个叫"311"号的古驿道，颇费周折才找到钱锺书，"我们仨"得以相聚。钱锺书和钱瑗相继因病入院，杨绛作为家中唯一不生病的人，奔波于二者之间。直至第三部分二人离世后，梦境中的生离呼应现实中的死别，杨绛一个人再回顾"我们仨"时恍若隔世，所以不得不感叹"世间好物不坚牢，彩云易散琉璃脆"。

作者从自身经历出发，借此表达人生如梦的主题，"我们仨"只剩下"我"一个，就好像日暮途穷的羁旅倦客，借着回忆和梦境，寻找人生的意义。杨绛说，"我却觉得我这一生并不空虚；我活得很充实，也很有意思，因为有我们仨。也可说：我们仨都没有虚度此生，因为是我们仨。"也许最后作者悟到了，"我们仨"正是他们这个家庭的人生意义。

（三）装帧设计为好书加分

1. 书名好记易懂，便于广泛传播

书名是一本书的重中之重，是图书核心内容的体现。书名起得恰当与否不仅在于它是否充分表达了图书主题，还在于是否能带给读者良好的第一印象。《我们仨》这个书名简单易懂、便于记忆和广泛传播，寥寥三个字便勾勒出一幅全家福，加之署名作者杨绛，不用宣传，读者很容易便联想到这本书讲的是钱锺书、杨绛和钱瑗一家三口的故事。三个突出的个体，放在一个著名的知识分子家庭里，本身就具有很强的吸引力。一个单纯温馨的学者家庭，会是什么样子？是什么样的因素使得这个家庭如此特殊？未曾谋面的读者会怀着好奇心，渴望在阅读这本书的过程中找到答案。

回忆这本书的策划起源，责任编辑冬晓（董秀玉）至今记得当初的情景，那时她去看望正奔波在丈夫、女儿分别所在的医院和家之间的80多岁的老人杨绛先生，她劝先生抽时间写写他们仨，而杨绛先生看重这件事情的意义，就答应了她写一本《我们仨》。最初的设想是3人每人写一部分，但后来女儿钱瑗病重，在护士的帮助下断断续续写了5篇，只能由杨绛亲自选取的部分手稿以附录的形式附在书后。1997年女儿钱瑗去世，1998年丈夫钱锺书去世，接连的丧女、丧夫之痛，迫使杨绛直到2002年冬天才拿起笔，回忆"我们仨"的点点滴滴。

2. 封面素雅干净，契合图书主题

除了书名外，这本书的封面设计也相当优秀。香港著名装帧设计师陆智昌解释道，他在读完这本书时，脑海里想的是一个安静祥和的老人，坐在三里河洒满阳光的床边，写下这份回忆。许多读过的人也表示，书中的至真至情，让人唏嘘不已。正如杨绛本人淡泊的心性，这本书的整体设计是非常素雅的。基于它淡淡的忧伤这一

情感基调，设计师采用了棕色的特种竖纹纸作封面，只配以钱瑗的手绘"Mom Pop 圆〇"，和杨绛的手写字样"我们仨"，显得十分干净。封四的文案"一个寻寻觅觅的万里长梦，一个单纯温馨的学者家庭，相守相助，相聚相失"，是责任编辑冬晓（董秀玉）浓缩的这本书带给她的全部感受。杨绛手写字样"我一个人思念我们仨"，是这位老人的内心独白，也是成书以后对已故丈夫钱锺书、女儿钱瑗的交待。

3. 珍贵手稿做插图

除了洋洋洒洒的几万字以外，丰富的附加内容也是本书的一大亮点。书中不仅收录了一家三口珍贵的老照片，还有大量的字画、信件，包括钱瑗病重时写给父亲的信、杨绛给女儿写的便条、钱瑗为父亲画的生活小像等。还有钱瑗去世前在病床上写的 5 篇小文章由杨绛亲自选定的其中 3 篇，也一并收进附录。书中各处细节有：钱锺书赠杨绛的十绝句手稿，被设计成折页放在目录的前面，颇具匠心，甚为吸睛；第三部分选取的照片，从青年时期钱杨二人结婚、产女、女儿长大成人到"我们仨"定居在三里河寓所，都和第三部分的文字内容紧密相扣，必要且不显冗余；附录二中，收录了一家三人写给彼此的信件、明信片；附录三则收录了钱瑗为父亲作的画像，如《裤子太肥了！》《爸：卧读危害》《爸爸作丑态：衣冠端正，未戴牙齿》等，调皮之余显露出父女二人"铁哥们"般的关系，还收录了钱锺书遣不识字的阿姨买菜时勉为其难地画出的"黄瓜""鸡蛋"等家常菜类简笔画，一家其乐融融的景象便在读者的脑海中刻下了。

为了配合这本书的文字氛围，附录中的照片由杨绛亲自作注，并且全都采用双色印刷，将其作为棕色色调，使人产生一种巧妙的黄昏感，既协调了封面的黄棕色，又不违背整体的视觉搭配。此外，2004 年出版的珍藏本《我们仨》封面为蓝色布面烫银精装，其中 1 000 册为读者在版权页上加盖了钱锺书、杨绛和钱瑗的印章。

（四）低定价是一大卖点

杨绛回忆和三联的渊源时提到，她和钱锺书把书交给三联出版，是因为三联是他们熟悉的老书店，好品牌。三联有它的特色：不官不商，有书香，是他们所喜爱的特色。

把人文的精神贯穿在书籍制作的每一个环节当中，就可以把书做好。这是责任编辑冬晓（董秀玉）一直秉承的做书理念。因此，为了凸显出钱杨一家严谨的治学精神、温暖的亲情故事和淡泊名利的生活态度，这本书的定价压得很低。第一版的平装本定价仅 18.80元，之后畅销的这一版本，定价也仅有 23.00 元。这本书的精装升级版定价也不过是 35.00 元。网络书店由于其折扣力度大、送货便利等优势，销售量要比实体书店多得多。在定价 23.00 元的基础上打折促销，读者实际买到这本书也不过花了 10 多元钱，相当于在商场的麦当劳喝了一杯饮料。在人均阅读量普遍低迷的情况下，读者宁愿花更少的钱在买更好的书上，那些质量颇佳的名家书自然最容易受到青睐。综合来说，除了钱杨夫妇的影响力，文本自身的魅力、出版方细致入微的努力、设计师的用心良苦等，都是促使《我们仨》一书取得成功必不可少的关键因素。

四、精彩阅读

自从迁居三里河寓所，我们好像跋涉长途之后，终于有了一个家，我们可以安顿下来了。

我们两人每天在起居室静静地各据一书桌，静静地读书工作。我们工作之余，就在附近各处"探险"，或在院子里来回散步。阿瑗回家，我们大家掏出一把又一把的"石子"把玩欣赏。阿瑗的石子最多。

周奶奶也身安心闲，逐渐发福。

我们仨，却不止三人。每个人摇身一变，可变成好几个人。例如阿瑗小时才五六岁的时候，我三姐就说："你们一家呀，圆圆头最大，锺书最小。"我的姐姐妹妹都认为三姐说得对。阿瑗长大了，会照顾我，像姐姐；会陪我，像妹妹；会管我，像妈妈。阿瑗常说："我和爸爸最'哥们'，我们是妈妈的两个顽童，爸爸还不配做我的哥哥，只配做弟弟。"我又变为最大的。锺书是我们的老师。我和阿瑗都是好学生，虽然近在咫尺，我们如有问题，问一声就能解决，可是我们决不打扰他，我们都勤查字典，到无法自己解决才发问。他可高大了。但是他穿衣吃饭，都需我们母女把他当孩子般照顾，他又很弱小。

他们两个会联成一帮向我造反，例如我出国期间，他们连床都不铺，预知我将回来，赶忙整理。我回家后，阿瑗轻声嘀咕："狗窠真舒服。"有时他们引经据典的淘气话，我一时拐不过弯，他们得意说："妈妈有点笨哦！"我的确是最笨的一个。我和女儿也会联成一帮，笑爸爸是色盲，只识得红、绿、黑、白四种颜色。其实锺书的审美感远比我强，但他不会正确地说出什么颜色。我们会取笑锺书的种种笨拙。也有时我们夫妇联成一帮，说女儿是学究，是笨蛋，是傻瓜。

我们对女儿，实在很佩服。我说："她像谁呀？"锺书说："爱教书，像爷爷；刚正，像外公。"她在大会上发言，敢说自己的话。她刚做助教，因参与编《英汉小词典》（商务出版），当了代表，到外地开一个极左的全国性语言学大会。有人提出凡"女"字旁的字都不能用，大群左派都响应赞成。钱瑗是最小的小鬼，她说："那么，毛主席词'寂寞嫦娥舒广袖'怎么说呢？"这个会上被贬得一文不值的大学者如丁声树、郑易里等老先生都喜欢钱瑗。

钱瑗曾是教材评审委员会的审稿者。一次某校要找个认真的审稿者，校方把任务交给钱瑗。她像猎狗般嗅出这篇论文是抄袭。她两个指头，和锺书一模一样地摘着书页，稀里哗啦地翻书，也和锺书翻得一样快，一下子找出了抄袭的原文。

一九八七年师大外语系与英国文化委员会合作建立中英英语教学项目（TEFL），钱瑗是建立这个项目的人，也是负责人。在一般学校里，外国专家往往是权威。一次师大英语系新聘的英国专家对钱瑗说，某门课他打算如此这般教。钱瑗说不行，她指示该怎么教。那位专家不服。据阿瑗形容："他一双碧蓝的眼睛骨碌碌地看着我，像猫。"钱瑗带他到图书室去，把他该参考的书一一拿给他看。这位专家想不到师大图书馆竟有这些高深的专著。学期终了，他到我们家来，对钱瑗说："Yuan，you worked me hard."但是他承认"得益不浅"。师大外国专家的成绩是钱瑗评定的。

我们眼看着女儿在成长，有成就，心上得意。可是我们的"尖兵"每天超负荷地工作——据学校的评价，她的工作量是百分之二百，我觉得还不止。她为了爱护学生，无限量地加重负担。例如学生的毕业论文，她常常改了又责令重做。我常问她："能偷点儿懒吗？能别这么认真吗？"她总摇头。我只能暗暗地在旁心疼。

阿瑗是我生平杰作，锺书认为"可造之才"，我公公心目中的"读书种子"。她上高中学背粪桶，大学下乡下厂，毕业后又下放"四清"，九蒸九焙，却始终只是一粒种子，只发了一点芽芽。做父母的，心上不能舒坦。

锺书的小说改为电视剧，他一下子变成了名人。许多人慕名从远地来，要求一睹钱锺书的风采。他不愿做动物园里的稀奇怪兽，我只好守住门为他挡客。

他每天要收到许多不相识者的信。我曾请教一位大作家对读者来信是否回复。据说他每天收到大量的信，怎能一一回复呢。但锺书每天第一件事是写回信，他称"还债"，他下笔快，一会儿就把"债"

还"清"。这是他对来信者一个礼貌性的答谢。但是债总还不清；今天还了，明天又欠，这些信也引起意外的麻烦。

他并不求名，却躲不了名人的烦扰和烦恼。假如他没有名，我们该多么清静！

人世间不会有小说或童话故事那样的结局："从此，他们永远快快活活地一起过日子。"

人间没有单纯的快乐。快乐总夹带着烦恼和忧虑。

人间也没有永远。我们一生坎坷，暮年才有了一个可以安顿的居处。但老病相催，我们在人生道路上已走到尽头了。

周奶奶早已因病回家。钟书于一九九四年夏住进医院。我每天去看他，为他送饭、送菜，送汤汤水水。阿瑗于一九九五年冬住进医院，在西山脚下。我每晚和她通电话，每星期去看她。但医院相见，只能匆匆一面。三人分居三处，我还能做一个联络员，经常传递消息。

一九九七年早春，阿瑗去世。一九九八年岁末，钟书去世。我们三人就此失散了。就这么轻易地失散了。"世间好物不坚牢，彩云易散琉璃脆"。现在，只剩下了我一人。

我清醒地看到以前当作"我们家"的寓所，只是旅途上的客栈而已。家在哪里，我不知道，我还在寻觅归途。

——节选自《我们仨》第 161~165 页

陆键东 著

陈寅恪的
最后 **20** 年

修订本

生活·读书·新知 三联书店

书名:《陈寅恪的最后20年》(修订本)　　作者:陆键东

出版时间:2013年　　出版社:生活·读书·新知三联书店

一、作者简介

陆键东，1960 年 7 月生，广东南海县人，是广州文学艺术创作研究院作家、学者，主要致力于中国知识分子历史、明末清初史事、近代岭南文化演进史等课题研究，同时也是一级编剧。1971 年，他考入广州粤剧二团作为演员学员。1983—1986 年，在中山大学中国语言文学系学习。大学毕业后，回到广州粤剧团总团艺术室任专职编剧。2007 年，受邀为中国台湾"中央研究院"近代史研究所访问学人。2010 年，他获聘为法国人文科学之家、法国高等社会科学研究院客座研究员。

二、畅销盛况

1995 年《陈寅恪的最后 20 年》一书刚问世便一售而空，在当时的环境下，该书成为了一本名副其实的超级畅销书。1996 年到 1998 年之间，三联书店对该书先后再版 6 次，印数达 10 万余册，成为 20 世纪 90 年代三联书店的"标志性读物"之一，很快也在全国读书界中引发了"陈寅恪热"。该书在中国香港、台湾地区先后出版繁体字版本，又在 2001 年，由日本学者翻译成日文在海外出版。

2013 年《陈寅恪的最后 20 年》（修订本）出版，此次修订再版，作者参考了新材料、新研究，补入了创作时尚未知晓的一些重要史迹。

三、畅销攻略

《陈寅恪的最后 20 年》一书，1995 年初版刚上市即迅速售罄。

通过对书本内容的阅读与分析，笔者认为该书在 20 世纪末畅销的关键原因是陈寅恪严谨的治学态度和当时 90 年代倡导的"国学热"。

2013 年 6 月，《陈寅恪的最后 20 年》在经历了 10 多年的停印后，终于又重新回到了读者身边。修订版图书内容有部分增加和修改，但与初版书内容出入不大。对于新一代读者来说，阅读此书能了解到 20 世纪中叶中国特殊政治环境对学术研究造成的负面影响，更能感受到史学家陈寅恪的治学精神。

《陈寅恪的最后 20 年》（修订本）一书之所以能畅销，笔者认为应从以下几个方面入手进行分析。

（一）文本立意鲜明、结构合理

《陈寅恪的最后 20 年》（修订本）是一本人物传记类图书，陈寅恪一生中最重要的学术成果就是在这人生的最后 20 年里完成的。作者将其最后的 20 年经历写成文字，一方面，是为了致敬这位一生秉承"独立精神、自由思想"治学态度的老学者；另一方面，表达出陈寅恪在晚年苦难的境遇里仍坚持治学的坚韧精神，向中国读书人传达一种独特的文化气节。

全书共 22 个章节，前两个章节介绍陈寅恪的求学经历和他辗转来到岭南大学任教前的经历；第三章到第九章记录了陈寅恪从 1949—1958 年在岭南大学教书、治学时所发生的故事；第十章到第十八章讲述了陈寅恪受到批判后艰难困苦的治学旅程；第十九章到第二十二章交代了与陈寅恪生前有重要关系的人物的结局，同时，作者在文章的最后交代了陈寅恪被平反一事并对其一生的贡献作出总结与歌颂。全书按照主人公生活的时间顺序进行写作，符合人物传记类图书的一般写作规律，文章体系完整、逻辑性强，语句通俗易懂，可读性高。

（二）主人公的独特性

1. 陈寅恪强大的个人影响力

（1）"教授中的教授"

陈寅恪是中国现代最负盛名的历史学家、古典文学研究家、语言学家和诗人，是清华国学研究院四大导师之一，1939 年被英国牛津大学聘为汉学教授，著有《隋唐制度渊源略论稿》《唐代政治史述论稿》《元白诗笺证稿》《金明馆丛稿》《柳如是别传》《寒柳堂记梦》等作品。

陈寅恪是一位"治学不甘随人后"的学者，据当年听过陈寅恪讲课的学生回忆，他阐述问题时能够旁征博引，对古今中外史料的运用常常是信手拈来，不时夹杂着所引史料的数种语言文字。当时绝大部分学生外语尚未过关，文史基础知识贫乏，自然无法引起共鸣。结果 30 人的选修课，最后只剩下 13 人，反而受益良多的倒是那些前来旁听的教师，可见用"教授中的教授"来形容陈寅恪的博学并不为过。

（2）坚韧的治学精神

这本书的中心主要是为了阐明陈寅恪"独立之精神，自由之思想"的治学思想。通过阅读文本，不难发现书中有很多地方点明了这一点。

书的第四章中有讲述陈寅恪追求治学精神的例子。其一，1953 年 12 月，陈寅恪在《对科学院的答复》一文中写道："我认为研究学术，最主要的是要具有自由的意志和独立的精神……必须脱掉'俗谛之桎梏'，真理才能发挥，受'俗谛之桎梏'，没有自由思想，没有独立精神，即不能发扬真理，即不能研究学术。"这是摘自陈寅恪拒绝郭沫若邀请担任中国研究院中古史二所所长一职的信件。其二，1954 年 7 月陈寅恪在给杨树达的回信中提到了"弟畏人畏寒，故不北行"，虽然表面上他是畏惧北国的寒冷，实则是此次北行有违自己的初衷——"独立精神，自由思想"，便主动放弃仕途，埋头做自己的学术。其三，陈寅恪 55 岁时双眼失明，但仍坚持治学，在多位学术助手的帮助下，在人生的最后 20 年里，把自己的学术成就推向巅峰。

（3）高尚的教育精神

由于陈寅恪教授的国学晦涩难懂，且对学生国学素质要求也很高，能听完整门课的学生自然不多，但这并不影响他的教学质量，哪怕台下只有一个学生听课，他也会保障课堂质量。

1957 年，高守真成为陈寅恪 30 多年教学生涯亲自指导的最后一个学生。高守真身上流淌的中国传统家风与道德习气，还有她的求学态度让陈寅恪满意，因此将自身心得尽诉给学生高守真。书中提到当高守真收集资料屡屡受挫时，陈寅恪总是心平气和地予以教导："写文章不是为了一举成名，你就当是一场学习吧，你有耐心，还能按照我的意思去做，基础尚有一些，可以慢慢试试。"正是这简单的一席话成为高守真一生治学的动力。

1956 年，在掀起"向科学进军、向知识进军、赶超世界先进水平"热潮的烂漫春天里，陈寅恪为新生们说道："问题不在中大或北大，而在于自己的努力。如果自己努力钻研，一定会取得成绩的。"陈寅恪还赠予了新生两点建议：一是要学好古文与外文，提高阅读能力；二是要注意身体锻炼，否则会半途而废。他为新生所说的这些话，既是对新生的教导，也是他几十年来饱含治学经验的真情勉励，其高尚的教育精神值得后人赞扬！

在 20 世纪的中国学界，陈寅恪在历史学、宗教学、语言学、考据学、文化学及中国古典文学等领域都取得了罕有的成就。他 36 岁时便成为清华国学研究院的教授之一，很年轻就有了名气，但他的治学成果在中年时期才正式发表，说明其对待治学十分严谨。在双目失明，下半身不能活动的艰难条件下，他毅然坚持学术道路。陈寅恪对中国文化怀抱着无限深情，强调中国文化本位，同时接受过西方教育的他也接纳"民主""自由"的价值观,他认为政治上的自由主义和文化上的保守主义是可融为一体的,可见陈寅恪坚持的知识分子独立的人格,是读书人心中的文化符号。

2. 陈寅恪与挚友的深厚情谊

陈寅恪人生的最后 20 年是在众多志同道合、相互信任的挚友帮助下度过的,他们在陈寅恪的生活和学术创作中有着重要意义。笔者在此挑选了书中较关键的几个人物,有陈序经、周连宽、蒋天枢、黄萱和陶铸。

在陈寅恪人生的最后 20 年里,陈序经是一个很重要的人,如果当年没有陈序经劝说陈寅恪来岭南大学任教,也就没有陈寅恪在康乐园的最后 20 年。陈序经是陈寅恪早些年在柏林大学的同学,这位以"我是为教授服务"为口头禅的教学管理者,曾三次拒绝国民党承诺的重要职务。陈序经淡泊名利,一心只为发展高质量学术而努力。在岭南大学,陈序经为陈寅恪安排了舒适的生活环境,更为他开辟治学绿色通道,与同等教学条件下的其他教授相比,陈序经更加照顾陈寅恪。

在陈寅恪双眼失明的困难生活中,周连宽和蒋天枢两个后学为陈寅恪送去了温暖,更为其治学提供了诸多帮助。周连宽是一名知名的图书馆学专家,曾担任上海市立图书馆馆长,周连宽本可以凭借深厚的理论知识走得更远,然而他却选择留在中山大学,担任陈寅恪的治学助手,由此可见,他对陈寅恪在治学上的尊敬与崇拜。蒋天枢是复旦大学中文系的教授,主要从事先秦文学方向的研究,他讲课与陈寅恪如出一辙,两者都喜欢对每一句讲授的诗词旁征博引,可见两者对待学术细致、全面的态度。正因为蒋天枢有着扎实的治学态度,陈寅恪很认可这位学生。每当陈寅恪需要大量的论证资料时,蒋天枢都会踏踏实实整理好所需资料并附上自己的见解,从中可以体会出蒋天枢对求学、治学的专注。也正因如此,陈寅恪将自己生前不能完成的个人文集托付给蒋天枢去完成,可见他十分信赖学生蒋天枢。

在刚来到岭南大学的几年里，陈寅恪一直寻找不到合适的助手帮忙收集整理资料，直到黄萱的出现。黄萱为陈寅恪当了 13 年的学术助手，帮助他查阅相关文献，整理相关笔记并给予陈寅恪莫大的精神支持。对于一般知识分子来说，很难坚持学习枯燥难懂的国学著作，但黄萱一做就是 10 多年，从中可以看出她发自内心地喜爱国学，同时也对陈寅恪广博的学识产生敬意。对于晚年的陈寅恪来说，在治学道路上与拥有共同爱好的朋友共事是一件多么难忘的事。

在陈寅恪人生的最后 20 年里，陶铸对他的帮助是无微不至的。陶铸是一名共产党员，在某些观念上与陈寅恪不符，但这并不影响两人的感情。陈寅恪在岭南大学任教时，陶铸作为时任广东省委书记，特批陈寅恪享受学校最高规格的补贴待遇，在平时的生活和工作中也对陈寅恪多加照顾。"文革"时期，时任国家副总理的陶铸特意打电话为他担保，虽然没成功，但也能看出两者的感情非同一般。

（三）"国学热"的影响

1995 年该书初版上市后很快脱销，究其原因在于 20 世纪 90 年代兴起的"国学热"，那个年代开始提倡民族文化复兴，政府舆论也有意往这方面引导。因此，与陈寅恪相关的出版物成为那个时期的抢手货。关于陈寅恪的国学将从以下两个方面进行表达：

1. "独立之精神，自由之思想"

陈寅恪的国学思想，笔者认为是建立在其思想体系之下的。陈寅恪一辈子做学问都遵循"独立之精神，自由之思想"，读者阅读完《陈寅恪的最后 20 年》之后也能发现这是陈寅恪的治学宗旨。在书的第四章里，陈寅恪被邀请到北京做研究所负责人，他深知此去不能按照自己的治学态度治学，于是给上级提出"允许中古史研究所不宗奉马列主义，并不学习政治；请毛公或刘公给一允许证明书，以作挡箭牌"的要求，这些要求看似孤傲，实则表现出的是陈寅恪不想违背自己的治学态度。一个学者在这样的情况下还能坚守自己的治学理念，着实让人尊敬。

2. 研究陈寅恪的作品

（1）著作

在《陈寅恪的最后20年》（修订本）一书中提及了很多陈寅恪创作的国学作品，书中作者通过收集史料、实地调查等方式记叙了其中一些作品的创作背景，对于研究陈寅恪的学者以及研究中唐、明末清初的国学者来说是很重要的资料。陈寅恪的代表性著作有《论再生缘》《元白诗笺证稿》《柳如是别传》等。

（2）诗

陈寅恪既是历史学家，也是诗人。这本书里频繁地出现了他在不同生活情境下创作的诗，这些诗的出现反映了陈寅恪扎实的国学功底，也对研究者研究陈寅恪所处的时代环境和剖析陈寅恪的思想感情有着重要研究价值。1956年6月，陈寅恪在他66岁生日时对唐筼作诗一首："织素心情还置酒，然脂功状可封侯。幸得梅花同一笑，炎方已是八年留。"深深表现出陈寅恪对爱妻唐筼的爱慕和赞美。

（四）特殊的年代背景

本书内容建立在"大跃进""文化大革命"这两个特殊历史时期之上，对这两段敏感时期充满好奇的读者来说，这将会是本书的一大卖点。

而单纯从文本写作的背景来说，20世纪50年代的学者们想要安心治学是件多么不容易的事情。就像书中"两耳不闻窗外事，一心只读圣贤书"的主人公陈寅恪，他一心沉浸在学术研究中，不与斗争的世事有所联系，但这样的一位学者，最终还是被戴上了"资本主义反革命"的帽子。对于已经饱受身体残疾打击的陈寅恪来说，他的著书立说工作更加艰难，但陈寅恪始终没有放弃。

（五）作者丰富的经历

作者陆键东早年就读于中山大学中国语言文学系，在校期间阅读过《明报月刊》上余英时先生所写的关于陈寅恪晚年的文章，从那时候起他便开始了对陈寅恪的研究。从1995年初版书的面市到2013年修订版的回归，陆键东一直在收集查找关于陈寅恪的历史文献资料，同时亲自拜访陈寅恪的亲人、朋友，以此来不断地充实、完善文本信息。

《陈寅恪的最后20年》全书500多页，引文的标注达500多处，其中标明所引材料出自"中山大学档案馆"的标注40多处，标明所引材料出自"广东省档案馆"的标注50多处，标明所引材料出自"复旦大学档案"与"广州文化局档案"的各1处。此外，有些标注中虽然未出现"档案馆"字样，但所用材料明显是出自"中山大学档案馆"的档案资料80多处，出自"广东省档案馆"的档案资料10多处。还有将档案、资料原件直接影印在书上的地方8处。因此，本书对于研究陈寅恪治学精神的学者以及广大爱好国学的读者来说具有重要的参考价值。

（六）出版社的品牌影响力

陆键东选择三联书店出版的原因，一是三联书店具有鲜明的时代特色和扎实的学理功底；二是在中国出版界，三联书店拥有深厚的出版基础和独特的文化品牌，受到读者的广泛认可和尊敬。

《陈寅恪的最后 20 年》1995 年初版图书和 2013 年修订版图书皆为三联书店出版。虽然 1995 年初版图书的发行时间不长，但在停印后那段艰难的时间里，三联书店帮助作者解决了书本中一些不恰当的问题，最终在三联书店扎实的出版基础和良好的社会口碑与作者对文本内容的精心打磨下，2013 年修订版的《陈寅恪的最后 20 年》成功出版，深受读者喜爱。事实证明，作者陆键东选择三联书店出版图书很明智。

四、精彩阅读

若从生命的意义而言，《论再生缘》是陈寅恪晚年生命本质最重要的体现。

其一，当陈寅恪活在他自己所建构的历史世界里，其生命便进入一种酣畅淋漓、物我两忘的状态。而在《论再生缘》中，这酣畅淋漓表现为一种快意与欢愉。《论再生缘》起文不久，便论述到"为人喜攀援贵势"的陈文述。陈文述终因为后人留下了陈端生一些很重要的记载，而在陈寅恪的笔下不乏带点喜剧人物的味道，"文述所为，虽荒唐卑鄙，然至今日观之，亦有微功足录，可赎其罪者"。陈文述在《论再生缘》中自是一个无足轻重的角色，从不为人所注意，但陈寅恪在文中对其人品与文品的某种"宽容"，则可察陈寅恪在陈端生的世界里的心境。需知，在 1953 年的现实中，陈寅恪曾毫不掩饰地对当时"喜攀援贵势"，随"时势易变"的学人，表示其深恶痛绝。

这种酣畅甚至令陈寅恪在那一刻间忘记了自己是谁，直如一个顽皮的少年，其率真直见生命的朴质。如有这么一段文字：

句山虽主以诗教女子，然深鄙弹词之体。此老迂腐之见囿于时代，可不深论。所可笑者，端生乘其回杭州之际，暗中偷撰再生缘弹词。

逮旬山返京时，端生已挟其稿往登州以去。此老不久病没，遂终身不获见此奇书矣……今寅恪殊不自量，奋其谫薄，特草此文，欲使再生缘再生，旬山老人泉底有知，以为然耶？抑不以为然耶？

其文势之跌宕，信是陈寅恪一气呵成的，足见其最本质的创作状态。

其二，也是最主要的一点，陈寅恪绝不是不经意地回顾了他对中国文化某层面的看法。这实在是窥探陈寅恪晚年文化思想的一个不可多得的契机。《论再生缘》起首第一段谈到，陈寅恪中岁后"广涉唐五代俗讲之文，于弹词七字唱之体，益复有所心会"。从少时厌恶频繁冗长的弹词小说，到中晚年后有所感受，这表明陈寅恪对中国文化的认识，在晚年仍在发展与变化。这种变化不是"即兴式"的，若以《论再生缘》成文共耗三四月光阴计算，则距撰写起首部分数十天之后，陈寅恪再次阐述了这一思想变化的痕迹：

今人所以不喜读此书之原因颇多，其最主要者，则以此书思想陈腐，如女扮男装、中状元、做宰相等俗滥可厌之情事。然此类情事之描写，固为昔日小说弹词之通病，其可厌自不待言，寅恪往日所以不喜读此等书者，亦由此故也。年来读史，于知人论事之旨稍有所得，遂取再生缘之书，与陈端生个人身世之可考见者相参会，钩索乾隆朝史事之沈隐，玩味再生缘文词之优美，然后恍然知再生缘实弹词体中空前之作，而陈端生亦当日无数女性中思想最超越之人也。

其年陈寅恪六十三岁，早已是中国一流的学术大师，可谓尚未盖棺已有定论，但对认识已有了新发展的传统文化，仍取毕恭毕敬之势，"年来读史，于知人论事之旨稍有所得"。这"稍有所得"，实在是一个从"厌恶其繁复冗长"，到"益复有所心会"的飞跃。

也因为如此，《论再生缘》蕴含着相当广泛的人文色彩。陈寅恪论证陈端生塑造孟丽君这一弹词中的人物，是"即其本身之写照"。

这实在是一个很大胆也很具人格魅力的观点。陈寅恪为陈端生"发潜德之幽光",也未尝不是借此作某种自身的写照:

　　呜呼!端生于乾隆三十五年辍写再生缘时,年仅二十岁耳。以端生之才思敏捷,当日亦自谓可以完成此书,绝无疑义。岂知竟为人事俗累所牵,遂不得不中辍。虽后来勉强续成一卷,而卒非全璧,遗憾无穷。至若"禅机蚤悟",俗累终牵,以致暮齿无成,如寅恪今日者,更何足道哉!更何足道哉!

　　　　　　　　——节选自《陈寅恪的最后 20 年》(修订本)第 70~72 页

东野圭吾

李盈春 译

解忧杂货店

なみや ざっかてん の きせき

这里不仅销售杂货，还提供烦恼咨询。
无论你挣扎犹豫，还是绝望痛苦，
欢迎来信。

现代人内心流失的东西，这家杂货店能帮你找回

《白夜行》后，东野圭吾最受欢迎作品

不是推理小说，却更扣人心弦

荣获中央公论文艺奖

荣登纪伊国屋、诚品、博客来、金石堂各大排行榜第1名

如今回顾写作过程，我发现自己始终在思考一个问题：站在人生的岔路口，人究竟应该怎么做？我希望读者能在掩卷时喃喃自语：我从未读过这样的小说。——东野圭吾

书名：解忧杂货店　　　作者：[日]东野圭吾　　　译者：李盈春
出版时间：2014年　　　出版社：南海出版公司

一、作者简介

东野圭吾,日本推理小说作家,1958 年 2 月 4 日出生于日本大阪。他毕业于大阪府立大学电气工学专业,之后在汽车零件供应商日本电装担任生产技术工程师,并进行推理小说的创作。1985 年,东野圭吾凭借《放学后》获得第 31 回江户川"乱步奖",从此成为职业作家,开始专职写作。东野圭吾早期以清新流畅的校园推理起家,并以缜密细致的剧情布局获得"写实本格派"美名;后期东野的创作逐渐突破传统推理的框架,在悬疑、科幻、社会等多个领域都有所涉猎,同时作品亦能兼具文学性、思想性和娱乐性,能带给读者新鲜的阅读感受。

1999 年《秘密》获第 52 届日本推理作家协会奖,2006 年《嫌疑人 X 的献身》获 134 届"直木奖",东野圭吾从而达成了日本推理小说史上罕见的"三冠王"。代表作有《放学后》《秘密》《白夜行》《神探伽利略》《嫌疑人 X 的献身》等。2011 年,第六届中国作家富豪榜子榜单"外国作家富豪榜"重磅发布,东野圭吾以 480 万元的年度版税收入,荣登外国作家富豪榜第 5 位,引发广泛关注。

二、畅销盛况

《解忧杂货店》是日本作家东野圭吾写作的长篇悬疑小说。2011年于《小说野性时代》连载,2012 年由角川书店发行单行本。这是继《白夜行》后,东野圭吾最受欢迎的作品。自 2014 年 5 月出版至今,已创下百万级销量。

此书获得第七届中央公论文艺奖、《苹果日报》翻译小说销售排行榜连续两季第 2 名,荣登纪伊国屋、诚品、博客来、金石堂各大排行榜第 1 名。此书在亚马逊中国 2015 年度畅销图书榜排名第 2，成为 Kindle2015 年度最畅销付费中文电子书，中文付费电子书阅读完成率为中文免费电子书完成率的 3 倍，斩获了年度付费中文电子书的冠军。

2015 年 10 月 29 日，英皇电影及万达电影正式宣布获得东野圭吾畅销悬疑小说《解忧杂货店》的华语电影及电视版权，电影于 2016 年开始拍摄，2017 年 12 月在国内上映。

2020 年 9 月，出品方新经典联合南海出版公司再度推出《解忧杂货店》纪念版，庆祝简体中文版热销 1 000 万册。

三、畅销攻略

（一）内容为王

1. 主题的治愈性

东野圭吾的《解忧杂货店》堪称"非东野"，没有罪案，没有侦探，而是以人与人之间的羁绊为主题。不同于以往揭露人性丑恶的小说，它是偏暖的、乐观的、充满温情的。

这是一部能使我们看到人们面对困难抉择时的犹豫和对未来彷徨的小说，如果你有什么问题需要咨询就写信给解忧杂货店，第二天就能在牛奶箱中找到答案。当我们面对人生岔路口的时候，我们往往会向别人寻求答案，其实在咨询的过程中，我们的心灵早就给了自己最后的答案。就像浪矢爷爷说的："这么多年的咨询信看下来，让我逐渐明白了一件事。很多时候，咨询的人心里已经有了答案，来咨询只是想确认自己的决定是对的。所以有些人读过回信后，会再次写信来，大概就是因为回答的内容和他的想法不一样吧。"我们咨询无非就是想确认心中的答案是否是唯一，浪矢爷爷无疑是个智慧的长者，他通过解忧杂货店让每个人都能在迷雾中看清自身，而他所做的，或者说小说想传达给我们的，就是让我们坚信自己的判断，为了心中的目标去努力。正如书中所说，当你遇到问题时"不妨换一个角度思考，正因为是白纸，所以可以画任何地图，一切都掌握在你自己手上。你很自由，充满了无限可能。这是很棒的事，我衷心祈祷你可以相信自己，无悔地燃烧自己"。

这样的治愈系小说帮助治愈着现实社会带给我们的痛感。东野圭吾注重的是人心，注重的是人文关怀，他洞察人心，对人与人的关系有着深刻的见解，他的文字总会让我们在合上书卷的时候感到深深的暖意。

2. 设有悬念的开场

中国古代文章学用"虎头"二字强调了文章开篇的特点和重要性。而万事开头难，这在畅销书写作中尤其适用。在眼球经济时代，一部电影、一份报纸、一本杂志、一部图书，如果没有一个吸引受众的漂亮的开场，也就意味着失败了一半。

而《解忧杂货店》的开场，十分引人注目。故事的开始便已进入高潮部分：三个小偷误闯进一家名叫浪矢的杂货店。他们无意中发现外面有人往门口的信箱里投了一封信，是一封求助信。在把整封信读下来时，他们发现竟然是一封来自过去的信，三个小偷都非常诧异，并且不知道发生了什么。这样的开场引起了读者的好奇心，吸引着读者想继续读下去，跟随三个小偷的脚步，看看为什么会收到来自过去的信。这样的开场，增加了这本书的故事性和趣味性，让人拿起书来就不想停下。

3. 巧妙的叙事手法

《解忧杂货店》虽然没有推理小说的经典桥段，可是情节层层相扣，采用倒叙和插叙的手法将每个来信者都贯穿在一起。叙事时间形成封闭的圆环，是该书的一大特色。

小说是以时间为轴而展开的故事。一部小说选择怎样的叙事时间，可以直接影响到它的布局谋篇，乃至读者的接受情况。小说中一共有五位咨询者倾诉了他们的烦恼，每一个咨询者都讲述了一个故事。如果故事这么一个个讲下去的话，这本书会变成一颗颗散落的珍珠，虽然也可称为佳作，但却显得很凌乱。因此，作者采用了截然不同的角度来分别讲述这几个故事，人物遭遇看似独立，看完后却发现其实每个人物都牵动着彼此，都隐隐地和"浪矢杂货店"以及孤儿院"丸光园"有着千丝万缕的联系。其间每个人不经意间的选择和行为，都像投入水面的石子一样，造成了持续不断的涟漪，这些涟漪不断扩大，渐渐形成了牢不可破的羁绊，过去与未来终于交汇。使读者在读到结尾时产生了一种恍然大悟的感觉。

在叙事上，概述、省略随处可见；在叙事频率方面，叙事时间多次重复构成了时间的圆环。小说的第三章的第七节，时间由 1980年 10 月跳跃到 2012 年 9 月。中间没有任何过渡。在 1980 年，为大家解答烦恼的浪矢雄治已经过世，其子贵之在"浪矢杂货店"的门口偶遇前来送回信的一位咨询者静子，并对静子回信人的身份有所怀疑（因为静子前来咨询是 1979 年 11 月，那时浪矢雄治已经病重住院）。在 2012 年 9 月，贵之的孙子骏吾遵从祖父和曾祖父的遗愿，在网上发布了"浪矢杂货店的咨询窗口在三十三年之后复活"的消息。这两段故事乍一看似乎没有关联，实际上，起到关键衔接作用的是他对浪矢雄治的遗愿的遵守。33 年间，时过境迁，而这个约定却在浪矢家代代传承。在此处留下的空白，让读者感受到时间如白驹过隙，但是诚信是不会随着时间的流逝而磨灭的。一部好的作品，应当详略得当，不可能面面俱到。省略的手法可以让读者体会到时间的强大，也突出了重点。唯有在最精彩之处不惜笔墨，才能让读者更好地理解作者所传达的主旨。

（二）精准的市场定位

《解忧杂货店》之所以能够畅销，有一个很重要的原因是它抓住了一部分读者的阅读需求，找到了合适的受众群体。

以读者购买频率作为统计标准，调研显示畅销书的核心群体有两部分。首先是学生群体。13~17岁的初中生和高中生，这是个具有阅读强势的读者群。他们的特点是阅读行为易受家长与社会的影响，阅读兴趣广泛但阅读时间有限。另外，18~25岁的大学生和研究生，此群体的特点是阅读兴趣兼顾学校与社会，关心所学专业，更关心即将面临的现实生活与工作，阅读更广更深。其次是集中在22~45岁这个年龄段的职业人士，其特点是已经进入社会，需要随时通过读书充电来调整工作和生活。这两大群体具有强烈的了解世界、追逐社会发展的需要和坚挺的购买力，是畅销书的市场保证。

这本书不同于东野圭吾的其他作品，并不是传统的推理小说，而是带有些幻想元素的写实小说，在日本的销量也并不突出，但在中国却十分畅销，究其原因，这与中国读者目前的需求有关。中国目前正处在社会转型期，城市化进程加快，经济的高速发展带来的巨大变化让很多人感到困惑与迷茫。每个人每天都有着巨大的压力，如作为学生面临的升学压力、作为上班族面临的工作压力，抑或是扮演着不同社会角色的人所面临的生活压力。在种种压力和选择的逼迫下，人们往往希望找到一个可以解惑的出口。东野圭吾写作《解忧杂货店》时，日本正好处在与中国相似的阶段，该书描写转型社会、城市化进程过后经济的高速发展，以及人们由此引起的迷茫，正好与中国读者目前所处的环境相适应。

（三）设计风格温馨

这里的设计指的是图书的整体设计，包括了开本、封面、版式、纸张、特殊工艺，等等。设计不能平淡无奇，要有亮点和冲击力，尽可能突出本书的特点，否则很容易湮没在琳琅满目的书海之中。具体设计要针对图书的类别、题材，有针对性地进行设计。值得注意的是，近些年来，腰封因其简洁醒目的宣传效果广受出版人青睐，对此高度重视并充分利用。

具体说来，设计要十分强调"内容为王"和"编创出新"，力图塑造内容与形式双佳的畅销书形象。畅销书是大众文化发展和普及环境下的产物，它所阐发的观点、概念和表达的内容，都必须切合一时一地的文化时尚与流行思潮，表达方式必须符合读者的阅读口味。如此，才能使一本图书具有畅销元素。现代的商品经济更多的是一种"眼球经济"或者"注意力经济"，任何商品都十分讲究外在的包装和形式，图书作为一种特殊的商品，自然也不能例外。对于畅销书来说，在内容过关的基础上，在编创形式上出新、出特色，不仅是必要的，而且是必须的。

（1）书名

一本书的书名是这本书的核心，甚至是它的生命。印在图书封面上的书名就如同人的眼睛，眼睛是我们看人获得的第一印象，因此书给人的第一印象就是书名。《解忧杂货店》的日语版名字是《ナミヤ雑貨店の奇蹟》，中文版译成《解忧杂货店》十分巧妙。"解忧"

二字给那些充满迷茫和困惑的都市人一丝希望，不少读者包括我自己，都是因为书名而对这本书产生了浓厚的兴趣。同时，这本书的全部内容都是围绕解忧杂货店展开的，书名和内容十分贴切。

（2）封面设计

一本书在书架上是否醒目，很大程度上取决于书名和封面图片的搭配。从吸引注意力的角度而言，图片的效果往往要高于文字。畅销书往往选用暖色调装饰封面来吸引读者。而《解忧杂货店》却大胆地选用了冷色调，在封面上描绘了一个古老的杂货店的模样。在封面上，昏黄的灯光下，一间堆满杂物的店铺，留声机、旧时钟、缝纫机，营造出一种怀旧的温馨气氛，仿佛时间就停留在这一刻，不再流逝。而封底是一个用来收信的牛奶箱，这个牛奶箱也是把整本书中的故事和人物联系起来的关键。这样的封面给人一种静谧的感觉，也十分贴合全书的整体风格。可见，编辑在设计本书的封面时，下了很大的功夫。

（3）腰封上的宣传语

宣传语相当于广告文案，主要用于针对受众进行宣传和说服，实现传播推广、促进销售的最终目的。在图书市场竞争如此激烈的今天，图书的宣传语已经不仅仅局限在传达作品信息这个层面，更多的是在吸引读者的注意力。《解忧杂货店》的宣传语简单凝练，直击人心。除了像其他畅销书一样介绍了这本书所获的荣誉，并且利用东野圭吾的知名度写道："《白夜行》后，东野圭吾最受欢迎作品，不是推理小说，却更扣人心弦。"此外，宣传语还表达了作者本人的想法："如今回顾写作过程，我发现自己始终在思考一个问题：站在人生的岔路口，人究竟应该怎么做？我希望读者能在掩卷时喃喃自语：我从未读过这样的小说。"

（四）系列图书营销打造品牌特色

出版社是图书产品的生产商，具有优良口碑的出版社也是图书质量的保证。近年来，品牌建设成为出版人关注的话题之一，许多出版社有意识地从策划、编辑、营销等多方面加强自身的品牌建设。品牌图书是出版社资源优势长期积累形成的社会形象标志，代表一个出版社的总体出书方向。品牌图书的运作必须有一个长期的规划，要具有一贯性，不能朝令夕改，否则就无法在读者心中建立稳定的品牌形象，同时也会使出版社的工作缺乏目的性和系统性。南海出版公司在出版"东野圭吾"系列小说时，也使用了一些策略。

东野圭吾目前在中国已经逐渐发展成了一个现象级作家，即作品多、动销时间长、销量很大，又有超级畅销代表作的作家。但他的作品并不是传统意义上的推理小说，新经典外国文学总编辑黎遥在开卷讲堂中评价东野圭吾的作品时说："大众图书中畅销的、长销的、好卖的、受人尊敬的、影响大的这些元素，在他的书里都能够找到。"相比起传统的以推理作为核心内容的推理小说，东野圭吾更重视描写案件背后的情感因素，甚至会用一些不像推理小说的写作方法，例如，《嫌疑人X的献身》，开篇读者就已经知道了凶手是谁，以及凶手的作案方式和动机，这样的写作手法打破了传统推理小说寻找凶手的定式，让人读来耳目一新，行文中埋下的许多伏笔也让读者欲罢不能，同时，作品并没有过分强调推理，而是以爱情贯穿全书，给人以更深的震撼。

因此，一家出版社只出版一位作家的一本图书，是不太容易持续畅销的，需要多部作品相互依托。而引进一系列作品，先出哪几本书就很重要。出版方在引进东野圭吾作品的时候，选择最先做《嫌疑人 X 的献身》，是看中这本书的内容能够吸引读者、更容易被读者接受的特点，通过这本书给东野圭吾的作品贴上了一个"好看的推理小说"的标签，逐渐培养起喜爱东野圭吾的读者群。在《嫌疑人 X 的献身》取得成功之后，又陆续推出一批优秀的作品，如《白夜行》等，这就很容易形成一股气势，促进单个作品的畅销。东野圭吾能够成为现象级作家，并不仅仅是一两本书，而是多本图书共同作用的结果。

因此，在有几部佳作的铺垫下，再推出《解忧杂货店》，既是转型之作，给人以耳目一新的感觉，又能使东野圭吾系列图书的销售保持在一定的热度。

（五）充分开发 IP 价值

IP 本为 Intellectual Property（知识产权）的英文缩写，但在时下的中国出版语境中，它特指基于影视开发的文学图书出版。影视行业的"IP 热"对图书出版产生了巨大影响。一方面，文学作品成为影视改编追逐的对象；另一方面，在文学作品成为影视改编"IP 基地"的同时，影视节目同样也反哺了 IP 图书出版。

"东野圭吾"系列图书也一直是这样做的。在此之前，东野圭吾过去已有包括《秘密》《白夜行》《嫌疑犯 X 的献身》《湖边凶杀案》等多部作品被改编成日本及韩国的电视剧、电影和漫画。这些周边影视漫画作品被的开发再次带动了图书的热销。而《解忧杂货店》由于在中国的热卖，被中国的英皇电影及万达电影购买了其华语电影及电视版权，电影于 2017 年上映，带来了新一波小说阅读的浪潮。

四、精彩阅读

读完信，三个人面面相觑。

"这是怎么回事？"翔太率先打破沉默，"为什么会有这种信投进来？"

"因为有烦恼吧。"幸平说，"信上是这么写的。"

"这我知道，我是说，为什么咨询烦恼的信会投到杂货店来？还是一个没有人住、早就荒废的杂货店。"

"这种事，你问我我也不知道啊。"

"我没问你，只是把疑问说出来而已。这到底是怎么回事？"

听着两人的对话，敦也往信封里望去。里面有一个叠好的信封，收信人那里用签字笔写着"月兔"。

"这是怎么回事呢？"他终于开口了，"看起来不像是煞费苦心的恶作剧，而是很有诚意地在请教，并且烦恼着实不轻。"

"该不会是搞错地方了吧？"翔太说，"肯定是别的地方有家替人解决烦恼的杂货店，被人错当成了这里。"敦也拿起手电筒，欠身站起。"我去确认一下。"

从后门出来，绕到店铺前方，敦也用手电筒照向脏兮兮的招牌。

凝神看时，虽然招牌上油漆剥落殆尽，很难辨认，但"杂货"前面的字样应该是"浪矢"。

回到屋内，敦也把自己的发现告诉了两人。

"这么说，的确是这家店啰？一般会有人相信把信丢到这种废屋里，就能收到认真的答复吗？"翔太歪着头说。

"会不会是同名的店？"说话的是幸平，"正牌的浪矢杂货店在其他地方，这家因为名字一模一样所以被误认了？"

"不，不可能。那块招牌上的字很模糊，只有知道这里是浪矢杂货店才会认出来。更重要的是……"敦也拿出刚才那本周刊,"我总觉得在哪儿见过。"

"什么在哪儿见过?"翔太问。

"'浪矢'这个名字,好像是在这本周刊上吧。"

敦也翻开周刊的目录,匆匆浏览着,很快目光停在了一个地方。

那篇报道的标题是"超有名!解决烦恼的杂货店"。

——节选自《解忧杂货店》第 10~11 页

"除此之外,还有一件特别诡异的事。"翔太压低了声音,"我刚才在外面的时候注意到的。"

"什么事?"

翔太闪过一丝犹豫的神色,然后才开口。

"敦也,你现在手机是几点?"

"手机?"敦也从口袋里拿出手机,看了眼时间,"凌晨三点四十。"

"嗯。也就是说,我们已经在这里待了一个多小时了。"

"是啊,这有什么问题吗?"

"嗯,还是……跟我来吧。"翔太站了起来。他们再次从后门来到屋外。翔太站在屋子与隔壁仓库的空隙当中,抬头望着夜空。

"第一次经过这里的时候,我记得月亮是在正上方。"

"我也记得,怎么了?"

翔太目不转睛地望着敦也。

"你不觉得不对劲吗?已经一个多小时过去了,月亮的位置几乎没变过。"敦也愣了一下,不明白翔太在说什么。但他很快就反应过来,顿时心脏狂跳,脸颊发烫,背上冷汗直流。

他拿出手机，显示的时间是凌晨三点四十二分。

"到底是怎么回事？为什么月亮没有移动？"

"也许现在这个季节月亮就是不大移动吧……"

"哪儿有这种季节！"翔太立刻驳斥了幸平的意见。

敦也看看自己的手机，又看看夜空的月亮。究竟发生了什么，他完全摸不着头绪。

"对了！"翔太开始操作手机，像是在给哪里打电话。

打着打着，他的脸僵住了，眼睛眨个不停，失去了刚才的从容。

"怎么啦？你在给谁打电话？"敦也问。翔太没作声，把手机递了过去，示意他自己听。

敦也将手机贴到耳边，里面传来一个女声：

"现在为您报时：凌晨两点三十六分。"

三人回到屋里。

"不是手机坏了，"翔太说，"是这栋屋子的问题。"

"你是说，屋里有什么东西让手机的时钟不准了？"

对敦也的看法，翔太没有点头认同。

"我觉得手机的时钟没有出错，还在正常运转，只是显示的时间和实际时间不一样。"

敦也皱起眉头。"怎么会这样？"

"我想，可能是这栋屋子和外界在时间上被隔绝了。两边时间的流逝速度不同，这里很长的一段时间，在外界只是短短一瞬间。"

"啊？你说什么呢？"

翔太又看了一眼来信，然后望向敦也。

"没有人靠近这间屋子，幸平的信却消失了，月兔的信也来了。照常理来说这种事情是不可能发生的。那么，我们不妨这样想，有人取走了幸平的回信，读过后又送来了下一封信，只是这个人我们看不到。"

"看不到？是透明人吗？"敦也说。

"噢，我懂了！是幽灵在捣鬼。这里还有这玩意儿啊？"幸平缩起身体，环视着周围。

翔太缓缓摇头。

"不是透明人，也不是幽灵。那个人，不是这个世界的人。"他指着三封来信，继续说道，"是过去的人。"

——节选自《解忧杂货店》第 27~29 页

你想活出
怎样的人生

〔日〕吉野源三郎 著
〔日〕胁田和 绘

无论世界变得如何混乱与残酷
我们也能决定以怎样的姿态好好活着

当你怀疑和迷茫时，这部经典小说一定可以帮到你

宫崎骏
同名电影
正在制作中

入选日本小学教科书 日本中学教师票选"送你一本书大奖"第1名
动画大师宫崎骏在自传中用整章篇幅讲述了本书对他的影响

书名:《你想活出怎样的人生》　作者:［日］吉野源三郎 著，［日］胁田和 绘　译者:史诗
出版时间:2019 年　　　　　　　出版社:南海出版公司

一、作者简介

吉野源三郎（Genzaburo Yoshino，1899—1981），编辑、儿童文学家、评论家、翻译家、反战活动家、记者，日本昭和时代代表性的知识分子，毕业于东京帝国大学文学部哲学科。创立"岩波少年文库"（每一册最后都有他所撰写的《岩波少年文库发刊之际》一文），历任新潮社"日本少年国民文库"编辑主任、明治大学教授、《世界》杂志创刊总编辑、岩波书店常务取缔役（相当于董事）、岩波书店编辑顾问、日本新闻工作者会议首任主席等。著有《你想活出怎样的人生》《我也是人、你也是人》《守住人的尊贵》《职业编辑人》《同时代的事——莫忘越战》等多部著作，并以《林肯》一书获颁产经儿童出版文化奖。代表作《你想活出怎样的人生》因内容隽永深刻，被编入日本学校教材。

胁田和（Kazu Wakita，1908—2005），日本西洋画界的代表性画家。1998年获选为"文化功劳者"，表彰其对提升日本国家文化的重要贡献。年少时期即远渡德国柏林，1930年获得柏林国立美术学校致赠金牌，载誉返日。作品曾获古海姆国际美术奖，并于圣保罗双年展、威尼斯双年展参展。1991年胁田美术馆于轻井泽正式开馆，馆内作品多以花鸟、孩童等日常可见的可爱对象为描绘主题，和善、清新、温暖的画风备受喜爱。

二、畅销盛况

《你想活出怎样的人生》首次出版于1937年，是由山本有三编纂、日本新潮社出版的"日本少年国民文库"系列中的一卷。这套书在完成后便不断地再版，后来由于战争的原因中断出版，战争结束后，"日本少年国民文库"才得以继续出版发行。1962 年和 1967 年，作者吉野源三郎对本书进行了两次大规模的修改，将《你想活出怎样的人生》整本书缩减了 40 多页，并修改了一些词语的用法，以使书中的情景更符合当时的社会环境。1981 年作者逝世后，"岩波文库"决定再次出版《你想活出怎样的人生》最初版本。此后《你想活出怎样的人生》便作为一部经典著作不断地在日本重印，影响着一代代的日本人。

2003 年，《你想活出怎样的人生》在岩波书屋的"我最喜欢的岩波文库 TOP100"评选中排名第 5。2013 年，在岩波书屋为庆祝成立满百年而发起的日本百年"读者最喜爱的一本书"投票中，这本书高居第 2 位，仅次于夏目漱石的《心》。日本记者池上彰评价这本书"本质上是一部面向儿童的哲学书，但是现在可以看作是现代版的道德书来阅读"，可以看出，这本书在日本人心中的地位之高。

2017 年，日本杂志社 Magazine House 接手，推出了由羽贺翔一创作的漫画版《你想活出怎样的人生》。漫画刚出版就引发轰动，成为日本的热门话题，首次印刷只有 1.5 万册的漫画瞬间售空。短短半年时间，漫画版以及随漫画版同时发售的新装版小说《你想活出怎样的人生》的总系列销量突破 200 万册。2017 年 10 月，也就是《你想活出怎样的人生》小说版、漫画版在日本大卖的同时，宫崎骏宣布电影新作名为《你想活出怎样的人生》改编自日本作家吉野源三郎于 1937 年出版的同名文学作品。这件事无疑使这本书的热度又上升了一个台阶，促成了这个系列在 2018 年日本范围内的大畅销。在日本图书发行中介"日贩"的统计数据中，漫画版《你想活出怎样的人生》获得了日本 2018 年年内销售综合榜第 1、新装版小说综合榜第 9。

宫崎骏的代表作《龙猫》《千与千寻》于 2018 年和 2019 年分别在中国上映，这两部宫崎骏的代表作品在中国接连上映所带动的热度使得《你想活出怎样的人生》登上了微博热搜榜。借着宫崎骏的热度，2019 年 8 月，由新经典文化股份有限公司引进的图书《你想活出怎样的人生》在中国国内发售，首印 10 万册，不到一周的时间便加印到 50 万册。2020 年 5 月，吉卜力工作室制作人铃木敏夫接受访谈时提到宫崎骏的新作《你想活出怎样的人生》的进度："我们希望这部新作能在接下来的 3 年内完成"，同时话题"宫崎骏新作已完成 36 分钟"也迅速登上微博热搜榜。在 2020 年 6 月公布的当当网年中好书榜中，《你想活出怎样的人生》排名虚构榜的第 9 名。

三、畅销攻略

（一）永不过时的经典话题

如果一本小说经过 80 年仍然有强大的生命力，那么它所包括的思想内涵一定是可以跨越时空的，《你想活出怎样的人生》就是这样一本小说。

只看书名，或许大部分人会认为这只是一本在市面上随处可见的"人生指南"，用各种各样的"鸡汤"来阐述一些关于态度、技巧、待人接物的说教，但这本书却并非如此。这本诞生于 20 世纪 30 年代的书，讨论的是到现在也依然不过时的话题——客观、歧视、贫穷、思考、伟人、崇拜、后悔、道歉、文明的交流以及人与人的联系等。

20 世纪 30 年代的日本，正是军国主义盛行、实行学术和思想镇压的黑暗时代，言论、出版自由遭到了明显限制，工人运动和社会主义运动受到激烈的镇压，而这本书的作者吉野源三郎先生，也曾因为思想罪被逮捕。在这样的背景下，作者将青少年看作开创新时代的希望，思考着如何传播自由、丰富的文化，让他们跨越狭隘的国粹主义和反动思想，尽早树立有关人类进步的信念，因此他选择了一些从古代就一直伴随着人类社会的问题作为书的内容。虽然书名类似于"人生指南"，但是这本书实际上却超越了"人生指南"，不仅仅停留在说教人生该如何度过的问题上，而是深入到了人之所以为人的最核心的道德问题。

即使时光流转、世代更替，这些问题也依然存在于世界上，不同的国家、民族，都曾经面临并且仍然面临这些问题，每一代人，都仍然要面对由这些问题构成的社会和世界。正如宫崎骏的自传中所说的那样："我觉得，我们眼前的生活现况和这本书所描写的时期并没有太大差别，就某种意义来说，反而正面临着根源性的文明危机。"我们现在仍然和这本书成书的时代——宫崎骏成长的时代一样，面临同样的问题：过于主观地看待事物、由歧视产生的霸凌、贫富差距造成的对立、盲目崇拜造成的追星问题、该如何面对和处理自己犯下的错误等。不论社会的思想风潮如何改变，问题的表现形式如何变化，这些问题的本质仍然是一样的。这便是这本书经过 80 年，即使物质财富已经极大丰富、人的生活水平不断提高，社会环境也不是当年残酷黑暗的环境，却仍然能够对读者产生影响的原因。

同时，这本书的主要内容并不是只教人们在面对这些问题时怎样去做，正如这本书第二章中所讲的那样，如果一个人只采取别人教的好的行为和举止，那么他只会是"看起来高尚的人"，而无法成为真正高尚的人。更为重要的是教人们要珍视自己内心的感受，思考自己应该做什么，以及能够通过别人的话语来自己判断一件事的好坏。这本书之所以能富有长久的生命力，就是因为这本书的内容中所蕴含的是如何找出面对问题的方法，而不是面对特定时代特定问题时的做法。

（二）从儿童文学变为大众读物

儿童文学虽然是一种受众较为明确的类型，但是它们的读者却并不仅仅局限于儿童。它们经常会被成年人以及社会主流舆论所关注，可以从中看出很多儿童时期存在的爱好以及问题，这些东西即使长大之后也有可能仍然伴随在我们身边。

"复演说"认为：儿童的心理成长是原始人心理的复演，因为对世界的认识有局限，只能以自己的想象来看待自然界，这样的理由造就了儿童文学中含有的各种各样的想象，以及本身是从儿童视角出发所看到的主观的世界。但是，儿童文学往往并不局限于儿童的世界，儿童文学的创作很多时候是由成年人完成的，它们或多或少都会具有成人世界对儿童世界的干预。按照诺德曼的理论，儿童文学中都有一个"隐藏的成人"，这个"隐藏的成人"讲述着自己的愿望，希望儿童按一定的路线成长，这也是儿童文学能够对儿童产生影响的原因。

《你想活出怎样的人生》这本书从主角"小哥白尼"的视角出发，用儿童的思考和想象来解释周围的事物，每次发生的事件都伴随着"小哥白尼"绞尽脑汁的思考，从中学一年级儿童的"发现"为起点，推进思考，来引出每一章的主题。同时在这本书中也有一个"隐藏的成人"，但是这个"隐藏的成人"在书中却是以"小哥白尼"舅舅的身份表现在了明面上，以舅舅写给"小哥白尼"信件的形式，将这个"隐藏的成人"对儿童的愿望、期望直白地表达了出来。这也是本书在内容结构上的特殊性：以儿童的视角发现问题、提出思考，用儿童的语言来描述出这个问题背后的联系，再由成人用成人世界的词语解答这些问题。

《你想活出怎样的人生》之所以能突破儿童文学的领域，变为大众读物，我认为最关键的一点就是书中作者借舅舅的信将"隐藏的成人"展现出来，而之所以能将"隐藏的成人"不突兀地展现出来并被大众接受，想来应该是因为其选取的问题是伴随人的成长且一生都要面对的问题。

（三）推动个人思考而非教诲的行为方式

在大的结构上，《你想活出怎样的人生》的每一章都可以看作是单独的故事，但作者又在其中添加了巧妙的联系。从"小哥白尼"学会客观观察，到了解到牛顿的"苹果"思考路径，到发现"人类分子的关系：网络法则"，每一章都是在上一章的基础上进行的。每一次跟着"小哥白尼"的视角，跟着他的思考路线，我们会发现原来天才的想法对于普通人来说也是这么简单。对于拿破仑的两面性的观察，舅舅制止了"小哥白尼"的狂热，点出了伟人之所以为伟人的原因，紧接着后续"小哥白尼"因为没有帮助朋友而内疚，为自己的所作所为后悔不已的时候，书中第一次将母亲引入了进来，母亲从她小时候的经历出发，为"小哥白尼"点出了"人生经常会出现让人后悔不已的事"这一事实。在这个章节结尾舅舅的信中写道："人类拥有决定自己行为的力量，因此会犯错，但也因此能从错误中重新站立起来"，对这件或许会伴随人一生的事做出了至关重要的总结，强调了辩证看待事物的重要性。可以看出，这本书的核心内容是"如何客观看待事物"这个哲学思辨论题，而主题则是人与人之间的"网络法则"，即社会关系。

作为实质上是教导"人生道理"的书，如何让读者不会产生抵触心理是十分重要的。日本社会一个普遍观点认为：如果是父母与孩子的对话，或者老师与学生的对话，无论是多么有趣的故事，因为具有上下级的立场问题总会让人产生一种说教感，因而具备"对角线关系"（斜めの関係，即没有直接利害关系）的人的话会更容易被人接受。在这本书中，作者采用了"舅舅"这个与"小哥白尼"没有直接监护关系的第三者来作为"人生理念"的传递者，主要的内容形式是每一章后面的"舅舅的信"。在每一章的开始，从"小哥白尼"的视角看待身边的小事来推动读者进行思考，然后结尾则以"舅舅的信"将这些小事总结升华来让读者进入更高的思考领域。在故事中，"小哥白尼"与舅舅的书信对话不仅仅是舅舅输出自己的想法，"小哥白尼"也同样会提出自己的思考和看法，而且大部分情况下是"小哥白尼"主动向舅舅求助。

最为关键的是，这本书中的每篇文章并没有太过刻意强调观点的对和错，仅仅是将事物联系的背后含义点了出来，而最后选择是否接受这些东西的仍然是读者自己。这也是让已经形成了自己的世界观的成年人，以及世界观初步形成的青年人容易接受的原因。

（四）图书版本的选择和装帧设计

作为一部出版了 80 年的书籍，其版本是多种多样的，即便是日语版本，也因为后来作者的数次修改而产生了不同的版本。作为中文引进的第一版小说，"新经典"选择了 1982 年的版本作为引进的版本。这个版本采用了初版的文本，其作为经典版本从 1982 年出版后在日本畅销了数十年，同时，这个版本也是首先采用了胁田和的插画版本。

因为中国人对于 20 世纪的日本并不熟悉，无论是 20 世纪初的日本，还是 20 世纪 60 年代的日本，这两个时间的社会环境差别如何，对于中国人而言并不重要。因此，后续的不同版本中因为"社会环境"

的变化导致部分词语不再使用的问题以及家具、习俗等的内容上的变化对于引进版来说是没必要去考虑的因素，故而选择了初版的文本，并且采用了经典的 1982 年版本。

现如今的图书市场，印刷插图的成本已经大大降低，同时市场上带有插图的书籍数量越来越多。对于一本以儿童和青少年为主要阅读对象的图书，有插图的版本无疑是最好的选择。虽然也可以自己插画，画出现代风格的插画，但是作为一部生活背景与现代差距甚远的小说，为了有利于读者构成一个想象图，因此选用富有时代感的插画也是这本书形式上的一个亮点。

在装帧设计上，整本书采用 32 开本的精装书设计，封面以淡蓝色和白色为基调，表现出一种平静、智慧的舒适之感。整个封面部分除了插画，只有腰封上"宫崎骏"的宣传部分采用了对比明显的黄色，突出了这本书的营销重点。内文的版式简单干练，正文部分只有页码，没有多余的装饰，而舅舅的书信部分则采用深色格子来对周空进行装饰，同时采用与正文不同的字号样式，凸显出这部分与正文部分的区别，使读者对文章结构一目了然。

（五）引进书籍所选的时机

一本引进图书是否畅销，除了自身内容要足够优秀外，外部因素也是极为重要的。《你想活出怎样的人生》选择于 2019 年引进到国内，就是一个非常好的时机。

一方面，在国际形势上，中、日、韩自贸区的发展开始有了转机，中日关系也开始回暖，此时引进日本作品是一个不错的时机。自从 2015 年开始国内动漫产业迅速发展，国内关于日本文化的消费也在不断增加，其中最主要的文化消费就是日本的 ACG 文化。在这样的环境下,《你想活出怎样的人生》有一个很明显的优势：日本动画的代表人物宫崎骏曾宣布自己的下一部作品是改编自同名小说《你想活出怎样的人生》,并且从 2018 年宫崎骏的代表作《龙猫》在国内上映以来,宫崎骏的热度就一直在上升。2019 年,宫崎骏的另一部代表作《千与千寻》在国内上映时,这个热度达到顶峰,此时出版《你想活出怎样的人生》就是一个非常合适的时间点。

另一方面,我国社会环境的变化也存在着一些影响,国内经济高速发展了十年,也产生了一些问题,经济的发展导致消费主义的盛行；网络的发展使得越来越多的人被封闭在信息茧房中,导致网络环境复杂。

这本书出版的时间,既适应了国际环境的变化,又符合国内社会环境的需求,让"新经典"的多样化营销手段可以起到事半功倍的效果。

（六）多样化的营销手段

除了大环境的影响,另一个非常重要的因素就是出版方的营销选择。在如今的出版物市场环境中,图书种类繁多,版本复杂,而这本书的书名又是一张"大众脸",如何让这样一张"大众脸"的图书能够被读者从书海中挑选出来,新经典采用的多样化营销功不可没。

首先,这本书在日本取得了十分不错的成绩,无论是销量,还是口碑,在日本都是十分成功的,同时还入选了日本的教科书,这些都为这本书的宣传提供了不错的素材。引进图书在宣传时极力展现出自身在国外的地位和畅销盛况是一种十分有效的宣传方式。

其次,2019 年宫崎骏的《千与千寻》在国内上映时,《你想活出怎样的人生》就曾登上微博热搜，在国内的二次元群体中打开了知名度。同时，宫崎骏的知名度又不仅限于狭义的二次元群体，他同时受到很多"80后""90后"的热爱，与这本书的受众高度重合。因此，选择利用宫崎骏的知名度来宣传本书毫不意外，事实上，这本书的前期营销就"蹭"了不少宫崎骏的热度，例如，通过添加宫崎骏的微博热搜话题来宣传，在一些有关宫崎骏新作的新闻下宣传图书等。此外，数年前太宰治的《人间失格》在国内畅销时带起的"丧文化"也渐渐冷却，有不少人对于作为人类如此颓废产生了抵触情绪。这本书在宣传时也借用了当时流行的宣传语"生而为人，我很抱歉"，改为"生而为人，我不抱歉"进行宣传，这是一种经典的"碰瓷营销"。但因为这本书本身的内容价值很高，而且宫崎骏对其赞美有加，以及漫画版本在日本的热销等原因，国内的受众群体对这种"碰瓷营销"并没有产生过多的反感，反而认为宣传语完美地体现出了这本书的特色。

最后，使用各种各样的媒体来宣传书籍也是本书宣传的一个亮点。传统媒体上，《新京报》《三联生活周刊》等传统报纸期刊都对《你想活出怎样的人生》这本书进行了报道。平台选择上，微博微信自不用说，新经典文化公司还拍摄了一段视频在抖音上进行投放，在二次元群体的核心平台哔哩哔哩网站同样也投放了视频，精准地对年轻人这个目标群体进行宣传，同时还联系到一名日本播主来推荐本书。可以看出，新经典对于这本书的宣传采取的手段和平台都是非常多样化的。

四、精彩阅读

三

最后，我还要提出一个问题，请你认真思考。

通过"网络法则"，你已经了解到人类是如何联结在一起的。在艰苦环境中工作的人，与在相对轻松的环境中生活的我们，在日常生活中似乎完全没有交集，但实际上，我们通过剪不断的网被紧密交织在一起。因此，我们不能不在乎那些人，只考虑自己的幸福。不过，如果只把他们看作不幸的、可怜的、必须同情的人，那就大错特错了。小哥白尼，还有一件事情非常重要。

那些在贫困中长大、上完小学便开始靠体力为生的人即使成年后，掌握的知识也大多不及你。几何啊，代数啊，物理啊，这些只有中学才会教的知识，就算是其中最简单的部分，他们一般也一无所知，他们对于事物的偏好多半也不入流。如果只从这个角度看，你很容易认为自己比那些人更加优秀。但是，换个角度思考就会发现，他们才是扛着这个世界的人，远比你了不起。仔细想想，在人们生活的必需品中，有哪一个不是人类劳动的产物？就连学问、艺术这类高雅的工作中所需的东西，也都是那些人挥汗如雨地生产出来的。没有他们的劳动，就没有文明，也不会有社会的进步。

你自己又如何呢？你正在创造什么吗？你从这个社会接受了各种各样的东西，反过来又给予过它什么东西吗？不用多想就知道，你只是使用者，并没有创造过什么。一日三餐，点心，学习时使用的铅笔、墨水、钢笔、纸张……你还只是个中学生，每天就得消费这么多东西。衣服、鞋子、桌子、居住的房子，一段时间后会变得无法使用，这说明你在消耗它们。这么一看，你的生活可以说是消费专家的生活。

当然，任何人都不可能不吃不穿，只生产不消费的人是不存在的，而且生产本来就是为了最终转化成有用的消费，所以消费并不是坏事。但是，生产大于消费的人与不生产只消费的人相比，究竟哪一方更了不起、更重要？若是这么一问，就都清楚了。如果没有人生产物品，就不存在品味它们、享受它们的消费。为生产而付出的劳动让人活得像个人。不光是食物和衣服等物品，就连学问和艺术的世界也一样，主动创造的人远比被动接受的人重要。

　　千万不要忽视生产者和消费者的这一区别，一旦抱着这样的想法思考，你一定会惊讶地发现，在那些坐着豪车、住着豪宅、目中无人的人当中，有不少人毫无价值。你也一定会发现，被世人看不起的人中，有许多人都值得尊敬。

　　小哥白尼，这正是你们和浦川最大的不同。

　　浦川虽然还没有成年，但已经成为这个社会的生产者中出色的一员。他的衣服已经渗入了油炸豆腐片的味道，那是他的骄傲，而不是羞耻。

　　我这么一说，你或许会觉得我在责备你只消费不生产，但我绝对没有这个意思。你们还是中学生，正在为进入社会作准备，所以现在不生产也没关系。不过你们眼下都只是消费专家，必须懂得分寸。浦川为生活环境所迫才在家中帮忙，但他出色地承担起相应的工作，没有表露出任何不快，你们应该对他心怀尊敬。如果有人对此嗤之以鼻，那真是不知好歹、大错特错。

　　请你将这些话牢记在心，在此基础上再思考另一件事——

　　如果从日常生活的必需品来考虑，你确实只在消费，没有进行任何生产，但是你尚未察觉你其实每天都在生产了不起的东西。那到底是什么呢？

小哥白尼，我故意不告诉你答案，请你自己寻找。不必着急，你只要牢记这个问题，未来能找到答案就好。千万不要问别人，就算从他们口中听到，也不会令你恍然大悟。重要的是自己去寻找，说不定明天你就会找到，但也可能直到成年都没有头绪。

　　但在我看来，我们既然生而为人，无论是谁，一生中都必须找到这个答案。

　　总之，请把这个问题刻在心里，时不时想起它，然后仔细思考。等到某一天，你一定会觉得当初认真思考是对的。

　　明白了吧？千万不要忘记啊！

——节选自《你想活出怎样的人生》第 104~107 页

后　记

　　2011年，北京印刷学院的出版专业硕士学位点获批并开始招生。由于它是全国首次获批的出版专业硕士点，当时并没有培养经验可以借鉴，但重在培养和提升学生的专业实践能力这个目标是确定的，于是一些偏重出版实务的课程被列入培养方案，"畅销书策划与出版"就是其中的一门。

　　由于我一直给本科生主讲"畅销书与大众文化"课程，于是被学院指定负责出版专业硕士的"畅销书策划与出版"课程。不知不觉中，"畅销书策划与出版"课程已经开设了十多个年头，每年上这门课的出版专业硕士生也由第一届的16人变成了现在的60人。

　　为了上好这门课，我想了一些办法，其中有两项一直坚持下来：一是定期邀请富有实战经验、出版过现象级畅销书的业界专家进入课堂讲解并与学生交流；二是带领同学们选择他们感兴趣的畅销书开展案例研究。这两种做法极大激发了学生探究畅销书的兴趣和出版畅销书的激情。兴趣和激情是最好的老师，在它们的引领下，每届学生遴选畅销书研究案例时都非常用心，除了考虑个人的畅销书类型偏好，他们还尽力兼顾出版史和阅读史两个视角；撰写畅销书案例研究文章时，他们不仅详细查阅了与研究案例相关的文献资料，有些同学还辗转联系到作者和编辑进行了针对性访谈；选择畅销书

精彩章节摘录时，他们反复阅读文本，努力把研究案例中最精彩的部分摘抄出来进行分享。

岁月无情流逝，一届届同学的畅销书案例研究成果却积累下来，于是就有了这套十卷本《畅销书经典案例研究》。

出版之前，我又一次翻阅了同学们完成的案例文章，课堂上师生围绕畅销书展开讨论的一幕幕场景如在昨日。我们不仅讨论具体的畅销书个案，我们更讨论了畅销书的类型发展、畅销书与常销书、畅销书与社会变迁、畅销书史的撰写，我们也会讨论于殿利先生"要远离畅销书"这句警告背后的深意……经过这些讨论，很多同学具备了"研究畅销书但不耽溺畅销书"研究立场，案例研究的视角也更为开阔深远。现在看来，他们的分析文字有些还尚显武断，有些也陷入了"爱屋及乌"的言说陷阱，但洋溢在字里行间的探索热情如熠熠星光，无疑会照亮后续研究者的前行之路。感谢精心撰写本丛书案例的同学们！

感谢我的研究生李玉雯、许晨露、王敏、郭宏浩、丁超、朱晓瑜、齐倩颖、王静丽、陈怡颖。他们每人负责编选本丛书的一辑，非常认真和高效地开展了案例文章筛选、重新编排和审校等工作。由于一些案例文章撰写时间比较久，有些数据需要更新，他们及时查阅了最新资料并对案例文章做了有效补充。感谢我的学生们！

感谢清华大学出版社的纪海鸿主任。从多年前的确定选题到今天的高质量出版，纪海鸿老师始终以超强的耐心容忍着我的"拖延症"。一旦项目启动，她又以务实高效的工作作风和严谨专业的出版精神推动各项工作不断前行。在疫情当前和居家办公的情况下，这套书还能如期出版，完全得力于她不懈的工作。谢谢纪老师！

另外，尽管本套丛书的案例研究文章采用较为统一的结构规范，但由于案例文章由多人撰写，在行文风格上无法协调统一，非常抱歉！同时，由于编者水平有限，书中错漏之处估计会有不少，诚恳期待各位读者的批评指正！

张文红

2022 年 6 月 5 日

于北京寓所